D1618848

Christopher Meid
Der politische Roman im 18. Jahrhundert

spectrum
Literaturwissenschaft /
spectrum Literature

Komparatistische Studien / Comparative Studies

Herausgegeben von / Edited by
Moritz Baßler, Werner Frick,
Monika Schmitz-Emans

Wissenschaftlicher Beirat / Editorial Board
Sam-Huan Ahn, Peter-André Alt, Aleida Assmann, Francis Claudon,
Marcus Deufert, Wolfgang Matzat, Fritz Paul, Terence James Reed,
Herta Schmid, Simone Winko, Bernhard Zimmermann,
Theodore Ziolkowski

Band 73

Christopher Meid

Der politische Roman im 18. Jahrhundert

Systementwurf und Aufklärungserzählung

DE GRUYTER

ISBN 978-3-11-069914-2
e-ISBN (PDF) 978-3-11-070072-5
e-ISBN (EPUB) 978-3-11-070083-1
ISSN 1860-210X

Library of Congress Control Number: 2020945090

Bibliografische Information der Deutschen Nationalbibliothek
Die Deutsche Nationalbibliothek verzeichnet diese Publikation in der Deutschen
Nationalbibliografie; detaillierte bibliografische Daten sind im Internet über
http://dnb.dnb.de abrufbar.

© 2021 Walter de Gruyter GmbH, Berlin/Boston
Druck und Bindung: CPI books GmbH, Leck

www.degruyter.com

Vorwort

Diese Studie ist die geringfügig überarbeitete Fassung meiner Habilitationsschrift, die ich Ende 2018 bei der Philologischen Fakultät der Albert-Ludwigs-Universität Freiburg eingereicht habe. Mein Dank gilt zunächst Werner Frick für seine langjährige engagierte Förderung, die mir – ganz abgesehen von der fachlichen Kritik und Ermunterung – den nötigen Rückhalt gegeben hat, um dieses Projekt in Angriff zu nehmen und zu beenden. Achim Aurnhammer und Andreas Gelz danke ich für ihre anregenden Gutachten, von denen ich bei der Schlussredaktion sehr profitieren konnte.

Große Teile des Buchs entstanden während eines zweijährigen Forschungsaufenthalts am Queen's College der Universität Oxford, den mir die Alexander von Humboldt-Stiftung ermöglicht hat. Jim Reed, mein akademischer Gastgeber, hat die Entstehung großer Teile der Arbeit interessiert und kritisch begleitet – danke!

Für vielfältige Anregungen und Hinweise bin ich Emma-Louise Brucklacher, Nicolas Detering, Gesa von Essen, Jonas Kahl, Olav Krämer, Dieter Martin, Volker Meid, Philipp Redl und Christoph Schmitt-Maaß sehr dankbar. Julia Vogel danke ich für die Erstellung des Registers, der Wissenschaftlichen Gesellschaft Freiburg im Breisgau für die Gewährung eines Druckkostenzuschusses.

Gewidmet ist dieses Buch meinen Eltern.

Freiburg, im Oktober 2020

Inhalt

1	**Vom Staat erzählen. Zur Einleitung** —— 1	
1.1	Der politische Roman als literarische Gattung —— 1	
1.1.1	Politischer Roman und Utopie —— 3	
1.1.2	Politischer Roman und höfisch-historischer Roman —— 5	
1.2	Politisches Wissen und literarische Form —— 8	
1.3	Zum Forschungsstand —— 12	
1.4	Zum Gang der Untersuchung —— 14	
2	**Die Genese einer Gattung (1699–1732)** —— 19	
2.1	Die Geburt des politischen Romans aus der Krise des Absolutismus. Fénelons *Aventures de Télémaque* (1699/1717) —— 20	
2.1.1	Homerisierendes Erzählen. Fénelons Erzählprogramm —— 22	
2.1.2	*Télémaque* als spiritueller Text —— 32	
2.1.3	*Télémaque* als politischer Text —— 38	
2.1.3.1	Der Roman als Skandalon —— 39	
2.1.3.2	Politische Erziehung als Warnung. Die Revolutionssemantik des *Télémaque* —— 42	
2.1.3.3	Modellstaaten: Bétique und Salente —— 48	
2.1.3.4	Kosmopolitismus und Patriotismus —— 57	
2.2	Fénelons *Télémaque* und die Folgen —— 60	
2.2.1	Natürliche Religion und starke Monarchie. Andrew Michael Ramsays *Voyages de Cyrus* (1727/1730) —— 61	
2.2.1.1	Eine „Nouvelle Cyropedie": Ramsay transformiert Xenophon —— 66	
2.2.1.2	Die politische Theorie der *Voyages de Cyrus* —— 71	
2.2.1.3	Ramsays „enchaînement d'idées". Die *Voyages de Cyrus* als religionshistorische Enzyklopädie —— 77	
2.2.2	Mythos und Aufklärung. Jean Terrassons ,histoire égyptienne' *Sethos* (1731) —— 82	
2.2.2.1	Apologie der Fiktionalität: Terrassons *Préface* —— 86	
2.2.2.2	Mysterium und Didaxe —— 91	
2.2.2.3	Kolonialismus als praktische Aufklärung —— 96	
3	**Rezeption und Transformation des politischen Romans (1700–1745)** —— 103	
3.1	Skandalisierung und Moralisierung —— 104	

3.2	Der politische Roman in der Gelehrsamkeitsgeschichte —— 106
3.3	Epos oder Roman? Der politische Roman in der Dichtungstheorie der frühen Aufklärung —— 112
3.3.1	*Télémaque* als modernes Epos. Andrew Michael Ramsays *Discours de la poésie épique, et de l'excellence du poème de Télémaque* (1717) —— 113
3.3.2	Die Rezeption und Variation von Ramsays *Discours* in den *Deutschen Acta Eruditorum* (1718) und bei Sinold von Schütz (1733) —— 118
3.3.3	„Heldengedicht", Roman, politische Fabel. Politisches Erzählen in Gottscheds Regelpoetik —— 124
3.4	Reflexionen über den politischen Roman im Umkreis der deutschen Übersetzungen —— 128
3.5	Telemach in Berlin. August Bohses Übersetzung des *Télémaque* (1700) und die *Conversation sur le livre du Télémaque* (1700) —— 131
3.6	Neukirchs *Begebenheiten des Prinzen von Ithaca*: Epos und Gelehrsamkeit —— 135
3.7	Die Übersetzungen politischer Romane im Gottsched-Kreis —— 139
3.7.1	Gottscheds *Probe einer Uebersetzung aus Ramsays reisendem Cyrus* (1735) —— 139
3.7.2	Adam Bernhard Pantkes Versübersetzung der *Begebenheiten Neoptolems* (1749) und George Friedrich Bärmanns Übersetzung von Pernettis *Ruhe des Cyrus* (1735) —— 140
3.8	Die Hamburger Übersetzungen: Mattheson und Wend —— 144
3.8.1	Johann Matthesons Übersetzung der *Voyages de Cyrus* (1728) —— 145
3.8.2	Christoph Gottlieb Wends Terrasson-Übersetzung (1732–1737) —— 148
3.9	Von der Rezeption zur Produktion —— 150
3.9.1	Die Therapie des Staats. Johann Michael von Loen: *Der Redliche Mann am Hofe* (1740) —— 151
3.9.1.1	Eine „Sitten-Lehre durch Exempel". Loens Theorie des politischen Romans —— 155
3.9.1.2	Loens Aktualisierung des *honnête-homme*-Ideals —— 164
3.9.1.3	Der Graf als Erzieher, Arzt und Reformer —— 174
3.9.1.4	Religion und Politik —— 181
3.9.1.5	Wege zu einem „ewigen Frieden". Ethik, Diplomatie und politische Klugheit —— 188

3.9.2	Mischformen politischen Erzählens um 1740 —— **197**	
3.9.2.1	Ethophilus' *Liebes- und Helden-Geschichte des tapfern Bellerophon* (1743) zwischen *Asiatischer Banise* und *Télémaque* —— **198**	
3.9.2.1.1	Die *Liebes- und Helden-Geschichte* als Asiatischer Roman —— **200**	
3.9.2.1.2	„Geheimder Rath und oberster *Minister*". Ethophilus' Theodor Mentor —— **204**	
3.9.2.2	Galanter Schlüsselroman und politischer Roman: Die *Asiatische Kriegs- Helden- und Liebes-Geschichte Zaduck des Andern* (1744) —— **208**	
3.9.2.2.1	Friedrich II. von Preußen als Romanheld —— **213**	
3.9.2.2.2	*Zaduck* zwischen *Asiatischer Banise* und Historiographie —— **216**	
3.9.2.2.3	Eine Erziehungsgeschichte? —— **219**	
3.9.2.2.4	*Zaduck* als politischer Roman —— **223**	

4 Der politische Roman der hohen Aufklärung —— 227
4.1 Roman, Politik, Aufklärung. Ein Aufriss —— **227**
4.2 Politische Ökonomie in Romanform. Justis *Geschichte des Psammitichus* (1759/60) —— **240**
4.2.1 Der Romanautor als Historiker. Justis Romanpoetik —— **243**
4.2.2 Herrschaft im Zeichen der Glückseligkeit. Konstellationen in Justis *Psammitichus* —— **251**
4.2.3 *Psammitichus*' politische Ökonomie —— **255**
4.2.4 Fazit —— **265**
4.3 Aufklärungspädagogik und Roman: Johann Bernhard Basedows *Agathokrator* (1771) —— **268**
4.4 Experiment und Didaxe. Albrecht von Hallers politische Romane —— **273**
4.4.1 Haller als politischer Autor —— **273**
4.4.2 Klima und Politik. Hallers kritischer Blick auf Montesquieus Staatsformenlehre —— **281**
4.4.3 *Usong* (1771): Die Humanisierung des Despotismus —— **289**
4.4.4 Teleologische Geschichtskonstruktion: *Alfred, König der Angel-Sachsen* (1773) —— **302**
4.4.4.1 „Unselig wäre der Mensch, wenn er nicht gesellschaftlich wäre". Natur und Kultur —— **306**
4.4.4.2 Ausgleich der „Machten". Alfred als Verfassungsgeber —— **309**

4.4.5	Ungleich und böse. Menschenbilder in *Fabius und Cato* (1774) — **316**	
4.4.5.1	Hallers Erzählen zwischen Exemplarität und Rückprojektion — **318**	
4.4.5.2	Die Widerlegung des *Contrat social* in der Karneades-Episode — **322**	
4.5	Anthropologie, Politik, Geschichte. *Der Goldne Spiegel* (1772) von Christoph Martin Wieland — **333**	
4.5.1	Wieland als politischer Autor: Zur Position des *Goldnen Spiegels* im Gesamtwerk — **337**	
4.5.2	Experimentelles Erzählen und Erzählexperiment. Zur Anlage des *Goldnen Spiegels* — **343**	
4.5.2.1	„Pragmatischer als der wahre Geschichtsschreiber". Das Erzählprogramm des Romans — **345**	
4.5.2.2	Spiegelungen. Zum Verhältnis von Rahmen- und Binnenhandlung — **347**	
4.5.3	Anthropologie, Geschichte, Literatur. Die „pragmatische Geschichte" der Könige von Scheschian — **351**	
4.5.3.1	Fiktion und Kommentar: *Der Goldne Spiegel* als Beispiel politischer Didaxe? — **355**	
4.5.3.2	Natur, Geschichte, Staatlichkeit: Zu den anthropologischen Prämissen des *Goldnen Spiegels* — **361**	
4.5.3.2.1	Alternative Kulturdiagnosen: Wieland und Rousseau — **362**	
4.5.3.2.2	Luxuskritik und Naturstandsutopie im *Goldnen Spiegel* — **367**	
4.5.3.2.3	Tifans Erziehung zum ganzen Menschen — **373**	
4.5.3.3	Abkunft und Eignung. Die Legitimation von Herrschaft — **381**	
4.5.3.4	„Ein seltsamer Cameralist". Tifans physiokratische Staatswirtschaft — **387**	
4.5.4	Fazit: Didaxe und Skepsis — **396**	
4.6	Politische Kompilation. *Farao für die Könige* (1776/1777) von Heinrich Wolfgang Behrisch — **397**	
4.6.1	Literarische Projektemacherei. Zum Programm eines irrlichternden Autors — **400**	
4.6.2	*Farao für die Könige* zwischen Roman und Traktat — **403**	
4.6.3	Zeitkritik? Behrischs Rousseau-Transformation — **406**	
4.7	Diskussionen um den politischen Roman — **408**	
4.7.1	Blanckenburg und die Folgen — **409**	
4.7.2	Satirische Denunziation und Apologie. Diskussionen um Haller — **411**	
4.7.3	Politischer vs. Moralischer Roman — **415**	

5	**Revolutionserzählungen. Der politische Roman um 1790 —— 421**
5.1	Aufklärung – Revolution – Roman. Zur Einleitung —— 421
5.2	Krisenerzählungen der Aufklärung. Friedrich Schillers *Geisterseher*-Fragment (1787–1789) und Wilhelm Friedrich Meyerns *Dya-Na-Sore* (1788–1791) —— 428
5.2.1	Schillers *Geisterseher* als politischer Roman —— 431
5.2.2	Meyerns *Dya-Na-Sore* als bellizistische Revision des politischen Romans —— 438
5.3	Der Körper der Königin. *Uranie, Königin von Sardanapalien* (1790) von J. F. E. Albrecht —— 443
5.3.1	Zeitgeschichte als Schlüsselroman —— 443
5.3.2	Zwischen Planetenutopie, Schlüsselroman und Erziehungsroman —— 449
5.3.3	Politische Pornographie? Albrechts Roman zwischen Apologie und Denunziation —— 455
5.4	„Lycurgus – Mirabeau – Noldmann". Adolph Freiherr Knigges *Geschichte der Aufklärung in Abyssinien* (1791) zwischen Satire und Verfassungsentwurf —— 461
5.4.1	Roman und Verfassung —— 461
5.4.2	Satire und Didaxe —— 466
5.4.3	Die Metareflexion der Aufklärung —— 471
5.4.4	Revolutionäre Gewalt und Aufklärung. Wertungen des Romans —— 482
5.4.5	„… unsere ganze *deutsche* Demokratenphilosophie in einer Nuß." Kritik und Rücknahme im Umfeld der *Geschichte der Aufklärung in Abyssinien* —— 487
5.4.6	Fazit —— 496
5.5	Bildungsroman und politischer Roman. *Wilhelm Meisters Lehrjahre* (1795/96) von Johann Wolfgang Goethe —— 497
5.5.1	Erziehung —— 500
5.5.2	Reform —— 505
5.5.3	Revolution —— 508
5.6	Rehabilitation und Rückzug. Friedrich Maximilian Klingers *Geschichte eines Teutschen der neusten Zeit* (1798) und Friedrich Hölderlins *Hyperion* (1797/1799) —— 511
5.6.1	Klingers *Geschichte eines Teutschen der neusten Zeit* im Kontext seines Romanzyklus —— 517
5.6.2	Philosophie und Revolution. Zu einem Narrativ der 1790er Jahre in Klingers Roman —— 520

5.6.3	Rousseauistischer (Reichs-)Patriotismus. Das politische Programm von Klingers Roman —— 528
5.6.4	Patriotismus und Resignation. Mit einem Seitenblick auf Hölderlins *Hyperion* —— 534

6 Resümee und Ausblick —— 547

7 Literaturverzeichnis —— 557
7.1 Quellen —— 557
7.2 Darstellungen —— 577

8 Personenregister —— 619

1 Vom Staat erzählen. Zur Einleitung

Gegenstand dieser Studie ist der politische Roman der deutschsprachigen Aufklärung, also das Korpus von Texten, die unter Rückbezug auf François Fénelons *Aventures de Télémaque* (1699/1717) und seine Nachfolger – namentlich Andrew Michael Ramsays *Voyages de Cyrus* (1727) und Jean Terrassons *Sethos* (1731) – von der Fürstenerziehung und der Organisation des Staates erzählen. Wirkmächtige Romane wie Johann Michael von Loens *Redlicher Mann am Hofe* (1740), Albrecht von Hallers *Usong* (1771), Christoph Martin Wielands *Goldner Spiegel* (1772) und Adolph Freiherr Knigges *Geschichte der Aufklärung in Abyssinien* (1791) bilden ein für Zeitgenossen klar umrissenes Genre, das auf die narrative Vermittlung politischen Wissens verpflichtet ist.

Ziel der Untersuchung ist die *historische* Rekonstruktion einer Gattungsentwicklung von der produktiven Transformation der europaweit breit rezipierten französischen Vorbilder bis hin zum Funktionswandel der Gattung in der späten Aufklärung. Damit verbinden sich *systematische* Fragen nach den Textverfahren, die der Narrativierung politischen Wissens dienen, sowie der Funktion des politischen Erzählens im historischen Kontext. Dabei geht es auch darum, das Spannungsfeld von politischer Theorie, politisch-historischen Prozessen und Romanpraxis neu auszuloten. Der Roman stellt, so die Annahme, die diesen Überlegungen zugrunde liegt, eine privilegierte Form der politischen Reflexion dar, weil er politisches Denken und staatstheoretische Wissensbestände gleichermaßen darstellen, reflektieren, kritisieren sowie in der Fiktion erproben kann.

1.1 Der politische Roman als literarische Gattung

Der Zusammenhang zwischen Fénelons *Télémaque* und Romanen wie Loens *Redlichem Mann am Hofe*, Wielands *Goldnem Spiegel* oder der Trias Albrecht von Hallers war den Zeitgenossen – Produzenten und Rezipienten gleichermaßen – voll bewusst.[1] Das belegen Vorreden und Rezensionen bis hin zu brieflichen Äußerungen. Loen erklärt in der Vorrede seines *Redlichen Mannes am Hofe*, er habe den Roman „in gleicher Absicht, als die Begebenheiten des Telemachs, des Cyrus und des Sethos geschrieben" und nennt damit die bis um 1800 maßgebli-

---

[1] Vgl. Philip Ajouri: Probleme der Empirisierung einer Gattung. Zum Erwartungshorizont und der sozialen Funktion des politischen Romans im 18. Jahrhundert. In: Philip Ajouri/Katja Mellmann/Christoph Rauen (Hrsg.): Empirie in der Literaturwissenschaft. Paderborn 2013, S. 283–305.

chen französischen Vorbilder,² Thomas Abbt markiert 1762 in seiner vernichtenden Rezension von Justis *Psammitichus* den Abstand des Vorbildes zu diesem „deutsche[n] Roman, der sich gleichsam einem Telemach an die Seite stellen will",³ Albrecht von Haller hebt hervor, in der Anlage seines *Usong* zeige sich „un plan entierement different de celui de Telemaque."⁴

Solche Aussagen über Traditionsverständnis und Differenzbewusstsein, die sich beliebig vermehren ließen,⁵ bezeugen nicht nur die große Wertschätzung von Fénelons Roman, sondern sind zugleich ein untrügliches Indiz eines Gattungsbewusstseins, das bestimmte Texte über eine Reihe notwendiger Merkmale klassifiziert. Im vorliegenden Fall geht es um eine Gruppe von Texten, die nicht nur inhaltlich, sondern auch formal bestimmt wird: Das Ziel der politischen Didaxe soll in einer an die Strukturen des *Télémaque* angelegten Erzählung realisiert werden. Zu den konstitutiven Elementen gehören die Mentor-Zögling-Konstellation, die (zuweilen strukturbestimmende) Bildungsreise sowie ausführliche expositorische Passagen über Fragen der Staatsverwaltung. In dem Blick auf ideale und defizitäre Beispielstaaten klingen utopische und satirische Elemente an, die aber immer funktional auf die Haupthandlung der Romane bezogen sind.

In der zweiten Hälfte des 18. Jahrhunderts haben sich für diese Texte, die in der Nachfolge von Fénelons *Télémaque* von der politischen Erziehung des Thronfolgers und von herrschaftlichem Reformhandeln erzählen, die Begriffe des ‚Staatsromans', vor allem aber des ‚politischen Romans' eingebürgert.⁶ Begreift man literarische Gattungen als „jene Textklassen, die die jeweilige Kultur selbst unterscheidet",⁷ dann handelt es sich beim politischen Roman des 18. Jahrhun-

---

2 Johann Michael von Loen: Der Redliche Mann am Hofe oder Die Begebenheiten Des Grafens von Rivera [1740]. Hrsg. von Christopher Meid und Philipp Redl. Stuttgart 2019 (Bibliothek des literarischen Vereins in Stuttgart. Bd. 353), S. 2.
3 [Thomas Abbt: Rezension von Justi: Psammitichus]. In: Briefe, die neueste Litteratur betreffend XII (1762), S. 255–284 (196.–198. Brief), hier S. 256.
4 Albrecht von Haller an Charles Haller an Bonnet, 1.10.1767. In: The Correspondence between Albrecht von Haller and Charles Bonnet. Hrsg. von Otto Sonntag. Bern 1983 (Studia Halleriana. Bd. 1), S. 665: „Rhizotome [Haller] a formé dans sa memoire le plan d'un bon Prince, non pas celui d'un eleve, mais d'un Monarque pére [!] du peuple: c'est un plan entierement different de celui de Telemaque."
5 Vgl. die Beispiele bei Ajouri: Probleme der Empirisierung einer Gattung, sowie in den Interpretationskapiteln dieser Arbeit.
6 Vgl. Ajouri: Probleme der Empirisierung einer Gattung, S. 290.
7 Michael Titzmann: Kulturelles Wissen – Diskurs – Denksystem: Zu einigen Grundbegriffen der Literaturgeschichtsschreibung. In: Zeitschrift für französische Sprache und Literatur 99 (1989), S. 47–61, hier S. 51.

derts zweifellos um eine klar zu definierende Untergattung des Romans.[8] Schließlich liegt „ein historisch abgrenzbares Textkorpus" vor, „das von den zeitgenössischen Rezipienten eben durch die Verwendung bestimmter Normen/ Konventionen als zusammengehörig empfunden wurde."[9]

1.1.1 Politischer Roman und Utopie

Allerdings wurden die in dieser Arbeit behandelten Romane zumeist im Kontext der Utopie verortet;[10] man diskutierte sie also im Zusammenhang mit den Staatsentwürfen von Thomas Morus und Francis Bacon, aber auch mit Johann Gottfried Schnabels *Insel Felsenburg*.[11] Auf den ersten Blick leuchtet dieses Vorgehen ein, besitzen doch die Romane in der Nachfolge Fénelons und die Texte in der Tradition von Morus' *Utopia* eine nicht zu leugnende Schnittmenge, insofern beide von idealen Gemeinwesen erzählen, allerdings bestehen auch substantielle Unterschiede, die dazu führen, dass eine allzu bereitwillige Rubrizierung der hier behandelten Texte als Utopien den Blick für das *proprium* der Texte trüben könnte.

Laut Zedlers *Universal-Lexicon* stellen Utopien „gantz vollkommene Regierung vor, dergleichen wegen der natürlichen Verderbniß der Menschen in der Welt nicht ist, auch nicht seyn kann".[12] Auch die utopischen Romane des 18. Jahrhun-

---

8 Vgl. Ajouri: Probleme der Empirisierung einer Gattung, S. 302f., der hervorhebt, „dass es eine historische Familie ‚politischer Roman' gab und dass sie einen eigenen Erwartungshorizont ausbildete."
9 Klaus W. Hempfer: Gattungstheorie. Information und Synthese. München 1973 (UTB. Bd. 133), S. 135 f. Auch feldtheoretische Ansätze der Gattungsforschung, wie sie unlängst für das Genre des Bildungsromans fruchtbar gemacht wurden, würden im Fall des politischen Romans zu einem ähnlichen Ergebnis kommen. Vgl. Elisabeth Böhm/Katrin Dennerlein (Hrsg.): Der Bildungsroman im literarischen Feld. Neue Perspektiven auf eine Gattung. Berlin/Boston 2016 (Studien und Texte zur Sozialgeschichte der Literatur. Bd. 144).
10 Vgl. den differenzierten Überblick von Ajouri: Probleme der Empirisierung einer Gattung, dem ich weitgehend folge.
11 Vgl. die Ausführungen zur Forschungsgeschichte ebd. – Ich gehe hier nicht noch einmal auf die bestens bekannte Geschichte der Utopieforschung seit Robert von Mohls Ausführungen über die Staatsromane ein. Einen konzisen Überblick auf dem neuesten Forschungsstand bietet Matthias Löwe: Idealstaat und Anthropologie. Problemgeschichte der literarischen Utopie im späten 18. Jahrhundert. Berlin/Boston 2012 (Communicatio. Bd. 44), S. 1–34.
12 Schlaraffenland. In: Zedlers Universal-Lexicon. Bd. 34 (1742), Sp. 1828 f. – Vgl. grundlegend zu dieser Definition und ihren Implikationen Ludwig Stockinger: Ficta Respublica. Gattungsgeschichtliche Untersuchungen zur utopischen Erzählung in der deutschen Literatur des frühen 18. Jahrhunderts. Tübingen 1981 (Hermaea. N.F. Bd. 45), S. 100 f.

derts, die von der „Episierung des Utopischen" zeugen,[13] besitzen noch immer einen anderen Wirkungsanspruch als die politischen Romane, die Szenarien entwerfen, die als realisierbar gedacht sind und Impulse zum Handeln vermitteln sollen. Die Reformerzählungen des politischen Romans berichten von graduellen Verbesserungen und verbreiten das politische Wissen, das zur Verwirklichung dieser Entwürfe dienen soll. Zwar finden sich in etlichen politischen Romanen eingelagerte Erzählungen, die ins utopische Genre gehören,[14] allerdings handelt es sich dabei um Gegenbilder innerhalb der Romanfiktion. Ihr Vorhandensein allein reicht aber nicht aus, um die gesamten Texte als Utopien zu klassifizieren.

Zeitgenossen waren jedenfalls davon überzeugt, dass sich tatsächlich konkret fassbare Effekte dieser Werke beobachten ließen: Albrecht von Haller blickt in der Vorrede von *Fabius und Cato* auf die seines Erachtens positive Wirkung politischer Romane zurück;[15] und auch der durchaus skeptische Christoph Martin Wieland spricht dem Genre eine außerliterarische Wirkung zu: „Und dann ist am Ende doch gewiß, daß durch solche Bücher wirklich gutes in der Welt gestiftet wird, so unmerklich es auch ist",[16] schreibt Wieland über seinen *Goldnen Spiegel*. Dieser konkrete Wirkungsanspruch ergibt sich gerade auch aus dem Gattungssubstrat des Fürstenspiegels, das der politische Roman aktualisiert. So schöpft das politische Romangenre explizit aus Traditionen einer expositorischen Gattung, die brauchbares Herrschaftswissen vermitteln sollte;[17] entsprechend enthalten politische Romane zumeist ausgedehnte expositorische Passagen, die bisweilen die erzählerischen Elemente in den Hintergrund rücken lassen.

---

[13] Werner Frick: Providenz und Kontingenz. Untersuchungen zur Schicksalssemantik im deutschen und europäischen Roman des 17. und 18. Jahrhunderts. 2 Bde. Tübingen 1988 (Hermeae NF. Bd. 55). Bd. 1, S. 186.
[14] Das gilt auch nicht für alle einschlägigen Texte.
[15] Vgl. Albrecht von Haller: Fabius und Cato, ein Stück der Römischen Geschichte. Bern/Göttingen 1774, S. VII-IX: „Niemahls dachten wir, kan man den Fürsten genug wiederholen, ihr Glück bestehe in der Erfüllung ihrer großen Pflicht, im Glücke ihrer Unterthanen. Dennoch haben die wiederholten Ermahnungen eines Fenelons, eines Montesquiou [!], einigen Eindruk auf die Gemüther der Menschen, und selbst der Mächtigen gemacht. Wo man vormahls nur die Ehre des Königs nennen hörte, da wird der Nahmen des Vaterlandes nunmehr gehört. Große Fürsten nehmen sich vor, wie Väter zu herrschen, und einige davon erfüllen die Absicht. Vielleicht sind eben diese Vermahnungen auf deutsch, noch nicht oft genug, nicht lebhaft genug gegeben worden. Vielleicht ruft die wiederholte Stimme der Wahrheit die Fürsten von der Jagd, von den Tänzen, und der Musterung zurück in den Verhörsaal, und zur Arbeit eines Fürsten."
[16] Christoph Martin Wieland: Brief an Sophie La Roche, 22.6.1772. In: Wielands Briefwechsel. Bd. 4: Briefe der Erfurter Dozentenjahre. Bearbeitet von Annerose Schneider und Peter-Volker Springborn. Berlin 1979, S. 545.
[17] Vgl. Hans-Otto/Theo Stammen/Michael Philipp (Hrsg.): Fürstenspiegel der Frühen Neuzeit. Frankfurt am Main/Leipzig 1997 (Bibliothek des deutschen Staatsdenkens. Bd. 6).

Auch jenseits der nachweisbaren (nahezu standardisierten) Rezeption der politischen Romane in der Adelserziehung stellten die Texte wichtige Wissensspeicher für die Eliten im Fürstenstaat dar. Es handelt sich geradezu um Kompendien, die Elemente aus allen Bereichen der Staatswissenschaften in Romanhandlungen integrieren und überführen; sie stammen oftmals aus der Feder von Fürstenerziehern und Staatswissenschaftlern, also von ausgewiesenen Fachleute, die Literatur gleichermaßen als Anstoß für aufgeklärte Reform und als ihren literarischen Ausdruck begreifen: Wie kaum ein anderes narratives Genre ist der politische Roman mit dem Erziehungsoptimismus der Aufklärung verbunden. Dabei zielt er nicht nur funktional auf die Humanisierung und Rationalisierung von Herrschaft, sondern ist zugleich ein Medium der Repräsentation reformorientierter aufgeklärter Herrschaft, also ein wichtiges literarisches Element in der aufgeklärt-absolutistischen Selbstdarstellung.

1.1.2 Politischer Roman und höfisch-historischer Roman

Diese Nähe zu absolutistischer Repräsentation verbindet den politischen Roman mit Texten des 17. Jahrhunderts. Wollten Rezensenten das Genre abwerten, verglichen sie es oftmals mit dem Barockroman. So bezeichnet Thomas Abbt den *Psammitichus* von Justi als „egyptische Banise",[18] Johann Heinrich Merck fühlt sich durch die erzählte Welt von Behrischs *Farao für die Könige* an die Türme von Pegu erinnert.[19] Zwar sind diese Wertungen polemisch überspitzt, sie verweisen aber auf grundsätzliche Affinitäten: Denn zweifellos variiert der politische Roman Strukturen und Motive jener ‚hoher' Erzählformen, in denen seit jeher Fragen der Staatseinrichtung thematisiert wurden, und die der Repräsentation monarchischer Macht dienten.[20] Wenn August Bohse seine Übersetzung des *Télémaque* als „Staats-Roman" betitelt,[21] rückt er ihn damit in die Tradition des höfisch-historischen Romans, der ja auch (so Sigmund von Birken in der Vorrede zu Anton

---

18 Vgl. [Abbt: Rezension von Justi: Psammitichus], S. 255.
19 Vgl. [Johann Heinrich Merck: Rezension von] Farao für die Könige. In: Der Teutsche Merkur. 1. Vierteljahr 1777, S. 101f, hier S. 101.
20 Vgl. Volker Meid: Absolutismus und Barockroman. In: Wolfgang Paulsen (Hrsg.): Der deutsche Roman und seine historischen und politischen Bedingungen. München 1977, S. 57–72.
21 Vgl. Staats-Roman, Welcher unter der denckwürdigen Lebens-Beschreibung Telemachi Königl. Printzens aus Ithaca, und Sohns des Ulyssis vorstellet: Wie die Königl. und Fürstlichen Printzen zur Staats- Kunst- und Sitten-Lehre anzuführen/ durch Franciscum De Salignac De La Mothe-Fenelon, Ertz-Bischoffen zu Cambray, In Frantzösischer Sprache beschrieben, und aus derselben ins Deutsche übersetzet durch Talandern. Breslau 1700. Vgl. dazu Kap. 4.4 dieser Arbeit

Ulrichs *Aramena*) als „Staats-Lehrstul" aufgefasst wurde.[22] Auch in Bezug auf (die oft heliodorische) Struktur und das hohe Figureninventar liegen deutliche Affinitäten vor, nicht zuletzt auch in Hinblick auf die dargestellten öffentlich-politischen Handlungen. Tatsächlich steht mit John Barclays *Argenis* (1621, deutsch 1626 von Martin Opitz), am Beginn des höfisch-historischen Barockromans ein explizit politischer Text, der eine literarische Antwort auf die Konfessionskriege der Frühen Neuzeit gibt und – in Anlehnung an Jean Bodins Souveränitätstheorie – den monarchischen Absolutismus als nötiges Bollwerk gegen zersetzende Gewalt propagiert.[23] Daneben enthält die *Argenis* eine Reihe lehrhafter Gespräche, etwa „von den Fürstenthümern vnd Regierung deß Volckes",[24] die der Frage nach der besten Staatsform nachgehen. Barclays *Argenis*, die während des gesamten 18. Jahrhunderts hochgeschätzt wurde, ist ein Bezugspunkt der in dieser Arbeit behandelten Texte – bezeichnenderweise führt eine Neuübersetzung der *Argenis* aus dem Jahr 1770 den Untertitel „politischer Roman".[25]

Vor diesem Hintergrund lässt sich der politische Roman des 18. Jahrhunderts durchaus mit guten Gründen als Fortsetzung des hohen Barockromans sehen, und tatsächlich markieren die frühen deutschen Rezeptionszeugnisse zunächst keinen Unterschied. Wenn dennoch Fénelons *Télémaque* um die Jahrhundertmitte als Referenzpunkt eines Neubeginns diente, verdeutlicht, dass Traditionsbildung immer auch eine Konstruktionsleistung darstellt: Indem man sich auf Fénelons Text berief und diesen zugleich in die Nähe des antiken Epos rückte, war es möglich, die (eigentlich unübersehbaren) romanesken Traditionen in den Hintergrund zu rücken.

Zugleich lassen sich aber bezeichnende inhaltliche und formale Akzentverschiebungen zum höfisch-historischen Barockroman nicht verleugnen. Die Unterschiede liegen zunächst weniger in den Herrschaftsidealen – so wendet sich etwa Ziglers *Asiatische Banise* (1689) explizit gegen die unmoralische ‚italienische' Staatsräsonlehre und zeichnet in Gestalt des Usurpators Chaumigrem das

---

22 Vgl. auch die Vorrede zu Daniel Casper von Lohensteins *Arminius*, die erläutert, der Autor habe „unter dem Zucker solcher Liebes-Beschreibungen auch eine Würtze nützlicher Künste und ernthaffter Staats-Sachen" mit eingemischt. Zitiert nach Wilhelm Voßkamp: Romantheorie in Deutschland von Martin Opitz bis Friedrich von Blanckenburg. Stuttgart 1973 (Germanistische Abhandlungen. Bd. 40), S. 15.
23 Vgl. Susanne Siegl-Mocavini: John Barclays „Argenis" und ihr staatstheoretischer Kontext. Untersuchungen zum politischen Denken der Frühen Neuzeit. Tübingen 1999 (Frühe Neuzeit. Bd. 48).
24 Martin Opitz: Die Übersetzung von John Barclays Argenis. In: Ders.: Gesammelte Werke. Hrsg. von George Schulz-Behrend. Bd. 3.1/3.2. Stuttgart 1970, hier Bd. 3.1, S. 89.
25 Vgl. John Barclay: Argenis. Ein politischer Roman. Mit beygefügten Erklärungen aus der Geschichte seiner Zeit. Aus dem Lateinischen übersetzt. 2 Bde. Augsburg 1770.

Zerrbild eines Tyrannen, der seiner gerechten Strafe nicht entkommen kann –,[26] als vielmehr in dem Bild, das vom idealen Herrscher und seiner Herrschaftspraxis entworfen wird: Während die *Asiatische Banise* geradezu lustvoll die Verwüstung halb Asiens und die heroische Bewährung des Prinzen Balacin darstellt, zielen die politischen Romane des 18. Jahrhunderts auf die Pazifizierung und Humanisierung von Herrschaft.[27] Eben darin liegt die Bedeutung von Fénelons *Télémaque*, der ein christlich getöntes pazifistisches Heroismus-Ideal entwirft und propagiert.

Zu den affirmativ geschilderten Heldentaten gehören nun zivilisatorische Aktionen – also die Neugründung von Städten, Gesetzgebung, Förderung von Ökonomie und Landwirtschaft. Gerade diese Inszenierungen gradueller Reformen, die zuweilen mit erkennbarer Lust an kleinteiligem Perfektionismus in Szene gesetzt werden, trennen die Romane der Fénelon-Nachfolge vom höfisch-historischen Roman des Barock. Sie sind geprägt von Machbarkeitsfantasien, hinter denen sich bereits (mehr oder weniger deutlich artikulierte) Konzepte einer offenen Zukunft andeuten.[28] Auch das für den politischen Roman konstitutive Motiv der Fürstenerziehung und Herrscherberatung geht über den Barockroman hinaus – zumal Erziehung nicht nur Wissensvermittlung bedeutet, sondern grundsätzlich die „Frage nach dem Verhältnis von Kultur und Natur des Menschen" miteinschließt.[29]

Der politische Roman ist (zumindest über weite Strecken) ein vorsichtig optimistisches Genre. Eben dieser Optimismus macht ihn zu einer idealtypischen Gattung der Aufklärung, einer Aufklärungserzählung im doppelten Sinn: Einerseits gestalten die Romane modellhaft Prozesse der Verbesserung, Rationalisierung und Humanisierung, andererseits reflektieren sie die Bedingungen und Folgen dieser Modernisierung.

---

26 Vgl. zum politischen Gehalt der *Asiatischen Banise* die Ausführungen von Frick: Providenz und Kontingenz. Bd. 1, S. 58–73. Vgl. zu den machiavellistischen Traditionen Herfried Münkler: Im Namen des Staates. Die Begründung der Staatsraison in der Frühen Neuzeit. Frankfurt am Main 1987.
27 Vgl. Sven-Aage Jørgensen: Vom Fürstenspiegel zum Goldenen Spiegel. In: Klaus Garber (Hrsg.): Europäische Barock-Rezeption. Teil I. Wiesbaden 1991 (Wolfenbütteler Arbeiten zur Barockforschung. Bd. 20), S. 365–375.
28 Vgl. Daniel Fulda: Um 1700 begann die ‚offene Zukunft'. Zum Ausgang der Aufklärung von einer allgemeinen Unsicherheitserfahrung. In: Daniel Fulda/Jörn Steigerwald (Hrsg.): Um 1700: Die Formierung der europäischen Aufklärung. Zwischen Öffnung und neuerlicher Schließung. Berlin/Boston 2016 (Hallesche Beiträge zur europäischen Aufklärung. Bd. 55), S. 23–45.
29 Horst Möller: Vernunft und Kritik. Deutsche Aufklärung im 17. und 18. Jahrhundert. Frankfurt am Main 1986, S. 34.

1.2 Politisches Wissen und literarische Form

Der politische Roman ist also nur in Berücksichtigung seiner didaktischen Funktion adäquat zu erfassen. Im Hintergrund der Romane stehen klar umrissene, rhetorisch geprägte Vorstellungen über Literatur, die ihre Legitimation aus ihrem Nutzen bezieht, ein Umstand, der gerade für die kritisch betrachtete Romangattung eine Möglichkeit der Nobilitierung eröffnet. Die pragmatische Aufgabe des politischen Romans ist klar definiert: Die Gattung ist auf die Vermittlung, Reflexion und Kommentierung politischer Wissensbestände festgelegt, sie dient als „Forum [...], in dem sich die Gesellschaft über Politik, Herrschaftsformen, ethische Qualitäten der Herrschenden, über Umsetzbarkeit von Reformen und moderne Verwaltung" verständigen konnte.[30]

Der Begriff des politischen Romans, der sich in den 1770er Jahren durchsetzt, verweist auf eine moderne Definition, die Politik als „die Gesamtheit [...] der Merkmale, Prozesse und Strukturen, die den Staat ausmachen", auffasst.[31] Bis weit ins 18. Jahrhundert hinein bezeichnete Politik aber vor allem eine „Klugheitslehre für jedermann".[32] Gerade das unterscheidet den politischen Roman der Aufklärung von den sogenannten ‚politischen Romanen' von Autoren wie Christian Weise und anderen:[33] Denn während diese satirischen Texte der Jahre um 1700 gerade darauf abzielten, individuelle Selbstbehauptung in einer feindseligen Welt darzustellen und auf diese Weise der Welt den Spiegel vorzuhalten,[34] geht es

---

30 Ajouri: Probleme der Empirisierung einer Gattung, S. 299.
31 Wolfgang E. J. Weber: Politik. In: Enzyklopädie der Neuzeit. Bd. 10: Physiologie – Religiöses Epos. Stuttgart 2009, Sp. 88–106.
32 Ebd. – Vgl. Willibald Steinmetz (Hrsg.): „Politik". Situationen eines Wortgebrauchs im Europa der Neuzeit. Frankfurt am Main/New York 2007 (Historische Politikforschung. Bd. 17); vgl. auch Volker Sellin: Politik. In: Geschichtliche Grundbegriffe. Historisches Lexikon zur politisch-sozialen Sprache in Deutschland. Hrsg. von Otto Brunner, Werner Conze und Reinhart Koselleck. Bd. 4: Mi – Pre. Stuttgart 1978, S. 789–874. Diese ältere Bedeutung des Politikbegriffs stellt noch Adelung um 1800 ausführlich dar. Er erklärt, Politik sei „die Fertigkeit, alles was in der bürgerlichen Gesellschaft vorkommt, vernünftig zu beurtheilen, die nach den Verhältnissen der Staatsverbindung bestimmte Klugheit; die Staatsklugheit". In der Bestimmung einer Nähe zu „List, Verschlagenheit" wirken tradierte Negativwertungen nach (Johann Christoph: Grammatisch-kritisches Wörterbuch der Hochdeutschen Mundart. Bd. 3. Leipzig 1793, S. 803).
33 Vgl. Andrea Wicke: Die Politischen Romane, eine populäre Gattung des 17. Jahrhunderts. Was die Politica ist / das wollen itzt auch die Kinder wissen. Phil. Diss. Frankfurt am Main 2005, Gotthardt Frühsorge: Der politische Körper. Zum Begriff des Politischen im 17. Jahrhundert und in den Romanen Christian Weises. Stuttgart 1974.
34 Frühsorge: Der politische Körper, S. 11, der Weises Vorrede zum *Politischen Näscher* zitiert: Dort geht es um die Erhaltung des „Privat-Glücks"; das „als Ergebnis der kritisch-lehrreichen Beobachtungen aller möglichen Torheiten menschlichen Lebens" erscheint.

im politischen Roman des 18. Jahrhunderts um die Verbesserung der Welt durch staatliche Lenkung.[35]

Die Romane der zweiten Jahrhunderthälfte rekurrieren dabei auf die naturrechtlich fundierten Staatswissenschaften des 18. Jahrhunderts,[36] für die der Staat als „eine menschliche Anstalt zur Erreichung irdischer Glückseligkeit" fungierte.[37] Auf welche Weise dieser Staatszweck erreicht werden konnte, erläuterte das allgemeine Staatsrecht, das eine „Theorie der Staatssouveränität" enthielt und auch das Verhältnis von Obrigkeit und Untertan diskutierte,[38] etwa in Hinblick auf eventuell vorhandene Widerstandsrechte: „Das allgemeine Staatsrecht besteht also grundsätzlich in einer Lehre der Souveränität, die auf einer Idee des Vertrags beruht und sich als Vereinigung des Willens durch das repräsentative Handeln des Souveräns zusammenfassen läßt."[39] Das kann in unterschiedlichen Staatsformen verwirklicht werden; die Verfassungslehre geht noch immer „auf das aristotelische und polybianische Modell er drei gesunden und drei verdorbenen Regierungsformen zurück".[40]

Der ausübende bzw. praktische Teil des Staatsrechts umfasst Politik – hier in der gegenüber der aristotelischen Tradition verengten Bedeutung als „Regierungsklugheit"[41] – sowie Kameral- und Policeywissenschaften, die sich der inneren Einrichtung des Staats widmen. Gerade im deutschen Sprachraum wurde die Kameralwissenschaft zunehmend ausgeweitet und etwa von dem auch als Romanautor hervorgetretenen Justi bis hin zu einer umfassenden Staatstheorie

---

35 Auch in der zweiten Hälfte des 18. Jahrhunderts stehen divergierende Begriffsverwendungen nebeneinander. Vgl. die Analyse am Beispiel Wielands von Jutta Heinz: „In der That giebt es keine einfachere Wissenschaft als die Politik". Der politische Wieland. Skizze eines Forschungsprojekts. In: Wieland-Studien 9 (2016), S. 237–254.
36 Vgl. zu diesem groben Überblick Horst Möller: Vernunft und Kritik, S. 189–211; Merio Scattola: Politisches Wissen und literarische Form im *Goldnen Spiegel* Christoph Martin Wielands. In: Scientia Poetica 5 (2001), S. 90–121; Hans Maier: Die ältere deutsche Staats- und Verwaltungslehre (Polizeiwissenschaft). Ein Beitrag zur Geschichte der politischen Wissenschaft in Deutschland. Neuwied am Rhein/Berlin 1966 (Politica. Bd. 13); Jutta Brückner: Staatswissenschaften, Kameralismus und Naturrecht. Ein Beitrag zur Geschichte der Politischen Wissenschaft im Deutschland des späten 17. und frühen 18. Jahrhunderts. München 1977 (Münchener Studien zur Politik. Bd. 27); Axel Rüdiger: Staatslehre und Staatsbildung. Die Staatswissenschaft an der Universität Halle im 18. Jahrhundert. Tübingen 2005 (Hallesche Beiträge zur europäischen Aufklärung. Bd. 15). Differenziertere Verweise finden sich in den Interpretationskapiteln dieser Arbeit.
37 Scattola: Politisches Wissen und literarische Form, S. 94.
38 Ebd.
39 Ebd., S. 95.
40 Ebd., S. 96.
41 Ebd.

systematisiert. Den „historischen Teil" der Staatswissenschaften bilden Staatsgeschichte und Statistik (also beschreibende Staatenkunde).[42]

Bereits dieser grobe Überblick über die gängige Gliederung der Staatswissenschaften macht deutlich, worin Anknüpfungspunkte für Romanautoren liegen konnten, die zwischen Theorie und Praxis vermittelten: So waren bereits die Vertragsfiktionen des Naturrechts narrativ geprägt und waren leicht in eine veranschaulichende Erzählung zu überführen; auch die historische Entwicklung von Staaten ließ sich etwa in exotisierend-distanzierenden Versuchsanordnungen wie den Staatsgeschichte in Wielands *Goldnem Spiegel* oder in historischen Exempelerzählungen wie in den Romanen Hallers schildern. Schließlich bot es sich an, Reiseschilderungen zu nutzen, um die statistischen Elemente in Romanhandlung zu überführen; die Bildungsreisen, die für das Genre konstitutiv sind, stehen damit in enger Beziehung. Auf diesen Reisen wird der zu belehrende Prinz oftmals von einer Mentor-Figur begleitet; diese Konstellation der Fürstenerziehung und Fürstenberatung wird auch im theoretisch-philosophischen Diskurs der Zeit gefordert: So artikuliert auch Christian Thomasius die „Vorstellung einer philosophischen oder gelehrten Politikberatung als ein Modell aufgekärt-absolutistischer Politik".[43] Der politische Roman schildert nun sowohl die Möglichkeiten als auch die Schwierigkeiten gelehrter Politikberatung.

Die politische Ideengeschichte des 18. Jahrhunderts ist von einer großen Dynamik geprägt. Im Kontext dieser Arbeit sind besonders die Wandlungen im Naturrechtsdenken zentral. Während die „Kategorie des Vertrags" bis in die zweite Hälfte des 18. Jahrhunderts dazu diente, „einen radikalen Absolutismus zu begründen"[44] und das ältere Naturrecht die angeborenen Rechte des Menschen als veräußerlich begriff,[45] wird gegen Ende des Jahrhunderts der Bezug auf den Naturzustand des Menschen dazu genutzt, „Freiheit und Menschenrechte" gegen staatliche Macht einzufordern.[46] Diesen Wandel in der Vertragstheorie von Grotius und Pufendorf zu Rousseau vollziehen auch die politischen Romane nach, wie überhaupt der politische Roman um 1770 Ort einer intensiven und zum Teil polemischen Auseinandersetzung mit den Theorien des Genfer Philosophen wird. Generell spielt der politische Roman eine wichtige Rolle im französisch-deut-

---

42 Ebd., S. 97.
43 Frank Grunert: Normbegründung und politische Legitimität. Zur Rechts- und Staatsphilosophie der deutschen Frühaufklärung. Tübingen 2000 (Frühe Neuzeit. Bd. 57), S. 281.
44 Diethelm Klippel: Politische Freiheit und Freiheitsrechte im deutschen Naturrecht des 18. Jahrhunderts. Paderborn 1976 (Rechts- und Staatswissenschaftliche Veröffentlichungen der Görres-Gesellschaft. Neue Folge. Bd. 23), S. 46.
45 Ebd., S. 75.
46 Ebd., S. 125.

schen ‚Theorietransfer'. Neben Rousseau sind vor allem Montesquieus *Esprit des lois* und die physiokratische Wirtschaftstheorie zu nennen. Das verdeutlicht nicht nur die Detailkenntnisse der Autoren, sondern verweist zugleich darauf, dass der Roman als wichtiges Instrument praktischer Aufklärung begriffen wurde. Die politischen Romane der Aufklärung erschöpfen sich keineswegs in abstrakten und vermeintlich bequemen Tugendforderungen, sondern partizipieren an einem hochspezialisierten literarisch-politischen Diskurs. Bereits die Tatsache, dass in Romanen staatstheoretisches Wissen zur Diskussion gestellt und mit der Erziehung des Thronfolgers unmittelbar (und oftmals kritisch) auf Vorgänge bei Hof rekurriert wurde, belegt ein genuin aufklärerisches Anliegen: Die politischen Romane distanzieren sich so von einer machiavellistischen Politik der Staatsräson und der Arcana Imperii und tragen programmatisch zu einem öffentlichen Diskurs über Herrschaft und Reform bei.[47]

All diese hier skizzierten Themenbereiche finden Eingang in die politische Romanliteratur der Aufklärung. Nimmt man die Texte als Ideenträger ernst, muss zunächst danach gefragt werden, welche Wissensbestände aufgenommen, verarbeitet und transformiert werden. Zudem ist zu berücksichtigen, auf welche Weise das geschieht, um dann die Schreibweisen politischen Erzählens klarer fassen zu können. Die Studie verfolgt einen intentionalistischen Ansatz,[48] der darauf abzielt, die Relationen zwischen textuellen Aussagen und dem (im weiten Sinn) politischen Diskurs „durch den Rekurs auf die Kenntnisse und die angenommenen Intentionen des Autors des literarischen Textes" plausibel zu machen,[49] sofern dies möglich ist.[50] Dieser Ansatz steht in Verbindung mit gattungshistorischen Kontexten, rückt doch mit dem politischen Roman ein Textkorpus ins Zentrum, das für Zeitgenossen auf die Vermittlung politischer Wissensbestände festgelegt ist. In diesem Zusammenhang muss auch die gattungstheoretische Diskussion des 18. Jahrhunderts berücksichtig werden, die immer wieder versucht, den Ort des politischen Romans systematisch zu bestimmen und dabei auch die mögliche Funktion der Gattung diskutiert. Daran

---

47 Vgl. Herfried Münkler: Staatsraison und politische Klugheitslehre. In: Iring Fetscher/Herfried Münkler (Hrsg.): Pipers Handbuch der politischen Ideen. Bd. 3: Neuzeit: Von den Konfessionskriegen bis zur Aufklärung. München/Zürich 1985, S. 23–72.
48 Vgl. Werner Strube: Die literaturwissenschaftliche Textinterpretation. In: Paul Michel/Hans Weder (Hrsg.): Sinnvermittlung. Studien zur Geschichte von Exegese und Hermeneutik I. Zürich 2000, S. 43–69.
49 Olav Krämer: Intention, Korrelation, Zirkulation. Zu verschiedenen Konzeptionen der Beziehung zwischen Literatur, Wissenschaft und Wissen. In: Tilmann Köppe (Hrsg.): Literatur und Wissen. Theoretisch-methodische Zugänge. Berlin/New York 2011 (linguae & litterae. Bd. 4), S. 77–115, hier S. 80.
50 Dabei sind durchaus Übergänge zu Arten der Korrelation denkbar. Vgl. ebd., S. 85–98.

anschließend ist nach der spezifischen Vermittlungsleistung zu fragen: Besteht ein Zusammenhang zwischen Formgebung und politischen Wissensbeständen? Dienen die Texte lediglich der Einkleidung von Lehrsätzen oder besteht ein dynamisches Verhältnis zwischen Ideengehalt und ästhetischer Überformung? Schließlich vermag der Roman diese Wissensbestände nicht nur expositorisch zu vermitteln, sondern von ihrer Realisierung zu erzählen, Exempel guter und schlechter Herrschaft zu bieten, dialogisch strukturiert vermeintliche Gewissheiten in Fragen zu stellen und durch editoriale Rahmung Inhalte zu beglaubigen oder zu problematisieren. Damit kann der politische Roman politisches Wissen synthetisieren, popularisieren, aber auch durch Kontrastbildung zur Kritik nutzen. Der Untersuchungszeitraum dieser Arbeit, der immerhin ein knappes Jahrhundert umfasst, erlaubt zugleich den diachronen Nachvollzug literarischer Entwicklungen und Darstellungsverfahren.

1.3 Zum Forschungsstand

Trotz der zweifellos vorhandenen großen Relevanz des Textkorpus tat sich die Literaturwissenschaft lange Zeit schwer mit dem politisch-didaktischen Roman. Ähnliches gilt für die politische Ideengeschichte, die – besonders im angelsächsischen Raum – erst in den letzten Jahrzehnten die Relevanz dieser erzählenden Texte erkannt hat.[51] Die hier analysierten Romane fallen in den Zuständigkeitsbereich der Politikwissenschaft, Rechtsgeschichte, Wirtschaftswissenschaften sowie der Literaturwissenschaft: Sie partizipieren also an verschiedenen Diskursen und Wissenskulturen – und das hat ihrer wissenschaftlichen Aufarbeitung eher geschadet. Während sich die politische Ideengeschichte verständlicherweise für den Gehalt der Texte interessierte und die Romane ohne Berücksichtigung der ästhetischen Dimension als Ideenträger begriff (und begreift),[52] hatte die Literaturwissenschaft lange Zeit Probleme mit diesem Romantypus (wie mit didaktischer Literatur generell). Auch die sozialgeschichtlich ausgerichtete Forschung tat sich schwer mit den politischen Romanen, weil sie die Erziehung von Thronfolgern ins Zentrum stellten und ‚bürgerliche' Themen, wenn überhaupt, dann am

---

[51] Vgl. etwa Istvan Hont: Jealousy of Trade. International Competition and the Nation-State in Historical Perspective. Cambridge, Mass./London 2005, der Fénelons Télémaque als politikhistorische Quelle hinzuzieht. Vgl. auch die Literaturangaben in den Interpretationskapiteln.
[52] Diese Sichtweise beginnt bereits mit Herbert von Mohl, der in seinen folgenreichen Ausführungen über die „Staatsromane" primär utopische Texte subsumiert. Vgl. Herbert von Mohl: Die Staatsromane. Ein Beitrag zur Literaturgeschichte der Staatswissenschaften. In: Zeitschrift für die gesamte Staatswissenschaft 2 (1845), S. 24–74.

Rande behandelten. Texte, die in ihrer Mehrzahl den aufgeklärten Absolutismus propagierten, passten nicht recht in das Fortschrittsnarrativ bürgerlicher Emanzipation, wie es der Roman der Aufklärung zu erzählen hatte.[53] Allenfalls ließ sich die Gattung als Einfallstor ‚bürgerlicher' Moral in die höfische Sphäre retten[54] – wobei es sich aber, wie in dieser Arbeit zu zeigen sein wird, zumeist um Fehlschlüsse handelte. Diese Gemengelage dürfte dafür verantwortlich sein, dass zwar verdienstvolle Einzelstudien zu etlichen hier behandelten Autoren und Werken vorliegen,[55] eine valide gattungshistorische Darstellung des politischen Romans in der deutschsprachigen Literatur aber noch aussteht.

Den nach wie vor besten Überblick über wesentliche Texte des Genres bietet Hans-Jürgen Schings, der (notwendigerweise stark verknappt) die Leitlinien politischen Erzählens in der Aufklärung skizziert und dabei besonders die Bedeutung des politischen Romans für die Genese des Bildungsromans betont.[56] In seiner hilfreichen und umfassenden Studie über den *Fürstenspiegel als Roman* listet Wolfgang Biesterfeld zwar die meisten einschlägigen französischen und deutschsprachigen Texte in ausführlichen Inhaltsangaben auf, allerdings führt sein Interesse für das Motiv der Erziehung dazu, dass er wesentliche Aspekte der Romane (so gerade ihren politischen Gehalt) weitgehend ignoriert.[57] Ungleich qualitätsvoller ist die monumentale Studie von Christoph Schmitt-Maaß über die deutsche Rezeption des *Télémaque*,[58] für die aber Gattungsfragen aber nur Rande eine Rolle spielen und die zudem begreiflicherweise nur solche Texte behandelt, die sich explizit auf den *Télémaque* beziehen und so die deutschsprachige Gattungsentwicklung nur ausschnitthaft beleuchtet.

---

53 Vgl. exemplarisch Bernhard Spies: Politische Kritik, psychologische Hermeneutik, ästhetischer Blick. Die Entwicklung bürgerlicher Subjektivität im Roman des 18. Jahrhunderts. Stuttgart 1992 (Germanistische Abhandlungen. Bd. 73), der trotz eines problematischen Gesamtrahmens valide Aussagen über die Texte macht.
54 So etwa Dietrich Naumann: Politik und Moral. Studien zur Utopie der deutschen Aufklärung. Heidelberg 1979 (Frankfurter Beiträge zur Germanistik. Bd. 15).
55 Vgl. die Anmerkungen in den Interpretationskapiteln.
56 Vgl. Hans-Jürgen Schings: Der Staatsroman im Zeitalter der Aufklärung. In: Helmut Koopmann (Hrsg.): Handbuch des deutschen Romans. Düsseldorf 1983, S. 151–169.
57 Vgl. Wolfgang Biesterfeld: Der Fürstenspiegel als Roman. Narrative Texte zur Ethik und Pragmatik von Herrschaft im 18. Jahrhundert. Baltmannsweiler 2014.
58 Vgl. Christoph Schmitt-Maaß: Fénelons „Télémaque" in der deutschsprachigen Aufklärung (1700–1832). Berlin/Boston 2018 (Frühe Neuzeit. Bd. 220).

1.4 Zum Gang der Untersuchung

Diese oben skizzierte Lücke soll die vorliegende Arbeit schließen. Dabei geht es nicht darum, die deutsche Rezeption französischer Prätexte ein weiteres Mal zu konstatieren, sondern um eine Analyse ihrer produktiven und kreativen Anverwandlung und Fortschreibung. Mit Wilfried Barner ist von einer spezifischen Art des ‚Traditionsverhaltens' zu sprechen,[59] dessen Dynamik sich mit dem Begriff der Rezeption kaum fassen lässt. Dementsprechend steht hier nicht der ‚Einfluss' französischer Texte auf die deutschsprachige Literatur im Mittelpunkt, sondern ihre produktive Rezeption in all ihrer „notwendige[n] Spielfreiheit".[60]

Um die Spezika der Transformationen in den Blick zu bekommen, ist es einerseits unumgänglich, die Linie zu rekonstruieren, die von Fénelons *Télémaque* und dessen französischen Nachfolgern über Loen, Justi, Haller und Wieland bis hin zu Knigge und Klinger führt. Andererseits wird das *proprium* dieser Untergattung nur im Zusammenhang mit anderen Schreibweisen fassbar: Gerade die Phase der beginnenden produktiven Rezeption zeichnet sich durch hybride Erzählformen aus. Die Frühgeschichte des politischen Romans ist auch deshalb derart vielgestaltig, weil sie in einen Zeitraum fällt, in dem die Bestimmung der Romangattung erst ausgehandelt wird. Hybridformen finden sich auch vermehrt in den letzten Jahrzehnten des Jahrhunderts, als auf Basis eines festen ‚Gattungswissens' vielfach die Formen experimentell und spielerisch aufgelöst werden und Strukturen und Motive des politischen Romans in Bildungsromane, Zeitromane, Geheimbundromane und in den im Entstehen begriffenen historischen Roman integriert werden.

Da es zunächst um die Rekonstruktion einer Gattungsentwicklung geht, bietet sich eine weitgehend chronologische Gliederung des reichen Materials an. Am Beginn steht eine eingehende Analyse der gattungskonstituierenden Trias von Fénelon, Ramsay und Terrasson, die zeigt, wie mit Fénelons *Télémaque* ein in vielerlei Hinsicht traditionsverhafteter Text der Frühen Neuzeit nicht zuletzt wegen seiner Skandalisierung als Neubeginn wahrgenommen wurde.

Dabei lassen sich *drei Phasen der Rezeption und Transformation* des politischen Romans identifizieren, die auch die Anordnung der Kapitel prägt. Während die *erste Phase (ca. 1700–1760)* der deutschen Auseinandersetzung mit dem politischen Roman zunächst von theoretischen Annäherungen, gerade auch im

---

59 Vgl. Wilfried Barner: Einleitung. In: Ders. (Hrsg.): Tradition, Norm, Innovation. Soziales und literarisches Traditionsverhalten in der Frühzeit der deutschen Aufklärung. München 1989 (Schriften des Historischen Kollegs. Kolloquien. Bd. 15), S. IX-XXIV, der den „Prozeßcharakter sowohl des Überliefens als auch des je und je neuen Traditionshandelns" betont (ebd., S. XIV).
60 Ebd., S. XV.

Umkreis einer großen Zahl von Übersetzungen aus dem Französischen, geprägt ist, ehe Johann Michael von Loen in seinem *Redlichen Mann am Hofe* (1740) den Versuch einer eigenständigen Transformation des *Télémaque* unternimmt, die aber zunächst folgenlos bleibt, nimmt in der *zweiten Phase (ca. 1760–1780)* die produktive literarische Rezeption und Transformation des Fénelon'schen Vorbilds im Rahmen der Selbstdarstellung und Reflexion des aufgeklärten Absolutismus einen bedeutenden Raum ein. Sie steht im Zeichen einer Systematisierung und Verwissenschaftlichung, aber auch der allmählichen Integration anthropologischer Problemstellungen, die namentlich für Wielands *Goldnen Spiegel* zentral sind. Zugleich gerät der politische Roman unter Rechtfertigungsdruck. In dem Maß, in dem didaktische Gattungen fragwürdig werden und vom Roman psychologischer Realismus gefordert wird, sieht sich auch der politische Roman in der Defensive. Die Kritik an den Romanen gilt aber zumeist nicht ihrem Inhalt, sondern einer als zunehmend unmodern empfundenen Form. Denn ironischerweise wird der politische Roman zu dem Zeitpunkt zu einem ästhetischen Problem, als seinen Inhalten allgemeine Relevanz zugebilligt wird.

Dennoch erlebt der politische Roman gegen Ende des Jahrhunderts eine letzte Blüte: Wielands *Goldner Spiegel* wird prägend für eine Reihe von Texten, die um 1790 den politischen Roman im Zeichen einer zunehmend skeptischen Anthropologie transformieren. Wie kaum eine andere Gattung wird der politische Roman in einer *dritten Phase (ca. 1780 bis 1800)* zum Medium der Selbstreflexion der Aufklärung. In dem Maße, in dem grundlegende Zweifel an der Reformfähigkeit des aufgeklärten Absolutismus erstarken, wird die Gattung offen für zum Teil einschneidende radikale Variationen. Diese Tendenz setzt bereits mit den Geheimbundromanen der 1780er Jahre ein – zu nennen sind insbesondere Meyerns *Dya-Na-Sore* und Schillers *Geisterseher*-Fragment, die in der Tradition von Terrassons *Sethos* politisches Handeln in der Sphäre von Geheimgesellschaften ansiedeln. Wie kaum ein anderes Romangenre begleitet der politische Roman die Französische Revolution und wird in diesem Zusammenhang zum romanhaften Zeitkommentar. Während Johann Friedrich Ernst Albrecht in seinem Roman *Uranie, Königin von Sardanapalien* bereits 1790 die Ereignisse der Revolution als Schlüsselroman darstellt, nutzt Adolph Freiherr Knigge im selben Jahr in *Benjamin Noldmann's Geschichte der Aufklärung in Abyssinien* die tradierten Strukturen des Fénelon'schen Romans, um die Notwendigkeit demokratischer Reformen zu unterstreichen. Endpunkt der aufklärerischen Fürstenerziehung ist bei Knigge die Selbstabschaffung der Monarchie – ein Umstand, der bei Wieland trotz aller Andeutungen noch undenkbar war.

Es wäre wenig zielführend, alle Texte, die in irgendeiner Weise einschlägig sind, erschöpfend zu behandeln.[61] Vielmehr geht es um eine repräsentative Auswahl, die in einem gründlichen *close reading* sowohl auf ihre Schreibweisen als auch auf die Integration und Fortschreibung politischer Wissensbestände hin befragt werden soll. Eine solche Perspektive erfordert notwendig eine komparatistische Weitung des Blicks, stammen doch die bis zuletzt wirksamen ‚Muster' aus der französischen Literatur. Dabei kann von vollständigen Übernahmen der französischen Muster nicht die Rede sein, zu unterschiedlich sind die Rahmenbedingungen im Alten Reich und im Frankreich des 18. Jahrhunderts. Ungeachtet aller Gemeinsamkeiten unterscheidet sich die politische Theorie des deutschen Fürstenstaates, also der Kameralismus, vom französischen Merkantilismus; die Kleinteiligkeit deutscher Verhältnisse schlägt sich auch im Adressatenkreis der Texte nieder, wie überhaupt die Diversität an Regierungsformen, wie sie deutschsprachigen Lesern vor Augen steht, zu inhaltlichen Verschiebungen führt: Deutschsprachige politische Romane reagieren auf Konfessionskonflikte ebenso wie auf Probleme patrizisch verfasster Stadtstaaten – und gegen Ende des Jahrhunderts nicht nur auf die Französische Revolution, sondern gleichermaßen auf die Krise des Alten Reichs. Die Adaptionen des politischen Romans in der deutschsprachigen Literatur lassen sich also am sinnvollsten als Bestandteile eines Kulturtransfers beschreiben, der starre Entitäten auflöst.[62] Diese Transfer- und Übersetzungsprozesse bringen Variationen sowohl in formaler (Gattungsmuster) als auch in inhaltlicher (politische Theorie) Hinsicht mit sich. Im Rahmen gewisser Grundkonstanten (besonders das Beharren auf einer Moralisierung der politischen Sphäre) umfassen die politischen Romane ein großes inhaltliches Spektrum, das politische Theorie, historisches Wissen, theologisches Denken, Geschichtsphilosophie und Anthropologie umfasst.

Der politische Roman ist Teil des Elitendiskurses über Erziehung und Staatsverbesserung – eines Diskurses, dessen deutliches kritisches Potenzial lange Zeit systemimmanent bleibt und das Projekt einer Aufklärung von oben zwar im Detail mit schonungsloser Offenheit, im Hinblick aufs Ganze aber stabilisierend begleitet. Der politische Roman ist dabei sowohl Erziehungsmanual als auch Wissenskompendium – und immer auch ein Experimentierfeld, um im

---

61 Vgl. die weitgehend vollständige Auflistung bei Biesterfeld: Der Fürstenspiegel als Roman, S. IXf.
62 Vgl. Michel Espagne/Michael Werner: Deutsch-französischer Kulturtransfer als Forschungsgegenstand. Eine Problemskizze. In: Michel Espagne/Michael Werner (Hrsg.): Transferts. Les rélations interculturelles dans l'espace Franco-Allemand (XVIIIe et XIXe siècle). Paris 1988, S. 11–34.

Gewand der Fiktion Modelle politischen Handelns und seiner Konsequenzen zu entwerfen und bis in Extremsituationen durchzuspielen.

2 Die Genese einer Gattung (1699–1732)

Am Beginn des politischen Romans der Aufklärung steht mit Fénelons *Aventures de Télémaque* einer der wirkmächtigsten belletristischen Texte überhaupt. Dass dieses Werk in kurzer Zeit gattungsprägend wirken konnte, ist ein untrügliches Indiz dafür, dass der *Télémaque* die Bedürfnisse einer weiten Leserschaft erfüllte – möglicherweise gerade deshalb, weil das hybride Gebilde, um dessen Gattungszugehörigkeit seine ersten Leser fruchtbar stritten, sich eindeutigen Zuordnungen entzog und so sowohl inhaltlich als auch ästhetisch unterschiedliche Anknüpfungspunkte bot. Indem sein Verfasser, der katholische Erzbischof und Prinzenerzieher, den man kaum als aufgeklärt bezeichnen würde,[1] zum Heros der Aufklärung stilisiert wurde, rückte sein in vielfacher Hinsicht traditionsverhaftetes Werk für seine Rezipienten an den Beginn einer neuen literarischen Tradition und wurde zum Anknüpfungspunkt für innovative Romanexperimente, die von Beginn an gleichermaßen von Traditionsbewusstsein und Transformationsdynamik geprägt sind. Diese spannungsvolle Konstellation gilt bereits für die gattungskonstituierende Trias aus François Fénelons *Aventures de Télémaque*, Andrew Michael Ramsays *Voyages de Cyrus* und Jean Terrassons *Sethos*, die im Zentrum der folgenden Ausführungen steht.

Die ‚Frühgeschichte' des politischen Romans wirft nicht nur ein Licht auf thematische Schwerpunkte – also die Genese einer Gattung aus Krisenerfahrungen –, sondern zeigt zugleich, wie sich in der Adaption und Modifikation antiker wie moderner Erzählmuster eine spezifische Romanform ausbildet, die bis ans Ende des 18. Jahrhunderts weiter tradiert und variiert wird. Die von Fénelon verhandelten Themen – Erziehung und politische Reform – prägen in unterschiedlicher Weise eine Gattung, die literarische Fiktion als Medium politischer Reflexion nutzt.

---

[1] Vgl. Christoph Schmitt-Maaß/Stefanie Stockhorst/Doohwan Ahn: Introduction: Early Modernism, Catholicism and the Role of the Subject – Fénelon as a Representative of the Age of Enlightenment. In: Doohwan Ahn/Christoph Schmitt-Maaß/Stefanie Stockhorst (Hrsg.): Fénelon in the Enlightenment: Traditions, Adaptations, and Variations. Amsterdam/New York 2014 (Internationale Forschungen zur Allgemeinen und Vergleichenden Literaturwissenschaft. Bd. 178), S. 13–24. Vgl. auch die Forschungsberichte in Henk Hillenaar (Hrsg.): Nouvel état présent des travaux sur Fénelon. Amsterdam/Atlanta 2000.

2.1 Die Geburt des politischen Romans aus der Krise des Absolutismus. Fénelons *Aventures de Télémaque* (1699/1717)

Fénelons *Aventures de Télémaque*,[2] einer der im Europa des 18. Jahrhunderts meistgelesenen und -übersetzten Romane,[3] gelangte vermutlich nur durch ein Versehen zur Publikation.[4] In erster Linie handelt es sich bei dem epischen Text um ein Hilfsmittel zur Fürstenerziehung. Fénelon verfasste ihn weitgehend zwischen 1694 und 1696 für den Duc de Bourgogne, den Enkel Ludwigs XIV., als dessen Erzieher er seit 1689 tätig war.[5] Er gehört also in den Kontext von Fénelons didaktischen Schriften (etwa den Fabeln und den Totengesprächen), die allesamt auf den jungen Zögling ausgerichtet waren. Darin liegt nichts Ungewöhnliches, schließlich verfassten Erzieher oftmals selbst die Texte, die sie zur Unterweisung ihrer Zöglinge benutzten.[6] Auch die Hybridform des *Télémaque*, die Elemente von Epos und Roman mit denen des Fürstenspiegels verbindet, ist zunächst als Gebrauchstext zu verstehen, der allerdings rasch aus diesen ursprünglichen Kontexten gelöst wurde.

---

2 Vgl. Fénelon: Les Aventures de Télémaque. Texte établi avec introduction, chronologie, notes, choix de variantes et bibliographie par Jeanne-Lydie Goré. Paris 1987.
3 Vgl. zur französischen Rezeption die Studie von Albert Chérel: Fénelon au XVIIIe siècle en France (1715–1820). Son prestige – son influence. Paris 1917; für Deutschland vgl. Leo Just: Fénelons Wirkung in Deutschland. Umrisse und Beiträge. In: Johannes Kraus/Joseph Calvet (Hrsg.): Fénelon. Persönlichkeit und Werk. Festschrift zur 300. Wiederkehr seines Geburtstages. Baden-Baden 1953, S. 35–62; Wolfgang Bensiek: Die ästhetisch-literarischen Schriften Fénelons und ihr Einfluß in der ersten Hälfte des 18. Jahrhunderts in Deutschland. Phil. Diss. Tübingen 1972; Schmitt-Maaß: Fénelons „Télémaque" in der deutschsprachigen Aufklärung; Peter Drews: Die slavischen Abenteuer des Telemach (1715–1815). In: Zeitschrift für slavische Philologie 52 (1992), S. 231–56. Wichtige Aspekte der Fénelon-Rezeption in komparatistischer Perspektive beleuchtet der Sammelband von Doohwan Ahn/Christoph Schmitt-Maaß/Stefanie Stockhorst (Hrsg.): Fénelon in the Enlightenment: Traditions, Adaptations, and Variations. Amsterdam/New York 2014 (Internationale Forschungen zur Allgemeinen und Vergleichenden Literaturwissenschaft. Bd. 178).
4 Gegenüber Le Tellier beruft sich Fénelon auf den Übereifer eines Kopisten. Vgl. Fénelon au P. Le Tellier, Jésuite. In: Œuvres complètes de Fénelon. Bd. 7. Paris 1850, S. 661–666, hier S. 665: „Tout le monde sait qu'il ne m'a échappé que par l'infidélité d'un copiste."
5 Vgl. zu Fénelon als Erzieher die Studie von Marguerite Haillant: Culture et imagination dans les œuvres de Fénelon „ad usum delphini". Paris 1982/1983 (Collection d'histoire et de littérature françaises).
6 Vgl. Robert Granderoute: Le roman pédagogique de Fénelon à Rousseau. Bern 1983, S. 49.

In antikem Setting erzählt der Text von einer Bildungsreise, die zugleich Seelenreise ist:[7] Der junge Télémaque sucht in Begleitung des weisen Mentor, hinter dem sich die Göttin Minerva verbirgt, nach seinem Vater Odysseus und macht unterwegs die Erfahrungen, die ihm als künftigen Herrscher nützen können. Tief verwurzelt in rhetorischen Traditionen der Exempellehre arrangiert der Text beispielhafte Konstellationen, an denen der Protagonist nicht nur sein Wissen erweitert, sondern zuallererst die moralischen Qualitäten erwirbt und verinnerlicht, die ihn zur Herrschaft qualifizieren: Der *Télémaque* propagiert ein christliches Herrscherethos und leitet daraus konkrete Reformvorschläge für den Staat ab.[8]

Die Publikation, die etwa zeitglich mit der Verurteilung von Fénelons *Maximes des saints* erfolgte,[9] beendete die höfische Karriere des Erzbischofs von Cambrai, der ohnehin wegen seiner Parteinahme für die Mystikerin Jeanne de Guyon unter massiven Rechtfertigungsdruck geraten war.[10] Etliche Zeitgenossen, wohl auch Ludwigs XIV. selbst, sahen in den *Aventures de Télémaque* eine bittere Satire auf die Herrschaft des Sonnenkönigs.[11] Zwar distanzierte sich Fénelon von der satirischen Interpretation seines Textes,[12] wenn man aber um den 1695, also zur Entstehungszeit des *Télémaque* verfassten bitteren Brief an Ludwig XIV. sowie

---

7 Vgl. Jeanne-Lydie Goré: Le ‚Télémaque', périple odysséen ou voyage initiatique? In: Cahiers de l'Association internationale des études françaises 15 (1963), S. 59–78, hier S. 61: „Selon un schéma fantastique le périple odysséen et l'initiation mystique du fils d'Ulysse se développent donc parallèlement jusqu'à ce qu'ils se croisent. L'espace ainsi défini n'est point une Méditerranée plane mais un univers à plusieurs dimensions où se mêlent confusément l'humain et le divin, la mythologie et la mystique, le retour en Ithaque et l'approche des Champs Élysées, la crainte de l'immortalité et le désir d'éternité."
8 Vgl. Volker Kapp: Télémaque de Fénelon. La signification d'une œuvre littéraire à la fin du siècle classique. Tübingen 1982 (Etudes littéraires françaises. Bd. 24), S. 134.
9 Vgl. zu dieser Koinzidenz ebd., S. 125. Vgl. auch den ‚Jubiläumssammelband' von François-Xavier Cuche/Jacques Le Brun (Hrsg.): Fénelon. Mystique et Politique (1699–1999). Actes du colloque international de Strasbourg pour le troisième centenaire de la publication du *Télémaque* et de la condamnation des *Maximes des Saints*. Paris 2004 (Colloques, congrès et conférences sur le Classicisme. Bd. 4).
10 Einen guten Überblick über Entstehung und Rezeption bei Jeanne-Lydie Goré: Introduction. In: Fénelon: Les Aventures de Télémaque, S. 9–94.
11 Vgl. Richard Saage: Utopie als „Fürstenspiegel". Zu Fénelons „Die Abenteuer des Telemach". In: UTOPIE kreativ 95 (1998), S. 66–77, hier S. 67: „Vor allem mußte er [Ludwig XIV., C. M.] es zulassen, daß die aufklärerische Opposition in Frankreich sie umgehend als ein Lehrstück fortschrittlicher Absolutismuskritik für sich reklamierte. Tatsächlich gibt es im 18. Jahrhundert kaum einen kritischen Schriftsteller von Rang, der sich nicht auf Fénelons ‚Telemach' beruft: eine Lesart, die bis auf den heutigen Tag Anhänger hat."
12 Vgl. Fénelon: Au P. Le Tellier, Jésuite, S. 665.

um die späteren politischen Denkschriften des Klerikers weiß, kann kaum ein Zweifel daran bestehen, dass die im Roman entfaltete Programmatik kritisch auf die Herrschaft Ludwigs XIV. reagiert und ein alternatives Programm für die Zeit nach Ludwig XIV. entwirft, dem der Dauphin folgen sollte. Noch 1699 wurde Fénelon seines Erzieheramtes enthoben und vom Hof entfernt, setzte aber bis zu dessen Tod im Jahr 1712 große Hoffnungen in seinen Zögling.[13] Der Erfolg des verbotenen *Télémaque* wurde davon nicht berührt, ganz im Gegenteil sicherte die Stilisierung Fénelons zu einer Märtyrerfigur dem Werk seine große, von Beginn an auch internationale Resonanz: Die Skandalisierung war ein ausschlaggebender Faktor für den Erfolg des Werks. Erst 1717 erschien postum eine Ausgabe, die den Intentionen Fénelons entsprochen haben dürfte.[14]

Der *Télémaque* wurde auch deshalb zu einem literarischen Ereignis allerersten Ranges, weil er seine Rezipienten in mehrfacher Hinsicht vor Probleme stellte: Handelte es sich um eine Satire auf Ludwig XIV. oder um den zeitlos gültigen Versuch, das Idealbild eines christlichen Herrschers zu entwerfen? Lag der Schwerpunkt des Textes überhaupt auf der Staatskunst, oder hatte der Geistliche Fénelon eine Erzählung mit primär theologischem Schwerpunkt entworfen? Und um welche Art von Text handelte es sich überhaupt – um ein Epos, wie der Untertitel suggerierte, oder nicht doch eher um einen Roman in der Tradition Heliodors und Madeleine de Scudérys? In den Interpretationen wie den Transformationen des *Télémaque* vermischen sich ästhetische mit pragmatischen Fragen; beide Bereiche bedingen einander: Verstand man den Text als satirischen Schlüsselroman, mussten sowohl der Verfasser als auch ähnliche Werke in einem schlechten Licht erscheinen, betonte man hingegen die programmatische Orientierung am Epos, ließ sich der *Télémaque* als überzeitlich gültige allegorische Dichtung verteidigen. Überdies war es so möglich, zugleich ein ganzes Genre aufzuwerten.

2.1.1 Homerisierendes Erzählen. Fénelons Erzählprogramm

Fénelon selbst unterstrich die epische Dignität seines Textes. So bezeichnete er 1710 den *Télémaque* in einem vielzitierten Brief an den Jesuiten Le Tellier als „une narration fabuleuse en forme de poème heroïque, comme ceux d'Homère et de Virgile où j'ai mis les principales instructions qui conviennent à un prince que sa

---

13 Vgl. Goré: Introduction, S. 36.
14 Vgl. zur Editionsgeschichte Jeanne-Lydie Goré: Bibliographie. In: Fénelon: Les Aventures de Télémaque, S. 95–108, hier S. 96–102.

naissance destiné à régner".¹⁵ Auch wenn diese Äußerung als nachträgliche Rechtfertigung verstanden werden kann, verweist sie doch auf einen für Fénelon wesentlichen literarischen Bezugspunkt: Über lange Jahre hinweg beschäftigte er sich intensiv mit Homers *Odyssee*, verfasste eine ausführliche Inhaltsangabe der Gesänge eins bis vier und elf bis 24 sowie eine französische Übertragung der Gesänge fünf bis zehn.¹⁶ Sowohl das *Précis de l'Odyssée* als auch die Übersetzung nehmen die moraldidaktischen Tendenzen des *Télémaque* vorweg und verdeutlichen so, worin für Fénelon die Anziehungskraft des antiken Epos lag.¹⁷ In dem einige Jahre vor seinem Tod entstandenen Brief an die Académie française fasste Fénelon noch einmal seine Wertschätzung für Homer zusammen: „Cette simplicité de moeurs semble ramener à l'âge d'or. [...] Les vains préjugés de notre temps avilissent de telles beautés: mais nos défauts ne diminuent point le vrai prix d'une vie si raisonable et si naturelle."¹⁸ Die homerische Einfachheit besitzt für Fénelon auch einen moralischen Wert;¹⁹ das goldene Zeitalter, das er hier evoziert, spielt für die politische Semantik des *Télémaque* eine zentrale Rolle. Fénelons *Télémaque* zeichnet eine idealisierte Antike, die nur wenig mit den Sitten der Heroen des trojanischen Kriegs verbindet, stattdessen aber auf die patriarchalische Welt des Alten Testaments verweist, wie sie Claude Fleury in den *Mœurs des Israelites* (1681) entworfen hatte.²⁰

Diese Verklärung der antiken Sitten darf aber nicht darüber hinwegtäuschen, dass Fénelons Transformation des homerischen Epos von einem grundsätzlichen Distanzbewusstsein geprägt ist: So leugnet er, dass Homers Sittenlehre und seine Figuren neuzeitlichen Rezipienten nachahmenswerte Beispiele geben könnten,²¹ weil sie der kultivierten Gesellschaft des 17. Jahrhunderts weit unterlegen seien:

---

15 Fénelon: Au P. Le Tellier, Jésuite, S. 665.
16 Vgl. Noémi Hepp: Homère en France au XVIIe siècle. Paris 1968 (Bibliothèque française et romane. Série C. Études littéraires. Bd. 18), S. 601. Vgl. Fénelon: L'Odyssée d'Homère. In: Œuvres complètes de Fénelon. Bd. 6. Paris 1852, S. 663–715.
17 Vgl. Hepp: Homère en France au XVIIe siècle, S. 605–608.
18 Fénelon: Lettre à M. Dacier, secrétaire perpétuel de l'Académie française, sur les occupations de l'Académie. In: Œuvres complètes de Fénelon. Bd. 6. Paris 1852, S. 615–648, hier S. 629.
19 Vgl. Hepp: Homère en France au XVIIe siècle, S. 600: „De la simplicité d'Homère, nous n'avons considéré jusqu'ici que la valeur esthétique. Fénelon lui accorde aussi une valeur morale qui n'est pas moindre à ses yeux."
20 Vgl. François-Xavier Cuche: Une pensée sociale catholique. Fleury, La Bruyère et Fénelon. Paris 1991, S. 262–373.
21 Vgl. Fénelon: Lettre à M. Dacier, S. 648: „Je ne crois point (et c'est peut-être ma faute) ce que divers savans ont cru: ils disent qu'Homère a mis dans ses poèmes la plus profonde politique, la plus pure morale et la plus sublime théologie. Je n'y aperçois point ces merveilles; mais j'y remarque un but d'instruction utile pour les Grecs".

„Les héros d'Homère ne ressemblent point à d'honnêtes gens, et les dieux de ce poète sont fort au-dessous de ces héros mêmes, si indignes de l'idée que nous avons de l'honnête homme."²²

Daraus ergibt sich der deutlich agonale und aemulative Grundzug von Fénelons homerisierendem Erzählexperiment, das auf eine aktualisierende Überbietung der antiken Epen abzielt. Mit dem *Télémaque* schafft er unter Einfluss der klassizistischen Epentheorie ein Werk, das sich gleichsam als Korrektur der antiken Vorlagen lesen lässt. Das zeigt sich vor allem in der inhaltlichen Variation, namentlich an der impliziten Christianisierung des Epos, die mit einer Pazifizierung heroischer Ideale verbunden ist. Der Götterapparat hingegen hat eine rein allegorische Funktion, auch wenn etwa der Jansenist Pierre-Valentin Faydit in seiner polemischen *Telemacomanie* (1700) das antik-pagane Setting als jugendgefährdend bemängelte.²³ Ungeachtet der heidnischen Einkleidung ist das Ethos von Fénelons tugendhaften Helden dem der homerischen Heroen weit überlegen; der *Télémaque* korrigiert tradierte Konzeptionen von Heroismus. Diese Umwertung betrifft aber nicht nur die Sphäre des Mythos, sondern hat auch konkrete politische Implikationen, weil sie eine Gegenerzählung zu zentralen Momenten des öffentlichen Bildes Ludwigs XIV. entwirft und Friedfertigkeit und Nüchternheit an die Stelle von Bellizismus und prunkvoller Herrschaftsinszenierung setzt.²⁴

Fénelons Transformation des antiken Epos, namentlich der *Odyssee*, steht im Zeichen der klassizistischen Epentheorie, die in der Gattung primär ein didaktisches Medium sah. Für René Le Bossu solle ein episches Gedicht in erster Linie didaktisch wirken; zu diesem Zweck definiert er in seinem breit rezipierten *Traité du Poëme Epique* (1675) in Anschluss an die rhetorische Fabellehre und an euhemeristische Traditionen der Mytheninterpretation den Plot als „un discours inventé pour former les moeurs par des instructions déguisées sous les allégories

---

22 Ebd., S. 645.

23 Vgl. [Pierre-Valentin Faydit:] La Telemacomanie, ou la censure et critique du roman intitulé les Avantures de Telemaque Fils d'Ulysse, ou suite du quatrieme livre de l'Odyssee d'Homere. Eleuterople 1700, S. 21 f.: „Je voudrais bien sçavoir à quoy peuvent servir de pareilles lectures, qu'à corrompre l'esprit des jeunes gens qui les font, & qu'a exciter en eux des images que la Religion nous oblige au contraire d'ecarter & d'étouffer. | Est-il possible possible que Mr. de Cambray, qui est si éclairé, n ait pas prévû tant de funestes suites qui proviendront de son Livre? Les jeunes filles les plus modestes, & les Religieuses même les plus austeres s'autoriseront par son exemple, & s'exciteront à lire des Romans. En quelle conscience, & de quel front oseroit-il leur defendre d'en lire, lui qui en compose de si galans? Elles lui soutiendront avec sujet qu'il n'y a rien de plus dangereux dans ceux de la Calprenede, de Scuderi & de Gonberville [!], que dans le sien." – Vgl. zur *Télémaque*-Kritik aus geistlicher Perspektive Kapp: Télémaque de Fénelon, S. 68 f.

24 Vgl. Peter Burke: Ludwig XIV. Die Inszenierung des Sonnenkönigs. Berlin 1993.

d'une action."²⁵ Das Epos solle eine Morallehre in allegorischem Gewand transportieren; um dieses Ziel zu erreichen, müsse sich der Autor bekannter Figuren aus Geschichte und Mythos bedienen: „[L]e Poëte doit feindre une action générale, qu'il doit ensuite chercher dans l'Histoire, ou dans les Fables connuës, les noms de quelques personnes, à qui une action pareille soie arrivée véritablement ou vrai-semblablement, & qu'il doit mettre enfin, son action sous ces noms."²⁶

Diese Definition, die auch Gottscheds Ausführungen über die Fabel zugrunde liegt,²⁷ lässt sich auf die Erzählverfahren von Fénelons *Télémaque* anwenden. Wie Le Bossu betont Fénelon den angestrebten didaktischen Nutzen; die epische Erzählung ist Mittel zum Zweck, um nützliche Kenntnisse zu vermitteln und erzieherisch zu wirken. In einer auch poetologisch zu interpretierenden Passage des *Télémaque* erklärt Minerve gegenüber ihrem Zögling, dass sie ihn bewusst alle Mühen habe erfahren lassen, die ihn schließlich zu einem würdigen Regenten machen würden:

> Je n'ai instruit aucun mortel avec autant de soin que vous. Je vous ai mené par la main au travers des naufrages, des terres inconnues, des guerres sanglantes et de tous les maux qui peuvent éprouver le coeur de l'homme. Je vous ai montré, par des expériences sensibles, les vraies et les fausses maximes par lesquelles on peut régner. Vos fautes ne vous ont pas été moins utiles que vos malheurs: car quel est l'homme qui peut gouverner sagement, s'il n'a jamais souffert et s'il n'a jamais profité des souffrances où ses fautes l'ont précipité?²⁸

Fénelon potenziert also die von Le Bossu für das Epos behauptete didaktische Wirkung, schließlich beschreibt die Handlung des *Télémaque* nicht nur einen Erziehungsprozess, auf den alle Handlungselemente und Abenteuer funktional ausgerichtet sind, sondern kommentiert und reflektiert in Dialogen und Erzählerberichten diese exemplarische Unterweisung des jungen Helden. Das führt wiederum zu einer doppelten Stoßrichtung des Textes, der sowohl erziehen als auch Erziehung problematisieren kann.

Fénelons Werk schließt bei der Umsetzung dieses Vorhabens strukturell und inhaltlich an das homerische Epos an.²⁹ Bereits der Titel der unautorisierten

---

25 R. P. Le Bossu: Traité du Poëme Epique. Paris 1675, S. 31.
26 Ebd., S. 36.
27 Vgl. Heide Hollmer: Anmut und Nutzen. Die Originaltrauerspiele in Gottscheds ‚Deutscher Schaubühne'. Tübingen 1994 (Theatron. Bd. 10), S. 68 f.; Catherine Juillard: Gottsched et l'esthétique théâtrale française. La réception allemande des théories françaises. Bern u. a. 1998 (Convergences. Bd. 5), S. 77.
28 Fénelon: Les Aventures de Télémaque, S. 570.
29 Vgl. Hepp: Homère en France au XVIIe siècle, S. 612. – Wenn Christoph Miething: Mythos und Politik. Fénelons Konzept der politischen Erziehung in Les Aventures De Télémaque. In: Roma-

Erstausgabe von 1699 gibt an, dass es sich um die *Suite du quatrième livre de l'Odyssée d'Homere* handele, die von den Abenteuern Télémaques erzähle.[30] In der Terminologie Gérard Genettes handelt es sich um eine „*paraliptische* Verlängerung" des Prätextes, also um eine intertextuelle Fortschreibung, „die eventuelle Paralipsen oder Nebenellipsen (Was tat X, während Y ...) zu füllen hat".[31] Dieses intertextuelle Verfahren nobilitiert und legitimiert das eigene Projekt. Wie bereits Vergils *Aeneis* füllt der *Télémaque* „das auf, was man als eine seitliche Lücke oder Paralipse des Homerischen Textes ansehen kann".[32] Etliche Autoren sollten Fénelon in dieser Strategie folgen, namentlich Andrew Michael Ramsay und Jacques Pernetti, die an Xenophons *Kyrupädie* anschlossen,[33] aber auch Johann Wolfgang Goethe, dessen unvollendete *Achilleis* die Brücke zwischen *Ilias* und *Odyssee* schlagen sollte.[34] Neben der *Odyssee* und einer Vielzahl anderer antiker Quellen griff Fénelon vor allem auf Vergils *Aeneis* zurück, die als Beispiel eines nachhomerischen Epos anregend wirkte und zudem als Quelle für eine Vielzahl von Motiven diente.[35] Sie stehen aber im Vergleich mit der Bedeutung Homers zurück, der für Fénelon zweifellos als Meister epischer Didaxe galt.[36]

Wie die *Odyssee* und die *Aeneis* ist auch der *Télémaque* im *ordo artificialis* erzählt; dabei wird die heterodiegetische Narration immer wieder durch Analepsen und Binnenerzählungen durchbrochen und ergänzt. Die Handlung setzt *medias in res* auf der Insel Calypsos ein, wo die schiffbrüchigen Télémaque und Mentor stranden. Wie Odysseus am Hof der Phäaken erzählt Télémaque der verliebten Nymphe seine Schicksale; die intradiegetische analeptische Erzählung,

---

nische Forschungen 97 (1985), S. 131–145, hier S. 132, von „Fénelons Entscheidung für den Abenteuerroman" spricht, so geht diese Einschätzung in geradezu grotesker Weise am zeitgenössischen Verständnis literarischer Gattungen vorbei.

30 Vgl. [François de Fénelon:] Suite du quatrième livre de l'Odyssée d'Homere, ou Les avantures de Telemaque, fils d'Ulysse. Paris 1699.
31 Gérard Genette: Palimpseste. Die Literatur auf zweiter Stufe. Aus dem Französischen von Wolfram Bayer und Dieter Hornig. Frankfurt am Main 1993, S. 241.
32 Ebd., S. 247.
33 Vgl. zur Rezeption der *Kyrupädie* Doohwan Ahn: The politics of royal education: Xenophon's *Education of Cyrus* in early eighteenth-century Europe. In: The Leadership Quarterly 19 (2008), S. 439–452.
34 Vgl. Christopher Meid: Goethes *Achilleis* – Versuch eines modernen Epos in der Nachfolge Homers. In: Markus May/Evi Zemanek (Hrsg.): Annäherung – Anverwandlung – Aneignung. Goethes Übersetzungen in poetologischer und interkultureller Perspektive. Würzburg 2013, S. 83–102.
35 Vgl. Hepp: Homère en France au XVIIe siècle, S. 612.
36 Vgl. ebd., S. 614: „C'est sans intermédiaire aussi qu'il a voulu faire de son propre ouvrage ce que les anciens avaient vu dans les poèmes d'Homère mais non dans l'Enéide: une sorte d'instruction très large sur tout ce que l'homme a besoin de connaître du monde et de la vie."

die mehrfach unterbrochen wird, verweist ebenso auf die Struktur der *Odyssee* wie auf die Erzählung Aeneas' im zweiten und dritten Buch von Vergils Epos (und natürlich auf das heliodorische Erzählschema, das aber wiederum auf die *Odyssee* zurückgeht).[37] Dabei folgt Fénelon allerdings nicht der homerischen Zeitgestaltung: Die ersten vier Bücher der *Odyssee*, die sogenannte ‚Telemachie',[38] schildern die Geschicke Telemachs, der in Begleitung Athenes in der Gestalt Mentors aus Ithaka aufbricht, um nach seinem Vater zu suchen.[39] Am Hof Nestors in Pylos verlässt ihn Athene/Mentor in Gestalt eines Adlers;[40] Telemach, der nun um seine göttliche Protektion weiß, wird fortan von Nestors Sohn Peisistratos begleitet. Beide reisen nach Sparta zu Menelaos, wo sich Telemach aufhält, bis er nach Ithaka zurückkehrt und seinen Vater bei dem Schweinehirten Eumaios antrifft. Gegenüber der Erzählung Homers erweitert Fénelon die Handlungszeit beträchtlich:[41] Denn während im griechischen Epos zwischen Telemachs Aufbruch und Heimkehr allenfalls einige Wochen liegen dürften, erlebt Fénelons Télémaque etliche Abenteuer, die mindestens mehrere Jahre dauern müssten. Diese Abkehr von der homerischen Chronologie ist der didaktischen Intention Fénelons geschuldet und ermöglicht, ausführlich von der Entwicklung seines Protagonisten zu erzählen. Dazu wird Télémaque (von Unterbrechungen abgesehen) beinahe bis zum Ende seiner Reise von Mentor/Minerve begleitet, deren Göttlichkeit sich erst im letzten Buch des Textes offenbart.

---

37 Vgl. Niklas Holzberg: Der antike Roman. Eine Einführung. 2. Auflage. Düsseldorf/Zürich 2001, S. 43 f.
38 Vgl. Howard W. Clarke: Telemachus and the *Telemacheia*. In: The American Journal of Philology 84 (1963), S. 129–145, der betont, es gehe dort um „the birth of a hero" (ebd., S. 145).
39 Vgl. Homer: Odyssee. Griechisch – deutsch. Übertragen von Anton Weiher. Mit Urtext, Anhang und Registern. Einführung von A. Heubeck. 14. Auflage. Berlin 2013 (Sammlung Tusculum). Angaben aus der Odyssee erfolgen unter Angabe von Gesang und Vers. In der *Odyssee* erscheint Athene zunächst in der Gestalt des Mentes, eines Gastfreundes des Odysseus (vgl. ebd., I, 103), dann in der Gestalt Mentors (vgl. ebd., II, 225 und II, 268), um Telemach zu motivieren, auf die Suche nach Odysseus zu gehen.
40 Vgl. Homer: Odyssee, III, 371–373: „Also sprach Athene mit Augen der Eule und schwebte/ Fort wie ein Adler der See. Da packten Staunen und Schrecken/ Alle Achaier." – Vgl. ebd., III, 377–379 (Nestor erklärt Telemach, dass es sich um Athene handele): „Wirklich! das war kein anderer Herr aus dem Haus des Olympes,/ Dies war die Tochter des Zeus, die Erbeuterin Tritogeneia,/ Die deinen edlen Vater schon ehrte im Volk der Argeier."
41 Vgl. Goré: Introduction, S. 61: „Fénelon le comble en imaginant les aventures du jeune héros. Et certes, après la tempête qui le jette sur leurs rives, le séjour d'Ulysse chez les Phéaciens avant le retour en Ithaque est trop bref, pour rendre possible l'errance et les diverses rencontres de Télémaque. Toutefois telle est la puissance onirique du Télémaque odysséen et du héros son père, qu'elle anéanit toutes les contradictions chronologiques."

Auf inhaltlicher Ebene finden sich viele Übernahmen aus den antiken Epen, die hier nicht erschöpfend dargestellt werden können.[42] Zentral sind drei Momente, die Fénelons Prinzip der Umdeutung der antiken Vorlagen sinnfällig machen: *Erstens* die veränderte Funktion des Götterapparats, *zweitens* die Variation der Ekphrasis und *drittens* die Intepretation der Unterweltfahrt des Protagonisten.

Wie Homers Odysseus und Telemach wird auch Fénelons Télémaque von der Göttin Minerva begleitet, beschützt und instruiert. Damit schließt Fénelon an eine Tradition der Minerva-Deutung an, die gerade auch für die Bildende Kunst einschlägig ist.[43] Allerdings ist Mentor mehr als nur eine allegorische Gestalt, sondern eine literarische Figur, die viel Handlungsspielraum besitzt. Auch wenn er seine Handlungen auf Télémaque hin ausrichtet, agiert er durchaus (so etwa in Salente) eigenständig. Demgegenüber haben die übrigen göttlichen Figuren weitestgehend allegorische Funktion;[44] die Beschreibung ihrer Konflikte dient darüber hinaus der Verlebendigung und Versinnlichung der Handlung, indem ideelle Konflikte anhand antagonistischer göttlicher Akteure sinnfällig gemacht werden.

Vor der entscheidenden Schlacht gegen die Daunier wird Télémaque mit einem Schild ausgestattet, den der Gott Hephaistos geschmiedet hat. Die ausführliche kunstvolle Beschreibung orientiert sich an der vielimitierten Ekphrasis des Schildes des Achill aus dem XVIII. Gesang der *Ilias* und in geringerem Maße an der Darstellung von Aeneas' Schild, die sich im achten Buch der *Aeneis* findet.[45] Ei-

---

42 Vgl. die Angaben im Kommentar von Goré in ihrer Ausgabe: Fénelon: Les Aventures de Télémaque, S. 575–628.

43 In den Illustrationen zu Fénelons Text wird immer wieder Minerva in Aktion gezeigt. Vgl. Volker Kapp: Les illustrations des éditions du *Télémaque*. In: François-Xavier Cuche/Jacques Le Brun (Hrsg.): Fénelon. Mystique et Politique (1699–1999). Actes du colloque international de Strasbourg pour le troisième centenaire de la publication du *Télémaque* et de la condamnation des *Maximes des Saints*. Paris 2004, S. 287–303; Claude Labrosse: La fiction, le récit et le livre: l'illustration du *Télémaque* de Fénelon. In: Eighteenth-Century Fiction 11 (1998), S. 1–32; Peter Keller: Der „Telemach" in der Kunst des 18. und frühen 19. Jahrhunderts. Zur Rezeption einer homerischen Figur in Fénelons Roman und der Romanfigur in der Kunst. In: Max Kunze (Hrsg.): Wiedergeburt griechischer Götter und Helden. Homer in der Kunst der Goethezeit. Eine Ausstellungs der Winckelmann-Gesellschaft im Winckelmann-Museum Stendal 6. November 1999 bis 9. Januar 2000. Mainz 1999, S. 204–219.

44 Diese Allegorisierung des Götterapparates entspricht den christianisierenden Vergil-Deutungen der Frühen Neuzeit.

45 Vgl. Homer: Ilias. Griechisch – deutsch. Mit Urtext, Anhang und Registern. Übertragen von Hans Rupé. 16. Auflage. Berlin 2013 (Sammlung Tusculum), XVIII, 483–623; Publius Virgilius Maro: Aeneis. Lateinisch – deutsch. Hrsg. und übersetzt von Niklas Holzberg. Mit einem Essay von Markus Schauer. Berlin/Boston 2015 (Sammlung Tusculum), VIII, 626–728. Ein detaillierter Ver-

nerseits übernimmt Fénelon das Darstellungsprinzip der antiken Epiker (auf dem Schild findet sich eine Darstellung, die inhaltlich, gerade auch vorausdeutend auf die Handlung des Epos verweist; ihre Beschreibung dient zudem dazu, die Qualitäten des Autors herauszustellen),[46] andererseits deutet er die Vorbilder in einer für sein didaktisches Unterfangen symptomatischen Weise um. Während nämlich auf den Schilden Achills und Aeneas' heroische Taten dargestellt sind, findet sich auf dem Schild des Télémaque ein Bild der Pazifizierung und Kulturstiftung.[47]

Ähnliches gilt für die Unterweltfahrt, die dem sechsten Gesang der *Aeneis* und der Nekyia im elften Gesang der *Odyssee* nachgebildet ist.[48] Während aber Odysseus und Aeneas in der Unterwelt ihre verstorbenen Freunde auffinden und Aeneas zudem die künftige Größe Roms prophezeit wird,[49] sieht sich Télémaque mit einer Galerie schlechter und guter Monarchen konfrontiert; der Schatten seines Urgroßvaters belehrt ihn darüber hinaus über die Pflichten eines Herrschers. Die antike Hades-Vorstellung wird hier christlich umgedeutet, indem Vorstellungen eines göttlichen Gerichts über verstorbene Herrscher Eingang in das antikisierende Setting finden.[50] Télémaque lernt in der Unterwelt mithin eine christlich getönte Herrscherethik und Pflichtenlehre.[51]

---

gleich mit Vergil bei Ludivine Goupillaud: De l'or de Virgile aux ors de Versailles. Métamorphoses de l'épopée dans la seconde moitié du XVIIe siècle en France. Genf 2005 (Travaux du grand siècle. Bd. 25), S. 221–227.
46 Vgl. zur Tradition der Ekphrasis Erika Simon: Der Schild des Achilleus. In: Gottfried Boehm/ Helmut Pfotenhauer (Hrsg.): Beschreibungskunst – Kunstbeschreibung. Ekphrasis von der Antike bis zur Gegenwart. München 1995 (Bild und Text), S. 123–141; Fritz Graf: Ekphrasis: Die Entstehung der Gattung in der Antike. In: Boehm/Pfotenhauer (Hrsg.): Beschreibungskunst – Kunstbeschreibung, S. 143–155.
47 Vgl. Fénelon: Les Aventures de Télémaque, S. 423 f.: „De l'autre côté, Minerve donnoit aux habitants de sa nouvelle ville l'olive, fruit de l'arbre qu'elle avoit planté: le rameau, auquel pendoit son fruit, représentoit la douce paix avec l'abondance, préférable aux troubles de la guerre dont ce cheval étoit l'image."
48 Vgl. Goupillaud: De l'or de Virgile aux ors de Versailles, S. 228–242; Hepp: Homère en France au XVIIe siècle, S. 614. – Diese Unterweltfahrten inspirierten wiederum die Gattung des Totengesprächs. Vgl. Nicola Graap: Dialogues des morts composés pour l'éducation d'un Prince. Studien zu Fénelons Totengesprächen im Traditionszusammenhang. Münster/Hamburg/London 2001 (Ars Rhetorica. Bd. 10), S. 9.
49 Vgl. Homer: Odyssee XI; Vergil: Aeneis VI.
50 Vgl. Patrick Riley: Fénelon's ‚Republican' Monarchism in Telemachus. In: Hans Blom/Christian Laursen/Luisa Simonutti (Hrsg.): Monarchisms in the Age of Enlightenment. Liberty, Patriotism and the Common Good. Toronto 2007, S. 78–100, hier S. 84.
51 Vgl. auch Fénelons *Totengespräche*. Dazu die Studie von Graap: Dialogues des morts composés pour l'éducation d'un Prince.

Auch sprachlich lässt sich eine Orientierung an der ‚hohen' Gattung ausmachen,[52] auch wenn Fénelon den *Télémaque* in Prosa verfasst hat. Zu dem Eindruck von Poetizität tragen die zahlreichen Metaphern und elaborierten Schilderungen ebenso bei wie die formelhaft verwendete „beatus-ille"-Wendung, die jeweils auf das zu erwerbende und tatsächlich durch Beispiele erworbene Wissen rekurriert. Damit greift Fénelon das formelhafte Sprechen des homerischen Epos auf und spitzt es in Hinblick auf die Wirkintention zu. Anders als die stereotyp wiederholten homerischen Epitheta dienen die sprachlichen Wiederholungen Fénelons dazu, dem Rezipienten einprägsame Lehrsätze vor Augen zu stellen.

Obwohl sich Fénelon mit einigem Recht auf antike epische Traditionen berufen konnte, schwankten seine Zeitgenossen vielfach in ihren Urteilen über die Gattungszugehörigkeit des *Télémaque*, dessen romaneske Elemente, die ihn in den Kontext sowohl des heroischen Romans als auch der Oper rücken, nicht zu leugnen sind:[53] Bereits der Begriff der „Aventures" verweist auf den heroischen Roman des 17. Jahrhunderts;[54] auch etliche Elemente der Handlung wie etwa die zahlreichen Schiffbrüche und überraschenden Wiederbegegnungen erinnern eher an die Werke von Madeleine de Scudéry und Gomberville als an Homer oder Vergil. Allerdings sind die Traditionen, in die sich Fénelon einschreibt, kaum trennscharf zu unterscheiden, weil ja der für den Roman des 17. Jahrhunderts vorbildliche spätantike Prosaromans à la Heliodor wiederum zahlreiche Strukturen und Motive des Epos aufnimmt:[55] So aktualisiert gerade das heliodorische Schema die Erzählverfahren der *Odyssee*.

---

52 Vgl. zur Sprache des *Télémaque* die Ausführungen von Hepp: Homère en France au XVIIe siècle, S. 615.
53 Vgl. aber Giorgetto Giorgi: Les remarques de Fénelon sur le roman et *Les aventures de Télémaque*. In: François-Xavier Cuche/Jacques Le Brun (Hrsg.): Fénelon. Mystique et Politique (1699–1999). Actes du colloque international de Strasbourg pour le troisième centenaire de la publication du *Télémaque* et de la condamnation des *Maximes des Saints*. Paris 2004, S. 243–254, hier S. 254: „Fénelon a élaboré non pas une épopée, comme il l'affirme, mais plutôt un roman héroïque, le seul roman héroïque vraiment significatif de l'âge classique."
54 Vgl. Granderoute: Le roman pédagogique, S. 56: „Le *Télémaque* se rattache à la tradition du roman d'aventures qui, en cette fin de siècle, profite de la mode des récits de voyages lointains, exotiques – notamment orientaux – ou utopiques."
55 Vgl. die Aufzählung romanesker Elemente bei Henri Coulet: Le roman jusqu'à la Révolution. New York/St. Louis/San Francisco 1967 (Collection U: Lettres françaises), S. 297–302. Coulet konstatiert, die Unterscheidung zwischen Epos und Roman sei nicht wesentlich (ebd., S. 298); hingegen partizipiere der *Télémaque* an einer Renaissance des Romanesken (ebd., S. 299): „En reprenant certaines formules de la littérature baroque et en leur donnant une signification nouvelle, Fénelon participe au mouvement de son temps. La renaissance du romanesque, la réaction contre la sécheresse du goût classique manifestent le renouveau de la confiance en l'homme."

Ungeachtet der erklärten Intention des Autors stand der *Télémaque* also für Zeitgenossen zwischen Roman und Epos.⁵⁶ Dabei implizierte die Entscheidung für die eine oder andere Gattung zugleich eine ästhetische und zuweilen auch eine moralische Wertung. Für Nicolas Gueudeville, der bereits 1700 eine *Critique generale des Avantures de Telemaque* publizierte, lag auf der Hand, dass es sich um einen Roman in der Art der Werke von Madeleine de Scudéry oder Honoré d'Urfé handelte;⁵⁷ und auch Nicolas Boileau bezeichnete den *Télémaque* als „Roman digne d'estre mis en parallele avec Heliodore",⁵⁸ sah darin aber erkennbar keinen Widerspruch zum Charakter des Werks als „une imitation de l'Odyssée".⁵⁹

Die gattungspoetologischen Diskussionen um Fénelons *Télémaque* sind deshalb so aufschlussreich, weil sie verdeutlichen, wie literarische Wertungsmaßstäbe sozial rückgebunden sind: Je mehr der Text an Klassizität gewann, je höher die Reputation seines Autors stieg, desto näher rückte er an das Epos, bis Andrew Michael Ramsay in seinem *Discours sur l'excellence du poème épique*, der seit 1717 den meisten Ausgaben des *Télémaque* beigegeben war, Fénelons Text als Aktualisierung und Überbietung des antiken Epos feierte.⁶⁰

Tatsächlich ähneln die Diskussionen um den *Télémaque* den meisten neuzeitlichen Debatten über Transformationen antiker Literatur, die zwischen Distanzbewusstsein und Eingemeindung schwanken, wie sie etwa anhand von Goethes *Iphigenie auf Tauris* (1787) exemplarisch zutagetreten: Die Zuschreibungen antik bzw. modern variieren je nach Standpunkt und Wissensstand des Bewertenden.⁶¹ Das gilt auch für die Äußerungen über den *Télémaque:* Denn na-

---

56 Vgl. Noémi Hepp: De l'épopée au roman. L'„Odyssée" et „Télémaque". In: La littérature narrative d'imagination. Des genres littéraires aux techniques d'expression. Colloque de Strasbourg, 23–25 avril 1959. Paris 1961 (Bibliothèque des Centres d'Études Supérieures Spécialisés), S. 97–113.
57 Vgl. [Nicolas Gueudeville:] Critique générale des Avantures de Telemaque. Köln 1700.
58 Boileau an Brossette, 10.11.1699. In: Nicolas Boileau-Despréaux: Lettres à Brossette. Texte établi et présenté par Charles-H. Boudhors. Paris 1942, S. 17f., hier S. 18.
59 Ebd.
60 Vgl. [Andrew Michael Ramsay:] Discours de la poésie epique, et de l'excellence du poème de Télémaque. In: François de Salignac de la Motte Fénelon: Les avantures de Télémaque fils d'Ulysse [...]. Première edition conforme au manuscrit original. 2 Bde. Bd. 1. Paris 1717, S. VI–LVIII. Eine ausführliche Diskussion von Ramsays für die Rezeption des *Télémaque* eminent wichtigen Textes in Kap. 3.2.1 dieser Arbeit.
61 Vgl. Benedikt Jeßing (Hrsg.): Erläuterungen und Dokumente. Johann Wolfgang Goethe: Iphigenie auf Tauris. Stuttgart 2002. Justus Möser erkannte in Goethes Iphigenie eine „genaue griechische Sitte, Tugend und Denkungsart" (ebd., S. 87), Christoph Martin Wieland erklärte gar: „*Iphigenie* scheint bis zur Täuschung, sogar eines mit den Griechischen Dichtern wohl bekannten Lesers, ein alt griechisches Werk zu sein" (ebd., S. 89); Friedrich Schiller hob 1789 hervor, man könne „dieses Stück nicht lesen, ohne sich von einem gewissen Geiste des Altertums angeweht zu

türlich trennen Welten eine Fortschreibung des antiken Epos aus dem späten 17. Jahrhundert von der antiken Epopöe. Gattungsfragen ließen sich in diesem Fall leicht mit starken Werturteilen verbinden: Denn ausgehend von Huet war der Roman auf Liebesgeschichten festgelegt. Hier lag ein Einfallstor für Kritiker des *Télémaque*, die dem Erzbischof von Cambrai vorwerfen konnten, er habe sittenlose Exzesse propagiert – einem Vorwurf, dem Fénelons Apologeten wiederum mit dem Verweis auf die abschreckende Funktion solcher Stellen begegneten.

2.1.2 *Télémaque* als spiritueller Text

Fénelon zielt auf die Erziehung des Protagonisten zu einem christlichen Herrscher ab. Im 17. Buch des Textes erklärt Mentor/Minerva ihrem Zögling, die personifizierte Weisheit habe ihn zu einem anderen Menschen gemacht:

> Ce qui vous reste à faire, c'est de louer les dieux et de ne vouloir pas que les hommes vous louent. Vous avez fait de grandes choses; mais avouez la vérité, ce n'est guère vous par qui elles ont été faites: n'est-il pas vrai qu'elles vous sont venues comme quelque chose d'étranger qui étoit mis en vous? N'étiez-vous pas capable de les gâter par votre promptitude et par votre imprudence? Ne sentez-vous pas que Minerve vous a comme transformé en un autre homme au-dessus de vous-même, pour faire par vous ce que vous avez fait?[62]

Hinter der antiken Göttin verbirgt sich die göttliche Gnade, deren Wirken den Fürsten nicht nur in einen anderen Menschen, sondern „en un prince chrétien" verwandelt hat.[63] Ein christliches Ethos dient als notwendige Basis erfolgreicher Herrschaft und ist somit untrennbar mit der politischen Sphäre verbunden. Denn erst nachdem der Thronfolger gelernt hat, seine Affekte zu kontrollieren, kann er die Rahmenbedingungen für eine wahrhaft christliche Herrschaft errichten. Die christliche Fundierung von Herrschaft bedeutet bei Fénelon gerade nicht die asketische Weltabgewandtheit. Ganz im Gegenteil: „Il cherche une manière de vivre chrétiennement dans le monde moderne."[64]

Im Zentrum von Fénelons theologischem Denken steht die Lehre von der reinen Gottesliebe, die er in Auseinandersetzung mit der Mystik der Madame de

---

fühlen, der für eine bloße, auch die gelungenste Nachahmung viel zu wahr, viel zu lebendig ist" (ebd., 91). 1802 schrieb Schiller dann an Körner: „Sie ist aber so erstaunlich modern und ungriechisch, daß man nicht begreift, wie es möglich war, sie jemals einem griechischen Stück zu vergleichen" (ebd., S. 95).
62 Fénelon: Les Aventures de Télémaque, S. 520 f.
63 Kapp: Télémaque de Fénelon, S. 79.
64 Ebd., S. 132.

Guyon entwickelte;[65] allerdings ist sie im Roman vor allem als ein außerhalb der Handlung liegendes Ideal bedeutsam.[66] So kling zwar in dem Ziel von Télémaques Erziehung – die „pur amour de la vertu"[67] – das Konzept der *pur amour* an, allerdings ist die im *Télémaque* propagierte Tugendliebe eben nicht mit der reinen Liebe identisch.[68] Diese reine Liebe ist für Fénelon der „Zustand der überwundenen Reflexion", „der Selbstvergessenheit" und „der wiederhergestellten vollkommenen Natürlichkeit".[69] Er kann nur als Ergebnis eines fünfstufigen Prozesses erfahren werden, der von der „Reflexion" zur „Gottesfurcht" und dann zur „Selbstaufhebung der Reflexion" über einen „Zustand der äußersten Gottferne" bis hin zur „amour pur" führt.[70] Textintern lassen sich, wie Robert Spaemann gezeigt hat, etliche Verweise auf diese Lehre finden, die aber dem Protagonisten selbst verschlossen bleibt. Wenn etwa Mentor und der Syrer Hasaël über die „raison éternelle" reflektieren, die allen Dingen zugrunde liege,[71] oder wenn im Totenreich ein Philosoph wegen seiner „Selbstvergötterung" verurteilt wird und im Moment seiner Verurteilung „das Ich bei seinem eigenen Anblick von Verzweiflung ergriffen wird",[72] klingen Motive der *amour pur* an, ohne dass diese Hinweisen weiter ausgeführt würden.

Die Verbindung zwischen Fénelons politischen und moralischen Vorstellungen liegt primär in der entschiedenen Abwehr der schädlichen Eigenliebe.[73] Dennoch steht die Idee der reinen Liebe im Hintergrund von Fénelons *Télémaque*,

---

65 Vgl. Robert Spaemann: Reflexion und Spontaneität. Studien über Fénelon. Stuttgart 1963.
66 Vgl. Kapp: Télémaque de Fénelon, S. 133. – Eva Mohr: Fénelon und der Staat. Bern/Frankfurt am Main 1971, S. 164, deutet Fénelons politisches Denken ausschließlich von der Idee der amour pur, ignoriert in ihrer insgesamt verdienstvollen Studie aber völlig, dass Fénelon kaum als Mystiker zu klassifizieren ist: „Religiöse Überzeugung und politisches Ethos sind bei Fénelon nicht zu trennen. Beide entspringen seiner Konzeption des ‚amour pur', und die manchmal widersprüchlich scheinenden Reformforderungen finden ihre Erklärung in seiner persönlichen mystischen Erfahrung." Auch Riley: Fénelon's ‚Republican' Monarchism, sieht die reine Gottesliebe, die er zudem mit Rousseaus Positionen kontaminiert (vgl. ebd., S. 84) als Maßstab für die politischen Vorstellungen des *Télémaque*. Vgl. ebd., S. 86 f.
67 Fénelon: Les Aventures de Télémaque, S. 190.
68 Vgl. Kapp: Télémaque de Fénelon, S. 133.
69 Spaemann: Reflexion und Spontaneität, S. 133.
70 Ebd., S. 128–133.
71 Vgl. Fénelon: Les Aventures de Télémaque, S. 191.
72 Spaemann: Reflexion und Spontaneität, S. 208.
73 Vgl. Kapp: Télémaque de Fénelon, S. 133: „Fénelon ne mélange pas la mystique et la politique. L'amour pur n'est pas une fin pédagogique poursuivie par le ‚Télémaque'. La spiritualité n'y est pas un simple appendice de la doctrine mystique. Tout au contraire, elle perpétue les leçons des Miroirs des Princes […]. Néamoins, la politique et la morale féneloniennes ont un adversaire commun: l'amour-propre."

wenn auch nicht als Ziel, das in der Handlung erreicht würde.[74] Vielmehr erscheint sie „am äußersten Horizont, um die Perspektive sichtbar zu machen, in der letztlich der ganze Erziehungsprozeß gesehen werden muß",[75] prägt aber nicht dahingehend die Romanhandlung, dass Télémaque zum Mystiker würde. Somit lässt sich das spirituelle Programm der Triebdomestizierung und Selbstbeherrschung des Romans als Hinführung zur Herrschaft begreifen. Dabei korrelieren innere und äußere Erziehung, wenn sich der anfänglich unbeherrschte, aufbrausende, prunkliebende und erotisch anfechtbare Protagonist unter dem Einfluss Mentors zu einem reflektierten Individuum wandelt, das seinen veräußerlichten Tugendbergriff gereinigt hat.

Zwar besteht von vornherein an Télémaques großen Anlagen kein Zweifel, er bedarf aber der klaren Worte eines gewissenhaften Erziehers. Der Diskurs über Erziehung und Beratung ist dem Roman eingeschrieben. Immer wieder thematisiert Mentor, dass Fürsten einen offenherzigen und ehrlichen Berater bräuchten, um ihre Schwächen zu erkennen und zu meistern: Falsche Ratgeber seien schädlich für das Gemeinwesen.[76] Dass gerade auch Télémaque trotz seiner großen Vorzüge der Anleitung bedarf, zeigt sich exemplarisch an seiner erotischen Entwicklung, die metonymisch für das zentrale Thema der Affektregulierung steht. Die ersten Erfahrungen mit der Stärke des Eros macht Télémaque auf Zypern, der Insel der Venus. Nach anfänglicher Abscheu vor den Ausschweifungen,

---

74 Zudem wäre das ein für die Fürstenerziehung eher ungeeignetes Ziel. Vgl. Spaemann: Reflexion und Spontaneität, S. 207: „Fénelon hat den Herzog von Burgund nicht zum Mystiker der reinen Liebe erziehen wollen, aber die Mystik der reinen Liebe hat ihm, dem Erzieher, für seine Aufgabe eine ungeahnte pädagogische Freiheit eröffnet."
75 Ebd., S. 208.
76 Vgl. die Äußerung Idomenées: Fénelon: Les Aventures de Télémaque, S. 326: „Heureux le roi qui est soutenu par de sages conseils! Un ami sage et fidèle vaut mieux à un roi que des armées victorieuses. Mais doublement heureux le roi qui sent son bonheur et qui en sait profiter par le bon usage des sages conseils!" Idomenée ist selbst ein Opfer seiner Ratgeber: Er hat dem lasterhaften Protésilas blind vertraut und den tugendhaften Philoclès verbannt, Mentor macht diese fatale Entscheidung natürlich rückgängig. Vgl. ebd., S. 353–385. Im Anschluss an den *Télémaque* verfasste Charles Forman eine gegen Robert Walpole gerichtete englische Bearbeitung, in der der korrupte Minister aus Fénelons Text als Vorläufer des Whig-Politikers erscheint. Vgl. Charles Forman: Protesilaus: or, the character of an evil minister. Being a paraphrase on part of the tenth book of Telemachus. London 1730. Vgl. Doohwan Ahn: From Idomeneus to Protesilaus: Fénelon in Early Hanoverian Britain. In: Doohwan Ahn/Christoph Schmitt-Maaß/Stefanie Stockhorst (Hrsg.): Fénelon in the Enlightenment: Traditions, Adaptations, and Variations. Amsterdam/New York 2014 (Internationale Forschungen zur Allgemeinen und Vergleichenden Literaturwissenschaft. Bd. 178), S. 98–128, bes. S. 123 f.

die seiner Erziehung widersprechen,[77] fühlt Télémaque allmählich, wie seine Widerstandskräfte nachlassen:

> On n'oublioit rien pour exciter toutes mes passions, pour me tendre des pièges et pour réveiller en moi le goût des plaisirs. Je me sentois affoiblir tous les jours; la bonne éducation que j'avois reçue ne me soutenoit presque plus; toutes mes bonnes résolutions s'évanouissoient. Je ne me sentois plus la force de résister au mal, qui me pressoit de tous côtés; j'avois même une mauvaise honte de la vertu.[78]

Bezeichnenderweise ist es Télémaque selbst, der von seinen Anfechtungen erzählt und glaubt, sie unter dem Einfluss der Ermahnungen Mentors besiegt zu haben.[79] Dass er sich dabei im Irrtum befindet, verdeutlichen die erotischen Verwicklungen, denen er sich auf der Insel der Nymphe Calypso ausgesetzt sieht. Dort verliebt sich Calypso (wie bereits zuvor in seinen Vater Odysseus) in den jungen Télémaque, ohne dass dieser ihre Gefühle erwidern würde. Ihn hat nämlich die junge Nymphe Eucharis in den Bann geschlagen – wie Mentor konstatiert, wird die Insel zum Schauplatz topischer erotischer Verwirrungen, „car le cruel Amour, pour tourmenter les mortels, fait qu'on n'aime guère la personne dont on est aimé."[80] Mentor instrumentalisiert Calypsos Eifersucht – ihr Charakter ist dem der Dido aus Vergils *Aeneis* nachgebildet[81] –, um Télémaque von der Insel zu entfernen; das anschließende Intrigenspiel bleibt allerdings ohne konkrete Folgen. In einer opernhaft inszenierten Affektdramaturgie – kaum zufällig griffen spätere Opernfassungen des *Télémaque* auf diese Teile des Romans zurück[82] – beschreibt der Text, wie der personifizierte Amor seinen Protagonisten schwach und verletzlich macht: Wie bei Vergil erscheint die Liebe hier als verzehrende Krankheit.[83] Schließlich muss Mentor seinen Schützling retten; erst mit gehörigem

---

77 Vgl. Fénelon: Les Aventures de Télémaque, S. 183.
78 Ebd., S. 184.
79 Vgl. ebd., S. 186.
80 Ebd., S. 230. – Vgl. Dietmar Fricke: Die pädagogischen Irrfahrten des Telemach: Fénelons Zögling zwischen Venus und Minerva. In: Lutz Koch/Jürgen Oelkers (Hrsg.): Bildung. Gesellschaft. Politik. Anton J. Gail zum 70. Geburtstag. Frankfurt am Main 1981, S. 241–270, hier S. 254: „Die verheerende Intensität der Leidenschaften wird durch das Auftreten der Götter und Göttinnen zu einem allegorischen Seelenkampf olympischer Dimension".
81 Vgl. Hepp: Homère en France au XVIIe siècle, S. 613.
82 Vgl. zu den Opernbearbeitungen des Romans Hepp: Homère en France au XVIIe siècle, S. 624. Vgl. auch Laura Naudeix: Télémaque et sa voix d'opéra. In: François-Xavier Cuche/Jacques Le Brun (Hrsg.): Fénelon. Mystique et Politique (1699–1999). Actes du colloque international de Strasbourg pour le troisième centenaire de la publication du *Télémaque* et de la condamnation des *Maximes des Saints*. Paris 2004, S. 515–532.
83 Vgl. etwa Vergil: Aeneis IV, 65f.

Abstand von der gefährlichen Insel sieht Télémaque ein, dass das Laster nur durch Flucht zu besiegen sei – „on ne surmonte le vice qu'en le fuyant"[84] – und dass er seinen Affekten gründlich misstrauen müsse: „Je ne crains plus ni mers, ni vents, ni tempêtes; je ne crains plus que mes passions. L'amour est lui seul plus à craindre que tous les naufrages."[85] Die wahre Bedrohung, die es zu überwinden gilt, liegt also im Menschen selbst.

Während Télémaque hier als beeinflussbarer Charakter gezeigt wird, der den Anfechtungen des Eros keinen Widerstand entgegenzusetzen hat, kann er am Ende der Romanhandlung eine verantwortliche Entscheidung treffen. In Antiope, der Tochter Idomenées, erkennt er die personifizierte Tugend.[86] Gegenüber Mentor erinnert er sich an seine blinde und rasende Liebe zu Eucharis, von der ihn dieser geheilt habe; sie habe ihn gelehrt, seine Leidenschaften mit Argwohn zu betrachten.[87] Nun betont er, es handele sich gerade nicht um eine „amour passionné", sondern um die bewusst getroffene Entscheidung für eine Frau, die sich anders als die Nymphe durch Bescheidenheit und Fleiß auszeichne.[88] Dabei weise sie die Qualitäten verschiedener Göttinnen auf, ohne sich dessen bewusst zu sein: Tanzend könne man sie für „la riante Vénus, qui est accompagnée des Grâces" halten, bei der Jagd wirke sie wie „Diane au milieu de ses nymphes", schließlich erscheine sie auch wie die zvilisationsbringende Weisheitsgöttin selbst, wenn auch depotenziert: „Enfin, quand on la voit, avec une troupe de femmes, tenant en sa main une aiguille d'or, on croit que c'est Minerve même qui a pris sur la terre

---

[84] Fénelon: Les Aventures de Télémaque, S. 244.
[85] Ebd., S. 244 f.
[86] Diese Figur ist der homerischen Nausikaa nachgebildet; ihr Lob durch Télémaque (ebd., S. 532: „Heureux l'homme qu'un doux hymen unira avec elle!") entspricht der Aussage des Odysseus über die phaiakische Prinzessin: „Aber im Herzen der Glücklichste wäre wohl jener vor andern./ Der in sein Haus, überladen mit Brautgeschenkèn, dich heimführt!" (Odyssee VI, 158 f.).
[87] Vgl. Fénelon: Les Aventures de Télémaque, S. 530 f.: „Non, mon cher Mentor, ce n'est point une passion aveugle comme celle dont vous m'avez guéri dans l'île de Calypso: j'ai bien reconnu la profondeur de la plaie que l'amour m'avoit fait auprès d'Eucharis; je ne puis encore prononcer son nom sans être troublé; le temps et l'absence n'ont pu l'effacer. Cette expérience funeste m'apprend à me défier de moi-même." Télémaque bezieht sich hier auf Mentors Warnung, ebd., S. 240 f.: „Vous ne voyez, vous n'entendez qu'elle; vous êtes aveugle et sourd à tout le reste. Un homme que la fièvre rend frénétique dit: ‚Je ne suis point malade.' O aveugle Télémaque, vous étiez prêt à renoncer à Pénélope, qui vous attend, à Ulysse, que vous verrez, à Ithaque où vous devez régner, à la gloire et à la haute destinée que les dieux vous ont promise par tant de merveilles qu'ils ont faites en votre faveur; vous renonciez à tous ces biens pour vivre déshonoré auprès d'Eucharis".
[88] Vgl. ebd., S. 531: „Ce qui me touche en elle, c'est son silence, sa modestie, sa retraite, son travail assidu, son industrie pour les ouvrages de laine et de broderie, son application à conduire toute la maison de son père, depuis que sa mère est morte, son mépris des vaines parures, l'oubli et l'ignorance même qui paroît en elle de sa beauté."

une forme humaine et qui inspire aux hommes les beaux-arts".[89] Wenn sich der Erzähler durch Antiopes Nähnadel an den Speer Minervas erinnert fühlt, verweist das darauf, dass im Ideenkosmos von Fénelons Roman weibliche Wesen auf häusliche Tätigkeiten festgelegt werden.

In ihrer zwar innigen, aber zugleich keuschen und gemäßigten Liebe verbinden sich Ethik und Erotik, nicht zuletzt deshalb, weil beide potentiellen Ehepartner ihre Affekte bewusst mäßigen und darüber hinaus (anders übrigens als Idomenée, der möglichst schnell die Verbindung stiften will) die Traditionen der Eheanbahnung respektieren und nicht auf möglichst rasche Stillung ihrer Bedürfnisse drängen. Im Gegensatz zu vielen heroischen Romanen endet der *Télémaque* auch nicht mit einer Eheschließung,[90] sondern weist lediglich den Weg zu einer auf Tugendhaftigkeit gegründeten Verbindung: Minerva siegt über Venus.

Die Entwicklung Télémaques verläuft nicht geradlinig. Zwar wächst sein Gefährdungsbewusstsein, doch macht gerade die zwischenzeitlich zu optimistische Selbsteinschätzung des Protagonisten deutlich, dass stetiges Misstrauen in die Fähigkeit zur Introspektion angebracht ist. Wenn Télémaque am Ende des Romans auf Mentor verzichten kann, dann auch deshalb, weil ihm in der Gestalt der Antiope weiterhin eine Vertraute zur Seite stehen wird – allerdings nun eine ihm unterlegene Frau. Dass die privaten und die politischen Bereiche der Entwicklung korrelieren, liegt auf der Hand: Schließlich trennt der Text gerade nicht zwischen Ethik und Politik, sondern sucht beide Bereiche in einer Figur zu vereinigen. Auch die Mäßigung Télémaques ist eine essentielle Herrschertugend; so zeichnen sich die abschreckend gezeichneten Monarchen des Romans gerade durch ihre ungezügelte Sinnlichkeit bzw. durch ihren Wankelmut aus: Pygmalion – „aveuglé par un violent amour"[91] – hat seine Frau für die verführerische und ehrgeizige Astarbé verlassen, die ihm schließlich zum Verhängnis wird.[92]

---

89 Ebd.
90 So etwa die Romane von Madeleine de Scudéry. Vgl. zum ‚hohen' französischen Roman des 17. Jahrhunderts den Überblick von Gabrielle Lallemand: Les Longs Romans du XVIIe siècle. Urfé, Desmarets, Gomberville, La Calprenède, Scudéry. Paris 2013 (Lire le XVIIe siècle. Bd. 21); nach wie vor hilfreich sind die Inhaltsangaben von Wolfgang von Wurzbach: Geschichte des französischen Romans. Bd. 1: Von den Anfängen bis zum Ende des XVII. Jahrhunderts. Heidelberg 1912 (Sammlung romanischer Elementar- und Handbücher).
91 Fénelon: Les Aventures de Télémaque, S. 172.
92 Vgl. ebd., S. 251.

2.1.3 *Télémaque* als politischer Text

Fénelons *Télémaque* ist ein politischer Text.[93] Die Beschreibung von Télémaques Bildungsgang ist explizit auf die Erziehung eines künftigen Herrschers und auf politische Wissensvermittlung hin angelegt. Dass Fénelons Vorstellungen von Staat und obrigkeitlichem Handeln theologisch fundiert sind,[94] ändert nichts an der Ausrichtung auf das Staatswesen: Die innere Entwicklung des Protagonisten soll ihn dazu befähigen, wohltätig und im Sinn einer christlichen Morallehre zu regieren.[95]

Dabei spricht der Text modellhaft Themen an, die in der zeitgenössischen Diskussion eine Rolle spielen, von merkantilistischen Wirtschaftsformen über den Revolutionsdiskurs bis hin zur Frage nach der Möglichkeit eines allgemeinen Friedens. Auch wenn Télémaque selbst nicht im engeren Sinn politisch handelt,[96] sieht er sich doch mit einer Reihe von (zumeist wenig erfolgreichen) Herrschern konfrontiert, an deren Exempeln er seine Urteilsfähigkeit schärft. Die Lehrgespräche mit Mentor, die als Reflex der Erziehungssituation zu verstehen sind,[97] tun dazu ein Übriges. Nicht zuletzt führt im Mentor am Beispiel von Salente vor, wie ein maroder Staat von Grund auf neu organisiert werden kann.

---

93 Vgl. den Forschungsüberblick von Jacques Le Brun: Fénelon et la politique. In: Henk Hillenaar (Hrsg.): Nouvel état présent des travaux sur Fénelon. Amsterdam/Atlanta 2000, S. 45–57.
94 Vgl. Mohr: Fénelon und der Staat, S. 12. Ähnlich Riley: Fénelon's ‚Republican' Monarchism; auch Lionel Rothkrug: Opposition to Louis XIV. The Political and Social Origins of the French Enlightenment. Princeton 1965, S. 234, spricht von „christian agrarianism", ohne auszuführen, worin das eigentlich Christliche besteht.
95 Dennoch sind die verdienstvollen politikhistorischen Abhandlungen, die von der theologischen Einbettung absehen, defizitär, weil sie sich notwendig auf eine Aufzählung der Reformmaßnahmen in Salente beschränken müssen. So etwa Istvan Hont: Jealousy of Trade. International Competition and the Nation-State in Historical Perspective. Cambridge, Mass./London 2005, S. 25–27; Paul Schuurman: Fénelon on Luxury, War and Trade in the *Telemachus*. In: History of European Ideas 38 (2012), S. 179–199. Auch der umgekehrte Versuch, die politischen Passagen völlig aus Fénelons Lehre von der reinen Gottesliebe zu deuten, geht meines Erachtens zu weit. Vgl. Riley: Fénelon's ‚Republican' Monarchism.
96 Vgl. Hepp: Homère en France au XVIIe siècle, S. 617, die konstatiert, Télémaque werde „constamment réduit au rôle de témoin". Vgl. Miething: Mythos und Politik, S. 137, der ebenfalls diesen Umstand betont und daraus weitreichende Schlussfolgerungen zieht: Es gehe nie „um wirklich politische Erfahrungen. Das liegt daran, daß die Abenteuer, die Telemachos zu bestehen hat, ganz unpolitischer Natur sind." Diese Deutung verfehlt offensichtlich den Gehalt des *Télémaque*, da sie den Nexus zwischen innerer und äußerer Handlung völlig verkennt.
97 Vgl. Kapp: Télémaque de Fénelon, S. 78.

2.1.3.1 Der Roman als Skandalon

Wenn der *Télémaque* als politischer Roman rezipiert wurde, dann ging das oft mit seiner Wertung als Schlüsselroman einher. Sollte er lebenspraktische Auswirkungen haben, konnte der Text seine Modelle nicht völlig frei erfinden. Fénelon selbst erklärt, er habe zwar danach gestrebt, in allgemeiner Weise die zur Regierungsausübung notwendigen Maximen zu illustrieren, ohne aber genaue literarische Portraits seiner Zeitgenossen zu zeichnen:

> Il est vrai que j'ai, mis dans ces aventures toutes les vérités nécessaires pour le gouvernement, et tous les défauts qu'on peut avoir dans la puissance souveraine: mais je n'en ai marqué aucun avec une affectation qui tende à aucun portrait ni caractère. Plus on lira cet ouvrage, plus on verra que j'ai voulu dire tout, sans peindre personne de suite.[98]

Dass der erklärtermaßen allegorische Text vielfach konkret als Schlüsselroman gelesen wurde, hängt sicherlich mit den Umständen der Publikation und seines Verbots zusammen.[99] Angeblich hatte Fénelon seine Verbannung dem Zorn Ludwigs XIV. zu verdanken, der sich in Pygmalion karikiert fühlte und zudem dessen lasterhafte Frau Astarbé als literarisches Zerrbild von Madame de Maintenon verstand.[100] Diese Lesart lässt sich nicht verifizieren, ebenso wenig wie zeitgenössische Stimmen, die in Idomenée das literarische Portrait Jakobs II. sehen wollten. Von Bedeutung sind sie primär deshalb, weil sie einen gängigen Rezeptionsmodus illustrieren, der sowohl auf die historischen als auch gattungstheoretische Kontexte rekurriert.

Verständlich werden derartige Lektüren zum einen durch Gattungstraditionen: Rückte man den *Télémaque* in die Nachfolge der Romane von Madeleine de Scudéry,[101] vor allem aber von John Barclays neulateinische *Argenis* (1621, deutsch

---

98 Fénelon au P. Le Tellier, S. 665.
99 Vgl. Kapp: Télémaque de Fénelon, S. 161.
100 So zumindest in den Memoiren von Saint-Simon. Vgl. Écrits inédits de Saint-Simon. Hrsg. von M. P. Faugère. Bd. 4. Paris 1882, S. 458: „On avait persuadé au Roy qu'Astarbé et Pigmalion dans Tyr, estoit sa peinture et celle de Madeame de Maintenon dans Versailles. Celle cy n'y pouvoit penser sans en frémir de rage, et le nom de M. de Cambray, la vue mesme de ses fidèles amis a luy renouvelloit toujours: et cette peinture imprimée dans l'esprit des Fils de France par un précepteur donné par le Roy pour les instruire, et qui les instruit de la sorte dans leurs thèmes et par conséquent en toutte occasion, fut un crime aux yeux de ce Prince et une playe dans son coeur, d'autant plus poignante qu'il n'osoit s'en plaindre ny l'avouer." Die Argumente werden von Kapp: Télémaque de Fénelon, S. 160f. entkräftet.
101 In ihren Romanen bietet Mme de Scudéry verschlüsselte Portraits ihrer Zeitgenossen. Vgl. René Godenne: Les Romans de Mademoiselle de Scudéry. Genf 1983 (Publications romanes et françaises. Bd. 164).

1626 von Martin Opitz), ergab die Suche nach Schlüsseln Sinn:[102] So wurde Barclays Roman, den der Autor Ludwig XIII. widmete, als Schlüsseltext verstanden, der in der Werbungsgeschichte um die titelgebende Argenis zugleich ein Porträt der Bürgerkriege des 16. und 17. Jahrhunderts bot.[103] Die Personenschlüssel, die dem Text seit dem sechsten Druck beigegeben wurde,[104] identifizierten etwa Argenis mit der „Krone Frankreichs",[105] der schwache König Meleander konnte als literarisches Porträt Heinrichs III. aufgefasst werden, der Musterheld Poliarch wiederum wies Affinitäten zu Heinrich IV. auf, dem Vater des Widmungsträgers. Derartige Lektüren widersprachen nicht der Intention des Autors – in einem Brief aus dem Jahr 1620 unterstrich Barclay, seine Argenis sei „une inuenetion assés gaye comprise en cinq liures ou se traitte de la pluspart des affaires de nostre temps"[106] –, allerdings ist der Roman und seine Wirkabsicht damit nicht erschöpfend charakterisiert, schließlich bieten die dargestellten Konflikte den Anlass für weitergehende Reflexionen über die beste Staatsform – im Fall von Barclay ist das die starke Monarchie, die allein geeignet sei, den Staat zu bewahren und den Bürgerkrieg zu verhindern.

Während in der Argenis also für den starken Absolutismus – gerade auch im Vergleich mit anderen Staatsformen – plädiert wurde, konnte der Télémaque als Kritik an den Auswüchsen absolutistischer Herrschaft verstanden werden. Hinzu kam eine allgemeine Krisenstimmung, die Kritik an der Herrschaft Ludwigs XIV. miteinschloss und befeuerte. Die entsprechenden Schriften Fénelons lassen sich mit Gewinn zur Deutung des Télémaque hinzuziehen: Vor ihrem Hintergrund erscheint der Roman zwar nicht als eine Kritik des Absolutismus an sich, wohl aber als eine kritische Auseinandersetzung mit Ludwig XIV.[107] Der skandalöse

---

102 Vgl. Kapp: Télémaque de Fénelon, S. 180. Zur Gattung des Schlüsselromans vgl. Gertrud Maria Rösch: Clavis Scientiae. Studien zum Verhältnis von Faktizität und Fiktionalität am Beispiel der Schlüsselliteratur. Tübingen 2004 (Studien zur deutschen Literatur. Bd. 170); vgl. zu Barclay Susanne Siegl-Mocavini: John Barclays „Argenis" und ihr staatstheoretischer Kontext. Untersuchungen zum politischen Denken der Frühen Neuzeit. Tübingen 1999 (Frühe Neuzeit. Bd. 48).
103 Vgl. Meid: Absolutismus und Barockroman.
104 Abgedruckt bei Siegl-Mocavini: John Barclays „Argenis" und ihr staatstheoretischer Kontext, S. 34–37.
105 Ebd., S. 34.
106 John Barclay: Brief an Puysieux, 12.7.1620. Zitiert nach Ch. Urbain: À propos de J. de Barclay. In: Bulletin du Bibliophile et du Bibliothécaire 1891, S. 315–330, hier S. 325.
107 Anders Kapp: Télémaque de Fénelon, der immer wieder zu Recht die Traditionsbezüge des Télémaque betont, deswegen aber zuweilen den Blick für das innovatorische Potential des Textes vermissen lässt, auf das zeitgenössische Leser durchaus rekurrieren. Es ist zudem unwahrscheinlich, dass Fénelon das möglicherweise Skandalöse des Télémaque nicht gesehen haben soll.

Text wurde nicht zuletzt deshalb populär, weil er jenen ‚oppositionellen' Strömungen Ausdruck verlieh, die Frankreich auf dem Weg des Niedergangs sahen,[108] und dabei den Monarchen und insbesondere seine aggressive Außen- und Handelspolitik nicht schonte.

Gegenüber derartigen Interpretationen hat Volker Kapp zu Recht auf die lange Tradition der Fürstenerziehungsliteratur verwiesen, in die sich Fénelon einschreibt.[109] Allerdings ist der einseitige Befund, der *Télémaque* biete inhaltlich wenig Neues,[110] zu modifizieren. Neu ist in der Tat weniger das Ideal, das der Text entwirft, als vielmehr die Spannung, die aus seinem offenkundigen Widerspruch mit der Herrschaftspraxis Ludwigs XIV. erwuchs.[111] So fällt unmittelbar ins Auge, dass diese Verpflichtungen des Herrschers auf eine christliche Tugendethik mit einem Mal als anstößig empfunden wurden. Das ist wiederum nur in der historischen Konstellation der letzten Regierungsjahrzehnte Ludwigs XIV. nachzuvollziehen, die von zahlreichen Reformvorschlägen begleitet wurden, an denen Fénelon maßgeblich beteiligt war:[112] Ende des Jahrhunderts verschärften sich die Krisen. Während der Pfälzische Erbfolgekrieg (1688–1697) die ohnehin maroden Staatsfinanzen weiter strapazierte, trugen die Hungersnöte der Jahre 1693/94 zu einer zunehmenden Verelendung der Landbevölkerung bei,[113] in der Zeitgenossen wie Claude Fleury zugleich Symptom und Ursache der allgemeinen ökonomischen Not sahen.[114]

Während Vauban in seinem *Projet d'une dîme royale* (1707) für den Abbau von Steuerprivilegien plädierte,[115] skizzierte Fénelon zusammen mit dem Herzog von Chevreuse in den sogenannten *Tables de Chaulnes* (1711) eine Reihe von Sofortmaßnahmen, die dem Herzog von Burgund im Falle seines Regierungsantritts vorgeschlagen werden sollten, darunter die Wiederherstellung ständischer Vertretungen.[116] Am entschiedensten fällt seine Kritik in dem nie abgeschickten *Brief an Ludwig XIV.* aus, der rhetorisch zugespitzt die Missstände der absolutistischen

---

108 Vgl. Rothkrug: Opposition to Louis XIV.
109 Vgl. Kapp: Télémaque de Fénelon, S. 63–75.
110 Vgl. ebd., S. 74.
111 Vgl. ebd., S. 159f.
112 Die Einschätzung, er habe sich verschworen, geht möglicherweise zu weit. Rothkrug: Opposition to Louis XIV., S. 258, S. 262.
113 Vgl. ebd., S. 212.
114 Vgl. ebd., S. 234.
115 Vgl. zu Vaubans Plänen die Ausführungen von Nannerl O. Keohane: Philosophy and the State in France. The Renaissance to the Enlightenment. Princeton 1980, S. 328–331.
116 Vgl. die im November 1711 verfassten sog. *Tables de Chaulnes:* Fénelon: Plans de gouvernement concertés avec le Duc de Chevreuse, pour être proposés au Duc de Bourgogne. In: Œuvres complètes de Fénelon. Bd. 7. Paris 1850, S. 182–188.

Herrschaft anprangert.[117] All diese Schriften verbindet die in anklagendem Ton vorgetragene bittere Diagnose: Frankreich befinde sich im Niedergang, das Land verelende, die zahlreichen Kriege hätten den Staat ruiniert.

In diesen reformerischen Diskurs gehört auch der *Télémaque*, selbst wenn die dort entfalteten Vorschläge abstrakter sind als die Ideen, die Fénelon andernorts formulierte. Im Roman verläuft die politische Erziehung auf mehreren Ebenen: Zunächst geht es um eine charakterliche Korrektur des Protagonisten, dann um den Erwerb spezifischer Eigenschaften, die am Beispiel anderer Monarchen durchgespielt werden, und schließlich um die Einrichtung einer Gesellschaft, die den Moralvorstellungen Mentors folgen. An ihr zeigt sich exemplarisch der Nexus von Tugend und Politik. Eine zentrale Bedeutung für die Entwicklung Télémaques besitzen die verschiedenen Herrscherfiguren, denen er begegnet, vor allem die Negativexempel, die durch ihre despotische Herrschaftspraxis nicht nur ihre Untertanen malträtieren, sondern letztlich ihre eigene Macht untergraben.

2.1.3.2 Politische Erziehung als Warnung. Die Revolutionssemantik des *Télémaque*

Fénelon wendet sich an keiner Stelle und zu keinem Zeitpunkt gegen die Monarchie;[118] grundsätzlichen Fragen nach der besten Staatsform geht er nicht nach. Und auch die viel debattierte Frage nach der Entstehung menschlicher Gemeinschaften, aus denen sich naturrechtliche Bindungen ableiten ließen, interessiert ihn nicht.[119] Auch kontraktualistische Vorstellungen spielen keine Rolle, sehr wohl aber die Herrschaftsausübung im Einklang mit Gesetz und Tugend.[120] Während Jacques Bénigne Bossuet in seiner Abhandlung *La Politique tirée des propres paroles de l'Écriture Sainte* (postum 1709) den Absolutismus aus der Bibel legitimiert hatte,[121] richtet Fénelon den Fokus auf die Erziehung des zur Herr-

---

117 Vgl. Fénelon: À Louis XIV. In: Œuvres complètes de Fénelon. Bd. 7. Paris 1850, S. 509–513
118 Vgl. Mohr: Fénelon und der Staat, S. 32f., S. 80. Vgl. auch Kapp: Télémaque de Fénelon, S. 119.
119 Vgl. Mohr: Fénelon und der Staat, S. 58.
120 Fénelon geht von einem primären Akt der Gesetzgebung aus. Vgl. zu seinen Ideen von der Staatsentstehung Mohr: Fénelon und der Staat, S. 58–61, S. 119f.
121 Für Bossuet ist die Monarchie die gottgewollte Staatsform. Vgl. zu den geschichtsphilosophischen Implikationen von Bossuets Apologie des Absolutismus in seinem *Discours sur l'histoire universelle* (1681) die Ausführungen von Andreas Urs Sommer: Sinnstiftung durch Geschichte? Zur Entstehung spekulativ-universalistischer Geschichtsphilosophie zwischen Bayle und Kant. Basel 2006 (Schwabe Philosophica. Bd. 8), S. 97–108, der unterstreicht, wie Geschichtstheologie und Herrchaftsbegründung zusammenhängen. Vgl. ebd., S. 99: „Die Einheit der Geschichte unter den Fittichen der ‚histoire universelle' [...] korrespondiert mit der theologisch-ideologisch verordneten ‚unité de doctrine' der absolutistischen Monarchie von Louis XIV, zumal nach dem Schema des

2.1 Die Geburt des politischen Romans aus der Krise des Absolutismus — 43

schaft bestimmten Individuums, weil dies die einzige Möglichkeit darstelle, den Staat zu reformieren. Immer wieder kritisiert er die uneingeschränkte Herrschaft, die für ihn primär Ausdruck moralischer Defizite ist.[122] Ansatzpunkt ist also wiederum das Individuum, das lernen müsse, mit der ihm übertragenen Macht umzugehen.

Gegenüber dem Alleinherrscher Idomenée unterstreicht Mentor die negativen Folgen zu großer königlicher Macht; absolute Herrschaft bedeute nicht zwangsläufig einen tatsächlichen Machtgewinn, weil ihre Auswüchse dazu führten, das Land zu ruinieren und somit die eigene Machtbasis, die in Zahl und Wohlstand der Bevölkerung liege, zu unterminieren: „Souvenez-vous que les pays où la domination du souverain est plus absolue sont ceux où les souverains sont moins puissants."[123] Damit untergräbt der Alleinherrscher nicht nur seine eigene Herrschaft, sondern die Existenz des Staats schlechthin:

> Son État s'épuise d'argent et d'hommes: cette dernière perte est la plus grande et la plus irréparable. Son pouvoir absolu fait autant d'esclaves qu'il a de sujets. On le flatte, on fait semblant de l'adorer, on tremble au moindre de ses regards; mais attendez la moindre révolution: cette puissance monstrueuse, poussée jusqu'à un excès trop violent, ne sauroit durer; elle n'a aucune ressource dans le coeur des peuples: elle a lassé et irrité tous les corps de l'État; elle contraint tous les membres de ce corps de soupirer après un changement. Au premier coup qu'on lui porte, l'idole se renverse, se brise et est foulée aux pieds. Le mépris, la haine, la crainte, le ressentiment, la défiance, en un mot toutes les passions se réunissent contre une autorité si odieuse. Le roi, qui, dans sa vaine prospérité, ne trouvoit pas un seul homme assez hardi pour lui dire la vérité, ne trouvera, dans son malheur, aucun homme qui daigne ni l'excuser ni le défendre contre ses ennemis.[124]

Gegen diese autodestruktiven Tendenzen setzt Mentor den Wert von Beratung. Der vermeintlich absolute Herrscher sei vor allem deshalb eingeschränkt, weil er keine aufrichtigen Ratgeber besitze, die es wagten, ihm ehrlich unbequeme Wahrheiten mitzuteilen. Die antiabsolutistische Stoßrichtung des Romans erschöpft sich hier noch in der entschiedenen Werbung für Monarchenberatung, während Fénelon in späteren Schriften für ständische Partizipation und Dezentralisierung plädiert.[125] Ausschlaggebend ist immer die Eignung des Herrschers, die gerade ein von Schmeichlern umgebener Tyrann nicht besitzen könne. In

---

Discours der französische König legitimer Nachfolger des römischen und karolingischen Kaisertums ist."

122 Vgl. Mohr: Fénelon und der Staat, S. 81: „Er kritisierte den Absolutismus daher nicht von der Idee her, sondern von der Person des Königs."
123 Fénelon: Les Aventures de Télémaque, S. 349.
124 Ebd.
125 Vgl. Mohr: Fénelon und der Staat, S. 151.

diesem Zusammenhang ist auch der Wettkampf zwischen verschiedenen Bewerbern um die Nachfolge Idomenées zu sehen: Der Beste und Tugendhafteste solle die Krone gewinnen.[126]

Das Problem ist für Fénelon weniger die Staatsform, die er ohnehin als gegeben annimmt, sondern die Frage, wie sie unter den vorgefundenen negativen Rahmenbedingungen zu reformieren und zu konservieren sei. In diesem Zusammenhang kritisiert er die Auswüchse von Alleinherrschaft, die sich vor allem durch mangelnde Erziehung erklären lassen. Während tugendhafte Monarchen lange und glücklich herrschten, gefährdeten Despoten nicht nur die Stabilität des Staates, sondern im Extremfall auch ihr eigenes Leben.[127]

Fénelons Konzeptionen sind auch vor dem Hintergrund der Revolutionsvermeidung zu sehen.[128] Seine kritische Sicht auf Auswüchse des Absolutismus macht Fénelon noch nicht zu einem Vorläufer der Französischen Revolution, auch wenn er gegen Ende des 18. Jahrhunderts vielfach als Vorreiter ihrer Ideen in Anspruch genommen wurde.[129] Im Horizont der 1690er Jahre standen Fénelon ja durchaus gewaltsame Staatsumwälzungen vor Augen, die zweifellos auf seine Konzeption des Romans einwirkten. Zum Erziehungsprogramm des *Télémaque* gehört deshalb auch die Warnung:[130] Der Text beschreibt insgesamt drei Revo-

---

126 Vgl. Fénelon: Les Aventures de Télémaque, S. 200–211. Vgl. Volker Kapp: Nachwort. In: Fénelon: Die Abenteuer des Telemach. Aus dem Französischen übersetzt von Friedrich Fr. Rückert. Mit einem Nachwort hrsg. von Volker Kapp. Stuttgart 1984, S. 457–488, hier S. 482: „Fénelon würdigt damit das Anliegen monarchomachischer Theorien, indem er einen Wettstreit um die Nachfolge des Idomeneus veranstalten läßt, doch hält er hierbei nur die Idee fest, daß der absolute Herrscher sich durch hervorragende moraische Qualitäten auszeichnen muß. Von einer vollständigen Zustimmung zu monarchomachischen Prinzipien kann hingegen nicht die Rede sein."
127 Vgl. Jean-Marie Goulemot: Discours, révolutions et histoire (Représentations de l'histoire et discours sur les révolutions de l'Age Classique aux Lumières). Paris 1975, S. 151: „Le despotisme, en dernière analyse, est le seul responsable de la fin du despote."
128 Vgl. Kapp: Télémaque de Fénelon, S. 119: „Fénelon évoque la danger d'une révolution pour le bannir."
129 So aber Saage: Utopie als „Fürstenspiegel", S. 77: „Doch darf nicht verschwiegen werden, daß Fénelons utopischer Roman mit dem Bâtica-Entwurf auch eine gedankliche Perspektive für den Fall bot, daß eine Reform des absolutistischen Staates durch sich selbst scheiterte. An sie knüpfte die revolutionäre Opposition an, als sie im Namen eines naturalisierten Emanzipationsideals dem Ancien Régime den Prozeß machte, der mit dessen Liquidierung [!] endete. Insofern kann Fénelon durchaus als ein Wegbereiter der Revolution von 1789 gelten." – Robespierre allerdings favorisierte Salente. Vgl. Chérel: Fénelon au XVIIIe siècle en France, S. 534, der eine apokryphe Äußerung des Jakobiners zitiert: „Nous voulons fonder Salente!"
130 Vgl. Mohr: Fénelon und der Staat, S. 79, zu seiner Ablehnung „einer plötzlichen und grundlegenden Veränderung der politischen Verhältnisse".

lutionen, die vielfach von Zeitgenossen auf die englischen Revolutionen des 17. Jahrhunderts bezogen wurden,[131] die exemplarisch die verderblichen Folgen absolutistischen Machtstrebens sichtbar machten. So verweisen die Anmerkungen der kommentierten Ausgaben, die seit 1719 publiziert wurden, auf Karl I. und Karl II., auf Oliver Cromwell und den exilierten englischen König Jakob.[132] Das sind selbstredend keine Belege dafür, dass es sich beim *Télémaque* um eine verschlüsselte Darstellung der englischen Revolution handelt, wohl aber Indizien für einen gängigen Rezeptionsmodus politischer Romanliteratur.[133]

Auch unabhängig von der außerliterarischen Referentialisierbarkeit der einschlägigen Passagen ist eindeutig, dass der *Télémaque* wiederholt Szenarien von gefährdeter Königsherrschaft entwirft. Dabei liegt die Bedrohung der Monarchie nicht etwa in revolutionären Tendenzen begründet, die auf den Umbau des Staates bzw. die Einführung einer neuen Regierungsform abzielen – es geht an keiner Stelle um den Umsturz des Systems, wohl aber um den Austausch des inkompetenten Monarchen[134] –, sondern in der Qualität der Herrschaft selbst. Könige, die schlecht regieren, stimulieren Aufruhr und bieten ein Negativexempel, aus dem *Télémaque* (und die Leser) ihre Lehren ziehen können. Wie schon Barclay, der herausstellte, dass unfähige, also schwache oder tyrannische Herrscher, „langfristig das Wiederaufflammen des Bürgerkrieges" verursachten,[135] zeichnet Fénelon das Schreckgespenst gewalttätig-anarchischer Zustände.

Besonders eindrücklich wird das am Beispiel des Bocchoris, dem unfähigen Nachfolger des weisen ägyptischen König Sesostris. Bocchoris

> n'avoit ni humanité pour les étrangers, ni curiosité pour les sciences, ni estime pour les hommes vertueux, ni amour de la gloire. La grandeur de son père avoit contribué à le rendre si indigne de régner. Il avoit été nourri dans la mollesse et dans une fierté brutale; il comptoit

---

131 Vgl. Goulemot: Discours, révolutions et histoire, S. 148.
132 Vgl. [Fénelon:] Les Avantures de Telemaque, fils d'Ulysse [...]. Nouvelle edition. Augmentée & Corrigée Sur le Manuscrit Original de l'Auteur. Avec des Remarques pour l'intelligence de ce Poëme Allegorique. Amsterdam 1719.
133 Vgl. Goulemot: Discours, révolutions et histoire, S. 146f.: „Peu importe, au demeurant, le sens exact que Fénelon a voulu donner à son oeuvre, ce qui intéresse au premier chef, c'est la lecture qu'en firent les contemporains, fût-elle arbitraire ou erronée, qui y virent une transcription à peine voilée des événements d'Angleterre."
134 Vgl. ebd., S. 149: „Mais le tyran abattu, il n'est pas un de ces peuples qui choisisse d'instaurer la république: la révolution fait succéder un prince juste et vertueux au despote. Le peuple redevenu libre, par voie élective ou selon l'ordre légitime de succession, se choisit un nouveau roi. La révolution n'est donc point création d'un ordre nouveau, ni même modification radicale du mode d'exercice de la souveraineté, mais retour à l'ordre politique ancien que la tyrannie a perverti".
135 Siegl-Mocavini: John Barclays „Argenis" und ihr staatstheoretischer Kontext, S. 375f.

pour rien les hommes, croyant qu'ils n'étoient faits que pour lui et qu'il étoit d'une autre nature qu'eux. Il ne songeoit qu'à contenter ses passions, qu'à dissiper les trésors immenses que son père avoit ménagés avec tant de soin, qu'à tourmenter les peuples et qu'à sucer le sang des malheureux; enfin qu'à suivre les conseils flatteurs des jeunes insensés qui l'environnoient, pendant qu'il écartoit avec mépris tous les sages vieillards qui avoient eu la confiance de son père. C'étoit un monstre, et non pas un roi.[136]

Monströs wird dieser König dadurch, dass er die Untertanen als grundsätzlich minderwertige Wesen betrachtet und unter dem Einfluss schlechter Ratgeber nur danach strebt, seine Leidenschaften auszuleben. Bocchoris erscheint dabei durchaus als Opfer einer ungenügenden Erziehung. Unter ihm leidet das ägyptische Volk in einer Weise, dass er sich selbst den Weg zum Untergang bereitet: „[L]e fils couroit à sa perte; et un prince si indigne du trône ne pouvoit longtemps régner."[137]

Der Untergang des monströsen Königs erfolgt für Télémaque, der diese Passage erzählt, mit geradezu naturgesetzlicher Logik. Durch seine egoistische Ruhmsucht hat er einen Bürgerkrieg und schließlich die Intervention der Phönizier heraufbeschworen: „Les Égyptiens me parurent divisés entre eux: je n'eus aucune peine à croire que l'insensé roi Bocchoris avoit, par ses violences, causé une révolte de ses sujets et allumé la guerre civile."[138] Zwar zeigt Bocchoris in der Schlacht, die Télémaque aus seinem Gefängnis beobachtet, persönliche Tapferkeit, allerdings ist auch sein Verhalten im Kampf ein Spiegelbild seines ungefestigten Charakters, der ihn zu einem ungeeigneten Feldherrn macht. Die Ursache liegt wiederum in der defizitären Erziehung des Monarchen begründet: „[S]es maîtres avoient empoisonné par la flatterie son beau naturel."[139] Folglich ist sein Untergang unvermeidlich. In einer drastischen Beschreibung schildert Télémaque die Wirkung, die der Anblick des abgeschlagenen Kopfes des Königs auf ihn ausübte:

Je le vis périr: le dard d'un Phénicien perça sa poitrine. Il tomba de son char, que les chevaux traînoient toujours, et ne pouvant plus tenir les rênes, il fut mis sous les pieds des chevaux. Un soldat de l'île de Chypre lui coupa la tête; et, la prenant par les cheveux, il la montra, comme en triomphe, à toute l'armée victorieuse.[140]

---

136 Fénelon: Les Aventures de Télémaque, S. 150.
137 Ebd.
138 Ebd., S. 151. – Vgl. Goulemot: Discours, révolutions et histoire, S. 147, der darin Anklänge an die Glorious Revolution sieht, die ebenfalls durch eine Intervention von außen entschieden wurde.
139 Ebd., S. 152.
140 Ebd., S. 152f.

2.1 Die Geburt des politischen Romans aus der Krise des Absolutismus — 47

Die physische Vernichtung des Tyrannen korrespondiert mit dem Untergang seiner Herrschaft: Bocchoris wird von den eigenen Pferden zu Tode getrampelt, ehe ihm ein zypriotischer Soldat den Kopf abtrennt und als blutiges Siegeszeichen missbraucht. In der nachträglichen Entweihung des (sakralisierten) königlichen Körpers kristallisiert sich die Bedrohung, der sich die monarchische Macht ausgesetzt sieht, und die durch das Beispiel der öffentlichen Enthauptung Karls I. von England 1649 sinnfällig wurde. Anders aber als Karl I. trägt Fénelons Bocchoris nicht die Züge eines Märtyrers, sondern taugt nur zur Abschreckung, nicht aber zur Identifikation.[141]

Télémaque weiß die Lehre aus solchen Vorgängen zu ziehen; in dem blutigen Bild konkretisiert sich für ihn die Botschaft, die sich aus dem ägyptischen Umsturz ergibt:

> Je me souviendrai toute ma vie d'avoir vu cette tête qui nageoit dans le sang, ces yeux fermés et éteints, ce visage pâle et défiguré, cette bouche entr'ouverte, qui sembloit vouloir encore achever des paroles commencées, cet air superbe et menaçant, que la mort même n'avoit pu effacer. Toute ma vie il sera peint devant mes yeux, et, si jamais les dieux me faisoient régner, je n'oublierois point, après un si funeste exemple, qu'un roi n'est digne de commander et n'est heureux dans sa puissance qu'autant qu'il la soumet à la raison. Hé! quel malheur, pour un homme destiné à faire le bonheur public, de n'être le maître de tant d'hommes que pour les rendre malheureux![142]

Die Frage nach der Legitimation des Umsturzes wird hier – wie auch andernorts im Roman – nicht aufgeworfen: Bocchoris' Tod ist verdient, weil er seine Handlungen nicht der „raison" untergeordnet hat. Auf den Tyrannen folgt ein gewisser Termutis, über den man nichts weiter erfährt. Anders gestaltet es sich im Fall des von seiner Frau Astarbé vergifteten und eigenhändig erwürgten tyrischen Königs Pygmalion: Sein Nachfolger wird sein tugendhafter Sohn Baléazar, der vom Volk begeistert akklamiert wird.[143] Bezeichnenderweise hat Baléazar (wie auch Télémaque) einige Zeit als Hirte gelebt: Die Naturnähe des Herrschenden ist Kriterium für gute Herrschaft – und natürlich klingen hier christliche Vorstellungen vom Monarchen als Völkerhirten an, die sich mit bukolischen Anklängen mischen.[144] Damit aktualisiert Fénelon eine Tradition, die im deutschsprachigen

---

141 Vgl. Albrecht Koschorke: Der Körper des Souveräns. In: Ders. u. a.: Der fiktive Staat. Konstruktionen des politischen Körpers in der Geschichte Europas. Frankfurt am Main 2007, S. 103–218, bes. S. 119–150.
142 Fénelon: Les Aventures de Télémaque, S. 153.
143 Vgl. ebd., S. 255.
144 Vgl. Frank Baudach: Planeten der Unschuld – Kinder der Natur. Die Naturstandsutopie in der deutschen und westeuropäischen Literatur des 17. und 18. Jahrhunderts. Tübingen 1993 (Hermaea.

Roman der zweiten Jahrhunderthälfte (so etwa bei Wieland) wieder aufgenommen werden wird.

2.1.3.3 Modellstaaten: Bétique und Salente

Gewaltsame Thronverluste bilden ein wichtiges Motiv in Fénelons *Télémaque*; ihre Schilderung dient der Mahnung. Alle erfolglosen Herrscher des Romans scheitern an sich selbst – und nicht zuletzt daran, dass sie ihre Ohren vor guten Ratschlägen verschließen. Fénelons *Télémaque* bleibt aber nicht bei der Zeichnung von Missständen stehen, sondern entwirft ein positives, christlich-agrarisch geprägtes Gegenbild einer friedlichen Herrschaft. In zwei aufeinander bezogenen Binnenerzählungen thematisiert Fénelons *Télémaque* die Prinzipien, nach denen menschliches Zusammenleben organisiert werden kann: Im siebten Buch erzählt der Phönizier Adoam von Bétique, einem naturnahen Gemeinwesen, das zehnte Buch thematisiert die grundlegenden Reformen Mentors in Salente, einer Neugründung des exilierten kretischen Königs Idomenée. Der Status dieser Erzählungen ist unterschiedlich: Während die intradiegetisch (und damit distanzierter) vermittelte Naturstandsutopie eine regulative Funktion besitzt, drängt die Beschreibung von Salente durch den heterodiegetischen Erzähler zur Verwirklichung und ist also Vorbild künftigen Handelns.[145] Mentor, der seinem Zögling anhand von Salente politische Reformmaßnahmen geradezu vorexerziert, unterstreicht diese Bedeutung, wenn er betont, er habe Salente nur reformiert, um Télémaque geeignetes Anschauungsmaterial zu bieten: „Tous ces sages établissements que vous admirez dans Salente ne sont que l'ombre de ce que vous ferez un jour à Ithaque, si vous répondez par vos vertus à votre haute destinée."[146] Doch nicht nur für das Ithaka der Romanfiktion, sondern mutmaßlich auch für das Frankreich der Jahre um 1700 sollte Salente vorbildlich sein, wenn man die Kontexte von Fénelons politisch-ökonomischen Ideen bedenkt.

Im siebten Buch des *Télémaque* berichtet der Phönizier Adoam von dem sagenumwobenen Land Bétique, das er soeben besucht hat.[147] Das Leben dort

---

N.F. Bd. 66), S. 484, der erklärt, die „kulturelle Humanisierung der rohen ägyptischen Schäfer [erfolge] auf wahrhaft mythische Weise".

145 Vgl. Raymond Trousson: Voyages aux pays de nulle part. Histoire littéraire de la pensée utopique. Brüssel 1975 (Université libre de Bruxelles. Faculté de Philosophie et Lettres. Bd. LX), S. 100: „L'utopie de Fénelon reste donc très proche de la réalité politique et économique".
146 Fénelon: Les Aventures de Télémaque, S. 530.
147 Vgl. zu den folgenden Ausführungen die Studie von Baudach: Planeten der Unschuld, Kinder der Natur, S. 477–485. – Goupillaud: De l'or de Virgile aux ors de Versailles, S. 216–221, zieht die Verbindungen zu Vergils *Georgica* und seinen *Eklogen*.

zeichnet sich durch die große Nähe zum goldenen Zeitalter aus: In einem idealen Klima leben die Bäter in selbstgewählter Einfachheit; so können sie zwar Metalle bearbeiten, verwenden aber Gold nicht als Zahlungsmittel, sondern nutzen es zum Anfertigen von landwirtschaftlichen Geräten. Die meisten Bäter sind Hirten oder Bauern, sie leben in glücklichen und keuschen Ehen in einer patriarchalisch organisierten Gesellschaft in harmonischer Gütergemeinschaft in Freiheit, Gleichheit und Frieden. Ihre Weisheit stammt aus dem Studium der Natur.[148] So lehnen sie den Überfluss ab, mit dem sich die anderen Völker verderben würden. Das verweist darauf, dass es sich bei ihrer Existenzform um das Resultat einer bewussten Entscheidung handelt, schließlich „sind die Bäter keine unwissenden, sondern im Gegenteil höchst weise, d. h. sowohl vernünftige als auch über die moralischen Verhältnisse der übrigen Nationen gut informierte Menschen."[149] Für Télémaque dienen sie als Beweis, dass es noch unverdorbene Menschen geben könne:

> Télémaque étoit ravi d'entendre ces discours d'Adoam, et il se réjouissoit qu'il y eût encore au monde un peuple qui, suivant la droite nature, fût si sage et si heureux tout ensemble. „O combien ces moeurs – disoit-il – sont-elles éloignées des moeurs vaines et ambitieuses des peuples qu'on croit les plus sages! Nous sommes tellement gâtés, qu'à peine pouvons-nous croire que cette simplicité si naturelle puisse être véritable. Nous regardons les moeurs de ce peuple comme une belle fable, et il doit regarder les nôtres comme un songe monstrueux."[150]

Weisheit und Glück der Bäter resultiert aus ihrer Nähe zur Natur; aus Sicht der übrigen Welt gleicht ihr Leben einer schönen Fabel, während für sie die europäischen Staaten wie ein monströser Traum wirken müssen. Dabei ist Bétique nicht einfach nur als ferner Ort markiert, sondern steht zugleich für eine Lebensform, wie sie einst überall anzutreffen war.

Die „historische Perspektive",[151] die Fénelon hier in die Utopie-Tradition mit einbringt, verleiht der Bétique-Erzählung ihre Relevanz im Kontext der erzählten Welt des *Télémaque*, indem sie den Maßstab gibt, anhand dessen ein korrumpiertes Staatswesen zu reformieren sei, um das goldene Zeitalter wiederzuerlangen.[152] Die „Naturstandsutopie", die noch dazu Vorstellungen über die biblischen

---

148 Deshalb sehe ich hier auch die „widersprüchliche Verbindung von Einfalt und Weisheit" nicht ganz so widersprüchlich wie Baudach: Planeten der Unschuld – Kinder der Natur, S. 483.
149 Ebd., S. 480.
150 Fénelon: Les Aventures de Télémaque, S. 270 f.
151 Baudach: Planeten der Unschuld – Kinder der Natur, S. 478.
152 Vgl. Baudach: Planeten der Unschuld – Kinder der Natur, S. 479: „Die *Bétique*-Utopie, die den Salent-Episoden unmittelbar vorausgeht, dient [...] als Veranschaulichung des Ideals eines naturgemäßen, auf kultureller Einfalt und Unschuld basierenden Status naturalis-Gemeinwesens,

Sitten aufnimmt und damit biblische Elemente in das mediterran-antike Setting integriert,[153] entwickelt die anthropologischen Grundlagen, zeichnet sich aber gerade durch die Abwesenheit staatlicher Strukturen aus.[154] Bétique kann also nicht als Vorbild dafür dienen, wie in der postlapsaren Welt ein Staat zu organisieren sei, wohl aber als Maßstab, dem man sich zumindest annähern kann, indem die verderblichen Wirkungen der menschlichen Gesellschaft eingehegt werden.[155] Wenn Télémaque die „normative Verbindlichkeit des utopischen Staates" anerkennt,[156] so erfolgt dies aus dem Bewusstsein, dass Bétique einen Zustand repräsentiert, in dem einstmals alle Völker gelebt haben;[157] der Roman entwickelt also ein dreistufiges Geschichtsmodell.[158]

Anders als das nahezu anarchische Bétique handelt es sich bei Salente um einen monarchisch verfassten Staat,[159] dessen Institutionen der Reform bedürfen.

---

wie es im moralisch verderbten Kulturzustand zwar nicht wiederhergestellt werden, wohl aber der Reformierung dieses Status legalis als Regulativ dienen kann".

153 Im Hintergrund stehen die *Mœurs des Israelites* (1681) von Claude Fleury. Zu Beginn des Werks erklärt Fleury, die Kenntnis der alttestamentarischen Sitten habe auch eine konkrete politische Wirkung. Vgl. Claude Fleury: Les moeurs des Israëlites. Dernière édition. Paris 1700, S. 1f.: Die Israeliten seien „un excellent modele de la vie humaine, la plus conforme à la nature. Nous voyons dans ses moeurs, les manieres les plus raisonnables de subsister, de s'occuper, de vivre en société: nous y pouvons apprendre, non seulement la morale, mais encore l'oeconomique & la politique."

Vgl. Kapp: Télémaque de Fénelon, S. 103–111, hier S. 111: „Son enseignement de la morale politique profite de la conformité du monde biblique avec l'Antiquité païenne pour déguiser son instruction politique selon l'Ecriture sainte sous le voile allégorique d'une Antiquité de convention." Vgl. Cuche: Une pensée sociale catholique, S. 262–373.

154 Vgl. Schuurman: Fénelon on Luxury, War and Trade in the Telemachus, S. 183: „Boetica does not function as the first phase of a descriptive socio-economic history, but rather as a normative paradigm."

155 Vgl. Baudach: Planeten der Unschuld – Kinder der Natur, S. 479: „Mentor führt vor, wie eine kulturell hochentwickelte Republik optimal organisiert werden muß, d.h. welche sozialen Institutionen nötig sind, um die moralische Verderbtheit der Kulturmenschen wirkungsvoll zu neutralisieren. Die *Bétique*-Utopie, die den Salent-Episoden unmittelbar vorausgeht, dient in diesem Zusammenhang als Veranschaulichung des Ideals eines naturgemäßen, auf kultureller Einfalt und Unschuld basierenden Status naturalis-Gemeinwesens, wie es im moralisch verderbten Kulturzustand zwar nicht wiederhergestellt werden, wohl aber der Reformierung dieses Status legalis als Regulativ dienen kann: Die *Bétique*-Utopie verbildlicht jene Norm ‚natürlicher', d.h. der Wesensnatur des Menschen angemessener Lebensverhältnisse (Güte, soziale Harmonie, Glück), die im Status legalis Salents so weit wie möglich wiederhergestellt werden soll."

156 Ebd., S. 478.
157 Vgl. ebd.
158 Vgl. ebd., S. 479.
159 Vgl. Olaf Briese: Aufklärerischer Anarchismus. Die verdrängte Tradition des 18. Jahrhunderts. In: Internationales Archiv für Sozialgeschichte der deutschen Literatur 41 (2016), S. 41–91.

Eben diese Maßnahmen sind Gegenstand des Romans: Mentor zeigt dem wohlwollenden, aber schwachen König Idomenée den Weg auf, wie er sein darbendes Land wieder zur Blüte bringen kann, und führt die dazu notwendigen radikale Eingriffe selbst aus. Ihre Wirkung ist so einschneidend, dass Télémaque nach seiner Rückkehr aus dem Krieg gegen die Daunier das Land zunächst nicht wiedererkennt, ja von der Kargheit der einstmals prunkvollen Stadt zutiefst befremdet ist und eine Stadt im Niedergang zu sehen glaubt.[160] Erst als ihn Mentor auf die umliegenden blühenden Landschaften aufmerksam macht, muss er seinen Irrtum einsehen.[161]

Mentor belehrt seinen Zögling darüber, dass Willkürherrschaft und Luxus die wesentlichen Ursachen für den Niedergang eines Staates seien: „Souvenez-vous ô Télémaque, qu'il y a deux choses pernicieuses, dans le gouvernement des peuples, auxquelles on n'apporte presque jamais aucun remède: la première est une autorité injuste et trop violente dans les rois; la seconde est le luxe, qui corrompt les moeurs."[162] Diese Maximen enthalten *in nuce* die politische Aussage des Romans: Die Reform von Salente soll illustrieren, wie ein Staat aussehen kann, der von einem gemäßigten, also beratungsoffenen Herrscher regiert wird, dessen Priorität die Förderung der Landwirtschaft ist. Dabei ist die innere Reform der gewaltsamen Vergrößerung des Staates vorzuziehen.[163] Obwohl Télémaque gerade von einem großen militärischen Erfolg zurückkehrt, schätzt er Mentors Leistung höher ein als seine kriegerischen Meriten: „J'avoue même que ce que vous avez fait ici est infiniment plus grand que les victoires que nous venons de remporter."[164] Mit dieser Umcodierung des Heroismus ist ein wesentlicher Aspekt des politischen Programms des Romans benannt: Es geht um Pazifizierung von

---

Bétique ist insofern anarchisch, als seine Bewohner ohne Staatenbildung auskommen. Vgl. Hans-Günter Funke: Die literarische Utopie der französischen Aufklärung zwischen archistischem (Veiras, Fontenelle, Morelly) und anarchistischem Ansatz (Foigny, Fénelon, Lahontan). In: Ders.: Reise nach Utopia: Studien zur Gattung Utopie in der französischen Literatur. Münster. 2005 (Politica et Ars. Bd. 7), S. 101–120, hier S. 117: Bétique sei die „Idylle des utopischen Primitivismus, die an den Mythos des Goldenen Zeitalters erinnert".
160 Vgl. Fénelon: Les Aventures de Télémaque, S. 521: „Est-il arrivé quelque calamité à Salente pendant mon absence? D'où vient qu'on n'y remarque plus cette magnificence qui éclatoit partout avant mon départ? Je ne vois plus ni or, ni argent, ni pierres précieuses; les habits sont simples; les bâtiments qu'on fait sont moins vastes et moins ornés; les arts languissent; la ville est devenue une solitude."
161 Vgl. ebd.
162 Ebd., S. 522.
163 Vgl. auch Claude Fleury: Pensées politiques. In: Ders.: Œuvres. Hrsg. von M. Aimée-Martin. Paris 1837, S. 547–549.
164 Fénelon: Les Aventures de Télémaque, S. 525.

Herrschaft. In diesem Zusammenhang bezieht sich der Roman auf Platons *Politeia* (um 390/370 v. Chr.), wenn Mentor betont, zur Neueinrichtung der Gesetze brauche es einen „roi philosophe",[165] der sich durch seine gemäßigte Lebensführung auszeichne.[166]

Dabei fällt die einleitende Problemdiagnose über Salente vernichtend aus: Zwar blüht die neuerrichtete Stadt, das umliegende Land aber verödet.[167] Für Mentor ist die Größe der Bevölkerung der ausschlaggebende Faktor, um den Wohlstand und damit letztlich auch die Existenz eines Gemeinwesens zu sichern. Ganz ähnlich hatte Claude Fleury, durchaus im Einklang mit merkantilistischen Positionen, in seinen *Pensées politiques* argumentiert,[168] wo er das ideale Verhältnis zwischen der Zahl der Bevölkerung und der Größe des Landes als Maßstab seiner Stärke bestimmte: „C'est le nombre des hommes et non l'étendue de la terre qui fait la force d'un Etat; il vaudrait mieux commander à cent hommes dans une île fertile de deux lieues que d'être seul dans une île de deux cents lieues".[169]

Auch aus ökonomischen Erwägungen sind Kriege somit verderblich, weil sie immer die Bevölkerung und damit die Stärke des Staates dezimieren. Auf der anderen Seite ist die Voraussetzung für die ‚Peuplierung' Salentes eine langanhaltende Friedensperiode:[170]

---

165 Ebd., S. 524. Vgl. Platon: Der Staat. Politeia. Griechisch – deutsch. Übersetzt von Rüdiger Rufener. Einführung, Erläuterungen, Inhaltsübersicht und Literaturhinweise von Thomas Alexander Szlezák. Düsseldorf/Zürich 2000 (Sammlung Tusculum), S. 453 (V.18): „Wenn nicht entweder die Philosophen Könige werden in den Städten, sagte ich, oder die, die man heute Könige und Machthaber nennt, echte und gründliche Philosophen werden, und wenn dies nicht in eines zusammenfällt: die Macht in der Stadt und die Philosophie, und all die vielen Naturen, die heute ausschließlich nach dem einen oder dem anderen streben, gewaltsam davon ausgeschlossen werden, so wird es, mein lieber Glaukon, mit dem Elend kein Ende haben, nicht für die Städte und auch nicht, meine ich, für das menschliche Geschlecht." Allerdings überwiegen die Differenzen zu Platons Staatsentwurf.
166 Vgl. Kapp: Télémaque de Fénelon, S. 170 f., der betont, dass die Idee der Mäßigung tief in der französischen Tradition der Frühen Neuzeit verwurzelt ist.
167 Vgl. Fleury: Pensées politiques, S. 548: „La campagne peut subsister sans les villes, mais non les villes sans la campagne. Il est bon qu'il y ait des villes pour la sûreté et la société; mais il serait à souhaiter qu'elles fussent petites et voisines, plutôt que grandes et éloignées." In den Städten entsteht für Fleury auch der verderbliche Luxus. Vgl. ebd.: „Dans cette confusion toutes sortes de crimes se commettent hardiment, parce qu'ils se cachent facilement; c'est le refuge de tous les vagabonds, les gens sans aveu, les trompeurs, les scélérats. La facilité d'y trouver tout pour de l'argent y attire le luxe et la mollesse. C'est un amas confus de tout ce qu'il y a de meilleur et de pire dans un Etat."
168 Vgl. Rothkrug: Opposition to Louis XIV., S. 244 f.
169 Fleury: Pensées politiques, S. 548.
170 Vgl. Matthias Asche: Peuplierung. In: Enzyklopädie der Neuzeit. Bd. 9: Naturhaushalt – Physiokratie. Stuttgart 2009, Sp. 1042–1045.

> Ne falloit-il pas regarder ces deux choses comme les deux fondements essentiels de votre puissance: *avoir beaucoup de bons hommes, et des terres bien cultivées pour les nourrir?* Il falloit une longue paix dans ces commencements, pour favoriser la multiplication de votre peuple. Vous ne deviez songer qu'à l'agriculture et à l'établissement des plus sages lois.[171]

Idomenée selbst muss einsehen, dass er Landwirtschaft und Handel zugunsten monarchischer Prachtentfaltung vernachlässigt hat und somit für den raschen Niedergang des jungen Staates verantwortlich ist: „Il est vrai que j'ai négligé l'agriculture, et même le commerce, qui m'est si facile sur cette côte: je n'ai songé qu'à faire une ville magnifique."[172]

Getreu seines Grundsatzes, dass es auf die Zahl der Untertanen ankomme, leitet Mentor seine Reformmaßnahmen ein. Zunächst geht es um die Bestandsaufnahme, um die Musterung und Registrierung der vorhandenen Menschen und Güter. Mentor zählt also die Untertanen und die Menge der von ihnen produzierten Güter, listet die vorhandenen Schiffe und ihre Besatzungen auf.[173] Dieses Vorgehen entspricht dem Vorgehen, das Fénelon selbst dem Herzog von Burgund empfahl und das von den reformorientierten Zirkeln um Fénelon praktiziert wurde.[174] Die Geburt der Statistik aus der Krise, die der Roman nachzeichnet, zeigt auch, dass die dort präsentierten Herrschaftsmodelle strukturell absolutistischen Praktiken gleichen; es geht um den Zugriff auf Land und Leute, der erst durch eine präzise Erfassung und Beschreibung der Gegebenheiten möglich wird.[175]

In Abgrenzung von merkantilistischen Vorstellungen, wie sie die ökonomische Politik Ludwigs XIV. prägten,[176] propagiert der Text aber die Freiheit des

---

171 Fénelon: Les Aventures de Télémaque, S. 324. Vgl. aber auch ebd., S. 327: „Il faut – disoit-il – avoir soin, pendant la paix, de multiplier le peuple; mais, de peur que toute la nation ne s'amollisse et ne tombe dans l'ignorance de la guerre, il faut envoyer dans les guerres étrangères la jeune noblesse."
172 Ebd., S. 325.
173 Vgl. ebd., S. 335 f.
174 Vgl. Rothkrug: Opposition to Louis XIV., S. 285 f.
175 Vgl. zur Statistik der Frühen Neuzeit Mohammed Rassem/Justin Stagl (Hrsg.): Statistik und Staatsbeschreibung in der Neuzeit vornehmlich im 16.–18. Jahrhundert. Bericht über ein interdisziplinäres Symposion in Wolfenbüttel, 25.–27. September 1978. Paderborn u. a. 1980 (Quellen und Abhandlungen zur Geschichte der Staatsbeschreibung und Statistik. Bd. 1).
176 Vgl. zu Fénelons Stellung zum Merkantilismus Mohr: Fénelon und der Staat, S. 142 f.; Istvan Hont: The early Enlightenment debate on commerce and luxury. In: Mark Goldie/Robert Wokler (Hrsg.): The Cambridge History of Eighteenth-Century Political Thought. Cambridge u. a. 2006, S. 379–418, bes. S. 382 f.: „The eighteenth-century debate began with Fénelon's presentation of a detailed scenario of how Europe's luxury could be destroyed and replaced with a virtually incorruptible economy." Vgl. auch Schuurman: Fénelon on Luxury, War and Trade in the *Telemachus*.

Handels von Einschränkungen durch Zölle und plädiert für gezielte Anreize, die unter anderem durch die Senkung von Zöllen und Abgaben und Rechtssicherheit und staatliche Belohnungen gesetzt werden sollen: „D'ailleurs, la liberté du commerce étoit entière: bien loin de le gêner par des impôts, on promettoit une récompense à tous les marchands qui pourroient attirer à Salente le commerce de quelque nouvelle nation."[177] Das Vorbild für diese Maßnahmen ist das phönizische Tyrus, das (wohl in Anlehnung an Amsterdam[178]) als Muster einer weltoffenen und prosperierenden Handelsstadt gezeichnet wird.[179]

Was auf den ersten Blick wie ein proto-liberales Programm aussieht, weist tatsächlich rigorose Züge auf.[180] So schränken nach wie vor Gesetze den Handel ein, allerdings mit dem Ziel der Abwehr schädlicher Einflüsse, die die Sitten des Volkes untergraben könnten: Insbesondere der Luxus könne letztlich zum Untergang des Staates führen.[181] Der *Télémaque* steht damit am Beginn einer Debatte, die im 18. Jahrhundert an Virulenz zunehmen wird. Fénelon Abwehr des Luxus aus christlich-agrarischer Perspektive wird für zahlreiche Rezipienten zum

---

177 Fénelon: Les Aventures de Télémaque, S. 336.
178 Vgl. Schuurman: Fénelon on Luxury, War and Trade in the *Telemachus*, S. 188: „His description earlier in the Telemachus of Tyre, probably modelled on contemporary Amsterdam, can be read as praise for the Dutch spirit of enterprise." Bereits die annotierte Ausgabe von 1719 setzt Tyrus mit Amsterdam gleich. Vgl. [Fénelon:] Les Avantures de Telemaque, fils d'Ulysse (1719), S. 53 f. (Fußnote).
179 Vgl. Fénelon: Les Aventures de Télémaque, S. 164: „Quand on entre dans cette ville, on croit d'abord que ce n'est point une ville qui appartienne à un peuple particulier, mais qu'elle est la ville commune de tous les peuples et le centre de leur commerce." Die Prosperität liege, so Narbal, auch am Charakter der Phönizier. Vgl. ebd., S. 166: „Les Tyriens sont industrieux, patients, laborieux, propres, sobres et ménagers; ils ont une exacte police; ils sont parfaitement d'accord entre eux; jamais peuple n'a été plus constant, plus sincère, plus fidèle, plus sûr, plus commode à tous les étrangers. Voilà, sans aller chercher d'autres causes, ce qui leur donne l'empire de la mer et qui fait fleurir dans leurs ports un si utile commerce." – Vgl. Suzanne Guellouz: Les Phéniciens dans le *Télémaque*. In: François-Xavier Cuche/Jacques Le Brun (Hrsg.): Fénelon. Mystique et Politique (1699–1999). Actes du colloque international de Strasbourg pour le troisième centenaire de la publication du *Télémaque* et de la condamnation des *Maximes des Saints*. Paris 2004, S. 333–342.
180 Vgl. Mohr: Fénelon und der Staat, S. 143: „Fénelon als ökonomischer Theoretiker bleibt in erster Linie Moralist. So liberal er betreffs des Handels war, – diese Regelungen wären hauptsächlich den Bauern, deren Getreidepreise wieder der Nachfrage entsprochen hätten und den Händlern zugute gekommen, – so dirigistisch war er, wenn es um überhöhte Profite, Wucherzins u. ä. ging."
181 Vgl. Hont: The early Enlightenment debate on commerce and luxury, S. 384, der aber wohl zu weit geht, wenn er erklärt: „Salentum was Fénelon's blueprint for preventing a violent revolution in France."

Stein des Anstoßes; eine Vielzahl politischer Romane wird bis ans Ende des 18. Jahrhunderts um dieses Thema kreisen und kontrovers Stellung beziehen.

Dementsprechend verbietet Mentor die Einfuhr von Luxusgütern und fordert den König auf, seinen Untertanen durch eine mäßige Lebensführung als positives Beispiel voranzugehen.[182] Die überflüssigen Güter werden an die benachbarten Völker verkauft; somit dient der Handel in Mentors Konstruktion keineswegs dazu, Wohlstand anzuhäufen, sondern hat ganz im Gegenteil eine gewisse Abfuhrfunktion, indem schädliche Luxusgüter, die in Salente überflüssig geworden sind, auf diese Weise abgestoßen werden können.[183]

Ziel ist eine Mäßigkeit in Ernährung, Musik, Architektur und Kunst. Es geht um die Erfüllung der naturgegebenen Normen, von denen sich Salente zum eigenen Schaden entfernt hat. Mentor erscheint als Gärtner, der die verderblichen Pflanzen vernichtet, und die Gesellschaft in den Stand einer wohltuenden Einfachheit zurückversetzt: „Mentor, semblable à un habile jardinier, qui retranche dans ses arbres fruitiers le bois inutile, tâchoit ainsi de retrancher le faste inutile qui corrompoit les moeurs: il ramenoit toutes choses à une noble et frugale simplicité."[184] Die Gesellschaft teilt Mentor in sieben Klassen ein, neben denen noch Leibeigene existieren. Kriterium für die Standeszugehörigkeit, die durch eine strikte Kleiderordnung sichtbar gemacht wird, ist die Geburt. Um sein Ziel einer ‚edlen Einfachheit' in allen Lebensbereichen zu realisieren, siedelt Mentor Handwerker, die überflüssige Luxusgüter produzieren, auf das brachliegende Land um, wo sie in der Landwirtschaft tätig sein sollen.

Der *Télémaque* wertet in Einklang mit La Bruyère, Fleury und anderen die ländliche Sphäre und den Bauernstand gegenüber der Stadt und den Handwerken und Künsten massiv auf.[185] Dabei gehen die Mahnung, dem Bauernstand die nötige Achtung nicht zu versagen, einher mit geradezu idyllisierenden Szenen, die

---

182 Vgl. Fénelon: Les Aventures de Télémaque, S. 337: „Je ne connois qu'un seul moyen pour rendre votre peuple modeste dans sa dépense, c'est que vous lui en donniez vous-même l'exemple."
183 Vgl. ebd., S. 350: „Mentor conseilla à Idomenée de faire avec les Peucètes, peuples voisins, un échange de toutes les choses superflues qu'on ne vouloit plus souffrir dans Salente avec ces troupeaux, qui manquoient aux Salentins." Vgl. Schuurman: Fénelon on Luxury, War and Trade in the *Telemachus*, S. 189: „This suggests that trade should be used by Salentum as a means to remove luxury goods from society, i. e. trade and luxury seem to be placed in an *inverse* relationship. This is an intriguing position that is at odds with the view taken by subsequent participants in the eighteenth-century luxury debate, in which trade and luxury would often be regarded as two mutually reinforcing phenomena."
184 Fénelon: Les Aventures de Télémaque, S. 339.
185 Rothkrug: Opposition to Louis XIV., S. 234–298, führt eine ganze Reihe eindrücklicher Beispiele an.

das harmonische und naturnahe Leben der Bauern feiern.[186] Allerdings zielen Fénelons Ideen auch hier auf Mäßigung ab: Das Land ist so parzelliert, dass seine Bestellung zwar die Existenz der Familien sichert, aber keine davon großen Wohlstand erwerben kann.[187]

Mentors radikale Maßnahmen verfolgen rigoros das Ziel einer „Reduzierung der Kultur" durch „staatliche Zwangsmaßnahmen";[188] Salente wird zu einem Staat, der von strikter Sozialkontrolle und Überwachung durch Staatsbedienstete geprägt ist.[189] Die Reform des Gemeinwesens bedeutet hier zugleich die Ausweitung staatlicher Zuständigkeitsbereiche.[190] Auch die proto-physiokratischen Ideen dienen nicht der Schaffung einer dynamischen Gesellschaft, sondern ganz im Gegenteil der Sicherung eines paternalistischen Staatswesens. Die Reform von oben, die auf der individuellen Tugend des Reformers basiert, macht die Revolution unnötig. Gute Herrschaft hat zwei wesentliche Effekte: Zum einen das Glück der Untertanen, zum anderen die Stabilität des Staates. So lässt sich die gelungene Herrschaft durchaus als Wiederkehr des goldenen Zeitalters unter veränderten Vorzeichen auffassen. Dementsprechend fordert Mentor am Ende des Romans Télémaque dazu auf, das goldene Zeitalter in seinen Territorien neu erstehen zu lassen:[191] „Lorsque vous régnerez, mettez toute votre gloire à renouveler l'âge d'or".[192] Unter den Bedingungen der von schädlicher Eigenliebe geprägten Moderne sind für diesen Annäherungsprozess allerdings radikale Maßnahmen erforderlich, wie das Beispiel des nunmehr geburtsständisch organisierten Salentes gezeigt hat.[193]

---

186 Vgl. etwa Fénelon: Les Aventures de Télémaque, S. 346: „Toute la campagne refleurira: Cérès se couronnera d'épis dorés; Bacchus, foulant à ses pieds les raisins, fera couler, du penchant des montagnes, des ruisseaux de vin plus doux que le nectar; les creux vallons retentiront des concerts des bergers, qui, le long des clairs ruisseaux, joindront leurs voix avec leurs flûtes, pendant que leurs troupeaux bondissants paîtront sur l'herbe et parmi les fleurs, sans craindre les loups." Vgl. auch Fleury: Pensées politiques, S. 548: „L'homme que nous cherchons pour être comme l'échantillon d'un peuple heureux est donc premièrement un laboureur vivant des fruits de sa terre et de son troupeau; ensuite un artisan des choses nécessaires à la vie, un potier, un forgeron, un charron, un maçon; enfin, un marchand de ble, de vin, de draps, et des autres choses semblables."
187 Vgl. ebd., S. 347.
188 Baudach: Planeten der Unschuld – Kinder der Natur, S. 483.
189 Vgl. Fénelon: Les Aventures de Télémaque, S. 348: „Il faut avoir des magistrats qui veillent sur les familles et sur les moeurs des particuliers."
190 Vgl. Saage: Utopie als „Fürstenspiegel", S. 72f.
191 Vgl. Kapp: Télémaque de Fénelon, S. 130 f.
192 Fénelon: Les Aventures de Télémaque, S. 570.
193 Vgl. Kapp: Télémaque de Fénelon, S. 135: „Puisque la civilisation moderne repose sur une morale de l'amour-propre, qui mène au culte du superflu, la morale politique du roi chrétien

2.1.3.4 Kosmopolitismus und Patriotismus

Fénelons Roman richtet sich gegen die merkantilistische Politik Ludwigs XIV. Dabei ist immer mit zu bedenken, dass die Kritik am Merkantilismus zugleich die Kritik an einer militaristischen, auf Expansion gerichteten Außenpolitik impliziert.[194] Der ökonomische Diskurs des *Télémaque* wendet sich also gegen den auf internationaler Konkurrenz gerichteten aggressiven Merkantilismus, den Colbert als friedlichen Krieg zwischen den Nationen bezeichnet hatte,[195] und setzt stattdessen das Ideal eines friedlichen goldenen Zeitalters. Zwar erzählt der *Télémaque* entsprechend den heroischen Gattungskonventionen des Epos von militärischen Unternehmungen, auch zeichnet sich der Protagonist als Krieger aus, dennoch etabliert er eine Alternative zu überkommenen Vorstellungen: Er wertet kategorisch militärischen Ruhm gegenüber der Hirtentätigkeit des Herrschers ab. Die Pazifizierung von Herrschaft kann als wesentliches Kennzeichen der politischen Vorstellungen des Romans gelten; sie drückt sich sprachlich in der Umdeutung des für die Herrschaft Ludwigs XIV. so zentralen Begriffs des Ruhms, der ‚gloire', aus,[196] der nun dem friedliebenden Herrscher zugesprochen wird.

Einerseits ist diese (im Kontext der Fürstenerziehungsliteratur durchaus übliche) Mahnung zum Frieden auf christliche Konzeptionen zurückzuführen und also solche nicht weiter originell. Andererseits hat sie auch konkrete völker-

---

plaide pour les nécessités authentiques. C'est pourquoi Fénelon fait des instructions sur le bon gouvernement un programme de réforme de l'Etat."

194 Vgl. Schuurman: Fénelon on Luxury, War and Trade in the *Telemachus*, S. 190: „His criticism of money as a merely artificial source of wealth, and his preference for agriculture over trade, form an obvious counterpoint to the monetarist and commercial preoccupations of Colbert's mercantilism. Jealousy of trade was in many ways a continuation of Machiavellian reason-of-state policies with economic means, and Fénelon viewed Colbert's policies as the economic side of Louis XIV's ‚Italian policy'."

195 Vgl. Jean-Baptiste Colbert: Dissertation sur la question: quelle des deux alliances de France ou de Hollande peut estre plus avantageuse à l'Angleterre [1669]. In: Lettres, Instructions et mémoires de Colbert. Hrsg. von Pierre Clément. Bd. 6. Paris 1869, S. 260–270, hier S. 269: „Mais ce qui doit entièrement décider cette question, c'est que le commerce est une guerre perpétuelle et paisible d'esprit et d'industrie entre toutes les nations." Vgl. Hont: Jealousy of Trade, S. 23: „Initially France was the worst offender in the corrupt application of reason of state to trade. Louis' absolutist regime welded war and trade into a single new policy."

196 Vgl. Burke: Ludwig XIV., S. 13; vgl. auch französische Aufklärung zu Krieg und Frieden. Stuttgart/Berlin/Köln 1997 (Theologie und Frieden. Bd. 15). Vgl. auch Christoph Kampmann: Arbiter und Friedensstiftung. Die Auseinandersetzung um den politischen Schiedsrichter im Europa der Frühen Neuzeit. Paderborn u.a. 2001 (Quellen und Forschungen aus dem Gebiete der Geschichte. NF Bd. 21), S. 216 zum Ruhm als Leitmotiv der Herrschaft Ludwigs XIV.

rechtliche Implikationen.[197] Im naturrechtlichen Denken der Frühen Neuzeit war allgemein akzeptiert, dass sich die souveränen Staaten untereinander im Naturzustand befanden, dass also Kriege zwischen diesen Gebilden zur Durchsetzung ihrer jeweiligen Interessen legitim seien.[198] Fénelon lehnt aber den Krieg als Geißel der Menschheit kategorisch ab: „La guerre est un mal qui déshonore le genre humain".[199]

Im *Télémaque* mahnt Mentor die hesperischen Könige zur Eintracht, ja schlägt sogar eine regelmäßige Versammlung zur Friedenssicherung vor, und begründet dies mit allgemeinmenschlichen Gesichtspunkten: „Tout le genre humain n'est qu'une famille dispersée sur la face de toute la terre. Tous les peuples sont frères et doivent s'aimer comme tels. Malheur à ces impies qui cherchent une gloire cruelle dans le sang de leurs frères, qui est leur propre sang!"[200] Und auch wenn der Krieg nicht immer zu vermeiden sei, bleibe er doch „la honte du genre humain".[201] Er kontrastiert die Völkerfamilie, die in brüderlicher Eintracht leben sollte, mit den Gottlosen, deren Ruhm im Leid ihrer Mitmenschen bestehe. Wahrer Ruhm liege hingegen in Mäßigung und Güte:

> O rois, ne dites point qu'on doit la désirer pour acquérir de la gloire: la vraie gloire ne se trouve point hors de l'humanité. Quiconque préfère sa propre gloire aux sentiments de l'humanité est un monstre d'orgueil, et non pas un homme: il ne parviendra même qu'à une fausse gloire; car la vraie ne se trouve que dans la modération et dans la bonté.[202]

Ein wesentliches Moment von Fénelons politischem Denken ist das Beharren auf Friedensstiftung und Friedensbewahrung, die auch institutionell abgesichert sind.[203] Das berührt sich mit seiner Kritik an den Eroberungskriegen Ludwigs XIV.

---

197 Vgl. Mohr: Fénelon und der Staat, S. 75: „Fénelon wünschte eine Übertragung der innerstaatlichen Rechtsgebundenheit auch auf den internationalen Bereich, in dem die Staaten noch gewissermaßen im Naturzustand lebten und das Recht des Stärkeren galt." Vgl. ebd., S. 121: „Es [das Völkerrecht, C. M.] ist unverletzlich und jedem einzelstaatlichen Recht überlegen."
198 Vgl. Otto Kimminich: Die Entstehung des neuzeitlichen Völkerrechts. In: Iring Fetscher/Herfried Münkler (Hrsg.): Pipers Handbuch der politischen Ideen. Bd. 3: Neuzeit: Von den Konfessionskriegen bis zur Aufklärung. München/Zürich 1985, S. 73–100.
199 Fénelon: Dialogues des Morts. In: Œuvres complètes de Fénelon. Bd. 6. Paris 1852, S. 233–334, hier 256.
200 Fénelon: Les Aventures de Télémaque, S. 318.
201 Ebd.
202 Ebd.
203 Vgl. auch Klaus Malettke: Fénelon, la France et le système des états européens en 1699. In: François-Xavier Cuche/Jacques Le Brun (Hrsg.): Fénelon. Mystique et Politique (1699–1999). Actes du colloque international de Strasbourg pour le troisième centenaire de la publication du *Télémaque* et de la condamnation des *Maximes des Saints*. Paris 2004, S. 469–480.

und dessen Streben nach einer Universalmonarchie.[204] Der Krieg wirke sich nicht nur negativ auf den Zustand des Landes aus, sondern untergrabe auch die königliche Autorität. Der Herrscher ist nicht nur seinem Volk, sondern der Menschheit verpflichtet. Mit diesen Gedanken reihen sich die *Aventures de Télémaque* in die europäischen Friedensschriften der Jahre um 1700 ein, aktualisieren aber zugleich auch Konzeptionen, wie sie Barclays *Argenis* entfaltete: Während dort die starke Monarchie als Bollwerk gegen Anarchie dienen sollte,[205] zeigt Fénelons Text, wie die übertriebene und fehlgeleitete Ausübung absoluter Macht die Existenz des mühsam errungenen Friedens wieder untergräbt. Der *Télémaque* lässt sich so auch als skeptische ‚Nachschrift' zur *Argenis* lesen, die nun statt seiner Genese aus der Krise die (potentielle) Destruktion des zunehmend dysfunktionalen monarchischen Staats zeichnet. Damit erscheint der Absolutismus nicht mehr als friedensstiftende Institution, sondern als „Kriegsursache".[206]

Fénelons Text reagiert damit offenkundig auf krisenhafte Momente des absolutistischen Staates. Er plädiert zugleich für die Erziehung des Herrschers, erzählt von dieser Erziehung und ist für eine solche Erziehung verwendbar. Auch wenn sich anthropologische und religiöse Grundannahmen des Romans auf Fénelons spirituelle Vorstellungen zurückführen lassen, zielt er doch auf lebensweltliche Verwirklichung zum allgemeinen Nutzen. Im Gewand antiker Mythologie und in einer aus dem antiken Epos abgeleiteten Form entwirft der *Télémaque* das Programm einer auf die Liebe gegründeten Herrschaft eines ‚guten Völkerhirten'.[207] Er setzt dabei bei der Person des Monarchen an; die Erziehung zur Tugend hat also konkrete politische Auswirkungen. Sonstige institutionelle Rahmungen werden kaum einmal diskutiert: Zwar propagiert er ein neues Herr-

---

204 Vgl. Mohr: Fénelon und der Staat, S. 76, S. 113. Vgl. zum Konzept der Universalmonarchie die Studie von Franz Bosbach: Monarchia Universalis. Ein politischer Leitbegriff der Frühen Neuzeit. Göttingen 1988 (Schriftenreihe der historischen Kommission bei der Bayerischen Akademie der Wissenschaften. Bd. 32). Vgl. auch Kampmann: Arbiter und Friedensstiftung, S. 215, der zeigt, dass der „Schiedsrichterrang der französischen Krone als politische Zielvorstellung für die Gestaltung der Außenpolitik" Ludwigs XIV. diente.
205 Vgl. Siegl-Mocavini: John Barclays „Argenis" und ihr staatstheoretischer Kontext, S. 314. Es gehe Barclay um den „Staat als einer sittlichen Institution zur Verhütung der Anarchie".
206 So der Titel der eher knappen Zusammenfassung von Marcel Pekarek: Absolutismus als Kriegsursache. Die französische Aufklärung zu Krieg und Frieden. Stuttgart/Berlin/Köln 1997 (Theologie und Frieden. Bd. 15).
207 Vgl. Fénelon: Les Aventures de Télémaque, S. 560: „Il est vrai – répondit Mentor – que le roi n'est roi que pour avoir soin de son peuple, comme un berger de son troupeau, ou comme un père de sa famille". – Vgl. zu dieser Bildlichkeit Dietmar Peil: Untersuchungen zur Staats- und Herrschaftsmetaphorik in literarischen Zeugnissen von der Antike bis zur Gegenwart. München 1983 (Münstersche Mittelalter-Schriften. Bd. 50), S. 29–165 (Kapitel „Hirt und Herde"), bes. S. 32f., der die Abhängigkeit der Terminologie Fénelons von Homer betont.

scherethos, das sich den Gesetzen unterordnet,²⁰⁸ dabei bleibt aber die Rolle der Gesetze seltsam unbestimmt. Der Roman erwähnt keine „institutionelle[n] oder legale[n] Sicherungen",²⁰⁹ die den Machtmissbrauch verhindern könnten, sondern setzt bei der Erziehung an: „Il peut tout sur les peuples; mais les lois peuvent tout sur lui. Il a une puissance absolue pour faire le bien, et les mains liées dès qu'il veut faire le mal."²¹⁰ Nach dem Tod des Duc de Bourgogne nahm Fénelon bezeichnenderweise Abstand von dieser optimistischen Position und sah in seinen politischen Spätschriften institutionelle Korrektiven der königlichen Macht vor.²¹¹ Dabei besteht eine latente Spannung zwischen der Moralisierung von Herrschaft auf der einen und den Maßnahmen zur staatlichen Machtsteigerung auf der anderen Seite, wie sie die Gesellschaft von Salente prägen. Das verweist darauf, dass der Mensch nach dem Sündenfall der institutionellen Hilfestellung bedarf, um sein (zeitliches) Glück zu erlangen.

2.2 Fénelons *Télémaque* und die Folgen

Unmittelbar nach dem Sensationserfolg des *Télémaque* wurden Romane verfasst, die sich explizit auf seine Autorität berufen. Wie schnell der Text Fénelons internationale Popularität erlangte, zeigt sich unter anderem daran, dass die britische Autorin Jane Barker (bzw. ihr Verleger) ihren *Exilius: or, The Banish'd Roman* (1715) als „written after the Manner of Telemachus" anpries, obwohl etliche Teile des Textes bereits vor der Publikation des *Télémaque* abgeschlossen waren.²¹²

In Frankreich bezogen sich nach dem Tod Ludwigs XIV. vermehrt Autoren offen auf Fénelon; in dem geistigen Klima der Régence erschien der einstmals verfemte Erzbischof nun als Muster der guten Sitten und politischer Weisheit. So

---

208 Vgl. Mohr: Fénelon und der Staat, S. 118.
209 Ebd., S. 87.
210 Fénelon: Les Aventures de Télémaque, S. 196.
211 Vgl. Mohr: Fénelon und der Staat, S.87 f. – Vgl. Fénelon: Mémoires sur les précautions et les mesures de prendre après la mort du Duc de Bourgogne. In: Œuvres complètes de Fénelon. Bd. 7. Paris 1850, S. 189–194; Ders.: Au Duc de Chevreuse [4.8.1710]. Ebd., S. 321–324. Dort empfiehlt Fénelon die Einrichtung einer Adelsversammlung.
212 Jane Barker: Exilius: Or, The Banish'd Roman. A New Romance. In Two Parts: Written After the Manner of Telemachus, For the instruction of Some Young Ladies of Quality. London 1715. Vgl. auch die deutsche Übersetzung: Der ins Elend verjagte Römer Exilius, Staats-Roman Nach Art des Frantzösischen Telemaque Herrn von Fenelon, Zum Unterricht vor Adeliches und anderes Frauenzimmer Vornehmen Standes verfasset von Madlle. Johanna Barcker. Außm Englischen übersetzt. Leipzig 1721. Vgl. Kathryn R. King: Jane Barker, Exile. A Literary Career 1675–1725. Oxford 2000, S. 155.

überrascht es kaum, dass sich Chancierges in den *Avantures de Néoptolème fils d'Achille* (1718) eng an die Erzählverfahren Fénelons anlehnt[213] – im Zentrum steht ebenfalls der Sohn eines homerischen Helden, der sich auf die Suche nach seinem Vater begibt.[214] Während Chancierges aber die politischen und tugenddidaktischen Elemente zugunsten von amourösen Episoden in den Hintergrund treten ließ, schlossen Andrew Michael Ramsay und Jean Terrasson in origineller Weise an den *Télémaque* an und erprobten neue Schreibweisen. Der Erfolg ihrer Romane zeigt sich nicht zuletzt daran, dass sie zumeist in einem Atemzug mit dem *Télémaque* als Trias genannt werden.[215] Anders als der *Télémaque* gerieten diese europaweiten Bestseller nach 1800 in Vergessenheit, obwohl es sich auch bei ihnen um traditionsstiftende Texte eigenen Rechts handelt.

Dabei nehmen sie einen je eigenen Standpunkt ein: Das betrifft erstens die Diskussion um die Gattungszugehörigkeit politisch-didaktischen Erzählens sowie zweitens die konkreten politischen Themen, die in den Werken verhandelt werden. Sie brechen mit dem von Fénelon etablierten (und von Chancierges tradierten) Schema und ersetzen den Mythos durch die (Religions-)Historie (Ramsay) und die Gelehrsamkeit (Terrasson).

2.2.1 Natürliche Religion und starke Monarchie. Andrew Michael Ramsays *Voyages de Cyrus* (1727/1730)

Les Voyages de Cyrus des Schotten Andrew Michael Ramsay (1686–1743) zählt zu den heute weitgehend vergessenen europäischen Bestsellern des 18. Jahrhunderts.[216] Noch im Jahr 1728 wurden drei (!) eigenständige Schriften publiziert, die Ramsay kritisieren: Die *Lettres critiques sur les Voyages de Cyrus*, die satirische *Suite de la nouvelle Cyropedie ou Reflexions de Cyrus sur ses voyages* und die *Entretiens sur les Voyages de Cyrus*.[217]

---

213 Vgl. Chancierges: Avantures de Néoptolème fils d'Achille. Propres à formers les Moeurs d'un jeune Prince. Paris 1718. Der dem jungen Ludwig XV. gewidmete Roman erlebte mehrere Auflagen (1719, 1756) und wurde mehrfach ins Deutsche übersetzt. Vgl. Chérel: Fénelon au XVIIIe siècle en France, S. 116 f., Granderoute: Le roman pédagogique, S. 209–220; eine Auflistung der Übersetzungen bei Biesterfeld: Der Fürstenspiegel als Roman, S. 553.
214 Vgl. die ausführliche Inhaltsangabe bei Biesterfeld: Der Fürstenspiegel als Roman, S. 267–283.
215 Vgl. Ajouri: Probleme der Empirisierung einer Gattung, S. 289.
216 Vgl. [Andrew Michael Ramsay:] Les Voyages de Cyrus, avec un Discours sur la Mythologie. 2 Bde. Paris 1727.
217 Vgl. Lettres critiques sur les Voyages de Cyrus, A Monsieur le Marquis de ***. Par ***. Paris 1728; Suite de la nouvelle Cyropedie ou Reflexions de Cyrus sur ses voyages. Amsterdam 1728;

Ramsay, eine der schillerndsten Figuren der frühen Aufklärung,[218] nimmt eine Schlüsselstellung in der Rezeption Fénelons ein: Von dem Erzbischof von Cambrai im Jahr 1710 katholisch getauft und in seinen Haushalt aufgenommen, wo er bis 1714 lebte,[219] wurde er zum wichtigen Popularisator von Fénelons Gedanken, allerdings teilweise um den Preis ihrer Verfälschung.[220] Einflussreich sind insbesondere Ramsays Abhandlung über den *Télémaque*, der *Discours sur l'excellence du poème épique*,[221] den er der von ihm im Auftrag von Fénelons Neffen besorgten *Télémaque*-Edition voranstellte, sowie seine Biographie des Erzbischofs von Cambrai (1723),[222] die ursächlich für die Legende vom toleranten Fénelon verantwortlich ist.[223] Auch in seinen politischen Schriften beruft sich Ramsay auf Fénelon; der *Essai de Politique* (1719) ebenso wie seine Neubearbeitung unter dem

---

[Pierre-François Guyot Desfontaines/François Granet:] Entretiens sur les Voyages de Cyrus. Nancy 1728. – Vgl. zu diesen Publikationen die Ausführungen von Robert Granderoute: Quand l'auteur et le public collaborent: Les deux éditions des *Voyages de Cyrus*. In: Dix-Huitième siècle 4 (1972), S. 255–270.

218 Inzwischen liegen etliche Monographien zu diesem für lange Zeit eher stiefmütterlich behandelten Autor vor. Die Grundlagen bilden nach wie vor Albert Chérel: Un aventurier religieux au XVIIIe scièlce. André Michel Ramsay. Paris 1926, sowie insbesondere die Studie von G. D. Henderson: Chevalier Ramsay. London u.a. 1952, die leider auf Anmerkungen verzichtet. Den neuen Forschungsstand repräsentieren mit unterschiedlichen Schwerpunktsetzungen die Arbeiten von Marialuisa Baldi: Philosophie et Politique chez Andrew Michael Ramsay. Paris 2008 [italienisches Original 2002]; Georg Eckert: „True, Noble, Christian Freethinking". Leben und Werk Andrew Michael Ramsays (1686–1743). Münster 2009; Andrew Mansfield: Ideas of monarchical reform: Fénelon, Jacobitism and the political works of the Chevalier Ramsay. Manchester 2015 (Studies in Early Modern European History). Die ausführlichste und ausgewogenste Interpretation des Romans stammt von Granderoute: Le roman pédagogique, S. 229–300.

219 Vgl. Mansfield: Ideas of monarchical reform, S. 153 f.

220 Vgl. Andrew Mansfield: Fénelon's cuckoo: Andrew Michael Ramsay and Archbishop Fénelon. In: Doohwan Ahn/Christoph Schmitt-Maaß/Stefanie Stockhorst (Hrsg.): Fénelon in the Enlightenment: Traditions, adaptations, and variations (Internationale Forschungen zur allgemeinen und vergleichenden Literaturwissenschaft). Amsterdam/New York 2014, S. 73–93.

221 Vgl. [Ramsay:] Discours de la poésie epique, et de l'excellence du poème de Télémaque.

222 Vgl. [Andrew Michael Ramsay:] Histoire de la Vie de Messr. François de Salignac de la Motte-Fenelon, Archeveque Duc de Cambray. La Haye 1723. Die Wirkung reicht bis weit ins 19. Jahrhundert; so publizierte etwa Clemens Brentano 1826 eine deutsche Übersetzung. Vgl. Andrew Michael Ramsay: Fenelon's Leben, aus dem Französischen des Ritters von Ramsay übersetzt und mit einigen Anmerkungen und Beilagen begleitet. Koblenz 1826.

223 Vgl. Mansfield: Ideas of monarchical reform, S. 154 f.: „The work is rather curious, and Fénelon features as an almost peripheral figure [...]. Instead it focuses on Ramsay's own conversion by Fénelon, the plight of Madame Guyon, the Quietism Affair, and the promotion of James Stuart's Jacobite cause. Importantly, Ramsay's inclusion of James Stuart in the *Vie* used the biography to link James to Fénelon with the *Essay*, thereby exploiting the supposed political principles of Fénelon to assert his claim to the British throne."

Titel *Essai Philosophique sur le Gouvernement* (1721) geben vor, den „Principes de l'Auteur de Télémaque" zu folgen.[224]

Dabei nutzt Ramsay die Autorität Fénelons, um eigene Vorstellungen zu propagieren. Das zeigt sich etwa daran, dass er Fénelon fälschlicherweise zum Verfechter konfessioneller Toleranz stilisiert. In einer viel beachteten Episode seiner Fénelon-Biographie erzählt Ramsay von einem Besuch des exilierten englischen Thronprätendenten in Cambrai:[225]

> Il lui recommanda sur toutes choses de ne jamais forcer ses sujets à changer leur Religion. Nulle puissance humaine ne peut forcer, lui dit-il, le retranchement impénétrable de la liberté du coeur. La force ne peut jamais persuader les hommes; elle ne fait que des hypocrites. Quand les Rois se mêlent de Religion, au lieu de la protéger, ils la mettent en servitude. Accordez donc, à tous la tolérance civile; non en approuvant tout comme indifférent, mais en souffrant avec patience tout ce que Dieu souffre, & en tâchant de ramener les hommes par une douce persuasion.[226]

Diese Passage ist noch aus einem weiteren Grund von Bedeutung: Sie belegt, dass Ramsay alles daransetzt, die jakobitische Sache mit Fénelon zu verbinden.[227] Seiner Verbindung mit Fénelon dürfte Ramsay auch die Berufung zum Erzieher des ‚young pretender' Charles Edward Stuart (1720–1788) im Dezember 1723 verdanken,[228] die aber nur ein Intermezzo blieb: Bereits 1724 verließ er nach einer Reihe von Intrigen den Stuart-Hof in Rom.[229]

In jakobitische Kontexte gehört auch der Text, der Ramsays zeitweiligen Weltruhm begründete, die 1727 erstmals erschienenen *Voyages de Cyrus*. Diese

---

224 Vgl. [Andrew Michael Ramsay:] Essai de Politique ou l'on Traite de la Necessité, de l'Origine, des Droits, des Bornes, et des Differentes Formes de la Souveraineté selon les Principes de l'Auteur de Télémaque. Den Haag 1719; [Ders.:] Essai Philosophique sur le Gouvernement, Où l'on Traite de la Necessité, de l'Origine, des Droits, des Bornes, et des Differentes Formes de la Souveraineté selon les Principes de Feu M. François Salignac de la Mothe-Fénelon, Archevêque Duc de Cambrai. London 1721.
225 Vgl. Mansfield: Ideas of monarchical reform, S. 166, S. 179–181.
226 [Ramsay:] Historie de la Vie, S. 181. – Diese Episode wurde auch gesondert publiziert. Vgl. The King of England's Character, faithfully extracted, from an Original Letter of Fenelon of Late Archbishop of Cambray, to the Duke of Beauviliers, at That Time Governour to the Sons of France, dated in November 15th 1709. Edinburgh o. J. Vgl. Doowahn Ahn: From Greece to Babylon: The political thought of Andrew Michael Ramsay (1686–1743). In: History of European Ideas 37 (2011), S. 421–437, hier S. 427.
227 Vgl. Mansfield: Ideas of monarchical reform, S. 159: „There was an express intention to connect James Stuart to the Archbishop's legacy to endorse Jacobitism in Britian."
228 Mit der Niederlage von Charles Edward Stuart bei der Schlacht von Culloden (1746) sollte der Traum von einer Stuart-Restauration endgültig enden.
229 Vgl. Mansfield: Ideas of monarchical reform, S. 160 f.

Transformation der *Kyrupädie* Xenophons ist einerseits ein Echo von Ramsays Erziehertätigkeit,[230] andererseits ein sowohl spiritueller als auch politischer Text, der die Darstellung von Ramsays politischem Ideal einer starken Monarchie, die durch ein adeliges Beratungsgremium gemäßigt wird,[231] und seiner Verteidigung gegen naturrechtliche und lockianische Positionen mit der Beschreibung eines individuellen spirituellen Entwicklungsgangs verbindet.[232] Zugleich vermittelt der Roman historisches und theologisches Wissen und nutzt es, um sein Herrscherbild zu propagieren.[233] Ungeachtet der zum Teil heftigen Kritik, die (begründete) Plagiatsentwürfe miteinschloss,[234] wurden die *Voyages de Cyrus* ein europaweiter Erfolg,[235] ihr Autor wurde fortan auf Titelblättern als Autor des *Cyrus* angepriesen.[236]

Der bestens vernetzte Ramsay verkehrte zwischen 1726 und 1731 in dem einflussreichen, aus etwa 25 Mitgliedern bestehenden Club de l'Entresol,[237] zu dessen anderen Mitgliedern unter anderem Montesquieu und der Marquis d'Argenson

---

230 Bereits vor seiner Anstellung am Stuart-Hof hatte er als Erzieher für die Familie des Grafen Sassenage gearbeitet. Vgl. Henderson: Chevalier Ramsay, S. 56 f.
231 Das 15. Kapitel des *Essai Philosophique sur le Gouvernement* trägt den Titel „La Monarchie moderée par l'Aristocatie".
232 Diese große Bandbreite entspricht Ramsays intellektueller Biographie. Vgl. Mansfield: Ideas of monarchical reform, S. 2: „Ramsays focus broadened beyond political considerations to encompass an enduring interest in religion, mysticism, education, science, and political economy." Vgl. auch Bruno Neveu: Un roman de spiritualité: Les voyages de Cyrus du Chevalier Ramsay. In: Charles Grivel (Hrsg.): Écriture de la religion, écriture du roman. Mélanges d'histoire de la littérature et de critique offerts à Joseph Tans. Groningen/Lille 1979, S. 11–27.
233 Vgl. Eckert: „True, Noble, Christian Freethinking", S. 416: Es handele sich „in gewisser Weise um eine Realenzyklopädie des gelehrten Wissens des 18. Jahrhunderts, dessen Substanz Ramsay mit peniblem Bedacht auf plausible Trägerfiguren aus der Antike projizierte."
234 Vgl. Granderoute: Quand l'auteur et le public collaborent.
235 Vgl. Granderoute: Le roman pédagogique, S. 230: „En 1727–28, *Les Voyages de Cyrus* sont bien le livre à la mode." – Vgl. auch die Rezeptionszeugnisse ebd., S. 229 f. Granderoute zitiert etwa das *Journal de Verdun*, das im Februar 1728 auf die große Resonanz der *Voyages de Cyrus* verweist: „Il paraît depuis peu un ouvrage qui fait trop de bruit dans Paris pour attendre au mois à l'annoncer aux Provinces éloignées" (ebd., S. 229).
236 Vgl. Georges Lamoine: Introduction. In: Chevalier Andrew Michael Ramsay: Les Voyages de Cyrus avec un Disours sur la Mythologie. Édition critique établie de Georges Lamoine. Paris 2002, S. 7–18, hier S. 7.
237 Vgl. Robert Shackleton: Montesquieu. A Critical Biography. Oxford 1961, S. 63: „The most important contributions to the study of political theory in France, between Bossuet's *Politique tirée de l'ecriture sainte* and *L'Esprit des lois*, come from the members of the Entresol." – Vgl. Nick Childs: A political academy in Paris 1724–1731. The Entresol and its members. Oxford 2000 (Studies on Voltaire and the Eighteenth Century. Bd. 2000:10). Im Entresol las Ramsay Teile der *Voyages de Cyrus* vor ihrer Publikation. Vgl. ebd., S. 116.

zählten,²³⁸ wurde 1729 zum Fellow der Royal Society gewählt und erhielt 1730 den Doktortitel honoris causa der Universität Oxford.²³⁹ Daneben zählt Ramsay zu den wichtigen Figuren der frühen Freimaurerei.²⁴⁰ Auch wenn unklar bleibt, inwiefern freimaurerische Vorstellungen bereits auf die Konzeption des Romans und des Initiationsgangs des Protagonisten einwirkten,²⁴¹ wurde der Roman in der zweiten Hälfte des Jahrhunderts entsprechend rezipiert.²⁴²

Eine Interpretation der *Voyages de Cyrus* muss also zunächst nach den Gattungsvariationen fragen, um herauszuarbeiten, wie Ramsay den Roman hin zur universalhistorischen und religionsgeschichtlichen Schrift ausweitet: Im Vergleich mit dem *Télémaque* fällt unmittelbar ins Auge, dass *erstens* die Verfassungsdiskussion ungleich konkretere Züge einnimmt und dass *zweitens* unterschiedliche Ausformungen der Religion im Zentrum der Handlung stehen. Der politische Roman wird bei Ramsay nicht mehr in der Sphäre des Mythos, sondern in der geschichtlichen Welt angesiedelt. Die Paratexte des Romans, der *Discours* und der Brief an Nicolas Fréret, zielen darauf ab, die Handlung des Romans historisch zu beglaubigen.

Dabei ist der eigentümlichen Geschichtskonstruktion Ramsays nachzugehen: Einerseits greift sein *Cyrus* die Gedanken seiner zuvor publizierten politischen Schriften auf und lässt sich mit einigem Recht als jakobitische Programmschrift lesen,²⁴³ andererseits zieht er große historische Linien und setzt alles daran, sowohl die historische Korrektheit als auch die Allgemeingültigkeit seiner Darstellung zu unterstreichen. Dadurch lässt sich der langanhaltende Erfolg des Textes erklären, der anders als etwa Jane Barkers *Exilius* auch jenseits der konkreten politischen Situation Leser fand. Ramsays Roman enthält, wie auch der *Télémaque*, durchaus konkrete Anspielungen auf zeitgenössische Ereignisse, situiert sie aber in übergreifenden und überzeitlichen Zusammenhängen und legt darüber

---

238 Vgl. Childs: A political academy in Paris S. 200 f. (Liste der Mitglieder und Dauer ihrer Mitgliedschaft).
239 Vgl. den ausführlichen biographischen Überblick bei Eckert: „True, Noble, Christian Freethinking", der aber zuweilen zu unkritisch auf die Aussagen Ramsays vertraut. Vgl. Alexander Schunka: [Rezension von] Eckert, Georg, „True, Noble, Christian Freethinking". Leben und Werk Andrew Michael Ramsays (1686–1743) [...]. In: Zeitschrift für Historische Forschung 39 (2012), S. 732–734, bes. S. 733.
240 Vgl. Françoise Weil: Ramsay et la Franc-Maçonnerie. In: Revue d'histoire littéraire de la France 63 (1963), S. 272–278; Henderson: Chevalier Ramsay, S. 166–177.
241 Vgl. die differenzierte Analyse von Granderoute: Le roman pédagogique, S. 287–291.
242 So dürfte auch die Übersetzung von Matthias Claudius auf freimaurerische Interessen zurückzuführen sein.
243 So der Konsens in der politikwissenschaftlichen Forschung. Vgl. Mansfield: Ideas of monarchical reform, S. 200.

hinaus eine theologische Deutung politischer und historischer Prozesse nahe. Schließlich gestaltet Ramsay mit seinem persischen Prinzen das Muster eines gottesfürchtigen Herrschers, der – anders als Fénelons Télémaque – den einen christlichen Gott erkennt.

2.2.1.1 Eine „Nouvelle Cyropedie": Ramsay transformiert Xenophon

Für Voltaire lagen die Verhältnisse klar zutage: Ramsay „fit les *Voyages de Cyrus*, parce que son maître avait fait voyager Télémaque."[244] Damit beschreibt Voltaire zwar bösartig, aber durchaus zutreffend Ramsays Intention, die dieser selbst in den Paratexten seines Romans offenlegte. Sein Werk sei zwar in derselben Absicht verfasst wie die *Aventures de Télémaque*, daraus ergebe sich aber keine formale oder stilistische Ähnlichkeit der beiden Texte. Anders als Fénelon, der die Schönheiten der antiken Dichtung erfolgreich imitiert habe, orientiere er sich an der Geschichtsschreibung: „A l'égard du stile, j'ai voulu imiter l'Historien plûtôt que le Poëte; je me sens incapable de répandre dans un Ouvrage les beautez de la Poësie Grecque & Latine: Tout effort de cette espéce seroit inutile, & même téméraire, après l'Auteur du Telemaque."[245]

Damit stilisiert Ramsay einerseits Fénelon zum unerreichbaren Vorbild und qualifiziert zugleich implizit alle Imitationsversuche à la Chancierges ab, markiert aber zugleich seinen eigenen Standpunkt. Denn wenn es nutzlos und von vornherein zum Scheitern verurteilt sei, Fénelons literarische Errungenschaften nachzuahmen, ergibt sich daraus der Auftrag, nach neuen Wegen der narrativen Vermittlung politischer und theologischer Wissensbestände zu suchen. Das „Poëme Epique" Fénelons steht für Ramsay der „Histoire Philosophique" gegenüber; beide Genres haben ihre Berechtigung, weil sie beide demselben Ziel verpflichtet sind, wie Ramsay in der Vorrede der Neuauflage ausführt: „Rien n'est plus injuste que de vouloir comparer ces deux ouvrages; ils ont le même but qui est l'instruction, mais ils ne sont pas formés sur les mêmes originaux; l'Auteur de Télémaque écrit la suite d'un Poëme Epique; l'auteur de Cyrus remplit la vuide d'une Histoire Philosophique[.]"[246]

Ramsay verwendet dasselbe intertextuelle Verfahren wie Fénelon: Hatte sich dieser Lücken in der Handlung der *Odyssee* zunutze gemacht, füllt Ramsay eine offensichtliche Lücke in der *Kyrupädie* Xenophons. Der Prätext von Ramsays *Voyages de Cyrus* ist die *Kyrupädie* (4 Jh. v. u. Z.) Xenophons; etliche Ausgaben und

---

[244] Voltaire: Plagiat. In: Ders.: Œuvres complètes de Voltaire. Hrsg. von Louis Moland. Bd 20: Dictionnaire philosophique. Paris 1878, S. 222–224, hier S. 223.
[245] [Ramsay:] Les Voyages de Cyrus, Preface (unpaginiert).
[246] [Andrew Michael Ramsay:] Les voyages de Cyrus. Nouvelle edition. London 1730, S. VII.

Übersetzungen verweisen ab 1729 bereits im Titel auf die Hauptquelle des französischen Romans.²⁴⁷ Während Fénelon an ein Epos anschließt, ergänzt Ramsay ein Werk der Geschichtsschreibung:

> XENOPHON ne parle point dans sa Cyropedie, de tout ce qui est arrivé à Cyrus depuis sa seiziéme jusqu'à sa quarantiéme année. J'ai profité du silence da [!] l'antiquité sur la jeunesse de ce Prince pour le faire voyager, & le recit de ses voyages me fournit une occasion de peindre la *Religion*, les *Moeurs*, & la *Politique* de tous les Pays où il passe; aussi-bien que les principales *Révolutions* qui arrivérent de son temps en Egypte, en Grece, à Tyr, & à Babylone.²⁴⁸

Tatsächlich lässt der griechische Autor eine beträchtliche Zeit in der Entwicklung seines Protagonisten unkommentiert. Das erste Buch der *Kyrupädie* berichtet von der Jugend des Kyros, die Bücher zwei bis sieben „veranschaulichen die Anwendung des Gelernten auf die Lebenspraxis, die sich vordergründig als eine Kette militärischer Leistungen und Erfolge darstellt",²⁴⁹ während der Schluss des siebten Buches und das achte Buch die Konsolidierung der „von seiner Autorität getragene[n] Herrschaft" ins Zentrum rückt.²⁵⁰ Doch während Fénelon auf einen fiktionalen Text rekurrierte und seine Lehre gleichsam in mythologischem Gewand verbreitete, orientiert sich Ramsay erklärtermaßen an der Historie: Nach eigenem Eingeständnis dient ihm die historische Figur des Kyros als Ansatzpunkt, um eine religiöse und politische Geschichte seiner Zeit, also des 6. vorchristlichen Jahrhunderts, zu entfalten. Daraus ergibt sich implizit ein größerer Anspruch an die Wirkung des Werks, geradezu ein als Bescheidenheitstopos maskierter Überbietungsgestus.

Mit Xenophons *Kyrupädie* entschied sich Ramsay für einen kanonischen Text, der als Muster eines Fürstenspiegels galt,²⁵¹ gerade weil sein historiographischer Wert durchaus umstritten war. Seine antike und neuzeitliche Rezeption wurde zuallererst durch die Vorstellung bestimmt, der griechische Autor habe darin das Ideal eines Herrschers aufstellen wollen. Cicero versteht den Kyros Xenophons

---

247 Vgl. etwa Andrew Michael Ramsay: A new Cyropædia, or the travels of Cyrus, With a Discourse on the Theology & Mythologie of the ancients [...]. Edinburgh o. J. [1729]. Vgl. Eckert: „True, Noble, Christian Freethinking", S. 785.
248 [Ramsay:] Les Voyages de Cyrus, Preface (unpaginiert).
249 Rainer Nickel: Nachwort. In: Xenophon: Kyrupädie. Die Erziehung des Kyros. Griechisch – deutsch. Hrsg. und übersetzt von Rainer Nickel. München/Zürich 1992 (Sammlung Tusculum), S. 734–767, hier S. 740.
250 Ebd.
251 Vgl. den Überblick von Ahn: The politics of royal education.

„als Idealbild eines gerechten Herrschers";²⁵² die *Kyrupädie* sei letztlich „kein Werk der Historiographie, sondern ein idealisiertes Herrscherbild".²⁵³ Diese Stimmen verdeutlichen, weshalb bereits in der Antike der pseudo-historische Text im Kontext des Romans verortet werden konnte: „Man konnte sich in der Antike aufgrund romanhafter Elemente der Kyrupädie auf Xenophon als Vorbild berufen, wenn es darum ging, der Gattung des Romans Legitimität zu verschaffen."²⁵⁴

Wieder ist es Voltaire, der klar benennt, welche Vorteile sich daraus auch für moderne Autoren ergeben: „Cyrus a toujours été destiné à devenir le sujet d'un roman. Xénophon a commencé, et malheureusement Ramsay a fini."²⁵⁵ Ramsay reiht sich bewusst in eine respektierte Traditionslinie ein, die ihm gewisse Freiräume bietet – einmal wegen der tatsächlichen inhaltlichen Lücke, die in der Handlung seines Prätextes klafft, dann aber auch aufgrund der Mittelstellung zwischen Fiktion und Historie, die die *Kyrupädie* besonders anschlussfähig machte.²⁵⁶

Eine wesentliche Differenz zwischen Geschichtsschreibung und Literatur liegt in der Formgebung. Wenn sich Ramsay für die Historie statt für die Epopöe entscheidet, so hat das konkrete Folgen für die Anlage des Textes, der im *ordo naturalis* in acht Büchern von der Erziehung des persischen Thronfolgers Cyrus und (stark gerafft) von seinen erfolgreichen Eroberungen erzählt.²⁵⁷ Der auktorial vermittelten Haupthandlung sind etliche Binnenerzählungen aus Figurenperspektive beigegeben. Das erste Buch der *Voyages de Cyrus* folgt im Wesentlichen der *Kyrupädie*. Cyrus, Sohn des Perserkönigs Cambyses und der Mandane, genießt

---

252 Nickel: Nachwort, S. 736.
253 Ebd.
254 Christian Mueller-Goldingen: Untersuchungen zu Xenophons Kyrupädie. Stuttgart/Leipzig 1995 (Beiträge zur Altertumskunde. Bd. 42), S. 2. – Vgl. auch Bernhard Zimmermann: Roman und Enkomion. Xenophons ‚Erziehung des Kyros'. In: Würzburger Jahrbücher für die Altertumswissenschaft. N.F. 15 (1989), S. 97–105, der die *Kyrupädie* „als Bindeglied zwischen dem Enkomion und dem späteren griechischen Liebesroman" begreift (ebd., S. 105).
255 Voltaire: Cyrus. In: Ders.: Œuvres complètes de Voltaire. Hrsg. von Louis Moland. Bd. 18: Dictionnaire philosophique. Bd. 2. Paris 1878, S. 309–312, hier S. 311.
256 Vgl. Holzberg: Der antike Roman, S. 27: Xenophon entwerfe „das romanhafte Porträt eines in jeder Hinsicht vollkommenen Monarchen, zu dem der Autor den Perserkönig durch bewußte Veränderung der biographischen Fakten und eigene Erfindungen gemacht hat. [...] Die größtenteils fiktiven Ereignisse von seiner Kindheit bis zu seinem Lebensende bilden nicht mehr als den Hintergrund für eine Bewährung seiner zahlreichen Tugenden. Was hier ‚Roman' ist, hat also in erster Linie die Funktion, das Porträt eines Staatsmannes, in dem die Leser die Idealfigur eines solchen erkennen sollen, als narrativen Text darzubieten."
257 Auch die *Kyrupädie* hat acht Bücher; Ramsay war verantwortlich für die *Télémaque*-Ausgabe, die den Text in Anlehnung an die *Odyssee* in 24 Bücher teilte.

in Persien eine Erziehung, die deutlich spartanischen Einfluss verrät.²⁵⁸ Vierzehnjährig besucht er den medischen Hof in Ekbatana, wo sein Großvater regiert. Cyrus widersteht den Versuchungen dieses glänzenden Hofs, der den Keim des Niedergangs bereits in sich trägt. Er bewährt sich im Krieg und verliebt sich in Cassandane, die er – mittlerweile zurück in Persien – ungeachtet aller Widrigkeiten heiratet. In den folgenden Büchern löst sich Ramsay von Xenophon: Cyrus sucht die weisen Magi und ihr Oberhaupt Zoroaster auf und erwirbt die ersten naturwissenschaftlichen und religiösen Kenntnisse. Nach dem frühen Tod Cassandanes begibt sich Cyrus auf Bildungsreisen, die ihn nach Ägypten, Griechenland, Kreta und Phönizien führen. An allen Orten informiert sich Cyrus über Politik und Religion und reflektiert das Gesehene. Wegen der tödlichen Krankheit seiner Mutter Mandane kehrt Cyrus nach Persien zurück, wo ihn sein Vater an den Regierungsgeschäften beteiligt. Den Krieg mit Medien, der auf Intrigen des schurkischen Soranes zurückgeht, bestreitet Cyrus erfolgreich. Schließlich bricht Cyrus nach Babylon auf, wo er die Heilung des wahnsinnigen Nebukadnezar miterlebt, der nun dem Gott Israels huldigt. Von dem Hebräer Eleazar und dem Propheten Daniel erfährt Cyrus vom Monotheismus und von der Idee des Messias – und nicht zuletzt von den großen Aufgaben, die ihm auch die biblischen Propheten zugedacht hätten. Stark gerafft erzählt der Roman von den Eroberungen des Cyrus während der folgenden Jahrzehnte; er endet mit der Huldigung des Gottes Israels durch den persischen Herrscher.

Diese knappe Zusammenfassung deutet bereits auf ein wesentliches Charakteristikum des Textes: Die Reise ist ebenso wie in den *Aventures de Télémaque* das inhaltliche Motiv, das die Struktur des Romans bestimmt. Mit ihr verbinden sich zum einen die Darstellung politischer Inhalte, zum anderen der erzählerische Nachvollzug eines religiösen Initiationsgangs. Allerdings variiert Ramsay die von Fénelon bekannte Grundkonstellation: Während Télémaque nach seinem Vater sucht, bricht Cyrus von vornherein auf eine Bildungsreise auf, die eher einer weitgehend harmonischen Grand Tour ähnelt als den Abenteuern des Prinzen von Ithaka.²⁵⁹ Cyrus hat mühelos Zugang zu den herausragenden Philosophen und Staatsmännern seiner Zeit, die allesamt begierig sind, ihr Wissen mit dem persischen Thronfolger zu teilen; der Schwerpunkt des Romans liegt auf der Reflexion, nicht auf der Handlung.²⁶⁰ Zu der impliziten Distanzierung von der mythologischen Antike Fénelons gehört auch der permanente Bezug auf historische Personen, die als Romanfiguren auftreten: Cyrus begegnet Solon und Peisistratos

---

258 Vgl. Mueller-Goldingen: Untersuchungen zu Xenophons Kyrupädie, S. 69.
259 Vgl. Granderoute: Le roman pédagogique, S. 238.
260 Vgl. ebd., S. 241.

ebenso wie Nebukadnezar – von den zahlreichen Priestern und Philosophen ganz zu schweigen. Der Rezipient bekommt es mit einer vergleichenden Verfassungsschau und mit einem religionsgeschichtlichen Entwurf zu tun; beide nehmen Motive aus dem *Télémaque* wieder auf, verändern aber zugleich die Tendenzen von Fénelons Prosagedicht.

Anders als Fénelons Télémaque sucht sich Ramsays Cyrus seine Lehrer gezielt selbst. So lässt sich eine Auffächerung der Mentor-Figuren beobachten:[261] Cyrus empfängt wertvolle Ratschläge von seiner Mutter Mandane, aber vor allem von den zahlreichen Gelehrten, Politikern und Philosophen, die er auf seinen Reisen aufsucht.[262] Demgegenüber bleibt sein eigentlicher Erzieher Hystaspe blass und erscheint (in der Fassung von 1727) nur im ersten Buch des Romans.[263] An seine Stelle tritt Cyrus' Freund Araspe, der aber im Hintergrund verharrt und in keiner Weise mit Fénelons Mentor vergleichbar ist.

Wie die Rezeption der *Voyages de Cyrus* verdeutlicht, nahmen etliche Leser gerade an der vermeintlich zu geringen ‚romanesken' Qualität des Textes Anstoß; wer einen Roman in der Art des *Grand Cyrus* der Madeleine de Scudéry erwartet hatte, wurde von Ramsays gelehrt-didaktischem Reiseroman zwangsläufig enttäuscht.[264] Ramsay wiederum nahm diese Anregungen auf und reagierte in der Neuauflage von 1730, indem er seinen Protagonisten mehr an der Handlung teilnehmen ließ, ohne aber die Grundaussagen des Textes zu modifizieren.[265]

Um die historischen und religionswissenschaftlichen Behauptungen der *Voyages de Cyrus* zu stützen, griff Ramsay auf eine Vielzahl gelehrter Quellen zurück, darunter auf Ralph Cudworth, dessen *True Intellectual System of the Universe* Ramsay seine Informationen über die Antike verdankte,[266] sowie ironischerweise Fénelons Gegenspieler Bossuet,[267] dessen Schilderung Ägyptens und die Darstellung von Daniel in Babylon Ramsay aus dem *Discours sur l'histoire universelle* zum Teil wörtlich übernahm.[268] Man kann dieses Verfahren als Plagiat

---

261 Vgl. ebd., S. 235.
262 Vgl. ebd., S. 236.
263 Vgl. ebd.
264 Vgl. die Diskussion bei Granderoute: Quand l'auteur et le public collaborent.
265 Vgl. ebd. – Die deutsche Rezeption nahm wesentlich die Erstfassung zur Kenntnis. Noch Matthias Claudius griff 1780 auf sie zurück. Auch die folgenden Ausführungen befassen sich mit der Edition von 1727.
266 Granderoute: Le roman pédagogique, S. 243
267 Vgl. Mansfield: Ideas of monarchical reform, S. 174: „Ramsay instead turned to Bossuet in his endeavour to entwine religion and politics, as his theology linked with the ancient philosophy through scripture to reveal the origins of government."
268 Vgl. auch Voltaire: Plagiat, S. 223: „Mais en conduisant Cyrus en Égypte, il se sert, pour décrire ce pays singulier, des mêmes expressions employées par Bossuet; il le copie mot pour mot

auffassen, näher liegt es jedoch, es in Hinblick auf Ramsays Anspruch hin zu lesen, ein Werk der Gelehrsamkeit zu verfassen, zu dem die Quellenakkumulation gehört. Das zeigt sich auch an dem zweiteiligen *Disours sur la Mythologie*, den Ramsay dem narrativen Text als Anhang beigab und der die in der Romanhandlung entfalteten religionshistorischen Wissensbestände beglaubigen sollte. Einem ähnlichen Zweck dient auch der Brief des Historikers Nicolas Fréret, in dem dieser Ramsays Chronologie für plausibel erklärte.

2.2.1.2 Die politische Theorie der *Voyages de Cyrus*

Die Reisestationen des Persers Cyrus verbinden Politiktourismus mit theologischer Erkenntnis. Dabei kreisen die politischen Episoden der *Voyages de Cyrus* um die Frage nach der Natur des idealen Herrschers. In kontrastiver Anordnung thematisiert der Roman gewaltsame Umwälzungen mit Erzählungen von erfolgreicher und humaner Herrschaft. Auf seinen Reisen wird Cyrus mit unterschiedlichen Begebenheiten konfrontiert: Während sich in Ägypten die negativen Auswirkungen des Despotismus wie auch von revolutionären Unruhen besichtigen lassen, zeichnen sich die griechischen Stadtstaaten durch eine Vielzahl von Verfassungen aus; in Babylon verbinden sich Theologie und Politik, wenn Nebukadnezar die Macht des einzigen Gottes anerkennen muss.

Ramsay geht von grundlegenden Affinitäten zwischen vergangenen Epochen und der eigenen Gegenwart aus: Weil die menschliche Natur konstant ist, entwickeln sich die von Menschen gemachten Staaten auf allen Erdteilen und zu allen Zeiten nach ähnlichen Gesetzen. So können die auf genauen Quellenstudien basierenden Erzählungen sowohl historisches Wissen verbreiten als auch exemplarischen Charakter annehmen. Diese Modellerzählungen der *Voyages de Cyrus* weisen inhaltliche Konstanten auf; sie spielen die Grundideen durch, die Ramsay bereits in seinen theoretischen Schriften dargelegt hatte,[269] und belegen sie mit anschaulich erzählten bzw. entsprechend konstruierten historischen Exempeln.

Aufschlussreich sind besonders die Krisenerzählungen, die auf die politischen Ereignisse in Großbritannien reagieren. Etliche Episoden inszenieren modellhaft Stationen des Umsturzes und des Exils, die die Situation der Stuarts und ihrer Anhänger widerspiegeln. Neben der Ägypten-Episode ist insbesondere die

---

sans le citer. Voilà un plagiat dans toutes les formes. Un de mes amis le lui reprochait un jour; Ramsay lui répondit qu'on pouvait se rencontrer, et qu'il n'était pas étonnant qu'il pensât comme Fénelon, et qu'il s'exprimât comme Bossuet. Cela s'appelle *être fier comme un Écossais*."
269 Vgl. zur Nähe des Romans zu Ramsays politischer Theorie Ahn: From Greece to Babylon, S. 428.

Erzählung von den Umwälzungen in Tyrus von Bedeutung, die von Usurpation und Restauration in Phönizien berichtet.[270]

Im dritten Buch erzählt der exilierte Ägypter Aménophis von den Wirren im Nilreich. Das Übel beginnt mit der Herrschaft des Pharao Apriès. Obwohl er gute Anlagen besitzt, regiert Apriés, stimuliert von dem skrupellosen Amasis (dem „maître absolu de l'esprit du Roy"[271]), despotisch – das heißt, er achtet nicht mehr die Gesetze und hat die adelige Beratungsinstanz suspendiert: „Le Roy avoit de grandes qualitez, mais il vouloit tout gouverner par sa volonté absoluë; il s'étoit déja affranchi des loix, il n'écoutoit plus le conseil de trente Juges."[272]

Das verstärkt die latent vorhandene revolutionäre Stimmung, die die sich nach einem gescheiterten Feldzug in einem Aufstand entlädt. Dabei macht sich der finstere Günstling Amasis die Situation zunutze und stellt sich an die Spitze der Aufrührer. Erst als es zu spät ist, gewinnt der exilierte Apriés Gefallen an der Tugend;[273] Amasis lässt ihn gefangennehmen und hinrichten.[274] Amasis dient als Sprachrohr gefährlicher Ideen von Volkssouveränität, mit denen er seine Herrschaft sichert. Der auf gewaltsame Weise an die Macht gekommene Usurpator schmeichelt dem ägyptischen Volk, indem er eine Theorie der Volkssouveränität entwickelt, die das Königsamt als temporär begreift:[275]

> [C]'est ainsi que tout dépend de votre choix, & de votre opinion; toute autorité réside originairement dans le peuple; arbitres absolus de la Religion & de la Royauté, vous créez également vos Dieux, & vos Souverains: Je vous affranchis des craintes frivoles des uns & des autres, en vous apprenant vos véritables droits; tous les hommes naissent égaux, votre volonté seul les distingue; quand il vous plaît d'élever quelqu'un au rang suprême, il ne doit y demeurer que parce que vous le voulez, & autant que vous le voulez: Je ne tiens mon autorité que de vous, vous poevez la reprendre pour la donner à un autre qui vour rendra plus heureux que moi; montrez-moi cet homme, je descends du Trône avec plaisir, & me confonds dans la multitude.[276]

---

270 Vgl. Eckert: „True, Noble, Christian Freethinking", S. 412: Das dritte Buch der *Voyages de Cyrus* biete „in der Schilderung einer Thronusurpation in Ägypten eine überdeutliche Analogie zum Schicksal der Stuarts, verbunden mit einer konsolatorischen Botschaft und einem politischen Auftrag."
271 Ramsay: Cyrus. Bd. 1, S. 101.
272 Ebd., S. 96.
273 Vgl. ebd., S. 103.
274 Vgl. ebd., S. 104.
275 Vgl. zu dem polemischen Bezug auf John Locke Eckert: „True, Noble, Christian Freethinking", S. 434 (Fußnote).
276 Ramsay: Cyrus. Bd. 1, S. 105f.

Dieser „discours impie" besänftigt das Volk,[277] das von dem Usurpator tatsächlich in der Folge gemäßigt regiert wird. Amasis – der gegenüber Apriés noch das Volk verhöhnt hatte[278] – ist also (verglichen mit Apriés) der erfolgreichere Herrscher; das ändert aber nichts daran, dass seine Herrschaft illegitim ist.

Der Roman stellt hier zwei Extreme gegenüber: Den schwachen Monarchen, der wegen des Strebens nach absoluter Herrschaft zugrunde geht, und den Usurpator, dessen Legitimation per se so schwach ist, dass er dem Volk nach dem Mund reden muss. Der Demagoge, der zuerst den König von der Wertlosigkeit des Volkes überzeugt hat, schmeichelt nun dem Volk mit Vorstellungen von Volkssouveränität, um so seine Herrschaft zu sichern.

Ex negativo scheint hier auch das Ideal auf: Es handelt sich um eine Monarchie, die von einem Adelsgremium gemäßigt wird, nicht aber von einer gewählten Volksvertretung. Ramsays auch andernorts formuliertes Ideal einer „Monarchie moderée par l'Arististocratie" schützt vor dem Despotismus eines Einzelnen ebenso wie vor dem Despotismus der Massen,[279] wobei im Zweifelsfall ein despotischer Alleinherrscher der Anarchie vorzuziehen ist.[280] Dabei wendet sich der Roman gegen jede Art von vertragstheoretischer Ursprungserzählung. Ganz im Gegenteil ist die Grundlage auch der eingeschränkten Monarchie die Unterordnung, die dem Muster der benevolenten väterlichen Herrschaft folgt. Dieses patriarchalische Ideal ist der „chimére" der natürlichen Gleichheit ent-

---

277 Ebd., S. 106.
278 Vgl. ebd., S. 108: „Lorsque Apriés résistoit aux maximes despotique que son Ministre lui inspiroit, ce perfide insinuoit au Roy que la multitude incapable de raisonner, doit être menée par l'autorité absoluë, & que les Princes étant dépositaires du pouvoir des Dieux, peuvent agir comme eux, sans rendre raison de leur conduite; il affaisonnoit ses conseils de tant de principes apparens de vertu, & de tant de louanges délicates, que le Prince séduit s'étoit rendu hayssables à ses sujets sans s'en appercevoir."
279 Ramsay: Essay, S. 181: „La Monarchie moderée par l'Arististocratie est la plus ancienne & la plus naturelle de tous les Gouvernemens. Elle a son fondement & son modele dans l'Empire paternel, c'est-à-dire, dans la nature même, puisque l'origine des societez civiles vient du pouvoir paternel. Or dans une famille bien gouvernée, le Pere commun ne décide pas de tout despotiquement selon sa fantaisie. Dans les déliberations publiques, il consulte ses enfans les plus âgez, & les plus sages. Les jeunes personnes, & les domestiques, n'ont pas une autorité égale avec les Peres de la famille commune."
280 Vgl. Ramsay: Cyrus. Bd. 1, S. 214, wo Solon warnt: „En évitant les maux affreux du gouvernement populaire, on court risque de tomber dans l'esclavage: En fuyant les inconveniens de la Royauté, on s'expose peu-à-peu à l'Anarchie." Cyrus verinnerlicht diese Lehre. Vgl. ebd., S. 216: „Le Prince de Perse comprit par les discours de Solon, les inconveniens d'un gouvernement populaire, & sentit que le despotisme de la multitude, est encore plus insuportable que l'autorité absoluë d'un seul."

gegengesetzt:²⁸¹ „Je sentis que nul état ne peut subsister sans subordination",²⁸² erkennt Cyrus. Im Hintergrund dürfte Robert Filmers postum erschienene *Patriarcha, or the Natural Power of Kings* (1680) stehen, gegen die sich dann John Locke in den *Two Treatises of Government* (1690) wandte, wo er erklärte, „daß der Staat keine unmittelbare göttliche Stiftung sei, dessen notwendig monarchische Spitze jure divino einen auf Adam zurückführbaren Titel habe, sondern daß er aus einem freiwilligen Zusammenschluß von Freien und Gleichen hervorgehe".²⁸³ Für Filmer ist monarchische Herrschaft göttlichen Ursprungs; weil die ersten Herrscher Väter gewesen seien, sei es unnatürlich, wenn das Volk seine Herrscher wähle oder diese gar absetze.²⁸⁴ Locke hingegen begreift Herrschaft als Ergebnis vertraglicher Übereinkunft; der Souverän kann in seinem System den Herrscher absetzen, wenn diese illegitim handeln.²⁸⁵ Diese Debatte, die aus der englischen Geschichte des 17. und frühen 18. Jahrhunderts hervorgeht, ist für den Jakobiten Ramsay von großem Interesse: Indem er seinen antiken Protagonisten die modernen Standpunkte in den Mund legt, entwirft er gleichsam unter Laborbedingungen ein Experiment, das nach der besten Art von Herrschaft fragt.

Dabei ermöglicht die Erzählung, eine klare Entscheidung zu treffen: Die Partei der Volkssouveränität erscheint als moralisch korrumpiert; bei Amasis handelt es sich um einen Volksverführer, der dem Volk nach dem Mund redet und die Idee von dessen Souveränität als egoistisch gebrauchtes Argument gebraucht, ohne daran zu glauben. Die moralische Abscheu entspricht aber nicht der Praxis, die der Roman beschreibt: Schließlich herrscht Amasis durchaus erfolgreich.

Die entsprechenden Passagen der *Voyages de Cyrus* können also die Aporie von Theorie und Handeln nicht überbrücken. Es besteht einerseits kein Zusammenhang zwischen legitimer Sukzession und politischem Erfolg, ausschlaggebend ist die richtige Gesinnung. Andererseits ist der Umsturz im Sinnhorizont des Romans immer illegitim, weil er die Ordnung untergräbt. In diesem Zusammenhang wird auch verständlich, weshalb sich der Athener Solon so entschieden

---

281 Ramsay: Cyrus. Bd. 1, S. 205. – Damit befindet sich Ramsay in gewisser Nähe zu Filmers *Patriarcha*; vgl. Granderoute: Le roman pédagogique, S. 249 f.; anders Eckert: „True, Noble, Christian Freethinking", S. 275.
282 Ramsay: Cyrus. Bd. 1, S. 204.
283 Walter Euchner: Einleitung des Herausgebers. In: John Locke: Zwei Abhandlungen über die Regierung. Übersetzt von Hans Jörn Hoffmann. Hrsg. und eingeleitet von Walter Euchner. 7. Auflage. Frankfurt am Main 1997, S. 9–59, hier S. 29.
284 Vgl. Robert Filmer: Patriarcha: Or, The Natural Power of Kings. London 1680, S. 25: „It is unnatural for the People to Govern, or Chose Governors."
285 Vgl. [John Locke:] Two Treatises of Government: In the former, The false Principles and Foundation of Sir Robert Filmer, And his Followers, are Detected and Overthrown. The latter is an Essay concerning the True Original, Extent, and End of Civil Government. London 1690.

gegen die idealisierenden Erzählungen von egalitären Naturzuständen wendet; sie seien angesichts der nicht zu leugnenden natürlichen Ungleichheit äußerst schädlich, weil sie die Ordnung des Staates untergrüben:

> Je prouvai que cette égalité naturelle, est une chimére fondée sur les fables poëtiques des compagnons de Cadmus, & des enfans de Deucalion; qu'il n'y a jamais eu de temps où les hommes soyent sortis de la terre avec toute la force d'un âge parfait; que c'étoit manquer de sens que de donner ainsi des Jeux d'imagination pour des principes; que depuis le siécle [!] d'or l'ordre de la génération avoit mise une dépendance, & une inégalité nécessaire entre les hommes; & qu'enfin l'Empire paternel avoit été le premier modéle de tous les Gouvernemens.[286]

Weil Ordnung das Grundprinzip von Herrschaft ist, nimmt Solon sogar gewisse Ungerechtigkeiten in Kauf, die sich für ihn zwangsläufig aus der Gegenüberstellung von Naturrecht und positivem Recht ergeben. „L'un est toujours conforme à la plus parfaite justice: l'autre souvent injuste dans les suites qui en résultent, devient pourtant inévitable, pour prévenir la confusion et le desordre."[287]

Dabei zeigen die Beispiele des Romans, dass sich Staatsformen im Lauf der Zeiten ändern; das liegt in der Natur des Menschen begründet. Dass sich auch gut organisierte Gemeinwesen zu ihrem Schlechteren verändern können, zeigt das Beispiel Kretas. Wo die weisen Gesetze des Minos nicht mehr gelten, sind sowohl gute Gesetze als auch ein weiser Fürst nötig, um die Ordnung zu erhalten:

> Tel est le triste état des choses humaines: Le desir de l'autorité sans bornes dans les Princes, l'amour de l'indépendance dans les peuples, exposent tous les Etats à des révolutions inévitables. Rien n'est fixe, rien n'est stable parmi les hommes.
> Cyrus comprit par ce discours que ce n'est pas seulement dans la sagesse des Loix, mais plus encore dans celle des souverains qu'on trouve le salut & le bonheur d'un Etat.[288]

Ein weiser Herrscher, der in einem durch weise Gesetze eingerichteten Staatswesen herrscht, ist also das politische Idealbild der *Voyages de Cyrus*. Um dies zu illustrieren, dienen zum einen die Beschreibung der erfolgreichen Restauration in Phönizien, zum anderen die Herrschaftsausübung des Protagonisten Cyrus selbst, der die auf seinen Reisen erworbenen Einsichten zum allgemeinen Nutzen umsetzt.

---

[286] Ramsay: Cyrus. Bd. 1, S. 205 f.
[287] Ebd., S. 207.
[288] Ebd. Bd. 2, S. 58 f.

Ein Anschauungsobjekt für den Perser ist Tyrus; dort hat der ‚verborgene Prinz' Ecnibal/Arobal[289] seinen rechtmäßigen Thron wieder eingenommen.[290] Ihn zeichnen besondere menschliche Qualitäten aus – nicht zuletzt deshalb, da er in Unkenntnis seines Standes aufgewachsen ist.[291] Er beendet die isolationistische Blockadepolitik seines Vorgängers Itobal und lässt Tyrus erneut prosperieren, indem er den Freihandel fördert und Manufakturen einrichtet.[292] Die *Voyages de Cyrus* schließen in der Darstellung von Tyrus an Motive aus dem *Télémaque* an,[293] wertet aber den Luxus nicht so radikal ab wie Fénelon. Tyrus erscheint so wieder als „Capitale de l'univers".[294] Man läge aber falsch, wollte man daraus einseitig das Modell künftiger Stuart-Herrschaft in England konstruieren.[295] Schließlich widerspricht einer simplen Gleichsetzung von Tyrus mit England, dass Aménophis gegenüber Cyrus das Modell Tyrus nur für kleine Nationen gelten lassen will.[296]

Cyrus' Eroberungen stehen zunächst in gewissem Widerspruch zu dem auch von Ramsay propagiertem pazifistischen und kosmopolitischem Ethos. Der Roman entwirft allerdings das Bild benevolenter Eroberungen, die die Traditionen der Unterworfenen respektieren: „Les vieillards regardoient Cyrus comme leur fils; & les jeunes gens l'appelloient leur pere; toute la Perside ne parossoit plus qu'une seule famille."[297] Im Einklang mit diesen patriarchalen Herrschaftsvorstellungen lässt sich Cyrus regelmäßig beraten; im Roman scheint dieses Ideal in den dreißig Richtern in Ägypten und in den persischen Satrapen auf, die verhindern, dass sich der Alleinherrscher zum Despoten entwickelt.[298] Erziehung zur

---

289 Damit greift Ramsay ein populäres Muster des 17. Jahrhunderts auf, das im 18. Jahrundert vielfach imitiert wird, etwa von Wieland und Jean Paul. Vgl. Götz Müller: Der verborgene Prinz. Variationen einer Fabel zwischen 1768 und 1820. In: Jahrbuch der Jean-Paul-Gesellschaft 17 (1982), S. 71–89.
290 Vgl. Ramsay: Cyrus. Bd. 2, S. 74.
291 Ebd., S. 85. „Mais pour vous, élevé dans l'ignorance de votre état, éprouvé ensuite par toutes les disgraces de la fortune, je ne crains pas que la Royauté altere vos sentimens".
292 Vgl. ebd., S. 90–96.
293 Vgl. zu diesen Übernahmen Chérel: Fénelon au XVIIIe siècle en France, S. 121.
294 Ramsay: Cyrus. Bd. 2, S. 72.
295 So Mansfield: Ideas of monarchical reform, S. 190: „Unencumbered by a necessity to promote James Stuart after his abortive experience in Rome, support for Jacobitism in the work was far more opaque, although it remained in a fascinating alternative future for Britain which would become the ‚capital of the universe' under a Stuart monarch." – Vgl. auch ebd., S. 200 (Gleichsetzung von Itobal mit William III und Ecnibal mit James Stuart).
296 Vgl. Ramsay: Cyrus. Bd. 2, S. 96–99. Dazu Ahn: From Greece to Babylon, S. 431.
297 Ebd., S. 145.
298 Vgl. ebd., S. 54: „Les anciennes Loix d'Egypte m'ont paru excellentes, & fondées sur la nature, mais la forme de son Gouvernement étoit défectueuse; Il n'y avoit aucun Frein pour retenir

Herrschaft ist im Wesentlichen Tugendlehre: „Il ne veut d'autorité que pour faire le bien; il veut un frein qui l'arrête et qui l'empêche de faire le mal",[299] beschreibt Cyrus die Haltung seines Vaters Cambyses. Den Begriff der Ordnung verbindet Ramsay mit der Fénelon'schen *pur amour*: Aus dessen mystischem Ideal der Selbstvergessenheit wird bei Ramsay ein etatistisches Schlagwort einer theologisch aufgeladenen Monarchie, die „pur amour de l'ordre".[300]

2.2.1.3 Ramsays „enchaînement d'idées". Die *Voyages de Cyrus* als religionshistorische Enzyklopädie

Für Ramsay war die theologische Dimension seines Romans ebenso wichtig wie sein politischer Gehalt. Dabei spielt mit Sicherheit die religiöse Biographie des Autors eine Rolle, die ihn vom Deismus über die Faszination für die Mystik Pierre Poirets schließlich in die Arme Fénelons und der katholischen Kirche führte;[301] doch auch ohne dieses Wissen wird unmittelbar deutlich, dass der Roman von der spirituellen Entwicklung seines Protagonisten erzählt. In einem Brief an Madame d'Agenois erklärt Ramsay, der Plan seines Werkes sei „de rendre l'athée déiste, le déiste chrétien et le chrétien catholique."[302] In seiner Fénelon-Biographie schreibt Ramsay dasselbe Vorhaben seinem Vorbild Fénelon zu: „C'est ainsi que Mr. de Cambray rendoit les Athées, Déïstes, les Déïstes, Chrêtiens, les Chrêtiens, Catholiques, par un enchaînement d'idées suivies pleines de lumière & de sentiment."[303] So wiederholt sich in der Romanhandlung in idealisierter Weise das Wirken Fénelons.

Wie an diesem Zitat deutlich wird, funktioniert dieser Bekehrungsweg, weil Ramsay in großer Nähe zu Autoren wie Huet, vor allem aber dem Cambridger Platoniker Ralph Cudworth von einer generellen Ähnlichkeit aller Religionen ausgeht.[304] Ihr gemeinsames Substrat bestehe in der überall vorhandenen Vorstellung eines höchsten Wesens; darüber hinaus sei in allen Kulten die Lehre von

---

les Rois; Les trente Juges ne partageoient point avec eux la puissance suprême, ils n'étoient que les Interpretes des Loix: Le despotisme & les conquêtes ont enfin détruit cet Empire."
299 Vgl. ebd., S. 144.
300 [Ramsay:] Histoire de la Vie, S. 153. – Vgl. Ahn: From Greece to Babylon, S. 435: Im Zentrum von Ramsays politischem Denken stünden „unity and order".
301 Vgl. zu Ramsay im Kontext der katholischen Aufklärung Gabriel Glickman: Andrew Michael Ramsay (1686–1743). Catholic Freethinking and Enlightened Mysicism. In: Jeffrey D. Burson/Ulrich L. Lehner (Hrsg.): Enlightenment and Catholicism in Europe. A transnational History. Notre Dame 2014, S. 391–410.
302 Zitiert nach Granderoute: Le roman pédagogique, S. 263.
303 [Ramsay:] Histoire de la Vie, S. 155.
304 Vgl. Granderoute: Le roman pédagogique, S. 281f.

drei Zeitaltern anzutreffen.[305] Zu Beginn des dem Roman angehängten *Disours sur la Mythologie* fasst Ramsay diese Gedanken bündig zusammen: Er werde zeigen,

> que les Philosophes de tous les temps, & de tous les païs, ont eu l'idée d'une Divinité suprême, *distincte & separée de la matiere*. La seconde [partie, C. M.] servira à faire voir que les vestiges des principaux dogmes de la Religion revelée, sur les *trois états du monde*, se rencontrent dans la Theologie de toutes les Nations.[306]

Ramsay zielt also auf die Verbindung von natürlicher Religion und Offenbarungsreligion. Dabei besteht kein Zweifel an ihrem hierarchischen Verhältnis, allerdings sind die defizitären Ausprägungen durchaus nützlich, weil sie den Suchenden auf die richtige Spur führen können. Historisch handelt es sich um ein Degenerationsphänomen – nach der Sintflut hätten die Kinder Noahs das religiöse Wissen, diese „verités primitives" verbreitet,[307] allein unter den Juden hätten diese Wahrheiten aber ihre Reinheit bewahrt[308] –, erzählt wird aber von einem Bildungsweg mit aufsteigender Linie, die diesen Niedergang umkehrt und Cyrus zu den Ursprüngen, also zum jüdischen Volk, zurückführt.

Diese anagogische Funktion übernehmen im Roman die religiösen Weisheitslehrer, von Zoroaster, Hermes Trismegistos, Pythagoras über Eléazar bis hin zu dem Propheten Daniel. Dabei geht Ramsay von einer grundsätzlichen Affinität von antikem und modernem Denken aus:[309]

> Les erreurs d'aujourd-hui ressemblent à celles d'autrefois; l'esprit humain ne voit qu'un petit nombre d'idées, il les répéte sans cesse, & l'on ne les croit nouvelles que parce qu'il les exprime différemment dans les différens siécles. Les Mages du temps de Cyrus étoient tombés dans un Athéisme semblable à celui de Spinoza; Zoroastre, Hermés, Pythagore adoroient une seule Divinité, mais ils étoient Déistes; Eléazar ressembloit aux Sociniens qui

---

305 Vgl. ebd., S. 280: „[L]'homme a connu un âge heureux où il était en relation avec les esprits et les dieux; il connaît aujourd'hui un état de déchéance et de dégradation, mais il se rétabliara un jour par l'action d'un Dieu médiateur."
306 [Andrew Michael Ramsay:] Discours sur la mythologie. In: Ders.: Les Voyages de Cyrus. Bd. 2 (separat paginiert), S. 2.
307 [Andrew Michael Ramsay:] Préface. In: Ders.: Les voyages de Cyrus. Nouvelle edition. London 1730, S. I-XVI, hier S. X: „[C]es vérités primitives n'ont été conservées pures que dans la véritable Religion."
308 Vgl. Granderoute: Le roman pédagogique, S. 280.
309 Vgl. auch Ramsay: Discours, S. 91 f.: „L'histoire des temps passés est semblable à celle de nos jours. L'esprit humain prend à peu près les mêmes formes dans les différens siécles. Il s'égare dans les mêmes routes. Il y a des erreurs universelles, comme des verités immuables. Il y a des maladies périodiques pour l'esprit, comme pour les corps." Das zeigt sich auch in der Rückprojektion des Quietismus-Streits zwischen Fénelon und Bossuet auf Pythagoras und Anaximander.

veulent soûmettre la Religion à la Philosophie; Daniel represente un Chrétien parfait & Cyrus un jeune Prince qui commençoit à se corrompre par les maximes de l'irréligion: Pour l'en détromper les différens Philosophes qui l'entretiennent, lui développent successivement de nouvelles vérités mêlées d'erreurs. Zoroastre réfute celles des Mages, Pythagore celles de Zoroastre, Eléazar celles de Pythagore, Daniel rejette celles de tous les autres & son discours est le seul qu'on adopte. L'ordre de ces entrétiens marque les divers progrès de l'esprit, parce que l'Auteur arrange les matiéres de façon que l'Athée devient Déiste, le Déiste Socinien, & le Socinien Chrétien par un enchaînement d'idées, qui vont toûjours en se perfectionnant.³¹⁰

So kann Zoroastre den reisenden Cyrus darüber aufklären, dass hinter allen Dingen ein höheres Wesen stehe;³¹¹ auch die wissenschaftliche Naturbetrachtung diene der religiösen Erkenntnis.³¹² Ramsays Physikotheologie integriert hier modernste wissenschaftliche Errungenschaften, etwa von Newton und Boerhaave.³¹³ Das kann deshalb funktionieren, da Ramsay die „These einer allegorisch-mythologischen Verborgenheit hervorragender naturwissenschaftlicher Erkenntnisse in der ‚Orientalischen Weisheit'" vertritt.³¹⁴ Hermes Trismegistos wiederum dient als Beweis für ein natürliches Gefühl für die Religion. Anaximander, „le principal porte-parole de la solution athée",³¹⁵ setzt sich im Streitgespräch mit Pythagoras auseinander.³¹⁶ Zwar kann der Deismus keine befriedigende Antwort auf die Theodizee-Frage geben, er ist aber überzeugungskräftig genug, um den Atheismus zu widerlegen.³¹⁷ Die Thodizee-Frage löst erst der Prophet Daniel, der Cyrus mit dem offenbarten Gott bekannt macht.

---

310 Ramsay: Préface, S. 11. – Voltaire spottet darüber: Ders.: Cyrus, S. 311: „Le plaisant du roman intitulé *Voyages de Cyrus* consiste à trouver un Messie partout, à Memphis, à Babylone, à Ecbatane, à Tyr, comme à Jérusalem, et chez Platon, comme dans l'Évangile. L'auteur ayant été quaker, anabaptiste, anglican, presbytérien, était venu se faire fénéloniste à Cambrai sous l'illustre auteur du *Télémaque*. Étant devenu depuis précepteur de l'enfant d'un grand seigneur, il se crut fait pour instruire l'univers et pour le gouverner; il donne en conséquence des leçons à Cyrus pour devenir le meilleur roi de l'univers, et le théologien le plus orthodoxe."
311 Vgl. Michael Stausberg: Faszination Zarathushtra. Zoroaster und die Europäische [!] Religionsgeschichte der Frühen Neuzeit. 2 Bde. Berlin/New York 1998 (Religionsgeschichtliche Versuche und Vorarbeiten. Bd. 42); zu Ramsay ebd., Bd. 2, S. 838–869.
312 Granderoute: Le roman pédagogique, S. 266: „En parcourant le monde physique, Ramsay reconnaît la marque d'une Sagesse Suprême."
313 Vgl. ebd., S. 265.
314 Stausberg: Faszination Zarathushtra, S. 850.
315 Granderoute: Le roman pédagogique, S. 267. – In der Zweitfassung ist Anaximander darüber hinaus mit Zügen Spinozas ausgestattet. Vgl. ebd., S. 268.
316 Ebd., S. 267: „En opposant Pythagore et Anaximandre, Ramsay se souvient sans doute du frontispice du livre de Cudworth: au centre, la Religion; de part et d'autre, un groupe de trois personnages: les ‚theists': Aristote, Socrate... et Anaximandre."
317 Vgl. ebd., S. 268f. Vgl. auch Eckert: „True, Noble, Christian Freethinking", S. 446.

Die Verbindung des Protagonisten mit dem Judentum kann zwanglos erfolgen, weil Kyros im Alten Testament als idealer Herrscher gezeichnet wird, der in göttlichem Auftrag ein Weltreich begründet und die Juden beschützt, ja den Wiederaufbau des Tempels in Jerusalem anordnet. Selbstverständlich stellt auch der Roman diese Verbindung heraus: Daniel, den die Bibel als Vertrauten des Cyrus zeichnet,[318] macht Cyrus selbst mit den Prophezeiungen Jesajas bekannt,[319] in denen die Eroberungen des Persers vorhergesagt und göttlich sanktioniert werden. Nachdem er die Völker des Orients unterworfen hat, sieht Cyrus an sich die Wahrheit der jüdischen Prophezeiungen beglaubigt; Daniel wiederum hat ihn längst darüber aufgeklärt, dass auch das Judentum noch auf Erlösung durch den Messias warte. Auf diese Weise ist zwar das Christentum im Text präsent, aber nur in Form einer Vorausdeutung.[320] Damit geht Ramsay über Fénelon hinaus, der – ungeachtet aller Parallelen seiner ‚heidnischen' Handlung zu christlichen Vorstellungen – doch darauf verzichtete, explizite Verweise auf das Christentum einzubauen. Diesen angeblichen Fehler korrigiert Ramsay in den *Voyages de Cyrus*.[321]

Die *Voyages de Cyrus* sind auch ein „Bekehrungsroman",[322] an dessen Ende das emphatische, im Druckbild hervorgehobene Bekenntnis zu dem einen Gott steht:

> Le Seigneur le Dieu du Ciel m'a donné tous les Royaumes de la Terre, & m'a commandé de lui bâtir une Maison dans la Ville de Jerusalem qui est en Judée. O vous qui êtes son Peuple, que votre Dieu soit avec vous: Allez à Jerusalem, & rebâtissez la Maison du Seigneur Dieu d'Israel, lui seul est Dieu.[323]

Ramsays Roman harmonisiert biblische und griechische Überlieferung – die zitierte Passage variiert Cyrus' Proklamation, die im Alten Testament mehrfach

---

318 Vgl. Daniel 14,2.
319 Vgl. ebd., 44,24–48,28.
320 Vgl. Stausberg: Faszination Zarathushtra, S. 866: „Die Priorität, die Andrew Michael Ramsay der jüdisch-christlichen Lehre gegenüber den religiösen Traditionen der anderen Völker einräumt, ist keineswegs zu unproblematisch, wie Ramsays Daniel suggeriert. So fehlt bei Ramsay die heilsgeschichtliche Zuspitzung auf Leben und Tod Jesu Christi."
321 Vgl. Ahn: From Greece to Babylon, S. 425: „Meanwhile, despite his reverence and affection for his teacher Fénelon, Ramsay was keenly dissatisfied with the wilful concealment of the Christian message in his epic prose on Telemachus."
322 Eckert: „True, Noble, Christian Freethinking", S. 421.
323 Ramsay: Cyrus. Bd. 2, S. 224.

wiedergegeben wird³²⁴ –, um auf diese Weise das Idealbild eines humanen und gottesfürchtigen Herrschers zu entwerfen.

Damit einher geht ein sowohl systematischer als auch historischer Durchgang durch Mythologie und Religionsgeschichte, der – ungeachtet der wiederholten Beteuerungen des Autors, es gehe ihm um die Widerlegung und Überbietung deistischer Positionen – durchaus auf andere Weise verstanden werden kann. So etabliert der Roman zwar eine klare Hierarchie, an deren Spitze der jüdisch-christliche Gott steht, plädiert aber zugleich implizit für Toleranz:³²⁵ Denn wenn alle Religionen auf die eine Wahrheit verweisen, sind sie allesamt schätzens- und schützenswert, auch wenn ihre Anhänger in den meisten Fällen (noch) nicht die ganze Wahrheit erfahren haben. Die Bedeutungsüberschüsse wurden von Zeitgenossen unterschiedlich gewertet. So beklagt das *Journal des sçavans*, dass Ramsays Roman unter der Hand den „germe de tolérantisme" enthalte.³²⁶ Tatsächlich liegt dieser Gedanke nahe, schließlich legitimiert der Roman alle nicht-materialistischen Aussagen, insofern sie alle an der Wahrheit der Offenbarung teilhaben.³²⁷ Von dieser Position aus ist es nur ein kleiner Schritt zur Verabschiedung der Offenbarung, zumal die entsprechenden Passagen des Romans, die das Geheimnis inszenieren und für Hingabe plädieren, zwangsläufig hinter der argumentativen Schärfe der übrigen Ausführungen zurückbleiben. Sie ermöglichen so, die *Voyages de Cyrus* gegen die erklärte Intention des Autors als Apologie des Deismus zu lesen, zumindest aber als Unterstützung für die These einer natürlichen Religion.³²⁸

Wie hängen nun die theologischen und die politischen Aussagen des Textes zusammen? Zunächst ist zu betonen, dass Ramsays Herrscherbild von dessen Erziehung zur Tugend ausgeht; die christlichen Elemente sind also kein Beiwerk, sondern die Voraussetzung für gute Herrschaft – zumal, wie mehrfach deutlich wurde, gute Gesetze allein nicht ausreichen, so lange keine entsprechende Gesinnung des Monarchen hinzukommt. Darüber hinaus stattet Ramsay seinen Cyrus mit allen Zügen eines Heilsbringers aus; die jakobitische Lesart des Romans

---

324 Vgl. 2 Chronik, 36, 22–23; Esra 1,1.
325 Vgl. zu Ramsays Stellung innerhalb der katholischen Aufklärung den Überblick von Glickman: Andrew Michael Ramsay (1686–1743).
326 Zitiert nach Granderoute: Le roman pédagogique, S. 286.
327 Vgl. ebd., S. 283: „Découvrir chez les païens des traces de la religion chrétienne, n'est-ce pas ôter à celle-ci sa valeur originale et incomparable? N'en vient-on pas à ébranler la Révélation?"
328 Vgl. Lucas Marco Gisi: Einbildungskraft und Mythologie. Die Verschränkung von Anthropologie und Geschichte im 18. Jahrhundert. Berlin/New York 2007 (spectrum Literaturwissenschaft. Bd. 11), S. 126: „Ramsay liefert somit ein Beispiel dafür, wie die Ergebnisse einer vergleichenden Betrachtung verschiedener Religionen und Mythologien zunehmend als Belege für eine sogenannte natürliche Religion fungieren."

konnte hierin eine Legitimation und zugleich Sakralisierung der Sache der entthronten Stuart-Dynastie sehen.

Zugleich ermöglicht aber der Fokus auf einen individuellen religiösen Erziehungsweg, den Text nicht nur in Hinblick auf seinen staatspolitischen Gehalt zu lesen; Ramsays Cyrus erscheint so als symbolische Figur für das gottsuchende Individuum, das sich zahlreichen atheistisch-materialistischen wie auch deistischen Anfechtungen ausgesetzt sieht, um schlussendlich zu Gott und der wahren Religion zu finden. Im Kontext verinnerlichter Frömmigkeit ließ sich dann auch von der Apologie der katholischen Kirche absehen, um die es Ramsay ging. Ohnehin galt er ja als Musterschüler Fénelons, der gerade auch als nonkonformistischer Theologe rezipiert wurde.

Die *Voyages de Cyrus* machen also unterschiedliche Rezeptionsangebote – sie sind lesbar als jakobitische Werbeschrift und zugleich als universalhistorisches Traktat, als Fürstenspiegel wie auch als spiritueller Text, der den Weg eines Individuums zur wahren Religion nachzeichnet. Theologische und politische Belehrung lassen sich in Ramsays *Voyages de Cyrus* kaum trennen: Letztlich erscheint der gute Herrscher als Agent einer göttlichen Providenz. Diese Vielfalt war wohl für die lang anhaltende Wirkung des Romans verantwortlich, die sich kaum allein durch das Bild Ramsays als Fénelon-Schüler erklären lässt. Der Roman zielt also auf die Harmonisierung von natürlicher und offenbarter Religion,[329] auch wenn eine bezeichnende Leerstelle bleibt, da Christus nur in Form von Prophezeiungen in die Erzählung integriert werden kann.[330] Darüber hinaus entfaltet er einen universalhistorischen Diskurs, in dessen Zentrum die Idee einer benevolenten Monarchie steht.[331]

2.2.2 Mythos und Aufklärung. Jean Terrassons ‚histoire égyptienne' *Sethos* (1731)

Terrassons *Sethos* zählt zu den folgenreichsten Romanen des 18. Jahrhunderts.[332] Das hat weniger mit seiner literarischen Rezeption zu tun,[333] als vielmehr mit der

---

329 Vgl. Ahn: From Greece to Babylon, S. 432.
330 Vgl. Stausberg: Faszination Zarathushtra, S. 866.
331 Vgl. Ahn: From Greece to Babylon, S. 432.
332 Vgl. Jean Terrasson: Sethos, Histoire ou Vie tirée des Monumens Anecdotes de l'ancienne Egypte. Traduit d'un Manuscrit Grec. 3 Bde. Paris 1731. Weitere Ausgaben erschienen 1732 (Amsterdam), 1767 (Paris), 1794 (Paris) sowie 1813 (Paris). Deutsch 1732–1737 von Christoph Gottlieb Wend, 1777 von Matthias Claudius. – Die Forschungsliteratur zu Terrasson ist spärlich und konzentriert sich im Fall des *Sethos* zumeist auf die freimaurerische Rezeption des Romans. Eine

kulturhistorischen Bedeutung des Textes, der das Narrativ von den ägyptischen Mysterien aktualisiert und in eine Form bringt, die von den Freimaurern dankbar aufgenommen wurde.[334] Ägypten hatte bereits bei Fénelon und Ramsay eine Rolle gespielt,[335] erst Terrasson aber verlieh dem Schauplatz jenes exotische Lokalkolorit, das in der Folge das ‚romaneske' Bild Ägyptens prägen sollte.[336] Mit einiger Verspätung reagierten die deutschen Geheimbundromane auf den Text, der so zu einem gattungsprägenden Muster wurde.

Diese Komponente ist allerdings für die Entstehungszeit des *Sethos* von nachrangiger Bedeutung. Terrasson schließt an Fénelon und Ramsay an und setzt diesen Texten durchaus selbstbewusst seinen Roman entgegen: Er versteht seine ‚histoire égyptienne' als Überbietung seiner Vorgänger.[337] Dieses aemulative

---

kenntnisreiche, gründliche und ausgewogene Interpretation des Werks findet sich bei Granderoute: Le roman pédagogique, S. 303–388; vgl. auch die differenzierten Ausführungen von Linda Simonis: Die Kunst des Geheimen. Esoterische Kommunikation und ästhetische Darstellung im 18. Jahrhundert. Heidelberg 2002 (Beiträge zur neueren Literaturgeschichte. Bd. 85), S. 187–215.
333 Vgl. Granderoute: Le roman pédagogique, S. 388.
334 Vgl. Jan Assmann: Religio duplex. Ägyptische Mysterien und europäische Aufklärung. Berlin 2010, S. 124: Bis Mitte des 19. Jahrhunderts „bleibt Terrassons Schilderung die maßgebliche Schilderung der ägyptischen Mysterien." – Vgl. auch die instruktive Sammlung von Jan Assmann/ Florian Ebeling (Hrsg.): Ägyptische Mysterien. Reisen in die Unterwelt in Aufklärung und Romantik. Eine kommentierte Anthologie. München 2011.
335 Vgl. Jean-Michel Racault: L'Égypte romanesque au début du dix-huitième siècle. In: Eighteenth-Century Fiction 8 (1996), S. 171–192, hier S. 174f.: „Simple halte dans le *Télémaque*, [...] l'Égypte n'y joue d'ailleurs qu'un rôle mineur, une bonne part de l'épisode étant consacré à l'exil du héros au milieu du désert et à la célébration de la civilisation pastorale dont il apprend aux bergers à goûter les douceurs. Chez Ramsay, l'étape égyptienne du livre 3 est plus importante, mais, si elle correspond bien à une phase majeure de la formation religieuse du protagoniste, avec la révélation d'un monothéisme secret occulté par le polythéisme de la religion populaire, l'Égypte demeure géographiquement et spirituellement décentrée au profit de l'Orient, origine et destination du périple, auquel l'auteur accorde le privilège de la plus haute antiquité et donc de l'approximation la plus satisfaisante de la sagesse[.]" – Vgl. zur Ägyptenrezeption in der Kunst die Studie von Dirk Syndram: Ägypten-Faszinationen. Untersuchungen zum Ägyptenbild im europäischen Klassizismus bis 1800. Frankfurt am Main u. a. 1990; James Stevens Curl: The Egyptian Revival. An introductory study of a recurring theme in the history of taste. London 1982 (spätere Auflagen unter dem Titel „Egyptomania").
336 Vgl. Racault: L'Égypte romanesque, S. 175: „Dans *Sethos* en revanche l'Égypte est bien centre, point de départ et point d'aboutissement d'un héros qui, après avoir été initié aux mystères de Memphis, va à son tour répandre les lumières égyptiennes auprès des peuples sauvages à l'occasion d'une vaste expédition de circumnavigation de l'Afrique avant de regagner son royaume."
337 Vgl. Granderoute: Le roman pédagogique, S. 309: „*Sethos* est plus que *Télémaque* ou *Cyrus*." Vgl. auch Simonis: Die Kunst des Geheimen, S. 191: „Doch das euphorische Lob auf den *Télémaque*, das aus diesen Äußerungen spricht, ist gleichwohl ein strategisches. Bezeichnet es doch den Ausgangspunkt für eine rhetorische Figur der Überbietung, die schließlich das eigene

Moment prägt die Anlage seines Textes, der aber zugleich von einer immanenten Spannung zwischen Aufklärung und Mysterium sowie zwischen kosmopolitischem Ethos und Kolonialfantasie geprägt ist.

Wie bei Fénelon und Ramsay steht ein Thronfolger im Zentrum, der ägyptische Prinz Sethos, der von den Intrigen seiner lasterhaften Stiefmutter Daluca verfolgt wird, die ihren Sohn auf dem ägyptischen Thron sehen will.[338] Sethos' weiser Ratgeber Amedès sorgt dafür, dass der sechzehnjährige in die ägyptischen Mysterien eingeweiht wird, nachdem er durch die Gefangennahme einer Riesenschlange seinen Mut bewiesen hat. Im Krieg gegen den Thebaner Mephrès, der durch die Intrigen der Daluca schlecht ausgeht, wird Sethos schwer verwundet und verliert sein Erkennungszeichen, einen Ring, an den Sklaven Asarès. Der totgeglaubte Sethos wird von Phöniziern gepflegt, nimmt den Namen Cherès an und bewährt sich im Dienste der Phönizier, so dass er bald zum Anführer einer ganzen Flotte avanciert. Seine Umrundung Afrikas und die dort bestandenen Abenteuer, nicht zuletzt auch sein Wirken als Kolonisator ‚wilder' Völker werden ausführlich dargestellt. Als sich Asarès als Sethos ausgibt und in Ägypten einfällt, eilt Sethos (immer noch inkognito) seinem Vater zu Hilfe und besiegt schließlich den Usurpator. Beim abschließenden Tribunal in Memphis gibt sich Sethos zu erkennen, Daluca begeht Selbstmord, Sethos verzichtet zugunsten seiner Brüder auf die Herrschaft und auf seine Geliebte, die Prinzessin Mnevie, und zieht sich zu den Priestern zurück, um künftig seinem Bruder mit weisen Ratschlägen zur Seite zu stehen.

Diese hier stark gerafft und vereinfacht wiedergegebene – auktorial vermittelte – Haupthandlung, die durch zahlreiche Nebenepisoden ergänzt wird,[339] könnte den Eindruck erwecken, als handele es sich bei Terrassons *Sethos* in erster Linie um einen Abenteuerroman. Diese Vorstellung trügt: Terrasson nutzt sein Werk zur Verbreitung gelehrten Wissens – und das in einem Maße, dass der *Sethos* selbst zuweilen als Werk der Gelehrsamkeit rezipiert wurde.[340] Zu seiner Autorität

---

Vorhaben als Höhepunkt und eigentliche Verwirklichung dessen hervortreten läßt, was Fénelon in dem berühmten *Poëme épique* begonnen habe."

338 Vgl. Maryse Marchal: Femmes au pouvoir, pouvoir des femmes: les clefs de Sethos. In: Roger Marchal/François Moureau (Hrsg.): Littérature et séduction. Mélanges en l'honneur de Laurent Versini. Paris 1997, S. 287–297, die in der Daluca-Handlung eine Verarbeitung höfischer Intrigen aus Versailles sieht.

339 Vgl. die ausführliche Inhaltsangabe von Biesterfeld: Der Fürstenspiegel als Roman, S. 304–315.

340 Vgl. Jan Assmann: Das alte Ägypten und die Illuminaten. In: Jost Hermand/Sabine Mödersheim (Hrsg.): Deutsche Geheimgesellschaften. Von der Frühen Neuzeit bis zur Gegenwart. Köln/Weimar/Wien 2013, S. 59–79, hier S. 69: „Wegen seines großen Rufs als Gelehrter wurde sein Bericht der ägyptischen Einweihung fast allgemein als authentisch aufgefasst."

trug sicher die Prominenz des Autors bei: Jean Terrasson (1670–1750) war zwar (anders als Fénelon und Ramsay) nicht als Fürstenerzieher tätig, lehrte aber seit 1720 als Professor für griechische und lateinische Philosophie am Collège Royal;[341] 1732 wurde er in die Académie française aufgenommen.[342] Der umfassend gebildete Autor, der auf Seite Modernen in die *Querelle* eingriff und zugleich auf dem Gebiet der Geometrie und Naturwissenschaften reüssierte,[343] kann als „frühe[r] Vertreter des enzyklopädischen Gedankens" gelten.[344] Sein Versuch, überbordende Gelehrsamkeit und Erzählen zu verbinden, stieß zur Entstehungszeit zwar zumeist auf ein positives Echo,[345] dürfte aber für den rasch nachlassenden Ruhm des Werks und seine weitgehende Vernachlässigung in der Literaturwissenschaft verantwortlich sein.[346]

Die Bezüge, aber auch die Differenzen zu *Télémaque* und *Cyrus* sind offensichtlich. Die Erziehungsreise wird bei Terrasson gedoppelt:[347] Zu Beginn steht die Initiationsreise in einer Art von ‚Themenpark', einer eigens dazu geschaffenen unterirdischen Landschaft, dann folgt die Beschreibung von Sethos' Reiseabenteuern. Dort kann der Initiierte als Agent der Weisheit und Tugend auftreten und entsprechend handeln. Dabei setzt der *Sethos*-Roman in Bezug auf die politische Thematik ganz eigene Akzente: So werden die utopischen Elemente vergleichsweise stiefmütterlich behandelt – die Atlantis-Episode des achten Buchs hat keine Auswirkungen auf Sethos' eigenes Handeln und folgt auf dessen Staatsgründungen –, und auch die inzwischen obligatorische Staatseinrichtung erinnert zwar an Mentors Organisation von Salente, unterscheidet sich davon aber durch ihre konsequent kolonialistische Ausrichtung: So geht es bei Terrasson weniger um die Reform des eigenen Staates, als vielmehr um die koloniale Unterwerfung Afrikas.

Wie seine Vorgänger vermengt Terrasson antikes und modernes Wissen. In altägyptischem Gewand entwirft er eine Musterzählung von gelungener Koloni-

---

341 Vgl. Granderoute: Le roman pédagogique, S. 306.
342 Vgl. Werner Krauss: Terrasson. In: Beiträge zur romanischen Philologie 6 (1967), S. 274–290, hier S. 280 f.
343 Vgl. zur Rolle Terrassons in der Querelle nach wie vor Georg Finsler: Homer in der Neuzeit von Dante bis Goethe. Italien – Frankreich – England – Deutschland. Leipzig 1912, S. 223–236.
344 Michael Bernsen: Ägypten im französischen 18. Jahrhundert: der Roman *Sethos* des Abbé Terrasson. In: Barbara Kuhn/Ludger Scherer (Hrsg.): Peripher oder polyzentrisch? Alternative Romanwelten im 18. Jahrhundert. Berlin 2009 (Internationale Forschungen zur Allgemeinen und Vergleichenden Literaturwissenschaft. Bd. 119), S. 31–44, hier S. 37.
345 Vgl. die Präsentation von Rezeptionszeugnissen bei Granderoute: Le roman pédagogique, S. 303–306.
346 Vgl. Bernsen: Ägypten im französischen 18. Jahrhundert, S. 41.
347 Vgl. Simonis: Die Kunst des Geheimen, S. 209.

sation und Menschheitsbeglückung im Namen einer absolut gesetzten und religiös hypostasierten Aufklärung. Sie wird durch die Paratexte beglaubigt: Eine große Zahl von Fußnoten gibt die Quellen an, aus denen Terrasson schöpft; handelt es sich um moderne Schriften, verweist er pauschal auf die Kontinuitäten in geographischen und anthropologischen Erkenntnissen. Die daraus resultierende Spannung thematisiert er in der Vorrede, die zu den wichtigen Dokumenten der Romantheorie der frühen Aufklärung zählt. Sie soll in Hinblick auf die Positionierung des Autors in Traditionszusammenhängen bzw. seinem Versuch einer Typologie politischen Schreibens näher analysiert werden, ehe der *Sethos*-Roman als erzählerisches Manifest einer rationalistischen Aufklärung, das zugleich ihre Grenzen und Gefährdungen markiert und austrägt, interpretiert wird.

2.2.2.1 Apologie der Fiktionalität: Terrassons *Préface*

Terrassons Romanvorrede ist in doppelter Hinsicht von Bedeutung: Erstens als Text, der ein Gattungsbewusstsein stiftet, zweitens als ein frühes Dokument, das entschieden die Freiheiten der Fiktion verteidigt.[348] Während Fénelon und Ramsay mit ihren Werken kanonische antike Prätexte, die *Odyssee* und die *Kyrupädie*, ‚paraliptisch' verlängerten,[349] entwirft Terrasson eine Manuskriptfiktion, um sein Schreiben zu legitimieren und zu authentisieren. Das entspricht längst gängiger Praxis: So hatte etwa Andreas Heinrich Bucholtz seinen *Herkuliskus* als Bearbeitung eines antiken Textes ausgegeben, der in den Wirren des Dreißigjährigen Krieges unter einem Stein wiederaufgefunden worden sei.[350] Eine Vielzahl europäischer Autoren von Cervantes über Montesquieu (*Le Temple de Gnide*, 1725) bis Albrecht von Haller nutzte diese editoriale Rahmung, um einerseits die Authen-

---

[348] In diesem Zusammenhang interpretiere ich sie im Kontext der Romantheorie der Aufklärung. Vgl. Christopher Meid: Roman und Historie. Zur Wertung von Fiktionalität in der Romantheorie der Aufklärung. In: Johannes Franzen u. a. (Hrsg.): Geschichte der Fiktionalität. Diachrone Perspektiven auf ein kulturelles Konzept. Würzburg 2018, S. 151–176.
[349] Vgl. Genette: Palimpseste, S. 242.
[350] Vgl. Andreas Heinrich Bucholtz: Der christlichen königlichen Fürsten Herkuliskus und Herkuladisla, auch ihrer hochfürstlichen Gesellschaft anmuthige Wunder-Geschichte. Faksimilie-Druck der Ausgabe von 1665. Hrsg. und eingeleitet von Ulrich Maché. 2 Bde. Bern u. a. 1982. Bd. 2, S. 960: Es handele sich um eine Geschichte, „welche über 1400 Jahr vergraben gelegen / und durch den Krieg / welcher des ganzen Teutschlandes unterstes zu oberst gekehret / ohngefehr bey dem Weserstrohme unter einem hohlen Steine hervor gezogen ist; wodurch die Versehung ausser allem zweifel hat wollen zu erkennen geben / daß nicht allein tapffere Helden aus Frankreich / Italien / Spanien und Griechenland / sondern auch deren viel aus Teutschland / und anderen Nordischen Ländern entsprossen sind / die über andere ihres gleichen sich der wahren Tugend und ungefärbten Gottesfurcht gewidmet haben."

tizität und damit Relevanz der im Roman dargestellten Ereignisse zu behaupten, und um andererseits Spielräume der Fiktion auszuloten. Terrassons Vorrede geht aber über gängige Muster insofern hinaus, als sie den Inhalt des angeblich von ihm bearbeiteten und übersetzten griechischen Manuskripts ebenfalls als fiktional bezeichnet und auf dieser Basis den Mehrwert bestimmter fiktionaler Schreibweisen gegenüber der Geschichtsschreibung postuliert und differenziert begründet.

Terrasson gibt den *Sethos* als (gekürzte) Übersetzung eines griechischen Manuskripts aus; es stamme aus einer Bibliothek, die unbekannt bleiben wolle. Bei seinem Autor handele es sich wohl um einen Griechen, der zur Zeit Marc Aurels, also im 2. Jahrhundert unserer Zeitrechnung, in Alexandria gelebt habe. Soweit folgt die Vorrede den gängigen Topoi; allerdings wendet sie sich von den traditionellen Authentizitätsbehauptungen ab, indem sie erklärt, bei dem griechischen Manuskript handele es sich nicht um Geschichte, sondern um Dichtung, und darüber hinaus mit Nachdruck behauptet, die Erdichtung sei wertvoller als die Darstellung verbürgter Fakten:

> Il n'y a pas lieu de douter que ce ne soit ici un Ouvrage de fiction: Les entreprises dont les succès sont à peu près tels que le Lecteur les desire, quelques personnages qui se retrouvent lorsque l'on ne comptoit plus de les revoir ensemble, mais sur tout le grand nombre de discours directs ou tenus par les personnages mêmes; tout cela prouve que mon Auteur ne s'est point affujetti à des faits réels, où les circonstances ordinaires de la vie jettent plus de dérangement; & qu'il s'est rendu maître, non seulement des actions, mais encore des pensées de tous ceux qu'il fait agir.
> Le genre d'utilité dont il vouloit être l'a engagé au choix de ce genre de composition.[351]

Die Fiktionalität des Textes zeigt sich für den fiktiven Herausgeber erstens an dem wenig realistischen positiven Ausgang vieler Episoden, die das Bedürfnis der Leser nach poetischer Gerechtigkeit befriedigten, zweitens an der Kommunikation der Figuren, die als Sprachrohr des Verfassers dienten. Schließlich deute die übergreifende Struktur auf eine genau kalkulierte Wirkungsabsicht des Autors. Dabei ist Terrassons Vorrede keine Apologie ästhetischer Autonomie, ganz im Gegenteil: Die fiktiven Elemente dienen ihm dazu, die didaktische Wirkintention des Romans zu stützen. Formgebung und Wirkungsabsicht hängen untrennbar zusammen.

Zwar sei eine Auseinandersetzung mit der Historie, „une des plus grandes sources de la vraye Philosophie",[352] in vielerlei Hinsicht nützlich, als „un grand

---

[351] Terrasson: Preface, S. IIIf.
[352] Ebd., S. V.

fond d'instructions morales" sei sie aber der Dichtung unterlegen.[353] In Argumenten, die ihre Herkunft aus der Romandiskussion des 17. Jahrhunderts verraten, erklärt Terrasson, im Gang der Geschichte sei das Wirken der Vorsehung nicht sichtbar, wohl aber in entsprechend angelegten Erzählungen.[354] Sein Ideal ist der moralische Autor wie Fénelon, Liebesromane hingegen seien geradezu nichtswürdig und schädlich.[355] Überhaupt könnte der entsprechend sensibilisierte Leser auch aus dichterischen Bearbeitungen historischer Stoffe viel lernen; als Beispiel führt er die Gattung der Tragödie und den *Cleopatra*-Roman von La Calprenède an. Das Vorrecht der Dichtung bestehe darin, dass sie dann stilistische Eleganz über historische Genauigkeit stellen könne, wenn die Schönheit die Lehre des literarischen Textes unterstütze: „Le privilege de la Fiction, est de sacrifier l'exactitude des faits non seulement aux vérités morales, mais encore à l'embellissement du discours; en supposant de plus, que cet embellissement a pour but de faire mieux recevoir l'instruction."[356]

Am Ende seiner Vorrede schließt Terrasson an Madame de Scudéry an, die sich um ihren Text wahrscheinlicher zu machen in den Paratexten zu ihrem *Cyrus*-Roman auf eine antike Manuskriptvorlage berufen habe: „C'est pour donner une autorité semblable à son récit, que Mademoiselle de Scudery dans la Preface de son Cyrus [...] souhaite pourtant qu'on se représente son Ouvrage comme la traduction d'un ancien Manuscrit trouvé dans la Bibliotheque du Vatican."[357]

Allerdings zeigt ein Blick auf die entsprechende Passage bei Madeleine de Scudéry, dass die Verhältnisse dort etwas anders liegen, als Terrasson hier insinuiert. In der Leseranrede des ersten Bandes des *Grand Cyrus* (1656) legitimiert sie ihren Roman durch den Bezug zur historischen Wahrheit. Sie habe ein intensives Quellenstudium betrieben, dabei aber gemerkt, dass sich die Historiker in we-

---

353 Ebd.
354 Vgl. ebd., S. Vf.: „L'Histoire n'est par elle-même qu'un amas de faits que la Providence conduit à des fins ordinairement cachées; & quoique tout soit merveilleusement ordonné dans les vûës mysterieuses de la sagesse & de la justice Divine; la suite des actions des hommes n'est assé souvent à l'extérieur, qu'une suite de projets manqués & de crimes impunis. Le spectacle de ce qui s'est passé dans le monde n'est pas autre à la rigueur que le spectacle de ce qui se passe dans une place publique: ni l'un ni l'autre de ces deux spectacles n'est moral que par les reflexions du Spectateur ou du Relateur. En un mot l'Histoire prise en elle-même est plûtôt un objet qu'une doctrine."
355 Vgl. ebd., S. VIIIf.: „Çe n'est pas la comparaison de l'Histoire qui est d'un ordre tout différent, c'est la comparaison des bons Ouvrages de fiction, qui contribuera de plus en plus à faire sentir la futilité pernicieuse des Romans lorsqu'on entend par ce terme une peinture avantageuse, ou seulement favorable des foiblesses ou des désordres de l'amour."
356 Ebd., S. XXIII.
357 Ebd., S. XXVI.

sentlichen Punkten unterschieden, woraus sie wiederum für ihr Schreiben die Freiheit ableitet, bestimmte Entscheidungen zu treffen. Wem ihrer Leser dies nicht genüge, der solle sich eben vorstellen, Grundlage des Romans sei ein wertvolles und seltenes griechisches Manuskript:

> Que si cette raison ne satisfait pas pleinement les scrupuleux, ils n'ont qu'à s'imaginer pour se mettre l'esprit en repos, que mon Ouurage est tiré d'vn vieux Manuscrit Grec d'Egesippe, qui est dans la Bibliotheque Vaticane: mais si precieux & si rare, qu'il n'a jamais esté imprimé, & ne le sera iamais.[358]

Terrasson erwähnt aber gerade nicht, dass bei der Scudéry das griechische Manuskript reine Erfindung ist. Das kann zwei Gründe haben: Entweder entgeht ihm die Pointe, oder aber – und das erscheint weitaus wahrscheinlicher – er schließt an das Spiel an und nutzt den Verweis auf *Le grand Cyrus* dazu, seine Manuskriptberufung als fiktional zu entlarven. Dieses ironische Verfahren – die Berufung auf eine für jedermann offensichtliche Fiktion, um das eigene Schreiben zu authentisieren – korrespondiert mit Terrassons Grundthese, die besagt, Faktentreue sei nicht mehr nötig, ja für eine didaktische Wirkung geradezu hinderlich. Das Publikum aber, das nach wie vor Authentizitätsbehauptungen reklamiert, bekommt sie dennoch geliefert, für den reflektierteren Teil der Leserschaft sind sie aber als Fiktion auszumachen. Fiktion ist, so ließe sich zusammenfassen, also der Faktentreue überlegen, eben weil sie deutlichere Orientierung geben könne als die Geschichtsschreibung.[359]

Terrasson äußert sich ebenfalls ausführlich über die Gattungskontexte seines Schreibens: Fénelons *Télémaque* und Ramsays *Cyrus* seien Beispiele für die positive Wirkung, die Literatur ausüben könne,[360] namentlich in der Korrektur falscher Vorstellungen von Heroismus.[361] Dabei macht sich Terrasson keine Illusionen über die Lektüre der Thronfolger; vielmehr habe der *Télémaque* seine Wirkung mittelbar ausgeübt, indem Fürstenerzieher die Aussagen des Textes internalisiert und diese wiederum an ihre Zöglinge weitergegeben hätten, die sich deshalb in Einklang mit den Wünschen der Öffentlichkeit befänden:

---

358 [Madeleine de Scudéry:] Au Lecteur. In: Dies.: Artamène, ou Le grand Cyrus. Bd. 1. Paris 1656, S. 1–4, hier S. 4.
359 Der Dichter könne frei verfahren, um vorbildliche Charaktere zu erschaffen, aus denen der Leser mehr lernen könne, als durch historisch getreu gezeichnete Figuren. Ähnliche Positionen finden sich auch in der deutschsprachigen Barockliteratur. Vgl. Voßkamp: Romantheorie in Deutschland, S. 15.
360 Vgl. Terrasson: Sethos. Bd. 1, S. VIII.
361 Ebd., S. IX.

> Je n'ai pas lieu de me repentir d'avoir dit autrefois, en parlant de *Telemaque:* Que si le bonheur du genre humain pouvoit naître d'un Poëme, il naîtroit de celui-là. Quoique ceux qui gouvernent le monde s'appliquent rarement à la lecture; cependant comme les Precepteurs des Rois connoissent les Lettres, & dans leur origine & dans leurs progrès; ils ne laissent ignorer à leurs Eleves ni les principes de morale qui se développent, ni les maximes de douceur qui s'établissent de leur tems même. Les Princes montent sur le Thrône déja instruits de la véritable gloire; & pensant tous enfin sur ce sujet comme le Public, ils concourent en semble à le maintenir dans le repos & dans le bonheur qu'il attend d'eux.[362]

In gewisser Weise sei der *Télémaque* gattungsstiftend – allerdings lediglich hinsichtlich der Intention der Werke, nicht aber in Bezug auf ihre Form, wie Terrasson in Hinblick auf Ramsays *Voyages de Cyrus* aufführt:

> Outre la réformation des jugemens & l'adoucissement des moeurs; une suite naturelle du succès de *Telemaque* devoit être l'établissement d'un nouveau genre d'Ouvrage. Mais au lieu que les premiers Poëmes de l'antiquité ont produit des imitations de même forme & de même nom, comme des Epopées, des Tragedies, des Idylles, & semblables; on n'a imité l'Auteur de *Telemaque* que par l'essentiel; c'est-à-dire, par la même intention, ou par le zéle de produire les mêmes fruits. Ainsi au lieu que *Telemaque* est un Poëme épique; *les Voyages de Cyrus* ne sont, conformément à leur titre, qu'une course du Heros entreprise pour recüeillir les instructions de tous les Sages de son tems; & pour rapporter dans ses Etats ce qu'il y avoit de bon & d'avantageux dans les différentes Loix des Royaumes ou des Republiques célébres.[363]

Seine ‚ägyptische Erzählung' sei in gleicher Absicht verfasst,[364] unterscheide sich aber in der Form sowohl von den *Aventures de Télémaque* als auch von den *Voyages de Cyrus* – vor allem dadurch, dass sie eine weitaus vollständigere Lebensgeschichte erzähle, als dies Fénelon und Ramsay täten.

> Ainsi dans une Histoire distribuée en dix Livres; le Heros dès le quatriéme est en état d'instruire les autres; & dans toute la suite il n'agit plus que par lui-même. Animé du véritable Heroïsme, il employe le tems d'un long exil à chercher des Peuples inconnus qu'il délivre des superstitions les plus cruelles, & dont il devient le Legislateur. Dans son retour il sauve par son courage une puissante République d'un ennemi qui étoit à ses portes; & il n'éxige d'elle pour sa récompense que le salut du Peuple vaincu, dont le Roy ou le Tyran l'avoit attaquée. Rentré enfin dans sa patrie, il se rend le bienfaicteur de ceux qu'il avoit sujet de regarder comme ses Ennemis & ses Rivaux; & il se réjoüit des conjonctures qui engagent son honneur à leur sacrifier ses interêts, & qui lui font un devoir de la félicité qu'il leur procure.[365]

---

362 Ebd., S. Xf.
363 Ebd., S. XIIIf.
364 Vgl. ebd., S. XIV. Sein Werk „est par rapport au dessein moral du même genre que l'un & l'autre; mais il en differe encore plus pour la forme qu'ils ne sont différens entre eux."
365 Ebd., S. XVf.

Diese außergewöhnliche Tugend sei nicht angeboren, sondern erwachse aus Grundsätzen, die wohl christlich fundiert seien und die der Autor des antiken Manuskripts sehr wohl habe kennen können.[366] Dennoch handele es sich nicht um einen christlichen Text, sondern um ein Buch, das nur moralische Tugenden propagiere, die aber allgemeine Gültigkeit besäßen.[367] Darüber hinaus verbinde es Moral und Gelehrsamkeit, indem es ein getreues Bild des Altertums biete.[368] Eben dieser erudite Charakter sei für die Wahl der Form ausschlaggebend gewesen: „C'est une des raisons, sans doute, qui lui avoient fait prendre le tour d'une Histoire ou d'une Vie, plûtôt que celui d'un Poëme ou d'un Roman."[369] Gewährmänner sind Herodot, Polybios, Diodor und Plutarch, also Historiker und keine Literaten.[370] Das heißt also, dass die Form der im *ordo naturalis* erzählten exemplarischen Lebensgeschichte für Terrasson die Wirkung vergrößert, sofern das zugrundeliegende Bildungsgut bestehen kann.

Terrassons Programm der Überbietung basiert also sowohl auf der Gelehrsamkeit, die sein Text ausstellt, als auch auf seiner Form, die in geradezu idealer Weise zur Wissensvermittlung geeignet sei. Vor allem aber erzähle er von einem tatsächlich handelnden Helden, der deshalb vorbildhafter sei als Télémaque oder Cyrus. Um dies zu erreichen, ist die historische Fiktion am besten geeignet – nicht im Sinne freier Erfindung, wohl aber verstanden als kreative Neuanordnung bzw. Neuperspektivierung nützlicher Wissensbestände, die eher enzyklopädischen Charakter tragen und die reine Herrschaftslehre bei weitem überschreiten.

2.2.2.2 Mysterium und Didaxe

Terrassons Roman ist von der Grundspannung zwischen Mystifikation und Rationalisierung geprägt.[371] Das zeigt sich besonders in der Darstellung der ägyptischen Mysterien, die in den Büchern III und IV im Zentrum stehen.[372] Der Roman hat dabei in der neuzeitlichen Rezeption dieser Mysterien eine Schlüsselstellung

---

366 Vgl. ebd., S. XVIf.
367 Vgl. ebd., S. XVIIf.
368 Vgl. ebd., S. XVIIIf.
369 Ebd., S. XIX.
370 Vgl. ebd.
371 Vgl. Simonis: Die Kunst des Geheimen.
372 Vgl. zur Tradition der Pseudo-Ägyptologie (Kircher, Banier) die Überlegungen von Ralph Häfner: Thaumaturgie und Kinetik. Anthropologische Aspekte der Diskussion über den orientalischen Despotismus im thematischen Umkreis von Friedrich Schillers Romanfragment *Der Geisterseher*. In: Stefan Hermes/Sebastian Kaufmann (Hrsg.): Der ganze Mensch – die ganze Menschheit. Völkerkundliche Anthropologie, Literatur und Ästhetik um 1800. Berlin/Boston 2014 (linguae & litterae. Bd. 41), S. 161–182.

und wurde durchaus als authentische Darstellung verstanden:[373] Die fiktionale Erzählung nimmt so in der Konstituierung religionsgeschichtlichen ‚Wissens' eine zentrale Rolle ein,[374] obwohl sie deutlich erkennbar frühaufklärerische Ideale ins alte Ägypten projiziert und so zugleich eine Genealogie der Aufklärung konstruiert.

Im Hintergrund steht die zwar falsche,[375] aber ungemein wirkungsvolle Vorstellung, die altägyptische Religion sei eine doppelte gewesen: Der wahre Kern des Glaubens, der auf deistische Vorstellungen hinausläuft, sei nur einem kleinen Kreis eingeweihter Individuen zugänglich gewesen, während die für die tiefen Wahrheiten nicht bereite Masse einen vergröberten Kult praktiziert habe.[376] Dieses auf Missverständnisse der griechischen Geschichtsschreibung und auf eine Fehllektüre der Hieroglyphen zurückgehende Ägyptenbild nimmt Terrasson auf: In der Nachfolge von Ralph Cudworth und in intertextueller Anlehnung an Plutarch und vor allem Apuleius stellt er die ägyptische Religion als eine Vernunft- und Tugendlehre dar, die lediglich sorgfältig ausgewählten, hoch veranlagten Individuen vermittelt worden sei.[377]

Das Verhältnis von Exoterik und Esoterik macht bereits die räumliche Organisation sinnfällig: Sitz der Priesterschaft ist ein unterirdisches System von Behausungen und Kulträumen, das sich unter Memphis und den Pyramiden erstreckt.[378] Dabei ist die Außenseite nicht nur allgemein sichtbar, sondern in

---

373 Vgl. Assmann: Das alte Ägypten und die Illuminaten, S. 69: „Wegen seines großen Rufs als Gelehrter wurde sein Bericht der ägyptischen Einweihung fast allgemein als authentisch aufgefasst."
374 Vgl. auch Mary Lefkowitz: Not out of Africa. How Afrocentrism Became an Excuse to Teach Myth as History. New York 1996, S. 91–121, die dem Einfluss des Romans in Hinblick auf die These von der ‚gestohlenen' afrikanischen Kultur durch die Griechen nachgeht.
375 Vgl. Assmann: Das alte Ägypten und die Illuminaten, S. 63: „Natürlich sind diese Theorien sowohl der doppelten Religion als auch ihrer politischen Deutung ohne jede historische Bedeutung, was das alte Ägypten angeht."
376 Vgl. Assmann: Religio duplex.
377 Vgl. ebd., S. 125: „Terrassons Imagination war historisch-antiquarisch inspiriert, aber nicht philosophisch-theologisch. So machte er halt vor den religiösen Ideen, um deren Vermittlung es in den ägyptischen Mysterien ging und die Cudworth so eindrucksvoll als ägyptische Arkantheologie herausgearbeitet hatte. Offensichtlich kannte er dessen zu seiner Zeit ja auch nur auf englisch zugängliches Werk nicht, aber er hatte, anders als Ramsay, auch sichtlich wenig Interesse für diese Seite der altägyptischen Welt." Dass Terrasson Cudworth nicht gekannt haben soll, scheint mir kaum plausibel.
378 Vgl. Assmann: Das alte Ägypten und die Illuminaten, S. 67: „Der topologische Aspekt der ägyptischen Initiation [...] ist in der griechischen Überlieferung sehr viel weniger präsent als der grammatologische, spielt aber eine umso größere Rolle in der Vorstellung des 18. Jahrhunderts." Vgl. zur neuzeitlichen Rezeption der Pyramiden, die man mit den unterirdischen Königsgräbern

höchstem Maße auffällig; sogar das Innere ist für die Öffentlichkeit zugänglich. Allerdings verbirgt gerade diese Offenheit die wahren Geheimnisse, die, wie Amedès seinem Zögling mitteilt, nur für wenige Auserwählte zugänglich sind:

> Prince; la visite de l'interieur de la Pyramide, de la maniere dont il est important pour vous de la faire, est une entreprise toute differente de celle que vous avez dans l'esprit. Ses routes secretes menent les hommes cheris des Dieux à un terme que je ne puis seulement pas vous nommer, & dont il faut que les Dieux fassent naître en vous le désir. L'entrée de la Pyramide est ouverte à tout le monde; mais je plains ceux qui sortant par la même porte qu'ils y sont entrés, n'ont satisfait qu'une curiosité très-imparfaite, & ont vû que ce qu'il leur est permis de raconter.[379]

Die Einweihung, auf die Amedès hier anspielt, wird denjenigen, der sie durchmacht, zum neuen Menschen machen, der sich von den nicht Initiierten unterscheidet. Ihre konkrete Ausprägung, die der Roman ausführlich darlegt, aktualisiert Motive der Unterweltfahrt, die auf Apuleius' *Goldenen Esel* zurückgehen. Das letzte Buch dieses Romans beschreibt aus der Perspektive des Protagonisten Lucius dessen Einweihung in den Isis-Kult:

> Ich nahte dem Grenzbezirk des Todes, stieg über Proserpinas Schwelle und fuhr durch alle Elemente zurück; um Mitternacht sah ich die Sonne in weißem Licht flimmern, trat zu Totengöttern und Himmelsgöttern von Angesicht zu Angesicht und betete sie ganz aus der Nähe an.[380]

Apuleius' Beschreibung verbindet drei Motive, die „in den Texten des 18. Jahrhunderts immer wieder" vorkommen: „die Verbindung von Initiation und Tod, die Reise durch die vier Elemente und die Schau der Götter."[381] Das gilt auch für *Sethos*: Der Protagonist steigt in eine symbolische Unterwelt hinab und besteht eine Reihe von Proben, die den vier Elementen zugeordnet sind. Eine Inschrift

---

im Tal der Könige zusammendachte und auch in Verbindung glaubte, Jan Assmann: Die Zauberflöte. Oper und Mysterium. München 2005, S. 96–99, bes. S. 98: „Diese Anlagen konnten eigentlich nur als verborgene, der profanen Öffentlichkeit unzugängliche und daher unterirdische Speicher des priesterlichen Wissens gedient haben, das offenbar, wie man aus diesen Aufzeichnungsorten schließen mußte, strengster Geheimhaltung unterlag."
379 Terrasson: Sethos. Bd. 1, S. 164 f.
380 Apuleius: Der goldene Esel. Metamorphoseon libri XI. Lateinisch-deutsch. Hrsg. und übersetzt von Edward Brandt und Wilhelm Ehlers. Mit einer Einführung von Niklas Holzberg. 6. überarbeitete Auflage. Berlin 2012 (Sammlung Tusculum), S. 489.
381 Assmann: Das alte Ägypten und die Illuminaten, S. 68.

über dem Eingang kündigt dem Initianden an, was ihm bevorsteht:[382] „QUICONQUE FERA CETTE ROUTE SEUL, ET SANS REGARDER DERRIERE LUI, SERA PURIFIÉ PAR LE FEU, PAR L'EAU, ET PAR L'AIR; ET S'IL PEUT VAINCRE LA FRAYEUR DE LA MORT, IL SORTIRA DU SEIN DE LA TERRE, IL REVERRA LA LUMIERE, ET IL AURA DROIT DE PRÉPARER SON AME A LA REVELATION DES MYSTERES DE LA GRANDE DÉESSE ISIS."[383]

Die reinigenden Proben, die Sethos überstehen muss, sind Prüfungen „des Mutes und der körperlichen Geschicklichkeit":[384] Er muss über heißen Untergrund balancieren und durch einen Fluss schwimmen, um schließlich durch eine Art von Aufzug in völliger Dunkelheit und unter großem Lärm zu den Priestern transportiert zu werden, die ihn in einem erleuchteten Raum in Empfang nehmen.[385]

Dieses geheimnisvolle, für den Initianden erschreckende Procedere wird aus der Perspektive eines allwissenden Erzählers berichtet und kommentiert, der zudem die Darstellung der Proben mit ihrer rationalen Erklärung verbindet, so dass die Geheimnisse für den Rezipienten stets geheimnislos bleiben.[386] Anders etwa als in Goethes *Wilhelm Meisters Lehrjahren*, wo die Initiation in die Turmgesellschaft aus der Figurenperspektive Wilhelms erzählt wird,[387] erfährt der Leser bei Terrasson schon zu Beginn, was es mit dem Mummenschanz auf sich hat: Der Schlüssel wird dem Bild immer mitgeliefert. Diese größtmögliche Geheimnislosigkeit versetzt den Leser an die Seite der Priesterschaft, die den Mythos nutzen, um ihre Lehre einzukleiden und zu bebildern. Ja, der Roman geht so weit, den Ursprung der (gegenüber der ägyptischen also defizitären) griechischen Mythologie auf die Erfahrungen des Orpheus in der Initiationslandschaft der ägypti-

---

[382] Tatsächlich handelt es sich um eine reine Männerwelt; auch die Ehefrauen der Priester haben keinen Zugang zum inneren Bereich. Vgl. Terrasson: Sethos. Bd. 1, S. 253 f.
[383] Terrasson: Sethos. Bd. 1, S. 214. – Vgl. zu der Übernahme in Mozarts *Zauberflöte:* Assmann: Die Zauberflöte, S. 163.
[384] Simonis: Die Kunst des Geheimen, S. 198.
[385] Vgl. Maryse Marchal: Mythes et mystères dans le roman *Sethos* (1731) de l'Abbé Jean Terrasson. In: Le génie de la forme. Mélanges de langue et littérature offerts à Jean Mourot. Nancy 1982, S. 247–256, hier S. 253: Die Priester „ont le génie de la mise en scène; ils utilisent toutes les ressources du théâtre et d'illusionisme pour impressioner leurs hôtes de passage, pour baigner leurs fidèles dans un climat supernaturel et affermir leur foi." Die opernhaften Elemente verweisen auf Terrassons Interesse an der Gattung. Vgl. ebd., S. 254.
[386] Vgl. Terrasson: Sethos. Bd. 1, S. 225–227 (ausführliche Beschreibung des Mechanismus). Vgl. Simonis: Die Kunst des Geheimen, S. 199: „Dem mythisch-hermetischen Nimbus der Initiation widerstreitet ein ausgeprägtes Interesse an technischen Aspekten und an realistischen Details".
[387] Vgl. das Kapitel zu *Wilhelm Meisters Lehrjahren* in dieser Arbeit.

schen Priester zurückzuführen: Orpheus missversteht, was er dort gesehen hat;[388] seine vergröberten Nacherzählungen werden wiederum zur Grundlage einer neuen Mythologie.[389]

Dieser „nüchtern-sachliche[] Ton der Analyse und der rationalen, wenn nicht gar mechanistischen Erklärung",[390] der auf den ersten Blick im Widerspruch zu den dargestellten Mysterien steht, entspricht aber letztlich dem Inhalt des *Sethos*: Schließlich steht am Ende nicht wie bei Apuleius die Gottesschau, sondern die „Einführung in eine esoterisch-sublime, zugleich rational bestimmte und moralisch geläuterte Lebensform",[391] die in den Kontext „einer säkularisierten Vernunftreligion der Einsichtigen und Wissenden" gehört,[392] die mittels euhemeristischer Operationen als Grundlage aller Mythen postuliert wird.[393]

Daraus ergibt sich auch, dass mit dem Bestehen von Geschicklichkeitsproben erst der Anfang für die eigentliche Einweihung gelegt werden kann, schließlich zielt sie nicht primär auf Kühnheit, sondern auf ethisch-moralische Qualitäten. Dabei handelt es sich um einen dreimonatigen Prozess, in dem Sethos auf das Ideal des ‚wahren Heroismus' hin erzogen wird, ehe er in einer öffentlichen Probe beweisen kann, dass er es verinnerlicht hat.[394]

Die Korrektur überkommener heroischer Vorstellungen, die zu den Grundelementen des politischen Romans zählt, verbindet sich bei Terrasson wie auch bei Fénelon mit kosmopolitischen Vorstellungen,[395] insofern der Initiierte dem

---

388 Vgl. Terrasson: Sethos. Bd. 1, S. 49: „Et de plus ce n'étoit qu'au labyrinte qu'on faisoit ce grand nombre d'autres céremonies, d'où le Poëte Orphée, que nous verrons bientôt en Egypte, & qui en fut témoin à l'occasion d'un autre Roi, a tiré la plus grande partie de la description de l'enfer telle qu'il l'a donnée dans ses vers; & qu'elle a été suivie par Homere chez les Grecs, & par Virgile chez les Latins." Vgl. Simonis: Die Kunst des Geheimen, S. 199.
389 Vgl. Bernsen: Ägypten im französischen 18. Jahrhundert, S. 42: Der Roman enthalte „uneingestanden selbst zahlreiche mythische Substrate bzw. schaff[e] neue Mythen."
390 Simonis: Die Kunst des Geheimen, S. 198 f.
391 Ebd., S. 199.
392 Ebd.
393 In dieser „deistischen Auffassung der Mysterien" (Simonis: Die Kunst des Geheimen, S. 199) liegt auch die Anziehung des Romans für Freimaurer begründet; die Rezeption des Romans (auch die wissenschaftliche!) liest den Roman primär in diesen Kontexten, läuft aber dabei Gefahr, andere Linien zu vernachlässigen. Es ist nicht klar, ob Terrasson, der wohl selbst kein Freimaurer war, den Roman in Hinblick auf eine ägyptische Traditionsstiftung der Freimaurerei hin verfasste. Anders Eduard von Jan: Der französische Freimaurerroman im 18. Jahrhundert. In: Germanisch-Romanische Monatsschrift 13 (1925), S. 391–404, hier S. 400 f.
394 Vgl. Terrasson: Sethos. Bd. 1, S. 312 f.
395 Vgl. zum Heroismuskonzept Terrassons Granderoute: Le roman pédagogique, S. 367–371.

„genre humain",[396] nicht nur seiner Nation verantwortlich ist. Allerdings weist die gestufte Religion schon darauf hin, dass es unterschiedliche Grade von Aufklärung gibt, ja geben muss, um das Funktionieren einer Gesellschaft zu garantieren. Die Initiierten sind gleichsam die Avantgarde, die stellvertretend für eine Mehrheit handelt, die (zum Teil) nicht weiß, was gut für sie ist. Diese Problematik stellt der Roman dann aus, als es darangeht, Sethos als politisch Handelnden zu zeigen, konkret: als Kolonisator und Zivilisationsbringer, der – legitimiert durch seine Initiation – das Geschick ganzer Völker und fremder Kulturen bestimmen kann.

2.2.2.3 Kolonialismus als praktische Aufklärung

Wie auch Fénelons *Télémaque* stellt Terrassons *Sethos* Prinzipien auf, die allgemeine Gültigkeit beanspruchen. Die Tugend bestehe in Menschenliebe. Zur praktischen Ausübung dieser Menschenliebe gehört aber auch, unaufgeklärte Völker anzuleiten und zu erziehen. Bereits im vierten Buch erklärt ein Priester, es sei erlaubt, Völker ohne staatliche Strukturen zu unterwerfen, um ihnen Gesetze zu geben: „Il est permis de conquérir des Peuples sans Maître & sans Loix, pour les rendre plus heureux & plus raisonnables qu'ils ne l'etoient auparavant."[397] Glück und Vernunft gehören also zusammen.

Wer weder Gesetzen folgt noch nach aufgeklärten Maßstäben handelt, darf also froh sein, von Angehörigen fortgeschrittener ‚zivilisierter' Völker kolonisiert zu werden. Es existiert ein absoluter Maßstab, anhand dessen sich Menschen und ihre Sitten bewerten lassen; dabei besteht kein Zweifel an der bedrohlichen Wildheit großer Teile Afrikas: Edle Eingeborene sind auf Terrassons dunklem Kontinent jedenfalls nicht anzutreffen, wohl aber feige, menschfressende und verschlagene Individuen, deren Leben sich durch ihre Unterwerfung unter die koloniale Herrschaft grundlegend verbessert.

Während Fénelon in seinem universalistischem kosmopolitischem Entwurf die Frage nach dem Umgang mit außereuropäischen Völkern nicht stellte, propagiert Terrasson die zwangsweise Erziehung der ‚Wilden'.[398] Als unmittelbarer Reflex des sogenannten Zweiten Zeitalters der Entdeckungen, also der (nominell)

---

396 Terrasson: Sethos. Bd. 1, S. 269: „En quelque rang que l'Initié se trouve placé ou par la naissance ou par la fortune, il ne s'y croit établi que pour l'utilité de sa Patrie, & s'il se peut même, du genre humain. Ainsi cet homme inaccessible à tout désir & à toute crainte pour lui-même, est occupé de tous les désirs & de toutes les craintes de ceux qu'il doit rendre heureux, comme leur maître, ou servir comme leur concitoyen."
397 Ebd., S. 319.
398 Vgl. Jean-Michel Racault: Périples africains et itinéraires initiatiques dans le roman européen des années 1730. In: Dix-huitième siècle 44 (2012), S. 237–251.

von wissenschaftlichen Interessen geprägten Phase der europäischen Expansion,[399] zeichnet er in Anlehnung an Olfert Dapper (1686) und den Jesuiten Guy Tachard (1688–89) ein Bild von Afrika als dunklem Kontinent, den es zu zivilisieren gelte.[400]

Motor und Ursache dafür ist der Handel, „cet aimable lien de societé entre les Nations éloignées".[401] In antikisierenden Kontexten dient gewöhnlich – so auch bei Terrasson – Phönizien als Chiffre für den prosperierenden Handelsstaat, und es ist in phönizischen Diensten, in denen Cherès/Sethos seine Umsegelung Afrikas unternimmt. Damit schließt Terrasson auch an Pierre Daniel Huet an, der in seiner in königlichem Auftrag verfassten *Histoire du commerce et de la navigation des anciens* (1716) die Kontinuitäten zwischen antiker und moderner Seefahrt betonte: Bereits die Phönizier hätten die Handelsrouten befahren, denen nun die europäischen Reisenden folgten.[402] Somit kann Terrasson sein Verfahren der Rückprojektion als historische Rekonstruktion ausgeben – ein zirkuläres Argumentationsmuster, das auch die Rezeption des *Sethos* als freimaurerischen Text bestimmen wird.[403] Hierbei kommt der hierarchischen Klassifikation der Einwohner eine wichtige Rolle zu: Anthropologische Projektionen beeinflussen politisches Handeln auf der Grundlage einer nie in Frage gestellten Unterlegenheit der Afrikaner.[404]

Die harmonische Kolonisation von Menuthias (Madagaskar), von der das sechste Buch erzählt, schildert eine sanfte Landnahme, die die schreckhaften Eingeborenen vor vollendete Tatsachen stellt. Sie unterwerfen sich freiwillig den zivilisierten Neuankömmlingen, weil sie davon nur Vorteile haben:

> Cet expedient réüssit au-delà de toute esperance; & les habitans revinrent en peu de jours dans leurs cabanes. Il est vrai qu'ils n'y étoient plus les maîtres: Mais soit qu'ils sentissent

---

[399] Vgl. Urs Bitterli: Die ‚Wilden' und die ‚Zivilisierten'. Grundzüge einer Geistes- und Kulturgeschichte der europäisch-überseeischen Begegnung. Zweite, durchgesehene und erweiterte Auflage. München 1991.
[400] Vgl. Racault: Périples africains et itinéraires initiatiques, S. 241: „Sous le masque de la fiction antique, c'est donc une réflexion sur la politique coloniale des années 1720–1730 qui est posée à l'orée des aventures africaines de Séthos."
[401] Terrasson: Sethos. Bd. 2, S. 121 (Buch 7).
[402] Vgl. [Pierre Daniel Huet:] Histoire du commerce et de la navigation des anciens. Paris 1716. Spätere Auflagen nennen den Namen des Autors.
[403] Vgl. zu derartigen zirkulären traditionsstiftenden Argumentationen Lefkowitz: Not out of Africa, S. 120.
[404] Racault: Périples africains et itinéraires initiatiques, S. 241f.: „L'autre aspect du discours africain de Terrasson, c'est donc la construction d'une anthropologie des races humaines qui, au nom d'un rationalisme utilitariste, justifie l'esclavage et même l'extermination."

qu'ils avoient perdu leur indépendance par leur faute, soit qu'ils reconnussent la superiorité que des Nations policées avoient sur eux, ils se soûmirent sans regret à leur esclavage."[405]

Dabei ist die „domination douce & équitable" sowohl für Kolonisten als auch für die Kolonisierten ein erfolgversprechendes Modell.[406] Die Eingeborenen sind zu überzeugen „qu'une obéissance raisonnable seroit infiniment plus douce pour eux que la liberté sauvage, dans laquelle ils vivoient encore."[407]

Im Gegensatz zu diesen harmlosen und dozilen Madegassen stehen die anthropophagen Einwohner Ostafrikas, die – so Sethos' Einschätzung – nicht einmal zur Sklaverei taugten: „Il ajoûta qu'il ne parloit de reduire à l'esclavage cette partie de la Côte orientale de l'Afrique que parce-qu'elle n'étoit habitée que par des monstres à figure humaine incapables de toute societé."[408] Das Fortschrittsnarrativ hat also klar gezogene Grenzen und gilt nicht für die in der Beschreibung weitgehend dehumanisierten Hottentotten.[409]

Die Überlegenheit der Phönizier und ihrer Verbündeten artikuliert sich auch in religiösen Dingen: Die Kolonisatoren beschützen die Ureinwohner vor finsterem Aberglauben;[410] Cherès/Sethos unterstützt die weniger wilden Afrikaner, die von einer abergläubischen und grausamen Priesterkaste und einer ihr hörigen Obrigkeit gequält werden. Das wird etwa daran deutlich, dass er den Congolesen hilft, ihren König von grausamen Priestern dazu gebracht wurde, seine Untertanen zu opfern.[411] Er kurbelt dort den Handel an und macht den König zu einem phönizischen Vasallen.[412] Ähnlich geht er in Guinea vor, wo er – diesmal als Unterstützer des jungen progressiven Königs – den pervertierten Geisterkult durch ein System der Mysterien nach ägyptischem Vorbild ersetzt.[413]

---

[405] Terrasson: Sethos. Bd. 2, S. 82.
[406] Ebd., S. 85.
[407] Ebd.
[408] Ebd., S. 88.
[409] Vgl. ebd., S. 141. – Vgl. zu dem Stereotyp Andreas Mielke: Laokoon und die Hottentotten oder über die Grenzen von Reisebeschreibung und Satire. Baden-Baden 1993 (Saecvla spiritalia. Bd. 27).
[410] Vgl. Terrasson: Sethos. Bd. 2, S. 83.
[411] Dieser Aspekt geht auf Olfert Dappers Ausführungen über Angola zurück. Vgl. Urs Bitterli: Die Entdeckung des schwarzen Afrikaners. Versuch einer Geistesgeschichte der europäisch-afrikanischen Beziehungen an der Guineaküste im 17. und 18. Jahrhundert. Zürich/Freiburg i. Br. 1970 (Beiträge zur Kolonial- und Überseegeschichte. Bd. 5), S. 53–58. Der eigentliche Missstand sei die „Religionslosigkeit" (ebd., S. 56) der Eingeborenen.
[412] Vgl. Terrasson: Sethos. Bd. 2, S. 219f.
[413] Vgl. ebd., S. 248: „Cherès jugea l'occasion favorable pour proposer au Roy de substituer à ces mysteres également fâcheux & impies quelque imitation legere de l'initiation Égyptienne."

Der Kolonialismus Terrassons hat also auch eine genuin religiös-aufkläreri-sche Dimension, insofern er auf die Befreiung von schädlichem Aberglauben abzielt.[414] Die Anwendung, die sich auf das zeitgenössische Europa machen ließe, überlässt der Text seinen Lesern. Überhaupt sind die afrikanischen Potentaten und ihre Sitten derart exotisch, dass eine Übertragung auf die europäische Staatenwelt, wie sie am Ende des Jahrhunderts Knigge in seiner *Geschichte der Aufklärung in Abyssinien* vornimmt,[415] bei Terrasson eher jenseits von Autorintention und Rezeptionsverhalten liegen dürfte: Sein Afrika meint gerade nicht Europa, sondern tatsächlich eine exotische Sphäre, die von zivilisatorisch überlegenen Kolonisatoren unterworfen werden muss.

Wie diese Beispiele sinnfällig machen, geht es im Roman nicht darum, die afrikanischen Landstriche staatlich neu zu ordnen. Ganz im Gegenteil: Sethos greift nur wenig ein und übt koloniale Herrschaft über lokale Könige aus.[416] So beteiligen sich die Afrikaner am Welthandel – aus Perspektive des Romans wird ihnen damit die Möglichkeit gegeben, an der zivilisierten Welt zu partizipieren, wenn auch in denkbar untergeordneter und peripherer Position.

Das zeigt sich in aller Deutlichkeit bei der Beschreibung von Nouvelle-Tyr, der Hauptstadt der Kolonisten in Westafrika. Schwarze sind nicht als Einwohner der Stadt zugelassen; sie sollen in den umgebenden Siedlungen als Bauern leben und von mäßigen Abgaben zur Arbeit motiviert werden. Umgekehrt dürfen Weiße zwar Landhäuser besitzen, dort allerdings keine Landwirtschaft betreiben. Auch Schulbildung ist nur für die weißen Stadtbewohner vorgesehen; ansonsten würden die Afrikaner auf falsche Gedanken kommen.[417]

Der Roman affirmiert durchgängig das Eroberungsprojekt; Sethos sei nicht nur „vainqueur & le bienfaicteur des Sauvages du Congo", sondern auch ihr

---

414 Vgl. Racault: Périples africains et itinéraires initiatiques, S. 242: „Le troisième aspect de l'entreprise est politico-eligieux. Il domine la dernière partie du périple, le long des côtes occidentales de l'Afrique, d'abord au Congo, dont les habitants, persécutés par un roi sanguinaire et des prêtres pratiquant les sacrifices humains, sollicitent Séthos comme législateur, ensuite en Guinée, où il démasque l'imposture des féticheurs et instaure une nouvelle religion conforme à la raison."
415 Vgl. das Kapitel zu Knigge in dieser Arbeit.
416 Vgl. Racault: Périples africains et itinéraires initiatiques, S. 242, der von einem „protectorat civilisateur" spricht.
417 Vgl. ebd.: „L'action de Séthos législateur prend parfois l'aspect d'une utopie coloniale réalisant la construction intégrale d'une société à partir de l'état de nature. à la Nouvelle Tyr, la législation des indigènes crée un système d'apartheid imposant la sédentarisation et la mise au travail des tribus sauvages, reconverties autoritairement de la chasse à l'agriculture mais interdites de séjour dans la ville, tandis qu'inversement les colons, maîtres du commerce, ne peuvent posséder de terres agricoles."

„Legislateur",[418] also Zivilisationsbringer im eigentlichen Sinn. Zwar entwirft das koloniale Narrativ des *Sethos* ein (verglichen mit der zeitgenössischen Praxis) durchaus mildes Bild der kolonialen Unterwerfung Afrikas,[419] allerdings kann dennoch kein Zweifel daran bestehen, dass Terrassons Roman ein Musterbeispiel für die der Aufklärung innewohnende Ambivalenz im Hinblick auf die Wertung außereuropäischer Kulturen darstellt.[420] Er gehört (wie auch die anthropologischen Schriften Kants) zur Entstehungsgeschichte eines wissenschaftlich begründeten Rassismus.[421]

Wenn sich Sethos am Ende von Terrassons Roman zurückzieht, um künftig als Berater seines Halbbruders und Nachfolgers tätig zu sein, dann bedeutet das die finale Aufwertung des Gelehrten, der nurmehr im Hintergrund wirken möchte. Der Romanschluss bekräftigt damit eindrücklich das Arkanmodell: Es sind die aufgeklärten Gelehrten, die über die unaufgeklärte Masse wachen und dafür sorgen, dass der Staat nach den Gesetzen einer reflektierten Moral funktioniert. An anderer Stelle formuliert Terrasson diesen Gedanken in größtmöglicher Prägnanz: „La perfection du Gouvernement par rapport à l'intérieur d'un Etat, aussi bien qu'à l'égard des Princes voisins, seroit de réduire toute Politique à une Morale éclairée."[422] Dieses simple Modell besitzt aber in Hinblick auf die Romanhandlung beträchtliche Sprengkraft, weil es die Deutungshoheit und das Heft des Handelns in die Reihen einer geheimen Elite legt, denen selbst die Herrscher unterlegen sind. Was hier affirmativ dargestellt wird, findet sein negatives Echo in

---

418 Terrasson: Sethos. Bd. 2, S. 219.
419 Vgl. Granderoute: Le roman pédagogique, S. 356–360; Biesterfeld: Der Fürstenspiegel als Roman, S. 310. – Die Einschätzung, es handele sich bei *Sethos* um „einen der liebenswürdigsten und für ihre Zeit typischsten Romane der Aufklärung" mag hingegen etwas überzogen sein. Vgl. Rosemarie Nicolai-Haas: Die Anfänge des deutschen Geheimbundromans. In: Christian Peter Ludz (Hrsg.): Geheime Gesellschaften. Heidelberg 1979 (Wolfenbütteler Studien zur Aufklärung. Bd. V/1), S. 267–292, hier S. 267.
420 Vgl. Racault: L'Égypte romanesque, S. 188: „Dans *Sethos*, l'épisode du périple africain du héros comporte un ample discours sur le commerce, la politique coloniale et l'esclavage qui a pour référent réel l'expansion coloniale des années 1720–30 beaucoup plus que l'Égypte ou la Phénicie antiques."
421 Vgl. die Dokumentation von Emmanuel Chukwudi (Hrsg.): Race and the Enlightenment. A Reader. Oxford 2000.
422 Jean Terrasson: La philosophie applicable à tous les objets de l'esprit et de la raison. Ouvrage en réflexions détachées […]. Paris 1754, S. 63. Diese postum erschienene Sammlung, der ein für die Würdigung Terrassons wichtiges Vorwort von D'Alembert vorangestellt ist, wurde von Louise Adelgunde Victorie Gottsched übersetzt; Johann Christoph Gottsched steuerte ein Vorwort bei. Vgl. Des Abtes Terrassons Philosophie, nach ihrem allgemeinen Einflusse, auf alle Gegenstände des Geistes und der Sitten. Aus dem Französischen verdeutscht. Mit einer Vorrede von Joh. Christoph Gottscheden. Leipzig 1756.

Schillers *Geisterseher*, einem Text, der die manipulativen Kräfte eines gegenaufklärerischen Geheimbunds ins Zentrum stellt.[423]

---

[423] Vgl. dazu Kapitel 5.2.1 dieser Arbeit.

3 Rezeption und Transformation des politischen Romans (1700–1745)

Bereits 1700 erschien die erste deutschsprachige Übersetzung des *Télémaque* durch August Bohse der rasch zwei weitere folgen sollten – die Versfassung von Benjamin Neukirch (1727–1739) sowie die überaus erfolgreiche Prosaversion von Sinold von Schütz (1733). Mit ihnen begann die produktive Rezeption und Transformation des politischen Romans in der deutschsprachigen Literatur; 1740 erschien dann mit Johann Michael von Loens *Redlichem Mann am Hofe* (1740) der erste deutsche politische ‚Originalroman'. Diese literarischen Anverwandlungen basierten auf einer intensiven theoretischen Auseinandersetzung mit den französischen Texten, die – entsprechend dem prekären Status der Romangattung in der ersten Hälfte des 18. Jahrhunderts – in unterschiedlichen Kontexten stattfand. Während gelehrte Vertreter der *historia literaria* den *Télémaque* und seine Nachfolger als Hilfsmittel zum Erwerb prudentieller Verhaltensweisen auffassten, fragten Dichtungstheoretiker danach, ob die Texte als Epen oder Romane zu klassifizieren seien. Zunächst blieb also der Status der einschlägigen Texte bemerkenswert unbestimmt: Handelte es sich um Werke der Gelehrsamkeit oder der Dichtung? Und wenn es Werke der Dichtung waren, hatte man es mit ‚Heldengedichten', also Epen zu tun, oder aber mit demgegenüber minderwertigen Romanen? Die für alle Rezipienten zentrale Frage nach dem Nutzen der Texte konnte – je nach sozialem Ort – unterschiedlich beantwortet werden. Denn während die frühen Übersetzer des *Télémaque* auf höfische Adressaten zielten, betonten die Paratexte späterer Übersetzungen gerade den überständischen Anspruch der Gattung, mussten dann aber rechtfertigen, welchen Nutzen ein breites Publikum aus Texten über Prinzenerziehung ziehen konnte. Dabei sind sowohl die Übersetzungen als auch die literarischen Variationen im Spannungsfeld von Nachahmung und Konkurrenzbewusstsein anzusiedeln.

Die folgenden Ausführungen fächern diese Rezeptions- und Transformationsprozesse auf und rekonstruieren Stimmen aus unterschiedlichen Diskursen, um auf diese Weise den zeitgenössischen, durchaus noch offenen Verständnishorizont abzustecken. Offenheit bedeutet hier aber auch, dass von ‚der' Rezeption des politischen Romans keine Rede sein kann: Schließlich wird erst in diesem Rezeptions- und Transformationsprozess ausgemittelt, um welche Art von Texten es sich eigentlich handelt. Die Lektüren der französischen Romane variieren beträchtlich, sie erfüllen die unterschiedlichsten Bedürfnisse. Daraus kann sich nicht *ein* homogenes zeitgenössisches Bild von einem literarischen Genre ergeben. Dennoch erlaubt der Nachvollzug von Gattungsdiskussionen, die in unterschiedlichen Kontexten stattfinden, die Grundlagen der späteren Definitionen zu modellieren, die weit über diese Phase der Konstitution des Gattungsverständnisses heraus wirksam bleiben: Schließlich kristallisieren sich in den ersten Jahrzehnten des 18. Jahrhunderts bestimmte Konstanten heraus, die für die Bewertung dieser Texte folgenreich sein werden. Darüber hinaus lässt sich zeigen, wie die ersten produktiven Transformationen des französischen Modells auf eben die Wertungen rekurrieren, die im theoretischen Diskurs ausgestellt und diskutiert werden und Erwarten erfüllen, die in der Rezeption der französischen Vorbilder artikuliert werden.

3.1 Skandalisierung und Moralisierung

Die frühen Rezeptionszeugnisse schwanken zwischen Skandal und Moral. So fasst die *Galante Correspondentz*, die Übersetzung der *Lettres historiques et galantes, par Madame de C*** von Anne-Marguerite Petit Du Noyer durch Gottlieb Stolle,[1] bündig zusammen:

> Unser Ertz-Bischoff divertieret sich noch so als vorhin: Er hat sich zum Herrn *de Meaux* geschlagen/ um der *Madame de Maintenon* zu ihrer Raache zu verhelffen. Er wil wider den Ertzbischoff zu *Cambrai* schreiben/ welchem man ein neues Verbrechen andichtet in einem Buch/ *Télémaque* genandt/ dessen Author er seye/ und worinn er gegen die Regierung geschrieben haben solle. Diß Buch ist verboten; allein eben darum geht es desto besser ab/ jedermann wills haben/ und ist keine bessre Schrifft zu finden. Es ist eine Nachahmung der *Odyssea* des *Homeri*, und man glaubt/ es seyen die Staats-Reguln/ die er dem Hertzog von Burgund gegeben/ welche dann zusammen gesammelt/ und in ein Buch gedruckt worden. Er will diesem zum Regiment gebohrnen Printzen ein Bild einer gütigen Herrschafft vorstellen. Weil nun solche dermahlen nicht ist/ so meynet man/ er habe sie subtil damit durchziehen wollen. Man würde viel besser thun/ wann man die dem *Ulysse* durch *Mentor*, welches die in eine Manns-Person verkleidete Göttin *Minerva* gewesen/ gegebene Anschläge gelten ließ. Diß Buch ist Sinnreich/ und mit Anmuth so wohl als Nutzen zu lesen.[2]

Einerseits reproduziert der Text die bekannten Hofintrigen – Bossuet als finsterer Gegner des tugendhaften Fénelon –, andererseits nimmt er den *Télémaque* vor den Anwürfen in Schutz und betont gerade seinen Nutzen, wenn er erklärt, es sei besser, den Maximen des *Télémaque* zu folgen, als seinen Autor zu verfolgen.

---

[1] Vgl. Regine Reynolds-Cornell: Fiction and reality in the *Mémoires* of the notorious Anne-Marguerite Petit Du Noyer. Tübingen 1999 (Biblio. Bd. 17).
[2] Die Galante Correspondentz, In Historischen Und Galanten Briefen/ Worin die geheimste Staats- und Liebes-Intriguen Einiger Höfe eröffnet werden/ Durch Madame de C _ _ _. I. und II. Theil. Freyburg 1712, S. 68f.

Dabei wird der Erfolg des Buchs durch sein Verbot erklärt, das die Neugier des Publikums stimuliere.

Damit ist ein wesentliches Faszinosum benannt: Ein kaum zu überschätzender Anziehungspunkt lag sicherlich in der Skandalisierung des *Télémaque* – zum einen, weil die Romanlektüre so tiefe Einblicke in die Sphäre des gleichermaßen schillernden wie verhassten französischen Monarchen versprach, zum anderen, weil damit der Text in die Nähe des im deutschen Sprachraum florierenden Schlüsselromans rückte und so gleichsam eingemeindet werden konnte. Für Christian Friedrich Hunold (Menantes), den prominentesten galanten Autor, lagen die Dinge klar zutage: „Der *Roman* des *Telemachi* ist hierinnen über die Maßen wohl und erbaulich geschrieben. Die Haupt-Sache scheinet zwar den *Ulysses* und *Telemach* anzugehen/ ist aber nichts anders/ als eine Vorstellung des Königs in Franckreich Gemühts-und Staats-Fehler."³

Indem Hunold neben dem zeithistorischen Substrat explizit auf den erbaulichen Charakter des *Télémaque* rekurrierte, verwies er auf einen ebenso wichtigen Rezeptionsstrang. So galt Fénelons Text als Musterbeispiel moraldidaktischer Literatur, als ein Text, der Lehren von allgemeiner Relevanz enthalte, sein Autor als ein moderner Märtyrer, der sich mutig gegen den Despotismus Ludwigs XIV. gestellt habe. Diese Aufwertung des Autors und seines Romans bezeugt die wiederum von Hunold herausgegebene Sammlung von moralischen Maximen, die aus der narrativen Verknüpfung herausgelöst wurden. Die *Morales choisies, de l'Histoire de Telemach Oder Auserlesene Sitten-Sprüche und Lehren/ Zusammen gezogen Aus der Lebens-Beschreibung des Griechischen Helden Telemachi* (1708) enthalten 299 Maximen in zweisprachiger Ausgabe.⁴

Wenn die frühen deutschen Rezeptionszeugnisse ostentativ Partei für Fénelon beziehen und sowohl seine moralische Integrität als auch den Schlüsselcharakter seines Werks betonen, nutzen sie den *Télémaque* als Argument gegen das Großmachtstreben des perhorreszierten „*Machiavellus Gallicus*" und seine aggressiv-expansive Politik.⁵ Zugleich wertet diese Form des Kulturtransfers den

---

3 Menantes: Academische Neben-Stunden allerhand neuer Gedichte/ Nebst Einer Anleitung zur vernünftigen Poesie. Halle/Leipzig 1713, S. 66.
4 Vgl. Morales choisies, de l'Histoire de Telemach Oder Auserlesene Sitten-Sprüche und Lehren/ Zusammen gezogen Aus der Lebens-Beschreibung des Griechischen Helden Telemachi. Hamburg 1708.
5 Die zeitgenössische Bezeichnung stammt von [Johann Joachim Becher:] *Machiavellus Gallicus, Das ist: Verwandelung und Versetzung der Seele Des MACHIAVELLI in LUDOVICUM XIV.* dem König von Franckreich/ vorgestellet durch hundert Politische frantzösische AXIOMATA, In welchen Der Frantzosen Staats- und Kriegs-MAXIMEN und Practicquen/ welcher sie sich gebrauchen/ Jedem offentlich zu sehen vorgestellet werden [...]. o. O. 1675.

deutschen Bereich auf, der das zu Unrecht verfolgte Werk aufnimmt und seinem Schöpfer Gerechtigkeit widerfahren lässt.

3.2 Der politische Roman in der Gelehrsamkeitsgeschichte

Für die Romantheorie der frühen Aufklärung kann die Bedeutung der *historia literaria*, also der Gelehrsamkeitsgeschichte, kaum hoch genug geschätzt werden.[6] Denn indem sie als „eine Art Bestandsaufnahme des gelehrten Bereichs"[7] nach der Systematisierung und Klassifizierung des verfügbaren Wissens strebt, nimmt sie oftmals auch fiktionale Erzählungen in den Blick: Das liegt daran, dass die *historia literaria* auch „als ein Mittel zur Erlangung von praktischen oder sittlichen Fähigkeiten" aufgefasst wurde,[8] also in den Zusammenhang frühneuzeitlicher Klugheitslehren gehört. Betrachtete man nun die Geschichte im Hinblick auf ihren pragmatischen Nutzen,[9] so lag es nahe, auch erfundenen Geschichten eine bestimmte Funktion zuzuschreiben: Exemplarisch für diese Gedankenbewegung sind die romantheoretischen Überlegungen von Christian Thomasius, der die Lektüre von Romanen als Hilfsmittel zur Selbsterkenntnis und als Medium zum Erwerb prudentiellen Wissens auffasste.[10]

Hier spielt auch die Politik eine Rolle – allerdings in der auf kluges Verhalten verengten Bedeutung des Begriffs.[11] Politischer Wissenserwerb anhand von Ro-

---

6 Vgl. Merio Scattola: Roman und praktische Philosophie in der Tradition der Gelehrtengeschichte. In: Ulrich Johannes Schneider (Hrsg.): Kultur der Kommunikation. Die europäische Gelehrtenrepublik im Zeitalter von Leibniz und Lessing. Wiesbaden 2005 (Wolfenbütteler Forschungen. Bd. 109), S. 293–316.
7 Martin Gierl: Bestandsaufnahme im gelehrten Bereich: Zur Entwicklung der „Historia literaria" im 18. Jahrhundert. In: Denkhorizonte und Handlungsspielräume. Historische Studien für Rudolf Vierhaus zum 70. Geburtstag. Göttingen 1992, S. 53–80, hier S. 53. Vgl. ebd., S. 65: „Unter ‚Historia literaria', so in etwa könnte man die Aussagen der zeitgenössischen Literärhistoriker zusammenfassen, versteht man den Versuch, die res publica literaria historisch-systematisch zu erfassen."
8 Scattola: Roman und praktische Philosophie, S. 296.
9 Vgl. Merio Scattola: ‚Historia literaria' als ‚historia pragmatica'. In: Frank Grunert/Friedrich Vollhardt: Historia literaria. Neuordnungen des Wissens im 17. und 18. Jahrhundert. Berlin 2007, S. 37–63
10 Vgl. Scattola: Roman und praktische Philosophie, S. 307f.
11 Vgl. Nicolaus Hieronymus Gundling: Collegium Historico-Literarium Oder Ausführliche Discourse über die vornehmsten Wissenschaften [...]. Bremen 1738, S. 772: „Die *Politique* ist wohl eine General-Disciplin und heist eine *Prudentia se ipsum & statum suum conservandi; Ne scil. hostes nos subruant; I. e.* Daß wir vermeiden Feinde zu kriegen, oder, wann wir ja schon welche haben, daß wir acht geben, *ne nocere nobis possint.* Also gehet die *Politique,* auf alle Menschen." Vgl.

manlektüre, wie ihn Thomasius in den *Monathsgesprächen* skizziert, zielt auf den „Nutzen" des Zöglings ab, der aus der Lektüre Einsichten der praktischen Philosophie vermittelt bekommt. Durchaus polemisch stellt Thomasius die *Römische Octavia* (1677–1679) von Anton Ulrich von Braunschweig-Wolfenbüttel über die aristotelische Philosophie:

> Mir dünckt/ wenn ich dergleichen Bücher lese/ als ob die alten Zeiten der Griechen wieder *mode* worden/ in welchen die Welt-Weißheit von denen *Poëten* in anmuthigen Fabeln verstecket wurden/ und bin ich der Meynung/ daß ein junger Mensch/ wenn ein Hoffmeister z. e. die *Octavie* mit ihm durchgehen/ und ihm darbey die darinnen gebrauchte Kunst nebst denen darinnen versteckten sowol *Politi*schen als Sitten-Lehren zeigete/ daraus tausendmahl mehr Nutzen haben solte/ als wenn er alle *libros ad Nicomachum* nebst denen *magnis moralibus* und *libris politicorum* außwendig könte.[12]

Für den lebensweltlichen Nutzen, den Thomasius der Romanlektüre zubilligt, spricht auch, dass er sich im achten Kapitel seiner *Cautelen zur Erlernung der Rechtsgelehrtheit* (1713), also einem vordergründig für die Juristenausbildung konzipierten Text,[13] ausführlich über den Sinn fiktionaler Exempel äußert. Sie

---

auch Nicolaus Hieronymus Gundling: Ausführlicher und mit Illustren Exempeln aus der Historie und Staaten Notiz erläuterter Discovrs über Weyl. Herrn D. Io. Franc. Bvddei [...] Politic. Frankfurt/Leipzig1733. Prolegomena, S. 5 „Man lernet aber nicht allein in der Politic regieren, sondern wie man sich *conduisi*ren soll, in allen *societatibus*."
12 Christian Thomasius: Freymüthige Jedoch Vernunfft- und Gesetzmäßige Gedanken Über allerhand / fürnemlich aber Neue Bücher. Juli-Dezember 1689. In: Ders.: Ausgewählte Werke. Hrsg. von Werner Schneiders. Bd. 6.2. Hrsg. und mit einem Vorwort versehen von Herbert Jaumann. Personen- und Sachregister von Sabine Wöller. Hildesheim/Zürich/New York 2015, S. 658 f.
13 Vgl. Merio Scattola/Friedrich Vollhardt: ‚Historia litteraria', Geschichte und Kritik. Das Projekt der *Cautelen* im literarischen Feld. In: Manfred Beetz/Herbert Jaumann (Hrsg.): Thomasius im literarischen Feld. Neue Beiträge zur Erforschung seines Werkes im historischen Kontext. Tübingen 2003 (Hallesche Beiträge zur Europäischen Aufklärung. Bd. 20), S. 159–186, hier S. 173: „Der erste Eindruck, daß es sich bei den *Höchstnöthigen Cautelen* um eine reine Angelegenheit der Juristen handele, erweist sich demnach als falsch: Sie richten sich vielmehr an alle Studenten und Liebhaber der Wahrheit, also Philosophen, und enthalten eine allgemeine Darstellung der Weltweisheit." So seien auch „nur wenige Seiten der Jurisprudenz im eigentlichen Sinn gewidmet". Vgl. auch Nicolaus Hieronymus Gundling: Ausführlicher und vollständiger Discours über dessen Abriß einer rechten Reichs-Historie [...]. Frankfurt, Leipzig 1732, S. 4: „Man kan wohl einen *Roman* schreiben, aber das ist nur eine *ficta historia:* Man kan auch wohl was daraus *profiti*ren, wenn sie geschickt geschrieben, wie des *Mr. Fenelon* seine *Avantures de Telemaque,* darinnen er des gantzen Hofes des Königs *Louis XIV. Contrefait* vorstellet, als wenn es *tempore Homeri* geschrieben wäre. Diß Buch gieng schön ab, und ich glaube, daß mehr als 30000. *Exemplaria* gedruckt worden. Die Haupt-Qualität eines *Romans* ist, daß er wahrscheinlich geschrieben sey. Ich spreche denen *Romans* den Nutzen nicht gar ab, denn *per fictiones* kan man alles lernen. Unsere ganze *Jurisprudenz* können wir so gut in *terminis terminantibus,* als *casibus fictis* lernen. In *his-*

versorgten den Rezipienten mit allgemeingültigem anthropologischen Wissen und leiteten ihn so zu klugem Verhalten an: Der „Nutzen/ den ein Liebhaber der Weißheit aus Lesung der Romanen" ziehen könne, bestehe „darinnen/ daß er die unterschiedene Neigungen und Arten der Menschlichen Natur daraus erkennen lernet/ seinen Verstand schärffet/ und zu der Klugheit sich behutsam auffzuführen, Anleitung bekommt."[14] In diesem Zusammenhang bezieht sich Thomasius auch explizit auf politische Literatur und betont den „Nutzen" der „Politischen Fabeln", deren fiktionale Einkleidung den Verfasser schützen könne:

> Es ist nicht so gefährlich/ wenn man politische Dinge unter Fabeln vorstellet/ als wenn man schlechter dings davon schreibet. Dem Leser aber dienen dergleichen Schrifften theils zur Erkenntniß des Hoff-Lebens/ theils zu einem unterricht/ wie man vor Betrug und Hinterlist sich in acht nehmen solle.[15]

In Thomasius' *Cautelen* ist Politik keineswegs mit Staatstheorie oder Verwaltungswissen gleichzusetzen, sondern bezieht sich auf die sozialen Konkurrenzsituationen des Hoflebens.[16] ‚Politische Fabeln' richten sich an den Höfling, der aus ihnen eine angemessene *conduite* erlernen kann. In einem (so die topische Vorstellung) von „Betrug und Hinterlist" geprägten Umfeld schützt die durch Romanlektüre anschaulich vermittelte Hof- und Weltkenntnis vor Intrigen und dient dazu, die eigene Position zu sichern und zu behaupten. Diese Betonung der höfischen Sphäre legt zumindest nahe, dass hier nicht die in niedrigem sozialen Milieus angesiedelten ‚politischen Romane' Christian Weises gemeint sind, die

---

toria vera aber lernen wir eine *Suite de rebus revera gestis*, und zweiffeln nicht mehr daran. *Adsunt enim rerum documenta.* Bey einem Roman aber *dubitir*et man immer, *an non forte quidam finxerit ita e republica Platonica.*" Fénelons *Télémaque* erscheint hier als Paradigma moraldidaktischer Literatur. Allerdings besteht für Gundling kein Zweifel daran, dass fiktionale Literatur der Geschichtsschreibung unterlegen sei.

14 Christian Thomasius: Cautelen zur Erlernung der Rechtsgelehrtheit. In: Ders.: Ausgewählte Werke. Hrsg. von Werner Schneiders. Bd. 20. Hrsg. und mit einem Vorwort versehen von Friedrich Vollhardt. Personen- und Sachregister von Stefanie Kießling. Hildesheim/Zürich/New York 2006, S. 160 [Neudruck von: Höchstnöthige Cautelen Welche ein Studiosus Juris, Der sich zu Erlernung Der Rechts-Gelahrheit Auff eine kluge und geschickte Weise vorbereiten will/ zu beobachten hat [...]. Halle 1713].

15 Ebd., S. 160f.

16 Vgl. Merio Scattola: Von der *prudentia politica* zur Staatsklugheitslehre. Die Verwandlungen der Klugheit in der praktischen Philosophie der Frühen Neuzeit. In: Alexander Fidora/Andreas Niederberger/Merio Scattola (Hrsg.): Phronêsis – Prudentia – Klugheit. Das Wissen des Klugen in Mittelalter, Renaissance und Neuzeit. Matthias Lutz-Bachmann zu seinem 60. Geburtstag. Porto 2013 (Textes et études du Moyen-Age. Bd. 68), S. 227–259.

etwa Gundling in seinem *Collegium historico-literarium* (1738) prominent behandelt,[17] sondern Romane in der Art des *Télémaque*.

Jedenfalls entwickeln Vertreter der *historia literaria* ähnliche Standpunkte an den Texten Fénelons und seiner Nachfolger. Dabei spielt anders als in der zeitgenössischen Dichtungstheorie die Gattungszugehörigkeit der Werke kaum eine Rolle, wohl aber die Frage nach dem konkreten Nutzen der Texte. Die Gelehrsamkeitsgeschichte löst das politische Erzählen aus den höfischen Kontexten, indem sie ihm eine (unterschiedlich definierte) allgemeine Nützlichkeit unterstellt.

In der zweiten Auflage der *Einleitung in die Wissenschafft guter und meistentheils neuer Bücher* (1713) nennt Caspar Gottschling Fénelons *Télémaque* im Kontext mit Baldasar Graciáns *Handorakel*. Beiden Werken sei gemein, dass sie politische Lehren, also prudentielles Wissen, enthielten: „Im *Telemacho* und im *Gracian* stecket eine vollkommene Politica. Der Leser muß sie nur recht zu suchen wissen."[18] Gottschling interessiert sich nicht für die literarische Form, sondern für den potentiellen lebenspraktischen Nutzen des Textes,[19] hier konkret der „Anschauung in praktischer Politik".[20]

---

17 Vgl. Gundling: Collegium historico-literarium, S. 769: „Die gröseste Klugheit ist demnach, daß ich bleibe, was ich bin und meinen *Statum* conservire; H.e. daß ich meine Feinde, vom Halse, schaffe. Wer das nicht kann, der ist *imprudens*. Daher hatt *Christian Weise*, ein *ingenieus*er Kopf, den *Politischen Bratenwender, Feuermäuerkehrer, Trödelfrau* ec. herausgegeben; Welches Nichts tummes ist. Denn, *quemadmodum princeps habet regulas prudenter conservandi suum statum*; So gehet es eben auch, mit denen *Privatis*, die gleichfals bleiben wollen, was sie sind. Wann ich übrigens die *Politique late* nehme, alsdenn gehöret auch das *Decorum*, darzu. Denn alle Diejenigen, welche sich *ridicul* machen, können sich keine Freunde erwerben. *Ergo, qui ridiculus est, non est capax ad conservandum se; Multo minus aliis officia praestare potest.*" – Vgl. Wicke: Die Politischen Romane; Frühsorge: Der politische Körper.
18 Caspar Gottschling: Einleitung in die Wissenschafft guter und meistentheils neuer Bücher. 2. Auflage. Dresden/Leipzig 1713, S. 208.
19 Gottschling behandelt auch an anderer Stelle Romane – so etwa Lohensteins *Arminius* und Ziglers *Banise*, die sogar der Poesie zugeordnet wird, allerdings „gibt es im Gesamtgefüge jedoch keinen Ort, der dem Roman selbst gehört" (Olaf Simons: Marteaus Europa oder Der Roman, bevor er Literatur wurde. Eine Untersuchung des deutschen und englischen Buchangebots der Jahre 1710 bis 1720. Amsterdam/Atlanta 2001 [Internationale Forschungen zur Allgemeinen und Vergleichenden Literaturwissenschaft. Bd. 52], S. 140).
20 Simons: Marteaus Europa, S. 142. Darin liegt sich auf den ersten Blick eine Affinität zu Bohse, der durch die Benennung des *Télémaque* als „Staats-Roman" akzentuiert, dass er den Text „nicht als Dichtung, sondern als politisch-pädagogische Schrift auffaßt" (Leo Just: Fénelons Wirkung in Deutschland. Umrisse und Beiträge. In: Johannes Kraus/Joseph Calvet (Hrsg.): Fénelon. Persönlichkeit und Werk. Festschrift zur 300. Wiederkehr seines Geburtstages. Baden-Baden 1953, S. 35–62, hier S. 41). Allerdings unterscheidet sich der von Bohse angestrebte Nutzen – es geht ihm um eine höfische Lehre für Herrscher – von Gottschlings praktischer Akzentuierung.

Ähnlich wie Gottschling führt auch der Universalgelehrte Gottlieb Stolle in seiner *Kurtzen Anleitung Zur Historie der Gelahrheit* (1718), von der bis 1736 noch drei Auflagen erscheinen sollten,[21] Fénelons *Télémaque* in der Rubrik „Von der Politic" auf. Stolle hätte den *Télémaque* sehr wohl als Roman klassifizieren können,[22] entschied sich aber bewusst für eine Einordnung unter die praktische Philosophie.[23] Fénelon erscheint hier als „der bekannte *Mysticus* und Ertz-Bischoff von Cambray". Dieser habe „um den ihm untergebenen Hertzog von *Bourgogne* auf eine anmuthige Weise zur wahren *Politique* anzuführen einen Roman verfertiget".[24] Das „anmuthige Buch" habe trotz kritischer Einwände – gemeint sind Faydits nicht satisfaktionsfähige *Telemacomanie* und die weitaus respektablere *Critique des Avantures de Télémaque* von Guedeville[25] – „seinen grossen *applausum* behalten",[26] nicht zuletzt wegen der verbesserten Neuauflage von 1717. Für Stolle liegt der Fokus auf dem politisch-didaktischen Nutzen des *Télémaque:*

> Es werden darinnen die Umirrungen des seinen Vater suchenden *Telemachi* vorgestellet. Wie ihm nun hierbey die Minerva unter der Person des alten Mentors zum Hofmeister mitgegeben worden, also wird in diesem Buche die Auferziehung eines Königl. Printzen und dessen Anführung zu einer friedsamen und vernünfftigen Regierung in einer sehr floriden und annehmlichen Schreib-Art beschrieben. Weil nun die damahlige Regierung in Franckreich unter Ludwig dem XIV. sehr *despo*tisch war, so meint man: der Erz-Bischoff habe selbige *cens*iren, und seinem Hertzog von Burgund weit gelindere *principia politica* beybringen wollen.[27]

An Stolles Diskussion des *Télémaque* sind mehrere Aspekte von Bedeutung: Einerseits unterstreicht die Einordnung in die Rubrik der Politik die inhaltliche Verbindlichkeit des besprochenen Textes, andererseits geschieht dies gerade nicht um den Preis, dass seine ästhetischen Qualitäten ignoriert würden. Ganz im Gegenteil erwähnt Stolle explizit die sprachlichen Qualitäten, die – so die mitklingende These – den moralischen Gehalt besser vermitteln würden. ‚Politic' und

---

21 Vgl. Simons: Marteaus Europa, S. 142.
22 Die *Kurtze Anleitung Zur Historie der Gelahrheit* ordnet den Roman als „Poesie in ungebundener Sprache" (Simons: Marteaus Europa, S. 149) sogar unter die Dichtkunst ein.
23 Vgl. die Graphik von Simons: Marteaus Europa, S. 144.
24 Gottlieb Stolle: Anleitung Zur Historie der Gelahrheit [...]. 4. Auflage. Jena 1736, S. 753.
25 Vgl. ebd., S. 755.
26 Ebd., S. 753.
27 Ebd., S. 754. – In Fußnoten ergänzt Stolle sein Lob des *Télémaque* und erwähnt auch Andrew Michael Ramsays und Jacques Pernettis *Cyrus*-Romane, die für ihn ebenfalls unter die „Politic" und nicht unter die Romane fallen (Gottlieb Stolle: Gantz neue Zusätze und Ausbesserungen Der Historie Der Philosophischen Gelahrheit. Jena 1737, S. 249).

Roman sind für Stolle keine Kategorien, die einander ausschließen. Ein Werk der Politik kann zugleich auch ein Roman sein. Das zeigt sich im achten Teil seiner *Kurtzen Nachricht Von den Büchern und Deren Urhebern* (1737), wo Stolle den Nutzen gerade von Romanen für künftige Herrscher betont, auch wenn sie dort möglicherweise mit mehr philosophischem und theologischem Wissen konfrontiert würden, als nötig sei: „Daß Cyrus gelehrtere Discurse anhören müssen, als sich vor ihn geschickt, und in der Philosophie weiter gegangen, als ein König braucht, ist nicht ohne. Ich glaube aber doch, daß es gut wäre, wenn Printzen keine andre Romane läsen, als die drey, so *Fenelon, Ramsay* und *Pernetti* ausgefertiget."[28] Stolle diskutiert anhand des *Cyrus*-Romans von Pernetti, der in einer deutschen Prosa-Übersetzung des Gottsched-Adepten George Friedrich Bärmann vorlag, explizit den Zusammenhang zwischen moraldidaktischem Text und lebensweltlicher Umsetzung und beklagt die Kluft zwischen beiden Sphären: „Die hierbey angebrachte Morale ist unverbeserlich, und die politischen Maximen sind so gegründet, daß man sich wundern wird, warum sie nicht überal, wo man die Ruhe des Cyrus gelesen hat, in Ubung kommen."[29]

Die hohe Relevanz, die Stolle dem *Télémaque* und den ihm ähnlichen Romanen zubilligt, zeigt sich auch daran, dass er (wie er in einer Anmerkung zu seiner *Anleitung zur Historie der Gelahrheit* erklärt) selbst „einst vorgehabt [habe], die gantze *Historiam Philosophicam* der Alten in Form eines Romans zu beschreiben."[30] Stolles Romanbegriff ist vergleichsweise weit gefasst: Mit einer gewissen Lässigkeit versteht er darunter „alle erdichtete Historien, so nach Art eines *carminis heroici dispo*niret sind",[31] und distanziert sich damit von der gängigen Einengung des Romans auf „lauter erdichtete Liebes-Historien".[32] Nach dieser Definition ließe sich der *Télémaque* ebenso unter die Poesie wie unter die Politik einreihen – ein Indiz für die schwankenden Zuschreibungen,[33] zugleich auch ein Anzeichen für die Wertschätzung von Fénelons epischem Text und von fiktionaler Erzählliteratur generell.

---

28 Stolle: Anleitung Zur Historie der Gelahrheit, S. 818.
29 Ebd., S. 820.
30 Ebd., S. 244.
31 Ebd.
32 Ebd.
33 Vgl. Scattola: ‚Historia literaria' als ‚historia pragmatica', S. 49: „Den größten Nutzen aber hat die ‚politische Historie', weil sie nicht nur Standespersonen, sondern auch Privatleute über Tugenden und Laster durch beispielhafte Erzählungen belehren kann." Sie ist „ein allgemeines und gemeinsames Hilfsmittel, das alle Stände in gleicher Weise teilen, weil sie zur Erlangung von Eigenschaften beiträgt, die den Menschen im allgemeinen betreffen."

Eine solche Liberalität ist typisch für den Umgang der *historia literaria* mit dem Roman. Viele Vertreter der Gelehrsamkeitsgeschichte verstehen den Roman als ein wesentliches Hilfsmittel zur Erkenntnis und zur Einübung von praktisch anwendbarem Wissen und prudentiellem Verhalten und interessieren sich nicht (trotz ihrer detaillierten Kenntnis rhetorischer und poetischer Traditionen) für die Einordnung der Texte in ein wie auch immer geartetes Gattungssystem. Anders als einige Jahrzehnte später wird Literatur hier noch nicht die Möglichkeit zur Wissensproduktion zugebilligt, wohl aber (analog zur Historie) zur Wissensvermittlung.[34] Mit der Aufwertung ausgewählter Romane, unter anderem Fénelons *Télémaque*, verbindet sich zugleich eine implizite Anforderung an die Produzenten dieser Art von Literatur: Nicht zuletzt geht es um die Etablierung eines Idealbilds des Romans, der Hilfsmittel zur Erkenntnis wichtiger Einsichten sein solle.[35] Gelehrter und literarischer Diskurs sind in hohem Maße höchst durchlässig: Das zeigt sich exemplarisch in der Professorenkarriere von August Bohse, aber eben auch in Loens Romanpraxis, die wesentliche Anregungen aus dem Bereich der *historia literaria* fruchtbar macht. Die hier skizzierten Vorstellungen sind also nicht nur als Belege für einen bestimmten Rezeptionsmodus, der den Roman aufwertet, von Bedeutung, sondern auch als Anstöße zur Romanproduktion.

3.3 Epos oder Roman? Der politische Roman in der Dichtungstheorie der frühen Aufklärung

Unmittelbar nach der unfreiwilligen Publikation des *Télémaque* begann die Diskussion um die Gattungszugehörigkeit des Werks, die zumeist wertenden Charakter trug. Dabei wiesen diese Diskussionen zumeist über den konkreten Einzelfall des *Télémaque* hinaus und schreiben sich in eine Debatte ein, die der Möglichkeit epischen Erzählens in der Moderne schlechthin galt. Für die An-

---

34 Vgl. Frank Grunert/Friedrich Vollhardt: Einleitung. In: Dies. (Hrsg.): Historia literaria, S. VII-XI, hier S. VII: „Tatsächlich sollte die Historia literaria zunächst nur als ‚Hülffs-Mittel' zur Erlangung von Gelehrsamkeit dienen, das heißt nicht selbst die Gelehrsamkeit und schon gar nicht deren Zentrum sein." Vgl. auch Scattola: Roman und praktische Philosophie, S. 315: „Die *historia literaria* verhalf der Literatur zu einer neuen Idee des Romans, indem sie neue Forderungen nach Glaubwürdigkeit stellte. Im Grunde entsprachen aber ihre Forderungen der alten prudentiellen Auffassung von Geschichte und Moralphilosophie."
35 Vgl. Scattola: Roman und praktische Philosophie, S. 315. Als Kriterien fungieren u. a. „die Begrenzung des erotischen Inhalts" und die „Forderung nach Wahrscheinlichkeit" sowie die „Trennung von historischer und literarischer Erzählung".

hänger einer klassizistischen Doktrin bot es sich an, den politischen Roman dem Epos zuzuschlagen und ihn so als Poesie aufzuwerten. Allerdings zeigt das schlussendliche Scheitern derartiger Klassifikationsversuche an, dass die tradierten Schemata den existierenden Texten kaum noch gerecht werden konnten und vielmehr Annäherungen, die eher von der Wirkung als von der Form ausgingen, zukunftsträchtig waren.

3.3.1 *Télémaque* als modernes Epos. Andrew Michael Ramsays *Discours de la poésie épique, et de l'excellence du poème de Télémaque* (1717)

Den wichtigsten und folgenreichsten Beitrag zur epischen Nobilitierung des *Télémaque* leistete Andrew Michael Ramsay, der Autor der *Voyages de Cyrus*. Für die gattungspoetologischen Diskussionen um Fénelon nimmt sein *Disours de la poésie épique, et de l'excellence du poème de Télémaque* eine zentrale Rolle ein.[36] Diese Abhandlung stand zu Beginn der von Ramsay besorgten Edition des *Télémaque* (1717), die – von den Nachkommen des Erzbischofs autorisiert – zu einer für lange Zeit gelesenen Standardausgabe avancierte.[37] Dort stellt Ramsay heraus, dass Fénelons *Télémaque* nicht nur in der Tradition der homerischen *Odyssee* stehe, sondern alle antiken Epen wegen der Schönheit der Tugendlehre überbiete. Dabei lehnt sich Ramsay sowohl an Le Bossu als auch an Aristoteles an: Von dem französischen Geistlichen übernimmt er die Forderung, dass die epische Dichtung einen Lehrsatz verbreiten solle, von Aristoteles die Ablehnung des Verskriteriums.

Ramsays *Discours* wirkt schon durch die prominente Platzierung in der Ausgabe des *Télémaque* rezeptionssteuernd, deren Paratexte allesamt auf die Rehabilitation des Autors abzielen. Das beginnt mit der Vorrede von Fénelons

---

36 Vgl. [Andrew Michael Ramsay:] Discours de la poésie epique, et de l'excellence du poème de Télémaque. In: François de Salignac de la Motte Fénelon: Les avantures de Télémaque fils d'Ulysse […]. Première edition conforme au manuscrit original. 2 Bde. Bd. 1. Paris 1717, S. VI-LVIII. – Vgl. zur breiten Wirkung des *Discours* Kapp: Télémaque de Fénelon, S. 35. Einen Überblick über den *Discours*, seine Quellen und seine Rezeption bei Chérel: Fénelon au XVIIIe siècle en France, S. 84–93; Ramsays editorische Tätigkeit rekonstruiert Eckert: „True, Noble, Christian Freethinking", S. 229–240, der allerdings zuweilen Fehlinformationen verbreitet: So stammt die Einteilung des *Télémaque* in 24 Bücher eben nicht von Fénelon (ebd., S. 229), sondern ist eine homerisierende Zutat Ramsays, um die Nähe des Textes zur hohen Gattung des Epos zu unterstreichen. – Vgl. Simons: Marteaus Europa, S. 184: Der *Discours* „propagiert die Aufwertung des *Telemach*."
37 Vgl. zu dieser Ausgabe und Ramsays *Discours* Chérel: Fénelon au XVIIIe siècle en France, S. 83–93.

Neffen, der das Buch Ludwig XV. widmet,[38] und endet mit der Approbation, die das Werk hymnisch lobt. Der Zensor Louis de Sacy erklärt dort, es handele sich bei Fénelons Text um ein Werk, dass es nicht nur verdiene, gedruckt zu werden, sondern darüber hinaus „d'être traduit dans toutes les langues que parlent, ou qu'en tendent les peuples qui aspirent à être heureux."[39] Das „Poeme Epique" sei den Produkten des Altertums mehr als ebenbürtig und gebe Anlass zu der Hoffnung, dass die dort entwickelten Ideen dereinst in die Praxis umgesetzt würden: „Trop heureuse la Nation pour qui cet Ouvrage pourra former quelque jour un Telemaque, & un Mentor."[40] So weit die Beurteilung der Zensur, die knapp 20 Jahre zuvor das Werk noch entschieden bekämpft hatte. Dieser Wandel in der Beurteilung – aus der satirischen Schmähschrift ist ein Werk geworden, das Frankreich zur Ehre gereicht – hängt mit den veränderten Verhältnissen nach dem Tod Ludwigs XIV. zusammen: Die Publikation fällt in einen Zeitpunkt der Reformhoffnung zu Beginn der Regentschaft des Duc d'Orléans.[41]

Das einstmals verbotene Buch wird in doppelter Hinsicht als Klassiker inthronisiert: Einmal als literarisches Meisterwerk, das als Beleg für die Überlegenheit der französischen Literatur über ihre antiken Muster dienen kann, und zugleich als Gefäß einer unübertrefflichen Morallehre. Diese Sichtweise sieht bewusst von den zeitkritischen, potentiell skandalösen Elementen des *Télémaque* ab und begreift den Roman als tugenddidaktisches Medium – in ähnlicher Weise, wie bereits um 1700 am preußischen Hof.[42] Die idealisierende Rezeption des *Télémaque* sollte am französischen Hof bis hin zu der Auseinandersetzung des glücklosen Ludwig XVI. mit Fénelons Werk fruchtbar bleiben.[43]

Hier interessieren primär die literarischen Wertungsaspekte. Ramsay nobilitiert den *Télémaque* als modernes Epos, indem er an Debatten im Umkreis der Querelle d'Homère anschließt. Er amalgamiert Positionen von Aristoteles über Le Bossu bis hin zu Anne Dacier, um seinen Gegenstand als Überbietung des antiken Epos zu profilieren.[44] Bereits der Titel des *Discours* verweist auf Jean Terrasson, dessen *Dissertation critique sur l'Iliade* (1715) von der „Excellence du Poëme de

---

[38] Vgl. [Gabriel-Jacques de] Fénelon: Au Roy. In: Fénelon: Les avantures de Télémaque 1717, unpaginiert.
[39] [Louis de] Sacy: Approbation. In: Fénelon: Les avantures de Télémaque 1717, unpaginiert.
[40] Ebd.
[41] Vgl. Keohane: Philosophy and the State in France, S. 361.
[42] Vgl. Bensiek: Die ästhetisch-literarischen Schriften Fénelons, S. 186–190.
[43] Vgl. Chérel: Fénelon au XVIIIe siècle en France, S. 464f.
[44] Vgl. zu Ramsays Quellen ebd., S. 84–89. Die Positionen in der *Querelle d'Homère* rekonstruiert Finsler: Homer in der Neuzeit, S. 223–236.

Telemaque" spricht.⁴⁵ Ramsay nimmt die Wertungen Terrassons auf und perspektiviert sie neu: Anders als seine Vorgänger geht Ramsay vom *Télémaque* aus; er nutzt die antiken Vorbilder lediglich als defizitäre Beispiele, die Fénelon anscheinend mühelos übertroffen habe. Terrasson nutzt den *Télémaque* als Argument in der Querelle,⁴⁶ Ramsay verbindet Epentheorie mit der Apologie von Fénelons Text.⁴⁷

Dabei besteht für Ramsay von vornherein kein Zweifel, dass es sich beim *Télémaque* um ein Epos handele; die Bezugsgrößen sind Homer und Vergil, deren Errungenschaften Fénelon verbinde und übertreffe. Dichtung könne, so die Grundannahme, die Wahrheit nicht nur zeigen, sondern auch anziehend darstellen. Eben diese anschauliche Tugenddidaxe sei Fénelon wegen der Erhabenheit der von ihm vermittelten Lehre mustergültig gelungen: „Nous examinerons le Poeme de Telemaque selon ces deux vûes, d'instruire & de plaire, & nous tâcherons de faire voir que l'Auteur a instruit plus que les Anciens, par la sublimité de sa Morale; & qu'il a lû autant qu'eux en imitant toutes beautez."⁴⁸

Das Epos wecke die Affekte der Tugendliebe und der Bewunderung. In Anlehnung an Le Bossu und Terrasson versteht Ramsay unter einem Epos „[u]ne Fable racontée par un Poete & pour exciter l'admiration, & inspirer l'amour de la vertu, en nous représentant l'action d'un Heros favorisé du Ciel, qui execute un grand dessein malgré tous les obstacles qui s'y opposent."⁴⁹ Ramsay nimmt sich nun die drei Bestandteile des Epos – „l'Action, la Morale, & la Poésie"⁵⁰ –genauer vor, um zu belegen, dass Fénelon seinen antiken Vorbildern überlegen sei. Bemerkenswerterweise misst er sowohl die *Odyssee* als auch die *Aeneis* an ihren modernen Transformationen: Die Reisen des Odysseus hätten dazu gedient, den Protagonisten mit politischem Wissen zu versorgen,⁵¹ und auch Aeneas „apprend

---

45 Jean Terrasson: Dissertation critique sur L'Iliade d'Homere, Où à l'occasion de ce Poëme on cherche les regles d'une Poëtique fondée sur la raison, & sur les exemples des Anciens & des Modernes. Bd. 1. Paris 1715, S. 263.
46 Vgl. Chérel: Fénelon au XVIIIe siècle en France, S. 86.
47 Vgl. ebd., S. 89.
48 Ramsay: Discours de la poésie epique, S. VIII.
49 Ebd., S. IX. – Vgl. R. P. Le Bossu: Traité du Poëme Epique. Paris 1675, S. 14: „L'EPOPÉE est un discours inventé avec art, pour former les moeurs par des instructions déguisées sous les allégories d'une action importante, qui est racontée en Vers d'une maniere vrai-semblable, divertissante, & merveilleuse." Vgl. auch Terrasson: Dissertation critique sur L'Iliade d'Homere. Bd. 1, S. 276: „L'EPOPÉE est un Poëme héroïque en forme de narration, dans lequel un Héros, soûtenu visiblement du secours du Ciel, execute un grand & juste dessein; & qui est propre à exciter notre admiration, & à nous inspirer la vertu."
50 Ebd.
51 Vgl. Ramsay: Discours de la poésie epique, S. X.

tout ce qui est necessaire à un Roi, à un Legislateur, à un Pontife."⁵² Die Handlung des *Télémaque* vereine nun die Vorzüge beider antiker Epen: Télémaque „apprend tout ce qu'il faut pour gouverner un jour selon la prudence d'Ulysse, la piété d'Enée, & la valeur de tous les deux, en sage Politique, en Prince religieux, en Heros accompli."⁵³

In Bezug auf die Handlungsführung habe sich Fénelon an der „regularité de Virgile" orientiert und eine einheitliche und vollständige epische Handlung entworfen;⁵⁴ ihre Auflösung sei „naturel & grand" und vereine damit die Vorzüge von Homer („simple & naturel") und Vergil („noble").⁵⁵ Nur beiläufig setzt sich Ramsay mit dem Roman auseinander, der für ihn von Intrigenhandlungen bestimmt ist, wie sie für heroische lehrhafte Dichtung unangemessen seien, bei denen es sich um „une espece de Philosophie morale" handele.⁵⁶

Dieses Primat der Moral führt Ramsay näher aus; in ihm liegt auch der wesentliche Vorzug von Fénelons modernem Epos, das die beiden Spielarten des Genres (Bezugspunkt ist Le Bossu und indirekt Aristoteles) – pathetisches und moralisches Epos – vereine.⁵⁷ Fénelons Protagonist rege zur Nachahmung an, eben weil er nicht perfekt sei.⁵⁸ Im *Télémaque* vereinigten sich die Moral Homers mit den Sitten Vergils. Fénelons Moral sei der antiken Moral überlegen, weil sie universell anwendbar sei. Zugleich sei sie der modernen politischen Philosophie bei weitem vorzuziehen, weil sie in völligem Gegensatz zu Hobbes und Machiavelli und in höherem Maße als die Völkerrechtslehrer Grotius und Pufendorf Tugend und Politik verbinde und nicht zuletzt den Frieden ins Zentrum stelle. Der *Télémaque* demonstriere somit, dass Tugend und Glück zusammen existieren könnten.⁵⁹

Die Lehren des Textes seien für alle Zeiten gültig und für jedermann anwendbar:⁶⁰ Die Tugenden der Protagonisten antiker Epen stellten gleichsam Sonderfälle dar, die nicht „le bonheur du genre humain" bewirkten;⁶¹ demgegenüber sei Fénelons Text für alle und jedermann nützlich. Ramsay zitiert Jean Terrassons *Dissertation critique* (1715), in der dieser (wie auch dann in der Vorrede

---

52 Ebd., S. XI.
53 Ebd.
54 Ebd., S. XIII.
55 Ebd., S. XVI.
56 Ebd., S. XVIII.
57 Vgl. ebd., S. XXVIII.
58 Vgl. ebd., S. XXIX.
59 Vgl. ebd., S. XXXIII.
60 Vgl. ebd., S. XXXVI.
61 Ebd., S. XXXVII.

zu *Sethos*) den *Télémaque* als mögliche Ursache menschlichen Glücks gepriesen hatte: „Le don le plus utile que les Muses ayent fait aux hommes, c'est le Telemaque; car si le bonheur du Genre humain pouvoit naître d'un Poeme, il naîtroit celui-là [!]."[62]

Neben diesen inhaltlichen Vorzügen hebt Ramsay auch die sprachlichen Meriten des Télémaque hervor, der auch hier die Vorzüge aus Homer und Vergil zu einer „mêlange de lumiere & d'ardeur" verbinde.[63] Poetisches Feuer, Anmut und Lehrhaftigkeit machten die Vorzüge des modernen Epos aus.[64] Aus diesen Gründen sei der *Télémaque* leicht zu übersetzen; und auch diese Übersetzbarkeit des Textes ist für Ramsay ein Indiz seiner Qualität wie seiner universellen Gültigkeit:

> Dans Telemaque tout est raison, tout est sentiment. C'est ce qui le rend un Poeme de toutes les Nations, & de tous les siecles. Tous les Etrangers en sont également touchez. Tous les Etrangers en sont également touchez. Les traductions qu'on en a faites en des langues moins délicates que la Langue Françoise, n'effacent point ses beautez originales.[65]

Am Ende des *Discours* begegnet Ramsay einer Reihe von Einwänden – Terrasson spricht in seiner *Dissertation critique* von den „imperfections accidentelles"[66] –, die gegen den *Télémaque* vorgebracht worden seien. Unter Berufung auf antike Autoritäten weist er das Verskriterium zurück. Während Le Bossu zwar die Möglichkeit einer „Epopée en Prose" zugestand,[67] zugleich aber erklärte, dass es sich dabei nicht um ein „Poëme Epique" handeln könne,[68] weil ein Gedicht ein „discours en Vers" sei,[69] ist für Ramsay das Verskriterium nicht ausschlaggebend.[70] Unter Berufung auf Aristoteles, Dionysius von Halikarnass und Strabon erklärt er,

---

62 Ebd. – Bei Terrasson: Dissertation critique sur L'Iliade d'Homere. Bd. 1, S. 277, heißt es: „Je dis que le don le plus utile que les Muses aient fait aux hommes par opposition particuliere à Homere, & laissant bien loin tout Ouvrage de la même espece, c'est Telemaque; car si le bonheur du genre humain pouvoit naître d'un Poême, il naîtroit de celui-là."
63 Ramsay: Discours de la poésie epique, S. XLIII.
64 Vgl. ebd., S. XL.
65 Ebd., S. XLV.
66 Terrasson: Dissertation critique sur L'Iliade d'Homere. Bd. 1, S. 277.
67 Le Bossu: Traité du Poëme Epique, S. 29 f.
68 Ebd., S. 30.
69 Ebd. – Vgl. auch ebd.: „Cela néantmoins l'empécheroit pas qu'elle ne fût une Epopée; de même qu'une Tragédie en prose n'est pas un Poëme Tragique, & est toujours une Tragédie. Ceux qui ont douté si la Comédie Latine étoit un Poëme, ou si elle n'en étoit pas un; n'ont point douté qu'elle ne fût une Comédie."
70 Das gilt auch für Terrasson, für den der *Télémaque* dennoch ein episches Gedicht ist. Vgl. Terrasson: Dissertation critique sur L'Iliade d'Homere, S. 276.

der Vers „n'est pas essentielle à l'Epopée. [...] Ce qui fait la Poesie n'est pas le nombre fixe & la cadance reglée des syllabes; mais la fiction vive, les figures hardies, la beauté & la varieté des images."[71]

Mit seinem *Discours* nobilitiert Ramsay nicht nur den *Télémaque* als vollgültiges Epos, sondern propagiert darüber hinaus dessen Weltgeltung: „Si l'Auteur n'a pas interessé particulierement la Nation Françoise, il a fait plus, il a interessé tout le genre humain."[72] Für Ramsay ist also der *Télémaque* nicht zuletzt wegen seines Universalismus und Kosmopolitismus lobenswert;[73] in diesen Zusammenhang fällt auch die Ablehnung der Schlüsselromanthese.[74] Eben diese Allgemeingültigkeit des modernen Epos belege wiederum, so Ramsays abschließende Wendung, die Vorrangstellung Frankreichs, dessen Literatur die der Antike übertroffen habe – formal wie in Hinblick auf die dort verbreitete Sittenlehre, die überall auf der Welt Gültigkeit beanspruchen könne.

3.3.2 Die Rezeption und Variation von Ramsays *Discours* in den *Deutschen Acta Eruditorum* (1718) und bei Sinold von Schütz (1733)

Die Bedeutung von Ramsays *Discours* nicht nur für die Verbreitung und Wertung des *Télémaque*, sondern darüber hinaus auch für die Epentheorie im Kontext der *Querelle des anciens et des modernes* kann kaum hoch genug eingeschätzt werden.[75] Das gilt für die Rezension der *Télémaque*-Ausgabe von 1717 in den *Deutschen Acta Eruditorum* (1718),[76] die (in Einklang mit der zeitgenössischen Rezensionspraxis) den *Disours* vor allem paraphrasiert.[77]

Die Rezension beginnt mit einem hymnischen Lob des *Télémaque*, das auf die allgemeine Bekanntheit von Fénelons Werk verweist: Es sei vergeblich, „wenn wir dem Leser sagen würden, daß der Telemaque ein Buch sey, welches verdiene gelesen zu werden. Denn es ist nunmehro eine ausgemachte Sache, daß er unter die besten Wercke gehöre, die zu unsern Zeiten geschrieben worden."[78] Eben

---

71 Ramsay: Discours de la poésie epique, S. XLVI.
72 Ebd., S. LIV.
73 Vgl. Andrea Albrecht: Kosmopolitismus. Weltbürgerdiskurse in Literatur, Philosophie und Publizistik um 1800. Berlin/New York 2005 (spectrum Literaturwissenschaft. Bd. 1), die leider den *Télémaque* nur streift (vgl. ebd., S. 252f.).
74 Vgl. Ramsay: Discours de la poésie epique, S. LVI.
75 Vgl. Bensiek: Die ästhetisch-literarischen Schriften Fénelons, S. 174.
76 Vgl. [Rezension von] Les avantures de Telemaque [...]. In: Deutsche Acta Eruditorum 52 (1718), S. 296–304.
77 Vgl. Simons: Marteaus Europa, S. 185–189.
78 [Rezension von] Les avantures de Telemaque, S. 297.

deshalb ist in der Besprechung kaum vom *Télémaque* die Rede, dafür aber umso mehr von Ramsays *Discours*, der stark gerafft, aber durchweg affirmativ paraphrasiert wird. Die Zusammenfassung des *Discours* weist aber auch bezeichnende Leerstellen auf und lässt sowohl die allgemeinen Äußerungen über die Notwendigkeit der Dichtkunst wie auch die Passagen über die Übersetzbarkeit des Textes weg.[79] Das Versargument, das auch Ramsay eher lustlos widerlegt hatte, erwähnt die Rezension – nicht ohne deutlich zu machen, wie lästig es sei, eine (so der Unterton) längst entschiedene Debatte neu aufzurollen: Denn obwohl „der Herr Fenelon in ungebundener Rede geschrieben, so ist doch seine Schreib-Art gantz poetisch, und hat alle dazu gehörigen Eigenschafften. Es ist aber verdrießlich, viel davon zu sagen".[80]

Mit der Rezension der *Deutschen Acta Eruditorum* wird Fénelons *Télémaque* als Epos etabliert.[81] Dass sich diese Wertung auf lange Sicht nicht durchsetzen wird, liegt auch an der weiteren Entwicklung politischen Erzählens in der Fénelon-Nachfolge – und auch daran, wie Autoren den Begriff des „Heldengedichts" in Hinblick auf den *Télémaque* variieren.

Eine derartige Variation prägt die meistgelesene deutsche Prosa-Übersetzung des *Télémaque* durch Philipp Balthasar Sinold von Schütz, die erstmals 1733 unter dem Titel *Die Seltsamen Begebenheiten Des Telemach / In einem auf die wahre Sitten- und Staats-Lehre gegründeten, angenehmen und sinnreichen Helden-Gedichte* erschien und bis Ende des Jahrhunderts mehrfach neu aufgelegt wurde.[82] Bereits der Titel seiner unter dem Pseudonym Ludwig Ernst von Faramond publizierten Version bezeichnet den *Télémaque* als „Helden-Gedichte", nicht mehr als „Staats-Roman".[83] Dem ausführlichen „Vorbericht" liegen sowohl Ramsays

---

79 Vgl. Simons: Marteaus Europa, S. 185.
80 [Rezension von] Les avantures de Telemaque S. 302.
81 Vgl. Simons: Marteaus Europa, S. 189: „Die Diskussion des *Telemach* florierte [!] über einen Zirkel. Man maß den *Telemach* an einer Poetologie, die man aus Epen gewann. Je nachdem, welche Kriterien man aus den Epen als die wichtigsten zog, entschied es sich, ob der *Telemach* ein gutes Epos war oder nicht."
82 Vgl. Just: Fénelon in Deutschland, S. 44.
83 Vgl. aber Bensiek: Die ästhetisch-literarischen Schriften Fénelons, S. 128, der die offensichtliche Abhängigkeit von Ramsays *Discours* nicht erkennt: „Er scheint bei seiner Gattungswahl also weder die Notwendigkeit einer apriorischen Begriffsklärung zu spüren, noch die ganze Tragweite seines mehr intuitiven Dafür-Haltens zu ermessen. Man kann daher nur vermuten, daß Faramond mit einer kritiklosen Übernahme dieser Gattungsbezeichnung von Neukirch oder Gottsched eher eine unbewußte (Auf)Wertung des Telemach vornehmen als sich in einem Fachgelehrtenstreit engagieren wollte."

Fénelon-Biographie als auch dessen *Discours* zugrunde.[84] Dabei vermengt er Ramsays überaus einflussreiche *Télémaque*-Deutung mit pietistischem Gedankengut. Bei aller Nähe zu seinen Quellen geht Sinold doch recht frei mit den Positionen Ramsays um. Seine eklektischen Ausführungen zum *Télémaque* sind aus zwei Gründen bemerkenswert: Erstens erweitern sie Ramsays Ausführungen über das Heldengedicht um Passagen über den Unterschied zwischen Epos und Roman, zweitens deuten sie den *Télémaque* stärker als Ramsay als ein Werk mit theologischer Bedeutung und leisten so der Christianisierung des heroischen Ideals Vorschub, die gerade für Loens *Redlichen Mann* prägend sein wird.

Der Vorbericht stellt zunächst in Anlehnung an Ramsays Biographie den Lebensweg Fénelons in geradezu hagiographischer Weise dar, seine Gegnerschaft zu dem „mißgünstige[n] Bischoff" Bossuet und dessen „Rache".[85] Überhaupt sind die biographischen Informationen wesentlich, um den Text über seinen Autor zu legitimieren: Der Pietist Sinold von Schütz stellt in Anlehnung an Ramsays Fénelon-Biographie, aus der er die Episode von dem Rat an den exilierten Stuart-König übernimmt,[86] den Erzbischof von Cambrai als Märtyrer der Toleranz dar. Die Verdammung des *Télémaque* erscheint in dieser Perspektive als Kollateralschaden der Verfolgung eines Unschuldigen.[87]

So stark Sinold die mustergültige Vita des Verfassers akzentuiert, so wenig hält er sich mit Gattungsfragen auf. Wie Ramsay nobilitiert er seinen Gegenstand,

---

84 [Philipp Balthasar Sinold von Schütz:] Vorbericht. In: Die Seltsamen Begebenheiten Des Telemach / In einem auf die wahre Sitten- und Staats-Lehre gegründeten, angenehmen und sinnreichen Helden-Gedichte / durch *François de Salignac de laMotte Fenelon* abgefast, mit nöthigen Anmerckungen erläutert, und ins Teutsche übersetzt von Ludwig Ernst von Faramond [Philipp Balthasar Sinold von Schütz]. Mit 25. Kupffern und einer Land-Charte gezieret. Frankfurt/Leipzig 1733, unpaginiert.
85 Ebd.
86 Vgl. ebd.: „Dieser gab ihm vornemlich den getreuen Rath, daß er seine Unterthanen niemahls zwingen solte, ihre Religion zu verändern, weswegen er unter andern zu ihm sagete: Keine menschliche Gewalt kan die unüberwindliche Festung der Freyheit des Hertzens überwältigen. Die Gewalt kan die Menschen nimmermehr überreden; sondern machet nichts anders als Heuchler. Wann sich die Printzen in das Religions-Wesen einmischen, so beschützen sie die Religion keines weges, sondern verwandelen dieselbe in eine Sclaverey. Man muss demnach diejenigen, welche GOTT duldet, aus Christlicher Liebe und Erbarmung dulden."
87 Vgl. ebd.: „Wenn eine Verfolgung wider eine unschuldige Person in dem Rathe der Gottlosen beschlossen worden ist, so erzeigen sie sich sehr sinnreich, alles, was ihnen hierzu dienlich seyn kan, mit unvermüdetem Fleise hervor zu suchen. Eben dergleichen Nachstellungen erfuhr dannenhero mehr-gemedter Ertz-Bischoff; inmasen denn seinen Feinden zu Vergrösserung der Königlichen Ungnade unter andern auch das Helden-Gedichte von den Begebenheiten des Printzen Telemach behülfflich seyn muste."

indem er dessen Verwandtschaft mit antiken Mustern hervorhebt.[88] So sei Fénelon den antiken Epikern Homer und Vergil zumindest gleichwertig, wenn nicht gar überlegen.[89] Dabei setzt er Ramsays Epos-Definition gleichsam voraus und erweitert sie, indem er weit ausführlicher als dieser den *Télémaque* in Abgrenzung zum Roman bestimmt. Als Ansatzpunkt für seine Romankritik dient die unplausible Figurenzeichnung:

> Die meisten Poeten der sogenanten *Romans* oder Helden- und Liebes-Gedichte legen ihren Helden und Heldinnen insgemein eine mehr als menschliche Tugend und Vollkommenheit bey. Ihre Helden verrichten unglaubliche Thaten der Tapferkeit, und müssen sie unter einer entsetzlichen Menge gewaffneter Feinde allemahl den Sieg verwunderbarer Weise darvon getragen haben. [...] Von solchen abgeschmackten und lächerlichen Erzehlungen findet man in gegenwärtigem Helden-Gedichte nicht das allermindeste; dahingegen zeiget sich in demselben eine wunderbare Vermischung der Tugenden und der menschlichen Leidenschafften, wodurch zu erkennen gegeben wird, wie nicht nur ein Fürste, sondern auch ein jeder Mensch mit tapferem und standhafftem Muthe nach der Tugend streben, seine angebohrne und verderbte Natur aber zugleich in Demuth erkennen, und sich mit gäntzlicher Verleugnung seiner schädlichen Eigen-Liebe auf seine eigene Kräffte des Gemüthes auf keinerley Weise verlassen, sondern in einem stetswährenden Kampfe wider seine angebohrne Unart begriffen seyn sollte.[90]

Während Ramsay gerade betonte, dass vielen Rezipienten die Tugendhaftigkeit Télémaques zu exaltiert vorkomme,[91] unterstreicht Sinold ganz im Gegenteil ihr Normalmaß. Damit verringert er die Distanz zwischen Protagonist und Rezipienten. Anders als August Bohse und Benjamin Neukirch zielt er auf ein weites Publikum, das nicht unbedingt zu den Eliten des Fürstenstaats zählt. Aus der ‚politica christiana' des *Télémaque* nimmt Sinold vor allem das christliche Element, die Sphäre der Politik wird zwar erwähnt, hat aber eine nachrangige Bedeutung.

---

88 Die Gleichsetzung des Romans mit dem Epos ist eine wesentliche Tendenz der Romandiskussion des 18. Jahrhunderts. Vgl. etwa: Einige Gedanken und Regeln von den deutschen Romanen. In: Critische Versuche ausgefertiget durch Einige Mitglieder der Deutschen Gesellschaft in Greifswald 2 (1744), S. 21–51, hier S. 25: „Man irret daher nicht, wenn man ein in ungebundener Schreibart verfertigtes Heldengedichte so beschreibet, daß es der vollkommenste Roman sey."
89 Vgl. Sinold von Schütz: Vorbericht, unpaginiert. Der Autor erklärt, „daß er [Fénelon, C. M.] dieselben [Homer und Vergil, C. M.] in dieser Art der Poesie entweder übertroffen habe, oder ihnen doch zum wenigsten vollkömmlich zu vergleichen sey." Vgl. Ramsay: Discours de la Poésie Epique, S. IX.
90 Sinold von Schütz: Vorbericht.
91 Vgl. Ramsay: Discours de la Poésie Epique, S. XXXIV.

Auch wenn Fénelons Roman zur Fürstenerziehung konzipiert worden sei,[92] enthalte er darüber hinaus allgemein anwendbare wichtige Lehren. Nicht „nur ein Fürste, sondern auch ein jeder Mensch" könne daraus Nutzen für seine moralische Entwicklung ziehen.[93] Sinolds Verständnis des individuellen Bildungsgangs ist deutlich von protestantischen, namentlich pietistischen Konzeptionen geprägt: Die Rede von der verderbten Natur, die zur Verbesserung strebe, hat ihre Wurzeln in diesem Diskurs, ebenso wie das Beharren auf der „Demuth", die dazu nötig sei.[94] In diesem Kontext ist auch Sinolds zitiertes Beharren auf Fénelons realistischer Figurenzeichnung zu sehen, die in dem Prinzen von Ithaka ein Exempel biete, wie sich die schädliche Eigenliebe überwinden lasse.[95]

Damit interpretiert Sinold die Erziehungsgeschichte des Prinzen von Ithaka in einer Weise, dass sie auf jeden Leser anwendbar wird; zugleich erscheint der Protagonist vor allem als bedürftiger Mensch, nicht als vollkommener Heros. Die Mentor-Figur wiederum verdeutliche, so Sinold, die Hilfsbedürftigkeit jedes Menschen: „[V]ornehmlich aber hat er [Fénelon, C. M.] dadurch anzeigen wollen / daß der Mensch in seiner natürlichen Unvollkommenheit ohne die Göttliche

---

92 Vgl. Sinold von Schütz: Vorbericht: „Unterdessen hatte er [Fénelon, C. M.], obgedachter masen, mit dieser Arbeit nichts anders gesuchet, als seinem Königlichen Untergebenen gleichsam spielend und zu einem erlaubten Zeitvertreib vorzustellen, wie sich ein Printz nach seiner äusserlichen und innerlichen Beschaffenheit verhalten müsse, wenn er zur künfftigen Regierung seines Königreichs oder Landes tüchtig werden wolle: Denn weil ihn die blose Geburt eben so wenig, als alle andere Menschen hierzu fähig machen könne; so müsse sein Gemüthe zu einem dermasen wichtigen Amte zuvor vermittelst sorgfältiger Auferziehung und Verbesserung seiner verderbten Natur bereitet werden."
93 Ebd.
94 Diese pietistische Tönung überrascht nicht, hatte doch derselbe Autor wenige Jahre vor seiner Fénelon-Übersetzung eine religiös akzentuierte Insel-Utopie vorgelegt, die wesentlich als Umsetzung pietistischen Gedankenguts zu verstehen ist: Vgl. [Philipp Balthasar Sinold von Schütz]: Die glückseeligste Insul auf der gantzen Welt, oder Das Land der Zufriedenheit, Dessen Regierungs-Art/ Beschaffenheit/ Fruchtbarkeit/ Sitten derer Einwohner, Religion, Kirchen-Verfassung und dergleichen, Samt der Gelegenheit, wie solches Land entdecket worden, ausführlich erzehlet wird. Von Ludwig Ernst von Faramund [1728]. Frankfurt am Main 1970. Die erste Auflage erschien 1723 unter dem Pseudonym Constantin von Wahrenberg. Vgl. Stockinger: Ficta Republica, S. 185– 304, bes. 190: „Im engeren Sinn ist er der Hallischen Richtung des Pietismus zuzuordnen. Der Schriftsteller Sinold wirkte als Propagandist der pietistischen Lehren in verschiedenen Sparten, als Übersetzer, als Verfasser von religiösen Erbauungsschriften und Kirchenliedern und als politischer Satiriker." Allerdings ist die Übersetzung selbst eines Romans wie Fénelons *Télémaque* für Pietisten durchaus anstößig, vgl. ebd., S. 191 f.
95 Sinold von Schütz verstärkt damit die theologischen Tendenzen Ramsays. Vgl. Ramsay: Discours de la Poésie Epique, S. XXXI.

Weisheit nichts fruchtbarliches und gedeyliches vollbringen könne, sondern immer aus einem Irrthum in den andern gerathen müsse."[96]

Dieser Akzent auf der *conditio humana* bestimmt auch Sinolds Wahrnehmung des politischen Gehalts des Textes. Es gehe im Roman primär um Friedensstiftung und um gegenseitigen Respekt der Völker voreinander.[97] Daneben sei der *Télémaque* auch ein wichtiges Kompendium der Staatsgelehrtheit: Politisch Handelnde könnten zu allen Bereichen wertvolle Informationen finden.[98] Der Roman ist somit zugleich Wissensspeicher und moralischer Ratgeber: In der Darstellung einer exemplarischen Erziehungsgeschichte kann der Rezipient seiner eigenen Bedürftigkeit gewahr werden und zugleich Trost aus der Vorstellung schöpfen, dass jedem Individuum in Gestalt der Vorsehung ein Mentor zur Seite stehe.

Ein „Helden-Gedichte" stellt in der Sicht Sinolds den exemplarischen Lebensweg eines Individuums dar, das die eigenen Schwächen überwindet und im Bewusstsein der menschlichen Gebrechlichkeit im Vertrauen auf Gott für das Gemeinwesen und für sein Seelenheil arbeitet. Aus einem literarischen Fürstenspiegel wird in dieser Deutung ein theologischer Text, der jedermann den Spiegel vorhält. In diesem Zusammenhang ist die literarische Gattungsdefinition zweitrangig. Dass Sinolds Übersetzung des *Télémaque* bis weit in die zweite Hälfte des 18. Jahrhunderts hinein neu aufgelegt werden sollte,[99] liegt sicherlich auch an der pietistischen Akzentuierung des Textes, die sich in der paratextuellen Rahmung,[100] aber kaum in sprachlichen Details der Übersetzung nachweisen lässt.[101] In der oben analysierten Vorrede und in den Kommentaren betont Sinold die

---

96 Sinold von Schütz: Vorbericht, unpaginiert. Vgl. Ramsay: Discours de la Poésie Epique, S. XIX: „Dans notre Poeme, Minerve conduit sans cesse Telemaque. Par là le Poete rend tout possible à son Heros, & fait sentir que sans la Sagesse divine l'homme ne peut rien."
97 Vgl. ebd.: „Er [Fénelon, C. M.] beweiset mit unumstößlichen Gründen, daß die gantze Welt nichts anders als eine allgemeine Republic, und daß in derselben ein jedes Volck ein grosses Geschlecht oder Haus-Wesen sey."
98 Vgl. ebd.
99 Vgl. zu Sinolds Übersetzung Schmitt-Maaß: Fénelons „Télémaque" in der deutschsprachigen Aufklärung, S. 423–445. Sie wurde bei Monath (EA 1733) in den Jahren 1736, 1741, 1749, 1756 und 1766 neu aufgelegt; sprachlich bearbeitete Neuausgaben erschienen 1775, 1782, 1788, 1798, 1806 und schließlich 1808. Unverständlich ist die Feststellung von Bensiek, ihr sei „die Ausstrahlungskraft einer Neukirchschen Versübertragung versagt" geblieben (Bensiek: Die ästhetisch-literarischen Schriften Fénelons, S. 132).
100 Vgl. oben.
101 Vgl. die gründliche Analyse von Schmitt-Maaß: Fénelons „Télémaque" in der deutschsprachigen Aufklärung, der ich nichts hinzuzufügen habe. Sinold übersetze „weitgehend wortgetreu" (Ebd., S. 437): „Dennoch ist seine Prosa glatter als die 30 Jahre ältere Übersetzung Bohses, die noch dem galanten Sprachideal folgt" (ebd., S. 438).

christliche Ausrichtung des *Télémaque*, wenn er etwa in Baetica und im Goldenen Zeitalter die Welt des Alten Testaments erkennen will:[102] „Asträa, nemlich die Gerechtigkeit, soll auf Erden regieret, und die Menschen in vollkommener Freundschafft alle Dinge gemeinschafftlich besessen haben. Hiermit stimmet das Leben unserer ersten Eltern im Paradise überein."[103] Schließlich machte diese Ausrichtung den Roman auch akzeptabler für Leserschichten, die aufgrund ihrer religiösen Orientierung nicht zu fiktionaler Literatur griffen.

3.3.3 „Heldengedicht", Roman, politische Fabel. Politisches Erzählen in Gottscheds Regelpoetik

Johann Christoph Gottsched diskutiert die Romane von Fénelon, Chancierges, Ramsay, Pernetti und Terrasson in seinen theoretischen Schriften und propagiert deutsche Übersetzungen, allerdings führt sein striktes System zu einander widersprechenden Klassifikationsversuchen, die mindestens so sehr die Aporien dieses letzten Versuchs einer klassizistischen Normpoetik offenlegen wie sie Auskunft über die behandelten Texte geben. Seine positive Beurteilung dieser Werke darf nicht darüber hinwegtäuschen, dass sie im Kontext seiner Regelpoetik eine durchaus randständige Position einnehmen.[104]

So erscheint in Gottscheds *Versuch einer critischen Dichtkunst* (1729) Fénelons *Télémaque* sowohl als Epos als auch als Roman.[105] Während er in dem Kapitel

---

[102] Tatsächlich griff Fénelon ja auf Fleurys *Mœurs des Israelites* (1681) zurück. Sinolds Kommentar ist ein Indiz, dass für Zeitgenossen diese Ausrichtung transparent war.
[103] Fénelon: Die Seltsamen Begebenheiten Des Telemach, S. 266, Anm. 11. Vgl. Schmitt-Maaß: Fénelons „Télémaque" in der deutschsprachigen Aufklärung, S. 440.
[104] Vgl. Nicolas Detering: „Wider die Regeln eines wahrhafften Romans"? Die Bewertung der *Asiatischen Banise* in poetologischen Schriften der Frühaufklärung. In: Dieter Martin/Karin Vorderstemann (Hrsg.): Die Europäische Banise. Rezeption und Übersetzung eines barocken Bestsellers. Berlin/Boston 2013 (Frühe Neuzeit. Bd. 175), S. 181–211.
[105] Ich zitiere nach Johann Christoph Gottsched: Versuch einer Critischen Dichtkunst. 3. Auflage. Leipzig 1742. In: Ders.: Ausgewählte Werke. Bd. 6.1, 6.2. Hrsg. von Joachim Birke und Brigitte Birke. Berlin/New York 1973. Die Vorrede sowie die Erweiterungen der vierten Auflage von 1751 ebd. (Ausgewählte Werke. Bd. 6.2), S. 407–612. Vgl. auch den Reprint dieser Edition: Johann Christoph Gottsched: Versuch einer critischen Dichtkunst. 5., unveränderte Auflage. Unveränderter photomechanischer Nachdruck der 4., vermehrten Auflage. Leipzig 1751. Darmstadt 1962. – Vgl. Fritz Wahrenburg: Funktionswandel des Romans und ästhetische Norm. Die Entwicklung seiner Theorie in Deutschland bis zur Mitte des 18. Jahrhunderts. Stuttgart 1976, S. 159f. – Vgl. zu Gottscheds romantheoretischen Äußerungen die Übersicht von George Bajeski: *Praeceptor Germaniae*. Johann Christoph Gottsched und die Entstehung des Frühklassizismus in Deutschland. Frankfurt am Main 2015, S. 193–219. – Auch die „Frauenzimmer-Bibliothek" der *Vernünfftigen*

„Von der Epopee oder dem Heldengedichte" betont, dass „Fenelon mit seinem Telemach hieher zu rechnen" sei,[106] und so den *Télémaque* massiv aufwertet – schließlich handele es sich laut Gottsched bei einem Heldengedicht um „das rechte Hauptwerk und Meisterstück der ganzen Poesie"[107] –, schlägt er ihn im Fabel-Kapitel dem Roman zu.[108] Romane müssten – so heißt es dort – „nach Art eines Heldengedichtes abgefasset werden", sofern sie eine „erbaulich[e]" Wirkung zeitigen sollten.[109] Dies hätten „Heliodorus, Longus, Cervantes und Fenelon einigermaßen gethan", ebenso wie Anshelm Heinrich von Zigler und Kliphausen, dessen *Asiatische Banise* (1689) „bey uns Deutschen noch der allerbeste Roman" sei, der auch „von verständigen und tugendliebenden Gemüthern noch mit einiger Lust und Nutzen gelesen werden" könne. „Von neuern französischen kann man den reisenden Cyrus, den Sethos, und die Ruhe des Cyrus dazu nehmen, wiewohl sie in der Dauer der Fabel, von der Regel abweichen."[110] Hier behandelt Gottsched die Gruppe französischer Texte zusammen, die gemeinhin als gattungskonstituierend angesehen wurde – um an anderer Stelle wieder davon abzuweichen.

Offensichtlich spielt für Gottsched das Verskriterium – anders als für Le Bossu, der das Epos als eine Erzählung exemplarischer Begebenheiten „qui est racontée en Vers" definierte,[111] – keine entscheidende Rolle mehr, so dass er den *Télémaque* und auch Pernettis *Neoptolème* als Beispiele für ein Prosaepos anführen kann. Gottsched akzeptiert, ganz ähnlich wie Andrew Michael Ramsay, die Möglichkeit einer „ungebundene[n] poetische[n] Schreibart",[112] wie sie gerade im *Télémaque* mit seinen zahlreichen „verblümten Redensarten" vorliege, „da doch

---

Tadlerinnen führt den *Telemach* in der Übersetzung von August Bohse auf. Vgl. Ekkehard Gühne: Gottscheds Literaturkritik in den „Vernünfftigen Tadlerinnen" (1725/26). Stuttgart 1978 (Stuttgarter Arbeiten zur Germanistik. Bd. 48), S. 330, S. 376 f.; vgl. auch Gabriele Ball: Moralische Küsse. Gottsched als Zeitschriftenherausgeber und literarischer Vermittler. Göttingen 2000 (Das achtzehnte Jahrhundert. Supplementa. Bd. 7), S. 74: In der zweiten Auflage wird Bohses Übersetzung durch die Neukirchs ersetzt.
106 Gottsched: Versuch einer Critischen Dichtkunst. Bd. 2, S. 290.
107 Ebd., S. 279.
108 Unter ‚Fabel' versteht Gottsched die Nachahmung einer Handlung, einen Plot. Vgl. Klaus R. Scherpe: Gattungspoetik im 18. Jahrhundert. Historische Entwicklung von Gottsched bis Herder. Stuttgart 1968 (Studien zur Allgemeinen und Vergleichenden Literaturwissenschaft. Bd. 2), S. 37: „Nachahmung ist eigentlich nur die Nachahmung menschlicher Handlungen; ihr Darstellungsprinzip ist das der Fabel. Folgerichtig bestimmt er die dichterischen Gattungen, die der dritten Nachahmungsart entsprechen, als Modifikationen der Fabel".
109 Gottsched: Versuch einer Critischen Dichtkunst. Bd. 1, S. 221.
110 Ebd., S. 221 f.
111 Le Bossu: Traité du Poëme Epique, S. 14.
112 Gottsched: Versuch einer Critischen Dichtkunst. Bd. 1, S. 429.

der häufige Gebrauch derselben, selbst in Fenelons Telemach, die Schreibart viel zu edel macht, als daß es eine prosaische heißen sollte".[113] Damit kann Gottsched Fénelons Text der Dichtkunst zuschlagen:

> Die Verse machen das Wesen der Poesie nicht aus, vielweniger die Reime. Können doch ganze Heldengedichte in ungebundener Rede geschrieben werden. Denn wer wollte es leugnen, daß nicht die prosaische Uebersetzung, welche die Frau Dacier vom Homer gemacht, noch ein Heldengedichte geblieben wäre, oder daß des Erzbischofs von Cambray Telemach kein poetisches Werk wäre?[114]

Ähnliches gilt auch für Chancierges' *Neoptolème*, der trotz aller Distanz zu dem nicht zu übertreffenden *Télémaque* dem Epos zuzurechnen sei und ebenfalls unter die Kategorie der „prosaischen Heldengedichte" falle.[115]

Nun subsumiert Gottsched zwar den *Télémaque* und den *Neoptolème* unter das Epos, im Fall der von ihm ebenfalls gewürdigten *Cyrus*-Romane und Terrassons *Sethos* gelingt ihm das allerdings nicht: Hinderungsgrund ist die „Fabel" dieser Texte, deren Umfang zu groß ist, um unter seine Definition des Epos zu fallen, dessen Handlung ja maximal ein halbes Jahr umfassen sollte.[116] Die Texte von Ramsay, Pernetti und Terrasson, über deren Abhängigkeit vom *Télémaque* Gottsched im Bilde ist, behandelt er erst in der vierten, gerade im zweiten praktischen Teil stark umgearbeiteten Auflage seiner *Critischen Dichtkunst*, der er ein eigenes Romankapitel hinzufügte. Sie erscheinen unter einer allgemeinen Liste von Romanen,[117] um dann an anderer Stelle unter der inhaltlich determinierten Kategorie der „politischen Fabeln" wieder aufzutauchen.[118] Auch wenn Gottsched die von ihm ebenfalls geschätzten *Cyrus*-Romane nicht unter den Begriff des Heldengedichts fassen kann, lassen sie sich über ihren Inhalt nobilitieren: Unter dem Begriff der „politischen Fabeln" subsumiert Gottsched Texte unterschiedlicher Gattungen, die allein durch ihr Thema verbunden sind, die aber zweifellos zur Dichtkunst gehören.[119] Diese Texte sind nicht nach einer für alle gültigen Regel gemacht, grundlegend für sie ist aber – wie für alle Werke der Dichtkunst –

---

113 Ebd., S. 359.
114 Ebd., S. 142.
115 [Johann Christoph Gottsched: Rezension von] Les avantures de Neoptoleme, Fils d'Achille [...]. In: Neuer Büchersaal der schönen Wissenschaften und freyen Künste V.2 (Leipzig Juli 1747), S. 127–139, hier S. 128.
116 Vgl. Gottsched: Versuch einer Critischen Dichtkunst. Bd. 1, S. 222.
117 Vgl. Gottsched: Versuch einer critischen Dichtkunst [1751], S. 526.
118 Vgl. ebd., S. 784–790.
119 Vgl. ebd., S. 784. – An modernen Beispielen nennt Gottsched vor allem utopische und satirische Texte von Morus, Campanella, Bacon, Swift und Holberg. Vgl. ebd., S. 785, S. 787 f.

das Gebot der Wahrscheinlichkeit, eine natürliche Schreibart, sowie ihre Wirkung, die sich in der Förderung von Wahrheit und Tugend niederschlage.

Als ältestes und somit wohl einschlägigstes Beispiel dient Xenophons *Kyrupädie*, die allein wegen des großen Umfangs der Handlung nicht dem Heldengedicht zuzuordnen sei. Innerhalb der zahlreichen Beispiele, die von Morus *Utopia* über Campanellas *Sonnenstaat* bis zu Francis Bacons *Neu-Atlantis* reichen, differenziert Gottsched nach ‚Familienähnlichkeiten' und etabliert eine (wenn auch nicht trennscharf abgegrenzte) Untergattung, an deren Beginn für ihn John Barclay steht, „der uns in seiner *Argenis* einen wirklich politischen Roman beschrieben hat, dazu bey einigen Ausgaben auch der Schlüssel zu finden ist."[120]

Im Folgenden geht Gottsched ausführlicher auf die französischen Romane ein. Terrassons *Sethos* sei „eine treffliche Fabel, voll edler Bilder der Tugend, und Großmuth; die ungemein viel politische Wahrheiten enthält",[121] Ramsays *Cyrus* „ein treffliches Buch, das wir auch im Deutschen lesen können",[122] während die *Ruhe des Cyrus* zwar „wohl geschrieben" und „sehr schön ins Deutsche übersetzet" sei, aber inhaltlich weniger bedeutsam. Die Klassifikation nach inhaltlichen Kriterien gerät in Konflikt mit einer Gattungsgeschichte: So würde man Chancierges' *Neoptolème* (und Voltaires *Memnon*) „hieher zählen, wenn sie nicht Heldengedichten weit ähnlicher wären, und also besser zum Telemach gehöreten: der aber auch reich an politischen Materien und Lehren ist." [123] Neben den Romanen der Fénelon-Nachfolge listet er stattdessen auch Vairasses *Sevaramben*-Utopie und die utopischen *Voyages et Aventures de Jacques Massé* von Tyssot de Patot sowie Prévosts *Le Philosophe anglais ou Histoire de M. Cleveland, fils naturel de Cromwell* auf, also denkbar unterschiedliche Texte.[124]

Trotz eines deutlich erkennbaren Bewusstseins für die ‚Familienähnlichkeit' der Romane der Fénelon-Nachfolge kann Gottsched keine Systematik des politischen Romans entwickeln, weil dem die rigide Definition des Epos entgegensteht. Folgenreicher als seine theoretischen Äußerungen waren die praktischen Anregungen Gottscheds, die entschieden zum Kulturimport aufforderten: So gehen die Übersetzungen von Pernettis *Repos de Cyrus* und Chancierges' *Neoptolème* direkt auf Gottscheds Protektion zurück.

---

[120] Ebd., S. 785.
[121] Ebd., S. 786.
[122] Ebd.
[123] Ebd.
[124] Vgl. ebd.

3.4 Reflexionen über den politischen Roman im Umkreis der deutschen Übersetzungen

Für die allmähliche Ausbildung eines Gattungsverständnisses sind die zahlreichen deutschen Übersetzungen der französischen politischen Romane von zentraler Bedeutung. Dabei ist immer mit zu bedenken, dass die Romane immer auch im Original präsent waren. In besonderem Maß gilt das für Fénelons *Télémaque*, der im Sprachunterricht eingesetzt wurde,[125] aber auch die Texte von Terrasson und Ramsay waren großen Leserschichten im Original zugänglich. Im Zentrum der folgenden Ausführungen stehen ihre Paratexte, also Vorreden und Rezensionen, in denen Autoren und Rezipienten ihre Vorstellung von Eigenart und Leistung der übersetzten Texte artikulieren. Trotz aller Heterogenität kristallisieren sich dort Aspekte heraus, die in den 1740er Jahren von den Autoren deutschsprachiger Romane aufgenommen und umgesetzt werden.

Zwischen 1700 und 1740 erschienen drei verschiedene deutsche Übersetzungen von Fénelons *Télémaque* (August Bohse und Philipp Balthasar Sinold von Schütz in Prosa, Benjamin Neukirch in Versen),[126] zwei Übersetzungen von

---

125 Vgl. Ehrenreichs kommentierte Ausgaben für den Schulgebrauch, die seit 1732 mehrfach aufgelegt wurden. Vgl. Fénelon: Les Avantures De Telemaque, Fils D'Ulysse [...]. Nouvelle Edition Corrigée, & enrichie De Belle Remarques Allemandes Par Joseph Antoine d'Ehrenreich, Professeur Publ. dans l'Academie de Stoucard. Ulm 1732. Vgl. Herbert Christ: *Télémaque* annoté ou: un texte littéraire comme manuel de français. In: Documents pour l'histoire du français langue étrangère ou seconde [online], 31 (2003). Zugriff am 1.8.2018. URL: http://dhfles.revues.org/1289.
126 Vgl. auch die Ankündigung einer wohl nicht publizierten Übersetzung in den Neuen Zeitungen von gelehrten Sachen LIV, Juli 1726, S. 536: „Allhier hat iemand den *Telemaque* ins Deutsche gebracht und mit Erklärungen versehen, wozu ein Verleger gesucht wird. Der Titel, welcher eine Probe vom *stylo* des Übersetzers abgeben kann, ist also abgefasset: *L'homme de bien, de Cour & d'Etat:* Das ist die so genannte *avantures de Telemaque*, oder die lehrreichen Reißbegebenheiten, so diesem jungen Erb-Printzen von Itaca wiederfahren, da er von seiner Mutter Penelope Befehl gehabt, seinen Vater Ulyssen aufzusuchen, welcher viele Jahre nach der Zerstöhrung Trojä noch nicht zurück gekommen ward. Aus dem Frantzösischen in das reine Teutsch getreuligst übersetzet, mit dem Grundtext darneben. Sind selbige mit einem Teutschen *Commentario* oder Auslegungs-Schrifft ausführlich erläutert, so da deutlich vor Augen legt, was für Lehren aus selbigen Avanturen zu ziehen, so wohl in Ansehung dessen was die gute Sitten, als was die Historie, das *Jus Publ. Univ.* und *Particulare Germ.* auch sonst das Staatswesen anbelanget: werden zugleich Politische Betrachtungen heraus gezogen, die man der Regierung eines ieden Römischen Königs und Käysers von der Erbauung der Stadt Rom an, biß auf den jetzt glorwürdigherrschenden Käysern Carl den VI, ordentlich, obwohlen es mit grosser Mühe geschehen ist, zugefüget. Also daß man vermittels dieser Avanturen zu einer gar nützlichen Kandniß der gantzen Römischen Historie und des Teutschen Reichs in kurtzer Zeit gelangen könne. Durch *** *Juris utriusque & Publ. consultum.* Erster Theil, so aus den 7 ersten Büchern bestehet, und alle dasjenige enthält, was der Telemach der Göttin Calypso erzehlet, was sich in ihrer Insul zugetragen, und wie

Chancierges' *Neoptolème* (Jacob Fendler in Prosa, Adam Bernhard Pantke in Versen) und je eine Übersetzung von Ramsays *Voyages de Cyrus* (Johann Mattheson in Prosa), Pernettis *Repos de Cyrus* (George Friedrich Bärmann in Prosa) und Terrassons *Sethos* (Christoph Gottlieb Wend in Prosa). Hinzu kommen Auszüge aus einer *Cyrus*-Übersetzung von Johann Christoph Gottsched sowie die Versifikation mehrerer lehrhafter Gespräche aus Ramsays *Cyrus* von Sigmund Ferdinand Weißmüller (1737).[127] Zudem war Jane Barkers *Exilius*, der sich auf den *Télémaque* berief, in anonymer Übersetzung präsent.[128] Diese Häufung (wie auch die Tatsache, dass alle hier erwähnten Texte im 18. Jahrhundert noch mindestens einmal vollständig oder auszugsweise übersetzt werden bzw. Neuauflagen erfahren[129]) bezeugt ein großes Interesse an dem neuen Genre und demonstriert zugleich die immer stärker zunehmende Bedeutung von Übersetzungen aus dem Französischen für die deutschsprachige Literatur[130] – ein Prozess, der aber keineswegs die uneingeschränkte Affirmation der französischen Kultur bedeutet, sondern vielmehr in einer Gemengelage gallophiler und gallophober Stimmen anzusiedeln ist. Nicht zuletzt zielen auch etliche Übersetzungen, namentlich die Versifizierungen, auf eine Verbesserung der Ausgangstexte ab.

---

er aus derselbigen gerathen." Vgl. Stolle: Anleitung Zur Historie der Gelahrheit, S. 754: „Man darff aber nur den Titul lesen, so wird man leicht glauben, daß dieser Commentarius keinen Verleger finden werde."
127 Vgl. [Sigmund Ferdinand Weißmüller:] Das Gespräche Des Cyrus mit dem Pythagoras und des Pythagoras mit dem Anaximander / aus dem Frantzösischen Original des reisenden Cyrus, und dessen sechsten Buche, wie solches der Herr von Ramsay fürgestellt, in gebundner Rede übersetzt, und dem Hochberühmten Herrn Regierungs-Rath Wolfen zu Marburg mit schuldiger Ehrerbietung zugeschrieben von Sigmund Ferdinand Weißmüller, der Heil. Schrifft Licentiaten, Hochfürstl. Brandenburg. Onoltzbachischen Stadt-Pfarrer zu Wassertrudingen und dasigen Capituls Dechanten. Nürnberg 1737.
128 Jane Barker: Der ins Elend verjagte Römer Exilius: Ein Staatsroman aus dem Englischen [...]. Leipzig 1721 [englisches Original: Exilius, or The Banish'd Roman. A new Romance in two Parts. Written After the Manner of Telemachus, For the Instruction of Some Young Ladies of Quality. London 1715.].
129 Vgl. die Nachweise bei Hans Fromm: Bibliographie deutscher Übersetzungen aus dem Französischen 1700–1948. 6 Bde. Baden-Baden 1950–1953.
130 Vgl. Anne Wagniart: Die Frankophilie der preußisch-sächsischen Hofdichter zu Beginn des 18. Jahrhunderts (Canitz, Besser, König und Neukirch). In: Raymond Heitz u. a. (Hrsg.): Gallophilie und Gallophobie in der Literatur und den Medien in Deutschland und in Italien im 18. Jahrhundert/Gallophilie et gallophobie dans la littérature et les médias en Allemagne et en Italie au XVIIIe siècle. Heidelberg 2011 (Germanisch-Romanische Monatsschrift. Beiheft 40), S. 25–38, bes. S. 27 f.

Die Motive für die Übersetzungen sind durchaus verschieden:[131] Während Bohse und Neukirch höfische Rezipientenkreise im Blick haben, sind die Übersetzungsversuche im Umkreis Gottscheds literaturpolitisch motiviert: Es geht sowohl um die Geschmackshebung durch Kulturimport als auch um den Versuch, ein deutsches Epos zu etablieren.

Die Prosaübersetzungen des *Télémaque* durch Sinold von Schütz und des *Sethos* durch Christoph Gottlieb Wend zielen auf die Allgemeingültigkeit des Dargestellten; sie lösen sich (wie auch Matthesons *Cyrus*-Übersetzung) von der höfischen Sphäre und begreifen den politischen Roman als Universalroman – eine Deutung, die dem Inhalt der Werke zuweilen Gewalt antut, aber für Loens praktischen Versuch wegweisend wirkt. Dieser Kulturtransfer greift also von Beginn an in die Interpretation ein: Es handelt sich zu keinem Zeitpunkt um reine Übernahmen, sondern schon immer um die Variation und Adaption der französischen (und englischen) Vorbilder.

Schließlich sind die Übersetzungen französischer Werke auch Teil eines übergreifenden Prozesses kultureller Übersetzung bzw. wesentliche Dokumente des französisch-deutschen Kulturtransfers, an dem die Übersetzer aktiv partizipieren:[132] Übersetzung bedeutet hier zugleich Anverwandlung und Umdeutung; die im Folgenden analysierten Paratexte geben Auskunft nicht nur über den Blick auf die französische Literatur und Kultur, sondern mindestens ebenso sehr auf das (im heterogenen deutschen Reich sehr unterschiedliche) Zielpublikum, an dessen Erwartungen angeschlossen wird. In der für die Jahre um und nach 1700 kennzeichnenden „Offenheit gegenüber anderen Nationalliteraturen"[133] ist die Übersetzung französischer Romane eine wichtige Form des Kulturtransfers, die immer auch die Transformation des übersetzten Werks bedeutet[134] – sei es durch

---

[131] Vgl. generell zu Übersetzungstätigkeit den Überblick von Helmut Knufmann: Das deutsche Übersetzungswesen des 18. Jahrhunderts im Spiegel von Übersetzer- und Herausgebervorreden. In: Börsenblatt für den Deutschen Buchhandel – Frankfurter Ausgabe (1967). Anhang: Archiv für Geschichte des Buchwesens 61, S. 2676–2716; Anneliese Senger: Deutsche Übersetzungstheorie im 18. Jahrhundert (1734–1746). Bonn 1971 (Abhandlungen zur Kunst-, Musik- und Literaturwissenschaft. Bd. 97).
[132] Vgl. einführend Espagne/Werner: Deutsch-französischer Kulturtransfer als Forschungsgegenstand.
[133] Dirk Niefanger: Die Chance einer ungefestigten Nationalliteratur. Traditionsverhalten im galanten Diskurs. In: Thomas Borgstedt/Andreas Solbach (Hrsg.): Der galante Diskurs. Kommunikationsideal und Epochenschwelle. Dresden 2001 (Studien zur Neueren deutschen Literatur. Bd. 6), S. 147–163, hier S. 151.
[134] Vgl. (am Beispiel von Bohse, Hunold und Rost) Ruth Florack: Transfer und Transformation: Galante Prosa zwischen Frankreich und Deutschland. In: Daniel Fulda/Jörn Steigerwald (Hrsg.): Um 1700: Die Formierung der europäischen Aufklärung. Zwischen Öffnung und neuerlicher

die Distanzierung von explizit erotischen Passagen, sei es durch die Integration inkommensurabler Werke wie Fénelons *Télémaque* in einheimische Traditionen.

3.5 Telemach in Berlin. August Bohses Übersetzung des *Télémaque* (1700) und die *Conversation sur le livre du Télémaque* (1700)

Bereits 1700, ein Jahr nach der gegen Fénelons Willen publizierten Erstausgabe der *Aventures de Télémaque*, erschien die erste deutschsprachige Übersetzung des Werks. Sie stammt aus der Feder von August Bohse, dem populärsten Romanautor der Jahrhundertwende,[135] der in der knappen Leservorrede erklärt, er habe den *Télémaque* „wegen der Vortrefflichkeit der guten Maximen/ so in dem gantzen Wercke zu finden/ auf Ansuchen kluger und gelehrter Leute in das Teutsche" übersetzt.[136] Buchhändlerische Erwägungen dürften allerdings auch eine Rolle gespielt haben.[137]

Bereits der Titel verrät, welche Intention Bohse dem Text zuschrieb und welche Absicht er mit seiner Übersetzung verfolgte: Es handele sich um einen *Staats-Roman / Welcher unter der denckwürdigen Lebens-Beschreibung Telemachi Königl. Printzens aus Ithaca, und Sohn des Ulyssis vorstellet / Wie Die Königl. und Fürstl. Printzen Zur Staats-Kunst-u. Sitten-Lehre anzuführen* seien. Inhaltlich betont Bohse damit die Verbindung von Politik und Moral, in der Gattungsfrage votiert er eindeutig für den Roman. Indem er aber den *Télémaque* ausdrücklich als

---

Schließung. Berlin/Boston 2016 (Hallesche Beiträge zur Europäischen Aufklärung. Bd. 55). S. 224–236.

135 Vgl. aber die Einschätzung von Bensiek: Die ästhetisch-literarischen Schriften Fénelons, S. 110 f., für die Bohse „zu einem zu einem Kreis obskurer Romanciers gehörig" sei, zu dem auch „L. Rost (Meletaon), Hunold (Menantes), Happel, Lehms (Pollidor)" zählten. – Vgl. zu Bohse die Monographien von Otto Heinlein: August Bohse-Talander als Romanschriftsteller der galanten Zeit. Bochum 1939; Elizabeth Brewer: The Novel of Entertainment during the Gallant Era. A Study in the Novels of August Bohse. Bern u. a. 1983.

136 August Bohse: An den Leser. In: [Fénelon:] Staats-Roman, Welcher unter der denckwürdigen Lebens-Beschreibung Telemachi Königl. Printzens aus Ithaca, und Sohns des Ulyssis vorstellet: Wie die Königl. und Fürstlichen Printzen zur Staats- Kunst- und Sitten-Lehre anzuführen/ durch Franciscum De Salignac De La Mothe-Fenelon, Ertz-Bischoffen zu Cambray, In Frantzösischer Sprache beschrieben, und aus derselben ins Deutsche übersetzet durch Talandern. Breslau 1700, unpaginiert.

137 Vgl. Brewer: The Novel of Entertainment, S. 93: „In his translation of Fénelon's novel, Bohse once more responds to a book's reputation and popularity, for he sees the political significance of *Télémaque* and notes its controversial nature."

„Staats-Roman" bezeichnet, unterstreicht er seinen politischen Gehalt und modifiziert zugleich die gängige Titelgebung galanter Romane, die zumeist Liebes- und Heldengeschichten ankündigen.[138] Damit verortet er den *Télémaque* in der Welt des hohen Erzählens und der politischen Gelehrsamkeit;[139] der ideale Rezipientenkreis befinde sich am Hof: Die politischen und moralischen Lehren des Textes sind ausdrücklich für Prinzen bestimmt. Das wird durch die Widmung an den zwölfjährigen preußischen Thronfolger, den späteren ‚Soldatenkönig' Friedrich Wilhelm I., noch unterstrichen.

Dort referiert Bohse zunächst die Entstehungsbedingungen des *Télémaque*, den Fénelon „vor den Hertzog von *Bourgogne* verfertiget [habe]/ daß dieser die zur löblichen Regierung benöthigte Maximen unter einem nicht unangenehmen Roman sich möchte bekandt machen."[140] Zwar habe der ohnehin schon perfekte Thronfolger eine solche Belehrung nicht nötig; es könne ihm aber zur

> Belustigung dienen/ wann Sie an dem in diesem Buche aufgeführten Königlichen Printz *Telemacho* die Bestätigung derjenigen Lehr-Sätze finden werden/ worinnen Sie von erster Jugend an zur Gottesfurcht/ Gerechtigkeit/ Liebe der Unterthanen/ Tapferkeit/ Bedachtsamkeit/ Haß der Schmeicheley und weichen Wollüste/ angeführet/ und diese ohne diß Ihnen angebohrne Königliche Tugenden ie mehr und mehr durch die vortrefflichste Unterweisung aufgewecket worden.[141]

Bohses borussophile Dedikation ist selbstverständlich von rhetorischen Konventionen geprägt. Sie zielt aber nicht ins Leere, schließlich wurde der *Télémaque* am preußischen Hof um 1700 intensiv rezipiert.[142] Sophie Charlotte, die wohl

---

138 Vgl. etwa die Titel von Bohses Romanen: Die durchlauchtigste Alcestis aus Persien/ in einer angemehmen Staats- und Liebes-Geschichte [...]. Dresden 1689, Ariadnens Staats- und Liebes-Geschichte. Leipzig 1705; Antonio de Palma in einer angenehmen Staats und Liebes Geschichte. Leipzig 1709.
139 Vgl. Simons: Marteaus Europa, S. 456: „Gegen den *Telemach* als Roman sprach, daß er keine durchgängige Liebes-Geschichte bot. Talander, den man nicht verdächtigen wird, dem asiatischen Roman kritisch gegenübergestanden zu haben, stattete seine Übersetzung des Telemach mit derselben Plazierung auf dem Markt aus, die Gottschling und Stolle für ihn später noch parat hatten: Das Werk war mehr zur Staats-Klugheit zu rechnen als zum asiatischen Roman."
140 Bohse: Widmung. In: Staats-Roman, unpaginiert.
141 Ebd.
142 Vgl. Bensiek: Die ästhetisch-literarischen Schriften Fénelons, S. 186–190; Volker Kapp: Conversation sur le Livre de Télémaque. In: Dix-huitième siècle 14 (1982), S. 221–229; Iris Wenderholm: Extrait de Télémaque. Zur Verwendung von Fénelons *Aventures de Télémaque* in der Prinzenerziehung am Berliner Hof um 1700. In: Literaturwissenschaftliches Jahrbuch der Görres-Gesellschaft 43 (2002), S. 381–389; Dies.: Gelehrsame Spaziergänge. Zur Rezeption von Fénelons Roman *Les Aventures de Télémaque* am Hofe der Sophie Charlotte. In: Generaldirektion der

bereits vor der Publikation der französischen Erstausgabe von der Existenz des Textes wusste,[143] nutze ihn aktiv zur Erziehung ihrer Kinder und sorgte dafür, dass diese didaktische Methode weithin bekannt wurde: Die *Conversations sur le livre de Télémaque* (1700) wurden (wahrscheinlich von dem Hugenotten Antoine Teissier[144]) erstellt und publiziert.[145] Sie geben einen „fiktiven Dialog mit ihrem Sohn" wieder,[146] „in dem sie sich explizit für die Anwendung der in Fénelons Roman vertretenen Grundlagen der Prinzenerziehung ausspricht."[147]

Die Botschaft, die damit kommuniziert werden sollte, liegt klar zutage: Während Ludwig XIV. laut Bohse „dem Hertzog von Bourgogne, dem er zu Liebe [...] auffgesetzet worden/ solchen zu lesen verbieten lassen",[148] werde der *Télémaque* am preußischen Hof gewürdigt. In Berlin herrschten, anders als in Versailles, Tugend und Wahrheitsliebe. Das zeigt sich besonders am Schluss der *Conversations*, die den preußischen Thronfolger in eine Linie mit dem jungen Télémaque stellen: „Ceux qui furent témoins de cette conversation, crurent que Minerve n'avait quitté Télémaque, que pour venir dans le jardin de Lutzenbourg, inspirer au jeune prince de Brandenbourg de ses sentiments dignes d'elle, et d'illustre sang dont il est sorti."[149] Darüber hinaus erscheint seine Mutter Sophie Charlotte „durch die Parallelisierung mit Minerva als gelehrte Gönnerin der Künste und Wissenschaften".[150] Sowohl die *Conversation* als auch Bohses Paratexte zum *Télémaque* heben den konkreten didaktischen Nutzen von Fénelons Text hervor und unterstreichen die Bedeutung des Hauses Brandenburg.[151]

Stiftung Preußische Schlösser und Gärten Berlin-Brandenburg (Hrsg.): Aspekte der Kunst und Architektur in Berlin um 1700. Potsdam 2002, S. 36–47.
143 Vgl. Wenderholm: Extrait de Télémaque, S. 381f. Vermittlerin dürfte Elisabeth Charlotte von Orléans gewesen sein, die in ihren Briefen an Sophie von Hannover, die Mutter Sophie Charlottes, von Fénelons *Télémaque* berichtet. Vgl. Elisabeth Charlotte von Orléans: Brief an Sophie von Hannover, 14.6.1699. In: Aus den Briefen der Herzogin Elisabeth Charlotte von Orléans an die Kurfürstin Sophie von Hannover. Ein Beitrag zur Kulturgeschichte des 17. und 18. Jahrhunderts. Hrsg. von Eduard Bodemann. Hannover 1891, S. 368f. Elisabeth Charlotte von Orléans erklärt dort: „[E]s ist ein recht artig undt schön buch, ich habe es in manuscript gelesen".
144 Vgl. Kapp: Conversation sur le Livre de Télémaque, S. 222.
145 Vgl. ebd., S. 221. Die erste Ausgabe ist nicht mehr nachzuweisen, Kapp gibt den Text einer Edition von 1703 wieder.
146 Wenderholm: Extrait de Télémaque, S. 382.
147 Ebd.
148 Bohse: An den Leser, unpaginiert.
149 Kapp: Conversation sur le Livre de Télémaque, S. 229.
150 Wenderholm: Gelehrsame Spaziergänge, S. 41. Die Gleichsetzung von Sophie Charlotte mit Minerva spiegelt sich auch im Bauschmuck von Schloss Charlottenburg. Vgl. ebd., S. 45.
151 Vgl. Kapp: Conversation sur le Livre de Télémaque, S. 223: „Dans les circonstances, le débat sur le caractère satirique de *Télémaque* ne l'intéresse pas au même degré que le fruit pédagogique

Bohses Übersetzungen politischer Literatur – 1701 folgte Barclays *Argenis*[152] – können durchaus als Bewerbungsschriften verstanden werden.[153] Sie erschien im Jahr seiner juristischen Promotion an der Universität Jena; dass er schließlich 1708 als Professor an die neugegründete Ritterakademie im schlesischen Liegnitz berufen wurde, lässt sich auch als Folge dieser Suche nach Patronage verstehen. Der Zusammenhang zwischen der Lehre dieser Texte und der Aufgabe des Pädagogen ist offensichtlich: So sollten dort sowohl moderne Sprachen auch tanzen, reiten und fechten unterrichtet werden.[154]

Bohses Übersetzungen stellen keinen radikalen Bruch mit seinem galanten Romanwerk dar; zumindest die didaktische Intention gilt laut Bohse sowohl für den *Telemach* als auch für seine übrigen Romane. In der Vorrede zu seinem letzten Roman *Antonia de Palma* (1709) unterstreicht er den Nutzen der vielgeschmähten Romangattung – nicht ohne der Gelehrtenzunft einen Seitenhieb zu verpassen:

> [W]as ein rechter Roman ist/ der wird seinen Leser eher zur Tugend als zu Lastern anführen. Er wird einem zeigen/ wie man die Höfligkeit *practici*ren; tapffere Thaten üben; sich gegen *honêtes* Frauenzimmer bescheiden aufführen; mit Standes-Personen der Gebühr nach umgehen/ und als ein kluger Mensch in aller *Conversation* sich erweisen solle. Also daß darinnen eine anmuthige Sitten-Lehre anzutreffen/ welche durch die vorgelegte mannichfaltige Historien offtmals ehe in denen Gemüthern bekleibet [gedeiht, C. M.]/ als wenn man selbige durch allerhand ernsthaffte Sätze von einem murrischen Sauertopffe/ und der noch dazu von Hochmuth und Grobheit zusammengesetzt/ anhören muß.[155]

---

qu'elle pense tirer du livre; la *Conversation* renvoie à l'intention primordiale de l'archevêque de Cambrai: elle considère *Télémaque* comme un écrit instructif sans prétention politique. C'est ce point de vue qui fait l'originalité de ce petit texte."

152 Vgl. [John Barclay:] Die Durchlauchtigste Argenis in einer von den vortrefflichsten Staats-Romanen dieser und voriger Zeiten von dem berühmten Jo. Barclajo in Lateinischer Sprache beschrieben/ und aus solcher in unsre Hochteutsche mit Fleiß übersetzet von Talandern. Leipzig 1701.

153 Vgl. Ajouri: Probleme der Empirisierung einer Gattung, S. 300, der betont, dass Bohse „in die Ausbildung adliger Staatsdiener involviert" gewesen sei: „Bohse beschrieb 1708 in seiner Eröffnungsrede der Ritterakademie in Liegnitz, wie zunehmend auch vom Adel eine Ausbildung verlangt werde, die ihn für Staatsämter qualifiziere.

154 Vgl. Ausführlicher Bericht/ Wie die Von Ihro Röm. Käyserl. auch zu Hungarn und Böheim Königl. Majestät JOSEPHO I. Unsern allergnädigsten Käyser/ König u. Herrn Allergnädigst aufgerichtete Ritter-Academie zu Liegnitz in Schlesien am. 11. Novembr. vorigen 1708. Jahres inauguriret/ Auch Das Käyserl. hohe Nahmens-Fest am 19. Martii ietzigen 1709. Jahres Von bemeldter ACADEMIE allerunterthänigst celebriret worden. Liegnitz 1709.

155 [August Bohse:] Antonia de Palma in einer angenehmen Staats und Liebes Geschichte [...] aufgeführt von Talandern. Leipzig 1709, unpaginierte Vorrede.

Das hier artikulierte Ideal einer galanten Verhaltenslehre, auf die Vermittlung gesellschaftlicher Klugheit abzielt, steht allerdings in gewissem Kontrast zu den Anforderungen an einen „Staats-Roman", der Herrschaftswissen und Herrschermoral („*Staats-Kunst*") lehren solle.

Obwohl Bohses Übersetzung auf einem unvollständigen französischen Text beruht und damit zwangläufig defizitär ist,[156] wurde die sie bis 1722 noch dreimal neu aufgelegt.[157] Ihre unbestreitbaren Qualitäten konnten aber nicht verhindern,[158] dass die Übersetzung Sinolds von Schütz, der auf die erweiterte Textgrundlage der Edition von 1717 zurückgreifen konnte, an ihre Stelle trat; auch angesichts eines sich wandelnden Stilideals wurde sie obsolet. Ihre Bedeutung liegt in ihrem Charakter als Pionierleistung, weniger in ihren stilistischen Entscheidungen,[159] auch wenn sie für einige Jahrzehnte breit rezipiert wurde.[160]

3.6 Neukirchs *Begebenheiten des Prinzen von Ithaca*: Epos und Gelehrsamkeit

Wenn Johann Wolfgang Goethe in *Dichtung und Wahrheit* erklärt, er habe als Kind in der reich bestückten Bibliothek seines Vaters auch „Fenelons Telemach [...] in

---

156 Vgl. Bohse: An den Leser: „Mir ist eine Lioner *edition* in die Hand gekommen/ welche vor die beste gehalten worden". – Es handelt sich wohl um die fünfbändige Pariser Ausgabe von 1699. Vgl. Schmitt-Maaß: Fénelons Télémaque in der deutschsprachigen Aufklärung, S. 129 (Fußnote): „Da der Umbruch bei Bohse jener Ausgabe exakt entspricht, darf davon ausgegangen werden, dass es sich bei der Lyoner Ausgabe um den Pariser Druck mit fingierter Ortsangabe handelt." Brewer: The Novel of Entertainment, S. 93, sieht darin eine bewusste Tendenz der Bohseschen Übersetzung: „Bohse's shortened version tend to eliminate the controversial messages of the original and to preserve only the more harmless maxims." Allerdings legt sie die Edition von 1717 für ihren Vergleich zugrunde. Vgl. ebd., S. 228 f.
157 Alle Ausgaben der Bohse'schen Übersetzungen erschienen in Breslau: 1707, 1715 und 1722.
158 Vgl. Schmitt-Maaß: Fénelons „Télémaque" in der deutschsprachigen Aufklärung, S. 155: „Zusammenfassend kann also festgehalten werden, dass Bohse in seiner Übersetzung aus dem Französischen nach Einfachheit in der sprachlichen Gestaltung, Klarheit in der Darstellung des Inhalts, Nachvollziehbarkeit durch Orientierung an gesprochener Sprache, Betonung des personalen Handlungssubjekts sowie rhetorischer und bildsprachlicher Reduktion strebt".
159 Vgl. die ausführlichen Analysen der deutschen *Télémaque*-Übersetzungen von Schmitt-Maaß: Fénelons „Télémaque" in der deutschsprachigen Aufklärung.
160 Die Einschätzung von Bensiek: Die ästhetisch-literarischen Schriften Fénelons, S. 112, Bohses Übersetzung „spornte bestenfalls nachfolgende Übersetzungen zu größerem Erfolg an", ist angesichts der Auflagen von Bohses Version sicherlich übertrieben.

der Neukirchischen Übersetzung" gelesen,[161] dann ist das nicht nur in Hinblick auf die prägenden Leseerfahrungen des jungen Goethe aufschlussreich, sondern auch in Bezug auf den Wohlstand seines Elternhauses: Die in drei Bänden 1727 und (postum) 1739 publizierte Versübersetzung von Benjamin Neukirch „bestand aus drei mit wertvollen Kupfern gezierten, sehr kostspieligen Foliobänden, die im übrigen zu einem kommerziellen Mißerfolg führten".[162] Von 1703 bis zu ihrer Aufhebung im Jahr 1718 war Neukirch als „Professor der Poesie und Wohlredenheit an der neu errichteten Ritterakademie zu Berlin" tätig,[163] um dann zwischen 1728 und 1728 als Erzieher des Ansbacher Erbprinzen Carl Wilhelm Friedrich zu wirken:[164] „Er dichtete seinen Zögling in Fénelonisierenden Gedichten an und übersetzte für ihn, ein Beweis dafür, wie ernst er seinen Beruf nahm, den Telemach in Alexandriner, von dem der Hof durch Vorschuss einer bedeutenden Summe eine Prachtausgabe in fol. herstellen liess."[165]

Neukirchs Versübersetzung ist also das Dokument einer höfischen *Télémaque*-Rezeption. Wie bereits vor ihm August Bohse widmet er seine Übersetzung einem Thronfolger; und auch die finanziellen Anstrengungen des Ansbacher Hofs für die Drucklegung bezeugen, dass es hier mindestens ebenso sehr um die Selbstdarstellung des Hauses Ansbach-Bayreuth ging wie um den Kulturtransfer.[166]

Der pädagogische Impetus spiegelt sich auch in der Dreiteilung der Übersetzung: Zwar behält Neukirch, der sich auf die Ausgabe von 1717 bezieht, die homerisierende Einteilung in 24 Bücher bei, geht aber weiter und unterteilt den Text in drei inhaltlich begründete Großabschnitte: In Teil I (Buch 1–7) „gehet Telemach die Versuchungen und anklebende Fehler der Jugend durch", in Teil 2 (Buch 8–17) „führt er sich klüger auf, und tritt die Verrichtungen eines Helden an", in Teil 3 (Buch 18–24) wird der Protagonist „ein vollkommener Mann".[167]

---

161 Johann Wolfgang Goethe: Aus meinem Leben. Dichtung und Wahrheit. In: Ders.: Sämtliche Werke nach Epochen seines Schaffens. Münchner Ausgabe. Hrsg. von Karl Richter u.a. Bd. 16. Hrsg. von Peter Sprengel. München 1985, S. 38.
162 Bensiek: Die ästhetisch-literarischen Schriften Fénelons, S. 125.
163 Wilhelm Dorn: Benjamin Neukirch. Sein Leben und seine Werke. Ein Beitrag zur Geschichte der zweiten schlesischen Schule. Weimar 1897 (Litterarhistorische Forschungen. H. 4), S. 13.
164 Vgl. ebd., S. 16. – Vgl. auch Dirk Niefanger: Der späte Benjamin Neukirch als Pädagoge. In: Morgen-Glantz 25 (2015), S. 311–324. Niefanger hebt zu Recht hervor (ebd., S. 315): „Das Herrschaftsideal, das Neukirch dem jungen Carl Wilhelm Friedrich vermitteln wollte, dürfte übrigens ein anderes gewesen sein, als es die Regierungspraxis des wilden Markgrafen später zeigte."
165 Ebd., S. 16.
166 Vgl. ebd., S. 32 zu den Druckkosten.
167 Benjamin Neukirch: Vorrede. In: Die Begebenheiten Des Prinzen von Ithaca, Oder: Der seinen Vater Ulysses, suchende Telemach / Aus dem Französischen des Herrn von Fenelon, In Deutsche

Diese Dreiteilung akzentuiert und verstärkt die didaktische Wirkintention und gibt bereits durch die Gliederung den Hinweis auf die Entwicklungsstufen des Protagonisten, die (so die implizite Annahme) auf den Zögling übertragbar ist. Didaktisch ist auch die Vielzahl von gelehrten Anmerkungen, die den Text erläutern. Die überbordende paratextuelle Rahmung übertrifft (zumindest im ersten Band) den literarischen Text, der so deutlich als Anlass zur Verbreitung eruditer und moraldidaktischer Lehren dient.

Überhaupt ist die Übersetzung geprägt von Bewunderung wie von einem gewissen Distanzbewusstsein: In der Vorrede erklärt er, Fénelon habe gegen die „Haupt-Regel in Helden-Gedichten; daß der Poet seinen Held niemals verlassen; sondern ihn allezeit vor Augen haben muß", verstoßen.[168] Diese Beobachtung hat nun aber nicht zur Folge, dass Neukirch etwas an der Struktur des Werkes änderte. Ganz im Gegenteil bekundet er seinen „großen *Respect*" für den bewunderten Autor, der ihn daran gehindert habe, sich „an dem *Plan* desselben [zu] vergreiffen".[169] Ramsays *Discours*, den Neukirch gekannt haben muss, lobte hingegen die mustergültige Verknüpfung der Episoden. Auch wenn Neukirch nicht in die Struktur des Werkes eingreift, variiert er doch auf semantischer Ebene beträchtlich. Das hat nicht nur mit der Versifikation zu tun, die nahezu zwangsläufig zu kleineren Abweichungen führen muss, sondern vor allem mit neu verfassten Einschüben und Ergänzungen, die zum Teil die Aussage von Fénelons Vorlage beträchtlich verändern: Wie Christoph Schmitt-Maaß gezeigt hat, relativiert Neukirch einerseits etliche absolutismuskritischen Äußerungen des Originals, verstärkt aber zugleich die Reflexionen über die Rolle des Erziehers.[170] Seine Übersetzung ist „ein vor allem auf Ansbach zugeschnittener Fürstenspiegel".[171] Das erkennt auch Gottsched, der in seiner Biographie des von ihm hochgeschätzten Autors erklärt, seine *Begebenheiten des Prinzen von Ithaca* seien „mit mythologischen und andern moralischen und politischen Anmerkungen versehen; die aber nur bey jungen Herren, nicht bey andern gelehrten Lesern ihren Nutzen haben."[172]

Verse gebracht, Und mit Mythologisch- Geographisch- Historisch- und Moralischen Anmerckungen erläutert, von Benjamin Neukirch [...]. Theil 1. Onolzbach 1727, unpaginiert.
168 Ebd.
169 Ebd.
170 Schmitt-Maaß: Fénelons „Télémaque" in der deutschsprachigen Aufklärung, S. 200.
171 Dirk Niefanger: Der späte Benjamin Neukirch als Dichter und Prinzenerzieher in Ansbach: Telemach, Satyren und Gelegenheitsgedichte. In: Georg Seiderer (Hrsg.): Carl Wilhelm Friedrich von Brandenburg-Ansbach (1712–1757). Der „wilde Markgraf"? Ansbach 2015 (Jahrbuch des Historischen Vereins für Mittelfranken. Bd. 103), S. 45–62, hier S. 58.
172 Johann Christoph Gottsched: Vorrede. In: Herrn Benjamin Neukirchs [...] auserlesene Gedichte [...]. Regensburg 1744, unpaginiert.

Die Wahl des Verses erläutert Neukirch nicht eigens: In der Vorrede spricht er ohne nähere Begründung vom *Télémaque* als einem „Helden-Gedichte" und stellt Fénelon als einen Nachfolger von Homer und Vergil dar.[173] Offenkundig erachtet er es nach Ramsays *Discours* nicht mehr für notwendig, die vermeintlich längst geklärte Gattungsfrage erneut zu stellen. Durch die Wahl des Metrums – Neukirch schreibt in (viel kritisierten) heroischen Alexandrinern – lehnt er sich an die Tradition des barocken Epos an, einer Gattung, die trotz ihrer theoretischen Hochschätzung in der Praxis nur wenig gepflegt wurde.[174] Die Rezeption der Begebenheiten des *Prinzen von Ithaca* legt nahe, dass zumindest für einige Jahre diese Übersetzung als Beispiel eines „deutschen Heldengedichts" gelesen wurde: Der Rezensent der *Acta Eruditorum*, dem die *Neuen Zeitungen von gelehrten Sachen* folgen, erklärt: „[S]ein Telemach sieht nicht so wohl einer Übersetzung, als einem neuen Wercke ähnlich."[175] Dass der Erfolg des Werks trotz der „insgesamt acht Auflagen" nicht dauerhaft blieb,[176] hängt sicherlich mit dem Siegeszug des Romans im 18. Jahrhundert zusammen; Neukirchs Übersetzung musste bald wie ein (zudem sprachlich ungenauer) Anachronismus wirken,[177] zumal sich auch Prosaübersetzungen wie die Sinolds von Schütz das nobilitierende Etikett eines ‚Heldengedichts' zu eigen machten.[178]

---

173 Benjamin Neukirch: Vorrede, unpaginiert: „Unter viel Tausenden hat der Herr von *Fenelon* das Glück/ daß er denen Fußstapfen des *Homerus* und *Virgilius* genau gefolget, und es auch beyden in vielen Stücken zuvor gethan."
174 Vgl. den Überblick bei Volker Meid: Die deutsche Literatur im Zeitalter des Barock. Vom Späthumanismus zur Frühaufklärung 1570–1740. München 2009 (Geschichte der deutschen Literatur von den Anfängen bis zur Gegenwart. Bd. 5), S. 501–514.
175 [Rezension von: Die Begebenheiten Des Prinzen von Ithaca. In:] Neue Zeitungen von gelehrten Sachen 18 (1728), S. 170–172, hier S. 172.
176 Bensiek: Die ästhetisch-literarischen Schriften Fénelons, S. 125.
177 So die Wertung von Johann Jacob Breitinger: Fortsetzung Der Critischen Dichtkunst [...]. Zürich 1740, S. 184, der Neukirch polemisch von Sinold abgrenzt. Anlässlich einer Neuauflage von Sinolds Übersetzung kritisiert hingegen der *Allgemeinen deutschen Bibliothek* Sinolds Übersetzung. Vgl. [Rezension von:] Die seltsame Begebenheiten des Telemach [...] 1766. In: Allgemeine deutsche Bibliothek. Bd. 10, 1. Stück (1769), S. 236f., hier S. 237: „Diese Uebersetzung ist in 30. Jahren noch nicht angenehmer zu lesen geworden."
178 Bensiek überschätzt insgesamt die Wirkung Neukirchs. Vgl. ebd., S. 125: „Schließlich diente Neukirch noch der metrischen Telemach-Version des Holländers Feitama (1733), möglicherweise auch der lateinischen Reimübersetzung Trautweins (Fata Telemachi, Ulm 1744) zum Vorbild."

3.7 Die Übersetzungen politischer Romane im Gottsched-Kreis

Trotz aller Kritik an Neukirch, die Gottsched äußerte, verfolgen die Übersetzungen, die er propagierte, einem ähnlichen Ziel: Auch ihm geht es um Tugenddidaxe. Vor allem aber gehören die von ihm angeregten Übersetzungen in den Kontext seines Kulturtransfer-Programms: Um wie ein Jahrhundert zuvor Opitz die deutschsprachige Literatur wieder international konkurrenzfähig zu machen,[179] sollten Übersetzungen aus der Nachbarliteratur den ersten Schritt bilden und dienen somit auch der Etablierung eines ‚gereinigten' Geschmacksideals. Zudem sollen sie dazu beitragen, ein deutsches Prosaepos zu etablieren – ein Versuch, der bekanntlich nicht von Erfolg gekrönt war.

3.7.1 Gottscheds *Probe einer Uebersetzung aus Ramsays reisendem Cyrus* (1735)

Gottsched selbst veröffentlichte 1735 die *Probe einer Uebersetzung aus Ramsays reisendem Cyrus* in heroischen Alexandrinern,[180] die laut der Vorrede unmittelbar vom Vorbild Neukirchs beeinflusst worden sei.[181] Allerdings entspreche, so Gottsched, der *Cyrus* nicht den Regeln eines Epos, wie sie Aristoteles und Le Bossu formuliert hätten, weil die Handlung erstens einen zu langen Zeitraum umfasse und zweitens im *ordo naturalis* abgefasst sei. Um diesen „beyden Fehlern abzuhelfen, und dem deutschen Cyrus ein poetischer Ansehen zu geben", habe er den Plan gefasst, seine deutsche Versifikation *medias in res* im dritten Buch beginnen zu lassen und die Handlung der ersten beiden Bücher von Ramsays *Voyages de Cyrus* in intradiegetischen Erzählungen nach dem Vorbild von Vergil und Fénelon nachtragen zu lassen. Die epische Dignität der wird zudem durch das eigens verfasste Proömium betont:

> Den Grund des Perser Reichs in Cyrus langen Reisen/ Und wie durch Fried und Krieg sich Helden groß erweisen/ Besingt dieß Heldenlied. O Himmel, steh mir bey,/ Daß mein Gedichte

---

[179] Vgl. zu Gottscheds Berufung auf Opitz Uwe-K. Ketelsen: Auf den Flügeln des patriotischen Eifers über das Gestrüpp der Sätze: Gottsched rühmt Opitz. In: Barbara Becker-Cantarino/Jörg-Ulrich Fechner (Hrsg.): Opitz und seine Welt. Festschrift für George Schulz-Behrend zum 12. Februar 1988. Amsterdam/Atlanta 1990 (Chloe. Bd. 10), S. 267–286.
[180] Johann Christoph Gottsched: Probe einer Uebersetzung aus Ramsays reisendem Cyrus. In: Der Deutschen Gesellschaft in Leipzig Eigene Schriften Und Übersetzungen in gebundener und ungebundener Schreibart. Teil 2. Leipzig 1734, S. 563–570.
[181] Vgl. Johann Christoph Gottsched: Vorrede, unpaginiert. In: Ebd.

stets der Tugend dienstbar sey,/ Der Weisheit hohen Werth in schönen Bildern lehre,/ Und in den Fabeln selbst den Glanz der Wahrheit ehre.[182]

Entsprechend der epischen Tradition verbindet das Proömium den Hinweis auf den Inhalt – es geht um eine nicht exklusiv militärisch zu verstehende Heldengröße – mit einem christianisierten Musenanruf an den „Himmel", der den Poeten bei seinem Vorhaben, Tugend und Weisheit anschaulich und ästhetisch ansprechend zu lehren, unterstützen solle. Nicht zuletzt handelt es sich um eine Kurzfassung von Gottscheds Literaturverständnis.

Gottsched zielt also darauf ab, den politischen Roman zu einem regelgerechten Heldengedicht zu transformieren – besser gesagt: einen Schüler dazu motivieren, diese Anregung aufzunehmen – und so in den Bereich der Poesie zu überführen. Trotz der Ankündigung, er wolle die Arbeit einer „geschickten poetischen Feder" beaufsichtigen und für die Publikation des Werks sorgen, wurde nichts aus diesem Vorhaben, obwohl „sich schon ein guter Verleger" gefunden hatte.[183]

3.7.2 Adam Bernhard Pantkes Versübersetzung der *Begebenheiten Neoptolems* (1749) und George Friedrich Bärmanns Übersetzung von Pernettis *Ruhe des Cyrus* (1735)

Gottscheds ehrgeiziges Vorhaben wurde also nicht umgesetzt, wohl aber (die aufgrund der epenkonformen Struktur der Vorlage einfacher zu realisierende) Versübersetzung des *Neoptolème*, die aber weitgehend folgenlos blieb. Chancierges' Roman war bereits 1723 in Breslau in deutscher Übersetzung verlegt worden;[184] 1772 sollte eine Basler Neuübersetzung folgen – deutliche Zeichen für

---

[182] Gottsched: Probe einer Uebersetzung, S. 565.
[183] Gottsched: Vorrede. – Vgl. Gustav Waniek: Gottsched und die Litteratur seiner Zeit. Leipzig 1897, S. 490, der den Plan auf 1728 datiert und erklärt, „der Stoff wurde ihm aber von Matheson vorweggenommen (Hamburg 1728)." Das verkennt (einmal abgesehen von der zweifelhaften Chronologie), dass die Prosaübersetzung Mathesons keine Konkurrenz zu einer versifizierten Bearbeitung darstellte.
[184] Vgl. Staats-Roman, Welcher unter dem Leben Des Neoptolemi, Printzens von Thessalien und Sohnes des Achillis, in einer schönen Morale anmuthig vorstellt, Wie Ein junger Printz, und folglich ein Jeder über seine Gemüths-Neigungen herrschen solle / Von Mr. Chansierges in der Frantzösischen Sprache beschrieben; Nunmehro aber wegen der darinnen enthaltenen feinen und nützlichen Sitten-Lehre aus derselben ins Teutsche übersetzt von einem der zu seinem Symbolo führet: Wohldem, der sich auf den Herren verläßt [Jacob Fendler]. Breslau 1723.

die Popularität des Genres.[185] Während der erste Übersetzer (wohl in Anlehnung an Bohses ebenfalls in Breslau verlegte *Télémaque*-Übersetzung) den *Neoptolème* als „Staats-Roman" rubrizierte, zugleich aber im Untertitel versicherte, dass die Moral für jedermann anwendbar sei, übersetzen Pantke und Johann Friedrich von Rosenthal „Aventures" mit „Begebenheiten", wohl um gar nicht erst in die anrüchige Nähe der Avanturier-Romane zu geraten; wahrscheinlich wirkten auch die Titel der *Télémaque*-Übersetzungen von Neukirch und Sinold von Schütz nach.

Gottscheds Rezension von Pernettis *Neoptolème* mündete in die Aufforderung, „ein guter munter Dichter" solle den übersetzen,[186] wie es Benjamin Neukirch mit Fénelons Epopöe gemacht habe, also in Versen. Das ist insofern ironisch, weil Gottsched andernorts Neukirchs Übersetzung scharf kritisiert hatte[187] – zugleich aber auch ein wichtiges Indiz für Gottscheds Programm der Geschmackshebung durch einen systematischen Kulturtransfer. Auch wenn er die Möglichkeit eines Heldengedichts in Prosa für die französische Literatur konzediert, favorisiert er die versifizierte Übersetzung, um die so präsentierten Texte zusätzlich zu nobilitieren. Man werde – so Gottsched in seiner Vorrede zu Pantkes Übersetzung – „wenigstens im Deutschen diesen beyden schönen Werken [*Télémaque* und *Neoptolème*, C. M.] den Namen der Gedichte nicht abspre-

---

185 1771 erschien eine französische Ausgabe unter neuem Titel, die den Roman als Werk Fénelons ausgab: Vgl. Les Aventures de Pyrrhus, fils d'Achille, ouvrage posthume de feu M. de F.*** Pour servir de suite aux Aventures De Télémaque. Amsterdam/Paris 1771. Auf ihr basiert die Basler Übersetzung: Die Begebenheiten des Pyrrhus des Sohnes des Achilles als ein Anhang zu den Begebenheiten des Telemachs. Aus dem Französischen übersetzt von Johann Friedrich von Rosenthal. Basel 1772.
186 [Gottsched: Rezension von] Les avantures de Neoptoleme, S. 139.
187 Vgl. ebd.: Der *Télémaque* habe „die Ehre gehabt, von einem unserer besten Poeten deutsch übersetzt zu werden". Vgl. aber [Johann Christoph Gottsched: Rezension von] Die Begebenheiten des Prinzen von Ithaka [...]. In: Beyträge zur Critischen Historie der Deutschen Sprache, Poesie und Beredsamkeit. 24. Stück 1740, S. 601–624, hier S. 605: „Was nun die Uebersetzung selbst betrifft; so müssen wir ungeachtet der Hochachtung, die wir gegen einen so großen Poeten unseres Deutschlandes hegen, [...] dennoch gestehen: daß man darinnen dasjenige poetische Feuer nicht antreffen wird, welches den ersteren Gedichten unsers Neukirchs eine so große Schönheit giebt." Vgl. auch Johann Christoph Gottsched: Fortsetzung der neuen Entdeckungen vom Alterthume des epischen Gedichtes, Reinike der Fuchs. In: Das Neueste aus der anmuthigen Gelehrsamkeit 1757, S. 111–127, hier S. 126: „Gewiß unser Neukirch, der dem Telemach eben den Dienst leisten wollen, hat sie so gut nicht gekonnt. Denn der prosaische Grundtext wird allemal unendlich viele Schönheiten behalten, die der deutsche poetische Telemach niemals bekommen hat, auch niemals bekommen wird."

chen."[188] Erst die deutschen Übersetzungen besitzen somit zweifelsfrei epische Dignität.

Die Übersetzung des *Neoptolème* durch Adam Pantke belegt, dass Gottsched auf eine treue Anhängerschaft bauen konnte.[189] In seiner Vorrede erläutert der Übersetzer, der Geistliche Pantke, die Gründe für seine Übersetzung.[190] Dabei sind die Bezugspunkte Gottsched und Neukirch: Während er durch Gottscheds Rezension auf Chancierges' Roman aufmerksam geworden sei, habe ihn Neukirchs versifizierte Übertragung des *Télémaque* dazu angeregt, auch seine Übersetzung dieser prosaischen „Heldengedichte" in Versform zu unternehmen.[191] Neben den gängigen Argumenten über den Nutzen von Übersetzungen für Übersetzer und Publikum stechen zwei Aspekte von Pantkes Überlegungen heraus. Erstens reflektiert er über das Zielpublikum seines *Neoptolems*, zweitens sieht er die Notwendigkeit, sich angesichts gegen mögliche Vorwürfe zu wappnen, dass er als Geistlicher „in die Wüsteneyen der heidnischen Mythologie ausgeschweift" sei – ein Einwand, den er mit der These kontert, dass gerade die intensive Beschäftigung mit heidnischen Religionen die Wahrheit des Christentums umso augenfälliger mache: „Je sorgfältiger man das alles beobachtet; desto überzeugender wird die Vortrefflichkeit der geoffenbarten Religion hervorleuchten."[192]

Wie auch Neukirch versieht Pantke seine Übersetzung mit Erläuterungen. Dass er sich auf einfache mythologische Erklärungen beschränkt, rechtfertigt er damit, „daß die Absicht der neukirchischen von der Absicht [s]einer Uebersetzung

---

188 Johann Christoph Gottsched: Vorrede zu Die Begebenheiten Neoptolems von Chancierces. 1749. In: Ders.: Ausgewählte Werke. Bd. 10.1: Kleinere Schriften. Hrsg. von P. M. Mitchell. Berlin/New York 1980, S. 307–325, hier S. 325.
189 Vgl. ebd.: „Daß indessen, so wohl *Telemach*, als *Neoptolemus*, unter die Zahl der Heldengedichte zu zählen sind, das braucht meines Beweises nicht. Sind sie gleich beyde in Prosa geschrieben: so weis man doch aus den gesunden Begriffen des Alterthums, daß nicht die Verse, sondern die Fabel ein Werk zum Gedichte machen. Ist diese nun nach dem Muster Homers und Virgils, oder nach Aristotels Regeln eingerichtet: so ist sie eine wahrhafte Epopee, oder ein regelmäßiges Heldengedicht."
190 Vgl. Adam Bernhard Pantke: Vorrede des Übersetzers. In: Chancierces: Die Begebenheiten Neoptolems, eines Sohnes des Achilles, aus dem Französischen des Herrn Chancierces in deutsche Verse übersetzt, und durch mythologische Anmerkungen erläutert, nebst einer Vorrede Sr. Hochedelg. Hrn. Prof. Gottscheds, dem Drucke überlassen, von M. Adam Bernhard Pantken […]. Breslau 1749, unpaginiert.
191 Vgl. ebd.: „Der Herr *Chancierces* hatte den *Erzbischof Fenelon* nachgeahmt, und ich trat in die Fußtapfen des *Herrn Hofrath Neukirchs*. Die Begebenheiten Telemachs und Neoptolems sind zwar nicht in französischen Versen, sondern nur in ungebundener Rede, verfaßt, nichts destoweniger aber müssen sie von rechtswegen Heldengedichte gennenet werden. Sowohl die innerliche Einrichtung, als auch die äußerliche Einkleidung, macht ihnen diesen Namen zu eigen."
192 Ebd.

weit unterschieden sey." Der angestrebte Rezipientenkreis bestimmt augenscheinlich Frequenz und Inhalt von Kommentaren; weil er kein fürstliches Publikum anstrebe, müsse er auch kein Herrschaftswissen vermitteln.[193] Das von anderen Autoren aber durchaus zur Kenntnis genommene Problem, worin nun das mögliche Interesse eines breiten Publikums für einen Text aus dem Kontext der Fürstenerziehung liegen solle, thematisiert Pantke nur am Rande, wenn er von seiner rührenden Wirkung spricht. Am Ende der Vorrede reflektiert er über die Notwendigkeit christlicher Herrscher – die aber ja gerade nicht zum Lesepublikum des Textes gehören sollen. Wie sich dazu die panegyrische Widmungsode an Prinz August Ferdinand von Preußen verhält,[194] den Bruder Friedrichs II., muss offenbleiben.

Ein gutes Jahrzehnt vor Pantkes Versübersetzung des *Neoptolème* war – ebenfalls im Umkreis Gottscheds – die Prosaübersetzung von Jacques Pernettis *Le repos de Cyrus* entstanden.[195] Ihr Urheber war der 1717 geborene Leipziger Student George Friedrich Bärmann, der als Mathematiker große Bedeutung erlangen sollte.[196] In einer ausführlichen Vorrede erläutert er sein Vorhaben.[197] Diese Ausführungen können als repräsentativ für die Übersetzungstheorie im Gottsched-Kreis gelten. Er habe sich, so Bärmann, für ein Buch entschieden, das „zugleich ergötzen und unterrichten" könne.[198] Der Nutzen liegt dabei vor allem im Kulturtransfer begründet. Er betont den positiven Effekt individueller Sprachübung wie auch die durch Übersetzungen eintretende Verbesserung des

---

193 Vgl. ebd.: „Da *Fenelon* und *Chancierces* ihre Gedichte zum Unterrichte königlicher Prinzen aufsetzten, die zur Beherrschung eines großen Reiches bestimmt waren; und *Neukirch* die Uebersetzung des Telemachs zur Belehrung eines durchlauchtigsten deutschen Erbprinzen unternommen hat, der jetzt einer von den würdigsten Reichsfürsten ist: so fanden practische Anmerkungen dabei statt, welche die Anwendung des Gedichts beförderten, und diesem jungen Helden das Gedicht dadurch nutzbar machen konnten. Bey meiner Uebersetzung mangelt diese Absicht, ob sie gleich der Urheber des Originals bey der Verfertigung desselben gehegt hat."
194 Vgl. Adam Bernhard Pantke: An des Königlich-Preußischen und Churfürstlich-Brandenburgischen Prinzen August Ferdinands Königliche Hoheit. In: Chancierces: Die Begebenheiten Neoptolems, S. III-XVI.
195 Vgl. [Jacques Pernetti:] Ruhe Des Cyrus, Oder Die Geschichte und das Leben desselben, von seinem sechzehenden Jahre an bis in sein vierzigstes Jahr. Aus dem Französischen übersetzt. Leipzig 1735. Eine zweite Auflage von Bärmanns Übersetzung erschien 1769 in Wismar. 1747 erschien ein Auszug aus dem Roman in deutscher Übersetzung: Vgl. Historie des Königs Brama aus der Ruhe des Cyrus übersetzt, und Sr. Hochreichsgräfl. Excell. Dem Herrn Cabinetsminister Grafen von Manteufel, unterthänig zugeeignet von P. K. Leipzig 1747.
196 Vgl. Kurt Vogel: Georg Friedrich Baermann. In: Neue Deutsche Biographie 1 (1953), S. 527.
197 Vgl. Bärmann: Vorrede. In: [Pernetti:] Ruhe Des Cyrus, unpaginiert.
198 Ebd.

Sprachniveaus.[199] Damit ist der Kern seines Konzepts benannt: Er strebt die Überbietung der französischen Kultur über ihre Imitation an. Dass es sich um einen politischen Roman handelt, spricht er nur am Rande an. Eher kursorisch äußert sich Bärmann zu den gelegentlich auftretenden Anachronismen, insbesondere der Rückprojektion der Blüte der Wissenschaften unter Ludwig XIV. ins alte Persien.[200] Dass „überall eine grosse Aehnlichkeit mit der Wahrheit der neueren Geschichte" festzustellen sei, wird zwar festgestellt, ist aber für Bärmann, dem es sichtlich nicht darauf ankommt, politischen Klatsch oder aber eine höfische Sittenlehre zu vermitteln, von nachrangiger Bedeutung.

3.8 Die Hamburger Übersetzungen: Mattheson und Wend

Anders als die Übersetzungen im Umkreis Gottscheds, die aus akademischen Kontexten erwuchsen und kulturpatriotische Motive verfolgten, gehen die Übersetzungen von Ramsays *Voyages de Cyrus* und Terrassons *Sethos*, die in vierjährigem Abstand in Hamburg bei Thomas von Wierings Erben erschienen, wohl primär auf ökonomische Erwägungen zurück und sind zunächst im besonderen Kontext Hamburgs zu sehen.[201] Der Verlag hatte sich auf Publikationen aus „den Gebieten der Reisebeschreibung, der zeitgeschichtlichen Darstellungen und vor allem der schöngeistigen Literatur" spezialisiert,[202] bei denen es sich „fast ausschließlich [um] Übertragungen ausländischen Schrifttums handelte".[203] Ihre

---

199 Vgl. ebd.: „Zudem ist es auch gewiß, daß eine Sprache durch nichts so vollkommen werden kann, als dadurch, daß man in dieselbe diejenigen guten Bücher übersetzet, die in einer andern Sprache geschrieben worden sind, welche sich schon vor andern an Schönheit und Vollkommenheit hervor gethan hat. Man bereichert auf diese Art seine Sprache durch den Ueberfluß der Sprache eines fremden Volkes. Man macht seine Sprache geschickt, die sinnreichesten und artigsten Gedanken, welche nur der Ausdruck in einer fremden Sprache schön zu machen scheinet, mit den auserlesensten und schönsten Worten zu bekleiden, und denenselben eben den Glanz zu geben, mit welchem sie in den fremden Sprachen prangen. Man gewöhnet sich endlich auch unvermerkt dazu an, daß man in seiner Muttersprache eben so schön, zierlich und nachdrücklich denken kann, als das sinnreichste Volk in seiner Sprache denket."
200 Vgl. ebd.: „Der Verfasser hat in den beiden letzten Theilen seinen Lesern ein vollkommenes Bild eines Reiches geben wollen, das unter der weisen Sorgfalt seiner Prinzen und Könige in dem grösten Wachsthume und in der schönsten Blüthe stehet."
201 Vgl. den Sammelband von Johann Anselm Steiger/Sandra Richter (Hrsg.): Hamburg. Eine Metropolregion zwischen Früher Neuzeit und Aufklärung. Berlin 2012 (Metropolis).
202 Werner Kayser: Thomas von Wiering und Erben. Ein bedeutendes Kapitel hamburgischer Druckgeschichte. In: Auskunft. Mitteilungsblatt Hamburger Bibliotheken 10 (1990), S. 343–371, hier S. 361.
203 Ebd.

Übersetzer, sowohl Johann Mattheson als auch der wesentlich weniger bekannte Christoph Gottlieb Wend, gehören in den Umkreis der Oper am Gänsemarkt;[204] sie sind eng verbundenen mit den Führungsschichten der Reichsstadt, nicht zuletzt durch die journalistischen Unternehmungen.

Diese Sonderrolle schlägt sich auch in den Paratexten zu beiden Romanen nieder, die ebenso sehr verlegerische Erwägungen thematisieren wie den angestrebten Nutzen der Übersetzung. Sie geben Aufschluss über die Aneignung und produktive Transformation der französischen Romane und beziehen dabei sowohl Stellung zu Übersetzungsfragen (im Fall Matthesons durchaus polemisch!), als auch zum angestrebten Nutzen der Romane.

3.8.1 Johann Matthesons Übersetzung der *Voyages de Cyrus* (1728)

1728 erschien in Hamburg *Des Ritters Ramsay Reisender Cyrus*.[205] Als Grundlage diente die englische Version aus der Feder von Nicolas Hawksmoor, die von Zeitgenossen aber Ramsay selbst zugeschrieben wurde, und die Mattheson vermutlich für die Originalversion hielt.

Ramsays Roman war in Deutschland bereits bekannt. Im Februar 1728 kündigten die *Neuen Zeitungen von Gelehrten Sachen* die „Übersetzung des unlängst in Engelland heraus gekommenen hochgeschätzten Buches" an,[206] die rechtzeitig zur Leipziger Ostermesse erscheinen sollte. Es handele sich um einen Text, „worinn er [Ramsay, C. M.] viele theologische Materien gründlich vorstellet, auch eine Betrachtung über die Mythologie oder Auslegung der Heydnischen Götzen-Geschichte darleget".[207]

Zunächst wird also der theologische und mythologische Gehalt gewürdigt; Ramsay erscheint als gelehrter Autor, der über die Verbindung mit Fénelon zusätzlich aufgewertet wird: „Man hat dieses Werck so wohl in Engelland, als in Franckreich, sehr begierig aufgenommen, sonderlich weil die Gelehrsamkeit des

---

204 Vgl. Wolfgang Hirschmann/Bernhard Jahn: Oper und Öffentlichkeit. Formen impliziten Aufklärens an der Hamburger Gänsemarktoper um 1700. In: Daniel Fulda/Jörn Steigerwald (Hrsg.): Um 1700: Die Formierung der europäischen Aufklärung. Zwischen Öffnung und neuerlicher Schließung. Berlin/Boston 2016 (Hallesche Beiträge zur Europäischen Aufklärung. Bd. 55), S. 184–197.
205 Des Ritters Ramsay Reisender Cyrus, welcher die höchste Weißheit seiner Zeiten, sowol in Staats-Sachen, als Philosophischen und übernatürlichen Dingen, erforschet. Dem beigefüget eine Abhandlung von der Gotts-Gelahrtheit und Dicht-Kunde der Alten. Aus dem Engländischen verteutschet durch Mattheson. Hamburg 1728.
206 Neue Zeitungen von gelehrten Sachen, 19. Februar 1728, S. 143.
207 Ebd., S. 144.

autoris, bereits aus der Lebens-Beschreibung des berühmten Fenelons, Ertz-Bischoffs zu Cammerich, sattsam bekannt ist. Es ist das obgemeldte Werck auf die Art des Telemachs eingerichtet, und zur Erziehung eines Printzen sehr nützlich."[208]

Dieser Bezug zu Fénelons *Télémaque* prägt auch die Berichterstattung des Amsterdamer *Journal des sçavans*, die mit geringem zeitlichen Abstand in den *Neuen Zeitungen von gelehrten Sachen* referiert wurde:

> Es ist vergeblich, eine Vergleichung zwischen dem *Cyro* und dem *Telemach* anzustellen. Denn obgleich so wohl Herr Fenelon, als Herr Ramsay, ihre Absicht auf die Erziehung eines Printzen gerichtet, auch beyde einerley Maximen haben; so sind doch die Wege, welche sie erwählet, dieselben vorzutragen, so unterschieden, daß keine Vergleichung dabey statt findet. Der erste hat das Gedicht eines grossen Poeten fortgesetzt, den er nachgeahmet und ihm bißweilen gleich gekommen ist, durch seine abwechselnden *Fictiones*, seine schönen Bilder, seine hohen Ausdruckungen, und den Nutzen, so er im gantzen Wercke angebracht. Der andere hat bloß in der Historie Gelegenheit gesucht, seinen Printzen in der Religion, den Sitten und der Staatsklugheit zu unterweisen. Daher machen viele vorgegebene aber schlechterdings nöthige Reysen seine gantze Erdichtung, natürliche Abbildungen alle seine Schildereyen, eine reine, einfältige und zierliche Schreibart seine gantze Beredsamkeit aus, und bloß gründliche Wahrheiten erhalten die Leser bey der Aufmercksamkeit. Beyderley Wege führen in der That auf einerley Zweck; weßwegen er bloß auf den besondern Geschmack oder vielmehr den Eigensinn eines ieden ankommt, wem er von beyden den Vorzug zusprechen will.[209]

Die *Voyages de Cyrus* werden hier eher der Historie als der Poesie zugeschlagen – eine Sichtweise, die auf die Selbstdarstellung des Autors zurückgeht, der sein Werk von dem Epos Fénelons abgrenzte. Wenn die *Kurze Nachricht von den Büchern und deren Urhebern in der Stollischen Bibliothek* den Text, dem nun auch eine große Resonanz in Deutschland bescheinigt wird, einige Jahre darauf als „Staats-Roman" bezeichnet,[210] verweist das auf das Bemühen, ihn gleichsam einzugemeinden und (ähnlich wie Bohse den *Télémaque*) im Kontext des höfisch-historischen Romans zu verorten.

Der Übersetzer Johann Mattheson zählt zu den vielseitigsten Figuren der frühen Aufklärung in Hamburg. Er arbeitete als Librettist und Musikkritiker. Daneben gerieten seine übersetzerischen Verdienste fast in Vergessenheit. Dabei übersetzte er unter anderem Defoes *Moll Flanders*; auch die erste deutsche Ver-

---

208 Ebd.
209 Neue Zeitungen von gelehrten Sachen, 30. September 1728, S. 757–759, hier S. 758 f. Der Beitrag bezieht sich auf die Amsterdamer Juliausgabe.
210 Kurze Nachricht Von den Büchern Und Deren Urhebern In der Stollischen Bibliothek. Teil 8, Jena 1737, S. 818.

sion von Richardsons *Pamela* stammt aus seiner Feder.[211] Einige Jahre vor den *Voyages de Cyrus* hatte er den ersten Band von Gilbert Burnets Autobiographie *History of His Own Time* (1724, 1736) aus dem Englischen übertragen,[212] die gerade in Hamburg auf beträchtliches Interesse stieß:[213] Schließlich diente England vielfach als Spiegelung der inneren Konflikte der Hansestadt.[214] Nur vor diesem Hintergrund ist Matthesons Vorrede zum *Reisenden Cyrus* zu verstehen, in der vor allem gegen seine Gegner polemisiert, die seine Übersetzung von Burnets historischem Werk falsch und ungerecht behandelt hätten.[215] Demgegenüber fallen seine Äußerungen über Ramsays Roman eher spärlich aus. Bemerkenswerterweise reiht er ihn in die Kontexte des (galanten) Schlüsselromans: „So viel ist gewiß, daß ich eine wunderbahre Aehnlichkeit zwischen einigen alten Historien, und den Begebenheiten unsrer Zeiten darin gefunden habe: deren Auflösung einen sonderlichen Schlüssel braucht, welcher mir vieleicht heut oder morgen in die Hände gerathen mögte."[216]

---

[211] Vgl. Dirk Rose: Exemplarische Aktualität. Zum Transfer neuer Romanmodelle aus England durch Matthesons Übersetzungen (Defoe, Richardson). In: Wolfgang Hirschmann/Bernhard Jahn (Hrsg.): Johann Mattheson als Vermittler und Initiator. Wissenstransfer und die Etablierung neuer Diskurse in der ersten Hälfte des 18. Jahrhunderts. Hildesheim/Zürich/New York 2010, S. 114–136. Zu Matthesons Ramsay-Übersetzung liegt keine Literatur vor; dabei passt sie zu Roses These (ebd., S. 114): „Auffällig ist jedenfalls, dass seine Übersetzungen aus diesem Spektrum fast durchweg gattungstypologisch innovativen Modellen galten, die dadurch auch im deutschsprachigen Raum Bekanntheit finden konnten." Dass der politische Roman um 1730 zu diesen „innovativen Modellen" zählte, geriet später bekanntlich in Vergessenheit – möglicherweise ein Grund für die Vernachlässigung seiner Übersetzungen jenseits des bestens erforschten *Télémaque*.
[212] Vgl. Bischof Burnets Geschichte, die er selbst erlebt hat. Erster Band. Von der Wieder-Herstellung König Carls II. Biß zur Erhöhung König Willhelms und der Königinn Maria auf den Groß-Britannischen Thron. Mit vorhergehendem Summarischen Bericht der Kirchen- und Staats-Sachen, so, von König Jacobs I. Zeiten an, biß zu gedachter, im Jahr 1660. geschehenen, Herstellung, vorgefallen sind. Aus dem Englischen übersetzt von Mattheson. Hamburg/Leipzig 1724.
[213] Vgl. Sabine Volk-Birke: „Ohne von der Aufrichtigkeit eines Dolmetschers abzugehen"? Johann Matthesons Übersetzung von Gilbert Burnets *History of His Own Time*. In: Hirschmann/Jahn (Hrsg.): Johann Mattheson als Vermittler und Initiator, S. 137–164.
[214] Vgl. ebd., S. 151f.: „Die ausführliche Darstellung der englischen Revolution – oder besser gesagt, der Revolutionen – und die Auseinandersetzungen der Orthodoxie mit den Dissentern auf theologischem wie politischem Terrain konnte das Werk auch zu einem Lehrbuch der *do's and don'ts* machen und für ähnlich gelagerte Probleme in Hamburg [...] als Folie dienen; wenn nicht sogar als indirekter Hinweis an die Bürgermeister verstanden werden, denen die zwei umfangreichen Bände gewidmet waren."
[215] Vgl. Mattheson: Vorrede.
[216] Ebd.

Damit – wie auch durch den ständigen Bezug zu Burnets Geschichtswerk – präsentiert er den *Cyrus* als historischen Text, der von einem gewandten Leser entschlüsselt werden kann. Dass der Titel des *Cyrus* keine Gattungsangabe enthält, tut ein Übriges. Weiß man um die Hamburger Faszination für die englischen Verhältnisse, dann liegt der Gedanke nahe, dass die Übersetzung von Ramsays Text, der ja deutlich erkennbar Ereignisse der jüngeren englischen Geschichte literarisch transformiert, eben diesem Interesse geschuldet ist. Damit wird sie nicht nur in temporaler Hinsicht zum Nachfolger von Matthesons Burnet-Übersetzung, sondern schließt auch thematisch daran an. Dass Mattheson damit allerdings auf eine Autobiographie, deren Sympathie auf Seiten „der protestantischen Thronfolge" lag,[217] einen Roman mit pro-jakobitischer Tendenz folgen ließ, steht auf einem anderen Blatt.

3.8.2 Christoph Gottlieb Wends Terrasson-Übersetzung (1732–1737)

Christoph Gottlieb Wend, auch bekannt unter dem Pseudonym Selamintes,[218] zählt wie Mattheson zu den produktiven Hamburger Autoren des frühen 18. Jahrhunderts, der im Kontext des reichen Musiklebens publizistisch tätig war und darüber hinaus als Autor galanter Romane reüssierte. Anders als Mattheson stellt er in den Vorreden zu den zwischen 1732 und 1737 erschienenen drei Bänden seiner Übersetzung von Terrassons *Sethos* romantheoretische Überlegungen voran, die ihre Nähe zu den Legitimationsversuchen Sinolds wie auch der Romantheorie Johann Michael von Loens nicht verleugnen können.

Bereits der Titel seiner deutschen Version gibt Aufschluss über die Intention: Sie biete den *Abriß der wahren Helden-Tugend, oder Lebens-Geschichte des Sethos, Königes in Egypten, aus Geheimen Urkunden des alten Egypten-Landes gezogen, und nach der Französischen Uebersetzung Eines Griechischen Originals verteutschet*.[219] Im Vergleich mit dem Titel des französischen Originals fällt zum einen

---

217 Volk-Birke: „Ohne von der Aufrichtigkeit eines Dolmetschers abzugehen"?, S. 153.
218 Vgl. zu Wend den Überblick von Bernhard Jahn/Wolfgang Hirschmann: Wend, Wendt, Christoph Gottlieb, Pseudonym Selimantes. In: Die Musik in Geschichte und Gegenwart. 2. Auflage. Personenteil. Bd. 17: Von–Z. Kassel 2007, Sp. 762f.; vgl. zu seinen Romanen Simons: Marteaus Europa, S. 329–343 (zu Selamintes' Närrischem Cupido [1713]), S. 391–398 (zu Selamintes' Die glückliche und unglückliche Liebe [1711]).
219 Vgl. [Jean Terrasson:] Abriß der wahren Helden-Tugend, oder Lebens-Geschichte des Sethos, Königes in Egypten, aus Geheimen Urkunden des alten Egypten-Landes gezogen, und nach der Französischen Uebersetzung Eines Griechischen Originals verteutschet von C. G. W. 3 Bde. Hamburg 1732, 1736, 1737.

auf, dass Wend einen Übertitel hinzugefügt hat, zum anderen, dass er das Moment der „Lebens-Geschichte" betont. Beide Änderungen unterstützen seine Wirkintention: Es geht ihm um eine christliche Interpretation von Terrassons *Sethos*, der so für ein allgemeines Publikum interessant werde: „Es kömmt dem wahren Christenthume nichts näher als die wahre Helden-Tugend."[220] Damit greift er einen Aspekt aus Terrassons Vorrede heraus, in der dieser nachdrücklich auf den „véritable Heroïsme" seines Protagonisten verwies,[221] und verstärkt die bei Terrasson schon angelegte christliche Komponente.[222]

Im „Vorbericht des Teutschen Uebersetzers" zum ersten Band verteidigt er Terrasson, indem er auf die Intention des Werks verweist, die es über pedantische Anwürfe erhaben mache:

> Der Autor wird sich desfalls selbst am besten zu rechtfertigen wissen, nach meinem einfältigen Erachten aber finde ich darinnen alle zu einer geschickten Erdichtung nur ersinnliche Eigenschafften, und gesetzt, es äuserte sich daran einiger Mangel, so ist der blosse löbliche Endzweck schon genung, jenen gut zu machen. Fürsten und Fürsten-Kindern die Reguln der allerschwersten und höchsten Sittenlehre mit guter Art beyzubringen, ist gewiß nicht die Kunst eines gemeinen Schulmeisters, und wo unser Autor in dieser so kützlichen Sache die rechte Methode nicht getroffen haben soll, so wird sie ein andrer durch einen andern Weg schwerlich besser treffen. Inzwischen können auch Leute niedrigern Standes hierinnen gar erbauliche Lehren für sich erblicken, wenn sie sonst nur die Geschichte oder das Gedichte nicht obenhin lesen, sondern mit Ablegung aller Vorurtheile sich eine gehörige Zueignung machen wollen.[223]

Wend unterstreicht hier den Primat der Sittenlehre, von Politik ist nicht die Rede. Auch die fürstlichen Kinder sollten eine „Sittenlehre" erlernen, nicht etwa Staatskunst. Ähnlich wie Sinold von Schütz hebt Wend den Nutzen des *Sethos* auch außerhalb des Hofes hervor. Dabei handelt es sich auch um eine verkaufsfördernde Strategie, schließlich wäre ein exklusiv höfisches Lesepublikum begrenzt. Zugleich gibt diese Äußerung Aufschluss über den Reiz des politischen Romans, der gewissermaßen als komplementär zum galanten Erzählen aufgefasst wird.

Die Tugend geht für Wend dem Christentum voran. So hebt er hervor,

---

220 [Christoph Gottlieb Wend:] Vorbericht des Teutschen Uebersetzers. In: Abriß der wahren Helden-Tugend. Bd. 1, unpaginiert.
221 Terrasson: Préface, S. XV.
222 Terrasson erklärt lediglich, der Autor könne Zugang zu einer besseren als der heidnischen Morallehre gehabt haben. Vgl. ebd., S. XVIf.
223 [Wend:] Vorbericht des Teutschen Uebersetzers.

> Daß einer erst ein tugendhaffter Mensch werden müsse, bevor er ein rechtschaffener Christ seyn könne. Die Pflichten eines Menschen in Betrachtung seines Standes sind zwar vielfältig unterschieden, allein wenn man die Sache überhaupt erwägen will, was mag da wohl nöthiger/ nützlicher und ergötzlicher seyn, als wenn ein jeder die ihm obliegende Schuldigkeit gegen seinen Nächsten, das wahre und festhaltende Band der Menschlichen und Bürgerlichen Gesellschafft, recht beobachtet, und einer dem andern zu einem gefälligen Exempel von Nachfolge und zur Aufmunterung durch löbliche Thaten dienet! Auf die Art würde sich Hoch gegen Niedrig, Niedrig gegen Hoch, Gleich gegen Gleich, allemahl gebührend aufführen, und das thätige Christenthum, welches sich von vernünfftigen Heyden, Juden und Türcken beschämt sehen muß, würde lange nicht so viel Predigten und Reguln bedürffen.[224]

An dem „hohen Werth einer solchen Gattung von Schrifften" kann für Wend kein Zweifel bestehen. Sie schildern den Weg der Tugend, „worzu die Beyspiele aus sowohl erdichteten als wahrhafften Geschichten ungemein viel beyzutragen vermögen".[225] Hingegen richtet sich Wend gegen zu scharfe satirische Zuspitzungen, wie sie etwa in Charles de Fieux de Mouhys *Lamékis* (einer Imitation des *Sethos*) anzutreffen seien.[226] Hauptsächlicher Gattungsbezugspunkt ist für Wend nicht etwa das Epos, sondern die Geschichtsschreibung und die Publizistik: „Gegenwärtiges Buch ist ein Historisches Werck, dessen Styl mit dem Hof- und Zeitungs-Styl gleiche Beschaffenheit hat".[227]

3.9 Von der Rezeption zur Produktion

Weshalb es knapp 40 Jahre dauerte, bis deutschsprachige Romane entstanden, die sich mehr oder minder explizit auf das Vorbild Fénelons beriefen, lässt sich nicht eindeutig klären. Möglicherweise sättigte die große Präsenz der Übersetzungen den Markt, vielleicht brauchte es auch einige Zeit, ehe die Eigenarten des Fénelon'schen Erzählens erkannt wurden. Die ersten produktiven Versuche der Zeit um 1740 bieten jedenfalls ein äußerst heterogenes Bild: Während Loen bewusst an Fénelon anknüpft und eine aktualisierte Transformation des Gattungsprototyps verfasst, nehmen andere Autoren lediglich einzelne Motive des

---

224 Christoph Gottlieb Wend: Vorrede des Teutschen Uebersetzers. In: Terrasson: Abriß der wahren Helden-Tugend. Bd. 2, unpaginiert.
225 [Christoph Gottlieb Wend:] Vorbericht des Teutschen Uebersetzers. In: Terrasson: Abriß der wahren Helden-Tugend. Bd 3, S. 3–12, hier S. 7.
226 Vgl. ebd., S. 7f. – Vgl. Peter Fitting: Imagination, Textual Play, and the Fantastic in Mouhy's *Lamékis*. In: Eighteenth-Century Fiction 5 (1993), S. 311–330.
227 Ebd., S. 10.

Télémaque auf und integrieren sie in Spätformen des heroisch-galanten Romans und des Schlüsselromans.

3.9.1 Die Therapie des Staats. Johann Michael von Loen: *Der Redliche Mann am Hofe* (1740)

In seiner *Geschichte der Menschheit* (1764) nennt Isaak Iselin seine „grossen Zeitgenossen",[228] denen der gegenwärtige Stand der Aufklärung zu verdanken sei. Er nutzt die Gelehrsamkeitsgeschichte als Beleg für seine optimistische Geschichtsphilosophie:

> Wir müßten undankbar seyn, wenn wir verschwiegen, daß unsre Zeiten diese glückliche Abwechslung vorzüglich dem glänzenden und verehrungswürdigen Montesquieu, und nach ihm den *Hümes*, den *Mirabeau*, den *Rousseau*, den *Browns*, den *von Löen* [!], den *Mably*, den *Marmontels*, den *Beccaria*, und andern würdigen Männern zu verdanken haben.[229]

Der einzige deutschsprachige Exponent in dieser Reihung von Geistesheroen ist Johann Michael von Loen, der vor allem als entschiedener Verfechter einer Vereinigung der protestantischen Konfessionen, aber auch als Autor staatswissenschaftlicher, moraldidaktischer und literarischer Werke prominent war.[230] Darüber hinaus übersetzte er Fénelons geistliche Schriften und kann als einer der wichtigsten und originellsten Vermittler seiner Theologie im deutschen Sprachraum gelten.[231]

---

228 Andreas Urs Sommer: Geschichte als Trost. Isaak Iselins Geschichtsphilosophie. Basel 2002, S. 115.
229 Isaak Iselin: Über die Geschichte der Menschheit. Bd. 2. Carlsruhe 1784, S. 425.
230 Vgl. den Überblick von Adelbert Elschenbroich: Johann Michael von Loën. In: Neue Deutsche Biographie 15 (1987), S. 47–49; Siegfried Sieber: Johann Michael von Loen, Goethes Großoheim (1694–1776), sein Leben, sein Wirken, und eine Auswahl aus seinen Schriften. Leipzig 1922; Lebensgeschichte des Königl: Preuss. Geheimen Raths und Präsidenten der Lingen-Tecklenburgischen Regierung Herrn v. Loen. In: Beyträge zur juristischen Litteratur in den Preußischen Staaten. Bd. 5. Berlin 1780, S. 257–286. Einen instruktiven Überblick gibt Ritchie Robertson: Difficulties of a statesman: Johann Michael von Loen and *Der redliche Mann am Hofe*. In: Michael Wood/Johannes Birgfeld (Hrsg.): Repopulating the eighteenth century: Second-Tier Writing in the German Enlightenment. Rochester 2018 (Edinburgh German Yearbook. Bd. 12), S. 71–89.
231 Vgl. Johann Michael von Loen: Von der Theologie und dem Caracter des berühmten Ertzbischoffs von Fenelon. In: Des Herrn von Loen gesammlete Kleine Schriften von Kirchen- und Religions-Sachen, Zur Erläuterung der bey seiner einzigen wahren Religion ihm angedichteten ungleichen Meynungen eines unlauteren Syncretismi, Besorget und herausgegeben von Osterländer. Frankfurt am Main/Leipzig 1751, S. 229–252. Vgl. Bensiek: Die ästhetisch-literarischen

Sein einziger Roman *Der Redliche Mann am Hofe; Oder die Begebenheiten Des Grafens von Rivera. In einer auf den heutigen Zustand der Welt gerichteten Lehr- und Staats-Geschichte* zählt zu den ‚Longsellern' des 18. Jahrhunderts.[232] Davon zeugen die insgesamt sechs Auflagen, die zwischen 1740 und 1771 erschienen,[233] die Aufnahme einer ausführlichen Inhaltsangabe nebst einer enthusiastischen Würdigung von Loens Leistung in den ersten Band der *Bibliothek der Romane* (1778)[234] und nicht zuletzt die Übersetzungen ins Niederländische (1755) und Französische (1772).[235] Darüber hinaus verfasste der produktive Autor Christoph Heinrich Korn noch 1769 unter dem Titel *Die tugendhafte und redliche Frau am Hofe in der Geschichte der Henriette von Rivera* eine Fortsetzung, mit der er offenkundig an den Erfolg von Loens Werk anschließen wollte – deutliches Indiz für eine bis ins letzte Drittel des 18. Jahrhunderts andauernde Wirkung.[236]

Loens Roman erzählt am Beispiel des tugendhaften Grafen von Rivera von der Reform des Staates; dieser verzichtet bewusst auf die Annehmlichkeiten des Landlebens und wirkt unter Einsatz seines Lebens für eine nach Maßgaben einer christlichen Tugendethik ausgerichteten Politik. Unter Berufung auf Fénelons *Télémaque* (1699/1717) und dessen Nachfolger führt Loen vor, wie der konsequente

---

Schriften Fénelons, S. 198–220; Volker Kapp: Der Einfluß der französischen Spiritualität auf das deutsche Geistesleben des 18. Jahrhunderts. In: Karlfried Gründer/Karl Heinrich Rengstorf (Hrsg.): Religiosität und Religionskritik in der deutschen Aufklärung. Heidelberg 1989 (Wolfenbütteler Studien zur Aufklärung. Bd. 11), S. 25–42.

232 Ich zitiere nach der kritischen Edition der Erstausgabe des Romans: Johann Michael von Loen: Der Redliche Mann am Hofe oder Die Begebenheiten Des Grafens von Rivera [1740]. Hrsg. von Christopher Meid und Philipp Redl. Stuttgart 2019 (Bibliothek des literarischen Vereins in Stuttgart, Bd. 353).

233 Vgl. die bibliographischen Angaben in Loen: Der Redliche Mann am Hofe, S. XXXVIIf. Ausgaben des Romans erschienen 1740, 1742, 1751, 1752, 1760 und (sprachlich überarbeitet) 1771.

234 Vgl. Des Herrn von Loen redlicher Mann am Hofe, oder die Begebenheiten des Grafen von Rivera. Ulm 1760. In: Bibliothek der Romane. Bd. 1. Berlin 1778, S. 99–123.

235 Vgl. Johann Michael von Loen: De opregte Hoveling, of De Gevallen van den Graaf van Rivera […]. Dordrecht 1755; L'homme juste à la cour, où les mémoires du C. d. R. Berlin/Paris 1772.

236 Vgl. [Christoph Heinrich Korn:] Die tugendhafte und redliche Frau am Hofe in der Geschichte der Henriette von Rivera. Frankfurt/Leipzig 1770 [zuerst Ulm 1769]. Dort erzählt Korn von der tugendhaften Nichte des Grafen von Rivera, die den zügellosen Fürsten von Rugien durch das Beispiel ihrer Tugend bekehrt. Die Nähe zum empfindsamen Briefroman Richardsons ist unverkennbar, ein politischer Roman ist Korns Text allerdings nicht. Zu dem Roman vgl. Lieselotte E. Kurth-Voigt: Johann Michael von Loen und Christoph Heinrich Korn: „Die Redlichen am Hofe" – Zur Frauenliteratur des achtzehnten Jahrhunderts. In: Modern Language Notes 114 (1999), S. 590–593; Barbara Potthast: Die verdrängte Krise. Studien zum „inferioren" deutschen Roman zwischen 1750 und 1770. Hamburg 1997 (Studien zum achtzehnten Jahrhundert. Bd. 21), S. 124–127; Wolfram Malte Fues: Fiktionalität im Übergang. J. M. von Loens Redlicher Mann am Hofe und Chr. H. Korns Tugendhafte und redliche Frau am Hofe. In: Simpliciana 20 (1998), S. 211–227.

patriotische Einsatz für das Gemeinwesen allmählich zu Verbesserungen führt. Damit orientiert sich Loens *Redlicher Mann* als erster deutschsprachiger Text explizit am politisch-didaktischen Roman französischer Provenienz. Im Unterschied zu diesen in fernen Zeiten und an exotischen Orten angesiedelten Texten stellt Loens Roman mit dem Grafen von Rivera den Fürstenerzieher ins Zentrum. Der von einem heterodiegetischen Erzähler (im Unterschied zum *Télémaque*) im *ordo naturalis* angeordnete „Fürstendienerspiegel"[237] verschiebt den Akzent von Herrscher zu seinem Mentor und thematisiert dessen Handlungsspielräume bei der von Tugend geleiteten Reform des Staates, die bei der korrigierenden Betreuung eines bereits erwachsenen, aber gründlich missratenen Herrschers ansetzt.

Loens Roman ist ein Dokument des Übergangs, das sich eindeutigen Zuordnungen entzieht.[238] Einerseits lehnt er sich programmatisch an den politischen Roman an: Im Zentrum der Handlung steht das Verhältnis von Mentor und Fürst; hinzu kommen utopische bzw. dystopische Episoden, die – ebenso wie die angehängten *Freyen Gedancken von der Verbesserung des Staats*[239] – der politischen Wissensvermittlung dienen. Andererseits brechen satirische Binnenerzählungen den ‚Staatsroman' auf; darüber hinaus ähnelt Loens Protagonist den Helden des galanten Romans: Er nutzt prudentielles Verhalten nicht nur, um seine politischen Ziele zu erreichen, sondern auch zur Erlangung seines privaten Glücks, das dem Wohl des Ganzen aber stets untergeordnet bleibt.

Dieser hybride Charakter des Textes spiegelt sich auch in den unterschiedlichen Einschätzungen der Literaturwissenschaft wider: Während die Forschung der 1960er Jahre einseitig seinen Innovationscharakter betonte,[240] stellen neuere

---

237 Wolfgang Martens: Der patriotische Minister. Fürstendiener in der Literatur der Aufklärungszeit. Weimar/Köln/Wien 1996 (Kontext. Studien zur Literatur- und Kulturgeschichte der Neuzeit. Bd. 1), S. 106.
238 Vgl. die instruktive Übersicht von Christiane Büchel: Johann Michael von Loen im Wandel der Zeiten. Eine kleine Forschungsgeschichte. In: Das 18. Jahrhundert 16 (1992), S. 13–37, bes. S. 29: „Als durchgängiges Kennzeichen der seit eineinhalb Jahrhunderten währenden wissenschaftlichen Auseinandersetzung mit Loen kann der Versuch angesehen werden, der Vieldeutigkeit seines Denkens und Handelns Herr zu werden. Trotz weitgehender Wahrnehmung der für Loen spezifischen Widersprüchlichkeit bestand seitens der Loenforschung nur selten die Bereitschaft, sie als ein dem Gegenstand innewohnendes Charakteristikum hinzunehmen." Auch die neueste Studie von Mechthild Greven Schalit: Pädagogische Provinzen. Johann Michael von Loens *Der redliche Mann am Hofe* und Johann Wolfgang von Goethes *Wilhelm Meisters Wanderjahre*. Göttingen 2012, demonstriert eindrucksvoll Büchels These.
239 Vgl. Loen: Der Redliche Mann am Hofe, S. 324–348.
240 Vgl. Karl Reichert: Nachwort. In: Johann Michael von Loen: Der Redliche Mann am Hofe; Oder die Begebenheiten Des Grafens von Rivera. In einer auf den heutigen Zustand der Welt

Arbeiten seinen aufklärerischen Gehalt in Frage und unterstreichen im Gegenteil seine Verankerung in galanten,[241] theologischen und naturrechtlichen Traditionen.[242] Dabei ist diese Hybridität symptomatisch für die Romane der ersten Jahrhunderthälfte.[243] Wie kaum ein anderer deutschsprachiger Autor reflektiert Loen sein Vorhaben in ausführlichen romantheoretischen Paratexten. Dort legitimiert er seine Erzählverfahren durch den Verweis auf die intendierte Wirkung: Es gehe ihm um die Darstellung gesellschaftlicher Totalität, um ein breites Panorama, das für Leser aller Stände nützlich und unterhaltsam sein solle. Damit geht er weit über den Anspruch Fénelons hinaus und erweitert den politischen Roman zu einer Art von Universalroman; zugleich verringert er die ‚staatsthoretischen' Elemente: Wo Fénelon die Organisation von Staat und Gesellschaft in den Blick nimmt, verengt Loen den Blick zumeist auf die ‚Policey': Sein *Redlicher Mann am Hofe* ist eine an die deutschen Verhältnisse angepasste Transformation von Fénelons *Télémaque* und darüber hinaus ein Text, der eine christliche Tugendethik propagiert. Die folgenden Ausführungen zielen darauf ab, den Roman als Wissensspeicher und Handlungsmanual zu analysieren, das unterschiedliche Gattungsmuster aktualisiert und variiert. Im Zentrum von Loens Roman steht mit dem Grafen von Rivera ein ‚redlicher Mann'; dieser Figurenkonzeption gilt besonderes Augenmerk, aktualisiert sie doch das Konzept des *honnête homme* und deutet es im Zeichen einer christlichen Tugendethik um, deren Gewährsmann vor allem Fénelon ist – nicht ohne Probleme, wie sich an dem heiklen Verhältnis von Tugendnorm und Handlungsempfehlung zeigt, das der Roman exponiert und problematisiert. Ausgehend von einer Analyse dieser problematischen Konstellation lässt sich wiederum die oben skizzierte Frage nach dem historischen Ort von Loens Schreiben genauer fassen.

---

gerichteten Lehr- und Staats-Geschichte. Vorgestellet von Dem Herrn von ***. Faksimiledruck nach der Ausgabe von 1742. Stuttgart 1966, S. 1*-25*, hier S. 12*: Als „erster deutscher Aufklärungsroman von europäischem Format" weise der Roman dennoch „die typische Doppelgesichtigkeit der Werke auf, die zwischen den Epochen stehen". Vgl. auch Herbert Singer: Der deutsche Roman zwischen Barock und Rokoko. Köln/Graz 1963 (Literatur und Leben. N.F. Bd. 6), S. 8: „1740 tritt der Aufklärungsroman auf, völlig ausgebildet, wie die gerüstete Athene."
241 Vgl. Isabelle Stauffer: Verführung zur Galanterie. Benehmen, Körperlichkeit und Gefühlsinszenierungen im literarischen Kulturtransfer 1664–1772. Wiesbaden 2018 (Wolfenbütteler Forschungen. Bd. 152), S. 237–245.
242 So Friedrich Vollhardt: Die Kritik der anthropologischen Begründung barocker Staatsphilosophie in der deutschen Literatur des 18. Jahrhunderts (J. M. v. Loen und J. A. Eberhard). In: Klaus Garber (Hrsg.): Europäische Barock-Rezeption. Teil I. Wiesbaden 1991 (Wolfenbütteler Arbeiten zur Barockforschung. Bd. 20), S. 377–395.
243 Vgl. Carla Freudenreich: Zwischen Loen und Gellert. Der deutsche Roman 1740–1747. München 1979.

3.9.1.1 Eine „Sitten-Lehre durch Exempel". Loens Theorie des politischen Romans

Loens *Redlicher Mann am Hofe* ist auch deshalb bedeutend, weil sein Autor in etlichen Paratexten über die Anlage und Intention des Romans reflektiert. Sowohl die Romanvorrede als auch die dem Text von der dritten Auflage des Romans (1751) an beigegebene apologetische Abhandlung *Die Vertheidigte Sitten-Lehre durch Exempel*, in der Loen auf die brieflich geäußerte Kritik des Memminger Superintendenten Christian Erhardt antwortet,[244] stellen wichtige Dokumente der Theorie politischen Erzählens wie der Romantheorie der Aufklärung schlechthin dar. In ihnen bezieht Loen Stellung zu grundlegenden Gattungsfragen und legt dar, wie zeitgemäßes politisches Erzählen auszusehen habe. Dabei lässt sich (wie zu zeigen sein wird) eine große Nähe zu den romantheoretischen Überlegungen im Umkreis der Gelehrsamkeitsgeschichte feststellen: Das Projekt einer „Sitten-Lehre durch Exempeln" schließt unmittelbar an einschlägige Debatten über den philosophischen und lebenspraktischen Nutzen von fiktionalen Erzählungen in der *historia literaria* an.[245] Diese Nähe wird zunächst durch Loens Bildungsgang plausibel gemacht, schließlich studierte er zwischen 1712 und 1715 in Halle unter anderem bei Christian Thomasius und Nicolaus Hieronymus Gundling.[246] Darüber hinaus schreiben sich seine romantheoretischen Reflexionen in Diskurse ein, die für die philosophische Neubewertung der Gattung in der frühen Aufklärung symptomatisch sind, ja es scheint durchaus plausibel, dass er sein Romankonzept in Auseinandersetzung mit den Positionen der Hallenser Aufklärer entwickelt und zugleich – wie auch Johann Christoph Gottsched – Anregungen der Wolffschen Philosophie aufnimmt und für sein Vorhaben nutzbar macht. Zugleich ist er mit den deutschen Wertungen der französischen Romane vertraut und greift namentlich die Positionen Sinolds von Schütz auf und macht sie literarisch fruchtbar.

Im *Vorbericht* des *Redlichen Mannes* profiliert Loen seinen Roman als eine Aktualisierung des französischen politisch-didaktischen Romans.[247] Er habe ihn

---

244 Vgl. zu dem Memminger Superintendenten, der zudem seit 1697 als Rektor der evangelischen Lateinschule in Biberach an der Riß fungierte, Helene Burger u. a. (Hrsg): Pfarrerbuch Bayerisch-Schwaben (ehemalige Territorien Grafschaft Oettingen, Reichsstädte Augsburg, Donauwörth, Kaufbeuren, Kempten, Lindau, Memmingen, Nördlingen und Pfarreien der Reichsritterschaft in Schwaben). Neustadt an der Aisch 2001 (Einzelarbeiten aus der Kirchengeschichte Bayerns. B. 77), S. 44 f.
245 Vgl. Scattola: Roman und praktische Philosophie.
246 Vgl. zu Loens Biographie den Überblick bei Elschenbroich: Johann Michael von Loën.
247 Für Loen ist die französische Literatur vorbildhaft. Vgl. Johann Michael von Loen: Erörterung der Frage: Ob die Teutschen wohl thun daß sie den Franzosen nachahmen? [1744] In: Ders.: Gesammlete kleine Schriften. Bd. II. Frankfurt am Main, Leipzig 1751, S. 396–415, hier S. 404 f.:

"in gleicher Absicht, als die Begebenheiten des Telemachs, des Cyrus und des Sethos geschrieben".[248] Von Beginn an ist also der Bezug zu den französischen Gattungsmustern evident: Fénelons *Télémaque*, Ramsays (und möglicherweise Pernettis) *Cyrus* sowie Terrassons *Sethos* bilden den Bezugsrahmen. Loen hebt allerdings primär auf die Intention dieser Texte ab und nicht auf ihre Form: Schließlich bestimmt er seinen eigenen Roman gerade in der Abgrenzung von diesen Vorbildern. Seine „Art des Vortrags" unterscheide sich fundamental von der Erzählweise der traditionellen politischen Romane: „Der Verfasser beschreibet hier die Menschen, wie sie heut zu Tage sind, und wie er selbsten hat Gelegenheit gehabt, sie kennen zu lernen."[249] Damit behauptet er für sein Erzählen einen größeren Bezug zur Realität, schließlich sei „die jetzige Welt von der alten unterschieden".[250] Damit unterstellt Loen implizit den frankophonen Autoren, sie verminderten durch die Ansiedlung der Handlung in fernen Zeiten und fremden Ländern die angestrebte didaktische Wirkung. Eine wirksame Belehrung sei aber nur dann möglich, wenn die dargestellten Ereignisse in direkter Verbindung zur Lebenswirklichkeit der Produzenten und Rezipienten stünden. Dies setze wiederum einen informierten, weltgewandten Autor voraus, der aus gründlicher Kenntnis der Zusammenhänge eine breit angelegte Handlung entwerfen könne.

Seine Leistung bestehe aber nicht nur in der Ansiedelung der Romanhandlung im Europa der Gegenwart, sondern darüber hinaus in der Weitung der Perspektive: Er habe „den Hof, als die gröste Schule der Welt, zu seinem vornehmsten Schauplatz gemacht; andere Stände und Lebens-Arten aber gleichsam als Zwischen-Spiele mit eingeführet; damit ein jeder Leser etwas finden möge, das er sich zueignen könte."[251] Das Verhältnis ist das einer Haupthandlung zu einem

---

„Zu Romanen und artigen Geschichtserzählungen scheinet unser teutscher *Bel Esprit* nicht aufgelegt zu seyn. Dieses sind Kleinigkeiten, werden einige sagen, wo nicht gar das Auskehrsel vom Parnaß (*Excremens du Parnasse*); alleine man nenne sie wie man will: es wird darzu weit mehr Kunst, Witz und Scharfsinnigkeit erfordert, als einen gantzen *Cursum juris* oder *Theologiae* aufzusetzen; oder die *Acta Sanctorum*, die *Concilia*, die *Opera Patrum*, oder sonst dergleichen Centner schwere Sammlungen heraus zu geben. [...] Wir bewundern noch stets die Iliade und die Odissee des Homers, die Aeneide des Virgils, die Trauerspiele des Sophocles und des Seneca; die Lustspiele des Aristophanes des Plautus, des Terenz, u.s.w. Die Franzosen haben allein diesen grossen Meister nachgeahmet. Telemach, Sethos, Cyrus, die Wercke von Moliere, Corneille, Racine, des Touches, Crebillon und Voltaire, geben davon unlaugbare Zeugnisse. Ich sage nichts von andern dergleichen Wercken des Witzes, in welchen es die Franzosen allen Völkern zuvor thun."
248 Loen: Der Redliche Mann am Hofe, S. 2.
249 Ebd.
250 Ebd.
251 Ebd.

Zwischenspiel. Nach wie vor ist der Hof „die gröste Schule der Welt",[252] andere Schauplätze haben aber ebenso eine Berechtigung. So geht es nicht nur um eine politische Erziehung des Rezipienten, sondern um die Offenlegung und Verdammung des überall anzutreffenden Lasters. Auch die in niedrigeren sozialen Milieus angesiedelten satirischen Passagen besitzen eine klar zu fassende didaktische Funktion.[253] Der zwischen „Ernsthafftigkeit" und „Munterkeit" changierende Stil solle sich „nach dem Geschmack solcher Leute [...] richten, die nur zum blossen Zeitvertreib lesen, und denen auf eine andere Art keine Wahrheit nicht wohl beyzubringen ist."[254] Trotz dieser Öffnung liegt der Fokus bei Loen weiterhin auf dem Hof – dort gelten aber dieselben moralphilosophisch fundierten Verhaltensregeln wie überall.[255]

Dieses Erzählprogramm, das auf die Darstellung gesellschaftliche Totalität in stilistischer Vielfalt abzielt, wird nun in der Abhandlung *Die vertheidigte Sitten-Lehre durch Exempel* in Richtung allgemeiner romantheoretischer Überlegungen erweitert.[256] *Erstens* behandelt Loen dort die Frage, ob die Romangattung geeignet sei, wichtige Wahrheiten auszusprechen – es geht hier um die Legitimation fiktionaler Literatur schlechthin –, *zweitens* begegnet er dem Vorwurf, es sei unschicklich, weltliche und geistliche Elemente zu vermischen, *drittens* erläutert er noch einmal die Kompositionsprinzipien des Romans.

Für Loen besteht kein Zweifel am Nutzen von fiktionaler Literatur. Er führt antike und moderne Autoren an, die in ihren Texten wichtige Wahrheiten vermittelt hätten; als Beispiele nennt er Hesiod, Homer, Sophokles und Vergil, aus

---

252 Kaum nötig zu erwähnen, dass der Hof durchaus kritisch gesehen wird. Vgl. zu den Traditionen der literarischen Hofkritik die Studie von Helmuth Kiesel: „Bei Hof, bei Höll". Untersuchungen zur literarischen Hofkritik von Sebastian Brant bis Friedrich Schiller. Tübingen 1979 (Studien zur deutschen Literatur. Bd. 60), zu Loen S. 199–207.
253 Vgl. Jörg Schönert: Roman und Satire im 18. Jahrhundert. Ein Beitrag zur Poetik. Stuttgart 1969 (Germanistische Abhandlungen. Bd. 27), der allerdings Loens Misserfolg konstatiert (ebd., S. 75): „Das Aufpropfen des bürgerlichen Wertsystems auf den von den ‚höfischen' Normen des Heroischen und der repräsentativen Tugendübung geprägten ‚hohen Roman' hatte bei Gellert und Loen zu unbefriedigenden Zwischenlösungen geführt. Die ganze Stoßkraft der neuen sittlichen und sozialen Prinzipien entwickelt sich z. B. bei Loen erst im Anhang seines Romans – unbeschwert von der Erfüllung traditioneller Erzählschemata."
254 Loen: Der Redliche Mann am Hofe, S. 2.
255 Vgl. Ajouri: Probleme der Empirisierung einer Gattung, S. 293: Loen habe ein Werk verfasst, „dessen didaktischer Nutzen zwar an Fénelons Prinzip der Prinzenerziehung angelehnt [sei], das zugleich aber durch den dargestellten Erfolg einer tugendethischen und religiösen Fundierung allen Handelns über den Bereich der großen Politik hinaus" ziele.
256 Vgl. Loen: Der Redliche Mann am Hofe, S. 349–357, hier S. 355: Er habe „den Zustand und die Sitten der heutigen Welt abschildern" wollen und „auf das Gantze" abgezielt. Vgl. Voßkamp: Romantheorie in Deutschland, S. 185.

der Moderne John Barclay, Milton, Ramsay und Terrasson sowie Samuel Richardson, dessen *Pamela* er ausdrücklich lobt.[257] All diese Texte seien nützlich, nicht zuletzt deshalb, weil ihre Lektüre Erfahrung, „den besten Lehrmeister",[258] simuliere und damit wahrscheinliche Exempel tugendhaften Handelns böte: „Nichts rühret, nichts überzeuget mehr als Exempel. Es wird darum nicht erfordert, daß sie alle wahr seyen. Genug, wann sie wahrscheinlich sind, und auf eine lebhafte und bewegende Art vorgestellet werden."[259] Lektüre wird hier mit dem Erwerb von Erfahrungen gleichgesetzt; sie kann die Rezipienten belehren, ihr Weltwissen und das *judicium* vergrößern und sich somit als nützlich erweisen. Ähnlich hatten Christian Thomasius und Nikolaus Hieronymus Gundling argumentiert,[260] der etwa über Madeleine de Scudéry schreibt, sie habe darauf abgezielt, „*Moralia, in Conversations*, zu bringen" – und das sei ihr durch erzählte Beispiele gelungen, deren Fiktionalitätsstatus für die Wirkung unerhablich sei: „Denn die Moral kann ich, *per exempla*, lernen; *Et exemplorum non requiruntur veritates*. Ob die Person OCTAVIVS, oder anders, heiset: Das importiret Nichts. Genug, wann ich nur Etwas, daraus, lerne. Mich bekümmert es nicht; Ob das Exempel wahr ist, oder falsch."[261]

---

257 Vgl. ebd., S. 351: „Ich könnte über dieses noch eine Menge so genannter Romanen anführen, darunter einige ihren unfehlbaren Nutzen darinn gezeiget haben, daß sie sowohl hohen Standes-Personen, als jungen Leuten, und Frauenzimmer, die nur Bücher zu ihrer Belustigung zu lesen pflegen, unter der Decke der Fabeln, die lehrreichste Sitten-Lehre beybringen, indem sie die Schönheit der Tugend und die Abscheulichkeit der Laster mit lebhaften Farbe vormahlen, wie mir eben jetzo, da ich dieses schreibe, auch die englische Pamela in die Hände fällt, welche so natürlich als reitzend, und so angenehm als erbaulich zu lesen ist. Selbst die Prediger in Engelland sollen ihren Zuhörern, dieses Buch anpreisen."
258 Ebd., S. 352.
259 Ebd.
260 Thomasius hebt hervor, „daß einem in Erlernung der Klugheit vielmehr Vortheil zuwachse/ wenn er *Historien* lieset/ als wenn er seine Mühe auff allerhand aus vielen Schrifften gesammlete *Sententi*en oder *Lehrsprüche* wendet/ welche nach der gemeinen Art ohne Ordnung und *Connexion* fürgeschüttet zu werden pflegen. Denn solche Sprüchelgen nehmen insgemein aus den Exempeln/ darauff sie sich beziehen/ ihre Erklärung/ und verlieren hingegen den meisten Nachdruck/ wenn man das Exempel zurück lässet." Christian Thomasius: Kurzer Entwurf der Politischen Klugheit. In: Ders.: Ausgewählte Werke. Hrsg. von Werner Schneiders. Bd. 16. Hrsg. und mit einem Vorwort versehen von Werner Schneiders. Personen- und Sachregister von Kay Zenker. Hildesheim/Zürich/New York 2002, S. 29.
261 Nicolaus Hieronymus Gundling: Collegium historico-literarium oder Ausführliche Discourse über die Vornehmsten Wissenschaften und besonders die Rechtsgelahrtheit [...]. Bremen 1738. IV, 27, S. 647. – „Moralvermittlung durch lehrreiche Exempel" wird auch generell als Aufgabe der Historia literaria begriffen. Vgl. Frank Grunert: Von ‚guten' Büchern. Zum moralischen Anspruch der Gelehrsamkeitsgeschichte. In: Frank Grunert/Friedrich Vollhardt: Historia literaria. Neuordnungen des Wissens im 17. und 18. Jahrhundert. Berlin 2007, S. 65–88, das Zitat auf S. 85. Jakob

Loens Exempellehre weist darüber hinaus eine große und wohl kaum zufällige Ähnlichkeit mit den Positionen von Christian Wolff auf, die wiederum für Gottscheds Dichtungstheorie zentrale Bedeutung erlangten.[262] Wie Wolff in den *Vernünfftigen Gedanken von des Menschen Thun und Lassen zu Beförderung seiner Glückseligkeit* (1720), der sogenannten *Deutschen Ethik*, erklärt, mache die durch Exempel vermittelte „anschauende Erkäntniß [...] bey vielen einen grösseren Eindruck [...], als die Vernunfft". In solchen Fällen richte „man mit Exempeln hier öfters mehr aus, als mit vielen weitläufftigen Vorstellungen, wenn sie noch so vernünfftig sind."[263] Zudem erfolgt eine derartige Belehrung schneller, als es auf argumentierendem Wege möglich ist,[264] und sie „erspart den umständlichen, über eine Kette von Gründen laufenden Beweisgang".[265] Das ist allerdings nur dann möglich, wenn die zu vermittelnde Wahrheit allgemein anerkannt ist:[266] „Exempel setzen immer schon Allgemeinbegriffe voraus."[267]

Loen kann an etablierte rhetorische und philosophische Positionen anschließen, um seine Poetik des Exempels zu entwickeln. Dabei fällt eine grundsätzliche Mehrdeutigkeit ins Auge: Zwar betonen alle Autoren, dass erfundene Beispiele sogar nützlicher sein könnten als historische, dennoch finden sich auch bei Loen immer wieder Authentizitätsbeteuerungen, die auf persönliche Erfahrungen des Autors rekurrieren. Man darf also diese Positionen, wie auch Loens Lob der Fiktionalität, nicht mit der Lizenz zu freier Erfindung verwechseln. Ganz im Gegenteil: Im Anschluss an die oben zitierte Passage über den didaktischen Nutzen von Exempeln unabhängig von ihrer Referentialisierbarkeit hebt Loen

---

Friedrich Reimmann, den Grunert hier hervorhebt, stand allerdings der Romangattung skeptisch gegenüber. Vgl. Scattola: Roman und praktische Philosophie, S. 311 f.
262 Vgl. Potthast: Die verdrängte Krise, S. 7–12.
263 Christian Wolff: Vernünfftige Gedanken von des Menschen Thun und Lassen zu Beförderung seiner Glückseligkeit. 4. Auflage. Frankfurt/Leipzig 1733. Neudruck Hildesheim/New York 1976 (Wolff: Gesammelte Werke. I. Abteilung. Deutsche Schriften. Bd. 4), S. 100 (§ 167).
264 Vgl. ebd., S. 100 f.
265 Grunert: Von ‚guten' Büchern. Zum moralischen Anspruch der Gelehrsamkeitsgeschichte, S. 87. – Zu Wolffs Exempellehre vgl. außerdem Dietrich Hardt: Christian Wolffs Begründung des Exempel- und Fabelgebrauchs im Rahmen der Praktischen Philosophie. In: Deutsche Vierteljahrsschrift für Literaturwissenschaft und Geistesgeschichte 52 (1978), S. 43–62.
266 Vgl. Grunert: Von ‚guten' Büchern. Zum moralischen Anspruch der Gelehrsamkeitsgeschichte, S. 87 f.: „Die moralische Richtigkeit des Exempels wird von Wolff und von allen, die sich des Exempels als moraldidaktisches Mittel bedienen, als Selbstverständlichkeit unterstellt. Das ist auch nicht anders möglich, denn die theoretische Diskussion moralischer Gehalte muß abgeschlossen sein, wenn die Moral mit Hilfe von Exempeln an Dritte vermittelt werden soll. Ein Exempel, das seinen moralischen Gehalt problematisierte, brächte sich um seine Gewißheit und damit um seine Wirkung."
267 Hardt: Christian Wolffs Begründung des Exempel- und Fabelgebrauchs, S. 47.

hervor, sein Buch enthalte „noch was mehr als einen Roman: nemlich eine Schilderey der heutigen Welt nach dem Leben gezeichnet."[268] Auch andernorts betont Loen, er könne auf eigene Erlebnisse, ja auch auf schriftliche Quellen zurückgreifen.[269]

Derartige Versicherungen stehen auf den ersten Blick quer zu den ‚fiktionstheoretischen' Äußerungen Loens. Es hat den Anschein, als sei die Kategorie der Wahrscheinlichkeit zwar wesentlich, aber nicht ausreichend, um einen Roman zu legitimieren.[270] In diesem Zusammenhang ist eine zeitgenössische Rezension der *Göttingischen Zeitungen von Gelehrten Sachen* aufschlussreich, die hier ansetzt und bemängelt, es sei für den Leser nicht nachzuvollziehen, auf welche realen Ereignisse sich die Romanhandlung beziehe, und ihn deshalb abwertet,[271] eben weil, so die unausgesprochene Vorannahme, erst der Bezug zur außerliterarischen Realität einem Roman seinen Wert verleihe. Dass der Rezensent auf die Idee kommt, es mit einem Schlüsselroman zu tun zu haben, liegt sicherlich auch an Ortsnamen wie Alpina oder Aquitanien, die zur Enträtselung einladen. Die angestrebte emotionale Wirkung stelle sich nicht ein, wenn der Rezipient davon ausgehen müsse, es handele sich um frei erfundene Figuren. Erst die Referentialisierbarkeit von Handlung und Figuren aus der „Geschichte" führe zur affektiven Reaktion der Leserschaft; Fiktionalität erscheint hier als Defizit eines Romans. Neben den Positionen in Rhetorik und Philosophie, für die Wahrscheinlichkeit das ausschlaggebende Kriterium ist, dem weitaus größere Bedeutung als die Faktizität des Dargestellten zukommt, werden in anderen Kontexten um 1740 differierende Meinungen über den Wirklichkeitsbezug erzählender Literatur geäußert.[272]

Loen berücksichtigt bei seiner Legitimation der Romangattung auch die Rolle des Autors. Gerade Personen von Rang, Gelehrte und Geistliche könnten, so Loen, die Form des Romans nutzen, um wichtige Wahrheiten zu popularisieren. Dabei bezieht er sich auf Fénelon, der als Geistlicher einen Roman verfasst habe, „um dadurch einem jungen Prinzen die Tugend, die Weißheit [!] und die erhabenste Staats-Kunst zu lehren".[273] Der *Télémaque* habe sich gegen alle Spötter und Verächter (Loen nennt explizit Faydits *Télémacomanie*) durchgesetzt – der Text sei

---

268 Loen: Der Redliche Mann am Hofe, S. 352.
269 Vgl. ebd., S. 2 (Vorbericht): „Der Verfasser beschreibet hier die Menschen, wie sie heut zu Tage sind, und wie er selbsten hat Gelegenheit gehabt, sie kennen zu lernen."
270 Ähnliche Fälle diskutiert Nicholas D. Paige: Before Fiction. The Ancien Régime of the Novel. Philadelphia 2010, S. 28 f.
271 Vgl. [Rezension von: Johann Michael von Loen: Der Redliche Mann am Hofe. In:] Göttingische Zeitungen von Gelehrten Sachen auf das Jahr MDCCXL. 72. Stück, S. 632.
272 Vgl. Meid: Roman und Historie.
273 Loen: Der Redliche Mann am Hofe, S. 350.

gar „Muster alles dessen, was unsre Zeiten schönes und erhabenes aufweisen" könnten.[274] Auch wenn Loen in einem typischen Bescheidenheitstopos erklärt, er könne selbstverständlich nicht mit Fénelon konkurrieren, ist seine Beispielreihung höchst aufschlussreich: Auf diese Weise legitimiert Loen sowohl seinen Roman (und die Romangattung generell, die er auf eine Stufe mit Epos und Drama stellt) als auch seine Autorschaft.[275] Dabei spielt die gattungstheoretische Terminologie kaum eine Rolle: Ob es sich beim *Télémaque* um ein „Heldengedicht" oder einen Roman handelt, ist für Loens Transformation wenig relevant – überhaupt ist in seiner Perspektive der Roman letztlich dem Epos überlegen, weil er eine größere Breitenwirkung hat.

Das heißt auch, dass Loen den zweiten Kritikpunkt Erhardts leicht zurückweisen kann: Für ihn ist eben die Vermischung profaner und religiöser Gegenstände wesentlich, da es ihm darauf ankomme, den Zustand der Welt so zu schildern, wie er sei. Das schließe notwendig auch die Darstellung religiöser Verirrungen mit ein, die allerdings anhand der Figuren psychologisch plausibel und sprachlich adäquat erzählt werden müssten, sollten sie ihre erforderliche abschreckende Wirkung voll entfalten.[276] Soll der Roman als Erkenntnismittel dienen, so darf der Autor auf prüde Bedenken keine Rücksicht nehmen. Die Integration satirischer Elemente ist für Loens Programm schlechterdings essentiell, zumal die Kritik an religiösen Missständen zu den Kernthemen des Autors zählt.

Ähnlich argumentiert Loen im Hinblick auf Erhardts dritten Kritikpunkt. In bezeichnender Weise macht er sich den Vorwurf seiner Kritiker zu eigen, die bemängelten,

> daß ich nicht sowohl ein Helden-Gedicht, als einen unter einander gemengten Roman von grossen und kleinen, von wichtigen und nichts-bedeutenden Dingen verfertiget hätte; dergestalt, daß ich bald einem weisen Fenelon in seinem Telemach, bald einem lustigen Scarron in seinem *Roman comique* gefolget sey. Wann diese Vermischung der Materien ein Fehler ist, so kan ich mein Buch nicht davon frey sprechen. Ich muß vielmehr sagen, daß ich ordentlich darauf gearbeitet, und dem Buch dadurch seinen wahren Werth zu geben, mich beflissen habe.[277]

Die Vermischung verschiedener Stilregister – Fénelons *Télémaque* (1699/1717) und Scarrons im Milieu fahrender Schauspieler angesiedelter *Roman comique* (1651–57) dienen als Referenzpunkte – ermögliche erst die angestrebte Totalität,

---

274 Ebd., S. 351.
275 Vgl. ebd., S. 352: „Das Ansehen dieser grossen Leute ist mir genug den Wohlstand für mich zu retten, daß auch ich, einen Roman zu schreiben, mir habe einfallen lassen."
276 Vgl. ebd., S. 353.
277 Ebd., S. 355.

auf die Loen bereits in dem *Vorbericht* verwies. Nun greift er auf diese Aussagen zurück und betont explizit, dass jeder Rezipient ihm vertraute Vorbilder finden solle, die in ihm bekannten Situationen agierten; daneben informiere der Text über die Lebensweisen unterschiedlicher Stände:

> Nach meinem Vorhaben bestehet in dieser Abwechselung das Wesentliche von einer Beschreibung, welche den Zustand und die Sitten der heutigen Welt abschildern soll: Meine Absichten sind also auf das Gantze; und nicht blos auf den Hof, noch auf den Staat, noch auf andre hohe Dinge allein gerichtet. Sie gehen auch auf das häusliche und bürgerliche Leben: sie umfassen die vornehmste Umstände und Zufälle die einem redlichen Mann in der Welt begegnen können; sie begreiffen so wohl die Lebens-Art und Leidenschafften der Grossen, als diejenige des mittlern und geringen Standes, damit auf solche Weise alle und jede Leser, indem sie Nachricht von andern bekommen, zugleich auch für sich selbst etwas finden möchten, so ihnen zur Lehre und zum Nachdencken dienen könnte.[278]

Loens Roman macht also vielfältige Rezeptionsangebote für Angehörige aller Stände und wird damit zu einem Handbuch, das exemplarisch verdichtet ein Panorama der menschlichen Existenz in ihrer sozialen Verfasstheit bietet und zur Besserung des Lesers beiträgt. Damit löst er einen Anspruch der Historia literaria ein, die das „Lesen von guten Büchern" als Hilfsmittel auf dem Weg „zur wahren Glückseligkeit" begreift.[279]

Loens Romantheorie legt aber nicht nur klar und ausführlich dar, welchen Nutzen die Romanlektüre bewirken könne, sondern sie legitimiert dadurch die Gattung, die auf diese Weise für jedermann brauchbar erscheint. Das rückt Loens Überlegungen in die Nähe galanter Erzählverfahren, die auf die Selbstbehauptung des Individuums in einer kontingenten höfischen Umgebung abzielten, transzendiert aber die höfischen Kontexte.

Loens Romanpoetik ist zweifellos innovativ,[280] allerdings dürfen die selbstbewusst vorgetragene Rechtfertigung einer Stil- und Gattungsmischung nicht darüber hinwegtäuschen, dass er mit seiner Theorie der Gattungsmischung auf ältere Muster zurückgreifen kann, namentlich auf den höfisch-historischen Roman des 17. Jahrhunderts. In Ziglers *Asiatischer Banise* begleitet der Diener Scandor, eine komische Figur, den Prinzen Balacin; auch in anderen Zusammenhängen lässt sich diese Genremischung beobachten,[281] die aber nicht dem

---

278 Ebd.
279 Scattola: Roman und praktische Philosophie, S. 295.
280 Vgl. Voßkamp: Romantheorie in Deutschland, S. 185.
281 Vgl. zu den entsprechenden Tendenzen Herbert Singer: Der galante Roman. Stuttgart 1961 (Sammlung Metzler. Bd. 10), S. 54 f.

Anspruch auf die Darstellung gesellschaftlicher Totalität geschuldet ist, sondern es zumeist auf komische Kontrastwirkungen absieht.

Vor allem aber sind Loens Reflexionen im Kontext einer Debatte über die Funktionalität ‚hoher' Gattungen in Zeiten sozialer Dynamik zu sehen: Seine Romantheorie trägt Probleme aus, die sich analog in anderen Kontexten, namentlich in der zeitgenössischen Dramentheorie, finden. Ähnlich wie die Autoren des weinerlichen Lustspiels und des bürgerlichen Trauerspiels, die den zu großen Unterschied zwischen Rezipienten und literarischen Figuren zu überbrücken suchen, setzt Loen beim Problem des Adressatenbezugs hoher Gattungen an und reagiert auf die veränderten Rezeptionsbedingungen, indem er das Figureninventar erweitert. Sein politisch-didaktischer Roman wird so zu einem Kompendium nicht mehr nur der Staatsklugheit, sondern der tugendhaften christlichen Lebensführung schlechthin.

Eben darin berühren sich Loens Positionen mit den Romanvorreden von Sinold von Schütz und Wend, die Loen höchstwahrscheinlich kannte – jedenfalls besaß er ihre Übersetzungen des *Télémaque* und des *Sethos*.[282] So schließt Loen an Argumentationsmuster an, die für die Rezeption der französischen politischen Romane in der frühen Aufklärung symptomatisch sind. In der Vorrede zu der weitverbreiteten und bis zum Ende des Jahrhunderts immer wieder aufgelegten *Télémaque*-Übersetzung von Philipp Balthasar Sinold von Schütz heißt es etwa,[283] nicht „nur ein Fürste, sondern auch ein jeder Mensch" könne aus Fénelons Roman Nutzen für seine moralische Entwicklung ziehen.[284] Da „der Mensch in seiner natürlichen Unvollkommenheit ohne die Göttliche Weisheit nichts fruchtbarliches und gedeyliches vollbringen könne, sondern immer aus einem Irrthum in den andern gerathen müsse",[285] bedürfe er dringend eines Mentors. Und auch Wend hatte in der Vorrede seiner *Sethos*-Übersetzung einen christlichen Herois-

---

282 Vgl. den Auktionskatalog von Loens Bibliothek: Catalogus Librorum Omni Scientiarum Genere Praestantissimorum Nec Non Thesauri Librorum Antiquissimorum Et Rarissimorum Quos Magna Cura Industriaque Collegit Dum Vixerat [...] D. Johannes Michael a Loen Potentissimi Boruss. Regis A Consiliis Secretioribus [...]. Frankfurt am Main 1777. Loen besaß Sinolds *Télémaque*-Übersetzung in der Ausgabe von 1736 (vgl. ebd., S. 176) sowie Wends dreibändige *Sethos*-Übersetzung (vgl. ebd., S. 211).
283 Vgl. [Sinold von Schütz:] Vorbericht. – Vgl. zu Sinolds Übersetzung Bensiek: Die ästhetisch-literarischen Schriften Fénelons, S. 127–132; vgl. zu den romantheoretischen Implikationen von Sinolds Vorrede Christopher Meid: Zur Theorie des politischen Romans im 18. Jahrhundert. In: Recherches Germaniques 44 (2014), S. 11–31.
284 Ebd.
285 Ebd.

mus in Anschlag gebracht und darauf abgehoben, dass auch „Leute niedrigern Standes hierinnen gar erbauliche Lehren für sich erblicken" könnten.[286]

Sinold und Wend begreifen den politischen Roman im deutschen Sprachraum also weniger als literarisierten Staatsentwurf, sondern als Hinführung zur Tugend für alle Rezipientenschichten. Das gilt auch für Loen, der auf Basis dieser Überlegungen einen Roman konzipieren kann, der sich von den von seinen Zeitgenossen nach ihren Rezeptionsbedürfnissen interpretierten französischen Romanen unterscheidet. Loen zieht mit dem *Redlichen Mann am Hofe* die praktische Konsequenz aus der theoretischen Diskussion um Möglichkeiten und Wirkabsichten des politischen Romans und versucht, den Roman philosophisch zu nobilitieren, indem er an die romantheoretischen Überlegungen im Umkreis der *historia literaria* und der Philosophie der frühen Aufklärung anschließt.

3.9.1.2 Loens Aktualisierung des *honnête-homme*-Ideals

Bereits der Titel von Loens Roman verweist auf ein übergreifendes Normen- und Wertesystem, das durch den Protagonisten verkörpert wird, nämlich die Redlichkeit. Dabei bezeichnet das Adjektiv „redlich" im zeitgenössischen Sprachgebrauch das aus Frankreich übernommene Konzept der *honnêteté*.[287] Der (adelige) *honnête homme* steht in der Literatur zunächst für gesellschaftliche Fähigkeiten, für das Vermögen, sich mit der erforderlichen Lässigkeit im sozialen, gerade auch im höfischen Raum zu bewegen.[288] Dieses „Persönlichkeitsideal mit universalem Anspruch"[289] ist trotz aller Tendenzen zur Ausweitung primär in der höfischen Sphäre anzusiedeln. Es handelt sich also gerade nicht um ein antihöfisches oder gar bürgerliches Ideal, sondern vielmehr um die Formulierung einer Verhaltenslehre für das Individuum am Hof, wie beispielhaft am Titel von Nicolas Farets Darstellung *L'honneste-homme ou l'art de plaire à la Court* (1630) deutlich wird.[290]

---

286 Wend: Vorbericht des Teutschen Uebersetzers. In: Terrasson: Abriß. Bd. 1, unpaginiert.
287 Vgl. Zedlers Universal-Lexicon, Bd. 13, Sp. 379: „*Honneteté*, heist Ehrbarkeit, Redlichkeit". – Christian Friedrich Schwan: Nouveau dictionnaire de la langue allemande et françoise, composé sur les dictionnaires de M. Adelung, et de l'Académie françoise [...]. Bd. 2. Mannheim 1787, S. 444: „Ein rédlicher Mann; *un homme de bien, honnête homme, qui a de la probité.*"
288 Vgl. Henning Scheffers: Höfische Konvention und die Aufklärung. Wandlungen des *honnête-homme*-Ideals im 17. und 18. Jahrhundert. Bonn 1980 (Studien zur Germanistik, Anglistik und Komparatistik. Bd. 93).
289 Anette Höfer/Rolf Reichardt: Honnête homme, honnêteté, honnêtes gens. In: Rolf Reichardt/ Eberhard Schmitt (Hrsg.): Handbuch politisch-sozialer Grundbegriffe in Frankreich 1680–1820. Heft 7 (Ancien Régime, Aufklärung und Revolution. Bd. 10). München 1986, S. 2.
290 Vgl. Nicolas Faret: L'honnête homme ou l'art de plaire à la cour. Hrsg. von M. Magendie. Neudruck der Ausgabe Paris 1925. Genf 1970.

Farets überaus einflussreicher Text, der bereits 1647 ins Deutsche übersetzt wurde, aktualisiert wiederum wesentliche Gedanken aus Baldassare Castigliones *Cortegiano* (1528) und passt dessen Bestimmung eines idealen Hofmanns an die Gegebenheiten des französischen Hofes des 17. Jahrhunderts an. Dabei vereindeutigt er die Positionen aus Castigliones dialogisch strukturiertem Text und lädt das Ideal des *honnête homme* „gegen machiavelistische und im politischen Sinn tacitistische Tendnenzen" moralisch auf:[291] „Als Gegentyp zum schlechten ‚Höfling' entwickelt, verkörpert der *honnête homme* also die dreifache Tendenz von Ethisierung, Verhofung und geistiger Kultivierung".[292] Bereits Castiglione und (in abgeschwächter Form) Faret akzentuieren zudem die Ratgeberfunktion des Hofmannes, der die Tugend des Herrschers befördern solle.[293] Faret setzt den *honnête homme* gar mit dem *homme de bien* gleich, der seinem Vaterland nützlich sei, ja nützlich sein müsse, und stattet so „die Figur des gemeinnützigen Hofmanns mit heroischem Glanz aus":[294]

> Cela estant ainsi, toute personne de qui la condition semble l'inviter aupres des Grands, et qui se sent l'ame pleine de bonnes intentions, n'est-elle pas obligée d'y aller remplir une place, qui peut-estre seroit occupée par un meschant, dont les conseils seroient sans doute pernicieux à tout l'Estat, s'il avoit le moyen s'il avoit le moyen de les porter jusques à l'oreille du Prince? C'est là qu'un Honneste-homme, que je ne distingue point de l'homme de bien, doit tascher d'estre utile à sa Patrie, et que se rendant agreable à tout le monde, il est obligé de ne profiter pas seulement à soy-mesme, mais encore au public, et particulierement à ses amis, qui seront tous les vertueux.[295]

Hier erscheinen die *honnêtes gens* als Tugendgemeinde, die geradezu verpflichtet ist, im Sinne des Gemeinwesens bei Hofe wirksam zu werden.

Diese moralisierende Tendenz, die unmittelbar auf die Konzeption von Loens Protagonisten verweist, vereindeutigt sich noch bei den christlichen Interpreten

---

291 Martin Disselkamp: Barockheroismus. Konzeptionen ‚politischer' Größe in Literatur und Traktatistik des 17. Jahrhunderts. Tübingen 2002 (Frühe Neuzeit. Bd. 65), S. 372. Vgl. auch die (etwas pauschale) Beschreibung von Peter Burke: Die Geschicke des *Hofmann*. Zur Wirkung eines Renaissance-Breviers über angemessenes Verhalten. Aus dem Englischen von Ebba D. Drolshagen. Berlin 1996, S. 111 f.; eine detaillierte Auflistung von Farets Quellen bei M. Magendie: Introduction. In: Nicolas Faret: L'honnête homme ou l'art de plaire à la cour. Hrsg. von M. Magendie. Neudruck der Ausgabe Paris 1925, S. I-LII, hier S. X-XLIV.
292 Höfer/Reichardt: Honnête homme, honnêteté, honnêtes gens, S. 7.
293 Vgl. Baldassare Castiglione: Il libro del Cortegiano. Hrsg. von Ettore Bonora. Kommentar von Paolo Zoccola. Mailand 1972, S. 326 (Buch IV, Kap. 47): Dort wird der Hofmann als Prinzenerzieher in eine Linie mit Aristoteles und Platon gestellt.
294 Disselkamp: Barockheroismus, S. 370.
295 Faret: L'honnête homme ou l'art de plaire à la cour, S. 39. Das Kapitel trägt die Überschrift „Que tout homme de bien est obligé de suivre la cour".

des *honnêteté*-Ideals.[296] In seinem *Portrait d'un honneste homme* (1693), das Loen in der Ausgabe von 1712 besaß,[297] distanziert sich Abbé Jacques Goussault von libertinistischen Interpretationen des Begriffs und setzt die *honnêteté* in eine unauflösliche Verbindung mit der moralischen Qualität (und nicht zuletzt der Bildung) des Individuums:[298]

> Quand j'ai entrepris de faire le Portrait d'un honnête homme, je n'ai pas prétendu representer un Homme de Cour ou de Ville, qui sous une honnêteté apparente & purement mondaine, cache un libertinage veritable & criminel; mais je me suis proposé un homme qui joint la politesse, la civilité, l'esprit, & l'érudition, à la pureté de ses moeurs, & à la probité, c'est-à-dire, un honnête homme, selon Dieu & selon le monde, soit qu'il soit de la Cour, soit qu'il soit de la Ville.
>
> On reconnoîtra en effet dans toutes les matieres que j'ai traitées, que pour être honnête homme, dans mon sens, il faut d'une part craindre Dieu, le servir & l'aimer, & de l'autre être bienfaisant à tout le monde, autant qu'on le peut. On avoüera même si l'on entre dans mes vûës & dans mes sentimens, que plus on est Homme de bien, plus on est honnête Homme.[299]

Die gerade von deutschen frankophoben Interpreten immer wieder stereotyp betonte Oberflächlichkeit und moralische Indifferenz des Ideals geht also an wesentlichen Strängen der französischen Tradition vorbei. Im deutschen Sprachraum wird der Begriff aufgenommen und in seiner Bedeutung erweitert: Gerade bei Loens akademischem Lehrer Christian Thomasius erscheint die Gelehrsamkeit als unverzichtbare Komponente der *honnêteté*. In seinem folgenreichen *Discours/Welcher Gestalt man denen Frantzosen in gemeinem Leben und Wandel nachahmen solle?* (1687/88),[300] erklärt Thomasius, ein *honnête homme* sei ein *„ehrlicher, gelehrter, verständiger, kluger und artiger Kopff"*;[301] der Begriff

---

296 Vgl. André Lévêque: „L'honnête homme" et „l'homme de bien" au XVII siècle. In: PMLA 72, 4 (1957), S. 620–632. Vgl. auch Höfer/Reichardt: Honnête homme, honnêteté, honnêtes gens, S. 22f.
297 Vgl. Catalogus Librorum, S. 145.
298 Vgl. einführend zu Goussault die Ausführungen von Lévêque: „L'honnête homme" et „l'homme de bien" au XVII siècle, S. 630.
299 Jacques Goussault: Le portrait d'un honneste homme. Nouvelle Edition augmentée du Portrait d'une Honneste Demoiselle. Paris/Brüssel 1712, Vorrede unpaginiert.
300 Auch Loen behandelt das Thema. Vgl. Johann Michael von Loen: Erörterung der Frage: Ob die Teutschen wohl thun, daß sie den Franzosen nachahmen? In: Ders.: Gesammlete kleine Schriften. Bd. II, Frankfurt am Main/Leipzig 1751, S. 396–415. Dort geht es aber weniger um Verhaltensideale, als vielmehr um die Frage, in welchen Bereichen von Kunst und Wissenschaft man von den französischen Leistungen profitieren könne.
301 Christian Thomasius: Von Nachahmung der Franzosen. Nach den Ausgaben von 1687 und 1701. Stuttgart 1894 (Deutsche Litteraturdenkmale des 18. und 19. Jahrhunderts, hrsg. von August Sauer), S. 7.

meine einen „ehrlichen und gerechten Mann".³⁰² Das tradierte Bild, *honnêteté* bedeute einen oberflächlichen Lebenswandel, sei also falsch.³⁰³

Loen, der mit der Hofliteratur der Frühen Neuzeit bestens vertraut war,³⁰⁴ schließt im *Redlichen Mann am Hofe* wieder an die französischen Definitionen der *honnêteté* als allgemeingültiges, aber besonders am Hofe nützliches Verhaltensideal an, und demonstriert seine intime Kenntnis der Debatte über die notwendigen Eigenschaften eines Hofmannes. Dabei verstärkt und vereindeutigt sein Roman in der Zeichnung seines Protagonisten die Tendenzen zur Moralisierung und Heroisierung des *honnête-homme*-Ideals: Das ethisch akzentuierte Verhaltensideal wird bei ihm vollends zur moralischen Qualität; laut Loen hat das redliche Individuum geradezu die Verpflichtung, sich für das allgemeine Wohl einzusetzen.

Die ersten beiden Bücher des Romans exponieren diese Konstellation und erzählen von einem Lernprozess, indem sie einen Protagonisten ins Zentrum stellen, der sich seiner Aufgabe erst bewusstwerden muss. Das erste Buch exponiert den zentralen Konflikt, der aus dem topischen Gegensatz von Tugend und Redlichkeit auf der einen und einer stereotyp als lasterhaft gezeichneten höfischen Sphäre auf der anderen Seite entsteht. Eben deshalb verspürt der gutaus-

---

302 Ebd. – Vgl. Scheffers: Höfische Konvention und die Aufklärung, S. 110f.: „Es geht ihm nicht um eine Anleitung der gens de la cour dazu, wie man am Hof sein Glück machen könne. Vielmehr möchte Thomasius zeigen, welchen Nutzen die rechte, aber eben auch redliche conduite im gemeinen Leben, und das heißt allererst für das ‚gemeine Wohl' stiften könne." Vgl. zur Rolle Thomasius' bei der Formierung galanter Ideale die Studie von Florian Gelzer: Konversation, Galanterie und Abenteuer. Romaneskes Erzählen zwischen Thomasius und Wieland. Tübingen 2007 (Frühe Neuzeit. Bd. 125), S. 51–60.
303 Vgl. Thomasius: Von Nachahmung der Franzosen, S. 7f. – Die stereotype Kritik an einem veräußerlichten Ideal verbindet sich bei Thomasius und einer Vielzahl von Zeitgenossen mit der Forderung nach wahrer Redlichkeit. Symptomatisch hierfür ist der Titel einer Reisesatire aus den dreißiger Jahren des 18. Jahrhunderts: Vgl. Eines Erfahrnen Hofmeisters Curiöse Reise Durch die Welt, Welche Derselbe nebst seinem Untergegeben mit grossen Fleiß verrichtet, und auf selbiger gesucht einen Honnête-Homme; An dessen Statt aber meistentheils angetroffen lauter Honêtes-Gens à la Mode, Das ist: Redliche Leute nach heutiger Art: Wobey zwischen beyden eine accurate Vergleichung angestellet, und mit deutlichen und angenehmen Exempeln erläutert wird. Dresden/Leipzig 1732. Vgl. zu dem Text die Studie von Ulrich Klein: Die deutschsprachige Reisesatire des 18. Jahrhunderts. Heidelberg 1997 (Beihefte zum Euphorion. Bd. 29), S. 57–61.
304 Vgl. die Werke in Loens Besitz: Catalogus Librorum, S. 118, S. 143 (Gracian), S. 141 (Guevara). – Vgl. auch die Ausführungen von Jean Delinière: Le courtisan idéal: Un portrait comparé d'après *Il libro del cortegiano* de Baldassar Castiglione et *Der redliche Mann am Hofe* de Johann Michael von Loen. In: Le texte et l'idée 13 (1998), S. 25–43. Die Affinitäten, die Delinière zwischen beiden Texten sieht, dürften auf die Tradition der *honnêteté*-Schriften des 17. Jahrhunderts zurückzuführen sein.

sehende, gebildete und vor allem tugendhafte Graf Menander von Rivera zunächst keinerlei Neigung, „sein angenehmes Land-Leben zu verlassen."[305] Seine ablehnende Haltung hat vor allem damit zu tun, dass er seine Sitten für nicht kompatibel mit der höfischen Sphäre hält:

> Was soll ich, sprach er bey sich selbst, am Hofe machen, wo man derjenigen Einfalt spottet, die ich liebe; und wo man keine Sitten für verächtlicher hält, als die nach der Redlichkeit und Tugend schmecken? O nein! geliebtes Feld, du vergnügest mich mehr als aller unruhige Pracht des Hofs, und als alle gezwungene Hoheit deiner blinden Anbeter.[306]

Das Gedankenzitat artikuliert überkommene Vorstellungen. Am Hof sei Tugend permanentem Spott ausgesetzt, während die abgeschiedene Existenz eines Landadeligen immerhin Seelenruhe mit sich bringe.[307] Dieses topische Lob des adeligen Landlebens ist aber nicht das letzte Wort. Ganz im Gegenteil kann Riveras Nachbar, der welterfahrene Herr von Bellamont, dem Grafen beweisen, wie naiv seine Verachtung des Hofes tatsächlich ist. Immerhin würden dort Kunst und Wissenschaft gepflegt, die stereotype Verachtung dieser Errungenschaften sei unangebracht und oberflächlich. Vor allem aber resultiere aus der außergewöhnlichen Begabung des Grafen die göttliche Pflicht, seine Fähigkeiten in den Dienst des Gemeinwesens zu stellen: „GOtt hat ihnen, allem Ansehen nach, so grosse und besondere Gaben, als sie besitzen, nicht zu dem Ende verliehen, daß sie solche auf ihren Gütern vergraben sollen; Ich merke allzu deutlich, daß sie zu etwas grösseres geschaffen sind."[308] Zwar sei das Landleben für „für einen Geist, welcher die Unschuld, die Freyheit und die Ruhe liebet", sehr verlockend:

> Allein, wenn alle tugendhafte und geschickte Leute nur bloß auf ihre eigene Vergnügung denken und auf dem Lande leben wolten, wer würde in der Welt durch seine Beyspiele andere erbauen? Wer würde den Ausbrüchen der wildesten Laster Einhalt thun? Wer würde den Hof, das Land und den Staat regieren helfen?[309]

---

305 Loen: Der Redliche Mann am Hofe, S. 12.
306 Ebd.
307 Vgl. zur Tradition des *laus ruris* vor allem Anke-Marie Lohmeier: Beatus ille. Studien zum ‚Lob des Landlebens' in der Literatur des absolutistischen Zeitalters. Tübingen 1981 (Hermaea. N.F. Bd. 44); vgl. auch Klaus Garber: Der locus amoenus und der locus terribilis. Bild und Funktion der Natur in der deutschen Schäfer- und Landlebendichtung des 17. Jahrhunderts. Köln/Wien 1974. Die einschlägige Verbindung von Hofkritik und Landleben findet sich vorgezeichnet in Guevaras Contemptus vitae aulica et laus ruris (1598). Vgl. Kiesel: „Bei Hof, bei Höll", S. 88–106.
308 Loen: Der Redliche Mann am Hofe, S. 14.
309 Ebd.

Bellamonts Sicht auf die Welt ist ebenso negativ wie die des Grafen; seine Schlussfolgerungen, die deutliche Ähnlichkeiten mit den oben dargelegten Positionen von Faret aufweisen,[310] unterscheiden sich aber fundamental von denen seines Nachbarn.[311] Gerade der Tugendhafte sei gefordert, um für das Allgemeinwohl zu wirken, so dass die höfische Sphäre geradezu zum idealen Ort praktischer Tugendausübung stilisiert wird.[312] Dabei hängen Tugend und Providenz untrennbar zusammen: In der Logik des Romans agiert der Graf von Rivera als Agent einer göttlichen Vorsehung, die auf eine allgemeine Verbesserung hinarbeitet und sich dabei menschlicher Helfer bedient,[313] bei denen es sich – so wiederum Bellamont, der als Sprachrohr des Autors agiert – um Helden handele:

> Es gibt aber auch zugleich einige grosse Gemüter die das mit für ihre Glückseligkeit halten, wenn sie andre können helfen glückselig machen. Man nennet solche Leute Helden, und es ist gewiß, daß ihr Eifer von dem Himmel selbst entzündet wird. Man siehet sie mit einem tapfern Muth wider die Bosheit und Tyranney sich waffnen, und für die Rechte der Menschheit streiten. Man siehet sie immer geschäfftig, den einreissenden Unordnungen zu steuren und den allgemeinen Wohlstand des Staats zu befördern. Sie thun desgleichen, mein werthester Herr Graf, sie gehen nach Hof/ sie bewerben sich um die Gunst des Königs; Er hat sich von den Lastern einnehmen lassen, machen sie, daß er zurück kehre und die Tugend liebe.[314]

Bellamont formuliert hier das Erziehungsprogramm des Romans. Der Tugendhafte habe die Pflicht, seine Anlagen zum Wohle aller, für die allgemeine „Glückseligkeit" einzusetzen. Zugleich evoziert er das Bild einer bedrohlichen Aufgabe: „Bosheit und Tyranney" erfordern eine entschiedene heroische Ge-

---

310 Vgl. zu diesem Zusammenhang auch Kiesel: „Bei Hof, bei Höll", S. 205.
311 In einem zweiten Gespräch nimmt er zudem die Grafen dessen Zweifel, ob man sich bei Hof notwendigerweise verstellen müsse: er selbst habe ohne Verstellung eine beachtliche Karriere in Militär und Verwaltung gemacht. Vgl. ebd., S. 15f.
312 Vgl. Johann Michael von Loen: An einen Cavalier, der aus Verdruß den Hof verlassen und sich in die Einsamkeit begeben wolte. In: Ders. Gesammlete Kleine Schriften. Bd. IV. Frankfurt am Main/Leipzig 1752, S. 262–269. Dort argumentiert Loen ähnlich: Rückzug vom Hof sei keine Alternative für denjenigen, der „an demselben einen redlichen und tugendhaften Mann vorstellen" solle (ebd., S. 262). Vielmehr müsse er sich durchaus stoisch in die „allzeit weise und allzeit gerechte Vorsehung" schicken (ebd., S. 265). Auf S. 263f. findet sich ein expliziter Verweis auf Seneca. Auch sei gerade der Hof ein idealer Ort, um wahre Tugend – allerdings *ex negativo* – zu erlernen (vgl. ebd., S. 267).
313 Vgl. Kiesel: „Bei Hof, bei Höll", S. 203.
314 Loen: Der Redliche Mann am Hofe, S. 14.

genwehr. Der Held wird hier zum Stellvertreter der „Rechte der Menschheit",[315] zum Agenten der Providenz, der bessernd auf den lasterhaften König von Aquitanien einwirken solle. Das Wohl des Staates liegt in der Verbindung von Tugend und Macht, die gerade nicht umfassende Reformen fordert, sondern die Rückkehr zu einem besseren Zustand anstrebt. Diese Passagen des Romans zitieren Topoi der Landlebendichtung des 17. Jahrhunderts an und widerlegen sie zugleich, indem sie ihr stoisches Ethos des Rückzugs als für das Gemeinwesen schädlichen Eskapismus wertet.[316]

Auch wenn es Bellamont rasch gelingt, den Grafen von seiner Hoffnung zu überzeugen, ist damit die innere Entwicklung der Figur noch nicht abgeschlossen. Unmittelbar nach seiner Ankunft in der Hauptstadt Panopolis gerät er angesichts der großen Zerrüttung des Staates in eine tiefe Krise: Zwar ist der König nicht böse, aber faul und an Staatsangelegenheiten desinteressiert; die Regierungsgeschäfte leitet der Herzog von Sandilien, eine der düsteren Ratgeberfiguren der Aufklärungsliteratur.[317] Er hält sich an der Macht, indem er die unterschiedlichen Interessengruppen gewähren lässt. Der allseitige Egoismus, der sich in allen Ständen findet,[318] bewirkt eine schwere Staatskrise. Während das erwirtschaftete Vermögen durch höfische Verschwendung aufgebraucht wird, verelenden die Landbewohner.[319] Als Konsequenz dieser Misswirtschaft lässt sich ein Wertever-

---

315 Darunter sind natürlich noch nicht die Menschenrechte im Sinn des ausgehenden 18. Jahrhunderts zu verstehen, wohl aber die im älteren Naturrecht postulierten Rechte, die eine Regierung zu respektieren habe.
316 Vgl. Lohmeier: Beatus ille, S. 107, die unterstreicht, dass oftmals die in der Landlebendichtung des 17. Jahrhunderts betonte „ländliche Freiheit weniger wie das Ergebnis stolzer Selbstbehauptung" erscheine, „sondern vielmehr wie eine Befreiung, Rettung, Flucht aus einer Welt der Gefahren und Bedrohungen in die Sicherheit eines umgrenzten, abgeschlossenen Bezirks."
317 Vgl. Johann Michael von Loen: Der Fürst. In: Des Herrn von Loen Gesammlete kleine Schrifften: Besorgt und heraus gegeben von J. C. Schneidern. Erster Theil. Frankfurt, Leipzig 1750, S. 148–165. In dieser „moralischen Schilderey" hebt Loen hervor, der Fürst solle selbst regieren und sich nicht von dubiosen Ministern beeinflussen lassen, sondern vielmehr die besten Köpfe zu Ratgebern erwählen.
318 Vgl. Friedrich Vollhardt: Selbstliebe und Geselligkeit. Untersuchungen zum Verhältnis von naturrechtlichem Denken und moraldidaktischer Literatur im 17. und 18. Jahrhundert. Tübingen 2001 (Communicatio. Bd. 26), S. 206.
319 Vgl. Loen: Der Redliche Mann am Hofe, S. 21: „Nur der Staat litte allein; das Land wurde bey Hof verzehret, und der Landmann, durch die schwere Geld-Erpressungen ganz entkräftet, begunte an etlichen Orten den Pflug zu verlassen, und sich theils aufs Plündern, theils aufs Bettlen zu legen. Die Pachter und Beamten aber, welche das arme Volk wie die Blut-Igeln aussogen, schleppten ihre feiste Wänste und gefüllete Beutel in die Städte und wurden zu des Landes Verderben vornehme Herren. Schifffahrt und Handlung lagen darnieder: Die Schulden wurden

fall in allen relevanten Bereichen beobachten; sinnfälliger Ausdruck sind die religiösen Streitigkeiten, die allmählich den letzten Zusammenhalt auflösen.

Die Konfrontation mit dieser düsteren Realität überwältigt den Grafen, der angesichts der „Unordnung", die „in allen Ständen" anzutreffen ist,[320] an seiner Aufgabe verzweifelt: „[E]s war schier weder Treu, noch Tugend, noch Glauben mehr unter den Einwohnern von Panopolis."[321] Der Erzähler beschreibt eindrücklich die Angstzustände des Protagonisten, der – nahezu überwältigt von einem „ängstliche[n] Grauen" – beklagt, sein „ruhiges Landleben verlassen" zu haben.[322] Einmal hält er sich für zu jung, um als Ratgeber akzeptiert zu werden, dann befürchtet er, selbst den Verlockungen des Hoflebens zu erliegen und zum typischen, also moralisch korrumpierten Höfling zu werden, womit er einem veräußerlichten *honnête-homme*-Konzept folgen würde.

Die „Gefahr" wird allerdings gebannt,[323] noch ehe sie eintritt. Denn diese Selbstzweifel quälen den Grafen gerade in dem Moment, als er sich ohne sein Wissen auf dem Weg zu einer weiteren Ratgeberfigur befindet, dem greisen Einsiedler Pandoresto, den er trifft, nachdem er sich in Gedanken versunken im Wald verirrt hat. Dessen intradiegetische Erzählung dient als exemplarische Geschichte einer moralischen Bekehrung: Es handele sich bei seiner Biographie um einen „Spiegel der grösten Unordnungen, als einer ausserordentlichen göttlichen Gnade."[324] In Pandorestos Lebenslauf, der eine deutliche Nähe zu den Erzählwelten des Pikaro-Romans aufweist, kommen sämtliche Gräuel zusammen: Als Student hat er marodiert und vergewaltigt und schließlich einen Kommilitonen im Duell getötet. Dennoch macht er Karriere am Hof, wo er seine niederen Instinkte ungehindert ausleben kann. Er geht so weit, seine Frau zu vergiften, um sein Sexualleben künftig nicht mehr einschränken zu müssen. Schließlich begegnet er der tugendhaften Frau von Dusemon. Die Liebe zu ihr stellt den ersten Schritt zur Umkehr dar; die schon zuvor auftretenden Selbstzweifel erreichen nun ein ungeahntes Ausmaß. Dennoch bedarf es noch eines einschneidenderen Erlebnisses. Beim Kartenspielen äußert Pandoresto einen blasphemischen Fluch – und bricht daraufhin in Reue zusammen.[325]

---

nicht bezahlt: der Kauffmann muste seine Waaren borgen, und die Handwerker verpraßten auf den Sonn- und Fest-Tägen, was sie an den Werktägen verdienten."
320 Ebd., S. 22.
321 Ebd.
322 Ebd.
323 Ebd.
324 Ebd., S. 26.
325 Vgl. ebd., S. 35.

Ein Franziskanermönch rät ihm, dem weltlichen Leben zu entsagen. Das bedeutet nun gerade nicht den völligen Rückzug aus der Welt – Pandoresto versteht sich fortan selbst als personifizierte Mahnung vor dem Laster:

> Der beste Gottesdienst wär, daß ein jeder seines Berufs wartete und darinn GOtt und Menschen treu wäre. Was aber mich anbelangte, so hielte er dafür, daß, wie ich ein ausserordentlicher und mit den grösten Verbrechen beladener Sünder wär; so muste auch meine Busse ausserordentlich und von einer sonderbaren Erweckung seyn. Ich würde demnach wohl thun, denjenigen Menschen, die ich durch meine grausame Missethaten geärgert hätte, an mir ein Exempel der wahren Bekehrung und Sinnes-Aenderung zu zeigen. Ich solte mir zu dem Ende nah bey der Stadt ein kleines Haus erbauen, mich aller Eitelkeiten entschlagen, und mein übriges Gut den Armen geben.[326]

Entsprechend der auf pragmatische Wirkung zielenden Konzeption des Romans geht es auch hier um lebenspraktische Nützlichkeit: Der bekehrte Sünder erfüllt seine Funktion eben nicht als Asket, sondern im Kontakt mit der Welt, für die sein (allseits sichtbares) Einsiedlerdasein als stete Mahnung fungiert.[327] Die Darstellung dieser Biographie folgt auf den ersten Blick dem Muster einer pietistischen Bekehrung,[328] allerdings weist sie vor allem Züge der „von Fénelon und seiner Madame Guyon [...] beschriebenen Stufen einer mystischen Läuterung" auf.[329]

---

326 Ebd., S. 40 f.
327 Vgl. Vollhardt: Selbstliebe und Geselligkeit, S. 200.
328 Vgl. Johann Erich Maier: Gnade und Ästhetik. Von der Wiedergeburt zur Gnadenpoetik. Frankfurt am Main u. a. 1998 (Frankfurter Hochschulschriften zur Sprachtheorie und Literaturästhetik. Bd. 11), S. 311: „Die Pandoresto-Erzählung gliedert sich nach dem Franckeschen Dreischritt: göttliche Rührung, Bußkampf, Durchbruch." Maier deutet Loens Roman einseitig im Kontext pietistischer Frömmigkeit und kommt dabei zu dem grob vereinfachenden Schluss (ebd., S. 310): „Ohne große Künstlichkeit [!] läßt sich sagen, daß in der Gegenüberstellung von Pandoresto und dem Grafen sich in literarischer Gestaltung ein nach Halleschem Muster fromm gewordener liberaler Pietist und ein frommer Weltmann gegenüberstehen, dessen Zugangsweise zur Religion deutlich Speners Gnadentheologie entspricht und der die bei Spener festgestellte Dialektik von Wiedergeburt und Erneuerung noch einmal in die öffentlich-politische Sphäre überträgt und auf höherer Ebene, nämlich am Hofe, zu realisieren versucht." – Vgl. zum Gnadendurchbruch, der insbesondere für Hermann August Franckes Theologie zentral ist, Johannes Wallmann: Kirchengeschichte Deutschlands seit der Reformation. 4. Auflage. Tübingen 1993 (UTB. Bd. 1355), S. 141–147. Loen selbst steht dem Durchbruch kritisch gegenüber. Vgl. Johann Michael von Loen: Der vernünftige Gottesdienst, Nach der leichten Lehrart des Heilandes, Untersucht bey Gelegenheit einiger an Ihro Hochgräfl. Excellenz, dem Herrn Grafen von Zinzendorf gerichteten und von denenselben beantworteten Fragen [1737]. In: Des Herrn von Loen gesammlete Kleine Schriften von Kirchen- und Religions-Sachen, Zur Erläuterung der bey seiner einzigen wahren Religion ihm angedichteten ungleichen Meynungen eines unlauteren Syncretismi, Besorget und herausgegeben von Osterländer. Frankfurt am Main/Leipzig 1751, S. 115–171, bes. S. 160 f. – Vgl. auch William E. Petig: Literary Antipietism in Germany during the First Half

Die Lebensgeschichte Pandorestos hat im Kontext des Romans eine zentrale Funktion: Erst sie macht den Grafen von Rivera zum politisch handelnden Individuum. Denn wenn selbst ein verworfener Sünder sinnvoll für die Gemeinschaft wirken kann, ist es dem tugendhaften Grafen erst recht unmöglich, sich eskapistisch zu verhalten. Darüber hinaus ist auch die Figur des Einsiedlers in die providentielle Struktur des Textes miteinbezogen: Pandoresto zeugt selber vom Wirken einer wohltätigen Providenz und kann so wiederum den Grafen darin bestärken, seine Anlagen in den Dienst der Allgemeinheit zu stellen.[330] Die Wirkung von Exempeln, die Loen in den Paratexten als Ziel seines Erzählens formuliert, wird auch in der Romanfiktion anhand der Lernprozesse der Figuren verdeutlicht.

Am Ende des zweiten Buchs nimmt der Protagonist schließlich seine Aufgabe an:

> Dem Grafen wolte die Gestalt des alten Eremiten nicht aus dem Sinn: er bewunderte sowohl dessen sonderbaren Lebens-Lauf, als seine ihm gegebene Lehren: er wiederholte solche bey sich selbst und schlief darüber ein. Als er des Morgens wieder erwachte, fand er sich in seiner gefaßten Entschliessung ungemein stark, sowohl einen redlichen Hofmann, als guten Christen abzugeben.[331]

Aus der Bewunderung für den bekehrten Sünder folgt der Entschluss zur eigenen Tätigkeit. Es ist bezeichnend, dass zwischen der Willensäußerung und der völligen inneren Gewissheit der Schlaf liegt: In abgeschwächter Form erfährt auch der

---

of the Eighteenth Century. New York u. a. 1984 (Stanford German Studies. Bd. 22), S. 156 f.: „While Pandoresto's rebirth demonstrates that God's grace can be extended even to great sinners, Loen makes it perfectly clear, however, that Pandoresto could have spared himself the ascetic life of hermit if he had only pursued a life of virtue instead of vice. Loen clearly finds it difficult to accept the necessity of the rebirth experience as required by the Pietists." Vgl. auch Thilo Daniel: Johann Michael von Loëns Auseinandersetzung mit Nikolaus Ludwig von Zinzendorf und der Brüdergemeine. In: Hans-Georg Kemper/Hans Schneider (Hrsg.): Goethe und der Pietismus. Halle/Tübingen 2001 (Hallesche Forschungen. Bd. 6), S. 25–43.
329 Vollhardt: Selbstliebe und Geselligkeit, S. 200. Seine Deutung folgt Bensiek: Die ästhetisch-literarischen Schriften Fénelons, S. 205.
330 Vgl. Vollhardt: Die Kritik der anthropologischen Begründung barocker Staatsphilosophie in der deutschen Literatur des 18. Jahrhunderts, S. 383: „Deutlich erkennbar wird die Ablehnung der höfischen Tugendideale, nicht jedoch das Gegenmodell, mit dem Loen die leergewordenen Schemata des heroischen Barockromans, dessen äußere Form er beibehält, füllen könnte. In diese Lücke tritt die ausführliche Bekehrungsgeschichte des Einsiedlers, die ein eigenes Kapitel einnimmt und für den Roman insgesamt die Bedeutung einer Problemexposition erhält." Vgl. auch ebd., S. 384: „Es ist ein exemplarisches Bekehrungserlebnis, das die allgemeine Rechtsquelle benennt, aus der Loen seine moralischen Lehrsätze deduziert."
331 Loen: Der Redliche Mann am Hofe, S. 42.

Graf von Rivera einen Durchbruch; er hat nun das Vorhaben, christliches und politisches Handeln zu vereinen, komplett internalisiert. Die ersten beiden Bücher des Romans exponieren den Weg des Protagonisten zu sich selbst und damit zugleich zu seiner Aufgabe. Dabei gelangt er von anfänglicher Ablehnung über rationale Zustimmung zu einer tief erfahrenen Annahme seiner Aufgabe. Seine innere Entwicklung ist damit abgeschlossen; was folgt, ist die Darstellung seines altruistischen Wirkens.[332] Bei der Beschreibung dieser Erziehung zum Erzieher transformiert Loen die Vorstellungen Fénelons und entwirft im Grafen von Rivera einen *honnête homme*, der zugleich und vor allem christlicher *homme de bien* ist.

3.9.1.3 Der Graf als Erzieher, Arzt und Reformer

Die konkrete Reformtätigkeit steht mit der Tugendhaftigkeit des Protagonisten in einer unauflöslichen Verbindung. Schließlich erwächst die Forderung nach Veränderung aus dieser christlich-tugendhaften Gesinnung. Mit diesem Beharren auf der politischen Wirksamkeit eines internalisierten Wertesystems nimmt Loen keine Außenseiterposition ein:[333] Ganz im Gegenteil forderten deutsche Staatsdenker der Frühen Neuzeit und der Aufklärung entschieden die Befolgung christlicher Werte ein. Erinnert sei hier an Theodor von Reinkingks *Biblische Policey* (1653), Veit Ludwig von Seckendorffs *Christenstaat* (1685) und an die Arbeiten Friedrich Carl von Mosers, die ebenfalls an das christliche Gewissen der Staatsdiener appellieren.[334] Auch zahlreiche Reformmaßnahmen, die gemeinhin

---

332 Vgl. aber Hildegard Emmel: Politisches Konzept als strukturbildendes Element der Romanfiktion. Von Loen und der Roman des 18. Jahrhunderts. In: Wolfgang Paulsen (Hrsg.): Der deutsche Roman und seine historischen und politischen Bedingungen. Bern/München 1977, S. 147–157, hier S. 149: „Der Held wird sich weder wandeln, noch anpassen, noch verändern."
333 Tatsächlich steht die frühe Aufklärung in Deutschland im Zeichen der Moralisierung von Politik; die forschungsgeschichtlich einflussreichen Überlegungen von Reinhart Koselleck: Kritik und Krise. Eine Studie zur Pathogenese der bürgerlichen Welt. 2. Auflage. Frankfurt am Main 1976 (suhrkamp taschenbuch wissenschaft. Bd. 36) [erstmals 1959] über die vermeintliche „Ausklammerung des privaten Gewissens" (S. 17) aus dem Bereich der politischen Macht lassen sich zumeist am historischen Material nicht verifizieren. Ohnehin rekurriert er zumeist auf französische Zustände. Vgl. zur Untauglichkeit der Koselleckschen Maßstäbe für die deutschen Territorien Barbara Stollberg-Rilinger: Der Staat als Maschine. Zur politischen Metaphorik des absoluten Fürstenstaats. Berlin 1986 (Historische Forschungen. Bd. 30), S. 18. Vgl. auch Bernhard Spies: Politische Kritik, psychologische Hermeneutik, ästhetischer Blick. Die Entwicklung bürgerlicher Subjektivität im Roman des 18. Jahrhunderts. Stuttgart 1992 (Germanistische Abhandlungen. Bd. 73), S. 70.
334 Vgl. Michael Stolleis: Veit Ludwig von Seckendorff. In: Ders. (Hrsg.): Staatsdenker im 17. und 18. Jahrhundert. Reichspublizistik – Politik – Naturrecht. 2., erweiterte Aufl. Frankfurt am Main 1987, S. 148–171, bes. S. 164–168; Helmut Rehder: Fromme Politik. Zu den Essays von Friedrich

dem aufgeklärten Absolutismus zugeschrieben werden, haben ihre Wurzel mindestens ebenso sehr in einem christlich-paternalistischen Amtsverständnis der Fürsten wie in aufklärerischem Gedankengut – deutliches Indiz dafür, dass eine scharfe Gegenüberstellung von Religion und Aufklärung an den historischen und geistesgeschichtlichen Gegebenheiten vorbeigeht.[335]

Wenn einmal die Abkehr von christlichen Prinzipien als die Quelle allen Übels erkannt wurde, liegt der Ausweg nahe: Reform bedeutet in Loens Roman zuallererst die Abkehr von schädlichen Verhaltensweisen, gleichsam die Heilung eines von Krankheit befallenen Körpers. Es ist kein Zufall, dass der Graf immer wieder als Arzt bezeichnet wird: Die Krankheits- und Heilungsmetaphorik durchzieht den ganzen Roman; sie konstituiert eine eigene Bedeutungsebene, die nicht zuletzt der Komplexitätsreduktion dient und zugleich abstrakte Sachverhalte im Bild des Staatskörpers anschaulich macht.

Der Roman stellt einen unmittelbaren Zusammenhang zwischen der Heilung des Individuums und der Heilung des Staates her. Bereits Platon hatte den „wahren Politiker" im zweiten Buch der *Politeia* „mit dem wahren Arzt" verglichen.[336] Dieser müsse, wie Platon im *Gorgias* ausführt, seinen Patienten notfalls auch unangenehme Therapien zumuten.[337] Im Falle des Königs von Aquitanien geht es darum, den Träger der Macht zu ihrer angemessenen Ausübung zu befähigen; in anderen Fällen, insbesondere bei der Beschreibung von Alpina, setzt der Text Individuen und Staat in ein metonymisches Verhältnis, indem die Krankheit des Einzelnen auf Probleme des Gemeinwesens verweist. Im Anschluss an überkommene organologische Metaphern erscheint der Staat als Körper, der von Krankheiten unterschiedlichster Art bedroht ist, der aber auch geheilt werden kann.[338]

Carl von Moser. In: Monatshefte 67 (1975), S. 425 – 431. Vgl. zu den unterschiedlichen Vorstellungen einer christlichen Politik Martens: Der patriotische Minister, S. 121 – 170.
335 Vgl. etwa Günter Birtsch: Der Idealtyp des aufgeklärten Herrschers. Friedrich der Große, Karl Friedrich von Baden und Joseph II. im Vergleich. In: Ders. (Hrsg.): Der Idealtyp des aufgeklärten Herrschers. Hamburg 1987 (Aufklärung 2, H. 1), S. 9 – 47, bes. S. 24, der gerade am Beispiel Karl Friedrichs von Baden die Bedeutung pietistischer Frömmigkeit für gemeinhin als aufgeklärt apostrophierte Herrschaftspraktiken zeigt.
336 Münkler: Im Namen des Staates, S. 26. Vgl. Platon: Der Staat, S. 59 – 61.
337 Vlg. ebd.
338 Vgl. zu dieser traditionellen Metapher Rainer Guldin: Körpermetaphern. Zum Verhältnis von Politik und Medizin. Würzburg 2000; Frühsorge: Der politische Körper. Vgl. auch Sabine Kalff: Politische Medizin der Frühen Neuzeit. Die Figur des Arztes in Italien und England im frühen 17. Jahrhundert. Berlin/Boston 2014 (Frühe Neuzeit. Bd. 189).

Den ersten wirksamen Eingriff in die Politik unternimmt der Graf tatsächlich als Arzt, indem er den kranken König heilt.[339] Es handelt sich hierbei auch um einen nachgeholten Erziehungsprozess. Anders als es Loen in seinen theoretischen Schriften fordert,[340] hat der König von Aquitanien nie eine angemessene Erziehung genossen. So fällt die Einschätzung des Erzählers bei der ersten Charakterisierung des Monarchen nahezu vernichtend aus:

> Der König war von Natur nicht ganz bösartig; Er war zu keinem Tyrannen gebohren: Er hatte viel gute Eigenschaften; sie waren aber durch eine üble Erziehung verdorben worden: er war der Unordnung, der Schwelgerey und den Wohllüsten ergeben; Er meynte nur deswegen König zu seyn, um seinen Begierden desto freyer nachzuleben. Die Regierungs-Last schien ihm zu beschwerlich: Wenn er in einem Morgen zehen bis zwanzigmal seinen Namen unterzeichnen solte, so waren dieses allzugrosse Bemühungen für einen König, der in den Gedanken stunde, die Lust der Crone sey für ihn, und die Last der Regierung für seine Räthe.[341]

Dieses potentiell bösartige Erziehungsopfer – immerhin hat der König zunächst versucht, seinen Nebenbuhler (wie Salomon seinen Feldherrn Urias) im Krieg umkommen zu lassen, um ihn dann widerrechtlich zu internieren[342] – wird nun Objekt der gräflichen Fürsorge. Das neunte Buch beschreibt die „Cur" des Monarchen,[343] der von konkurrierenden Ärzten eher gequält denn therapiert wird. Die Schwäche des Königs liege, so der lebenskluge Graf, an drei Gründen, nämlich „einem unordentlichen und unmäßigen Leben", an „verschiedenen heftigen Gemüths-Bewegungen", schließlich an „dem stets anhaltenden Gebrauch vieler Arzneyen."[344] Auf dem Land – Ort der Therapie ist das Lustschloss nahe der Einsiedelei Pandorestos – wendet der Graf seine Methode an: Frische Luft, gesunde Ernährung und Ablenkung von Sorgen führen bald dazu, dass der König sich „dadurch so wohl [befindet], als er je zuvor gewesen war."[345]

---

339 Vgl. auch Johann Michael von Loen: Von den Mitteln die Gesundheit zu erhalten [1743]. Des Herrn von Loen Gesammlete kleine Schriften. Besorgt und heraus gegeben von J. B. Müllern. [...] Vierter und letzter Theil. Frankfurt/Leipzig 1752, S. 159–182. Entsprechend den Positionen, die im Roman propagiert werden, fordert Loen auch hier „strenge Mässigkeit" (S. 163) als notwendige Grundlage einer gesunden Lebensführung.
340 Vgl. Johann Michael von Loen: Von der Erziehung eines Printzen. In: Des Herrn von Loen Gesammlete kleine Schriften. Besorgt und heraus gegeben von J. B. Müllern. [...] Vierter und letzter Theil. Frankfurt/Leipzig 1752, S. 282–292.
341 Loen: Der Redliche Mann am Hofe, S. 20f.
342 Vgl. ebd., S. 109.
343 Ebd., S. 151.
344 Ebd., S. 152.
345 Ebd., S. 165.

3.9 Von der Rezeption zur Produktion — 177

Die diätetische Therapie des Königs umfasst aber auch seine politische Erziehung. Hierzu dienen emblematische Kunstwerke, die der Graf für den auch geistig nur mäßig beweglichen Monarchen deutet.[346] Sie demonstrieren die göttliche Vorsehung, die den Monarchen stütze,[347] erklären, dass mäßige Bewegung der Gesundheit zuträglich sei,[348] dass Weisheit eine essentielle Tugend des Herrschers sei, Stärke allein hingegen nicht ausreiche,[349] dass der Monarch sich stets seiner Untertanen bewusst sein müsse,[350] und schließlich, dass Sparsamkeit eine notwendige Tugend sei.[351]

Der Roman erzählt hier gattungskonform von der (nachgeholten) Fürstenerziehung. Loens Protagonist bietet dem königlichen Patienten nichts anderes als eine „Sitten-Lehre durch Exempel"; wie auch an anderen Stellen korrespondieren Wirkintention des Textes und textinterne Strukturen. Anders als bei Fénelon kann es hier schon allein wegen des späten Zeitpunkts nicht mehr um die völlige Bekehrung des Königs zur Tugend gehen, sondern bestenfalls um die Vermittlung von einfachen Wahrheiten mit dem Ziel, künftig Exzesse einzudämmen. Ironischerweise muss der Graf auf die simpelsten Mittel zurückgreifen, um dem Herrscher die einfachsten Maximen der Regierungskunst nahezubringen. Dass dieser dann die wenig anspruchsvollen Embleme nicht einmal selbst entschlüsseln kann, wirft ein bezeichnendes Licht auf die intellektuellen Fähigkeiten des Königs.

Während die Romane von Fénelon und den anderen französischen Autoren ein optimistisches, ja zuweilen emphatisches Bild der Fürstenerziehung zeigten, nimmt Loen eine skeptische Position ein. Sein Roman weist damit auf spätere Texte wie etwa Wielands *Goldnen Spiegel*, der – narrativ ungleich komplexer – die Schwierigkeiten, ja das Scheitern derartiger Erziehungsprojekte in den Mittelpunkt stellt. Wie bei Wieland ist auch die Herrscherfigur in Loens Roman nur bedingt aufnahmefähig; die Oberflächlichkeit des Monarchen steht in deutlichem Kontrast zu dem Ernst seines Beraters. Immerhin hat sich der Graf durch seine therapeutische Tätigkeit als – so der König – ein „wahrhaftig [...] poßierlicher Doctor" das Vertrauen des Königs erworben,[352] auch wenn der Erzähler keinen Zweifel daran lässt, dass dieser Herrscher zu jeder Zeit auf einen Mentor ange-

---

346 Vgl. Loen: Von der Erziehung eines Printzen, S. 285: Zur Erziehung seien „reitzende Exempel" hilfreich.
347 Vgl. Loen: Der Redliche Mann am Hofe, S. 159.
348 Vgl. ebd.
349 Vgl. ebd.
350 Vgl. ebd., S. 160.
351 Vgl. ebd.
352 Ebd., S. 155.

wiesen sein wird.³⁵³ Er unterstreicht aber auch die nicht zu überbrückende Differenz zwischen dem höchst mittelmäßigen Herrscher und seinem Mentor. Während der junge Télémaque am Ende von Fénelons Roman selbstständig handeln kann, wird der König von Aquitanien immer auf seinen Ratgeber angewiesen sein. Die Aufgabe des Tugendhaften besteht eben auch darin, seine Fähigkeiten geduldig in den Dienst eines Ignoranten zu stellen, um graduell auf Besserung zu wirken.

Deutlich wird der Zusammenhang von Arzneikunst und politischer Reform auch an den Passagen über Alpina, einer Stadtrepublik im Niedergang, die den Grafen als Ratgeber hinzuzieht, um die inneren Konflikte zu lösen, die den Staat allmählich zerstören. Der Erzähler vergleicht die Auswirkungen des religiösen Hasses, der am Beginn des Verfalls steht, mit denen einer Krankheit im menschlichen Körper:

> Allein Hochmuth, Neid, Religions-Haß, Uppigkeit und Unordnung nahmen in kurtzer Zeit daselbst, aus Mangel guter Policey, dergestalt überhand, daß dadurch der Zustand zu Alpina desto gefährlicher wurde, je mehr er an Kräften und Menschen zugenommen hatte; nicht anders, wie die vollblütige Cörper, welchen die Kranckheiten immer tödtlicher zu seyn pflegen, als andern.³⁵⁴

Diese Extreme sind allerdings nur wegen der nicht vorhandenen „Policey" möglich, sind also Ausdruck des Versagens von Politik und Verwaltung. Aufgabe der Policey ist ja gerade, alle Bereiche des bürgerlichen Zusammenlebens so zu regulieren, dass mögliche Konflikte unterbunden werden.³⁵⁵ Der Policey kommt also bei Loen eine domestizierende Funktion zu:³⁵⁶ Im Idealfall ist der Staat so organisiert, dass religiöse Konflikte unterbunden werden. Die weltliche Obrigkeit ist

---

353 Vgl. ebd., S. 165: „Diese Exempel gefielen dem König wohl, allein die Nachfolge machte ihm Qual; es kam ihm überaus schwer an sich unter den Zwang einer solchen Tugend zu setzen, zu deren Ubertrettung ihn alles zu reitzen schien. Dem ungeachtet, so wuste es der Graf von Rivera durch seine lebhafte Vorstellungen und artige Manieren bey dem König dahin zu bringen, daß er sich den Regeln der Mässigkeit unterwarf."
354 Ebd., S. 299.
355 Vgl. Hans Maier: Die ältere deutsche Staats- und Verwaltungslehre (Polizeiwissenschaft). Ein Beitrag zur Geschichte der politischen Wissenschaft in Deutschland. Neuwied am Rhein/Berlin 1966 (Politica. Bd. 13); Jutta Brückner: Staatswissenschaften, Kameralismus und Naturrecht. Ein Beitrag zur Geschichte der Politischen Wissenschaft im Deutschland des späten 17. und frühen 18. Jahrhunderts. München 1977 (Münchener Studien zur Politik. Bd. 27).
356 Vgl. Johann Michael von Loen: Entwurf einer Staats-Kunst, Worinn die natürlichste Mittel entdeckt werden, ein Land mächtig, reich und glücklich zu machen. Verbesserte Auflage. Frankfurt/Leipzig 1750, S. 95.

der geistlichen in jedem Fall übergeordnet,[357] da allein sie den verderblichen Zank von vornherein unterbinde könne. Loens Beschreibung von Alpina gestaltet modellhaft einen Konflikt, der für das von konfessioneller Konkurrenz geprägte Deutsche Reich durchaus typisch war – zu denken ist etwa an die Hamburger Unruhen der Jahre nach 1684.[358] Die Lösungsvorschläge können somit auch Gültigkeit außerhalb der Romanfiktion beanspruchen.[359] Am Beispiel Alpinas zeigt Loen, wie religiöser Fanatismus die Lebensgrundlagen eines Gemeinwesens zerstört. Dabei entwirft er in einem durchaus realistischen Szenario, wie konfessionelle Gegensätze in gewaltsame Wirren ausarten: Zu Zeiten religiöser Toleranz haben sich in der protestantischen Stadt viele Katholiken angesiedelt, die erheblich zur Vergrößerung des allgemeinen Wohlstands beigetragen haben. Der Bau einer katholischen Kirche innerhalb der Stadtmauern führt schließlich zu religiösen Unruhen: So wiegelt die Agitation der lutherischen Geistlichkeit den „Pöbel" auf; diese antikatholischen Unruhen gipfeln schließlich in der Plünderung der neuerbauten Kirche,[360] wie es

---

357 So auch in Loens theologischen Schriften. Vgl. [Johann Michael von Loen:] Die einzige wahre Religion, allgemein in ihren Grund-Sätzen/ verwirrt durch die Zänkereyen der Schriftgelehrten, zertheilet in allerhand Secten, vereiniget in Christo. 2 Teile. Frankfurt/Leipzig 1751 [3. Auflage]. Teil 2, S. 180 f.: „Wie in dem Fürsten und Regenten alle Macht des Volks vereiniget ist, dergestalt, daß von ihm alle Befehle beydes im geistlichen als weltlichen herrühren müssen; also ist er auch an und vor sich selbst schon das Haupt seiner Kirche; derjenige Bischof, welchen er im geistlichen seinem Volk vorsetzet, verwaltet nur sein Amt unter ihm, an seiner Stelle. Wäre dieses nicht, so würden zwey Häupter zugleich in einem gemeinen Wesen sein. Diese beyde würden in ihren besondern Absichten und Angelegenheiten sich stets einander entgegen sein. Ein jeder würde für seine eigne Hoheit eifern, mithin der Staat darunter in Gefahr und Zerrüttung gesetzet werden; wie solches die Geschichten sattsam zeigen. Eines muß also nothwendig dem andern unterworfen sein, und denjenigen Wiederspruch aufheben, der sich zwischen zwey verschiedenen Häuptern in einem Staat zu äusern pflegt. Ein Fürst ist also vermög seiner höchsten Würde das Haupt im Staat und in der Kirche, sowie er, wenn er auch gleich nicht mit zu Feld ziehet, das Haupt seines Kriegsheeres ist."
358 Vgl. Steffen Martus: Aufklärung. Das deutsche 18. Jahrhundert – ein Epochenbild. Berlin 2015, S. 155–187.
359 Vgl. die Beiträge in Harm Klueting (Hrsg.): Irenik und Antikonfessionalismus im 17. und 18. Jahrhundert. Hildesheim/Zürich/New York 2003 (Hildesheimer Forschungen. Bd. 2).
360 Vgl. auch Johann Michael von Loen: Entwurf einer Staats-Kunst, Worinn die natürlichste Mittel entdeckt werden, ein Land mächtig, reich und glücklich zu machen. Verbesserte Auflage. Frankfurt/Leipzig 1750, S. 124–134 (Kapitel „Vom Kirchen-Wesen und der Religion". Dort beklagt Loen die zeitgenössische Glaubenspraxis, die sich vom Gebot der Nächstenliebe denkbar weit entfernt habe: „Die weltliche Obrigkeit, die ihrem Amt gemäß, Ordnung, Ruhe und Friede im gemeinen Wesen zu erhalten sucht, ist immer noch mit diesen geistlichen Zänkereyen geplagt. Will sie Ruhe haben, so muß sie darauf bedacht seyn, nur allein fromme und friedfertige Geistlichen zum Dienst der Kirchen zu bestellen" (ebd., S. 126).

1719 in Hamburg geschehen war.³⁶¹ In der durch den Konflikt zwischen Volk und Rat bestimmten Situation setzt sich ein Demagoge mit dem sprechenden Namen Allowiß durch, der verspricht, alle Probleme zu lösen, indem er die Katholiken des Landes verweist – sehr zum Schaden der Ökonomie.

Wieder vergleicht der Erzähler den Staat explizit mit einem Körper. Den Alpinern geht es „wie einem der an einem heftigen Fieber kranck gelegen, und dem ein unerfahrner Artzt solches auf einmahl, durch den starcken Gebrauch der China, vertrieben hatte". Zwar schwinden die akuten Krankheitssymptome, allerdings bleibt „ein schleichendes Ubel", das „den gantzen Cörper mit der Auszehrung" bedroht.³⁶² Denn die Vertreibung der Katholiken führt zwar zu konfessioneller Uniformität, aber eben auch zum wirtschaftlichen Niedergang: „Man sah also in kurtzer Zeit diesen Ort zwar gantz orthodox: allein zugleich auch in völliger Abnahme: Handel und Wandel lag darnieder; der Müssiggang und die Trägheit verdarben vollends die Einwohner."³⁶³ Zugleich wird deutlich, dass in diesem ‚Gottesstaat' nur ein veräußerlichtes Christentum herrscht: „Was die Obrigkeit nicht strafte, hielt man für keine Sünde. Unter der Larve einer äusserlichen Ehrbarkeit versteckte die Heucheley die gröste Laster."³⁶⁴

Die Wahl des perfiden Allowiß ist zugleich Zeichen und weitere Ursache des Niedergangs. Wie der extreme Gebrauch von Chinin den Körper entscheidend schwächt, führt die Herrschaft des Volksverführers zum jetzt sogar körperlich nachvollziehbaren Untergang eines einstmals blühenden Staatswesens. Eine wesentliche Folge dieser verfehlten Radikalkur ist tatsächlich ganz konkret die Krankheit der Bürger. Die Wohlhabenden werden wegen Exzessen der Nahrungsaufnahme „theils faul und liederlich, theils seltsam u. hypochondrisch",³⁶⁵ die sozialen Gegensätze nehmen ein bedrohliches Ausmaß an:

> In den Häussern der Reichen fanden sich kleine Apothecken, magere Cörper und fette Küchen. Kam man auf die Strassen, so begegneten einem allenthalben arme, elende und gebrechliche Menschen, welche wie die Schatten auf den Gräbern herum wanderten. Wo sich jemand ein wenig wohl gekleidet sehen lies, da verfolgten ihn die Bettel-Leute von einer Thür bis wieder zur andern.³⁶⁶

---

361 Vgl. Martus: Aufklärung, S. 174.
362 Loen: Der Redliche Mann am Hofe, S. 301.
363 Ebd., S. 303.
364 Ebd.
365 Ebd.
366 Ebd., S. 304.

Die Heilmittel sind wiederum simpel: Es genüge, so der Graf, zur alten Ordnung zurückzukehren und zukünftig Exzesse zu vermeiden.[367] Das entspricht den Vorschlägen, die zur Heilung des Königs geführt haben: Die Therapie des Staates wie auch des Individuums erfolgt auf Grundlage der gleichen Prinzipien,[368] Reform und Heilung sind synonym mit der Rücknahme schädlicher Veränderungen. Eben deshalb braucht es auch im Ideenkosmos des Romans keine ausgefeilte Staatstheorie, schließlich genügt zur (mühsamen) Herstellung konfessioneller Toleranz die strikte Befolgung obrigkeitlicher Policeymaßnahmen.

3.9.1.4 Religion und Politik

Der Umgang mit konfessioneller Diversität ist ein zentrales Thema von Loens Roman: Der „Religions-Haß", der Alpina an den Rand des Abgrunds geführt hat, musste für ein deutsches Publikum schon allein lebensweltlich eine große Relevanz besitzen. Denn die Frage, wie sich in Zeiten konfessioneller Spaltung ein friedliches Nebeneinander, möglicherweise sogar ein Miteinander gewährleisten ließ, war gerade in den Territorien des Reichs von zentraler Bedeutung – und musste oftmals genug in differenzierten Policeyverordnungen geregelt werden. Loen selbst geriet sein Eintreten für Toleranz und die Überwindung der Glaubensspaltung bekanntlich nicht zum Vorteil: Wegen der Querelen um seine Abhandlung *Die einzige wahre Religion, allgemein in ihren Grund-Sätzen/ verwirrt durch die Zänkereyen der Schriftgelehrten, zertheilet in allerhand Secten, vereiniget in Christo* (1750) musste der Calvinist das lutherische Frankfurt verlassen und in preußische Dienste treten.[369] Das zweibändige Werk, in dem Loen seine religiösen

---

[367] Vgl. ebd., S. 307: „Man legte die alte Verfassung, welche den Staat in Aufnahm gebracht hatte, zum Grund der neuen Einrichtung: die Ordnung der Haußhaltung und der verrechneten Dienste wurde sicher gestellt: Handel und Wandel von allen ausserordentlichen Auflagen befreyet: dem fremden Adel, wie auch Gelehrten, Künstlern und andern Leuten, die keine bürgerliche Handthierung trieben, wieder erlaubt, ohne bürgerliche Lasten zu tragen, sich in der Stadt aufzuhalten: die Gewissens-Freyheit verstattet: eine gewisse Anzahl regulirter Soldaten zu halten beschlossen: Kirchen- Policey- Kleider- Gesind und andere gute Ordnungen einzuführen gebilliget. Damit man aber hinfüro bey allen und jeden sich ereignenden Mißverständnüssen, nicht mehr nöthig haben möchte, Rath und Hülffe bey den Nachbarn zu suchen, und dieselbe von der Schwäche ihrer Stadt zu unterrichten; So solten hinfüro beständig vier der redlichsten und klügsten Männer, von der sämtlichen Bürgerschafft als Schieds-Richter darzu erwehlet werden."
[368] Es entbehrt nicht einer gewissen Ironie, dass gerade der von Loen abgelehnte Machiavelli im *Principe* Staatskunst mit Arznei vergleicht. Vgl. Stollberg-Rilinger: Der Staat als Maschine, S. 45.
[369] Kurz und präzise von Goethe zusammengefasst: Aus meinem Leben. Dichtung und Wahrheit, S. 81: „Ein zweites Werk sollte dagegen desto gefährlicher für ihn werden. Er schrieb: *die einzige wahre Religion*, ein Buch, das die Absicht hatte, Toleranz besonders zwischen Lutheranern und Calvinisten zu befördern. Hierüber kam er mit den Theologen in Streit; besonders schrieb Dr.

Vorstellungen bündelt, ist für ein Verständnis des Romans wesentlich. Einerseits geht es dort um das Wesen der wahren Religion: Loen plädiert für eine wesentlich enttheologisierte Frömmigkeit, die eine Einheit aller christlichen Konfessionen ermöglichen würde. Andererseits äußert er sich umfassend zu den äußeren Aspekten der Religionsausübung und hebt dabei besonders die negativen Konsequenzen geistlicher Eingriffe in die Politik hervor.[370]

Der Roman überführt diese Positionen in anschauliche Exempel. Dabei geht es sowohl um Maßnahmen, die das alltägliche Zusammenleben unterschiedlicher Konfessionen regulieren sollen, als auch um die Natur der wahren Religion. Beide Aspekte hängen zusammen, weil die Fanatiker unterschiedlicher Ausprägung allesamt falschen Vorstellungen vom Christentum folgen und in ihrem Eifer Staat und Gesellschaft unterminieren. In den satirischen Schilderungen scheint zugleich das Gegenbild auf, schließlich gewinnt die Forderung nach einem einfachen Christentum angesichts heuchlerischer Fanatiker an Überzeugungskraft. Dabei kommt in diesen Passagen das eigentlich ‚politische' Gedankengut des Romans am deutlichsten zum Tragen nicht nur in der Alpina-Episode, sondern gerade auch in den novellistischen Einlagen des Romans: Sie unterziehen religiöse Praktiken von Angehörigen aller Stände einer satirischen Kritik und stellen sie in einen unmittelbaren Zusammenhang mit dem Gemeinwesen. Diese Versatzstücke niederer Gattungen, die Loen in den Paratexten für besonders legitimationsbedürftig erachtete, besitzen also einen expliziten politischen Gehalt – nicht in dem Sinne, dass sie etwa Verfassungsfragen thematisierten, sondern vielmehr im Zusammenhang eines Weltbilds, das die christliche Tugend aller zur unabdingbaren Basis des Gemeinwesens macht.

In diesem Zusammenhang sind vor allem die intradiegetischen Erzählungen des achten und neunten Buchs von Bedeutung.[371] Während einer Kutschfahrt – eine typische novellistische Rahmensituation – erzählt zunächst ein skandinavischer Adeliger, der Herr von Greenhielm, von seinem Bruder, der „unter gewisse Leute, die man bey uns ihrer gezwungenen Frömmigkeit und eigenen Meynungen

---

Benner in Gießen gegen ihn. Von Loen erwiederte; der Streit wurde heftig und persönlich, und die daraus entspringenden Unannehmlichkeiten veranlaßten den Verfasser, die Stelle eines Präsidenten zu Lingen anzunehmen, die ihm Friedrich der zweite anbot, der in ihm einen aufgeklärten, und den Neuerungen, die in Frankreich schon viel weiter gediehen waren, nicht abgeneigten vorurteilsfreien Mann zu erkennen glaubte. Seine ehemaligen Landsleute, die er mit einigem Verdruß verlassen, behaupteten, daß er dort nicht zufrieden sei, ja nicht zufrieden sein könne, weil sich ein Ort wie Lingen mit Frankfurt keineswegs messen dürfe."

370 Vgl. [Loen:] Die einzige wahre Religion. Teil 2, S. 180f.
371 Vgl. Petig: Literary Antipietism, S. 158f.

halber Pietisten nennet", gerät.³⁷² Diese religiöse Bekehrung hat für die ganze Familie einschneidende Folgen. Anstößig sind diese Praktiken aus zwei Gründen: Erstens befördere, so Greenhielm, die pietistische Praxis die Heuchelei, zweitens untergrabe sie die gesellschaftliche Ordnung. In der „seltsame[n] Haushaltung" sehe man beinahe „nur gemeine Handwerks-Leute von verschiedenem Alter und Geschlecht aus- und eingehen".³⁷³ Diese würden durch die exzessiven Frömmigkeitsübungen von ihren eigentlichen Aufgaben abgehalten: „Vom Morgen bis Abend und öfters bis in die Nacht, wurde darinn nichts gethan, als disputirt, gelesen, gesungen und Bet-Stunden gehalten."³⁷⁴

Greenhielm sieht sich schließlich zum Eingreifen gezwungen, als seine Schwester von einem Handwerker belästigt wird. Für die Fanatisierten widerspricht der „Unterscheid der Stände" dem Willen Gottes und ist gar Teufelswerk,³⁷⁵ weshalb sich die „Unordnung dieser Leute" auch an einer Heiratspraxis zeigt, die auf die überkommene ständische Gesellschaftsgliederung keine Rücksicht mehr nimmt

> Vor einigen Wochen heyrathete der Bruder Anthon, ein feiner, frommer Schuhmachers-Gesell, der aber nunmehr ein Lehrer ist, die andächtige Frau Doctor Baldersin, und nun, o Schande! daß ich es euch sagen muß, hab ich einen Liebhaber an dem jungen Christoph, unseres ehmahligen Pachters, des tauben Nicolasen Sohn, den auch die Andacht in dieses Haus, getrieben hat.³⁷⁶

Dass der verliebte Handwerker Greenhielms Schwester bedrängt, ist Zeichen einer verkehrten Welt: Sie hält ihn für „närrisch" und fasst sein Verhalten als „unverschämte That" auf.³⁷⁷ Sein Argument, „vor GOtt wären wir alle gleich", unter bekehrten Pietisten „würde zugleich auch alle [...] Standes-Hoheit und irdischgesinnte Ehrsucht wegfallen",³⁷⁸ besitzt für sie keine Geltung.

Loen listet hier stereotype Abwertungen der Pietisten auf:³⁷⁹ Sie sind faul, heuchlerisch, lüstern und selbstgefällig.³⁸⁰ Der Roman beschränkt sich aber nicht

---

372 Loen: Der Redliche Mann am Hofe, S. 124.
373 Ebd., S. 125.
374 Ebd.
375 Ebd., S. 127.
376 Ebd.
377 Ebd., S. 128.
378 Ebd.
379 Vgl. auch Loen: Entwurf einer Staats-Kunst, S. 130: „Der demüthig schleichende Pietist, betrachtet dein Haus mit Seufzen, weil du nicht alles an die Brüder verwendest, die als heilige Müssiggänger das Land durstreichen, und fromme Seelen suchen, die ihre hungrige Mägen und leere Beutel füllen."

darauf, lediglich die Pietisten der Lächerlichkeit preiszugeben, sondern erzählt von dem Versuch, diese aus der Perspektive einer vernünftigen Religiosität zur Umkehr zu bewegen. Greenhielm, der hier als Sprachrohr des Autors agiert, hält ihnen zu diesem Zweck den Willen Gottes vor, der ihm (in der Logik des Textes) zugänglich ist.[381] Er stellt die rhetorische Frage,

> ob sie meynten, GOtt dadurch einen Dienst zu thun, wann sie dessen Ordnung störten, ihr Gewerbe fahren liessen, und sich dargegen eines Apostolischen Berufs anmaßten, um die Leute zu bekehren, und ihnen eine neue Lehre vom Glauben zu predigen, die auf eine leere Einbildung der bewegten Fantasie hinaus lief?[382]

Die Bibel dient als Argument gegen die Pietisten, die wegen ihres „Müßiggangs und unordentlichen faulen Lebens" und nicht zuletzt wegen ihrer permanenten „Heucheley" strikt abzulehnen sind.[383] Bezeichnend ist das Gottesbild, das Greenhielm – und auch Loen – hier entfalten. Die weltliche Ordnung entspricht für sie der göttlichen; wer sich dagegen auflehnt, handelt unchristlich. „Unordnung" und „Verwirrung", die das ganze „Haußwesen" ergriffen haben, widersprechen Gottes Gebot: „Heist es dann nicht, daß GOtt ein GOtt der Ordnung sey? und daß, wie er durch dieselbe die ganze Welt regieret; also will er auch, daß eine jede Obrigkeit den Staat, und ein jeder Hausvater sein Hauswesen regieren soll."[384] Die pietistischen Praktiken – „lesen, beten, singen, herumziehen und Versammlungen halten" – würde letztlich zu völliger „Verwirrung" führen:[385] „[W]enn eine solche Lebens-Art die Freyheit der Frommen wär, so würden sie der Erden ein Fluch und der menschlichen Gesellschaft zum Verderben seyn."[386]

Greenhielms Ermahnung, deren doktrinäre Elemente offen zutage treten, hat einen eminent politischen Gehalt: Der Roman entfaltet das Modell eines wohlwollenden Patriarchats, das für die Familie ebenso gilt wie für den gesamten

---

380 Vgl. auch Riesenburgs Erzählung von dem lüsternen Hauslehrer: Loen: Der Redliche Mann am Hofe, S. 147 f.
381 Für Loen ist die Religion durch die (dem Menschen von Gott gegebene) Vernunft rational zugänglich. Vgl. etwa Loen: Die einzige wahre Religion, T. II, S. 111: „Die Religion selbst ist nichts anders als die vollkommenste Vernunft, die uns mit ihrem Ursprung, nämlich mit GOtt, verbindet. Wer demnach der Religion die Vernunft benimt, der entziehet ihr alle Wahrheit und allen Glauben: die Vernunft ist als ein Spiegel in unserer Seele, in welchen sich die Vorwürfe der ewigen Weisheit spiegeln."
382 Loen: Der Redliche Mann am Hofe, S. 129.
383 Ebd.
384 Ebd., S. 131.
385 Ebd.
386 Ebd.

Staat. Ähnliche Ausformungen tradierten Vorstellung finden sich in der zeitgenössischen Theorie, namentlich bei Christian Wolff. Seine *Deutsche Politik* lässt den Entwurf der „herrschaftlichen Gesellschafft" auf den der „Väterlichen Gesellschafft" folgen.[387] Das Ideal, das Loens Roman, gerade auch in den expositorischen *Freyen Gedancken* entwickelt, besteht also nicht (wie in späteren Entwürfen der politischen Ökonomie) in einer durchrationalisierten absolutistischen Gesellschaft, sondern in einem patriarchalisch organisierten Staat, in dem den Ständen eine große Bedeutung zukommt – nicht zuletzt, weil sie ein Bollwerk gegen schädlichen Hochmut bilden.

Während es hier um die satirische Entlarvung und die dadurch angestrebte Eindämmung von religiösen Auswüchsen und um die Wiederherstellung der durch pietistische Konventikel bedrohten Gesellschaftsordnung geht, so steht in der utopisch getönten Christianopolis-Episode die Neugründung eines Gemeinwesens im Vordergrund. Wenn der Erzähler beklagt, dass Christianopolis – also eine von wahren Christen bewohnte Stadt – in Europa nicht anzutreffen sei, so unterstreicht das, dass Loen diese Passagen nicht als Beschreibung, sondern als Gestaltung eines Ideals verstanden wissen will:

> O glückseliger Ort! warum findet man dich nicht auch auf der Land-Carte desjenigen Welt-Theils, welchen dem Namen nach die eifrigste Christen beywohnen, und die sich einbilden, daß sie dadurch ihren Glauben genugsam an Tag legten, wann sie darüber mit andern ein liebloses Gezäncke führten.[388]

Christianopolis ist sowohl als Kontrast zu den realistisch gezeichneten Passagen zu verstehen wie auch als ein Ideal, das Orientierung bietet. Selbstverständlich steht diese Beschreibung einer idealen Stadt in einer langen literarischen Tradition.[389] Erinnert sei hier an Johann Valentin Andreaes gleichnamige lateinische Utopie (1619),[390] die inhaltlich aber kaum etwas mit Loens Roman verbindet, aber

---

387 Vgl. Christian Wolff: Vernünfftige Gedancken Von dem Gesellschaftlichen Leben der Menschen Und insonderheit Dem gemeinen Wesen [...]. Halle 1721. Reprint Frankfurt am Main 1971, erster Teil. S. 57, S. 116.
388 Loen: Der Redliche Mann am Hofe, S. 196.
389 Die überbordende Utopie-Forschung kann hier nicht vollständig aufgearbeitet werden. Vgl. zur Einführung Hiltrud Gnüg: Utopie und utopischer Roman. Stuttgart 1999 (UB 17613); zum 18. Jahrhundert vgl. besonders Monika Neugebauer-Wölk/Richard Saage (Hrsg.): Die Politisierung des Utopischen im 18. Jahrhundert. Tübingen 1996 (Hallesche Beiträge zur Europäischen Aufklärung. Bd. 4).
390 Vgl. Joh. Valentin Andreae: Christianopolis 1619. Originaltext und Übertragung nach D. S. Georgi 1741. Eingeleitet und hrsg. von Richard van Dülmen. Stuttgart 1972 (Quellen und Forschungen zur württembergischen Kirchengeschichte. Bd. 4). – Vgl. zu Andreae und Loen den

auch an Johann Conrad Dippels chiliastischen *ChristenStatt auf Erden* (1700), schließlich an Inselutopien wie Schnabels Insel *Felsenburg* und Bachstroms *Land der Inquiraner*,[391] die ebenfalls von Staatsgründungen durch bzw. für Glaubensflüchtlinge erzählen.

Im Gegensatz zu diesen Texten weist Loens utopische Episode einen höheren Realitätsgehalt auf: Sie spielt im Europa der Gegenwart und ist mit der erzählten Welt der Haupthandlung eng verbunden. Die dort geschilderten Verhältnisse sind zwar graduell besser, aber nicht kategorial anders als die an den übrigen Handlungsschauplätzen. Darüber hinaus rekurrieren sie für jeden Leser erkennbar auf zeitgenössische Ereignisse und Gestalten. Die Christianopolis-Episode berichtet von dem frommen Fürsten von Argilien, der in seinem Herrschaftsbereich vandalische Glaubensflüchtlinge aufgenommen hat, die sich auf eine urchristliche Sekte zurückführen. Das bezieht sich auf Realitäten des 17. und 18. Jahrhunderts wie etwa die Aufnahme von hugenottischen (1685) und salzburgischen (1732) Glaubensflüchtlingen in Brandenburg-Preußen. Deutlicher verweist die Episode aber auf Herrnhut: Die Herkunftsgeschichte der Vandalen erinnert an die der Böhmischen Brüder, die Zinzendorf ab 1722 in Herrnhut aufnahm,[392] der Fürst von Argilien wiederum trägt Züge eines idealisierten Zinzendorf.[393] Loen selbst nimmt

---

(oberflächlichen und mangelnde Textkenntnis verratenden) Aufsatz von Wolfgang Biesterfeld: Die Christianopolis-Episode in J. M. v. Loens Roman Der redliche Mann am Hofe. In: Zeitschrift für Religions- und Geistesgeschichte 25 (1973), S. 65–67, hier S. 66: „Der Roman v. Loens hat so als Hauptthema keineswegs den Entwurf des besten Staates oder die Erziehung eines Fürstensohns zum besten Herrscher, vielmehr geht es um das Schicksal zweier Liebender, die nach dem Brauch des galanten Romans in mannigfaltigen wechselnden Schicksalen und Umstanden wie Nebenbuhlerschaft, Verrat und Verschleppung in orientalische Sklaverei, immer wieder auseinandergerissen und endlich vereinigt werden." Einen inhaltlichen Vergleich der Utopien Andreaes und Loens sucht man bei Biesterfeld vergebens.
391 Vgl. F. J. Lamport: Utopia and ‚Robinsonade'. Schnabel's *Insel Felsenburg* and Bachstrom's *Land der Inquiraner*. In: Oxford German Studies 1 (1965), S. 10–30.
392 Vgl. Loen: Der Redliche Mann am Hofe, S. 187f.: „Unsere Vorfahren, berichteten die beyde Fremdlinge, die sich bis auf die erste Zeiten der Kirchen hinaus rechnen, haben nie keinen andern Lehren beygepflichtet, als den einfältigen Lehren des Heylandes: sie haben nie keinen blossen Menschen-Satzungen, in Glaubens-Sachen, sich unterworfen: sie haben weder die Heiligen anrufen, noch die Macht eines geistlichen Statthalters GOttes auf Erden erkennen wollen". Vgl. Peter Vogt: Herrnhuter. In: Enzyklopädie der Neuzeit. Bd. 5: Gymnasium – Japanhandel. Stuttgart 2007, Sp. 397–399.
393 Er artikuliert nicht zuletzt Loens Gedanken über religiöse Streitigkeiten. Vgl. ebd., S. 293f.: „Er konte nicht leiden, daß man sich im Christenthum über blosse Kirchen-Gebräuche und Meynungen trennen und deswegen einander alle Christliche Liebe versagen solte; da sie doch allesamt einen GOtt, einen Heyland und einerley Gesetz erkannten. Er hielt dafür, daß ein Christ ein weit geduldigeres, liebreicheres und einfältigeres Wesen haben müste, und daß alle diejenige, welche so heftig gegen einander um die Wahrheit des Evangelii stritten, dieselbe am wenigsten

in der *Vertheidigten Sitten-Lehre durch Exempel* darauf Bezug, wenn er erklärt, die Christianopolis-Episode zeige, „wie sehr man ihre [der Herrnhuter, C. M.] Absichten billigen könnte, wann sie solche nach der Art der Verfassung von Christianopolis einrichten würden."[394] Demnach liegt hier keine pietistische Utopie vor, sondern die utopische Gestaltung eines idealen Christentums.[395]

In der „Christen-Stadt", die nach gesundheitsfördernden Prinzipien errichtet wurde,[396] herrschen Harmonie und religiöse Toleranz: „Der Zulauf des Volks von allen Enden und Orten war ungemein. Man sah daselbst allerhand Menschen und Secten ruhig beysammen wohnen."[397] Das friedliche Miteinander der Konfessionen findet seinen Ausdruck in einem simplen Gottesdienst, der vor allem der Erbauung dient und theologische Streitfragen ausklammert.[398] All das hat positive

---

kennen müsten, indem sie schnurstracks das Gegentheil thäten, was uns Christus und seine Apostel lehreten." – Loen kannte Zinzendorf persönlich; 1737 legte er dem Grafen einen Fragenkatalog vor; Fragen und Antworten wurde in den *Frankfurter Gelehrten Anzeigen* und später mehrfach in Sammlungen von Loens Schriften publiziert. Vgl. Johann Michael von Loen: Der vernünftige Gottesdienst, Nach der leichten Lehrart des Heilandes, Untersucht bey Gelegenheit einiger an Ihro Hochgräfl. Excellenz, dem Herrn Grafen von Zinzendorf gerichteten und von denenselben beantworteten Fragen [1737]. In: Des Herrn von Loen gesammlete Kleine Schriften von Kirchen- und Religions-Sachen, Zur Erläuterung der bey seiner einzigen wahren Religion ihm angedichteten ungleichen Meynungen eines unlauteren Syncretismi, Besorget und herausgegeben von Osterländer. Frankfurt am Main/Leipzig 1751, S. 115–171; Einige Nachrichten von dem Herrn Grafen von Zinzendorf und der neuen Secte der Herrnhuter, ebd., S. 178–222. Loens Bild von Zinzendorf und der Herrnhuter Brüdergemeine ist differenziert: Er hält Zinzendorf für aufrichtig, dennoch für dubios. An den Herrnhutern bemängelt er vor allem ihre Hochmut gegenüber Andersdenkenden. – Karl Reicherts Vermutung, der Fürst von Argilien beziehe sich auf Friedrich II., entbehrt jeglicher Grundlage. Vgl. Reichert: Nachwort, S. 16*. Zwar bewunderte Loen den preußischen König (vgl. Loen: Der Fürst, bes. S. 148), die literarische Figur weist jedoch keinerlei Ähnlichkeit mit dem historischen Herrscher auf.
394 Loen: Der Redliche Mann am Hofe, S. 354.
395 Vgl. Vollhardt: Selbstliebe und Geselligkeit, S. 209: „Christianopolis ist keine herrnhutische Kolonie, sondern eine Utopie, die an die Stelle der Legalität eine Vergesellschaftung durch liebesethisch-naturrechtliche Prinzipien treten läßt."
396 Vgl. zu den architekturhistorischen Kontexten David G. John: Loen's Ideal City. A Reflection of Eighteenth-Century Currents in Germany. In: Journal of Urban History 6 (1979), S. 80–95.
397 Loen: Der Redliche Mann am Hofe, S. 191.
398 Vgl. ebd.: „Es war nichts erbaulicheres als ihre Versammlungen: ihre Lieder enthielten die deutlichste Begriffe von den Wahrheiten der H. Schrift: ihre öffentliche Reden waren kurz und nachdrücklich: sie hatten keinen andern Endzweck, als das Volk in der Einfalt des Glaubens zu unterrichten, und solches zu der genauesten Beobachtung der Christlichen Pflichten zu ermahnen. Blosse Streit-Fragen und hohe über die gemeine Begriffe der Menschen hinstreichende Geheimnisse wurden da nicht erörtert. Die Lehrer selbst waren fromme, sanftmüthige und demüthige Leute, die nicht in der Absicht predigten, um ihre zusammenstudierte Wissenschaften

Konsequenzen für das gesellschaftliche Zusammenleben: Es „herrschte bey ihnen in allen Dingen eine solche Ordnung, daß man den Zwang davon nicht spürte; weil sie der Ruh und der Glückseligkeit eines jeden überhaupt gemäß war."[399] Die Bürgerpflichten entsprechen denen des Christen.[400]

Loens Christianopolis demonstriert also gerade die gesellschaftsstabilisierende Funktion der ‚wahren' Religion: Es ist kein Ort radikaler Reform, sondern der behutsamen Besserung, der sich von der übrigen Welt nur graduell unterscheidet. Seine Bewohner sind ständisch organisiert,[401] vermeiden aber das vermeintliche Hauptübel der Pietisten, nämlich die Eitelkeit.[402] Der Kontrast zu Aquitanien, erst recht zu Alpina, könnte kaum größer sein. Denn selbstverständlich äußert sich das tugendhafte Leben der Bewohner von Christianopolis auch in ihrer Gesundheit.[403] Christianopolis führt vor, wie eine harmonische christliche Gesellschaft aussehen könnte. Bezeichnenderweise liegt der Schwerpunkt auf der Religion; die anderen Aspekte der Staatseinrichtung verstehen sich von selbst; dazu genügt ein knapper Verweis auf das Naturrecht.[404] Staatsursprünge und -Legitimationen interessieren Loen ebenso wenig wie Verfassungsfragen, die in der zweiten Jahrhunderthälfte für die Konzeptionen politischer Romane zentral werden sollten.

3.9.1.5 Wege zu einem „ewigen Frieden". Ethik, Diplomatie und politische Klugheit

Auch wenn der Erzähler selbst den utopischen Charakter von Christianopolis hervorhebt, bestehen doch Verbindungen zwischen diesem musterhaften Gemeinwesen und der erzählten Welt der übrigen Romanpassagen. Die Episode

---

anzubringen; sondern, um zu erbauen, um zu rühren, und um ihre Zuhörer gleichsam mit einer verborgenen Gewalt des Geistes zu GOtt zu führen."
399 Ebd.
400 Vgl. ebd.
401 Vgl. ebd., S. 192: „Ein jeder blieb in seinem Stand und in seinen Würden; und wurde darnach von andern geehret und geachtet; doch, da immer einer dem andern in der Demuth und Bescheidenheit suchte zuvor zu kommen, und keiner sich vor dem andern etwas heraus nahm, so gaben es auch unter ihnen keine unziemliche Erhebungen und Rang-Streite."
402 Vgl. ebd.
403 Vgl. ebd., S. 196: „Ihr munteres Wesen, ihre Zufriedenheit, ihre Ordnung in allen Dingen, ihr freundlicher und liebreicher Umgang mit allen Menschen, ihre Gelassenheit in dem göttlichen Willen, ihre Stärcke des Glaubens und die Zuversicht eines ewig glückseligen Lebens; alles dieses machte, daß sie dem Leibe nach gesund, dem Gemüthe nach ruhig, und dem Verstande nach voller Weisheit und göttlicher Erkäntnüs waren."
404 Vgl. ebd., S. 195.

3.9 Von der Rezeption zur Produktion — 189

dient – ähnlich wie Fénelons Bétique-Utopie – dazu, die Ideale im Zustand ihrer Umsetzung vorzuführen, ohne zugleich wahrscheinlich zu machen, dass sie tatsächlich lebensweltlich erreicht würden, weil das anthropologische Wissen, das der Roman immer wieder darstellt und reflektiert, dagegen spricht. Dennoch ist Christianopolis in die Staatenwelt des Romans integriert; es handelt sich um einen Ort, der seinen Nachbarn wesentliche Impulse liefert und dessen Herrscher in das dynastische System eingebunden sind.

Im Gespräch mit dem Fürsten von Argilien, der einzigen uneingeschränkt positiv gezeichneten Herrscherfigur des Textes, entwickelt der Graf ein politisches Konzept, das die innere Einrichtung des Staates bei weitem übersteigt: Es geht ihm um nichts weniger als einen allgemeinen Frieden, um die „Erhaltung der gemeinen Ruh".[405] Diese solle „durch unumstößliche Bündnisse mit den benachbarten Staaten" erreicht werden.[406] Der Graf von Rivera möchte also durch ein Bündnissystem nicht nur die Sicherheit seines Staates sichern, sondern darüber hinaus dauerhaft für den Frieden in Europa arbeiten. Die Verlässlichkeit Aquitaniens solle, so die Vorstellung des Grafen, dazu führen, dass „bey entstehenden Zwistigkeiten der Nachbarn, der Aquitanische Hof sich ins Mittel schlagen, und sich dadurch das Ansehen eines Schieds-Richters erwerben könte."[407]

In der Abhandlung *Freye Gedancken von der Verbesserung des Staats*, die als Werk des Grafen ausgegeben wird und den Anhang zu dem Roman bildet,[408] wird dieser Anspruch ausführlicher dargelegt: Es geht dort um einen „beständigen Frieden in Europa".[409] Dieser lasse sich dadurch erreichen, dass die europäischen Mächte eine Übereinkunft über die friedliche Beilegung von Konflikten träfen und auf diese Weise ihre Stabilität und Integrität sicherstellten. Zu diesem Zweck sollten an einem „zur allgemeinen Friedens-Versamlung bestimmten Ort"[410] die

---

405 Ebd., S. 179. – Vgl. Christopher Meid: Bündnisse im politischen Roman (Fénelon, Loen, Justi). In: Franz M. Eybl/Daniel Fulda/Johannes Süßmann (Hrsg.): Bündnisse. Politische und intellektuelle Allianzen im Jahrhundert der der Aufklärung. Köln/Wien 2019, S. 105–121, zu Loen S. 109–116.
406 Ebd.
407 Ebd.
408 Vgl. ebd., S. 238: „Der Graf überreichte hierauf dem Fürsten seinen hierüber gemachten Plan, davon der Haupt-Inhalt am Ende dieses Werks wird zu finden seyn." Vgl. ebd., S. 295: „Der Graf, welchen der König an des verstorbenen Ober-Cämmerers Stelle erhoben hatte, übergab demselben um diese Zeit einen Plan, der die Verbesserung seines Staats, die Einrichtung seiner Finanzen, und das allgemeine Wohlseyn aller Stände betraf. Seine Vorschläge hatten nichts hochgekünsteltes; sie waren gantz einfältig und der Natur gemäß; Sie hatten blos die Ordnung und die Gerechtigkeit zum Grund."
409 Ebd., S. 345.
410 Ebd., S. 346.

Staaten Europas einen „beständigen Friedens-Rath von ungefehr vierzig biß fünffzig Friedens-Richter unterhalten".[411] Diese von den partizipierenden Staaten gewählten Richter sollen an einem neu erbauten Ort – „gleichsam der Hof von gantz Europa" – über die Anliegen der Gesandten entscheiden und so einen friedlichen Ausgleich gewähren.

Diese Idee eines Schiedsgerichts steht in Übereinstimmung mit Entwicklungen der zeitgenössischen Völkerrechtstheorie, die in der ersten Jahrhunderthälfte unter Rückgriff auf Grotius und Pufendorf den Aspekt der Friedensvermittlung in den Blick nahm.[412] Am prominentesten ist sicherlich der erstmals 1712 öffentlich gemachte Friedensplan des Abbé Saint-Pierre, den Loen zwar in einer Fußnote nennt, aber wohl nicht gelesen hat.[413] Jedenfalls sind seit dem sog. „Grand Dessein" Heinrichs IV., das der Herzog von Sully in seinen *Memoires* (1634) darstellt,[414] oder auch William Penns *Essay towards the present and future Peace of Europe* (1693) derartige Vorstellungen ubiquitär: Christian Wolff erwähnt in seinen *Vernünftigen Gedanken von dem gesellschaftlichen Leben der Menschen* (1721) die Institution eines Schiedsgerichts,[415] und auch Immanuel Kants in zeitlicher Nähe zur Französischen Revolution entstandenen Abhandlungen *Über den Gemeinspruch: Das mag in der Theorie richtig sein, taugt aber nicht für die Praxis* (1793) und *Zum ewigen Frieden* (1795) stehen in dieser Traditionslinie und fordern die

---

411 Ebd.
412 Vgl. Heinz Duchhardt: „Friedensvermittlung" im Völkerrecht des 17. und 18. Jahrhunderts: Von Grotius zu Vattel. In: Ders.: Studien zur Friedensvermittlung in der Frühen Neuzeit. Mainz/Wiesbaden 1979, S. 89–117.
413 In Erstausgabe des Romans lautet die Fußnote: „Diesen Entwurff soll ehedessen der *Abbé de S. Pierre* in einem Tractat: *Projet pour rendre la paix eternelle.* weitläufftig ausgeführet haben." (Loen: Der Redliche Mann, S. 345) In späteren Ausgaben findet sich der Zusatz: „[I]ch habe denselben noch nicht gelesen." (ebd.)
414 Vgl. Kampmann: Arbiter und Friedensstiftung, S. 184–199.
415 Vgl. Christian Wolff: Vernünfftige Gedancken Von dem Gesellschafftlichen Leben der Menschen Und insonderheit Dem gemeinen Wesen [...]. Halle 1721. Reprint Frankfurt am Main 1971, S. 606 (§ 499): „Gleichwie man aber in der natürlichen Freyheit einen Schiedsmann erwehlen kan, der den Streit, welchen wir mit unserem Gegentheile nicht ausmachen können, entscheidet: also können auch die Staate und Potentaten, als Personen, die in der natürlichen Freyheit leben, andere unpartheyische Potentaten erwehlen, welche die zwischen ihnen schwebende Streitigkeiten entscheiden helffen und zwar mit dem Gedinge, daß, woferne der eine Theil von dem getroffenen Vergleiche abgehen würde, sie ihn selbst dazu mit anhalten wollen, daß er ihm besser ein Gnügen thue." Vgl. auch ebd., S. 611 (§ 500): „Und eben hieraus [der Pflicht, Schaden nach Möglichkeit zu vermeiden] erhellet zugleich, daß sie nicht gehalten sind Krieg anzufangen, wenn sie entweder durch nachdrückliche Vorstellungen, die sie durch ihre Abgesandten können thun lassen, oder durch *Repressalien*, oder durch Vermittelung anderer Potentaten die zwischen ihnen schwebende Streitigkeiten entscheiden können (§ 499)."

institutionell abgesicherte Konfliktregulierung.[416] Vor allem aber hatte Fénelon in den *Aventures de Télémaque* für die Pazifizierung von Herrschaft plädiert und herausgestellt, dass alle Menschen Brüder seien; in ähnlicher Weise wandte sich auch Loen in dem Brief *Von der Gerechtigkeit des Kriegs* gegen diese „erschrecklichste" aller „menschlichen Handlungen",[417] die nur als Notwehr zu entschuldigen sei.[418]

Der Graf von Rivera geht von der Reform eines Staates aus, um die gesamte europäische Staatenwelt zu befrieden. Bezeichnenderweise fasst der tugendhafte Fürst von Argilien den Plan als weitgehend illusionär auf, weil er nicht der menschlichen Natur entspreche. Hindernis seien „die Menschen selbst. Diese widerstreben, aus einer unerforschlichen Quelle des Verderbens, ihrem eignen Wohlseyn, und stürzen sich gleichsam vorsetzlich ins Verderben."[419] Der explizit geäußerte anthropologische Vorbehalt markiert deutlich, dass es sich bei Loens Roman insgesamt nicht um eine Utopie,[420] erst recht nicht um ein Beispiel für „epische Naivität" handelt.[421] Vielmehr lotet der Text in differenzierter Weise das Verhältnis von menschlichen Befindlichkeiten (einschließlich aller Gefährdungen) und politischen Realitäten aus und aktualisiert und variiert Strategien politischer Wissensvermittlung. Dabei ist der *Redliche Mann am Hofe* ein politischer Roman im doppelten Sinne: Einerseits geht es um ‚politische' Klugheit im älteren Wortsinn, also um zielführendes Sozialverhalten, andererseits erfasst er auch das Staatswesen und den gesamten politischen Körper. Loens Roman steht also (auch gattungspoetisch) an der Schnittstelle von zwei Traditionslinien, nämlich dem ‚politischen' Erzählen Christan Weises und anderer und dem staatspolitisch ak-

---

416 Vgl. Henning Ottmann (Hrsg.): Kants Lehre von Staat und Frieden. Baden-Baden 2009 (Staatsverständnisse. Bd. 24); Otfried Höffe (Hrsg.): Immanuel Kant. Zum ewigen Frieden. Berlin 1995 (Klassiker Auslegen. Bd. 1).
417 Johann Michael von Loen: Von der Gerechtigkeit des Kriegs. In: Ders.: Gesammlete kleine Schriften. Bd. II, S. 348–395, hier S.349.
418 Vgl. ebd., S. 357.
419 Loen: Der Redliche Mann am Hofe, S. 239.
420 So Emmel: Politisches Konzept als strukturbildendes Element, bes. S. 155: Es handele sich „bei dem gesamten Buch um den Entwurf einer Utopie, die auf mehreren ineinander verzahnten Ebenen entfaltet" werde. Ähnlich auch Wilhelm Voßkamp: Die Macht der Tugend – Zur Poetik des utopischen Romans von Schnabels *Insel Felsenburg* und von Loens *Der redliche Mann am Hofe*. In: Theodor Verweyen (Hrsg.): Dichtungstheorien der deutschen Frühaufklärung. Tübingen 1995 (Hallesche Beiträge zur Europäischen Aufklärung. Bd. 1), S. 176–186. Vgl. hingegen den Einwand von Martens: Der patriotische Minister, S. 112: „Utopisch dürfte dies Lehrbild kaum zu nennen sein, denn Realitätsnähe ist ihm nicht abzusprechen."
421 So Spies: Politische Kritik, psychologische Hermeneutik, ästhetischer Blick, S. 62.

zentuierten Roman in der Fénelon-Nachfolge.[422] Von Weise trennt ihn seine optimistische Perspektive, von Fénelon der weitgehende Verzicht auf politischökonomische Theorie.

So werden trotz der vom Erzähler regelmäßig erwähnten Providenz die fundamentalen Schwierigkeiten einer Verbindung von Moral und Politik nicht geleugnet. Ganz im Gegenteil: Der Roman stellt gerade nicht die Realisierung dieses europäischen Friedensplans dar, sondern einzelne Bündnisse, die (so die Vorstellung des Grafen) auf lange Sicht pazifizierend wirken könnten. Der Weg dorthin ist aber ein Testfall für die Redlichkeit des Grafen, weil hier eben jene Fähigkeiten des Hofmanns gefragt sind, die aus tugendethischer Perspektive zumindest problematisch scheinen.

Dem ‚redlichen Mann' stellt sich bei der Realisierung seiner Mission ein zentrales Problem: Wie lassen sich seine Ziele in einer moralisch verdorbenen Welt verwirklichen, ohne seine Tugend und damit zugleich seine Glückseligkeit preiszugeben? Der Protagonist selbst exponiert bereits im ersten Buch des Romans das Dilemma: „Bey Hofe muß man sich zu verstellen wissen. Ich kan solches nicht; ich mag mir auch die gröste Gewalt von der Welt anthun, meine wahre Empfindungen zu verbergen; sie brechen aus meinen Augen, und ich kan mir nicht so viel Herz geben, eine Unwahrheit standhaftig vorzubringen."[423] Der Graf fürchtet also, die für die eigene Existenzsicherung notwendige Fähigkeit zur *dissimulatio* nicht zu besitzen. Als „schlechter Hofmann" scheitert er „wann er sich ein wenig verstellen solte": „Der Graf war dazu nicht geboren: die Natur hatte ihn zu einem redlichen Mann gemacht, und die Religion überzeugte ihn, daß man in allen Umständen des menschlichen Lebens aufrichtig seyn müste."[424] Gerade diese Aufrichtigkeit um jeden Preis wird aber spätestens dann problematisch, wenn es um ein großes Ganzes geht, dem offensichtlich nur mit List geholfen werden kann.[425]

Eben diese Konstellation exponiert das zehnte Buch des Romans: Es beschreibt, wie der Graf von Rivera als Gesandter seines Königs versucht, den

---

422 Vgl. zu Christian Weise und seinen Romanen Frühsorge: Der politische Körper; Wicke: Die Politischen Romane.
423 Loen: Der Redliche Mann am Hofe, S. 15.
424 Ebd., S. 309.
425 Vgl. zu diesem Komplex die Ausführungen von Kevin Hilliard: Der aufrichtige Mann am Hofe. Tugend und politische Klugheit bei von Loen und Lessing. In: Simon Bunke/Katerina Mihaylova (Hrsg.): Aufrichtigkeitseffekte. Signale, soziale Interaktionen und Medien im Zeitalter der Aufklärung. Freiburg/Berlin/Wien 2016, S. 135–162. Die These, dass in Loens Roman „die Unterordnung unter die Obergewalt des Fürsten als alleiniger Maßstab für redliches Verhalten gilt" (ebd., S. 142), halte ich allerdings für fragwürdig.

Konflikt zwischen den Königreichen Aquitanien und Licatien zu beenden. Dabei unterstreicht der Text deutlich die Verwicklungen und kontingenten Umstände, die erfolgreicher Diplomatie entgegenstehen.[426] So findet der Graf in Licatien einen zwar wohlwollenden, aber schwachen Monarchen vor,[427] dessen mangelnde Entschlussfähigkeit zum Schaden des Landes von seinem ersten Minister, dem Fürsten von Kärndtenburg, ausgenutzt wird.

Als dieser selbstverliebte Minister aus gekränkter Eitelkeit den Fortgang der Verhandlungen sabotiert, greift der Graf von Rivera zu einer List: Er täuscht seinen eigenen König über den Stand der Dinge, bis dieser aufgrund der Fehlinformationen mit Kriegsvorbereitungen beginnt,[428] betreibt Propaganda sowohl durch gezielt verbreitete Pamphlete als auch durch Agenten,[429] ja er instrumentalisiert das licatische Volk und alle Stände. Angesichts bevorstehender Steuererhöhungen empören sich diese gegen den unfähigen Minister, ohne den letztlich ein Vertragsabschluss gelingt.

Die Romanhandlung präsentiert die Arbeit des Diplomaten, der sich am Hof vor allem mit menschlichen Schwächen konfrontiert sieht, die er kompensieren und zugleich instrumentalisieren muss.[430] Dabei kann der ‚redliche Mann' nur bestehen, indem er zu List und Manipulation greift, um „seinen Zweck zu erreichen":

[E]r sahe wohl, daß in solcherley Geschäften, ganz ohne List nicht wohl fortzukommen war. Der Endzweck macht öfters eine Sache gut, oder bös. Der Graf hatte die beste Absichten von der Welt. Er wolte niemand schaden, sondern vielmehr, wenn es in seiner Macht stünde, aller Menschen Wohlfahrt befördern helfen.[431]

---

426 Vgl. die Einschätzung des Protagonisten bei Loen: Der Redliche Mann am Hofe, S. 175 f.: „Daß die öffentliche Versammlungs-Plätze, wo man die Zwistigkeiten der Potentaten zu erörtern pflegt, nicht allemahl einen gewünschten Ausgang haben, solches zeiget die Erfahrung. Es sind insgemein dabey zu vielerley Leute, die darunter ihren Nutzen finden, wenn sie die Tractaten fein weit hinaus spielen: die Herren Rechts-Gelehrten kommen auch dabey mit in die Anfrage, und wo diese erst mit einander sich in einen Feder-Krieg verwickeln, da ist der Knote nicht anders mehr, als durch einen Gordianischen Schwerd-Streich zu lösen."
427 Vgl. ebd., S. 175.
428 Vgl. ebd., S. 180.
429 Vgl. ebd.: „Der Graf selbst ließ unter der Hand einige zu seinen Absichten dienliche Schriften in Toscana drucken, und sie heimlich in Mönnisburg ausstreuen. Dem Volk wurde darin die bevorstehende Gefahr des Kriegs vor Augen gemahlet: es begunte dadurch noch immer schwieriger zu werden, und desto eifriger nach dem Frieden zu schreyen."
430 Vgl. zur Tradition der literarischen Hofkritik Kiesel: „Bei Hof, bei Höll", zu Loen S. 199–207.
431 Loen: Der Redliche Mann am Hofe, S. 178.

Die „Wohlfahrt" der Menschheit rechtfertigt also auch die Lüge. Das entspricht Christian Thomasius' Unterscheidung von „Klugheit" und „Arglistigkeit". Der „vornehmste Unterscheid zwischen der Klugheit und Arglistigkeit" bestehe nämlich darin, „daß die *Klugheit weise Thaten zu befördern und närrische zu verhindern*; die *Arglistigkeit* aber *närrische zu befördern und weise zu verhindern trachtet.*"[432] Ein ‚redlicher Mann' kann also in Loen Romans durchaus politisch klug handeln. Redlichkeit bedeutet nicht Naivität, gerade wenn man es – wie der Graf von Rivera – mit „Narren" zu tun hat. Für Thomasius ist die Verstellung bekanntlich per se moralisch indifferent, es kommt – wie auch für Loens Protagonisten – auf den „Endzweck" an: „Hieraus erhellet/ daß *simuli*ren und *dissimuli*ren eine Kunst sey/ die ein Kluger so nöthig als ein Arglistiger brauchet/ nicht daß er zum Thoren werde/ sondern nach Gelegenheit sich närrisch stelle/ oder zum wenigsten seine Weißheit nicht mercken lasse."[433] Einerseits ist der Graf von Rivera ein gewiefter Realpolitiker, der über ein Netz von Agenten verfügt und geschickt die öffentliche Meinung instrumentalisiert, andererseits ein Idealist, dem es nicht nur auf den raschen Vorteil, sondern auf dauerhafte Friedenssicherung ankommt.[434]

In diesem Sinne greift der Graf auch auf die überkommenen Muster dynastischer Heiratspolitik zurück, die aber nun nicht mehr nur dem Vorteil des eigenen Staats, sondern der Menschheit dienen sollen. Mit einem unverheirateten und

---

432 Thomasius: Kurzer Entwurf der Politischen Klugheit, S. 37.
433 Ebd., S. 123.
434 Vgl. Stauffer: Verführung zur Galanterie, S. 241: „Sein unwidersprochen gutes Ziel hat er durch Verstellung erreicht. Damit erfüllt er Machiavellis Forderung an den Fürsten einen [!] großen Simulator und Dissimulator zu sein." Allerdings liegt der kategoriale Unterschied zu Machiavelli darin, dass für Loen eben die moralische Qualität der zu erreichenden Zwecke die Grundlage für alles weitere Handeln ist. Was Stauffer kurzschlüssig für eine ‚Machiavellisierung' hält, ist tatsächlich die Indienstnahme prudentiellen Verhaltens für die Moralisierung der politischen Sphäre. Vgl. auch die ideologiekritische Interpretation von Hermann Kurzke: Die Demut des Aufklärers. *Der redliche Mann am Hofe* von Johann Michael von Loen (1740). In: Text & Kontext 13 (1985), S. 233–243, der den Roman aus der Perspektive von Horkheimers und Adornos *Dialektik der Aufklärung* liest und so nahezu zwangsläufig deren Blick auf die Aufklärung im Roman wiederfindet (ebd., S. 241): „Loen will sich dem Neuen nicht anvertrauen ohne die Sicherung durch das Alte. Er will die Aufklärung *und* die Demut. Er repräsentiert einen Frühzustand der bürgerlichen Aufklärung, in dem ihre mythische Gebundenheit noch stark war. Nur solange und sofern diese – als Demut zum Beispiel – noch nicht als Gegenstand einer möglichen Emanzipation entdeckt war, ist der Optimismus möglich. Das Perfektibilitätspathos verdankt sich also der Unvollkommenheit der Aufklärung." – Die Kategorie der Demut nutzt hingegen Schmitt-Maaß für eine anregende Lektüre des Romans, den er – vielleicht zu exklusiv – in Hinblick auf Loens Verständnis von Fénelons Theologie deutet: Vgl. Schmitt-Maaß: Fénelons „Télémaque" in der deutschsprachigen Aufklärung, S. 721–770.

kinderlosen Monarchen lasse sich „kein festes Bündnüs" abschließen, da immer die latente Gefahr von „Verwirrung und innerliche[m] Kriege" bestehe. Eine Ehe zwischen dem König von Aquitanien und der tugendhaften Tochter des Fürsten von Argilien, auf die der Graf gezielt hinarbeitet, könne hingegen „nicht nur Dero Hohes Haus zusamt den Höfen Dero Durchleuchtigsten Anverwandten mit dem Unsrigen verbinden; sondern auch dadurch zur Beförderung der allgemeinen Ruh in Europa nicht wenig mit beytragen."[435]

Zwar greift Loen deutlich erkennbar auf traditionelle Versatzstücke des höfischen und des galanten Romans zurück, wenn er alle Wirren durch Hochzeiten auflöst,[436] allerdings tut er das in einer Weise, die eine zumindest teilweise Abkehr von diesen Mustern bedeutet. So ist die Eheschließung des Fürsten nicht die Belohnung für dessen (ohnehin nicht vorhandenen) politische oder militärische Erfolge, sondern die Basis einer zukünftigen friedensorientierten Politik, mithin Teil des Therapie- und Reformprogramms, das sein Mentor, der Graf von Rivera, verfolgt.

Wie ist nun dieser Umstand mit den Tugend- und Aufrichtigkeitspostulaten in Einklang zu bringen? Loens Roman propagiert gerade keinen blinden Idealismus, sondern plädiert für eine moralisch fundierte Lebenspraxis, also auf die Umsetzung der Ideale. Oft wird übersehen, dass Loen in der Romanvorrede betont, dazu müsse man Tugend und Klugheit verbinden: Die „Aufführung des Grafens von Rivera zeige[] uns", dass die Tugend „allenthalben zu Hause sey; und daß, wo sie nur ein wenig Klugheit begleitet, sie alle und jede Menschen zu ihrer Verehrung zwinget."[437] Loens Roman partizipiert also an der Ausdifferenzierung der politischen Klugheitslehre und nimmt auch hier eine Mittelstellung ein: Einerseits postuliert er den Primat der Tugend, andererseits kann sich die Tugend zuweilen nur mit Hilfe prudentiellen Verhaltens durchsetzen. Zu dem Lernprozess des Protagonisten und des Rezipienten gehört die Einsicht, dass Tugend und Klugheit durchaus vereinbar sind, dass aber die *prudentia* reflektiert und gemäßigt eingesetzt werden muss – und vor allem zum allgemeinen Wohl, nicht allein zur eigenen Behauptung.[438] Dann aber wird die Klugheit im Kontext der optimistischen Konstruktion des Romans zu einer wesentlichen Triebfeder der Reform und

---

435 Loen: Der Redliche Mann am Hofe, S. 240.
436 Auch daran dürfte es liegen, dass die Forschung zuweilen stereotyp die Konventionalität des Romans unterstrichen hat. Vgl. Reichert: Nachwort, S. 12*, der die vermeintliche „Inkongruenz von Form und Inhalt" hervorhebt.
437 Loen: Der Redliche Mann am Hofe, S. 3 (Vorbericht).
438 Vgl. Vollhardt: Selbstliebe und Geselligkeit, S. 207 zur Bedeutung der Eigenliebe für die Konzeption von Roman und Figuren.

Verbesserung, damit auch der Aufklärung, versteht man darunter die Verbindung von Reflexion und Praxis in gemeinnütziger Perspektive.[439]

Loens Roman beginnt mit den Zweifeln des tugendhaften Grafen und endet mit einer königlichen Eheschließung, die der gewandte Politicus Rivera arrangiert hat; die vom Erzähler immer wieder beschworene Vorsehung hat ihre Wirkung gezeigt. Trotz dieser providentiellen Anlage des Textes bleiben jedoch Bedeutungsüberschüsse: So bedeutet das konventionelle Ende nicht, dass die Mission des Grafen abgeschlossen wäre. Auch wenn der Erzähler dessen positives Wirken hervorhebt,[440] hat doch die Handlung zu Genüge gezeigt, wie permanent erziehungsbedürftig der Monarch bleiben wird. Das Vorhaben, den Herrscher allmählich zu domestizieren und zu kultivieren, ist letztlich unabschließbar – ebenso wie das Projekt eines europäischen Friedens, von dessen Beginn der Text erzählt. Trotz aller nicht zu leugnenden utopischen Elemente betont der Roman mindestens ebenso sehr die Schwierigkeiten, diese Ideale zu verwirklichen. Indem der Roman diese Hindernisse explizit ausführt, wertet er zugleich den idealen Fürstendiener auf, den Loen an anderem Ort emphatisch als Glück für aufgeklärte Staaten feiert:

> Diejenige Länder sind glücklich, die der höchsten Macht ihres Königs einen Auszug redlicher Männer an die Seite sezen, damit sie nicht bis zur Tyranney ausschweifen[.] Tyrannen achten nichts, als ihre eigne Hoheit: sie suchen ihre Gröse auf der Land Charte, und machen Millionen Menschen leiden, um noch eine Million einem gleichen Schicksal zu unterwerfen. Dergleichen Fürsten sind keine Regenten, sondern lauter Attila und Geiseln GOttes.[441]

Angesichts der unübersehbaren Menge an Traditionsbeständen, die der *Redliche Mann am Hofe* aufnimmt, stellt sich erneut die Frage nach dem historischen Standort von Loens Erzählen. Er schafft in der Transformation des Fénelon'schen Modells und dessen Anpassung an deutsche (literarische und politische) Tradi-

---

439 Vgl. aber Stauffer: Verführung zur Galanterie, S. 244 f.: „In Loens Aufklärungsroman verhält sich der erfolgreiche Titelheld immer noch den galanten Verhaltensmaximen gemäß, auch wenn sein Verhalten als aufrichtig und damit als an einem aufklärerischen Ideal ausgerichtet ausgegeben wird." Stauffer verkennt auch hier, wie der Roman zentrale Kategorien des galanten und prudentiellen Diskurses modifiziert. Ohnehin dürfte der Referenzpunkt für Loens Betonung der Aufrichtigkeit nicht in der Aufklärung, sondern im Christentum zu suchen sein. Vgl. zu der in der Frühaufklärung immer wieder betonten „Koinzidenz von Klugheit und Weisheit, Erfolg und Tugend" die Ausführungen von Daniel Fulda: „Er hat Verstand; er weiß / Zu leben; spielt gut Schach." Nathan der Weise als Politicus. In: Andre Rudolph/Ernst Stöckmann (Hrsg.): Aufklärung und Weimarer Klassik im Dialog. Tübingen 2009 (Untersuchungen zur deutschen Literaturgeschichte. Bd. 135), S. 55–78, das Zitat auf S. 68.
440 Vgl. Loen: Der Redliche Mann am Hofe, S. 323.
441 Loen: Entwurf einer Staats-Kunst, S. 102.

tionen und Gegebenheiten einen eigenständigen Romantypus, der allerdings – wie in den folgenden Kapiteln gezeigt wird – weitgehend folgenlos bleibt. Loens Roman ist sowohl ein hochreflektiertes literarisches Experiment, das souverän mit Traditionen umgeht und diese im Hinblick auf eine Maximierung der didaktischen Wirkung modifiziert, als auch Teil der politisch-theologischen Diskurse der frühen Aufklärung. Er verbindet Anthropologie, Religion und Policey im Horizont eines optimistischen Weltverständnisses und nutzt diese Wissensbestände, um eine Heilungsgeschichte zu erzählen. Diese Konstellation entspricht den gängigen Postulaten von einem Kausalnexus zwischen Tugend und (zeitlicher) Glückseligkeit.[442]

Dabei ist die Aufforderung, in die Providenz zu vertrauen, gerade nicht quietistisch zu verstehen, sondern muss im Gegenteil als Aufforderung zu praktischem patriotischen Handeln gelesen werden. Gerade dieser pragmatische und lebenspraktische Zug von Loens Gedankenwelt kann erklären, weshalb ihn Isaak Iselin in seine prominent besetzte Reihung der aufklärerischen Elite aufnahm.

3.9.2 Mischformen politischen Erzählens um 1740

Nicht allein Loens *Redlicher Mann am Hofe*, auch andere, weitaus weniger bekannte Texte übernehmen in den 1740er Jahren selektiv Elemente aus der Tradition des didaktisch-politischen Romans. Diese durchaus hybriden Gebilde sind symptomatisch für die allmähliche Adaption französischer Muster in deutsche Kontexte. Während Ethophilus in der *Liebes- und Helden-Geschichte des tapfern Bellerophon* (1743) im Anschluss an den höfisch-historischen Roman die Erziehungsgeschichte des von einem Mentor begleiteten Protagonisten schildert und in

---

442 Vgl. etwa Johann Christoph Gottsched: Erste Gründe der gesammten Weltweisheit (Praktischer Teil) [7. Auflage 1762]. In: Ders.: Ausgewählte Werke. Bd. 5.2. Hrsg. von P. M. Mitchell. Berlin/New York 1983, S. 108 f.: „Wir sehen aber aus dem allen, daß die wahre Glückseligkeit aus nichts anderm, als aus dem ungehinderten Wachsthume in der Vollkommenheit, oder aus dem Besitze des höchsten Gutes entstehet; dieses aber nicht anders, als durch die Beobachtung des Gesetzes der Natur erlanget wird. Nun heißt die Fertigkeit das Gesetz der Natur zu beobachten, die Tugend (50. §.): *und also ist die Glückseligkeit eine unausbleibliche Belohnung der Tugend. Ein Tugendhafter muß notwendig glücklich werden!* weil ihm die natürlichen Folgen seiner Handlungen lauter Vollkommenheit, lauter Gutes, lauter Vergnügen, zuwege bringen. Und im Gegentheile ist es nicht möglich, daß ein solcher wahrhaftig unglücklich seyn könnte: weil ihm aus allen seinen Handlungen nichts Böses erwachsen kann." – Vgl. Frank Grunert: Die Objektivität des Glücks. Zur Eudämonismusdiskussion in der deutschen Aufklärung. In: Frank Grunert/Friedrich Vollhardt (Hrsg.): Aufklärung als praktische Philosophie. Werner Schneiders zum 65. Geburtstag (Frühe Neuzeit. Bd. 45). Tübingen 1998, S. 351–368.

einer Mischung von Motiven aus Ziglers *Asiatischer Banise* und Fénelons *Télémaque* Tugendlehren verbreitet, die auf sexuelle Mäßigung zielen, variiert die *Asiatische Kriegs- Helden- und Liebes-Geschichte Zaduck des Andern* (1744) Formen des galanten Schlüsselromans und präsentiert Zeitgeschichte – konkret: den Ersten Schlesischen Krieg – in romanesker Überformung und verbindet die Lebensgeschichte mit Motiven der Fürstenerziehung. Dabei kollidiert der panegyrisch gefeierte militärische Heroismus des Titelhelden mit dem wiederholt artikulierten Wunsch nach Frieden. Damit verweisen gerade die Bruchstellen des ästhetisch dürftigen Textes auf übergreifende Probleme, mit denen sich die politische Romanliteratur des 18. Jahrhunderts konfrontiert sieht.

3.9.2.1 Ethophilus' *Liebes- und Helden-Geschichte des tapfern Bellerophon* (1743) zwischen *Asiatischer Banise* und *Télémaque*

Ein auf den ersten Blick kurioses Dokument der Romangeschichte des 18. Jahrhunderts stellt die unter dem sprechenden Pseudonym Ethophilus in Langensalza erschienene *Liebes- und Helden-Geschichte des tapfern Bellerophon* (1743) dar.[443] Der Stoff dieses Romans über den exilierten korinthischen Prinzen stammt aus der griechischen Antike; sehr wahrscheinlich benutzte der Autor Benjamin Hederichs *Gründliches mythologisches Lexikon*,[444] das unter der Rubrik „Bellerophon" den Mythos nicht nur zusammenfasst, sondern zugleich verschiedene rationale euhemeristische Deutungen präsentiert, die sich ähnlich bei Ethophilus finden.[445] Es ist darüber hinaus denkbar, dass Ethophilus die *Amazonische*

---

443 Vgl. den Neudruck: Ethophilus: Die Obsiegende Tugend In einem moralischen Romain Vorstellend Die Liebes- und Heldengeschichte des tapfern Bellerophon mit seiner unvergleichlichen Philonoe Königl. Prinzeßin aus Lycien. Langensaltza 1743. Unveränderter Nachdruck München 1970.
444 Vgl. Benjamin Hederich: Gründliches Lexicon Mythologicum [...]. Leipzig 1724, Sp. 440–444. Die Ausgabe des *Lexicon* von 1741, die Singer: Der galante Roman, S. 30, als Quelle angibt, ist seitenidentisch mit der Erstauflage.
445 Vgl. etwa die Interpretation der Chimäre bei Hederich: Gründliches Lexicon Mythologicum, Sp. 444: „Einige deuten sonst die *Chimaeram*, so er erleget, insonderheit auf eine geile Liebe, welche im Anfange starck, wie ein Löwe anfället, im Mittel wie eine geile Ziege ist, allein am Ende wie eine Schlange oder Drache beiset und im Gewissen quälet, die man aber sodann auch nach dem Exempel des *Bellerophontis* durch Mässigkeit, Klugheit und gute Vernunft, als auf der man sich gleichsam als auf einem *Pegaso* in die Höhe schwingen muß, glücklich besiegen kan". – Bei Ethophilus: Die Obsiegende Tugend, S. 226f., heißt es: „Die Dichtungen derer Poeten sind mancherley, und doch haben sie allemal etwas sinnreiches und sonderbares darunter gesuchet, und also stelleten sie diesen Berg auf eine solche Weise vor, damit anzuzeigen, daß derjenige, welcher in der Welt fortkommen, und dereinst den Gipffel der Ehren besteigen wolle, die Schlangen-List derer Schmeichler, die geilen Lüste derer Böcke, und die Wuth derer Grossen, die

Smyrna (1705) von Joachim Meier kannte, in der ebenfalls die Geschichte von Bellerophon erzählt wird.[446] Ob es sich dabei um eine „direkte Stoffübernahme" handelt,[447] oder ob Ethophilus nicht vielmehr dieselbe mythologische Handlung wie Meier als Grundlage nahm, muss vorläufig offen bleiben.

Über den pseudonymen Autor selbst ist wenig bekannt: Neben dem *Bellerophon* verfasste er zwei Komplimentierbücher, die 1728 bzw. 1741 erschienen und bis 1762 stattliche 13 Auflagen erleben sollten.[448] Trotz dieser eher randständigen Position des Autors und ungeachtet der äußerst geringen literarischen Qualität des Textes ist seine *Liebes- und Helden-Geschichte* seit den Forschungen Herbert Singers immer wieder in den Arbeiten zur galanten Romanliteratur gewürdigt worden,[449] wenn auch zunächst als Beispiel für den „Verfall und das soziale Absinken des Romantyps".[450] Dies dürfte zum einen mit der überschaubaren Anzahl von Texten aus jenen Jahren zu tun haben, die überhaupt greifbar sind, zu anderen mit dem leicht zugänglichen Reprint, der einem allem Anschein nach zu seiner Entstehungszeit kaum zur Kenntnis genommenen Text eine zwar bescheidene, aber konstante literaturwissenschaftliche Nachwirkung bescherte.[451]

---

gleich denen reissenden Löwen sind, klüglich vermeiden müsse. Und eben dieses that unser Printz, und seine Probe war bey der geilen *Stenobaea* bereits gemacht worden, und deshalben beschützete, wenn wir die Heydnischen Götzen bey Seite setzen, dennoch die Macht des grossen GOttes selbst unter denen Heyden die Tugend."
446 Vgl. Freudenreich: Zwischen Loen und Gellert, S. 19. Zu Meiers Roman vgl. Georg Herrenbrück: Joachim Meier und der höfisch-historische Roman um 1700. München 1974, S. 137–151, S. 179–182.
447 Freudenreich: Zwischen Loen und Gellert, S. 19.
448 Vgl. Ethophilus: Neues, wohleingerichtetes Complimentir- und Sitten-Buch. Nordhausen 1728; Ders.: Kürzliche Anweisung zu Complimenten und höflicher Conduite, für Personen bürgerlichen Standes, bey Geburten, Gevatterschafften, Kindtauffen […] und Begräbnissen, nebst einem wohl-eingerichteten Trenchier-Büchlein, in möglichster Deutlichkeit verfasset. Leipzig 1741. Vgl. Cathrin Hesselink: Das Komplimentierbuch. Entwicklung und Kontexte einer vermittelnden Gattung. Münster 2016 (Dissertationen der LMU München. Bd. 10), dort S. 118 zu Ethophilus.
449 Vgl. Singer: Der galante Roman, S. 30 f.; Ders.: Der deutsche Roman zwischen Barock und Rokoko, S. 96–99; Freudenreich: Zwischen Loen und Gellert, bes. S. 127–129 und passim; Gelzer: Konversation, Galanterie und Abenteuer, S. 323–326.
450 Singer: Der galante Roman, S. 30.
451 Ausnahme ist eine negative Rezension der *Obsiegenden Tugend*. Vgl. [Rezension von Ethophilus: Obsiegende Tugend] Langensalzta. In: Franckfurtische Gelehrte Zeitungen 8 (1743), S. 457 f., hier S. 458: „Die Schreib-Art des gegenwärtigen ist unserm Ermessen nach hierin entweder hochtrabend oder kriechend gerathen, und gleichet darinnen den ältern von unsern Lands-Leuthen verfertigten Romanen gar sehr, gehet aber desto mehr dadurch von den natürlichen und sinnreichen ab, welches die Pamela und ihres gleichen so beliebt gemacht. Die Moral scheinet gleichfalls zu mehr mahlen allzutrocken, und wo es eben nicht nöthig, angebracht zu seyn. Wir

Die folgenden Ausführungen nehmen den Roman unter dem Aspekt der Gattungsmischung in den Blick: Sie gelten dem Traditionsgebrauch in Ethophilus' Roman, der Modelle höfisch-historischen Erzählens, namentlich Ziglers *Asiatische Banise*,[452] mit Elementen des politischen Romans französischer Provenienz verbindet und darüber hinaus mit moralischen und historischen Exkursen anreichert, die die eigentliche Romanhandlung in den Hintergrund treten lassen. Damit ist Ethophilus einer der wenigen deutschsprachigen Autoren der frühen Aufklärung, die Fénelons Roman produktiv anverwandeln und transformieren.[453] Gerade die Unentschiedenheit der Ausrichtung erlaubt, diesen Aneignungsprozess herauszuarbeiten und zugleich die Etablierung politisch-literarischer Schreibweisen in den 1740er Jahren im Spannungsfeld von Tradition und Innovation nachzuzeichnen.

3.9.2.1.1 Die *Liebes- und Helden-Geschichte* als Asiatischer Roman

Die Wirkabsicht, die Ethophilus mit seinem Roman verbindet, ist in der „Zuschrifft" des Autors an „die Tugendliebende Jugend beyderley Geschlechts" klar umrissen: „Das gantze Werck ist *moralisch* geschrieben, und an allen Orten und Enden sind die besten Sitten-Lehren gantz unvermerckt angebracht, denn wir halten davor, daß diese Art die Tugend zu lehren in denen Gemüthern derer Sterblichen den grösten Eindruck habe."[454] Mit diesem Beharren auf Anstand und Nützlichkeit grenzt sich Ethophilus polemisch von den „gelehrte[n] Spitzbuben" ab,[455] deren Romane „geil und tugendloß" die Liebe ins Zentrum stellten.[456] Sein „moralischer Romain" setzt sich von diesen Elaboraten ab, weil er (wie der bereits der Titel unterstreicht) vom Triumph der Tugend erzählt.

Was in dem folgenden gerafften Überblick wie ein handlungsgesättigter Erzähltext wirken mag, ist tatsächlich ein in Romanform gekleidetes Lehrbuch. Immer wieder tritt die Handlung zugunsten langer historischer und moraldidak-

---

zweifeln gar sehr, ob dieser Roman den Teutschen bey andern Nationen viel Ehre bringen möchte? sondern glauben vielmehr, daß die Welt denselben gar füglich entbehren können. Und ist in der That sehr zu beklagen, daß durch solche gar viele gute und nützliche Bücher dem Druck entzogen werden."
452 Vgl. hierzu Gelzer: Konversation, Galanterie und Abenteuer, S. 323: Die *Obsiegende Tugend* beweise, „dass auch ein antiker Stoff ‚à la *Banise*' erzählt werden kann."
453 Möglicherweise steht auch Terrassons *Sethos* im Hintergrund, wo sich der Protagonist wie Bellerophon den Nachstellungen seiner Stiefmutter Daluca ausgesetzt sieht.
454 Ethophilus: Die Obsiegende Tugend. Zuschrifft an die Tugendliebende Jugend beyderley Geschlechts, unpaginiert.
455 Ebd.
456 Ebd.

tischer Exkurse zurück, die sich gerade in der zweiten Hälfte des Textes zu verselbständigen drohen.[457] Die Handlung dient dazu, unterschiedliche Exkurse anzubringen, die historisch das Spektrum von der Antike bis in die Gegenwart umfassen, und die durch Erzählerreflexionen zuweilen eher willkürlich in den Verlauf des Romans integriert werden.[458] Demgegenüber treten die heroischen Elemente deutlich zurück: Bellerophons ritterliche Erfolge werden rasch abgehandelt,[459] wohingegen Fragen des korrekten Auftretens von Gesandten viel Aufmerksamkeit geschenkt wird.[460]

Bereits ein grober Überblick über die auktorial erzählte Handlung verdeutlicht, in welchen Bahnen sich Ethophilus' Erzählen bewegt. Er setzt *medias in res* ein: In einem nach dem Vorbild des berühmten Beginns der *Asiatischen Banise* gestalteten Eingang beklagt der von dem Tyrannen Periander aus seiner Heimatstadt vertriebene korinthische Prinz Bellerophon sein Schicksal. Begleitet von seinem Ratgeber Theodor Mentor und dem Diener Sosimus macht er sich im Folgenden auf den Weg nach Argos, um von dem dortigen König Praetus Hilfe im Kampf gegen den Usurpator zu erlangen. Das gelingt zunächst; allerdings verliebt sich die Königin Stenobaea in den widerspenstigen Bellerophon. Aus Rache für die Zurückweisung, die sie von dem jungen Prinzen erfährt, spinnt sie eine Intrige gegen ihn. Gefälschte Briefe sollen belegen, dass Bellerophon die Königin erotisch bedrängt hat. Unter einem Vorwand werden er und seine Begleiter nach Lycien geschickt, wo der mit Praetus verwandte König Iobates regiert. Bellerophon rettet dessen Tochter Philinoe (zugleich Schwester der intriganten Stenobaea) vor den Nachstellungen des Königs Adrastus und zeichnet sich im Kampf gegen die Chimäre aus. Das argivische Königspaar bereut inzwischen den Anschlag auf Bellerophon, so dass sich am Ende das Intrigengewirr in Wohlgefallen auflösen kann: Bellerophon heiratet Philinoe, Adrastus die zwischenzeitlich verwitwete Stenobaea, Mentor die seit langem in ihn verliebte Uranie.

Das Handlungsschema der *Obsiegenden Tugend* verrät vielfältige Einflüsse: Dieser Synkretismus ist durchaus typisch für die Situation in der ersten Hälfte des 18. Jahrhunderts. Man kann darin wie Herbert Singer eine Verfallserscheinung sehen; fruchtbarer scheint aber ein Ansatz, der die Texte dieser Phase als Über-

---

457 Vgl. Gelzer: Konversation, Galanterie und Abenteuer, S. 325: Der Roman sei „mit zahlreichen Digressionen aller Art durchsetzt – die sich gegen Ende derart häufen, dass dem Erzähler die eigentliche Hauptgeschichte beinahe entgleitet."
458 So kommt es zu dem Eindruck von Anachronismen, die aber wohl weniger geplant sind, als Gelzer ebd. vermutet.
459 Vgl. Ethophilus: Die Obsiegende Tugend, S. 229 f. Vgl. Gelzer: Konversation, Galanterie und Abenteuer, S. 323.
460 Vgl. ebd., S. 59–65.

gangsphänomene begreift, als Experimentierfelder für unterschiedliche Romankonzeptionen. Für die Komposition der *Obsiegenden Tugend* hat primär Ziglers *Asiatische Banise* Pate gestanden, jener Text, der laut Florian Gelzer um die Mitte des 18. Jahrhunderts als der Roman schlechthin galt.[461] Ethophilus folgt nicht nur in der Gestaltung des *Medias-in-res*-Beginns mit der Schimpfrede des Protagonisten der nahezu sprichwörtlich gewordenen Eingangsszene der *Banise*,[462] in der Prinz Balacin „Blitz/ Donner/ und Hagel" heraufbeschwört[463] – bei Ethophilus heißt es milder, aber ebenfalls meteorologisch: „So schlagen denn alle Wetter der Trübsal über das unglückliche Haus des grossen *Sysiphi* zusammen?"[464] –, sondern auch in der Anordnung der folgenden Episoden, die sich an denen der *Banise* ausrichtet.[465]

Analog zur *Asiatischen Banise* treiben Orakel die Handlung voran. Während bei Zigler dem Prinzen Balacin die „Götter in dem Tempel Pandior eine Schönheit im Traum" (nämlich die Prinzessin Banise, deren Hand er erringen wird) präsentieren,[466] und der Zettel, den er dort bekommt, „den poetisch verklausulierten Plan seiner künftigen Abenteuer, mithin das Programm des ganzen Romans" enthält,[467] treten in der *Obsiegenden Tugend* weitaus mehr Orakel auf, die den Figuren des Romans immer wieder neue Hinweise geben. Von Beginn an lässt Ethophilus' Roman keinen Zweifel an der providentiellen Fügung, die über Bellerophon wacht. So trifft Mentor, der im Wald Erdbeeren für seinen Schützling gesucht hat, diesen in einer auf den ersten Blick äußerst gefährlichen Lage an:

> Aber, hilff Himmel, wie erstaunete er, als er zu dem Haupte desselben einen abscheulichrn [!] Löwen erblickte, welcher sich nicht anders als ein wachender Hund bey ihm geleget, mit

---

461 Vgl. Gelzer: Konversation, Galanterie und Abenteuer, S. 326: „Das ‚Banise-Schema' scheint um die Jahrhundertmitte zu einem so fest etablierten Erzählmodell geworden zu sein, dass es mitunter als Romanmodell schlechthin erscheint. So wie am Ende des 17. Jahrhunderts die *Amadis*-Romane nurmehr ein fernes, nur noch vage umrissenes Feindbild des ‚Romans' abgaben, wird die *Banise* in der Jahrhundertmitte je länger, desto deutlicher zum Inbegriff des ‚Romans' überhaupt." – Vgl. zur reichen Rezeption der *Asiatischen Banise* den Sammelband von Martin/Vorderstemann (Hrsg.): Die europäische Banise.
462 Vgl. Dieter Martin: Barock um 1800. Bearbeitung und Aneignung deutscher Literatur des 17. Jahrhunderts von 1770–1830 (Das Abendland. N.F. Bd. 26). Frankfurt am Main 2000, S. 409–423.
463 Heinrich Anshelm von Zigler und Kliphausen: Die Asiatische Banise. Historisch-kritische und kommentierte Ausgabe des Erstdrucks (1689). Hrsg. von Werner Frick, Dieter Martin und Karin Vorderstemann (Frühe Neuzeit. Bd. 152). Berlin/New York 2010, S. 11.
464 Ethophilus: Die Obsiegende Tugend, S. 1.
465 Vgl. die Analyse von Gelzer: Konversation, Galanterie und Abenteuer, S. 324f.
466 Zigler: Die Asiatische Banise, S. 109.
467 Frick: Providenz und Kontingenz. Bd. 1, S. 52.

seinem Wedel seine Freundlichkeit zu erkennen gab, und dem Printzen die Hände und das Gesichte liebkosend leckete. [...] Er dachte bey sich selbst, der Löwe ist doch sonst der König aller Thiere, und sein Zorn ist der erschrecklichste unter allen, gleichwohl hat er sich weder an dem Printzen selbst noch auch an denen Pferden vergriffen, sondern es ist nicht anders, als wenn dieses grausame Thier dem ruhenden Printzen zu seiner Leibwacht von den Göttern gegeben worden, zu einer deutlichen Anzeige, wie der Himmel vor Könige und Fürsten wache, und wie desselben Straff-Gerechtigkeit diejenigen verfolge, welche sich an ihren rechtmäßigen Herrn vergreiffen.[468]

Insbesondere die zahlreichen Träume verweisen auf die Vorherbestimmtheit der Handlung und auf den göttlichen Schutz, auf den Bellerophon jederzeit vertrauen kann.[469] So erscheint die Göttin Athene dem Prinzen „seiner Einbildung nach" im Traum und ermahnt ihn,[470] auf die Tugend zu vertrauen; sie werde ihn „nach überstandener Gefahr zu dem Gipffel der höchsten Ehre erheben".[471] In einem Tempel in Cleona wiederum weissagen Priester Bellerophons Schicksal;[472] eine weitere Traumstimme warnt Bellerophon vor den Intrigen, die in Korinth gegen ihn gesponnen werden, und erklärt: „[D]rum fleuch die schnöden Lüste, liebe die Tugend, sey beständig verschwiegen und geduldig, so wird dir in Asien dein Glücks-Stern wieder aufgehen."[473] Die Träume besitzen zuweilen den Charakter konkreter Handlungsanweisungen, etwa wenn Bellerophon „im Traume die Flucht widerrathen, er zur Standhafftigkeit in der Tugend angemahnet, und ihm offenbaret [wird], wie er ohne Gefahr von dem *Argivi*schen Hofe entlassen, in Asien sein Glück finden würde."[474] Auch die Königin träumt von den Bedrängungen ihrer Schwester Philinoe;[475] schließlich erscheint auch Jobates die Göttin Athene im Traum und erklärt, Bellerophon stehe (wie auch Fénelons Télémaque!) unter „ihrem Schilde".[476]

Dieses Netz von Vorhersagen wird ergänzt durch eine Reflexion über Herkunft und Verlässlichkeit von Orakelträumen: Man könne die „Nacht-Gesichte in göttliche, natürliche und teufelische" einteilen, die entweder auf göttliches Wirken, Verdauungsprobleme oder aber feindlich gesonnene „unterirrdische Geister"

---

468 Ethophilus: Die Obsiegende Tugend, S. 18 f.
469 Vgl. zu ähnlichen Konstellationen in der *Asiatischen Banise* Frick: Providenz und Kontingenz. Bd. 1, S. 49–55.
470 Ethophilus: Die Obsiegende Tugend, S. 29.
471 Ebd., S. 30.
472 Vgl. ebd., S. 35.
473 Ebd., S. 88.
474 Ebd., S. 108.
475 Vgl. ebd., S. 158.
476 Ebd., S. 233.

zurückzuführen seien. Offenkundig ist auch in der Romanfiktion unklar geworden, inwieweit man Vorhersagen trauen könne, selbst wenn kein Zweifel daran besteht, „daß der Traum des Königes unter die göttlichen Schatten-Gesichte zu zehlen" sei.[477]

Neben diesen strukturellen Bausteinen liegen wichtige Parallelen im Figureninventar beider Romane: Insbesondere die Kombination von ‚hohem' und ‚niedrigem' Personal verweist auf die *Banise*, in der Prinz Balacin von seinem „lustigen Diener" Scandor begleitet wurde.[478] Diese Rolle nimmt in der *Obsiegenden Tugend* Sosimus ein, ein „tollpatschiger, aber treuherziger Diener" Bellerophons,[479] der sowohl als Narr als auch als „Pickel-Hering" bezeichnet wird.[480] Ähnliche Tendenzen der Gattungsmischung, die Ernstes und Scherzhaftes vermengen, finden sich auch in Loens *Redlichem Mann* – dort allerdings mit dem programmatischen Anspruch, in Romanform ein möglichst vollständiges Sittenbild der menschlichen Gesellschaft zu geben.

3.9.2.1.2 „Geheimder Rath und oberster *Minister*". Ethophilus' Theodor Mentor

Allerdings erschöpft sich Ethophilus' *Obsiegende Tugend* nicht in der Nachahmung von Ziglers *Banise*. Vielmehr kombiniert der Autor das Muster des Asiatischen Romans mit Elementen aus Fénelons *Télémaque*. Das wird unmittelbar an der Figurenkonstellation deutlich: Bellerophon wird wie *Télémaque* von Mentor begleitet. Allerdings handelt es sich bei seinem Ratgeber nicht um die Göttin Athene in verwandelter Gestalt, sondern um den 40jährigen Theodor Mentor. Die göttliche Herkunft seiner Weisheitslehren wird durch den Vornamen unterstrichen: Als Geschenk Gottes unterstützt und belehrt er den jungen korinthischen Prinzen. Auch die häufigen Erwähnungen der Göttin Minerva, die in Fénelons Roman als Mentor agierte, spielen direkt auf den *Télémaque* an.[481]

Theodor Mentor sorgt nicht nur in allen Lebenslagen für das Wohl seines Zöglings – in einer unfreiwillig komischen Episode versorgt er den Prinzen gar mit

---

477 Ebd., S. 97.
478 Gelzer: Konversation, Galanterie und Abenteuer, S. 325, macht darüber hinaus plausibel, dass Ethophilus von Christian Weises *Ertz-Narren* beeinflusst wurde.
479 Gelzer: Konversation, Galanterie und Abenteuer, S. 325.
480 Ethophilus: Die Obsiegende Tugend, S. 37. Vgl. ebd., S. 45: Dort wird die Unzufriedenheit Bellerophons mit dem Verhalten „seines Hof-Narrens" beschrieben.
481 Vgl. etwa ebd., S. 172 (Bellerophon als Verehrer der Göttin); S. 229 (Verweis auf „kluge oder ächte Pallas-Söhne").

kaltem Braten und sucht für ihn Erdbeeren[482] –, sondern dient ihm auch als Ratgeber und nicht zuletzt als fähiger Diplomat,[483] als „Geheimder Rath und oberster *Minister*" des exilierten Prinzen.[484] Dabei kommt ihm seine Kenntnis der höfischen Welt zugute:

> Hergegen war *Mentor* gleichfalls aus denen berühmtesten Geschlechten zu Corinth, in dem 40sten Jahr seines Alters, ernsthafft und sinnreich, mehr zur Arbeit und ernstlichen Verrichtungen, als zu denen Tändeleyen der Liebe geneigt, sonst aber sittsam und höflich; sich klüglich in die Zeit schickend, und in denen Hof-Manieren aufs beste erfahren, wobey er die Kunst sich klüglich zu verstellen meisterlich gelernet, und geschickt zur Ausübung bringen konte.[485]

Mentors politische Klugheit bewährt sich insbesondere im Umgang mit der intriganten Königin. Seine Philosophie ist die der Verstellung angesichts feindlicher Intrigen: „Mentor war viel zu weise, als daß er nicht der Königin und Uranien Gedancken aus ihren Gesichtern lesen sollen. Er aber stellete sich, nach Art derer Welt-Weisen, immer aufgeweckt",[486] so dass er das Schlimmste von seinem Schützling abwenden kann. Die positive Wertung politischer Klugheit verbindet Ethophilus' Mentor mit den Handlungen des Grafen von Rivera bei Johann Michael von Loen. Beide Ratgeberfiguren müssen sich in einer feindlichen Welt bewähren. Die Forschung hat betont, dass diese „Fürstendienerspiegel" auch die Möglichkeiten ‚bürgerlichen' Fortkommens in der höfischen Welt thematisierten.[487] Zwar erfasst dieser Gedanke den Fall Loens nur bedingt – schließlich handelt der Text von einem Protagonisten aus dem hohen Adel –, für Ethophilus trifft er aber zu, zudem das Motiv auch für die Komplimentierbücher des Autors eine wesentliche Rolle spielt.[488] Dementsprechend enthält die *Obsiegende Tugend* ausführliche Passagen über den idealen Ratgeber,[489] der klug mit seinem Herrn interagieren solle. Hingegen finden Regierungskunst und ‚Policey' so gut wie keine Erwähnung, einmal abgesehen von denkbar allgemeinen Äußerungen über die Schädlichkeit von Tyrannei[490] und über die „Liebe des Volcks",[491] die die si-

---

482 Vgl. ebd., S. 16–18.
483 Vgl. ebd., S. 60–65.
484 Ebd., S. 81.
485 Ebd., S. 103.
486 Ebd., S. 145.
487 Martens: Der patriotische Minister, S. 106.
488 Vgl. Hesselink: Das Komplimentierbuch, S. 227, S. 259.
489 Vgl. Ethophilus: Die Obsiegende Tugend, S. 73.
490 Vgl. etwa ebd., S. 6.
491 Ebd., S. 48.

cherste Grundlage stabiler Herrschaft sei. Wenn überhaupt ein Schwerpunkt ‚politischer' Didaxe festzustellen ist, dann am ehesten in Hinblick auf das Gesandtenwesen und das Vorgehen geschulter Diplomaten.[492] Der Roman bietet sogar ein „*Credential*-Schreiben",[493] mit dem Bellerophon seinen Vertrauten Mentor ausstattet – ein weiteres Beispiel, für die angestrebte Nützlichkeit und die Zielgruppe des Textes, die wohl in den künftigen Verwaltungseliten des Fürstenstaats zu suchen ist.

Im Zentrum stehen jedoch, wie in der „Zuschrifft" bereits verdeutlicht wurde, die Tugend- und Wissensvermittlung, die die höfisch-historischen Elemente an den Rand drängen. Der moralische Roman weist durchaus misogyne Züge auf; er entwirft ein besonders abschreckendes Bild weiblicher Herrschaft. Jedenfalls ist für Mentor der Triebverzicht die erste Tugend des Herrschers. Dem entsprechen die Positionen der Vorrede, die den Roman gerade nicht als Liebesroman, sondern als Tugendlehre profilieren.[494]

Aus den zahlreichen Exkursen, die vielfach die Moral und Sittenlehre zum Thema haben, lassen sich zwar vielfältige Wissensbestände synthetisieren, sie entwickeln aber an keiner Stelle Reformvorstellungen für das Gemeinwesen, wie Fénelon und Loen es tun. Ethophilus geht sogar hinter Ziglers *Banise* zurück, die ja einer durch den Tyrannen Chaumigrem personifizierten Staatsraison die legitime Ordnung des Absolutismus gegenüberstellte.[495] Wenn am Ende des Romans Theodor Mentor in das höfische Heiratsschema integriert wird, zeigt dies deutlich die Aufwertung der Ratgebergestalt, die die eigentliche Hauptfigur des Romans ist – nicht zuletzt deshalb, weil die heroischen Taten Bellerophons nur knapp referiert werden.

Ethophilus' *Obsiegende Tugend* gehört zwar in den Kontext politischen Erzählens, indem sie in direktem Anschluss an Fénelon Formen des politischen Romans mit der ‚asiatischen' Tradition verbindet, weicht aber zugleich stark von den französischen Prätexten ab. So geht es kaum um die Gesamtorganisation des Staates, wie sie in der Salente-Episode des *Télémaque* entfaltet wurde, sondern

---

492 Vgl. ebd., S. 59–65.
493 Ebd., S. 64.
494 Vgl. Ethophilus: Die Obsiegende Tugend, unpaginierte Vorrede: „Aber alles dieses, weshalb bisanhero die Romainen so verächtlich worden, ist ein Mißbrauch, welcher aus denen verkehrten neigungen sowohl der Schreibenden als Lesenden entstanden, da im Gegentheil ihr eigentlicher und wahrer Gebrauch darinnen bestehen soll, daß die Laster auf eine angenehme Art gestraft deren böses Ende gezeiget, die Tugend aber himmelhoch erhoben, und wie diese, benebst der keuschen Liebe, und Beständigkeit in derselben, am Ende mit Vergnügen und dauerhafften Glücke gecrönet werde, bewiesen wird.",
495 Vgl. zur Staatsraison in der *Asiatischen Banise* Frick: Providenz und Kontingenz. Bd. 1, S. 61–69.

um Verhaltenslehren, die galante Elemente mit allgemeinen Tugendpostulaten verbinden. Der Fokus liegt dabei auf dem Erzieher Mentor. Trotz zahlreicher Anspielungen auf Fénelons *Télémaque* legt der Roman den Akzent weniger auf staatstheoretische Aspekte, als auf Fragen politischer Klugheit. Das verbindet ihn mit Loens *Redlichem Mann am Hofe*, aber auch mit galanten Romanen wie etwa August Bohses *Sklavin Doris* (1696), deren Protagonisten über ihr prekäres Dasein am Hof reflektieren.[496] In der Mentor-Figur finden sich Ansätze einer Thematisierung von bürgerlichem Fortkommen in der höfischen Welt; als Zielgruppe sind aufstiegsorientierte bürgerliche Kreise wahrscheinlich, die sich behaupten und vorankommen möchten.[497] Das zeigt sich auch deutlich im Profil des Romans, der ähnlich wie Loen den Fürstenerzieher aufwertet. In der „Zuschrifft" erwähnt Ethophilus die Staatsthematik eher beiläufig: „Man hat auch vieles Staats Gepränge sowohl nach der alten als neuen Einrichtung beschrieben, welches der Tugend und Wissenschaften liebenden Jugend nicht wenig nutzen wird".[498]

In Ethophilus' Roman hat sich also „die Didaktik verselbständigt". Ob deshalb aber das „Schema des höfisch-historischen Romans [...] zur leeren Hülse geworden [ist], zum bloßen Vorwand und zur dekorativen Einkleidung für didaktische Absichten, die keinerlei organische Beziehung zu ihm haben",[499] bleibt zu prüfen. Während Loen das grundsätzliche Problem, wie ein ‚hoher' Roman allgemeingültige Inhalte vermitteln könne, durch eine Überschreitung der Gattungsgrenzen löste, hält Ethophilus weitestgehend am Handlungsgerüst des höfischen Romans fest und nutzt es zur Tugendvermittlung.[500] Dass es dabei zu Brüchen kommt, verwundert nicht. Trotz der zweifellos bescheidenen Qualität des Textes bleibt doch festzuhalten, dass er in der Kombination verschiedener Erzähltraditionen einen ähnlichen Weg beschreitet wie auch Johann Michael von Loen. Wie Loens *Redlicher Mann am Hofe* ist die *Obsiegende Tugend* Indikator einer (tastenden) Suche nach ästhetischer Orientierung.

---

496 Vgl. Hans Geulen: Der galante Roman. In: Helmut Koopmann (Hrsg.): Handbuch des deutschen Romans. Düsseldorf 1983, S. 117–130, bes. S. 124.
497 Vgl. auch Ethophilus: Die Obsiegende Tugend S. 66 f. Dort erzählt der „Ober-Hof-Marschall", der „Sohn eines armen Bürgers und Teppichmachers" (ebd., S. 66), seine Aufstiegsgeschichte und kritisiert den erbl8ichen Adel (vgl. ebd., S. 67).
498 Ethophilus: Die Obsiegende Tugend, Zuschrifft.
499 Singer: Der deutsche Roman zwischen Barock und Rokoko, S. 99.
500 Vgl. ebd.: *Die Obsiegende Tugend* zähle zu den „Umbildungen und Ausbeutungen des höfisch-historischen Romans".

3.9.2.2 Galanter Schlüsselroman und politischer Roman: Die *Asiatische Kriegs- Helden- und Liebes-Geschichte Zaduck des Andern* (1744)

1740 erschien in den *Göttingischen Zeitungen von Gelehrten Sachen* eine knappe Rezension von Loens *Redlichem Mann am Hofe*. Dort bemängelt der anonyme Rezensent, es sei für den Leser nicht klar genug herausgestellt, auf welche realen Ereignisse sich die Romanhandlung beziehe:

> Man will sagen, dieses Buch habe in der Wahrheit einiger neueren Geschichte Grund. Ist dem also, so werden diejenigen nur darum gerühret werden, denen sie bekannt ist. Andere denen der Schlüssel fehlet, sehen das Buch mit eben den Augen an, als so viele romanhafte Schriften, womit man uns belästiget, und zählen es unter die mittelmässigen.[501]

Loens Roman, dessen literarische Form hier überhaupt nicht erwähnt wird, erscheint als ein Beispiel für Schlüsselliteratur. Die Selbstverständlichkeit, mit der hier die zeithistorische Wahrheit als ästhetisches Wertungskriterium angeführt wird, ist ein Indiz dafür, wie um 1740 politische Romane gelesen wurden. Sowohl der politische Roman französischer Herkunft als auch der höfisch-historische und der galante Roman wurden noch in den 1740er Jahren als Verschlüsselungen aktueller (politischer) Ereignisse verstanden, als fiktionalisierte Einblicke in die Welt der Höfe.[502] Eine derartige Deutung geht nicht völlig an den Tatsachen vorbei, schließlich verarbeiten viele Romane seit der Frühen Neuzeit programmatisch zeithistorische Ereignisse bzw. erotische Verwicklungen des europäischen Adels.

Das gilt bereits für die europäische Romanliteratur des 17. Jahrhunderts: Barclays *Argenis* (1621) bezieht sich auf die französischen Verhältnisse unter Ludwig XIII.,[503] Anton Ulrich von Braunschweig-Wolfenbüttel zielt in einigen Episoden der *Römischen Octavia* auf anstößige Ereignisse der höfischen Gesellschaft ab.[504] Für viele der galanten Romane der Zeit um 1700 ist der Verweis auf

---

501 [Rezension von: Loen: Der Redliche Mann am Hofe. In:] Göttingische Zeitungen von Gelehrten Sachen, S. 632.
502 Vgl. generell zur Schlüsselliteratur die Studie von Gertrud Maria Rösch: Clavis Scientiae. Studien zum Verhältnis von Faktizität und Fiktionalität am Beispiel der Schlüsselliteratur. Tübingen 2004 (Studien zur deutschen Literatur. Bd. 170); Johannes Franzen: Indiskrete Fiktionen. Theorie und Praxis des Schlüsselromans 1960–2015. Göttingen 2018, S. 99–137; vgl. auch die materialreiche Übersicht bei Georg Schneider: Die Schlüsselliteratur. 3 Bde. Stuttgart 1951–53.
503 Vgl. Siegl-Mocavini: John Barclays „Argenis" und ihr staatstheoretischer Kontext; Rösch: Clavis Scientiae, S. 44–60.
504 Vgl. Herbert Singer: Die Prinzessin von Ahlden. Verwandlungen einer höfischen Sensation in der Literatur des 18. Jahrhunderts. In: Euphorion 49 (1955), S. 305–343; Dirk Rose: Galanter Roman und klassische Tragödie. Hunolds *Europäische Höfe* und Schillers *Prinzessin von Zelle* im gattungsgeschichtlichen Kontext. In: André Rudolph/Ernst Stöckmann (Hrsg.): Aufklärung und

eine zweite Bedeutungsebene geradezu konstitutiv. So erklärt Christian Friedrich Hunold (Menantes) in der Vorrede zu *Der europäischen Höfe Liebes- und Heldengeschichte* (1705), er habe bewusst aktuelle Ereignisse verschlüsselt:

> Jedoch da Krieges- und Liebes-Händel die annehmlichste Abwechselung in dergleichen Büchern vergönnen; und der hoch-geneigte Leser hier eine verdeckte Wahrheit antrifft: so wird es ihm an der Lust nichts benehmen/ damit Er sonst bloß erdichtete Sachen durchgesehen/ und vielleicht auch keinen sonderlichen Verdruß verursachen/ wenn Er die meisten Krieges-Thaten erräht/ und gleichsam spielend eine *accurate* Beschreibung hoher Fürsten Lob würdigster Verrichtungen wiederholet. Aus diesen beyden vortreflichen Qualitäten/ der Tapfferkeit und Liebe/ beruhet dieses gantze Werck/ und die Materie darzu habe von den grösten und der Majestät-würdigsten Fürsten und Herrn der meisten Europäischen Höfe entlehnet.[505]

Es geht für Hunold, so ließe sich zusammenfassen, um eine Steigerung des Genusses durch Aktivierung der Leser und zugleich darum (so zumindest das topische Argument in der Vorrede), das Wissen der Rezipienten zu vergrößern.[506]

Betrachtet man nun die Art, wie Hunold das Verhältnis von „Tapfferkeit und Liebe" gestaltet, wird offenkundig, wo die Schwerpunkte seines Schreibens liegen. Zwar nennt Hunold seinen Roman eine „Liebes- und Heldengeschichte", die Liebe ist aber immer der dominierende Aspekt. Demgegenüber ist der staatstheoretische Gehalt, der noch in Ziglers *Asiatische Banise* (1689) verhandelt wurde,[507] hier pures Beiwerk. So fällt dem Fürsten Gustavus, dem Helden der Rahmenhandlung, die Krone von Thualinien geradezu in den Schoß. Man versichert ihm, „daß viele hohe dieses Landes nach nichts mehr seufzeten/ als von der Tugend eines so hohen Fürstens Regiert zu werden";[508] er nimmt die Krone dann auch nicht aus eigenem Machtwillen, sondern aus Rücksicht auf die Interessen des Reichs an: „Doch alle Vorschläge und *Offerten*, zu einer Crone zu gelangen/ würden ihn nicht bewogen haben/ selbige anzunehmen/ wofern es nicht die

---

Weimarer Klassik im Dialog. Tübingen 2009 (Untersuchungen zur deutschen Literaturgeschichte. Bd. 135), S. 1–27.
505 Christian Friedrich Hunold: Der Europaeischen Höfe Liebes- und Helden-Geschichte. Faksimiledruck nach der Ausgabe von 1705. Hrsg. und eingeleitet von Hans Wagener. 2 Bde. Bern u. a. 1978, Bd. 1 (unpaginierte Vorrede).
506 Vgl. Rose: Galanter Roman und klassische Tragödie, S. 9: „[E]r scheint geradezu auf seine Entschlüsselung hin angelegt zu sein". Vgl. auch ebd., S. 10: „Der Text gibt vor, in der Tradition des höfisch-historischen Romans zu stehen (weshalb er auch einige Elemente daraus übernimmt), situiert sich aber mit Hilfe des Schlüsselprinzip im Feld eines skandalösen Marktes."
507 Vgl. zum politischen Gehalt der *Asiatischen Banise* Frick: Providenz und Kontingenz. Bd. 1, S. 58–73.
508 Hunold: Der Europaeischen Höfe Liebes- und Helden-Geschichte, S. 1183.

unumgaengliche Nothwendigkeit und die Wohlfahrt gantz Germaniens gerathen/ vor welche er gleichsam mehr als vor sich selber gebohren".[509] Gustavus wird eben nicht wie sein historisches Vorbild von persönlichen oder dynastischen Interessen geleitet, sondern von einer nicht näher spezifizierten Providenz und darüber hinaus von seinem Verantwortungsgefühl gegenüber Germanien, also dem Reich.

Vorbild für Gustavus ist August der Starke von Sachsen,[510] der die polnische Krone keineswegs aus derartigen altruistischen Überlegungen anstrebte: Hunolds Roman idealisiert seinen Protagonisten und wird so passagenweise zu einem panegyrischen Text. Die Haupt- und Staatsaktionen seiner Figuren erscheinen im besten Licht; sie geben Anlass zur Beschreibung prächtiger Einzüge und höfischer Feste – mithin geht es um die Fortführung höfischer Repräsentation in der Literatur.[511] Damit besitzt die Schilderung höfischer Kultur in Hunolds *Europäischen Höfen* trotz aller Akzentverlagerung hin zu erotisch-galanten Motiven eine eminent politische Funktion, die sich aber von dem Politik- und Staatsverständnis der mehr oder weniger gleichzeitig entstehenden politischen Romane deutlich unterscheidet. Der Gedanke jedenfalls, dass höfischer Pomp und monarchische Prachtentfaltung eine wichtige, rational zu erfassende Funktion besäßen, ist auch der Philosophie der Aufklärung nicht fremd. So erklärt etwa Christian Wolff in seiner *Deutschen Politik*, „eine ansehnliche Hoff-Staat und die Hoff-Ceremonien [seien] nichts überflüßiges, viel weniger etwas tadelhafftes sind"; sie dienten gerade dazu, dem Volk die Herrschaft sinnlich vor Augen zu stellen:

> Der gemeine Mann, welcher bloß an den Sinnen hanget, und die Vernunfft wenig gebrauchen kan, vermag auch nicht zu begreiffen, was die Majestät des Königes ist: aber durch die Dinge, so in die Augen fallen und seine übrige Sinnen rühren, bekommet er einen obzwar undeutlichen, doch klaren Begriff von seiner Majestät, oder Macht und Gewalt [...].[512]

Dieses enkomiastische Verfahren scheint den Lesererwartungen und -Bedürfnissen entsprochen zu haben; anders jedenfalls lassen sich die neun Auflagen, die Hunolds Roman bis 1744 erlebte,[513] sowie die 1728 und 1740 erschienenen, eben-

---

509 Ebd.
510 Vgl. Benjamin Wedel: Schlüssel zum Roman der Europäischen Höfe. In: Ders.: Geheime Nachrichten und Briefe von Herrn Menantes Leben und Schrifften. Köln 1731, S. 177–184.
511 Vgl. einführend zur Funktion der höfischen Festkultur Volker Bauer: Die höfische Gesellschaft in Deutschland von der Mitte des 17. bis zum Ausgang des 18. Jahrhunderts. Versuch einer Typologie. Tübingen 1993 (Frühe Neuzeit. Bd. 12), S. 104 f.
512 Christian Wolff: Vernünfftige Gedancken Von dem Gesellschafftlichen Leben der Menschen Und insonderheit Dem gemeinen Wesen [...]. Frankfurt/Leipzig 1736, S. 505.
513 Vgl. die Nachweise von Hans Wagener im Neudruck der *Europäischen Höfe*, S. 72*-74*.

falls mehrfach aufgelegten Fortsetzungsbände von Johann Georg Hamann d. Ä. nicht erklären.[514] Auch die zahlreichen Nachahmungen bezeugen die lange Zeit ungebrochene Attraktivität dieses Romankonzepts.[515] Indem Autoren und Verleger gezielt an die Neugier des Publikums appellieren, verweisen sie auf den Typus des Schlüsselromans – ohne dass immer deutlich würde, worin der Mehrwert der Entschlüsselung beruhen soll.[516] Vielmehr suggeriert dieses Verfahren in vielen Fällen eher eine Relevanz und Brisanz, die zumeist nicht vorhanden ist – entweder sind die zu entschlüsselnden Ereignisse weitbekannt oder irrelevant. Die Verschlüsselung ist eher ästhetische Strategie und Marketinginstrument als etwa Vorsichtsmaßnahme. Schließlich geht es, wie zuletzt Dirk Rose gezeigt hat, in den Roman Hunolds um die Einübung einer galanten *conduite*,[517] um die Schaffung eines elitären Gemeinschaftsgefühls, das durch die Teilhabe an den Lebensumständen der Führungsschichten stimuliert wird.

Angesichts dieser Begleitumstände verwundert es nicht mehr, dass nicht nur die galanten Romane, die explizit als Schlüsselromane ausgewiesen und beworben werden, sondern auch die vergleichsweise neue Form des politischen Romans

---

514 Johann Georg Hamann hatte bereits die 1724 erstmals erschienene Fortsetzung zu Ziglers *Asiatischer Banise* verfasst. Vgl. Karin Vorderstemann: Thema und Variation. Johann Georg Hamanns Fortsetzung der *Asiatischen Banise oder des blutigen und muthigen Pegu Zweyter Theil*. In: Dieter Martin/Karin Vorderstemann (Hrsg.): Die europäische Banise. Rezeption und Übersetzung eines barocken Bestsellers. Berlin/Boston 2013 (Frühe Neuzeit. Bd. 175), S. 133–180.
515 Vgl. zu den Nachahmern der *Europäischen Höfe* die Studie von Singer: Der deutsche Roman zwischen Barock und Rokoko, S. 95 (Fußnote 39); Rösch: Clavis Scientiae, S. 63–71; Gelzer: Konversation, Galanterie und Abenteuer, S. 174–194.
516 Vgl. Jüttische Kasia. Vorbericht. 1732. In: Texte zur Romantheorie II (1732–1780). Mit Anmerkungen, Nachwort und Bibliographie von Ernst Weber. München 1981, S. 7–16, hier S. 13 f.: „Was den Inhalt des Werckes selbst anlanget / so wird ein Leser, der in denen neuern Staats-Kriegs- und Liebes-Geschichten hoher Häupter in etwas bewandert ist / eben keine Rätzel-Auflösung anzustellen bedürffen / und wer die *Europäischen Höfe* / davon es gewisser massen eine Nachahmung heissen kan / zu lesen verstehet / wird auch hier nicht gar im Finstern tappen; Ganz *particuli*ere eingemischte Umstände aber betreffend / darzu möchte mit der Zeit bey dem Verleger ein Schlüssel zu haben seyn / wenn er sich einer geneigten Aufnahme dieses ersten Theils zu erfreuen hat / und dadurch die folgenden gleichfalls zu *edi*ren aufgemuntert würde." Autor des Werks sei ein Insider, nämlich ein anonymer dänischer Adeliger (vgl. ebd., S. 11).
517 Vgl. Dirk Rose: Conduite und Text. Paradigmen eines galanten Literaturmodells im Werk von Christian Friedrich Hunold (Menantes). Berlin/Boston 2012 (Frühe Neuzeit. Bd. 167), S. 140: „Deren Bedeutung für eine galante Textproduktion läßt sich weitgehend aus ihrer Funktion für eine galante Conduite ableiten, und zwar in zweierlei Hinsicht. Zum einen wird der Modellcharakter der Texte dadurch erhöht, daß sie prinzipiell auf konkrete Interaktions- und Kommunikationssituationen referierbar erscheinen. Zum anderen kann durch diese prinzipielle Referenz auf konkrete Interaktionen und ihre Akteure die jeweils an den Tag gelegte Conduite als modellhaft zugerechnet werden."

französischer Prägung in diesem Feld verortet wird, wie eingangs an der Rezension von Loens *Redlichem Mann* gezeigt wurde. Schließlich galt vielen Zeitgenossen auch Fénelons *Télémaque* als Schlüsselroman, der in antik-mythologisierendem Gewand die Herrschaft Ludwigs XIV. satirisiere. Von Verlegern wurde diese Möglichkeit, den skandalumwitterten Text entsprechend zu vermarkten, dankbar genutzt. So enthalten die meisten Ausgaben des *Télémaque* nach 1717 Fußnoten, die den Bezug zwischen den Charakteren des Romans und Figuren der Geschichte herstellen.[518] Über Hinweise in Paratexten wird der Rezipient nicht nur über (mehr oder wenige plausible) Bezüge zum Hof von Versailles und der Mächtekonstellation des 17. Jahrhunderts aufgeklärt, sondern ebenso implizit zu einer bestimmten Wertung des gesamten Romans angeregt.

Derartige Deutungen, die den übergreifenden ethischen und staatstheoretischen Anspruch in den Hintergrund rücken und stattdessen die vermeintlichen ‚voyeuristischen' und satirischen Tendenzen des *Télémaque* unterstreichen, riefen entschiedenen Widerspruch hervor. So beklagt der anonyme Rezensent, der 1719 eine Neuauflage von Fénelons Roman besprach,[519] dass diese erläuternden Fußnoten die eigentliche Intention des Werks entstellten.[520] Relevanz und Allgemeingültigkeit ließ sich ja gerade nur dann reklamieren, wenn (ungeachtet aller immer wieder herzustellenden Bezüge zu zeitgenössischem Geschehen) der Abstraktionsgrad der Romanwelt hoch genug war.

---

[518] Vgl. zu den Fußnoten in den Ausgaben des *Télémaque*, die auf Guedeville zurückgehen, Chérel: Fénelon au XVIIIe siècle en France, S. 26 (Fußnote).
[519] Es handelt sich um die Ausgabe [Fénelon:] Les Avantures de Telemaque, fils d'Ulysse [...]. Nouvelle edition. Augmentée & Corrigée Sur le Manuscrit Original de l'Auteur. Avec des Remarques pour l'intelligence de ce Poëme Allegorique. Amsterdam 1719.
[520] [Rezension von Fénelon: Les Avantures de Telemaque. April 1719. In:] Neue Bibliothec Oder Nachricht und Urtheile von neuen Büchern Und allerhand zur Gelehrsamkeit dienenden Sachen. 91. Stück, Frankfurt/Leipzig 1720, S. 291–295, hier S. 295: „Man wird sehr viel stachlichte Reden und Ausdrückungen darinnen finden, welche auf den König und seine Bedienten gerichtet sind, und die manchen wohlgefallen werden. Aber ich glaube nicht, daß es jedermann billigen wird, daß man sie in des Herrn Fenelons Telemach hineingesetzt/ und demselben nach seinem Todt solche Gedancken aufgebürdet hat, die er bey seinen Lebzeiten nicht würde gut geheissen haben. Und ob man sie gleich nur vor Muthmassungen ausgiebet, so scheinet es doch, dieser Prälat würde es niemahlen zugegeben haben/ daß man sie in sein Werck mit hineingesetzt hätte. Was werden nicht in Zukunft auch die allerbesten Scribenten zu gewarten haben/ wann man den Auslegern solche Freyheit erlaubet?"

3.9.2.2.1 Friedrich II. von Preußen als Romanheld

In diesem hier skizzierten Spannungsfeld von Lesererwartungen, Gattungskonventionen und politischen Bedenken ist auch ein Text zu situieren, der sich unmittelbar auf die Zeitgeschichte des 18. Jahrhunderts bezieht. Die 1744 anonym publizierte *Asiatische Kriegs- Helden- und Liebes-Geschichte Zaduck des Andern, Königs von Mauritanien, und Der Durchlauchtigsten Cardanes, Königin von Numidien, Darinnen als in einem Roman die heutige Welt-Geschichte und neuere Historie aufs accurateste nach allen Umständen erzehlet, und zur besondern Gemüths-Ergetzung herausgegeben* verspricht eine romanhafte, aber dennoch präzise Beschreibung aktueller Ereignisse.[521] Der Titel rubriziert den Text als Asiatischen Roman und schlägt ihn damit einem populären Genre zu, das in der Nachfolge von Happels *Asiatischem Onogambo* (1673), vor allem aber von Ziglers *Asiatischer Banise* (1689) Elemente des höfisch-historischen Romans in exotische Gefilde transponiert.[522]

Die Entschlüsselung fällt nicht schwer, da der Text explizite Hinweise gibt.[523] Hinter Zaduck verbirgt sich Friedrich II. von Preußen, mit Cardanes ist Kaiserin Maria Theresia gemeint. Damit wird aber auch deutlich, dass es, anders als der Titel vermuten ließe, nicht um eine Liebesgeschichte zwischen den beiden Protagonisten geht, sondern um die Nacherzählung ihrer Biographien mit einem Schwerpunkt auf Zaduck/Friedrich bis ins Jahr 1744. Hinzu kommen frei erfundene Elemente, vor allem erotische Episoden, die sich an Muster galanten Erzählens anlehnen.

Die erste Hälfte des Romans zeichnet Zaducks Leben bis zu seiner Thronbesteigung nach. Zunächst liegt der Fokus auf der erfolgreichen Herrschaft seines Vaters Zaduck Zambul, der Ökonomie und Militär reformiert und nicht zuletzt Glaubensflüchtlinge aus Tombut und Taresien (Böhmen und Salzburg) aufnimmt.[524] Zwar fördert der König eine umfassende Ausbildung des Thronfolgers,

---

521 Vgl. Asiatische Kriegs- Helden- und Liebes-Geschichte Zaduck des Andern, Königs von Mauritanien, und Der Durchlauchtigsten Cardanes, Königin von Numidien, Darinnen als in einem Roman die heutige Welt-Geschichte und neuere Historie aufs accurateste nach allen Umständen erzehlet, und zur besondern Gemüths-Ergetzung herausgegeben. Frankfurt/Leipzig 1744. Vgl. die zutreffende Beschreibung von Hugo Hayn/Alfred N. Gotendorf: Bibliotheca Germanorum Erotica & Curiosa. Verzeichnis der gesamten Deutschen erotischen Literatur mit Einschluß der Übersetzungen, nebst Beifügung der Originale. Bd. 3: H–K. München 1913. Unveränderter Nachdruck Hanau/Main 1968, S. 622: „Eines der curiosesten und verschrobensten Werke der deutschen Roman-Literatur."
522 Vgl. zum Asiatischen Roman in der Nachfolge von Ziglers *Asiatischer Banise* die Ausführungen von Gelzer: Konversation, Galanterie und Abenteuer, S. 316–332.
523 Vgl. etwa die Angaben von Daten und Namen: Zaduck, S. 19, S. 22, S. 63, S. 87.
524 Vgl. ebd., S. 17 f.

es deuten sich jedoch bereits Konflikte wegen dessen musischer Neigungen an. Auf seiner Kavalierstour, die ihn unter anderem nach Quambec (England) und Tibort (Wien) führt, ereignen sich einige erotische und komische Episoden; zurück in Candahar (Berlin) spitzt sich der Konflikt mit dem Vater zu: Dieser gipfelt in einem erfolglosen Fluchtversuch und der Hinrichtung des Fluchthelfers (Katte), führt jedoch nicht zu einer dauerhaften Zerrüttung der Familie. Die Heirat mit der Prinzessin Estrine bietet wiederum Anlass zu ausführlichen galanten Schilderungen. Zugleich weitet sich die Perspektive: In Tibort verpflichtet der alte Omir (Kaiser Karl VI.) den europäischen Adel darauf, eine weibliche Nachfolge zu akzeptieren. Dies wird akut, als in kurzer Zeit sowohl der große Omir als auch Zaduck Zambul sterben.

Im Zentrum der zweiten Romanhälfte stehen politische und militärische Operationen: Der junge König macht seine Ansprüche auf Sylvien (Schlesien) geltend und zieht in den Krieg. Die folgenden Kapitel beschreiben Schlachten, Belagerungen und triumphale Einzüge, darüber hinaus auch diplomatische Aktionen. Stark gerafft referiert der Roman die Ereignisse des Schlesischen Kriegs sowie des Österreichischen Erbfolgekriegs. Zwar liegt der Schwerpunkt auf den heroischen Taten Zaducks, doch auch die erfolgreichen Feldzüge von Cardanes und ihren Feldherren werden ausführlich gewürdigt. Dabei weitet sich die Perspektive: Der gesamteuropäische (bzw. in der Romanfiktion gesamtasiatische) Konflikt erfordert viele Schauplatzwechsel: Sämtliche Mächte sind eingebunden, von Tombut (Frankreich) bis hin zur Tartarei (Russland). Den Schlusspunkt bilden die Beschreibung der Hochzeit von Maria Anna von Österreich und Karl Alexander von Lothringen („Argilac"), das Datum (7.1.1744) wird explizit genannt,[525] sowie der Tod des Feldmarschalls Eben Rely (Ludwig Andreas von Khevenhüller, gestorben am 26. Januar 1744).[526] Da von Maria Annas Tod – sie starb am 16.12.1744 in Brüssel – nicht mehr die Rede ist, lässt sich der Abschluss des Manuskripts in etwa datieren.

Die Handlung des Romans bezieht sich also auf aktuellste Ereignisse und ist bestrebt, diese vielfach diskutierten Entwicklungen möglichst schnell in Romanform zu publizieren.[527] In diesem verlegerischen Schnellschuss liegt auch der

---

525 Vgl. Zaduck, S. 223.
526 Vgl. ebd., S. 230.
527 Vgl. die Beschleunigungserfahrung, die David Fassmann artikuliert. Vgl. Merckwürdigster Regierungsantritt Sr. Preußischen Majestät Friderici II. Worinnen alles befindlich, Was sich von dem Tod des glorwürdigsten und höchstsel. Königs Friderici Wilhelmi an, bis auf diese Zeit, am Königl. Preußischen Hofe, Vornehmlich aber in Schlesien, oder wegen dieses Landes, in Kriegs- und Staats-Sachen auch sonst überhaupt sonderbares und großes zugetragen, Samt vielen schönen Nachrichten von der höchsten Person und dem Charakter Sr. letztregierenden Preußi-

Grund für die vielen Brüche und Inkonsistenzen des vergleichsweise kurzen Romans. Allerdings scheint das verlegerische Kalkül nicht aufgegangen zu sein: 1745 wurden höchstwahrscheinlich die nicht verkauften Exemplare mit einem neuen Titelblatt versehen, das fälschlicherweise erklärt, es handele sich um eine „Andere vermehrte Auflage".[528]

Bei seinem Versuch, die jüngste Historie in Romanform zu erzählen, konnte der anonyme Autor auf eine Vielzahl von Quellen zurückgreifen, schließlich handelte es sich bei dem jungen preußischen König um eine vielbewunderte und -geschmähte Gestalt, über die zahllose Relationen in Umlauf waren. Primär stützt sich der Autor des *Zaduck* auf den dem überaus produktiven Journalisten und Kompilator David Fassmann zugeschriebenen Bericht über die ersten Regierungsjahre Friedrichs II., der 1741 unter dem Titel *Merckwürdigster Regierungsantritt Sr. Preußischen Majestät Friderici II.* erschien.[529] Daneben konnte er auf die zwei Bände (1735/1741) von Fassmanns *Leben und Thaten des Allerdurchlauchtigsten und Großmächtigsten Königs von Preußen Friederici Wilhelmi* zurückgreifen.[530] Der Roman stellt seine kompilatorischen Elemente deutlich aus; die in der ersten Hälfte durchaus identifizierbaren Momente der ästhetischen Überformung treten demgegenüber im Verlauf der Handlung immer mehr zurück. Der kompilatorische Charakter des Werks schlägt sich auch in den wechselnden Erzählperspektiven nieder – so werden die Passagen über die politischen und militärischen Konflikte aus extradiegetisch-heterodiegetischer Perspektive in Nullfokalisierung erzählt, während die amourös-galanten Episoden um den jungen Zaduck durch

---

schen Majestät. Frankfurt/Leipzig 1741, unpaginierter Vorbericht: „Der in Schlesien entstandene Krieg *fourni*ret deromalen ebenfalls fast die Haupt-*Materie* zu allen *Discursen*, nun schon von acht bis neun Monaten her, binnen welcher Zeit sich dermassen viele wichtige Begebenheiten ereignet haben, als bisweilen sonst die Historie in zwantzig bis dreyßig Jahren nicht aufzuweisen vermag."
528 Vgl. Asiatische Kriegs-Helden- und Liebes-Geschichte Zaduck des Andern, Königs von Mauritanien, und Der Duchlauchtigsten Cardanes, Königin von Numidien: Darinnen als in einem Roman die heutige Welt-Geschichte und neuere Historie aufs accurateste nach allen Umständen erzehlet, und zur besondern Gemüths-Ergetzung herausgegeben. Andere vermehrte Auflage. Frankfurt/Leipzig 1745.
529 Vgl. [Fassmann:] Merckwürdigster Regierungsantritt Sr. Preußischen Majestät Friderici II. Vgl. zu Fassmann die Studie von Ludwig Lindenberg: Leben und Schriften David Faßmanns (1683–1744) mit besonderer Berücksichtigung seiner Totengespräche. Phil. Diss. Berlin 1937; vgl. auch Stephanie Dreyfürst: Stimmen aus dem Jenseits. David Fassmanns historisch-politisches Journal „Gespräche in dem Reiche derer Todten" (1718–1740). Berlin/Boston 2014 (Frühe Neuzeit. Bd. 187), S. 13–27 (Überblick über Fassmanns Leben und Schreiben).
530 Vgl. [David Fassmann:] Leben und Thaten des Allerdurchlauchtigsten und Großmächtigsten Königs von Preußen Friederici Wilhelmi [...]. 2 Bde. Hamburg/Breslau 1735 bzw. Frankfurt/Hamburg 1741.

einen homodiegetischen Erzähler vermittelt werden, der als Kammerdiener des Prinzen intime Einblicke in die Boudoirs der Großen verspricht.

Die Parallelen zu den Quellen betreffen nicht nur die Ereignisgeschichte (das allein wäre bei allseits bekannten Fakten kein ausreichendes Indiz), sondern darüber hinaus auch auf den Stil und der Erzählperspektive des Textes. So redet Fassmann seinen Protagonisten direkt an – ganz ähnlich, wie der Erzähler des *Zaduck*.[531] Die inkonsistenten Erzählperspektiven des Romans – der Ich-Erzähler macht gegen Ende des Romans einem referierenden und räsonnierenden allwissenden Erzähler Platz[532] – lassen sich so auch auf die unterschiedlichen Schreibweisen der Quellen zurückführen, die der Autor des *Zaduck* kompiliert.

3.9.2.2.2 *Zaduck* zwischen *Asiatischer Banise* und Historiographie

Der Roman hält sich recht eng an die historischen Ereignisse; gelegentliche kleinere Umstellungen der Chronologie haben keine einschneidenden Konsequenzen und sind zum Teil eher dem Unvermögen geschuldet, die verwickelten Weltläufe in ein schlüssiges Narrativ zu überführen, als einer bewussten Umdeutung der Geschichte.[533] Wie bereits der Titel anzeigt, handelt es sich um einen Text, der politische, militärische und erotische Ereignisse behandelt. Er verweist auf die Tradition des Barockromans, allerdings ist er im vorliegenden Fall insofern irreführend, als die genannten Protagonisten Zaduck und Cardanes sich nicht einmal begegnen, geschweige denn erotisch zusammenfinden.

Offensichtlich war dem anonymen Autor daran gelegen, die zeitgenössischen Ereignisse zwar ästhetisch zu überformen, sie aber nicht – wie im Barockroman und gerade auch in Hunolds *Europäischen Höfen* – kompositionell abzuändern. Dieses Prinzip führt zu etlichen Ungereimtheiten, gerade in Hinblick auf die Struktur des Romans. Schließlich war zum Zeitpunkt der Abfassung ein Ende der dargestellten politischen und militärischen Verwicklungen nicht abzusehen; dementsprechend gerät der Roman desto referierender, je näher sich die Erzäh-

---

531 Vgl. etwa [Fassmann:] Merckwürdigster Regierungsantritt Sr. Preußischen Majestät Friderici II, S. 22: „Ihro Königliche Hoheit, der Cron-Printz, so gegenwärtig waren, bestigen nunmehro den Thron, so bald sich die Augen Ihres [...] Herrn Vaters geschlossen"; vgl. Zaduck, S. 37: „Nachdem Sie nun das Papier gelesen, küsseten Sie selbiges, und steckten es wieder ins Paquet, bezeigten sich auch aufgeräumter [!] als zuvor."

532 Vgl. Freudenreich: Zwischen Loen und Gellert, S. 28, zu der Funktion des Ich-Erzählers, der die Handlung durch „Augenzeugenschaft" beglaubige. Vgl. ebd., S. 122.

533 Vgl. ebd., S. 23: „Die Asiatische Kriegs-Helden- und Liebes-Geschichte folgt der historischen Ereignisabfolge von der späten Regierungszeit Friedrich Wilhelm I bis zu den Vorbereitungen für den zweiten Schlesischen Krieg; wenn auch die verschlüsselnde Überformung die Ereignisse umgruppiert, uminterpretiert, dadurch z.T. verfälscht".

lung der Gegenwart des Verfassers nähert. Auch der zaghafte Versuch, einen *Medias-in-res*-Einsatz zu gestalten, bleibt unbeholfen,[534] wie überhaupt die Unabgeschlossenheit der zeithistorischen Ereignisse mit der ordnungsstiftenden Funktion des heliodorischen Schemas kollidieren muss.

Im Zentrum steht die Lebensgeschichte Zaducks, ergänzt durch galant-erotische Episoden im ersten und die Schilderung politischer und militärischer Ereignisse im zweiten Teil des Romans. Hinzu kommen ausführliche Beschreibungen höfischer Repräsentation, von Bällen, Hochzeiten und triumphalen Einzügen, die allesamt die Herrscherfiguren glorifizieren. Der Roman ist also Teil eines weitgehend panegyrischen Kommunikationszusammenhangs, seine Erzählung verdoppelt und propagiert die höfische Repräsentation, wie sie sich in Bällen und Zeremonien äußert.

Der Titel weckt unmittelbar Assoziationen mit dem Asiatischen Roman – also zu Texten, die in exotischem Gewand von Haupt- und Staatsaktionen erzählen.[535] Seit Eberhard Guerner Happels *Asiatischem Onogambo* (1673), spätestens jedoch seit Ziglers *Asiatischer Banise* (1689) genoss dieser Typus große Popularität. Doch während Zigler das historische (in seinem Fall tatsächlich asiatische) Material kunstvoll nach dem heliodorischen Erzählschema anordnete, um den Triumph legitimer Herrschaft zu demonstrieren, referiert der Autor des *Zaduck* die Ereignisse – und das noch dazu mit ungewissem Ausgang.

Dabei kleidet er die Handlung in ein exotisches Gewand. Das beginnt bei den Namen der Figuren und der Orte, reicht über die Erwähnung von Kamelen und Priestern unbestimmter orientalischer Kulte – es wimmelt in Anlehnung an Ziglers

---

534 Vgl. Zaduck, S. 9 f.: „Zaduck Zambul, einer der grösten Monarchen, welche ehemals über das mächtige Mauritanien geherrschet, bezahlete die Schuld der Natur in dem Flor der besten menschlichen Jahre, und starb seinen Freunden zum Leidwesen, seinem grossen und weitläufigen Reiche aber zur äussersten Bestürtzung, welches gantz untröstlich gewesen, wenn es in der Person Zaduck II. den Verlust des verstorbenen Königs nicht gedoppelt ersetzt gefunden, als welcher Printz denen väterlichen Tugenden nicht allein vollkommen nachahmete, sondern auch dieselben in vielen Stücken übertraf, welches letztere unglaublich zu sagen, weil Zaduck Zambul alles gethan, was von einem vollkommenen Potentaten begehret werden kan." Freudenreich: Zwischen Loen und Gellert, S. 121, hat das nicht erkannt, wenn sie erklärt, der Roman beginne „als ab ovo-Lebensgeschichte Zaducks. Die historisch beglaubigten Ereignisse erfahren doppelte fiktive Brechung in der orientalischen Verschlüsselung der Staatsromantradition und der Strukturierung als Lebensgeschichte, im zeitgenössischen Umfeld Hinweis auf einen Anspruch, der über delectare hinausgeht. Höfisch-hohe Inhalte, zeremonielle Festlichkeiten, Kriegsereignisse vom strategisch höchsten Standpunkt aus erhalten ihren strukturellen Ort nicht in einem Geflecht zunächst unentwirrbarer Handlungselemente, sondern im einsinnigen Nacheinander der Lebensgeschichte."

535 Vgl. zur Tradition des Asiatischen Romans Gelzer: Konversation, Galanterie und Abenteuer, S. 316.

Banise von „Maributs und Talgrepos",[536] sogar ein Rolim tritt auf[537] – bis hin zu Tieropfern, die zu jedem festlichen Anlass vollzogen werden.[538] Dabei verfährt der Autor nicht nur oberflächlich und inkonsequent,[539] sondern durchbricht auch immer wieder gezielt das orientalische Kostüm, um keinen Zweifel an den realhistorischen Ereignissen zu lassen, auf die er abzielt: Der Roman enthält seinen eigenen Schlüssel. So gibt der Erzähler durchgehend die korrekten Daten von Geburtstagen und Heiraten an;[540] in dem französischen Gedicht auf den Tod des Feldherren Mehemet Sirey wird er „Eugene" genannt[541] (das zitierte deutsche Gedicht lässt den Namen allerdings weg[542]), an einer Stelle ist sogar von „Teutschland" als Ort der Handlung die Rede.[543] Das ist weniger Inkonsequenz, sondern vielmehr Stilprinzip: Offensichtlich soll so der Eindruck größtmöglicher Authentizität erreicht werden.

Das hat auch Konsequenzen für die nicht verifizierbaren erotischen Episoden. So suggeriert die orientalisierende Einkleidung erst, dass es etwas zu entschlüsseln gäbe und kreiert so eine zusätzliche Bedeutungsebene. Eben weil die durchsichtig verschlüsselten historischen Ereignisse allgemein bekannt sind, können auch die (mit Sicherheit erfundenen) erotischen Elemente als authentisch angesehen werden.

---

536 Zaduck, S. 21, S. 59, S. 60, S. 159: „Nach deren [der Musik, C. M.] Endigung sahe man die Maributs und Talegrepos mit einem langsamen Zug daher treten; welche einen wohlgemästeten Ochsen, dessen Hörner vergoldet, der Hals aber mit einem Crantz von denen vortrefflichsten Blumen geschmücket war, mit sich führeten."
537 Vgl. ebd., S. 175, 177 („der grosse Rollim").
538 Vgl. ebd., S. 61: „Unter andern brachten 2 alte Männer mit eisgrauen Bärten, die ihnen bis an die Gürtel reichten, in weisse lange Talare gekleidet, und grüne Cräntze von Myrten auf ihren Häuptern, einen schneeweissen Bock herzu, auf dessen Haupt sie mit Händeauflegen alle Sünde des Verstorbenen bürdeten, hernach denselben vor dem Todten-Gerüste schlachteten, und mit dem warmen Blute, welches sie in eine sehr kostbare silberne Schale aufgefangen, die Leiche siebenmal zu ihrer Reinigung besprengten." Vgl. auch ebd., S. 90, S. 158 f.
539 Singer: Der galante Roman, S. 30, geht allerdings zu weit, wenn er hervorhebt, der Roman „schwelge[] in exotischen Realien".
540 Vgl. Zaduck, S. 19, wo das Geburtsdatum des Protagonisten mit dem 24. Januar 1712 angegeben wird.
541 Zaduck, S. 63.
542 Vgl. Zaduck, S. 63: „Wie muß – – – so sanfft, so still entschlafen,/ Warum starb dieser Printz nicht beim Geräusch der Waffen?" Das Gedicht findet sich bereits in: EVGENIVS NVMMIS ILLVSTRATVS. Leben und Thaten des Grosen und Siegreichen Printzen Eugenii, worinnen dessen grose Kriege, Siege und Helden-Thaten, biß an sein Ende, aus bewährten Urkunden und Nachrichten mit unpartheyischer Feder entworffen, und durch die darauf geprägte Müntzen erläutert werden. Mit Kupffern. Nürnberg 1738, S. 557–560.
543 Zaduck, S. 183.

3.9.2.2.3 Eine Erziehungsgeschichte?

Die ersten Kapitel des Romans berichten von der Adoleszenz Zaducks. Auf den ersten Blick bestehen durchaus Parallelen zu den Erziehungswegen, die der politische Roman thematisiert: Es geht um Wissensvermittlung; eine Bildungsreise des Kronprinzen soll ihm zusätzliches Wissen vermitteln. Allerdings handelt der Roman die Inhalte kurz ab und konzentriert sich auf das schwierige Verhältnis zwischen Vater und Sohn; die Kavalierstour dient vor allem der erotischen Horizonterweiterung; auch die für den politischen Roman typischen Fragen nach gerechter Herrschaftsausübung und idealer Einrichtung des Staats werden zu keinem Zeitpunkt angesprochen.[544]

Zwar wird das spannungsvolle Verhältnis des Kronprinzen zu seinem Vater, die versuchte Flucht und die Hinrichtung des Freundes (Katte) nur auf vergleichsweise geringem Raum thematisiert, dann allerdings äußerst explizit. An der völlig entgegengesetzten Disposition der Charaktere lässt der Erzähler keinen Zweifel. Während Zaduck Zambul „durchaus martialisch" sei „und an nichts als Kriegs-Uebungen unter seiner mächtigen Armee Plaisir" finde, bete Zaduck „den Thron des Apollinis an, und wo ein gelehrtes und gründiches Buch ans Licht trat, das mußten dessen scharffsichtige Augen aufs gründlichste beleuchten".[545] Die daraus resultierenden Konflikte müssten zwangsläufig zur Eskalation führen: „Es konnte also nicht anders seyn, die ungleichen Gemüther und Neigungen mußten bisweilen einigen heimlichen Unwillen zwischen diesen beyden grossen Personen erwecken, welcher doch bis dato noch zu keiner öffentlichen Irrung auschlug."[546]

Der lakonische Bericht entwirft zwei unterschiedliche Charaktere, die jeweils für sich ihre volle Existenzberechtigung haben. Während Fassmann in dem zu Lebzeiten Friedrich Wilhelms erschienen ersten Band von *Leben und Thaten des Allerdurchlauchtigsten und Großmächtigsten Königs von Preußen Friederici Wilhelmi* die Episode um Friedrich Fluchtversuch und die Hinrichtung Kattes nur kurz thematisiert,[547] äußert sich Eléazar de Mauvillon, Privatsekretär des säch-

---

544 Anders Freudenreich: Zwischen Loen und Gellert, S. 129f.: „Die Möglichkeit des hohen Barockromans, Herrscherporträt in verschlüsselter Gestalt zu sein, wird aufgefüllt mit dem Schema Lebensgeschichte, zumindest bis zu jenem Punkt, an dem der Lebensabschnitt beendet ist, der den Helden an ein Ziel führt. Wieweit derartige Formentscheidungen auch ideell durchdrungen sind, zeigt die Auffassung des ‚Bildungsweges' des jungen Zaduck II als allseitige menschliche Erfahrung; ihr Wert als Grundlage aufgeklärten Herrschertums kann von der Gestalt eines Autors aus der Bedientenschicht nur erhöht werden."
545 Zaduck, S. 75.
546 Ebd.
547 Vgl. [Fassmann:] Leben und Thaten. Bd. 1, S. 414f.: „Im übrigen ereignete sich, auf dieser Reise, etwas zwischen Sr. Majestät dem König, und Sr. Königl. Hoheit Dero Cron-Printzen, wovon

sischen Kurfürsten, in seiner *Histoire de Frederic Guillaume I. roi de Prusse et electeur de Brandebourg*, (1741) weitaus ausführlicher über den Konflikt zwischen Vater und Sohn und hebt zudem hervor, dass der Kronprinz die Exekution seines Freundes habe anschauen müssen.[548]

Zwar thematisiert der Roman die Episode äußerst verknappt, im zeitgenössischen deutschen Kontext ist die Darstellung allerdings recht ausführlich:

> Bey allen diesen Begebenheiten aber äusserte sich der oben erwehnte Unwille zwischen dem alten Könige und unserm Cron-Printzen immer je mehr und mehr, so daß auch ihro Hoheit, um dem väterlichen Zorn zu entgehen, sich aus dem Reiche eine Zeitlang zu entfernen suchten, dazu Sie insbesondere einen vornehmen Officier von vornehmen Geschlechte erwehlten, der mit Ihro Hoheit aufgewachsen, und mit Deroselben gar eines Sinnes und Humeurs war. Allein das Vorhaben brach zu zeitig aus, Ihro Hoheit musten sichs gefallen lassen, in einer gewissen Ihnen aßignirten Vestung eine Zeitlang zu sejouriren, und vom Fenster auszusehen, wie Dero Favorit den Kopff durch die Hand des Nachrichters verlor, welcher Denenselben vor seinem Tode noch einen Kuß zuwarff, und rief: Ich sterbe aus lauter Liebe vor Euch, mein Printz.[549]

Über die psychischen Folgen stellt der Erzähler nur Vermutungen an; er nutzt vielmehr die Gelegenheit, um über die Gemütsverfassung großer Herrscher zu reflektieren und die grausame Erziehungsmaßnahme so indirekt zu legitimieren.

---

in der Welt gar vieles geredet und geschrieben worden; welches doch grösten Theils falsch gewesen. Denn weil, bey dergleichen Begebenheiten, die wahren Umstände denen wenigsten bekannt werden; so verursachet der Vorwitz, oder auch die *Super*-Klugheit derer übrigen, daß sie alles zu erfahren suchen, oder zu errathen vermeynen; das doch, zu allen Zeiten, ein Geheimniß vor ihnen bleibet. Wir unsers Orts wollen derohalben hierinnen nicht vergeblich forschen, weil wir es doch nicht erfahren werden, sondern vielmehr, mit allen Preußischen Landen und Unterthanen GOTT dem Allmächtigen von Hertzen dancken, daß sich dasselbe trübe Gewölcke glücklich zerstoben hat, dergestalt, daß zwischen Sr. Majestät, und Dero Cron-Printzens Königl. Hoheit, das gute Vernehmen vollkommen wieder hergestellet. Indessen hat dieselbe Begebenheit einem gewesenen *Lieutenant*, von dem Königl. Regiment *Gens d'Armes*, der Herr von Katte genannt, freylich den Kopff gekostet, ohngeachtet dessen Herr Vater ein in dem besten Ansehen stehender Preußischer *General*, zu dem Ihro Majestät ein dermassen grosses Vertrauen tragen, daß er auch jetzo das *Commando* in Königsberg führet. Der Großvater des *decollir*ten *Lieutenants* von Katte war, mütterlicher Seits, der, im vergangenen 1734. Jahr in einem sehr hohen Alter verstorbene Königl. Preussischer *General*-Feldmarschall und Gouverneur zu Berlin, Graf von Wartensleben. Gewisse Leute machen aus dergleichen Begebenheiten, wie sich damals, zwischen Ihro Majestät dem König von Preussen, und Ihro Königl. Hoheit ereignet, ein allzugrosses Wesen; da es doch in der That gar keine unerhörten Dinge sind."

548 Vgl. [Eléazar de Mauvillon:] Histoire de Frederic Guillaume I. roi de Prusse et electeur de Brandebourg, &c. &c. &c. Amsterdam/Leipzig 1741. Bd. 1, S. 187–195.
549 Zaduck, S. 81.

Zaduck erscheint nun nicht als Opfer einer verfehlten Erziehung, sondern als stoischer Heros:

> Die Geheimnisse grosser Potentaten lassen sich schlecht erforschen, noch weniger vieles davon sagen; das aber ist gewiß, daß Se. Königliche Hoheit alles Dero widriges Verhängniß mit der grösten Standhafftigkeit ertragen, und ein solch Probe-Stück einer gelassenen Großmüthigkeit abgeleget, daß dergleichen wenig in denen Morgenländischen Geschichten anzutreffen.[550]

Diese traumatische Jugenderfahrung wird hier als Bewährungsprobe eines stoischen Helden erzählt, der exemplarisch die Tugenden der *constantia* und der Gelassenheit verkörpert.[551] Mithin wird auch diese traumatische Episode in das Schema der Fürstenerziehung eingepasst, das ja immer auch den didaktischen Wert leidvoller Erfahrungen hervorhob.[552]

Die zitierte Passage steht zwischen der Beschreibung der Bildungsreise des Prinzen und seiner Brautwerbung und Heirat. Allein durch ihren Umfang dominieren die galant-erotischen Verwicklungen: Während etwa der Fluchtversuch des Kronprinzen und die Hinrichtung seines Freundes auf zwei Seiten abgehandelt werden, umfassen die nach etlichen Verwicklungen glücklich endenden „Liebes-Geschäffte des Grafens von Quistons und der Gräfin Porsenness" mehr als 25 Seiten;[553] und auch die komische Episode um eine bucklige Alte, die sich vergeblich in Zaduck verliebt, ist wesentlich ausführlicher.[554]

Hier zeigt sich Zaduck als Verkörperung galanter Ideale. Selbst inkognito übt er eine anziehende Wirkung auf jedermann aus: „Der gantze Königliche Hof des grossen Omirs richtete daher einig und allein auf diesen schönen Fremdling seine Augen, doch mit dem Unterschiede, daß einige ihn liebten, andere seine herrlichen Qualitäten beneideten, alle aber zugleich seine Vollkommenheiten admirirten."[555]

Der Prinz erweckt bei seinen Zeitgenossen nicht nur Bewunderung, sondern auch erotisches Begehren; Zaduck ist nicht zuletzt Held eines galanten Romans.

---

550 Ebd., S. 82.
551 Vgl. zum Hintergrund die Beiträge in Barbara Neymeyr/Jochen Schmidt/Bernhard Zimmermann (Hrsg.): Stoizismus in der europäischen Philosophie, Literatur, Kunst und Politik. Eine Kulturgeschichte von der Antike bis zur Moderne. 2 Bände. Berlin/New York 2008.
552 Vgl. etwa Fénelon: Les Aventures de Télémaque, S. 570: „[Q]uel est l'homme qui peut gouverner sagement, s'il n'a jamais souffert et s'il n'a jamais profité des souffrances où ses fautes l'ont précipité?"
553 Vgl. Zaduck, S. 94–120
554 Vgl. ebd., S. 38–47.
555 Zaduck, S. 38.

Dabei gibt sich der Erzähler als ehemaliger Kammerdiener des Prinzen aus, der deshalb authentisches Wissen in die Schilderung mit einfließen lassen könne: „Ich hatte eben damals die Aufwartung, und kam wenig von des Printzens Seite, daher ich Gelegenheit fand, den Brief an die Printzeßin zu lesen".[556] In diesen Teilen der Erzählung weicht der anonyme Autor am deutlichsten von den realhistorischen Ereignissen ab, wenn er eine Reise des Prinzen nach Quambec (England) beschreibt, wo sich dieser in die Prinzessin Artomene verliebt:[557]

> Die schwartzen Haare, und schwartzen Augen, welche theils die lebhafften Wangen bedeckten, theils erleuchteten; der admirable und mit dem Rubin um den Vorzug streitende Mund; die Schwanen-weisse und wie ein Liebes-Tempel gebaute Brust, Summa, die gantze Gestalt, welche etwas ausnehmendes heissen konnte, war wohl mächtig genug einen Herculem zu bezaubern, und ihn zu etwas anders zu persuadiren, warum nicht auch das Hertz unsers jungen Heldens zu fesseln, der sonsten so wenig von der Liebe hielte, als der Bacchus vom Fast-Tage.[558]

Dieser topische Schönheitspreis bleibt aber ohne Folgen: Zwar tauschen die beiden Amulette und Liebesbriefe aus, die der Erzähler gesehen haben will, schließlich heiratet Zaduck doch die Prinzessin Estrine. Es weist auf die Unbekümmertheit des Erzählens hin, dass dieses Amulett eine Zeitlang eine Rolle spielt, später aber anlässlich der Übergabe eines neuen Amuletts überhaupt nicht mehr erwähnt wird.

Der junge Zaduck wird als Verkörperung aller Tugenden und Fähigkeiten dargestellt: „Unser Cron-Printz wuchs täglich an seinem Ansehen, und admirirte jedermann die Grösse seines Verstandes, daß alle Vornehmen mit ihrer Dienstgeflissenheit sich um die Wette bemüheten, ihnen aufzuwarten."[559] Er benimmt sich tadellos, singt „einen unvergleichlichen Tenor";[560] darüber hinaus zeichnet er sich (wie Télémaque, der Antiope vor einem Eber rettet) auch bei einem „Thier-Gefechte" aus, „in welchem unser Cron-Printz einen grossen Löwen mit der Lantze geschicklich erlegte."[561]

---

556 Ebd., S. 32.
557 Vgl. Freudenreich: Zwischen Loen und Gellert, S. 122f.: „[I]n Zaducks Cavalierstour lassen sich neben fingierten Ereignissen (Friedrich II war nicht in Wien und England), Verarbeitungen von überlieferten Tatsachen erkennen: Zaducks Liebesepisode mit der Prinzessin von Quambec (England) hat eine faktische Parallele im Plander [!] Mutter Friedrichs, ihn und seine Schwester Wilhelmine mit dem verwandten englischen Königshaus zu verheiraten."
558 Zaduck, S. 27.
559 Ebd., S. 35.
560 Ebd., S. 104.
561 Ebd., S. 106.

3.9.2.2.4 *Zaduck* als politischer Roman

Der erste Teil des Romans beschreibt also keine planmäßige Erziehung; der Kronprinz Zaduck besitzt zwar herausragende Eigenschaften, diese entsprechen aber eher seiner Rolle als dass sie erworben würden. Es stellt sich zudem die Frage, ob der Text überhaupt ein politisches Programm entwickelt, das über die Beschreibung aktueller Ereignisse hinausgeht.

Grundlegend ist die Idealisierung der Herrscherfiguren.[562] Einen symptomatischen Einblick in dieses Erzählverfahren bietet etwa die Beschreibung des Todes des großen Omir: „[D]ie gantze Bürgerschafft, welche den nunmehro vergötterten Geist ihres Monarchen aus dem lichten Throne der Ewigkeit nicht wieder zurück rufen konte, fieng an, ihre neuaufgehende Sonne mit ihrer Treue und Respecte anzubeten."[563] In diesen Zusammenhang gehören auch die zahlreichen Beschreibungen höfischer Feste und Feuerwerke, prunkvoller Trauerzüge und militärischer Triumphe. Hier dient die Erzählung dazu, die absolutistische Herrschaft zu glorifizieren und sämtliche Potentaten aufgrund ihrer Position zu feiern. Es geht also nicht darum, von der Einrichtung und Verbesserung des Staates zu erzählen, sondern um den rhetorisch gewandten Lobpreis der Eliten.

Lediglich einige Sätze über die eher kursorisch behandelten Reformen Zaduck Zambuls weisen eine gewisse Nähe zum politischen Roman auf: Mit wenigen Sätzen wird seine merkantilistische Wirtschaftspolitik beschrieben, die dem Staat Mauritanien zur Blüte verholfen habe.[564] Derartige Äußerungen über die innere Entwicklung eines Staates sind allerdings sehr rar gesät; ein Echo findet sich in den Klagen über die Kriegsverwüstungen:

> Wobey nichts mehr zu bedauren, als die vortrefflichsten Palläste, und Paradieß-ähnlichen Gärten, welche einer gäntzlichen Verwüstung herhalten mußten. Doch bey solchen Umständen fraget man nicht nach Schönheit, obgleich mehr als eine Million verlohren gehet, genug, wenn nur das gemeine Interesse dadurch befördert werden kan.[565]

Hier wird die Grundspannung deutlich, die konstitutiv für den Text ist: Zwar lässt die preußenfreundliche Perspektive keinen Zweifel an der Legitimität von Fried-

---

562 Vgl. Freudenreich: Zwischen Loen und Gellert, S. 150: „Fiktion ist ihm [dem Erzähler] Mittel der huldigend-idealisierenden Herrscherdarstellung."
563 Zaduck, S. 122.
564 Vgl. ebd., S. 18: „Das Commercium betreffend, so ordnete dieser vortreffliche Monarch aller Orten Manufacturen und Fabriquen, und weil dieses Land einen gantz besondern Segen von der herrlichen Wolle, so durffte bey Straffe des Todes nichts aus dem Lande versendet, sondern mußte alle in selbigem consumiret werden, dadurch das Königreich zu solchen herrlichen Lacken und Tüchern kam, daß dadurch jährlich mehr als eine Million an Revenüen ins Land einging."
565 Ebd., S. 131.

richs Eroberungsfeldzug, zugleich jedoch mischen sich Gegenstimmen ein. Worin denn das beschworene „gemeine Interesse" bestehe, wird nämlich an keiner Stelle deutlich: Die Elemente der Romanhandlung widersprechen der ausgestellten absolutistischen Ideologie. Ganz im Gegensatz zur Romanliteratur und Publizistik der Zeit, die durchweg betont, der König sei für seine Untertanen da, im Widerspruch auch zum *Anti-Machiavel* des historischen Friedrich,[566] erscheinen die Untertanen in der *Asiatischen Helden-Geschichte* wie im Roman des 17. Jahrhunderts als beliebige Verfügungsmasse ihrer von Gott eingesetzten Monarchen, ohne dass der Text einen Zweifel an der Legitimität dieser Ordnung artikulieren würde: Die „göttliche Providentz aber, welche über gecrönte Häupter wachet",[567] lässt keine Kritik zu.

Eine derartige Konstruktion wird aber dann brüchig, wenn – wie im vorliegenden Fall – der Blick geweitet wird. Bereits die Erwähnung des Leids, das die Kriegszüge der Großen verursachten, bietet eine Gegenperspektive und impliziert (wohl ungewollt) Kritik an den bestehenden Verhältnissen: *Zaduck* steht quer zu der mit großer Vehemenz vorgebrachten Forderung nach einer humanen Politik. Mit bemerkenswerter Deutlichkeit richtet der Text den Fokus auf das Leid, das der Krieg besonders unter der Zivilbevölkerung verursache. Bei der Belagerung der „Haupt-Festung von Bolduc" (Prag) kommt es zu zahlreichen Todesopfern: „Viele 1000 Innwohner starben vor Hunger, viel 1000 vor Eckel."[568] Auch unter der Eroberung Münchens leiden seine „unschuldigen Einwohner":

> Unterdessen war das Elend der unschuldigen Einwohner immer grösser, als welche ohne höchste Lebens-Gefahr ihren Geschäfften nicht nachgehen konten; massen von den crepirten Bomben bald einem der Kopff, bald Arm und Bein abgerissen, auch wol nicht selten mancher gar elendiglich zerschmettert wurde.[569]

Mit einem gewissen Fatalismus, der typisch für die Erzählhaltung des Textes ist, rechnet der Erzähler mit einem langen Andauern des Konfliktes, der sich in kurzer Zeit auf nahezu die gesamte europäische Staatenwelt ausgedehnt hat. Die propreußische Perspektive zeigt sich unter anderem daran, dass für eine möglich scheinende längere Kriegsdauer die Kompensationsgelüste der Königin Cardanes verantwortlich gemacht werden, so dass Zaduck entschuldigt wird.

---

566 In Friedrichs *Anti-Machiavel* wendet sich ja der junge Kronprinz explizit gegen ungerechte Eroberungskriege und hebt hervor, der König sei für sein Volk da und nicht umgekehrt. Vgl. [Friedrich II.:] Anti-Machiavel. Édition critique par Werner Bahner et Helga Bergmann. Oxford 1996 (Les Œuvres complètes de Voltaire. Bd. 19), S. 119 f.
567 Zaduck, S. 184.
568 Ebd., S. 141.
569 Ebd., S. 203.

Der Friedenswunsch, den der Roman artikuliert, geht also einher mit einer pro-preußischen Wertung:⁵⁷⁰

> Gantz Asien wünschet solches herzlich, und selbst die kriegenden Machten sind in *Thesi* gantz einig, daß der Friede ernähre, nur will keine etwas zu dessen Erwerbung beytragen, weil der Säbel, ob er gleich genug getobet, doch bis dato noch keinen Theil so geschwächet, daß sich derselbe genöthiget sehe, Gesetze von dem andern anzunehmen, und etwas fußfälligst von ihm auszubitten. Die Königin von Numidien kan ihr schönes Sylvien nicht dergestalt vergessen, daß sie für dessen Verlust nicht eine andere Gegen-Vergeltung suchen solte. Will man nun hier die Staats-Frage entscheiden, wer diese geben soll, so antwortet das ganze Chor, niemand, weil es weder das Natur- noch Völcker-Recht gestattet, seine Verluste an seinem unschuldigen Nachbar zu erholen. Wolte man seine Augen auf den König von Mauritanien richten, so schützet derselbe das *uti possidetis* vor, weil ers *ex jure belli* exerciret, und mit seinem Schwerdte dasjenige gewonnen, was würcklich seine war, die großmüthige Königin von Numidien aber aus einer unrichtigen Information für das Ihrige gehalten.⁵⁷¹

Die *Heldengeschichte* benennt einerseits deutlich „Unruhe und Hertzeleid" als Folgen des Krieges,⁵⁷² gibt aber andererseits die glorifizierende Perspektive nicht auf. So entsteht eine kaum zu überbrückende Distanz zwischen der Feier idealer Herrscher und der Beschreibung einer alles andere als idealen, von diesen Herrschern geprägten Realität. Darüber hinaus führt die gebotene Ehrfurcht vor *allen* gekrönten Häuptern zu einer gewissen Beliebigkeit in der Wertung – bzw. lässt die erkennbare Sympathie für Zaduck/Friedrich als unbegründet erscheinen. Während Loens *Redlicher Mann am Hofe* im Jahr des preußischen Überfalls auf Schlesien in Anschluss an die entsprechenden Mahnungen in Fénelons *Télémaque* einen europäischen Friedensplan propagierte, feiert die *Asiatische Liebes- und Heldengeschichte* den militärischen Ruhm der Monarchen und schildert zugleich drastisch, wie Soldaten „zur Fricassee trenchiret" werden.⁵⁷³

Gerade diese Brüche erlauben jedoch aufschlussreiche Einblicke in die narrative Verarbeitung der Politik der europäischen Mächte. Resignierte und pane-

---

570 Vgl. auch die ähnliche Schlusswendung in [Fassmann:] Merckwürdigster Regierungs-Antritt, S. 264: „Weil wir aber auch Ursache haben, Sr. Majestät dem König von Preussen, und der Königin Maria von Ungarn und Böhmen, alles Gute zu wünschen und zu gönnen; so gebe Gott, daß sich der zwischen Ihnen entstandene Krieg durch gütliche Mittel und Wege, zu beyder *Puissancen* Vergnügen und *Satisfaction*, ja zum Besten und zur Wohlfahrt von gantz Europa bald endigen möge, auch die übrigen bedrohlichen und gefährlichen *Aspecten*, die des letzt-verstorbenen Kaysers Tod verursachet, ehestens wieder ein besseres Ansehen bekommen, dessen sich Europa, ja die gantze Christenheit, zu erfreuen habe!"
571 Zaduck, S. 238f.
572 Ebd., S. 240. Vgl. zur Darstellung des Krieges Freudenreich: Zwischen Loen und Gellert, S. 215.
573 Zaduck, S. 202.

gyrische Töne wechseln sich ab, ohne dass eine klare Stoßrichtung des Textes erkennbar wäre. Politisches Erzählen ist im Falle des *Zaduck* kein Lobpreis aufgeklärter Erziehung, sondern eine in ihren Wertungen inkonsistent verfahrende Verschlüsselung zeithistorischer Ereignisse im Rückgriff auf Verfahren des galanten Romans. Während Loen und Ethophilus in unterschiedlicher Weise didaktische Maximen aus der Romanhandlung ableiteten, verharrt die offenkundig aus rein kommerziellen Gründen entstandene *Asiatische Liebes- und Heldengeschichte* in ratloser Distanz zu den geschilderten Ereignissen. Friedrich II. ist hier gerade kein Heros der Aufklärung, sondern ein galanter Kavalier, dessen politisches und militärisches Handeln den Maximen der Staatsraison verpflichtet ist. Dass damit die von Friedrich selbst reflektierte Trennung des Philosophen vom Politiker spannungsreich nachvollzogen wurde,[574] ist ein bezeichnender Bedeutungsüberschuss des ungelenken Textes.

---

[574] Vgl. Johannes Kunisch: Friedrich der Große. Der König und seine Zeit. Sonderausgabe. 2. Auflage. München 2012, S. 131.

4 Der politische Roman der hohen Aufklärung

4.1 Roman, Politik, Aufklärung. Ein Aufriss

Um 1770 erlebte die Gattung des politischen Romans in der deutschsprachigen Literatur eine wahre Blüte. Während es lange gedauert hatte, ehe mit Loens *Redlichem Mann am Hofe* ein erster Text in expliziter Nachfolge des *Télémaque* publiziert worden war, erschienen ab etwa 1760 in rascher Folge unter anderem Justis *Psammitichus*, Hallers *Romantrias* und Wielands *Goldner Spiegel*. Dass es also mit gewisser Verspätung zu einem Neuansatz in der Adaption und produktiven Transformation des Fénelon'schen Modells kam, dürfte sowohl auf literarhistorische und poetologische Ausdifferenzierungen als auch auf realhistorische Ereignisse und politiktheoriegeschichtliche Entwicklungen in der Jahrhundertmitte zurückzuführen sein. Dabei lässt sich von vornherein eine Verschiebung zwischen Theorie und Praxis beobachten: Denn obwohl der aufgeklärte Absolutismus auf dem Höhepunkt seines Ansehens stand, galt der politische Roman, der diese Herrschaftsform propagiert, angesichts des empfindsamen Romans zunehmend als unmodern.

Während Loen versuchte, den politischen Roman zu einem ‚Totalroman' auszuweiten, lässt sich nun gerade eine Spezialisierung beobachten: Die Romane von Justi, Wieland und Haller stellen explizit Staatstheorie und ihre Umsetzung zum Wohle aller in den Mittelpunkt und integrieren ausführlich aktuelle staatswissenschaftliche Wissensbestände in die modellhaften Romanhandlungen. Die Binnendifferenzierung der Romanliteratur, die anhand der politischen Romane auch theoretisch reflektiert wird, lässt sich aber nicht nur anhand der einschlägigen Vorreden und Rezensionen nachvollziehen, sondern ebenso in den Werken selbst. So verhandelt Christoph Martin Wielands *Geschichte des Agathon* (1767/68), laut Lessing „der erste und einzige Roman für den denkenden Kopf",[1] das Spannungsverhältnis zwischen dem Erzählen einer Individualgeschichte und einem politischen Roman. Zwar geht es in den Büchern 9 und 10 um die politische Tätigkeit des Protagonisten am Hof von Syrakus, der Erzähler erklärt allerdings, ein genauerer Blick auf seine Reformbemühungen „gehör[e] nicht zu dem Plan des gegenwärtigen Werkes".[2] Diese Akzentverschiebung bedeutet nicht einfach

---

[1] Gotthold Ephraim Lessing: Hamburgische Dramaturgie. In: Ders.: Werke und Briefe in 12 Bänden. Hrsg. von Wilfried Barner u. a. Bd. 6: Werke 1767–1769. Hrsg. von Klaus Bohnen. Frankfurt am Main 1985, S. 181–694, hier S. 531 (69 Stück, 29.12.1767).
[2] Christoph Martin Wieland: Geschichte des Agathon. Hrsg. von Klaus Manger. Frankfurt am Main 1986, S. 449.

die „Dekonstruktion" des Staatsromans,³ sondern ist vielmehr als Verweis auf ein ausgeprägtes Genrebewusstsein zu verstehen: Im Kontext des *Agathon* ist staatstheoretisches Wissen überflüssig, weil es dort auf die Entwicklung des platonischen Schwärmers ankommt, in anderen Texten aber, die in erster Linie der konkreten Wissensvermittlung dienen, hat es sehr wohl seinen Platz.

Das dort entfaltete politische Wissen ist wesentlich komplexer als etwa die in Loens *Redlichem Mann* enthaltenen Maßregeln, die mit ‚aufgeklärter' politischer Theorie nur wenig gemein haben.⁴ Diese Komplexitätssteigerung verweist auf die Dynamiken in der politischen Theoriebildung, die um die Jahrhundertmitte neue Impulse gewinnt. Nicht zuletzt geht es nun um die Theoretisierung des aufgeklärten Absolutismus bzw. um das Erzählen von idealer absolutistisch-aufgeklärter Staatsorganisation. Aufgeklärte politische Theorie wird nun zum Gegenstand des Romans; dabei erzählen die einschlägigen Texte immer auch von den Möglichkeiten, Aufklärung zu realisieren und werden damit zunehmend zu Metareflexionen der Aufklärung, also zu Erzählungen über gelingende und misslingende Aufklärungsprozesse. Zeitgleich mit der Formierung der modernen Staatswissenschaften entwickelt der politische Roman der Aufklärung spezifische Erzählstrategien, um das komplexe Wechselverhältnis von Theorie, historischen Prozessen und ästhetischer Überformung zu bewältigen.

Diese Konzentration auf explizite Didaxe führt aber wiederum dazu, dass die Gattung des politischen Romans angesichts neuer poetologischer und anthropologischer Vorstellungen legitimationsbedürftig wird.⁵ Als Orte von Rechtferti-

---

3 So Helge Jordheim: Der Staatsroman im Werk Wielands und Jean Pauls. Gattungsverhandlungen zwischen Poetologie und Politik. Tübingen 2007 (Communicatio. Bd. 38), S. 97–146; vgl. zu dieser die Thesen von Koselleck zurückprojizierenden Interpretationstechnik auch Walter Erhart: Entzweiung und Selbstaufklärung. Christoph Martin Wielands „Agathon"-Projekt. Tübingen 1991 (Studien zur deutschen Literatur. Bd. 115), S. 153: „Als sich die Einheit von Ethik und Politik aufzulösen droht und die moralisch-bürgerlichen Motivationen sich als nicht fähig erweisen, die höfischen Strukturen zu durchbrechen, folgt Agathon schließlich dem später von Reinhart Koselleck beschriebenen Vorgang der Usurpation aristokratischer Macht durch die aus ihrem Arkanbereich heraustretende bürgerliche Moral."
4 Vgl. aber Peter-André Alt: Aufklärung. Stuttgart 1996 (Lehrbuch Germanistik), S. 289, der Loens *Redlichen Mann am Hofe* als „[p]aradigmatisches Muster des aufgeklärten Staatsromans" auffasst.
5 Vgl. etwa Hans-Jürgen Schings: Der anthropologische Roman. Seine Entstehung und Krise im Zeitalter der Spätaufklärung. In: Bernhard Fabian/Wilhelm Schmidt-Biggemann/Rudolf Vierhaus (Hrsg.): Deutschlands kulturelle Entfaltung. Die Neubestimmung des Menschen. München 1980 (Studien zum achtzehnten Jahrhundert. Bd. 2/3), S. 247–275; Jutta Heinz: Wissen vom Menschen und Erzählen vom Einzelfall. Untersuchungen zum anthropologischen Roman der Spätaufklärung. Berlin/New York 1996 (Quellen und Forschungen zur Literatur- und Kulturgeschichte. Bd. 6).

gungen und Erklärungen dienen zunächst die Paratexte der Romane, also etwa Vorreden, aber auch Rezensionen und Erwiderungen, und schließlich auch die Romane selbst, die – wie etwa Wielands hochgradig autoreflexiver *Goldner Spiegel*, aber auch Hallers *Usong* – einen impliziten Diskurs über den Nutzen didaktischer Kunstformen enthalten.

Zeitgleich mit der Blüte politischen Erzählens beginnt also seine entschiedene Problematisierung. Es lässt sich also für die Jahre um 1770 ein Umschlagspunkt konstatieren: Die qualitative und quantitative Blüte politischen Erzählens führt gerade nicht zur Kanonisierung der einschlägigen Romane, sondern teilweise geradezu zu ihrer Diskreditierung, ehe die Gattung im Umkreis der Französischen Revolution wieder einen ungeahnten Aufschwung erleben wird.[6]

Die folgenden Ausführungen umreißen zunächst den historischen und theoriegeschichtlichen Ort, in dem die Romane zu situieren sind, um dann zu profilieren, welche Position die ‚schöne' Literatur in diesem Kontext einnimmt. Auf dieser Basis erfolgt die Interpretation der Romane von Justi, Basedow, Haller, Wieland und Behrisch, die ein besonderes Augenmerk auf ihre politisch-literarischen Systematisierungstendenzen legt. Abschließend gilt das Augenmerk den zeitgenössischen Reflexionen über den politischen Roman, die versuchen, ihm einen Platz in einem dynamischer gewordenen Gattungsgefüge zuzuweisen.

*

Die überwiegende Zahl politischer Romane stellt Formen der Alleinherrschaft ins Zentrum. Den Autoren und dem Lesepublikum im deutschen Sprachraum stand allerdings eine ganze Bandbreite von Herrschaftsformen vor Augen, von den aristokratischen Republiken in der Schweiz über die mehr oder weniger reformorientiert, zumeist unter starker Partizipation ständischer Elemente regierten deutschen Kleinstaaten bis hin zu den österreichischen Erblanden und Preußen. Nicht zuletzt galt nach wie vor das Frankreich des Ancien Régime als zumeist abschreckendes Beispiel,[7] während die englische Mischverfassung zunehmend idealisiert wurde.[8]

---

6 Vgl. dazu Kapitel 5 dieser Arbeit.
7 Vgl. exemplarisch Hans-Jürgen Lüsebrink: Faszinationshorizont und Feindbildfigur. Ludwig XIV. und sein Zeitalter in Almanachen und Pamphleten des deutschen Sprach- und Kulturraums (1700–1815). In: Jean Schillinger (Hrsg.): Louis XIV et le Grand Siècle dans la culture allemande après 1715. Nancy 2012, S. 33–52.
8 Vgl. Hans-Christof Kraus: Englische Verfassung und politisches Denken im Ancien Régime 1689 bis 1789. München 2006 (Veröffentlichungen des Deutschen Historischen Instituts London. Bd. 60).

Mithin war der (aufgeklärte) Absolutismus nur eine Möglichkeit unter vielen.[9] Dass die Literatur zumeist Partei für den starken Alleinherrscher ergreift, mag mit außerliterarischen Faktoren zusammenhängen. Schließlich strebten viele der Autoren Positionen in Diensten von Monarchen an, sei es als Verwaltungsfachleute, Professoren oder als Prinzenerzieher: „Die entscheidende gesellschaftliche Grundlage der deutschen Aufklärung war also ihre Staatsnähe."[10] Doch lässt sich das nicht auf reinen Opportunismus reduzieren, galt doch vielen Denkern der Aufklärung der Absolutismus als besonders geeignet, Neuerungen im Zeichen des allgemeinen Fortschritts durchzusetzen. Die Realität konnte ihnen zumindest temporär rechtgeben: So führte die deutsche Zersplitterung ja gerade dazu, dass Reformen zuweilen schneller und effektiver durchgeführt werden konnten, als in Großstaaten. Hinzu kam vielfach eine genuine Faszination für ‚moderne' Herrscherpersönlichkeiten, die sich selbst als Agenten der Aufklärung betrachteten, wie z. B. Friedrich II. von Preußen (König seit 1740) oder Joseph II. von Österreich, der seit 1765 als Mitregent seiner Mutter Maria Theresia amtierte.[11]

Die Allianz von Aufklärung und monarchischer Macht, unbeschadet von aller (im Detail durchaus heftigen) Kritik, ist zwar primär ein theoretisches Konstrukt, ihre praktischen lebensweltlichen Auswirkungen in Staatsverwaltung und Justiz

---

9 Vgl. Diethelm Klippel: Politische Theorien im Deutschland des 18. Jahrhunderts. In: Rudolf Vierhaus (Hrsg.): Aufklärung als Prozeß. Hamburg 1987 (Aufklärung 2, H. 2), S. 57–88; Merio Scattola: Die politische Theorie in Deutschland zur Zeit des aufgeklärten Absolutismus. In: Helwig Schmidt-Glintzer (Hrsg.): Fördern und Bewahren. Studien zur europäischen Kulturgeschichte der frühen Neuzeit. Festschrift anläßlich des zehnjährigen Bestehens der Dr.-Günther-Findel-Stiftung zur Förderung der Wissenschaften. Wiesbaden 1996 (Wolfenbütteler Forschungen. Bd. 70), S. 119–133.
10 Hans Erich Bödeker: Prozesse und Strukturen politischer Bewußtseinsbildung der deutschen Aufklärung. In: Hans Erich Bödeker/Ulrich Hermann (Hrsg.): Aufklärung als Politisierung – Politisierung der Aufklärung. Hamburg 1987 (Studien zum achtzehnten Jahrhundert. Bd. 8), S. 10–31, hier S. 10.
11 Vgl. einführend zum Friedrich-Kult Katrin Kohl: Hero or villain? The Response of German Authors to Frederick the Great. In: Publications of the English Goethe Society 81 (2012), S. 51–72; zur Wahrnehmung Josephs II. vgl. die Arbeiten von Derek Beales: Joseph II. und der Josephinismus. In: Helmut Reinalter/Harm Klueting (Hrsg.): Der aufgeklärte Absolutismus im europäischen Vergleich. Wien/Köln/Weimar 2002, S. 35–54; Helmut Reinalter: Aufgeklärter Absolutismus und Josephinismus. In: Ders. (Hrsg.): Der Josephinismus. Bedeutung, Einflüsse und Wirkungen. Frankfurt am Main u. a. 1993 (Schriften der Internationalen Forschungsstelle „Demokratische Bewegungen in Mitteleuropa 1770–1850. Bd. 9), S. 11–21; Erich Zöllner: Bemerkungen zum Problem der Beziehungen zwischen Aufklärung und Josefinismus. In: Helmut Reinalter (Hrsg.): Der Josephinismus. Bedeutung, Einflüsse und Wirkungen. Frankfurt am Main u. a. 1993 (Schriften der Internationalen Forschungsstelle „Demokratische Bewegungen in Mitteleuropa 1770–1850. Bd. 9), S. 22–38.

sollten aber nicht unterschätzt werden.¹² Auch wenn in der Geschichtswissenschaft nach wie vor Uneinigkeit darüber besteht, ob es so etwas wie den aufgeklärten Absolutismus tatsächlich gegeben hat,¹³ kann doch kein Zweifel daran bestehen, dass im politischen Denken wie auch im literarischen Diskurs des 18. Jahrhunderts programmatisch versucht wurde, monarchische Staatstheorie und Aufklärungsphilosophie zusammenzubringen.¹⁴ Die inhärenten Widersprüche – so insbesondere die immer wieder konstatierte „Tendenz zur Selbstaufhebung",¹⁵ die einem wirklich aufgeklärten Absolutismus innewohnen müsse –, die

---

12 Sie schlägt sich exemplarisch in den Universitäten nieder. Vgl. Axel Rüdiger: Staatslehre und Staatsbildung. Die Staatswissenschaft an der Universität Halle im 18. Jahrhundert. Tübingen 2005 (Hallesche Beiträge zur europäischen Aufklärung. Bd. 15).
13 Vgl. den Überblick von Helmut Reinalter: Der Aufgeklärte Absolutismus – Geschichte und Perspektiven der Forschung. In: Helmut Reinalter/Harm Klueting (Hrsg.): Der aufgeklärte Absolutismus im europäischen Vergleich. Wien/Köln/Weimar 2002, S. 11–19. – Vgl. aber Günter Birtsch: Aufgeklärter Absolutismus oder Reformabsolutismus? In: Ders. (Hrsg.): Reformabsolutismus im Vergleich. Hamburg 1996 (Aufklärung 9, 1), S. 101–109, der betont (ebd., S. 108): „Administration und rechtspolitische Modernisierungsansätze dienten in erster Linie der Effizienz der Staatsverwaltung, der Hebung der Wirtschafts- und Steuerkraft und mit der Verbesserung des Wohlstandes und der Rechtsverhältnisse der Förderung der Loyalität der Untertanenschaft. All diese Reformen galten immer auch der Festigung und der Machtentfaltung der absolutistischen Staatsverfassung. Gewiß hatte die geistige Bewegung der Aufklärung einen erheblichen Einfluß auf Bildung und Selbstverständnis der aufgeklärten Monarchen und ihrer Bürokratie, aber allenthalben standen Herrscher und ihre Staatsdiener in der Kontinuität ihrer Vorgänger und knüpften an deren Reformtätigkeiten an; und die von der Aufklärung ausgehenden Impulse wurden überall durch institutionelle und soziale Rahmenbedingungen und mit diesen einhergehenden Werthaltungen gebrochen."
14 Vgl. Werner Schneiders: Die Philosophie des aufgeklärten Absolutismus. Zum Verhältnis von Philosophie und Politik, nicht nur im 18. Jahrhundert. In: Hans Erich Bödeker/Ulrich Hermann (Hrsg.): Aufklärung als Politisierung – Politisierung der Aufklärung. Hamburg 1987 (Studien zum achtzehnten Jahrhundert. Bd. 8), S. 32–52, hier S. 32: „Als historischer Begriff meint er [aufgeklärter Absolutismus, C. M.] die Verknüpfung einer bestimmten Betonung herrschaftlicher Machtansprüche mit einer bestimmten Betonung der Rationalität dieser Macht oder Herrschaft: die oberste Souveränität ist tendenziell der Ausdruck der allgemeinen Vernunft, auf die sie sich gründet, nach der sie sich richtet und die sie durchzusetzen versucht – jedenfalls ist das ihr Anspruch bzw. ihre Rechtfertigung. In diesem Sinne läßt sich feststellen, daß es, besonders im deutschen Sprachraum und vor allem in der ersten Hälfte des 18. Jahrhunderts, eine weitverbreitete politische Theorie gegeben hat, die sich, ebenfalls ihrem Selbstverständnis gemäß, als programmatische Philosophie des aufgeklärten Absolutismus charakterisieren läßt."
15 Ebd., S. 49. – Vgl. auch die weitreichenden Thesen von Karl Ottmar Freiherr von Aretin: Einleitung. Der Aufgeklärte Absolutismus als europäisches Problem. In: Ders. (Hrsg.): Der Aufgeklärte Absolutismus. Köln 1974, S. 11–51, hier S. 43: „Aufklärung und Absolutismus schließen sich in letzter Konsequenz aus. Das Bündnis zwischen beiden war daher ein Bündnis auf Zeit, das so nur in einer bestimmten Situation möglich war. Der Aufgeklärte Absolutismus trug daher im

insbesondere seit den 1960er Jahren konstatiert wurden,[16] wogen für die Zeitgenossen der Jahrhundertmitte jedenfalls geringer als für die Wissenschaft des 20. Jahrhunderts.[17]

Sowohl von Seiten vieler Herrscher wie auch vieler Gelehrter gingen zahlreiche Aktivitäten aus, um politische Reformen im Sinne der Aufklärung anzustoßen und durchzuführen. Dass es dabei naturgemäß zu unterschiedlichen Schwerpunkten kam, verdeutlicht der Fall von Christian Wolff. In seiner Abhandlung *Von den Regenten, die sich der Weltweisheit befleissigen, und von den Weltweisen, die das Regiment führen* (lateinisch 1730, deutsch 1740) hatte er für ein modifiziertes Philosophenkönigtum plädiert.[18] Unter der Prämisse, dass die Philosophie in der Lage sei, Wahrheiten zu deduzieren, entwickelt er ein Konzept der „Politik als regelrecht angewandte Fundamentalphilosophie oder Fundamentalwissenschaft".[19] Zur optimalen Einrichtung und Verwaltung eines Staatswesens sei die philosophische Durchdringung der damit verbundenen Problemstellungen „höchst nöthig und nützlich":[20]

Gegensatz zum Absolutismus und zur konstitutionellen Monarchie den Keim der Überwindung in sich. Dieser Widerspruch ist in allen seinen Handlungen sichtbar." Vgl. die plausible Modifikation von Barbara Stollberg-Rilinger: Der Staat als Maschine. Zur politischen Metaphorik des absoluten Fürstenstaats. Berlin 1986 (Historische Forschungen. Bd. 30), S. 17: „Weder an den sogenannten ‚Ideen von 1789' noch auch an den ‚Humanitätsidealen' der Goethezeit, also an den jeweils besonders gepflegten nationalen Traditionen, sollte gemessen werden, was das spezifisch Aufgeklärte am aufgeklärten Absolutismus ist, sondern am Selbstverständnis der betreffenden Monarchen, aber auch an dem politischen Horizont ihrer bürgerlichen Zeitgenossen."

16 Vgl. Andreas Gestrich: Die Grenzen des Aufgeklärten Absolutismus. In: Helmut Reinalter/ Harm Klueting (Hrsg.): Der aufgeklärte Absolutismus im europäischen Vergleich. Wien/Köln/ Weimar 2002, S. 275–289, hier S. 287: Die Forschung habe „nach inkonsequenter, scheinheiliger oder nur partieller Aneignung der Aufklärung durch die aufgeklärt-absolutistischen Fürsten" gefragt.

17 Vgl. ebd., S. 286.

18 Vgl. Christian Wolff: Von den Regenten, die sich der Weltweisheit befleissigen, und von den Weltweisen, die das Regiment führen. In: Ders.: Kleine philosophische Schriften. Bd. 6. Halle 1740, S. 529–662. Wolff beruft sich zwar auf Platon (vgl. ebd., S. 529, § 1), insistiert aber, dass sein Philosophieren auf konkrete Wirkungen dränge; deshalb seien immer wieder historische Beispiele integriert. Vgl. ebd., S. 579, § 7: „Dennoch beruffe mich deswegen auf ein Beyspiel, damit es nicht das Ansehen habe, als lehrete ich etwas, welches von der Ausübung abgienge, und welches nur unter die Platonischen Begriffe zu rechnen, und mit dem Sonnenreich zu verwerffen seye." Vgl. ebd., S. 531 f., § 2.

19 Schneiders: Die Philosophie des aufgeklärten Absolutismus, S. 40.

20 Ebd., S. 575. – Wolff beruft sich immer wieder auf China, wo er (trotz gewisser Einschränkungen, die auf die Eigenart der chinesischen Philosophie zurückzuführen seien) eine dem Ideal nahekommende Organisation des Staates erblickt. Vgl. Wolff: Von den Regenten, die sich der Weltweisheit befleissigen, S. 529 f., § 1.

Denn wer einen einen Staat wohl verstehen will, der darff dasjenige nicht nach seinem Belieben vornehmen, was um des gemeinen Wesens willen geschehen soll; sondern bey allen seinen Handlungen muß dieses sein vornehmstes Gesez seyn, daß er nichts vornehme, als was zur Beförderung des allgemeinen Bestens, und zur Erhaltung der öffentlichen Sicherheit und Ruhe gereichet.[21]

Wolff möchte „durch Schlüsse beweisen, daß ein gemeines Wesen glückseelig seye, wenn entweder Weltweise das Regiment darinnen führen, oder die Regenten sich der Weltweisheit befleisigen."[22]

Glückselig ist für Wolff ein Gemeinwesen, „welches mit vereinigten Kräfften das gemeine Beste befördert, und sich wider die feindlichen Anfälle anderer vertheidigen kan."[23] Nur der philosophisch versierte Herrscher sei in der Lage, einen auf Vernunftgründen basierenden Staat zu regieren: Wissen ist die Bedingung für aufgeklärte Herrschaft.[24]

Diese Annahme findet sich ähnlich in den staatstheoretischen Äußerungen Friedrichs II., der in einem Brief an Wolff selbst die Affinität zwischen Philosophie und Staatskunst hervorhob: „C'est aux philosophes à être les précepteurs de l'univers et les maîtres des princes. Ils doivent penser conséquemment, et c'est à nous de faire des actions conséquentes. Ils doivent instruire le monde par le raisonnement, et nous, par l'exemple. Ils doivent découvrir, et nous, pratiquer."[25] Dabei geht es bezeichnenderweise nicht um Philosophie als Tugendlehre, sondern um die Denkmethode Wolffs, an dessen Rationalismus sich auch die Fürsten orientieren sollten. In seinem *Testament politique* von 1752 beschreibt Friedrich II. dann ein nach rationalen Maßgaben eingerichtetes Staatswesen, das völlig auf den Willen des Herrschers zugeschnitten ist:

> Il faut qu'un gouvernement bien conduit ait un système aussi lié que peut l'être un système de philosophie, que toutes les mesures prises soient bien raisonnées, et que les finances, la politique et le militaire concourent à un même but, qui est l'affermissement de l'État et l'accroissement de sa puissance. Or, un système ne peut émaner que d'une tête; donc il faut qu'il parte de celle du souverain.[26]

---

21 Ebd. (§ 7).
22 Ebd., S. 531 (§ 2).
23 Ebd., S. 532 (§ 2).
24 Vgl. Schneiders: Die Philosophie des aufgeklärten Absolutismus, S. 41: „Wolff bindet wahre Politik unmittelbar [...] an wahres Wissen, weil richtiges Handeln nur aus richtiger Prinzipienerkenntnis folgen kann. Politik ist praktizierte Logik oder vielmehr praktizierte Metaphysik."
25 Friedrich II.: Brief an Christian Wolff, 23.5.1740. In: Œuvres de Frédéric le Grand. Bd. 16. Berlin 1850, S. 179.
26 Friedrich II.: Testament Politique (1752). In: Die politischen Testamente Friedrich's des Großen. Redigirt von Pof. Dr. Gustav Berthold Volz. Berlin 1920, S. 1–109, hier S. 38

Kaum zufällig setzt der preußische König hier die effektive Regierung in Analogie zu Konzeptionen der Philosophie. Beide können – so die dahinterstehende Annahme – nur dann erfolgreich sein, wenn ein klares Ziel vorhanden ist, dem die Aktionen untergeordnet sind. In diesem Zusammenhang erscheint auch die viel zitierte und oftmals missverstandene Aussage, der Herrscher sei „le premier serviteur de l'État" in einem anderen Licht.[27] Sie zielt gerade nicht auf Einschränkung des Herrschers, sondern leitet aus der Pflichterfüllung den Anspruch auf völlige Kontrolle ab: „Als aufgeklärter Mann nutzt er die ihm zu Gebote stehende absolute Gewalt zur Reform der staatlichen Verhältnisse, im Sinne der Aufklärung zum Wohle der Untertanen, auch gegen ihren unaufgeklärten Willen."[28]

In dieser Konstellation sind die Partizipationsmöglichkeiten der Untertanen stark limitiert. Im älteren Naturrecht „kann gerade die Kategorie des Vertrages dazu dienen, einen radikalen Absolutismus zu begründen".[29] Dabei bewirkt die eudaimonistische Komponente keine „Stärkung der Position des Individuums gegenüber der Allmacht des Staats".[30] Ganz im Gegenteil führt die

> Glückseligkeit als einer der Schlüsselbegriffe des aufgeklärten Absolutismus [...] zu einer noch konsequenteren Ausdehnung obrigkeitlicher Tätigkeit, da Glückseligkeit als Staats-

---

27 Ebd. – Vgl. Peter Baumgart: Naturrechtliche Vorstellungen in der Staatsauffassung Friedrichs des Großen. In: Hans Thieme (Hrsg.): Humanismus und Naturrecht in Berlin-Brandenburg-Preußen. Ein Tagungsbericht. Berlin/New York 1973 (Veröffentlichungen der Historischen Kommission zu Berlin. Bd. 48), S. 143–154, bes. S. 149: „Die Staatstheorie des Königs basiert auf der naturrechtlichen Lehre vom Urvertrag und von der ursprünglichen Gleichheit aller Menschen. Sie zielt daher in Verbindung mit dem ebenfalls naturrechtlich begründbaren wohlfahrtsstaatlichen Denken der Aufklärung auf eine rein diesseitige Selbstverwirklichung des Staates und seiner Interessen, aber unter Berücksichtigung des Glückes der Untertanen. Diese Staatsauffassung mündet in eine stoisch-neustoische Pflichtenlehre, die sich im Unterschied zum Optimismus der Aufklärung mit der menschlichen Unvollkommenheit im staatlichen Bereich abfindet bzw. sie bewußt in Rechnung stellt."
28 Rudolf Vierhaus: Absolutismus. In: Ders.: Deutschland im 18. Jahrhundert. Politische Verfassung, soziales Gefüge, geistige Bewegungen. Ausgewählte Aufsätze. Göttingen 1987, S. 63–83, hier S. 81.
29 Klippel: Politische Theorien im Deutschland des 18. Jahrhunderts, S. 67. – Vgl. auch Ders.: Politische Freiheit und Freiheitsrechte im deutschen Naturrecht des 18. Jahrhunderts, S. 46: „Zwar ist die Stoßrichtung gegen die theologische Begründung von Herrschaft deutlich; die Sprengkraft der theoretischen Säkularisierung von Herrschaft durch die frühe Aufklärung äußert sich jedoch nicht in einer stärkeren Stellung des Individuums im Staat. Vielmehr scheint uns die weltimmanente Begründung von Herrschaft durch Vertrag anfangs dazu geschaffen zu sein, Herrschaftsgewalt von unliebsamen rechtlichen und moralischen Bindungen zu befreien. Gerade die Kategorie des Vertrags dient dazu, einen radikalen Absolutismus zu begründen."
30 Klippel: Politische Freiheit und Freiheitsrechte im deutschen Naturrecht des 18. Jahrhunderts, S. 63.

zweck zwar die Existenz individueller Interessen wahrnimmt, diese aber nicht der Initiative des einzelnen überläßt, sondern zum Ziel eigener Tätigkeit macht.[31]

Zwar ist ab etwa der Jahrhundertmitte „eine stärkere Betonung der Herrscherpflichten gegenüber den Untertanen" zu beobachten,[32] dies ändert aber nichts an der Position des Herrschers,[33] schließlich geht die Bindung an Gesetze von ihm aus und ist nicht einklagbar.[34] Die Forderung nach der Selbstbeschränkung des Herrschers, die Zeitgenossen erheben,[35] setzt den Willen des Herrschers voraus, der nicht gezwungen werden kann oder soll.

Wohl aber kann er erzogen werden: Viele Denker der Aufklärung favorisieren die Monarchie, weil sie auf die positiven Wirkungen der Fürstenerziehung hoffen.[36] Starke Fürsten, die im Sinne der Aufklärung erzogen wurden, so die dahinterstehende Annahme, könnten am ehesten die Reformen angehen und um-

---

31 Ebd.
32 Ebd., S. 105.
33 Vgl. ebd., S. 107: „In beiden Perioden begründet und rechtfertigt das ältere Naturrecht absolutistische Herrschaftsstrukturen; beide Perioden gehören der Aufklärung an, wenn sie auch unterschiedliche Aspekte dieses Zeitalters repräsentieren. Folglich könnten die Naturrechtssysteme beider Epochen als politische Theorie des aufgeklärten Absolutismus gekennzeichnet werden. Ausgehend von Zielsetzung und Regierungsweise des aufgeklärten Absolutismus in der politischen Praxis und von den – wen auch nur graduellen – Unterschieden zwischen Absolutismus und aufgeklärtem Absolutismus in der politischen Theorie soll die Bezeichnung ‚politische Theorie des aufgeklärten Absolutismus' jedoch der schlagwortartigen Charakterisierung der zweiten Epoche des älteren Naturrechts vorbehalten bleiben, während das Naturrecht der ersten Epoche, so sehr es ebenfalls der Aufklärung zuzurechnen ist, als politische Theorie des Absolutismus gelten muß."
34 Vgl. ebd., S. 106.
35 Vgl. Johann Heinrich Gottlob von Justi: Die Natur und das Wesen der Staaten, als die Grundwissenschaft der Staatskunst, der Policey, und aller Regierungswissenschaften, desgleichen als die Quelle aller Gesetze. Berlin/Stettin/Leipzig 1760, S. 123: „In der That werden die fünf Grundregeln, von der Freyheit und von dem Eigenthume der Unterthanen, von dem ununterbrochenen Laufe der Justitz, von Nichterhöhung der Abgaben und von Vermeidung des Krieges [...], und worzu man noch die sechste von der Unverletzlichkeit des Staats hinzuthun kann, allemal eine sehr vortreffliche und wirksame Gesetzvewrwahrung seyn. Und warum sollten billige Alleinherrschaften diese Grundregeln nicht festsetzen. Ich will hier gar nicht von der Liebe zu ihren Unterthanen und von deren Glückseligkeit reden. Ihre eigne Wohlfahrt, ihr eigner Nutzen verbindet sie darzu." Vgl. Klippel: Politische Freiheit und Freiheitsrechte im deutschen Naturrecht des 18. Jahrhunderts, S. 67.
36 Vgl. Schneiders: Die Philosophie des aufgeklärten Absolutismus, S. 33: „Der neue Absolutismus und die beginnende Aufklärung verstehen sich zunächst, wenigstens partiell, als Bundesgenossen bei der Verwirklichung eines *empire de la raison*. Der Philosophenkönig wird zur Lieblingsidee oder Wunschvorstellung der Aufklärung."

setzen, die notwendig seien, um Herrschaft zu humanisieren und zu rationalisieren. Sie basiert auf der Überzeugung, es gebe eine „Interessenidentität zwischen Fürsten und Aufklärern".[37] Dabei steht die Hoffnung auf Legalisierung im Hintergrund. Diese „Forderung des Gesetzesstaates",[38] der wiederum das patriotische Engagement der Untertanen stimulieren werde,[39] sollte aber in Zusammenarbeit mit den Regierenden durchgesetzt werden.[40]

Geeignetes Instrument, um die Ziele des Staates zu erreichen, ist nach wie vor die ‚gute Policey'. Auch hier sind die Tendenzen zur Systematisierung und philosophischen Fundierung nicht zu übersehen: In der deutschen politischen Theorie weitet sich allmählich der Kameralismus zur umfassenden Staatswissenschaft, die einerseits auf die Stärkung des Staates abzielt, andererseits zugleich durch die Integration neuer Wissensbestände die Möglichkeit zur kritischen Beurteilung der gegenwärtigen Verhältnisse öffnet. Das gilt in besonderem Maße für Johann Gottlob Heinrich von Justi, der in produktiver Auseinandersetzung mit Montesquieu die Bereiche der Staatswissenschaft mit philosophischem und historischem Anspruch systematisiert und so zugleich einen Maßstab liefert, um Herrschaftspraxis kritisch zu beurteilen.[41]

Auch die in Deutschland intensiv rezipierte und adaptierte physiokratische Wirtschafts- und Staatslehre steht in enger Verbindung zum Absolutismus.[42] Für

---

37 Bödeker: Prozesse und Strukturen politischer Bewußtseinsbildung der deutschen Aufklärung, S. 27.
38 Ebd., S. 24.
39 Vgl. etwa [Thomas Abbt:] Vom Tode für das Vaterland. Berlin 1761.
40 Vgl. Bödeker: Prozesse und Strukturen politischer Bewußtseinsbildung der deutschen Aufklärung, S. 27: „Grundlegend war die Überlegung, daß eine Reform der zeitgenössischen Verhältnisse ohne die Mitwirkung der traditionellen Machteliten der Fürsten und Regenten unerreichbar bleiben mußte."
41 Vgl. Bödeker: Prozesse und Strukturen politischer Bewußtseinsbildung der deutschen Aufklärung, S. 16: „Durch die Erweiterung der Kameralwissenschaften zu den Staatswissenschaften baute er sie zu einem Instrument der Beurteilung der Politik aus. Er machte die Staatswissenschaften zu dem Instrument der politischen Kritik, die in einer Vielfalt sich teilweise widersprechender Reformvorschläge einmündete."
42 Einen konzisen Überblick über die physiokratische Lehre geben Rainer Gömmel/Rainer Klump: Merkantilisten und Physiokraten in Frankreich. Darmstadt 1994 (Geschichte der volkswirtschaftlichen Lehrmeinungen), S. 109–139; Ulrich Muhlack: Physiokratismus. In: Helmut Reinalter (Hrsg.): Lexikon zum aufgeklärten Absolutismus in Europa. Herrscher – Denker – Sachbegriffe. Wien/Köln/Weimar 2005, S. 472–477; unersetzlich für ein tieferes Verständnis der Physiokratie im Kontext der Aufklärung ist die Studie von Liana Vardi: The Physiocrats and the World of Enlightenment. Cambridge/New York 2012. Die reiche deutschsprachige Rezeption dokumentiert Birger P. Priddat: Bibliographie der physiokratischen Debatte in Deutschland. In: Das achtzehnte Jahrhundert 9 (1985), H. 2, S. 128–149; Ders.: Ergänzungen und Korrekturen zur ‚Bi-

die Physiokraten war der starke Monarch die geeignete Instanz, um einschneidende Reformen im Sinne der ‚natürlichen Ordnung' anzustoßen und durchzuführen.⁴³ Le Mercier de La Rivière schreibt 1767 explizit von dem „despotisme légal".⁴⁴ Dieser ins Positive gewendete Despotismus-Begriff, der sich ähnlich auch in Giuseppe Goranis Lob eines benevolenten *Vero dispotismo* (1770) findet,⁴⁵ bot zugleich den zahlreichen Kritikern des aufgeklärten Absolutismus einen willkommenen Ansatzpunkt – nicht zuletzt wegen der provokanten Begrifflichkeit, die Widerspruch geradezu herausforderte.⁴⁶

Dass aus dem herrscherlichen Selbstverständnis, wie es sich etwa in Friedrichs *Politischem Testament* artikuliert, wiederum die Tendenz zu despotischer Willkür erwuchs, sahen Zeitgenossen mit großer Klarheit.⁴⁷ Insbesondere in den

---

bliographie der physiokratischen Debatte in Deutschland' (Jg. 9, 1985, H. 2). In: Das achtzehnte Jahrhundert 11 (1987), H. 1, S. 62–64.
43 Vgl. Folkert Hensmann: Staat und Absolutismus im Denken der Physiokraten. Ein Beitrag zur physiokratischen Staatsauffassung von Quesnay bis Turgot. Frankfurt am Main 1976, S. 310: „Die physiokratische Lehre muß in erster Linie als Reformtheorie für den Absolutismus verstanden werden." Vgl. auch Ulrich Muhlack: Physiokratie und Absolutismus in Frankreich und Deutschland. In: Zeitschrift für historische Forschung 9 (1982), S. 15–46. Muhlack unterstreicht, dass „absolutistische und revolutionäre Tendenzen in der physiokratischen Doktrin keine Gegensätze bilden, sondern aufs engste zusammengehören" (ebd., S. 18). „Die Physiokraten verlangen eine umfassende Reform des überkommenen Systems. Sie verlangen aber nicht die Abschaffung oder Überwindung des Absolutismus, im Gegenteil: sie gehen von der Gegebenheit der absoluten Monarchie aus, sehen in ihr das geeignete Instrument zur Durchsetzung ihrer Reformvorstellungen, präsentieren sich zugleich als Vorkämpfer absolutistischer Politik. Jedoch ist in der physiokratischen Auffassung des Absolutismus zugleich die Möglichkeit enthalten und teilweise auch schon realisiert, die absolute Monarchie zu transzendieren" (ebd., S. 20f.).
44 Vgl. [Pierre-Paul Le Mercier de La Rivière:] L'Ordre naturel et essentiel des sociétés politiques. 2 Bde. London/Paris 1767. Bd. 1, S. 24. Er kontrastiert dort und im Folgenden einen „despotisme arbitraire" mit einem „despotisme légal". Zur Begriffsgeschichte vgl. R. Koebner: Despot and Despotism: Vicissitudes of a Political Term. In: Journal of the Warburg and Courtauld Institutes 14 (1951), S. 275–302.
45 Vgl. Giuseppe Gorani: Il vero dispotismo. 2 Bde. London [?] 1770.
46 Vgl. Geraint Parry: Enlightened Government and Its Critics in Eighteenth-Century Germany. In: The Historical Journal 6 (1963), S. 178–192.
47 Vgl. Schneiders: Die Philosophie des aufgeklärten Absolutismus, S. 42f. zu Friedrichs Trennung seiner Philosophen- und Herrscherexistenz. – Vgl. auch Kunisch: Friedrich der Große. Der König und seine Zeit, S. 107: „Doch blieb es ungeachtet solch kritischer Stimmen bei dem Grundsatz, daß Krieg geführt wurde, wenn es die Reputation des Fürsten erforderte. So sehr sich der junge Friedrich auch von der lichten Welt des Fénelonschen *Télémaque*, aus der Gewalt und Unterdrückung verbannt waren, hatte verzaubern lassen: Schon als Kronprinz war er aus einem frühentwickelten Machtinstinkt heraus entschlossen, sich jede Gelegenheit zunutze zu machen, die ihm die *Konjunkturen* des Staatssystems boten." Lessing geht so weit, Preußen als das „despotischste Land Europas" zu bezeichnen. Vgl. Gotthold Ephraim Lessing: Brief an Friedrich

zum Teil überhasteten Maßnahmen Josephs II. erblickten auch Anhänger der Aufklärung ein Beispiel fehlgeleiteter guter Intentionen.[48] Opposition gegenüber dem ‚aufgeklärten' Absolutismus konnte also ebenso sehr aus einer Frontstellung gegenüber dem Absolutismus wie (später unter dem Eindruck der Französischen Revolution) gegenüber der Aufklärung hervorgehen.[49]

Von einer Frontstellung ‚der' Aufklärung gegen ‚den' Absolutismus kann also keine Rede sein, wohl aber von (weitgehend systemimmanenter) Kritik. Auf der einen Seite steht die altständische bewahrende Behauptung überkommener Freiheitsrechte, die sich spezifisch aufgeklärte Diskurse zu eigen macht, wenn Friedrich Carl von Moser unterstreicht, die Zwischengewalten, die Montesquieu im *Geist der Gesetze* als Kennzeichen einer freien Regierung einfordert, seien im Reich bereits in den Landständen verwirklicht.[50] Auf der anderen Seite kündigt sich allmählich und zögerlich eine Infragestellung des monarchischen Prinzips als solchem an, die mit einer grundsätzlichen Veränderung naturrechtlicher Konzeptionen einhergeht.[51]

Für die in diesem Kapitel analysierten Texte lässt sich allerdings kein revolutionäres Potential konstatieren, ohne dass sie deshalb als „theoretisch rück-

---

Nicolai, 25.8.1769. In: Ders.: Werke und Briefe in 12 Bänden. Hrsg. von Wilfried Barner u. a. Bd. 11.1: Briefe von und an Lessing. Hrsg. von Helmuth Kiesel. Frankfurt am Main 1987, S. 622f. Auch Rousseau sieht die Ambivalenzen Friedrichs. Vgl. Jean-Jacques Rousseau: Les Confessions. In: Ders.: Œuvres complètes. Hrsg. von Bernard Gagnebin und Marcel Raymond (Bibliothèque de la Pléiade). Bd. 1. Paris 1959, S. 1–656, hier S. 592. „Il pense en philosophe, et se conduit en roi."
48 Vgl. Derek Beales: Joseph II. und der Josephinismus. In: Helmut Reinalter/Harm Klueting (Hrsg.): Der aufgeklärte Absolutismus im europäischen Vergleich. Wien/Köln/Weimar 2002, S. 35–54, hier S. 43: „Der Josephinismus, wenigstens in der von Joseph II. verkörperten Form, war im Radikalismus seiner Reformen einzigartig, und ich glaube […], daß er in Theorie und Praxis despotischer war als die Regime Friedrichs in Preußen oder Katharinas in Rußland."
49 Vgl. Gestrich: Die Grenzen des Aufgeklärten Absolutismus, S. 277.
50 Vgl. Rudolf Vierhaus: Montesquieu in Deutschland. Zur Geschichte seiner Wirkung als politischer Schriftsteller im 18. Jahrhundert. In: Ders.: Deutschland im 18. Jahrhundert. Politische Verfassung, soziales Gefüge, geistige Bewegungen. Ausgewählte Aufsätze. Göttingen 1987, S. 9–32, hier S. 25.
51 Vgl. Klippel: Politische Freiheit und Freiheitsrechte im deutschen Naturrecht des 18. Jahrhunderts, S. 144: „Auf der Grundlage persönlicher Freiheit wird staatlicher Tätigkeit begrenzt; die Bereiche des Privaten und der Öffentlichkeit werden ihr prinzipiell entzogen und durch Menschenrechte abgesichert, zu deren Beachtung der Staat absolut verpflichtet ist. Sämtliche Rechte sind im Individuum begründet, zielen gegen den Staat, schirmen Individuum und bürgerliche Gesellschaft gegen ihn ab und sichern ihr Einwirkungsmöglichkeiten durch bürgerliche Öffentlichkeit."

schrittlich" oder weltfremd zu klassifizieren wären.⁵² Sie bezeichnen einen Moment der Reformhoffnung und nehmen die Kritik an Missständen zum Anlass, um für Verbesserungen zu plädieren. Diese Binnenkritik erfolgt in intensiver Auseinandersetzung mit politischen Diskursen der europäischen Aufklärung, die entsprechend adaptiert und angepasst werden. In erster Linie ist Montesquieu zu nennen;⁵³ die Beschäftigung mit Rousseau konzentriert sich aber zunächst weniger um seine Philosophie des Gesellschaftsvertrags, die erst Haller entschieden abwehren wird, als vielmehr um sein Geschichtsverständnis. Das deutet an, wie sich allmählich Naturstandsvorstellungen verändern und schließlich die Legitimation des absolutistischen Staates infrage stellen.

Fragt man nun danach, welche Stellung politisches Erzählen in diesem Kontext der Formierung einer aufgeklärt-absolutistischen Staatsdoktrin einnimmt, ist Vorsicht geboten: Schließlich sind Autorintentionen und Rezeptionsmodi nur bedingt zu rekonstruieren; es besteht die Gefahr, einzelnen Stimmen ein zu hohes Gewicht beizumessen, während etwa allgemein anerkannte Standards von Zeitgenossen kaum eigens thematisiert wurden und so möglicherweise aus dem Blick des Interpreten rücken.

Die oben skizzierte spannungsvolle Gemengelage prägt nicht nur die Umsetzung politischer Reformvorhaben, sondern ist wesentliches Thema des politischen Erzählens, das oft genug Anspruch und Wirklichkeit aufgeklärter Herrschaftspraxis aufeinander bezieht. Das kann durch Kontrastbildung geschehen: Propaganda und Idealisierung stehen Kritik und Subversion gegenüber. Viele Texte tragen diese Spannung aus und sind zunehmend als Metareflexion der politischen Aufklärung zu verstehen. Auch ist im Horizont eines aufgeklärten Absolutismus die Frage nach der Legitimation von Herrschaft zentraler, als sie zuvor war. In diesen Kontext gehört sicherlich die Popularisierung politischen Wissens und seine Systematisierung, die in Analogie zu den Tendenzen der Staatswissenschaften steht: Gerade die Ausdifferenzierung von Bürokratie und Verwaltung, die Einrichtung einer idealen ‚Staatsmaschine' findet eher im Roman als in der Realität ihren Ausdruck.

Der politische Roman der hohen Aufklärung verfolgt also mehrere Ziele: Zwar streben alle Autoren nach der Verbindung von Tugend und Macht, es wäre aber zu kurz gegriffen, unterstellte man ihnen Naivität. Schließlich geht es ihnen nicht

---

52 Symptomatisch für diese lange Zeit verbreitete Haltung sind etwa die (zudem von zahlreichen sachlichen Fehlern entstellten) Ausführungen von Alt: Aufklärung, S. 290: Wieland und Haller seien „theoretisch rückschrittlich".
53 Vgl. etwa Justi, dessen *Natur und Wesen der Staaten* als Korrektur Montesquieuscher Vorstellungen aufzufassen ist, bzw. Haller, dessen Romantrias von Montesquieu ausgeht. Vgl. dazu die folgenden Kapitel.

einfach um die Moralisierung von Politik – ein Gedanke, der eben nicht exklusiv auf die ‚schöne' Literatur beschränkt ist, sondern ebenso von Theoretikern wie Wolff und Justi vertreten wird –, sondern um die Ausbreitung differenzierter politischer Systementwürfe und die Darstellung ihrer Verwirklichung; das geschieht zunehmend im Wissen um anthropologische und historische Bedingtheiten, so dass auch der politische Roman in gewisser Weise zu einem Roman vom ‚ganzen Menschen' wird. Kritik und Satire bedeuten aber nicht, dass die Texte den aufgeklärten Absolutismus als solchen denunzieren würden: Im Gegenteil handelt es sich um Dokumente einer (oft prekären) Allianz von Aufklärung und Macht, deren Idealismus retrospektiv leicht zu kritisieren ist, die aber für Zeitgenossen den geradezu alternativlosen Weg zu allgemeiner Humanisierung bildete.

4.2 Politische Ökonomie in Romanform. Justis *Geschichte des Psammitichus* (1759/60)

Im deutschen Sprachraum dauert es etliche Jahrzehnte, bis literarische Texte entstehen, die dem Vorbild von Fénelons *Aventures de Télémaque* (1699) folgen. Zwar setzte bereits unmittelbar nach Erscheinen des französischen Textes eine rege Übersetzungstätigkeit ein, auch wurde der *Télémaque* in Periodika und theoretischen Schriften intensiv diskutiert, doch knüpfte erst Loen in seiner 1740 erstmals publizierten *Geschichte des Grafens von Rivera, oder der Redliche Mann am Hofe* explizit an diese in Frankreich längst etablierte Tradition an.[54] Während Loen in Auseinandersetzung mit seinen französischen Vorbildern durchaus erfolgreich versucht, einen eigenständigen Romantypus zu etablieren, der durch die Mischung hoher und niederer Elemente die zeitgenössische gesellschaftliche Wirklichkeit in ihrer Totalität erfassen solle, geht der bedeutende Staatswissenschaftler Johann Heinrich Gottlob von Justi in seinem knapp 20 Jahre darauf in zwei Bänden erschienenen Roman *Die Wirkungen und Folgen sowohl der wahren, als der falschen Staatskunst in der Geschichte des Psammitichus Königes von Egypten und der damaligen Zeiten* (1759/60) auf den ersten Blick dahinter zurück:[55] Er erzählt anhand der Biographie eines altägyptischen aufgeklärten Musterherrschers von der Einrichtung des idealen absolutistischen Staates und folgt in der Grundanlage des Textes dem von Fénelon, Ramsay und Terrasson etablierten

---

54 Vgl. zu den französischen *Télémaque*-Nachfolgern Chérel: Fénelon au XVIIIe siècle en France; Granderoute: Le roman pédagogique.
55 Vgl. [Johann Heinrich Gottlob von Justi:] Die Wirkungen und Folgen sowohl der wahren, als der falschen Staatskunst in der Geschichte des Psammitichus Königes von Egypten und der damaligen Zeiten. 2 Bde. Frankfurt/Leipzig 1759/60.

Schema. Sein Roman vermittelt aus der Perspektive des Herrschers politisches Wissen; das Hauptaugenmerk liegt dabei auf der Sphäre der politisch Handelnden.

Doch auch wenn Justis Roman sichtlich dieser Tradition verpflichtet ist und sich auch bei der Gliederung seines Romans in insgesamt 24 Bücher am *Télémaque* orientiert,[56] bedeutet dies nicht, dass er ungebrochen die Topoi Fénelons fortschriebe. Ganz im Gegenteil trennt Justi eine nicht zu überbrückende historische Distanz von dessen *Télémaque* und seinen Nachfolgern. Dieser Abstand betrifft sowohl die staatstheoretischen Prämissen als auch die romantheoretischen Prämissen. Während Fénelon (auch theologisch fundiert) die despotische Herrschaft Ludwigs XIV. kritisierte und Möglichkeiten ihrer Einschränkung diskutierte,[57] gestaltet Justis Roman den planmäßigen Ausbau eines aufgeklärt-absolutistischen Systems, das deutliche Affinitäten zu einem idealisierten Preußen aufweist. Fénelon stellt die Erziehung zur Tugend dar, Justi erzählt von einem von vornherein tugendhaften Protagonisten, der seine Anlagen zum Wohle aller in die Praxis umsetzt.

Kaum überraschend setzt der Roman Schwerpunkte, die sich eng mit Justis kameralistischen System berühren. Sein Psammitichus etabliert im alten Ägypten einen Musterstaat, der den Maximen der aufgeklärten politischen Ökonomie folgt, wie sie Justi in seinen etwa gleichzeitig mit dem Roman entstandenen Schriften formulierte und begründete.[58] Der Kameralismus als spezifisch deutsche Ausprägung des Merkantilismus zielte zunächst primär auf den Machtzuwachs des Staates durch eine prosperierende Ökonomie; die Wirtschaft rückte so ins Zentrum der staatswissenschaftlichen Betrachtung.[59] Justis eigentliche Leistung be-

---

[56] Vgl. Schmitt-Maaß: Fénelons „Télémaque" in der deutschsprachigen Aufklärung, S. 640.

[57] Beim *Télémaque* handelt es sich selbstverständlich nicht nur um einen Schlüsselroman; es besteht aber kein Zweifel daran, dass der Text insbesondere in der Darstellung des kretischen Königs Idomeneus auf Eigenschaften Ludwigs XIV. rekurriert. Vgl. zu Fénelons politischen Ansichten die (in der Stilisierung Fénelons zum Verschwörer zu weitgehende) Darstellung bei Rothkrug: Opposition to Louis XIV.; siehe auch Istvan Hont: Jealousy of Trade. International Competition and the Nation-State in Historical Perspective. Cambridge, Mass./London 2005, bes. S. 25: „The centerpiece of the novel was a visceral attack on Louis' militarism delivered in the form of an eleborate fable about pacific kingship."

[58] Vgl. die Bibliographie bei Ulrich Adam: The Political Economy of J. H. G. Justi. Oxford u.a. 2006, S. 239–245 (systematischer und chronologischer Überblick), S. 285–295 (genaue Nachweise). Vgl. Schmitt-Maaß: Fénelons „Télémaque" in der deutschsprachigen Aufklärung, S. 630: Justis Roman besitze „Relevanz als erzählerische Darstellung von Justis kameralistischen Abhandlungen".

[59] Vgl. Karl-Heinz Schmidt: Merkantilismus, Kameralismus, Physiokratie. In: Otmar Issing (Hrsg.): Geschichte der Nationalökonomie. 4., überarbeitete und ergänzte Auflage. München

steht in der Verbindung von Kameralwissenschaften mit philosophisch-naturrechtlicher Fundierung.[60] Sein Werk verbindet die Diskussion von grundsätzlichen naturrechtlichen Fragen der Herrschaftslegitimation mit detaillierten Aspekten der ‚Policey',[61] also der inneren Verwaltung des Gemeinwesens.[62] Es gehe ihm, so der Autor in der Vorrede zu seiner Abhandlung über *Die Natur und das Wesen der Staaten* darum, alle „diese Wissenschaften und alle diejenigen, die zu der Regierung eines Staats erfordert werden [...] aus der allgemeinen Natur und dem Wesen der Staaten" zu schöpfen,[63] weil man „niemals etwas gründliches darinnen vestsetzen [könne], wenn man nicht beständig auf die Natur der bürgerlichen Verfassungen zurück" sehe.[64] Mit anderen Worten: Das (zumal in der deutschen Tradition) höchst differenzierte, ja zum Teil durchaus unübersichtliche

---

2002, S. 37–66, hier S. 40: „So verschiedenartig die wirtschaftspolitischen Lehren und Rezepte in den einzelnen Ländern Europas auch waren, lag ihnen doch eine einheitliche Auffassung des Wirtschaftsprozesses zugrunde: ausgehend von einer unterbeschäftigten Wirtschaft dachten die Merkantilisten staatswirtschaftlich. Sie empfahlen, die wirtschaftspolitischen Maßnahmen auf die Hebung der produktiven Kräfte in Handel, Gewerbe und Landwirtschaft auszurichten und durch die gesteigerte Entfaltung der Produktivkräfte sowohl die Wirtschaft als auch den Staat zu fördern."

60 Vgl. Jutta Brückner: Staatswissenschaften, Kameralismus und Naturrecht. Ein Beitrag zur Geschichte der Politischen Wissenschaft im Deutschland des späten 17. und frühen 18. Jahrhunderts. München 1977 (Münchener Studien zur Politik. Bd. 27), S. 229. Justi baue „die um die Staatsklugheit erweiterte Kameralwissenschaft als Staatswissenschaft auf. Alte und neue Politik erleben hier ihre Symbiose nicht nur durch die Übernahme der jeweiligen Theoreme der anderen, sondern durch ihre Zusammenfassung in einem System. Die leitenden Ideen eines durch Montesquieuschen Einfluß gegangenen Naturrechts verbinden sich mit dem Systemgedanken und der Verwaltungspraxis des Kameralismus."

61 Vgl. Hans Maier: Die ältere deutsche Staats- und Verwaltungslehre (Polizeiwissenschaft). Ein Beitrag zur Geschichte der politischen Wissenschaft in Deutschland. Neuwied am Rhein/Berlin 1966 (Politica. Bd. 13); Ders.: Ältere deutsche Staatslehre und westliche politische Tradition. In: Ders.: Politische Wissenschaft in Deutschland. Lehre und Wirkung. Erweiterte Neuausgabe. München/Zürich 1985, S. 103–121.

62 Vgl. zu Justis Denken die herausragende Studie von Adam: The Political Economy of J. H. G. Justi. Vgl. zusätzlich Marcus Obert: Die naturrechtliche „politische Metaphysik" des Johann Heinrich Gottlob von Justi (1717–1771). Frankfurt am Main u. a. 1992; Jürgen Georg Backhaus (Hrsg.): The Beginnings of Political Economy: Johann Heinrich Gottlob von Justi. New York 2008 (The European heritage in economics and the social sciences. Bd. 7) – Ergiebig sind die Justi gewidmeten Passagen bei Brückner: Staatswissenschaften, Kameralismus und Naturrecht, und Barbara Stollberg-Rilinger: Der Staat als Maschine. Zur politischen Metaphorik des absoluten Fürstenstaats. Berlin 1986 (Historische Forschungen. Bd. 30).

63 Vgl. Johann Heinrich Gottlob von Justi: Die Natur und das Wesen der Staaten, als die Grundwissenschaft der Staatskunst, der Policey, und aller Regierungswissenschaften, desgleichen als die Quelle aller Gesetze. Berlin/Stettin/Leipzig 1760, unpaginierter Vorbericht.

64 Ebd.

Feld der Staatswissenschaften sei zu systematisieren, indem man alle Einzelaspekte auf das Fundament gründlicher philosophischer und historischer Reflexion stelle. „Man siehet leicht, daß dieses Buch die Grundwissenschaft aller ökonomischen und Cameral-Wissenschaften in sich enthält, und eine Art von einer politischen Metaphysik, wenn man so sagen kann, vor alle Regierungs-Wissenschaften ausmacht."[65] Bei diesem Unternehmen greift Justi auf Montesquieu zurück; er versteht sein Werk als eine systematisierende Ergänzung und Korrektur des *Esprit des lois*, dem es an logischer Fundierung mangele:[66] Man könne sein „gegenwärtiges Werk ebenfalls als einen Geist der Gesetze ansehen", das die „von dem Herrn von Montesquieu dabey begangenen Irrthümer" zeige und „das Wesen der Gesetze" bestimme, „welche die Mittel sind, wodurch die Staaten ihren wesentlichen Endzweck, nämlich die gemeinschaftliche Glückseligkeit, erreichen müssen".[67]

Vollständigkeitsanspruch und Wirkintention gelten auch für die *Geschichte des Psammitichus*. Ein vertieftes Verständnis des Textes ist nur möglich, wenn man dem Doppelbezug auf staatswissenschaftliche und literarische Diskurse nachgeht und die dabei auftretenden Wechselwirkungen analysiert. Eine solche Analyse muss zunächst Justis romantheoretische Reflexionen berücksichtigen. Diese ästhetischen Überlegungen lassen sich wiederum zu zeitgenössischer politischer Theorie, insbesondere dem *Anti-Machiavel* in Beziehung setzen. Vor diesem Hintergrund ist schließlich nach dem ökonomisch orientierten Staatsmodell zu fragen, das der Roman entwickelt, und nicht zuletzt nach dem spezifischen Status dieses literarischen Textes im historischen (preußischen) Kontext.

4.2.1 Der Romanautor als Historiker. Justis Romanpoetik

Neben seiner publizistischen und wissenschaftlichen Tätigkeit war Justi Zeit seines Lebens auch literarisch äußerst produktiv.[68] Den Schwerpunkt bilden dabei

---

65 Ebd.
66 Vgl. Brückner: Staatswissenschaften, Kameralismus und Naturrecht, S. 229 (Fußnote): Justi halte den *Esprit des lois* „für zu individualisiert, zu wenig mit allgemeinen Ideen versehen". – Diskrepanzen bestehen auch in der Wertung und Darstellung der verschiedenen Staatsformen. Vgl. Adam: The Political Economy of J. H. G. Justi, S. 20. Anders als Montesquieu lehnte Justi eine starke Stellung des Adels in der Monarchie ab.
67 Justi: Die Natur und das Wesen der Staaten, unpaginierter Vorbericht.
68 Zu Justis literarischem Werk liegen nur wenige genuin literaturwissenschaftliche Arbeiten vor. Vgl. Rolf Albert Koch: Der Problemgehalt in J. H. G. v. Justis Satiren. Phil. Diss. masch. Halle 1950; Ders.: Johann Heinrich Gottlob von Justis philosophische Satiren. In: Kant-Studien 53 (1962), S. 490–506; Ders.: J. H. G. v. Justis ‚Dichterinsel' und ihre Beziehungen zur Literaturkritik

satirische Schriften, angefangen bei der von Gottsched positiv rezensierten Literatursatire *Die Dichterinsul* (1740)[69] über die *Fabeln und Erzählungen* (1759),[70] die *Moralischen und Philosophischen Schriften* (3 Bde., 1760–1761),[71] die *Scherzhaften und Satyrischen Schriften* (3 Bde., 1760, 2. Auflage 1765)[72] bis hin zu dem hier diskutierten politischen Roman *Psammitichus*. Alle diese Texte sind didaktischer Natur: Für Justi soll Literatur offenkundig der Vermittlung von Wissen und Verhaltensnormen dienen; entsprechend deutlich ist dann auch der Bezug zu den politischen und sozialen Realitäten.

Justis rege literarische Tätigkeit ist auch auf handfeste wirtschaftliche Notwendigkeiten zurückzuführen. In den Jahren nach 1758 bemühte er sich um eine feste Anstellung in Preußen, die er aber trotz seiner wachsenden Reputation als Staatswissenschaftler erst 1765 erhalten sollte.[73] Diese angestrebte Nähe zu Preußen ist gerade für den *Psammitichus* von zentraler Bedeutung, fällt doch in die Entstehungszeit des Romans der forcierte Versuch, in preußischen Diensten unterzukommen. Das ist, wie zu zeigen sein wird, nicht nur für Justis theoretische, sondern auch für seine literarischen Versuche wichtig und findet dort seinen Niederschlag.[74] Einige Werke entstehen gar in preußischem Auftrag: In den anonym publizierten pasquillantischen Briefsatiren auf den Grafen Brühl macht Justi den sächsischen Staatsmann für die miserable Lage Sachsens verantwort-

---

der Aufklärung. In: Zeitschrift für deutsche Philologie 91 (1972), S. 161–171; Beatrice Rösch-Wanner: J. H. G. von Justi als Literat. Frankfurt am Main 1993 (Europäische Hochschulschriften. Reihe I. Bd. 1386). Vgl. auch Biesterfeld: Der Fürstenspiegel als Roman, S. 424–433. Biesterfeld hat Justis umfangreichen Text offensichtlich nur überflogen; so übergeht er die für sein Thema der Fürstenerziehung zentralen Passagen im ersten Buch und erkennt auch nicht, dass der Text ein spezifisches Reformprogramm entfaltet.

69 Vgl. [Johann Heinrich Gottlob von Justi:] Die Dichterinsul nach ihren verschiedenen Landschaften und denen darinnen befindlichen Einwohnern sowohl, als nach dererselben Gottesdienst, Staats- und Kriegsverfassung unpartheyisch beschrieben, benebst einem Lob- und Heldengedichte. Leipzig/Wittenberg 1745.

70 Vgl. [Johann Heinrich Gottlob von Justi:] Fabeln und Erzählungen von Thieren und sehr alten längst verrosteten Zeiten, bey deren Lesung man ganz sanft und suess wird einschlafen können. Cölln am Rhein 1759.

71 Vgl. Johann Heinrich Gottlob von Justi: Moralische und Philosophische Schriften. 3 Bde. Berlin/Stettin/Leipzig 1760–1761.

72 Vgl. Johann Heinrich Gottlob von Justi: Scherzhaffte und Satyrische Schriften. 3 Bde. Berlin/Stettin/Leipzig 1760. 2. Auflage Berlin/Leipzig 1765.

73 Vgl. Adam: The Political Economy of J. H. G. Justi, S. 46.

74 Vgl. etwa Staats- und Kriegsgeschichte der Bienen, in: Justi: Scherzhaffte und Satyrische Schriften. Bd. 3, S. 351–388. Vgl. Rösch-Wanner: J. H. G. von Justi als Literat, S. 41f.: „Der Schwerpunkt der Erzählung liegt auf den zeitgenössischen Ereignissen, dem siebenjährigen Krieg."

lich.⁷⁵ Diese Romane sind Teil preußischer ‚Öffentlichkeitsarbeit' (oder schlicht Propaganda) im Siebenjährige Krieg .

Justis entschiedene Parteinahme für Preußen scheint auf genuine Überzeugungen zurückzugehen. So schlug er andere, durchaus lukrative Angebote aus und zog es vor, auf eine Stelle in Preußen zu warten.⁷⁶ Wahrscheinlich erblickte er in Friedrich II. eine Herrscherfigur, die geeignet schien, seine Vorstellungen eines rationalisierten aufgeklärten Absolutismus zum Wohl der Untertanen durchzusetzen. Diese Wertschätzung artikuliert sich auch in den zahlreichen Erwähnungen des preußischen Monarchen, die immer affirmativ ausfallen. In *Die Natur und das Wesen der Staaten* (1760) erscheint der siebenjährige Krieg als Verteidigungskrieg „des großen Friedrichs",⁷⁷ im *Grundriß einer guten Regierung* (1759) leugnet Justi die Eroberungsgier des preußischen Königs, der als „große[r] Verfasser des *Antimachiavells*" firmiert.⁷⁸

Hier wird, wie auch an anderer Stelle, Friedrich II. primär als Verfasser des *Anti-Machiavel* gewürdigt. Indem Justi den preußischen Monarchen als politischen Moralisten preist, erscheint er primär als Heros der Aufklärung,⁷⁹ als Verkörperung eines an Moral und Philosophie gebundenen Herrscherethos, unge-

---

75 Vgl. [Johann Heinrich Gottlob von Justi:] Leben und Character des königl. Pohlnischen und Churfürstl. SächßI. [!] Premier-Ministre Grafens von Brühl in vertraulichen Briefen entworfen. 3 Teile. o. O. 1760, 1761, 1764. Nachweis der Autorschaft bei Adam: The Political Economy of J. H. G. Justi, S. 158; eine Liste der Kriegspamphlete Justis ebd., S. 290 – 292. Für seine propagandistische Tätigkeit erhielt Justi eine jährliche Pension. Vgl. ebd., S. 46.
76 Vgl. Adam: The Political Economy of J. H. G. Justi, S. 42.
77 Vgl. Justi: Die Natur und das Wesen der Staaten, S. 231 (§ 138). Ein gerechter Krieg liege nur dann vor, „wenn es um die Aufrechterhaltung der obersten Gewalt und mithin des Staats zu thun" sei: „Eben dieser Fall wird auch die vernünftigen und unparteyischen Menschen und alle folgende Zeiten an der Gerechtigkeit der Waffen des großen Friedrichs in dem itzigen Kriege niemals zweifeln lassen."
78 Vgl. Justi: Der Grundriß einer Guten Regierung in Fünf Büchern verfasset von Johann Heinrich Gottlob von Justi, Königlichen Großbritannischen Bergrath. Frankfurt/Leipzig 1759, S. 431 (§ 318).
79 Vgl. Martin Fontius: Der Ort des „Roi philosophe" in der Aufklärung. In: Ders. (Hrsg.): Friedrich II. und die europäische Aufklärung. Berlin 1999 (Forschungen zur brandenburgischen und preußischen Geschichte. N.F. Beiheft 4), S. 9 – 27, S. 26: „Die bereits zu Lebzeiten einsetzende Tendenz einer Überhöhung des Königs zum Heroen der Aufklärung ist unübersehbar." In seinem instruktiven Beitrag betont Fontius aber auch, dass sich Friedrich II. lediglich in den ersten Jahren seiner Regierung im Einklang mit den Zielen der Aufklärung befunden habe. Vgl. ebd., S. 18: „Während Friedrich an den einmal gefaßten Prinzipien festhält, verändern sich die äußeren Rahmenbedingungen jedoch erheblich. Nur in den ersten 15 Jahren seiner Regierung kann er als der Protektor der europäischen Aufklärung gelten, der seine innere Politik an den Prinzipien des älteren Naturrechts ausrichtet. In Deutschland, wo sich der Wandel zu einer liberalen politischen Theorie erst im letzten Drittel des 18. Jahrhunderts vollzieht, besteht bis dahin keine Disproportion zwischen den Ideen und der politischen Verfaßtheit des aufgeklärten Absolutismus."

achtet der eklatanten Diskrepanzen zwischen Philosophie und Herrschaftspraxis. Justi ist ganz offensichtlich bemüht, die Übereinstimmung seines politischen Denkens mit dem Selbstverständnis des preußischen Monarchen herauszustellen.[80] Dieser Bezug auf den *Anti-Machiavel* besitzt im *Psammitichus*, wie unten zu zeigen sein wird, auch eine poetologische Funktion.

Diese außerliterarischen Faktoren beeinflussen selbstverständlich auch die Gestalt des Romans, und das umso mehr, als es sich um Literatur handelt, die wiederum politisch wirksam werden soll. Gerade Justis idiosynkratische Romanpoetik, die dem ersten Anschein nach quer zu den Entwicklungen der aufgeklärten Literaturtheorie steht, lässt sich als Versuch begreifen, unter Anlehnung an genuin borussische Positionen (insbesondere den *Anti-Machiavel*) das Fénelon'sche Modell zu erneuern: Justis *Psammitichus* ist an der Schnittstelle von politisch-moralischem und literarischem Diskurs anzusiedeln und entfaltet in einem im politischen Roman bislang ungekanntem Ausmaß ein umfassendes, theoretisch avanciertes Modell der Staatseinrichtung, das wohl auch als konkreter Reformvorschlag für das unter den Wirren des Siebenjährigen Kriegs leidende Preußen zu verstehen ist.

In den ausführlichen Vorreden zu den beiden Bänden seines Romans äußert sich Justi zu den theoretischen Prämissen seines Schreibens. Dabei sagt er wenig über den eigentlichen politischen Gehalt des Textes, den er offenbar für selbstverständlich hält (und der durch den Titel ausreichend beschrieben ist), sondern setzt sich grundsätzlich mit dem Verhältnis von Historie und Dichtung auseinander.[81] Er strebe, so Justi, einen neuen Typus von Erzählung an, der eigentlich nicht „Roman" heißen solle.[82] Diese Ablehnung des Begriffs mag mit tradierten Vorurteilen gegen die Gattung zusammenhängen; darüber hinaus artikuliert sich in Justis Vorrede ein genereller Vorbehalt gegenüber dichterischer Fiktion, der außerhalb des religiösen Diskurses kaum seinesgleichen findet.

Grundlegend ist für Justi die didaktische Wirkungsabsicht. Deshalb beharrt er auf der Faktizität des Dargestellten: Für Justi ist die historische Wahrheit das

---

80 Vgl. Adam: The Political Economy of J. H. G. Justi, S. 60: „[N]umerous critical references to *The Prince* (and favourable quotations of Frederick's *Anti-Machiavel* [...] occured particularly in the works from 1758/59 when Justi was seeking Prussian employment".
81 Vgl. Meid: Roman und Historie, zu Justi dort S. 163–166.
82 Vgl. Justi: Psammitichus. Bd. 1, unpaginierte Vorrede: „Ich habe schon längst gewünschet, daß wir keine andern Romanen haben möchten, als die nach solchen Grundsätzen und Regeln geschrieben wären, die man aber alsdenn nicht Romanen nennen könnte, sondern die eine ganz andre Benennung verdienen würden. [...] Allein, ich habe endlich davor gehalten, daß die Eröffnung meiner Gedanken über diesen Gegen-stand nicht so viel Wirkung haben würde, als wenn ich zugleich ein Beyspiel eines solchen Buches gäbe."

entscheidende Kriterium für einen guten Roman,[83] eben weil die moralische Wirkung eines Romans stärker ausfalle, wenn sich der Leser sicher sein könne, dass die dargestellten Ereignisse eine historische Entsprechung besäßen. In diesem Zusammenhang wendet sich Justi auch gegen die kanonischen politischen Romane, die sich allesamt zu weit „von der Wahrheit der Geschichte" entfernten,[84] und kritisiert in diesem Zusammenhang insbesondere Terrassons *Sethos* trotz aller Ähnlichkeiten zwischen den beiden ägyptisierenden Romanen – wohl auch deshalb, weil Terrasson seine Romanvorrede zur Legitimation fiktionaler Literatur nutzte und so eine geeignete Kontrastfolie bot.[85]

Eine solche Argumentation besitzt für Justi keine Gültigkeit: Er betont ganz im Gegenteil ungebrochen die Bedeutung der Geschichte als Lehrmeisterin. Das mag auch auf produktionsästhetische Aspekte zurückzuführen sein, schließlich sei die Historie ohnehin ein unerschöpfliches Reservoir von literarisch verwertbaren Exempeln. Da die „wahre Geschichte [...] voll von ausserordentlichen und erhabenen Thaten, von großen und bewundernswürdigen Tugenden, von vollkommenen Verdiensten und Eigenschaften, von edlen und rührenden Bildern, von schönen Empfindungen" ebenso wie „von allen nur möglichen Lastern, Bosheiten, Unordnungen und Ausschweifungen" sei,[86] finde man für jedes Vorhaben dort einen geeigneten Gegenstand. Somit sei es unnötig und zudem ein untrügliches Zeichen von Faulheit und Unbildung eines Autors, wenn dieser seinen Stoff frei erfinde:

> Nur die Unwissenheit in der Geschichtskunde, oder die Furcht vor der Arbeit, die Geschichtschreiber nachzuschlagen, und mit einander zu vergleichen, kann also die Romanschreiber bewegen, daß sie die Handlungen und Begebenheiten, die sie vorstellen wollen, selbst erdichten; und dieser Fehler der Romanen scheinet mir größer zu seyn, als alles, was viele Theologen und Moralisten darwider zu erinnern haben.[87]

---

83 Für Justi kommen nur solche Romane überhaupt in Betracht, die „indem sie den Leser vergnügen, auch zugleich denselben unterrichten, und seine Seele mit edlen Bildern erfüllen" (ebd).
84 Vgl. ebd.: „Sie [die Autoren guter Romane, C.M.] werden sich nicht einmal von der Wahrheit der Geschichte so weit entfernen, als Xenophon in der Cyropedie, die Verfasser des Telemachs, der Reisen und der Ruhe des Cyrus, und andre dergleichen berühmte Schriftsteller gethan haben. Am allerwenigsten aber werden sie sich so viel erlauben, als der Verfasser des Sethos sich unterfangen hat, der seinen Helden solchergestalt vorstellet, daß er nicht die geringste Aehnlichkeit mit dem wahren Könige Sethos von Egypten hat."
85 Vgl. Kap. 2.2.2.1 dieser Arbeit.
86 Justi: Psammitichus. Bd. 1, unpaginierte Vorrede.
87 Ebd. – Aristoteles erklärt hingegen, dass die Dichtung „etwas Philosophischeres und Ernsthafteres als Geschichtsschreibung" sei (Poetik. Griechisch/Deutsch. Übersetzt und hrsg. von Manfred Fuhrmann. Stuttgart 2001, S. 29).

Wenn Justi die Historie als Reservoir von Exempeln betrachtet, so ist er darin durchaus überkommenen Vorstellungen verpflichtet. Allerdings ignoriert er die fundamentale aristotelische Trennung zwischen Dichter und Historiker und nimmt damit eine eklatante Außenseiterposition ein.[88] Der Autor sei zugleich Historiker, der lediglich die überall belegbare Wirkung der Providenz beschreiben müsse. In engen Grenzen könne er ergänzend wirken und auf Basis genauer Kenntnisse seine Protagonisten „auch in solchen Begebenheiten handeln lassen, welche die Geschichtschreiber so kurz erzählen, daß sie von dem Grunde und denen Triebfedern dieser Begebenheit gar nichts erwähnen."[89] Für die Figuren des Romans wie auch für die Menschen in der geschichtlichen Welt ist es essentiell, in die Providenz zu vertrauen. Justi kommt es wesentlich darauf an, über den Rekurs auf die Historie zu belehren und den didaktischen Gehalt durch die angestrebte Faktentreue zu beglaubigen: Geschichte und Roman belegen gleichermaßen Justis optimistisches Konzept. Für Justi ist im Geschichtsverlauf ohne weiteres das Wirken der Providenz sichtbar; somit bedarf es auch keiner Fiktionalisierung, um die gewünschten Wirkungen zu erzielen.

Justis idiosynkratische Positionen nehmen Argumente der älteren Romankritik wieder auf;[90] er reklamiert für sein Schreiben einen Sonderstatus: Sein Roman enthalte in weitaus höherem Maße als die älteren politischen Romane historische Wahrheiten und nähere sich so der Geschichtsschreibung. Die Schwierigkeiten, die sich mit dem Anspruch auf Korrektur und Überbietung des Fénelon'schen Modells unter Rekurs auf Arbeitsweisen des Historikers verbinden, verweisen zugleich auf virulente Diskussionen um den Nutzen politischer Fiktion überhaupt. Es geht Justi auch um eine Rettung einer Gattung, die sich zunehmend dem Vorwurf des Utopischen ausgesetzt sieht. So betonen in der zweiten Jahr-

---

88 Vgl. Ajouri: Probleme der Empirisierung einer Gattung, S. 293.
89 Justi: Vorrede. – Vgl. ebd.: „Alles, was man ohne gegründeten Tadel thun kann, ist, daß man die Begebenheiten ausführlicher vorstellet, und diejenigen Umstände, welche die Geschichtschreiber nur mit kurzen Worten berühren, aus seiner eigenen Erfindung hinzu füget."
90 Seine Positionen stehen quer zu den Entwicklungen der aufgeklärten Romanpoetik; selbst Gottsched, dem Justi in vielerlei Hinsicht verpflichtet ist, spricht im Romankapitel der vierten Auflage seiner *Critischen Dichtkunst* (1751) ausdrücklich von der Wahrscheinlichkeit, die der Autor beachten müsse: Vgl. Gottsched: Versuch einer critischen Dichtkunst [1751], S. 527. Das meint selbstverständlich nicht die extreme Faktentreue, wie sie Justi anvisiert. Auch bei Gottsched dient der historische Stoff der Didaxe, allerdings gesteht er dem Poeten mehr Freiheit zu. Anders Rösch-Wanner: J. H. G. von Justi als Literat, S. 136, die die Konvergenz von Gottscheds und Justis Positionen hervorhebt. Es scheint im Übrigen schlechterdings unwahrscheinlich, dass der literarisch versierte Justi den Unterschied zwischen Wahrheit und Wahrscheinlichkeit nicht gekannt haben soll (so Ajouri: Probleme der Empirisierung einer Gattung, S. 293). Vielmehr liegt seiner Konzeption eine bewusste Entscheidung zugrunde.

hundertshälfte sowohl der Staatsrechtler und Diplomat Friedrich Carl von Moser als auch Immanuel Kant, dass sie eben keine politischen Romane schreiben würden;[91] Christoph Martin Wieland wiederum reflektiert in seinem *Goldnen Spiegel* das spannungsvolle Verhältnis von literarischem Entwurf und Realisierung.

Gegen den implizit vorhandenen Vorwurf der Realitätsferne setzt Justi also forcierte Faktentreue. Dabei kann er sich auf einen seiner Referenztexte berufen: Bereits in Friedrichs *Anti-Machiavel* findet sich eine teilweise Abkehr vom Fénelon'schen Modell. Zwar lobt der Text im siebten Kapitel Fénelons *Télémaque*, dessen Lektüre, so Friedrich II., den Leser gar den Engeln gleich mache.[92] Im Anhang der gängigen Ausgaben findet sich aber eine Voltaire zugeschriebene Rezension, die Fénelons Roman einer knappen, aber wirkungsvollen Generalkritik unterzieht und zugleich implizit Kriterien für einen überlegenen politischen Romantypus liefert. Wie wörtliche Zitate mit Seitenangabe belegen, benutzte Justi eine der deutschen Übersetzungen, die den entsprechenden Anhang enthalten.[93] Eine Kenntnis der Voltaire'schen Rezension kann also vorausgesetzt werden.

---

91 Vgl. [Friedrich Carl von Moser:] Der Herr und der Diener geschildert mit patriotischer Freyheit, Frankfurt 1759, unpaginierte Vorrede: „Ich habe keinen politischen Roman schreiben wollen und deßwegen weder Unmöglichkeiten gefordert, noch den Stand der Menschlichkeit degradirt." Auch Kant nimmt auf Literatur Bezug. Vgl. Immanuel Kant: Idee zu einer Geschichte der Menschheit in weltbürgerlicher Absicht [1784]. In: Ders.: Werke in sechs Bänden. Hrsg. von Wilhelm Weischedel. Darmstadt 1966. Bd. 6: Schriften zur Anthropologie, Geschichtsphilosophie, Politik und Pädagogik, S. 31–50, hier S. 48: Es „scheint, in einer solchen Absicht könne nur ein Roman zu Stande kommen".
92 Vgl. [Friedrich II.:] Anti-Machiavel, S. 147 (Kap. VII): „Comparez le *Prince* de Fénelon avec celui de Machiavel, vour verrez dans l'un la bonté, de l'équité, toutes les vertus. Il semble que ce soit une de ces intelligences pures, dont on dit que la sagesse est préposée pour veiller au gouvernement du monde; vous verrez dans l'autre la scélératesse, la perfidie, et tous les crimes.| Il semble que notre nature se rapproche de celle des anges, en lisant le *Télémaque* de Fénelon; il paraît qu'elle s'approche des démons de l'enfer lorsqu'on lit le *Prince* de Machiavel."
93 Vgl. [Friedrich II.:] Anti-Machiavel, oder Versuch einer Critik über Nic. Machiavels Regierungskunst eines Fürsten. Nach des Herrn von Voltaire Ausgabe ins Deutsche übersetzet; wobey aber die verschiedenen Lesarten und Abweichungen der ersten Haagischen, und aller andern Auflagen, angefüget worden. Frankfurt/Leipzig 1745; seitenidentisch auch Hannover/Leipzig 1756. In beiden Ausgaben folgt auf Machiavellis Text und Friedrichs Widerlegung in neuer Paginierung: Historie des Anti-Machiavels. Nebst denen darüber gefällten Urtheilen, dort auf S. 26–35 die Rezension aus der Nouvelle Bibliothèque vom November 1740. – Justi zitiert in *Der Grundriß einer guten Regierung*, S. 243 ausführlich mit Seitenangabe aus dem Anti-Machiavel, so dass eine eindeutige Zuordnung der von Justi benutzten Ausgabe möglich ist. Vgl. auch Justi: Die Natur und das Wesen der Staaten, S. 152 (§ 87), wo sich ein Zitat aus dem Anti-Machiavel findet. Vgl. [Friedrich II.:] Anti-Machiavel, oder Versuch einer Critik über Nic. Machiavels Regierungskunst eines Fürsten, S. 353 (Kap. 22).

Dort mustert der Verfasser die politische Abhandlung Friedrichs II. vor dem Hintergrund der politischen Romane der Jahre um und nach 1700:

> L'auteur d'un roman, intitulé *Séthos*, a dit que si le bonheur du monde pouvait naître d'un livre, il naîtrait du *Télémaque*. Qu'il nous soit permis de dire qu'à cet égard l'*Anti-Machiavel* l'emporte peut-être beaucoup sur le *Télémaque* même. L'un est principalement fait pour les jeunes gens, l'autre pour des hommes. Le roman aimable et moral de *Télémaque* est un tissu d'aventures incroyables, et l'*Anti-Machiavel* est plein d'exemples réels, tirées de l'histoire. Le roman inspire une vertu presque idéale, des principes de gouvernements faits pour les temps fabuleux, qu'on nomme héroïques. Il veut, par exemple, qu'on divise les citoyens en sept classes: il donne à chaque classe un vêtement distinctif, il bannit entièrement le luxe, qui est pourtant l'âme d'un grand Etat, et le principe du commerce. L'*Anti-Machiavel* inspire une vertu d'usage, ses principes sont applicables à tous les gouvernements de l'Europe. Enfin, le *Télémaque* est écrit dans cette prose poétique que personne ne doit imiter, et qui n'est convenable que dans cette suite de l'*Odyssée*, laquelle l'air d'un poème grec, traduit en prose française.[94]

Gegen zeitgenössische Meinungen, die auf die moralische Wirkung von Fénelons Roman abheben, betont der Verfasser der Rezension, Friedrichs *Anti-Machiavel* sei dem französischen Text weit überlegen. Der *Anti-Machiavel* wird hier als zeitgemäße Überbietung und Korrektur des *Télémaque* mit größerem pragmatischen Nutzen verstanden. Während sich der *Télémaque* sich an junge Leute richte und von unglaublichen Abenteuern berichte, vermittle der *Anti-Machiavel* erwachsenen Menschen lehrreiche Beispiele aus der Geschichte. Fénelons Protagonisten verkörperten eine Idealtugend, die für die Gegenwart weitgehend untauglich sei; hingegen lehre Friedrich II. eine Gebrauchstugend, deren Prinzipien sich in ganz Europa anwenden ließen. Schließlich sei der *Télémaque* durch seine poetische Form ohnehin ein Einzelfall.

Was Voltaire (?) hier an der politischen Abhandlung des preußischen Prinzen lobt, entspricht den Positionen in Justis Vorrede: Auch er hebt auf die Wahrheit ab, richtet sich gegen das Wunderbare, das sich im *Télémaque* findet. Darüber hinaus zeigen sich inhaltlich im Roman deutliche Parallelen zu den Postulaten des *Anti-Machiavel:* Es geht in beiden Texten um die Moralisierung von Herrschaft und um die Ablehnung einer „bösen" Staatskunst. Gerade auch die ökonomischen Passagen über den Sinn des Luxus, die sich gegen die rigiden Positionen Fénelons richten, finden ihre Entsprechung in Justis Roman: Friedrich II. und Voltaire propagieren ein ökonomisch prosperierendes Staatswesen; Justis Psam-

---

94 [Voltaire(?):] in: Anti-Machiavel, S. 497f.

mitichus richtet seinen Musterstaat nach den Maßgaben der politischen Ökonomie ein und korrigiert so die Vorstellungen Fénelons.[95]

4.2.2 Herrschaft im Zeichen der Glückseligkeit. Konstellationen in Justis *Psammitichus*

Justis umfangreicher Roman schildert in Anlehnung an Herodots *Historien* eine komplette Herrscherbiographie:[96] Psammitichus, Sohn des Priesters Nekos, wird in politisch unruhigen Zeiten von dem weisen Piromis erzogen. Nach seiner Wahl zum König von Sais regiert er diese Provinz mustergültig. Von den übrigen Königen des oligarchisch regierten Ägyptens beneidet, muss er einige Jahre im Exil in den Sümpfen verbringen, ehe er mit der Unterstützung griechischer Völker seine Gegner besiegen und die Alleinherrschaft über ganz Ägypten antreten kann. Nach etlichen Kriegen stirbt Psammitichus schließlich geachtet und erfolgreich als Herrscher über ein friedliches und wohlhabendes Reich, das seine Blüte ausschließlich seiner weisen Regierung verdankt.

Der Roman folgt dem heliodorischen Schema.[97] Die von einem heterodiegetischen allwissenden Erzähler vermittelte Handlung beginnt *medias in res*, die Jugendgeschichte des Helden wird als intradiegetische Erzählung von seinem Erzieher Piromis nachgeholt;[98] auch die Trennung und Vereinigung der Liebenden gehört in diese Traditionslinie. Dabei läuft der Roman teleologisch auf die Herrschaftsentfaltung des Protagonisten zu, die durch eine Vielzahl von Orakeln angekündigt wird. Immer wieder sucht Psammitichus Rat bei dem Priester Piromis; erst im 10. Buch erfährt Psammitichus, dass diese Orakel menschengemacht sind und von einer international tätigen Priesterelite als Lenkungsmittel gebraucht

---

95 Vgl. Schmitt-Maaß: Fénelons „Télémaque" in der deutschsprachigen Aufklärung, S. 645: Justis Roman baue „die kameralistischen Anteile des *Télémaque* erheblich aus und systematisiert sie partiell, um im Rahmen einer kameralistischen Rezeption den *Télémaque* zu beerben".
96 Vgl. Herodot: Historien. 2. Buch. Griechisch/Deutsch. Übersetzt und hrsg. von Kai Brodersen. Stuttgart 2005, S. 176–193 (II.148–157). Historisches Vorbild ist der ägyptische Pharao Psammetich I., der im siebten Jahrhundert v. Chr. regierte; in der Vorrede diskutiert Justi seine Quellen, vor allem Herodot. Wie die gesamte Proto-Ägyptologie sind diese Darstellungen völlig überholt, wichtig sind sie jedoch als Quelle für das Ägyptenbild der Frühen Neuzeit. Vgl. einführend Jan Assmann: Weisheit und Mysterium. Das Bild der Griechen von Ägypten. München 1999. Vgl. zum heutigen Forschungsstand Thomas Schneider: Lexikon der Pharaonen. München 1996, S. 310–312.
97 Das ist auch für Gottsched ideal: Vgl. Rösch-Wanner: J. H. G. von Justi als Literat, S. 137.
98 Vgl. Justi: Psammitichus. Bd. 1, S. 153–264.

werden.⁹⁹ Diese säkularisierte Providenz indiziert, dass der gute Herrscher Agent einer vernünftigen Vorsehung ist.¹⁰⁰ Hier liegt der inhaltliche Bezug zu Terrassons *Sethos* auf der Hand: Auch der Protagonist dieses ägyptisierenden Romans kann sich auf die Priester verlassen, die in einem geheimen unterirdischen Bereich leben. Allerdings verzichtet Justi auf die für Terrassons typischen Initiationsszenen und mystifizierenden Elemente.

Eine Vielzahl von metadiegetischen Erzählungen thematisiert, angebunden an die Biographien herausragender Individuen, die Geschichte des Mittelmeerraums im 6. Jahrhundert vor unserer Zeitrechnung. Sie bieten allesamt Beispiele der im Titel erwähnten bösen und guten politischen Ordnung: Psammitichus als Exponent der guten Herrschaft steht im Gegensatz zu den schwachen bzw. bösen Gegenspielerfiguren. Dabei muss, so die Logik des Textes, der böse Politiker zwangsläufig scheitern, wie es etwa das Beispiel der gegen Psammitichus verbündeten Könige zeigt. Die Providenz stellt den Sieg des Tugendhaften sicher, der allerdings seine Klugheit gebrauchen muss, um schließlich über seine Widersacher zu triumphieren.¹⁰¹ Damit schließt sich Justi an einen Gemeinplatz der frühen Aufklärung an, die von einem kausalen Zusammenhang von Tugend und Glückseligkeit ausgeht.¹⁰² Die Literatur wiederum dient der Demonstration dieser Verbindung.

---

99 Vgl. Justi: Psammitichus. Bd. 2, S. 338: Der greise Piromis erklärt, „daß die Oracul-Sprüche niemals von denen Göttern herrühreten, sondern von denen Priestern selbst ertheilet würden"; dies funktioniere auch deshalb, weil „die Priester auch in fremden Ländern sich hierinnen mit einander verstünden, und einander zu Gefallen wären." (ebd.) Die Konsequenz daraus ist die Hinwendung zum Monotheismus: Alle „unsre Götter sind eitler Tand, und leere abgeschmackte Erdichtungen." (ebd., S. 339) In der Vorrede zum ersten Band des Romans schreibt Justi: „[U]ngeachtet sich die in dem ersten Theile befindlichen Orakelsprüche genau auf die Geschichte gründen; so werde ich doch solche nach der Pflicht eines guten Geschichtsschreibers, der, so viel immer möglich ist, nichts wunderbares annehmen soll, in dem zweyten Theile aufzuklären suchen."
100 Vgl. grundlegend Frick: Providenz und Kontingenz.
101 Vgl. Justi: Psammitichus. Bd. 1, S. 142 (3. Buch): „Er [Psammitichus] sagte, daß die Götter niemals so ungerecht wären, die hinterlistige Bosheit über die Redlichkeit und Aufrichtigkeit siegen zu lassen, wenn man nur bey der Redlichkeit zugleich die nöthige Vorsicht und Klugheit anwendete. Die wahre Klugheit würde allemal die Hinterlist überwinden; denn ein boshaftiger Mensch sey niemals wahrhaftig klug; sondern es mische sich bey seiner List allemal ein starkes Maas von Einfalt mit ein. Wenn er wahrhaftig klug wäre; so würde er allemal redliche und rechtschaffene Mittel ausfündig machen können, sich aus denen Schwierigkeiten seiner Angelegenheiten herauszuhelfen, und gar nicht nöthig haben, zu einer boshaftigen List seine Zuflucht zu nehmen, die niemals gelingen könnte, außer wenn er es mit einem sehr einfältigen oder gleichfalls boshaftigen Gegner zu thun hätte."
102 Vgl. Gottsched: Erste Gründe der gesammten Weltweisheit, S. 108 f.

In Justis Roman steht die Reform von oben im Mittelpunkt. Psammitichus ist darum bemüht, eine perfekt organisierte Staatsmaschine einzurichten.[103] Die Durchsetzung staatlicher Autorität zum Zweck allgemeiner Wohlfahrt bildet den Kern des Textes. In diesem Zusammenhang ist der Charakter des idealen Herrschers unbedingt relevant: Justis Psammitichus ist ein tugendhafter, uneingeschränkt herrschender Monarch, der kaum einen Mentor nötig hat. Folglich treten die diversen Ratgeberfiguren in den Hintergrund:[104] Alles gehe, so der weise Priester Piromis, vom Herrscher selbst aus.[105] Psammitichus agiert als paternalistischer Monarch und befragt sein Volk „wie ein liebreicher Vater".[106] Das kann deshalb funktionieren, weil Justi (wie auch Christian Wolff) davon ausgeht, dass die Interessen von Herrscher und Beherrschten prinzipiell übereinstimmen. In der idealen aufgeklärten Monarchie besteht somit keine Spannung zwischen Monarch und Untertanen, lässt sich der Herrscher doch von den Bedürfnissen des Volkes leiten und begreift sich – wie theoretisch auch Friedrich II. – als erster Diener des Staats.[107]

---

103 Vgl. Justi: Die Natur und das Wesen der Staaten, S. 123f.: „Der monarchische Staat ist eine sehr einfache Maschine, die am wenigsten gekünstelt ist. Man weis aber, daß diese Art von Maschinen so wohl eine große Kraft zeigen können, als die dauerhaftigsten sind; und in der That, eine uneingeschränkte Monarchie kann eine viel größere Kraft und Thätigkeit zu erkennen geben, als ein andrer Staatskörper von gleicher innerlicher Stärke. Der Monarch giebt hier allen Theilen des Staatskörpers ein gewisses Feuer, eine Munterkeit, die andern Regierungsformen ermangelt." Vgl. Stollberg-Rilinger: Der Staat als Maschine.
104 Vgl. Wolfgang Martens: Der patriotische Minister. Fürstendiener in der Literatur der Aufklärungszeit. Weimar/Köln/Wien 1996 (Kontext. Studien zur Literatur- und Kulturgeschichte der Neuzeit. Bd. 1), S. 173.
105 Vgl. Justi: Psammitichus. Bd. 1, S. 219 (4. Buch): „Man muß nicht glauben, daß ich hauptsächlich der Urheber und die Triebfeder von diesen guten Einrichtungen des Psammitichus in seinen jungen Jahren gewesen bin, wie sich viele eingebildet haben. Es fehlete ihm selbst weder an Einsicht, noch an Willen; und ob er mich gleich bey allen Sachen zu rathe zog; so hatte ich doch selten nöthig, seine eigne Ideen zu verbessern. Alles, was ich mich rühmen kann, dabey gethan zu haben, ist, daß ich ihn zuweilen auf die Spur gebracht, und diesen oder jenen Gedanken in ihm veranlasset habe. In der That aber waren es seine eignen Gedanken; und es ist fast alles lediglich seiner eignen Einsicht und Wirksamkeit beyzumässen."
106 Ebd., Bd. 1, S. 224 (4. Buch). Vgl. Justi: Der Grundriß einer guten Regierung, S. 233f. (§ 191): „Daher soll eine gute Regierung nach dem Muster der Herrschaft eines Vaters über seine Kinder geführet werden. Dieses ist auch ohne Zweifel der Endzweck bey Entstehung der bürgerlichen Verfassungen gewesen."
107 [Friedrich II.:] Anti-Machiavel, S. 119: „Le souverain, bien loin d'être le maître absolu des peuples qui sont sous sa domination, n'en est que le premier magistrat." Die ältere Textstufe lautet „premier domestique". Vgl. ebd. – Vgl. zu den Ähnlichkeiten zwischen Justis Romanfigur und dem preußischen König Rösch-Wanner: J. H. G. von Justi als Literat, S. 241.

Erklärtes Ziel des Königs ist das Glück seiner Untertanen: Es sei, so Psammitichus in einer programmatischen Ansprache an die konkurrierenden Könige, „der Endzweck einer jeden Regierung [...], vor allen Dingen die Wohlfahrt des Volks vor Augen zu haben", das sei „auch dem eignen Nutzen der Könige gemäß".[108] Dieses eudaimonistische Staatsverständnis,[109] für dessen Umsetzung der „Pöbelfreund" Psammitichus sogar sein Leben riskiert,[110] führt dazu, dass er wenn immer es möglich ist auf kriegerische Unternehmungen verzichtet, ja sogar um Menschenleben zu schonen seine von seinem Widersacher Tementhes gefangengesetzte Frau über Jahrzehnte hinweg nicht befreit. In einem Brief an die Gefangene rechtfertigt er seine Entscheidung mit dem Wert jeden einzelnen Menschenlebens:

> Vielleicht hätte ich Azot erobern können, wenn ich das Leben von zwanzigtausend meiner vernünftigen Nebengeschöpfe vor nichts hätte rechnen wollen, denen doch die Götter mit mir einerley Wesen und eben so viel Recht und Befugniß als mir selbst auf das Leben und die Glückseeligkeit desselben gegeben haben. Allein ich habe unmöglich ein so großer Unmensch seyn können.[111]

Psammitichus stellt also seine eigenen Bedürfnisse hintan und verzichtet für mehrere Jahre auf seine geliebte Frau. Das markiert deutlich den Abstand vom höfisch-historischen Roman des 17. Jahrhunderts: So wird etwa in Ziglers *Asiatischer Banise* (1689) halb Asien verwüstet, damit Prinz Balacin schließlich seine Geliebte in die Arme schließen kann; die unzähligen Toten sind „ja nur Nebenpersonen".[112] Diese Humanisierung und Pazifizierung von Herrschaft findet sich leitmotivisch in den meisten politischen Romanen des 18. Jahrhunderts, ja vielfach heben Autoren und Rezensenten die positive Wirkung der Literatur auf die politische Realität hervor.[113] Der Krieg erscheint nun als Übel; auch die heroische

---

108 Justi: Psammitichus. Bd. 1, S. 138.
109 Vgl. Ulrich Engelhardt: Zum Begriff der Glückseligkeit in der Kameralistischen Staatslehre des 18. Jahrhunderts (J. H. G. v. Justi). In: Zeitschrift für historische Forschung 8 (1981), S. 37–79, hier S. 50: „Wie alle Kameralisten geht *Justi* dabei von dem aufklärungsoptimistischen, letztlich aber schon aristotelischen Axiom aus, daß Individual- und Kollektiv-, Bürger und Staatsinteressen [...] grundsätzlich übereinstimmen[.]"
110 So die abschätzige Wertung seiner politischen Gegner. Justi: Psammitichus. Bd. 1, 139.
111 Ebd., Bd. 2, S. 15.
112 Thomas Mann: Der Erwählte. Frankfurt am Main 1951 (Stockholmer Gesamtausgabe der Werke von Thomas Mann), S. 179: „Nicht wenige städtische Streiter waren leider ausgesperrt, die wurden wohl erschlagen. Aber sie waren ja nur Nebenpersonen, und Roger, der Spitzbart, war gefangen."
113 Vgl. etwa Terrasson, der in der Vorrede seines *Sethos* die positiven Wirkungen des *Télémaque* rühmt. Vgl. Kap. 2.2.2.1 dieser Arbeit. Vgl. auch Haller: Fabius und Cato, S. VII-IX.

Bewährung des herausragenden Individuums im Kampf wird zunehmend fragwürdig:[114] So stellten bereits die Schlachtenschilderungen in Fénelons *Télémaque* die Unmenschlichkeit des Krieges heraus.[115] Friedensstiftung und der Abschluss von Bündnissen spielen nun eine wesentlich größere Rolle als im höfisch-historischen Roman des 17. Jahrhunderts,[116] dessen Form die politischen Romane der Aufklärung aber zumeist übernehmen – und damit auch ein gewisses Darstellungsproblem. Schließlich sind mitreißende Schlachtschilderungen vor diesem Hintergrund schlecht zu legitimieren, während auf der anderen Seite die spannende Darstellung von Verhandlungen zumeist die Autoren überfordert.

4.2.3 Psammitichus' politische Ökonomie

Das wesentliche Mittel zur Förderung der Glückseligkeit der Untertanen ist die Ökonomie. Wohlstand, friedliche Außenbeziehungen, politische Stärke lassen sich in der Logik des Romans auf eine prosperierende Wirtschaft zurückführen. Justis Roman schildert dementsprechend in sonst in der zeitgenössischen Belletristik kaum anzutreffenden Ausführlichkeit den Aufbau eines Staatswesens, das nach Maßgaben der politischen Ökonomie organisiert ist.

Von dem Zusammenhang zwischen Prosperität und Glückseligkeit weiß Psammitichus seit seiner Reise nach Phönizien. In Tyrus erfährt er, dass der Handel die Seele eines Staates sei:[117]

> Ich zeigte ihm [berichtet Piromis], daß die innerlichen Gewerbe eines Landes, wenn es auch noch so volkreich wäre, niemals einen so hohen Grad der Lebhaftigkeit erreichen könnten, als wir hier wahrnähmen; sondern daß allein der auswärtige Handel, der gleichsam mit der ganzen Welt geführt würde, einen so blühenden Zustand hervorbringen könnte. Ich stellte ihm vor, daß ein Volk, das einen solchen Handel triebe, sich vermittelst seines Fleißes die Güter der ganzen Welt zu eigen machte, und eben in seiner Bereicherung den mächtigsten Antrieb fände, seinen Fleiß und Arbeitsamkeit beständig zu vergrößern.[118]

---

114 Eine radikale Gegenposition findet sich in Meyerns *Dya-Na-Sore* (1787–91); vgl. dazu Kap. 5.2.2 dieser Arbeit.
115 Vgl. etwa Fénelon: Télémaque, S. 258–275 (15. Buch).
116 Vgl. Meid: Meid: Bündnisse im politischen Roman, S. 116–120.
117 Vgl. zu dem offensichtlichen *Télémaque*-Bezug Schmitt-Maaß: Fénelons „Télémaque" in der deutschsprachigen Aufklärung, S. 642. Auch bei Ramsay dient das phönizische Tyrus als topisches Beispiel für einen wohlhabenden Handelsstaat.
118 Justi: Psammitichus. Bd. 1, S. 184.

Diese Passage fasst die ökonomischen Prinzipien des *Psammitichus* zusammen. Es kommt vor allem auf den Außenhandel an. Zugleich schaffen die Gewinnaussichten große Anreize für die Untertanen. Ihre auf finanziellen Gewinn ausgerichteten Handlungen lassen sich so für das Wohl des Gemeinwesens nutzbar machen. Dabei dürfe, so Piromis, der hier die Jugendgeschichte des Psammitichus erzählt, der Herrscher nicht zu stark eingreifen;[119] der Wohlstand liege gerade daran, dass sich die Herrscher darauf beschränkten, den Handel (etwa durch geringe Zölle) nicht zu behindern und günstige Rahmenbedingungen zu schaffen.[120] Ein möglichst ungehinderter Warenaustausch erscheint also als Grundlage des allgemeinen und dauerhaften Wohlstands. Aus dem Beispiel der Stadt Tyrus lässt sich schließen,

> daß die Ausbreitung und der blühende Zustand des Kaufhandels nicht sowohl auf die Unterstützung und Beförderung der Regierung, sondern hauptsächlich darauf ankäme, daß in dem Staate und dessen Zustande und Verfassungen keine Hindernisse, und denen Commercien nachtheilige Einrichtungen und Beschaffenheiten vorhanden seyn müßten.[121]

Despotismus erkenne man hauptsächlich daran, dass der Staat unzulässig und irrational in den Zuständigkeitsbereich der ökonomisch versierten Bürger eingreife. Die Folge sei, dass „die despotischen, strengen, eigennützigen, willkührlichen und gewaltsamen Regierungen der meisten Reiche denen Commercien

---

119 Vgl. ebd., Bd. 1, S. 186: „Erstlich sah man nicht, daß der damals regierende König das geringste zu Beförderung und Unterstützung der Commercien tat; und nach eingezogener genauen Erkundigung fanden wir, daß seine Vorfahren um die Aufnahme der Commercien sich eben so wenig Mühe gegeben hätten. Alles was der Kaufhandel von der Regierung zu Tyrus zu gewarten hatte, war, daß sie demselben keine Hindernisse im Weg legte, sondern denen Kaufleuten in allen Anstalten und Unternehmungen, die sie zu Ausbreitung der Commercien, und zu Vergrößerung ihres Gewinnstes vor dienlich erachteten, freye Hand ließ."
120 Vgl. zu Justis Herrscherbild auch Keith Tribe: Cameralism and the sciences of the state. In: Mark Goldie/Robert Wokler (Hrsg.): The Cambridge History of Eighteenth-Century Political Thought. Cambridge u. a. 2006, S. 525–546, hier S. 540: „The ruler, suggests Justi, is charged with the economic government of the territorial state, and the welfare of all depends absolutely on the effectiveness of this work of governing. The subjects of this state are not inactive in the absence of the active work of government; it is rather that their activities require definite direction and limitation if welfare is to be maximised. Without the conscious regulative activity of government there would be chaos, which is what collections of human beings create spontaneously in their natural state in the absence of government."
121 Justi: Psammitichus. Bd. 1, S. 186f.

allzu viele Hindernisse in den Weg legten, als daß sie einen gedeihlichen Fortgang nehmen könnten."[122]

Der Roman favorisiert ein merkantilistisches Modell. In seinen theoretischen Schriften hebt Justi – wie auch Voltaire in *Le siècle de Louis XIV* (1751)[123] – immer wieder positiv das Wirken Jean-Baptiste Colberts hervor; dieser sei für die Blüte der französischen Monarchie unter Ludwig XIV. verantwortlich gewesen, während der König diese schließlich durch seine Kriege wieder vernichtet habe.[124] Justis Programm orientiert sich an der staatlichen Wirtschaftsförderung des Merkantilismus; der Roman exemplifiziert, wie der aufgeklärte Monarch schnell und effektiv wirtschaftliche Reformen durchführen könne. Dabei geht Justi von einer den Handel stimulierenden Wirkung des Luxus aus und bezieht damit in einer zentralen politischen und philosophischen Debatte des 18. Jahrhunderts eindeutig Stellung.[125]

---

122 Ebd, S. 187. Dazu gehöre auch, dass das Eigentum der Reichen sicher sein müsse. Am Negativbeispiel des Stadtstaats Korinth wird das exemplifiziert (ebd., Bd. 2, S. 105): „Denn wie kann ein Volk glücklich seyn, wo die Reichen nicht ihres Vermögens und ihres Lebens gesichert sind, und wo sie mithin so viel Ursache haben, ihren Reichthum zu verbergen, und sich in keinen Handel einzulassen, worzu Vermögen erfordert wird. Du siehest leicht, weiser König, daß der Nahrungs-Stand eines solchen Volkes schlecht beschaffen seyn kann, und daß mithin auch das gemeine Volk darunter leidet."
123 Vgl. Voltaire: Le Siècle de Louis XIV. Édition établie, présentée et annotée par Jacqueline Hellegouarc'h et Sylvain Menant. Paris 2005, S. 703–715.
124 Vgl. Johann Heinrich Gottlob von Justi: Die Chimäre des Gleichgewichts von Europa, eine Abhandlung, worinnen die Richtigkeit und Ungerechtigkeit dieses zeitherigen Lehrgebäudes der Staatskunst deutlich vor Augen geleget und dabey allenthalben neue und rührende Betrachtungen über die Ursachen der Kriege und dem wesentlichen Grunde, worauf die Macht eines Staats ankommt, beygebracht werden. Altona 1758, S. 21 f.: „Als nun die Cardinale Richelieu und Mazarin die unumschränkte Gewalt ihrer Könige zu Hause genugsam gegründet und mithin die Kräfte des Reichs brauchbarer gemacht hatten; so konnte sich Ludewig der Vierzehende um desto eher auswärts furchtbar machen. Vielleicht würde er hierzu vielweniger im Stande gewesen seyn, wenn er nicht einen Colbert gehabt hätte. Dieser vortreffliche Minister setzte die Finanzen in den besten Stand, und verschaffte Frankreich mit einer verwundernswürdigen Geschwindigkeit blühende Manufacturen und Commercien. Meines Erachtens würde Ludewig der Vierzehende niemals groß geheißen haben, wenn nicht Colbert gewesen wäre; und die unglücklich geführten Kriege in seinem Alter, die elende Macht seiner Minister nach Colberts und Lonvois [!] Absterben, die Herrschaft der Frau von Maintenon und viele andre Fehler beweisen, daß Ludewig der Vierzehende entweder nie einen großen Geist gehabt hat, oder daß dieser große Geist in seinem Alter sehr stumpf geworden ist."
125 Vgl. zu den Kontexten die Darstellung von Istvan Hont: The early Enlightenment debate on commerce and luxury. In: Mark Goldie/Robert Wokler (Hrsg.): The Cambridge History of Eighteenth-Century Political Thought. Cambridge u. a. 2006, S. 379–418; John Shovlin: The Political Economy of Virtue. Luxury, Patriotism, and the Origins of the French Revolution. Ithaca/London 2006.

In der Tradition des politischen Romans wird das durchaus unterschiedlich bewertet. So lehnt Fénelons auch hier folgenreicher *Télémaque* den Luxus an sich als schädlich ab und propagiert eine Wirtschaftsordnung, die auf der Landwirtschaft basiert.[126] Während bei Fénelon Luxus und Despotismus zusammenhängen und folglich der Überfluss auch mittels des Handels rigide bekämpft werden muss, wendet sich Friedrich II. unter deutlichem Einfluss von Voltaires Gedicht *Le Mondain* (1736) gegen diese rigorosen Positionen.[127] Der *Anti-Machiavel* betont gerade die wohlstandskonstituierende Kraft des Luxus in größeren Staaten: „Le luxe qui naît de l'abondance, et qui fait circuler les richesses par toutes les veines d'un Etat, fait fleurir un grand royaume. C'est lui qui entretient l'industrie; c'est lui qui multiplie les besoins des riches, pour les lier par ces mêmes besoins avec les pauvres."[128] Eine Verbannung des Luxus würde, anders als von Fénelon behauptet, den Staat schwächen, ja die Gefahr des Krieges nach sich ziehen.[129] In der organologischen Metapher, die den Geldumlauf mit dem Blutkreislauf ver-

---

[126] Vgl. Hont: The early Enlightenment debate on commerce and luxury, S. 382 f.: „The eighteenth-century debate began with Fénelon's presentation of a detailed scenario of how Europe's luxury could be destroyed and replaced with a virtually incorruptible economy." – Vgl. ferner die textnahe Studie von Schuurman: Fénelon on Luxury, War and Trade in the *Telemachus*.

[127] Vgl. Hont: The early Enlightenment debate on commerce and luxury, S. 404: „In the French luxury debates of the 1730s neo-Colbertism became an alternative choice not only to Salentum but also to the military route to create a stable Europe. Montesquieu's *Considerations on the Causes of the Greatness of the Romans and their Decline* (1734), Melon's *Political Essay upon Commerce* (1735), and the *Anti-Machiavel* (1740) of the future Frederick II of Prussia and Voltaire, were, in this context, powerful apologies for luxury." Voltaire erwähnt und lobt in seinem einflussreichen Text explizit die Leistungen Colberts. Vgl. Voltaire: Le Mondain. Critical edition by H. T. Mason. In: Les Œuvres complètes de Voltaire. Bd. 16, Oxford 2003, S. 269–313. Voltaire wendet sich in dem Gedicht explizit gegen Fénelons Salente. Vgl. ebd., S. 302 f.: „Or maintenant, Mentor ou Télémaque,/ Vantez-nous bien votre petite Ithaque,/ Votre Salente, et ces murs malheureux, / Où vos Crétois tristement vertueux,/ Pauvres d'effet, et riches d'abstinence,/ Manquent de tout pour avoir l'abondance./ J'admire fort votre style flatteur,/ Et votre prose, encor qu'un peu traînante;/ Mais, mon ami, je consens de grand coeur,/ D'être fessé dans vos murs de Salente,/ Si je vais là pour chercher mon bonheur." In der *Défense du Mondain* erwähnt und lobt Voltaire explizit die Leistungen Colberts. Vgl. ebd., S. 308: „Oh que Colbert était un esprit sage!/ Certain butor conseillait par ménage Qu'on abolît ces travaux précieux,/ Des Lyonnais ouvrage industrieux:/ Du conseiller l'absurde prud'homie/ Eût tout perdu par pure économie;/ Mais le ministre, utile avec éclat,/ Sut par le luxe enrichir notre Etat."

[128] [Friedrich II.:] Anti-Machiavel, S. 192.

[129] Vgl. ebd., S. 193: „Si quelque politique malhabile, s'avisait de bannir le luxe d' un grand empire, cet empire tomberait en langueur; le luxe tout au contraire ferait périr un petit Etat. L' argent, sortant en plus grande abondance du pays, qu' il n' y rentrerait à proportion, ferait tomber ce corps délicat en consomption, et il ne manquerait pas de mourir étique." – Vgl. Hont: The early Enlightenment debate on commerce and luxury, S. 415.

gleicht, zeigt sich, dass sowohl Friedrich II. als auch Voltaire auf Basis eines von Fénelon grundsätzlich unterschiedenen Menschenbildes den Luxus für eine wesentliche Lebensgrundlage des Staates halten.

Auch Justi hebt in seinen theoretischen Schriften in Einklang mit Positionen des *Anti-Machiavel* die überwiegend positive Wirkung des Luxus hervor.[130] Sogar eigentlich negative menschliche Eigenschaften könnten so letztlich zum Wohl des Staates beitragen.[131] Diese Standpunkte, die eine gewisse Nähe zu Mandevilles *Bienenfabel* aufweisen,[132] propagiert auch Justis Roman: Wie dieses Programm in Psammitichus' Herrschaftsbereich durchgeführt wird, ist wesentlicher Gegenstand der Romanhandlung. Die Fiktion macht es möglich, den völligen und effektiven Umbau eines Staatswesens nach Maßgaben der politischen Ökonomie darzustellen. Die Förderung von Wirtschaft und Handel dient der Glückseligkeit der Untertanen. Aufgabe des Herrschers ist es nun, die Rahmenbedingungen dafür zu schaffen, indem er die nötige Infrastruktur schafft und steuerliche Anreize setzt. Dabei muss der Herrscher auch Widerstände der weniger aufgeklärten

---

130 Vgl. Adam: The Political Economy of J. H. G. Justi, S. 53 f.: „Justi hoped for an effective limitation of absolute monarchical rule by a reformed education of the prince. In a similar way to how he had designed *Natur und Wesen der Staaten* as ‚an improved version of *The Spirit of Laws*', Justi designed his mirror of princes novel *Psammitichus* (1759/60) as an updated version of Fénelon's *Telemachus* (1699). Justi admired Fénelon's anti-absolutist politics, but rejected his fervent opposition to luxury. Contrary to Fénelon, Justi made his ideal king Psammitichus apply neo-Colbertist, pro-urban, pro-manufacturing, and pro-luxury policies in order to translate his country into a modern monarchy. Despite its literary shortfalls, *Psammitichus* is of considerable importance for a thorough understanding of Justi's political and economic thought, as many of his ideas on modern monarchy and commercial advancement are expressed in it in a clear, albeit idealised, form."
131 Vgl. den Überblick bei Adam: The Political Economy of J. H. G. Justi, S. 194–199. Vgl. Johann Heinrich Gottlob von Justi: Vergleichungen der Europäischen mit den Asiatischen und andern vermeintlich barbarischen Regierungen, in drey Büchern verfasset. Berlin/Stettin/Leipzig 1762, S. 61–82 („Von der Pracht und Verschwendung der Monarchen"): Auch höfische Prachtentfaltung sei akzeptabel, solange vor allem einheimische Produkte konsumiert würden und die Hofhaltung nicht durch bedrückende Steuern finanziert werde. Vgl. auch Ders.: Ob die Pracht und Verschwendung einem Staate so nachtheilig sey, daß sie nothwendig verboten werden müsse. In: Johann Heinrich Gottlobs von Justi gesammlete politische und Finanzschriften. Bd. 1. Kopenhagen/Leipzig 1761, S. 73–92. Dort erklärt Justi, es sei nötig, dass der Reichtum „unter den Mitbürgern des Staats circulire" (ebd., S. 78). Vgl. ebd., S. 82: „Wenn die Pracht und Verschwendung eine Thorheit ist, so ist es doch gewiß, daß diese Thorheit eine große Menge andrer Menschen vortreflich zu statten kommt, die davon leben und sich ernähren." – Vgl. auch Ders.: Grundsätze der Policeywissenschaft in einem vernünftigen, auf dem Endzweck der Policy gegründeten Zusammenhange und zum Gebrauch academischer Vorlesungen abgefasset. Göttingen 1756, S. 232. Dort wendet sich Justi explizit gegen Kleiderordnungen.
132 Vgl. Adam: The Political Economy of J. H. G. Justi, S. 196.

Untertanen überwinden. Bei seiner Modernisierung Ägyptens von oben gilt es zunächst, die Vorurteile des eigenen Volks zu überwinden, das insbesondere wegen seiner Fremdenfeindlichkeit den Außenhandel behindert.[133]

> In der That wird eine ganz außerordentliche Klugheit und Behutsamkeit erfordert, um ein Volk von seinen alten Vorurtheilen abzubringen; und da ich weis, daß Psammitichus ernstlich entschlossen ist, die schädlichsten von den Vorurtheilen der Egyptier auszurotten; so befürchte ich gar sehr, daß er einen großen Theil von der Gewogenheit der Egyptier verlieren dürfte; wenn er nicht mit außerordentlicher Vorsicht und Weisheit zu werke gehet.[134]

An der Überlegenheit der neuen Vorstellungen nicht zu zweifeln, auch wenn die Eheschließung von Psammitichus' Schwester mit einem Griechen zu Konflikten führt.[135] Am Beispiel des Pyramidenbaus macht der Roman den Unterschied zwischen egoistischem Despotismus und aufgeklärtem Absolutismus sichtbar. In der Vergangenheit wurde Ägypten von moralisch korrumpierten Monarchen regiert; das dumpfe Volk musste, da ihm wegen seiner fremdenfeindlichen Vorurteile unmöglich war, Handel zu treiben, beschäftigt werden – angesichts der Ruhmsucht der Regierenden blieb nur der harte Frondienst beim Pyramidenbau:[136]

> Wir haben nichts als Könige gehabt, welche, da sie ihre Leidenschaften nicht zu bezwingen gelernet hatten, sich gar leicht überredet haben, daß die Unterthanen nur vorhanden wären, ihre ausschweifenden Neigungen zu vergnügen; und da Egypten außerordentlich volkreich wurde, gleichwohl aber nach unsern Grundsätzen kein Umgang und Kaufhandel mit auswärtigen Völkern statt fand; so verfielen Könige, die von ihrer Kindheit an mit keiner Liebe gegen ihr Volk erfüllet waren, gar leicht auf den Grundsatz, daß man dem Volke etwas zu

---

133 Vgl. Justi: Psammitichus. Bd. 1, S. 218f. (4. Buch): „Egypten ist ohne Zweifel das älteste Königreich, und wahrscheinlich sind darinnen die meisten Künste, Wissenschaften und Handarbeiten erfunden. Die Egyptier verstehen demnach sehr wohl allerley Arten von künstlichen Arbeiten und Waaren zu verfertigen. Allein dem ungeachtet können sich nicht alle Menschen darinnen genugsam ernähren; so daß ein großer Theil derselben öfters dem Mangel ausgesetzt ist, oder doch nur kümmerlich seinen Unterhalt findet. Die Ursache ist, weil das mehrerwähnte unglückliche Vorurtheil, alle andre Nationen mit Verachtung anzusehen, und allen Umgang mit ihnen zu vermeiden, die auswärtigen Commercien gänzlich verhindert. Es kann dem nach keine Waare in größerer Menge verfertiget werden, als sie in Egypten verbrauchet wird, und Absatz findet."
134 Ebd., Bd. 1, S. 194.
135 Vgl. ebd., S. 349f.
136 Ähnliche Verhältnisse herrschen auch noch zu Psammitichus' Zeiten. So planen seine Mitkönige den Bau eines Labyrinths; Psammitichus verweigert sich dem Vorhaben und wird dadurch bei allen Ägyptern ungemein beliebt. Vgl. ebd., Bd. 1, S. 220.

arbeiten geben, und durch harte Arbeit ihren allzu häufigen Anwachs verhindern müßte. Diesen bösen Grundsätzen hat Egypten den Bau der berühmten Piramiden zu danken, an welche man unermäßliche Schätze verschwendet hat, an welchen Millionen Egyptier mehr als Sklavenarbeit haben verrichten müssen, und welche bis zu ewigen Zeiten ein unzerstörliches Denkmaal so wohl von der großen Eitelkeit als von der Härte und Tyranney unsrer Könige gegen ihre Unterthanen bleiben werden.[137]

Als Psammitichus in den letzten Jahren seiner Herrschaft nicht umhinkommt, selbst ein großes Bauprojekt zu unterstützen, das der monarchischen Repräsentation dient, nutzt er es, um die Wirtschaft anzukurbeln. Diese Episode des Romans lässt sich geradezu als finanzpolitische Anleitung für eine sinnvolle Ausgabenpolitik lesen: So möchte Rhodope, Psammitichus' zweite Ehefrau, das Geld eines gefundenen Schatzes in den Bau einer Pyramide investieren, um „ihren Nahmen zu verewigen"; Triebfeder ist ihre „Eitelkeit".[138] Der bedächtige Psammitichus sieht bald den Nutzen in diesem an und für sich sinnlosen Projekt:

> Er überlegte zugleich, daß ein gar zu übermäßiger Reichthum seiner Kinder zweyter Ehe sie vielleicht zu hohen und kühnen Gedanken gegen seine Nachfolger auf dem Thron verleiten könnte, woraus Unruhen entstehen würden. Überdieß urtheilete er, daß zwey tausend Talente, wenn sie durch diesen Bau zur Circulation kämen, den Nahrungs-Stand auf einmal empor heben, und zu einem blühenden Zustande befördern würden. Er willigte also endlich zu dem Bau dieser Pyramide ein; jedoch unter der Bedingung, daß alle Arbeit daran vor Geld und freywillig, und nicht das geringste durch Zwang geschehen solte.[139]

Hier wird der Pyramidenbau zum Beispiel einer klugen Wirtschaftspolitik, die darauf abzielt, Geld in Umlauf zu bringen. Die „Circulation" des Geldes steht in der kameralistischen Lehre in Analogie zum menschlichen Blutkreislauf, der den Körper am Leben erhalte.[140] Das tote Kapital, für das der vergrabene Schatz steht,

---

137 Ebd., Bd. 1, S. 157.
138 Vgl. ebd., Bd. 2, S. 358: „Vielleicht schmeichelte es ihrer Eitelkeit, daß eine Griechin sich denen alten Egyptischen Königen in Aufführung dieser prächtigen aber eiteln Denkmäler eines ewigen Nahmens an die Seite setzen könnte."
139 Ebd., S. 358 f.
140 Vgl. Johann Heinrich Gottlobs von Justi Staatswirthschaft oder Systematische Abhandlung aller Oekonomischen und Cameral-Wissenschaften, die zur Regierung eines Landes erfodert werden. Teil 1. 2. Auflage. Leipzig 1758, S. 259 f.: „Es ist nicht genug, daß sich Reichthum in dem Lande befindet; sondern der Rgent muß auch alle dienliche Mittel anwenden, damit dieser Reichtum beständig in den Gewerben verkehret werde, und aus einer Hand in die andere gehe; denn darauf kömmt der wahre Reichthum des Landes lediglich an. Hierdurch werden nämlich die Unterthanen in den Stand gesetzet, sowohl durch Fleiß und Arbeit ihre Nothdurft und Bequemlichkeit zu gewinnen, als auch das Ihrige zu den Bedürfnissen des Staates beyzutragen. In der That kann man sich eine Republik sehr natürlich unter dem Bilde eines menschlichen Körpers

kann so dazu dienen, den Wohlstand der unteren Schichten zu steigern, die nicht mehr zu Frondiensten herangezogen, sondern für ihre Arbeit entlohnt werden. Ganz ähnlich heißt es bezeichnenderweise im *Anti-Machiavel* in einer von Voltaire hinzugefügten Passage: „Tout particulier et tout roi qui ne sait qu'entasser, enterrer seulement de l'argent, n'y entend rien; il faut le faire circuler pour être vraiment riche."[141] Der Herrscher ist im *Anti-Machiavel* wie im *Psammitichus* wichtiger Akteur in den ökonomischen Zusammenhängen, eben weil er gezielt Anreize zur Aktivierung ökonomischer Tätigkeiten der Untertanen aller Stände setzen kann.[142]

Unter „Nahrungs-Stand" versteht Justi nicht nur die Landwirtschaft, sondern ausdrücklich „viererley Hauptarten der Gewerbe", zu denen der „Erdenbau", der Landwirtschaft und Bergbau miteinschließt, „Manufacturen, Fabriken und Handwerker", „Kaufhandel" sowie „Künste und Wissenschaften" zählen.[143] Alle daran beteiligten Akteure profitieren von der Steigerung des Geldumlaufs; er dient der Hebung des Wohlstandes und schafft so eine erhöhte Binnennachfrage, wovon auch die (staatlichen) Betriebe profitieren:

---

vorstellen. Der Reichthum ist das Blut, die Gewerbe sind die Adern, und die Regierung ist das Herz, in welches der in den Gewerben circulirende Reichthum durch die Abgaben nach und nach fließet, und sich von dar wieder in alle Theile des Staatskörpers durch den Aufwand der Regierung ergießet." Die „Circulation des Geldes" könne „durch vier Hauptmittel befördert" werden: „Es wird nämlich erfordert 1) daß der gesammte Nahrungsstand im Lande in einem guten Zusammenhang erhalten werde; 2) daß das Land seinen Credit beständig aufrecht erhalte; 3) daß die Manufacturen und Handwerke sich in einem guten Zustande befinden, und 4) daß dem Müßiggange und dem Betteln gesteuert werde." – Vgl. Schmidt: Merkantilismus, Kameralismus, Physiokratie, S. 62: „Die Forderung, das Geld müsse ständig in Umlauf gehalten werden, bildet einen notwendigen Bestandteil der merkantilistischen Geldlehren. Zugleich ist die Berücksichtigung der monetären und güterwirtschaftlichen Kreislaufströme für die Merkantilisten kennzeichnend. Daher maßen sie den Geldausgaben des Staates für Güter und Dienste und der reichen Familien für Luxusgüter große Bedeutung bei, sofern diese Güter im Inland hergestellt wurden. Dabei schätzten sie die Inflationsgefahr gering ein, da sie eine hohe Angebotselastizität oder Unterbeschäftigung des Landes unterstellten." – Vgl. auch Thomas Simon: „Gute Policey". Ordnungsleitbilder und Zielvorstellungen politischen Handelns in der Frühen Neuzeit. Frankfurt am Main 2004 (Studien zur europäischen Rechtsgeschichte. Bd. 170), S. 528: „Justi hat diese ökonomisch fundierte Lehre vom Steuerrückfluß zu einer systematischen Lehre von der richtigen Ausgabentätigung ausgebaut."

141 [Friedrich II.:] Anti-Machiavel, S. 194, Kap. 16. Zu Voltaires Urheberschaft des zitierten Satzes vgl. ebd., Anmerkung 4.
142 Vgl. Ulrich: The Political Economy of. F. G. H. Justi, S. 60: „Justi took up the Fénelonian idea, modified by Frederick and Voltaire in the *Anti-Machiavel*, that internal development was a far more sophisticated form of aggrandisement than conquest."
143 Vgl. Justi Staatswirthschaft, S. 266.

Indessen wendete Psammitichus alle seine Aufmerksamkeit auf die Commercien und Manufacturen, um dieselben in recht blühenden Zustand zu setzen. Er fand in der That, als der Bau der Pyramide kaum zwey Jahre gedauert hatte, wie sehr das Geld, welches dadurch zur Zirkulation kam, seine Absicht beförderte. Der ganze Nahrungs-Stand wurde dadurch belebet; und die Commercien und Manufacturen wurden dadurch weit blühender, als sie jemals gewesen waren.[144]

Die merkantilistische Wirtschaftspolitik hat aber nicht nur eine konkrete Funktion für den Wohlstand des eigenen Staates, sondern sie trägt in Justis Verständnis auch dazu bei, die internationalen Beziehungen friedlich zu gestalten. Psammitichus agiert wirtschaftspolitisch vorausschauend und fördert die Herstellung von Waren gezielt für den Export,[145] schafft die nötige Infrastruktur und organisiert das Steuersystem nach entsprechenden Grundsätzen.[146] Um den Außenhandel zusätzlich zu fördern, schließt er Bündnisse mit anderen Nationen, achtet dabei aber immer auf den Vorteil Ägyptens:

Der Vortheil der Handlung war demnach allemal auf Seiten der Egyptier; indem die Fremden vielmehr Egyptische Waaren ausführeten, als fremde Waaren in das Reich gebracht wurden. Folglich vermehrte sich der Reichthum in Egypten. Dieses hatte seinen Einfluß in alle Künste und Gewerbe. Sie wurden dadurch aufgemuntert und zu Vermehrung ihres Fleißes und ihrer Arbeiter angetrieben; weil sie kaum so viel arbeiten konnten, als die Waaren gesucht wurden; und alle Nahrungs-Arten und Gewerbe erlangten dadurch eine große Lebhaftigkeit.[147]

Als Verfechter einer merkantilistischen Politik ist sein Ziel eine positive Handelsbilanz.[148] Trotz dieses nicht zu leugnenden Vorteils der Ägypter führen diese

---
144 Justi: Psammitichus. Bd. 2, S. 359.
145 Vgl. ebd., S. 139: „So fort ließ sich Psammitichus angelegen seyn, neue Wollen-Manufacturen anzulegen und die alten zu erweitern; und ob zwar die wollene Kleider in Egypten nicht stark, sondern am meisten leinene Kleider gebraucht wurden; so war doch dieses eine sehr beliebte Waare vor die auswärtigen Commercien."
146 Vgl. ebd., S. 81 f. (8. Buch): Psammitichus nimmt „die schon längst vorgehabte Verminderung der Abgaben in ganz Egypten" in Angriff. Er prüft die Steuern „in wie weit diese, oder jene Abgabe das Armuth [!] drückte, und ob sie einen nachtheiligen Einfluß in das Aufnehmen der Commercien und Gewerbe hätte; und an diesen Arten von Steuern brachte er vornehmlich die Verminderung zu Stande; diejenigen aber so in diesen Puncten am nachtheiligsten waren, hob er ganz und gar auf, oder brachte sie in eine andere Form, daß sie weder der Armuth, noch denen Gewerben mehr beschwerlich wären."
147 Ebd., Bd. 2, S. 32.
148 Vgl. auch Justis theoretische Schriften. Johann Heinrich Gottlob von Justi: Die Grundfeste zu der Macht und Glückseeligkeit der Staaten; oder ausführliche Vorstellung der gesamten Policey-Wissenschaft. Erster Band [...], Königsberg/Leipzig 1760, S. 516: „Es ist aber die Gewinnung der Handlungsbalanz das allerwichtigste Augenmerk in dem ganzen Commercienwesen, worauf eine weise Regierung, oder die Landespolicey zu sehen hat. Blühende und dauerhaftige Commercien

Handelsbeziehungen durchaus zu einer Pazifizierung der Außenpolitik; Ökonomie und Völkerverständigung sind hier nicht nur vereinbar, sondern hängen zusammen. Der Außenhandel hat im Roman somit eine doppelte Funktion: Einerseits stellt er eine positive Handelsbilanz sicher, andererseits führen die ökonomischen Verflechtungen der Staaten zu einer friedlichen Koexistenz, ja zuweilen sogar zu Freundschaft.[149]

Zweifellos ist Justis Modell der neo-colbertistischen Praxis insofern idealisiert, als dass es die aggressiven Bestandteile, die diesem Wirtschaftsmodell eignen, nahezu völlig ausblendet.[150] Schließlich besteht ein immanenter Widerspruch zwischen einer auf „Gewinnung der Handlungsbalance"[151] ausgerichteten Politik und der Idee von Völkerverständigung. Der latente Konflikt zwischen Protektionismus und den Bedürfnissen anderer Nationen, der ja in der Praxis gegen Ende des 17. Jahrhunderts zu etlichen Handelskriegen führte,[152] wird nicht aufgelöst, ja ließe sich wirtschaftstheoretisch wohl auch nicht auflösen.[153]

Diese Leerstelle wird auch in den Reflexionen über das Verhältnis von Moral und Handel deutlich. Das Problem stellt sich, als Psammitichus erwägt, einen Handelsvertrag mit Korinth abzuschließen, wo der unberechenbare König Kyp-

---

kommen lediglich darauf an, daß ein Volk diese Handlungsbalanz gewonnen hat." Vgl. auch ebd., S. 519: „Folglich [wegen der Bevölkerungszunahme!] muß ein solches Volk, das die Handlungsbalanz eine lange Zeit auf seiner Seiten gehabt hat, immer mächtiger werden. Kurz! heute zu Tage zweifelt so leicht niemand, daß die Handlung die Seele eines Staats ist, und daß dessen Macht und Glückseeligkeit größtentheils auf den Zustand seiner Commercien ankommt."
149 Vgl. Justi: Psammitichus. Bd. 2, S. 33.
150 Zu diesem Verhältnis vgl. Hont: Jealousy of Trade.
151 Justi: Die Grundfeste zu der Macht und Glückseeligkeit der Staaten, S. 516.
152 Vgl. Gömmel/Klump: Merkantilisten und Physiokraten in Frankreich, S. 103. „Die Verdreifachung der französischen Importzölle, die der neue Zolltarif von 1667 beinhaltete, führte zu Retorsionsmaßnahmen im Ausland, zu einem Handelskrieg und schließlich zum Krieg mit den Niederlanden. Im Frieden von Nymwegen mußte Frankreich schließlich wieder zu dem alten Zolltarif von 1664 zurückkehren."
153 Vgl. Friedrich Heinrich Gottlob von Justi: Die Chimäre des Gleichgewichts der Handlung und Schiffahrt; oder: Ungrund und Nichtigkeit einiger neuerlich geäußerten Meynungen von denen Maaßregeln der freyen Mächte gegen die zu befürchtende Herrschaft und Obermacht zur See, wobey zugleich Neue und wichtige Betrachtungen über die Handlung und Schiffahrt der Völker, und über den höchsten Punkt der daraus entstehenden Macht und Glückseligkeit beygebracht werden. Altona 1759. In dieser Schrift legt Justi dar, dass eine lange andauernde extreme Dominanz eines Staates nicht möglich sei; es gebe vielmehr „self-balancing tendencies of international free trade" (Adam: The political economy of J. H. G. Justi, S. 89), z. B. bedingt durch Preise und Lohnentwicklungen.

selus in einer Weise herrscht, die dem Handel nicht eben förderlich ist.[154] Psammitichus reflektiert dieses Problem:

> Psammitichus, nachdem er diesen Bericht seines Gesannten reiflich erwogen hatte, urtheilte, daß man auch mit solchen Staaten Verbindungen eingehen könnte, deren Regierungen böse und verdorben wären, insonderheit in Ansehung der Commercien; wenn man sich nur in diesen Verträgen zu nichts anheischig machte, was ihre böse Regierung und ungerechten Maaßregeln unterstützte; und eben dieser Meinung war Piromis, ohngeachtet er in der Staats-Kunst ein sehr zärtliches Gewissen hatte. Man befahl demnach dem Oberpriester Elbos, den Freundschafts- und Handlungs-Tractat zum Schluß zu bringen, so wie es dem Aufnehmen der Handlung von Egypten vortheilhaftig wäre; und da sich Kypselus alle Bedingungen gefallen ließ; so kam dieser Tractat gar bald zu Stande; und die Commercien von Egypten wurden mithin abermals erweitert.[155]

Dass die Protagonisten überhaupt die Frage nach der Verbindung von Ethik und Ökonomie stellen, ist ungewöhnlich; wie sie allerdings rasch wieder abgetan wird, verrät, dass die aporetische Konstruktion in der Logik von Justis Roman nicht vermittelt werden kann. So zieht er eine Trennlinie zwischen Handel und Moral; die eine Sphäre könne von der anderen problemlos geschieden werden. Im Vordergrund steht hier der konkrete Nutzen für das eigene Staatswesen – ein Indiz, dass im Zweifelsfall der Nutzen für die Glückseligkeit der eigenen Untertanen die allgemeineren Erwägungen zurücktreten lässt. Ein „zärtliches Gewissen" muss also zuweilen ignoriert werden.

4.2.4 Fazit

Justis *Psammitichus* entfaltet ein geschlossenes ökonomisches System in Romanform. Er propagiert in ägyptischer Einkleidung eine starke, aber dennoch durch Gesetze gemäßigte Monarchie, die ideale Rahmenbedingungen für die Steigerung des Wohlstandes und damit der zeitlichen Glückseligkeit aller schafft. Insofern befindet sich der Roman auf der Höhe der Zeit; das Wirtschaftsmodell, das in der Fiktion realisiert wird, entspricht den Ideen eines Reformabsolutismus moderner Ausprägung; in den damit verbundenen Ausführungen über die Rolle des Luxus bezieht der Text Stellung zu europäischen Debatten. Justi stellt in seinem *Psammitichus* den idealen, auf merkantilistischen Prinzipien basierenden

---

154 Vgl. Justi: Psammitichus. Bd. 2, S. 86–109 (8. Buch, „Schreiben des Oberpriester Elbos, worinnen die alte Korinthische Geschichte und des dasigen Fürsten Kypselus Begebenheiten erzählet werden").
155 Ebd., S. 109.

Staat dar. Dies ist in der Romanfiktion in einer Konsequenz möglich, die dem tatsächlich politisch Handelnden verwehrt bleiben muss.

Der Autor integriert dabei nicht nur detaillierte politische Wissensbestände in seinen Entwurf; auch seine Romanpoetik lässt sich auf Positionen aus dem staatsphilosophischen Diskurs zurückführen. Insbesondere der *Anti-Machiavel* steht im Hintergrund: Justis idiosynkatische Positionen, die er vehement in den Vorreden vertritt zu den beiden Bänden seines Romans vertritt, dürften wesentlich auf den Versuch zurückzuführen sein, einen Roman zu verfassen, der in Preußen anschlussfähig war. Dieser Umstand kann auch erklären, weshalb Justi derart harsch auf die vernichtende Rezension reagierte, die Thomas Abbt, der in der Schrift *Vom Tode für das Vaterland* (1761) einen borussischen Patriotismus propagierte, 1761 in den *Briefen, die neueste Litteratur betreffend* publizierte. Sie registriert ein Grundproblem von Justis Konzeption: Die Spannung zwischen dem ausführlich dargelegten Anspruch auf historische Treue und der deutlich erkennbaren Projektion eines merkantilistischen Entwurf auf das alte Ägypten wird weder gedanklich noch erzählerisch bewältigt.[156]

Darüber hinaus kann der Text den Widerspruch zwischen der in der Vorrede eingeforderten historischen Gelehrsamkeit und den nicht zu übersehenden Verfahren historischer Projektion nicht überbrücken. Was der Beglaubigung dienen soll, wird so unter der Hand zum Anstoß der Kritik. Gerade diese Spannungen sind es, die Justis Roman als literarischen Text für Zeitgenossen problematisch machen. Im Zusammenhang mit dem um 1760 zusehends deutlich werdenden Geschmackswandel musste der Roman trotz seines avancierten staatstheoretischen Inhalts auf viele Leser tatsächlich befremdlich wirken. Dabei geht es weniger um die Funktion des Romans als Wissensspeicher, als vielmehr um die geeignete ästhetische Einkleidung. Thomas Abbts despektierliche Bezeichnung von Justis

---

156 Symptomatisch ist auch die Vorrede zum zweiten Band, die zeigt, welche Anstrengungen Justi unternehmen muss, um einige Episoden dem Zeitgeschmack anzupassen. Vgl. Justi: Psammitichus. Bd. 2, unpaginierte Vorrede: „Ich gestehe gern, daß ich mich nicht entschließen konnte, in meinem Werke den Psammitichus einen solchen Fehltritt begehen, und denselben die allergrößte Buhldirne heirathen zu lassen, die mir desto schändlicher schien, je reicher sie gewesen ist. Ich würde auch Grund gehabt haben, solches nicht zu thun, wenn auch die Wahrheit der Geschichte nicht dem geringsten Zweifel unterworfen gewesen wäre. Denn da ich hier die Absicht habe, den Psammitichus als ein vortreffliches und reizendes Muster vorzustellen; so war diese Begebenheit mit meinem Endzweck gar nicht verträglich; und wenn auch diese Heirath nach denen damaligen Egyptischen Sitten gar keinen Vorwurf nach sich gezogen hätte; so mußte ich doch hier auf unsre Sitten sehen, und davor Ehrerbietung haben; weil es unsre Zeiten sind, denen ich den Psammitichus zum Vorbilde vorstelle."

Roman als „Egyptische Banise vom Jahre 1759" unterstreicht,[157] dass die Haupt- und Staatsaktionen des politischen Romans auch als überlebte Reminiszenzen an barockes Erzählen aufgefasst werden konnten, zumal dann, wenn wie im Falle Justis, der Abstand zur zeitgenössischen Romanliteratur auf der Hand lag. So verdeutlicht auch der Literaturskandal um Thomas Abbts Rezension und das kurzzeitige Verbot der *Briefe, die neueste Litteratur betreffend* die Spannung zwischen einer Literatur, die in den politischen Diskurs eingreifen will, und einer zunehmend mehrheitsfähigen Auffassung literarischen Schreibens, die zuallererst die ästhetischen Qualitäten in den Blick nimmt.[158] Justi reagierte auf den Verriss, indem er in einem Beschwerdeschreiben an Friedrich II. das Verbot der angeblich subversiven Literaturbriefe forderte.[159] Es dauerte allerdings nur we-

---

157 [Thomas Abbt: Rezension von Justi: Psammitichus]. In: Briefe, die neueste Litteratur betreffend XII (1762), S. 255–284 (196.–198. Brief), hier S. 255.
158 Vgl. Florian Gelzer: „Persischer Telemach" und „Ägyptische Banise". Albrecht von Hallers Staatsromane im romangeschichtlichen Kontext. Online-Publikation: http://www.germanistik. unibe.ch/gelzer/PDF-Seiten/gelzer_haller.pdf. Allerdings ist fraglich, inwieweit ein einziges Rezeptionszeugnis valide Rückschlüsse auf übergreifende Zusammenhänge zulässt.
159 Vgl. Johann Heinrich Gottlob v. Justi an Friedrich II., Kg. von Preußen, 10.3.1761. In: Gotthold Ephraim Lessing: Briefe, die neueste Literatur betreffend. Hrsg. und kommentiert von Wolfgang Bender. Stuttgart 1972, S. 344–350. Justi erhebt dort den Vorwurf, Friedrich Nicolai und „ein gewisser Jude namens Moses" würden in den Literaturbriefen „aus gewinnsüchtigen und schwarzen Absichten die würdigsten und verdienstvollsten Gelehrten unserer Zeit mit einer bis hieher in dem Reiche der Wissenschaften noch nie erhörten Unverschämtheit und Frechheit" angreifen (ebd., S. 344), darunter auch Friedrich II.: Die Autoren hätten sich „sogar erfrechet, von dem erhabenen Verfasser der *Œuvres du Philosophe de Sanssouci* die allerunverschämtesten Ausdrücke zu brauchen." (Ebd., S. 345) Justi hebt hervor, es gehe ihm um „die Aufrechterhaltung der Ordnung" (ebd., S. 344), die durch die die Zensur umgehenden Autoren gefährdet sei, und betont (wenig überzeugend), eine persönliche Kränkung durch Abbts Rezension habe keine Rolle für seine Anzeige gespielt: „Ohngeachtet ich von diesen vermeinten Kunstrichtern in dem zwölften Teile ihrer Schriften gleichfalls auf eine zügellose Art angegriffen worden bin, so hat doch dieses in meine gegenwärtige alleruntertänigste Anzeige nicht den geringsten Einfluß. Da ihre Kritiken bei allen Gelehrten in ganz Teutschland in einer überaus großen Verachtung stehen, so kann mir dieses ebenso gleichgültig sein, als wenn sich ein Kind hätte einfallen lassen, von meinen Schriften zu urteilen." (Ebd., S. 347) Er wolle als Patriot „einen Unfug" anzeigen, der dem „guten Ruf des Landes in der Tat nachteilig" sei (ebd., S. 348); verantwortlich seien Nicolai und seine Mitarbeiter sowie der Buchdrucker Winter, die „ohne Zensur" (S. 350) druckten. Zu Justis Brief vgl. Wolfgang Martens: Literatur und ‚Policey' im Aufklärungszeitalter. Aufgaben sozialgeschichtlicher Literaturforschung. In: Germanisch-Romanische Monatsschrift. N.F. 31 (1981), S. 404–419. Vgl. die Schilderung von Friedrich Nicolai: Verbot der *Literaturbriefe* in Berlin 1762. In: Ders.: ‚Kritik ist überall, zumal in Deutschland nötig'. Satiren und Schriften zur Literatur. Mit 20 zeitgenössischen Abbildungen. Leipzig/Weimar 1987, S. 443–457 [zuerst in: Neue Berlinische Monatsschrift 18, Berlin/Stettin 1807, S. 340–359. Der Titel im Inhaltsverzeichnis; überschrieben mir „Fortsetzung der Berliner Nachlese]. Vgl. auch Adam: The political economy of J. H. G. Justi,

nige Tage, bis geklärt wurde, dass es sich um den Racheakt eines beleidigten Autors handelte.[160] Justis Beschwerde, die zum kurzzeitigen Verbot der *Literaturbriefe* führte, lässt sich mit Sicherheit auf gekränkte Eitelkeit zurückführen; sie verrät aber auch, dass sich der Autor als wichtiger und staatsnaher Theoretiker begriff, der seine literarische Produktion als notwendigen Beitrag zu einer Reform von oben verstand.[161] In diesem Zusammenhang liegt es nahe, die Ausführungen des *Psammitichus* auch als Beitrag zu einer erhofften künftigen Reform Preußens aufzufassen.

4.3 Aufklärungspädagogik und Roman: Johann Bernhard Basedows *Agathokrator* (1771)

In den 1770er Jahren finden die Errungenschaften der Aufklärungspädagogik Eingang in die Fürstenerziehung: Wie Claudia Kollbach gezeigt hat, stand (zumindest an den reformorientierten deutschen Höfen) die Unterrichtspraxis häufig im Zeichen Rousseaus;[162] und auch die Romane der 1770er Jahre, am prominentesten Wielands *Goldner Spiegel*, strebten nach einer Harmonisierung von politischer Didaxe und natürlicher Erziehung. Diese Nähe von Aufklärungspädagogik und höfischer Erziehung überrascht nicht – schließlich sind die „Wurzeln der modernen Pädagogik […] sowohl in der adligen Hofmeisterliteratur zu suchen als auch in dem spezifisch adligen Ideal des weltgewandten honnête homme",[163] so dass von einem Bruch mit älteren Konzeptionen keine Rede sein kann.

S. 44 f. Vgl. auch Richard Thiele: Thomas Abbts Anteil an den Briefen, die neueste Literatur betreffend. In: Beiträge zur deutschen Philologie. Festschrift für Julius Zacher. Halle 1880, S. 147–190.

160 Gekränkte Eitelkeit dürfte eine nicht unbeträchtliche Rolle gespielt haben. Vgl. Nicolai: Verbot der *Literaturbriefe* in Berlin 1762, S. 450: „Justi ward äußerst erbittert; aber anstatt sich zu verteidigen, wozu er freilich allzu ohnmächtig war, suchte er sich auf die hämischste Art zu rächen." Anders Martens: Literatur und ‚Policey' im Aufklärungszeitalter.

161 Abbts Rezension ist ein untrügliches Indiz für die Krise einer bestimmten Art didaktischer Literatur bzw. für die gestiegenen Ansprüche an didaktisches Erzählen. Dass Abbt Justis Intention „gründlich missverstanden" haben soll (so Schmitt-Maaß: Fénelons „Télémaque" in der deutschsprachigen Aufklärung, S.645), sehe ich nicht, schließlich reiht sich Justi selbst in den Paratexten explizit in die Tradition des politisch-didaktischen Romans ein – ganz abgesehen davon, dass die Intention eines Autors nicht als Richtschnur des Kunstrichters dienen muss.

162 Vgl. Claudia Kollbach: Aufwachsen bei Hof. Aufklärung und fürstliche Erziehung in Hessen und Baden. Frankfurt/New York 2009 (Campus Historische Studien. Bd. 48), S. 63

163 Ebd., S. 223. Vgl. ebd., S. 229: „Erst im 18. Jahrhundert wurden die Elemente der adligen Pädagogik allerdings systematisiert und durch neuere anthropologische und medizinische Erkenntnisse ergänzt. Dabei verschwieg man die Verbindung der ‚neuen' Pädagogik zu ursprünglich

Welch große Bedeutung in diesem Zusammenhang der Romanform beigemessen wurde, zeigt sich in Johann Bernhard Basedows Abhandlung *Agathokrator: oder von Erziehung künftiger Regenten* (1771), die Strukturen und Motive des politischen Romans aufnimmt:[164] Es handelt sich dabei um die Überlegungen des Aufklärungspädagogen zur Prinzenerziehung, die er bereits in knapper Form im vierten Kapitel seines *Methodenbuchs* (1770) vorgelegt hatte.[165] Die positiven Reaktionen hätten ihn ermutigt,

> auf eine eindringendere Vorstellungsart und grössere Vollständigkeit zu denken; folglich ihn gänzlich umzuarbeiten, und in dieser neuen Gestalt, an Landesväter und Landesmütter, welche der Nachwelt gute Regenten wünschen oder sogar selbst erziehen können, ehrerbietigst zu bestimmen.[166]

Für den Zusammenhang dieser Studie ist Basedows Text in mehrfacher Hinsicht interessant. So reflektiert er ausführlich über den Nutzen fiktionaler Schreibweisen: Der *Agathokrator* ist als gattungsmäßiger Grenzfall ein Beleg für die Ausstrahlung des politischen Romans und für das Wissen um seine Möglichkei-

---

adligen Erziehungsentwürfen. Tatsächlich beabsichtigte man sich mit ihr – ebenso wie mit dem ‚bürgerlichen' Familienideal – vom Adel abzugrenzen."

164 Vgl. J. B. Basedow: Agathokrator: oder von Erziehung künftiger Regenten nebst Anhang und Beylagen. Leipzig 1771. – Die spärliche Forschung zu diesem Text ist sich uneins in Bezug aus seine Zuordnung: Naumann (Politik und Moral, S. 124) spricht von einem Roman, „dessen erzählerisches Element minimal ist", in ähnlicher Weise versteht ihn Biesterfeld (Der Fürstenspiegel als Roman, S. 433) als einen Roman, der „allerdings weniger romanhaft als alle anderen von [ihm] vorgestellten Beispiele" wirke. Bersier: Wunschbild und Wirklichkeit, S. 221, bezeichnet den *Agathokrator* als „Erziehungsutopie". – Vgl. zu Basedow und dem Philantropismus Heikki Lempa: Bildung der Triebe. Der deutsche Philantropismus (1768–1788). Turku 1993; Hanno Schmitt: Vernunft und Menschlichkeit. Studien zur philantropischen Erziehungsbewegung. Bad Heilbrunn 2007; Jürgen Overhoff: Die Frühgeschichte des Philantropismus (1715–1771). Konstitutionsbedingungen, Praxisfelder und Wirkung eines pädagogischen Reformprogramms im Zeitalter der Aufklärung. Tübingen 2004 (Hallesche Beiträge zur europäischen Aufklärung. Bd. 26). Vgl. zur 1777 erschienenen französischen Übersetzung François Genton: Agathokrator ou De l'éducation des princes destinés au trône (1770–1771) de Basedow: innovation pédagogique et résignation politique. In: Gérard Luciani/Catherine Volpilhac-Auger (Hrsg.): L'Institution du prince au XVIIIe siècle. Actes du huitième colloque franco-italien des sociétés française et italienne d'étude du XVIIIe siècle. Ferney-Voltaire 2003, S. 53–62.

165 Vgl. Johann Bernhard Basedow: Versuch eines Beytrages zu einem Plane der Erziehung und des Unterrichts der Prinzen. In: Ders.: Das Methodenbuch für Väter und Mütter der Familien und Völker. Altona/Bremen o. J. [1770]. Bd. 1, S. 38–76. – Vgl. Christa Kersting: Die Genese der Pädagogik im 18. Jahrhundert. Campes „Allgemeine Revision" im Kontext der neuzeitlichen Wissenschaft. Weinheim 1992, S. 55.

166 Basedow: Agathokrator, S. XVI.

ten, auch wenn Basedow die im engeren Sinn romanhaften Anteile in einem extremen Maße zurückdrängt und sie eher in der Rahmung der dominierenden expositorischen Passagen anzutreffen sind, namentlich durch Verfahren der Quellenfiktion.[167] In der Vorrede erläutert Basedow sein Verfahren, das vor allem das Ziel verfolgt, den Autor zu schützen:

> Weil ich aber auf einige Grundsätze und Vorschläge gerathen kann, deren Erfüllung zu unsern Zeiten entweder nicht rathsam oder nicht möglich ist: so werde ich die Gedanken der Leser in unbekannte Zeiten und Gegenden versetzen, und die Erziehung Agathokrators des Zweyten in dem Lande Alethinien beschreiben, ohne zu bestimmen, in welchem Grade die Nachahmung in Europa und in diesem achtzehnten Jahrhunderte rathsam und möglich sey.[168]

Die Ansiedlung im ‚Land der Wahrheit' entlastet also den Verfasser, indem sie den Praxisbezug relativiert. Von einem ästhetischen Mehrwert ist hier bezeichnenderweise nicht die Rede; es geht vielmehr um Strategien der Rücknahme, die durch die immer wieder betonte Verzahnung mit Basedows sonstigen theoretischen Werken unterlaufen werden.[169]

Im Zentrum des Traktats steht die Erziehung des titelgebenden Agathokrator, also des ‚guten Herrschers', die von seinen Eltern Agathokrator I. und Sophronia, also der personifizierten Klugheit,[170] initiiert und begleitet wird: „Die Erziehung unsrer Kinder ist ein wichtiges Reichsgeschäft."[171] Vermittelt werden die didaktischen Inhalte in intradiegetischen Erzählungen – etwa dem „Tagebuche von Agathokrators Erziehung bis zu Ende seines siebenden Jahres"[172] – und eingelagerten expositorischen Passgen, als deren Urheber wiederum Figuren der Romanhandlung ausgegeben werden: So entwirft „der König selbst einen Plan von

---

[167] Vgl. etwa ebd., S. 12: „Dieses mit allgemeinen Anmerkungen bereicherte Tagebuch wurde als ein Theil der königlichen Handbibliothek aufgehoben." Ebd., S. 55: „Das Manuscript des königlichen Plans von der Prinzenerziehung war an den meisten Stellen so schadhaft, daß ich von vielen dahin gehörigen Materien das Wenige, welches lesbar war, durch meine eigne Vermuthungen und Ausdrücke ersetzen muß." Ebd., S. 85: „Von der Uebung eines Prinzen in den Kriegstugenden war das Manuscript des Königlichen Planes so schadhaft, daß ich wegen meiner Unerfahrenheit in dieser Sache nicht viel Merkwürdiges davon lesen oder errathen konnte." Vgl. auch S. 27 f. (Anmerkung).
[168] Ebd., S. 5.
[169] Vgl. etwa ebd., S. 192 (Fußnote): „Die Nothwendigkeit und Verrichtungen eines solchen Educationsconseils sind in dem Hauptstücke des Methodenbuchs von der Staatsaufsicht bewiesen und beschrieben."
[170] Ein Bezug zu Tassos Sophronia ist wenig wahrscheinlich.
[171] Basedow: Agathokrator, S. 10.
[172] Ebd., S. 27 f.

der Erziehung so wohl der Prinzen überhaupt, als vornehmlich in Betrachtung der besondern Beschaffenheit und Regierungsform eines Reichs".[173] Der Fokus auf der Erziehung bringt mit sich, dass eigentliche politische Theorie kaum thematisiert bzw. ihm alle Aspekte des Staaswesens untergeordnet werden. Basedows Programm führt stufenweise von der frühkindlichen Erziehung zur Herrschaftsausübung, die im abschließenden 26. Kapitel „Dieser Prinz, als König" zusammengefasst wird.[174] Nur zwei Kapitel widmen sich mit Übungen im „Gesetzgeben und Rechtsprechen" und der „Verwaltung des öffentlichen Schatzes" explizit politischem Fachwissen;[175] der inhaltliche Fokus liegt hingegen auf der Religion: Basedow plädiert nicht einfach nur für religiöse Toleranz, sondert fordert die Gleichstellung der christlichen Konfessionen im Staat.[176]

Basedows *Agathokrator* ist auch das Dokument einer (schließlich erfolgreichen) Suche nach Patronage.[177] So verweist Basedow in der Vorrede auf die für seine Projekte nötige „Hülfe der Weltbürgerschaft und vornehmlich der Fürsten";[178] der ausführliche Anhang enthält wiederum Ausführungen zur Verbesserung des Schulwesens der vornehmen Stände.[179]

Auch wenn die staatstheoretischen Aspekte bei Basedow zurücktreten, ist sein Programm dennoch eminent politisch. Das Ideal der „Verwirklichung religiöser Freiheit unter monarchischer Herrschaft",[180] das für Zeitgenossen wie Johann Heinrich Merck zwar wünschenswert, aber eben auch kaum realisierbar schien,[181] verweist auf Basedows radikal säkulare Konzeption des Staates. In

---

173 Ebd., S. 33.
174 Vgl. ebd., S. 170–195
175 Vgl. ebd., S. 78–86.
176 Ebd., S. 157: „In Agathokrators Reiche war also schlechterdings keine Toleranz, sondern vielmehr Gleichheit des Rechts aller dem Staate unschädlichen Meinungen und Glaubensbekenntnisse." – In der Romanfiktion werden diese Passagen als „Gedanken und Wünsche des Eusebius, Stammvaters der Königlichen Familie", ausgegeben (ebd., S. 86). Damit dürfte sich Basedow auf den mit Kaiser Konstantin befreundeten Bischof Eusebius von Cäsarea beziehen. Vgl. Kersting: Die Genese der Pädagogik, S. 59 f.
177 Kersting: Die Genese der Pädagogik, S. 64.
178 Basedow: Agathokrator, S. 6
179 Vgl. ebd., S. 201–279 („Anhang des Agathokrators von Verbesserung des Schulwesens der vornehmen Stände").
180 Kersting: Die Genese der Pädagogik, S. 58.
181 Vgl. [Johann Heinrich Merck: Rezension von Basedow: Agathokrator. In:] Frankfurter Gelehrte Anzeigen 10 (1772). Zitiert nach: Frankfurter Gelehrte Anzeigen vom Jahr 1772. Erste Hälfte. Heilbronn 1882 (Deutsche Literaturdenkmale des 18. Jahrhunderts in Neudrucken hrsg. v. Bernhard Seuffert. Bd. 7), S. 62–66, hier S. 66: „Allerdings wäre es in der Speculation zu wünschen; allein wir können uns in Praxi fast keinen Fall gedenken, wo die Religion nicht zugleich mit bürgerlichen Distinktionen und Vorrechten verbunden wäre". Bei der Zuschreibung der Re-

erster Linie aber begreift Basedow die gute Erziehung als Grundlage eines Staates,[182] der – so die nach wie vor gültige eudaimonistische Vorstellung – das Glück seiner Bewohner sicherstellen solle. Somit wird die Pädagogik zur Leitwissenschaft des monarchischen aufgeklärten Staates, der alles für das Schulwesen tun solle. Ausgehend von der These, „daß das Wesen der Schulen und Studien *das brauchbarste und sicherste Werkzeug sei, den ganzen Staat* nach seiner besonderen Beschaffenheit glücklich zu machen oder glücklich zu erhalten",[183] hatte Basedow bereits 1768 in der *Vorstellung an Menschenfreunde und vermögende Männer über Schulen, Studien und ihren Einfluß in die öffentliche Wohlfahrt* die Einrichtung staatlicher Aufsichtsbehörden gefordert, die den König in Bildungsangelegenheiten beraten sollten.[184] Solche Institutionen seien angesichts des Verfalls patriotischer Werte umso notwendiger:

> Die Staaten müssen sich selbst heilen, wenn sie sich verwundet und krank fühlen, und die gewöhnlichen Ärzte die Beschaffenheit ihrer Übel nicht kennen oder ihnen nicht abhelfen. Wo denn anders kann der erstorbene Patriotismus wieder aufleben, als in den Schulen und auf den Akademien?[185]

Der Pädagoge wird somit zum Mediziner, der den kranken Staatskörper therapiert, seine Unterstützung sichert mithin die Existenz des Staates.[186] Analog ist die gelungene Fürstenerziehung ein wesentlicher Teil eines auf Pädagogik basierenden und deshalb glücklichen und prosperierenden Staates: Sie ist Voraussetzung und Folge zugleich. Der „Ruhm" Agathokrators II. „ist auch deswegen un-

---

zension an Merck folge ich Hermann Bräuning-Oktavio: Herausgeber und Mitarbeiter der Frankfurter Gelehrten Anzeigen 1772. Tübingen 1966 (Freies Deutsches Hochstift. Reihe der Schriften. Bd. 20), S. 603. Möglicherweise waren auch Helfrich Bernhard Wenck und Franz Michael Leuchsenring an der Rezension beteiligt.

182 Vgl. zu Basedows Glauben an den Staat (als Gegenmacht zur Kirche) Kersting: Die Genese der Pädagogik, S. 55

183 Joh. Bernh. Basedows Vorstellung an Menschenfreunde [1768]. Mit Einleitung und Anmerkungen hrsg. von Dr. Theodor Fritzsch. Leipzig o. J., S. 12 f.

184 Vgl. ebd., S. 13.

185 Ebd., S. 21.

186 Vgl. ebd., S. 21 f.: „Ihr Patrioten des menschlichen Geschlechts und der Staaten, könnt ihr die Zeichen der tödlichen Schwindsucht an der öffentlichen Glückseligkeit nicht ungerührt sehn; müßt ihr euch der Millionen erbarmen; so erleichtert die Möglichkeit einer bürgerlichen Tugend, die Wiedergeburt der Liebe zum Vaterlande in dem Schoße der niedrigen und höheren Schulen, wo sie geschehen muß und nach der bisherigen Verfassung nicht geschehen ist." Vgl. Kersting: Die Genese der Pädagogik, S. 56.

sterblich", weil er einen „Educationsrath" ins Leben ruft, der diese Forderungen umsetzt.[187]

4.4 Experiment und Didaxe. Albrecht von Hallers politische Romane

4.4.1 Haller als politischer Autor

Albrecht von Hallers Trias politischer Romane – die „morgenländische Geschichte" *Usong* (1771), *Alfred König der Angel-Sachsen* (1773) und das „Stück der römischen Geschichte" *Fabius und Cato* (1774)[188] – bildet das literarische Spätwerk des ‚letzten Universalgelehrten',[189] der seit 1753 wieder in Bern lebte. Haller, der bereits 1745 in den Großen Rat gewählt worden war,[190] fungierte von 1753 bis 1757 als Rathausamtmann, wodurch er eine „genaue Kenntnisse der Staatsgeschäfte" erwarb,[191] stand von 1758 bis 1764 den bernischen Salzwerken in Roche als Direktor vor und amtierte zugleich 1762/1763 als Vize-Gubernator von Aigle.[192] Hallers Existenz in Bern, die von der älteren Forschung stereotyp abgetan wurde,

---

187 Basedow: Agathokrator, S. 191.
188 Wo nicht anders angegeben, zitiere ich jeweils die Erstausgabe von Hallers Romanen. Vgl. [Albrecht von Haller:] Usong. Eine Morgenländische Geschichte, in vier Büchern. Durch den Verfasser des Versuches Schweizerischer Gedichte. Bern 1771; Ders.: Alfred König der Angel-Sachsen. Göttingen/Bern 1773; Ders.: Fabius und Cato, ein Stück der Römischen Geschichte. Bern/Göttingen 1774.
189 So die stereotype, aber zutreffende Etikettierung Hallers. Vgl. etwa Richard Toellner: Albrecht von Haller. Über die Einheit im Denken des letzten Universalgelehrten. Wiesbaden 1971 (Sudhoffs Archiv. Beihefte. Bd. 10). Einen ausführlichen Überblick über Leben, Werk und zeitgenössische Rezeption bei Ludwig Hirzel: Einleitung. In: Albrecht von Hallers Gedichte. Hrsg. und eingeleitet von Dr. Ludwig Hirzel. Frauenfeld 1882 (Bibliothek älterer Schriftwerke der deutschen Schweiz und ihres Grenzgebietes. Bd. 3), S. I-DXXXVI; Christoph Siegrist: Albrecht von Haller. Stuttgart 1967 (Sammlung Metzler. Bd. 57); den neueren Forschungsstand bilden die beiden Sammelbände aus Göttingen und Bern ab: Vgl. Hubert Steinke/Urs Boschung/Wolfgang Proß (Hrsg.): Albrecht von Haller: Leben – Werk – Epoche. Göttingen 2008; Norbert Elsner/Nicolaas A. Rupke (Hrsg.): Albrecht von Haller im Göttingen der Aufklärung. Göttingen 2009.
190 Vgl. Martin Stuber/Regula Wyss: Der Magistrat und ökonomische Patriot. In: Steinke/Boschung/Proß (Hrsg.): Albrecht von Haller, S. 347–380, hier S. 351.
191 Boschung: Lebenslauf. In: Steinke/Boschung/Proß (Hrsg.): Albrecht von Haller, S. 15–82, hier S. 48. Vgl. zur Bedeutung des Amts auch Stuber/Wyss: Der Magistrat und ökonomische Patriot, S. 354.
192 Vgl. ebd.

muss differenziert betrachtet werden:[193] Zwar besteht an den mit ihr verbundenen Frustrationserfahrungen kein Zweifel – so versuchte Haller insgesamt neunmal vergeblich, in den Kleinen Rat gewählt zu werden[194] –, dennoch nahm er einen respektierten Platz ein und konnte so die Existenz seiner Familie sicherstellen. Vor allem aber sind Hallers Amts- und Verwaltungstätigkeiten als Ausdruck praktisch-patriotischer Aufklärung zu werten, sowohl in Hinblick auf die Einrichtung des Waisenhauses als auch auf die europaweit ausstrahlende Berner Oekonomische Gesellschaft, der Haller – Mitglied seit 1762 – in den Jahren 1766, 1768 und von 1770 bis 1778 als Präsident vorstand.[195]

Vor diesem Hintergrund sind auch seine politischen Romane zu verstehen; in ihnen artikuliert sich der welterfahrene Wissenschaftler und Berner Patriot, der sich in diesen Texten sowohl auf lokale als auch auf globale Phänomene rekurriert. Anders als die Forschung lange Zeit annahm, handelt es sich um breit rezipierte und viel gelesene Texte,[196] die kontrovers, aber keineswegs einhellig negativ diskutiert wurden.[197] Jeder der drei politischen Romane von Haller nimmt jeweils eine Regierungsform in ihrer optimalen Ausprägung in den Blick.[198] In *Usong* habe er, so Haller, „einen orientalischen Despoten das schädliche und übermäßige seiner zügellosen Macht einschränken lassen", *Alfred* bilde „die ge-

---

193 Vgl. Stuber/Wyss: Der Magistrat und ökonomische Patriot, S. 347f.
194 Vgl. Boschung: Lebenslauf, S. 60.
195 Vgl. Stuber/Wyss: Der Magistrat und ökonomische Patriot, S. 362–368. Vgl. zum möglichen Einfluss der Oekonomischen Gesellschaft auf die Entstehung des *Usong* Schmitt-Maaß: Fénelons „Télémaque" in der deutschsprachigen Aufklärung, S. 817f.
196 Symptomatisch für die negative Einstellung ist die Wertung von Siegrist: Albrecht von Haller, S. 45: Die Romane bildeten „das schriftstellerische Alterswerk des ausgeschriebenen und kritischen Gelehrten. [...] Die Romane wurden von den Zeitgenossen wenig beachtet und von der Forschung stiefmütterlich behandelt, weil in ihnen das moralische Dozieren allzustark die dichterische Gestaltung zurückgedrängt [hatte]." Vgl. hingegen Florian Gelzer/Béla Kapossy: Roman, Staat und Gesellschaft. In: Steinke/Boschung/Proß (Hrsg.): Albrecht von Haller, S. 156–181, hier S. 156, die hervorheben, Hallers Romane hätten „insgesamt über 40 Auflagen" erfahren und seien „in sieben Sprechen übersetzt" worden. Noch Florian Gelzer postuliert die Erfolglosigkeit der Texte: Ders.: „Persischer Telemach" und „Ägyptische Banise". Albrecht von Hallers Staatsromane im romangeschichtlichen Kontext. http://www.germanistik.unibe.ch/gelzer/PDF-Seiten/gelzer_haller.pdf, S. 1.
197 Vgl. Christopher Meid: Zur Theorie des politischen Romans im 18. Jahrhundert. In: Recherches Germaniques 44 (2014), S. 11–31, bes. S. 20–24.
198 Bereits diese Dreiteilung ist singulär. Vgl. Gelzer/Kapossy: Roman, Staat und Gesellschaft, S. 161: „Alle vorhergehenden Autoren von Staatsromanen hatten die Summa ihrer staatspolitischen Überlegungen in jeweils *einem* Werk exemplifiziert."

mäßigte Monarchie" ab, *Fabius und Cato* handle von „der Republik, und von den Vorzügen der Aristokratie in einem mittelmäßigen Staate".[199]

Diese Dreiteilung verweist auf die zeitgenössische Staatsformenlehre, namentlich auf Montesquieus Abhandlung *De l'esprit des lois* (1748), in der er die Einteilung in Republik (also Demokratie und Aristokratie), Monarchie und Despotie auf geographische, klimatische und anthropologische Parameter zurückführte.[200] Dabei beschränken sich Hallers Texte keineswegs auf die narrative Umsetzung von Montesquieus Gedanken,[201] sondern tragen vielmehr inhaltlich wie auch ästhetisch Experimentalcharakter, indem sie auch die Voraussetzungen von Montesquieus Ideen thematisieren und vielstimmig diskutieren. Hinterfragt wird insbesondere die Klimatheorie, mit der Montesquieu versuchte, seine Ansichten naturwissenschaftlich zu fundieren.[202] Im kritischen Dialog mit politischer Theorie – neben Montesquieu ist vor allem Rousseau zu nennen, dem Haller entschieden widerspricht – problematisieren Hallers Romane auf Basis eines reformiert-pessimistischen Menschenbilds die jeweils beste Staatsform.[203] Es geht ihm in seinen Romanen nicht darum, in normativer Absicht einen universell gültigen politischen Entwurf zu diskutieren. Catos Überzeugung, „keine Regierungsform sey zu allen Zeiten und für alle Völker gut",[204] gilt auch für Hallers Denken. Seine Romane sind politisch-literarische Versuchsanordnungen, die verschiedene Verfassungsformen in ihren Kontexten verständlich machen und ihre jeweils optimale Ausprägung darstellen sollen. Dabei kommt anthropologischen und historischen Überlegungen eine zentrale Rolle zu: Haller betrachtet die Staatsformen in ihren Zusammenhängen als langsam gewachsene und durch

---

199 Albrecht von Haller: Fabius und Cato, S. XIf.
200 Vgl. Montesquieu: De l'esprit des lois. In: Ders.: Œuvres complètes II. Texte présenté et annoté par Roger Caillois. Paris 1951 (Bibliothèque de la Pléiade. Bd. 86), S. 225–995. Vgl. nach wie vor Robert Shackleton: Montesquieu. A Critical Biography. Oxford 1961, S. 225–377.
201 Vgl. die nach wie vor valide Studie von Max Widmann: Albrecht von Hallers Staatsromane und Hallers Bedeutung als politischer Schriftsteller. Eine litterargeschichtliche Studie. Biel 1894, der Haller als „Schüler Montesquieus" (ebd., S. 140) sieht. Ähnlich auch Schings: Der Staatsroman im Zeitalter der Aufklärung, S. 162: „Haller folgt erklärtermaßen Montesquieu und damit den neuen Standards der politischen Diskussion." Zu den weiteren Quellen vgl. auch William E. Mosher: Albrecht von Hallers Usong. Eine Quellenuntersuchung. Phil. Diss. Halle 1905.
202 Vgl. hierzu Christopher Meid: Klima, Politik und Literatur. Problemkonstellationen in Albrecht von Hallers *Usong*. In: Scientia Poetica 18 (2014), S. 60–80. Das Kapitel entwickelt Gedanken dieses Beitrags weiter.
203 Vgl. Richard Toellner: Staatsidee, aufgeklärter Absolutismus und Wissenschaft bei Albrecht von Haller. In: Medizinhistorisches Journal 11 (1976), S. 206–219, bes. S. 213: „Hallers historischer Sinn verbietet ihm die Festlegung auf die einzig richtige Staatsverfassung bei aller Neigung zur Republik".
204 Haller: Fabius und Cato, S. 226.

unterschiedliche Faktoren bedingte Gebilde – und das verbindet ihn trotz partiell differierender Standpunkte mit Montesquieus Blick auf die historischen Ursachen politischer Gemeinwesen.

Für Haller ist die Gattung des politischen Romans ein Mittel zum Zweck, um graduelle Verbesserungen anzustoßen: Mit seinen Romanen möchte er unmittelbar auf die politische Praxis wirken. Sie sollen dazu beitragen, dass „die Mächtigen in jeder Art der Regierungsform zur Tugend und zur Beförderung des allgemeinen Besten sich aufmuntern liessen."[205] Literatur könne, so die optimistische Annahme, die im Hintergrund von Hallers Konzeption steht, auf lange Sicht konkrete Folgen zeitigen. Dabei beruft er sich auf eine Traditionslinie wirkmächtiger Werke, die für die allmähliche Befriedung der europäischen Herrscher verantwortlich seien: „Les ouvrages de morale politique ne paroissent pas faire efet immediatement; ils en font cependant un surprenant a la longue. Il a falu plusieurs ecrivains, qui ayent demasqué la folie et l'injustice de la passion pour les guerres et les conquetes; peu a peu tous les Princes s'en sont gueris."[206]

Haller reiht sich also bewusst in die Tradition politischen Erzählens ein.[207] Dabei beruft er sich in erster Linie auf Fénelons *Télémaque*, an dem sich insbesondere *Usong* orientiert.[208] Haller nutzt sogar den Romantitel *Télémaque* als Gattungsbegriff.[209] Allerdings löst er sich in den folgenden beiden Romanen von den Erzählstrukturen des Hohen Romans: Während in *Usong* „die Romanhandlung mit dem staatspolitischen Inhalt" verbunden wird,[210] trennt Haller in *Alfred*,

---

205 Haller: Alfred, unpaginierte Vorrede.
206 Albrecht von Haller: Brief an Charles Bonnet, 23.3.1773. In: The Correspondence between Albrecht von Haller and Charles Bonnet. Hrsg. von Otto Sonntag. Bern 1983 (Studia Halleriana. Bd. 1), S. 1071. – Vgl. auch Albrecht von Haller: Fabius und Cato, ein Stück der Römischen Geschichte. Bern/Göttingen 1774, S. VII-IX: „Niemahls dachten wir, kan man den Fürsten genug wiederholen, ihr Glück bestehe in der Erfüllung ihrer großen Pflicht, im Glücke ihrer Unterthanen. Dennoch haben die wiederholten Ermahnungen eines Fenelons, eines Montesquiou [!], einigen Eindruk auf die Gemüther der Menschen, und selbst der Mächtigen gemacht. Wo man vormahls nur die Ehre des Königs nennen hörte, da wird der Nahmen des Vaterlandes nunmehr gehört. Große Fürsten nehmen sich vor, wie Väter zu herrschen, und einige davon erfüllen die Absicht. Vielleicht sind eben diese Vermahnungen auf deutsch, noch nicht oft genug, nicht lebhaft genug gegeben worden. Vielleicht ruft die wiederholte Stimme der Wahrheit die Fürsten von der Jagd, von den Tänzen, und der Musterung zurück in den Verhörsaal, und zur Arbeit eines Fürsten."
207 Vgl. Gelzer/Kapossy: Roman, Staat und Gesellschaft, S. 160 f.
208 Vgl. zu Hallers Fénelon-Rezeption Christoph Schmitt-Maaß: Fénelons „Télémaque" in der deutschsprachigen Aufklärung, S. 815–824.
209 Vgl. Albrecht von Haller: Brief an Charles Bonnet, 12.11.1769. In: The Correspondence between Albrecht von Haller and Charles Bonnet, S. 842.
210 Gelzer/Kapossy: Roman, Staat und Gesellschaft, S. 162. Dass allerdings beides „auf raffinierte Weise verwoben" werde (ebd.), scheint mir übertrieben.

König der Angel-Sachsen beide Bereiche, indem er heroisch-politische Handlung, Liebesgeschichten und Verfassungsdiskussion auf unterschiedliche Kapitel verteilt, die je für sich gelesen werden können: „Die bittere Pille und das Zuckerbonbon werden also gleichsam separat gereicht."[211] *Fabius und Cato* orientiert sich ausschließlich an der Geschichtsschreibung und verzichtet weitgehend auf ausschmückende Elemente.[212]

Auch wenn für Haller die Form der Romane zweitrangig war, folgt daraus nicht, dass sie für die Interpretation zu vernachlässigen ist.[213] Schließlich lässt sich Hallers Literaturverständnis einigermaßen klar umreißen. Einen ersten Aufschluss über seine Konzeption politischen Erzählens bietet Hallers unpublizierte Rezension von Wielands *Goldnem Spiegel*, den er übrigens (wohl ohne Grund) als Parodie seines *Usong* auffasste.[214] Dort erklärt er, er wolle nicht die Form diskutieren, sondern lediglich „die Sittenlehre erwegen, die in die Fabel eingekleidet ist."[215] Es kommt ihm also auf den lehrhaften Gehalt des Textes an – eine Sichtweise, die seine Besprechungen empfindsamer Romane und auch von Goethes *Werther* prägt.[216] Das kann erklären, weshalb er es notfalls für möglich hielt, von ästhetischer Einkleidung abzusehen, nicht aber, dass er damit generell der Romanpraxis einen neuen Weg weisen wollte. Hinzu kommt ein dezidiert

---

211 Ebd., S. 164.
212 Die These, hier werde „auf eine Romanhandlung überhaupt verzichtet" (Gelzer/Kapossy: Roman, Staat und Gesellschaft, S. 164), geht wohl zu weit. Vielmehr weisen Hallers Schreibweisen auf den frühen historischen Roman der Jahre um 1800 (Feßler, Meißner) voraus.
213 Vgl. die – eher als Forderung zu verstehende – Feststellung bei Gelzer/Kapossy: Roman, Staat und Gesellschaft, S. 158: „Die Diskussionen um Hallers drei Staatsromane drehen sich sowohl im 18. Jahrhundert wie auch in der Forschungsliteratur durchaus *auch* um ästhetische und darstellerische Aspekte."
214 Vgl. aber Florian Gelzer: Abstrakte Maximen oder kritischer Dialog? Haller und Wieland über die Prinzenerziehung. In: Jean-Daniel Candaux u. a. (Hrsg.): Albrecht von Haller zum 300. Geburtstag. Ebmatingen 2008 (Schweizerische Gesellschaft zur Erforschung des 18. Jahrhunderts: Themenheft Nr. 1), S. 44–62, hier S. 53, der (ohne zeitgenössische Belege) behauptet, Wieland habe „die Intensität seiner Beschäftigung mit dem *Usong* massiv" heruntergespielt.
215 Karl S. Guthke (Hrsg.): Hallers Literaturkritik. Tübingen 1970 (Freies Deutsches Hochstift. Reihe der Schriften. Bd. 21), S. 43.
216 Vgl. Claudia Profos Frick: Gelehrte Kritik. Albrecht von Hallers literarisch-wissenschaftliche Rezensionen in den *Göttingischen Gelehrten Anzeigen*. Basel 2009 (Studia Halleriana. Bd. 10); eine Kurzfassung: Claudia Profos: Literaturkritik. In: Hubert Steinke/Urs Boschung/Wolfgang Proß (Hrsg.): Albrecht von Haller: Leben – Werk – Epoche. Göttingen 2008, S. 182–198, bes. S. 195: „Bei der Beurteilung literarischer Werke sind ausserästhetische Wertungskriterien wie ‚Wahrheit' und ‚Nützlichkeit' für Haller äusserst wichtig. Aus heutiger Perspektive ist für literarische Werke irrelevant, ob eine erzählte Geschichte wahr ist oder nicht. Für Haller war die Übereinstimmung mit der Wahrheit in der Literatur genauso erforderlich wie in wissenschaftlichen Werken."

religiöser Standpunkt, der für Haller den Roman nicht für Weisheitslehren in allen Bereichen geeignet machte: Religiöse Themen, die Wahrheiten der Offenbarungsreligion betreffen, sollten bewusst ausgelagert und von der allzu weltlichen Handlung getrennt werden.[217] Damit richtet sich Haller gegen Marmontels europaweit rezipierten *Bélisaire* (1767), dessen fünfzehntes Kapitel als Angriff auf die Offenbarungsreligion verstanden wurde und einen Skandal auslöste[218] – das letzte Buch des *Usong* lässt sich als Antwort auf Marmontel verstehen.

Die angestrebte didaktische Wirkung lasse sich, so Haller, durch die Idealisierung der Protagonisten erzielen. In einer poetologischen Passage aus *Alfred* wird betont, dass „die Anmuth der Dichtkunst den ernsthaften Tugendlehren den Zugang verschaffen" solle.[219] Aufgabe von Literatur sei es, „die Tugend als ehrwürdig, das Laster als erniedrigend" darzustellen,[220] um so in der Fiktion den Lauf der Welt zu korrigieren: „Die Welt ist eine viel schlimmere Schule, nur zu oft wird in derselben das Laster gekrönt, nur zu oft bleibt die scheue Tugend zurüke, die die Wege verabscheut, wodurch das Glück sich ersteigen läßt."[221] Der Dichtung kommt also eine zentrale Bedeutung zu. Analoges gilt für die Kunst, die Tugendlehren versinnlichen solle: Dieser Gedanke wird auch innerhalb der Romanhandlung des *Usong* ausgeführt: Usongs Tochter Nuschirwani erzieht den Thronfolger Ismael, indem sie „einen nüzlichen Gebrauch von der Kunst der Mahler" macht:[222] Weil sie weiß, „daß sinnliche Bilder die Kinder mehr aufweken, und unendlich mehr anziehn, als abgezogene Begriffe", findet sie „Mittel, fast die ganze Sittenlehre in Gemählde einzukleiden, die eine Erzählung erklärte", so dass sich „Ismaels Gemüth mit den glänzenden Bildern der Tugend" füllt, die ihm schließlich „zur Natur" werden.[223] Im *Usong* orientiert sich Haller darüber hinaus an empfindsamen Schreibweisen und konzipiert den Titelhelden als tugendhafte und emotionale Figur, deren politisches Handeln auch aus seiner allgemeinen Menschenliebe erwächst; auch sprachlich-stilistisch greift Haller empfindsame Muster auf.

---

217 Vgl. Widmann: Albrecht von Hallers Staatsromane, S. 58.
218 Vgl. Jean-François Marmontel: Bélisaire. Édition établie, présentée et annotée par Robert Granderoute. Paris 1994, S. 181 f.: „Je ne puis me résoudre à croire qu'entre mon âme et celle d'Aristide, de Marc-Aurèle et de Caton, il y ait un éternel abîme; et si je le croyais, je sens que j'en aimerais moins l'Être excellent qui nous a faits." Vgl. John Renwick: Marmontel, Voltaire and the Bélisaire affair. Banbury 1974 (Studies on Voltaire and the Eighteenth Century. Bd. 121).
219 Haller: Alfred, S. 60.
220 Ebd., S. 61.
221 Ebd., S. 62.
222 Haller: Usong, S. 321.
223 Vgl. ebd., S. 321–324. Vgl. Gelzer: Abstrakte Maximen oder kritischer Dialog?, S. 61 f.

Trotz dieser planvollen Idealisierung seiner Protagonisten kommt dem Bezug zur Empirie zentrale Bedeutung zu. Das hat zunächst mit traditionellen Vorstellungen des *prodesse et delectare* zu tun, denen Haller verpflichtet ist.[224] So soll der Bezug zu einer außerliterarischen Realität die Relevanz des Dargestellten verbürgen. Darüber hinaus ist für Hallers Denken der empirische Bezug grundlegend. So kann bei der Einrichtung des Staates nur „die Kenntnis der Geschichte und geschichtliche Erfahrung" helfen, mithin „das empirisch-induktive Verfahren", während „die Deduktion, die theoretische Ableitung aus noch so richtigen Obersätzen" nichts nützt.[225] Die Romane erfüllen also eine doppelte Funktion: Sie führen modellhaft vor, wie diese Konstruktion funktionieren bzw. misslingen kann und sie simulieren zugleich eine Erzählwelt, aus der sich allgemeines Wissen über den Menschen und die Formen seines Zusammenlebens ableiten lässt.

Ob die auffällige Abkehr von tradierten und Haller bestens bekannten Strukturmodellen ästhetischem Formwillen oder nachlassender Schaffenskraft geschuldet ist, wurde von der Forschung bislang nicht befriedigend geklärt. Für die große Zahl von Interpreten, die sich auf den politischen Gehalt der Romane konzentrieren,[226] stellt sich die Frage ohnehin kaum.[227] Doch auch die Position, wonach es sich bei Hallers Romantrias um kühne ästhetische Experimente handele,[228] vermag nicht zu überzeugen. Am ehesten scheint es plausibel, den Autor beim Wort zu nehmen. Haller selbst rechnete mit Ablehnung wegen der Kunstlosigkeit seiner Romane, die er aber eindeutig als Resultat erlahmender Schöpfungskraft und eines (auch durch Krankheit und persönliche Krisenerfahrungen) stark zurückgegangenen Gestaltungswillens erklärt:

---

224 Vgl. Gelzer/Kapossy: Roman, Staat und Gesellschaft, S. 161.
225 Toellner: Staatsidee, aufgeklärter Absolutismus und Wissenschaft bei Albrecht von Haller, S. 217.
226 Nach wie vor unverzichtbar ist die Studie von Widmann: Albrecht von Hallers Staatsromane. Neben der literaturwissenschaftlichen Forschung widmen sich auch andere Disziplinen Hallers Romanen. Vgl. Kraus: Englische Verfassung und politisches Denken im Ancien Régime; Nadir Weber: Eine vollkommene Aristokratie? Debatten um die Regierungsform Berns im 18. Jahrhundert. In: Berner Zeitschrift für Geschichte 75 (2013), H. 1, S. 3–38.
227 Vgl. Dietrich Naumann: Zwischen Reform und Bewahrung. Zum historischen Standort der Staatsromane Albrecht von Hallers. In: Hans Joachim Piechotta (Hrsg.): Reise und Utopie. Zur Literatur der Spätaufklärung. Frankfurt am Main 1976, S. 222–282, hier S. 232, der davon ausgeht, dass sich „eine selbständige und ausführliche Interpretation der poetischen Komponente [...] nicht recht lohnt."
228 So Gelzer: „Persischer Telemach" und „Ägyptische Banise", der immer wieder den Innovationscharakter von *Alfred* und *Fabius und Cato* unterstreicht. Vgl. ebd., S. 18f.

> Vieles hätte freylich lebhafter, vieles besser gesagt werden können. Aber ich schreibe am Rande des Grabes, unter fast ununterbrochenen Schmerzen, und bey einer gesunkenen Gesundheit, wo freylich das rosenfarbe der Einbildung, und der angenehme Reiz der Fröhlichkeit nicht mehr in meinem Vermögen ist.[229]

Es ist also davon auszugehen, dass es Haller bewusst war, wie er schrieb, nicht aber, dass er damit in jeder Hinsicht zufrieden war.[230] Sein Eingeständnis, dass die Texte ästhetische Schwächen aufwiesen, ist nicht als Bescheidenheitstopos zu verstehen, sondern als ein ernstzunehmendes Geständnis eines alten und schwerkranken Autors, der in großer Geschwindigkeit für ihn zentrale Themen popularisieren und zur Diskussion stellen wollte. Dass dieses Insistieren zugleich intensivierende Wirkung ausübt, indem es die Dringlichkeit des Vorhabens herausstellt, steht auf einem anderen Blatt.

Eben dieses Erzählprogramm, das überkommenen Vorstellungen verbunden ist, war für die zunehmend kritischen Stimmen verantwortlich, die in der Diskussion um Hallers Romane laut wurden, und die am Ende des Kapitels als Paradigma für die Wertung politischen Erzählens in der zweiten Jahrhunderthälfte analysiert werden. Davor stehen jedoch die drei Romane Hallers im Zentrum des Interesses. Zunächst analysiert das Kapitel die „morgenländische Geschichte" *Usong* in Hinblick darauf, wie der Roman seine wissenschaftlichen Voraussetzungen diskutiert, nimmt dann *Alfred* in Bezug auf das Thema von Kulturentwicklung und Vergesellschaftung in den Blick, um schließlich *Fabius und Cato* als Thesenroman gegen Rousseaus *Contrat social* zu profilieren. Alle Romane Hallers sind als Kritik des Despotismus zu verstehen – darunter versteht der Autor aber nicht exklusiv die Autokratie eines einzelnen, sondern die negativen Auswüchse jeder Art von Regierung,[231] die ihren Grundprinzipien abtrünnig wird.[232]

---

229 Haller: Fabius und Cato, S. XIII.
230 Anders Gelzer/Kapossy: Roman, Staat und Gesellschaft, S. 166: „Es zeigt sich vielmehr, dass die poetische Gestaltung der drei Werke sowohl auf der Produktions- wie auf der Rezipientenseite durchaus mitbedacht wurde. Hallers genuin didaktische Konzeption, die den belehrenden Inhalt und die poetische Ausgestaltung von Roman zu Roman verschieden ausbalancierte [!], zeugt von einem dezidierten wirkungsästhetischen Anspruch." Vgl. ebd., S. 167: „Hallers Roman-Trias bleibt ein beeindruckender, allzu oft missverstandener Versuch der Erneuerung des Genres." Vgl. auch Gelzer: „Persischer Telemach" und „Ägyptische Banise".
231 Darin ist er sich mit seinen Briefpartnern einig. Vgl. etwa Charles Bonnet: Brief an Albrecht von Haller, 3.10.1767. In: The Correspondence between Albrecht von Haller and Charles Bonnet, S. 667: „Votre Monarque seroit le mien, si ma Tête & mon Cœur n'étoient un peu trop éfarouchés de ce mot." Vgl. Alnrecht von Haller: Brief an Eberhard Friedrich von Gemmingen, 22.3.1772. In: Briefwechsel zwischen Albrecht von Haller und Eberhard Friedrich von Gemmingen. Nebst dem Briefwechsel zwischen Gemmingen und Bodmer. Aus Ludwig Hirzels Nachlass hrsg. von Hermann Fischer. Tübingen 1899 (Bibliothek des litterarischen Vereins in Stuttgart. Bd. 219), S. 20: Der

4.4.2 Klima und Politik. Hallers kritischer Blick auf Montesquieus Staatsformenlehre

In Hallers Montesquieu-Rezeption mischen sich affirmative und kritische Töne. Ohne jeden Zweifel folgt er dem französischen Denker in der Einteilung der Regierungsformen. Im dritten Buch des *Esprit des lois* hatte Montesquieu die drei Staatsformen als republikanische, monarchische bzw. despotische Regierung definiert; ihre jeweiligen Triebfedern seien Tugend, Ehre bzw. Furcht.[233] Mit seiner Romantrias folgt Haller diesem System, allerdings mit einer folgenschweren Änderung: Seine Darlegung des Despotismus in *Usong* kommt eher einer Korrektur der Positionen Montesquieus gleich, und das, wie zu zeigen sein wird, sowohl in Hinblick auf die konkrete Beschreibung als auch in Bezug auf die Diskussion der naturwissenschaftlichen Grundlagen, die Klimatheorie.

Im vierzehnten Buch seiner Abhandlung *De l'esprit des lois* macht Montesquieu die Klimatheorie zur naturwissenschaftlichen Grundlage seines politischen Entwurfs.[234] Neu ist sein Beharren auf den physiologischen Auswirkungen der drei Klimazonen auf den Menschen nicht,[235] aber ungemein folgenreich. Das

---

„Despotismus ist ein Uebel, er mag in den Händen eines Fürsten, einer Buhlschafft, eines Ministers oder einer Republik sein." Haller geht sogar so weit, jede Form von menschlicher Regierung abzuwerten: „Die menschlichen Regierungen sind übrigens alle untüchtig den lasterhaften Menschen glüklich zu machen."

232 Ähnlich auch Montesquieu: De l'esprit des lois, S. 349 (VIII, 1): „La corruption de chaque gouvernement commence presque toujours par celle des principes." Vgl. Shackleton: Montesquieu, S. 268 f.

233 Vgl. Montesquieu: De l'esprit des lois, S. 250–261

234 Vgl. ebd., S. 474–489. Klimatheorie spielt auch in den Büchern XV und XVI eine wichtige Rolle. Vgl. ebd., S. 490–522.

235 Vgl. die Überblicksdarstellungen von Reimar Müller: Montesquieu über Klima und Gesellschaft – die Klimatheorie und ihre Folgen. In: Sitzungsberichte der Leibniz-Sozietät 80 (2005), S. 19–32; Gonthier-Louis Fink: Von Winckelmann bis Herder. Die deutsche Klimatheorie in europäischer Perspektive. In: Gerhard Sauder (Hrsg.): Johann Gottfried Herder 1744–1803. Hamburg 1987, S. 156–176; Gonthier-Louis Fink: De Bouhours à Herder. La théorie française des climats et sa réception outre-Rhin. In: Recherches Germaniques 15 (1985), S. 3–62; Roger Mercier: La théorie des climats des „Réflexions critiques" à „L'Esprit des Lois". In: Revue d'Histoire littéraire de la France 53 (1953), S. 17–37, 159–174; zu Montesquieus Quellen vgl. Robert Shackleton: The evolution of Montesquieu's theory of climate. In: Revue internationale de Philosophie 9 (1955), S. 317–329. Diese bis ins frühe 19. Jahrhundert wirkmächtige Tradition geht auf die Antike zurück. In der Hippokrates zugeschriebenen Abhandlung *Luft, Wasser und Plätze* ist die Rede von den klimatischen Umwelteinflüssen, die wiederum das Wesen der Individuen bestimmten. Vgl. Hippokrates: Über die Umwelt. Hrsg. und übersetzt von Hans Diller. Berlin 1970. Bereits Hippokrates schreibt von der „Schlaffheit und Feigheit der Asiaten", die „kraft- und mutlos" seien (ebd., S. 63). Dafür sei aber neben dem Klima auch die Königsherrschaft verantwortlich: Das politische System

Klima bestimmt für ihn nicht nur den Charakter, sondern die Staatsform, die sich danach richten müsse. Da der Gesetzgeber sich diesen Gegebenheiten anpassen müsse,[236] sei das Klima die wesentliche Determinante für die Organisation des

---

ist also Ursache, nicht Folge menschlicher Eigenschaften. Aristoteles schlägt in seiner *Politik* den Bogen von solchen Annahmen zur Staatstheorie. Er erklärt die Freiheit in Griechenland durch die geographische Mittellage: Im kalten Norden herrsche Anarchie, im heißen Süden Despotismus; einzig in der gemäßigten Zone sei eine funktionierende Staatsverwaltung möglich: „Die Völker in den kalten Gegenden nämlich und die diesbezüglichen in Europa sind von Mut erfüllt, stehen aber mehr im Denken und in der Kunst nach; daher verbleiben sie eher in Freiheit, doch zur Staatenbildung sind sie ungeeignet, und sie können nicht über ihre Nachbarn herrschen. Die Völker in Asien sind hingegen denkerisch begabt und künstlerische Seelen, doch mutlos; daher verbleiben sie beherrscht und in Sklaverei. Doch das Volk der Griechen nun, wie es zwischen diesen Bereichen die Mitte hält, hat auch an beiden Charakterqualitäten Anteil. Denn es ist sowohl mutvoll als auch denkerisch begabt; daher verbleibt es in Freiheit, staatlich am besten verwaltet und ist in der Lage, über alle zu herrschen, sollte es eine einzige Staatsverfassung bekommen." (Aristoteles: Politik. Schriften zur Staatstheorie. Übersetzt und hrsg. von Franz F. Schwarz. Stuttgart 2001, S. 336). Diese Überlegungen über die drei Klimazonen und ihre Auswirkung auf die politische Ordnung werden in der Neuzeit breit rezipiert. Im fünften Buch seiner *Six livres sur la République* rät Jean Bodin, die Staatsform an die geographischen Gegebenheiten anzupassen. Vgl. Jean Bodin: Sechs Bücher über den Staat. Übersetzt und und mit Anmerkungen versehen von Bernd Wimmer. Eingeleitet und hrsg. von P. C. Mayer-Tasch. 2 Bde. München 1981/ 1986, bes. Bd. 2, S. 159–190 (Kap. V.1); Abbé Dubos wiederum wendet in den *Reflexions critiques sur la poésie et sur la peinture* (1719) die Klimatheorie auf Kunst und Literatur an. Vgl. [Abbé Dubos:] Reflexions critiques sur la poésie et sur la peinture. 2 Bde. Paris 1719, hier Bd. 2, Section 13–20. Dubos' Vorstellungen werden schon an seinen Kapitelüberschriften deutlich. Vgl. ebd., S. 136: „Qu'il est probable que les causes Physiques ont aussi leur part aux progrès surprenants des Lettres & des Arts." (Überschrift zu Section XIII); vgl. auch ebd., S. 238: „Le pouvoir de l'air sur le corps humain prouvé par le caractere des Nations." (Überschrift zu Section XV) – Vgl. zu Dubos' Überlegungen die Studie von Armin Hajman Koller: The Abbé Du Bos – his advocacy of the theory of climate. A Precursor of Johann Gottfried Herder. Champaign 1937. Zu Montesquieus unmittelbaren Vorgängern zählen der britische Mediziner John Arbuthnot, der in seiner Abhandlung *An essay concerning the effects of air on human bodies* (1733) den Zusammenhang zwischen menschlicher Existenz und der Luft hergestellt hatte, und nicht zuletzt Espiard de la Borde, der in seinen *Essais sur le génie et le caractère des nations* (1743) wiederholt das Primat des Klimas herausstellt: „Le climat est pour une nation la cause fondamentale à laquelle il faut ajouter celles qui sont subordonnées dans le même genre comme la qualité du sang, la nature des alimens, la qualité des eaux & des vegetaux." [François Ignace d'Espiard de La Borde:] Essais sur le génie et le caractère des nations. Divisés en six livres. Bd. 1. Brüssel 1743, S. 60.

236 Vgl. Montesquieu: De l'esprit des lois, S. 474 (XIV.1): „S'il est vrai que le caractère de l'esprit et les passions du cœur soient extrêmement différents dans les divers climats, les lois doivent être relatives et à la différence de ces passions, et à la différence de ces caractères."

Staates.²³⁷ Das Klima erscheint so als Schlüssel zur politischen Existenz des Menschen.²³⁸

Montesquieu geht (wie auch seine Vorgänger) von einer geographischen Dreiteilung in eine kalte, eine gemäßigte und eine heiße Zone aus. Das Klima hat dabei unmittelbare Auswirkungen auf Physis und Charakter der Menschen. Die Bewohner des Nordens seien stark und mutig, die des Südens schwach, feige, sinnlich und schlaff.²³⁹ Als Ursache für diese verschiedenen Eigenschaften gibt Montesquieu physiologische Gründe an, die wiederum auf das Klima zurückgehen: Die kalte Luft ziehe die Körperfasern zusammen, so dass der Organismus dort unempfindlicher sei als in der warmen Luft, wo die Fasern schlaff blieben.²⁴⁰ Montesquieu reiht sich also in eine lange Tradition klimatheoretischer Überlegungen ein, bemüht sich aber zugleich darum, seine Thesen durch ein natur-

---

237 An anderer Stelle führt Montesquieu auch andere Faktoren an. Vgl. ebd., S. 558 (XIX.4): „Plusieurs choses gouvernent les hommes: le climat, la religion, les lois, les maximes du gouvernement, les exemples des choses passées, les mœurs, les manières; d'où il se forme un esprit général qui en résulte." Allerdings bezieht sich Montesquieu immer wieder auf das Klima als wesentliche Ursache; auch die Anlage seines Werks lässt darauf schließen, dass dem Klima übergeordnete Bedeutung zukommt. Anders Karl Marcus Kriesel: Montesquieu: Possibilistic Political Geographer. In: Annals of the Association of American Geographers 58 (1968), S. 557–574.
238 Vgl. auch Montesquieu: De l'esprit des lois, S. 565 (XIX.14): „L'empire du climat est le premier de tous les empires."
239 Vgl. ebd., S. 474 f. (XIV.2): „On a donc plus de vigueur dans les climats froids. L'action du cœur et la réaction des extrémités des fibres s'y font mieux, les liqueurs sont mieux en équilibre, le sang est plus déterminé vers le cœur, et réciproquement le cœur a plus de puissance. Cette force plus grande doit produire bien des effets: par exemple, plus de confiance en soi-même, c'est-à-dire plus de courage; plus de connoissance de sa supériorité, c'est-à-dire moins de désir de la vengeance; plus d'opinion de sa sûreté, c'est-à-dire plus de franchise, moins de soupçons, de politique et de ruse. [...] Les peuples des pays chauds sont timides comme les vieillards le sont; ceux des pays froids sont courageux comme le sont les jeunes gens." Vgl. ebd., S. 477 (XIV.2): „Dans les pays du midi, une machine délicate, foible, mais sensible, se livre à un amour qui, dans un sérail, naît et se calme sans cesse; ou bien à un amour qui, laissant les femmes dans une plus grande indépendance, est exposé à mille troubles. Dans les pays du nord, une machine saine et bien constituée, mais lourde, trouve ses plaisirs dans tout ce qui peut remettre les esprits en mouvement: la chasse, les voyages, la guerre, le vin. Vous trouverez dans les climats du nord des peuples qui ont peu de vices, assez de vertus, beaucoup de sincérité et de franchise. Approchez des pays du midi, vous croirez vous éloigner de la morale même: des passions plus vives multiplieront les crimes; chacun cherchera à prendre sur les autres tous les avantages qui peuvent favoriser ces mêmes passions. Dans les pays tempérés, vous verrez des peuples inconstants dans leurs manières, dans leurs vices même, et dans leurs vertus; le climat n'y a pas une qualité assez déterminée pour les fixer eux-mêmes."
240 Vgl. ebd., S. 475 f. (XIV.2).

wissenschaftliches Experiment zu beglaubigen.²⁴¹ Als Beweis schildert er einen Versuch, den er an einer Hammelzunge durchgeführt habe: An dem gefrorenen Teil seien die Nervenbüschel nicht oder kaum mehr sichtbar gewesen, während sie im warmen Zustand deutlich hervorträten.²⁴²

Diese naturwissenschaftlich legitimierte Völkerpsychologie hat nun konkrete politische Folgen. In der mittleren Zone sei eine gemäßigte Regierungsform angebracht, in der heißen Zone sei hingegen der Despotismus die angemessene Staatsform. Weil dort Körper und Geist kraftlos seien, ließe sich die Knechtschaft leicht ertragen:

> La chaleur du climat peut être si excessive que le corps y sera absolument sans force. Pour lors l'abattement passera à l'esprit même; aucune curiosité, aucune noble entreprise, aucun sentiment généreux; les inclinations y seront toutes passives; la paresse y fera le bonheur; la plupart des châtiments y seront moins difficiles à soutenir que l'action de l'âme, et la servitude moins insupportable que la force d'esprit qui est nécessaire pour se conduire soi-même.²⁴³

Als eigentlicher Ort des Despotismus gilt (wie bei nahezu sämtlichen Autoren seit der Antike) Asien.²⁴⁴ Das liege daran, dass Asien anders als Europa keine gemäßigte Zone habe und somit kräftige Völker in unmittelbarer Nachbarschaft von schwächeren lebten, die sie mühelos unterjochen könnten; in den kleineren Staaten Europas hingegen sei eine Herrschaft der Gesetze möglich, die wiederum einen „génie de liberté" erzeugt habe, während in Asien jederzeit ein „esprit de

---

241 Vgl. zu William Falconers Kritik an Montesquieus anatomischen Kenntnissen Lucas Marco Gisi: Einbildungskraft und Mythologie. Die Verschränkung von Anthropologie und Geschichte im 18. Jahrhundert. Berlin/New York 2007 (spectrum Literaturwissenschaft. Bd. 11), S. 106.
242 Vgl. Montesquieu: De l'esprit des lois, S. 476 (XIV.2): „J'ai observé le tissu extérieur d'une langue de mouton, dans l'endroit où elle paroît, à la simple vue, couverte de mamelons. J'ai vu avec un microscope, sur ces mamelons, de petits poils ou une espèce de duvet; entre les mamelons étoient des pyramides, qui formoient par le bout comme de petits pinceaux. Il y a grande apparence que ces pyramides sont le principal organe du goût.|J'ai fait geler la moitié de cette langue, et j'ai trouvé, à la simple vue, les mamelons considérablement diminués; quelques rangs même de mamelons s'étoient enfoncés dans leur gaîne. J'en ai examiné le tissu avec le microscope, je n'ai plus vu de pyramides. À mesure que la langue s'est dégelée, les mamelons, à la simple vue, ont paru se relever; et, au microscope, les petites houppes ont commencé à reparaître. | Cette observation confirme ce que j'ai dit, que, dans les pays froids, les houppes nerveuses sont moins épanouies: elles s'enfoncent dans leurs gaînes, où elles sont à couvert de l'action des objets extérieurs. Les sensations sont donc moins vives."
243 Ebd., S. 477 (XIV.2).
244 Vgl. Franco Venturi: Oriental Despotism. In: Journal of the History of Ideas 24 (1963), S. 133–142; zur Vorgeschichte des Begriffs vgl. Koebner: Despot and Despotism.

servitude" herrsche:[245] „[D]ans toutes les histoires de ce pays, il n'est pas possible de trouver un seul trait qui marque une âme libre: on n'y verra jamais que l'héroïsme de la servitude."[246] Diese Konstellation hat auch auf lange Sicht Konsequenzen, weil sie laut Montesquieu schließlich dazu führe, dass in Asien die Freiheit niemals zunehmen könne:[247]

> C'est la grande raison de la foiblesse de l'Asie et de la force de l'Europe, de la liberté de l'Europe et de la servitude de l'Asie: cause que je ne sache pas que l'ont ait encore remarquée. C'est ce qui fait qu'en Asie il n'arrive jamais que la liberté augmente; au lieu qu'en Europe elle augmente ou diminue selon les circonstances.[248]

Die klimatheoretische Erklärung politischer Phänomene führt hier zu einer grundlegenden Prognose historischer Prozesse, die für sich reklamiert, valide Aussagen über globale Machtverhältnisse zu treffen. Für Montesquieu sind die Vorherrschaft Europas und die Schwäche Asiens damit auf Dauer festgeschrieben.

Aus dem Klima und der dadurch bedingten Natur der Asiaten folgt für Montesquieu zwangsläufig, dass die Herrschaftsausübung in Asien immer despotisch sein müsse, um die staatliche Integrität zu sichern: „La puissance doit donc être toujours despotique en Asie. Car, si la servitude n'y étoit pas extrême, il se feroit d'abord un partage que la nature du pays ne peut pas souffrir."[249] Der Despotismus ist kein Selbstzweck, sondern dient dazu, unter ungünstigen Bedingungen einen großen Flächenstaat überhaupt zu ermöglichen. Das ändert zwar nichts daran, dass aus westlicher aufgeklärter Perspektive diese Art der Herrschaftsausübung abscheulich erscheint – sie ist aber für Montesquieu unter gewissen Umständen die einzig mögliche Regierungsform.

Mit seinen Thesen provozierte Montesquieu zum Teil heftige Kritik.[250] Zu den entschiedenen Kritikern seines Determinismus gehört auch Albrecht von Haller.

---

245 Montesquieu: De l'esprit des lois, S. 529 (XVII.).
246 Ebd.
247 Vgl. Gisi: Einbildungskraft und Mythologie, S. 91f.: „Mit seiner auf einer sensualistischen Psychologie basierenden Klimatheorie liefert Montesquieu ein universales Erklärungsmodell, in das sich alle Varietäten des Menschen und seiner Kultur – wie etwa die Polygamie, der Despotismus oder die ‚Geschichtslosigkeit' des Orients – nach einem einheitlichen Kriterium einordnen und auf eine natürliche Erklärung zurückführen lassen."
248 Montesquieu: De l'esprit des lois, S. 526 (XVII.3).
249 Ebd., S. 529 (XVII.6).
250 Vgl. Venturi: Oriental Despotism, S. 136f. – Vgl. zur Montesquieu-Rezeption in Deutschland den Beitrag von Vierhaus: Montesquieu in Deutschland, zur Kritik an der Klimatheorie ebd., S. 17, sowie die insgesamt unzulängliche Studie von Frank Herdmann: Montesquieurezeption in Deutschland im 18. und beginnenden 19. Jahrhundert. Hildesheim/Zürich/New York 1990 (Philosophische Texte und Studien. Bd. 25).

In diesem Zusammenhang muss nicht entschieden werden, wie deterministisch Montesquieus Entwurf tatsächlich ist – zu Recht wurde oftmals betont, dass Montesquieu an vielen Stellen auch andere Faktoren als das Klima anführt.[251] Hier kommt es darauf an, dass Haller (wie eine Vielzahl von zeitgenössischen Intellektuellen) den *Esprit des Lois* als Ausdruck einer deterministischen Position las.[252]

In seiner 1753 publizierten Rezension der ersten deutschen Übersetzung des *Esprit des Lois*, die der Göttinger Professor Abraham Gotthelf Kästner vorgelegt hatte, verliert Haller bezeichnenderweise kein Wort über die Anlage des Werks, sondern befasst sich ausschließlich mit Montesquieus klimatheoretischen Überlegungen und weist abschließend auf Kästners Vorwort hin, das die Klimatheorie ebenfalls kritisch betrachtet.[253] Für Haller ist offensichtlich, „wie wenig die äussere Luft zu den Gemühtern und der Regierungsform beyträgt."[254] Diese These stützt er durch eine Reihe von Beispielen: So entspreche die geographische Verteilung der unterschiedlichen Regierungsformen nicht den Klimazonen; insbesondere „die grossen theils unumschränkt herrschenden deutschen Herren, die despotischen Reiche Frankreich, Spanien und Savoyen" widersprächen der Festlegung des Despotismus auf die heiße Zone.[255] Ein weiteres Argument gegen Montesquieu liefert die Geschichte. In bestimmten Gegenden wie etwa Ägypten und Griechenland ließe sich in historischer Perspektive eine ganze Reihe unterschiedlicher Staatsformen beobachten.[256] „Kan man nach so deutlichen Proben glauben, daß die himmlische Graden der Breite bey den Menschen die Quelle der Tugenden, der Laster, der Gemühts-Gaben oder der Regierungsform seyen?"[257]

Haller versteht Montesquieu uneingeschränkt als Deterministen und lehnt seine Analogien zwischen Klima und politischem System vor allem deshalb ab, weil sie im Widerspruch zur geographischen und historischen Empirie stünden.[258]

---

251 Vgl. etwa Shackleton: Montesquieu, S. 302–319.
252 Vgl. Gisi: Einbildungskraft und Mythologie, S. 96f.
253 Vgl. [Albrecht von Haller: Rezension von Des Herrn von Montesquiou Werk von den Gesetzen (…). Frankfurt/Leipzig 1753. In:] Göttingische Anzeigen von gelehrten Sachen 1 (1753), S. 30–32.
254 Ebd., S. 30f.
255 Ebd., S. 31.
256 Vgl. ebd.
257 Ebd.
258 Vgl. Albrecht von Haller an Charles Bonnet, 26.8.1771. In: The Correspondence between Albrecht von Haller and Charles Bonnet, S. 958: „Il est etonnant, que tout proche de ces Iles fortunées, peuplées par de trez beaux hommes, il y en ait d'autres, dont le peuple est aigre, mechant et miserable. Montesquieu auroit vu que le Climat ne fait pas tout, comme il n'a pas rendu le Russe semblable au Suedois, ni le Chinois au Tartare." Vgl. hingegen Bonnet an Haller, 31. August 1771, ebd., S. 961: „Montesquieu ne donnoit pas tout au Climat: il s'est élevé plus d'une

Dabei leugnet Haller keineswegs den wichtigen Einfluss des Klimas auf die menschliche Existenz. Seine Überlegungen in der nur wenige Jahre vor der Montesquieu-Rezension entstandenen *Vorrede zur Sammlung neuer und merkwürdiger Reisen* sind von der Klimatheorie beeinflusst.[259] Zugleich verdeutlicht diese *Vorrede* den wesentlichen Unterschied zwischen Haller und Montesquieu. Der Schweizer geht von einer universalistischen Grundlage aus; sein anthropologisches Verständnis ist religiös getönt. Die Kenntnis der Welt, die der Leser durch Reisebeschreibungen erwerbe, kläre ihn über „eine unendliche Verschiedenheit in der Herrschaft des Verderbens auf, die sich über alle Einwohner der Welt ausgebreitet hat."[260] Diese überall anzutreffende „Herrschaft des Verderbens" schlage sich in unterschiedlicher Ausprägung nieder:[261] An der grundsätzlichen Einheit im Negativen besteht kein Zweifel.

Die deutlich erkennbaren Unterschiede der Menschen in verschiedenen Regionen, die durch die Reisebeschreibungen belegt würden, hängen für Haller mit dem Klima zusammen. Seine Völkertypologie nimmt dabei die tradierten Zuschreibungen auf:

> Wir finden überhaupt die Einwohner südlicher Länder faul, geil, grausam und verrätherisch: gegen den Pol nehmen diese Laster immer mehr ab, und die äussersten Theile gegen den Nordpol sind mit solchen Völkern vom Eiß-Cap zur Wagersbay bewohnt, die fast ohne Leidenschaften, und eben deswegen ohne Obrigkeiten und und ohne Krieg sind; in den wärmern Ländern herrschet fast ohne Ausnahme eine monarchische Herrschaft, auch auf den kleinen Insuln der friedlichen See. Die freyen Staaten sind mit wenigen Ausnahmen an das einzige Europa gebunden, und scheinen also eine Erfindung der durch die Wissenschaften erleuchteten, und über die Fehler der königlichen Regierung nachdenkenden Menschen zu seyn. Beide äusserste Theile der alten Welt zeigen uns künstliche und gesittete Völker, auf einer Seite die Europäer, auf der andern China und Japan, fast unter einem gleichen Himmelsstriche; da hingegen die schönen Künste und die innerliche ordentliche Eintheilung der Regierung von dem übrigen Erdboden verbannet zu seyn scheinet.[262]

---

fois contre ce reproche." Haller geht auf diese Verteidigung nicht ein. Vgl. Haller an Bonnet, 14.9. 1771, ebd., S. 965 f.: „Je crois m'apercevoir, que les inductions de Montesquieu n'etoient pas suffisantes. Le climat sans doute peut beaucoup. Mais le Gouvernement, les arts, les principes nationaux ont beaucoup de pouvoir, et les caracteres nationaux se forment par une operation continuée pendant plusieurs siecles de toutes les causes, qui peuvent y influer, combinées ensemble, et constamment actives. Nous devons nous defier du climat."
259 Vgl. Albrecht von Haller: Vorrede zur Sammlung neuer und merkwürdiger Reisen, zu Wasser und zu Lande. Aus verschiedenen Sprachen übersetzt. Göttingen 1750. In: Sammlung kleiner Hallerischer Schriften. 2. Auflage. Bern 1772, S. 131–141.
260 Ebd., S. 136.
261 Ebd.
262 Ebd., S. 136 f.

Hallers Beobachtungen unterscheiden sich auf den ersten Blick nicht sonderlich von den Einschätzungen Montesquieus.[263] Wie dieser stellt er den Zusammenhang zwischen Klima und politischem System her, wie dieser unterscheidet er zwischen defizitären Südländern, die aufgrund ihres Charakters einer starken Obrigkeit bedürften, und idealisierten Europäern.

Allerdings betont er eine historische Komponente, die sich so bei Montesquieu nicht findet. Für Haller sind die freien Staaten nicht Folge des milden Klimas, sondern einer fortgeschrittenen Aufklärung. Freiheit ist keineswegs ein Zustand, der in einer idealisierten Vergangenheit anzusiedeln sei, sondern ganz im Gegenteil das Ergebnis von Wissenschaft und Kultur,[264] die wiederum (so auch die Perspektive in *Alfred*) nur auf Grundlage von Religion möglich seien. Die Überwindung despotischer Herrschaft erscheint in dieser Perspektive als Emanzipationsprozess, der in Europa unter günstigen Umständen begonnen hat, aber anderswo nicht undenkbar ist.

Haller gesteht zwar die bedeutenden Einflüsse des Klimas ein, distanziert sich aber von einem absoluten Determinismus. Sein Entwurf lässt eine gewisse Dynamik zu, die sich (in seiner Sicht) so bei Montesquieu nicht findet. Das hängt wiederum wesentlich mit einer universalistischen Anthropologie zusammen, die von der – wenn auch eingeschränkten – Perfektibilität des Menschen ausgeht.[265] Hallers Verständnis der Vervollkommnungsfähigkeit des Menschen sind allerdings Grenzen gesetzt; es ist nur im Zusammenhang mit seiner tiefen Religiosität nachvollziehbar. Wenn er an anderer Stelle die zivilisatorische Kraft christlicher Mission hervorhebt,[266] wird deutlich, dass in seinem Blick auf die Entwicklung der

---

263 Vgl. hierzu Karl S. Guthke: Haller und die Völkerkunde seiner Zeit. In: Scientia Poetica 2 (1998), S. 58–96.

264 Es verwundert nicht, dass Haller später Rousseau entschieden bekämpfte. Vgl. Guthke: Haller und die Völkerkunde seiner Zeit, S. 89: „Wohin man blickt: der Naturzustand des Menschen ist für Haller bei Indianern und anderen Wilden alles andere als das, was er für Rousseau gewesen war; und das unmißverständlich hervorzuheben, darin besteht für den Anthropologen und Ethnologen Haller ganz unverkennbar der Sinn seiner Kommentare zu den damals allenthalben geradezu verschlungenen (und insofern gefährlichen) Reisebeschreibungen aus fernen Ländern, die der Leser am heimatlichen Kamin grundsätzlich nicht verifizieren oder auch nur aus dem ‚richtigen' Gesichtswinkel verstehen konnte." Vgl. zu Hallers Rousseau-Kritik Gelzer/Kapossy: Roman, Staat und Gesellschaft, S. 170–178.

265 Vgl. Guthke: Haller und die Völkerkunde seiner Zeit, S. 70.

266 Vgl. Albrecht von Haller: Nachrichten von Grönland. In: [Albrecht von Haller:] Sammlung kleiner Hallerischer Schriften. Zweite, verbesserte und vermehrte Auflage. Erster Theil. Bd. 3. Bern 1772, S. 239–280. Vgl. Guthke: Haller und die Völkerkunde seiner Zeit, S. 91: „Der für Haller normale Weg zur Zivilisation ist der der Bekehrung."

menschlichen Gattung (offenbarte) Religion die Bedingung von Entwicklung darstellt. In diesem Zusammenhang kann das Klima zwar die menschliche Existenz beeinflussen, sie aber nicht absolut bestimmen. Aus Hallers Sicht wird Montesquieu durch seinen starren Systementwurf daran gehindert, die Empirie unvoreingenommen zur Kenntnis zu nehmen. Demgegenüber bemüht sich Haller um eine andere Art des Erkenntnisgewinns, die sich durch differenziertere Wahrnehmungen von Systemzwängen abgrenzt und – wie die Handlung des *Usong* zeigt – bereit ist, die Theorie notfalls zu modifizieren.

4.4.3 *Usong* (1771): Die Humanisierung des Despotismus

Vor diesem Hintergrund lässt sich auch Hallers *Usong* als Reflexion Montesquieu'scher Gedanken lesen. Im Zentrum der Handlung steht die Politik: Der Roman erzählt, auf eine Vielzahl von Quellen gestützt, sowohl die Erziehungsgeschichte des Protagonisten Usong Hassan als auch die Jahre seiner Herrschaftsausübung bis zu seinem Tod.[267] Er bietet damit die vollständige Biographie eines orientalischen Musterherrschers,[268] die Haller zudem systematisch mit empfindsamen Zügen ausstattet: Der beste Mensch ist zugleich der beste Monarch.[269] Mit der Entscheidung für eine Lebensgeschichte distanziert er sich vom Modell des *Télémaque* und damit zugleich vom Epos. Darüber hinaus ist diese Musterbiographie auch die Lebensgeschichte eines leidenden Menschen, denn der gefühlvolle Usong, der auch als zärtlicher Familienvater dargestellt wird, resigniert zusehends, ehe er sich schließlich zum Christentum bekehrt und dadurch

---

[267] Vgl. zu den Quellen des Romans Mosher: Albrecht von Hallers Usong; als Resümee des älteren Forschungsstandes vgl. die Arbeit von Dalia Salama: Albrecht von Hallers „Usong". Ein orientalisierender Staatsroman. Hamburg 2006.

[268] Haller betont, dass sein *Usong* nicht nur die Erziehung eines Fürsten darstelle, sondern auch dessen väterliche Herrschaftsausübung. Vgl. Haller an Bonnet, 1.10.1767. In: The Correspondence between Albrecht von Haller and Charles Bonnet, S. 665: „Rhizotome [Haller] a formé dans sa memoire le plan d'un bon Prince, non pas celui d'un eleve, mais d'un Monarque pére [!] du peuple: c'est un plan entierement different de celui de Telemaque." Darin liegt aber eine Ähnlichkeit mit Terrassons *Sethos*: Dessen Autor reklamierte ebenfalls, einen ‚vollständigeren' Roman geschrieben zu haben. Vgl. Kap. 2.2.2.1 dieser Arbeit. Das relativiert den Befund von Widmann: Albrecht von Hallers Staatsromane, S. 189, Haller habe „den vollständigsten historischen Staatsroman geschaffen".

[269] Vgl. Gelzer/Kapossy: Roman, Staat und Gesellschaft, S. 163: *Usong* „enthält eine ganze Reihe empfindsamer oder poetischer Passagen, die insbesondere durch kühne oder exotische Vergleiche auffallen". Sie dienen ersichtlich dazu, den Musterherrscher als fühlenden Menschen zu zeichnen, dessen Altruismus emotional beglaubigt wird.

seine Probleme besiegt. Damit ist *Usong* zugleich die Geschichte einer religiösen Bekehrung, die so letztlich die Notwendigkeit der Offenbarungsreligion demonstriert – gegen Marmontels deistischen *Bélisaire*.

Usong spielt im 15. Jahrhundert; der Protagonist ist Mongole und stammt aus dem ehemals kaiserlichen Haus der Iwen. In seiner Jugend kommt der wissbegierige und tugendhafte Usong als Gefangener nach China, verliebt sich in Liosua, die Tochter des Unterkönigs Liewang, die er vor dem Ertrinken rettet. Als seine Identität bekannt wird, muss er China verlassen; er reist nach Ägypten, nach Venedig, schließlich nach Persien, wo er die Herrschaft erlangt (Buch I).

Das zweite Buch mischt Privates und Politisches; es schildert sowohl Usongs tiefgreifende politische Reformen in Persien als auch seine glückliche Ehe mit Liosua. Im dritten Buch stehen dann militärische Ereignisse im Vordergrund. Usong erleidet gegen Sultan Mahmud eine empfindliche Niederlage; hinzu kommt privates Leid, als Liosua und der gemeinsame Sohn sterben. Das vierte Buch rückt schließlich die Erziehung des Thronfolgers, Usongs Enkel Ismael, ins Zentrum; Usong, der von dem Waldenser Veribeni zum Christentum bekehrt wurde, stirbt in hohem Alter; seinem Enkel hinterlässt er einen Fürstenspiegel, die „letzten Räthe". Die ursprünglich als Teil des Romans konzipierten *Briefe über die wichtigsten Wahrheiten der Offenbarung* publizierte Haller schließlich separat, weil ihm ein Roman ein ungeeigneter Ort für theologische Reflexionen zu sein schien.[270]

Zunächst handelt es sich bei *Usong* also um eine aus heterodiegetischer Perspektive mit Nullfokalisierung erzählte historische Biographie: Die erzählte Zeit umfasst das Leben des Protagonisten Usong Hassan, der im 15. Jahrhundert lebte. Wichtig ist Haller die historische Beglaubigung. So erklärt er im Vorwort der 1771 erschienenen Erstausgabe des *Usong*, er habe eine „Handschrift" bearbeitet, deren Verfasser nicht bekannt" sei und die er „in einen Auszug gebracht habe."[271] Er erläutert minutiös, wie dieses unbekannte Manuskript, das er ediere, von der westlichen Überlieferung abweiche, und stellt den Mehrwert heraus, der sich dadurch ergebe.[272]

---

270 Vgl. [Albrecht von Haller:] Briefe über die wichtigsten Wahrheiten der Offenbarung. Zum Druke befördert durch den Herausgeber der Geschichte Usongs. Bern 1772, unpaginierte Vorrede: „Der erste Entwurf dieser Briefe lag eigentlich in den lezten Reden Usongs, und die Wahrheiten, die hier vorgetragen werden, sind eben dieselbigen, die aus der Feder eines rechtschaffenen Waldensers kommen sollten. Nach einer mehrern Ueberlegung aber habe ich gefühlt, daß alles, worinn die Angelegenheiten der Ewigkeit vorkommen, viel zu ernsthaft ist, als daß man es mit einer Geschichte vermischen sollte, worinn von Liebe, von Kriegen, und von andern Geschäften des gemeinen Lebens die Rede ist."
271 [Albrecht von Haller:] Usong. Eine Morgenländische Geschichte, in vier Büchern. Durch den Verfasser des Versuches Schweizerischer Gedichte. Bern 1771, unpaginierte Vorrede.
272 Vgl. ebd.

In der Vorrede zu der Ausgabe von 1778 rückt Haller von dieser Fiktion ab. Im Juni 1777, wenige Monate vor seinem Tod, schreibt er, die „Larve [sei] nicht mehr nöthig, mit welcher sich Usong in der ersten Auflage bedekt hat."[273] Er nutzt nun diese Vorrede als generelle Reflexion des Verhältnisses von Roman und Geschichte und begründet seine Stoffwahl damit, dass der historische Usong zwar bekannt sei, aber zugleich genügend Leerstellen offenblieben, die der Roman füllen könne:[274]

> Er, und seine Art zu regieren, waren nicht so allgemein bekannt, daß der Wohlstand mich zu sehr hätte einschränken können, wann ich etwas mehr von ihm und von seinen Anstalten schreibe, als die ernsthafte Geschichte mir vorsagt. Ich blieb aber dennoch bei den morgenländischen Sitten, und selbst die Einrichtung des Staates ist entweder nach China geschildert, oder sie ist würklich unter den Enkeln Usongs in Persien wahr gewesen: denn das *costume* zu verletzen, ist eine Freyheit, die man auch dem Racine verdacht hat, wann er sie nahm. Wann man einer Erdichtung die Würde einer Geschichte geben will, so muß man sie allerdings der Geschichte so ähnlich machen, daß der Unterscheid nicht zu anstößig in die Augen fällt.[275]

Die poetologischen Aspekte liegen auf der Hand: Es geht Haller um die Dignität der Gattung, die ihre eigentliche Relevanz durch den Bezug zur Empirie behaupten kann, dabei aber gewisse Lizenzen in der Gruppierung des Materials hat. Diese Nobilitierung des Romans durch den Rekurs auf die Ähnlichkeit mit der Geschichtsschreibung wird sich in *Alfred* und *Fabius und Cato* noch fortsetzen.

Geschichte, Politik und Geographie spielen in *Usong* eine zentrale Rolle. Wesentliche Bedeutung kommt dabei der Klimatheorie zu. Diese dient zunächst als Mittel der Klassifikation, als Interpretationsraster mit dem die Romanfiguren – und nicht etwa der auktoriale Erzähler! – die Welt deuten. Indem der Erzähler seine Figuren mit geographischem und biologischem Wissen ausstattet, wird der vermeintlich platt belehrende Text zu einem komplexen Gebilde, das dialogische Formen nutzt, um vermeintlich selbstverständliche Wahrheiten zu unterlaufen. Hallers Text ist von einer nicht leicht aufzulösenden Grundspannung geprägt: Die Verlagerung der Handlung in den Orient lässt sich einerseits als Mittel der Distanzierung begreifen, anderseits ist der Orient eben nicht nur Kulisse: Haller reflektiert sehr genau die lokalen Umstände und entwirft einen spezifisch orientalischen Despotismus. Hier stellt sich nun zwangsläufig die Frage, wie es mit der universellen Anwendbarkeit des didaktischen Gehalts bestellt ist, wenn der Text

---

273 Albrecht von Haller: Usong. Eine Morgenländische Geschichte, in vier Büchern. Neueste verbesserte Auflage. Mit Kupfern. Bern 1778, unpaginierte Vorrede.
274 Vgl. Meid: Roman und Historie, S. 160 f. (Fußnote).
275 Haller: Usong (1778), unpaginierte Vorrede.

auf historische Quellen gestützt eine Herrschaftsform darstellt und diese – wie zu zeigen sein wird – durch die Klimatheorie legitimiert.

Usongs Verhältnis zu klimatheoretischem Wissen lässt sich in drei Phasen einteilen: Am Anfang stehen seine Eindrücke in unterschiedlichen Umgebungen. Diese empirischen Belege für eine große Bandbreite möglicher Regierungsformen stimulieren seine Wissbegierde. Er bittet um Belehrung – und bekommt sie von einem Europäer, der ihn mit den Grundlagen der Klimatheorie vertraut macht. Sie wird nun zum Ordnungssystem, an dem Usong seine Weltsicht und seine Herrschaftspraxis ausrichtet. Im letzten Buch des Romans schließlich wird diese Gewissheit wieder durch neuerworbenes Wissen in Frage gestellt.

Die Eindrücke, die der heranwachsende Usong macht, loten die Extreme staatlichen Zusammenlebens aus. Als Abkömmling der Iwen, eines mongolischen Volksstammes, der für einige Zeit über China geherrscht hat und sich nun in permanentem Krieg mit China befindet, ist er Teil eines ehemals zivilisierten, nun aber weitgehend kulturlosen Volks von nomadischen Jägern.[276] Von Beginn an ist China die Vergleichsgröße. Es erscheint entsprechend der im 18. Jahrhundert wirkungsvollen Tradition als Beispiel guter staatlicher Organisation und zugleich als Ort einer nach moralphilosophischen Prinzipien organisierten Gesellschaft,[277] als das Land, das laut Usong „seit so vielen Jahrhunderten der Mittelpunkt der Ordnung und der öffentlichen Glükseligkeit ist."[278] Der wissbegierige Protagonist macht sich seinen erzwungenen Aufenthalt im Reich der Mitte zunutze, um seine Fähigkeiten als künftiger Herrscher weiter auszubilden. Verglichen mit seinen nomadischen Ursprüngen erscheint China als in allen Belangen vorbildlich:

> Es war dem edlen Jünglinge nicht entgangen, wie viele Vorzüge das reiche, das bevölkerte, das angebaute, das gelehrte, das weise China vor seinem verwilderten Vaterlande hatte. Er begriff, daß die Gemüther seiner Mongalen noch unverdorben, und eben so unschuldig waren, als die Hand der Natur sie erschaffen hatte: er sah ein, daß blos der Mangel an Einrichtungen, und an Wissenschaften, sie zu Barbaren machte, und daß sie alle Anlage zu einem glüklichen Volke hätten, wenn ein Gesezgeber das viele Gute anzuwenden wüßte, das

---

[276] Vgl. Haller: Usong, S. 1 f.: „Die Enkel des vergötterten Oguz und des mächtigen Tschengis waren in ihre ehmalige Mittelmäßigkeit zurükgesunken. Sie waren zahlreich, und ein jeder Fürst lebte mit seiner Horde von der Viehzucht und von der Jagd. Die Reichthümer von China, die kostbaren Feyerkleider, die Pracht der Palankine, das Gefolge unzählbarer Mandarine, der Glanz des Thrones war verschwunden, und ein von einem reissenden Thiere erfochtener Pelz war der Puz der Nachkommen des Besiegers der Welt."
[277] Vgl. die grundlegende komparatistische Studie von Willy Richard Berger: China-Bild und China-Mode im Europa der Aufklärung. Köln/Wien 1990 (Literatur und Leben. N.F. Bd. 41).
[278] Haller: Usong, S. 23. – Die asiatischen und arabischen Staaten, die Usong besucht, sind hingegen auf den ersten Blick defizitär: Ägypten ist chaotisch, die Regierung ungerecht und grausam. Vgl. ebd., S. 42 f.

4.4 Experiment und Didaxe. Albrecht von Hallers politische Romane — 293

> in diesen rohen Edelsteinen verborgen lag. Und dieser Gutthäter meines Volkes kann ich seyn, sagte sein Herz, nicht mit Worten, aber mit der lebhaften Empfindung, die ohne Zeitfolge, und ohne Worte, die Sprache des Herzens ist.[279]

Diese Passage ist in mehrfacher Hinsicht aufschlussreich. So konstatiert der Protagonist den Gegensatz zwischen China und seiner „verwilderten" Heimat. Die Mongolen leben, so die Deutung Usongs, im Naturzustand. Dieser ist aber keineswegs idealisiert: Es bedarf eines Gesetzgebers, der zivilisierend auf dieses Volk einwirkt und so die vorhandenen Anlagen entwickelt. Wie Montesquieu richtet Haller den Fokus auf gute Gesetzgebung, die für jedes Volk und jeden Landstrich die relativ beste Verfassung entwickeln solle. Ohne Gesetze könne der Mensch seine Möglichkeiten nicht entfalten.[280]

Usongs idealisierende Sicht auf China erfährt unter europäischem Einfluss eine folgenreiche Veränderung. In Venedig sieht sich Usong mit einem prosperierenderen Staatswesen konfrontiert, das darüber hinaus als Aristokratie eine grundlegend andere Verfassungsform als China aufweist.[281] Der Wohlstand dient dabei als Indikator, um die Qualität von Herrschaft zu messen. In Venedig wird die Beobachtung ergänzt durch die Reflexion. In dem Venezianer Zeno wird Usong eine Mentorfigur zur Seite gestellt, die ihn mit den politischen Errungenschaften des Westens vertraut macht.

Der interkulturelle Dialog, der sich zwischen den beiden entspannt, zeichnet sich von vornherein durch Ungleichheit aus. Zwar werden kurz wechselseitige Stereotype reflektiert – Zeno erklärt, „wann uns die Morgenländer für ungesittet ansehn, so erwiedern wir ihnen diese Unbilligkeit mit der unsrigen"[282] –, Usong ist aber von Beginn an in der Rolle des Lernenden. Für den asiatischen Prinzen ist unerklärlich, wie der venezianische Staat funktionieren könne:

> Nichts bestürzte aber den jungen Usong mehr, als die Staatsverfassung. Der Begriff einer Republik war im despotischen China noch nicht entstanden. Man glaubte viele Götter, aber stellte sich nur einen König als möglich vor. Daß aber viele Edle mit gleicher Gewalt neben einander herrschen, und der gröste auch vom geringsten abhängen könnte, kam dem Usong wie eine Erscheinung aus dem Reiche der Geister, und als eine Nachricht aus einer andern Erdkugel vor.[283]

---

279 Ebd., S. 23 f.
280 Vgl. auch die Ausführungen zu *Alfred* in diesem Kapitel.
281 Vgl. Haller: Usong, S. 46–48.
282 Ebd., S. 45.
283 Ebd., S. 48.

Seine tiefe Erschütterung verstärkt sich noch, als er erfährt, „in den Abendländern wären alle Völker frey gewesen, und durch ihre eigenen, von ihnen selbst gewählten, Obrigkeiten, beherrschet worden."[284] Entgegen seiner Vorurteile funktioniert in Venedig die Machtverteilung, eben weil alle Einwohner dem Gesetz unterworfen sind. So sind die Adeligen trotz „ihrer Obermacht bescheiden". Auch für sie gelten die Gesetze: „Er sah die knechtische Unterwerfung nicht mehr, die in China Menschen gegen Menschen bezeigen; die Geisel war nicht der Zepter der Geseze."[285]

Venedig ist vorbildlich, weil sich dort Herrschende und Beherrschte gegenseitig vertrauen und beide durch allgemeingültige Gesetze vor Exzessen geschützt werden.[286] Aus dieser Perspektive erscheint nunmehr das zuvor idealisierte China als defizitär. Zeno kann Usong die Augen über den allmählichen Verfall des Reichs der Mitte öffnen.[287] Seine Thesen bestätigt wiederum Usong aus seiner Erinnerung – ein Sachverhalt, der die eigentümliche Lehrer-Schüler-Situation eindrücklich widerspiegelt: Denn erst der theoretische Diskurs des Europäers vermag es, die diffusen Eindrücke Usongs zu ordnen.

Im Zentrum des Lehrgesprächs steht die Erklärung der politischen Unterschiede. Diese liegen für Zeno im Klima begründet. Auf Usongs Frage, wie und warum die unterschiedlichen Staatsformen entstanden seien, antwortet Zeno mit einem Drei-Zonen-Modell, das sich mit den oben zusammengefassten Gedanken von Aristoteles bis Montesquieu eng berührt. Im Norden lebten Völker, die kei-

---

284 Ebd.
285 Ebd., S. 49f.
286 Vgl. zum Venedig-Diskurs der Zeit vgl. Martin Fröhlich: Mysterium Venedig. Die Markusrepublik als politisches Argument in der Neuzeit. Bern u.a. 2010 (Freiburger Studien zur Frühen Neuzeit. Bd. 13), Urte Weber: Republiken als Blaupause. Venedig, die Niederlande und die Eidgenossenschaft im Reformdiskurs der Frühaufklärung. Berlin/Boston 2016 (Ancien Régime, Aufklärung und Revolution. Bd. 42).
287 Vgl. Haller: Usong, S. 53: „Aber auch in China ist die alte Einfalt der Herrscher durch die Schmeichler verdrungen; Usong gestund es. Die Belohnungen werden durch den Rath unwürdiger Verschnittenen ausgetheilt, der obersten Mandarinen Unterdrükungen übersehen, und das Joch auf das Volk erschweret. Noch gewinnen zuweilen die glänzenden Beyspiele tugendhafter Kaiser, und die siegreiche Beredsamkeit alter Weisen, das Herz eines Fürsten, und bereden ihn, sein Vergnügen im Glüke des Landes zu suchen. Aber das Uebel ist geschehen, das Herz des Volkes ist in den Koth getreten, und keiner edlen Begierden mehr fähig." Den letzten Satz des Zitats wählte Goethe leicht abgewandelt als Motto für die erste Fassung seines *Götz von Berlichingen*. Vgl. Johann Wolfgang Goethe: Geschichte Gottfrieds von Berlichingen mit der eisernen Hand. In: Ders.: Sämtliche Werke nach Epochen seines Schaffens. Münchner Ausgabe. Hrsg. von Karl Richter u.a. Bd. 1.1: Der junge Goethe 1757–1775. Hrsg. von Gerhard Sauder. München 1985, S. 387–509, hier S. 387: „Das Unglück ist geschehn, das Herz des Volks ist in den Kot getreten, und keiner edeln Begierde mehr fähig."

nerlei staatliche Organisation besäßen,[288] in der gemäßigten Zone Europas seien eingeschränkte Monarchien anzutreffen,[289] in der warmen Zone schließlich sei der Despotismus als Reaktion auf die heftigen Leidenschaften der Bewohner entstanden:

> In den mildesten Gegenden, wo wenige Morgen Aker viele Geschlechter ernähren können, wohnten die Menschen dichter beysammen, und bauten die ersten Städte. Der Werth des Besizes war hier grösser, und der Streit zwischen den Bürgern, und einer jeden Stadt mit den benachbarten Städten, gemeiner. Die Heftigkeit der Leidenschaften in diesen Gegenden führte zu Missethaten; die Eifersucht, die Rachbegierde zerrissen die Bande der Gesellschaft, und musten mit Zwangsmitteln gezäumet werden.[290]

Als Reaktion auf derartige Auswüchse sei eine strenge Herrschaft nötig, die den Zusammenhalt der „Bande der Gesellschaft" erst ermögliche. Gewaltherrschaft dient so der Gewaltprävention:

> Hier entstunden Könige, denen man eine schnelle Ausführung der Macht anvertraute, weil sie schnellen Uebeln, und den Ausbrüchen wütender Leidenschaften, Einhalt thun mußten. Aber einmal mit Macht gewafnet, erhielten sie über die weichlichen Gemüther der Morgenländer eine uneingeschränkte Herrschaft, weil der Schreken alles auf dieselben vermochte, und ihre Glieder weder durch die rauhe Luft, noch durch die zu ihrer Nahrung unvermeidliche Arbeit, wie bey den nördlichen Völkern, abgehärtet worden waren. Hier

---

288 Vgl. ebd., S. 55: „Man hat unter dem nördlichen Angelstern Völker entdekt, die unter einem eisernen Himmel leben, deren Erde nur Stein und Eis ist, und die blos das stürmische Meer ernährt. Diese Völker sind alle vollkommen ohne Obrigkeiten, und leben ohne Geseze und ohne Straffe. Da sie selten mit einander zu streiten haben, da sie nichts gemeinschaftliches besizen, so leben sie, fast wie die ihnen ähnlichen Thiere, ungesellig und ohne Regierung." Ähnliche Überlegungen finden sich auch im fünften Buch von *Alfred*. Vgl. Haller: Alfred König der Angel-Sachsen, S. 214–252 („Das fünfte Buch. Die Reisen Othars, des Nordländers").
289 Vgl. Haller: Usong, S. 55 f.: „In kalten, aber doch zur Jagd gelegenen Ländern, leben die Menschen näher beysammen, und die Furcht vor den reissenden Thieren hat sie gezwungen, durch ein gesellschaftliches Leben sich zu verstärken. Diese Völker sind auch frey, und alle Glieder der Gesellschaft einander gleich. Ihre zu allen Beschwerden abgehärteten Gemüther lassen sich weder schreken noch zwingen, und sie übergeben das angeborne Vorrecht der Freyheit keinem Tyranne. Nur hat ein Anführer eine eingeschränkte Macht, die vormals mit der Nothwendigkeit zu Ende gieng. Auf diese Grundsäze waren ursprünglich alle europäische Herrschaften gegründet."
290 Haller: Usong, S. 56 f. In späteren Auflagen ist der letzte Satz modifiziert. Vgl. Haller: Usong (1778), S. 41 „Die Natur macht die Einwohner der mildern Gegenden für die Wohllust empfindlicher und begieriger, in ihrem Zorn und in ihrem Hasse grausamer, und in allen ihren Trieben unmäßiger."

entstunden zuerst erbliche, und willkürlich gebietende Einzelherren; das feige Volk ist des Joches gewohnt, und lernt den Namen der Freyheit von seinen knechtischen Eltern nicht.[291]

Aus der zunächst sinnvollen Einrichtung seien die Auswüchse der despotischen Herrschaft entstanden, da sich dieses System verselbständigt habe. Auch in Zenos Argumentation kommt der „Luft" zentrale Bedeutung zu. In der heißen Zone sei so ein politisches System entstanden, das auf die Schwächen der Bewohner zurückgehe, die inzwischen selbst „den Namen der Freyheit" vergessen hätten.

Diese Zusammenfassung der politisch angewandten Klimatheorie besitzt eine doppelte Funktion. Einerseits informiert sie den Leser äußerst knapp über ein gängiges Interpretationsraster politischer Zusammenhänge, anderseits versorgt sie romanintern Usong, den zukünftigen Herrscher eines asiatischen Reichs, mit dem nötigen Wissen, um seine Herrschaft auszuüben. Dabei überrascht, wie weitgehend das Herrschaftswissen, das Usong mitgegeben wird, den Argumenten Montesquieus entspricht. Zeno agiert als Sprachrohr dieser Schule. Der Anachronismus allein wäre nicht weiter bemerkenswert, auffällig ist aber, dass Haller, der Montesquieus Determinismus ablehnte, dessen Argumente in einem Roman als Deutung der politischen Realitäten nutzt.

Aufschluss über die spezifische Anverwandlung der Klimatheorie in *Usong* gibt dann das letzte Buch des Romans, das beschreibt, wie der gealterte Herrscher sein Vermächtnis formuliert und zugleich sein Selbstverständnis als aufgeklärter orientalischer Despot darlegt. Dabei benennt der Text durchaus im Einklang mit den Gattungskonventionen des politisch-didaktischen Romans das Grundproblem, das in der Abhängigkeit des gesamten Staatswesens von einem Individuum besteht. Der gängige Lösungsansatz besteht in der möglichst guten Erziehung des Thronfolgers und in der Legalisierung von Herrschaft; dauerhafte Institutionen sollen den einmal erreichten Stand über den Tod des Monarchen hinaus konservieren. So argumentiert auch Usong.[292] Bemerkenswerterweise nimmt das letzte Buch Konstellationen des ersten Buchs wieder auf, aber unter veränderten Vorzeichen. Der interkulturelle Dialog findet nun in Persien statt, das Usong musterhaft und vernünftig organisiert hat. Wieder ist sein Gesprächspartner ein Venezianer. Und wieder geht es im Gespräch zwischen Europäern und Orientalen um Klima und Politik. Diesmal fragt der Europäer, befremdet von der Herr-

---

291 Haller: Usong, S. 57.
292 Vgl. ebd., S. 340: „Alles, was ich thun kann, ist, meinen nächsten Nachfolger so zu bilden, daß ich hoffen könne, er werde ein Kaiser, und nicht die Larve eines Kaisers seyn, durch die ein andrer sprechen und befehlen müsse. Die gute Auferziehung des Thronerben ist das einzige Mittel, das einen herrschenden Stamm auf dem Throne befestigen, und den Wohlstand des Reiches verewigen kann."

schaftsform, nach der Legitimation des asiatischen Despotismus; offensichtlich ist er nicht mit der Klimatheorie und ihren politischen Implikationen vertraut.

Zwar zeigt sich der junge Venezianer von Usongs Qualitäten angetan, er kritisiert aber dessen Programm als problematisch, da das Wohl des Staates ausschließlich von der Tugend des Alleinherrschers abhänge. Für den „Sohn der Freyheit, der die Härte der Regierung, und die despotische Gewalt" ablehnt, bleibt „unbegreiflich, wei [!] eine Herrschaft gerecht geführt werden könnte, wie ein einziger Wille für alle zum Geseze würde." Der grundsätzliche Zweifel an der „Regierung eines einzigen" wird auch durch die Existenz des vorbildlich herrschenden Usong nicht ausgeräumt:[293]

> Aber wie manchen Usong wird die Geschichte unter den unumschränkten Herrschern der Morgenländer finden? Mir kömmt die Regierung eines einzigen wie eine gesezliche Tyranney vor, die ihre grausamen Wirkungen unfehlbar ausübt, wenn nicht ein Wunder der Welt auf dem Throne sizt.[294]

Für den Venezianer, Sprachrohr einer europäischen Position, ist selbst die Herrschaft des Musterdespoten Usong eine „gesezliche Tyranney". Die Beschreibung verrät die tiefe Abscheu, die der Despotismus auslöst. Gegen Ende des Romans stellt der Venezianer all das in Frage, was der Roman etablierte. Nicht zuletzt hebt er das Paradox hervor, das der ganze Roman entfaltet: Usongs Abstammung, seine Reisen, seine Weltkenntnis, all das sind Ausnahmen – und die größte Ausnahme ist sein Wille zur Tugend, der sich von Anfang an bekundet hat.

In bezeichnender Umkehr der Rollen aus dem ersten Buch belehrt nun Usong den Venezianer über die determinierende Kraft des Klimas, die eine andere Staatsform im Orient nicht zulasse:

> In Persien habe ich getrachtet eine Staatsverfassung einzuführen, die für den Herrscher nicht gefährlich wäre, und wobey das Volk die Ausbrüche willkürlicher Leidenschaften nicht zu besorgen hätte. Eine freye Staatsverfassung scheint den Gemüthern der Morgenländer nicht angemessen (Hier bükte sich der Patan, und bezeugte durch seine Geberden, daß er eine Einwendung hätte, schwieg aber mit Ehrerbietung); ihre heftigen Leidenschaften scheinen also Schranken zu bedürfen, die nur die monarchische Macht nachdrücklich behaupten kann.[295]

Usongs Reformen zielen also auf Stabilität unter ungünstigen Umständen ab. Folge ist Stillstand: Bestenfalls kann es gelingen, den Status quo zu konservie-

---

293 Ebd., S. 341.
294 Ebd., S. 342.
295 Ebd., S. 348.

ren.²⁹⁶ Lediglich die „monarchische Macht" könne im Orient bestand haben. Usong hat sich also die Zonenlehre des Venezianers Zeno zu eigen gemacht. Tatsächlich spricht sein Erfolg dafür, dass er sich dabei im Recht befindet. Usongs Herrschaftsausübung wird an keiner Stelle kritisiert, wohl aber deren Begründung. Der „Patan" (Paschtune), Mitglied einer ausländischen Gesandtschaft, ist das Sprachrohr einer gelehrten Kritik, die auf die Prämissen von Usongs Staatsverständnis abzielt.

Es spricht wiederum für den Herrscher, dass er auf die Gesten des „mit Ehrerbietung" schweigenden Gastes reagiert und nachfragt. Die Antwort, die er bekommt, ist geeignet, seine geographischen Gewissheiten zu untergraben. So lebe seit einiger Zeit ein Volk in der heißen Zone, dessen Regierungsform als „Freystaat" bezeichnet werden könne:

> Man hält dafür, es seye aus dem Tibet entsprungen. Diese Fremdlinge sind zahlreich, und in zwölf Stämme abgetheilt. Im Frieden haben sie kein Oberhaupt; ihr Gesezbuch liegt auf einem Altare, und nach demselben richten ihre Aeltesten. Im Kriege wählen sie einen obersten Feldherrn. Sie haben sich fast des ganzen Indus bis an die See bemächtigt. Ihre Liebe zur Freyheit herrschet bis in den Gottesdienst: sie kennen keine äusserlichen Feyerlichkeiten, und beten in der Stille einen einigen Gott an.²⁹⁷

Eine Fußnote konkretisiert diese rätselhafte Angabe: Es handele sich um die „noch heutzutage mächtigen Scheiken",²⁹⁸ also wohl um die Sikhs.²⁹⁹ Auch in den vor allem gegen Voltaire gerichteten *Briefe über einige noch lebenden Freygeister Einwürfe wider die Offenbarung* erscheinen die „Scheiken" als freies Volk, das noch im ausgehenden 18. Jahrhundert anzutreffen sei.³⁰⁰ Dass Haller diesen Verweis auch in einem theologischen Text gebraucht, unterstreicht die Relevanz

---

296 Vgl. Montesquieu: De l'esprit des lois, S. 479 (XIV.4): „Si, avec cette foiblesse d'organes qui fait recevoir aux peuples d'Orient les impresssions du monde les plus fortes, vous joignez une certaine paresse dans l'esprit, naturellement liée avec celle du corps, qui fasse que cet esprit ne soit capable d'aucune action, d'aucun effort, d'aucune contention, vous comprendrez que l'âme, qui a une fois reçu des impressions, ne peut plus en changer. C'est ce qui fait que les lois, les mœurs et les manières, même celles qui paroissent indifférentes, comme la façon de se vêtir, sont aujourd'hui en Orient comme elles étoient il y a mille ans."
297 Haller: Usong, S. 354.
298 Ebd.
299 So (allerdings ohne Belege) Biesterfeld: Der Fürstenspiegel als Roman, S. 445. Vgl. aber Mosher: Albrecht von Hallers Usong, S. 94.
300 Vgl. Albrecht von Haller: Briefe über einige noch lebenden Freygeister Einwürfe wider die Offenbarung. Teil 3. 2. Auflage. Bern 1778, S. 45: „[U]nd fast bey unsern Zeiten haben die alten Scheiken aus der grossen Tartarey sich an den Indus gewandt, und daselbst eine Freystatt aufgerichtet."

der Feststellung. Dem völkerkundlichen Wissen kommt zentrale Bedeutung zu, weil es in der Romanhandlung als Argument dienen kann, die Grundlagen des theoretischen Rahmens in Frage zu stellen.

Das anthropologische und geographische Wissen unterminiert so die deterministischen Gewissheiten. In der Diskussion zwischen dem Gelehrten und dem Herrscher wird sofort der Bogen nach Europa geschlagen. Usong selbst vergleicht dieses asiatische Volk mit den Schweizern, die nun „einen dem ihrigen ähnlichen Bund in Indostan" hätten.[301] Dieser patriotische Seitenblick auf die Schweizer des Orients stellt gegen Ende des Romans Usongs deterministische Position massiv in Frage. Zugleich wird dadurch der Despotismus (gleich welcher Ausprägung) diskreditiert. Ohne dadurch Usongs Bemühungen in Frage zu stellen, wird hier doch der Grundvorbehalt gegen jede Art von absolutistischer Herrschaft artikuliert: Wenn sich selbst der orientalische Despotismus nicht mehr ohne weiteres unter Verweis auf determinierende Faktoren wie das Klima legitimieren lässt, sieht es für andere Ausprägungen der Alleinherrschaft noch ungünstiger aus.

Einerseits entfaltet Hallers *Usong* also einen subtilen Diskurs über die Legitimation der Alleinherrschaft, andererseits stellt er Möglichkeiten ihrer Humanisierung dar und erzählt von der Realisierung eines menschlich regierten orientalischen Großstaats. Der Roman ist eine Versuchsanordnung, die darauf abzielt, Möglichkeiten eines Despotismus mit humanem Antlitz auszuloten. Diese Humanisierung kann – und das ist das Grunddilemma absoluter Erbmonarchien – nur durch ein außergewöhnliches Individuum geschehen. Tatsächlich ist Usong dieser mit geradezu messianischen Zügen ausgestattete Musterherrscher, der alles daransetzt, unter den Bedingungen des Orients seine Alleinherrschaft durch Gesetze zu mildern. Das Lob des Musterdespoten beinhaltet also zugleich die Kritik des Despotismus. Dabei besteht an Usongs persönlicher Integrität ebenso wenig ein Zweifel wie an der Validität seiner Reformen; außenpolitisch fungiert er als „einzige[r] Beschützer des Gleichgewichtes der Welt",[302] als Verkörperung der wirkmächtigen Idee einer friedenssichernden Balance of Power. Nach seiner Akklamation zum Herrscher erklärt er, die „einzige Absicht seines Lebens" werde das Glück seiner Untertanen sein.[303] So schildert das zweite Buch Usongs Refor-

---

301 Haller: Usong, S. 355.
302 Ebd., S. 155. Vgl. Heinz Duchhardt: Balance of Power und Pentarchie. Internationale Beziehungen 1700–1785. Paderborn u. a. 1997 (Handbuch der Geschichte der Internationalen Beziehungen. Bd. 4). Haller transponiert hier die Konstellation des europäischen Mächtesystems in den frühneuzeitlichen Orient.
303 Ebd., S. 103.

men; die *Lezten Räthe* fassen gegen Ende des Romans noch einmal seine Herrschaftsmaximen zusammen.[304]

Usong strebt nach Vereinfachung und Vereinheitlichung. Das fängt bei der Organisation des eigenen Lebens an und setzt sich bei der Wahl vertrauenswürdiger Untergeber fort. Zentral ist der Gedanke, sämtliche Provinzen des riesigen Reichs selbst zu bereisen. Dort setzt Usong Maßnahmen zur Verbesserung der Infrastruktur und insbesondere zur Förderung der Landwirtschaft in Gange. Seine Steuerreform nach (vermeintlich) chinesischem Vorbild sieht eine einheitliche Besteuerung des Bodens vor.[305] Ziel ist ein allgemeinverständliches und gerechtes Steuersystem, in dem europäische Missbräuche wie etwa Steuerpacht nicht anzutreffen sind. Im Zentrum von Usongs Handelspolitik steht der Gedanke einer ausgeglichenen Handelsbilanz.[306] Das Militär soll zumindest teilweise als Volksheer organisiert werden.[307]

All diese Maßnahmen (wie auch das Policeywesen) sind kodifiziert, um Sicherheit und Stabilität zu gewährleisten.[308] Damit hört Usongs Staat aber auf, eine Despotie im Montesquieu'schen Sinne zu sein, die sich gerade durch die allgemeine Unsicherheit und das Prinzip der Furcht auszeichnet:[309] „Quand les sauvages de la Louisiane veulent avoir du fruit, ils coupent l'arbre au pied, et cueillent le fruit. Voilà le gouvernement despotique."[310] Im Gegensatz dazu zeichnet sich das Staatswesen, das Usong errichtet, gerade durch ein Höchstmaß an Stabilität

---

304 Vgl. ebd., S. 385–410.
305 Vgl. ebd., S. 116: „Der Kaiser entschloß sich, China und Indostan nachzuahmen, und seine Steuern von dem Aker zu beziehn."
306 Vgl. ebd., S. 120 f.: „Eine einzige Auflage behielt Usong neben der Landsteuer bey, die Zölle beym Eintritte der Waaren in das Reich. Sie wurden aber auf das geringste Maaß heruntergesetzt. Des Kaisers Absicht war nicht, Schäze von der Handelschaft zu erpressen; dieser Zoll belehrte ihn aber von der Menge der ausgehenden und eingehenden Waaren. Usong machte durch denselben die Wunden ausfündig, wodurch Persien seinen Lebenssaft verlor, und wurde gewarnt, sie zu stopfen. Er vernahm, was für Waaren ins Reich kamen, die man entbehren, oder die man durch persische Waaren ersezen konnte. Denn Usong hatte allzuviel Einsicht, daß er nicht die Nothwendigkeit gefühlt hätte, die Waagschaale bey der Handlung aufrecht zu halten. Kein Reich kann einigen Wohlstand hoffen, das einen mehrern Werth an Waaren von den Fremden jährlich annimmt, als es verschikt."
307 Vgl. ebd., S. 136: „Aber Usong hatte grössere Absichten. Er wollte die Sicherheit seines Reiches nicht den Fremden anvertrauen, deren Ehrgeiz sich die Ohnmacht der ungeübten Perser hätte zu Nuz machen können. Er suchte alle Perser zu Soldaten ihres Vaterlandes zu bilden."
308 Allerdings werden diese Aspekte eher knapp abgehandelt. Vgl. Toellner: Staatsidee, aufgeklärter Absolutismus und Wissenschaft bei Albrecht von Haller, S. 214, der das als „Widerspruch gegen die Kameralwissenschaften als Naturwissenschaften" versteht.
309 Vgl. Montesquieu: De l'esprit des lois, S. 292–300 (V.13-V.16).
310 Ebd., S. 292 (V.13).

und Rechtssicherheit aus; gute Gesetze sollen Willkür und Unberechenbarkeit obrigkeitlichen Handelns unmöglich machen.

Die Maßnahmen Usongs verbinden merkantilistische und physiokratische Elemente.[311] Usongs Herrschaftsausübung erinnert an zeitgenössische physiokratische Vorstellungen eines *despotisme légal:* Dort diente der starke Monarch als Agent des *ordre naturel* im Dienste der allgemeinen Wohlfahrt.[312] Physiokratisch inspiriert ist auch das Denken vom Bodenertrag her, und auch die Abkehr von einer rigorosen Zollpolitik gehört in diesen Kontext.

Allerdings wurde Hallers eklektisches Verfahren von Vertretern der reinen physiokratischen Lehre durchaus kritisch gesehen. In seiner Rezension des Romans beklagt sich Isaak Iselin, einer der prominentesten deutschsprachigen Propagandisten der Physiokratie, über die seines Erachtens falschen Aussagen über das Verhältnis von Landwirtschaft und Handel. Iselin stößt sich vor allem daran, dass Usong betont, die Städte seien „der Siz des Reichthums in einem Lande" und zugleich hervorhebt, es sei „vortheilhafter für das Reich, daß der Landmann sein Brodt erschwizen müsse",[313] weil er so ein tüchtigerer Soldat werde. Iselin erwidert mit beträchtlichem Furor:

> Die Städte sind nicht die Quelle des Reichthumes, und nicht ausschliessend der Sitz desselben. Wehe dem Lande, wo nur die Einwohner der Städte reich sind! Der Landmann sollte sein Brod erschwitzen müssen, er, der alles giebt, damit wir Soldaten haben? Konnte dieser Gedanke aus dem Herzen eines Weisen und eines Mannes fliessen, der selbst uns für das

---

311 Vgl. Widmann: Albrecht von Hallers Staatsromane, S. 198 f.: „Dagegen ergiebt sich aus dem „Usong" ferner, dass Haller weder ein unbedingter Anhänger der phvsiokratischen Theorie war, der Ackerbau mache vor allem den Reichtum eines Landes aus und sei daher vom Staate vorzugsweise zu begünstigen, noch auch der merkantilistischen, dass Handel und Industrie in erster Linie gefordert und geschützt werden müssten. Er suchte beide Standpunkte zu vereinigen. Der Landbau solle durch Prämien aufgemuntert werden, meinte er und liess daher Usong Preise auf gewisse Kulturen, besonders auf Maulbeer- und Obstbäume setzen, anderseits aber war Haller auch für Hebung des Handels und der Industrie, wie die Massnahmen beweisen, die er Usong zum Schutze beider treffen lässt (Bau und Sicherheit der Strassen, mässige Zölle, Herbeiziehung fremder Handwerker, Handelsverbindungen u. s. w.). Immerhin teilte er dem Ackerbau die erste und wichtigste Stelle im Staate zu, dem Handel aber die zweite. [...] Auch der (in den späteren Auflagen noch erweiterte) Vergleich des Nutzens, den sowohl das Land als die Stadt einem Staate gewähren, beweist, dass Haller Landbau, Handel und Industrie als gleichwertige Quellen des Nationalwohlstandes angesehen hat."
312 Vgl. Gömmel/Klump: Merkantilisten und Physiokraten in Frankreich; Heinrich Häufle: Aufklärung und Ökonomie. Zur Position der Physiokraten im siècle des Lumières. München 1978 (Münchener Romanistische Arbeiten. Bd. 48); Hensmann: Staat und Absolutismus im Denken der Physiokraten; Muhlack: Physiokratismus; Ders.: Physiokratie und Absolutismus in Frankreich und Deutschland; Vardi: The Physiocrats and the World of Enlightenment.
313 Haller: Usong, S. 406.

> Wohl eines Staats sorgen, und für die Rechte der Menschheit zu wachen lehrt? Hat Gott nur für die Nachkömmlinge Cains, für die Ackerleute, das große Gesetz gegeben: Im Schweiß deines Angesichts sollst du dein Brod essen; und hat die ökonomische Gesellschaft, deren Präsident Hr. von H. ist, noch nicht die große Wahrheit angenommen, daß arme Landwirthe nur theures Brod erpflügen können; und daß die Armuth des Landwirthes das untrüglichste Kennzeichen einer schlechten Verfassung, oder einer schlechten Verwaltung ist?[314]

Diese Kritik bezeugt, dass Hallers Roman als Beitrag zu aktuellen politischen und ökonomischen Fragen gelesen wurde; und tatsächlich sind in den 1770er Jahren Fragen nach der Ernährung der Bevölkerung angesichts etlicher Hungerkrisen virulent.[315] Iselins Kritik entzündet sich an den vermeintlich falschen politischen Maximen des Textes, die aus seiner Sicht umso problematischer sind, als dass Haller es als politisch Handelnder besser wissen sollte.[316] Bezeichnenderweise ergänzte Haller in der vierten Auflage von 1778 die von Iselin beanstandeten Passagen, ersetzt „erschwizen" durch das neutrale „erwerben" und fügt zwei erläuternde Absätze ein, in denen er das einfache Leben des Bauernstands idyllisiert und zugleich die ökonomische Verflechtung von Stadt und Land unterstreicht.[317]

4.4.4 Teleologische Geschichtskonstruktion: *Alfred, König der Angel-Sachsen* (1773)

Sowohl *Alfred* als auch *Fabius und Cato* nehmen Motive des *Usong* wieder auf und führen sie breiter aus. Diese Ausweitung auf zwei zusätzliche Romane wirkt zu-

---

314 [Isaak Iselin: Rezension von] Usong, eine morgenländische Geschichte [...]. In: Allgemeine deutsche Bibliothek 18 (1772), S. 451–469, hier S. 466.
315 Vgl. den Überblick von Holger Jacob-Friesen: Isaak Iselin als politischer Denker. In: Basler Zeitschrift für Geschichte und Altertumskunde 100 (2000), S. 41–51.
316 Vgl. Holger Böning: The Scholar and the Commonweal: Christian Wolff, Albrecht von Haller and the Economic Enlightenment. In: André Holenstein/Hubert Steinke/Martin Stuber (Hrsg.): Scholars in Action. The Practice of Knowledge and the Figure oft the Savant in the 18th Century. Bd. 2. Leiden 2013, S. 773–798.
317 Vgl. Haller: Usong [1778], S. 302: „Er ist unter einem guten Fürsten der glücklichste Theil der Nation, weil seine Hofnungen so groß als seine Begierden sind. Wer frölicher als der Schnitter unter der brennenden Sonne, als der Winzer, der den Weinberg im Herbste pflücket. Der Landmann besizt Gesundheit und Kräfte, die bey den stättischen Arbeiten niemals sich erhalten können: er verdient das rühmliche Vorrecht das Vaterland zu vertheidigen." Vgl. ebd., S. 303: „Die Städte müßen den Landmann ernähren, indem sie ihm seine erarbeiteten Früchte abnehmen, und gegen seine Nothdurften austauschen; ohne sie würde die mildeste Natur zwar die Nahrung, aber niemals die Mittel verschaffen können, die Metalle und andere Unentbehrlichkeiten zu erhalten."

nächst unnötig, thematisiert doch bereits *Usong* alle drei Staatsformen. Auf die daraus resultierenden Redundanzen weist Haller selbst hin und stellt heraus, dass es zwischen *Alfred* und *Fabius und Cato* sogar wörtliche Entsprechungen gebe, die er in Fußnoten anzeigt.[318]

Dennoch ist *Alfred* auch als Korrektur des *Usong* zu verstehen, schließlich zeigt ein Blick auf die Rezeption des ersten Romans, dass dieser oftmals als Lob des Absolutismus verstanden wurde. Zwar entwirft *Usong* gerade nicht einen allgemein nachzuahmenden Musterstaat, sondern das Bild des Despotismus in seiner mildesten Form. Allerdings wurde dieses kritische Deutungsangebot des Textes von Zeitgenossen kaum einmal aufgegriffen. Ganz im Gegenteil: Der Name Usong wird zum Ehrentitel für reformorientierte Monarchen.[319]

Dass dies nicht Hallers Intentionen entsprach, belegen neben seiner privaten Korrespondenz, in der er wiederholt seine Abscheu vor jeglicher Form des Despotismus artikulierte, auch seine Rezension von Giuseppe Goranis *Il vero despotismo* (1770).[320] Dort wendet er sich zunächst gegen die positive Umwertung des Despotismus-Begriffs, die so auch bei den Physiokraten anzutreffen ist, um dann die Grundannahme, dass eine auf Tugend gegründete Alleinherrschaft möglich sei und positive Wirkungen zeige, schlechterdings als Wahnvorstellung abqualifiziert:

> [A]ber so viel ist deutlich, daß es mehr als eine grammatische Frage ist, ob es für ein Volk zu wünschen sey, daß es einem unbeschränkten und von allen Gesetzen und Verträgen unabhängigen Willen unterworfen ist; wenn gleich der Verf. seinen Despotismus auf die Tugend gründet, und seinen Despoten zu einem gutthätigen Wesen, welches nur das will, was das Volk glücklich macht, umschafft. Die Welt wird freylich viel und grosentheils durch Chimären regiert, aber leider durch keine philosophischen. Wenn man sagt, daß Tugend in gewissen Fällen despotisch über Gemüther herrscht, so muß man aus einer Redeblume nicht ein politisches Principium machen.[321]

---

318 Vgl. Haller: Fabius und Cato, S. XVf.
319 Vgl. etwa [Wilhelm Ludwig Wekhrlin:] Anselmus Rabiosus Reise durch Ober-Deutschland. Erster und Zweyter Theil. Salzburg/Leipzig 1778, S. 141 f.: „Man weiß, daß während sich Seine regierende Durchlaucht mit den Vorwürfen der Antonine und der Usongs in ihrem Kabinette beschäftigt, so widmet die Prinzessin, seine Gemahlin, die Zeit, welche ihr von der Erziehung ihrer Kinder, oder von der Polizeyverwaltung ihres Hofs übrig bleibt, dem Briefwechsel mit auswärtigen Gelehrten, der Lektur, oder der Gesellschaft der Schöngeister, die sich an ihrem Hofe befinden."
320 Vgl. zu Gorani Venturi: Oriental Despotism, S. 136.
321 [Albrecht von Haller: Rezension von] Il vero despotismo. In: Göttingische Anzeigen von Gelehrten Sachen. 115. Stück. 26.9.1771, S. 995–997, hier S. 995.

Auch in den Paratexten seiner Romane distanziert sich Haller davon, man könne Usongs Herrrschaftsprinzipien auf alle Staaten verallgemeinern. So stellt Haller in der Vorrede des *Alfred* explizit den Bezug zum Vorgängerroman her, wenn er erklärt, in *Usong* sei sein „Zwek gewesen [...], einen Versuch zu machen, ob eine despotische Regierung nicht erträglicher werden könte".[322] Dabei betont Haller ausdrücklich, die Lehren des *Usong* sei auf „eine Europäische despotische Regierung" nicht anwendbar.[323] In Europa gebe es Institutionen, die mildernd auf den Despoten, also den absoluten Monarchen, einwirken könnten.[324] Darin folgt Haller absolutismuskritischen Stimmen wie Montesquieu, die in den Gegengewalten ein notwendiges Korrektiv monarchischer Macht erblickten.[325]

Um eben diese Korrektur und Eindämmung geht es in *Alfred, König der Angel-Sachsen*, und zwar in explizitem Bezug auf die englische Verfassung. Die Vorrede des Romans macht deutlich, worauf es Haller ankommt: „Im vierten Buch ist die heutige Staatsverfassung von Engelland mit wenigen Aenderungen beschrieben, die doch auch ihren Grund in der Geschichte haben".[326] Die Verbindungslinie zwischen Alfred dem Großen, der im 9. Jahrhundert herrschte, und der modernen Verfassung zog Haller dabei nicht willkürlich: Bereits 1746 rezensierte er Samuel Squires *An Enquiry into the Foundation of the English Constitution* (1745), die Alfred als Begründer des englischen Parlamentarismus würdigt.[327] Auch in den *Briefe über einige Einwürfe nochlebender Freygeister wieder die Offenbarung* lobt er Alfred in den höchsten Tönen: „Auf dem Throne finde ich von Anfang der Zeiten niemand, den man in der Vollkommenheit des Guten dem Alfred vergleichen könne."[328] Mithin bedeutet sein Vorgehen zwar einerseits einen offen eingestandenen Anachronismus, der aber andererseits dadurch gemindert wird, dass in dem erwähnten Kapitel Alfred und Amund die Verfassung zwar diskutieren und

---

322 Haller: Alfred, Vorrede.
323 Ebd.
324 Vgl. ebd.: „[D]ie kan durch Landstände, durch Parlemente und durch andre Mittel gemildert werden, die in den Morgenländern nicht möglich sind."
325 Vgl. zur ständischen Absolutismuskritik in Deutschland die Studie von Horst Dreitzel: Absolutismus und ständische Verfassung in Deutschland. Ein Beitrag zu Kontinuität und Diskontinuität der politischen Theorie in der frühen Neuzeit. Mainz 1992 (Veröffentlichungen des Instituts für Europäische Geschichte Mainz. Abteilung Universalgeschichte. Beiheft 24).
326 Haller: Alfred, Vorrede.
327 [Albrecht von Haller: Rezension von Samuel Squire: An enquiry into the foundation of the english constitution (...). In:] Göttingische Zeitungen von Gelehrten Sachen. 53. Stück. 4.7.1746, S. 423f.
328 Albrecht von Haller: Briefe über einige Einwürfe nochlebender Freygeister wieder die Offenbarung. Bd. 1. Bern 1775, S. 63.

dabei die Entwicklungen bis zum 18. Jahrhundert vorwegnehmen, Alfred sie aber in der Romanhandlung nur partiell einführt.

Mehr noch als in *Usong* stellt der Roman eine explizite Verbindung zwischen dem historischen Inhalt und Hallers Gegenwart her. So preisen die Paratexte den englischen König als legitimen Erben Alfreds; und auch innerhalb der Erzählung finden sich panegyrische Exkurse, die Georg III. in die Tradition des großen angelsächsischen Herrschers stellen.[329] Man kann in dieser Widmung an das englische Königshaus, dem sich Haller aus Göttinger Zeiten verbunden fühlte, lediglich die Erfüllung konventioneller Vorgaben sehen. Betrachtet man aber die Gesamtanlage des Romans, wird deutlich, wie bedeutsam für Haller (in deutlicher Orientierung an Montesquieu) tatsächlich das britische Modell ist.[330]

Dieser Doppelbezug ist konstitutiv für Hallers Schreiben: Einerseits erzählt er in enger Anlehnung an historische Quellen die Geschichte eines mustergültigen Königs,[331] andererseits liegen die Bezüge zu aktuellen Debatten über die Rechte des Volks auf der Hand. Mit dem Lob der englischen Verfassung folgt er Montesquieu; zugleich wohnt diesem Moment ein utopisches Element inne. *Alfred* entwickelt das Szenario einer idealen Herrschaft für (Mittel)Europa. Die Folgeromane des *Usong* bedeuten verglichen den politischen Romanen von Hallers Zeitgenossen insofern einen wesentlichen Schritt, als sie von der ansonsten üblichen Legitimation des aufgeklärten Absolutismus wegführen und stattdessen das Modell der Gewaltenteilung nach englischem Vorbild als Korrektiv etablieren.

Während *Usong* ältere Erzählmodelle des Hohen Romans und des *Télémaque* variierte und zugleich eine Lebensgeschichte mit empfindsamen Zügen zeichnete, löst Haller in *Alfred* die Romanform geradezu auf und trennt die gemeinhin kunstvoll verbundenen Elemente.[332] In der Vorrede rechtfertigt er dieses ungewöhnliche Vorgehen mit dem unterschiedlichen Fiktionalitätsstatus der Ereignisse, von denen die Bücher des Romans berichten: Er habe „dasjenige was völlig wahr ist, von demjenigen abgesondert, was ich geglaubt habe, zur Erhaltung meiner Absicht hinzufügen zu sollen".[333] Die ersten drei Bücher erzählen von

---

329 Vgl. zu Hallers differenziertem Verhältnis zur höfischen Sphäre Barbara Braun-Bucher: Republican Identity and the World of the Courts: The Case of the Savant Albrecht von Haller. In: André Holenstein/Hubert Steinke/Martin Stuber (Hrsg.): Scholars in Action. The Practice of Knowledge and the Figure oft the Savant in the 18th Century. Bd. 2. Leiden 2013, S. 799–825.
330 Vgl. zur Rezeption der englischen Verfassung die Studie von Kraus: Englische Verfassung und politisches Denken im Ancien Régime.
331 In der Vorrede nennt Haller John Spelmans *Aelfredi Magni, Anglorum regis invictissimi vita* (1678), George Lytteltons *History Of The Life of King Henry the Second* (1767) und David Humes *History of England* (1754–1762).
332 Vgl. Gelzer: „Persischer Telemach" und „Ägyptische Banise", S. 18 f.
333 Haller: Alfred, Vorrede.

Alfreds Weg zur Herrschaft, seiner erfolgreichen Herrschaftsausübung und schließlich seinem Tod. Das vierte und umfangreichste Buch bietet eine zusätzliche Ebene politischer Reflexion: „Die Räthe Amunds des Erfahrnen" enthalten ein ausführliches Gespräch über die beste Staatsform, in dessen Verlauf Amund eine Verfassung entwirft, die große Ähnlichkeit mit der englischen aufweist. Im fünften Buch thematisiert der Roman in Form eines kurzen Reiseberichts, den „Reisen Othars, des Nordländers", die Stationen der Menschheitsentwicklung, das sechste und letzte Buch stellt „Alfreds erste Liebe" ins Zentrum.

Zwar findet sich eine Trennung von expositorischen und narrativen Elementen auch bei anderen Autoren – so fügt Loen dem *Redlichen Mann am Hofe* die *Freyen Gedanken* hinzu, die allerdings als Schrift des Protagonisten ausgegeben werden –, mit der additiven Reihung von thematisch geschiedenen – allesamt heterodiegetisch erzählten Kapiteln – und der völligen Trennung der Liebesgeschichte und der politischen Handlung geht Haller aber darüber weit hinaus. Diese eigentümliche Skepsis gegenüber der Romanform führt zwar zu ästhetisch ungewöhnlichen Konstellationen, sollte aber nicht als ästhetische Innovation missverstanden werden.[334]

4.4.4.1 „Unselig wäre der Mensch, wenn er nicht gesellschaftlich wäre". Natur und Kultur

Das additive Erzählverfahren erlaubt es Haller, die Perspektive zu weiten: Es geht in dem Roman nicht nur um die Taten Alfreds, sondern um generelle Muster der Menschheitsentwicklung, vor deren Hintergrund wiederum die konkreten politischen und verfassungsgebenden Maßnahmen zu bewerten sind. Unter Rekurs auf die aktuelle Reiseliteratur, namentlich John Barrows *Sammlung von Reisen und Entdeckungen*,[335] entwirft der Roman in dem fiktiven Reisebericht Othars des Nordländers ein Panorama unterschiedlicher Naturzustände,[336] das den Nutzen gesellschaftlicher Vereinigung kontrastiv veranschaulichen soll.

---

334 So etwa Gelzer: „Persischer Telemach" und „Ägyptische Banise", S. 18: *Alfred* liege ein „innovativer Aufbau" zugrunde. Vgl. aber Anneliese Frey: Albrecht von Hallers Staatsromane. Leipzig 1928, S. 38: „‚Alfred' ist entschieden das Unglückskind."
335 Vgl. John Barrow: Sammlung von Reisen und Entdeckungen in einer chronologischen Ordnung zusammengetragen. Aus dem Engelländischen übersetzt. Bd. 1. Leipzig 1767; dort bes. S. 371–379 (Des Kapitains Monk Reise nach dem Eißmeere) und S. 380–395 (Eine kutze Erzählung von den Trübsalen, welche acht Seeleute den Winter hindurch in Grönland ausgestanden haben). Vgl. zu Hallers Quellen Widmann: Albrecht von Hallers Staatsromane, S. 83f.
336 Es handelt sich gerade nicht um ein „Zugeständnis an das Bedürfnis der Lesenden nach Unterhaltung und Abenteuer" (so Biesterfeld: Der Fürstenspiegel als Roman, S. 453).

In Grönland trifft der Normanne erstmals Menschen an,[337] die kärglich ihr Leben fristen und die – sehr zu Othars Überraschung – keine Obrigkeit kennen:[338] „So sehr Othar der Freyheit ergeben war, so hatte er noch kein Land gesehen, das ohne Herrscher war. [...] Hier im westlichen Norden fand Othar keine Spur einer Unterwürfigkeit, keinen über den andern erhobenen Menschen, kein Gesez, keine Straffe, und keine Belohnung."[339] Dass eine solche Existenz überhaupt möglich ist, hängt wiederum mit den rauen klimatischen Bedingungen in einem „sehr öden Lande, wo überflüßiger Raum für die wenigen Menschen ist", zusammen, gerade auch, weil „in einem kalten Lande [...] alle Triebe, und auch der heftigste von allen, der Trieb zur Liebe, gemäßigter" ist. Dort, aber nur dort, können „die Menschen allerdings ohne Obrigkeit leben".[340] Auch wenn die „Wilden" zuweilen ihre Kräfte vereinigen, resultiert daraus aber kein politisches Abhängigkeitsverhältnis.[341] Dabei führt dieser Zustand der „Gesezlosigkeit" nicht zu einem Krieg aller gegen aller, sondern zu einem eher gleichgültigen Leben nebeneinander,[342] das aber keine Nächstenliebe kennt:

> Sie sind allerdings noch kälter gegen einander in den Pflichten der Menschenliebe. Ein Kind, dessen Mutter stirbt, muß unvermeidlich sterben, weil kein anderes Weib sich des Elenden annimt. In ihren Krankheiten geniessen sie von ihren Nächsten nicht alle die Dienste, die

---

337 Vgl. zur Wahrnehmung Grönlands die Studie von Maike Schmidt: Grönland – *Wo Nacht und Kälte wohnt*. Eine imagologische Analyse des Grönland-Diskurses im 18. Jahrhundert. Göttingen 2011.
338 Vgl. Haller: Alfred, S. 220f.: „Klein, übel gebildet, aber alle Beschwerden des Lebens auszustehn gerüstet, und in der schwersten Arbeit unermüdlich, griffen sie mit schlechten Waffen, ohne die Hülfe des Eisens, den fürchterlichen Walfisch an, der ihnen zur Speise wurde, und dessen Gerippe die Anlage zu ihren Hütten gab. Sie suchten unter dem Eise den schüchternen Seehund, und erlegten ihn mit Wurfspiessen, die mit Knochen bewafnet waren. Die Fische waren ihr Getreid, ihre ganze Nahrung; denn die Erde brachte nichts hervor, wovon die Menschen ihr Leben unterhalten könten, das Land war mit Felsen bedekt, und inwendig mit hohen Eisgebirgen angefüllt. Niemahls keimte ein Baum, und die eiserne Erde brachte keine Frucht hervor."
339 Ebd., S. 222f.
340 Ebd., S. 228f.
341 Vgl. ebd.
342 Vgl. ebd., S. 225: „Er fand wenig Unterschied zwischen den freysten der Menschen, den Einwohnern der nordwestlichen Küste, und zwischen den gesitteten Europäern. Das Gute war hier, wie bey den Europäern, mit Bösem vermischt. Die Wilden vertragen sich so wohl, als diejenigen, über deren Zorn ein rächendes Gesez wacht; nur selten wird einer der Wilden einen andern ihm gleichen Menschen beleidigen oder schlagen. Viele Gesinde leben in einer einzigen Hütte kaltsinnig, aber freundschaftlich mit einander. Ueber der Theilung der gemeinschaftlichen Beute entsteht selten ein Zank; selbst die Liebe, die auch unter den Thieren die blutigsten Kämpfe erwekt, stört den Gleichsinn dieser einsamen Nordländer nicht."

> gesittete Völker einander erweisen; bey ihren vielen Abwechslungen der Wohnpläze ist ein Kranker für die Gesunden eine Last, womit sie sich nicht beladen können.[343]

Darüber hinaus zeichnen sich die Eingeborenen durch ein starkes „Gefühl der Ehre" und nicht zuletzt durch „Habsucht" aus.[344] Ihre Existenz ist statisch und kennt keinen Fortschritt, was an dem „Mangel des geselschaftlichen Lebens" liegt.[345] Unter diesen Umständen ist keine zivilisatorische Entwicklung denkbar.

Dass es sich dabei um eine insgesamt defizitäre Form der menschlichen Existenz handelt, wird durch den Kontrast zu den finnischen Biarmiern unterstrichen, die Othar auf der nächsten Station seiner Reise kennenlernt. Dort wird ihm der „Nuzen des geselschaftlichen Lebens" sinnfällig:[346] Die Biarmier leben in einem monarchischen Staat und sind religiös; sie wohnen „in warmen und bequemen Häusern" und ernähren sich von Jagd, Fischfang, Viehzucht und Landwirtschaft. Obwohl sie denselben klimatischen Bedingungen ausgesetzt sind wie die „nordwestlichen Wilden" haben hier „die vereinigten Kräfte der Menschen [...] die Natur verbessert."[347] Dabei kommt in der Deutung Othars der Religion eine zentrale Bedeutung zu,[348] weil sie

> die Bande der Menschheit verstärkt, und uns gegen unsere Brüder zu Pflichten verbindet, die der Wilde nicht kent; daß wir das Mitleiden zärtlicher fühlen, und die Noht und das Unglük andrer eifriger mildern; und daß endlich die ungeselschaftlichen Menschen in ihren wenigen Künsten nicht zunehmen, nichts erfinden und nichts volkommener machen; und hingegen die gesitteten Völker täglich mehrere Mittel erfinden, die Lasten des Lebens zu erleichtern, und die angenehmen Empfindungen zu vermehren, und daß sie wachsen und zunehmen, da die wilden Völker in einer ewigen Kindheit bleiben.[349]

Mitleid und Nächstenliebe erscheinen so als die wesentlichen Triebkräfte menschheitsgeschichtlichen Fortschritts.[350] Das zeigt sich auch an Othars Begegnung mit schiffbrüchigen Biarmiern, die auf einer abgelegenen Insel das Beste aus den widrigen Umständen gemacht haben. Diese Robinsonade überzeugt ihn vollends von Wert und Nutzen menschlicher Zivilisation: „Was wäre, sagte er

---

343 Ebd., S. 225 f.
344 Ebd., S. 127.
345 Ebd., S. 228.
346 Ebd., S. 230.
347 Ebd.
348 Vgl. ebd., S. 231: „Die Wissenschaften gesitteter Völker warfen auch in diese entfernte Länder einen Theil ihrer Strahlen, sie kanten und verehrten ein oberstes Wesen."
349 Ebd., S. 231 f.
350 Vgl. zu dieser Perspektive Guthke: Haller und die Völkerkunde seiner Zeit.

nachdenkend, der Mensch ohne die Künste, die selbst ohne dieß geselschaftliche Leben unmöglich wären?"³⁵¹

Der Fortschritt ist dabei keineswegs unumkehrbar, wie sich an den Ausführungen über die dumpfe Unterdrückung zeigt, die in Sarmatien herrscht. Despotismus beraubt einerseits den Menschen seiner Würde, indem er seine „Seele zur Aehnlichkeit der Thiere erniedrigt", und führt andererseits zu einem Zivilisationsverlust.³⁵² Aus den Beobachtungen des „Nordländers" Othar leitet König Alfred grundsätzliche Überlegungen über die menschliche Natur ab. Als Reaktion „auf die Beschreibung des elenden Gebrauchs, den die Menschen von den Gaben der Natur machen, wann keine weise Geseze ihre Kräfte in eine gemeinschaftliche Richtung vereinigen",³⁵³ erwächst der Impuls, eine menschenfreundliche Regierung zu errichten: „Er entschloß sich noch eifriger, die Fesseln der Menschen zu zerbrechen, durch die sogar ihre Seele erniedrigt wird, und die großen Vorzüge verliert, die sie zum Bilde Gottes machen."³⁵⁴

Hallers zweiter Roman liefert also ein Panorama menschlicher Entwicklungsstufen und gibt zugleich die Erklärung, weshalb manche Völker zivilisatorisch zurückbleiben: Es ist der Mangel an Religion. Anders als Rousseau sieht Haller also von einer Idealisierung des Naturzustandes völlig ab. Auch sein Menschenbild differiert folgenreich von dem des Genfer Philosophen, ein Thema, das vor allem in *Fabius und Cato* relevant werden wird.

4.4.4.2 Ausgleich der „Machten". Alfred als Verfassungsgeber

Alfred weist, ähnlich wie Usong, alle Attribute eines großen Herrschers auf. Er zeichnet sich durch Tugend und Fähigkeit zur Reflexion aus und hat „von der Natur Gaben empfangen, die fast niemahls bey einem Menschen zusammen eintreffen." Gutes Aussehen und angenehme Umgangsformen verbinden sich mit herausragenden intellektuellen Fähigkeiten, die er in Rom, „dem Size der wenigen Wissenschaften, die die zerstörenden Siege der Nordischen Völker in Europa übrig gelassen hatten",³⁵⁵ vermehrt hat. Für den vorbildlichen Patrioten steht „die Liebe des Vaterlandes" an erster Stelle.³⁵⁶

---

351 Vgl. Haller: Alfred, S. 242.
352 Vgl. ebd., S. 249: „Es war eine sichtbare Würkung der Knechtschaft der Unterdrückten, daß sie keine Tugend mehr kanten, und ihre Seele zur Aehnlichkeit der Thiere erniedrigt wurde. Der gröste Theil des Landes war eine Wüsteney, und selbst der Aker der sarmatischen Edlen genos von dem unwilligen Pflüger keine Wartung, die ihn fruchtbar machen konte."
353 Ebd., S. 252.
354 Ebd.
355 Ebd., S. 9.

Dabei bemüht sich der Roman immer wieder um historische Relativierung. So ist auch Alfred nicht frei von Schwächen, die aber allesamt symptomatisch für sein Zeitalter sind. Er ist „in den dunkelsten Zeiten gebohren, wo der Abendländer die Sprache und die Künste der Römer vergessen hatte", und „die Priester die algemeine Herrschaft anzusprechen begunten".[357] Wegen der allgemeinen „Vorurtheile[]" sind auch Alfreds Unternehmungen nicht perfekt: „Alfred war ein weiser Gesezgeber, aber aus den unvermeidlichen Mängeln seiner Zeiten floßen Unvolkommenheiten, wider welche keine menschliche Gaben ihn beschüzen konten."[358]

Diese Historisierung verbindet sich mit teleologischen Vorstellungen. Alfred erscheint als Vorläufer der englischen Könige der Neuzeit, die damit wiederum zu Mustermonarchen stilisiert werden:

> Ihrem Zepter hatte die Vorsehung unermeßliche Landschaften in einem Welttheile zugedacht, der zu Alfreds Zeiten der alten Welt noch unbekannt war. Der Niger und der Ganges fließen unter ihrer Herrschaft, und das gröste Reich von Indostan verehrt den Abkömmling Alfreds. Aber weit glorwürdiger noch, als die Erbschaft der Länder, war das Erbe der Tugenden, die Liebe zu den Künsten und Wissenschaften, der dem heilsamen Frieden gegönnete Vorzug vor Siegen und Triumphen, und die ehliche Glükseligkeit; alle diese erhabenen Eigenschaften vereinigten sich in Georg III, dem Abkömlinge der Welfen und des Alfreds.[359]

Die Idealisierung Englands hat aber konkrete politische Implikationen. Das zeigt sich insbesondere im vierten Buch des Romans, das in unverhohlener Anlehnung an Montesquieu die englische Verfassung als Modell für gemäßigte Monarchien etabliert und damit zugleich absolutistischen und despotischen Tendenzen eine Absage erteilt.[360] Dabei agiert der weitgereiste und belesene Amund als Sprachrohr des Autors; aufgrund seines Vertrauensverhältnisses zu dem Monarchen kann er ihn auch mit unbequemen Wahrheiten konfrontieren.

Die gegenwärtige Organisation des Staates sei unvolkommen, weil sie die ursprüngliche Freiheit der Sachsen zu sehr eingeschränkt habe;[361] insbesondere

---

356 Ebd., S. 10.
357 Ebd., S. 47.
358 Ebd.
359 Ebd., S. 94f.
360 Montesquieu: De l'esprit des lois, S. 396–407 (XI. 6).
361 Vgl. Haller: Alfred, S. 106f.: „Die Sachsen sind nicht böser, als alle andere Völker: wenn sie undankbar sind, so ist die Quelle des Ubels in der unabgewogenen Verfassung des Staats. Wo kein Gleichgewicht ist, da sind diejenigen allemahl unzufrieden, deren Schale die leichteste ist. Deine Edlen sind zu groß, und nicht tief genug unter die Geseze geordnet: die Gemeinen sind zu klein; von den Edeln zu ihnen ist der Abstand zu groß. Die Grösten haben nur noch einen Schritt zu

der Adel habe nun eine zu große Machtfülle. Als „ein freygebohrner Gothe" lehnt Amund die „Folgen der grenzenlosen Gewalt" ebenso ab wie die Aristokratie.[362] Ziel ist, wie Alfred formuliert, die Frage nach einer „Staatsverfassung, wo alle Machten einander im Gleichgewichte halten, wo der König vor dem Ungehorsam und dem Aufruhr, und das Volk vor der Unterdrükung gesichert ist".[363] Dabei muss Alfred zunächst davon überzeugt werden, dass nicht die Tugend des Herrschenden allein für die Glückseligkeit seiner Untertanen ursächlich sei,[364] sondern dass der „Einfluß der Regierungsform auf die Sitten des Volks, und selbst auf die Regierung der Fürsten" nicht zu vernachlässigen sei.[365]

Für Amund geht es nun darum, zu der alten, den nordischen, ursprünglich freien Völkern angemessenen Regierungsform zurückzukehren.[366] Die „Staatsverfassung, die [er] entwerfe, [sei] die uralte Verfassung aller nördlichen Völker".[367] Haller stellt sich „mit seiner Theorie der ‚gotischen' Regierung in jene Tradition der politischen Opposition", die „unter Berufung auf das Ideal der Mischverfassung die kontinentalen Monarchien als Despotien kritisierten".[368]

---

thun, Könige zu werden; sie werden niemahls ruhig seyn, biß dieser Schritt gethan ist. Wären deine gemeinen Sachsen bey ihrer natürlichen Größe geblieben, so hätten die Edeln an ihnen ein Gleichgewicht, das sie hindern würde, ihre Schwingen zu kühn in die Höhe zu richten."
362 Ebd., S. 116.
363 Ebd., S. 127.
364 Vgl. ebd, S. 127 f.: „Ich habe die Geschichte gelesen, und meyne gefunden zu haben, daß diejenige Regierung die beste ist, in welcher ein Tugendhafter herrscht; es mag denn der König herrschen, oder wie zu Sparta die Großen, oder wie zu Rom das Volk. Wo hingegen der Herrscher ungerecht und verdorben ist, so ist auch der Staat unglüklich. So war es unter den bösen Cäsarn zu Rom, unter dem ungerechten Volke zu Athen, unter den drükenden Großen des spätern Sparta; und die Staatsverfassung kan die schlimmen Folgen einer auf lasterhaften Trieben ruhenden Regierung nicht verhindern."
365 Ebd., S. 128.
366 Vgl. ebd., S. 133: „Die Staatsverfassung, die die meisten algemeinen Uebel vermeidet, ist den Deutschen und Nordischen Völkern angebohren; sie steigt in das verborgene Alterthum hinauf, die Cherusker kanten sie, die den Römern überlegen waren, und noch ist sie in Scandinavien erhalten worden: die Sachsen sind davon abgegangen. Es wäre ein Werk, würdig eines Alfreds, eine Einrichtung wieder aufzuweken, bey welcher die Ahnen der Sachsen frey, steitbar, und allen ihren Feinden zu mächtig gewesen sind." Vgl. Montesquieu: De l'esprit des lois, S. 407 (II.6): „Si l'on veut lire l'admirable ouvrage de Tacite *sur les mœurs des Germains*, on verra que c'est d'eux que les Anglois ont tiré l'"dée de leur gouvernement politique. Ce beau système a été trouvé dans les bois." Vgl. zu dieser Übernahme Hallers Kraus: Englische Verfassung und politisches Denken im Ancien Régime, S. 573.
367 Ebd., S. 165 f.
368 Simone Zurbuchen: Republik oder Monarchie? Montesquieus Theorie der gewaltenteilgen Verfassung Englands. In: Oliver Hidalgo/Karlfriedrich Herb (Hrsg.): Die Natur des Staates. Mon-

In diesem System einer eingeschränkten Erbmonarchie ist dem König „die ausübende Gewalt, die Lenkung der Heere, die Unterhandlungen mit andern Völkern, alles was nur einen eilfertigen Entschluß fodert, selbst die Wahl des Krieges und des Friedens" überlassen;[369] er ernennt Richter und Beamte und muss den Gesetzen zustimmen und wird wiederum von den Gesetzen geschützt; sie verhindern aber auch, dass er zu mächtig wird.[370] Allerdings macht nicht er die Gesetze: „[S]elbst muß er sich nicht Recht schaffen. Seine Macht wäre einem jeden Bürger zu sehr überlegen, er würde bald zum Despoten, und zum Tyrannen werden, wenn er selbst straffen, selbst die Güter und die Person desjenigen angreiffen könte, von dem er sich beleidigt glaubte."[371] Für den Fall, dass der Monarch seine Macht in extremem Maße missbraucht, sieht Amund sogar ein Widerstandsrecht der Untertanen vor, dass im Ausnahmefall auch die Absetzung des Herrschers ermöglicht.[372]

Das größte Hindernis erblickt Amund in der Rolle des Adels, dessen Macht radikal eingeschränkt werden muss, um ihn zu einem nützlichen Glied des

---

tesquieu zwischen Macht und Recht. Baden-Baden 2009 (Staatsverständnisse. Bd. 20), S. 79–97, hier S. 95.
369 Haller: Alfred, S. 134 f.
370 Vgl. ebd., S. 139: „Wann die Grundgeseze fest stehen, wann die Bedinge wohl versichert sind, an welche der König gebunden ist, wann die übrigen Machten des Reiches ihre Gewalt richtig ausgezeichnet haben: so kan ein Fürst sich nicht vergrößern, nicht über die Geseze erheben, daß er nicht die übrigen Machten des Staates beleidige, daß nicht der Einbruch in die Schranken der Geseze dem gemeinsten Bürger sichtbar werde."
371 Ebd., S. 136. – Vgl. Montesquieu: De l'esprit des lois, S. 397: „Lorsque, dans la même personne ou dans le même corps de magistrature, la puissance législative est réunie à la puissance exécutrice, il n'y a point de liberté; parce qu'on peut craindre que le même monarque ou le même sénat ne fasse des lois tyranniques pour les exécuter tyranniquement." Vgl. auch ebd., S. 398 (XI.6): „Aussi les princes qui ont voulu se rendre despotiques ont-ils toujours commencé par réunir en leur personne toutes les magistratures; et plusieurs rois d'Europe, toutes les grandes charges de leur État."
372 Vgl. ebd., S. 145 f.: „Das einzige Mittel diese Gränze zu bestimmen, ist die genaueste Ausmarchung der Grundgeseze, und der Schranken der königlichen Macht. Wann der König keine Steuern auflegen soll, und dennoch auflegt, wann er sich selbst nicht Recht schaffen sol, und dennoch aus eigener Macht verhaftet und hinrichtet, wann er Geseze macht, die weder von den Edlen, noch von den Ausgeschossenen des Volks gutgeheissen worden sind, wann er die Geseze, die von allen gesezgebenden Machten ihre Kraft erhalten haben, durch eigenmächtige Erlassung der Straffen, entkräftet, wann er die Freyheit der Meynungen und der Schlüsse der übrigen Machten des Reichs hindert, wann er folglich die Grundgeseze des Reichs umstößt: so verwürkt er allerdings sein Recht zum algemeinen Gehorsam, er ist ein Feind seines Volkes geworden, und das Volk kan seine Feindschaft erwiedern; die übrigen Machten sind berechtigt, ihn in die Schranken der Geseze zurük zu sezen."

Staates zu machen.³⁷³ Er soll keine lokale Gerichtsbarkeit mehr ausüben, weil ihm dazu die Fähigkeiten abgehen und er zudem zwangsläufig parteiisch ist,³⁷⁴ sondern vielmehr an dem beständigen Reichstag mitwirken:

> Alle Jahre versamlen sich die drey Machten des Reichs, der König, die Edlen, und die Ausgeschoßenen des Volkes. Den Tag der Eröfnung der großen Versamlung sezt der König an, und er entläßt die Stände. Von jedem edlen Stamme hat das Haupt am Reichstage eine erbliche und wesentliche Stimme; den Adel selbst ertheilt der König auf alle Folge der Zeiten, so lang der Mansstam dauret. Dieses Erbrecht giebt dem Adel eine Unabhängigkeit, die er verlöhre, wann die verliehenen Vorrechte mit dem geadelten verdienten Mann ausstürben.³⁷⁵

---

373 Vgl. ebd., S. 152 f.: „Der Adel hat allerdings in einein [!] Staate seinen Nuzen; die Enthaltung von allen niedrigen Geschäften, das zarte Gefühl der Ehre, die Ermunterung, die aus der Hofnung der Würde entsteht, selbst der angebohrne Stolz, der auf der Ahnen Verdienste sich gründet, erhebt den Geist der Edlen, und ihre Glüksumstände geben ihnen eine Unabhänglichkeit, und einen Nachdruk, zu dem ein Handwerksmann oder ein Handelnder schwerlich gelangen kan. Diese Vorzüge muß ein weiser Gesezgeber so anzuwenden wissen, daß der Adel den Staat überhaupt vertheidigen, den König unterstüzen, und von den Gemeinen alle Unterdrükung abwenden könne. [...] Unter seinen Angelsachsen hat der Adel zu viel Vorzüge, er wird dem Staate schädlich: die Gemeinen machen dennoch das Volk am eigentlichsten aus, und wann jeder Bürger das Recht hat, von der Staatsverfassung so viele Glükseligkeit zu erwarten, als es möglich ist, so genießt der gemeine Sachse diese Rechte nicht. Er kan zu den hohen Ehrenstellen nicht gelangen, er kan sogar sein Eigenthum zur Nohtdurft des Staats nicht freywillig aufopfern, der König schreibt dem Adel die Steuern vor, und der Adel legt auf die Gemeinen die Last, die er von sich ablehnt, und nach seiner Wilkühr abmißt. Das Land ist dem Adel eigen, der Landmann ist nur sein Pachter; der Unterhalt des Arbeiters, das Leben seiner Kinder, auch ihre Heyraht, hängt von dem Eigensinne des Edelmanns ab." – Kraus: Englische Verfassung und politisches Denken im Ancien Régime, S. 573, sieht darin einen Bezug zu Montesquieus Beschreibung des Adels als „Zwischenmacht". Vgl. Montesquieu: De l'esprit des lois, S. 247 (II.4): „Le pouvoir intermédiaire subordonné le plus naturel est celui de la noblesse. Elle entre en quelque façon dans l'essence de la monarchie, dont la maxime fondamentale est: point de monarque, point de noblesse; point de noblesse, point de monarque. Mais on a un despote. | Il y a des gens qui avoient imaginé, dans quelques États en Europe, d'abolir toutes les justices des seigneurs. Ils ne voyaient pas qu''ils vouloient faire ce que le parlement d'Angleterre a fait. Abolissez dans une monarchie les prérogatives des seigneurs, du clergé, de la noblesse et des villes: vous aurez bientôt un État populaire, ou bien un État despotique." Dem entgegenzuhalten ist allerdings das äußerst negative Bild des Adels, das der Roman (wenn auch in der Maske des 9. Jahrhunderts) entwirft.

374 Vgl. ebd., S. 156 f.: „Die Gerichte können ihm nicht anvertraut werden, er hat zu viel Angelegenheiten mit seinen Leibeigenen und Pachtern und mit dem Könige abzuthun, die alle auf seine Gerechtigkeit einfliessen können; er hat auch in Angel-Sachsen zu wenig Eifer auf die Erleuchtung seines Verstandes gewandt, als daß man ihm die oft alzu schwere Arbeit auflegen könte, das verborgene Recht aus der Dunkelheit zu ziehn, worinn es manchmahl verborgen liegt."

375 Ebd., S. 160 f.

Das hat wiederum eine positive Auswirkung auf den Adel selbst; Teilhabe an der Verwaltung und Gesetzgebung des Staates wirken erziehend auf den nur wenig aufgeklärten und völlig ungebildeten Adel. So wird der „Rittersaal zum obersten Gerichtshofe".[376]

Neben dem Adel partizipiert auch das Volk an der Herrschaft. Die Notwendigkeit dazu ergibt sich aus dem Staatsziel der Eudaimonia: Da alle Menschen „ein gleiches Recht zur Glükseligkeit" haben, muss der Staat „auf eine Weise eingerichtet seyn, daß so viele Bürger, als möglich ist, glüklich seyen, und in dem höchsten Grade glüklich seyen, der nur erreicht werden kan".[377] So solle man dem „Volke einen wesentlichen Antheil an der Herrschaft" zugestehen, weil die „Glükseligkeit vieler Tausende [...] einen wesentlichen Theil der Glükseligkeit des Staates" ausmache: „[U]nd diese zu besorgen, kan niemand eifriger, niemand getreuer sich bestreben, als das Volk selbst, das glüklich seyn will.[378]

Voraussetzung für politische Partizipation ist persönliche Freiheit der Menschen, verbunden mit Grundbesitz;[379] dann erst „ist es möglich ihm den Theil an der Regierung zu geben, den ihm die Natur anweiset":[380] „Aber nicht die zügellose Menge muß diese Macht verwalten, das Volk muß aus seinem Mittel einen großen Rath wählen, der mit dem Könige, und mit den Edlen, die dritte Macht des Staates, und einen der Stände ausmachen, in deren vereinigten Händen das Steuer seyn sol."[381] Die Volksversammlung, die aus besitzenden Bürgern gewählt wird, setzt die Steuern fest, der auch Adel und Kirche unterworfen sein sollen;[382] die Adelsversammlung muss aber zustimmen. Die Gesetzgebung geht von Adel oder Volk aus, in jedem Fall aber muss ihnen von allen „Machten" zugestimmt werden: „Die Geseze können von den Edlen, sie können auch vom Volke entworfen werden. Sie müssen aber allemahl den Beyfall beyder Stände, und auch des Königes Bekräftigung erhalten."[383]

---

376 Ebd., S. 163.
377 Ebd., S. 167f.
378 Ebd., S. 174.
379 Vgl. ebd., S. 175.
380 Ebd., S. 181.
381 Ebd.
382 Vgl. ebd., S. 186: „Die meiste Sorgfalt für die genaue Austheilung der Last, und für den nüzlichen Gebrauch des auferlegten Geldes, kan man von niemand besser erwarten, als von denjenigen, die die Steuern tragen sollen. Die Ausgeschossenen des Volkes werden also die Foderungen des Königs beherzigen, und die der Nohtdurft entsprechenden Gelder auf alle Eigenthümer des Reiches so verlegen, daß wiederum das Maaß des fruchtbringenden Bodens den Maaßstab zum Beytrag abgebe."
383 Ebd., S. 191.

Dieser Verfassungsentwurf, der in großer Nähe zu Ober- und Unterhaus des britischen Parlaments ein Modell der Gewaltenteilung etabliert, wird von Amund im Gespräch entwickelt. Dabei erweist sich Alfred als offener, zuweilen jedoch skeptischer Gesprächspartner, der insbesondere die starke Stellung des Volks kritisch sieht, sich aber von den Argumenten Amunds zumeist überzeugen lässt. Diese antithetische Konstellation wirkt verlebendigend, etwa wenn Alfred auf Amunds Beschwörung einer heroischen Vergangenheit („Unsere Ahnen waren alle gleich"[384]) energisch erwidert: „Die Menschen sind nicht gleich."[385] Die Gegenwart, auf die Alfred hier abhebt, ist defizitär; ganz ähnlich, wie Hallers Zeit, die der Autor im Blick hat. Die historische Perspektive zeigt sich auch daran, dass Alfred viele Reformen nicht einleitet, weil er davon überzeugt ist, dass sie zu früh für sein unaufgeklärtes Volk kommen würden.

Darin spiegelt sich ein Grundzug von Hallers Denken: Er sieht zunehmend in der „Nähe frühkonservativer Ideen" politische Aktivitäten des Volks kritisch,[386] ja erblickt die „drohende Gefahr eines demokratischen Despotismus in Großbritannien".[387] Diese Beobachtungen sollten davor warnen, Hallers zweiten Roman einfach als Lobpreis Englands zu verstehen.[388] Vielmehr ist dem Entwurf immer seine Gefährdung mit eingeschrieben. Auch war sich Haller sehr wohl bewusst, dass die britische Realität anders aussah: „Die Idealverfassung einer beschränkten und ausgleichenden Monarchie, die Haller in seinem zweiten Staatsroman entworfen hatte, glich also nicht mehr in jeder Hinsicht der aktuellen politischen Ordnung Englands".[389] Angst vor Verschlechterung spricht auch aus

---

384 Ebd., S. 166.
385 Ebd., S. 169.
386 Kraus: Englische Verfassung und politisches Denken im Ancien Régime, S. 574.
387 Ebd. – Kraus bezieht sich hier auf Hallers Rezension von Isaak Iselins *Vermischten Schriften*. Vgl. [Albrecht von Haller: Rezension von Isaak Iselin: Vermischte Schriften. In:] Göttingische Anzeigen von Gelehrten Sachen, 148. Stück, 10.12. 1770, S. 1300–1303. Auch Iselin sah die Dinge ähnlich. Vgl. Sommer: Geschichte als Trost, S. 107.
388 Auch Montesquieu zielte nicht auf eine Idealisierung Englands ab. Vgl. Zurbuchen: Republik oder Monarchie?, S. 80: „Es gibt keinen Zweifel daran, dass Montesquieu nicht etwa die Absicht verfolgte, die politischen Institutionen Englands zu beschreiben, die er während seines Aufenthaltes in London von 1729–1731 beobachten konnte. So verzichtet er nicht nur darauf, Bezüge zur englischen Geschichte und den damals aktuellen politischen Auseinandersetzungen herzustellen, sondern er trägt seine Überlegungen zur englischen Verfassung auch in einem präskriptiven Ton vor. Sein Ziel besteht darin, am Beispiel Englands ein Modell oder einen Idealtypus einer Verfassung vorzustellen, welche die politische Freiheit zum Ziel hat."
389 Kraus: Englische Verfassung und politisches Denken im Ancien Régime, S. 575. Auch Montesquieu relativiert den Realitätsgehalt seines Entwurfs. Vgl. De l'esprit des lois, S. 407 (XI.6): „Ce n'est point à moi à examiner si les Anglois jouissent actuellement de cette liberté, ou non. Il me suffit de dire qu'elle est établie par leurs lois, et je n'en cherche pas davantage."

Hallers Hoffnung, mit seinem Roman auf das englische Königspaar zu wirken, denen er Exemplare des Romans zukommen lassen wollte.[390] In diesem Zusammenhang erscheint auch die panegyrische Widmung in einem anderen Licht, nämlich als Mahnung, nicht von den im Roman dargestellten Prinzipien abzuweichen und dem Volk zu sehr entgegenzukommen.

4.4.5 Ungleich und böse. Menschenbilder in *Fabius und Cato* (1774)

Die skeptische Sicht auf das Volk als politische Größe ist bestimmend für die Ideen, die Albrecht von Haller in *Fabius und Cato* entwickelt. Der Roman spielt in der Spätzeit der römischen Republik und erzählt vom politischen Wirken von Quintus Fabius Maximus, dem ‚Zögerer' (ca. 275–203 v.Chr.), und Cato dem Älteren (234–149 v.Chr.). Gestützt auf Livius und Plutarch berichtet der Roman von der Periode des Zweiten Punischen Kriegs und den damit verbundenen innerrömischen Wirren.[391]

Dabei besteht eine implizite Spannung zwischen dem Titel, der ein „Stück der römischen Geschichte" ankündigt und historische Wahrheit reklamiert, und dem Anspruch der Vorrede, die entschieden die aktuellen Bezüge des Romans hervorhebt. Anhand des antiken Stoffes diskutiert der Roman nicht nur die Frage nach der idealen Ausprägung eines aristokratischen Staates, sondern problematisiert zugleich das Verhältnis von politischer Philosophie und sozialer Umwälzung. Er nimmt damit von konservativer Warte Tendenzen vorweg, die in der politischen Romanliteratur im Umkreis der Französischen Revolution an Bedeutung gewinnen werden.

Die aktuellen historischen und philosophischen Bezüge des Textes spricht Haller in der Vorrede direkt an. Ein Anstoß seien „des bekannten Bürgers von Genf Schriften" gewesen: „Hier wurde das Wiederspiel des vorigen Uebels [des Despotismus, C. M.] gelehret: aber der Verfasser verirrte sich eben so weit in eine allzugrosse Freyheit, als die Fürsten zu weit in der unumschränkten Macht sich vergangen hatten."[392] In seinem Plan, diesen Ideen etwas entgegenzusetzen, sei er von den „Unruhen zu Genf" bestärkt worden, die eindrücklich vor Augen stellten,

---

390 Vgl. John Pringle's Correspondence with Albrecht von Haller. Basel 1999 (Studia Halleriana. Bd. 4), S. 288–290 (Pringle an Haller, 25. Januar 1774). Vgl. Kraus: Englische Verfassung und politisches Denken im Ancien Régime, S. 575.
391 Vgl. zu Hallers Quellen Anna Ischer: Albrecht v. Haller und das klassische Altertum. Bern 1928 (Sprache und Dichtung. Forschungen zur Sprach- und Literaturwissenschaft. H. 41), S. 260–269.
392 Haller: Fabius und Cato, unpaginierte Vorrede.

„was für Folgen die übertriebene Lehre von der Gleichheit der Menschen haben könne".[393] Ungeachtet seiner nachlassenden schöpferischen Kräfte fühle er sich der Wahrheit verpflichtet, die ihn dazu bringe, sich potentiell gefährlichen Tendenzen entgegenzustellen:

> Aber ich finde bey so vielen neuen Schriften, die in eben den demokratischen Gesinnungen herauskommen, bey den Auflehnungen der englischen Colonien, bey den mißvergnügten Klagen der allzuglücklichen Engelländer, bey den überhand nehmenden Gedanken vieler Helvetier, es sey die Zeit, es erfodere es die Nothwendigkeit, daß Freunde des menschlichen Geschlechts auftreten, und die Sache der Regierungen, die Rechte der Societäten, wieder die unersättlichen Ansprüche der Fürsprecher der Rechte einzelner Bürger, und wieder die allgemeine Gleichheit der Menschen zu vertheidigen.[394]

Wenn Haller den Roman als Apologie der „Sache der Regierungen" gegen „die allgemeine Gleichheit der Menschen" auffasst, dann rekurriert er damit auf aktuelle Entwicklungen in Europa und Amerika. In Rezensionen der *Göttingischen Anzeigen von gelehrten Sachen* aus den 1770er Jahren wandte er sich gegen die amerikanischen Revolutionäre. So heißt es in Hallers positiver Rezension von Samuel Johnsons anonym erschienener Schrift *Taxation no Tyranny* (1775), die amerikanischen Kolonisten hätten mit ihrer Entscheidung, England zu verlassen, auf ihr Wahlrecht verzichtet: „Die Colonien haben eben die Rechte, die ihre Voreltern besessen, wie sie Europa verließen, sie haben aber auch nicht mehr. Es stund bey ihnen in Engelland zu bleiben, und das Recht zu genießen, Representanten zu erwählen; sie haben sich aber dieses Rechts freywillig begeben."[395] Auch in der Besprechung der deutschen Übersetzung der *Geschichte der Englischen Colonien in Nordamerika* (1775) von Sebastian Cabot nimmt Haller einen kritischen Standpunkt ein, wenn er bemängelt, der Autor sei „etwas zu sehr den Colonien zugethan".[396]

In den Romanen verstärkt sich der immer schon vorhandene Vorbehalt gegenüber Völkern, die selbst die Initiative zum Umbau des Staates ergreifen. Die Gefahr besteht dabei laut Haller nicht nur in Amerika und England, das er von

---

393 Ebd.
394 Ebd.
395 [Albrecht von Haller: Rezension von: Taxation no tyranny. In:] Göttingische Anzeigen von gelehrten Sachen. 103. Stück. 29.8.1775, S. 883–885, hier S. 884 f. Vgl. Kraus: Englische Verfassung und politisches Denken im Ancien Régime, S. 555 f.
396 [Albrecht von Haller: Rezension von: Geschichte der Englischen Colonien in Nordamerika. In:] Göttingische Anzeigen von gelehrten Sachen. 92. Stück. 2.8.1777, S. 730–735, hier S. 731.

demokratischen Tendenzen bedroht sieht,[397] sondern auch in der Schweiz, wo die Möglichkeit einer durch falsche „Freunde des menschlichen Geschlechts" herbeigeführten Unruhe bestehe. Im Hintergrund stehen sowohl die Genfer Unruhen des Jahres 1762 um Rousseau – im Juli wurde in Genf ein Haftbefehl gegen Rousseau erlassen; außerdem verbrannte man dort den *Émile* sowie den *Contrat social* –,[398] als auch die zum Teil gewalttätig ausgetragenen Konflikte um politische Reformen in Hallers Heimatstadt Bern.[399]

Mithin ist Hallers Roman im Spannungsfeld zwischen historischer Exempelerzählung und aktualisierender Variation anzusiedeln. Die Behauptung, sein dritter Roman werde „bloß historisch seyn",[400] wird durch die Form des Textes und nicht zuletzt durch die Art des Erzählens beglaubigt; allerdings widersprechen ihr die auch von Autorseite genannten aktuellen Anstöße und gerade auch die von Zeitgenossen als offensichtlich empfundene Auseinandersetzung mit der Philosophie Rousseaus. Die apologetischen Tendenzen von Hallers Spätwerk beschränken sich eben nicht nur auf den Bereich der Theologie,[401] sondern erstrecken sich auch auf das Feld der Politik, in das der Roman eingreifen soll.

4.4.5.1 Hallers Erzählen zwischen Exemplarität und Rückprojektion

Indem er vom alten Rom erzählt, schreibt sich Haller in eine paradigmatische Tradition westlicher Geschichtsdeutung ein. Anhand der römischen Geschichte wurde im 18. Jahrhundert zunehmend die Frage nach den Ursachen für den Untergang des Weltreichs und im Anschluss daran nach historischen Kausalitäten generell gestellt. Als Erklärungsmuster etablierte sich die Vorstellung von Dekadenz und Sittenverfall, die das Reich geschwächt hätten. Dabei wurde die De-

---

397 Vgl. [Albrecht von Haller: Rezension von De Lolme: La Constitution de l'Angleterre. In:] Göttingische Anzeigen von gelehrten Sachen. 44. Stück. 11.4.1772, S. 369–372. Vgl. Kraus: Englische Verfassung und politisches Denken im Ancien Régime, S. 575.
398 Vgl. zu Rousseau in der Schweiz die Studie von Helena Rosenblatt: Rousseau and Geneva. From the *First Discourse* to the *Social Contract*, 1749–1762. Cambridge 1997 (Ideas in Context. Bd. 46), zur Verbrennung des *Contrat social* und des *Émile* in Genf ebd., S. 271; vgl. auch Béla Kapossy: Iselin contra Rousseau. Sociable patriotism and the history of mankind. Basel 2006 (Schwabe Philosophica. Bd. 9).
399 Vgl. François de Capitani: Hallers Bern. In: Hubert Steinke/Urs Boschung/Wolfgang Proß (Hrsg.): Albrecht von Haller: Leben – Werk – Epoche. Göttingen 2008, S. 83–98.
400 Haller: Alfred, unpaginierte Vorrede.
401 Vgl. Siegrist: Albrecht von Haller, S. 45. Vgl. auch Kraus: Englische Verfassung und politisches Denken im Ancien Régime, S. 575f. Zu den apologetischen theologischen Schriften vgl. Thomas Kaufmann: Über Hallers Religion. Ein Versuch. In: Norbert Elsner/Nicolaas A. Rupke (Hrsg.): Albrecht von Haller im Göttingen der Aufklärung. Göttingen 2009, S. 307–379.

kadenz unterschiedlich definiert und lokalisiert. Während Edward Gibbon in seiner sechsbändigen *History of the Decline and Fall of the Roman Empire* (1776– 1788), deren erster Band in Hallers Todesjahr erschien (die Rezension in den *Göttingischen gelehrten Anzeigen* könnte er noch zur Kenntnis genommen haben),[402] den Beginn des Niedergangs in der Kaiserzeit ansiedelt und als Ursache nicht zuletzt das Christentum anführt,[403] sieht der von Haller auch in diesem Kontext intensiv rezipierte Montesquieu den Beginn bereits in der römischen Republik. In den 1734 erschienenen *Considérations sur les causes de la grandeur des Romains et de leur décadence* erklärt er, die Republik sei an ihren inneren Konflikten zugrunde gegangen. Die eigentlich vorbildliche Staatsform sei nicht der rasant wachsenden Ausdehnung des römischen Herrschaftsbereichs angepasst worden,[404] so dass Rom schließlich seine Freiheit verlor, „parce qu'elle acheva trop tôt son ouvrage."[405]

Im selben Atemzug nennt Montesquieu auch Bern,[406] das im 18. Jahrhundert als Musterbeispiel eines aristokratischen Staatswesens galt.[407] Auch Rousseau erwähnt in einer Fußnote des *Contrat social* Bern. Verglichen mit Venedig erscheint der Schweizer Stadtstaat als positives Beispiel eines funktionierenden aristokratischen Staates. Allerdings kann auch Bern die grundsätzlichen Vorbehalte Rousseaus gegen die Aristokratie nicht widerlegen; vielmehr schwingt in der Bewunderung des weisen Rats eine deutliche Ablehnung mit, wenn er erklärt, gerade eine gut verwaltete Aristokratie gebe ein gefährliches Beispiel (wohl weil sie so von der grundsätzlichen Untauglichkeit dieser Staatsform ablenke, ein Gedanke, der sich in seiner Struktur mit Diderots Ausführungen über aufgeklärte Monarchen berührt[408]):

---

402 Vgl. [Rezension von] The history of the decline and fall of the Roman Empire [...]. In: Zugabe zu den Göttingischen gelehrten Anzeigen. 20. Stück. 17.5.1777, S. 305–313.
403 Vgl. den Sammelband von Cord-Friedrich Berghahn/Till Kinzel (Hrsg.): Edward Gibbon im deutschen Sprachraum. Bausteine einer Rezeptionsgeschichte. Heidelberg 2015 (Germanisch-Romanische Monatsschrift. Beiheft 66).
404 Vgl. Montesquieu: Considérations sur les causes de la grandeur des Romains et de leur décadence. In: Ders.: Œuvres complètes II. Texte présenté et annoté par Roger Caillois. Paris 1951 (Bibliothèque de la Pléiade. Bd. 86), S. 69–209, hier S. 119f.
405 Ebd., S. 120.
406 Vgl. ebd.: „Il y a, à présent, dans le monde, une république que presque personne ne connoît, et qui, dans le secret et dans le silence, augmente ses forces chaque jour. Il est certain que, si elle parvient jamais à l'état de grandeur où sa sagesse la destine, elle changera nécessairement ses lois; et ce ne sera point l'ouvrage d'un législateur, mais celui de la corruption même." (Kap. IX).
407 Vgl. Weber: Eine vollkommene Aristokratie? – Vgl. auch De Capitani: Hallers Bern.
408 Vgl. Derek Beales: Philosophical kingship and enlightened despotism. In: Mark Goldie/ Robert Wokler (Hrsg.): The Cambridge History of Eighteenth-Century Political Thought. Cambridge 2006, S. 497–524, hier S. 519.

> Il importe beaucoup de regler par des loix la forme de l'élection des magistrats: car en l'abandonnant à la volonté du Prince on ne peut éviter de tomber dans l'Aristocratie héréditaire, comme il est arrivé aux Républiques de *Venise* et de *Berne*. Aussi la premiere est-elle depuis longtemps un Etat dissout, mais la seconde se maintient par l'extrême sagesse de son Sénat; c'est une exception bien honorable et bien dangereuse.[409]

Die Verbindung zwischen dem modernen Staat und der römischen Republik war also nicht originell, sondern vielmehr Gemeingut: Hallers Heimatstadt war im 18. Jahrhundert neben Venedig das meistdiskutierte Beispiel einer Aristokratie.[410]

Haller sah sich hier als Berner Patrizier in doppelter Hinsicht herausgefordert: Zunächst ging es darum, die Berner Verfassung (und damit geordnete Verfassungen überhaupt) zu verteidigen; zugleich führt Haller historische Betrachtungsweise dazu, dass die Apologie nur mit kritischen Nebentönen funktionieren kann. Der Roman enthält also weniger den Lobpreis Berns – dagegen spricht schon allein die Beobachtung, dass er einen Staat in krisenhaften Situationen zeigt und mit der Perspektive des Freiheitsverlusts schließt –,[411] als vielmehr die ins alte Rom projizierten Reformvorschläge Hallers,[412] die darüber hinaus allgemeine Geltung für aristokratisch verfasste Staaten einer gewissen Größe beanspruchen. Diese relative Konkretheit bedeutet aber nicht, dass es sich um einen Schlüsselroman handelt. Ganz im Gegenteil: Die expositorischen Passagen des Textes beanspruchen allgemeine Geltung, eben weil sie historisch doppelt rückgebunden sind.[413] Gerade weil Haller nicht von einem teleologischen Geschichtsverlauf ausgeht, kann der historische Einzelfall als Exempel wichtig sein.[414]

---

409 Jean-Jacques Rousseau: Du contrat social; ou, principes du droit politique. Par J. J. Rousseau, citoyen de Geneve. In: Ders. Œuvres complètes. Hrsg. von Bernard Gagnebin und Marcel Raymond (Bibliothèque de la Pléiade). Bd. 3. Paris 1964, S. 347–470, hier S. 407 (III.5).
410 Vgl. Weber: Eine vollkommene Aristokratie?
411 Vgl. auch Haller: Fabius und Cato, S. XIV (Verweis auf die „überhand nehmenden Gedanken vieler Helvetier" über allgemeine Freiheit).
412 Vgl. Weber: Eine vollkommene Aristokratie?, S. 17: Der Roman lasse sich „auch als Reformschrift für die Verfassung Berns lesen."
413 Vgl. Reinhart Koselleck: Historia Magistra Vitae. Über die Auflösung des Topos im Horizont neuzeitlich bewegter Geschichte. in: Ders.: Vergangene Zukunft. Zur Semantik geschichtlicher Zeiten. Frankfurt am Main 1979, S. 38–66.
414 Vgl. Vanessa de Senarclens: Montesquieus historische Herangehensweise am Beispiel Roms. In: Edgar Mass (Hrsg.): Montesquieu zwischen den Disziplinen. Einzel- und kulturwissenschaftliche Zugriffe. Internationale Konferenz aus Anlass des 250. Todesjahres von Charles-Louis de Montesquieu an der Universität Potsdam, Forschungszentrum Europäische Aufklärung. Berlin 2010 (Beiträge zur Politischen Wissenschaft. Bd. 161), S. 125–133, hier S. 127: „Im Gegensatz zu Voltaire versucht Montesquieu nicht, den Verfall Roms als Folge einer kulturgeschichtlichen Gesetzmäßigkeit zu erklären. Denn er zielt nicht darauf ab, universell geltende kulturelle Para-

Fabius und Cato erzählt weitgehend referierend von Hannibals Feldzug in Italien und schließlich vom Sieg der Römer gegen Karthago.[415] Dabei verbindet der extradiegetisch-heterodiegetische Erzähler stark raffende historische Berichte mit ausführlichen Diskussionen und Reflexionen von Verfassungsfragen, die häufig in die dialogische Figurenrede verlagert werden: Sie stellen immer wieder heraus, dass vor allem die Tugend seiner Mitglieder ein funktionierendes Gemeinwesen sicherstellen könne. Im Zentrum stehen dabei zunächst der aufgeklärte Q. Fabius Maximus, der im Angesicht der Bedrohung durch Hannibal zum Diktator gewählt wird. Trotz widriger Umstände kann der uneigennützige Politiker Erfolge vorweisen. Das liegt wesentlich daran, dass Rom (trotz bedenklicher Tendenzen) noch Heimstatt der Tugend ist:

> Die zu Rom noch erhaltene Tugend war würklich das Mittel zu der Rettung der Republik. Sie fand Auswege, die in einer minder großmüthigen Stadt unmöglich gewesen wären. Sie bewafnete nach so mancher Niederlage die Legionen mit einem Muthe, dem selbst Hannibals Erfahrenheit nicht wiederstehn konnte.[416]

Der junge Cato wird als Freund und Vertrauter des Fabius eingeführt; in Diskussionen mit seinem Mentor diskutieren sie über die Notwendigkeit des Adels. Fabius favorisiert die Adelsherrschaft, während Cato, der noch „jung, und feurig" ist, dagegen den Verdienst ins Felde führt.[417] Aus der römischen Geschichte leitet Fabius, dessen Perspektive der Roman insgesamt stützt, die Feststellung ab, dass das Volk nicht den Tugendhaften favorisiere.[418] Die Vergrößerung Roms und der dadurch zunehmende Reichtum werde sich auf lange Sicht als schädlich erwei-

---

digmen zu entwickeln, sondern will die jeweilige historische Situation analysieren, wobei speziell die Sitten und Gebräuche seine Aufmerksamkeit finden. Im Werk Montesquieus gibt die Geschichte keinen Anlass für philosophische Theoriebildung. Aus der geschichtlichen Entwicklung lassen sich keine abstrakten Formeln ableiten – wie etwa bei Voltaire, der die Geschichte als Emanzipation, als Befreiung von der Barbarei versteht, oder bei Rousseau, der sie als Prozess der Entfremdung von der Natur liest. Hier wird jedes Mal eine breite Bilanz der Geschichte suggeriert, ganz anders Montesquieu." – Das schließt allerdings nicht aus, dass Montesquieu anders gelesen und verstanden wurde.
415 Vgl. Siegrist: Albrecht von Haller, S. 52, der „rhetorisches Pathos wie kräftiges Engagement" des Romans hervorhebt.
416 Haller: Fabius und Cato, S. 61. – Vgl. Montesquieu: Considérations sur les causes de la grandeur des Romains, S. 89: „Rome fut sauvée par la force de son institution."
417 Haller: Fabius und Cato, S. 77.
418 Vgl. ebd., S. 88f.

sen.[419] Vor seinem Tod trägt Fabius Cato auf, sich der Republik anzunehmen, und erklärt, dass Roms Überlegenheit an der Verfassung liege.[420]

Das dritte Buch stellt Catos Wirken ins Zentrum,[421] der sich gegen den Luxus wendet.[422] Schließlich wird er zum Zensor gewählt und wirkt so gleichsam als Mediziner: „Nicht die angenehmsten Aerzte, sondern die standhaftesten und strengsten, wären bey dem gefährlichen Zustande des Vaterlandes nöthig."[423] Nach diesem Prinzip arbeitet Cato daran, „die zunehmende Pracht einzuschränken, die zu allen Ordnungen des Volkes durchgedrungen war."[424] Im Zentrum des vierten Buchs steht die Auseinandersetzung mit rousseauistischen Gedanken von Volkssouveränität, das fünfte Buch resümiert schließlich denkbar knapp die letzten Lebensjahre Catos und entwirft ein düsteres Zukunftsszenario des bevorstehenden Freiheitsverlusts in Rom.

4.4.5.2 Die Widerlegung des *Contrat social* in der Karneades-Episode

Haller schreibt einen politischen Roman gegen „die allgemeine Gleichheit der Menschen", in dem er sich kritisch mit der Philosophie Rousseaus auseinandersetzt. Dies geschieht explizit im vierten Buch des Romans, das von Catos Abscheu

---

419 Vgl. ebd., S. 89f. – Vgl. hierzu Montesquieu: De l'esprit des lois, S. 362: „Il est de la nature d'une république qu'elle n'ait qu'un petit territoire; sans cela elle ne peut guère subsister. Dans une grande république, il y a de grandes fortunes, et par conséquent peu de modération dans les esprits: il y a de trop grands dépôts à mettre entre les mains d'un citoyen; les intérêts se particularisent; un homme sent d'abord qu'il peut être heureux, grand, glorieux, sans sa patrie; et bientôt, qu'il peut être seul grand sur les ruines de sa patrie." (VIII.16)
420 Vgl. ebd., S. 121.
421 Bereits in dem 1731 entstandenen Gedicht *Die verdorbenen Sitten*, das Berner Verhältnisse satirisch beleuchtet, rühmt Haller den Venner Michael Augspurger, indem er ihn mit Cato dem Älteren vergleicht: „Ein Cato lebt noch, der den verdorbnen Zeiten/ Sich setzt zum Widerspruch und kann mit Thaten streiten./ Zwar Pracht und Ueppigkeit, die alles überschwemmt,/ Hat das Gesetz und er bisher zu schwach gehemmt;/ Doch wie ein fester Damm den Sturm gedrungner Wellen,/ Wie sehr ihr Schaum sich bläht, zurücke zwingt zu prellen,/ Und nie dem Strome weicht, wann schon der wilde Schwall,/ Von langem Wachsthum stark, sich stürzet übern Wall:/ So hat Helvetien der Durchbruch fremder Sitten/ Mit Lastern angefüllt und Cato nichts gelitten;/ Die Einfalt jener Zeit, wo ehrlich höflich war,/ Wo reine Tugend Ehr, auch wann sie nackt, gebar,/ Herrscht in dem rauhen Sinn, den nie die List betrogen,/ Kein Großer abgeschreckt, kein Absehn umgebogen;/ Hart, wanns Gesetze zürnt, mitleidig, wann er darf,/ Gut, wann das Elend klagt, wann Bosheit frevelt, scharf,/ Vom Wohl des Vaterlands entschlossen nie zu scheiden, Kann er das Laster nicht, noch ihn das Laster leiden." (Albrecht von Haller: Die verdorbenen Sitten. In: Albrecht von Hallers Gedichte, S. 86–98, hier S. 91f.)
422 Haller: Fabius und Cato, S. 136–145.
423 Ebd., S. 171.
424 Ebd., S. 172.

gegenüber den Ideen des Griechen Karneades handelt, der in Rom mit seinen Ideen von Volkssouveränität großen Zulauf erfährt. Schließlich „war es Cato, der die Griechischen sogenannten Weltweisen und Redner von Rom wegschafte."[425] Die Episode ist historisch beglaubigt: Plutarch berichtet von der athenischen Gesandtschaft, die sich im Jahr 155 v. Chr. in Rom aufhielt.[426] Dabei zog der Philosoph Karneades ein großes Publikum an; insbesondere zwei Reden, in denen er an zwei Tagen einmal „völlig überzeugend für den Wert der Gerechtigkeit, am nächsten nicht minder überzeugend dagegen" sprach,[427] fanden ein breites Echo.[428] Laut Plutarch war Cato „von Anfang an unzufrieden damit, als der große Bildungseifer die Stadt ergriff, weil er fürchtete, die jungen Leute möchten, wenn sie ihren Ehrgeiz nach dieser Seite wendeten, alsbald den Ruhm der Beredsamkeit höher schätzen als den der Taten und des Krieges." In Folge dessen „beschloß er, die sämtlichen Philosophen mit Anstand aus der Stadt hinauszubekommen."[429] Catos rigide Haltung war wohl weniger von einer Ablehnung alles Griechischen geprägt (so Plutarch), als vielmehr von der Furcht, die griechische Philosophie und insbesondere der Relativismus des Karneades könnte die Jugend dem römischen Staat entfremden.[430] Männer, „die, wovon sie auch reden wollten, die Hörer mit Leichtigkeit zu überzeugen vermöchten", seien potenziell gefährlich.[431]

Haller hält sich recht eng an dieses durch die Geschichtsschreibung vorgegebene Handlungsgerüst und schreibt zugleich dem antiken Philosophen (zum

---

425 Haller: Fabius und Cato, S. 272.
426 Vgl. Plutarch: Marcus Cato. In: Ders.: Fünf Doppelbiographien. Teil 1. Griechisch und deutsch. Übersetzt von Konrat Ziegler und Walter Wuhrmann. Ausgewählt von Manfred Fuhrmann. Mit einer Einführung und Erläuterungen von Konrat Ziegler. 2. Auflage. Düsseldorf, Zürich 2001, S. 426–495. Vgl. einführend zur Philosophie des Karneades Woldemar Görler: Karneades. In: Hellmut Flashar (Hrsg.): Grundriss der Geschichte der Philosophie. Die Philosophie der Antike. Bd. 4/2: Die hellenistische Philosophie. Basel 1994, S. 849–897; Martin Jehne: Cato und die Bewahrung der traditionellen *res publica*. Zum Spannungsverhältnis zwischen *mos maiorum* und griechischer Kultur im zweiten Jahrhundert v. Chr. In: Gregor Vogt-Spira/Bettina Rommel (Hrsg.): Rezeption und Identität. Die kulturelle Auseinandersetzung Roms mit Griechenland als europäisches Paradigma. Stuttgart 1999, S. 115–134; kritisch gegen die Thesen Jehnes Carsten Drecoll: Die Karneadesgesandtschaft und ihre Auswirkungen in Rom. Bemerkungen zur Darstellung der Karneadesgesandtschaft in den Quellen. In: Hermes 132 (2004), S. 82–91.
427 Jehne: Cato und die Bewahrung der traditionellen *res publica*, S. 119.
428 Vgl. ebd., S. 119 f.: „Die Bewunderung der gebildeten römischen Öffentlichkeit über soviel intellektuelle und rhetorische Brillanz kannte nun keine Grenzen mehr."
429 Plutarch: Marcus Cato, S. 481–483.
430 Vgl. Jehne: Cato und die Bewahrung der traditionellen *res publica*, S. 121: „Mit dem Gehorsam gegenüber Gesetzen und Magistraten verteidigte Cato den *mos maiorum* und damit letztlich die *res publica*."
431 Plutarch: Marcus Cato, S. 483.

Teil polemisch überspitzt) wesentliche Überlegungen Rousseaus zu.[432] In diesem Zusammenhang erscheint es zutiefst ironisch, dass Rousseau selbst in seinem *Discours sur les sciences et les arts* (1750) Cato den Älteren als Bewahrer römischer Tugend gegen griechische Verweichlichung lobte:

> Socrate avoit commencé dans Athénes, le vieux Caton continua dans Rome, de se déchaîner contre ces Grecs artificieux et subtils qui séduisoient la vertu et amolissoient le courage de ses concitoyens. Mais les Sciences, les Arts et la dialectique prévalurent encore: Rome se remplit de Philosophes et d'Orateurs ; on négligea la discipline militaire, on méprisa l'agriculture, on embrassa des Sectes et l'on oublia la Patrie.[433]

Diese Passage macht deutlich, dass Haller und Rousseau durchaus von ähnlichen Problemstellungen ausgingen.[434] Tatsächlich hat Haller etliche Werke des Genfers intensiv rezensiert, allerdings von Beginn an distanziert und zunehmend kritischer.[435] In seiner Rezension von Rousseaus erstem *Discours*, der bereits 1753 in den *Göttingischen Anzeigen von gelehrten Sachen* erschien, hebt Haller hervor, es sei „viel Feuer und Witz in dieser Satyre wieder die Wissenschaften", aber auch „eben so viel Unbeständigkeit und Widerspruch".[436] Zwar leugnet Haller entschieden Rousseaus These von dem Zusammenhang zwischen Wissenschaften und Sittenverfall, setzt sich aber immerhin inhaltlich argumentierend mit Rousseaus Gedanken auseinander. Aufschlussreich sind seine Ausführungen über den Zusammenhang von Wissenschaft und Theologie:

---

432 Vgl. John Christian Laursen: Political Virtue and Anti-skepticism in Albrecht von Haller's Political Novels. In: Michael Böhler u. a. (Hrsg.): Republikanische Tugend. Ausbildung eines Schweizer Nationalbewusstseins und Erziehung eines neuen Bürgers. Contribution à une nouvelle approche des Lumières helvétiques. Actes du 16e Colloque de l'Académie Suisse des Sciences Humaines et Sociales (Ascona, Monte Verità, Centro Stefano Franscini, 7–11 septembre 1998. Genève 2000 (Travaux sur la Suisse des Lumières. Bd. 2), S. 263–281, hier S. 280 f.
433 Jean-Jacques Rousseau: Discours qui a remporté le prix á l'Academie de Dijon. En l'année 1750. Sur cette Question proposée par la même Académie: Si le rétablissement des Sciences et des Arts a contribué à épurer les mœurs. Par un Citoyen de Genève. In: Ders.: Œuvres complètes. Hrsg. von Bernard Gagnebin und Marcel Raymond (Bibliothèque de la Pléiade). Bd. 3. Paris 1964, S. 1–30, hier S. 14. – Vgl. Simone Zurbuchen: Reacting to Rousseau: Difficult Relations between Erudition and Politics in the Swiss Republics. In: André Holenstein/Hubert Steinke/Martin Stuber (Hrsg.): Scholars in Action. The Practice of Knowledge and the Figure of the Savant in the 18th Century. Bd. 1. Leiden/Boston 2013, S. 481–501, hier bes. S. 497.
434 Vgl. auch Toellner: Staatsidee, aufgeklärter Absolutismus und Wissenschaft bei Albrecht von Haller, S. 208 f., der anhand der *Alpen* den Unterschied zwischen Hallers und Rousseaus Naturzustandsvorstellungen herausarbeitet.
435 Einen konzisen Überblick geben Gelzer/Kapossy: Roman, Staat und Gesellschaft, S. 170–172.
436 [Albrecht von Haller: Rezension von Rousseau: Discours (...). In:] Göttingische Anzeigen von gelehrten Sachen. 26. Stück. 26.2.1753, S. 235–237, hier S. 235.

Das einzige, was der Hr. R. gegründet klagt, ist wohl der überhandnehmende Unglaube, daran viele Gelehrte einen grossen Antheil haben. Aber eben diesem Uebel kan niemand als die Gelehrtheit wiederstehn, und die Entdeckung der Weisheit Gottes muß ja eher zu seiner Verehrung führen, als die stumme Blindheit über die Werke der Natur, die dem Hrn. R. so wohl gefällt.[437]

Während Rousseau ein negatives Bild von Wissenschaft und Religion zeichnet, sind für Haller gerade diese beiden untrennbar verbundenen Bereiche positiv gewertet: Wissenschaft kann die Glaubenswahrheiten bestätigen.

Wesentlich negativer fällt Hallers Blick auf Rousseaus zweiten *Discours* aus. Er leugnet unter Rekurs auf anthropologisches und ethnographisches Wissen Rousseaus positives Bild des Urzustandes – in ihm sei gerade kein „Mitleiden" aufzufinden[438] – und empfiehlt dem Leser die „überaus scharfsinnige Urkunde" als Beispiel für intellektuelle Verirrungen: Sie zeige, „wie ein Mann vor allzu vielem Verstande, in eine Art eines Wahnsinnes, wie durch den Osten nach Westen, herum kommen kann."[439] Diese Pathologisierung Rousseaus setzt sich im Briefverkehr fort. An Charles Bonnet schreibt Haller im Juli 1762, man müsse Rousseau zwar nicht verbrennen, wohl aber seine Schriften zensieren: „Non, je ne brulerois pas Rousseau, mais je ne lui accorderois jamais de liberté, qu'il ne donnat caution de ne plus ecrire, que sous la censure d'un corps sensé de theologiens."[440] Über den *Contrat social* hat sich Haller nicht mehr in einer Rezension geäußert; wohl aber lässt sich *Fabius und Cato* als polemische Auseinandersetzung und zugleich Versuch der Widerlegung des dritten *Discours* verstehen.[441]

Indem Haller seine literarische Darstellung Rousseaus in der Maske des Karneades auftreten lässt, schreibt er ihm zusätzlich zu gesellschaftsgefährdenden Tendenzen noch Relativismus zu. So missfällt Cato „die Gleichgültigkeit, mit welcher Karneades jeden Satz und den Gegensatz desselben" verteidigt.[442] Al-

---

437 Ebd., S. 236.
438 [Albrecht von Haller: Rezension von Rousseau: Discours sur l'origine & les fondamens de l'inégalité entre les hommes. In:] Göttingische Anzeigen von gelehrten Sachen, 3. Stück, 5. Januar 1756, S. 21–23, hier S. 22: Der Mensch sei laut Rousseau „nicht so böse, wie ihn Hobbes gemacht hat, es bleibt ihm, wenn man ihn von allem entblösset, was er vom geselligen Leben borget, dennoch das Mitleiden, und dieses ist, wie alle natürliche Triebe bey ihm stärker, als bey uns verdorbenen bürgerlichen Menschen, (wiewohl unser Patagon eben nicht gar so viel Proben eines Mitleidens oder einer Freundlichkeit von sich gegeben hat)."
439 Ebd., S. 23.
440 Albrecht von Haller an Charles Bonnet, 20.7.1762. In: The Correspondence between Albrecht von Haller and Charles Bonnet, S. 292.
441 Vgl. Widmann: Albrecht von Hallers Staatsromane, S. 92–98. Profos Frick: Gelehrte Kritik, S. 280, liegt falsch, wenn sie erklärt, dass „Haller Rousseau im Grunde wohlgesinnt ist".
442 Haller: Fabius und Cato, S. 197.

lerdings zeichnet er nicht nur ein polemisches Zerrbild des Genfers, sondern nutzt das vierte Buch des Romans zu einer ausführlichen, wenn auch einseitigen Diskussion seiner Philosophie;[443] dabei steht die Widerlegung von Rousseaus *Gesellschaftsvertrag* im Zentrum. In Gestalt des griechischen Volksverführers Karneades zeichnet Haller ein polemisches Zerrbild von Rousseau, dessen Maximen von Cato nach und nach entkräftet werden. Dabei kommt es nie zu einer Begegnung der beiden Kontrahenten, sondern Cato erfährt von Angehörigen der jüngeren Generation von den Positionen des Karneades und widerlegt sie.

Zunächst debattiert Cato mit Scipio dem Jüngeren, den er ungeachtet der Querelen mit dessen Vater protegiert, über Karneades' Staatsphilosophie und entwickelt aus der Kritik von dessen Konzept der Volkssouveränität das Modell einer idealen Aristokratie. Für Karneades ist das Volk der Souverän: „Alle wahre Macht, – sagte der demokratische Redner von Athen, – ist bey dem Volke; ein jeder Mensch ist dem andern gleich, ihm steht eben der Antheil an der allgemeinen Gesetzgebung zu."[444] Zwar wählen die Menschen, nachdem sie „sich vereinigt" haben und „in eine Gesellschaft" getreten sind,[445] „Männer, denen die die ausübende Gewalt überlassen",[446] denen sie aber jederzeit die Macht wieder entziehen können.[447] Notwendig ist eine regelmäßige Versammlung des Volkes, das als „gesetzgebende Gewalt" nicht repräsentiert werden kann.[448] Für Kar-

---

443 Widmann: Albrecht von Hallers Staatsromane, S. 146, erklärt sogar: „[S]ie [Hallers Polemik, C. M.] darf als das beste gelten, was zu jener Zeit gegen Rousseau geschrieben worden ist und in ihrer Kürze und logischen Strenge ist sie ein Meisterstück politischer Polemik."
444 Haller: Fabius und Cato, S. 198.
445 Ebd., S. 198.
446 Ebd., S. 199.
447 Vgl. S. 199: „Aber Könige, Edle, und Räthe sind bloß die Diener der Gesellschaft, ihre Macht ist ihnen von ihr mitgetheilt, nur zum besten eines jeden mitgetheilt, und das Volk bleibt unveränderlich im Besitze der obersten Macht." Vgl. ebd., S. 200 f.: „Das Volk kan seine Bedienten, seinen König, seine Edle, seine Räthe, so oft es will absetzen, und verändern, und da sie sämmtlich seine Unterthanen sind, so bleibt ihnen nichts als der Gehorsam übrig. Auch wann das Volk eine erbliche Regierung festgesetzt hat, so ist es dennoch nicht verbunden, bey derselben zuverbleiben; es ist allemahl, nur eine für eine Zeitlang gutgeheißene Einrichtung, die so lang besteht, biß es dem Volke gefällt, eine andere Einrichtung vorzuziehn. Wenn also der Fürst, oder der Rath, dem Volke misfällt, so verliert er den Augenblick seine Gewalt, und tritt in die Ordnung gemeiner Bürger zurück." – Vgl. Rousseau: Du contrat social, S. 434 f. (III.18): „Quand donc il arrive que le Peuple institue un Gouvernement héréditaire, soit monarchique dans une famille, soit aristocratique dans un ordre de Citoyens, ce n'est point un engagement qu'il prend; c'est une forme provisionnelle qu'il donne à l'administration, jusqu'à ce qu'il lui plaise d'en ordonner autrement."
448 Vgl. ebd., S. 201 f.; das Zitat auf S. 201. – Vgl. Rousseau: Du contrat social, S. 429 f. (III.15): „La Souveraineté ne peut être représentée, par la même raison qu'elle peut être aliénée; elle consiste

neades ist diese „Herrschaft des Volkes" deshalb „die vollkommenste",⁴⁴⁹ weil sie die „allgemeine Glückseligkeit" gewährleistet, die hier als „die Summe der Glückseligkeiten eines jeden" verstanden wird.⁴⁵⁰

Für Cato den Älteren sprechen mehrere Gründe gegen Karneades' Ideen: Erstens die Historie, zweitens das Wesen der Menschen, und damit drittens die Vernunft, die ja ein möglichst stabiles funktionierendes Staatswesen anstrebt. So erklärt Cato gleich zu Beginn seiner Widerlegung des Karneades, die „Geschichte" spreche gegen die Positionen des „Academischen Sophisten".⁴⁵¹ Ihm sei kein Beispiel bekannt, dass sich ein Volk einen Herrscher gewählt und sich zugleich das Recht zu seiner Absetzung vorbehalten habe.⁴⁵² „[N]irgends habe ich gefunden, daß ein Volk sich freywillig zusammengethan, und durch ein Gesetze seine Gewalt einem Fürsten mit dem Bedinge übertragen habe, sie allemahl zurück nehmen zu können."⁴⁵³ Gegen Karneades' Vorstellung eines Gesellschaftsvertrags setzt Cato eine historische Genealogie, die die natürliche Entstehung von Herr-

---

essenciellement dans la volonté générale, et la volonté ne se représente point: elle est la même, ou elle est autre; il n'y a point de milieu. Les députés du peuple ne sont donc ni ne peuvent être ses représentans, ils ne sont que ses commissaires; ils ne peuvent rien conclurre définitivement. Toute loi que le Peuple en personne n'a pas ratifiée est nulle; ce n'est point une loi. Le peuple Anglois pense être libre, il se trompe fort, il ne l'est que durant l'élection des membres du Parlement; sitôt qu'ils sont élus, il est esclave, il n'est rien. Dans les courts momens de sa liberté, l'usage qu'il en fait mérite bien qu'il la perde."

449 Ebd., S. 202.
450 Ebd., S. 202.
451 Ebd., S. 203. – Vgl. Bernhard Spies: Politische Kritik, psychologische Hermeneutik, ästhetischer Blick. Die Entwicklung bürgerlicher Subjektivität im Roman des 18. Jahrhunderts. Stuttgart 1992 (Germanistische Abhandlungen. Bd. 73), S. 76 f.: „Seine Originalität besteht darin, daß er einen politisch relevanten Widerspruch zwischen den von einer hypothetisch konstruierten staatenlosen Gesellschaft her gedachten Vertragstheorien und den eher historischen Betrachtungsweisen bemerkt und ihn polemisch zuspitzt. [...] Haller hingegen macht in den beiden Sichtweisen den Streit zweier Alternativen aus und will ihn austragen. Er ergreift Partei für die ,historische' und gegen die vertragstheoretische, die er vor allem in der neuesten, der rousseauschen Fassung bekämpft."
452 Hallers Position entspricht dem älteren Naturrecht. Vgl. Daniela Lüthi: „Und die Menschen sind in eine Gesellschaft getreten, um glücklicher zu sein". Staatstheorie und Naturrecht in Albrecht von Hallers Staatsromanen. http://www.germanistik.unibe.ch/gelzer/PDF-Seiten/luethi_haller.pdf, S. 4: „Die Macht wird durch den Gesellschaftsvertrag, der im älteren deutschen Naturrecht auf der stillschweigenden und geduldigen Zustimmung der Untertanen zur souveränen Gewalt des Herrschers beruht, auf eben jenen übertragen. Es handelt sich folglich um jenen ersten Schritt hin zur Gesellschaft, wie ihn Haller in *Fabius und Cato* beschreibt, dass nämlich die Menschen sich freiwillig dem stärksten und mutigsten Jäger unterwerfen, um so die Sicherheit einer ersten losen Gemeinschaft zu erlangen."
453 Haller: Fabius und Cato, S. 203.

schaft aus dem Patriarchat bzw. aus der Jagd erklärt:[454] „Niemahls hat ein Volk sich Herrscher erwählt, die es willkührlich wieder absetzen könnte. Eine solche Verfassung würde einen ewigen Krieg des Fürsten wieder seine Bürger nach sich ziehn."[455] So sei auch der römische Senat „nicht ein Geschöpf des Volkes, sondern eine Wahl der alten Könige".[456]

Gegen den Gesellschaftsvertrag spricht nicht nur die Geschichte, sondern auch die „Vernunft",[457] die gegen Karneades' Idee von der Gleichheit aller Menschen Einspruch erhebt. So bemesse sich „der Werth eines Bürgers" nach dem „Dienst, den er der Gesellschaft erweiset".[458] Auch sei das Volk unter keinen Umständen zur Gesetzgebung geeignet, weil es „seinen Verstand unmöglich aufklären kan, so daß es im Stande sey, die Beweggründe der Entschlüsse selbst einzusehen".[459] Eben deshalb falle es leicht auf Überredung von Demagogen hinein, so dass die Volksherrschaft zwangsläufig wieder in die Herrschaft eines einzelnen münde.[460]

Auch Cato hält an dem Staatsziel der Glückseligkeit fest, diese sei allerdings nicht in der einem ständigen Wandel unterworfenen Volksherrschaft zu realisieren, sondern ganz im Gegenteil nur in einem stabilen Staat, dessen auf Dauer angelegte Gesetze dem „Willen der Menge" ein „Gegengewicht" entgegensetzten.[461] In diesem Zusammenhang wird deutlich, dass Cato eine unüberbrückbare Kluft von dem Menschenbild des Karneades trennt, dem er weltfremden Idealismus vorwirft. Anders als der Philosoph annehme, seien die Menschen eigennützig:

> Die Menschen sind böse, man kan sie ihren eigenen Trieben nicht überlassen; sie bedürfen einer Macht, die sie zwingt, die Triebe zu mäßigen, deren Uebermaaß zum Unglücke der Gesellschaft gereichen würde, und eine solche Macht ist nicht möglich, wo die Gesetze die Gewalt in die Hände der Menge werfen, die selbst die Gesetze macht, und über die Gesetze ist.[462]

---

454 Vgl. ebd., S. 204 f.
455 Ebd., S. 206.
456 Ebd., S. 208.
457 Ebd., S. 211.
458 Ebd., S. 212.
459 Ebd., S. 217.
460 Vgl. ebd.
461 Ebd., S. 220. Vgl. ebd.: „Der glückseligste Staat ist nicht, der für einen Morgen alle seine Bürger zu Fürsten macht; es ist der, durch dessen Einrichtung die allgemeine Glückseligkeit des Volkes am dauerhaftesten festgesetzt wird; es ist der Staat, in welchem die Gesetze eines jeden Bürgers Haab und Blut versichern, wo keine Gewalt ungeahndet bleibt."
462 Ebd., S. 223 f.

Gegen den Einwurf Scipios, ob nicht die Übel unabhängig von der Staatsform seien, beharrt Cato auf ihrem „großen Einfluß auf das Glück der Bürger",[463] der sogar den des Klimas übertreffe. Im Zentrum seines Denkens steht der positive Einfluss der Gesetze, wobei er allerdings konzediert, dass „keine Regierungsform [...] zu allen Zeiten und für alle Völker gut" sei.[464]

Auch diese Relativierung – für die im übrigen Hallers Romantrias das beste Beispiel bietet – lässt sich historisch-empirisch begründen. Im Falle der römischen Republik bedeutet dies, dass die zu schnelle Vergrößerung Anlass zur Besorgnis gegen muss: Cato sieht folglich „in der Eroberung Asiens Rom verderben."[465] Für einen Staat von der Größe der römischen Republik sei die Aristokratie die geeignete Staatsform,[466] weil er von zur Herrschaft erzogenen Experten regiert werde;[467] darüber hinaus zeichneten sich solche Staaten durch eine große Beständigkeit aus.[468]

Der Gefahr des Machtmissbrauchs, die Scipio erblickt,[469] möchte Cato dadurch begegnen, dass er alle Bürger der Staat als regimentsfähig betrachtet und Wert darauf legt, dass der „Rath von wenigstens dreyhundert Männern" gebildet wird;[470] darüber hinaus sollten auch der „Land-Adel" sowie die Bürger „der untergebenen Städte" im Rat vertreten sein.[471] Der Rat solle von Zeit zu Zeit die Meinung der Bürger einholen, ohne dass diese dadurch Entscheidungsgewalt übertragen bekämen.[472] Diese Überlegungen beziehen sich deutlich erkennbar nicht mehr auf die römische Republik, sondern auf Hallers Bern.[473] Dort hatte seit dem 17. Jahrhundert die Zahl der regimentsfähigen Familien deutlich abgenommen;[474] zudem war die „Kluft zwischen den wenigen Familien, die sich die Macht teilten, und jenen, die zwar theoretisch ‚regimentsfähig' [...] waren, aber nur eine minimale Chance hatten, in den Grossen Rat und damit zu lukrativen Stellen zu gelangen",[475] größer geworden. In den Berner Kontext gehören auch Catos Ab-

---

463 Ebd., S. 225.
464 Ebd., S. 226.
465 Ebd., S. 232. – Denselben Gedanken äußert auch Montesquieu. Vgl. Ders.: Considérations sur les causes de la grandeur des Romains, S. 119 f.
466 Vgl. ebd., S. 234.
467 Vgl. ebd., S. 236.
468 Ebd., S. 238.
469 Vgl. ebd., S. 242.
470 Ebd., S. 243.
471 Ebd., S. 245.
472 Vgl. ebd., S. 246.
473 Vgl. Gelzer/Kapossy: Roman, Staat und Gesellschaft, S. 169.
474 Vgl. Capitani: Hallers Bern, S. 84.
475 Ebd.

lehnung des Luxus und die Erziehungspläne, die die Regierungsfähigkeit der regimentsfähigen Bürger erst sicherstellen sollen.[476]

Während die erste Gegenerzählung Catos den Fundamenten des Staates gilt, widmet er sich in der zweiten Widerlegung von Karneades' Philosophie dessen Vorstellungen von Wesen und Wert der Religion. Anlass ist ein Bericht des jüngeren Cato über die Ausführungen des Griechen über Religion und Patriotismus. Er leugnet, dass Religion durch „Vernunftschlüsse" zugänglich sei,[477] und leitet daraus auch tiefgreifende Konsequenzen für das Gemeinwesen ab, da Begriffe wie gut und böse relativ seien: „So wie es unerwiesen ist, daß die Götter gewesen seyen, so ungewiß sind unsere Begriffe über dasjenige, was Tugend, was Laster, was gut, was böse, was uns glücklich zu machen geschickt sey."[478] Alle menschlichen Tugenden seien „bloße Werke der Gewohnheit";[479] damit ergebe sich, dass auch das Engagement für das allgemeine Wohl fragwürdig werde:

> Die Liebe zum Vaterlande ist eine Eingebung des Stolzes. Der weise, der kluge Epikur enthält sich von Staats-Geschäften, überläßt das Steuer solchen Männern, die ihr Leben nicht zu ihrem wahren Vergnügen zu nutzen wissen, und bleibt unter einem fremden Tyrannen, wie unter seinen edeln Mitbürgern, in seinem Garten ungestört im Besitze seiner Gemüthsruhe.[480]

Dieser epikureische Frontalangriff auf die von Cato vertretenen Prinzipien wird von dem Censor mit Abscheu registriert; er warnt seinen Sohn vor „den vergifteten Lehren dieses Verführers",[481] die vor allem deshalb gefährlich seien, weil die Religion eine unersetzbare soziale Funktion erfülle: „In der Einsamkeit, in dem dunkelsten der Nacht, begleitet ihn [den Menschen, C. M.] aber die Furcht der gegenwärtigen Gottheit, die ihn sieht, welcher er nicht entgehen kann, die die Uebelthat niemahls ungeahndet läßt."[482] Wenn sich stattdessen der Mensch auf seine „Triebe" verlasse,[483] so bedeute dies in letzter Konsequenz den Untergang des Staates: „Alle Dämme sind zerrissen, und eine allgemeine Fluth, der losgelassenen Laster, überschwemmt die Welt."[484]

---

[476] Vgl. Haller: Fabius und Cato, S. 251 (gegen Luxus), S. 252f.
[477] Ebd., S. 257.
[478] Ebd., S. 260.
[479] Ebd., S. 261.
[480] Ebd., S. 262.
[481] Ebd., S. 263.
[482] Ebd., S. 266.
[483] Ebd.
[484] Ebd., S. 267.

Tatsächlich gelingt es Cato schließlich den „Feind der Menschheit" Karneades aus Rom verbannen zu lassen und auf diese Weise den Untergang der Republik zunächst aufzuhalten. Nach dem Tod Catos, der den „Ruhm eines unbezwingbaren Patrioten" erworben hat,[485] ist es auch in Rom mit der Tugend vorbei. Die zunehmende Aufspaltung der Römer in unterschiedliche Fraktionen führt schließlich zur Herrschaft Cäsars, der „mit wenigen Kriegsvölkern das übelbewafnete Vaterland unter die Füsse" tritt.[486] Hallers letzter Roman endet pessimistisch mit der lapidaren Feststellung: „Alle Ahndungen des ehrwürdigen Fabius giengen in ihre Erfüllung, Rom verlohr seine Freyheit, und gerieth in die unwürdigste Knechtschaft, die jemahls ein Volck gedrückt hatte."[487] Geht es in Wielands *Goldnem Spiegel* um den negativen Einfluss der Regierung auf die Sitten des Volks, kehrt Haller die Verhältnisse um: Angesichts grundsätzlicher menschlicher Schwächen sei eine starke Regierung notwendig, um den Untergang staatlicher Strukturen zu verhindern.

Diese Verfallserzählung korrespondiert mit dem Modell Montesquieus. Auch bei Haller setzt der Niedergang in der Republik ein und ist auf innere Querelen zurückzuführen. Schließlich verbindet Haller auch noch Karneades mit dem Epikureismus – ein deutliches Indiz für seine Anlehnung an Montesquieu, der die epikureische Philosophie für die Degeneration der Moral und damit des freien Staates verantwortlich machte.[488] Der skeptische Blick auf die menschliche Natur trennt Haller von Rousseau. Die Menschen sind korrumpierbar, Tugend ist eine Ausnahmeerscheinung. Eben deshalb muss der Staat die Individuen bändigen. Dabei handelt es sich um ein Vorhaben, das oftmals zum Scheitern verurteilt ist. Während bei Rousseau die Erbaristokratie als Degenerationsstufe des freien Staates erscheint,[489] sieht Haller sie gerade als Bollwerk gegen Verschlechterungstendenzen. *Fabius und Cato* ist weniger Lobpreis der Berner Verfassung als vielmehr Warnung vor dem Niedergang. Dass dieser auf lange Sicht dennoch unvermeidlich ist, liegt in der Natur menschengemachter und damit notwendig unvollkommener Staatswesen.

---

485 Ebd., S. 285
486 Ebd., S. 286.
487 Ebd.
488 Vgl. Montesquieu: Considérations sur les causes de la grandeur des Romains, S. 120 (Kap. X): „Je crois que la secte d'Épicure, qui s'introduisit à Rome sur la fin de la république, contribua beaucoup à gâter le cœur et l'esprit des Romains. Les Grecs en avaient été infatués avant eux: aussi avoient-ils été plus tôt corrompus."
489 Vgl. Rousseau: Du contrat social, S. 406 (III.5): „Il y a donc trois sortes d'Aristocratie; naturelle, élective, héréditaire. La première ne convient qu'à des peuples simples; la troisième est le pire de tous les Gouvernemens. La deuxième est le meilleur: c'est l'Aristocra-tie proprement dite."

Hallers politische Romane sind explizite Auseinandersetzungen mit politischer Philosophie. Sie liefern das empirische Material, um Systeme auf ihre Tauglichkeit zu überprüfen. So kann er Montesquieu gewissermaßen mit dessen eigenen Waffen schlagen, indem er in der Romanhandlung Gegenpositionen etabliert. Haller prüft die verschiedenen Staatsformen auf ihre Eignung und legt dabei die menschliche Natur als Maßstab an. Damit werden sie auch zu anthropologischen Romanen, wenn auch in einem grundsätzlich anderen Sinne als die auf das Individuum fokussierten Schriften von Wieland oder Wezel, die „Fälle problematischer Existenzen, die mit der Gesellschaft in vielfache Konflikte geraten",[490] darstellen. Hallers religiöser Vorbehalt führt aber keineswegs zu einer Abwertung der weltlichen Sphäre, sondern vielmehr zu einer Verschränkung von Leben und Glauben:[491] Religion erscheint als notwendiges Band einer tugend-

---

[490] Heinz: Wissen vom Menschen und Erzählen vom Einzelfall, S. 165.
[491] Eine kundige Interpretation von Hallers Romanen im Hinblick auf seine religiösen Überzeugungen ist nach wie vor ein Desiderat der Forschung. Erste Ansätze finden sich bei Sandra Richter, die die Romantrias Albrecht von Hallers im Kontext des reformierten Denkens deutet. Vgl. Sandra Pott [Richter]: Reformierte Morallehren und deutsche Literatur von Jean Barbeyrac bis Christoph Martin Wieland. Tübingen 2002 (Frühe Neuzeit. Bd. 75), S. 167–195. Allerdings ist ihre Interpretation aufgrund offensichtlicher Fehllektüren und eklatanter Ungenauigkeiten kaum geeignet, neue Einsichten über die Romane zu vermitteln. In ihrem Bemühen, die Figuren Hallers als problematisch und gebrochen zu lesen, zeichnet Richter König Alfred als triebgesteuerten Charakter: „Daß er sich nach einer Krankheit ganz den ‚sinnlichen Lüsten' hingibt – und vielleicht, so der Erzähler, an der Weisheit Gottes zweifelt, überrascht nicht. Denn Alfred erscheint zunächst als orthodoxer und schließlich als in seinem Glauben degenerierter Herrscher." (Ebd., S. 186) Vgl. hingegen die von Richter zitierte Stelle im Kontext: Haller: Alfred, S. 87: „Zuweit gieng wohl dieses Herrn ernstlich gesinter Wunsch, daß eine Krankheit, oder ein beständiger Schmerz ihn abhalten möchte, sich den sinlichen Lüsten hinzugeben." In der von Richter angegebenen Passage des Romans tadelt der Erzähler gerade Alfreds übertriebene Enthaltsamkeit. – Ähnlich erratisch ist die Interpretation von *Fabius und Cato:* Richter zitiert ausführlich die Widmung an den josephinischen Staatsmann und bedeutenden Gelehrten Carl Graf von Firmian, in der dieser mit all seinen Ämtern erwähnt wird; dennoch sei „es nicht gelungen, etwas über ‚Herrn Carl' zu erfahren" (ebd., Fußnote), was Richter nicht an der Mutmaßung hindert, auch dieser „aktive[] Verfassungspolitiker" habe sich vielleicht gegen Rousseau engagiert (ebd., S. 187). Ein Blick in die gängigen Nachschlagewerke (vgl. etwa Heinrich Benedikt: Firmian, Carl zu. In: Neue Deutsche Biographie 5 [1961], S. 169) hätte derartige Ratespiele verhindern können, die zudem in keinem erkennbaren Zusammenhang mit der Textanalyse stehen. Auch Hallers letzten Roman deutet Richter psychologisch: Cato suche „in der Gunst des Volkes Ersatz für die verlorene Freundschaft" mit Fabius: „Er engagiert sich zu diesem Zweck für die ‚Unterdrückten', legt die Gesetze immer strenger aus und nähert sich Alfred an. Alsbald geschieht, was unvermeidlich ist: Im Jahr 155 v. Chr. suchen verführerische griechische Rhetoren das Land heim." (Ebd., S. 187) Der Niedergang der Republik sei also ursächlich auf Catos Wirken zurückzuführen: „Haller zeigt mit *Fabius und Cato* zum einen, wie eine Demokratie aus übertriebener Gerechtigkeit und falscher Bürgernähe entsteht (der Fehler Catos). Zum anderen erläutert er die strukturellen Defizite dieser Regie-

haften Gesellschaft. Dass dieses irdische Leben im Vergleich mit dem Jenseits unwichtig ist, spielt für die Romane keine Rolle, es geht dort vielmehr um die bestmögliche Einrichtung des Staates für menschliche Mängelwesen.

Die Geschichte dient Haller als Reservoir nützlicher Geschichten; dabei interessieren ihn insbesondere historische Dynamiken. Daraus folgt aber gerade keine Annäherung an die Geschichtsphilosophie im Sinne einer teleologischen Entwicklung, wie sie prominent Isaak Iselin vertrat. Ganz im Gegenteil geht es bei Haller darum, das durch die *imbecillitas* der menschlichen Natur stets gefährdete Gemeinwesen zu bewahren. Die Romane führen exemplarisch vor, wie genau das (zumindest temporär) gelingen kann. Hallers Romantrias weist trotz aller idiosynkratischen Elemente insofern ein hohes Innovationspotential auf, als sie im Medium des Romans historisches und anthropologisches Experiment verbindet und auf diese Weise die zeitgenössische Staatsformenlehre diskursiviert, kommentiert und problematisiert.

4.5 Anthropologie, Politik, Geschichte.
Der Goldne Spiegel (1772) von Christoph Martin Wieland

Christoph Martin Wielands *Goldner Spiegel* nimmt in der Geschichte des deutschsprachigen politischen Romans eine Schlüsselstellung ein.[492] Zwar positioniert er sich eindeutig in der Nachfolge von Fénelons *Télémaque*, variiert aber die inhaltlichen und formalen Parameter der Gattung in einschneidender Weise. Das gilt erstens in Hinblick auf den Inhalt des Textes, der konsequent die politische wie auch die didaktische Thematik aus dem Paradigma der Natur ableitet und eine Geschichtsphilosophie entwirft, die auf anthropologischen Prämissen basiert, zweitens in Bezug auf die Form des Romans, der in Anlehnung an Cré-

---

rungsform, die als ‚kalter' Philosophenstaat bekannt ist (der Fehler des Carneades). Rousseau begehe beide Fehler; er gilt Haller im Mittel des Staatsromans als widerlegt" (ebd., S. 188).

492 Ich zitiere nach der kritischen Edition der Erstausgabe: Christoph Martin Wieland: Der Goldne Spiegel, oder Die Könige von Scheschian, eine wahre Geschichte. Aus dem Scheschianischen übersetzt. In: Wielands Werke. Historisch-kritische Ausgabe. Hrsg. von Klaus Manger und Jan Philipp Reemtsma. Band 10.1. Bearbeitet von Hans-Peter Nowitzki und Tina Hartmann. Berlin/New York 2009, S. 1–325. Die erstmals 1794 publizierte Zweitfassung ist in einer exzellent kommentierten Ausgabe zugänglich: Vgl. Christoph Martin Wieland: Der goldne Spiegel oder die Könige von Scheschian. In: Ders.: Der goldne Spiegel und andere politische Dichtungen. Anmerkungen und Nachwort von Herbert Jaumann. München 1979, S. 5–329 (Text), S. 724–790 (Kommentar). – Vgl. den Forschungsbericht bei Sandra Richter: „Der Goldne Spiegel oder die Könige von Scheschian", „Geschichte des Philosophen Danischmend und der drey Kalender". In: Jutta Heinz (Hrsg.): Wieland-Handbuch. Leben – Werk – Wirkung. Stuttgart 2008, S. 284–295.

billon virtuos mehrere Erzählebenen verbindet und so ein mehrfach gestaffeltes, sich wechselseitig bespiegelndes Kunstgebilde darstellt.

Dass Wielands Roman seine Erzählverfahren wie auch die Gegenstände der Erzählung problematisiert und reflektiert und so einen im Kontext politischer Romanliteratur bislang unerreichten Grad an formaler Virtuosität erreicht, ist keineswegs Beleg einer Laune des Autors am unverbindlichen ästhetischen Spiel, sondern ganz im Gegenteil der Ausdruck eines für Wieland charakteristischen philosophischen Dilemmas: Wie kann man angesichts eines skeptischen Blicks auf die Natur des Menschen verbindliche Leitbilder aufstellen?[493] Lassen sich anthropologischer Vorbehalt und didaktische Wirkintention in Einklang bringen? Diese Fragen thematisiert der *Goldne Spiegel* nicht nur, sondern sie bestimmen seine Form – um den Preis, dass (ähnlich wie in der *Geschichte des Agathon*) der Wille zur Harmonisierung als durchaus forciertes Ideal für sich bestehen muss.

Schließlich verdeutlicht der *Goldne Spiegel* ein Dilemma, das strukturell dem „Erzählproblem" der *Geschichte des Agathon* entspricht:[494] In beiden Romanen geht es um den Versuch, philosophisches Systemdenken und anthropologisches Wissen zu harmonisieren, und in beiden Roman scheitert der Versuch der Vermittlung.[495] Während in der *Geschichte des Agathon* ein ausführlicher Kommentar des fiktiven Herausgebers die abschließende Wendung zum Positiven als Zugeständnis an harmoniebedürftige Leser deutet,[496] verzichtet *Der Goldne Spiegel* auf ein Happy End: Tifans sorgfältig eingerichteter Idealstaat wird untergehen; auch der Protagonist der Rahmenhandlung, der Philosoph Danischmende, scheitert mit seinem Versuch der Fürstenerziehung.

Eine Analyse des Romans muss das Ineinander von philosophischen und ästhetischen Problemstellungen berücksichtigen. Wielands Roman ist weder eine rokokohafte Spielerei noch eine ironische Absage an die Gattung des politischen

---

493 Vgl. zu diesem Zusammenhang die Überlegungen von Jutta Heinz: *Was ist Wahrheit?* Skeptischer Zweifel und Gefühlsgewissheit bei Rousseau, Hume und Wieland. In: Jutta Heinz/Cornelia Ilbrig (Hrsg.): Skepsis und Literatur in der Aufklärung. Hannover 2008 (Wezel-Jahrbuch. Studien zur europäischen Aufklärung. Bd. 10), S. 57–76.
494 Vgl. zu dem Begriff Peter-Uwe Hohendahl: Zum Erzählproblem des utopischen Romans im 18. Jahrhundert. In: Helmut Kreuzer (Hrsg.): Gestaltungsgeschichte und Gesellschaftsgeschichte. Literatur-, kunst- und musikwissenschaftliche Studien. FS Fritz Martini. Stuttgart 1969, S. 79–114.
495 Vgl. in Bezug auf die *Geschichte des Agathon* Frick: Providenz und Kontingenz. Bd. 1, S. 394: „Wielands optimistisches Vor-Urteil, die Synthese von Moral- und Realitätsprinzip werde sich mit erzählerischen Mitteln als möglich demonstrieren lassen, [wird] zur Kardinalursache seiner ästhetischen Dilemmata."
496 Vgl. Wieland: Geschichte des Agathon, S. 512–517 („Apologie des griechischen Autors").

Romans,[497] sondern vielmehr ein (auch inhaltlich) ernstzunehmender Versuch, den politischen Roman zu modernisieren.[498] Für Zeitgenossen war jedenfalls unmittelbar einsichtig, auf welche Vorgänger sich Wieland bezog und wie er sich von ihnen abgrenzte.[499] Während Haller und andere als zunehmend unmodern empfunden wurden, galt Wielands politische Prosa als gelungener Versuch, unterhaltend und lehrhaft von staatswissenschaftlichen Gegenständen zu schreiben. So rückt der Rezensent des *Magazins der deutschen Critik* aus Halle den Roman in die Traditionslinie der „politische[n] Romane" und grenzt den *Goldnen Spiegel* zugleich von Fénelons *Télémaque* und von Hallers *Usong* ab.[500] Diese Texte stellten gleichsam die Extrempole dar und seien symptomatisch für die Entwicklung der Gattung: Der *Télémaque* sei „in einem zu übermenschlichen fabelhaften Gewande", der *Usong* in „einer zu trocknen philosophischen Erhabenheit" vorgetragen, während in dem vorliegenden „Wielandischen politischen Roman" beide Fehler vermieden würden.[501] Der anonyme Rezensent würdigt sowohl den Inhalt – es handele sich um „ein System der Regierungskunst, nach denen verschiedenen Formen, wie sie uns die Welt gezeigt hat" – als auch die literarische Gestaltung des *Goldnen Spiegels*: „Die Einkleidung davon ist neu; die Wahrheiten sind uralt, welche vorgetragen werden. Die Regeln werden ins Romanengewand eingekleidet, und das *Nützliche* wird *Reiz*, wird entzückende Schönheit."[502]

Es ist höchst aufschlussreich, dass in diesen (natürlich nicht zwangsläufig repräsentativen) zeitgenössischen Stimmen nicht von den Brüchen und Aporien

---

497 Vgl. Friedrich Sengle: Wieland. Stuttgart 1949, S. 260: „Der ‚Goldene Spiegel' ist keine Kampfschrift, sondern ein vollkommen unverbindliches Salongespräch über religiöse und politische Fragen, und wo etwa bestimmte Lösungen vorgeschlagen werden, sind die von einer grotesken Kompromißhaftigkeit, ein genaues Abbild von Josephs II. Regierung." Vgl. auch Friedrich Beißner: Nachwort des Herausgebers. In: Christoph Martin Wieland: Romane. Darmstadt 1964, S. 907–933, hier S. 920: „Das [die formale Virtuosität, C. M.] macht den hohen Wert dieser humoristischen Dichtung aus, die doch gar nicht, umständlich und ernsthaft, über Staatsauffassungen des 18. Jahrhunderts unterrichten will – auch wenn manche Deuter ganz sicher zu wissen glauben, der Autor habe dies Buch bloß mit hoffendem Blick auf eine Verwendung am kaiserlichen Hof zu Wien geschrieben, und verdanke ihm tatsächlich den Ruf nach Weimar. Wieland selbst wird kaum gemeint haben, sein fürstlicher Zögling [...] könne durch die Lektüre des ‚Goldnen Spiegels' unmittelbar und materiell für seinen hohen Beruf gebildet werden. Der Bildungswert der Kunst wurzelt in einer tieferen Schicht."
498 Vgl. Merio Scattola: Politisches Wissen und literarische Form im *Goldnen Spiegel* Christoph Martin Wielands. In: Scientia Poetica 5 (2001), S. 90–121.
499 Vgl. die Rezeptionszeugnisse in Wieland: Der goldne Spiegel und andere politische Dichtungen, S. 737–757.
500 Ebd., S. 737–742, das Zitat auf S. 739.
501 Ebd., S. 738f.
502 Ebd., S. 740.

des Textes die Rede ist – wie auch die zeitgenössischen Rezipienten der *Geschichte des Agathon* zumeist die textuellen Signale für kaum aufzulösende gedankliche Gegensätze ignorierten und harmonisierende Lesarten favorisierten.[503] Es scheint, dass die Faktur des *Goldnen Spiegels* die Leserinnen und Leser zumindest teilweise überforderte; die Gründe dafür liegen meines Erachtens auf der Hand: Indem sich Wieland in die Gattungstradition des politischen Romans einschreibt, schließt er auf den ersten Blick an ein traditionelles didaktisches Modell an, das auf Grundlage des horazischen *prodesse et delectare* Form und Inhalt in ein funktionales Verhältnis setzt. Genau diese Erwartung enttäuscht Wielands Roman, der das bekannte Muster dahingehend variiert, dass nun die Form selbst als Erkenntnismittel problematisiert wird. Das heißt nun aber nicht, dass auf den Anspruch von Wahrheitsvermittlung verzichtet würde, wohl aber, dass ihre Schwierigkeiten herausgestellt werden.

Demgegenüber hat die Literaturwissenschaft der letzten Jahrzehnte die immanenten Widersprüche des Romans betont:[504] Es gehe im *Goldnen Spiegel* um die Darstellung der Unmöglichkeit von Fürstenerziehung, um die Entlarvung der Aporien des aufgeklärten Absolutismus,[505] ja geradezu um die Metareflexion politischer Beratung, wohingegen die staatstheoretischen Passagen zu vernachlässigen seien.[506] Gegenüber derartigen Lesarten hat zuletzt Merio Scattola eindringlich auf die Bedeutung der staatstheoretischen Passagen verwiesen.[507] Er konnte nicht nur zeigen, dass sich der Roman theoretisch auf Höhe der Zeit befindet, sondern darüber hinaus plausibel machen, dass die narrative Anordnung von Tifans Reformen auf Systeme der Staatswissenschaften zurückzuführen ist und mithin eine struk-

---

503 Vgl. Lieselotte E. Kurth-Voigt: Wielands „Geschichte des Agathon": Zur journalistischen Rezeption des Romans. In: Wieland-Studien 1 (1992), S. 9–42.
504 Vgl. den Forschungsüberblick von Richter: „Der Goldne Spiegel oder die Könige von Scheschian".
505 Vgl. Bernhard Budde: Aufklärung als Dialog. Wielands antithetische Prosa. Tübingen 2000 (Studien zur deutschen Literatur. Bd. 155), S. 174: Der Roman gestalte „die Einsicht in die aporetische Situation, in welche praktische Philosophie immer gerät, wenn sie konkrete Anstrengungen unternimmt, um festgeronnene Machtstrukturen zu humanisieren."
506 Vgl. W. Daniel Wilson: Intellekt und Herrschaft. Wielands *Goldner Spiegel*, Joseph II. und das Ideal eines kritischen Mäzenats im aufgeklärten Absolutismus. In: Modern Language Notes 99 (1984), S. 479–510, hier S. 489: „Die Darstellung der Verantwortung des Intellektuellen, seines Verhältnisses zum Herrscher, macht m. E. den Hauptinhalt des Romans aus, denn es geht in erster Linie nicht um die politischen Ideale an sich, sondern um die Vermittlung dieser Ideale durch den Intellektuellen."
507 Vgl. Scattola: Politisches Wissen und literarische Form. – Vgl. auch die gründliche, noch immer brauchbare Auffächerung der politischen Bezüge von Oskar Vogt: „Der goldene Spiegel" und Wielands politische Ansichten. Berlin 1904 (Forschungen zur neueren Literaturgeschichte. Bd. 26).

turelle Affinität zwischen politisch-theoretischem Diskurs und Wielands literarischer Umsetzung besteht: So entspreche die „Struktur des *Goldnen Spiegels* [...] Punkt für Punkt der Reihenfolge der Wissenszweige in den politischen Systemen: 1. Metaphysik, 2. Staatsrecht, 3. Verfassungslehre, 4. Staatskunst, 5. Policey- und Kameralwissenschaften".[508] Das sei gleich zweimal zu beobachten: Negativ in der Verfallsgeschichte und positiv in der Darstellung von Tifans Reformen.[509]

Mit diesem Befund ist aber das entscheidende Interpretationsproblem nicht gelöst, sondern lediglich schärfer profiliert – schließlich darf auch eine für entschiedene Historisierung plädierende Interpretation die durch Erzählstruktur und -perspektiven exponierten Widersprüche nicht einfach auflösen oder gar ignorieren: Einerseits erzählt die *Geschichte der Könige von Scheschian* von zumindest temporär gelingender Reform, andererseits führt die Rahmenhandlung das Scheitern politischer Didaxe vor. Im Folgenden soll gezeigt werden, wie Wieland im Kontext einer anthropologisch-historischen Aktualisierung des politischen Erzählens eine Versuchsanordnung entwirft, die primär der Problemexposition, weniger der einfachen Lösung dient. Der didaktische Gehalt des Textes zielt nicht mehr allein auf die Vermittlung konkreter Einsichten ab, auch wenn nach wie vor ernstzunehmende Reformvorschläge literarisiert werden, sondern zuallererst auf die allgemeinen Voraussetzungen menschlichen Zusammenlebens. Auf dieser Basis lotet er die Möglichkeiten aus, angesichts der schwankenden und durchaus fragilen menschlichen Natur die staatlichen Organisationsformen auf Dauer zu stellen.

4.5.1 Wieland als politischer Autor: Zur Position des *Goldnen Spiegels* im Gesamtwerk

In einem Brief an seinen Verleger Reich pries Wieland den noch im Entstehen begriffenen *Goldnen Spiegel* als „*ein besonderes Werck*" an, als „(ohne mir selbst zu schmeicheln) das Beste was ich noch *in Prosa* geschrieben habe. Es ist *wichtiger* als *Agathon* und wenigstens *eben so interessant.*"[510] Wieland, der sein Manuskript verkaufen möchte, hebt hier sowohl die literarischen als auch stofflichen Meriten des Romans hervor, der deshalb für alle Arten von Lesern interessant sei: „Der Plan der Geschichte selbst ist groß und stellt *eine Philosophie der Könige* dar,

---

508 Scattola: Politisches Wissen und literarische Form, S. 99.
509 Vgl. ebd., S. 102.
510 Christoph Martin Wieland: Brief an Reich, 9.3.1771. In: Wielands Briefwechsel. Bd. 4, S. 270 – 273, hier S. 270 f.

ohne darum minder interessant für Leser zu seyn welche keine Könige sind."[511] Zwar ist die Kommunikationssituation bei der Interpretation derartiger Selbstaussagen mit zu bedenken, dennoch fällt auf, wie hoch Wieland den Wert seines Werks veranschlagt – anders als die moderne Germanistik, die dem Urteil, der *Goldne Spiegel* sei der *Geschichte des Agathon* überlegen, in ihrer Mehrheit kaum zugestimmen würde. Wielands Äußerung demonstriert aber, dass der Autor den *Goldnen Spiegel* nicht etwa als Fremdkörper innerhalb seines bisherigen Werkes ansieht, sondern den Roman ganz im Gegenteil als Krönung seines Schaffens begreift. Politisches Schreiben ist für Wieland also zentraler Bestandteil seines Selbstverständnisses.

Dass es sich bei Wieland um einen eminent politischen Autor handelte,[512] war für Zeitgenossen evident. In seinem Nachruf auf den verstorbenen Kollegen führt Johann Wolfgang Goethe diesen Wesenszug auf Wielands Sozialisation in Biberach zurück und situiert ihn in der Welt des Alten Reichs, mit dessen Gegebenheiten er bestens vertraut sei:

> Die deutsche Reichsverfassung, welche so viele kleine Staaten in sich begriff, ähnlichte darin der griechischen. Die geringste, unscheinbare, ja unsichtbare Stadt, weil sie ein eignes Interesse hatte, mußte solches in sich hegen, erhalten, und gegen die Nachbarn verteidigen. Daher war ihre Jugend frühzeitig aufgeweckt und aufgefordert über Staatsverhältnisse nachzudenken. Und so war auch Wieland, als Kanzleiverweser einer der kleinsten Reichsstädte, in dem Fall, Patriot, und im bessern Sinn Demagog zu sein[.][513]

Für Goethe besteht eine grundlegende Ähnlichkeit zwischen den Verhältnissen in der griechischen Antike und denen im territorial zersplitterten Deutschen Reich. Gerade die Kleinheit und Überschaubarkeit der Verhältnisse bewirke, so Goethe, dass sich der Einzelne früh mit dem Staatswesen auseinandersetze und im besten Fall selbst aktiv an der Verwaltung teilnehme. Der Bürger der kleinen deutschen Reichsstadt werde gleichermaßen „Patriot" und „Demagog", also jemand, der versuchen müsse, im Sinn des Gemeinwohls auf seine Mitbürger einzuwirken. Man wird bei der Deutung des *Goldnen Spiegels* nicht vergessen dürfen, dass der zeitgenössische Horizont die deutsche Kleinstaaterei ist, innerhalb deren Rah-

---

511 Ebd., S. 271.
512 Vgl. Jutta Heinz: „In der That giebt es keine einfachere Wissenschaft als die Politik". Der politische Wieland. Skizze eines Forschungsprojekts. In: Wieland-Studien 9 (2016), S. 237–254.
513 Johann Wolfgang Goethe: Zu brüderlichem Andenken Wielands 1813. In: Ders.: Sämtliche Werke nach Epochen seines Schaffens. Münchner Ausgabe. Hrsg. von Karl Richter u. a. Bd. 9: Epoche der Wahlverwandtschaften 1807–1814. Hrsg. von Christoph Siegrist u. a. München 1987, S. 945–965, hier S. 956.

menbedingungen die verwirklichbar gedachten Reformvorschläge des Romans zu verstehen sind.[514]

Reflexion, politische Tätigkeit und politisches Schreiben nehmen einen bedeutenden Raum in Wielands Lebensweg ein. Der politische Grundzug seines Schreibens resultiert nicht unwesentlich aus seiner Praxiserfahrung in politisch verantwortlichen Positionen und seiner Vertrautheit mit reformorientierten Zirkeln: Bereits in den Schweizer Jahren setzte er sich sowohl mit der republikanischen Regierungsform als auch mit dem weithin idealisierten preußischen König Friedrich II. auseinander und trat darüber hinaus mit Protagonisten der Berner Oekonomischen Gesellschaft in Verbindung;[515] in Biberach befand er sich zwischen 1760 und 1769 als Kanzleiverwalter in permanentem Konflikt mit den Amtsträgern der paritätisch verwalteten Reichsstadt.[516] Auch während seiner Tätigkeit an der kurmainzischen Universität Erfurt von 1769 bis 1772 hatte Wieland tiefe Einblicke in die intrigante Sphäre deutscher Kleinstaaten und ihrer Universitäten.[517] Darüber hinaus bot Wieland dort über mehrere Semester hinweg Lehrveranstaltungen über Montesquieu an und war 1771 aktiv und kenntnisreich an der Berufung von Johann Christoph Erich Springer zum Professor für Kameralwissenschaften beteiligt.[518]

---

514 Vgl. zu den Parallelen zwischen deutscher Kleinstaaterei und der erzählten Welt des *Goldnen Spiegels* Markus Hien: Altes Reich und Neue Dichtung. Literarisch-politisches Reichsdenken zwischen 1740 und 1830. Berlin/Boston 2015 (Quellen und Forschungen zur Literatur- und Kulturgeschichte. Bd. 82 [316]), S. 231. Vgl. auch Wolfgang Burgdorf: Christoph Martin Wielands Sicht auf das Reich. Der ausgebliebene Triumph der Vernunft. In: Wieland-Studien 9 (2016), S. 105–132.
515 Vgl. Florian Gelzer: Wieland in der Schweiz. Erziehung zur Politik. In: Wieland-Studien 9 (2016), S. 1–14; vgl. zu Wielands Verbindung nach Bern Gustav Tobler: Vinzenz Bernhard Tscharner (1728–1778). Bern 1895 (Neujahrs-Blatt der Literarischen Gesellschaft Bern auf das Jahr 1896), S. 49–52.
516 Vgl. Hans Radspieler: Christoph Martin Wieland 1733–1813. Leben und Wirken in Oberschwaben. Ausstellung der Stadtbibliothek Ulm vom 4. Mai bis 25. Juni 1983 im Schwörhaus Ulm und in der Stadtbücherei Biberach vom 4. September bis 15. Oktober 1983 im Museum Biberach. Weißenhorn 1983 (Veröffentlichungen der Stadtbibliothek Ulm. Bd. 3).
517 Vgl. Sascha Weber: Wieland als kurmainzischer Regierungsrat und Professor Primarius Philosophiae in Erfurt 1769–1772. In: Wieland-Studien 9 (2016), S. 15–29.
518 Vgl. Jürgen Kiefer: Christoph Martin Wieland als Mitglied des Lehrkörpers der Erfurter Universität und sein Lehrprogramm. In: Wieland-Studien 3 (1996), S. 234–243, zu Springer S. 240. Vgl. Christoph Martin Wieland: Brief an die Kurfürstliche Regierung in Mainz, 18.8.1771. In: Wielands Briefwechsel. Bd. 4, S. 336–346, hier S. 341: Springer habe „sich der Welt schon seit mehrern Jahren durch verschiedene in die Oekonomie- Cameral- und Policey-Wissenschaften einschlagende, von allen Kennern mit besonderm Beyfall aufgenommene, kleinere Schriften und Abhandlungen als einen sehr geschickten, denckenden, und tief eindringenden Kopf gezeigt". Vgl. auch ebd., S. 342: „Wenn mich nicht alles betrügt, so ist dieser Hofrath Springer ein würcklich grosses Genie, der bey einem Philosophischen Geist und vieler Belesenheit eine gründliche Ju-

Auch Wielands literarische Werke verarbeiten über einen langen Zeitraum hinweg politische Themen: Während das unvollendete *Cyrus*-Epos (1759) in Anschluss an Xenophon den antiken Herrscher zum Vorbild stilisiert (Anklänge an Friedrich II. sind kein Zufall),[519] stellen die mittleren Bücher der *Geschichte des Agathon* (1766/67) das letztlich erfolglose Wirken des jungen Agathon als Fürstenerzieher am Hof von Syrakus dar. Zwar sind diese Episoden funktional der Bildungsgeschichte des Protagonisten untergeordnet, sie bezeugen aber nichtsdestotrotz eine intime Vertrautheit sowohl mit Schreibweisen des Genres als auch mit politischer Theoriebildung,[520] die dann der in Erfurt entstandene *Goldne Spiegel* ausführt. Noch der große Altersroman Wielands widmet sich explizit der Politik: So enthält der Briefroman *Aristipp und einige seiner Zeitgenossen* (1800/1802) eine Übersetzung von Platons *Politeia*.[521] Auch seine Übersetzungen haben

---

ristische Gelehrsamkeit besitzt, und von welchem, wenn er auf unsern Academischen Schauplatz versetzt würde, grosse Dinge zu erwarten stünden."

519 Vgl. Dieter Martin: Das deutsche Versepos im 18. Jahrhundert. Studien und kommentierte Gattungsbibliographie. Berlin/New York 1993 (Quellen und Forschungen zur Sprach- und Kulturgeschichte der germanischen Völker. N.F. Bd. 103), S. 185–202, bes. S. 198 f.; Gelzer: Wieland in der Schweiz, S. 9–13; vgl. auch Simone Zurbuchen: Theorizing Enlightened Absolutism: The Swiss Republican Origins of Prussian Monarchism. In: Hans Blom/John Christian Laursen/Luisa Simonutti (Hrsg.): Monarchisms in the Age of Enlightenment: Liberty, Patriotism, and the Common Good. Toronto/Buffalo/London 2007, S. 240–266. Vgl. auch W. Daniel Wilson: Wielands Bild von Friedrich II. und die ‚Selbstzensur' des „Teutschen Merkur". In: Jahrbuch der Deutschen Schillergesellschaft 29 (1985), S. 22–47, der zudem „in zwei oder drei der gescheiterten aufgeklärten Despoten in Wielands Werken aus den Biberacher und Erfurter Jahren (1760–1772) ein Porträt Friedrichs des Großen" erkennen möchte (ebd., S. 28 f.), ohne dass die von ihm genannten Parallelen zwischen Dionysius von Syrakus aus der *Geschichte des Agathon* und Azor aus dem *Goldnen Spiegel* mit dem Preußenkönig überzeugen könnten.

520 Vgl. den erhellenden Beitrag von Johan Lange: Republikaner, aber kein Demokrat. Christoph Martin Wielands Idealstaat in der ‚Geschichte des Agathon' (1766/67). In: Wieland-Studien 9 (2016), S. 175–201. Wenig ergiebig sind hingegen die Ausführungen von John A. McCarthy: Erzählstrategien und europäische Politik in Wielands *Geschichte des Agathon*. Ein Beitrag zum Kontinentalisierungskonzept. In: Frauke Berndt/Daniel Fulda (Hrsg.): Die Erzählung der Aufklärung. Beiträge zur DGEJ-Jahrestagung 2015 in Halle a. d. Saale. Hamburg 2018 (Studien zum achtzehnten Jahrhundert. Bd. 38), S. 98–117, der den Roman als „Zeitdokument" und „eine frühe politische Landkarte Europas" (ebd., S. 101 f.) liest.

521 Vgl. Jan Cölln: Philologie und Roman. Zu Wielands erzählerischer Rekonstruktion griechischer Antike im „Aristipp". Göttingen 1998 (Palaestra. Bd. 303), S. 188–205; Jan Philipp Reemtsma: Das Buch vom Ich. Christoph Martin Wielands „Aristipp und einige seiner Zeitgenossen". München 2000 [zuerst 1993].

politische Implikationen, ebenso wie etliche Operntexte – ganz zu schweigen von der Publizistik im Umkreis der Französischen Revolution.[522]

Einen Höhepunkt von Wielands praktischer Tätigkeit bildet zweifellos sein Wirken als Prinzenerzieher in Weimar, wo er zwischen 1772 und 1775 eine der Grundforderungen aufgeklärter politischer Theorie umsetzte, die besagt, der Intellektuelle solle didaktisch auf die Herrschenden einwirken und so dazu beitragen, die absolutistische Herrschaft nach Prinzipien der Aufklärung zu gestalten.[523] Dass die Initiative von Seiten des Hofes ausging, verrät viel über den Ruhm Wielands wie auch generell über das affirmative Verhältnis vieler deutscher Höfe zur Aufklärung.[524]

Darüber hinaus indiziert dieser Umstand, dass Literatur als bedeutender didaktischer Faktor ernstgenommen wurde,[525] schließlich war für Wielands Berufung nach Weimar nicht zuletzt sein im Entstehen begriffener Roman wichtig.[526] Zwar ist der These, er habe den Roman planvoll als Werbeschreiben an den Wiener Kaiserhof adressiert,[527] oft widersprochen worden,[528] es lässt sich aber nicht von der Hand weisen, dass er sich eine möglichst produktive Rezeption seines Romans unter Angehörigen der herrschenden Familien erhoffte. Hier ver-

---

522 Vgl. Arnd Kerkhecker: Cicero[-Übersetzung]. In: Heinz (Hrsg.): Wieland-Handbuch, S. 433 – 445, hier S. 442; zu den Opern Maria Stolarzewicz: Anmerkungen zu politischen Implikationen von Wielands Opernkonzepten. In: Wieland-Studien 9 (2016), S. 159 – 174; zu Wielands *Wahl des Herkules* vgl. Florian Gelzer: Abstrakte Maximen oder kritischer Dialog? Haller und Wieland über die Prinzenerziehung. In: Jean-Daniel Candaux u. a. (Hrsg.): Albrecht von Haller zum 300. Geburtstag. Ebmatingen 2008 (Schweizerische Gesellschaft zur Erforschung des 18. Jahrhunderts: Themenheft Nr. 1), S. 44 – 62, bes. S. 59 f.
523 Vgl. Schneiders: Die Philosophie des aufgeklärten Absolutismus.
524 Vgl. zum Hof als Ort der Aufklärung die Ausführungen von Ute Daniel: Höfe und Aufklärung in Deutschland – Plädoyer für eine Begegnung der dritten Art. In: Marcus Ventzke (Hrsg.): Hofkultur und aufklärerische Reformen in Thüringen. Die Bedeutung des Hofes im späten 18. Jahrhundert. Köln 2002, S. 11 – 33. Vgl. zur Bedeutung der Aufklärungspädagogik für den Hof die Studie von Kollbach: Aufwachsen bei Hof. – Dabei ist vor einer idealisierten Wahrnehmung des Weimarer Hofs zu warnen. Stefanie Freyer hat in ihrer Studie dargelegt, inwiefern auch dieser vermeintlich liberale Musenhof den Normen entsprach und das höfische Zeremoniell für politische Zwecke zu instrumentalisieren wusste: Vgl. Stefanie Freyer: Der Weimarer Hof um 1800. Eine Sozialgeschichte jenseits des Mythos. München 2013 (bibliothek altes Reich. Bd. 13).
525 Vgl. zur Rezeption des *Télémaque* in Sachsen-Weimar Schmitt-Maaß: Fénelons „Télémaque" in der deutschsprachigen Aufklärung, S. 888 – 904.
526 Vgl. Bernhard Seuffert: Wielands Berufung nach Weimar. In: Vierteljahrschrift für Litteraturgeschichte 1 (1888), 342 – 435, bes. S. 347. Vgl. auch Sören Schmidke: Politikum Prinzenerziehung. Wieland in Weimarischen Diensten. In: Wieland-Studien 9 (2016), S. 31 – 50, bes. S. 37 f.
527 Vgl. Sengle: Wieland, S. 260; Seuffert: Wielands Berufung nach Weimar, S. 347.
528 Vgl. den entschiedenen Widerspruch von Budde: Aufklärung als Dialog, S. 164 – 166.

binden sich das persönliche Streben nach einer gesicherten Position mit dem Bedürfnis, jenseits literarischer bzw. gelehrter Zirkel in der ‚Welt' zu wirken.[529]

Für die Angehörigen des Weimarer Herrscherhauses war *Der Goldne Spiegel* literarischer Ausdruck einer (vor Ort als selbstverständlich empfundenen) Allianz von Hof und Aufklärung. Sowohl die Herzoginmutter Anna Amalia als auch Carl August bezeichneten Wieland als ihren „Danischmende" und reflektieren damit, dass sie literarische und erzieherische Tätigkeit nicht als Widerspruch, sondern als Einheit begreifen.[530] So äußert der junge Erbprinz Carl August seine Hoffnung, Wieland möge bald sein Amt als „Philosoph, u. Leib Danischmende" antreten,[531] und setzt so die literarische Figur mit ihrem Schöpfer gleich. Diese Inszenierung des Autors als Mentor-Figur, als „Leib Danischmende", hat ihr Äquivalent in der Kommunikation Wielands mit anderen Pädagogen. In der Korrespondenz mit dem Weimarer Prinzenerzieher Graf Görtz erscheint Carl August als „jeune Tifan";[532] dem Karlsruher Kollegen Friedrich Dominicus Ring gegenüber spricht Wieland von „ihren Liebenswürdigen Telemache[n]", denen ihr großer Einsatz gelte.[533] Wieland sieht seine Aufgabe darin, „eine so schöne Gelegenheit, allem Ansehen nach der deutschen Welt einen Vortreflichen Fürsten bilden zu helfen", zu nutzen: „Alle andern Betrachtungen müssen der grossen Pflicht weichen, die ich auf mich

---

529 Vgl. John McCarthy: Warum Weimar? Prinzenerzieher, Dichter, Publizist. In: Sven-Aage Jørgensen u. a.: Christoph Martin Wieland. Epoche – Werk – Wirkung. München 1994 (Arbeitsbücher zur Literaturgeschichte, S. 95–97, hier S. 95 f.

530 Vgl. Herzogin Anna Amalia: Brief an Christoph Martin Wieland, 29.3.1772. In: Wielands Briefwechsel. Bd. 4, S. 475: „[I]l seroit de ma part une grande presomtion si vis d'un Danischmende je voulois me mettre sur le ton Philosophe, lui qui voit avec des yeux tous clairvoyans, et qui a tant aprofondi les Grands et les Cours, pour n'être pas persuadé qu'il est difficile qu'un Prince puisse être aussi heureux que ceux d'une moindre condition, c'est de Vous que j'attend le development de l'enigme."

531 Carl August: Brief an Christoph Martin Wieland, 23.7.1772. In: Wielands Briefwechsel. Bd. 4, S. 582.

532 Christoph Martin Wieland: Brief an Graf Görtz in Weimar, 28.6.1772. In: Wielands Briefwechsel. Bd. 4, S. 549

533 Wieland hatte offenbar eine hohe Meinung von Carl August; zwar nahm er durchaus dessen Schwächen wahr, sah aber das Potential des künftigen Herrschers, der noch dazu seinen Roman rezipierte. Vgl. Christoph Martin Wieland: Brief an Friedrich Dominicus Ring, 4.6.1772. In: Wielands Briefwechsel. Bd. 4, S. 526 f.: „Ohnezweifel wird ein gewisser goldner Spiegel, der diese Messe zu Leipzig zum Vorschein gekommen ist, auch in Ihre Gegenden gebracht werden. Ich dächte, er sollte keine unschickliche emplette für Ihren Erbprinzen seyn. Der von Sachsen-Weimar, welcher nicht weniger als der Ihrige, grosse Hofnungen von sich giebt, hat diesen Spiegel zu seinem Toilettenspiegel gemacht, und es möchte wohl nicht schaden, wenn viele Prinzen und Princessen seinem Beyspiel hierinn folgten. Mich verlangt sehr, Theurester Freund, Ihre Meynung von diesem neuen Meuble zu vernehmen."

genommen habe, ihn diese Art Philosophie zu lehren, von welcher Plato sagt, daß sie in den Händen eines Guten Fürsten das Glück eines Staates mache."[534] Ring wiederum hatte davor von der enthusiastischen Aufnahme berichtet, die der *Goldne Spiegel* bei seinen fürstlichen Zöglingen erfahren habe, denen er regelmäßig daraus vorlese, „da ich der beliebte Lektor unsrer Fürstenkinder zu seyn die Gnade habe und sie bey sowas aufmercken wie ichs nur wünschen mag."[535] Zwar lässt sich aufgrund dieser Einzelfälle nicht unhinterfragt die Breitenwirkung politischer Literatur konstatieren, wohl aber machen sie verständlich, dass Wielands vorsichtiger Optimismus durchaus nicht ohne Grundlage war. Denn trotz gewisser Vorbehalte des Autors gegenüber der höfischen Sphäre ist festzuhalten,[536] dass er von der Relevanz seiner Aufgabe überzeugt war und keinen Zweifel an dem pragmatischen Nutzen des *Goldnen Spiegels* hegte. Ähnlich wie Albrecht von Haller äußert auch Wieland die Überzeugung, dass Literatur positive Wirkungen nach sich ziehen könne: „Und dann ist am Ende doch gewiß, daß durch solche Bücher wirklich gutes in der Welt gestiftet wird, so unmerklich es auch ist",[537] heißt es in einem Brief an Sophie von La Roche.

4.5.2 Experimentelles Erzählen und Erzählexperiment. Zur Anlage des *Goldnen Spiegels*

Dass die äußeren Umstände auf eine Allianz von Aufklärung und Politik hindeuten, ist auch für die Interpretation der für diese Kontexte verfassten Werke relevant. Selbstverständlich relativiert die Beobachtung nicht die tatsächlich im Text ausgestellten Widersprüche monarchischer Herrschaft, sollte aber vorschnelle Übertragungen in Hinblick auf die Wirkintention des Werks relativieren.

---

534 Christoph Martin Wieland: Brief an Friedrich Dominicus Ring, 3.8.1772. In: Wielands Briefwechsel. Bd. 4, S. 591.
535 Friedrich Dominicus Ring: Brief an Christoph Martin Wieland, Mittel Juli (?) 1772. In: Wielands Briefwechsel. Bd. 4, S. 568. „Machen Sie Ihm ja unser groses und Vielfaches Compliment, riefen sie mir heute aus vollem Halse und Herzen zu, da ich sagte, daß ich an Sie schreiben würde; die Durchlauchtigsten Eltern trugen mir ein gleiches auf und versichern daß es Denselben sehr angenehm seyn solte sie einmal an Dero Hofe zu sehen."
536 Vgl. Christoph Martin Wieland: Brief an Sophie La Roche, 7.8.1772. In: Wielands Briefwechsel. Bd. 4, S. 594: „Die Hofluft soll mich, wie ich hoffe, nicht anstecken, und meine Feinde und Mißgönner sollen das Vergnügen nicht erleben, mich den Grundsätzen meines Danischmendes und Dschengis ungetreu werden zu sehen."
537 Christoph Martin Wieland: Brief an Sophie La Roche, 22.6.1772. In: Wielands Briefwechsel. Bd. 4, S. 545.

Die Frage nach der tatsächlichen Wirkung von politisch-didaktischer Literatur stellt sich auch in Wielands Roman. So wendet sich in der Rahmenhandlung des *Goldnen Spiegels* der träge Schah-Gebal an seinen Hofphilosophen Danischmende, der ihm zu Erziehungszwecken die Geschichte des Reiches Scheschian und seines Musterherrschers Tifan erzählt:

> Wißt ihr Danischmende, sagte der Sultan, daß mir euer Tifan zu gefallen anfängt? Es ist wahr, man merkt je länger je mehr, daß er nur der phantasierte Held eines politischen Romans ist. Aber, beym Bart des Propheten! Man kann sich nicht erwehren zu wünschen, daß man dreyßig Jahre jünger seyn möchte, um eine so schöne Phantasie wahr zu machen!⁵³⁸

Dieser Kommentar verdeutlicht schlaglichtartig die Spezifika des Romans: Die Handlung entfaltet sich auf mehreren Ebenen; dabei stehen Rahmen- und Binnenerzählungen in einem engen Wechselverhältnis.⁵³⁹ So soll die Erzählung von Niedergang und Wiederaufstieg Scheschians den Herrscher der Rahmenhandlung bessern und zu humanem politischen Handeln führen. Die Figuren des Rahmens wiederum kommentieren die Binnenhandlung und reflektieren daran anschließend über die Funktion dieser offensichtlichen Fiktion. Schah-Gebal artikuliert hier die für Leser und Rezipienten didaktischer Literatur zentrale Frage, ob dieses Erzählen lebensweltlich relevant werden könne. Wenn er Tifan als „Held eines politischen Romans" bezeichnet und zugleich betont, er könne unter Umständen selbst daran denken, „eine so schöne Phantasie wahr zu machen", dann wirkt das angesichts des wenig vorbildlichen Charakter Gebals zutiefst ironisch. Offenkundig handelt es sich nicht mehr wie bei Loen um eine „Sitten-Lehre durch Exempeln", die allgemein gültige Wahrheiten in angenehme Bilder kleidete, sondern um ein Erzählen, das den Wert solcher Exempel generell problematisiert und die Probleme ihrer Übertragbarkeit romanintern verhandelt.⁵⁴⁰

---

538 Wieland: Der Goldne Spiegel, S. 254.
539 Vgl. zu den Erzählebenen Jürgen Fohrmann: Utopie, Reflexion, Erzählung: Wielands *Goldner Spiegel*. In: Wilhelm Voßkamp (Hrsg.): Utopieforschung. Interdisziplinäre Studien zur neuzeitlichen Utopie. 3 Bde. Stuttgart 1982. Bd. 3, S. 24–49, hier S. 25.
540 Vgl. Michael Titzmann: Wielands Staatsromane im Kontext des utopischen Denkens der Frühen Neuzeit. In: Ders.: Anthropologie der Goethezeit. Studien zur Literatur und Wissensgeschichte. Hrsg. von Wolfgang Lukas und Claus-Michael Ort. Berlin/Boston 2012 (Studien und Texte zur Sozialgeschichte der Literatur. Bd. 119), S. 111–128, hier S. 123: „Wenn ausgerechnet ein König an der Realität eines optimalen und idealen Königs zweifelt, so ist das offenkundig eine Satire auf Königsherrschaft überhaupt."

4.5.2.1 „Pragmatischer als der wahre Geschichtsschreiber". Das Erzählprogramm des Romans

In der Selbstrezension des *Goldnen Spiegels*, die im Juni 1772 in der *Erfurtischen gelehrten Zeitung* erschien, erläutert Wieland das Erzählprogramm, das dem Roman zugrunde liegt. Wieland sieht den Vorteil des Romanautors gerade darin, dass die fiktionale Erzählung einen hohen allgemeingültigen Wahrheitsanspruch besitze und didaktisch wirken könne, wenn das Verhältnis von Inhalt und künstlerischer Vermittlung ausgewogen sei. Allerdings könne man ohne lebendige Darstellung nicht erfolgreich belehren: „Es haben viele ihre Lehren in Geschichten eingekleidet, aber so wichtige Sachen mehr in frostige Mährchen verwandelt, als ihren Erzählungen *Wahrheit* gegeben, und den Vortheil nicht genutzt, den sie hatten, pragmatischer als der wahre Geschichtschreiber seyn zu können."[541] In diesem Zusammenhang kritisiert er auch Fénelons *Télémaque*, weil dort „die Vergoldung mehr werth als der Spiegel" gewesen sei.[542] Mit anderen Worten: Der *Télémaque* sei ein anziehendes Kunstwerk, seine Lehren seien aber wenig brauchbar. Nötig sei also, so die implizite Aussage, eine überbietende Aktualisierung des Fénelon'schen Textes.[543] Überboten wird er sowohl in Hinblick auf die enthaltene Theorie – Wieland greift, wie zu zeigen sein wird, auf die Physiokratie zurück – als auch durch die gebrauchten Erzählverfahren.

Die Defizite seiner Vorgänger lägen also zum einen in ihrer distanziert-unemotionalen Erzählweise, zum anderen in der mangelnden kausalen Verknüpfung der dargestellten Ereignisse. „Wahrheit" könne didaktische Literatur nur dann für sich reklamieren, wenn die exemplarischen Erzählungen den Verfahren pragmatischer Geschichtsschreibung folgten.[544] Eine „wahre Geschichte" bietet

---

541 Christoph Martin Wieland: [Selbstrezension] Der goldene Spiegel. In: Wielands Werke. Historisch-kritische Ausgabe. Hrsg. von Klaus Manger und Jan Philipp Reemtsma. Band 10.1. Bearbeitet von Hans-Peter Nowitzki und Tina Hartmann. Berlin/New York 2009, S. 327 f., hier S. 327.
542 Ebd.
543 Das heißt nun aber gerade nicht, dass Wieland „bestreitet, den *Télémaque* zur Vorlage zu nehmen" (so Schmitt-Maaß: Fénelons „Télémaque" in der deutschsprachigen Aufklärung, S. 923), sondern vielmehr, dass er ausdrücklich erklärt, ihn zur Vorlage seines Überbietungsversuchs zu gebrauchen.
544 Vgl. zum pragmatischen Erzählen Daniel Fulda: Wissenschaft aus Kunst. Die Entstehung der modernen deutschen Geschichtsschreibung 1760–1860. Berlin/New York 1996 (European cultures. Bd. 7), S. 59–144; Werner Hahl: Reflexion und Erzählung. Ein Problem der Romantheorie von der Spätaufklärung bis zum programmatischen Realismus. Stuttgart u. a. 1971 (Studien zur Poetik und Geschichte der Literatur. Bd. 18), S. 12–84; Georg Jäger: Empfindsamkeit und Roman.

der *Goldne Spiegel* also deshalb, weil die narrative Verknüpfung die idealtypischen Zusammenhänge sichtbar mache, die in der Geschichtsschreibung nicht immer klar erkennbar seien.[545] Der Roman sei lehrreicher als die Historie, weil er die in der Realität oftmals nur schwer wahrzunehmenden Verbindungen in der Logik einer fiktionalen Erzählung klar herausstellen könne. Daraus ergibt sich der experimentelle Grundzug von Wielands Erzählen, das laborartig die Ursachen und Folgen politischer Handlungen zeigt und die (sinnlich wirkende) Erzählung mit der Analyse kombiniert.[546]

Wieland variiert zudem die didaktische Wirkintention politischen Erzählens. Nachdem er „dreyerley Gattungen von Lesern" auflistet, die für den Roman in Frage kämen – der „Prinzenmentor", der „gemeine Leser" und vielleicht ein „Schach", also ein Herrscher[547] –, bestimmt er den Affekt, den die Lektüre seines Romans auslöse. Es handele sich um Trauer: „Mehr traurig als vergnügt werden alle drey Klassen von Lesern von dieser Lektüre zurückkommen über die Schwierigkeiten der Regierungskunst, und über die schaudernden Folgen, welche die Fehler in derselben über das Geschlecht der Sterblichen verbreiten."[548]

Diesen Affekt solle der Rezipient wohl als Handlungsanstoß verstehen. Nach wie vor geht es um Nützlichkeit der Dichtung im Sinne des horazischen *prodesse et delectare*. Der Nutzen besteht aber nun nicht mehr nur in der Gestaltung von Vorbildern, sondern auch in der Zeichnung von defizitären Zuständen, aus denen der Impuls zur Verbesserung erwachsen solle.

Wielands Legitimation des Romanautors über die strukturelle Anlehnung an Verfahren der pragmatischen Geschichtsschreibung, die tendenziell Erzählver-

---

Wortgeschichte, Theorie und Kritik im 18. und frühen 19. Jahrhundert. Stuttgart u. a. 1969 (Studien zur Poetik und Geschichte der Literatur. Bd. 11), S. 114–126.

545 Vgl. Herbert Jaumann: Wieland in Erfurt. In: Sven-Aage Jørgensen u. a.: Christoph Martin Wieland. Epoche – Werk – Wirkung. München 1994 (Arbeitsbücher zur Literaturgeschichte), S. 68–92, hier S. 89: „Die ‚wahre Geschichte' ist erfundene Wahrheit. Sie ist wahr nicht weil sie dokumentarisch belegt ist, sondern weil sie als *fiktive* gleichwohl desto eher mit den natürlichen Gesetzen des Menschlichen übereinkommt, je weniger sie von den Vorurteilen und Blockierungen des Alltagsverstands beschädigt ist."

546 Vgl. Sven-Aage Jørgensen: Vom Fürstenspiegel zum *Goldenen Spiegel*. In: Klaus Garber (Hrsg.): Europäische Barock-Rezeption. Teil I. Wiesbaden 1991 (Wolfenbütteler Arbeiten zur Barockforschung. Bd. 20), S. 365–375, hier S. 374: „In den Romanen Wielands dagegen wird [anders als im Barockroman, C. M.] stärker kausal argumentiert: Die politischen Katastrophen sind keine Gottesurteile, sondern eindeutig auf törichte Politik des Fürsten zurückzuführen."

547 Wieland: [Selbstrezension], S. 327.

548 Ebd., S. 328.

fahren über Inhalte stellt,⁵⁴⁹ unterscheidet seine Position von älteren Beglaubigungsmustern, die gerade für politisch-didaktisches Erzählen prägend waren. So reklamierte Loen eigene Anschauung als Basis seiner Romanhandlung und Figurenzeichnung, Justi und Haller beriefen sich auf die Historie und begründeten ihren Umgang mit den Quellen, Ramsay und Pernetti schlossen mit ihren *Cyrus*-Romanen an Leerstellen in Xenophons *Cyrupädie* an – ganz ähnlich wie Fénelon, dessen *Télémaque* die *Odyssee* fortsetzte. Eine gewisse Ausnahme bildet allein Jean Terrasson, der wie Wieland die Manuskriptfiktion nutzte, um die Eigenart seines Schreibens zu legitimieren.⁵⁵⁰ Während für Terrasson aber der Mehrwert der Fiktion darin begründet lag, dass sie es dem Autor ermöglichte, didaktisch wirkende Idealtypen zu schaffen, lenkt Wieland den Blick auf die Erzählverfahren, die die Überlegenheit der Fiktion gegenüber der Historie gewährleisten könnten. Indem er an den ‚pragmatischen' Diskurs anschließt, rückt er seinen Roman in Analogie zur Geschichtsschreibung – und das gerade nicht, indem er gelehrte Wissensbestände anhäuft, sondern durch eine Erzählung von historischen Kausalitäten auf der Grundlage anthropologischer Konjekturen.⁵⁵¹

4.5.2.2 Spiegelungen. Zum Verhältnis von Rahmen- und Binnenhandlung

Das zeigt sich besonders in der Binnenhandlung, die modellhafte historische Abläufe entwirft. Die „pragmatische Geschichte der schlimmen Regenten von Scheschian"⁵⁵² ist einerseits in einem als fiktional markierten Zeit- und Raumsystem angesiedelt, so dass die Handlung in allgemeiner Weise Ursachen und Wirkungen von Herrschaft offenlegt und diese zu anthropologischen Entitäten in Beziehung setzt. Andererseits sind die Bezüge zu Lebenswelt und Geschichte des

---

549 Vgl. zu Wielands *Geschichte des Agathon* im Kontext des pragmatischen Erzählens Fulda: Wissenschaft aus Kunst, S. 121–129, hier S. 127: „Wieland vervollständigt zwar den ‚plot', den eine sinnvolle Geschichte braucht [...], doch die Art und Weise, in der er dies tut, führt zugleich und vor allem das ‚Künstliche' und die Motivation dieser Operation vor."
550 Vgl. Meid: Roman und Historie, bes. S. 159–163.
551 Vgl. Gisi: Einbildungskraft und Mythologie, S. 318 f.: „Um die ‚Geschichte der Menschheit' in ihrer Ganzheit zu rekonstruieren, muss die Geschichtsphilosophie im 18. Jh. auf die Natur des Menschen rekurrieren. Dies erfolgt anhand von Konjekturen. Die ‚Lehre vom Menschen' versucht, diesen in seiner Ganzheit zu erfassen, und muss daher auch seine kulturelle und historische Diversität berücksichtigen. Dies erfolgt ebenfalls anhand von Konjekturen. Die Verschränkung von Kulturgeschichte bzw. Geschichtsphilosophie und Anthropologie basiert also wesentlich auf Konjekturen. Fasst man die Bemühungen in beiden Wissensgebieten zusammen, geht es um die Konzeption einer anthropologischen Historie auf konjekturaler Basis."
552 [Rezension des *Goldnen Spiegels* in:] Göttingische Anzeigen von gelehrten Sachen (1772). In: Wieland: Der goldne Spiegel und andere politische Dichtungen, S. 742–745, hier S. 774.

17. und 18. Jahrhunderts derart deutlich, dass sich der Roman ebenso als orientalisierend-verfremdender Zeitkommentar verstehen lässt.[553]

In Wielands Vorstellung ist Geschichte immer anthropologisch basiert; umgekehrt ist für ihn (wie er 1785 prägnant formuliert) „alle ächte Menschenkenntnis historisch".[554] Damit werden aber die Voraussetzungen des idealisierenden politischen Romans hinfällig, da die bewusste Etablierung vollkommener Helden zum Zwecke der Didaxe keinerlei Erkenntnisgewinn über die Natur des Menschen zu erzeugen vermag und deshalb auch nicht über die Einrichtung eines dem Menschen adäquaten Gemeinwesens belehren kann. Ein politischer Roman, der von den gewandelten anthropologischen Konzepten ausgeht, muss mithin neue Erzählverfahren etablieren, will er nicht in eklatanter Weise hinter dem ‚Wissensstand' der 1770er Jahre zurückbleiben.

Zu den Strategien Wielands gehört die mehrfache erzählerische Rahmung. Der historisch-politische Erzählstrang wird nicht nur durch eine Herausgeberfiktion eingeleitet, sondern in einer Rahmenhandlung kommentiert und problematisiert. Nicht in der editorialen Rahmung an sich, wohl aber in ihrer spezifischen Ausprägung liegt das Besondere von Wielands Roman.[555] Indem er Erzählverfahren aus dem Bereich des französischen erotischen Romans mit der pragmatischen Geschichtsschreibung verbindet,[556] entsteht ein mehrstimmiges Gebilde, in dem sich die verschiedenen Ebenen tatsächlich wechselseitig bespiegeln.[557] Allerdings darf der hohe Grad an Selbstreferentialität nicht über die extratextuelle Wirkintention hinwegtäuschen.

---

553 Vgl. Klaus Manger: Wielands Exotismen. In: Wieland-Studien 6 (2010), S. 153–147, der die Allgemeingültigkeit der in Wielands exotischen Erzählwelten entfalteten Szenarien hervorhebt.
554 Christoph Martin Wieland: Ueber die Rechte und Pflichten der Schriftsteller in Absicht ihrer Nachrichten, Bemerkungen, und Urtheile über Nationen, Regierungen, und andre politische Gegenstände. In: Der Teutsche Merkur 1785. 3. Vierteljahr, S. 193–207, hier S. 197.
555 Vgl. generell Uwe Wirth: Die Geburt des Autors aus dem Geist der Herausgeberfiktion. Editoriale Rahmung im Roman um 1800: Wieland, Goethe, Brentano, Jean Paul und E.T.A. Hoffmann. München 2008.
556 Vgl. Anne Saada: L'accueil de Crébillon fils en Allemagne au XVIIIe siècle. In: Revue de littérature comparée 303 (2002), S. 343–354; vgl. auch Yong-Mi Quester: Frivoler Import. Die Rezeption freizügiger französischer Romane in Deutschland (1730–1800). Mit einer kommentierten Übersetzungsbibliographie. Tübingen 2006 (Frühe Neuzeit. Bd. 116).
557 Jaumann: Wieland in Erfurt, S. 89: „Zentral sind Polyphonie und Multiperspektivität des Erzählaufbaus selbst, vielleicht treffender gesagt: dessen mehrfache Reflexivität. Der Roman ist eine Etüde in selbstreferentieller Systembildung. In immer weiteren Reflexionsschleifen werden Handlungen beobachtet, deren Beobachter wiederum beobachtet wird, usf." Vgl. auch Wilson: Intellekt und Herrschaft, S. 488: „Die Funktion der Rahmenerzählung besteht in einem einzigartigen Spiegelungseffekt, in dem auch der Titel des Romans einen neuen Sinn bekommt."

Der Roman wird als deutsche Übersetzung eines lateinischen Manuskripts präsentiert, das wiederum die Übersetzung einer chinesischen Handschrift sei, die einen ursprünglichen indischen Text wiedergebe. Zahlreiche Fußnoten ergänzen und kommentieren den Erzähltext; sie stammen vorgeblich von den verschiedenen Übersetzern, vom Herausgeber, darüber hinaus auch von einem „Ungenannten". Am Beginn steht eine „Zueignungsschrift des chinesischen Übersetzers" an den Kaiser von China, der im Einklang mit sinophilen Vorstellungen „für einen Fürsten, der angemessen auf den Roman reagiert", steht.[558] Dort äußert sich der fiktive Übersetzer über den Wert der von ihm aus dem Indischen übersetzten Geschichte. Er unterstellt dem Kaiser, dass er seine Untertanen glücklich sehen wolle, unterstreicht aber zugleich, dass er oftmals von Hofschranzen und ihren divergierenden Interessen davon abgehalten werde:

> Wer die Wahrheit aufrichtig liebt (und was kann ohne sie liebenswürdig seyn?) wer auch alsdann sie liebt, wenn sie nicht schmeichelt, der hat nur geübte Augen vonnöthen, um ihre feineren Züge zu unterscheiden, welche selten so gut nachgemacht werden können, daß die Kunst sich nicht verrathen sollte. Und um diese geübten Augen zu bekommen, – ohne welche das beste Herz uns nur desto gewisser und öfter der arglistigen Verführung in die Hände liefert, – ist kein bewährteres Mittel als die Geschichte der Weisheit und der Thorheit, der Meynungen und der Leidenschaften, der Wahrheit und des Betrugs in den Jahrbüchern des menschlichen Geschlechtes auszuforschen. In diesen getreuen Spiegeln erblicken wir Menschen, Sitten und Zeiten, entblößt von allem demjenigen, was unser Urtheil zu verfälschen pflegt, wenn wir selbst in das verwickelte Gewebe des gegenwärtigen Schauspiels eingeflochten sind.[559]

Der Blick auf die Geschichte ermögliche Erkenntnis, weil erst in der distanzierten Überschau die Dinge klar hervorträten. Literatur dient der Einübung nützlicher Verhaltensweisen, die angesichts der „Weisheit und Torheit" deutlich würden. In der historisch und geographisch verfremdeten „Laboratoriumswirklichkeit" lassen sich menschliche Verhaltensweisen in all ihren Ausprägungen und mit all ihren Auswirkungen weitaus besser erkennen,[560] eben weil die Rezipienten nicht

---

558 Fawzy D. Guirguis: Bild und Funktion des Orients in Werken der deutschen Literatur des 17. und 18. Jahrhunderts. Phil. Diss. FU Berlin 1972, S. 256. Vgl. auch Shen Deng: China im Spiegel. Eine interkulturelle Studie zu Wielands Roman *Der goldne Spiegel*. Frankfurt am Main u. a. 2013 (Berliner Beiträge zur Literatur- und Kulturgeschichte. Bd. 15).
559 Wieland: Der Goldne Spiegel, S. 5.
560 Den Begriff der „Laboratoriumswirklichkeit" übernehme ich von Jan-Dirk Müller: Wielands späte Romane. Untersuchungen zur Erzählweise und zur erzählten Wirklichkeit. München 1971, S. 139: „Welt verengt sich zur Laboratoriumswirklichkeit, die genau auf die zu erwartenden Reaktionen der Figuren berechnet ist".

derart involviert sind, wie es in Schilderungen ihrer Lebenswirklichkeit der Fall wäre, und so ein höherer Grad von Allgemeinheit zu erreichen ist.

Die „Merkwürdigkeiten der vergangenen Zeiten" seien besonders geeignet, „die Veränderungen der Staaten in den Menschen, die Menschen in ihren Handlungen, die Handlungen in den Meynungen und Leidenschaften, und in dem Zusammenhang aller dieser Ursachen den Grund des Glückes und des Elendes der menschlichen Gattung zu erforschen."[561] Es geht also um historische Kausalitäten, um Zusammenhänge, die für die menschliche Existenz bestimmend wirken. Implizit ergibt sich daraus die Aufforderung, diese Erkenntnisse praktisch nutzbar zu machen, also bei der Einsicht anzusetzen, dass alle historischen Prozesse anthropologisch fundiert seien.

Nicht zuletzt wegen der zu erhoffenden bessernden Wirkung des Werks habe es durch „das hohe Ober-Policey-Gerichte von China" den Titel eines Spiegels erhalten,

> eines Spiegels, worinn sich die natürlichen Folgen der Weisheit und der Thorheit in einem so starken Lichte, mit so deutlichen Zügen und mit so warmen Farben darstellen, daß derjenige in einem seltenen Grade weise und gut – oder thöricht und verdorben seyn müßte, der durch den Gebrauch desselben nicht weiser und besser sollte werden können.[562]

Es handele sich also, so die ironische Wendung, um staatlich beglaubigte Fürstenerziehungsliteratur, um den besten und nützlichsten politischen Roman aller Zeiten.

Auf diese ironisch-hyperbolische Passage folgt eine Einleitung, als deren Urheber wohl der fiktive deutsche Übersetzer anzusehen ist, und die die Entstehung des indischen Werks zusammenfasst. Diese ist untrennbar mit der Herrschergenealogie Scheschians verbunden. Schah-Gebal stammt aus dem Geschlecht von Schah Riar, dem Arbeitgeber Sheherazades. Der träge, aber durchaus wohlmeinende Herrscher hat „mehr schlaflose Nächte als alle Taglöhner seines Reichs zusammen."[563] Einige Gelehrte seines Reichs machen sich diese Situation zunutze, um dem erklärten Verächter von Märchen eine nützlichere Geschichte als Einschlafhilfe zu präsentieren: Aus „den merkwürdigsten Begebenheiten *eines ehmaligen benachbarten Reiches*" wird „eine Art von Geschichtbuch" kompiliert, „woraus man ihm, wenn er zu Bette gegangen wäre, vorlesen sollte, bis er einschliefe oder nichts mehr hören wollte", um so „dem Sultan mit guter Art

---

561 Wieland: Der Goldne Spiegel, S. 6.
562 Ebd., S. 7.
563 Ebd., S. 19.

Wahrheiten beyzubringen, die man, auch ohne Sultan zu seyn, sich nicht geradezu sagen läßt".[564]

Literatur dient hier als Möglichkeit, den Herrscher vor dem Einschlafen politisch zu belehren, ohne dass er das didaktische Konzept durchschaut. Wielands Roman nimmt hier die tradierte Mentor-Zögling-Konstellation wieder auf, ironisiert und verfremdet sie aber: Schließlich weiß der Fürst zunächst nicht, dass er erzogen werden soll. Damit ist eine spannungsvolle Konstellation exponiert, die nichts anderes als die Selbstermächtigung der Philosophie bedeutet. Dass dieser Vorgang durchaus kritisch gesehen wird, belegt der Ausgang der Handlung, der begründete Zweifel lässt, ob denn mit ebenso wohlwollenden wie weltfremden Philosophen in der Art eines Danischmende viel Staat zu machen sei. Anders als Fénelons Mentor ist er eben keine Göttin in Verkleidung, anders als Loens Graf von Rivera kein ‚Tugendheros' der Aufklärung, und im Unterschied zu Terrassons Amedès kann er nicht auf die Ressourcen eines elitären Priesterbundes zurückgreifen. Auch das Objekt seiner Erziehung macht keine Fortschritte, die geeignet wären, den Berater nachträglich zu rechtfertigen.

4.5.3 Anthropologie, Geschichte, Literatur. Die „pragmatische Geschichte" der Könige von Scheschian

Die vier Bücher des Romans präsentieren mit der „pragmatische[n] Geschichte der schlimmen Regenten von Scheschian" die ‚historische' Binnenerzählung, die Nurmahal sowie zunehmend auch der Philosoph Danischmende (zeitweise improvisierend) als intradiegetisch-heterodiegetische Erzähler vortragen und kommentieren. Es handelt sich um eine Modellerzählung, die von vornherein darauf ausgerichtet ist, belehrend zu wirken und einen scharfen Kontrast zu der satirisch gezeichneten höfischen Welt der Rahmenhandlung bietet. Sie entwirft historische Kausalitäten, die anthropologisch begründet sind und auf die Natur des Menschen zurückwirken. Wielands *Goldner Spiegel* partizipiert somit an der für die zweite Hälfte des 18. Jahrhunderts so wichtigen Zusammenhang zwischen Anthropologie und Geschichtsschreibung.[565] Dabei darf das exotisierende Gewand

---

564 Ebd., S. 20.
565 Vgl. Gisi: Einbildungskraft und Mythologie; Helmut Zedelmaier: Zur Idee einer Geschichte der Menschheit in der zweiten Hälfte des 18. Jahrhunderts. Eine Skizze. In: Winfried Müller/Wolfgang J. Smolka/Helmut Zedelmaier (Hrsg.): Universität und Bildung. Festschrift Laetitia Boehm zum 60. Geburtstag. München 1991, S. 277–299. – Vgl. auch Titzmann: Wielands Staatsromane, S. 121: „Hier geht es also von vornherein zwar auch um individuelle Geschichten, aber darüber hinaus um kollektive Geschichte, und damit zugleich auch um Geschichtsphilosophie."

nicht drüber hinwegtäuschen, dass Wieland Themen adressierte, denen für ihn und seine Zeitgenossen höchste Bedeutung zukam. Zugleich dient die Szenerie, die „einem schon französisch vorgebildeten Orientalismus verpflichtet" ist,[566] nicht einfach nur als distanzierendes oder verallgemeinerndes Beiwerk: Sie gibt Wieland – ähnlich wie Haller – vielmehr die Gelegenheit, kulturell wirkmächtige Vorstellungen über den Zusammenhang von Geographie, Religion und Regierungsform aktualisierend aufzugreifen und (durchaus ironisch) zu variieren und zuweilen zu unterlaufen.

Über den Beginn des scheschianischen Reiches ist nur wenig bekannt; historisch fassbar wird es erst zum Zeitpunkt seines Niedergangs, als es „in eine Menge kleiner Staaten zerstückelt" ist.[567] Von diesem „höchst elenden Zustande",[568] der nicht von ungefähr an das Heilige Römische Reich nach dem Dreißigjährigen Krieg erinnert,[569] wird es durch den Tatarenkhan Ogul erlöst, der sich die Schwäche der über 300 Scheschianischen Kleinstaaten zu Nutze macht und sie gewaltsam unterwirft:

> Die Verfassung des neuen Reichs von Scheschian war also diejenige einer *unumschränkten Monarchie*; das ist, *das Reich hatte gar keine Verfassung*, sondern alles hieng von der Willkühr des Eroberers ab, oder von dem Grade von Weisheit oder Thorheit, Güte oder Verkehrtheit, Billigkeit oder Unbilligkeit, wozu ihn Temperament, Umstände, Laune und Zufall von Tag zu Tage bestimmen mochten.[570]

Zwar ist „König Ogul, wie die meisten Tatarischen Eroberer, eine ganz gute Art von Fürsten",[571] allerdings gilt das nicht für seine Nachfolger, unter denen Scheschian zunehmend verfällt. Die „schöne Lili",[572] die Mätresse des letzten der „*Namenlosen Könige*",[573] legt den Keim des späteren Verderbens, indem sie den Luxus in Scheschian etabliert.[574] Zwar stimuliert sie damit zunächst ökonomische Aktivitäten, die allerdings auf lange Sicht fatale Auswirkungen zeitigen.

Azor, der Sohn der schönen Lili, ist das Beispiel eines wohlmeinenden Herrschers, der aufgrund mangelnder Erziehung keine positive Wirkung auf den

---

566 Guirguis: Bild und Funktion des Orients, S. 261.
567 Wieland: Der Goldne Spiegel, S. 25.
568 Ebd., S. 29.
569 Vgl. Hien: Altes Reich und neue Dichtung, S. 231: „Da von 300 Fürsten die Rede ist, wusste jeder Leser, dass auf die Reichsstände des Alten Reichs angespielt wird."
570 Wieland: Der Goldne Spiegel, S. 33.
571 Ebd., S. 33.
572 Ebd., S. 39.
573 Ebd., S. 38.
574 Vgl. Uve Fischer: Lusso e vallata felice: Il romanzo politico *Lo specchio d'oro* di Christoph Martin Wieland. Università, Catanaia 1974 (Quaderni del Siculorum gymnasium. Bd. 1).

Staat haben kann, und durch seine Wankelmütigkeit zum Spielball seiner Umgebung, namentlich seiner Mätressen, wird. In seine Regierungszeit fallen beginnende religiöse Konflikte; zudem ist der Staat wirtschaftlich zerrüttet und aufgrund erfolgloser militärischer Unternehmungen ausgeblutet und von einer allgemeinen Untergangsstimmung geprägt. Auf den schwachen Azor folgt der grausame Isfandiar, dessen Erzieher Eblis ihn mit einer menschenverachtenden materialistischen Weltwahrnehmung versehen hat. Schließlich kommt es zum gewaltsamen Aufstand, zum Tod Isfandiars und zum Zerfall der staatlichen Integrität Scheschians.

Diese Verfallsgeschichte schlägt um in die Erzählung von Neubeginn und politischer Reform: Sie geht von Tifan aus, der sämtliche Merkmale eines tugendhaften Herrschers aufweist. Diese verdankt er dem weisen Dschengis, der den jungen Prinzen, der seine wahre Herkunft als Neffe Isfandiars nicht kennt, gerettet und ihn jenseits des Hofes sorgfältig erzogen hat, so dass er sich in den politischen Wirren bewähren kann, die Scheschian erschüttern. Tifan wird schließlich als Monarch akklamiert; seine doppelte Herrschaftslegitimation – Tugend und ererbter Thronanspruch – sorgen für eine stabile Herrschaft. Unter Mitwirkung seines Mentors Dschengis entwirft Tifan eine Verfassung, die Scheschian zumindest für einige Jahrhunderte glücklich macht.

In dieses historisch-chronikalische Narrativ sind zwei Episoden eingelagert, die in unterschiedlicher Weise utopischen Gehalt besitzen: Während die Erzählung der Kinder der Natur von Danischmende extemporiert wird, um die verderbliche Wirkung des Luxus herauszustellen, dient die Beschreibung von Tifans Erziehung fernab der Natur der Etablierung eines neuen Herrschertypus. Beide Erzählungen sind unterschiedlich eng mit der historischen Handlung verknüpft. Stellt die Naturkinder-Erzählung eine nicht mit der Binnenhandlung verknüpfte novellistische Einlage dar, die für die Interpretation essentieller Themen des Romans zentrale Hinweise gibt, ist Tifans Jugend Teil der Biographie des Herrschers und somit integraler Bestandteil der Handlungsentwicklung.

Die Erfolgsgeschichte der Scheschianischen Reformen wird aber in doppelter Hinsicht gebrochen. *Erstens* birgt auch Tifans Idealstaat den Keim des Untergangs schon in sich, *zweitens* zeigen die Ereignisse der Rahmenhandlung, wie schwierig Fürstenerziehung sich tatsächlich gestalten kann. Nicht erst in der unter dem Eindruck der Französischen Revolution entstandenen Zweitfassung, sondern bereits in Version von 1772 finden sich eindeutige Signale, die auf den schließlich erfolgenden Niedergang Scheschians hindeuten. Diese Ursachen liegen in den Maßnahmen Tifans begründet, der einige auf lange Sicht fatale Fehler macht. So tastet er die Krondomänen nicht an, „weil er sich und seinen Nachfolgern das Vermögen auch *willkührlich* Gutes zu thun nicht entziehen wollte"; diese „Idee, welche sich mit der menschlichen Schwachheit vielleicht entschuldigen" lasse, sei „durch ihre Folgen in spätern Zeiten dem Scheschianischen Reiche verderblich" geworden.[575] Zwar wird der Gedanke nicht weiter ausgeführt, es liegt aber nahe, dass das Problem in den bestehenbleibenden Willküreelementen liegt.

Vor allem aber ist Tifans Religionsgesetzgebung zu mild:[576] Er hat die Absicht, die Priester in die staatliche Wohlfahrt zu integrieren, bedenkt aber nicht, dass dies ihnen die Gelegenheit verschafft, sich zu „Herren" des Staates zu machen.[577] Gerade das Ansehen der Priester wird „die Ursache des Untergangs der Gesetzgebung Tifans" und zieht „zuletzt den Untergang des ganzen Reiches nach sich",[578] weil die Priester der Versuchung durch die Macht nicht widerstehen können.[579]

Dass Wieland darauf verzichtete, diese mehrfach angedeutete erneute Wendung ins Negative auszuführen, dürfte vor allem darauf zurückzuführen sein, dass die angestrebte Wirkung dadurch unterlaufen würde.[580] Denn auch, wenn

---

575 Wieland: Der Goldne Spiegel, S. 286.
576 Vgl. Pott [Richter]: Reformierte Morallehren und deutsche Literatur, S. 235–254.
577 Vgl. Wieland: Der Goldne Spiegel, S. 305: „Und glücklich wäre es für dieses Reich gewesen wofern er eben so viele Behutsamkeit in Bestimmung des Amtes der Priester gezeigt, und nicht durch eben dasjenige, wodurch er sie zu nützlichen Bürgern des Staates zu machen gedachte, ihnen die gefährliche Gelegenheit gegeben hätte, in der Folge sich unvermerkt zu Herren desselben zu machen."
578 Ebd., S. 308.
579 Vgl. ebd.: „Sie [die Priester, C. M.] wurden die Schiedsrichter aller Zwistigkeiten, die Rathgeber der Großen, und einige von ihnen stiegen durch den Ruf ihrer Tugend und ihrer Talente sogar zu den höchsten Würden des Reiches. Ich denke dieß ist genug gesagt, das Räthsel auflöslich zu machen. Man weiß nun wie es weiter gieng. – Die Priester von Scheschian waren *Menschen* – was wollen wir mehr?" Die Einschätzung von Wilson: Intellekt und Herrschaft, S. 491, die „Tifan-Utopie scheiter[e] nur deswegen, weil dem Herrscher seine aufgeklärten Berater entzogen worden" seien, bleibt rätselhaft.
580 Vgl. Seuffert: Wielands Berufung nach Weimar, S. 358: „Den Verfall aber des Reiches, das sein Buch aufbauen will, darzustellen, hätte den Zweck seines Werkes geschwächt. Erst als er sich von ihm keine active Wirkung mehr erwartet, hängt er, für die Ausgabe letzter Hand, ein Schlusskapitel an, in welchem der Untergang des Tifanschen Reiches skizziert wird nach Erfahrungen aus der französischen Revolution." Vgl. auch Budde: Aufklärung als Dialog, S. 199: „Der offene Schluß der Erstfassung – mitten im Dialog – hat einen sichtlich pädagogischen Zweck". Vgl. auch James A. McNeely: Historical Relativism in Wieland's Concept of the Ideal State. In: Modern Language Quarterly 22 (1961), S. 269–282, bes. S. 281f. – Die Deutung von Michael Walter vermag hingegen kaum zu überzeugen. Vgl. Ders.: „Keine Zeichen von guter Vorbedeutung". Zur Textbedeutung des Schlußkapitels vom „Goldnen Spiegel". In: Thomas Höhle (Hrsg.): Das Spätwerk Christoph Martin Wielands und seine Bedeutung für die deutsche Aufklärung. Halle 1988 (Martin-Luther-Universität Halle-Wittenberg. Wissenschaftliche Beiträge 1988/61 [F 84]), S. 29–41, für den die „Änderung des Schlußkapitels ein ideeller Reflex auf den Übergang vom Spätabsolutismus zur bürgerlichen Gesellschaft" ist (ebd., S. 35) und zudem auf juristische Auseinandersetzungen im Umfeld der Gesamtausgabe zurückzuführen sei.

letztlich kein Staat ewig blühen könne – dem widersprechen die beschränkten menschlichen Fähigkeiten, dem widerspricht aber auch die Natur des Menschen –, so ist doch zumindest für größere Zeiträume eine positive Wirkung denkbar. Hier gerät Wielands Anthropologie mit den Anforderungen an eine didaktische Gattung in einen letztlich nur schwer auflösbaren Konflikt, den der halboffene Schluss noch einmal betont.

4.5.3.1 Fiktion und Kommentar: *Der Goldne Spiegel* als Beispiel politischer Didaxe?

Ähnlich konfligierende Verhältnisse zeichnet die Rahmenhandlung des Romans. Sie erzählt von der Interaktion zwischen der „schönen Cirkasserin" Nurmahal, dem Philosophen Danischmende und dem Monarchen Schah-Gebal. Dieses Erziehungsprojekt ist von vornherein problematisch, weil es einem bereits erwachsenen Herrscher gilt, der – wie er selbst ausführt – nie eine angemessene Ausbildung genossen hat: „Soll ich euch sagen, wie ich selbst erzogen worden bin? Beym Grabe des Propheten! wenn jemals ein Sultan berechtiget war keinen Menschenverstand zu haben, so bin ichs."[581] Ungeachtet solcher Eingeständnisse des Herrschers, die eine gewisse Vertraulichkeit suggerieren, exponiert „die Rahmenhandlung eine durch Herrschaft bestimmte Situation",[582] in der Danischmende und Nurmahal auf die Befindlichkeiten und Launen Gebals achten müssen, um nicht den Abbruch des Erziehungsprojekts zu provozieren.

Auch in Loens *Redlichem Mann am Hofe* wurde deutlich, dass die nachträgliche Erziehung eines falsch bzw. kaum erzogenen Monarchen kaum möglich ist und es eigentlich nur um Eindämmung der bedenklichen Tendenzen gehen kann. Während aber der Graf von Rivera als Agent einer göttlichen Vorsehung immerhin auf mühsamen Wegen gewisse Erfolge erzielen kann, ist Schah-Gebal nicht in der Lage, seine zeitweilig gewonnenen Einsichten dauerhaft zu internalisieren und in herrscherliches Handeln umzumünzen. Bei der Zeichnung der Figur griff Wieland – was bislang unbenannt war – auf Jean-François Melons Roman *Mahmoud le Gasnevide* (1729) zurück, aus dem er sogar ihren Namen übernahm. Bei Melon erscheint Gebal als König von Indien, der einen Krieg mit dem überaus positiv gezeichneten Protagonisten Mahmoud beginnt und so das Ende seiner eigenen Herrschaft einläutet. Gebals Charakter ist eine Anhäufung von Gegensätzen:

> Ce Roi, Auteur de la Guerre contre Mahmoud, étoit né avec des talens pour Gouverner; mais la vivacité des passions, & l'inhabitude au travail, ne lui permettoient aucun examen. Avec

---

581 Wieland: Der Goldne Spiegel, S. 99.
582 Budde: Aufklärung als Dialog, S. 71.

> un courage guerrier, il avoit un esprit timide, embelli de vivacités brillantes, & souvent indécentes; toûjours entraîné par les dernières raisons, toujours séduit par ses Ministres, il ne faisoit que leur volonté, lors-même qu'il pensoit ne faire que la sienne. Il aimoit son Peuple: il aimoit la justice. Bon Roi, si le Ciel l'avoit favorisé d'un grand Ministre.[583]

Bei Melon dient der indische König als Negativexempel eines zwar wohlwollenden, aber aufgrund seiner triebgesteuerten Lebensführung letztlich inkompetenten Monarchen, der als Opfer schlechter Berater nicht anders kann, als sein Reich ins Verderben zu führen.

Wielands Gebal teilt wesentliche Charakterzüge mit seinem Namensvetter aus Melons orientalisierendem Roman. Er zeichnet sich durch seine erratische Disposition aus: Unfähig zu dauerhafter Konzentration, steht er prinzipiengeleitetem Handeln skeptisch gegenüber und betrachtet es als „Pedanterey und Mangel an Genie".[584] Darunter leidet auch seine Regierung. Denn anstatt auf die „Paar vortreffliche[n] Männer in seinem Divan" zu vertrauen, die „eine gründliche Kenntnis der Regierungskunst und des Staats" besitzen,[585] lässt er sich von „sein[em] erste[n] Iman, und eine[r] gewisse[n] schwarzaugige[n] Circasserin, die ihm unentbehrlich geworden war",[586] dominieren – und das, obwohl er der Überzeugung ist, als absoluter Monarch zu herrschen: „Es war eine seiner Lieblingsgrillen, daß er durch sich selbst regieren wollte. Die Könige, welche sich durch einen Minister, einen Verschnittnen, einen Derwischen, oder eine Maitresse regieren ließen, waren der tägliche Gegenstand seiner Spöttereyen."[587]

Dieser Kontrast zwischen Anspruch und Wirklichkeit bestimmt auch sein Regierungshandeln: Zwar ist Gebal theoretisch friedliebend, befindet sich aber wegen der „Ehre seiner Regierung" permanent im Krieg,[588] seine Großzügigkeit trifft die Falschen,[589] und trotz seines Beharrens auf ökonomischem Sachverstand ist sein Hof „unstreitig der prächtigste in Asien", während das Land verelendet. Aufgrund seiner Anfälligkeit für Projektemacher sind die Staatskassen leer – und

---

583 [Jean-François Melon:] Mahmoud le Gasnevide. Histoire orientale. Fragment traduit de l'Arabe, avec des Notes. Rotterdam 1729, S. 55 f. – Vgl. zu Melons kaum rezipiertem Roman Franz Megnet: Jean-François Melon (1675 bis 1738). Ein origineller Vertreter der vorphysiokratischen Oekonomen Frankreichs. Winterthur 1955, S. 23–26.
584 Wieland: Der Goldne Spiegel, S. 15.
585 Ebd.
586 Ebd., S. 16.
587 Ebd., S. 15 f.
588 Ebd., S. 16.
589 Vgl. ebd.

zwar nicht, um den Geldumlauf zu stimulieren,⁵⁹⁰ sondern weil die Einkünfte versickern.

Die für Schah-Gebals symptomatische Kluft zwischen Anspruch und Wirklichkeit zeigt sich auch daran, dass er durchaus positiv auf Danischmendes Erzählungen anspricht und wiederholt den Wunsch äußert, die Fehler der von seinem Hofphilosophen beschriebenen Könige zu vermeiden. Allerding setzt er diese Vorhaben trotz energischer Willensbekundungen nie in die Tat um: Zu einer Inspektionsreise durch die Provinzen seines Reiches kommt es nie. Zwar löst Danischmendes Bericht über den Sultan Azor, der „keinen Begriff von der innern Verfassung seines Reiches, *keine Fertigkeit über irgend etwas als über die unmittelbaren Gegenstände seines Vergnügens zu denken*, und am allerwenigsten den mindesten *anschauenden Begriff* von dem Elend hatte, welchem abzuhelfen sein großer Beruf war",⁵⁹¹ den Drang aus, anders als der kritisierte Sultan, auch die darbenden „entlegneren Theile seines Reichs" in Augenschein zu nehmen:⁵⁹²

> Mirza, sagte Schah-Gebal in einem plötzlichen Anstoß von empfindsamer Laune, zu seinem Günstling; vergiß nicht, dich morgen früh mit Pferden für mich, dich selbst und Danischmenden an der westlichen Pforte des Gartens bereit zu halten. Wir müssen eine solche Lustreise mit einander machen. Aber mit euerm Leben sollt ihr mir alle drey für das Geheimniß stehen!⁵⁹³

Gerade die Bekräftigung stimmt den Leser misstrauisch; und tatsächlich kommt es aufgrund einer Verkettung unglücklicher Umstände – der vom Liebesakt mit seiner „*kleinen Maitresse*" entkräftete Mirza verschläft und vergisst ebenso wie Schah-Gebal das Vorhaben⁵⁹⁴ – nie zu dieser Reise: „Alles blieb wie zuvor; Schah-Gebal hatte nichts desto weniger das Vergnügen, seinem Herzen mit der großmüthigen Freygebigkeit Ehre zu machen, *die er in Gedanken ausgeübt hatte.*"⁵⁹⁵ Dieser Erzählerkommentar fasst die Wirkung von Danischmendes Erzählungen prägnant zusammen: Anstatt politisch zu wirken, tragen sie zur Selbstzufriedenheit des Monarchen bei, der sich in Abgrenzung von den schlechten Herr-

---

590 Vgl. ebd., S. 17 f.: „Kein Monarch in der Welt hatte mehr Einkünfte auf dem Papier und weniger Geld in der Casse. Dieses kann, unter gewissen Bedingungen, das Meisterstück einer weisen Administration seyn. Aber in Schah-Gebals seiner war es wohl ein Fehler; denn der größere Theil seiner Unterthanen befand sich nichts desto besser dabey."
591 Ebd., S. 105.
592 Ebd.
593 Ebd., S. 106.
594 Ebd., S. 114.
595 Ebd., S. 115.

schern seiner Güte vergewissern kann. Die Gesinnung dient als Beglaubigung des Selbstwertgefühls, nicht die Taten.

Dass Gebal die Berichte Danischmendes weitgehend ästhetisch rezipiert, zeigt sich auch an seiner Reaktion auf Danischmendes eindrückliche und hoch emotionalisierte Schilderung elender Lebensverhältnisse.[596] Der Monarch ist durchaus nicht völlig abgestumpft, so dass auf den ersten Blick die Rührung tatsächlich einen Erfolg zeitigt:

> Wie du mahlst, Danischmende! – rief der Sultan mit einer auffahrenden Bewegung aus, indem er sich zu verbergen bemühte, wie gerührt er war. Ich schwöre beym Haupte des Propheten, daß ich, eh der Mond wieder voll seyn wird, wissen will, ob innerhalb der Grenzen meines Gebiets solche Unglückliche leben; und wehe dem Sclaven, dem ich die Sorge für meine Unterthanen anvertraut habe, in dessen Bezirk ein Urbild deiner verfluchten Malerey gefunden würde! Es ist mein ganzer Ernst, und zum Beweise davon trag ich das Amt dieser Untersuchung dir selbst auf, Danischmende! Morgen, nach dem ersten Gebete, erwart ich dich in meinem Zimmer, damit wir weiter von der Sache sprechen.[597]

Allerdings wird auch dieser spontane Impuls nicht in Handlung umgesetzt, obwohl Danischmende, der fest daran glaubt, „ein Werkzeug der Glückseligkeit seines Vaterlandes zu werden",[598] den Schah unhöflicherweise an sein Vorhaben erinnert.[599] Der Hofphilosoph desavouiert sich hier dadurch, dass er den Monarchen beim Wort nimmt und darüber hinaus ein zu großes Vertrauen in die moralische Wirkung rührender Schilderungen setzt: Schah-Gebals *moral sense* ist zu verkümmert, als dass er tatsächlich altruistisch handeln könnte – ein sicheres

---

[596] Vgl. ebd., S. 190: „Überall begegnen unserm beleidigten Auge blutlose, ausgehungerte und sieche Körper – schwehrmüthige, düstre, von Sorgen abgezehrte Gesichter; – alte Leute, welche sich mit Mühe von der Stelle schleppen, um zur Belohnung einer funfzigjährigen schweren Dienstbarkeit das wenige Brodt, das ihr vom Mangel eingeschrumpfter Magen noch ertragen kann, dem Mitleiden der Vorübergehenden durch Betteln abzunöthigen; – Verwahrloßte, nackende, krüpelhafte Kinder, oder wimmernde Säuglinge, welche sich anstrengen, einer hungernden Mutter noch die letzten Blutstropfen aus der ausgemergelten Brust zu ziehen. Halb vermoderte Lumpen, die von den dürren Lenden dieser Elenden herab hangen, zeigen wenigstens daß sie den Willen haben ihre Blöße zu decken: aber was wird sie vor der sengenden Sonne, vor Wind und Regen und Kälte decken? Ihre armseligen aus Koth und Stroh zusammengeplackten Hütten stehen jedem Anfall der Elemente offen. Hieher kriechen sie, wenn die untergehende Sonne sie von der täglichen Arbeit für gefühllose Gebieter ausgespannt hat, ermüdet zusammen, und schätzen sich noch glücklich, wenn sie so viel Vorrath *von einem Brote, welches ihre Herren für ihre Hunde zu schlecht halten würden*, übrig finden, als sie vonnöthen haben, um nicht hungrig auf einem Lager von faulendem Stroh den letzten Trost des Elenden vergebens herbey zu seufzen."
[597] Ebd., S. 191.
[598] Ebd., S. 194.
[599] Vgl. ebd., S. 195.

Anzeichen dafür, dass eben die permanente Übung von Jugend an essentiell ist, wie sie die Erziehung Tifans vorführt. Danischmendes „Träume[] eines Menschenfreundes" sind folglich nicht von Erfolg gekrönt.[600] Diese Bezeichnung verweist wiederum ironisch auf Isaak Iselin, dessen *Filosofische und Patriotische Träume eines Menschenfreundes* 1755 erschienen waren.[601]

Lediglich für einen Moment scheint es, als werde auch in Indien, dem Schauplatz der Rahmenhandlung, eine politische Wende eingeleitet. Angetan von den Reflexionen des Philosophen ernennt ihn Schah-Gebal zum leitenden Minister, zum „Itimaddulet".[602] Allerdings scheitert der Intellektuelle am Hof und fällt schon bald, wie eine Prolepse erzählt, in Ungnade und wird schließlich verbannt:

> [S]o war es noch immer Glücks genug für den guten Danischmende, daß er, durch die Vermittlung der schönen Nurmahal, mit dem Verlust seiner Ehrenstelle und einer kleinen Pension davon kam, welche ihn in den Stand setzte, in seinen alten Tagen, fern vom Hofe und vom Geräusche des geschäfftigen Lebens, seinen Betrachtungen über eine Welt, die ihn vergessen hatte, nachzuhängen, und oft bey sich selbst, so herzlich als *Demokritus*, zu lachen, wenn er sich an alles, was er gesehen hatte, erinnerte, und besonders wenn ihm wieder einfiel, daß er Hof-Philosoph bei Schah-Gebal, Aufseher über die Bonzen und über das königliche Theater, Biograph der Könige von Scheschian, und, was das lustigste unter allen war, etliche Monate lang sogar Itimaddulet von Indostan gewesen war.[603]

Wieland verzichtet also auf eine (notwendig erzwungene) harmonisierende Auflösung, wie sie in der *Geschichte des Agathon* vorliegt, ohne schon (wie in der Zweitfassung) den Rezipienten explizit auf das Scheitern sämtlicher Reformentwürfe hinzuweisen. Dass der Rezensent des *Magazins der deutschen Critik* sich eine Fortsetzung wünschte,[604] zeigt an, dass er die kunstvolle anachronische

---

[600] Ebd., S. 194.
[601] Vgl. [Isaak Iselin:] Filosofische und Patriotische Träume eines Menschenfreundes. Freiburg 1755. – Vgl. Florian Gelzer: „Immer aber werden wir einander lieben können, wenn schon unsre Denkungsart immer ungleich bleiben sollte". Christoph Martin Wieland und Isaak Iselin. In: Wieland-Studien 8 (2013), S. 225–263, hier S. 263: „Eine wichtige Bezugsgröße sind Iselins politische und reformerische Schriften für Wieland offenbar nicht gewesen."
[602] Wieland: Der Goldne Spiegel, S. 299
[603] Ebd., S. 301. – Die Ausgangssituation der *Geschichte des weisen Danischmende und der drei Kalender*. Vgl. zum Verhältnis der beiden Texte Jaumann: Wieland in Erfurt, S. 90 f.; Richter: „Der Goldne Spiegel oder die Könige von Scheschian", „Geschichte des Philosophen Danischmend und der drey Kalender", S. 287.
[604] Zitiert nach Wieland: Der goldne Spiegel und andere politische Dichtungen, S. 742: „Das Ende des vierten Teils macht uns Hoffnung zur Fortsetzung dieser Scheschianischen Geschichte, und macht uns auf die Fortsetzung desto begieriger, da in derselben von dem Zustande der Gelehrsamkeit und des Geschmacks ein Begriff gegeben werden soll."

Präsentation der Handlung nicht verstanden hatte, denn tatsächlich lässt bereits die Erstfassung des *Goldnen Spiegels* kaum Lücken, deutet aber das allgemeine Scheitern eher an, als dass es ausführlich erzählt würde. Erzählchronologisch ist am Ende der Rahmenhandlung der Philosoph Danischmende vom Hof verbannt, am Ende der Binnenhandlung wird das von Tifan neubegründete Reich untergehen. Da aber Danischmende Schicksal in einer Prolepse erzählt wird, endet der Roman mit einem „halboffene[n] Schluß",[605] nämlich mitten im Gespräch zwischen Schah-Gebal und Danischmende über Akademiepläne.[606]

Das Fazit fällt in jeder Hinsicht bitter aus: Nicht nur, dass die Erziehung Schah-Gebals fehlgeschlagen ist – die zeitweisen positiven Reaktionen auf die Binnenerzählung haben bis auf die letztendlich gescheiterte Berufung Danischmendes zum Minister keinerlei Folgen, und auch Gebals Insistieren auf militärischen Ruhm zeigt, dass er nichts gelernt hat[607] –, auch die Fiktion der Binnenhandlung endet negativ. Darüber hinaus ist die geschichtsphilosophische Konstruktion entlarvend, scheint sie doch zu bestätigen, dass Fortschritt kaum möglich ist.

Liegt nun der angestrebte Nutzen des Romans in der Erkenntnis, politisches Handeln sei sinnlos? Bedeutet er eine generelle Absage an Versuche der Fürstenerziehung? Wohl kaum, schließlich deuten die Paratexte darauf hin, dass es nicht Wielands Ziel war, die Nutzlosigkeit eines fürstlichen Erziehungsprojekts literarisch zu demonstrieren. Die dargestellten Probleme haben eine andere Funktion: Sie sollen den Schwierigkeitsgrad und die vielfachen Widerstände eines solchen Vorhabens unterstreichen. Wenn die Welt tatsächlich „durch ein *Minimum von Weisheit* regiert" wird,[608] dann ist es Aufgabe der Literatur, diesen Kontrast satirisch zu verdeutlichen. Satirisiert wird im *Goldnen Spiegel* nicht nur schlechte Herrschaft an sich, sondern ebenso der halbgare Versuch, Herrschaft nach aufgeklärten Maximen zu reformieren. Dabei gerät sowohl die Figur des Herrschers als auch des Ratgebers in die Kritik. Denn Danischmendes Erziehungsversuch scheitert offenkundig nicht nur an der Natur seines Zöglings, sondern auch an den Illusionen des Gelehrten, der mit der höfischen Sphäre und der Welt der Politik nicht vertraut ist und dementsprechend (anders als Loens Graf von Rivera) über ein zu geringes Maß an politischer Klugheit verfügt. Stattdessen

---

605 Frank Baudach: Planeten der Unschuld – Kinder der Natur, S. 544 (Fußnote).
606 Vgl. Budde: Aufklärung als Dialog, S. 199: „Der offene Schluß der Erstfassung – mitten im Dialog – hat einen sichtlich pädagogischen Zweck".
607 Vgl. S. 279: „Die Ehre seiner Krone kann den besten König nöthigen, einen Krieg anzufangen, oder an den Händeln seiner Nachbarn Antheil zu nehmen, sagte Schah-Gebal." Eine Fußnote verweist auf die Einleitung, wo referiert wird, dass Schah-Gebal „immer Krieg" hatte (ebd., S. 16).
608 Ebd., S. 299.

gehört er in den Kontext Wieland'scher Schwärmerfiguren: Wenn ihm Schah-Gebal „eine Prise Nieswurz" verordnet,[609] „das klassische Therapeuticum gegen Hypochondrie, Melancholie und Narrheit",[610] so zeigt dies deutlich an, wie prekär sein Status ist.

Dass die Illusionen des Mentors und seine Praktiken kritisiert werden, ändert nichts an der Notwendigkeit von Fürstenerziehung. Es hieße, Literatur und Realität zu verwechseln, wollte man aus dem Scheitern der Erziehung im Roman eine Aussage Wielands über ihre prinzipielle Unmöglichkeit herleiten. Genau das Gegenteil ist der Fall, wie der Einsatz des Textes in der Prinzenerziehung belegt, einer Erziehung auf beträchtlichem intellektuellen Niveau. Das Gefühl der Trauer,[611] das die Romanlektüre auslösen solle, ist mithin als Aufforderung an den Rezipienten zu verstehen, die Mitte zwischen harmonisierendem Optimismus und anthropologischem Pessimismus zu finden.

Wielands geschichtsphilosophischen zyklischen Entwürfe sind denkbar weit von Isaak Iselins optimistischer Geschichtsphilosophie entfernt,[612] ja der *Goldne Spiegel* kann geradezu als Versuch gelten, im Medium der fiktionalen Erzählung Iselins Annahmen zu hinterfragen, wenn nicht gar zu widerlegen. Denn während Iselin eine aufsteigende Linie der Menschheitsentwicklung konstruierte,[613] betont Wieland gerade die Schwierigkeiten und Widerstände, mit denen sich Aufklärungsprozesse konfrontiert sehen. In seiner Rezension des *Goldnen Spiegels* äußert sich Iselin bezeichnenderweise nicht zur Geschichtsphilosophie des Romans, deren Verfallsaffinität er wohl nicht bemerkte.[614]

4.5.3.2 Natur, Geschichte, Staatlichkeit: Zu den anthropologischen Prämissen des *Goldnen Spiegels*

Der zentrale Bezugspunkt im *Goldnen Spiegel* ist die Natur: Die Glückseligkeit eines Gemeinwesens lässt sich nach dem Grad seiner Naturnähe bzw. -ferne bemessen. Während etwa die „Kinder der Natur" in Danischmendes Beispielgeschichte glücklich und gesund leben, leiden die Untertanen des Despoten Azor; der Musterherrscher Tifan orientiert sich hingegen an der Natur, und auch sein

---

609 Ebd., S. 235.
610 Schings: Der Staatsroman im Zeitalter der Aufklärung, S. 151.
611 Vgl. Wieland: [Selbstrezension], S. 328.
612 Vgl. zu Wielands Spott über Iselins Geschichtsphilosophie Gelzer: „Immer aber werden wir einander lieben können, wenn schon unsre Denkungsart immer ungleich bleiben sollte", S. 248.
613 Vgl. Sommer: Geschichte als Trost, S. 118, zu den „starken metaphysischen Vorannahmen", die Iselin „das Postulat einer Fortschrittsgeschichte" ermöglichten.
614 Abgedruckt in Wieland: Der goldne Spiegel und andere politische Dichtungen, S. 748–756.

Herrschaftssystem ist Ausfluss seiner Naturnähe. Es besteht also eine untrennbare Verbindung zwischen Kulturkritik und politischer Programmatik: Der Nexus von kultureller Verfeinerung, Luxus, moralischem Niedergang, katastrophischer Auflösung des Staates und seiner Neugründung auf Basis natürlicher Tugend gehört zu den Kernbeständen von Wielands politischem Denken. Dabei besteht eine Verbindung zwischen der menschlichen Natur und der Entwicklung der menschlichen Gesellschaft: Wielands historische und politische Überlegungen sind immer anthropologisch fundiert.

4.5.3.2.1 Alternative Kulturdiagnosen: Wieland und Rousseau

Eine solche historisch-genetische Betrachtung von staatlicher Organisation findet sich bereits in den Schriften des jungen Wieland. In der für seine Schüler in Zürich verfassten *Einleitung in die Kenntniß der itzigen Staaten in Europa* (1758) beharrt der Autor darauf, dass zur „Kenntniß eines Staats" zunächst die „Kenntniß seines Ursprungs, der mit ihm vorgefallenen Veränderungen" unabdingbar sei.[615] Er mustert die historische Entwicklung von den alten Ägyptern und Phöniziern bis zum Europa seiner Gegenwart; der weitgespannte Bogen dient Wieland dazu, „Allgemeine Maximen der gesunden Politik, auf welche sich das wahre Interesse der Völker gründet",[616] von „Allgemeine[n] historische[n] Beobachtungen, aus welchen die politische Conduite der Staaten erklärt werden kann",[617] abzugrenzen.

An dieser weitgehend aus statistischen – also staatenkundlichen –[618] Einführungen wie Georg Christian Gebauers *Grund-Riß zu einer Umständlichen Historie der vornehmsten Europäischen Reiche und Staaten* (1733) kompilierten statistischen Erziehungsschrift des jungen Wieland zeigen sich bereits die Problemstellungen, die auch sein Schreiben der 1770er Jahre umkreisen sollte. So sieht er einerseits die historische Entwicklung der europäischen Staatenwelt als Degenerationsprozess, der insbesondere durch den Luxus verursacht werde, be-

---

615 Christoph Martin Wieland: Einleitung in die Kenntniß der itzigen Staaten in Europa. Anno 1758. In: Wielands Werke. Bd. 4: Prosaische Jugendwerke. Hrsg. von Fritz Homeyer und Hugo Bieber. Berlin 1916, S. 421–473, hier S. 422.
616 Ebd., S. 454.
617 Ebd., S. 452.
618 Vgl. zur Statistik der Frühen Neuzeit Rassem/ Stagl (Hrsg.): Statistik und Staatsbeschreibung in der Neuzeit; zur Statistik im 18. Jahrhundert vgl. Lars Behrisch: Die Berechnung der Glückseligkeit. Statistik und Politik in Deutschland und Frankreich im späten Ancien Régime. Ostfildern 2016 (Beihefte der Francia. Bd. 78); Lars Behrisch (Hrsg.): Vermessen, Zählen, Berechnen. Die politische Ordnung des Raums im 18. Jahrhundert. Frankfurt/New York 2006 (Historische Politikforschung. Bd. 6).

4.5 Anthropologie, Politik, Geschichte — 363

teuert aber zugleich, dass insgesamt ein Blick auf die historischen Abläufe die begründete Hoffnung auf eine kontinuierliche Aufwärtsbewegung wecke. Dabei geht der Autor von einem unmittelbar bevorstehenden Kippmoment aus, auch wenn bislang „auf eine jede Verbesserung des allgemeinen Zustands allemal eine Verschlimmerung erfolgt" sei.[619] Dennoch sei spürbar,

> daß die Summe der Veränderungen ins Bessere die Summe der Verschlimmerungen übersteigt, und daß der gegenwärtige Zustand eine gegründete Hoffnung zu einer beträchtlichen Verbesserung des künftigen macht, ob diese gleich nicht anders als durch gewaltsame Erschütterungen erkauft werden kann.[620]

Aus der Retrospektive hat es den Anschein, als gehe der junge Wieland hier von bevorstehenden Revolutionen aus. Die Erdbeben-Metapher deutet auf ein deterministisches Konstrukt: Das Übermaß an Luxus stimuliere zwangsläufig ein reinigendes Gewitter, nach dem ein Neuanfang möglich sei. Für Wieland besteht ein kausaler Zusammenhang zwischen Luxus, moralischer Korruption und purgierender „Catastrophe":

> Die natürliche Folge des Luxus, wenn er auf den höchsten Grad gestiegen ist, ist der gänzliche Zerfall und Untergang eines Staats; nicht nur weil derselbe nach und nach alle Quellen des Reichthums und der Macht eines Staats erschöpft, sondern vornehmlich, weil er alle Bande der bürgerlichen und politischen Gesellschaft auflöst, die Ehrfurcht für die Gesetze aufhebt und das Gefühl der gegenwärtigen Pflichten erstickt. Dieses ist der Grund, aus welchem einige mit der größten Wahrscheinlichkeit eine bevorstehende allgemeine Catastrophe in allen Staaten von Europa geweissaget haben. Was aus einer solchen Zerrüttung herauskommen werde, läßt sich zwar nicht gewiß bestimmen, doch ist vermuthlich, daß wenn die Verschlimmerung auf den höchsten Grad gestiegen, eine Verbesserung darauf erfolgen müsse.[621]

Diese Geschichtskonstruktion, die ökonomische und moralische Diagnosen engführt, weist auf Wielands Schriften der 1770er und frühen 1780er Jahre voraus, die im Zeichen Rousseaus, genauer: im Kontext einer ‚einfühlenden Widerlegung'

---

[619] Das steht in eigentümlichem Kontrast mit der Feier der europäischen Ordnung und der „balance of power", die sich segensreich auswirke. Vgl. Wieland: Einleitung in die Kenntniß der itzigen Staaten in Europa, S. 456 f. Dabei verteidigt er die neue starke Rolle Preußens; es sei „also klar, daß das Etablissement der preußischen Monarchie und der Anwachs derselbigen zu derjenigen Größe, die eine Monarchie haben muß, für das allgemeine Beste von Europa höchst vortheilhaft und nur denen zwoen Mächten nachtheilig wäre, an deren engester Einschränkung allen übrigen gelegen ist" (ebd., S. 463), also Österreich und Frankreich.
[620] Ebd., S. 452.
[621] Ebd., S. 451.

des Genfer Philosophen stehen. Ihre Bedeutung für das Werk Wielands und gerade auch für den etwa zeitgleich entstandenen *Goldnen Spiegel* kann kaum überschätzt werden: Der Roman nimmt Gedanken wieder auf, die der Autor in seinen Erfurter Jahren in produktiver Auseinandersetzung mit der Philosophie Rousseaus entwickelte, insbesondere in dem Roman *Sokrates mainomenos oder Die Dialogen des Diogenes von Sinope* (1770) und den sowohl essayistischen als auch narrativen *Beyträgen zur Geheimen Geschichte des menschlichen Verstandes und Herzens* (1770).[622] Wieland selbst rückte den *Goldnen Spiegel* in diesen Zusammenhang, wenn er an seinen Verleger schrieb, dass er „gewisser maßen eine Fortsetzung der *Beyträge*" sei.[623] In den *Beyträgen* setzte sich Wieland kritisch mit Rousseau auseinander.[624] Im Gegensatz zu dem Genfer Kulturkritiker, dessen misanthropische Philosophie Wieland aus seinen Lebensumständen herleitet, entwirft er ein positives Bild kulturellen Fortschritts. Der Mensch sei immer ein geselliges Wesen; bereits im Naturzustand sei ein Trieb zur Geselligkeit wirksam, so dass die Kulturentwicklung notwendig erfolge. Es gibt für Wieland also keinen Sprung vom Natur- in den Kulturzustand, sondern nur einen allmählichen Übergang; wo dieser nicht stattgefunden hat, liegt es an den widrigen klimatischen oder politischen Umständen. Ähnlich wie Rousseau bezieht Wieland seine empirische Basis aus ethnographischem Wissen, das er allerdings grundlegend anders interpretiert als Rousseau.[625] Für ihn besteht kein Zweifel, „,daß die Menschen, aller Wahrscheinlichkeit nach, von Anfang an in Gesellschaft gelebt,' – und | ,daß der Urheber der Natur, ohne der Ordnung derselben Gewalt anzuthun, Mittel genung gehabt habe, dem Menschen die Entwicklung seiner Fähigkeiten und die Erfindung der dazu nöthigen Mittel zu erleichtern.'"[626]

Somit besteht kein kategorialer, sondern nur ein gradueller Unterschied zwischen dem Menschen im Natur- und Kulturzustand. Allerdings erfolgt daraus

---

[622] Vgl. Christoph Martin Wieland: Beyträge zur Geheimen Geschichte des menschlichen Verstandes und Herzens. Aus den Archiven der Natur gezogen. In: Wielands Werke. Bd. 9.1, S. 107–305. – Vgl. Erhart: Entzweiung und Selbstaufklärung, S. 189–206; Ders.: „Was nützen schielende Wahrheiten?" Rousseau, Wieland und die Hermeneutik des Fremden. In: Herbert Jaumann (Hrsg.): Rousseau in Deutschland. Neue Beiträge zur Erforschung seiner Rezeption. Berlin/New York 1995, S. 47–78; Gideon Stiening: Glück statt Freiheit – Sitten statt Gesetze. Wielands Auseinandersetzung mit Rousseaus politischer Theorie. In: Wieland-Studien 9 (2016), S. 61–103.
[623] Christoph Martin Wieland: Brief an Philipp Erasmus Reich in Leipzig, 9.3.1771. In: Wielands Briefwechsel. Bd. 4, S. 270–273, hier S. 270.
[624] Vgl. zu den *Beyträgen* die konzisen Ausführungen von Baudach: Planeten der Unschuld – Kinder der Natur, S. 506–542, an denen sich meine Überlegungen im Folgenden orientieren.
[625] Für Wieland hemmen entweder politische und geographische Umstände die menschliche Entwicklung. Vgl. Wieland: Beyträge, S. 230.
[626] Ebd.

keine Apologie des Status quo: Ganz im Gegenteil sieht auch Wieland die negativen Auswüchse der Kulturentwicklung, lehnt es aber ab, sie durch eine kategorielle Naturferne des modernen Menschen zu erklären. Vielmehr sind auch sie die natürliche, aber bedauerliche und zu korrigierende Konsequenz menschlicher Anlagen und Triebe.

Wie Rousseau sieht auch Wieland die Formen menschlichen Zusammenlebens kritisch. Die Ursachen für negative Erscheinungen sind für ihn aber in der Gesellschaft zu korrigieren. Wenn Menschen leiden, liegt es für Wieland an der verderblichen Ausprägung des Staates, nicht an der Existenz von Staaten schlechthin. So entstehen für Wieland alle „*Verderbnisse* der Menschheit [...] aus zween Hauptwurzeln [...], – der *Unterdrückung*, und der *Ausgelassenheit*".[627] Während die Unterdrückung „Muthlosigkeit, Feigheit, Trübsinn, Aberglauben, Heucheley, Niederträchtigkeit, Hinterlist, Ränkesucht, Neid und Grausamkeit" hervorbringt, bewirkt die Ausgelassenheit „alle Arten von Üppigkeit und Unmäßigkeit, Muthwillen, fanatische Schwärmerey, Herrschsucht und Gewaltthätigkeit".[628] Weil die Ausgelassenheit aus der Unterdrückung hervorgeht, liegt in der humanen Einrichtung des Staates der Ansatzpunkt, um die moralische Depravation und damit auch den letztendlichen Niedergang des Staates zu verhindern: So würden „die Verderbnisse von der zweyten Classe von selbst wegfallen, wenn denen von der ersten durch das einzige mögliche Mittel, durch eine *weise Staatseinrichtung* und *Gesetzgebung*, vorgebauet" würde.[629]

Die *Beyträge* thematisieren (was oft übersehen wird) grundsätzliche politische Fragen: Eine Verbesserung der äußeren Umstände sei nicht möglich, „so lange die menschliche Natur unter den Fesseln seufzt, die ihr die *Tyrannie* in gewissen Jahrhunderten und in gewissen Strichen des Erdbodens angeworfen haben".[630] Folglich entwirft Wieland ein Reformprogramm, das einen weisen und mächtigen Gesetzgeber ins Zentrum stellt. Nur dieser könne einen Staat so organisieren, dass seine Bewohner der menschlichen Natur gemäß und in harmonischer Weise existieren könnten:

> Daß diese *gründliche Verbesserung*, bey einem jeden Volke, demjenigen Fürsten aufbehalten sey, der zu gleicher Zeit *Weisheit und Macht* genug haben werde, eine *Gesetzgebung* zu bewerkstelligen, wo die wahren Triebfedern der menschlichen Natur auch die Triebfedern des Staats sind; wo die möglichste Freyheit mit der wenigsten Ungelegenheit erzielt, und keine Gewalt geduldet wird, die ein anderes Interesse hat, als das Interesse des gemeinen Wesens; wo die verschiedenen Stände und Classen der Nation zu ihrer Bestimmung durch die wei-

---

627 Ebd., S. 243.
628 Ebd.
629 Ebd., S. 243f.
630 Ebd., S. 244.

> sesten Institute gebildet werden, und die Gesetze nicht als *Gesetze*, sondern als *Gewohnheiten* ihre Würkung thun; wo die Religion den großen Zweck der allgemeinen Glückseligkeit immer befördert, niemals hemmet, und ihre Diener geehrt und wohl gepfleget werden, aber, gleich den Männchen im Bienenstaate, keinen *Stachel* haben; wo mehr Bedacht darauf genommen wird, die Tugend aufzumuntern als zu bezahlen, und dem Laster so gut vorgebauet ist, daß die Gerechtigkeit nur selten strafen muß; wo allgemeiner Fleiß allgemeine Fülle hervorbringt; wo der Genuß der Gaben der Natur und der Kunst, der Bequemlichkeiten und Freuden des Lebens den Sitten unnachtheilig, und nicht bloß der Antheil einer kleinen Anzahl privilegirter Glücklichen ist; mit einem Worte, wo dieser letzte Wunsch eines jeden Menschenfreundes *felicitas publica* nicht nur auf Gedächtnißmünzen und Ehrenpforten, sondern in den Gesichtern aller Bürger geschrieben steht: – – eine Gesetzgebung, deren Möglichkeit nur solche läugnen können, welche entweder unfähig oder ungeneigt sind, zu ihrer Realisierung mitzuwürken[.][631]

Ziel ist also ein ideales Gemeinwesen, in dem sich Staat und Kirche verbunden haben, um die Glückseligkeit der Untertanen sicherzustellen. Zwar gebraucht Wieland hier das gängige Vokabular des kameralistischen Diskurses – die Rede ist von den Triebfedern des Staates, von einem weisen und zugleich mächtigen Gesetzgeber, einem *roi philosophe*, der die ‚Maschine' entsprechend einrichte[632] –, doch ist der Bezugspunkt ein anderer: Indem er sein System anthropologisch fundiert, distanziert er sich von den Steuerungsfantasien, die der Domestizierung der menschlichen Natur dienten. Hier liegt ein positives Bild menschlicher Vermögen vor, die mit geringstmöglicher Einwirkung in die richtigen Bahnen gelenkt werden sollen.

Man kann mit einiger Berechtigung diese Ideen als den gedanklichen Hintergrund des *Goldnen Spiegels* sehen. Allerdings handelt es sich nicht einfach nur um die Beschreibung ihrer Umsetzung: Bereits auf den ersten Blick fallen neben den eklatanten Übereinstimmungen auch gravierende Differenzen ins Auge, die insbesondere das Verhältnis von staatlicher Lenkung und individueller Freiheit betreffen. So verlässt Wieland zwar als Theoretiker die Bahnen der kameralistischen Beglückungsdoktrin, als Romanautor mit empirischem Anspruch entwirft er aber Szenarien, die noch immer auf die ‚policeystaatliche' Regulierungswut verweisen.

---

631 Ebd., S. 244f.
632 Vgl. Stollberg-Rilinger: Der Staat als Maschine, S. 129: „Legt man nun den Maßstab mechanischen Funktionierens an den Staat als Ganzen an, so bedeutet dies im historischen Kontext des 18. Jahrhunderts die politische Option für die zentralistisch-bürokratisch regierte und verwaltete, von aller – vor allem traditionell ständischer – Partizipation gereinigte absolute Monarchie."

4.5.3.2.2 Luxuskritik und Naturstandsutopie im *Goldnen Spiegel*

Mit seiner Luxuskritik schreibt sich Wielands *Goldner Spiegel* in eine zentrale Debatte des 18. Jahrhunderts ein, die Ökonomie und Ethik verbindet.[633] Sie kreist um die Frage, ob und inwiefern zunehmende Verfeinerung der Gesundheit eines Staatskörpers schädlich sei bzw. ob und wie die Obrigkeit regulierend eingreifen solle und verbindet auf diese Weise moralische und ökonomische Fragen.[634]

Im Verlauf des 18. Jahrhunderts wurde der Luxus im Zuge einer allmählichen Loslösung von tradierten Luxuria-Vorstellungen zunehmend positiver, zumindest aber differenzierter bewertet:[635] Fénelons vehemente Luxuskritik in der Salente-

---

[633] Vgl. den Überblick bei Istvan Hont: The early Enlightenment debate on commerce and luxury; Shovlin: The Political Economy of Virtue; Christopher J. Berry: The Idea of Luxury: A Conceptual and Historical Investigation. Cambridge 1994 (Ideas in Context. Bd. 30), S. 126–176; Rainer Wirtz: Kontroversen über den Luxus im ausgehenden 18. Jahrhundert. In: Jahrbuch für Wirtschaftsgeschichte 37 (1996), H. 1, S. 165–175; Theo Jung: Zeichen des Verfalls. Semantische Studien zur Entstehung der Kulturkritik im 18. und frühen 19. Jahrhundert. Göttingen 2012 (Historische Semantik. Bd. 18), S. 123–169; eine breitere Perspektive bietet der Sammelband von Maxine Berg/Elizabeth Eger (Hrsg.): Luxury in the Eighteenth Century. Debates, Desires and Delectable Goods. Basingstoke/New York 2003.
[634] Vgl. Ulrich-Christian Pallach: Materielle Kultur und Mentalitäten im 18. Jahrhundert. Wirtschaftliche Entwicklung und politisch-sozialer Funktionswandel des Luxus in Frankreich und im Alten Reich am Ende des Ancien Régime. München 1987 (Ancien Régime, Aufklärung und Revolution. Bd. 14), S. 2, der zeigt, dass die Kritik am Luxus „moralisch" „ökonomisch" und „schließlich auch ordnungspolitisch" begründet wurde.
[635] Vgl. Hont: The early Enlightenment debate on commerce and luxury, S. 380: „For its critics, luxury was the product of extreme inequality, the sacrifice of the countryside for the cities, the cause of depopulation, the nemesis of courage, honour, and love of country. For its defenders, luxury was an engine of population growth, higher living standards, the circulation of money, good manners, the progress of the arts and sciences, and, last but not least, the power of nations and the happiness of citizens." – Vgl. Christine Weder/Maximilian Bergengruen: Moderner Luxus. Einleitung. In: Diess. (Hrsg.): Luxus. Die Ambivalenz des Überflüssigen in der Moderne. Göttingen 2011, S. 7–31, hier S. 9: „Um 1700 zeichnet sich eine zunächst vornehmlich ökonomisch akzentuierte Aufwertung des Überflusses ab. Die Theoretiker der Moderne erkennen, dass die Zirkulation von Reichtümern nur unter der Bedingung der Produktion von Überflüssigem funktioniert, und verweisen vermehrt auf die Vorteile des Luxus als Triebfeder von Nachfrage, technischem Fortschritt, erhöhter Beschäftigung und Export, mithin der Prosperität der Gesellschaft." – Zedlers Universal-Lexicon vertritt 1746 eine tradierte Vorstellung: „Uippigkeit, ist ein Mißbrauch und eine Verschwendung der göttlichen Gaben zu Verderbung der Gesundheit, und zu Unterhaltung der Laster, welche der geselligen Erhaltung unser selbst zuwieder ist. Dahero ein jeder, der das Recht eines bequemen Lebens hat, dennoch Faulheit und Wollust zu fliehen, und dargegen durch Arbeit und Mäßigkeit eine gesunde Munterkeit seines Leibes immerzu beyzubehalten, durch die Gesetze einer geselligen Selbst-Liebe verbunden ist, um nicht der menschlichen Gesellschaft eine blosse Last, und hierdurch sich selbst die gröste zu seyn." [Johann Heinrich Zedler:] Grosses

Episode des *Télémaque* rief entschiedene Kritiker auf den Plan, darunter Voltaire und Hutcheson, die in der Nachfolge von Mandevilles *Fable of the Bees* (1714) den Luxus als Motor der menschlichen Fortentwicklung anpriesen.[636] Systematisiert wurden derartige utilitaristischen Überlegungen von Jean-François Melon, der in seinem *Essai politique sur le commerce* (1734) die positiven Auswirkungen des Luxus beschreibt, der die Einwohner eines Staates zur Arbeit ansporne.[637] Nichts sei weniger korrekt als die tradierte Vorstellung, dass Luxus zu Überfeinerung und Faulheit führe: „Le Luxe est une somptuosité extraordinaire que donnent les richesses & la sécurité d'un Gouvernement; c'est une suite nécessaire de toute Société bien policée."[638] Ähnlich hatte Melon bereits 1729 in seinem von Wieland aufmerksam rezipierten didaktischen Roman *Mahmoud le Gasnévide* argumentiert.[639]

Montesquieu wiederum bindet im *Esprit des lois* seine Wertung des Luxus an die Regierungsform. In Monarchien, so sein Fazit, sei Luxus unvermeidbar, weil wegen der Staatsverfassung die Vermögen ungleichmäßig verteilt seien.[640] Weitaus schädlicher sei die Armut: „Les républiques finissent par le luxe; les monarchies, par la pauvreté."[641] Der einschlägige *Encyclopédie*-Artikel von Saint-Lambert bündelt die Positionen und plädiert für eine differenzierte Sicht auf die Sachverhalte: Nicht der Luxus an sich sei schädlich – es sei geradezu anthropologisch notwendig, nach Luxus zu streben –, sondern schlechte Staatsverfassungen, die zu seinem Missbrauch führten, indem sie die menschliche Leidenschaften zu Lasten des Gemeinschaftsgefühls ausarten ließen: „Il faut toutes ces passions soient subordonnées à l'esprit de communauté; lui seul les maintient dans l'ordre, sans lui elles porteroient à de fréquentes injustices & feroient des ravages."[642]

Diese Spannweite des Konzepts steht im Hintergrund von Wielands Roman, der versucht, den gesellschaftlich noch produktiven Grad der Verfeinerung zu bestimmen.[643] Die Binnengeschichte führt die negativen Folgen zu großer Ver-

---

vollständiges Universal-Lexicon aller Wissenschafften und Künste [...]. 64 Bde. Halle/Leipzig 1742–1754, hier Bd. 48, Sp. 1691.
636 Vgl. Hont: The early Enlightenment debate on commerce and luxury.
637 Vgl. ebd., S. 412.
638 [Jean-François Melon:] Essai politique sur le commerce. o. O. 1734, S. 130.
639 Vgl. [Melon:] Mahmoud le Gasnevide, S. 66, S. 69–72.
640 Vgl. Montesquieu: De l'esprit des lois, S. 336 (VII.4).
641 Ebd., S. 337 (VII.4).
642 [Jean-François de Saint-Lambert:] Luxe. In: Encyclopédie. Bd. 9. Neuchâtel 1765, S. 763–771, hier S. 766.
643 Auch der von Wieland nach Erfurt empfohlene Kameralwissenschaftler Springer hatte sich in einer Kombination aus ökonomischen und moralischen Argumenten gegen den Luxus bzw.

4.5 Anthropologie, Politik, Geschichte — 369

feinerung vor, denen mit Danischmendes Utopie der Kinder der Natur ein Gegenmodell an die Seite gestellt wird. Tifans Idealstaat zeigt schließlich eine zumindest temporär mögliche Versöhnung. Es geht also nicht um die radikale Abwehr des Luxus wie im *Télémaque*, sondern um eine vermittelnde Position, die in dem vielstimmigen Text ausgehandelt wird.

Die Binnenhandlung des *Goldnen Spiegels* führt die Luxusthematik früh und ausführlich ein, ja sie bietet geradezu eine Synthese der Luxusdebatten der Aufklärung.[644] Verantwortlich für die Verfeinerung ist die „schöne Lili", die Favoritin eines der ephemeren ungenannten Könige:

> Niemals ist eine größere Gönnerin der Künste gewesen, als die schöne Lili. Sie führte den Seidenbau in Scheschian ein, und zog eine Menge Persischer, Schinesischer und Indianischer Künstler herbey, welche durch Ihren Vorschub alle Arten von Manufacturen zu Stande brachten. Die Scheschianer lernten *unter ihrer Regierung* – dieß ist der eigene Ausdruck der Geschichtschreiber – Bequemlichkeiten und Wollüste kennen, von welchen die Meisten noch keinen Begriff gehabt hatten. Man glaubte ihr den Genuß eines neuen und unendlichmal angenehmern Daseyns zu danken zu haben. Sie brachte die Schätze in einen belebenden Umlauf, die in den Schatzkammern der vorigen Könige, wie die Leichen der Pharaonen in ihren Pyramiden, auf eine unnützlich-prahlerhafte Weise begraben lagen. Ihr Beyspiel reizte die Großen und Begüterten zur Nachahmung. Die Hauptstadt bildete sich nach dem Hofe, und die Städte der Provinzen nach der Hauptstadt. Erfindsamkeit und Fleiß bestrebten sich in die Wette, den ganzen Staat in eine so lebhafte als heilsame Thätigkeit zu setzen; denn Erfindsamkeit und Fleiß war der gerade Weg zu Überfluß und Gemächlichkeit, und wer wünscht nicht so angenehm zu leben als möglich? Die wohlthätige Lili machte die Einwohner von Scheschian auch mit den Reizungen der Musik und der Schauspiele bekannt; und so nachtheilig in der Folge alle diese Geschenke ihrem Wohlstande wurden: so unläugbar ist es, daß sie anfangs eine sehr gute Würkung thaten. So wie sich das *Gefühl* der Scheschianer *verfeinerte*, so *verschönerten* sich auch zusehends ihre *Sitten*.[645]

Der Roman präsentiert hier in großer zeitlicher Raffung eine exemplarische Erzählung über Herkunft und Auswirkungen des Luxus. Er entsteht durch Kulturimport und ist untrennbar verbunden mit Wissenstransfer. Die neu erworbenen Fähigkeiten haben zunächst eine produktive Wirkung, indem sie neue Zweige des produzierenden Gewerbes hervorbringen – hergestellt werden allerdings Güter, die nicht essentiell auf die Grundversorgung ausgerichtet sind. In Anlehnung an merkantilistische Positionen wird diese Luxusindustrie zunächst positiv gewertet, weil sie eine allgemeine Steigerung des Lebensniveaus mit sich bringt, indem sie den Geldumlauf fördert (das Bild der Pyramide, verbunden mit diesem Motiv er-

---

„Ueberfluß" gewandt. Vgl. Johann Christoph Erich Springer: Die Gränzen der Cameral- Oekonomie- Finanz- und Policey-Wissenschaften in ihrer Verbindung. Halle 1767, S. 29–32.
644 Vgl. Fischer: Lusso e vallata felice.
645 Wieland: Der Goldne Spiegel, S. 39f.

innert nicht von ungefähr an Justis *Psammitichus*).⁶⁴⁶ Der Luxus hat darüber hinaus aber auch eine zivilisatorische Kraft: So strahlt der Hof auf die Führungsschichten aus wie die Hauptstadt auf die kleineren Städte. In einem Klima des allgemeinen Wettbewerbs verfeinern sich in allen Orten und in allen Schichten die Sitten.

So weit scheint es, als unternehme der Roman eine Apologie des Luxus. Allerdings macht er entschieden die Gegenrechnung auf: Immer wieder merken Erzählerkommentare an, dass der Luxus von Beginn an den Keim des Untergangs in sich birgt. Darüber hinaus inszeniert er am Beispiel der schönen Lili eine modellhafte Luxusdebatte. Die Gegner des Luxus lehnen den Luxus schlechthin ab: Er zerrütte die Nation, weil er mit dem „Müßiggang die ganze verderbliche Brut der Laster herbeyziehen" werde.⁶⁴⁷

Gegen diese rigorosen und sinnenfeindlichen Positionen stellt Wieland eine gemäßigte Position, die er erfahrenen älteren Männern zuschreibt. Ihre Meinung ist den Lesern aus Wielands *Beyträgen* wohlvertraut. Auch sie gehen von der Schädlichkeit des Müßiggangs aus, konzedieren aber, dass der Hang dazu natürlich sei und der Übergang in einen Zustand des Luxus eine notwendige Phase in der Entwicklung des Menschengeschlechts darstelle.⁶⁴⁸ Daraus kann das Problem entstehen, dass man nicht genug auf die Natur hört und ihre Warnungen ignoriert. Da die meisten Menschen unmündig seien, müsse an dieser Stelle das Gemeinwesen einschreiten: Nötig ist eine Luxusgesetzgebung, die der Natur nachhilft. Lilis Fehler besteht nun gerade darin, dass sie es versäumt, dem Staat eine solche „vollkommne Policey zu geben".⁶⁴⁹

Der Goldne Spiegel schreckt vor simplen Festlegungen zurück und beschreibt zuerst die positiven Auswirkungen dieser Verfeinerung. Kritisiert wird hier nicht die Verfeinerung an sich, sondern ihr Übermaß, entsprechend dem, was Wieland bereits 1758 formuliert hatte.⁶⁵⁰ Dass der Luxus aus dem Ruder gerät, liegt an der

---

646 Vgl. Kap. 4.2.3 dieser Arbeit.
647 Wieland: Der Goldne Spiegel, S. 40.
648 Vgl. ebd., S. 41.
649 Ebd.
650 Vgl. Wieland: Einleitung in die Kenntniß der itzigen Staaten in Europa, S. 450, der den zunehmenden Luxus als Folge der europäischen Expansion in der Frühen Neuzeit auffasst: „Nach und nach eiferten die europäischen Manufacturen mit den asiatischen in die Wette, der Fleiß und die Handlung brachte den Reichthum, der Reichthum die Üppigkeit, die Üppigkeit eine unendliche Menge eingebildeter Bedürfnisse und diese letzteren eine ebenso große Menge neuer Künste und Erfindungen hervor, die den Witz und den Fleiß des arbeitsamen Theils der Nationen in Bewegung setzen. Die schönen Künste mußten natürlicher Weise hiebey gewinnen; der Geschmack wurde in allen Sachen immer feiner, man lernte neue Bequemlichkeiten und neue Vergnügungen kennen; allein die natürlichen Folgen einer beym ersten Anblick so glücklichen

nicht vorhandenen Steuerung von oben – ein Staat, der mit der nötigen Einsicht in die menschliche Natur organisiert worden sei, könne den Auswüchsen vorbeugen – ein Gedanke, der sich mit den Ausführungen Saint-Lamberts über den nötigen Ausgleich der spartanischen bzw. sybaritischen Extreme berührt.[651]

Diesen Gesichtspunkt illustriert die Erzählung von den Kindern der Natur, „eine kleine Geschichte",[652] die Danischmende extemporiert, um Schah-Gebal sowohl die verderblichen Wirkungen zu großer Überfeinerung als auch einen möglichen Ausgleich zu demonstrieren. Er erzählt von einem noch recht jungen Emir, einer Spiegelfigur Schah-Gebals, der seine Gesundheit durch körperliche Ausschweifungen ruiniert hat; nach einem Überfall sieht er sich auf sich allein gestellt und gelangt mühsam zu einem schönen Tal inmitten eines öden Gebirges. Dort trifft er auf ein kleines Volk ausgesucht schöner Menschen, die in einer harmonischen und ästhetischen Umgebung gesund und glücklich leben. Sie befinden sich im Einklang mit der Natur insofern sie ihren Trieben folgen, diese aber mäßigen. Ein würdiger Greis berichtet dem erstaunten Emir von Einrichtung und Ursprung ihres Gemeinwesens, das auf den weisen Gesetzgeber Psammis zurückgeht, der als Fremder dem abgeschieden lebenden Volk eine hedonistische Sittenlehre beibrachte.

Dabei dient der Schönheitstrieb als Triebfeder seiner Bewohner. Montesquieu ordnete bekanntlich den verschiedenen Staatsformen je eigene Triebfedern ihrer Untertanen zu: der Despotie die Furcht, der Monarchie die Ehre und der Republik die Tugend. Den Trieb zur Schönheit sucht man bei ihm vergebens – ein deutliches Indiz dafür, dass sich Wieland mit seiner Utopie außerhalb der gängigen Staatstypologien positioniert, dabei aber an der ‚Triebfedernlehre' festhält. Damit ist aber auch markiert, dass es sich um ein Idealmodell von begrenzter Übertragbarkeit handelt. Psammis richtet Statuen der Grazien auf, „im Angesicht derer die Naturkinder die von den Statuen repräsentierten Tugenden Freude, Liebe und Unschuld sinnlich erfahren, das Wesen der Humanität also nicht verstandesmä-

---

Veränderung, die Verderbniß der Sitten und die Unterdrückung der Tugend waren unausbleiblich."

651 Vgl. Saint-Lambert: Luxe, S. 771: „[J]e prie les lecteurs de se dépouiller également des préjugés de Sparte & de ceux de Sybaris; & dans l'application qu'ils pourroient faire à leur siecle ou à leur nation de quelques traits répandus dans cet ouvrage, je les prie de vouloir bien, ainsi que moi, voir leur nation & leur siecle, sans des préventions trop ou trop peu favorables, & sans enthousiasme, comme sans humeur."
652 Wieland: Der Goldne Spiegel, S. 42.

ßig erfassen, sondern empfinden sollen".[653] Die Lehre, gemäß der Natur zu leben, zielt darauf ab, bei Befriedigung aller Triebe jeglichen Exzess zu meiden. Das Ergebnis von Psammis' Lehre ist eine überschaubare Gemeinschaft von fünfhundert Familien, die patriarchalisch organisiert ist. Unter den Kindern der Natur, die sich zunächst als Hirten, dann als Bauern betätigen, herrscht Gleichheit, und auch ihre (ausgesucht schönen) Sklaven werden nicht unterdrückt. Das „Völkchen von ausgemachten Wollüstigen" lebt in Frieden und Freiheit,[654] indem es sich bewusst von der Außenwelt fernhält.

Die Erzählung von den „Kindern der Natur" – „Kulturstandsutopie" und „Naturstandsutopie" zugleich[655] – gestaltet unter Laborbedingungen das Ideal:[656] Es handelt sich um einen gleichsam ästhetischen Staat, der aber so nur unter einer begrenzten Anzahl von Menschen an einem abgelegenen Ort existieren kann. Dass dieser harmonische Zustand aber unter den Bedingungen der Moderne nicht zu imitieren ist, zeigt das Beispiel des Emirs, der nach seiner Rückkehr zum lebensfeindlichen Schwärmer wird und die Luxuskritik zu asketischer Lebens- und Leibfeindlichkeit radikalisiert.[657]

Diese utopische Exempelerzählung besitzt im Kontext der Luxus-Debatte des Romans eine zentrale Bedeutung, weil sie den Ausgleich von Sinnlichkeit und Rationalität so gestaltet, dass die ethisch akzentuierte Sinnlichkeit dominiert. Damit etabliert Wieland aber gerade nicht ein allgemeingültiges Ideal, sondern allenfalls ein unter künstlichen Bedingungen zu realisierendes Modell. So ist vielleicht der Zustand der Kinder der Natur beneidenswert, er ist aber (auch in der Logik der Erzählung) nicht reproduzierbar. Die Utopie hat in dem Roman eine regulative Funktion, insofern sie die Möglichkeiten des Menschen aufscheinen lässt und zeigt, wie unter gewissen Umständen Natur und Kultur versöhnt werden können.

Sie dient darüber hinaus als Anlass, um Maßnahmen der ‚Luxus-Policey' in einem großen Staatswesen zu empfehlen. In kontrafaktischem Modus führt Danischmende aus, wie die schöne Lili den Auswüchsen des Luxus hätte vorbeugen

---

653 Matthias Löwe: Empiristische Skepsis als epochenspezifisches Merkmal spätaufklärerischer Literatur? – Eine Fallstudie zu Wielands *Goldnem Spiegel* und Wezels *Belphegor*. In: Wezel-Jahrbuch. Studien zur europäischen Aufklärung 10/11 (2007/2008), S. 221–254, hier S. 237f.
654 Wieland: Der Goldne Spiegel, S. 66.
655 Baudach: Planeten der Unschuld – Kinder der Natur, S. 595.
656 Vgl. ebd., S. 596: „Sie verkörpern das in der Natur angelegte höchste Ziel der menschlichen Geschichtsentwicklung, nämlich einen Gesellschaftszustand, in dem individuelles und soziales Glück auf höchstem Niveau miteinander in Einklang gebracht und dauerhaft stabilisiert sind und in dem Natur und Kultur keinen Gegensatz mehr bilden."
657 Vgl. Wieland: Der Goldne Spiegel, S. 67.

können – die Methoden, die er empfiehlt, gehören (wie auch Tifans Reformen, von denen unten die Rede sein wird) in den Kontext des physiokratischen Diskurses. Der Herrscher solle den Landmann ehren und die Landwirtschaft stärken, um so einerseits der Verweichlichung entgegenzuwirken und andererseits die Zahl der Untertanen zu vermehren: Ökonomie und Moral gehörten hier untrennbar zusammen. Wenn der Bauer als der „ächte[] Sohn der Natur" erscheint,[658] wird klar, wie sich Utopie und ökonomischer Diskurs zueinander verhalten: Die Physiokratie bietet die Möglichkeiten, dem in der Utopie entworfenen Ideal möglichst nahe zu kommen.

4.5.3.2.3 Tifans Erziehung zum ganzen Menschen

Wenn Wieland das Bild eines allgemeinen Sittenverfalls zeichnet, der schließlich zur Auflösung staatlicher Strukturen, ja zum Bürgerkrieg führt, stellt sich die Frage, wie unter diesen ungünstigen Umständen ein geeigneter Thronfolger erzogen werden kann. Selbst Schah-Gebal erkennt, dass der Hof Isfandiars kein geeigneter Ort sei, um Tugenden und politische Fähigkeiten zu vermitteln.[659]

Die Lösung, die der Roman anbietet, besteht darin, den Prätendenten fernab vom Hof zu erziehen. Tifan, ein Neffe des Königs Isfandiar, wird nicht nur von der moralisch korrupten und korrumpierenden Sphäre der Residenz ferngehalten, sondern ist darüber hinaus nicht über seine wahre Herkunft im Bilde: Er hält sich für den Sohn des weisen Dschengis, der tatsächlich in einem selbstlosen Akt des Patriotismus seinen eigenen Sohn geopfert hat, um im Ernstfall einen fähigen Herrscher aus der legitimen Dynastie auf den Thron setzen zu können.[660] Auch die Scheschianer wissen nicht, dass sich Tifan noch am Leben befindet.

Wieland schließt damit an eine im politischen Erzählen bereits stereotype Tradition an, die postuliert, dass der Erziehung zum Herrscher die Erziehung zum Menschen vorangehen müsse. So hatte bereits Fénelon die Geschichte der moralischen Besserung Télémaques erzählt, die ihn erst zum Thron befähigt, und auch Terrassons Sethos erlangt unter dem Einfluss der ägyptischen Priester einen hohen Grad an Tugend und Weisheit. Während sich Télémaque und Sethos zu jeder Zeit über ihre Herkunft im Klaren sind, schildert ein Handlungsstrang von Ramsays *Voyages de Cyrus* den Werdegang eines Herrschers, der deutliche Parallelen zu der Konstellation des *Goldnen Spiegels* aufweist. Im siebten Buch des Romans berichtet Aménophis in einer intradiegetischen Erzählung von dem

---

658 Ebd., S. 78.
659 Vgl. Wieland: Der Goldne Spiegel, S. 218.
660 Vgl. Müller: Der verborgene Prinz.

phönizischen Prinzen Ecnibal, der in Unkenntnis seines Standes aufwächst und eben deswegen zum umso besseren Herrscher wird:[661] Um einem Mordanschlag seines herrschsüchtigen Onkels zuvorzukommen, täuscht Ecnibals Erzieher den Tod des Kindes vor und bringt es in eine einsame ländliche Gegend in Sicherheit, wo es unter falschen Namen aufwächst. Ecnibal erlebt in Unwissenheit seiner Herkunft eine Reihe von Abenteuern, ehe er den tyrischen Thron besteigen kann. Über die Details seiner Erziehung erfährt der Leser nichts, sehr wohl aber über die positive Wirkung der langen Unkenntnis seines Standes und den läuternden Effekt des Leids: Sie werde verhindern, so die Einschätzung des weisen Ägypters Aménophis, dass er sich vom allgemeinen Besten abwenden werde.[662]

Geht es bei Fénelon und Ramsay, die die spirituell läuternde Wirkung früher Entbehrungserfahrungen hervorheben, um die Erziehung zu Demut, stehen bei dem für Wieland ungleich wichtigeren Louis-Sébastien Mercier die sozialen Aspekte im Zentrum. Auch Mercier berichtet im 37. Kapitel seiner Utopie *L'an 2440* (1770) von der Erziehung des Thronerben,[663] der bewusst in Unkenntnis seiner Herkunft erzogen wird:[664] „L'héritier du trône n'est point à la cour, où quelques flatteurs oseroient peut-être lui persuader qu'il est plus que les autres hommes et que ceux-ci sont moins que des insectes; on lui cache soigneusement ses hautes destinées."[665] Anders als bei Ramsay und Wieland handelt es sich hier um ein staatlich institutionalisiertes pädagogisches Programm, das sicherstellen soll, dass der Prinz, „vêtu comme le fils d'un paysan",[666] einen unverstellten Blick auf die sozialen Realitäten des Staates bekommt und so die seinem Stand abträglichen schädlichen Vorurteile insbesondere über die Landbevölkerung gar nicht

---

661 Vgl. Ramsay: Les Voyages de Cyrus. Bd. 2, S. 82: „Je lui répondis que ses propres lumieres suffisoient pour remplir ses devoirs, & que ses malheurs passés serviroient à lui faire éviter les écueils de l'autorité suprême."
662 Vgl. ebd., S. 75–81.
663 Vgl. Sommer: Sinnstiftung durch Geschichte?, S. 268–291.
664 Vgl. Louis-Sébastien Mercier: L'an deux mille quatre cent quarante. Rêve s'il en fut jamais. Hrsg. von Raymond Trousson. Bordeaux 1971. Vgl. auch die gut kommentierte deutsche Ausgabe: Das Jahr 2440. Ein Traum aller Träume. Deutsch von Christian Felix Weiße (1772). Hrsg., mit Erläuterungen und einem Nachwort versehen von Herbert Jaumann. Frankfurt am Main 1982 (Phantastische Bibliothek. Bd. 50), S. 166–172. Vgl. Herbert Jaumann: Die deutsche Rezeption von Merciers „L'an 2440". Ein Kapitel über Fortschrittsskepsis als Utopiekritik in der späten Aufklärung. In: Harro Zimmermann (Hrsg.): Der deutsche Roman der Spätaufklärung. Fiktion und Wirklichkeit. Heidelberg 1990 (Neue Bremer Beiträge. Bd. 6), S. 217–241.
665 Mercier: L'an deux mille quatre cent quarante, S. 341f.
666 Ebd., S. 342.

4.5 Anthropologie, Politik, Geschichte — 375

erst entwickelt.[667] Topische Motive der Hofkritik mischen sich hier wie bei Wieland mit physiokratischen Ideen, schließlich hat die Aufwertung des Agrarsektors bei Mercier höchste ökonomische Relevanz. Auch die Darstellung von Tifans Erziehung gehört ungeachtet ihrer idyllisierenden Einkleidung zu dem politisch-ökonomischen Komplex, den der *Goldne Spiegel* verhandelt, denn erst durch seine Vertrautheit mit dem Landleben kann der Protagonist die essentielle Funktion der Landwirtschaft für das Gemeinwesen verstehen und entsprechend in politisches Handeln überführen.

In erster Linie aber beziehen sich Mercier und Wieland auf Rousseau. Ebenso wie Wielands Reflexionen über das Verhältnis von Menschheitsgeschichte und Verfall nimmt seine Beschreibung der Erziehung des jungen Tifan rousseauistische Motive auf, allerdings auch hier nicht ungebrochen. Während Wielands geschichtsphilosophischen Überlegungen weitgehend von den ersten beiden *Discours* ausgingen, verraten die pädagogischen Passagen des dritten Teils den Einfluss von Rousseaus *Émile ou de l'éducation* (1762),[668] einem von Wieland hochgeschätzten Text.[669] Von einer kompletten Übernahme des rousseauistischen Erziehungskonzepts kann dabei schon allein deswegen keine Rede sein,[670] weil Rousseau ausdrücklich von der privaten Erziehung handelt und kategorisch leugnet, sein Entwurf sei für die Fürstenerziehung tauglich. Wenn Wieland dennoch bei der Beschreibung von Tifans Erziehung auf rousseauistische Vorstellungen zurückgreift (was übrigens auch der höfischen Erziehungspraxis ent-

---

667 Vgl. ebd.: „On lui fait connaître tous les travaux de la campagne, les ouvrages des manufactures, les productions des divers terrains. Il voit tout de ses propres yeux, il entre dans la cabane des laboureurs, mange à leur table, s'associe à leurs travaux, apprend à les respecter. Il converse familièrement avec tous les hommes qu'il rencontre. On permet à son caractère de se déployer librement et il se croit aussi éloigné du trône qu'il en est près." – Vgl. Müller: Der verborgene Prinz, S. 72: „Die elternferne Erziehung dient der Internalisierung des naturrechtlichen Prinzips der Gleichheit auf den Spuren Rousseaus."
668 Vgl. zu diesem Zusammenhang Gabrielle Bersier: The Education of the Prince: Wieland and German Enlightenment at School with Fénelon and Rousseau. In: Eighteenth Century Life 10 (1986), S. 1–13.
669 Vgl. Christoph Martin Wieland: Brief an Friedrich Just Riedel, 16.12.1768. In: Wielands Briefwechsel Bd. 3. Berlin 1975, S. 563–565, hier S. 563. Dort empfiehlt Wieland Johann Jakob Brechters Ausführungen über Rousseaus *Émile* und Jean Henri Samuel Formeys *Anti-Émile* (1763) zur Publikation und hebt hervor, bei Brechter werde Rousseau „nicht selten gegen seinen kurzsichtigen Gegner verthediget". Zur Veröffentlichung von Brechters *Briefen über den Aemil des Herrn Rousseau* kam es allerdings erst postum 1773. Vgl. zu Brechters *Briefen über den Aemil* Pott [Richter]: Reformierte Morallehren und deutsche Literatur, S. 217–221.
670 Vgl. aber Bersier: The Education of the Prince, S. 5: „Tifan's biography [...] is based entirely on Rousseau's anthropological premises."

spricht),⁶⁷¹ so reiht er sich ein in die Phalanx paradoxaler *Émile*-Rezeptionen.⁶⁷² Dennoch schreibt er nicht gegen Rousseau an, sondern adaptiert sein Modell in der Fiktion für sein Projekt. Hatte Rousseau ausdrücklich den Menschen mit dem Staatsbürger kontrastiert und den „homme naturel" über den „homme civil" gestellt,⁶⁷³ entwirft Wieland explizit ein Erziehungsprogramm für einen künftigen Herrscher. Doch ähnelt das mehrstufige Programm dem Bildungsgang Émiles, der ebenfalls schließlich zum Mitglied der Gesellschaft wird – die natürliche Erziehung wird ihn in die Lage versetzt haben, mündig am Gesellschaftsvertrag zu partizipieren. Sie beginnt bei den Sinnen und führt über Moral und (deistische) Religion hin zur Politik.⁶⁷⁴ Allerdings geht Wieland insofern deutlich über Rousseau hinaus, als er explizit das Ziel einer politischen Bildung verfolgt.

Rousseau beklagt die Trennung aller Bereiche, die zunehmende Spezialisierung, die den ‚ganzen Menschen' deformiere: „Dans l'ordre social, où toutes les places sont marquées, chacun doit être élevé puor la sienne."⁶⁷⁵ Hingegen komme es in der natürlichen Ordnung zunächst darauf an, den Menschen zum wahren Menschen zu erziehen:

> Dans l'ordre naturel les hommes étant tous égaux leur vocation commune est l'état d'homme, et quiconque est bien élevé pour celui-là ne peut mal remplir ceux qui s'y rapportent. Qu'on destine mon élève à l'épée, à l'église, au barreau, peu m'importe. Avant la vocation des parens, la nature l'appelle à la vie humaine. Vivre est le métier que je lui veux apprendre. En sortant de mes mains il ne sera, j'en conviens, ni magistrat, ni soldat, ni prêtre: il sera prémièrement homme; tout ce qu'un homme doit être, il saura l'être au besoin tout aussi bien que qui que ce soit; et la fortune aura beau le faire changer de place, il sera toujours à la sienne.⁶⁷⁶

Dschengis folgt solchen Grundsätzen, indem er darauf abzielt, Tifan zunächst „zum *Menschen*" zu bilden.⁶⁷⁷ Die Erziehung Tifans ist gut geplant und minutiös inszeniert – und nicht zuletzt mit beträchtlichem Aufwand verbunden: Dschengis

---

671 Vgl. Kollbach: Aufwachsen bei Hof, S. 63.
672 Vgl. Wilhelm Voßkamp: „Un Livre Paradoxal". J.-J. Rousseaus ‚Émile' in der deutschen Diskussion um 1800. In: Herbert Jaumann (Hrsg.): Rousseau in Deutschland. Neue Beiträge zur Erforschung seiner Rezeption. Berlin/New York 1994, S. 101–113.
673 Vgl. Jean-Jacques Rousseau: Émile. In: Ders.: Œuvres complètes. Hrsg. von Bernard Gagnebin und Marcel Raymond (Bibliothèque de la Pléiade). Bd. 4. Paris 1969, S. 239–869, hier S. 249.
674 Vgl. Bersier: The Education of the Prince, S. 6.
675 Rousseau: Émile, S. 251.
676 Ebd., S. 251 f.
677 Wieland: Der Goldne Spiegel, S. 218. Das Zitat bezieht sich auf den von Danischmende als Beispiel herangezogenen chinesischen Kaiser.

legt eigens in einem abgelegenen Tal eine agrarische Siedlung an, um seinen Zögling „[v]on der Natur selbst" erziehen zu lassen;[678] die eigentliche politische Bildung folgt in einem zweiten Schritt. Dem politischen Schwerpunkt seines Romans entsprechend, verzichtet Wieland auf die Darstellung der frühen Kindheit Tifans.

Abseits des Hofes und entfernt von den moralisch korrumpierten Städten wächst Tifan in dieser in hohem Maße künstlichen Laboratoriumswirklichkeit zu einem stattlichen Schäfer heran, der den Wert jedes Menschen und jeder Art von Arbeit zu schätzen weiß. Als wahres Kind der Natur folgt er seinen Neigungen, die immer Ausfluss seiner „schöne[n] Seele" sind:[679] Verstand und Gefühl sind bei Tifan in idealer Weise ausbalanciert. Zu dieser allgemein menschlichen Entwicklung gehört die Erfahrung einer tugendhaften Liebe: Tifan heiratet die „*Tochter der Natur*" Tilia und wird Familienvater;[680] und auch von der Religion gewinnt er unter der Anleitung seines Mentors Dschengis klare Begriffe. Wie in Rousseaus *Profession de foi du vicaire savoyard* handelt es sich um deistische Ideen.[681] „*Güte des Herzens*" und allgemeine Sympathie machen Tifan zu einem herausragenden Individuum.[682] Wie bei Rousseau kommt auch bei Wieland der körperlichen Arbeit eine große Bedeutung zu[683] – zum einen bewirkt sie die körperliche Gesundheit des Zöglings, zum anderen verbürgt sie (wie auch bei Mercier) seine Wertschätzung für die arbeitenden Stände.

Auch die im engeren Sinn politische Erziehung Tifans ist mehrstufig aufgebaut: Auf die Auseinandersetzung mit Staatstheorie folgt eine zweijährige Bildungsreise, auf der Tifan und Dschengis eine ganze Reihe von Staaten mustern, um schließlich am Ende mit dem erbärmlichen Zustand des scheschianischen Reichs konfrontiert zu werden.[684] Anders als Fénelon und Ramsay listet Wieland nur negative Beispiele auf: Tifans entschiedener Impuls zum Handeln entspringt aus seiner Erfahrung der eklatanten Dissonanz von Sollen und Sein – das entspricht der angestrebten Wirkung auf den Rezipienten, die Wieland in der Selbstanzeige seines Romans ausführte. Sie kann allerdings nur auf der Grund-

---

678 Ebd.
679 Wieland: Der Goldne Spiegel, S. 226. Vgl. als ersten Überblick Annabel Falkenhagen: Schöne Seele. In: Gert Ueding (Hrsg.): Historisches Wörterbuch der Rhetorik. Bd. 8. Tübingen 2007, Sp. 542–566; ausführlich zum 18. Jahrhundert Marie Wokalek: Die schöne Seele als Denkfigur. Zur Semantik von Gewissen und Geschmack bei Rousseau, Wieland, Schiller, Goethe. Göttingen 2011.
680 Wieland: Der Goldne Spiegel, S. 226.
681 Vgl. Rousseau: Émile, S. 565–635. Vgl. Bersier: The Education of the Prince, S. 7.
682 Wieland: Der Goldne Spiegel, S. 221f.
683 Vgl. Bersier: The Education of the Prince, S. 6f.
684 Vgl. Wieland: Der Goldne Spiegel, S. 239f.

lage eines gefestigten Wertesystems erfolgen: Um die Grausamkeit und Menschenfeindlichkeit der Staatenwelt zu erkennen, muss ein Begriff vom Wert des Menschen und seiner „Bestimmung" existieren,[685] der innerhalb der Gesellschaft nicht vermittelt werden kann. Tifans sorgfältig geplante Erziehung soll also kompensatorisch wirken, indem sie den jungen Prinzen mit Wissen über den wahren Wert des Menschen ausstattet. Auf den berechtigten Einwand Gebals, der immer wieder den Entwurf Danischmendes hinterfragt und auf diese Weise den Status dieser Erzählung als zumindest latent utopisch charakterisiert,[686] präzisiert Danischmende die Stufen politischer Bewusstwerdung des jungen Tifan: Aus dem Gefühl von Ungerechtigkeit erwächst der Drang, selbst im Dienst des Gemeinwesens zu handeln; Dschengis bestärkt ihn darin zunächst mit allgemeinen Hinweisen, um ihn dann unter dem Eindruck der Umwälzungen in Scheschian auf eine öffentliche Rolle vorzubereiten, indem er ihn mit seiner ehemals herausgehobenen Rolle vertraut macht. Seine tatsächliche Herkunft offenbart ihm Dschengis allerdings erst in dem Moment der öffentlichen Akklamation. Tifans Streben nach politischer Macht erwächst mithin aus rein altruistischen Motiven, weil er – zum ‚ganzen Menschen' erzogen – nun für die gesamte Menschheit positiv wirken möchte. Anders als im Falle Agathons spielen egoistische Motive wie Ruhmsucht oder der Drang nach individueller Verwirklichung für Tifan keine Rolle.[687]

Das Motiv der Bildungsreise ist konstitutiv, ja zuweilen strukturbestimmend für den politischen Roman,[688] es findet sich aber ebenso im *Émile:* Wie Tifan wird Rousseaus Protagonist auf einer zweijährigen Reise, die der politischen Erziehung dient und den Ausführungen über den Gesellschaftsvertrag vorangeht, mit dem beklagenswerten Zustand der Welt konfrontiert.[689] Rousseaus Text macht den Bezug zu seinen Vorbildern deutlich: Zu der tatsächlichen Reiseerfahrung seines Protagonisten tritt die Fénelon-Lektüre. Émile solle die Reisen des jungen Télémaque in Gedanken nachvollziehen: „Alors je lui fais lire *Télémaque* et poursuivre sa route: nous cherchons l'heureuse Salente et le bon Idoménée rendu

---

685 Vgl. zu diesem Begriff, der auf Johann Joachim Spalding zurückgeht, die Studie von Laura Anna Macor: Die Bestimmung des Menschen (1748–1800). Eine Begriffsgeschichte. Stuttgart-Bad Cannstatt 2013 (Monographien zur Philosophie der deutschen Aufklärung. Bd. 25), dort S. 146–152 zum jungen Wieland und S. 336 zur Geschichte des Agathon.
686 Vgl. Wieland: Der Goldne Spiegel, S. 240.
687 Vgl. Wieland: Geschichte des Agathon, S. 256: Agathon blickt dort durchaus kritisch auf sein Wirken in Athen zurück, wo die Schmeicheleien der Athener „ohne es an [ihm] selbst zu gewahr zu werden, mit einem geheimen Stolz erfüllten, und die allzuhochfliegende Meinung, die [er] ohnehin geneigt war, von [s]einer Bestimmung zu fassen, bestätigten."
688 Vgl. etwa Fénelons *Télémaque* und Ramsays *Voyages de Cyrus*.
689 Vgl. Bersier: The Education of the Prince, S. 7.

sage à force de malheurs. Chemin faisant nous trouvons beaucoup de Protesilas et point de Philoclès. Adraste Roi des Dauniens n'est pas non plus introuvable."[690] Allerdings markiert Rousseau im gleichen Atemzug den kategorialen Unterschied zu Fénelons literarischem Fürstenspiegel. Bei Émile und seinem Erzieher handele es sich nicht um Könige oder Götter,[691] dennoch seien ihre Reisen wohltätiger als die von Monarchen: „Nous savons que Télémaque et Mentor sont des chiméres."[692]

Wie verhält sich nun Wielands politische Rousseau-Variation zu Rousseaus dezidierter Absage an Traditionen des politischen Erzählens? Liest er den *Émile* gegen den Strich und führt damit die Intentionen Rousseaus ad absurdum?[693] Schließlich betont der Erzähler des *Émile* immer wieder, es gehe ihm nicht um Fürstenerziehung, ja die im Roman geschilderten Verfahren seien für künftige Herrscher geradezu schädlich.[694] Allerdings ist dabei das zeitkritische Moment von ausschlaggebender Bedeutung. Unter Bedingungen der von Degeneration und Egoismus geprägten Moderne ist die beschützende Privaterziehung der einzige Weg, um die Deformation des Individuums zu verhindern: „L'institution publique n'existe plus, et ne peut plus exister; parce qu'où il n'y a plus de patrie il ne peut plus y avoir de citoyens. Ces deux mots, patrie et citoyen doivent être effacés des langues modernes."[695]

Dieses auf das 18. Jahrhundert gemünzte Bild des Sittenverfalls zeichnet auch Wieland in der Binnenerzählung des Romans. Eben weil es keine öffentliche Erziehung gibt, muss der Thronfolger unter künstlich geschaffenen Bedingungen an seine Aufgabe herangeführt werden. Anders als bei Mercier, der die rousseauistische Situation gleichsam institutionalisiert, erzählt Wieland von einem Sonderfall: Der Staat, den Tifan neu gründen wird, zeichnet sich ja gerade durch eine funktionierende öffentliche Erziehung aus.[696]

Dabei inszeniert Wieland einen kunstvollen intertextuellen Dialog mit Rousseau. Jemand, der nach seinen Grundsätzen erzogen worden sei, werde die Krone ablehnen, heißt es bei Rousseau:

---

690 Rousseau: Émile, S. 849.
691 Vgl. ebd.
692 Ebd.
693 So Bersier: The Education of the Prince, S. 8: „There seems to be a fundamental paradox in Wieland's applying to princely education a pedagogical model which, from its originator's standpoint, was designed to form a ‚man' and a ‚citizen', but was totally unfit for a prince."
694 Vgl. Rousseau: Émile, S. 264, S. 849.
695 Ebd., S. 250.
696 Wieland: Der Goldne Spiegel, S. 313.

> Quelqu'un dont je ne connois que le rang m'a fait proposer d'élever son fils. Il m'a fait beaucoup d'honneur sans doute; mais loin de se plaindre de mon refus, il doit se louer de ma discretion. Si j'avois accepté son offre, et que j'eusse erré dans ma méthode, c'étoit une éducation manquée. Si j'avois réussi, c'eut été bien pis. Son fils auroit renié son titre; il n'eut plus voulu être prince.[697]

Wielands Roman entwirft nun genau diese Situation – allerdings nur, um sie sofort zu korrigieren.

Als Tifan von seiner Herkunft erfährt, fleht er seinen Ziehvater an, das Geheimnis auch künftig zu bewahren:

> O du ehrwürdiger, bester alter Mann! laß mich deinen Sohn bleiben! Ich kann es ohne Undankbarkeit gegen denjenigen seyn, dem ich das Leben zu danken habe. Niemand weiß von unserm Geheimniß als du; und wer würde dir glauben, wenn du es entdecken wolltest? Laß mich deinen Sohn bleiben! Dir hab' ich zu danken, daß ich mich fähig fühle, eine Krone zu verachten; *du* bist mein wahrer Vater; und ich will die Ehre verdienen, dein Sohn zu seyn. Mein höchster Stolz geht nicht weiter.[698]

Die rousseauistische Anwandlung wird allerdings sofort korrigiert: „Sey des Thrones werth, für welchen du gebohren bist! Aber sage nicht, daß du den erhabensten Auftrag verachtest, womit der Himmel einen Sterblichen beehren kann!"[699] Der beschämte Tifan muss einsehen, dass er sich angesichts seiner großen Aufgabe nicht eskapistisch ins Privatleben zurückziehen kann.

Der *Goldne Spiegel* zitiert hier Rousseaus *Émile*, um seine Positionen zu widerlegen. In der Romanfiktion bewahrheitet sich Dschengis' Aussage: „Wer alles ist, was *ein Mensch* seyn muß, um diesen edeln Namen *in seiner würdigsten Bedeutung* zu führen, wird allezeit einen *guten Fürsten* abgeben".[700] Mithin hebt die Romanfiktion Rousseaus fundamentale Trennung von Mensch und Bürger auf und zeichnet in Tifan das Idealbild eines Menschen auf dem Thron. Ähnlich wie in seinen *Beyträgen* nimmt Wieland hier Abstand von gewissen ‚misanthropischen' Anwandlungen Rousseaus. Dass dies nur im Rahme einer künstlichen Anordnung und erzählerisch mehrfach vermittelt möglich ist, unterstreicht allerdings, dass Wielands Skepsis in Bezug auf sein Jahrhundert derjenigen Rousseaus kaum nachstehen dürfte.

---

697 Rousseau: Émile, S. 264. Ähnlich ebd., S. 849.
698 Wieland: Der Goldne Spiegel, S. 250.
699 Ebd., S. 251.
700 Ebd., S. 250.

Während also Rousseau in seinem Erziehungsroman Motive des politischen Romans aufnimmt und transformiert,[701] greift Wieland in seinem politischen Roman wiederum auf den Text Rousseaus zurück und schließt so an die Tradition des Erziehungsromans an, indem er zugleich Rousseaus These von der Gegensätzlichkeit privater und öffentlicher Erziehung korrigiert: In einem idealen Staatswesen jedenfalls braucht es keine Erziehungsexperimente à la *Émile*. Seine Tifan-Episode denkt Rousseau weiter: Wie der ungenannte Zögling Rousseaus erwägt Tifan zwar für einen Augenblick, der Krone zu entsagen – um dann die Verantwortung bereitwillig anzunehmen. Damit überbietet das Programm des *Goldnen Spiegels* dasjenige Rousseaus, indem es zeigt, wie Tifan zum idealen Menschen und idealen Herrscher werden kann.

Seine naturnahe Erziehung zum ganzen Menschen hat zwar Konsequenzen für das Herrschaftsethos Tifans, allerdings nicht auf die Struktur des Staates. Zwar ist die Voraussetzung für die Thronbesteigung die Akklamation durch das Volk, von einem rousseauistischen Gesellschaftsvertrag, der ja auch widerrufen werden kann, ist die Fiktion des *Goldnen Spiegels* aber weit entfernt. Vielmehr dient die „freye Wahl", die „den Würdigsten zum Throne" ruft,[702] dazu, seine Herrschaft zu legitimieren und nicht etwa, demokratische Elemente in die Herrschaftsausübung zu integrieren.[703] Vielmehr entwirft der Roman das Idealbild eines *despotisme éclairé* nach physiokratischer Vorstellung: Tifan regiert als Agent des *ordre naturel*.

4.5.3.3 Abkunft und Eignung. Die Legitimation von Herrschaft

Die Akklamation Tifans wirkt auf etliche Interpreten redundant: Wäre es nicht schöner, wenn sich Wieland klar zu den bei ihm vermuteten demokratischen Idealen bekannt hätte, anstatt auf längst überholte Motive zurückzugreifen, die zudem durchaus unwahrscheinlich, ja geradezu märchenhaft wirken?[704] Solche Sichtweisen, die Konzeptionen des 20. Jahrhunderts auf die Aufklärung Wie-

---

701 Vgl. Matthew D. Mendham: Rousseau's Partial Reception of Fénelon: From the Corruptions of Luxury to the Contradictions of Society. In: Doohwan Ahn/Christoph Schmitt-Maaß/Stefanie Stockhorst (Hrsg.): Fénelon in the Enlightenment: Traditions, Adaptations, and Variations. Amsterdam/New York 2014 (Internationale Forschungen zur Allgemeinen und Vergleichenden Literaturwissenschaft. Bd. 178), S. 47–76.
702 Wieland: Der Goldne Spiegel, S. 251.
703 Vgl. aber Bersier: Wunschbild und Wirklichkeit, S. 199: „Tifans Werdegang und seine Regierung bieten sich als erhoffte Entwicklung und damit als die Realisierung der demokratischen [!] Wünsche der Spätaufklärer ‚von oben' dar."
704 Vgl. ebd., S. 203.

landscher Ausprägung rückprojizieren, werden der Aussageabsicht des Romans nicht gerecht. Zwar lenken sie den Blick auf Inkonsistenzen der politischen Aufklärung, allerdings erscheint es mittlerweile müßig, die Aporien des Reformabsolutismus am historischen Material vorzuführen. Jedenfalls ist es wenig zielführend, aus dem Scheitern des aufgeklärten Absolutismus die Notwendigkeit dieses Scheiterns abzuleiten und seinen Apologeten pauschal Leichtgläubigkeit oder Opportunismus zu unterstellen.

Wielands Protagonist bewährt sich zunächst im Krieg und zeichnet sich als fähigster Anführer auf, ehe er auf einem „Reichstag" die Macht übertragen bekommt. Das „große[] Recht der Nation besteht gerade darin, dass sie „den Würdigsten" als Herrscher bekommt.[705] Es besteht kein Zweifel daran, dass eben Tifan derjenige ist: Er hat durch seine große Tugend den Patriotismus wieder entfacht und den „sympathetische[n] Trieb" der Scheschianer wiederhergestellt.[706] Eben diese in der zeitgenössischen Moral-Sense-Philosophie konstant betonte natürliche Anlage des Menschen wird nun bei Wieland zur Basis politischer Herrschaft.[707] Ganz ähnlich hatte der von Wieland in französischer Übersetzung rezipierte David Hume in der *Enquiry Concerning the Principles of Morals* (1751) erklärt, die Übereinstimmung der Mitglieder einer Gesellschaft basiere „auf einem gemeinsamen Gefühl".[708] Dieses Gefühl sei „eine Sympathie mit dem Glück der Menschheit und eine Empörung über ihr Elend, da dies die verschiedenen Ziele sind, auf deren Förderung Tugend und Laster hinarbeiten".[709]

Allerdings hat dieses Menschenbild keine Konsequenzen für den neu entstehenden Staat. Hier integriert Wieland das sensualistische Konzept Humes in traditionelle Denkmuster. Geradezu nonchalant berichtet der Erzähler von der Machtübertragung, die eben kein rousseauistischer Gesellschaftsvertrag ist,[710] sondern ein Unterwerfungsvertrag im Sinne des älteren Naturrechts:[711]

---

705 Wieland: Der Goldne Spiegel, S. 251.
706 Ebd., S. 255.
707 Vgl. den Überblick von Gerhard Sauder: Empfindsamkeit. Bd. 1: Quellen und Voraussetzungen. Stuttgart 1974, S. 73–85; Jan Engbers: Der „Moral-Sense" bei Gellert, Lessing und Wieland. Zur Rezeption von Shaftesbury und Hutcheson in Deutschland. Heidelberg 2001 (Germanisch-Romanische Monatsschrift. Beiheft 16).
708 Peter Nitschke: Politische Theorie der Prämoderne 1500–1800. Eine Einführung. 2. Auflage. Darmstadt 2011, S. 123.
709 David Hume: Eine Untersuchung über die Prinzipien der Moral. Hrsg. und übersetzt von Gerhard Streminger. Stuttgart 1984, S. 216 f.
710 Dazu würde die Möglichkeit der Rücknahme gehören.
711 Vgl. Klippel: Politische Freiheit und Freiheitsrechte im deutschen Naturrecht des 18. Jahrhunderts, S. 46: „Zwar ist die Stoßrichtung gegen die theologische Begründung von Herrschaft deutlich; die Sprengkraft der theoretischen Säkularisierung von Herrschaft durch die frühe Auf-

> Der Reichstag kam in kurzer Zeit zu Stande; die Freunde des Vaterlandes machten die größere Anzahl aus; und Tifan, der über ihre Herzen schon lange König war, wurde durch die allgemeine Stimme seiner Mitbürger für den Würdigsten erklärt, eine Nation zu regieren, welche es ihm zu danken hatte, daß sie noch eine Nation war; und im Taumel der Freude, womit die Hoffnung beßrer Zeiten sie begeisterte, nicht zu viel zu thun glaubte, wenn sie sich ohne Bedingung in die Arme ihres Erretters würfe.[712]

Mit dieser bedingungslosen Machtübertragung ist der neue Staat begründet; alle Entscheidungen über seine Organisation und seine Gesetze gehen von dem absoluten Herrscher aus, der sich als Agent einer göttlichen Instanz begreift und nun paternalistisch seine dauerhaft unmündigen Untertanen regieren wird.[713] Zugleich macht auch Tifan eine tiefgreifende Transformation durch:

> In eben diesem entscheidenden Augenblicke, da ihr, einst meine Brüder und nun meine Kinder, mich für euern König anerkannt habt, wurde mir von dem unsichtbaren Herrn des Himmels und der Erde die Handhabung seiner Gesetze unter euch aufgetragen; dieß ist der Augenblick, wo ich in eurer Stimme – Gottes Stimme höre. Ihm werd' ich von nun an von der Gewalt Rechenschaft geben müssen, die er durch euch mir anvertraut hat. Ich bin berufen, einen jeden unter euch bey jedem geheiligten Rechte der Menschheit und des bürgerlichen Standes zu schützen; aber ich bin auch berufen, einen jeden unter euch zur Erfüllung seiner Pflichten anzuhalten.[714]

---

klärung äußert sich jedoch nicht in einer stärkeren Stellung des Individuums im Staat. Vielmehr scheint uns die weltimmanente Begründung von Herrschaft durch Vertrag anfangs dazu geschaffen zu sein, Herrschaftsgewalt von unliebsamen rechtlichen und moralischen Bindungen zu befreien. Gerade die Kategorie des Vertrags dient dazu, einen radikalen Absolutismus zu begründen." Allerdings gilt gerade diese ‚Bindungslosigkeit' nicht für Tifans Staatsvorstellung. Vgl. ebd., S. 63: „Gerade die Hereinnahme von Individualzwecken in den Staatszweck mittels des Glückseligkeitsbegriffs führt folglich nicht zu einer Stärkung der Position des Individuums gegenüber der Allmacht des Staats. Die Glückseligkeit als einer der Schlüsselbegriffe des aufgeklärten Absolutismus dieser Epoche führt vielmehr zu einer noch konsequenteren Ausdehnung obrigkeitlicher Tätigkeit, da Glückseligkeit als Staatszweck zwar die Existenz individueller Interessen wahrnimmt, diese aber nicht der Initiative des einzelnen überläßt, sondern zum Ziel eigener Tätigkeit macht." Mithin ist das Staatsmodell des *Goldnen Spiegels* der zweiten Phase des Älteren Naturrechts zuzuordnen. Vgl. ebd., S. 105: „Während zunächst die weltimmanente Begründung absolutistischer Herrschaft vorgenommen und ausgebaut wird, folgt auf dieser Basis in der zweiten Periode eine stärkere Betonung der Herrscherpflichten gegenüber den Untertanen." Das heißt nun aber nicht, dass „die absolutistischen Theorien der vorangegangenen Zeit" dementiert würden (ebd., S. 106). – Vgl. Müller: Der verborgene Prinz: „Die Tugend kommt auf den Thron, und weil das so ist, bedarf es keiner weiteren Teilnahme des Volkes an der Regierung."
712 Wieland: Der Goldne Spiegel, S. 256.
713 Vgl. Stiening: Glück statt Freiheit – Sitten statt Gesetze.
714 Wieland: Der Goldne Spiegel, S. 258.

Die Wortwahl Tifans ist bezeichnend: Das Volk hat ihn, den legitimen Erben, anerkannt, nicht etwa gewählt. Zwar muss sich auch der Monarch einer höheren Instanz verantworten, dabei handelt es sich aber nicht etwa um das Volk, sondern um Gott. Die Herrscherpflichten, die er betont, sind so nicht einklagbar – die „geheiligten Rechte" der Menschheit sind zwar zunehmend ein Schlagwort des jüngeren Naturrechts,[715] die Konstellation der Wielandschen Machtübertragung verhindert aber, dass sie in der Logik der Romanhandlung von Seiten des Volkes eingefordert werden können bzw. als Legitimation für sein Handeln deutbar werden. Tifan ist nun nicht mehr ‚Mitbürger' seiner Landsleute, sondern Herrscher über seine Untertanen.

Ganz im Gegenteil ist der in seinem Handeln nur Gott verantwortliche Monarch die Instanz, die auch die Rechte der ihm völlig ausgelieferten Untertanen zu wahren hat. Weil er das am besten kann, ergibt es auch keinen Sinn, die monarchische Macht einzuschränken oder gar zu teilen:

> Ich würde das Amt, für das eurige zu sorgen, schlecht verwalten, wenn ich euern Königen die Macht benehmen wollte, die einem Vater über unmündige Kinder zusteht. Aber ich würde auch in dem ersten Augenblicke, da ich euer König bin, meiner Menschheit vergessen, wenn ich nicht auf Mittel bedacht wäre, mir selbst und meinen Nachfolgern, so viel als möglich, die Freyheit Böses zu thun zu entziehen.[716]

Im Moment der Staatsgründung reflektiert Tifan, dass auch der Herrscher ein Mensch ist, der der Einschränkung bedarf: Eben deshalb soll – getreu der Idee der Staatsmaschine – die Legalisierung der Regierungsform vor künftigem Missbrauch schützen.[717]

Wielands Positionen stehen am Übergang von älteren zu neueren Naturrechtskonzeptionen: Auf der einen Seite lässt er keinen Zweifel an der vollständigen und nicht rückgängig zu machenden Übertragung der Souveränität auf den Herrscher, der so eine Erbmonarchie begründet, auf der anderen Seite geht er von fundamentalen Bürger- und Menschenrechten aus, die der Staat zu schützen habe – allerdings ohne Mitspracherecht des zu Schützenden.

Für etliche Zeitgenossen wurden derartige Setzungen zunehmend anstößig. Das zeigt sich exemplarisch an den Debatten um Wielands Aufsatz *Über das göttliche Recht der Obrigkeit*,[718] der 1777 im *Teutschen Merkur* erschien. Dort hatte

---

715 Vgl. Klippel: Politische Freiheit und Freiheitsrechte im deutschen Naturrecht des 18. Jahrhunderts, S. 120.
716 Wieland: Der Goldne Spiegel, S. 259.
717 Vgl. zu diesem Zusammenhang Stollberg-Rilinger: Der Staat als Maschine.
718 Vgl. Christoph Martin Wieland: Über das göttliche Recht der Obrigkeit oder: Über den Lehrsatz: „Daß die höchste Gewalt in einem Staat durch das Volk geschaffen sey." In: Wielands

Wieland mit dem Berliner Aufklärer und Mitherausgeber des *Deutschen Museums* Christian Wilhelm Dohm abgerechnet,[719] der zuvor in Wielands Zeitschrift die These von der Volkssouveränität als nicht zu bezweifelnde Wahrheit dargestellt hatte.[720] Wieland hatte bereits damals in einer Fußnote seinen Widerspruch kundgetan[721] – dass im Hintergrund gerade nicht eine ängstliche Selbstzensur des Herausgebers stand,[722] sondern es Wieland mit seinen Einwänden ernst war, demonstriert der polemische Aufsatz. Dort schaltet Wieland einen Brief Dohms ein, in dem dieser explizit auf Wielands ‚Staatsbelletristik' rekurriert und erklärt, er „wäre sehr begierig zu sehen, wie der Verfasser des *goldnen Spiegels*, der Lehrer der Könige, das *göttliche Recht* seiner Schüler vertheidigen könnte".[723]

Wieland nutzte den Aufsatz also auch, um die im *Goldnen Spiegel* entwickelten Positionen zu klären, die Dohm wohl überlesen hatte. Wielands Argumentation liest sich dabei wie ein nachträglicher Kommentar zu den oben analysierten Passagen des Romans: Historische und ethnologische Beobachtungen machten wahrscheinlich, dass ein Volk „von Natur und Nothwendigkeitswegen, unvermögend [sei] sich selbst zu regieren",[724] und deshalb kein Recht dazu habe.

Werke. Bd. 13.1, S. 554–568. – Die Kontroverse rekonstruiert Frank Zöllner: „...von wackern Lesern, die über solche Dinge keinen Scherz verstehen". Die publizistische Auseinandersetzung um Wielands Beitrag ‚Über das göttliche Recht der Obrigkeit'. In: Wieland-Studien 9 (2016), S. 133–157.
719 Vgl. Ilsegret Dambacher: Christian Wilhelm von Dohm. Ein Beitrag zur Geschichte des preußischen aufgeklärten Beamtentums und seiner Reformbestrebungen am Ausgang des 18. Jahrhunderts. Frankfurt a. M. u. a. 1974; zum *Deutschen Museum* vgl. Jutta Heinz: „Eine Art – wie der Merkur hätte werden sollen". Programmatik, Themen und literaturpolitische Positionen des *Teutschen Merkur* und des *Deutschen Museum* im Vergleich. In: Andrea Heinz (Hrsg.): „Der Teutsche Merkur" – die erste deutsche Kulturzeitschrift? Heidelberg 2003 (Ereignis Weimar-Jena. Bd. 2), S. 108–130. Vgl. Herbert Jaumann: Politische Vernunft, anthropologischer Vorbehalt, dichterische Fiktion. Zu Wielands Kritik des Politischen. In: Modern Language Notes 99 (1984), S. 461–478, hier S. 469: „Dohms Äußerungen [...] dürfen als Teil des naturrechtlichen Konsenses unter einer Mehrheit der jüngeren Autoren der siebziger Jahre angesehen werden".
720 Vgl. [Christian Wilhelm Dohm:] Fortsetzung der neuesten politischen Gerüchte. In: Der Teutsche Merkur. Drittes Vierteljahr 1777, S. 259–273, bes. S. 266: „Sollte man sich nicht schämen noch zuweilen in aufgeklärten Ländern sich so auszudrücken, als wenn das Volk um des Monarchen, nicht dieser um jenes willen da wäre, und als verkennte man die große Wahrheit, daß in einem Staat keine Gewalt von oben herab dem Volk aufgedrückt, sondern allemahl von unten herauf durch das Volk (dem sie nutzen und frommen soll) geschaffen sey."
721 Vgl. ebd. (Fußnote): „Ich bin selber einer von den Ketzern, die diese Wahrheit verkennen."
722 Vgl. Wilson: Wielands Bild von Friedrich II. und die ‚Selbstzensur' des „Teutschen Merkur".
723 Wieland: Über das göttliche Recht der Obrigkeit, S. 555.
724 Ebd., S. 557.

„Eine Menge Volks ist – eine Menge großer Kinder",[725] die allerdings nie erwachsen werden könnten. Ganz im Gegenteil:

> Für das Kind kommt eine Zeit wo es sich selbst regieren kann, und sofort hört die väterliche Gewalt auf. Für ein Volk giebts keine solche Zeit in der Natur; je größer, je älter, je aufgeklärter es wird: je unfähiger wird es sich selbst zu regieren. Ich berufe mich über diesen und alle andre Sätze, die ich bloß ihrer Evidenz wegen nicht beweise, auf die allgemeine und besondere Geschichte der ganzen menschlichen Gattung, von soviel Jahrtausenden als man zurückzählen will, bis auf diesen heutigen 31. October 1777. Der Urheber der Natur hat also, durch eben den Act, durch den er Menschen machte, das *ewige Gesetz der Nothwendigkeit* promulgiert: *daß sie regiert werden müssen*: und – so ist alle obrigkeitliche Gewalt, an sich betrachtet, *göttlichen Rechts*.[726]

Herrschaft resultiere aus Stärke, die wiederum von den Menschen intuitiv anerkannt werde.[727] Dabei habe (zumindest für das unaufgeklärte Volk) die Erbregierung einen unschätzbaren Nutzen, weil sie zur Stabilität beitrage:

> Die *Erbfolge* ist eine Art von Loos, die in den Augen der Völker eben dadurch eine ganz eigene Heiligkeit erhält, daß man (und dies mit bestem Grunde) den Prinzen, der vermöge des Erbfolge-Rechts zum Thron gebohren wird, gerade so ansieht und aufnimmt, als ob ihn ein Engel Gottes sichtbarlich aus den Wolken herab gebracht und mit einer durchs ganze Land hinschallenden Stimme gerufen hätte: *Sehet, das ist euer Herr!* Und man braucht nur die Menschen, anstatt sie in abstracten Theorien studirt zu haben, aus dem gemeinen Leben kennen gelernt, und ihre Art zu empfinden und sich die Sachen vorzustellen in vielen besondern Fällen beobachtet zu haben, so wird man (glaube ich) so überzeugt seyn als ich es bin: daß ein Volk zu einem Prinzen, der ihm solchergestalt aus dem Himmel in den Schoos gefallen ist, mehr Vertrauen hat als zu einem, den es selbst erwählt hätte. Daß freylich die Herren *Philosophen*, und *Staatsgelehrten*, und all das ehrsüchtige Völklein, das auch gerne am Ruder sitzen und die Welt regieren helfen möchte, anders gesinnt ist, wollen wir ihnen nicht verdenken; es ist sehr natürlich; nur sollen sie auch bedenken, daß sie nicht das Volk, vielleicht nicht einmal der zehentausendste Theil des Volks sind, zu dessen ungebetnen Vertretern sie sich aufwerfen.[728]

Zweifellos ist Wielands Text hochironisch. Nun besteht in der Forschung die Tendenz, Wielands Apologie der Obrigkeit deshalb als bloßes Gedankenspiel zu deuten. Das mag primär damit zu tun haben, dass Wielands Positionen zutiefst anstößig sind, kann aber nicht vollständig überzeugen – ebenso wenig wie eine

---

[725] Ebd., S. 558.
[726] Ebd.
[727] Ebd., S. 561.
[728] Ebd., S. 563.

Lektüre des Textes, die von seiner Situationsgebundenheit und seiner polemischen Schreibart konsequent abstrahiert.[729]

Handelt es sich aber nur um eine Etüde in politischer Argumentation, die sich an den allzu selbstgewiss vorgetragenen und nicht näher begründeten Ansichten Dohms stößt?[730] Bedeutet das aber, der Text sei als reines Gedankenspiel zu lesen?[731] Wohl kaum: Denn auch wenn der Furor des Textes zumindest partiell aus Wielands Unzufriedenheit mit dem intellektuellen Niveau der Auseinandersetzung zu verstehen ist, werden dadurch seine Argumente nicht entwertet. Gerade der Rekurs auf den *Goldnen Spiegel*, zu dessen Paratexten die Abhandlung gehört, kann helfen, das *proprium* der Wielandschen Ideen besser zu verstehen. Seine Apologie des Status quo und die damit verbundene Naturalisierung der existierenden Herrschaftsverhältnisse gehen von einem skeptischen Blick auf die Möglichkeiten des Menschen aus: Schlimmer geht immer. Angesichts des überall vorherrschenden „Minimums an Weisheit" – die Formulierung findet sich sowohl im Roman als auch in der Abhandlung[732] – ist es besser, nicht zu riskante Experimente einzugehen. Die „göttliche" Legitimation wird dadurch gewissermaßen enttheologisiert. Auch wenn es sich so verhält, bedeutet das keineswegs, dass es sich dabei um einen Idealzustand handele – wohl aber um eine Existenzweise, die der Mehrzahl der Menschen angemessen sei. Der Text ist somit als resignativer Zeitkommentar zu verstehen, nicht aber als enthusiastische Propaganda für den Status quo, aber eben auch nicht als Ironisierung monarchischer Herrschaft.

4.5.3.4 „Ein seltsamer Cameralist". Tifans physiokratische Staatswirtschaft

Der Maßstab, an dem Wielands Roman politisches Handeln misst, ist die Natur. Die „Gesetze der Natur" sollten die „Regel der Könige" sein.[733] Damit nimmt Wieland zum einen Ideen wieder auf, die er in den *Beyträgen* entwickelte, zum anderen schließt er an ökonomische Theorien an, die auf die Versöhnung von natürlicher und staatlicher Ordnung beharren, namentlich an die Physiokratie,

---

729 So Stiening: Glück statt Freiheit – Sitten statt Gesetze, S. 95f.
730 Zöllner: „...von wackern Lesern, die über solche Dinge keinen Scherz verstehen", S. 140, erklärt ohne Begründung: „Schon in dieser Anmerkung wird deutlich: Wielands Kritik richtet sich weniger gegen den *Inhalt*, vielmehr gegen die *Form* der Aussage."
731 Vgl. Jaumann: Politische Vernunft, anthropologischer Vorbehalt, dichterische Fiktion; vgl. auch Jan Philipp Reemtsma: Der politische Schriftsteller Christoph Martin Wieland. In: Christoph Martin Wieland: Politische Schriften, insbesondere zur Französischen Revolution. Bd. 1. Nördlingen 1988, S. XII-LXXV.
732 Vgl. Wieland: Über das göttliche Recht der Obrigkeit, S. 556: „ein *Minimum* von Weisheit".
733 Wieland: Der Goldne Spiegel, S. 222 (Fußnote): Wieland bezieht sich dort auf Xenophons Sokrates-Deutung.

die in Deutschland ab etwa 1770 breit rezipiert wurde.[734] Diese verstärkte Konzentration auf die Landwirtschaft hatte durchaus auch realhistorische Ursachen, namentlich die europäischen Hungerkrisen der Jahre zwischen 1770 und 1772, die verstärkt die Dringlichkeit agrarischer Reformen deutlich machten.[735] Angesichts dieses Handlungsdrucks wird verständlich, wieso physiokratische Konzepte eine ungeahnte Breitenwirkung erlebten und (so etwa in der Markgrafschaft Baden) auch in der Praxis erprobt wurden.

Als „erste Gruppe oder Schule, die in der Politischen Ökonomie eine geschlossene Lehrmeinung vertritt",[736] übten die Physiokraten – die Bezeichnung im Sinne von ‚Herrschaft der Natur' geht auf das von Du Pont de Nemours herausgegebene Sammelwerk *Physiocratie, ou constitution naturelle du gouvernement le plus avantageux au genre humain* (1767) zurück – für einige Jahrzehnte eine große Anziehungskraft aus; dabei lassen sich ungeachtet aller Binnendifferenzierungen grundlegende konstitutive Züge der physiokratischen Lehre identifizieren, die ein Merkmalsbündel ausbilden, das die Physiokratie von anderen zeitgenössischen Strömungen unterscheidet.[737]

Die physiokratische Lehre zielte darauf ab, nach Maßgaben aufgeklärter Vernunft „Vorschläge zu entwickeln, wie der ordre positif mit dem ordre naturel soweit wie möglich in Einklang gebracht werden kann, um den Wohlstand des Landes und des Herrschers zu maximieren".[738] Dabei verstanden sie ihre Vertreter als Handreichung zur praktischen Aufklärung in der politischen Sphäre, wie Du Pont de Nemours noch 1815 emphatisch formulierte:

> Elle [l'économie politique] est la *science du droit naturel* appliqué, comme il doit l'être, aux sociétés civilisées. Elle est la *science des constitutions*, qui apprend et qui apprendra, non-

---

734 Vgl. Keith Tribe: Natürliche Ordnung und Ökonomie. In: Aufklärung 13 (2001), S. 283–302, bes. S. 290. Gerade in der Schweiz lassen sich bereits Ende der 1750er Jahre erste Auseinandersetzungen mit der Physiokratie nachweisen.
735 Vgl. Susan Richter: Pflug und Steuerruder. Zur Verflechtung von Herrschaft und Landwirtschaft in der Aufklärung. Köln/Weimar/Wien 2015 (Beihefte zum Archiv für Kulturgeschichte H. 75), S. 442; Wilhelm Abel: Massenarmut und Hungerkrisen im vorindustriellen Europa. Versuch einer Synopsis. Hamburg/Berlin 1974, S. 191–257 („Die Hungerjahre 1771/74").
736 Helmut Reichelt: Die Physiokraten. In: Iring Fetscher/Herfried Münkler (Hrsg.): Pipers Handbuch der politischen Ideen. Bd. 3: Neuzeit: Von den Konfessionskriegen bis zur Aufklärung. München/Zürich 1985, S. 579–588, hier S. 579.
737 So tendierten gerade die Adepten Quesnays dazu, seine induktiv hergeleiteten Maximen als Gewissheiten vorauszusetzen und (wie etwa Le Mercier de la Rivière und Le Trosne) „die ökonomischen Gesetzmäßigkeiten rein deduktiv aus Annahmen abzuleiten, die sie für unmittelbar einsichtige, nicht widerlegbare Naturgesetze halten" (Gömmel/Klump: Merkantilisten und Physiokraten in Frankreich, S. 112).
738 Ebd., S. 110.

seulement ce que les gouvernements ne doivent pas faire pour leur propre intérêt et pour celui de leurs nations, ou de leurs *richesses*, mais ce qu'ils ne doivent pas *pouvoir devant Dieu*, sous peine de mériter la haine et le mépris des hommes, le détrônement pendant leur vie, et le fouet sanglant de l'histoire après leur mort.[739]

Im Gegensatz zur verderblichen machiavellistischen „politique" sei sie die Lehre „de la justice éclairée dans toutes les relations sociales intérieures et extérieures".[740]

Als einzige Quelle des staatlichen Wohlstandes gilt die Landwirtschaft; Herrscher dürften niemals vergessen, *„que la terre est l'unique source des richesses; et que c'est l'agriculture qui les multiplie"*.[741] Deshalb ist die Förderung des Agrarsektors – verbunden mit hohen Investitionen – essentiell, wie sie gerade Quesnay forderte.[742] Denn für die Physiokraten bestand der Reichtum einer Nation nicht in dem durch „den Verkauf gewerblicher Produkte eingenommene Geld", sondern in dem „in jeder Periode durch die landwirtschaftliche Produktion geschaffenen ‚produit net', von dem auch das Wohlergehen des gewerblichen Sektors abhängig war".[743] Aus dieser Annahme folgt auch die Unterscheidung zwischen einer sterilen und einer produktiven Klasse der Bevölkerung, wie sie Quesnay im *Tableau écononomique* traf: „Die ‚classe stérile' umfaßte alle in Handel, Gewerbe und Manufakturen beschäftigten Personen. Zur ‚classe productive' zählten die Pächter des landwirtschaftlichen Bodens und die von ihnen beschäftigten Arbeitskräfte."[744] Die dritte Klasse bildeten die Landbesitzer, denen – da sie die Voraussetzungen für die landwirtschaftliche Produktion schufen – der Reinertrag zustand.

Besteuert werden sollte allein dieser Bodenertrag, da „alle Formen der indirekten Besteuerung zu einer Schrumpfung der landwirtschaftlichen ‚avances' und damit des zu erwartenden ‚produit net' führten" und so den Agrarsektor nachhaltig schädigten.[745] Um diese unter anderem von Mirabeau in seiner *Théorie de*

---

739 Pierre Samuel du Pont de Nemours: Correspondance [...] avec J.-B. Say. In: Eugène Daire (Hrsg.): Physiocrates. Quesnay, Dupont de Nemours, Mercier de la Rivière, l'Abbé Baudeau, Le Trosne. Paris 1846, S. 394–424, hier S. 397.
740 Ebd.
741 François Quesnay: Maximes générales du gouvernement économique d'un royaume agricole. In: Eugène Daire (Hrsg.): Physiocrates. Quesnay, Dupont de Nemours, Mercier de la Rivière, l'Abbé Baudeau, Le Trosne. Paris 1846, S. 79–104, hier S. 82.
742 Vgl. Gömmel/Klump: Merkantilisten und Physiokraten in Frankreich, S. 115f.
743 Ebd., S. 114.
744 Ebd., S. 115
745 Ebd., S. 134.

l'Impôt (1760) ausführlich dargelegten Maßnahmen durchzusetzen,[746] favorisierten die Physiokraten den aufgeklärten Absolutismus,[747] den Le Mercier de La Rivière provokant als „despotisme légal" bezeichnete.[748] Der starke Monarch schien die geeignete Instanz, um einschneidende Reformen im Sinne des *ordre naturel* anzustoßen und durchzuführen – dazu gehört gerade auch der Abbau von überkommenen Zwischengewalten, ständischen Vertretungen oder Zünften. So fordert Quesnay „*[q]ue l'autorité souveraine soit unique, et supérieure à tous les individus de la société et à toutes les entreprises injustes des intérêts particuliers*".[749]

Im deutschen Sprachraum begann die Auseinandersetzung mit der Physiokratie bereits Ende der 1750er Jahre; einen ersten Höhepunkt erreichte sie in den 1770er Jahren, als die Landwirtschaft unter dem Eindruck von Versorgungskrisen verstärkt in den Fokus rückte. Allerdings stimulierte die französische Theorie gleichermaßen enthusiastisches Lob und entschiedene Abwertung: Während sich Isaak Iselin, Johann August Schlettwein und Jakob von Mauvillon entschieden für die neuen Theorien einsetzten und die Ideen von Quesnay und Mirabeau breit streuten – eine Schrift Schlettweins trägt den sprechenden Titel *Die wichtigste Angelegenheit für das ganze Publicum* (1772/1773)[750] –, distanzierten sich Christian Wilhelm Dohm, Johann Georg Schlosser und Johann Friedrich von Pfeiffer vehement von den als utopisch empfundenen Positionen und ihren sich allzu messianisch gerierenden Vertretern, namentlich an Schlettwein, gegen den Pfeiffers *Anti-Physiocrat* (1780) polemisiert.[751]

Trotz dieser Kritik ermöglichte gerade der eklektische und pragmatische Grundzug der deutschen Kameralwissenschaften, dass einzelne Vorstellungen der Physiokraten leicht übernommen werden konnten,[752] auch wenn eine derar-

---

746 Vgl. [Victor Riquetti Marquis de Mirabeau:] Théorie de l'impôt. o. O. 1760.
747 Vgl. Hensmann: Staat und Absolutismus im Denken der Physiokraten; Muhlack: Physiokratie und Absolutismus in Frankreich und Deutschland.
748 [Le Mercier de La Rivière:] L'Ordre naturel et essentiel des sociétés politiques. Bd. 1, S. 24.
749 Quesnay: Maximes générales du gouvernement, S. 81.
750 Vgl. Johann August Schlettwein: Die wichtigste Angelegenheit für das ganze Publicum oder die natürliche Ordnung in der Politik. 2 Bde. Karlsruhe 1772/1773.
751 Vgl. [Johann Friedrich von Pfeiffer:] Der Antiphysiocrat oder umständliche Untersuchung des sogenannten physiocratischen Systems, vermöge welchem eine allgemeine Freiheit und einzige Auflage auf den reinen Ertrag der Grundstücke die Glückseligkeit aller Staaten ausmachen soll. Frankfurt am Main 1780.
752 Vgl. Keith Tribe: The Reception of Physiocratic Argument in the German States. In: Bernard Delmas/Thierry Demals/Philippe Steiner (Hrsg.): La diffusion internationale de la Physiocratie (XVIIIe-XIXe). Paris 1995, S. 331–344, hier S. 334 f.: „The principles of good administration were thus diverse and situationally-determined, irreducible to simple, basic principles except at the

tige partielle Adaption natürlich dem weitgehend geschlossenen Systemdenken der Physiokraten widersprach. Trotz divergierender Rahmenbedingungen (in den deutschen Territorien existierte kein Pachtsystem, wie dasjenige, auf das sich die französischen Ökonomen beziehen) wurden physiokratische Theoreme nicht nur diskutiert, sondern zuweilen auch in die Praxis umgesetzt – und fanden Eingang in literarische Texte, wo, wie in Wielands *Goldnem Spiegel*, physiokratisch inspirierte Reformtätigkeit als Inbegriff aufgeklärter Herrschaftspraxis inszeniert wurde.

Wieland war mit der politischen Ökonomie seiner Zeit bestens vertraut: Der *Goldne Spiegel* verweist explizit auf *L'ami des hommes* (1758) von Mirabeau d. Ä.,[753] dessen ersten zwei Bände Wieland, wie auch die *Elémens de la philosophie rurale* (1767) von Quesnay und Mirabeau, selbst besaß.[754] Bei aller Nähe zur physiokratischen Doktrin ist davor zu warnen, den *Goldnen Spiegel* als simple Umsetzung der facettenreichen physiokratischen Lehre zu begreifen. Vielmehr setzt der Autor eigene Schwerpunkte, die zwar physiokratisch beeinflusst sind, scheut aber auch nicht davor zurück, sein Staatsmodell eigene Wege gehen zu lassen. Im Zentrum steht dabei die Frage nach Zahl und Wohlstand der Bevölkerung:[755] Staatliches Handeln, wie es der *Goldne Spiegel* vorführt, zielt auf die größtmögliche Vermehrung der Bevölkerung ab: Die „*erste Pflicht*" des Königs besteht in der „Vermehrung" seines Volkes,[756] weil in der Zahl der Untertanen der eigentliche Reichtum eines Landes liegt. So zielt auch die Konzeption von Tifans Idealstaat trotz aller Idyllisierung des Landlebens in der Nachfolge von Rousseau und Mercier auf eine strikt hierarchisierte Gesellschaft ab – ähnlich wie in dem von Mentor reformierten Salente in Fénelons *Télémaque*.

---

most general level. Cameralists would therefore be receptive to arguments concerning the importance of agricultural production such as those advanced by the Physiocrats, but would be inclined to reject that part of their argument which claimed that agricultural activity was a unique source of wealth."

753 Vgl. Wieland: Der Goldne Spiegel, S. 78 f.
754 Vgl. die Nachweise in Wielands virtueller Bibliothek: https://wvb.ub.uni-freiburg.de/ [letzter Zugriff am 1.5.2020].
755 Vgl. zu diesem Zusammenhang Martin Fuhrmann: Volksvermehrung als Staatsaufgabe? Bevölkerungs- und Ehepolitik in der deutschen politischen und ökonomischen Theorie des 18. und 19. Jahrhunderts. Paderborn u. a. 2002 (Rechts- und Staatswissenschaftliche Veröffentlichungen der Görres-Gesellschaft. N.F. Bd. 101). Zum Bevölkerungsdiskurs in Bezug auf den *Goldnen Spiegel* äußert sich auch Michael Dominik Hagel: Familie, Ökonomie, Bevölkerung. Modelle des Regierens in Christoph Martin Wielands *Der goldne Spiegel*. In: Euphorion 104 (2010), S. 121–149, der zu Recht konstatiert: „Die Bevölkerung ist Mittelpunkt des Diskurses, [!] in der peniblen Stratifikation, die Tifans Gesetzbuch festschreibt" (ebd., S. 147), ohne allerdings den zeitgenössischen Bevölkerungsdiskurs in angemessener Weise zu berücksichtigen.
756 Wieland: Der Goldne Spiegel, S. 275.

Die Übernahmen aus Mirabeaus *L'ami des hommes* sind frappierend. Für den Physiokraten ist der Ackerbau die Grundlage des Staates: „Le plus habile agriculteur, & le protecteur le plus éclairé de l'agriculture sont, toutes autres choses étant égales, les deux premiers hommes de la société".[757] Mirabeau setzt hier den Bauern und den Monarchen auf eine Linie; die übrigen Stände werden bezeichnenderweise ausgespart. Im Anschluss an die tradierte (biblische) Metaphorik versteht Mirabeau den künftigen Herrscher als Hirten: „Nous avons eu de grands Rois en tout genre, & qu'il seroit difficile de surpasser; je ne fais que le titre de Roi pasteur, qui puisse distinguer nos maîtres futurs."[758] Auch Wielands Tifan ist Hirte, allerdings im ganz konkreten Sinn: Was Mirabeau hier metaphorisch verwendet, überführt Wieland in Elemente der Romanhandlung.[759]

Wichtiger noch als diese motivischen Übernahmen ist die Diskursivierung der politischen Ökonomie, die der Roman leistet. Wieland nutzt die erzähltechnischen Mittel des Romans, um verschiedene ökonomische Modelle zu kontrastieren und in ihren Auswirkungen darzustellen. So steht Schah-Gebal auf Seiten traditioneller kameralistischer Vorstellungen, während sich Danischmende für physiokratische Ideen einsetzt. Der Dialog zwischen Herrscher und Philosoph wird so auch zu einem Lehrgespräch über politische Ökonomie, das von kontrastierenden Konzeptionen ausgeht. Während Danischmende einen ganzheitlichen Ansatz vertritt, sieht Schah-Gebal nur die Details. Das zeigt sich exemplarisch am Thema der Staatsfinanzen. Für Schah-Gebal, der auf der Anhäufung eines großen Staatsschatzes beharrt, ist Tifan schlechterdings ein „seltsamer Cameralist",[760] dessen ausgabenfreudige „Staats-Wirthschaft" ihn aufs Höchste befremdet,[761] weil er sich nicht erklären kann, wieso Tifan derart große Summen ausgeben kann.[762] Danischmende geht aber von der Bevölkerung aus: Tifans Maßnahmen haben zu einem rasanten Bevölkerungszuwachs geführt, so dass sich in vierzig Jahren die Zahl seiner Untertanen verdoppelt habe.[763] Weil der Wohlstand eines

---

757 [Victor Riquetti Marquis de Mirabeau:] L'ami des hommes, ou traité de la population. 4. Auflage. Hamburg 1758. Bd. 1, S. 101.
758 Ebd., S. 118.
759 Vgl. zur Metaphorik des Hirten Dietmar Peil: Untersuchungen zur Staats- und Herrschaftsmetaphorik in literarischen Zeugnissen von der Antike bis zur Gegenwart. München 1983 (Münstersche Mittelalter-Schriften. Bd. 50), S. 29–165 (Kapitel „Hirt und Herde").
760 Wieland: Der Goldne Spiegel, S. 281. – In der zitierten Passage geht es um die Behandlung unehelich geborener Kinder.
761 Ebd., S. 283.
762 Vgl. ebd.
763 Vgl. ebd., S. 285.

Reiches in der Zahl der Untertanen messbar sei,[764] habe er so für das allgemeine Wohl gearbeitet:

> Es ist vielleicht niemals eine Monarchie gewesen, worinn die Unterthanen der Schatzkammer weniger bezahlt hätten als die Scheschianer unter Tifan und einigen seiner Nachfolger. Aber der Hauptgrundsatz, worauf dieser Fürst seine Staats-Ökonomie gründete, war: der höchste Wohlstand eines Staates hange von der möglichsten *Bevölkerung* ab; die möglichste Bevölkerung, von der *Leichtigkeit Unterhalt zu finden*; diese, von dem möglichst *geringen Preise aller Erfordernisse des Lebens*; und das letztere zu erhalten, hielt er für das einfacheste Mittel, die Abgaben des Volkes so leicht zu machen als möglich, die Lebensmittel hingegen auf einen *festen Preis* zu setzen, welchen die Eigenthümer der Ländereyen ohne ausdrückliche Bewilligung des Königs und der Stände nicht erhöhen durften.[765]

Damit artikuliert der Roman einen Allgemeinplatz der politischen Ökonomie: Die überwältigende Mehrheit der Theoretiker stelle eine Verbindung zwischen Zahl der Untertanen und Prosperität des Staates her, ungeachtet sonstiger kameralistischer oder merkantilistischer Präferenzen.[766] Unter den Physiokraten war hingegen umstritten, ob „eine zahlreiche Population [...] gleichbedeutend mit gesellschaftlichem Wohlstand" war.[767] Während Quesnay erklärte, dass die „Entwicklung der Bevölkerung [...] nur auf Grundlage einer gesicherten Subsistenzbasis möglich" sei,[768] hatte Mirabeau d. Ä. zunächst „noch die klassischmerkantilistische Auffassung vertreten, daß der Reichtum des Landes in der großen Zahl seiner Bewohner bestehe."[769] Wieland schließt explizit an diese (zur Zeitpunkt der Abfassung des *Goldnen Spiegels* bereits überholte und von Mirabeau auch nicht mehr vertretene) Position an.

Auch Mirabeau hatte sich entschieden gegen die Anhäufung eines Staatsschatzes gewandt:

---

764 Vgl. Martin Fuhrmann: Die Politik der Volksvermehrung und Menschenveredelung. Der Bevölkerungsdiskurs in der politischen und ökonomischen Theorie der deutschen Aufklärung. In: Aufklärung 13 (2001), S. 243–282.
765 Wieland: Der Goldne Spiegel, S. 291. Die Zweitfassung beschleunigt den Verfallsprozess. Vgl. Wieland: Der goldne Spiegel und andere politische Dichtungen, S. 273: Lediglich unter „seinem ersten Nachfolger" bleibt die Besteuerung mild.
766 Vgl. Marcus Popplow: Die Ökonomische Aufklärung als Innovationskultur des 18. Jahrhunderts zur optimierten Nutzung natürlicher Ressourcen. In: Marcus Popplow (Hrsg.): Landschaften agrarisch-ökonomischen Wissens. Strategien innovativer Ressourcennutzung in Zeitschriften und Sozietäten des 18. Jahrhunderts. Münster u. a. 2010 (Cottbuser Studien zur Geschichte von Technik, Arbeit und Umwelt. Bd. 30), S. 3–48. Wieland nimmt damit eine ekklektische Position ein.
767 Fuhrmann: Volksvermehrung als Staatsaufgabe?, S. 121.
768 Ebd.
769 Ebd. (Fußnote).

> Le mot célébre de Cyrus: *Mes sujets me gardent mes richesses*, n'est donc pas si romanesque que le pourroit croire un Conseil des finances; & il est vrai de dire qu'un Roi bien obéi & aimé d'un peuple nombreux & adonné à l'agriculture, dans un pays où la circulation est bien établie, où l'aisance est dans la sécurité plutôt que dans la consommation, où l'économie est d'habitude, de prévoyance & jamais de nécessité absolue, où la police est exacte & sévére, & où la confiance est bien établie entre le peuple & son Souverain; le Roi, dis-je, d'un tel Etat peut se passer d'amasser des trésors, & regarder comme ses revenus tous ceux de ses sujets.[770]

Für Mirabeau soll also der Staat für die Prosperität der Einwohner sorgen – nicht umgekehrt. Daraus folgen wiederum höhere Steuereinnahmen auch bei niedrigen Steuersätzen, selbst wenn das, wie Mirabeau ironisch konzediert, einem strengen „Conseil des finances" zunächst suspekt sein müsse.[771] Das entspricht Schah-Gebals Verwunderung über Tifans Pläne, die Bevölkerung zu vermehren. Doch während die Physiokraten für eine einheitliche Grundsteuer plädierten, sieht der *Goldne Spiegel* ein differenzierteres System der Besteuerung vor, das aus „Personal- und Vermögenssteuern" besteht, die am Einkommen orientiert sind.[772]

Die politische Konzeption des Romans orientiert sich am Staatsziel der ‚Peuplierung'; daraus folgt die rigide Einteilung des Volkes in sieben „Hauptclassen".[773] Dabei orientiert sich die Darstellung deutlich an Fénelons *Télémaque*,[774] aktualisiert aber die dort entwickelten agrarisch-utopischen Konzepte durch physiokratische Wissensbestände und schließt darüber hinaus durch klar identifizierbare Details an Selbstdarstellungen des Reformabsolutismus an.[775] Um

---

770 [Victor Riquetti Marquis de Mirabeau:] L'ami des hommes, ou traité de la population. Hamburg 1758. Bd. 2, S. 143. Vgl. auch ebd., S. 295: „Ce métal mis en susion par la confiance publique, roule à grands flots, & vient se rendre dans les caisses principales de l'Etat. C'est là le point où Cyrus vouloir être quand il disoit: *J'ai donné mes trésors à garder à mes sujets."*
771 Vgl. Fuhrmann: Volksvermehrung als Staatsaufgabe?, S. 121 (Fußnote): „Je mehr Menschen es gebe, desto mehr Arbeit, desto mehr Reichtum, so lautete verkürzt seine ökonomische Analyse. Der Weg zur Wohlfahrt sei demzufolge: 1. Vermehrung der Menschen, dadurch 2. Vermehrung der produktiven Arbeit, dadurch 3. Vermehrung des Reichtums."
772 Wieland: Der Goldne Spiegel, S. 292. – Das verweist auf Ideen Rousseaus aus seinem *Encyclopédie*-Artikel über politische Ökonomie. Vgl. Jean-Jacques Rousseau: Discours sur l'économie politique. In: Ders.: Œuvres complètes. Hrsg. von Bernard Gagnebin und Marcel Raymond (Bibliothèque de la Pléiade). Bd. 3. Paris 1964, S. 239–278. – Vgl. Bersier: Wunschbild und Wirklichkeit, S. 204f.
773 Wieland: Der Goldne Spiegel, S. 317. Diese Klassen bestehen „aus dem Adel, den Gelehrten, den Künstlern, den Kaufleuten, den Handwerkern, dem Landvolke, und den Taglöhnern".
774 Vgl. Fénelon: Les Aventures de Télémaque, S. 338f.; vgl. dazu Schmitt-Maaß: Fénelons „Télémaque" in der deutschsprachigen Aufklärung, S. 926.
775 Auch wenn sich Wieland deutlich auf Mirabeaus *L'Ami des hommes* bezieht, entwirft er doch in seinem Roman kein geschlossenes physiokratisches System: Tifans Verfassung trägt eklekti-

die große Wertschätzung für die Bauern zu demonstrieren, von denen die gesamte Gesellschaft abhänge, nimmt der Monarch Tifan selbst in öffentlich inszenierten Ritualen agrarische Handlungen vor, indem er symbolisch einen Baum pflanzt und jährlich einmal zum Pflug greift:

> Sie [die Landleute, C. M.] genossen der Ehre, daß der König selbst zu ihrer Zunft gehörete, indem er, zum öffentlichen Zeichen, daß der Bauerstand, als die wahre Grundlage der ganzen bürgerlichen Gesellschaft, vorzüglich ehrenwerth sey, jährlich an einem der ersten Frühlingstage in eigener Person einen Baum pflanzte, und ein Stück Feldes ackerte. Dieser Tag, mit welchem alle Feldarbeiten in Scheschian angefangen wurden, war einer ihrer größesten Festtage, und der oberste Vorsteher jedes Ortes durch das ganze Reich war verbunden an demselben das nehmliche zu thun was der König, dessen Person er bey dieser feyerlichen Handlung vorstellte.[776]

Im Hintergrund steht das im Europa der Aufklärung viel rezipierte chinesische Pflugritual,[777] über das der Jesuit Du Halde bereits 1736 berichtete.[778] Im Europa der Aufklärung inszenierten sich unter Einfluss der Physiokraten auch Ludwig XV. und sein Sohn, der spätere Ludwig XVI., als Pflüger;[779] bildliche Darstellungen davon waren weit verbreitet.[780] Am folgenreichsten (und für den *Goldnen Spiegel* am einschlägigsten) ist aber Joseph II., der „am 19. August 1769 im mährischen Dorf Slavkovitz den Pflug" führte",[781] während er darauf wartete, dass eine Wagenpanne behoben wurde. Dieses bildlich verbreitete und geradezu religiös überhöhte Ereignis – am Ort erinnert ein Gedenkstein an das Ereignis; der von

---

sche Züge. Vgl. Wilhelm Roscher: Geschichte der National-Oekonomik in Deutschland. 2. Auflage. München/Berlin 1924, S. 474 f. Isaak Iselin kritisierte in seiner Rezension des *Goldnen Spiegels* (wie auch in seiner oben diskutierten Besprechung von Hallers *Usong*) den Romanautor durchaus doktrinär für seine vermeintliche Laxheiten und Fehleinschätzungen. Vgl. [Isaak Iselin: Rezension von] Der goldne Spiegel, oder die Könige von Scheschian [...]. In: Allgemeine deutsche Bibliothek 18 (1772), S. 329–363. Vor allem störte sich Iselin an den im Roman dargestellten staatlichen Regulierungsmaßnahmen. Ein wahrhaft idealer Herrscher werde „nicht die Bürger in Klassen einschliessen" (ebd., S. 359), sondern einsehen, „daß alle diese willkührlichen Gesetze die Ordnung der Natur stöhren" und „für das größte Grundgesetz der politischen Wirthschaft die Maxime des Herrn von Gournay annehmen: *laissés faire et laissés passer*" (ebd., S. 361).
776 Wieland: Der Goldne Spiegel, S. 294.
777 Vgl. Richter: Pflug und Steuerruder; Dies.: Der Monarch am Pflug – Von der Erweiterung des Herrschaftsverständnisses als erstem Diener zum ersten Landwirt des Staates. In: Das achtzehnte Jahrhundert 34 (2010), H. 1, S. 40–64; Hans-Jürgen Lechtreck: Herrscher im ‚royaume agricole'. Das kaiserliche Pflügen als Gegenstand reformabsolutistischer Bildsprache. In: Zeitschrift für Kunstgeschichte 64 (2001), S. 364–380.
778 Vgl. Richter: Der Monarch am Pflug, S. 46.
779 Vgl. ebd., S. 51.
780 Vgl. Lechtreck: Herrscher im ‚royaume agricole'.
781 Richter: Der Monarch am Pflug, S. 52.

Joseph II. benutzte Pflug wird noch immer im Mährischen Museum in Brno gezeigt[782] – steht symbolisch für Josephs Reformwillen und für seine Orientierung an moderner politischer Ökonomie.[783] Die für die politische Ikonographie des Reformabsolutismus höchst aussagekräftigen Darstellungen inszenieren den Herrscher als Agent des *ordre naturel*. Wenn der Romanheld Tifan als Monarch am Pflug dargestellt wird, so setzt ihn das in eine Reihe mit zeitgenössischen Herrscherfiguren. Doch führt die Romanwirklichkeit eine Welt vor, in der das königliche Pflügen nicht leere Geste ist, sondern institutionalisierter Ausdruck eines agrarischen Musterstaates.

4.5.4 Fazit: Didaxe und Skepsis

An der Ernsthaftigkeit, mit der Wielands Roman politische Themen entwickelt, kann kein Zweifel bestehen. Ebenso wenig steht außer Frage, dass der *Goldne Spiegel* zugleich mit der Etablierung dieser Ideale die Schwierigkeiten ihrer Umsetzung hervorhebt. Doch auch wenn die Verbindung von Weisheit und Macht in der Romanfiktion scheitert, lässt sich daraus keine allgemeinverbindliche Absage an die Idee eines aufgeklärten Reformabsolutismus konstruieren. Ganz im Gegenteil: Wielands anthropologische Skepsis betrifft alle Formen des menschlichen Zusammenlebens; als Vertreter einer ‚verhältnismäßigen Aufklärung' kann gerade die monarchische Staatsform Bedingungen schaffen, unter denen der Mensch sich optimal entfalten kann.[784] Dass damit historisch nicht das letzte Wort gesprochen ist, liegt in der Natur von Wielands Geschichtsbild.

Schließlich ist das Scheitern der Scheschianischen Staaten nicht einfach durch eine besondere Skepsis gegenüber monarchischer Herrschaft zu begründen, sondern durch einen allgemeinen anthropologischen Vorbehalt. In dem Moment, in dem Vorstellungen von anthropologisch fundierter historischer Dynamik in den politisch-didaktischen Roman eingehen, lässt sich kaum noch

---

782 Vgl. Metodeij Zemek: Joseph II. und Slavíkovice. In: Niederösterreichische Landesausstellung. Österreich zur Zeit Kaiser Josephs II.: Mitregent Kaiserin Maria Theresias, Kaiser und Landesfürst. Stift Melk, 29. März – 2. November 1980. 2., verbesserte Auflage. Wien 1980, S. 291 f.
783 Vgl. Richter: Der Monarch am Pflug, S. 53: „Vielmehr erfuhr das Ritual eine entsakralisierte Umdeutung zu einer die Untertanen anleitenden, vorbildhaften Handlung des Fürsten und einem zugleich symbolisch gegebenen Versprechen, den Ackerbau zu einer der ersten Angelegenheiten des Staates zu machen. Sichtbar wurde durch das Pflügen, dass der Monarch auch in der Feldbestellung seinen Untertanen voranging. Das bedeutete, dass die Staats- und Herrschaftsauffassung erweitert und auf die neue Bedeutung der Landwirtschaft ausgerichtet wurde."
784 Vgl. Gerhard Sauder: ‚Verhältnismäßige Aufklärung'. Zur bürgerlichen Ideologie am Ende des 18. Jahrhunderts. In: Jahrbuch der Jean-Paul-Gesellschaft 9 (1974), S. 102–126.

glaubhaft von teleologischem Fortschritt erzählen, wie es etwa Loen unternahm. Das bedeutet aber gerade nicht, dass didaktisches Erzählen seine Relevanz verlöre: Ganz im Gegenteil gewinnt die Gattung eine neue Bedeutung, weil sie im Einklang mit veränderten anthropologischen Konzepten eine ungeahnte Dynamik gewinnt. Gerade indem sie keine einfachen Lösungen präsentieren kann und will, wird sie Ausdruck eines gesteigerten Bewusstseins von Komplexität. Der *Goldne Spiegel* exponiert kein Misstrauen in politisches Erzählen, sondern einen generellen anthropologischen Vorbehalt. In ähnlicher Weise wie die *Geschichte des Agathon* trägt der *Goldne Spiegel* den Konflikt zwischen postulierter Norm und empirischem Widerspruch aus. Dieser Versuch, die Muster politischen Erzählens zu aktualisieren, erfolgt gerade weil den Inhalten eine große Bedeutung zugemessen wird: Wielands Roman betont sowohl die Notwendigkeit von politischer Reform als auch die Möglichkeit, davon in zeitgemäßer Form zu erzählen,[785] also die in der Binnenerzählung vermittelten Ideen in der Rahmenhandlung sowie der editorialen Rahmung so zu brechen, dass in einem hohen „Grad von poetologischer Selbstbeobachtung und Reflexion" die Bedingungen und Möglichkeiten politischen Schreibens und politischer Didaxe selbst zum Thema werden.[786] Deshalb lässt sich der *Goldne Spiegel* mit einigem Recht als „Metaroman" deuten, „in dem der literarische Möglichkeitsraum dieser Gattung und mit ihm der politische Handlungsspielraum des aufgeklärten Absolutismus diskursiv entfaltet wird".[787]

4.6 Politische Kompilation. *Farao für die Könige* (1776/1777) von Heinrich Wolfgang Behrisch

Am 2. Januar 1777 schrieb Johann Georg Hamann an Hans Jakob von Auerswald, er habe unlängst die ersten beiden Bände von *Farao für die Könige* gelesen und wundere sich, dass ihm der Autor noch nie untergekommen sei. Hamann reagierte durchaus positiv auf den Text, wohl auch, weil er eine gewisse Sympathie für den vielschreibenden Autor empfand: „Mit dem Farao für die Könige habe ich das alte Jahr auf dem Glockenschlage der Mitternacht beschloßen. Es ist mir lieb dies Buch

---

785 Deshalb scheint es mir verfehlt, Wieland (latent teleologisch) zu unterstellen, er würde mit dem *Goldnen Spiegel* „den Umbau des Staatsromans zum Bildungsroman" vorbereiten (so Schmitt-Maaß: Fénelons „Télémaque" in der deutschsprachigen Aufklärung, S. 942).
786 Wilhelm Voßkamp: Transzendentalpoetik. Zur Übersetzung utopischer Diskurse in Wielands *Goldnem Spiegel*. In: Bettine Menke/Wolfgang Struck (Hrsg.): Wieland/Übersetzen. Sprachen, Gattungen, Räume. Berlin/New York 2010, S. 225–236, hier S. 225.
787 Jordheim: Der Staatsroman im Werk Wielands und Jean Pauls, S. 402.

zu kennen, und eine kleine Schande noch nicht den Namen eines so belesenen Polygraphen zu wißen."[788] Bei diesem „belesenen Polygraphen" handelt es sich, wie nicht zuletzt dank der im Werk verstreuten Hinweise auf andere eigene Schriften leicht herauszufinden ist, um Heinrich Wolfgang Behrisch, einen überaus produktiven Autor der zweiten Jahrhunderthälfte, der lediglich wegen der Freundschaft seines älteren Bruders Ernst Wolfgang mit Goethe zuweilen Erwähnung findet.[789]

Behrisch wurde 1744 auf dem Gut des Vaters geboren, studierte ab 1760 Jura in Leipzig, ehe er 1768 den gescheiterten Versuch unternahm, als Rittergutsbesitzer zu leben.[790] Bis zu seinem Tod führte Behrisch ein unruhiges Wanderleben, das ihn unter anderem nach Berlin, Dresden, Prag, Magdeburg und schließlich von 1799 bis zu seinem Tod 1825 nach Dessau führte, wo sein Bruder als Fürstenerzieher tätig war. Seinen Lebensunterhalt verdiente Behrisch mit Sprachunterricht und Sticken, vor allem aber mit exzessiver literarischer und journalistischer Produktion. In seiner Autobiographie beschreibt er seine Tätigkeit in den Jahren 1775 bis 1778, in denen auch *Farao für die Könige* entstand:

> Hier [in Dresden, C. M.] lebte ich incognito [,] las frühe, schrieb nachmittags auf dem Spaziergange und trieb das Büchermacherhandwerk unablässig: Romane, Uebersetzungen, Auszüge, Compilationen regneten auf die Handlungen so stark, daß ich in manchem Monat 5 Thaler Brief- und Packetporto für meine hin- und herreisenden Manuscripte zu bezahlen hatte. Vom Jahre 1775 bis 1778 war ich im eigentlichen Verstande Einsiedler mitten in einer Residenz: *Chenille le matin et papillon le soir*. Nur des abends pflegte ich auszugehen, den übrigen Tag schrieb ich Harmonien, Analogien, Biographien, Phantasien und Literaturgien so zahllos wie der Sand am Meer.[791]

Behrisch verkörpert damit einen Berufsschriftstellertypus des 18. Jahrhunderts, der von den Erträgen seiner literarischen Produktion abhängig war. Sein abenteuerliches Leben war bereits für Zeitgenossen interessanter als die Texte. So entwirft Schulz in seiner *Litterarischen Reise durch Deutschland* (1786) mit sichtlicher Abscheu das Bild eines unsteten Hochstaplers:

---

788 Johann Georg Hamann an Hans Jakob von Auerswald, 2.1.1777. In: Johann Georg Hamann: Briefwechsel Bd. 3. Hrsg. von Walther Ziesemer und Arthur Henkel. Wiesbaden 1957, S. 277.
789 Vgl. Karl Elze: Ernst Wolfgang Behrisch. Ein Beitrag zur Goethe-Literatur. In: Deutsches Museum 1857, H. 2, S. 51–67.
790 Vgl. Karl Elze: Heinrich Wolfgang Behrisch, ein Literat des achtzehnten Jahrhunderts. In: Deutsches Museum 1861, H. 52, S. 913–922.
791 Zitiert nach ebd., S. 915. Elze lag „eine handschriftliche Autobiographie" Behrischs vor (ebd., S. 913), die mittlerweile verschollen ist.

4.6 Politische Kompilation. *Farao für die Könige* (1776/1777) — 399

Ein belletristisches Irrlicht, das sich für einen Edelmann ausgiebt, und bald hier bald dort soll seyn gesehn worden, zuletzt aber in *Wien*. Von dem Jahre 1775 bis 1778 hat er nicht mehr als 20 Bücher geschrieben, worunter *das blaue Buch, Farao für Könige*, und sein allgemeines *Autor- und Litteratur-Lexikon*, noch hier und da bekannt seyn mögen. Ich kenne des Menschen nicht weiter.[792]

Behrisch selbst hatte in den von ihm verfassten *Wiener Autoren* (1784) ein weitaus schmeichelhafteres Selbstporträt entworfen, in dem er sich unter anderem diverse Auszeichnungen zuschrieb und positive Reaktionen auf seine Werke betonte.[793] Dessen ungeachtet gerieten die meisten seiner Schriften rasch in vollständige Vergessenheit, so auch der dreibändige politische Roman *Farao für die Könige*, der 1776/1777 bei Weygand in Leipzig erschienen war.[794] Dabei hatten Zeitgenossen den Text durchaus zur Kenntnis genommen, auch wenn die Rezensionen – sie stammen unter anderem von Johann Heinrich Merck und Isaak Iselin – durchweg einen kritischen Standpunkt gegenüber dem Werk einnehmen. Sie bezeugen allerdings ebenso wie eine französische Besprechung,[795] dass Behrisch zumindest mit der Wahl seines Gegenstandes und der Entscheidung für das Genre des politischen Romans richtiglag: Offenkundig war mit einem politischen Roman in der Nachfolge Wielands gegen Ende der 1770er Jahre einige Aufmerksamkeit zu erregen. Alle Rezensenten sind sich einig darin, dass Behrischs Wirkintention löblich sei, sie stimmen aber ebenso darin überein, dass es ihm nicht gelungen sei, sie umzusetzen. Beklagt werden die kompilatorische Arbeitsweise,[796] vor allem aber die exaltierte emphatisch-empfindsame Sprache, die eher abschreckend wirke.[797]

---

792 Friedrich Schulz: Litterarische Reise durch Deutschland. Leipzig 1786, S. 17.
793 [Heinrich Wolfgang Behrisch:] Die Wiener Autoren. Ein Beytrag zum gelehrten Deutschland. o. O. 1784, S. 23–30.
794 Vgl. [Heinrich Wolfgang Behrisch:] Farao für die Könige. 3 Bde. Leipzig 1776/1777.
795 Vgl. [Rezension von] Farao fur die Koenige, c'est-à-dire, Pharaon, pour les Rois. In: Journal des sciences et des beaux-arts 2 (1777), S. 405–410.
796 Vgl. [Isaak Iselin (?)]: Rezension von] Farao für die Könige. In: Anhang zu dem fünf und zwanzigsten bis sechs und dreyßigsten Bande der allgemeinen deutschen Bibliothek [1780], S. 2488–2490, hier S. 2488 f.: „Schwulst, Empfindungen, in den Gedanken, in der Schreibart, sind nicht Stärke und nicht Erhabenheit; und eine Zusammenhäufung der besten Sachen macht kein gutes Buch aus, wenn beynahe eben so viel schlechtes damit vermischt ist."
797 Vgl. etwa [Rezension von] Farao für die Könige. In: Neueste Critische Nachrichten. Bd. 2, 52. Stück (1776), S. 409 f., hier S. 410: „Und dann noch die Sprache; nun die ist diejenige, welche jezt so sehr in dem Fache der schönen Wissenschaften Mode wird, blumenreich, deklamatorisch, dichterisch, geziert und spielend, die im Schwall von vielen Worten bald euphratisch dahinstürzt, bald empfindsam hinsäuselt; grade nicht die Sprache, die solche Schriften Männern vom Stande und von Geschäften angenehm machen kann." Vgl. [Johann Heinrich Merck: Rezension von]

Trotz der den Entstehungsbedingungen geschuldeten Inkohärenzen ist Behrischs *Farao für die Könige* in mehrfacher Hinsicht aufschlussreich für die Schreibweisen des politischen Romans der hohen Aufklärung. Erstens tritt in diesem hybriden Gebilde deutlich zu Tage, welche Traditionen in sowohl literarischer als auch politiktheoretischer Hinsicht zur Verfügung stehen, zweitens ist Behrischs Text (möglicherweise unfreiwillig) wesentlich radikaler als die übrigen politischen Romane der 1770er Jahre: Als Außenseiter des Literaturbetriebs musste er wesentlich weniger Rücksicht auf Konventionen nehmen als etwa Wieland oder Haller. Auch die mangelnde Durcharbeitung macht den Roman zu einem interessanten Dokument der Rezeption radikalerer Spielarten der Aufklärung als in den staatstragenden Texten von Wieland oder Haller; damit weist er voraus auf die Romane Karl Friedrich Bahrdts und Wilhelm Friedrich (von) Meyerns, die allerdings damit ein bestimmtes politisches Programm verfolgten.

4.6.1 Literarische Projektemacherei. Zum Programm eines irrlichternden Autors

In der an die „Fürsten vom Stamme des Ro-he" gerichteten Vorrede des Romans erläutert Behrisch das Programm seines Romans. Wenig überraschend soll er „die Liebe zum allgemeinen Besten" verbreiten, wie es auch die „eignen königlichrepublikanischen Gesinnungen" verlangten.[798] Er reiht sich ein in die Traditionslinie des politischen Romans und beklagt, dass es nur wenige Werke gebe, „die es mit dem Telemach, dem Jahre 2440 und dem goldnen Spiegel aufnehmen könnten".[799] Er geht dabei von der konkreten Wirkung der Romane aus und hofft auf die Umsetzung der dort präsentierten Vorstellungen, die er in seinem „projektvolle[n] Werke" vorgelegt habe.[800] Diese Bezeichnung ist aufschlussreich, reiht sich doch Behrisch damit in die Reihe der Projektemacher ein, die im 18. Jahrhundert kontrovers diskutiert wurden. Mehr noch: Sein Roman wird zum Projekt in dem Sinne, wie die unzähligen, zum Teil abenteuerlichen Verbesserungsvorschläge von Finanzjongleuren und anderen.

Farao für die Könige. In: Der Teutsche Merkur. 1. Vierteljahr 1777, S. 101 f., hier S. 101: „Daher [wegen seiner guten Absichten, C. M.] muß man ihm verzeihen, wenn er in den ewigen Figuren des Climax nichts ohne 3 Steigerungen vorbringen kann, und sich erst auf der zweyten Seite niedersetzt, um Athem zu holen."
798 [Behrisch:] Farao für die Könige. Bd. 1, S. 7.
799 Ebd., S. 8.
800 Ebd., S. 11.

Behrisch entwirft ein Selbstportrait als Projektemacher,[801] das auch im Roman sein Echo findet: So bietet der streitbare „Prolog mit dem Helme" eine geraffte Geschichte des Menschheitsfortschritts, der sich in der allmählichen Durchsetzung von Vernunft, Freiheit und Wahrheit manifestiert.[802] Alle Agenten der Vervollkommnung seien „Projektmacher";[803] Luther ebenso wie Bacon und Descartes.[804] Diese genialischen Figuren erscheinen als providentiell beglaubigte Helden der Aufklärung:

> Wenn man alle grosse Perioden der Weltepochen von ihrem Anfange an bis zu neuen Revolutionen durchgeht, so findet man überall, daß die grosen Projekte nur von denen ausgeführt oder angegeben wurden, die bestimmt waren, mit ihrem Plan durch alle chimärische Schwierigkeiten und durch die Phantomen des Neides und der Furcht durchzudringen, und daß der Nahmen der glücklichen Projektmacher unter diejenigen Lichter der ersten Gröse gehören, die fähig und würdig waren, unter allen Nationen an der Spize ihrer glücklichgemachtten Völker zu stehen.[805]

Im Folgenden listet Behrisch eine ganze Reihe von einflussreichen historischen Figuren auf, von Zoroaster über Konfuzius, „ein Projektmacher der zu stolz war um zu herrschen",[806] den islamischen Propheten Mohammed, den Begründer des peruanischen Inkareichs Mangocapac („ein andrer glücklicher Projektant"[807]), Lykurg, Cäsar, Kaiser Karl V., Kolumbus, Peter den Großen, Colbert bis hin zu Rousseau und dem Abbé St. Pierre.[808]

Diese durchaus unsystematische Auflistung verdeutlicht, dass Behrisch den Fortschritt der Menschheit durch große Taten einzelner Figuren gewährleistet sieht. Dabei können sogar gescheiterte Unternehmungen nützlich sein, was Behrisch an anderer Stelle am Beispiel des notorischen Finanzspekulanten John Law zeigt, der immerhin für die Größe und Stärke der französischen Flotte verantwortlich sei.[809]

---

801 Vgl. Georg Stanitzek: Der Projektemacher. Projektion auf eine ‚unmögliche' moderne Kategorie. In: Ästhetik und Kommunikation 65/66 (1987), S. 135–146, Markus Krajewski: Über Projektemacherei. Eine Einleitung. In: Ders. (Hrsg.): Projektemacher. Zur Produktion von Wissen in der Vorform des Scheiterns. Berlin 2004, S. 7–25.
802 Vgl. [Behrisch:] Farao für die Könige. Bd. 1, S. 10 f.
803 Ebd., S. 23, hier auf Luther bezogen
804 Vgl. ebd., S. 25.
805 Ebd., S. 25 f.
806 Ebd., S. 26.
807 Ebd., S. 27.
808 Vgl. ebd., S. 28–31.
809 Vgl. [Behrisch:] Farao für die Könige. Bd. 2, S. 55 f.

Mit dieser Apologie des Projektemachers nimmt Behrisch einen zunächst negativ besetzten Terminus auf,[810] der um die Mitte des Jahrhunderts, vor allem unter dem Einfluss Justis, zunehmend aufgewertet wurde, ohne dass sich diese Tendenz durchsetzen sollte. Justi definiert 1754 „Project" als

> einen ausführlichen Entwurf eines gewissen Unternehmens, wodurch unsere eigene oder anderer Menschen zeitliche Glückseligkeit befördert werden soll; zu welchem Ende alle zu ergreifende Mittel und Maaßregeln, benebst den zu befürchtenden Schwierigkeiten und Hindernissen und die Art und Weise dieselben aus dem Wege zu räumen, in einem solchen Entwurfe deutlich vorgestellet werden.[811]

Ungeachtet aller Vorurteile gegen Projektemacher, die Justi durchaus zur Kenntnis nimmt,[812] erklärt er Projektemacherei zu einem Grundzug menschlicher Existenz; sie sei für den Staat, der beständig nach Verbesserung und Vervollkommnung strebe, geradezu unerlässlich. Nicht „allein der Regent, sondern auch vornehmlich die obersten Staatsbedienten [sollten] Projectmacher seyn",[813] ebenso wie die Gelehrten, die unermüdlich für das Glück der Menschheit arbeiteten:

> In diesem Betracht kann man auch alle gelehrte und vernünftige Männer, die in den Regierungswissenschaften und der großen Wirthschaft des Staats eine gnugsame Erkenntniß und Einsicht besitzen, und in ihren Schriften zu besserer Cultur der Länder und vollkommener Einrichtung der Regierungsanstalten Vorschläge an die Hand geben, allerdings Projectmacher nennen[.][814]

Im Rahmen von Justis eudämonistischer Staatszwecklehre kommt also dem Projektemachen eine zentrale Bedeutung zu, weil es – ungeachtet aller Irrwege –

---

810 Vgl. Georg Heinrich Zincke: Vorrede. In: Peter Krezschmers, nunmehrigen Hauß-Vaters im Leipziger Waysen- und Zucht-Hause, Oeconomische Vorschläge, Wie das Holtz zu vermehren, Obst-Bäume zu pflantzen, die Strassen in gerade Linien zu bringen, mehr Aecker dadurch fruchtbar zu machen, die Maulbeer-Baum-Plantagen, damit zu verknüpffen und die Sperlinge nebst den Maulwürffen zu vertilgen: Nebst einem Anhange, von Verbesserung grosser Herren Küchen und Tafeln, Auch einer Vorrede Hrn. D. Georg Heinrich Zinckens, worinnen von Projecten und Projecten-Machern gehandelt wird. Neue, mit einem Vorbericht und verschiedenen Zusätzen vermehrte Auflage. Leipzig 1746, S. 5–48.
811 Johann Heinrich Gottlob von Justi: Gedanken von Projecten und Projectmachern. In: Ders.: Gesammlete politische und Finanzschriften. Bd. 1. Kopenhagen/Leipzig 1761, S. 256–281, hier S. 257.
812 Vgl. ebd., S. 265: „Es ist ohne Zweifel diesen Ursachen [gescheiterten Unternehmungen, C. M.] beyzumessen, daß der Name eines Projectmachers, der an sich selbst eine gar wohlgemeinte und vorzügliche Benennung seyn sollte, heute zu Tage eine gar geringschätzige und beynahe verächtliche und schimpfliche Bedeutung erlangt hat.
813 Ebd., S. 261.
814 Ebd., S. 262.

insgesamt zu kontinuierlicher Verbesserung beiträgt.[815] Genau hier liegt die Verbindung zu Behrischs Programm: Wenn er alle heroisierten Akteure des Menschheitsfortschritts als kühne Projektemacher zeichnet und zugleich sein eigenes Werk als „Projekt" charakterisiert, wertet er sein Schreiben und seine Position stark auf. Es liegt nahe, hierin eine Kompensationsfigur des ‚irrlichternden' und sich in ständiger Geldnot befindenden Vielschreibers zu sehen. Bezeichnenderweise stellte bereits Justi die Verbindung zwischen materieller Not und Erfindungsreichtum her – der beste Projektemacher ist in dieser Logik der Bedürftigste: „Die Noth und Armuth sowohl, als die Begierde der Menschen, ihr Glück in der Welt zu machen, schärfet öfters ihren Verstand, daß sie auf Gedanken fallen, die andere in geruhigen und glücklichen Umständen nicht erreichet haben würden."[816]

So lässt sich vermuten (wenn auch nicht belegen), dass Behrisch versuchte, über seine literarische Produktion und insbesondere über seinen politischen Roman, der immer wieder die Bedeutung von Erziehung hervorhebt, eine Position als Prinzenerzieher zu erlangen, gerade angesichts der Anstellung seines Bruders in Gotha – dafür sprechen auch die Romanpassagen über Fürstenerziehung, die eine gewisse Nähe zu Basedows *Agathokrator* aufweisen.

4.6.2 *Farao für die Könige* zwischen Roman und Traktat

Behrischs Roman weist nur wenige romanhafte Züge auf.[817] Die Handlung der drei Bände (wenn man von so etwas wie einer Handlung überhaupt sprechen kann) ist schnell zusammengefasst: Der ägyptische Pharao Losamo – wahrscheinlich ein Anagramm von Salomo, wodurch Behrischs Monarch spielerisch aufgewertet würde –, der in Babylon residiert, ist ein Muster herrscherlicher Tugenden und großer Weisheit. Eben deshalb verlangt es ihm nach einem Ratgeber, den ihm die Vorsehung in Gestalt des Engels Jesrad (Name und Figur stammen aus Voltaires *Zadig*) auch prompt schickt. Losamos tugendhafter und von der Vorsehung privilegierter Sohns Tsang-Ti wächst in Unkenntnis seines Standes, wie es Sitte in Ägypten ist, auf dem Land auf, verliebt sich in die Bauerstochter Lal-Li; er erfährt von seiner Herkunft und zieht triumphal in Babylon ein. Nach dem Tod Losamos

---

815 Vgl. Engelhardt: Zum Begriff der Glückseligkeit in der Kameralistischen Staatslehre.
816 Justi: Gedanken von Projecten und Projectmachern, S. 268.
817 Vgl. [Rezension von] Farao für die Könige. In: Neueste Critische Nachrichten, S. 409: „Sein Werk ist auch nicht ganz Staatsroman, noch blos aus dem Träumeland der Dichterwelt hergenommen, sondern besteht oft aus vielen Bogen von Raisonnements über wichtige Wahrheiten der Staatskunst selbst neuerer Zeiten."

wird Tsang-Ti zum König ausgerufen und heiratet seine Geliebte. Eine Episode im dritten Band erzählt von den Reisen des tugendhaften Ägypters Osimandias' und seiner Geliebten, die unterschiedliche Völker und ihre Verfassungen kennenlernen. Diese Handlungselemente gehen in einer Fülle politischer Informationen unter, die zwar zuweilen von dem konkreten Beispiel des ägyptischen Staats ausgehen, in den meisten Fällen aber eher Referate des gesammelten politischen Wissens der zweiten Hälfte des 18. Jahrhunderts darstellen, die der heterodiegetische Erzähler in großer Ausführlichkeit präsentiert.

Dabei ist Behrisch über die Gattungstraditionen bestens im Bilde: Er erwähnt nicht nur Fénelon, Mercier und Wieland, sondern zitiert auch aus Hallers politischen Romanen. Im Hintergrund dürfte aber auch (uneingestanden) die Tradition des Asiatischen Romans des 17. Jahrhunderts stehen. Johann Heinrich Mercks auf Behrischs Stil gemünzte Beobachtung, es herrsche „in der Schreibart insbesondere zuweilen eine Kostbarkeit und ein Schwulst, die ganz nahe an die Banise und die goldbedeckten Thürme von Pegu gränzen",[818] lässt sich auch auf die dargestellten Ereignisse beziehen: Durchaus untypisch für das politische Erzählen der 1770er Jahre füllt er viele Seiten mit detaillierten Beschreibungen prächtiger Umzüge, Turniere und höfischer Feste. So zieht Tsang-Li auf einem „Triumfwagen" in Babylon ein, der „von sechzig Elephanten gezogen" wird. Auf dem „Triumfwagen selbst, welcher mehr eine rollende Stadt als ein Werk von Menschenhänden gebaut zu seyn schien", ist ein „Amphitheater" errichtet, auf dem königliche Chöre „die Thaten der Neuverlobten in melodischen Gesängen mit dem süssen Klange des lydischen Flötentons begleitet" besingen. Das Paar wiederum sitzt auf einem „zu einer Höhe von hundert Fuß" erhöhten Thron, der sich unter einer „von vergoldeten Säulen getragene[n] Kuppel befindet" und von Statuen ruhmreicher Pharaonen umgeben wird.[819] Immerhin erklärt der Roman den Nutzen des Pomps, der dazu diene, die Arbeitskraft des Volks anzuspornen.[820]

Unter den zeitgenössischen politischen Romanen ist Wielands *Goldner Spiegel* von zentraler Bedeutung für Behrisch. Das betrifft kleinere Übernahmen – so wird Jesrad wie Wielands Danischmende zum „Itimadulad" ernannt,[821] er weist zudem Züge des Alten in der Naturkinder-Utopie auf und strebt ein naturgemäßes Leben an[822] –, aber auch die politischen Vorstellungen Behrischs: Wenn Behrisch

---

818 [Merck: Rezension von] Farao für die Könige, S. 101. „Peru" zu „Pegu" korrigiert.
819 [Behrisch:] Farao für die Könige. Bd. 2, S. 10.
820 Ebd., S. 7.
821 Ebd. Bd. 1, S. 61.
822 Vgl. ebd., S. 62 f.

erklärt, die Bevölkerung Ägyptens vermehre „sich wie die Ratzen" und Mirabeau als Quelle angibt, bezieht er sich offensichtlich auf Wieland.[823]

Vor allem aber betreffen die Übernahmen die Erziehung des Thronfolgers: Wie Wielands Tifan wächst Behrischs Tsang-Li in Unkenntnis seiner Herkunft auf,[824] wie Wielands Protagonist macht er eine Bildungsreise, um alles nötige Wissen zu akkumulieren.[825] Allerdings geht Behrisch auch auf Wielands Quelle, Merciers *Jahr 2440* zurück, wenn er die Erziehung des Thronfolgers als Institution auffasst. Dabei weist sein Entwurf gewisse Inkonsequenzen auf: So soll eigentlich der Beste den Thron erlangen, aber Jesrad sucht zielgerichtet Tsang-Li auf. Wie Tifan heiratet Tsang-Li eine ‚Tochter der Natur',[826] wie dieser begründet er das Pflugritual.[827] Die Inspiration für die Reisen von Osimandias, die im dritten Band berichtet werden, dürfte von den Reisen Othars des Nordländers aus Hallers *Alfred* herrühren; auf *Alfred* beruft sich Behrisch auch bei seiner Wertung des Adels.[828] Schließlich erwähnt Behrisch Fénelons *Bétique*;[829] darüber hinaus weist die Erziehung Losamos gewisse Affinitäten zu der Initiation des Sethos auf.[830]

All diese Versatzstücke stehen weitgehend isoliert für sich, wie auch die überbordenden politischen Reflexionen eine klare Gliederung oder gar eine Verknüpfung mit den wenigen Handlungselementen vermissen lassen. Konflikte, aus denen irgendeine Art von Handlung entstehen könnte, spricht Behrisch nicht an – seine Herrscherfiguren können ungehindert ihre Volksbeglückungsziele umsetzen. Damit geht Behrisch einen Schritt hinter Wieland und Haller zurück, die in unterschiedlicher Weise gerade die Schwierigkeiten gelingender Aufklärung in die Handlung ihrer Romane überführten.

Zwar thematisiert Behrisch durchaus diese Probleme, allerdings in den theoretischen und historischen Exkursen, deren Verhältnis zu den fiktionalen Elementen oftmals unklar bleibt. Während etwa Wieland in der Geschichte des Scheschianischen Reichs den Aufklärungsprozess in die Chronik eines fiktiven

---

823 Ebd., S. 93. Vgl. Wieland: Der Goldne Spiegel, S. 78 f. (Fußnote): „*Wie die Ratzen*, sagt der hochachtungswürdige Marquis von Mirabeau, in dessen vor trefflichem *Menschenfreunde* die Wahrheiten, welche Danischmende hier nur berührt, mit der ihm gewöhnlichen Stärke der Gründe und mit dieser ehrlichen Wohlmeynenheit ausgeführt sind, welche ihn auch dann, wenn er anstatt zu philosophieren faselt (und dieß begegnet ihm oft genug) noch liebenswürdig macht."
824 Vgl. ebd., S. 76–80.
825 Vgl. ebd., S. 80–82.
826 Vgl. ebd., S. 178.
827 Vgl. ebd. Bd. 3, S. 76–80.
828 Vgl. ebd. Bd. 1, S. 95.
829 Vgl. ebd., S. 68 (Fußnote).
830 Vgl. ebd., S. 47.

Reichs überführte, referiert Behrisch über historische Prozesse, sein musterhaftes Ägypten bleibt aber zu jeder Zeit statisch – da bereits Pharao Losamo perfekt ist, bleibt für seinen Thronfolger nur wenig Handlungsspielraum.

4.6.3 Zeitkritik? Behrischs Rousseau-Transformation

Zwar suggeriert die Gliederung des Romans eine Systematik – die drei Bände sind aufgeteilt in je drei Bücher –, die aber, anders als die Reformen Tifans, keine strukturelle Orientierung an einem wie auch immer gearteten politisch-ökonomischen System verraten.[831] Diesen Grad ästhetischer Durchformung erreicht Behrisch an keiner Stelle. Ganz im Gegenteil: Seine aus einer Vielzahl von Quellen kompilierte ‚Theorie' – er stützt sich unter anderem auf so unterschiedliche Denker wie Rousseau, Helvétius, Möser, Melon und Montesquieu – widerspricht sich oftmals selbst.

Ein Beispiel dafür ist Behrischs Behandlung der Luxus-Thematik: In der Vorrede konstatiert er, Luxus sei ein großes Übel, um dann anhand der Beschreibung Ägyptens eine prächtige Monarchie zu feiern. Lykurgs System sei beispielhaft in kleinen Staaten; im Roman wird es für ein Großreich angewandt. Diese Brüche zwischen Handlung und theoretischen Reflexionen ließen sich als ästhetisch fruchtbare Kontraste deuten, wäre nicht offensichtlich, dass sie allein Behrischs gehetzter Produktionsweise geschuldet sind. Sie führen allerdings zuweilen zu interessanten Bedeutungsüberschüssen, die zu einer gewissen Originalität von *Farao für die Könige* beitragen.

Zwar lässt sich aus Behrischs eklektischen Auflistungen schwerlich eine kohärente politische Theorie synthetisieren; dennoch sind einige (immer wieder zum Teil wörtlich wiederholte) Punkte zweifellos für sein Denken zentral: Zunächst steht die Erziehung im Zentrum; es läuft darauf hinaus, „daß die Regierungskunst eine Erziehungskunst sey".[832] „Regierungskunst und Erziehungswissenschaft war bey Losamo nur Ein Begriff."[833] Folglich nehmen auch die Erzieher eine herausgehobene Rolle ein; erwähnt sei hier nur, dass der Bruder des Autors, Ernst Wolfgang Behrisch in Dessau als Erzieher des Erbprinzen tätig war,[834] wo

---

831 Vgl. Scattola: Politisches Wissen und literarische Form.
832 [Rezension von] Farao für die Könige. In: Neueste Critische Nachrichten, S. 410.
833 [Behrisch:] Farao für die Könige. Bd. 1, S. 102.
834 Vgl. Adalbert Elschenbroich: Behrisch, Ernst Wolfgang. In: Neue Deutsche Biographie 2 (1955), S. 15f.

wiederum Basedow bis 1776 als Leiter des von ihm gegründeten Philantropinum fungierte.[835]

Losamos Idealstaat zeichnet sich zudem durch eine „allgemeine Freiheit zu denken und zu schreiben" aus:[836]

> So lange die Freyheit in deinem Staate eingeschränkt ist, und nicht alles was gesagt werden kann, gesagt wird, so lange noch eine Menge ehrwürdiger Gebräuche den Mund derer die weiser seyn würden, wenn sie reden dürften, verschliessen; so lange hoffe nicht, daß Unwissenheit besiegt und Dummheit verdrängt werden wird, so lange glaube nicht, daß sich dein Volk zu einem Grade von Erleuchtung emporgehoben hat, der länger als deine Regierung dauren kann. Freyheit im Denken und im Reden ist der Beweis, daß der Regent über die Furcht, und sein Volk über die Gefahr der Unterdrückung erhoben ist.[837]

Dass diese Äußerung aus dem Mund von Jesrad stammt, der „gleich einem himmlischen Bothschafter" den König berät,[838] beglaubigt sie zusätzlich.

Trotz aller unverkennbaren Schwächen ist Behrischs Roman im Kontext der politischen Romanliteratur der 1770er Jahre von Interesse: Als einziger Autor propagiert er die Ideen aus Rousseaus *Contrat social*; wie kein anderer fordert er Meinungs- und Pressefreiheit. Schließlich spricht er explizit deutsche Verhältnisse an und kontrastiert seine Gegenwart mit einer heroischen germanischen Vorzeit. So ist die Rede von den „edlen Schweizer[n]", zu denen die teutonische Freyheit flüchtete, die Sitten und Muth jenseits der Alpen beschüzen";[839] die „germanische Freiheit" wurde „in Sklaverei verwandelt".[840] Implizit lässt sich Behrischs Roman also auch als Plädoyer für die Freiheitsrechte der Untertanen lesen: Wenn er, Rousseau paraphrasierend, ausführlich darlegt, dass jede legitime Herrschaft auf einem Gesellschaftsvertrag beruhe und die den Regenten übertragene Macht wieder zurückgenommen werden könne,[841] nimmt er eine Position ein, der Wieland und vor allem Haller in *Fabius und Cato* entschieden widersprochen hatte. Bezeichnenderweise relativiert Behrisch an anderer Stelle diese Position, wenn er das Widerstandsrecht der Untertanen in der Praxis als nicht durchsetzbar ansieht.[842] Auch hier ist nicht klar zu entscheiden, ob Behrisch

---

835 Vgl. Jürgen Overhoff: Johann Bernhard Basedow (1724–1790). Aufklärer, Pädagoge, Menschenfreund. Eine Biografie. Göttingen 2020 (Hamburgische Lebensbilder. Bd. 25), S. 110–130.
836 [Behrisch:] Farao für die Könige. Bd. 1, S. 102.
837 Ebd., S. 57.
838 Ebd., S. 56
839 Ebd. Bd. 2, S. 68.
840 Ebd. Bd. 3, S. 146.
841 Ebd. Bd. 2, S. 95.
842 Vgl. ebd. Bd. 2, S. 117 f.

einen heiklen Punkt entschärfen wollte oder es ihm darauf ankam, viele Seiten durch Paraphrasen aktueller Debatten zu füllen.

Behrischs synkretistische und durchaus spielerische Kompilation – möglicherweise spielt der Romantitel auch auf das Kartenspiel Farao bzw. Faro an – ist an den Rändern des politischen Romans anzusiedeln. Inhaltlich weist sie (wenn auch vermutlich eher unfreiwillig) auf Tendenzen der radikalen Spätaufklärung voraus. Indem der Roman von allem etwas bietet, scheut er die klare Festlegung, was eine mögliche Umsetzung des als „Projekt" verstandenen Planes nicht unwesentlich erschwert haben dürfte.

4.7 Diskussionen um den politischen Roman

In den Jahren um 1770 lassen sich zwei gegenläufige Bewegungen beobachten: Einerseits werden viele politische Romane verfasst und breit rezipiert, andererseits bedarf politisches Erzählen zunehmend der Legitimation. Problematisch erscheint weniger die politische Programmatik der Texte, die zumeist dem Konsens aufgeklärter politischer Theorie folgen, als ihre literarische Form. Besonders an den Romanen Hallers und an Wielands *Goldnem Spiegel* entzünden sich Debatten über den Nutzen politischen Erzählens und über die angemessene Art, politisch zu schreiben. Diese theoretische Problematisierung hängt eng mit Blanckenburgs *Versuch über den Roman* (1774) zusammen, der erstmals in deutscher Sprache den Roman aus rhetorischen Zusammenhängen löst.

Dabei bleibt zu berücksichtigen, dass die Theorie in einem komplexen Austauschverhältnis mit der literarischen Praxis steht: So lassen sich die Romane Wielands auch als Versuche lesen, politisches Erzählen durch Anschluss an ‚pragmatische' Erzählverfahren und Wissensbestände des anthropologischen Romans zu modernisieren, während Haller genau den entgegengesetzten Weg einschlägt und die romanhaften Elemente zunehmend zurückdrängt. Die Verteidigungen seiner Romane verdeutlichen wiederum, dass dem politisch-didaktischen Erzählen nach wie vor ein Platz im Gattungsgefüge zugewiesen wird, der allerdings zunehmend prekär und legitimationsbedürftig wird. Wieland macht dieses Problem zum Gegenstand der Metaebene seines Romans und antizipiert so mögliche Kritik, während Hallers Romane eine rege kritische Debatte stimulieren, die diese Punkte kontrovers diskutiert.

4.7.1 Blanckenburg und die Folgen

Die Romantheorie des ausgehenden 18. Jahrhunderts begleitet und reflektiert einen Prozess der Individualisierung und Verbürgerlichung.[843] In seinem folgenreichen *Versuch über den Roman* (1774) betont Friedrich von Blanckenburg, diese Gattung sei an die Stelle des Epos getreten;[844] im Mittelpunkt stünden nun „Handlungen und Empfindungen des Menschen"[845] und nicht mehr die politischen öffentlichen Taten des Bürgers.[846] Blanckenburg lenkt den Fokus auf die „*innre* Geschichte";[847] die psychologische Entwicklung der Protagonisten sei wichtiger als die letztlich bedeutungslosen äußeren Handlungsumstände.[848] Zugleich modifiziert er die überkommenen Vorstellungen von der didaktischen Wirkungsintention der Gattung:

> Ich glaube nicht, daß der Dichter auf eine andre Art füglich Lehrer seyn könne, als indem er unsre denkende Kraft und Empfindungsvermögen durch die Kunst in der Anordnung und Ausbildung seines Werks beschäftigt. Er muß sich nicht geradeswegs zum Lehrer aufwerfen; noch weniger müssen es seine Personen. Wir selbst, ohne sein Vordociren, müssen an ihm lernen können; und wir werden desto sicherer und beßrer lernen, wenn wir Gelegenheit gehabt haben, durch sein Werk unsre eignen Lehrmeister zu werden.[849]

---

843 Vgl. zur Orientierung die Studie von Voßkamp: Romantheorie in Deutschland.
844 Vgl. Friedrich von Blanckenburg: Versuch über den Roman. Faksimiledruck der Originalausgabe von 1774. Mit einem Nachwort von Eberhard Lämmert. Stuttgart 1965, S. XIII: „Ich sehe den Roman, den *guten Roman* für das an, was, in den ersten Zeiten Griechenlands, die Epopee für die Griechen war; wenigstens glaub' ichs, daß der *gute Roman* für uns das werden könne." – Vgl. den Überblick über Blanckenburgs Text bei Kurt Wölfel: Friedrich von Blanckenburgs *Versuch über den Roman*. In: Reinhold Grimm (Hrsg.): Deutsche Romantheorien. Beiträge zu einer historischen Poetik des Romans in Deutschland. Frankfurt am Main/Bonn 1968, S. 29–60.
845 Blanckenburg: Versuch über den Roman, S. 17.
846 Vgl. ebd. – Blanckenburg betont, „daß, so wie das Heldengedicht *öffentliche Taten und Begebenheiten, das ist, Handlungen des Bürgers* (in einem gewissen Sinn dieses Worts) besingt: so beschäftigt sich der Roman mit den *Handlungen und Empfindungen des Menschen*."
847 Ebd., S. 384.
848 Vgl. auch ebd., S. 58: „Im Grunde thun aber diese *Thaten*, diese *Unternehmungen* selbst das wenigste bey der Sache. Das Innre der Personen ist es, das wir in Handlung, in Bewegung sehen wollen, wenn wir bewegt werden sollen." Vgl. auch ebd., S. 336f.: Blanckenburg betont dort, dass „in einem Roman, von einem gewissen Umfange, die Begebenheiten dem Charakter untergeordnet seyn müssen, so daß sie nämlich nur der Wirkungen wegen, die sie auf ihn machen, der Form wegen, die sie ihm geben, gewählt werden dürfen; wenn der Dichter sie nur als Mittel gebrauchen kann, so bald nämlich der Dichter, der Natur der Sachen gemäß, verfahren, und seinen Endzweck erreichen will".
849 Ebd., S. 253.

Romane seien, so Blanckenburgs Argumentation, deshalb nützlich, weil sie den Leser zur Reflexion ermunterten, nicht etwa, weil sie moralphilosophische Lehrsätze illustrierten. Damit distanziert er sich (in deutlicher Nähe zur zeitgenössischen Dramentheorie) von der traditionellen – rhetorischen wie auch philosophischen – Legitimation des Romans als didaktischer Gattung, der es auf die Vermittlung von Wissen durch mehr oder weniger erfundene Beispiele ankommt. Während etwa Gottsched im *Versuch einer Critischen Dichtkunst* (1729) eine Fabeltheorie exponierte, die diese als „die Erzählung einer unter gewissen Umständen möglichen, aber nicht wirklich vorgefallenen Begebenheit, darunter eine nützliche moralische Wahrheit verborgen liegt",[850] definierte, legt Blanckenburg den Schwerpunkt auf den Erwerb anthropologischen Wissens durch die Romanlektüre.[851] Die Handlung ist nur wegen der Figur da, nicht umgekehrt.

Blanckenburgs Überlegungen bieten zweifellos ein eindrückliches und in vielerlei Hinsicht auch treffendes Raster, um die Innovationen der zweiten Jahrhunderthälfte zu fassen. Allerdings ignoriert seine Definition bewusst wesentliche Tendenzen der zeitgenössischen Romanpraxis; schließlich kommt es ihm auch gar nicht drauf an, einen systematischen Überblick über die von ihm außer Christoph Martin Wielands *Geschichte des Agathon* äußert gering geschätzte deutschsprachige Romanliteratur zu geben. Doch spart auch Blanckenburgs Würdigung des *Agathon* bemerkenswerterweise ein Element aus, das für den Entwicklungsgang des Protagonisten unabdingbar ist: Die politischen Erfahrungen, die dieser in Athen und Syrakus macht, finden keine Beachtung – wohl, weil sich diese politischen Episoden, die immerhin die Bücher sieben, neun und zehn des *Agathon* ausmachen, nur schwer mit Blanckenburgs poetologischen Überlegungen vereinbaren ließen.[852]

Blanckenburgs Romankonzeption ist sicherlich nicht allein ausschlaggebend für die zunehmend kritische Betrachtung des politisch-didaktischen Romans. Vielmehr ist sie als Symptom eines Geschmackswandels und eines veränderten Literaturverständnisses zu sehen, in dessen Zusammenhang sich tradierte Wertungsmuster verschieben. Was Blanckenburg in dem *Versuch über den Roman*

---

850 Gottsched: Versuch einer Critischen Dichtkunst. Bd. 1, S. 204.
851 Vgl. zur Bedeutung von Blanckenburgs Theorie im Kontext des anthropologischen Romans Schings: Der anthropologische Roman, S. 256 f.
852 Vgl. zu Wielands produktivem Umgang mit der Tradition Jordheim: Der Staatsroman im Werk Wielands und Jean Pauls. – Dass Zeitgenossen den *Agathon* auch anders lasen, zeigt die Rezension von Iselin. Vgl. [Isaak Iselin: Rezension von] Geschichte des Agathon. In: Allgemeine deutsche Bibliothek 6 (1768), S. 190–211. Iselin würdigt insbesondere die politischen Passagen, welche zukünftigen Staatsleuten unendlich nützlich seyn können" (ebd., S. 197).

artikuliert, findet sich ähnlich auch in den Rezensionen wieder, die insbesondere Haller scharf, zum Teil auch polemisch kritisieren.

4.7.2 Satirische Denunziation und Apologie. Diskussionen um Haller

Die publizistischen Debatten um Hallers vielgelesene und erfolgreiche Romane finden also an einem Wendepunkt der Romandiskussion des 18. Jahrhundert statt.[853] Nicht zuletzt wegen der Prominenz des Autors wurden seine Texte viel beachtet und dienten vielfach als Anlass, diesen Romantypus zu reflektieren. Dabei war der Grundtenor der Kritik durchaus respektvoll. So würdigt der Rezensent im *Almanach der deutschen Musen auf das Jahr 1772* die „überraschende Erscheinung" von Hallers Spätwerk als Beitrag zu einer angestrebten Verjüngung der deutschen Literatur, die den entsprechenden französischen Werken ebenbürtig, wenn nicht gar überlegen sei: „Wenn ein Haller von neuem die Laufbahn betritt, wer sollte da nicht von unsrer ganzen Litteratur hoffen, daß sie sich selbst von Zeit zu Zeit verjüngen könne!" Haller habe „uns ein Werk geliefert, das wir dem berühmten *Belisaire* kühn entgegenstellen können, und das für junge Fürsten noch lehrreicher ist."[854] Allerdings ist die Vorhersage, die „Kritiker aller Partheyen" würden „aufstehen, einem Manne ihre Verbeugungen zu machen, welcher die Ehrfurcht aller hat",[855] nicht eingetroffen.[856]

Den Gegenpol zu dieser Eloge nimmt Johann Heinrich Merck ein, der in den *Frankfurter Gelehrten Anzeigen*, dem publizistischen Leitmedium der Sturm-und-Drang-Bewegung,[857] Hallers *Usong* polemisch verreißt.[858] Das vor allem von Jo-

---

853 Vgl. zur Popularität der Romane Gelzer/ Kapossy: Roman, Staat und Gesellschaft, S. 156, die hervorheben, Hallers Romane hätten „insgesamt über 40 Auflagen" erfahren und seien „in sieben Sprechen übersetzt" worden.
854 [Rezension von] Usong, eine morgenländische Geschichte in vier Büchern. In: Almanach der deutschen Musen auf das Jahr 1772. Leipzig, S. 133.
855 Ebd.
856 Vgl. aber [Rezension von Albrecht von Haller:] Usong. Eine morgenländische Geschichte in vier Büchern. [...] Dritte verbesserte Auflage. In: Magazin der deutschen Critik. Hrsg. von Herrn Schirach. Bd. 2. Halle 1773, S. 331–333, hier S. 331: „Mit dem reinsten Vergnügen kommen wir von der Lesung eines Buchs zurücke, welches der scharfsinnigen bemerkenden Gelehrsamkeit, der wahren Kenntniß des menschlichen Herzens, und der edeln Denkungsart seines Verfassers, des Herrn von Hallers, so sehr würdig ist."
857 Vgl. noch immer die Gesamtdarstellung von Hermann Bräuning-Oktavio: Herausgeber und Mitarbeiter der Frankfurter Gelehrten Anzeigen 1772. Tübingen 1966 (Freies Deutsches Hochstift. Reihe der Schriften. Bd. 20); eine Interpretation unter fruchtbarem Rückgriff auf Bourdieus Feldtheorie bei Norbert Christian Wolf: Heinrich Christian Boies ‚Göttinger Musenalmanach' und

hann Heinrich Merck, Johann Georg Schlosser, Johann Gottfried Herder und Johann Wolfgang Goethe getragene Organ wurde wegen der gnadenlosen Kritik an vermeintlich inferioren Geistern und der forcierten Subjektivität der ästhetischen Urteile gleichermaßen gerühmt und gefürchtet.[859] Dabei kam der Literaturkritik eine zentrale Bedeutung bei der Etablierung und Propagierung der ästhetischen Standpunkte der Beiträger zu – ein Umstand, der auch an Mercks *Usong*-Rezension sinnfällig wird,[860] die pasquillantische Elemente nutzt, um ex negativo ein Anforderungsprofil an einen satisfaktionsfähigen politischen Roman zu entwerfen und zugleich das Verhältnis von Dichtung und Gelehrsamkeit neu zu evaluieren.

Bereits der Beginn stimmt auf den polemischen Ton ein. Sie setzt mit einer Aufzählung unpassender Beschäftigungen ein, deren komische Wirkung unmittelbar evident ist: „Wenn ein Professor tanzt, ein Hofmann Klopstocks Oden be-

---

Johann Heinrich Mercks ‚Frankfurter gelehrte Anzeigen'. Medienkämpfe im literarischen Feld des Sturm und Drang. In: Matthias Buschmeier/Kai Kauffmann (Hrsg.): Sturm und Drang. Epoche – Autoren – Wirkung. Darmstadt 2013, S. 10 – 28.

858 [Johann Heinrich Merck: Rezension von] Usong, eine Morgenländische Geschichte in vier Büchern. In: Frankfurter Gelehrte Anzeigen 13 (1772). Zitiert nach: Frankfurter Gelehrte Anzeigen vom Jahr 1772. Erste Hälfte. Heilbronn 1882 (Deutsche Litteraturdenkmale des 18. Jahrhunderts in Neudrucken hrsg. v. Bernhard Seuffert. Bd. 7), S. 86 f.

859 Vgl. Kai Kauffmann: Polemische Angriffe im literarischen Feld. Literatursatiren der Stürmer und Dränger (Goethe, Merck, Lenz). In: Buschmeier/Kauffmann (Hrsg.): Sturm und Drang, S. 29 – 48, hier S. 31: „In der entscheidenden Phase der Jahre 1773/74 war – komplementär zur hymnischen Feier vorbildlicher Künstlerpersönlichkeiten der Vergangenheit – die polemische Auseinandersetzung mit tonangebenden Schriftstellern der Gegenwart von konstitutiver Bedeutung, und zwar eben so sehr für die Selbstverständigung der Künstlergruppe wie für die Außendarstellung als neue, mit den Normen der aufklärerischen und empfindsamen Literatur brechende Kunstbewegung.".

860 In einem Brief an Johann Kaspar Lavater erklärt Johann Georg Schlosser, die „Haupt-Absicht dieses Blattes" bestehe darin, „nicht sowohl Bücher-Kenntnis mitzutheilen, sondern [den] Gesichtspunct zu zeigen, in welchem die Wissenschaften gesehen werden sollen." Daraus resultiere der „Ton der Neuheit, der freylich seyt den Litteratur-Briefen nicht viel gehört worden" sei (Johann Georg Schlosser: Brief an Johann Kaspar Lavater, 22. 8. 1772. In: Frankfurter Gelehrte Anzeigen vom Jahr 1772. Bd. 2, S. XII). Schlosser rechtfertigt an anderer Stelle die Notwendigkeit einer scharfen Rezensionspraxis mit einer „Ueberschwemmung von elenden Schmierereien", gegen die sich der Rezensent gleichsam in einem Akt der Notwehr richten müsse (Johann Georg Schlosser: Brief an Johann Kaspar Lavater, 13. 9. 1772, zit. nach ebd.). Nicht zuletzt legitimiert Schlosser den aggressiven Ton der Frankfurter Gelehrten Anzeigen, indem er auf Lessings wenige Jahre zuvor eingestellte Briefe, die neueste Litteratur betreffend (1759 – 1766) rekurriert. Der unversöhnliche Ton solle sowohl dazu dienen, den eigenen Standpunkt zu markieren, als auch eigene für richtig erkannte Positionen durchzusetzen. An der sowohl von Produzenten als auch von Rezipienten der *Frankfurter Gelehrten Anzeigen* wahrgenommenen Norm von Natur und Unmittelbarkeit werden die meisten besprochenen literarischen und gelehrten Werke gemessen, so auch Hallers *Usong*.

urtheilt, ein Historikus über die wenigen Facta in Yoriks Reisen erstaunt, und ein Compilator auf dem Steckenpferde der Empfindung reitet, so ist es möglich, daß einer unter der Gesellschaft ist, der sich ungeschickt dazu anstellt."[861] Als „Compilator", der „auf dem Steckenpferde der Empfindung reitet", erscheint Haller als der Inbegriff des pedantischen Gelehrten, der in fremden Gefilden wildere und sich dort unmöglich behaupten könne. Der Roman falle nicht in den Zuständigkeitsbereich der Gelehrten.

Mercks Rezension vermengt von Beginn an die persönliche Invektive mit Kritik in der Sache. Sie zeichnet Haller ironisch als Mann von weltweiter Ausstrahlung, der sich herablasse, das Publikum an seinen Weisheiten teilhaben zu lassen:

> Es hat der Hr. Präsident *von Haller*, bey den wichtigsten Geschäften, und unermüdeten Bemühungen für das Reich der Gelehrsamkeit, Muße übrig gefunden, auch für die *unteren Seelenkräfte* des menschlichen Geschlechts zu sorgen, und die jetzige deutsche Welt mit einem Werk zu beschenken, das man füglich den *Persischen Telemach* nennen könnte![862]

Merck ordnet also den *Usong* in seinen Gattungszusammenhängen ein und diffamiert ihn: Denn während die Nennung des *Télémaque* allein Hallers Text ein gewisses Prestige verleihen würde, denunziert die Bezeichnung als „*Persischer Telemach*" den Roman als Machwerk in der Art der *Asiatischen Banise*, deren Nennung um 1770 genügt, um Assoziationen von sprachlichem Bombast und inhaltlicher Absurdität zu wecken.[863] Im Folgenden nimmt Merck denkbar knapp die Merkmale des Romans in den Bick. Die Aufzählung, die lakonisch die Merkmale des *Usong* auflistet, ironisiert in ihrer extremen Verknappung die Gattungskonventionen:

> Der Held ist von Anfang bis zu Ende höchst tugendhaft, trägt alle zum Thron erforderliche Qualitäten in einem gelben Gürtel, der der Zeuge seiner Kayserlichen Abkunft ist, liefert Schlachten, rettet Princeßinnen, erobert Reiche, macht herrliche Gesetze, am Ende ein Testament, und stirbt.[864]

---

861 [Merck: Rezension von] Usong, S. 86.
862 Ebd., S. 86 f.
863 Vgl. Dieter Martin: Barock um 1800. Bearbeitung und Aneignung deutscher Literatur des 17. Jahrhunderts von 1770–1830 (Das Abendland. N.F. Bd. 26). Frankfurt am Main 2000, S. 409–423; Dieter Martin/Karin Vorderstemann (Hrsg.): Die Europäische Banise. Rezeption und Übersetzung eines barocken Bestsellers. Berlin/New York 2013 (Frühe Neuzeit. Bd. 175).
864 [Merck: Rezension von] Usong, S. 87.

Dabei bemängelt Merck neben den stereotypen Versatzstücken, aus denen sich die Handlung des *Usong* zusammensetze, vor allem die mangelnde psychologische Vertiefung des Erzählens. Das liege wohl an dem orientalischen Setting, das bewirke, „daß man nicht viel vom *Menschen* zu sehen bekommt, sondern daß alles im Mantel und Schleyer eingehüllt ist."[865] Die Romanlektüre gestalte sich insgesamt als „eine Wallfahrt durch die Sandwüste nach der Lampe des Propheten, die nicht brennen will."[866] Daraus ergibt sich auch, dass Merck – anders als in der Literaturkritik der zweiten Jahrhunderthälfte noch vielfach üblich – auf eine detaillierte Inhaltsangabe des Romans verzichtet und sich auf die kommentierende Wertung beschränkt.[867]

Zwar ist Mercks Rezension in Hinblick auf die satirische Schärfe untypisch für den Umgang mit dem weithin respektierten Haller, allerdings nicht in Bezug auf die dort geäußerten Kritikpunkte an didaktischem Erzählen, das schlechterdings unglaubwürdige Figuren in konstruierten Szenarien entwerfe. Auf einer anderen Ebene leugnet er generell den Sinn der Verbindung von Gelehrsamkeit und ‚schöner' Literatur: Ein Gelehrter sei eben nicht für die „unteren Seelenkräfte" zuständig. In direktem Anschluss an die Terminologie von Baumgarten und Sulzer reklamiert er implizit einen Eigenbereich der Literatur, zu der – so die letzte Konsequenz – ein Roman wie Hallers *Usong* nicht mehr gehöre. Auch wenn Merck nur einen bestimmten Roman kritisiert, könnte seine Rezension den Anschein erwecken, als disqualifiziere er damit zugleich eine ganze Gattung und spreche dem politischen Roman jeglichen Nutzen ab. Dass dem nicht so ist, bezeugt seine ebenfalls in den *Frankfurter Gelehrten Anzeigen* erschienene Rezension von Wielands *Goldnem Spiegel*, in der er den Text durchaus positiv würdigt. Allerdings äußert Merck auch in Bezug auf Wieland etliche Bedenken, die der didaktischen Gattung an sich geschuldet sind. So wertet er Wieland im Vergleich mit Crébillon ab: „So karikaturartig also die Crebellionischen [!] Figuren sein mögen, so sind sie doch rund, es geht doch hier und da ein Arm, ein Fuß heraus – hier aber ist alles Inschrift, Satz, Lehre, Moral, mit goldnen Buchstaben an die Wand geschrieben, und die Figuren sind herumgemalt."[868] Seine Kritik richtet sich also nicht gegen

---

865 Ebd.
866 Ebd.
867 Vgl. zu den Praktiken literaturkritischen Schreibens zwischen Früher Neuzeit und Aufklärung die Studie von Sylvia Heudecker: Modelle literaturkritischen Schreibens. Dialog, Apologie, Satire vom späten 17. bis zur Mitte des 18. Jahrhunderts. Tübingen 2005 (Studien zur deutschen Literatur. Bd. 179). Ältere gelehrte Traditionen behandelt umfassend Herbert Jaumann: Critica. Untersuchungen zur Geschichte der Literaturkritik zwischen Quintilian und Thomasius. Leiden/ New York/ Köln 1995 (Brill's Studies in Intellectual History. Bd. 62).
868 Wieland: Der goldne Spiegel und andere politische Dichtungen, S. 746.

politisches Erzählen schlechthin, sondern gegen ein Erzählen, das sich bewusst von den erzählerischen Errungenschaften der zweiten Jahrhunderthälfte distanziert; doch auch ein Autor wie Wieland bleibt für Merck in diesem Genre unter seinen Möglichkeiten.

4.7.3 Politischer vs. Moralischer Roman

Einen in diesem Zusammenhang aufschlussreichen und differenzierten Versuch der Vermittlung unternimmt der anonyme Autor einer ausführlichen Rezension von *Fabius und Cato*, die 1775 in der *Neuen Bibliothek der schönen Wissenschaften und der freyen Künste* erschien.[869] Der Rezensent erörtert ausgehend von Haller übergreifende Fragen des politischen Romans. Dabei nimmt er durchaus zur Kenntnis, dass Hallers Romane nicht unumstritten sind.[870] Dennoch konstatiert er, *Usong* und *Alfred* seien „politische Romane, die zu den besten und vollkommensten ihrer Gattung gehören".[871] Dass dennoch Teile des Publikums diesen in sich stimmigen Werken kritisch, ja verständnislos gegenüberstünden, liege nicht an ihrer mangelnden Qualität, sondern vielmehr daran, dass dieser Romantypus sich wesentlich von den nun dominanten sogenannten moralischen Romanen unterscheide, die „Ideen, Leidenschaften und Verwicklung der Schicksale und Begebenheiten von Privatpersonen abbilden".[872] Der Rezensent geht also von einer Dichotomie von moralischem und politischem Roman aus: „Haben politische und moralische Romane nicht vielleicht eine wesentliche Verschiedenheit, die jene Tadler könnten übersehn haben? und sollte vielleicht gar aus dieser Verschiedenheit der Ungrund [!] ihres Tadels ziemlich einleuchtend gefolgert werden können?"[873]

Auf Grundlage dieser Gegenüberstellung zweier Genres kann der Rezensent die typischen Merkmale der politischen Romane herausarbeiten. Das Problem, das sich generell für alle Romane stelle, sei das der Figurenzeichnung. Während man im moralischen Roman – als Musterbeispiel dient kaum überraschend Fielding, den das Publikum inzwischen Richardson vorziehe, weil der seine Fi-

---

869 [Rezension von] Fabius und Cato, ein Stück der römischen Geschichte. In: Neue Bibliothek der schönen Wissenschaften und der freyen Künste 17 (1775), S. 214–226.
870 Vgl. ebd., S. 214.
871 Ebd., S. 216.
872 Ebd., S. 217.
873 Ebd.

guren zu sehr idealisiere[874] – mittlerweile eine realistische Anlage bevorzuge,[875] sei dies im politischen Roman kaum möglich. Dies liege daran, dass eine realistische ästhetische Bewältigung existierender Staaten und Gesellschaften nicht zu leisten sei. In einem solchen Fall sei die Historie notwendig einem Roman überlegen: Wenn der Autor sich an die Realität hielte, „so würde er vermuthlich nichts mehr oder weniger seyn, als Geschichtschreiber".[876] Auch der Versuch, aus seinem Wissen um Politik und Geschichte einen realistischen Staatsentwurf zu synthetisieren – also „nicht ein Utopien, eine neue Atlantis, ein Jahr 2440, mit einem Worte, nicht ein Ideal von Vollkommenheit, sondern ein getreues und lebhaftes Gemälde dessen, was wirklich in der Welt ist"[877] –, sei zum Scheitern verurteilt. Das Ergebnis werde dann so allgemein ausfallen, dass „wahre, mit philosophischem Geist geschriebne Geschichte" einem solchen Roman vorzuziehen sei.[878]

Als Ausweg aus diesem Darstellungsdilemma versteht der Rezensent die Idealisierung und Heroisierung der Protagonisten. Diese wird als bewusst eingesetztes Mittel begriffen, um – wie in Hallers mustergültigem *Usong*[879] – der defizitären Realität ein positives Gegenbild in der Literatur gegenüberzustellen:[880]

---

[874] Vgl. ebd., S. 218. Für den Rezensenten stellt Fieldings *Tom Jones* das Musterbeispiel eines moralischen Romans dar.

[875] Das liegt auch daran, dass der moralische Roman an allgemein vorhandenes anthropologisches Wissen anschließen könne. Vgl. ebd., S. 220: „Jeder einigermaßen aufgeklärte Leser, der die menschliche Natur, entweder aus Büchern, oder aus Weltkenntniß und eigner Beobachtung hat kennen lernen, hat sich doch schon mehr oder weniger Materialien gesammelt, um mit dem moralischen Dichter fortdenken zu können. Er kann seine eigne Ideen und Beobachtungen mit denen des Schriftstellers zusammenhalten; sie mit ihnen übereinstimmig oder im Widerspruch finden; sie berichtigen, erweitern, neu modificiren u. s. w."

[876] Ebd.

[877] Ebd.

[878] Ebd., S. 219.

[879] Über Hallers Romane heißt es ebd., S. 222: „[W]ir zweifeln gar nicht, diese Schriften werden noch lange nicht nur das Vergnügen denkender Leser, sondern die Belehrung derjenigen seyn, deren Art zu denken das Glück oder Elend von Millionen Menschen entscheidet. Bey dieser Hoffnung glauben wir vorzüglich auch diese Werke denenjenigen beyzählen zu können, durch die sich der Hr. v. H. die gerechtesten Ansprüche auf die Dankbarkeit des menschlichen Geschlechts erworben hat."

[880] Eine ähnliche Argumentation findest sich (unter anderen Vorzeichen) in Wielands *Goldnem Spiegel*: Dort entgegnet der Philosoph Danischmende auf den Vorwurf von Schah-Gebal, der Held seiner Erzählung sei zu perfekt: „Tifan ist kein Geschöpf der Phantasie; es liegt dem ganzen Menschengeschlechte daran, daß er keines sei." Christoph Martin Wieland: Der goldne Spiegel und andere politische Dichtungen, S. 234.

> Allein so lang dieses [die Abfassung eines neuartigen genialischen politischen Romans, C. M.] nicht geschehn ist, (die bisherigen politischen Romane von der Cyropädie an bis zum Alfred sprechen doch alle für unsre Bemerkung,) glauben wir nicht mit Unrecht zu bestimmen, daß der politische Romandichter sich fast ganz auf die, wenn wir sie so nennen dürfen, dogmatische Gattung einschränken, daß er menschliche Gesellschaften und Geschäfte der Regierung nicht wie sie sind, sondern wie sie seyn sollten, schildern, oder daß er mehr lehren, als schildern und erzählen müsse. Ist diese Bestimmung richtig, so leuchtet auch sogleich ein, daß dem politischen Romandichter sehr viele Gelegenheiten zu lebhaften Schilderungen, zu mannichfaltigen, unerwarteten, springenden Uebergängen abgehn müssen, die dem Dichter des moralischen Romans, von den so mannichfachen Verirrungen des Menschen, im Ueberflusse sich zudrängen. Die Thätigkeit der Einbildungskraft ist bey den einen offenbar ungleich beschränkter, als bey dem andern. Und mit welchem Rechte kann man also einen gewissen Grad vom Lebhaften, Unterhaltenden, Abwechselnden da verlangen, wo die Natur der Sache ihn nicht zuließ?[881]

Aus der Verpflichtung auf einen didaktischen Gestus folgt in der Logik der Rezension, dass dem Autor politischer Romane viele Möglichkeiten der Verlebendigung unmöglich seien: Die Gattung setzt also dem Autor notwendige Grenzen. Dies sei, so die Pointe der Rezension, auch nicht zu bedauern, handele es sich bei den politischen Romanen doch um Literatur für eine gebildete Elite, die die nötigen Voraussetzungen mitbringe, um die anspruchsvollen Fragestellungen zu verstehen und zugleich die Romanform zu genießen. Auf diese Gruppe könne schließlich der politische Roman dieselbe ästhetische Wirkung ausüben wie der moralische Roman:

> Das tiefe Nachdenken des Philosophen, oder die lange Uebung in den Geschäften des Staatsmannes sind die Bedingungen, welche nothwendig eintreten müssen, wenn auch der vortrefflichste Dichter des politischen Romans seinen Leser so sehr unterhalten soll, als der eben so vortreffliche moralische Romanendichter. Nur von dem philosophischen Politiker und dem denkenden Staatsmann kann die ganze Feinheit und der Reichthum der Bemerkungen des Schriftstellers verstanden werden; nur in ihren Köpfen können seine Ideen an hundert andre stoßen, und dadurch neue Kombinationen und Bestimmungen der bisherigen Kenntnisse erzeugen. Und so kann also eben der politische Roman dem Kenner ausnehmend lehrreich und unterhaltend seyn, den der Laye in politischen Kenntnissen als die unschmackhafteste und langweiligste Lektüre aus der Hand legt.[882]

Dem Rezipienten, der bereits das nötige Vorwissen mitbringt, kann die Lektüre eines politischen Romans also durchaus ästhetischen Genuss bereiten. Sie fördert die Reflexion einer exklusiven Leserschicht, die weniger grundsätzlich belehrt, als vielmehr zum Weiterdenken angeregt werden soll. Von einer Breitenwirkung

---

[881] [Rezension von] Fabius und Cato, S. 219 f.
[882] Ebd., S. 221.

kann dann aber keine Rede mehr sein: Der politische Roman ist in dieser Perspektive Literatur patriotisch orientierter Führungszirkel.[883]

Damit geht der anonyme Rezensent hinter die Positionen der ersten Jahrhunderthälfte zurück: In den 1730er und 40er Jahren versuchten Philipp Balthasar Sinold von Schütz und Johann Michael von Loen, den politischen Roman für breite Leserschichten interessant zu machen, indem sie neben den staatstheoretischen Aspekten vor allem seine moraldidaktische Funktion hervorhoben. Die Tendenz setzt sich – wohl wegen der Konkurrenz durch Modelle empfindsamen Erzählens – nicht fort: Die Stellungnahmen der zweiten Jahrhunderthälfte legen den politischen Roman zunehmend auf die (ästhetisch anspruchslose) Vermittlung politischen und historischen Wissens fest.

Dass dies auch unter dem Druck konkurrierender Modelle geschieht, verdeutlichen die Auseinandersetzungen um Hallers Romane. Der politische Roman erscheint nun als eine Sonderform, als elitäres Genre, das der Masse der Romanleser zwangsläufig nichts zu sagen habe, weil diesen der Sachverstand für eine adäquate Rezeptionshaltung fehle. Diese Verengung, die sicherlich mit der Blüte der empfindsamen Romanliteratur zu tun hat, führt aber letztlich dazu, dass der politische Roman nun als eine festumrissene Untergattung gelten kann – aber eben als ein Typus, der, so der anonyme Rezensent in der *Neuen Bibliothek der schönen Wissenschaften und der freyen Künste*, eine exklusive Position einnimmt und zudem mit den realistischeren Strömungen nur wenig gemein hat.

Die hier diskutierten Rezensionen sind symptomatisch für die Verortung politischen Erzählens in der Romantheorie der 1770er Jahre. Als bezeichnende Reaktionen auf die Autonomisierung, wie sie Blanckenburg betreibt, lässt sich die Auslagerung des Politischen beobachten, also eine zunehmende auch inhaltliche Ausdifferenzierung der Romanlandschaft: Konnte um 1740 der politische Roman gerade über seinen Inhalt legitimiert und nobilitiert werden, gelten die dort verhandelten Themen um 1770 nicht mehr als romanaffin. Es entbehrt nicht einer gewissen Ironie, dass diese Differenzierung der Romanlandschaft, die sicherlich auch mit der zunehmenden Komplexität der in den Romanen enthaltenen politischen Theorie zusammenhängt, in eben den Jahrzehnten stattfindet, die von einer zunehmenden Politisierung der deutschen Aufklärung geprägt sind.[884] Doch dürfen die hier diskutierten Rezeptionszeugnisse, die zuweilen den Eindruck von Rückzugsgefechten erwecken, nicht darüber hinwegtäuschen, dass der politische Roman gerade gegen Ende der 1780er Jahre eine erneute Blüte erleben wird – nun

---

883 Vgl. zur sozialen Funktion und zum Adressatenkreis des politischen Romans Ajouri: Probleme der Empirisierung einer Gattung, hier S. 299–302.
884 Vgl. Bödeker: Prozesse und Strukturen politischer Bewußtseinsbildung der deutschen Aufklärung.

auch zunehmend als literarischer Zeitkommentar. Angesichts einer verstärkten Politisierung steigt erneut die Nachfrage nach einer Literatur, die ‚das Andere' der Autonomieästhetik repräsentiert.

5 Revolutionserzählungen. Der politische Roman um 1790

5.1 Aufklärung – Revolution – Roman. Zur Einleitung

Der politische Roman geriet unter dem Einfluss der Umwälzungen der Jahre nach 1789 keineswegs in eine tiefe Krise,[1] obwohl die Gattung vor großen Herausforderungen stand, schließlich rückten die einschneidenden und zudem in rasanter Geschwindigkeit ablaufenden historischen Veränderungen das literarisch artikulierte Idealbild eines aufgeklärten Absolutismus in weite Ferne. Dabei hat es den Anschein, als wirkten die Eindrücke der Französischen Revolution und der immer deutlicher wahrnehmbaren Auflösungstendenzen im Alten Reich zunächst dynamisierend. So stieg nicht nur die Produktion einschlägiger Texte, es lässt sich auch eine dynamische Entwicklung konstatieren: So entstanden um und nach 1789 im Zusammenhang einer allumfassenden Politisierung nicht nur politisch-didaktische Texte in der Tradition Fénelons und Wielands, sondern Erzählverfahren und Strukturmerkmale des politischen Romans fanden sich vermehrt in anderen Romangenres, namentlich im Geheimbundroman, im Bildungsroman, im sich neu formierenden Zeitroman und auch in Hölderlins *Hyperion* sowie den Romanen Jean Pauls.

Zugleich erweckten etliche Rezeptionszeugnisse den Anschein, als würde die seit den 1770er Jahren zunehmend kritisch betrachtete Gattung wieder an Reputation gewinnen.[2] So erklärt Johann Joachim Eschenburg in seiner 1795 erschienenen Würdigung von Hallers politischen Romanen, vielleicht „wäre die Wirkung dieser Werke weit größer, und ihre Lesung weit allgemeiner geworden, wenn sie während der gegenwärtig herrschenden politischen Stimmung des Publikums erschienen wären."[3] Mit anderen Worten: Politische Krisen stimulierten – so zumindest die Einschätzung Eschenburgs – die Nachfrage nach politischer Er-

---

[1] So die am Beispiel von Wielands *Goldnem Spiegel* entwickelte Ansicht von Schings: Der Staatsroman im Zeitalter der Aufklärung, S. 168 f. „Das ausbalancierte Gebilde des Tifanschen Staates zerbricht und mit ihm das Tableau des Staatsromans. Dieser wird jetzt der Dynamik der Geschichte ausgesetzt. Und Geschichte heißt dabei Verfallsgeschichte. Denn keine Geschichtsphilosophie des Fortschritts, im Zeichen der Emanzipation von Vernunft, Freiheit und Gleichheit, fängt den Sprung in die historische Dimension auf." Vgl. ebd., S. 169: „Indem sie [die Wendungen des Romanschlusses] den Erschütterungen der Revolution Ausdruck geben, bereiten sie auch dem Staatsroman des aufgeklärten Absolutismus sein definitives Ende."
[2] Vgl. zu den kritischen Stimmen Kap. 4.7 dieser Arbeit.
[3] Johann Joachim Eschenburg: Beispielsammlung zur Theorie und Literatur der schönen Wissenschaften. Bd. 8.2. Abteilung. Berlin/Stettin 1795, S. 259.

zählliteratur, weil diese sich über den Streit der Parteien erhebe und zur politischen Bewusstseinsbildung und damit auch zum Verständnis gegenwärtiger Entwicklungen beitragen könne.[4] Sie erlangt somit eine neue Legitimation als Medium öffentlicher Debatten und als distanzierendes Reflexionsorgan.

Dass in Zeiten ideologischer Spaltung politische Literatur aber auch leicht unter einen Generalverdacht geraten kann, belegt die diametral entgegengesetzte Position von Johann Adam Bergk, der in seiner *Kunst, Bücher zu lesen* (1799) die „historisch-politischen" Romane als Beispiele einer „Zwittergattung" schmäht,[5] die „eine Ausgeburt des Parteigeistes, und keine Produkte des Genies" seien:[6]

> Man läßt einen Helden auftreten, der irgend eine Rolle bei einer großen Weltbegebenheit gespielt hat, und legt ihm seine eigenen politischen Meinungen in den Mund: denn da es in der Politik keine mittlere Meinung gibt, weil jede entweder aristokratisch oder demokratisch ist, so fröhnt der Held allemal einer gewissen Partei.[7]

Mit dieser Distanzierung von Texten, die zu allem Überfluss „oft auch gedankenleer" seien,[8] rekurriert Bergk auf weitverbreitete Vorstellungen. Bei ihm verbinden sich Kantianische Vorstellungen von Kunstautonomie – die Rezeption von Kunst solle interesseloses Wohlgefallen hervorrufen[9] – mit der Furcht vor einer politisierten Literatur, die einen schädlichen Einfluss auf die Gesellschaft ausübe.[10]

---

4 Eschenburg hebt zudem hervor, dass die Texte hilfreich seien, da sie keinen parteiischen Standunkt einähmen. Vgl. ebd.: „Es finden sich in ihnen viele jetzt mehr zur Sprache gebrachte Gegenstände, deren Erörterung desto unparthelischer war, da Zeitumstände und neuere Vorfälle, oder partheiische Rücksichten und Meinungen, keinen Einfluß auf sie hatten; desto mehr aber verdienen sie auch von dem unbefangnen Wahrheitsforscher wieder zur Hand genommen zu werden."
5 J. A. Bergk: Die Kunst, Bücher zu lesen. Nebst Bemerkungen über Schriften und Schriftsteller. Jena 1799, S. 256 f.
6 Ebd., S. 257.
7 Ebd.
8 Ebd.
9 Vgl. ebd.: „Politische Werke sind daher gar nicht tauglich zur Bearbeitung von schönen Kunstwerken, weil sie kein uneigennütziges Wohlgefallen zu erregen im Stande sind. Man scheint aber auch mit historischpolitischen Romanen nicht immer die Absicht gehabt zu haben, die Geschmacksfoderungen zu befriedigen, und ästhetische Gefühle im Lesen zu erwecken, sondern man wollte sowohl Parteigänger anwerben, als seine eigene Parthei vertheidigen. Man wollte nicht schöne Gefühle, sondern häßliche Leidenschaften in der menschlichen Brust erregen."
10 Vgl. auch die Konzeption von Goethes *Unterhaltungen deutscher Ausgewanderten*: Literatur solle der geselligen Flucht aus einer von Parteienhass geprägten Realität dienen. Vgl. Johann Wolfgang Goethe: Unterhaltungen deutscher Ausgewanderten. In: Ders.: Sämtliche Werke nach Epochen seines Schaffens. Münchner Ausgabe. Hrsg. von Karl Richter u. a. Bd. 4.1.: Wirkungen der

Bergks Furcht erklärt sich durch die zunehmende Ideologisierung der deutschen Debatten über die Französische Revolution.[11] Während 1789 die Revolution überwiegend zustimmend als Erfüllung aufklärerischer Reformvorstellungen gesehen wurde,[12] entfremdeten die zunehmende Radikalisierung, die Septembermorde, die Hinrichtung von König und Königin und nicht zuletzt die Gewaltherrschaft der Jakobiner die Revolution von ihren deutschen Sympathisanten. Die Revolution wurde so zu einem Anschauungsobjekt, an dem politische, anthropologische und philosophische Ideen gemessen werden konnten – und damit auch zu einer entschiedenen Herausforderung für das aufklärerische Geschichts- und Menschenbild.[13] Dabei diente die Auseinandersetzung mit der Revolution vor allem als Anlass, um altbekannte Fragen neu zu diskutieren und angesichts der Zeitläufte neu zu perspektivieren, weniger als Anstoß für radikal neue Konzepte.[14] Darüber hinaus stellte sich die Frage nach dem Verhältnis von Theorie und Praxis in ungeahnter Dringlichkeit: Wie ließ sich der Zusammenhang von aufklärerischem Denken und Praktiken mit der Revolution werten? Und wie sollte politische

---

Französischen Revolution 1791–1797. Hrsg. von Reiner Wild, S. 436–550, hier S. 450: Die Baronesse erklärt dort, man solle „gänzlich alle Unterhaltung über das Interesse des Tages verbannen."

11 Vgl. Helmut Berding: Die Ausstrahlung der Französischen Revolution auf Deutschland. In: Holger Böning (Hrsg.): Französische Revolution und deutsche Öffentlichkeit. Wandlungen in Presse und Alltagskultur am Ende des 18. Jahrhunderts. München u.a. 1992 (Deutsche Presseforschung. Bd. 28), S. 3–16; Rudolf Vierhaus: „Sie und nicht wir": Deutsche Urteile über den Ausbruch der Französischen Revolution. In: Jürgen Voss (Hrsg.): Deutschland und die Französische Revolution. München/Zürich 1983 (Beihefte zur Francia. Bd. 12), S. 1–15. Vgl. auch die eher schematischen Überblicke über die literarische Verarbeitung der Revolution: Gonthier-Louis Fink: Die Revolution als Herausforderung in Literatur und Publizistik. In: Horst Albert Glaser (Hrsg.): Zwischen Revolution und Restauration: Klassik, Romantik. Reinbek bei Hamburg 1980 (Deutsche Literatur. Eine Sozialgeschichte. Bd. 5), S. 110–129; Gert Ueding: Deutsche Literatur und Französische Revolution. In: Ders.: Klassik und Romantik. Deutsche Literatur im Zeitalter der Französischen Revolution 1789–1815. München/Wien 1987 (Hansers Sozialgeschichte der deutschen Literatur vom 16. Jahrhundert bis zur Gegenwart. Bd. 4), S. 17–62. – Wichtige zeitgenössische Quellen finden sich bei Friedrich Eberle/Theo Stammen (Hrsg.): Deutschland und die Französische Revolution 1789–1806. Darmstadt 1988 (Quellen zum politischen Denken der Deutschen im 19. und 20. Jahrhundert Bd. 1).
12 Vgl. Vierhaus: „Sie und nicht wir", S. 8f., der hervorhebt, dass vielfach die Revolution in Frankreich als Bestätigung eigener Überzeugungen angesichts einer Krise der Aufklärung in Deutschland gesehen wurde.
13 Vgl. ebd., S. 12.
14 Vgl. Berding: Die Ausstrahlung der Französischen Revolution, S. 9: Die Französische Revolution habe „den Prozeß der politischen Bewußtseinsbildung beschleunigt und die in der deutschen Aufklärungsgesellschaft bereits angelegten politischen Tendenzen verstärkt und in neue Bahnen gelenkt."

Literatur sich zur Revolution verhalten? Ließ sich überhaupt eine scharfe Trennlinie zwischen politischem Handeln und literarischer Praxis ziehen? Mit all diesen Fragen sahen sich die Autoren politischer Romane im letzten Jahrzehnt des 18. Jahrhunderts konfrontiert, und etliche dieser Fragen adressierten sie in ihren Romanen.

So wurde gerade der politische Roman um 1790 als eines „der wenigen literarischen Erzählgenres, in dessen Rahmen eine unmittelbare literarische Übertragung und Gestaltung der Französischen Revolution in den neunziger Jahren" verhandelt wurde,[15] zu einem zentralen Ort literarischer Revolutionsverarbeitung und -literarisierung. Exemplarisch lässt sich der literarische Niederschlag der Revolution in der Zweitfassung von Christoph Martin Wielands *Goldnem Spiegel* nachweisen,[16] die 1795 im Rahmen seiner Werkausgabe erschien.[17] Änderungen betreffen zum einen die Paratexte – Wieland ergänzte einige Fußnoten, in denen er aus nachrevolutionärer Perspektive zu einigen Details des Romans Stellung bezog –, zum anderen die Romanhandlung selbst: Der sichtlich um Deutlichkeit bemühte Autor fügte nun einen Epilog hinzu, der stark raffend vom Ende des Scheschianischen Reichs erzählt.

In den erweiterten bzw. neu hinzugekommenen Fußnoten der Ausgabe von 1795 tritt die Autorfigur Wieland mit seinem jüngeren Ich in einen zum Teil kritischen, zum Teil affirmativen Dialog. Beispielsweise bekräftigt er, dass ein ganzes Volk nicht sein eigener Gesetzgeber sein könne,[18] was durch „die Erfahrungen, welche die französische Nation hiervon seit fünf Jahren gemacht" habe, „auf die einleuchtendste Weise" bestätigt würde.[19] Andernorts erinnert Wieland den Leser daran, dass „diese Anmerkung, so wie dieses ganze Werk, im Jahre 1771 und 72 geschrieben" worden sei und man deshalb nicht den Autor für die Äußerungen Danischmends über allzu selbstgewisse Tyrannen verantwortlich machen könne.[20]

---

15 Gabrielle Bersier: Nation contra König. Die Französische Revolution im Spiegel der spätaufklärerischen Utopie. In: Harro Zimmermann (Hrsg.): Der deutsche Roman der Spätaufklärung. Heidelberg 1990 (Neue Bremer Beiträge. Bd. 6), S. 154–170, hier S. 155.
16 Vgl. zur Erstfassung des Romans Kap. 4.5 dieser Arbeit.
17 Vgl. zu den Kontexten Walter: „Keine Zeichen von guter Vorbedeutung".
18 Vgl. Christoph Martin Wieland: Der goldne Spiegel oder die Könige von Scheschian [1795]. In: Ders.: Der goldne Spiegel und andere politische Dichtungen, S. 253: „Er bediente sich hierbei anfangs fast ganz allein der Beihülfe seines alten Freundes. Denn so ein weitschichtiges Werk die Gesetzgebung für ein ganzes Volk ist, so schickt sich doch kein andres Geschäft weniger dazu, *von vielen Köpfen bearbeitet zu werden.*"
19 Ebd. (Fußnote).
20 Vgl. ebd., S. 195 (Fußnote). Im Text geht es um die Frage, wie lange es dauere, bis ein verzweifeltes Volk selbst die Initiative ergreife. Die Fußnote, die auf Mercier verweist, lautet voll-

Offensichtlich erschienen aus nachrevolutionärer Perspektive etliche Aspekte des etwa zwei Jahrzehnte alten Textes erklärungsbedürftig – und der Grund hierfür dürfte in einem oft bemerkten Umstand liegen: So schienen die historischen Entwicklungen sich der literarischen Fiktion anzunähern, wenn sie diese nicht überholten. Diesen Eindruck allumfassender Beschleunigung thematisiert auch Wieland, wenn er eine Fußnote über Mercier ergänzt. Es geht dort um die Abgaben, die im *Goldnen Spiegel* wie auch in *L'an 2440* in einem öffentlich aufgestellten Kasten deponiert werden:

> Im Jahre 2440 soll (wenn Merciers patriotischer Traum noch in Erfüllung ginge) eine ähnliche Einrichtung in Frankreich zu sehen sein. Vielleicht hat die Revolution, welche sich der Träumer wohl nicht so nahe vorstellte, die 645 Jahre, die bis dahin noch hätten verfließen sollen, beträchtlich abgekürzt.[21]

Karl August Böttiger berichtet zudem von einer Äußerung Wielands aus dem Oktober 1791, in der er betonte, „daß er schon vor so vielen Jahren unter dem Vehikel eines neuen Romans fast alle die Ideen von Staats- und Volksrechten vorgetragen [habe], die jetzt die französische Nation zu realisieren sich bemüh[e]".[22]

Brachte man historische Entwicklungen und literarisch-philosophische Modellentwürfe in Verbindung, so boten sich mehrere Arten an, wie das geschehen konnte: Bestand nicht vielleicht sogar ein Kausalzusammenhang zwischen Aufklärungsphilosophie, ihrer popularisierenden literarischen Verarbeitung und politischen Revolutionen? Um 1789 spitzte sich die Aufklärungsdiskussion der 1780er Jahre rasch und folgenreich zu: In einem zunehmend ideologisierten geistigen Klima, das von Verschwörungstheorien und Zensurängsten geprägt war, geriet auch politische Fiktion unter Propagandaverdacht; die politische Romanliteratur wiederum schrieb sich unmittelbar in diese Debatte ein – teilweise mit großem polemischen Furor.

---

ständig: „Wir finden den nämlichen Gedanken unter dem nämlichen Bilde in einem vor kurzem ans Licht getretenen wunderbaren Buche, welches seinem Verfasser vielleicht im Jahre 2440 mehr Ehre, als im Jahre 1772 Nutzen bringen wird. Dieses ungefähre Zusammentreffen wird, wie wir hoffen, dem guten Danischmend nicht zur Sünde angerechnet werden. Der ehrliche *Träumer*, dessen wir erwähnten, mag wohl ein wenig mehr schwarze Galle in seinem Blute haben, als ein Mann, dem seine Ruhe lieb ist, sich wünschen soll. Aber es ist doch immer schwer, einem Menschen nicht gut zu sein, der seine Mitgeschöpfe so lieb hat, daß ihn weder Bastille noch Bicetre abhalten kann, alles heraus zu sagen was er auf dem Herzen hat. – Der Leser beliebe nie zu vergessen, daß diese Anmerkung, so wie dieses ganze Werk, im Jahre 1771 und 72 geschrieben ist."
21 Ebd., S. 271 (Fußnote).
22 Zitiert nach Wieland: Der goldne Spiegel und andere politische Dichtungen, S. 726.

In diesem Kontext ist auch der neue Schluss des *Goldnen Spiegels* zu verstehen, der sich sowohl als entschiedene Kritik an revolutionärer Gewalt wie auch als Kritik am reformunfähigen Ancien Régime lesen lässt. Stark raffend beschreibt der Erzähler, wie es aufgrund von Steuererhöhungen zu Zeiten einer Hungerkrise „zum allgemeinen Aufstande" kommt.[23] Die „Ausschweifungen und Greueltaten" des entfesselten Pöbels gipfeln in der Auslöschung des Königs und seiner Getreuen:[24] „Der namenlose König, der letzte und verdienstloseste von Tifans Abkömmlingen, wurde, mit den wenigen die ihn nicht verlassen hatten, in seinem eigenen Palast eingekerkert, und, bei einem mißlungenen Versuch zu entfliehen, der Wut des Pöbels Preis gegeben."[25] Alle Versuche zur „Wiederherstellung der Ordnung" scheitern letztlich an der mangelnden moralischen Disposition der Scheschianer: „Aber da war kein *Dschengis*, kein *Tifan* mehr, der mit überwiegenden Geisteskräften Weisheit und Tugend genug vereinigt hätte, um sich alle Gemüter zu unterwerfen, und diese Obermacht, ohne eigennützige Absichten, bloß zum Besten des Ganzen anzuwenden."[26] Folge ist eine blutige Anarchie, die das Reich schließlich zur leichten Beute der „benachbarten Könige" macht.[27]

> Die unglücklichen Scheschianer, teils unter hundert fremde Völker zerstreut, teils stückweise den angrenzenden Staaten einverleibt, verloren mit ihrer politischen Existenz zugleich ihren uralten Namen; und eines der mächtigsten Königreiche des Orients verschwand so gänzlich von der Erde, daß es, schon zu den Zeiten des sinesischen Kaisers *Tai-Tsu*, den gelehrtesten Altertumsforschern unmöglich war, die ehmaligen Grenzen desselben zuverlässig anzugeben.[28]

Mit diesem Romanschluss wandte sich Wieland aber keineswegs gegen die ursprüngliche Konzeption seines Romans: Bereits die Fassung von 1772 hatte sehr deutlich gemacht, dass Tifans Idealstaat (wie überhaupt kein Staat) dauerhaft bestehen werde; der drastische Schluss der Zweitfassung bringt inhaltlich nichts Neues, wohl aber verweist er auf die Jakobinerherrschaft und bildet ein Gegengewicht zu den zuvor dargestellten politischen Reformen – und einen exotisierten Zeitkommentar zur Französischen Revolution und der *terreur*.

Für das deutschsprachige politische Erzählen der 1790er Jahre wurde Wielands *Goldner Spiegel* paradigmatisch. So unterschiedliche Autoren wie Albrecht,

---

23 Wieland: Der goldne Spiegel [1795], S. 328.
24 Ebd.
25 Ebd., S. 328 f.
26 Ebd., S. 329.
27 Ebd.
28 Ebd.

Bahrdt, Klinger, Knigge und Meyern orientierten sich an Wieland,[29] wohingegen Fénelons *Télémaque* eher in den Hintergrund rückte. Wielands Roman war aus meheren Gründen besonders anschlussfähig. Zunächst lieferte der *Goldne Spiegel* das Modell einer anthropologisch fundierten historischen Beispielerzählung, die zugleich Reflexionen über die Aufklärung und ihr Verhältnis zur Politik bot und transzendierte so den Fürstenerziehungsroman Fénelons. Darüber hinaus wurden die Erzählverfahren des *Goldnen Spiegels* gerade in Zeiten zunehmender Zensur attraktiv, weil die Vielstimmigkeit der Romanebenen es dem Rezipienten erschwerte, *die* verbindliche Aussage eines potentiell anstößigen Textes zu synthetisieren.

Der Aspekt der Fürstenerziehung aber, den das Genre so prominent behandelte, verlor in dem Moment an Bedeutung, in dem die Macht des Fürsten kategorisch in Frage gestellt wurde. Bemerkenswerterweise stellten sowohl Romane wie Albrechts *Uranie* als auch expositorische Texte wie Johann Jakob Engels insgesamt durchaus traditionalistischem *Fürstenspiegel* (1798) das Ereignis der Revolution als Erziehungsmoment dar.[30] Das letzte Kapitel von Engels Text trägt den Titel „Sicherheit";[31] dort geht es um Revolutionsvermeidung „in dieser letzten aufrührerischen Zeit des Jahrhunderts".[32] Unterdrückung des Volkes ist keine Option: Zwar möge sich ein „noch wenig denkendes, wenig gebildetes Volk [...] sich bis zu dumpfem Sclavensinne erniedrigen lassen; mit einem schon aufge-

---

29 Vgl. [Karl Friedrich Bahrdt:] Ala Lama oder der König unter den Schäfern, auch ein goldner Spiegel. 2 Bde. Frankfurt/Leipzig 1790. Zwar erklärt der Autor in der Vorrede, der verkaufsfördernde Untertitel gehe auf seinen Verleger zurück, die Ähnlichkeiten mit Wielands Roman liegen aber auf der Hand: So wächst der Prinz Iphis unter Schäfern auf.
30 [Johann Jakob Engel:] Fürstenspiegel. Berlin 1798. – Vgl. zu Engels Text den Beitrag von Helge Jordheim: Fürstenkult und bürgerliche Subjektivität. Zur gattungsgeschichtlichen Dynamik von Engels *Fürstenspiegel*. In: Alexander Košenina (Hrsg.): Johann Jakob Engel (1741–1802). Philosoph für die Welt, Ästhetiker und Dichter. Hannover 2005 (Berliner Klassik. Eine Großstadtkultur um 1800. Bd. 7), S. 161–188; Zwi Batscha: Bemerkungen zu J. J. Engels politischer Theorie. In: Ders.: „Despotismus von jeder Art reizt zur Widersetzlichkeit". Die Französische Revolution in der deutschen Popularphilosophie. Frankfurt am Main 1989, S. 219–247, der die paternalistischen Elemente des *Fürstenspiegel* betont (ebd., S. 236). Vgl. zudem Hans Jochen Gamm: Johann Jakob Engels „Fürstenspiegel" nach 200 Jahren neu gelesen. Versuch einer pädagogischen Einordnung. In: Wolf Völker (Hrsg.): Johann Jakob Engel (1741–1802), ein mecklenburgischer Spätaufklärer. Interdisziplinäre Tagung der Universität Rostock zum 200. Todestag von Johann Jakob Engel. Norderstedt o.J., S. 33–49. Vgl. auch Hans-Otto Mühleisen/Theo Stammen/Michael Philipp (Hrsg.): Fürstenspiegel der Frühen Neuzeit. Frankfurt am Main/Leipzig 1997 (Bibliothek des deutschen Staatsdenkens. Bd. 6), dort auf S. 707–734 Textauszüge aus Engels Werk, eingeleitet von Nikolaus von Websky (ebd., S. 699–706).
31 [Engel:] Fürstenspiegel., S. 289–308.
32 Ebd., S. 289.

klärtern, zum Nachdenken erwachten, wird so ein Versuch schwerlich glücken."[33] Die Lösung bestehe also in einem Mehr an Aufkläerung, in der Erfüllung der legitimen Wünsche des Volkes, allein so ließe sich ein gewaltsamer Umsturz wie in Frankreich vermeiden:

> Läßt sich nichts von Verschlechterung erwarten; so versuche man es mit Verbesserung: will die einmal angebrannte Fackel sich nicht wieder auslöschen lassen; so trage man sie mit eigener Hand dem Volke vor: steht der Thron auf Furcht und auf Elend nicht sicher; so stelle man ihn hin auf Dankbarkeit und auf Wohlfahrt: vielleicht, daß er dann weniger wankt.[34]

Dass spätestens hier der Fürstenspiegel zur Mahnung geworden ist, zeigt deutlich die gewandelten Konzeptionen um 1800. Der Monarch erscheint nun nicht mehr als „erster Diener" des Staates, sondern als Agent der Bedürfnisse des Volks, das ihn (so die implizite Pointe) vom Thron stoßen kann und wird, sollte er seinen Pflichten nicht nachkommen. Angesichts dieser und ähnlicher Relativierungen der Monarchenrolle wird evident, weshalb ein Genre, das auf Fürstenerziehung setzt, neue Wege einschlagen muss: Im Zentrum stehen nun, wie zu zeigen sein wird, weniger die großen Individuen, sondern die ‚Tendenzen' des Zeitalters, die zunehmend erfolgreiche Reformen erschweren.

5.2 Krisenerzählungen der Aufklärung.
Friedrich Schillers *Geisterseher*-Fragment (1787–1789) und Wilhelm Friedrich Meyerns *Dya-Na-Sore* (1788–1791)

Am 29. April 1788 erschien in der Jenaer *Allgemeinen Litteratur-Zeitung* ein knapper, aber treffender Verriss des ersten Bands von Wilhelm Friedrich Meyerns Roman *Dya-Na-Sore*. Der Rezensent bemängelt dort die mangelnde Verknüpfung von Beschreibung und Deutung und nicht zuletzt den langatmigen Stil des Werks:

> Nichts beleidigt indessen mehr als die barbarische Durcheinandermengung des *Abstrakten* mit dem *Symbolischen* oder die Allegorie mit den philosophischen Begriffen, die sie bezeichnen soll; in eben dem Augenblick, da uns der Weg zur Wahrheit als eine Wanderung vorgestellt wird, hören wir darüber von dem *Wanderer* als über eine abstrakte Materie sprechen. Es fällt in die Augen, daß es dem Vf. überhaupt nur um ein Vehikel für seine Philosophie zu tun war; ob es paßte oder nicht, galt ihm gleich; und so entstand denn dieser

---

33 Ebd., S. 291.
34 Ebd., S. 293.

Zwitter von Abhandlung und Erzählung, der durch eine fast durchaus metrische Prose womöglich noch ermüdender wird.³⁵

Dass gerade Friedrich Schiller, denn um niemand anderen handelt es sich bei dem anonymen Rezensenten, diesen Text besprach, entbehrt nicht einer gewissen Ironie, schließlich befasste er sich selbst zur gleichen Zeit mit einem Romanprojekt, das einen ähnlichen Motivkomplex wie Meyern behandelte: Sowohl im *Geisterseher* als auch in *Dya-Na-Sore* steht die Macht geheimer Verbindungen im Mittelpunkt, deren Tätigkeit im politischen Umsturz mündet. Dabei fallen aber die Wertungen dieser arkanen Tätigkeiten denkbar unterschiedlich aus: Während Schillers Text die menschenmanipulatorischen Verfahren eines obskurantistischen Bundes zeigt, der sich das anthropologische Wissen der Aufklärung zunutze macht, um seine Macht zu steigern, affirmiert Meyerns Roman sentenziös die Aktivitäten einer heroisch-republikanischen Geheimverbindung, die aber letztlich an der unreifen und despotismushörigen trägen Masse scheitert.

Das Muster, das beide Texte aktualisieren und variieren, hatte Jean Terrassons „histoire égyptienne" *Sethos* etabliert. Kaum zufällig wurde dieser aufklärerische Initiationsroman um 1780 erneut populär:³⁶ 1777/1778 erschien Matthias Claudius' Übersetzung der *Geschichte des egyptischen Königs Sethos*.³⁷ Sie verdankt ihr Entstehen sicherlich den freimaurerischen Interessen ihres Autors, wie auch *Sethos* als authentische Darstellung der ägyptischen Mysterien und damit der Frühgeschichte der Freimaurerei verstanden wurde: So wird in einer Rezension der *Freymäurer-Bibliothek* hervorgehoben, Terrassons *Sethos* könne als politischer Roman und Werk der Gelehrsamkeit verstanden werden, aber eben auch „als ein Beytrag zur Geschichte der Freymäurerey in den ältesten Zeiten."³⁸

Eine wirkmächtige Spielart des politischen Romans wurde also mit Geheimbundwesen und Freimaurerei assoziiert, einem in den 1770er und 1780er Jahren

---

35 Friedrich Schiller: [Rezension von] Dya-Na-Sore. In: Ders.: Sämtliche Werke. Hrsg. von Harald Fricke und Herbert G. Göpfert. Bd. 5: Erzählungen. Theoretische Schriften. München 1959, S. 924 f., hier S. 925. – Vgl. zum Stellenwert dieser Rezension für Schillers Ablehnung der Romanform als Medium für philosophische Inhalte vgl. Peter-André Alt: Schiller. Leben – Werk – Zeit. 2 Bde. München 2000. Bd. 2, S. 309.
36 Vgl. zur französischen Rezeption um 1800 Darius A. Spieth: Napoleon's Sorcerers. The Sophisians. Newark 2007, S. 50–53.
37 Vgl. [Jean Terrasson:] Geschichte des egyptischen Königs Sethos. Aus dem Französischen übersetzt von Matthias Claudius. 2 Bde. Breslau 1777/1778.
38 [Rezension von] Geschichte des egyptischen Königs Sethos. In: Freymäurer-Bibliothek. 1. Stück. Berlin 1778, S. 127–137, hier S. 127. Vgl. Jan Assmann/Florian Ebeling (Hrsg.): Ägyptische Mysterien. Reisen in die Unterwelt in Aufklärung und Romantik. Eine kommentierte Anthologie. München 2011, S. 48.

virulenten Thema.[39] Der Motivkomplex von Geheimnis und Verschwörung war Ende des Jahrhunderts ubiquitär: Einerseits gerieten die Freimaurerlogen zunehmend in die Kritik, wozu eine auch durch den Wilhelmsbader Konvent (1782) nicht endgültig überwundene Krise der Freimaurerei beitrug. Tatsächlich diente die Einführung des schottischen Hochgradsystems als Einfallstor für gegenaufklärerische Tendenzen.[40] Dass Aufklärung und Geheimnis nicht zusammenpassten, schien auch die Verfolgung des Illuminatenordens zu belegen, in deren Zusammenhang gerade die despotischen Tendenzen der Verbindung zutage traten.[41] Wenn Christoph Martin Wieland in seinem Essay über *Das Geheimniß des Kosmopolitenordens* (1788) am Vorabend der Französischen Revolution erklärt, „daß eine eigenmächtige und von der höchsten Gewalt nicht mit völliger Kenntniß der Sache autorisirte eidliche Verbindung eine Art von Zusammenverschwörung" sei, die „einen Staat im Staat hervorbringt, der dem letztern auf vielerley Art gefährlich und nachtheilig werden kann",[42] reagiert er damit auf die Erschütterungen, die der Skandal um die Illuminaten hervorgerufen hatte. Er lieferte den Gegnern der Aufklärung geeignete Munition für ihr Denunziationsprojekt, das (wie im Fall Göchhausens) nicht davor zurückschreckte, die aufklärerische Jesuitenfurcht, die durchaus pathologische Züge aufwies, in ein antifreimaurerisches Narrativ zu integrieren.[43]

Ungeachtet mancher sensationsheischenden Motive handelt es sich bei den Romanen von Schiller und Meyern um Beiträge zu einem aktuellen Diskurs über

---

[39] Vgl. Michael Voges: Aufklärung und Geheimnis. Untersuchungen zur Vermittlung von Literatur- und Sozialgeschichte am Beispiel der Aneignung des Geheimbundmaterials im Roman des späten 18. Jahrhunderts. Tübingen 1987 (Hermaea. N.F. Bd. 53); Linda Simonis: Die Kunst des Geheimen. Esoterische Kommunikation und ästhetische Darstellung im 18. Jahrhundert. Heidelberg 2002 (Beiträge zur neueren Literaturgeschichte. Bd. 85); Ralf Klausnitzer: Poesie und Konspiration. Beziehungssinn und Zeichenökonomie von Verschwörungsszenarien in Publizistik, Literatur und Wissenschaft 1750–1850. Berlin/New York 2007 (spectrum Literaturwissenschaft Bd. 13).
[40] Vgl. den Überblick bei Voges: Aufklärung und Geheimnis, S. 21–97.
[41] Vgl. noch immer Richard van Dülmen: Der Geheimbund der Illuminaten. Darstellung – Analyse – Dokumentation. Stuttgart-Bad Cannstatt 1975; wertvolles Material bei W. Daniel Wilson: Geheimräte gegen Geheimbünde. Ein unbekanntes Kapitel der klassisch-romantischen Geschichte Weimars. Stuttgart 1991.
[42] Christoph Martin Wieland: Das Geheimniß des Kosmopolitenordens. In: Der Teutsche Merkur. 3. Quartal 1788, S. 97–115, hier S. 104 f.
[43] Vgl. dazu (auf Schiller perspektiviert) die Darstellung von Klausnitzer: Poesie und Konspiration, S. 361, der plausibel macht, dass Ernst August von Göchhausens *Enthüllung des Systems der Weltbürger-Republik* (1786) „als Subtext bzw. Präfiguration von Schillers fiktionaler Narration gelesen werden" kann.

die „Arkanwelten der Aufklärung".⁴⁴ Die Attraktivität dieses ‚Geheimbundmaterials' für die Literatur liegt klar zutage: Schließlich bot das Milieu der Geheimgesellschaften nicht nur Anlass zu wirkungsvollen Beschreibungen mystisch angehauchter Rituale, darüber hinaus lieferte die Welt der Verschwörungstheorien und politischer Konspirationen bereits vorgefertigte Narrative, an die Autoren anschließen konnten. Ein Wechselspiel von Rezipienten und Autor, wie es Schiller für die Lektüre des *Geistersehers* vorschwebte,⁴⁵ erfordert ein Publikum, das das Rätselspiel mit Motiven arkaner Handlungen gewohnt ist.

Sowohl Schiller als auch Meyern setzen Wissen über literarische Gattungen, namentlich den politisch-didaktischen Roman, voraus, aus dem ihre Werke wesentliche Motive übernehmen und variieren. Beide Romane problematisieren über die politische Thematik hinaus fundamentale Fragen von Aufklärungsprozessen: Indem die Erzählungen von Lenkung und Manipulation durch geheime Gesellschaften erzählen, bieten sie Anlass, die grundsätzliche Frage nach den Methoden und dem Ziel von Aufklärung zu stellen. Dabei invertiert Schiller die Schreibweisen des politischen Romans, die Meyern erweiternd fortsetzt. Es handelt sich um Texte, die zugleich seismographisch die Verwerfungen der späteren Aufklärung nachvollziehen.

5.2.1 Schillers *Geisterseher* als politischer Roman

Der Geisterseher ist eine „Kompilation und ästhetische Verarbeitung verschiedener Vorstellungskomplexe der 1770er und 1780er Jahre".⁴⁶ Das betrifft sowohl die dort verhandelten Themen als auch die Schreibweisen des Romans. So hat Hans-Jürgen Schings zu Recht auf die Verbindungslinien zwischen der Tradition des politischen Romans und Schillers unvollendetem Trivialromanexperiment hingewiesen: Es handele sich um „das spiegelbildlich-genaue Gegenstück zum Staatsroman", das die „gefährlich-antiaufklärerischen Potenzen" geheimer Ver-

---

44 Vgl. die Beiträge in Monika Neugebauer-Wölk (Hrsg.): Arkanwelten im politischen Kontext. Hamburg 2003 (Aufklärung. Interdisziplinäres Jahrbuch zur Erforschung des 18. Jahrhunderts und seiner Wirkungsgeschichte Bd. 15).
45 Vgl. Dirk Oschmann: Darstellung und Gegendarstellung von Aufklärung. Handlung, Erzählung und Schein in Schillers *Geisterseher*. In: Hans Adler/Rainer Godel (Hrsg.): Formen des Nichtwissens der Aufklärung. München 2010 (Laboratorium Aufklärung. Bd. 4), S. 465–481, hier S. 466.
46 Klausnitzer: Poesie und Konspiration, S. 360.

bindungen offenlege.⁴⁷ Tatsächlich erzählt der *Geisterseher* von einem pervertierten Erziehungsprozess:⁴⁸ Unter dem Einfluss des geheimnisvollen Armeniers, einer Cagliostro-Figur,⁴⁹ wird der Prinz von *** zum Spielball einer jesuitischen Verschwörung,⁵⁰ die nach politischem Einfluss in einem deutschen Fürstentum strebt. Der „Mentor des Obskurantismus" nutzt virtuos die psychischen und kognitiven Defizite des Prinzen,⁵¹ um ihn in die Arme der katholischen Kirche zu treiben. Anders als in Terrassons *Sethos*, wo die geheime Lenkung dazu diente, den Protagonisten zu einem aufgeklärten autonomen Individuum heranzubilden,⁵² arbeitet die „unsichtbare Hand" in Schillers Romanfiktion daran,⁵³ die charakterlichen Schwächen einer Figur zu instrumentalisieren, um diese von außen zu lenken: „Niemand war mehr dazu geboren, sich beherrschen zu lassen, ohne schwach zu sein."⁵⁴ Aus dem Roman der Fürstenerziehung ist ein Roman der Fürstendeformation geworden: Der nicht ausgeführte letzte Teil des Romans hätte vermutlich dargestellt, wie die Konversion des Prinzen die Ermordung des legitimen Herrschers und schließlich seine Thronbesteigung nach sich gezogen hätte.⁵⁵

Diese Motive, die eher aus der Sphäre der Gothic Novel zu stammen scheinen als aus der Welt der Kleinstaaten des Heiligen Römischen Reichs, hatten für Zeitgenossen ihren Bezugspunkt aber keineswegs nur in der literarischen Sphäre: Ganz im Gegenteil weist *Der Geisterseher* auch Züge eines Schlüsselromans auf.⁵⁶ 1786 hatte Elisa von der Recke in der *Berlinischen Monatsschrift* ihre Abrechnung

---

47 Schings: Der Staatsroman im Zeitalter der Aufklärung, S. 158. Vgl. zu Schillers Kenntnis von Fénelons *Télémaque*, der auf der Karlsschule im Sprachunterricht eingesetzt wurde, Schmitt-Maaß: Fénelons „Télémaque" in der deutschsprachigen Aufklärung, S. 1023.
48 Vgl. Friedrich Schiller: Der Geisterseher. In: Ders.: Sämtliche Werke. Hrsg. von Harald Fricke und Herbert G. Göpfert. Bd. 5: Erzählungen. Theoretische Schriften. München 1959, S. 48–160.
49 Vgl. Uta Treder: Wundermann oder Scharlatan? Die Figur Cagliostros bei Schiller und Goethe. In: Monatshefte 79 (1987), S. 30–43.
50 Vgl. Ritchie Robertson: Schiller and the Jesuits. In: Nicholas Martin (Hrsg.): Schiller: National Poet – Poet of Nations. A Birmingham Symposium. Amsterdam/New York 2006 (Amsterdamer Beiträge zur neueren Germanistik. Bd. 61), S. 179–200, bes. S. 190–192.
51 Schings: Der Staatsroman im Zeitalter der Aufklärung, S. 158.
52 Vgl. Voges: Aufklärung und Geheimnis, S. 373: „Der Bund des Armeniers tritt als solcher nicht in Erscheinung. Aufbau, Ziele und Arbeitsweise sind ebenso wie die ihm angehörenden Personen nur indirekt erschließbar."
53 Schiller: Der Geisterseher, S. 112.
54 Ebd., S. 49.
55 Vgl. Alt: Schiller. Bd. 1, S. 571.
56 Vgl. die nach wie vor validen Ausführungen von Adalbert von Hanstein: Wie entstand Schillers Geisterseher? Berlin 1903 (Forschungen zur neueren Literaturgeschichte. Bd. 22).

mit dem Scharlatan Cagliostro veröffentlicht;[57] bereits in der Juliausgabe reagierte Prinz Friedrich Eugen Heinrich von Württemberg-Oels mit einer Erwiderung, in der er die Möglichkeit von Geistererscheinungen verteidigte.[58] Diese publizistische Intervention des Prinzen besaß eine politische Dimension, schließlich wurde das lutherische Württemberg seit 1733 von katholischen Herzögen (zunächst von Carl Alexander, seit 1737 von Carl Eugen) regiert. Die schwärmerischen Anwandlungen des Prinzen, dessen Konversion zum Katholizismus man befürchtete, weckten die Angst vor einer jesuitischen Verschwörung, die Württemberg rekatholisieren wollte.[59]

Die Stationen der Romanhandlung bilden geradezu einen ‚Countdown zum Thron'. Das Thema der dynastischen Erbfolge ist von Beginn an präsent, wenn der Graf von O** den Prinzen in seiner Relation zur politischen Macht charakterisiert: „Als der dritte Prinz seines Hauses hatte er keine wahrscheinliche Aussicht zur Regierung."[60] Dennoch häufen sich die Vorzeichen, dass er einst regieren werde. Das beginnt mit der geheimnisvollen Botschaft („*Um neun Uhr ist er gestorben*"),[61] die sich auf den Tod des regierenden Fürsten bezieht, und setzt sich fort in der Prophezeiung einer Tänzerin: „‚Ein König ist unter uns', rief sie, riß ihre Krone vom Haupt und legte sie – zu den Füßen des Prinzen."[62] Diese Weissagung – natürlich ein Teil der sorgfältig inszenierten Intrige – ist zugleich als intertextuelle Referenz auf Shakespeares *Macbeth* eine epische Vorausdeutung, indem sie auf den (blutigen) Weg zum Thron anspielt und zugleich verlockend wirkt.[63]

---

57 Vgl. Elisa von der Recke: Elisa an Preißler. Nebst einer Vorerinnerung der Herausgeber und einer Nachschrift der Verfasserinn Frau von der Recke in Mitau, über Cagliostro. In: Berlinische Monatsschrift Mai 1786, S. 385–398. Vgl. auch Dies.: Nachricht von des berüchtigten Cagliostro Aufenthalte in Mitau, im Jahre 1779, und von dessen dortigen magischen Operationen. Berlin/Stettin 1787.
58 Vgl. F. H. Eugen Prinz von Würtemberg: Ueber Elisens Aufsatz im Mai der Berliner Monatsschrift 1786. In: Berlinische Monatsschrift Juli 1786, S. 1–9.
59 Vgl. Alt: Schiller. Bd. 1, S. 576.
60 Schiller: Der Geisterseher, S. 49.
61 Ebd., S. 50.
62 Ebd., S. 56.
63 Vgl. Dennis F. Mahoney: *Der Geisterseher:* A Princely Experiment or, the Creation of a „Spiritualist". In: Jeffrey L. High (Hrsg.): Schiller's Literary Prose Works. New Translations and Critical Essays. Rochester 2008 (Studies in German Literature, Linguistics, and Culture), S. 234–249, hier S. 236: „Like the figure of Macbeth, Schiller's Prince is tempted by the embodiment of Fate to pursue what they suggest is his pre-ordained role in life". In der Thalia-Fassung stellt der fiktive Herausgeber explizit den Bezug zu *Macbeth* her. Vgl. Fotis Jannidis: „und die Erwartung ist aufs höchste gespannt". Populäre Erzählexperimente in Schillers *Geisterseher*. In: Wolfgang Riedel (Hrsg.): Würzburger Schiller-Vorträge 2009. Würzburg 2011, S. 83–107, hier S. 95.

Insofern gewinnt Schillers Text eine Relevanz über seinen (durchaus beträchtlichen) Unterhaltungswert hinaus, weil er zentrale Themen der Aufklärungsdebatten des ausgehenden 18. Jahrhunderts thematisiert: Schillers Roman gestaltet einerseits die (prominent in der von Schiller intensiv rezipierten *Berlinischen Monatsschrift* geschürte) Furcht vor einer katholischen anti-aufklärerischen Verschwörung,[64] die sich das anthropologische Wissen der Aufklärung zunutze macht, um ihre obskurantistischen Ziele durchzusetzen,[65] andererseits rückt er damit die Frage nach der Lenkbarkeit des Menschen in den Mittelpunkt, die genauso für die Auseinandersetzung mit den aufklärerischen Geheimbünden, namentlich mit dem Illuminatenorden, essentiell war. Für Schiller selbst, der ihren wiederholten Anwerbeversuchen widerstand,[66] ist gerade in den 1780er Jahren das Geheimbundmotiv von zunehmender Bedeutung; es verbindet *Don Karlos* mit dem *Geisterseher*.[67] In den *Briefen über Don Karlos* artikuliert er klar seinen Vorbehalt angesichts der bevormundenden Tendenzen des Ordens,[68] die Christian Gottfried Körner prägnant als „*Despotismus* der Aufklärung" bezeichnete.[69] Mithin ist der *Geisterseher* sowohl eine Versuchsanordnung über die Beeinflussbarkeit der menschlichen Psyche als auch ein Zeit- und Epochenkommentar, der den Rückgriff auf tradierte Romangenres nutzt, um eine Atmosphäre

---

64 Vgl. zur Jesuitenfurcht Ursula Paintner: Aufgeklärter Antijesuitismus? Zur antijesuitischen Argumentation bei Friedrich Nicolai. In: Stefanie Stockhorst (Hrsg.): Friedrich Nicolai im Kontext der kritischen Kultur der Aufklärung. Göttingen 2013 (Schriften des Frühneuzeitzentrums Potsdam. Bd. 2), S. 315–336.
65 Vgl. Wolfgang Riedel: Die Anthropologie des jungen Schiller. Zur Ideengeschichte der medizinischen Schriften und der „Philosophischen Briefe". Würzburg 1985 (Epistemata. Reihe Literaturwissenschaft. Bd. 17), S. 239–248; Jörg Robert: Vor der Klassik. Die Ästhetik Schillers zwischen Karlsschule und Kant-Rezeption. Berlin/Boston 2011 (Quellen und Forschungen zur Literatur- und Kulturgeschichte. Bd. 72 [306]), S. 161–222.
66 Vgl. Hans-Jürgen Schings: Die Brüder des Marquis Posa. Schiller und der Geheimbund der Illuminaten. Tübingen 1996, S. 144.
67 Vgl. Marion Beaujean: Zweimal Prinzenerziehung: *Don Carlos* und *Geisterseher*. Schillers Reaktion auf Illuminaten und Rosenkreuzer. In: Poetica 10 (1978), S. 217–235.
68 Vgl. Friedrich Schiller: Briefe über Don Karlos. In: Ders.: Sämtliche Werke. Hrsg. von Harald Fricke und Herbert G. Göpfert. Bd. 2: Dramen 2. München 1959, S. 225–267, hier S. 257 (10. Brief): „Ich bin weder Illuminat noch Maurer, aber wenn beide Verbrüderungen einen moralischen Zweck miteinander gemein haben, und wenn dieser Zweck für die menschliche Gesellschaft der wichtigste ist, so muß er mit demjenigen, den Marquis Posa sich vorsetzte, wenigstens sehr nahe verwandt sein. Was jene durch eine geheime Verbindung mehrerer durch die Welt zerstreuter tätiger Glieder zu bewirken suchen, will der letztere, vollständiger und kürzer, durch ein einziges Subjekt ausführen: durch einen Fürsten nämlich, der Anwartschaft hat, den größten Thron der Welt zu besteigen, und durch diesen erhabenen Standpunkt zu einem solchen Werke fähig gemacht wird."
69 Vgl. Körner an Schiller, 18.9.1781. Zitiert nach Schings: Die Brüder des Marquis Posa, S. 164.

der Bindungslosigkeit und Verunsicherung darzustellen und ihre Wirkung auf das Individuum zu zeichnen.

Während in Terrassons *Sethos* eine eigens zu diesem Zweck erschaffene unterirdische Initiationslandschaft mit allegorischer Ausstattung als Ort der Erziehung diente, muss bei Schillers in der Gegenwart spielenden Roman – es ist die Rede vom Geist des 1774 verstorbenen Papstes Clemens XIV.[70] – das enigmatische Venedig, das Ende des 18. Jahrhunderts bereits für Verfall, Dekadenz und politische Gewalt stand, als Kulisse herhalten – ein symbolisch aufgeladener Ort, dessen verwirrende Geographie mit der zunehmenden Verwirrung des Protagonisten und der um ihn bemühten Vertrauten korrespondiert:[71] Schließlich hat der Prinz von *** zunächst treue Mentorfiguren an seiner Seite – zunächst den Grafen von O**, dann den deutlich naiveren Grafen von F***, die aber durch den Armenier und seine Agenten rasch verdrängt werden.

Dieses Ablöseverhältnis spiegelt sich auch in den Erzählperspektiven des Romans. Von Beginn an ist klar, dass der Graf von O**, dessen Papiere ein nicht näher spezifizierter Herausgeber ediert, auf ein abgeschlossenes schreckliches Ereignis zurückschaut und nachträglich den Versuch der Sinnstiftung wie auch der Apologie des Prinzen unternimmt – in der Hoffnung, dass die Erzählung „sein Andenken von dem Vorwurfe reinigen wird, daß er sich blind und unbesonnen in die Schlinge gestürzt habe, die eine unerhörte Teufelei ihm bereitete."[72] Zugleich enthält diese Apologie eine epische Vorausdeutung: „Er war ein edler Mensch, und gewiß wär eine Zierde des Thrones geworden, den er durch ein Verbrechen ersteigen zu wollen sich betören ließ."[73]

Das analytische Erzählen weist sicherlich auf Erzählverfahren des Kriminalromans voraus,[74] erinnert aber ebenso an das von Schiller so geschätzte analytische Drama. Die Schrecken, die der *Geisterseher*-Roman aufdecken sollte, wären jedenfalls einer sophokleischen Tragödie würdig gewesen. Während der Graf von O** ungeachtet der notwendigerweise begrenzten Figurenperspektive insgesamt verlässlich erzählt, sind die Informationen, die der Graf von F*** seinem in Un-

---

70 Vgl. Schiller: Der Geisterseher, S. 61.
71 Vgl. Victor Sage: Black Venice: Conspiracy and Narrative Masquerade in Schiller, Zschokke, Lewis, and Hoffmann. In: Gothic Studies 8 (2006), S. 52–72.
72 Schiller: Der Geisterseher, S. 104.
73 Ebd.
74 Vgl. Hans Richard Brittnacher: Schiller als Erzähler und Romancier. Der *Geisterseher* und seine Fortsetzungen In: Hans Feger (Hrsg.): Friedrich Schiller. Die Realität des Idealisten. Heidelberg 2006, S. 343–365, hier S. 350. Vgl. auch den plausiblen Einwand von Jannidis: „und die Erwartung ist aufs höchste gespannt", S. 87: „[D]ie anachronistische Verwendung der Gattungsbezeichnungen versperrt den Blick für das Experimentelle des *Geisterseher*s, der sich keinem der genannten, erst später ausgebildeten Modelle ganz fügen will."

gnade gefallenen, aber zutiefst besorgten Freund brieflich mitteilt, von größerer Ambiguität. Das liegt zum einen daran, dass ihr Autor die gegen den Prinzen gerichtete Verschwörung schlechterdings nicht wahrhaben will, zum anderen an dem unterbrochenen Informationsfluss, der den Grafen von O** und mit ihm den Leser über zentrale Momente der Handlung im Unklaren lässt.[75] Über die Verschwörung erfährt man also nur aus der Außensicht und noch dazu zeitlich versetzt – in dem Moment der Lektüre muss der Graf von O** fürchten, das Unheil habe bereits seinen Lauf genommen. Als Mentor wirkt hier gerade nicht die personifizierte Weisheit, schon gar nicht der Freund des Zöglings, sondern ein kühl kalkulierender ‚Mastermind', geradezu der Feind des Prinzen, der letztendlich für seinen Untergang verantwortlich sein wird, wie der Erzählerkommentar am Ende des ersten Buchs nahelegt.

In der Figur des Armeniers greift Schiller deutlich erkennbar auf Cagliostro zurück, der ja sein eigenes ägyptisches System der Freimaurerei erfunden hatte. In der Verteidigungsschrift, die Cagliostro anlässlich der Halsbandaffäre publizierte, verweist er explizit auf Ägypten, wo er die Weisheiten des alten Ägypten gelernt habe:

> Mein erster Zug ging nach Ägypten. Ich besah jene berühmten Pyramiden, die der flüchtige Beobachter nur für ungeheure marmorne und granitartige Massen hält. Ich machte mit den Priestern der unterschiedlichen Tempel Bekanntschaft, welche die Güte hatten, mich in die Örter zu führen, welche der große Haufen der Reisenden nie durchdringt.[76]

In Cagliostros fantasievoller Selbstdarstellung scheint die Romanwelt Terrassons durch. Schillers Roman nimmt das Motiv wieder auf, wenn dort der (selbstverständlich in die Verschwörung verwickelte) Sizilianer, der von dem Prinzen und Lord Seymour befragt wird, planvolle Andeutungen über die Geheimnisse des Armeniers macht:

> Wer er sei? Woher er gekommen? Wohin er gehe? weiß niemand. Daß er lang in Aegypten gewesen, wie viele behaupten, und dort aus einer Pyramide seine verborgene Weisheit geholt habe, will ich weder bejahen noch verneinen. Bei uns kennt man ihn nur unter dem Namen des *Unergründlichen*.[77]

---

75 Vgl. die Beschreibung der „erzählerische[n] Konstruktion" des Romans von Jannidis: „und die Erwartung ist aufs höchste gespannt", S. 86–92.
76 Jean-Charles Thilorier: Verteidigungsschrift des Grafen von Cagliostro. In: Klaus H. Kiefer (Hrsg.): Cagliostro. Dokumente zu Aufklärung und Okkultismus. München 1991, S. 199–244, hier S. 206.
77 Schiller: Der Geisterseher, S. 76 f.

Diese Passage schließt sowohl an Cagliostros Selbstinszenierung als auch an *Sethos* an, wo die subterrane Initiationswelt unter den Pyramiden als Ort der Wissensvermittlung diente – eine Vorstellung von ägyptischen Gegebenheiten, die im 18. Jahrhundert ubiquitär war.

Der Plan des Armeniers kann nur deshalb gelingen, weil er es mit einem dankbaren Opfer zu tun hat: Der Prinz neigt zur Schwärmerei und hat keine gefestigten Grundsätze.[78] Indem ihn der Armenier zunächst einige vermeintlich übernatürliche Ereignisse als Machinationen entlarven lässt und ihn in den libertinistisch-materialistischen Geheimbund des Bucentauro einführt, entfremdet er ihn von seinen Wurzeln, um ihn schließlich durch eine Vielzahl von psychologischer Manipulationen in die Arme der katholischen Kirche zu führen. Diese dreistufige Entwicklung ironisiert traditionelle Ideen der Heilsgewissheit und verkehrt den Bildungsweg des Erziehungsromans in sein Gegenteil: In eklatanter Weise „verfehlt der Prinz den Idealtypus des Selbstdenkers, der seinen Weg autonom bestimmt".[79]

Schiller nutzt Versatzstücke des politischen Romans, um ein anthropologisches Thema zu diskutieren.[80] Seine Metakritik der Aufklärung ist zugleich eine Studie über Fremdbestimmung – und damit zugleich politisch relevant, indem sie die Spitzen des Staates als Marionetten finsterer Mächte zeigt. So erscheint die „Herrschsucht als politische Erscheinungsform des moralisch verwerflichen Egoismus".[81] Der Roman spiegelt auch den in den 1780er Jahren zunehmend spürbaren Vertrauens- und Ansehensverlust der Eliten. Jenseits der ohne Zweifel im Zentrum stehenden anthropologischen Interessen ist Schillers *Geisterseher* also ein eminent politischer Text, der das „Fallbeispiel einer psychischen Verirrung unter den Bedingungen der Politik" erzählt.[82] Diese „aktuelle politische Brisanz",[83] die sich aus den Themen des Textes ergab, verbindet ihn mit einer Reihe von Texten, die das Arkanmodell aktualisieren und variieren.

---

78 Vgl. die detaillierte und differenzierte Analyse von Robert: Vor der Klassik, der zu Recht die Rolle der Ästhetik bei der Manipulation des Prinzen betont: So erfolge die Prinzenerziehung im zweiten Buch des Romans „durch das Medium der Kunst und des Schönen" (ebd., S. 165).
79 Alt: Schiller. Bd. 1, S. 582.
80 Vgl. aber Häfner: Thaumaturgie und Kinetik, der den Roman im Gegensatz zu der anthropologisch orientierten Richtung der Schiller-Forschung als Bearbeitung des „Problem[s] einer aus ihrem geisthaften Ursprung deutbaren Kohärenz des Seins im Ganzen" auffasst (S. 162) und die ‚Erziehung' des Prinzen als „Bewegung von Urzustand, Vernichtung und Restitution" liest (ebd.). Allerdings vermag er nicht plausibel zu machen, dass der unterstellte „biblische[] Hintergrund" des Armeniers tatsächlich für Schiller relevant ist.
81 Riedel: Die Anthropologie des jungen Schiller, S. 242.
82 Alt: Schiller. Bd. 1, S. 581.
83 Ebd.

5.2.2 Meyerns *Dya-Na-Sore* als bellizistische Revision des politischen Romans

Was bei Schiller angedeutet wird, führt Meyern aus: Er stellt das Programm und die Rituale eines politischen Geheimbundes ins Zentrum seines umfangreichen Romans, der zwischen 1788 und 1791 in drei Bänden erschien.[84] Meyern inszeniert den Text kunstvoll als Relikt einer fernen Vorzeit: So erklärt der fiktive Herausgeber, er habe im indischen Benares einen jungen Reisenden kennengelernt, den sein tiefes Interesse an der uralten Kultur der Brahmanen bis nach Tibet geführt habe. Von dort schickt er, von dem sich jede Spur verliert, Briefe und ein Manuskript, das nun der Herausgeber in Übersetzung präsentiert. Mit dieser exotisierenden Manuskriptfiktion schließt Meyern zugleich an Traditionen des politischen Romans an und distanziert sich von ihnen: Denn sein Orient ist kein satirisch gezeichneter Ort aus *Tausendundeiner Nacht*, sondern der Ort, an dem „aus der reinen Quelle der unverdorbenen Menschheit" allgemeingültige Weisheitslehren fließen; die jahrtausendalte Kultur sei der „Handvoll Europäischer Klügelei" überlegen.[85] Damit ist Meyerns Roman ein frühes Dokument jener Hinwendung zu Indien, die ab etwa 1800 zu einer wahren Indienmode wird.[86]

---

[84] Vgl. W. Fr. Meyern: Dya-Na-Sore, oder die Wanderer. Eine Geschichte aus dem Sam-skritt übersezt. 2. Auflage. Frankfurt am Main 1979 (Haidnische Alterthümer). – Vgl. zu Meyerns Roman Claudia Michels: Idealstaat ohne Volk. Die skeptische Utopie des Friedrich von Meyern. Stuttgart/Berlin/Köln 1999. Das (wenn auch auf bescheidenem Niveau) wiedererwachte Interesse an Meyerns Roman geht auf Arno Schmidts polemische Lektüre des Textes als Vorwegnahme des SS-Staats zurück. Vgl. Arno Schmidt: Dya Na Sore. Blondeste der Bestien. In: Ders.: Dya Na Sore. Gespräche in einer Bibliothek. Karlsruhe 1958, S. 5–53; vgl. Claus-Michael Ort: Austreibung und Aneignung. Arno Schmidts „Dya Na Sore" als literaturpolitisches Dokument. In: Hans-Edwin Friedrich (Hrsg.): Arno Schmidt und das 18. Jahrhundert. Göttingen 2017, S. 389–417. – Einen substantiellen Überblick, wenngleich mit zeitbedingt zuweilen schwer nachvollziehbaren Wertungen, bietet Josef Pauscher: Dya-Na-Sore. Ein Staatsroman von Friedrich Wilhelm von Meyern. In: XXXIV. Jahresbericht der K. K. Staats-Realschule in Jägerndorf 1910–11, S. 1–48. Von Pauscher zehrt auch Günter de Bruyn: Taten und Tugenden. Meyern und sein deutsches Revolutionsmodell. In: W. Fr. Meyern: Dya-Na-Sore, oder die Wanderer, S. 935–995.
[85] Meyern: Dya-Na-Sore, S. 10.
[86] Vgl. einführend Christine Maillard: ‚Indomanie' um 1800: ästhetische, religiöse und ideologische Aspekte. In: Charis Goer/Michael Hofmann (Hrsg.): Der Deutschen Morgenland. Bilder des Orients in der deutschen Literatur und Kultur von 1770 bis 1850. München 2008, S. 67–83. Die Evokationen der uralten indischen Kultur in dem fiktiven Herausgeberbericht von *Dya-Na-Sore* weisen gewisse Affinitäten zu den Passagen über Indien im zweiten Band von Carsten Niebuhrs *Reisebeschreibung nach Arabien und den umliegenden Ländern* (1778) auf. Vgl. zu Niebuhr Jörg Esleben: Indien in Wort und Bild in drei Reiseberichten des späten 18. Jahrhunderts (Niebuhr, Sonnerat, Imhoff). In: Winfried Eckel/Carola Hilmes/Werner Nell (Hrsg.): Projektionen, Imaginationen, Erfahrungen. Remscheid 2008 (Komparatistik im Gardez! Bd. 6), S. 90–108, bes. S. 95.

Er erzählt von drei Brüdern und ihren heroischen Freunden, die in einem nicht näher spezifizierten Asien die Strukturen eines Geheimbunds nutzen, um einem despotisch regierten Staat die Freiheit zurückzugeben. Das hochgespannte Unternehmen scheitert letztlich an dem Volk, das noch nicht bereit zur Freiheit ist: Die überlebenden Mitglieder des Bundes ziehen sich zurück und hinterlassen die Gräber ihrer heroischen Mitkämpfer als Mahnung für die kommende Jugend.

Anders als Schiller, der bewusst Abstand zu den um ihn werbenden Illuminaten einnahm, war Meyern in geheimen Verbindungen aktiv.[87] Vermutlich war er während seiner Altdorfer Studienzeit (wie andernorts auch Rebmann und Sinclair) Mitglied im „Bund der schwarzen Brüder", einem studentischen Geheimbund,[88] mit Sicherheit aber zwischen 1787 und 1790 bei den Freimaurern.[89] Die Romanpassagen über das Gradsystem des Bundes ähnelt zudem stark dem des Illuminatenordens,[90] das seit der Publikation der Ordensschriften im Jahr 1786 (zumindest auszugsweise) bekannt war.[91]

Der Geheimbund, den die Brüder Terglud und Tibar initiieren, versteht sich – anders als bei Schiller – als Agent der Freiheit, der den Weg zu einer Überwindung des Despotismus weist. Sein Ziel, die „Wiederherstellung des Vaterlandes",[92] wird durch die planvolle Unterwanderung von Staat und Gesellschaft erreicht. Terglud hebt hervor „daß man hier durch Untergrabung erschüttern müsse, was durch Gewalt nicht bewegt wird."[93] Zu diesem Zweck mischen sich die Angehörigen des Bundes unter das Volk und verhalten sich vorbildhaft, vor allem aber nutzen sie die Kraft des Handels, um ein Gegengewicht zum Despotismus zu etablieren.[94] Angesichts innenpolitischer Wirren – dem Konflikt zwischen dem Tyrannen Ilwend und seinem tugendhaften Bruder – halten sich die Verschwörer zurück. Das markiert deutlich, was Meyerns Entwurf von den Ideen Wielands trennt: Es geht

---

87 Vgl. De Bruyn: Taten und Tugenden, S. 939–941.
88 Vgl. Tyrtäus [Gerhard Friederich]: Der geheime Bund der schwarzen Brüder. Mainz 1834. Eben daraus dürften die nicht von der Hand zu weisenden Parallelen zu der Geheimbundthematik in Hölderlins *Hyperion* resultieren: Ein Einfluss von Meyerns Roman auf Hölderlin scheint mir hingegen nur wenig wahrscheinlich. Vgl. aber Pauscher: Dya-Na-Sore. Ein Staatsroman von Friedrich Wilhelm von Meyern, S. 47 f., der darüber hinaus *Dya-Na-Sore* als Anregung für den *Geisterseher* auffasst (ebd., S. 46), was aber bereits die Entstehungschronologie unmöglich macht.
89 Vgl. De Bruyn: Taten und Tugenden, S. 941.
90 Vgl. Pauscher: Dya-Na-Sore. Ein Staatsroman von Friedrich Wilhelm von Meyern, S. 39.
91 Vgl. Einige Originalschriften des Illuminatenordens, welche bey dem gewesenen Regierungsrath Zwack durch vorgenommene Hausvisitation zu Landshut den 11. und 12. Oktob. etc. 1786. vorgefunden worden. [...] München 1786.
92 Meyern: Dya-Na-Sore, S. 309.
93 Ebd., S. 349.
94 Vgl. Michels: Idealstaat ohne Volk, S. 71–73.

nun nicht mehr um die Reform der Monarchie, sondern um ihre Abschaffung. So erklärt der Revolutionär Mioldaa, „welche Thorheit es sey, auf den Karakter eines Herrschers, auf die Güte seines Herzens, auf seine Erziehung und seine Talente zu bauen."[95] Aufgeklärter Absolutismus ist hier keine Alternative mehr, weil er zu sehr von Zufälligkeiten abhängt.

Damit verändert aber auch der politische Roman seine Parameter: Von der Fürstenerziehung kann spätestens dann keine Rede mehr sein, wenn die Existenz des Fürsten als einzuhegendes Übel betrachtet wird, das allenfalls – so Tibar – für eine Übergangszeit geduldet werden müsse, ehe das Volk reif für einen radikalen Umbau der Herrschaftsform sei. Allerdings scheitert auch diese Hoffnung – zu groß ist die Kluft zwischen den Eliten und der Masse des Volks, das durch den Despotismus geschwächt wurde. Denn der Despotismus hält sich nur, weil er die Individuen vom Staat entfremdet und so patriotische Neigungen verhindert. An die Stelle gemeinnützigen Engagements tritt nun der Rückzug ins Private: „Der Staat hat aufgehört ein Gegenstand für ihn zu seyn, seine Familie wird ihm alles."[96] Wegen dieses Eskapismus machen sich die Menschen selbst an der Tyrannei mit schuldig. In Wendungen, die an Kants *Beantwortung der Frage: Was ist Aufklärung?* (1784) erinnern, erläutert Tibar die psychische Disposition der gehorsamen Untertanen, deren „Trägheit" ihr ganzes Leben bestimmt: „Es ist so leicht sich regieren lassen, und mit dem Gang eines Kindes dem Winke des Mächtigern folgen".[97] Die zu großen Teilen selbstverschuldete Unmündigkeit erweist sich letztlich als kaum umkehrbar; auch das Vorbild der Altaharys, einem „Volk von Edlen",[98] wirkt nur bei wenigen großen Individuen.

Bei *Dya-Na-Sore* handelt es sich in doppelter Hinsicht um den Roman einer gescheiterten Aufklärung: Einmal, weil sich romanintern das Volk als aufklärungsresistent erweist, dann romanextern, weil der Text wesentliche Errungenschaften der Aufklärung revidiert und sich namentlich gegen Kosmopolitismus und Pazifismus wendet. Dadurch bricht Meyern radikal mit den Grundannahmen politischen Erzählens seit Fénelon: Während der *Télémaque* den Krieg als das

---

95 Meyern: Dya-Na-Sore, S. 570.
96 Ebd., S. 311.
97 Ebd., S. 313. – Vgl. Immanuel Kant: Beantwortung der Frage: Was ist Aufklärung? In: Ders.: Werke in sechs Bänden. Hrsg. von Wilhelm Weischedel. Darmstadt 1966. Bd. 6: Schriften zur Anthropologie, Geschichtsphilosophie, Politik und Pädagogik, S. 51–61, hier S. 53: „Faulheit und Feigheit sind die Ursachen, warum ein so großer Teil der Menschen, nachdem sie die Natur längst von fremder Leitung frei gesprochen (naturaliter maiorennes), dennoch gerne zeitlebens unmündig bleiben; und warum es anderen so leicht wird, sich zu deren Vormündern aufzuwerfen. Es ist so bequem, unmündig zu sein."
98 Meyern: Dya-Na-Sore, S. 818.

größte Übel der Menschheit brandmarkte, ist er für Meyern geradezu die Existenzbedingung für heroische Individuen. In diesem Zusammenhang erteilt er auch kosmopolitischen Idealen eine entschiedene Absage. So lernt Tibar bei den weisen Altaharys dem Menschen zu misstrauen, „der seinen Mangel an Vaterlandsgefühl hinter dem Namen von Weltfreundschaft verbirgt."[99] Darüber hinaus ist gerade der blutige Wettstreit zwischen den Nationen notwendig, um die Kraft des eigenen Volks zu erhalten: „Nazionalhaß ist eine eben so nothwendige Eigenschaft als Vaterlandsliebe, und wer sein Volk mit den falschen Grundsäzen einer allgemeinen Menschenliebe entnervt, der ist ein Verräther seines Landes."[100]

Auf der einen Seite kann der Abstand, der Meyern von den Entwürfen von Fénelon bis Wieland trennt, kaum größer sein; andererseits setzt er wie kein anderer die radikalen Forderungen nach politischem Neubeginn um: Den aufgeklärten Absolutismus kontrastiert er mit einem Tugendrepublikanismus, der seine Nähe zu Montesquieu nicht verleugnen kann. Ziel ist die „Umwandlung eines absolutistischen Staates in einen Rechtsstaat, der seinem Anspruch nach demokratisch ist".[101] Dabei wird sein Text beinahe zum Zeitroman, der in immer größerer Nähe zu den Ereignissen in Frankreich und mit zuweilen prognostischer Schärfe revolutionäre Dynamiken in den Blick nimmt.[102] Der resignative Romanschluss lässt sich somit auch als pessimistischer Zeitkommentar über die Möglichkeiten revolutionärer Unternehmungen lesen; der abschließende Appell des fiktiven Herausgebers apostrophiert die „Jünglinge", die sich ein Vorbild an dem „Gedicht" nehmen und selbst in einem Bund aktiv werden sollten:

> Wenn einer will, und nur zwei von der Möglichkeit seiner Absichten überzeugt; wenn jeder sich verdoppelt, und so von Zahl zu Zahl den Kreis seiner Freunde mehrt; so läst sich berechnen, zu welcher Summe der Einverstandenen sich fortschreiten, zu welcher Ausführung sich Kräfte sammeln ließen.[103]

Dieser Kommentar schlägt die Brücke von der literarischen Fiktion in die Realität und kontrastiert die pessimistische Wendung des Romanschlusses mit der Hypothese, dass sich aus den im Roman dargestellten Praktiken lebensweltliche Verhaltensweisen ableiten ließen, die letztlich einen positiven Ausgang nehmen

---

[99] Ebd., S. 239.
[100] Ebd., S. 240. Vgl. aber Ort: Austreibung und Aneignung, S. 397 f.
[101] De Bruyn: Taten und Tugenden, S. 957.
[102] Vgl. ebd., S. 955, der die „Parallelität von Fiktion und Wirklichkeit, von Tibet und Frankreich" betont. So unternimmt Ilwend in Meyerns Roman einen Fluchtversuch, der die Flucht Ludwigs XVI. nach Varennes präfiguriert.
[103] Meyern: Dya-Na-Sore, S. 933.

könnten. Damit variiert er das Ende von Wielands *Goldnem Spiegel:* Hatte dort der anthropologische Vorbehalt die Hoffnung auf dauerhafte Verbesserung untergraben, versteht Meyern die Romanhandlung gerade als Ansporn, die dort präsentierten Missstände in der Zukunft zu korrigieren. Der Erziehungsauftrag des Romans richtet sich nun an die Nachgeborenen: Es scheint, als sei Meyern damit erfolgreich gewesen – anders lassen sich die zahlreichen Rezeptionszeugnisse seines Textes zur Zeit der Befreiungskriege nicht verstehen.[104] Zu Meyerns Erfolg trug sicherlich auch die Sprache seines Textes bei,[105] der in deutlicher Anlehnung an James Macpherson „wie *Ossian* in einer rhythmisierten Prosa geschrieben" ist.[106] Ossianisierend sind ferner „die erhabenen Naturszenerien, die – dem Nebentitel *Die Wanderer* entsprechend – auf dem Lebensweg erfahren werden."[107] Darüber hinaus erinnert auch „das Strukturprinzip des Romans" an die pseudokeltische Epik: Auch bei Meyern ist die Handlung „oft durch Gedanken an die Vorzeit unterbrochen, in denen man die *joy of grief* genießt. Dadurch soll wie bei Macpherson eine Gedächtniskultur etabliert werden, die der moralischen Erneuerung dient."[108] Der hohe Stil dient dazu, das Dargestellte zu auratisieren und zu sakralisieren. Mit *Dya-Na-Sore* rückt der politische Roman erneut in die Nähe des Heldenepos.

*

Sowohl Schiller als auch Meyern problematisieren (politische) Aufklärungsprozesse. Während Schiller die Erzählung von einem manipulativen Erziehungsprozess mit der Perspektive der Unterwanderung eines deutschen Staats verbindet, stellt Meyern das Misslingen revolutionärer Umwälzungen ins Zentrum. Sein Geheimbund erscheint aber als Vorbild künftiger Generationen, nicht als diffuse subkutane Bedrohung. Indem Meyern den politischen Roman der Aufklärung zu einem Appell an revolutionäre Jünglinge transformiert, erzählt er zugleich von dessen Ende. Es stellt sich tatsächlich die Frage, wie es um den Aufklärungs-

---

104 Vgl. Sentenzen aus Jean Pauls und Hippels Schriften; aus Dya-Na-Sore, Agnes von Lilien, Walter und Nanny. Für Humanität und Menschenbildung. Frankfurt am Main 1801; Michael Schmidl (Hrsg.): Lebensphilosophie für Freunde der Humanität, des Lebensgenußes, der praktischen Welt- und Menschenkunde, zur Beförderung der Weisheit, Tugend und menschlichen Glückseligkeit. Wien 1806, S. 184 f.
105 Auch Jean Paul hebt sie positiv hervor. Vgl. Jean Paul: Vorschule der Ästhetik. In: Ders.: Sämtliche Werke. Hrsg. von Norbert Miller. 6. Auflage. München 1995. Abt. I, Bd. 5, S. 7–514, hier S. 324.
106 Wolf Gerhard Schmidt: ‚Homer des Nordens' und ‚Mutter der Romantik'. James Macphersons *Ossian* und seine Rezeption in der deutschsprachigen Literatur. 2 Bde. Berlin/New York 2003, hier Bd. 2, S. 883.
107 Ebd.
108 Ebd.

charakter von Meyerns Werk bestellt ist: Besteht ein Bruch zwischen dem elitaristischen Menschenbild und dem aggressiven Bellizismus des Romans und den (zumindest im Gattungskontext) radikalen staatstheoretischen Ausführungen?[109] Demgegenüber wurde zuletzt Meyern als Repräsentant einer Spielart der Aufklärung begriffen, die sich am Vorabend der Französischen Revolution von den topischen Friedensforderungen distanzierte und stattdessen „für Kriege plädierten, die eine sittliche Läuterung der Gesellschaft zu befördern versprachen."[110] Mit seinem Verständnis des Kriegs „als bewegende Kraft einer moralischen Erneuerung" steht Meyern jedenfalls nicht allein;[111] im Umkreis der Befreiungskriege konnte er mit einer eifrigen Leserschaft rechnen.[112]

5.3 Der Körper der Königin. *Uranie, Königin von Sardanapalien* (1790) von J. F. E. Albrecht

5.3.1 Zeitgeschichte als Schlüsselroman

1790 erschien mit fingiertem Druckort und ohne Angabe des Verfassers der Roman *Uranie, Königin von Sardanapalien*.[113] Für jeden auch nur halbwegs über die Zeitläufte informierten Leser musste unmittelbar klar sein, dass es sich bei den dargestellten Ereignissen um die Französische Revolution des Jahres 1789 und ihre Vorgeschichte handelte, namentlich um die Halsbandaffäre. Hinter Uranie,

---

109 Vgl. Naumann: Politik und Moral, S. 231: „Je nach der Betrachtung der subjektiven Intention oder des objektiven Gehalts ist der Roman Meyerns der revolutionärste oder der reaktionärste der Staatsromane."
110 Johannes Kunisch: Die Denunzierung des Ewigen Friedens. Der Krieg als moralische Anstalt in der Literatur und Publizistik der Spätaufklärung. In: Johannes Kunisch/Herfried Münkler (Hrsg.): Die Wiedergeburt des Krieges aus dem Geist der Revolution. Studien zum bellizistischen Diskurs des ausgehenden 18. und beginnenden 19. Jahrhunderts. Berlin 1999 (Beiträge zur Politischen Wissenschaft. Bd. 110), S. 57–73, hier S. 70.
111 Ebd. – Vgl. hingegen Peter Horwath: The Altar of the Fatherland. Wilhelm Friedrich von Meyern's Utopian Novel Dya-Na-Sore. In: Ritchie Robertson/Edward Timms (Hrsg.): The Austrian Enlightenment and its aftermath. Edinburgh 1991 (Austrian Studies. Bd. 2), S. 43–58.
112 Vgl. die Rezeptionszeugnisse zu Meyerns Roman bei De Bruyn: Taten und Tugenden, S. 974–983.
113 Vgl. [Johann Friedrich Ernst Albrecht:] Uranie, Königin von Sardanapalien im Planeten Sirius, ein Werk Wesemi Saffras des genannten Weisen, aber eines Thoren unter seinen Brüdern verteutscht von einem niedersächsischen Landprediger. 2 Bde. o. O. 1790.

deren Lebensgeschichte die Struktur des Textes bestimmt, steht deutlich erkennbar die französische Königin Marie-Antoinette.[114]

Autor des Romans ist der Erfolgsschriftsteller Johann Friedrich Ernst Albrecht (1752–1814).[115] Im letzten Jahrzehnt des 18. Jahrhunderts wandte sich der äußerst produktive Albrecht zunehmend politischen Schlüsseltexten zu, die im Gewand der Fabel oder anderweitig verfremdet die aktuellen Entwicklungen in Europa thematisierten.[116] Der „politische Roman" *Die Affenkönige oder Die Reformation des Affenlandes* (1789) satirisiert die Josephinischen Reformen,[117] die zwischen 1790 und 1796 in vier Bänden erschienene „Fabel" *Die Regenten des Thierreichs*[118] bietet „ein buntes Panorama von politischen Nachrichten, Skandalgeschichten, diplomatischen Relationen, Anekdoten und Herrschercharakteristiken aus den verschiedensten Ländern, Hauptstädten und Residenzen Europas".[119] Eine ganze Reihe von Texten widmet sich den dynastischen und erotischen Verwicklungen am russischen Hof: *Pansalvin Fürst der Finsterniß und seine Geliebte* (1794) stellt

---

[114] Vgl. Michael Hadley: The German Novel in 1790. A descriptive account and critical bibliography. Frankfurt am Main 1973, S. 146. Es handele sich um „a thinly disguised satirical account of the French Revolution up to the October Days of 1789".

[115] Den Forschungsstand zu dem lange vernachlässigten Autor bildet der folgende Sammelband ab: Rüdiger Schütt (Hrsg.): Verehrt, Verflucht, Vergessen. Leben und Werk von Sophie Albrecht und Johann Friedrich Ernst Albrecht. Hannover 2015. Vgl. auch die älteren Studien von Hans-Werner Engels: Zu Leben und Werk von Johann Friedrich Ernst Albrecht (1752–1814). In: Erich Donnert (Hrsg.): Europa in der frühen Neuzeit. Festschrift für Günter Mühlpfordt. Bd. 5. Köln u. a. 1999, S. 645–679; Ders.: Johann Friedrich Ernst Albrecht (1752–1814). Bemerkungen zu seinem Leben, seinen politischen Romanen und seiner Publizistik. In: Erich Donnert (Hrsg.): Europa in der frühen Neuzeit. Festschrift für Günter Mühlpfordt. Bd. 6. Köln u. a. 2002, S. 685–719; Michael Thiel: Johann Friedrich Ernst Albrecht (1752–1814): Arzt, medizinischer Volksschriftsteller, politischer Belletrist. Ein Beitrag zur Trivialliteraturforschung. Med. Diss. FU Berlin 1970. – Vgl. zu literarhistorischen Einordnung die Position von Kristin Eichhorn: Fürsten sind auch nur Menschen. Zum literarhistorischen Status von Johann Friedrich Ernst Albrechts dramatischem Œuvre. In: Schütt (Hrsg.): Verehrt, Verflucht, Vergessen, S. 107–130; Eichhorn plädiert dafür, Albrecht nicht einseitig als Trivialautor zu betrachten. Vgl. ebd., S. 109.

[116] Die vollständigste Bibliographie der Werke von Johann Friedrich Ernst und Sophie Albrecht findet sich in Schütt (Hrsg.): Verehrt, Verflucht, Vergessen, S. 381–432.

[117] Vgl. [Johann Friedrich Ernst Albrecht:] Die Affenkönige oder Die Reformation des Affenlandes. Ein politischer Roman in zwei Büchern. o. O. 1789.

[118] Vgl. [Johann Friedrich Ernst Albrecht:] Die Regenten des Thierreichs. Eine Fabel. 4 Bde. [Dresden] 1790–1796.

[119] Harro Zimmermann: Satirische Streifzüge durch die Revolution. Die politischen Riseromane Johann Friedrich Ernst Albrechts. In: Ders.: Aufklärung und Erfahrungswandel. Studien zur deutschen Literaturgeschichte des späten 18. Jahrhunderts. Göttingen 1999, S. 307–330, hier S. 314.

Katharina die Große und ihren Liebhaber Fürst Potemkin in den Mittelpunkt,[120] *Staub der Erste, Kayser der Unterwelt* (1802) erzählt von ihrem 1801 ermordeten Nachfolger Paul I.[121]

Gerade die Romane über Russland sind trotz aller Sensationslust, die der voyeuristische Blick durchs Schlüsselloch in die Schlafzimmer und Kabinette der Großen verrät,[122] von einem aufklärerischen Impuls getragen:[123] Sie formulieren durchaus plakativ politische Ideale, entwerfen abstoßende Szenarien von affektgeleiteten und abergläubischen Individuen eben nicht nur, um die Sensationslust des Publikums zu befriedigen, sondern um Ideen politischer Aufklärung zu verbreiten.[124] Dabei ist Albrecht keineswegs als „Jakobiner" einzuordnen,[125] vielmehr gehörte auch er noch 1790 zu den Verfechtern eines aufgeklärten Ab-

---

120 [Johann Friedrich Ernst Albrecht:] Pansalvin Fürst der Finsterniß und seine Geliebte. So gut wie geschehen. Germanien [Gera] 1794. Vgl. Galina Potapova: Johann Friedrich Ernst Albrechts Schlüsselroman „Pansalvin. Fürst der Finsterniß und seine Geliebte". Ein Spiegel der Machtkämpfe am St. Petersburger Hof? In: Schütt (Hrsg.): Verehrt, Verflucht, Vergessen, S. 233–273.
121 Vgl. Johann Friedrich Ernst Albrecht: Staub der Erste, Kayser der Unterwelt als Beschluß des Pansalvin und der Miranda, von demselben Verfasser. Persepolis [Hamburg] 1802. Vgl. Gert Robel: „Staub der Erste – Kayser der Unterwelt". Eine kritische Biographie Pauls aus dem Jahre 1802. In: Helmut Reinalter (Hrsg.): Gesellschaft und Kultur Mittel-, Ost- und Südosteuropas im 18. und beginnenden 19. Jahrhundert. Festschrift für Erich Donnert zum 65. Geburtstag. Frankfurt a. M. 1994 (Schriftenreihe der Internationalen Forschungsstelle Demokratische Bewegungen in Mitteleuropa 1770–1850. Bd. 11), S. 215–224.
122 Vgl. Ruth P. Dawson: Eighteenth-Century Libertinism in a Time of Change: Representations of Catherine the Great. In: Women in German Yearbook 18 (2002), S. 67–88. Dawson unterstreicht, dass Albrecht in seinen Romanen über Katharina die Große aristokratischen Libertinismus akzeptiere. Vgl. ebd., S. 78.
123 Vgl. Potapova: Johann Friedrich Ernst Albrechts Schlüsselroman „Pansalvin. Fürst der Finsterniß und seine Geliebte", S. 246: Sie betont die „aufklärerische Hauptintention" von Albrechts Werk. Vgl. ebd., S. 250. Potapova hebt hervor, „dass die historische Grundlage dermaßen präpariert wird, dass sie sich für eine exemplarische Geschichte mit einer aufklärerischen Botschaft eignet."
124 Vgl. Robel: Staub der Erste, S. 222: „Den aufgeklärten Schriftsteller empört der bestürzende Mangel an Vernunft, den er hier zu konstatieren hat, so reiht sich sein Buch in die vorherrschende Verurteilung Pauls durch die liberale Publizistik ein."
125 So der in der Forschung mittlerweile einhellig kritisch gesehene Befund von Walter Grab: Norddeutsche Jakobiner. Demokratische Bestrebungen zur Zeit der Französischen Revolution. Frankfurt am Main 1967 (Hamburger Studien zur neueren Geschichte. Bd. 8), S. 70–77 (Auffassung und Tätigkeit Johann Friedrich Ernst Albrechts); Ders.: Der norddeutsche Demokrat Johann Friedrich Ernst Albrecht (1752–1814). In: Erich Donnert (Hrsg.): Europa in der frühen Neuzeit. Festschrift für Günter Mühlpfordt. Bd. 2. Weimar u. a. 1997, S. 431–438. Vgl. zur Kritik an Grab bereits Thiel: Johann Friedrich Ernst Albrecht, S. 140.

solutismus, für den Friedrich II. von Preußen die Inkarnation des vollkommenen Herrschers darstellte.[126]

Allerdings wurden mit den Ereignissen in Frankreich (und der schon zuvor einsetzenden Gegenaufklärung) zuvor akzeptierte politische Positionen anstößig.[127] In den unruhigen Jahren nach 1789 wurde in den meisten deutschen Territorien jegliche Art von Publizistik über die Revolution argwöhnisch beobachtet.[128] Zudem verband sich mit der Ablehnung revolutionärer Tendenzen vielfach eine generelle Wendung gegen aufklärerische Strömungen. Sie lässt sich bereits seit den 1780er Jahren, vor allem seit dem Tod Friedrichs II. von Preußen, beobachten,[129] verschärfte sich aber nach 1789 wesentlich. Albrecht operiert an der Grenze des Zulässigen. Das dürfte mit der Zugkraft brisanter Themen zu tun haben, die vom Erfolg seiner Werke eindrücklich bestätigt wird.[130]

Brisant ist auch Albrechts *Uranie*. Wie riskant ein solches Unternehmen im ersten Jahr der Revolution war, bezeugt zunächst das Verbot des Romans in Wien.[131] Eine bislang unbekannte anonyme Rezension, die sich in der von Friedrich von Gentz – damals noch Verteidiger der Revolution[132] – herausgege-

---

[126] Vgl. etwa Rüdiger Schütt: Liebling der Leser, Hassobjekt der Rezensenten. Zur zeitgenössischen Rezeption von Johann Friedrich Ernst Albrecht. In: Schütt (Hrsg.): Verehrt, Verflucht, Vergessen, S. 25–62, hier S. 58; Engels: Zu Leben und Werk von Johann Friedrich Ernst Albrecht, S. 656f.
[127] Vgl. Wolfgang Albrecht: Aufklärung, Reform, Revolution oder „Bewirkt Aufklärung Revolutionen?" Über ein Zentralproblem der Aufklärungsdebatte in Deutschland. In: Lessing Yearbook 22 (1990), S. 1–75.
[128] Vgl. zur Jakobinerfurcht Wolfgang Albrecht/Christoph Weiß: Einleitende Bemerkungen zur Beantwortung der Frage: Was heißt Gegenaufklärung? In: Christoph Weiß/Wolfgang Albrecht (Hrsg.): Von ‚Obscuranten' und ‚Eudämonisten'. Gegenaufklärerische, konservative und antirevolutionäre Publizisten im späten 18. Jahrhundert. St. Ingbert 1997 (Literatur im historischen Kontext. Bd. 1), S. 7–34, bes. S. 23f.
[129] Vgl. zum Woellnerschen Religionsedikt und den Folgen Uta Wiggermann: Woellner und das Religionsedikt. Kirchenpolitik und kirchliche Wirklichkeit im Preußen des späten 18. Jahrhunderts. Tübingen 2010 (Beiträge zur historischen Theologie. Bd. 150); Dirk Kemper: Obskurantismus als Mittel der Politik. Johann Christoph von Wöllners Politik der Gegenaufklärung am Vorabend der Französischen Revolution. In: Weiß/Albrecht (Hrsg.): Von ‚Obscuranten' und ‚Eudämonisten', S. 193–220.
[130] Vgl. zur Popularität Albrechts beim Lesepublikum Schütt: Liebling der Leser, Hassobjekt der Rezensenten, S. 25.
[131] Vgl. Intelligenzblatt der Allgemeinen Literatur-Zeitung 30 (5. März 1791), Sp. 234.
[132] Vgl. zu Gentz, der 1793 die erste deutsche Übersetzung von Burkes *Reflections on the Revolution in France* besorgte, die Studie von Günther Kronenbitter: Wort und Macht. Friedrich Gentz als politischer Schriftsteller. Berlin 1994 (Beiträge zur Politischen Wissenschaft. Bd. 71). Zu Gentz' Wandel zum Gegner der Revolution vgl. ebd., S. 34f. Vgl. auch Ders.: Gegengift. Friedrich Gentz

benen *Deutschen Monatsschrift* findet, unterstreicht das Risiko, dem sich Albrecht mit der Publikation des Romans und der Rezensent mit der Besprechung des Werks aussetzten.[133] Bezeichnenderweise ist sie zwischen Inhaltsverzeichnis, in dem sie nicht aufgeführt wird, und Titelblatt eingerückt – ein deutliches Indiz dafür, dass hier ein potentiell anstößiger Inhalt vor möglichen Zensoren verborgen werden sollte.[134] Auch der bewusst vage gehaltene Inhalt der Besprechung weist in diese Richtung: Schließlich erwähnt der Rezensent mit keiner Silbe, dass es sich um einen Roman über die Französische Revolution handelt.

Nachdem der Rezensent zunächst den Stil gelobt hat, wendet er sich der Art zu, wie hier zeithistorische Fakten in taktvoller Weise präsentiert würden:

> Laune und Vortrag zeichnen den Verfasser dieser Schrift aus, welche zwar einem Romane so ähnlich sieht, wie äußerlich ein Ey dem andern, in ihrem Innern aber von dem, was diese Produkte des Thier- und Geniereichs einander immer ähnlich macht, sehr abgeht. Nicht undeutlich, aber auch nicht übertrieben, und noch weniger beleidigend, trägt derselbe Wahrheiten und Fakta vor, und er hat unsrer politischen Lesewelt ein angenehmes Geschenk gemacht. Er beurtheilt richtig, und dringt in den Sinn und Geist unsrer Zeiten ein. Er sagt Dinge vorher, die erschienen sind, und wir wünschen die erschienenen von ihm eben so bearbeitet zu sehen. Unter dem Dunkel seiner Einkleidung schwindet das Bittere, was dem Großen bey Enthüllung ihrer Geheimnisse weh thun könnte, und doch gibt er Lehren, die, wenn sie auch nicht lesen, durch den Mund derer, die um sie sind, auf eben die Art an sie gelangen könnten, wie der Verfasser sie dem Publikum mittheilt. Mehr als dem [!] Leser aufmerksam auf ein Buch zu machen, welches er selbst lesen muß, um sich über so viele Dinge Licht zu verschaffen, hieße die Grenzen überschritten. Ein Auszug wäre zu unbefriedigend.[135]

Diese aufschlussreiche Rezension des Textes hebt an dem Roman vor allem zwei Aspekte positiv hervor. Zunächst unterstreicht sie Albrechts politische Urteilskraft; seine Diagnosen seien zutreffend und seine Vorhersagen würden (so wird zumindest implizit deutlich) durch die aktuellen Entwicklungen beglaubigt. Darüber hinaus sei der Roman geeignet, politisch zu wirken, weil er – anders als

---

und die Französische Revolution. In: Weiß/Albrecht (Hrsg.): Von ‚Obscuranten' und ‚Eudämonisten', S. 579–608.
133 Vgl. [Rezension von] Uranie, Königin von Sardanapalien [...]. In: Deutsche Monatsschrift. 3. September 1791.
134 Vgl. Schütt: Liebling der Leser, Hassobjekt der Rezensenten, S. 50: „Viele dieser Werke wurden nicht besprochen, sei es aus Ignoranz oder aus Angst der Rezensenten vor Repressionen seitens der Zensurbehörden. Bei den wenigen Schlüsselromanen, die dennoch rezensiert wurden, fällt allerdings auf, dass sich hier die Kritik fast immer positiv geäußert hat."
135 [Rezension von] Uranie, Königin von Sardanapalien [...]. In: Deutsche Monatsschrift. 3. September 1791.

die beleidigenden Pasquille – seinen delikaten Gegenstand mit gebotener Dezenz behandle. Die ästhetische Einkleidung bringt in dieser Sichtweise einen klar erkennbaren Mehrwert mit sich. Als ideale Rezipientengruppe sieht der Rezensent auch nicht die „Großen", sondern vielmehr ihre Umgebung. Wenn der Rezensent den Schlüsselroman als Fürstenspiegel für Ratgeber auffasst, bewegt er sich in bekannten Fahrwassern.[136] Allerdings vermeidet er ganz bewusst, einen Auszug aus dem Roman zu geben, der wohl auch den Rezensenten inkriminieren würde.

Worin liegt nun die besondere Brisanz von Albrechts *Uranie*? Im Fall dieses Romans dürfte nicht nur die politische Tendenz des Textes anstößig gewesen sein, der zwar den aufgeklärten Absolutismus propagiert, zugleich aber den Sturm auf die Bastille emphatisch feiert, sondern mindestens ebenso sehr die erotischen Elemente, konkret: die Schilderungen und Diskussionen des Sexuallebens der französischen Königin Marie-Antoinette. Der Roman gehört somit auch in den Kontext der pornographischen Literatur des ausgehenden 18. Jahrhunderts und verbindet die ausführliche Darstellung der königlichen Körperlichkeit mit derjenigen des politischen Wandels. Hier kann Albrecht an die klandestine Literatur anschließen,[137] die Marie-Antoinette seit den 1780er Jahren als sexuell unersättliche und moralisch verdorbene Person darstellte.

Es ist also die Verbindung von Politik und Pornographie, die über weite Strecken negative Darstellung der französischen Königin, die Albrechts *Uranie* zu einem Skandalon machten, weil sie damit an der Diskreditierung des Ancien Régime partizipiert und diese fortschreibt. Das Kapitel verortet zunächst Albrechts Roman in seinen Gattungszusammenhängen, um dann den Aspekt von Sexualität und Politik in den Blick zu nehmen und den Roman als voyeuristischen Zeitkommentar über den Niedergang des Ancien Régime zu lesen.

---

136 Vgl. etwa die Paratexte zu Terrassons *Sethos* oder Wielands *Goldnem Spiegel*. – Zur tatsächlichen Leserschaft von Albrechts Romanen ist dank der Studie von Schütt inzwischen etwas bekannt. Er kann zeigen, dass seine politischen Romane positiv aufgenommen wurden; er bietet sogar ein Lesezeugnis aus fürstlichen Kontexten (Pauline Christine Wilhelmine zur Lippe). Vgl. Schütt: Liebling der Leser, Hassobjekt der Rezensenten, S. 56 f.
137 Vgl. zur französischen klandestinen Literatur der späten Aufklärung die Studien von Robert Darnton: The forbidden best-sellers of pre-revolutionary France. New York/London 1995; Ders.: The Corpus of Clandestine Literature in France, 1769–1789. New York/London 1995.

5.3.2 Zwischen Planetenutopie, Schlüsselroman und Erziehungsroman

Der Titel des Romans verortet Albrechts Text zunächst in der Tradition der Planentenutopie, eines Genres, das im 18. Jahrhundert eine wahre Blüte erlebte.[138] Ort der Handlung ist das Land Sardanapalien auf dem Sirius. Wer aber deswegen eine Science-Fiction-Handlung erwartet, wird enttäuscht: Albrecht unternimmt keinerlei Versuche der Exotisierung; bis auf die Pseudonyme der Protagonisten liegt keine Verfremdung vor. Mithin dient die Verlagerung der Handlung aus dem Europa des 18. Jahrhunderts auf einen fremden Planeten nicht der Verschleierung, wohl aber der Distanzierung des Geschehens, die eine Reflexion erst ermöglicht. Auch der Name des Reiches ist sprechend, bezieht er sich doch auf den assyrischen Herrscher Sardanapal, dessen Herrschaft als Inbegriff einer dekadenten Spätzeit galt – wie auch das Frankreich der zweiten Hälfte des 18. Jahrhunderts.[139] Der Name Uranie wiederum verweist auf die Liebesgöttin, die als Venus Urania „die reine und auf nichts körperliches abzielende Liebe" verkörpert,[140] was angesichts des explizit sexuellen Gehalts des Romans natürlich hochironisch zu verstehen ist.

---

138 Vgl. einführend zur Planetenutopie Hiltrud Gnüg: Der utopische Roman. Eine Einführung. München/Zürich 1983, S. 83–90; Karl S. Guthke: Der Mythos der Neuzeit. Das Thema der Mehrheit der Welten in der Literatur- und Geistesgeschichte von der kopernikanischen Wende bis zur Science Fiction. Bern/München 1983, bes. S. 250–271. Zur Frühgeschichte der Science-Fiction-Literatur gehört Albrechts Roman eindeutig nicht.
139 Vgl. Sardanapalus. In: Zedlers Universal-Lexicon. Bd. 34 (1742), Sp. 78–80, hier Sp. 78: „Einige halten ihn für denjenigen König zu Ninive, welcher damahls gelebt, als Jonas dieser Stadt Busse predigte. Denn daß seine Unterthanen ein schlechtes Leben geführt haben müssen: solches läßt sich mehr als wahrscheinlich aus seiner Aufführung schlüssen. Er suchte alle sein Vergnügen in der Wollust, daher er denn auch nicht aus seinem Schlosse kam, und um sich mit seinem Frauenzimmer desto besser in aller Uppigkeit herum wältzen zu können, ließ er auch niemand vor sich kommen, sondern gab alle Befehle durch die Verschnittenen von sich." Eine große Nachwirkung in Literatur (Byron) und bildender Kunst (Delacroix) des 19. Jahrhunderts hatte der spektakulär inszenierte Selbstmord Sardanapals. Vgl. ebd., S. 79: „Er ließ daher an einem abgesonderten Orte seines Schlosses einen Holtz-Hauffen von 400 Fussen in die Höhe aufführen, in welchem er noch einen andern von 400 Fussen im Umkreise errichtete, und nachher 150 kleine güldene Betten, nebst soviel güldenen Tischen in selbigen zu bringen befahl. Als alles nach seinem Willen zugerichtet war, ließ er seine Gemahlin, Kebsweiber, und andere Frauenzimmer in solchen Scheiter-Haufen gehen, ohne ihnen zu sagen, was er zu thun gesinnet, und nachdem er noch 10 Millionen an Golde und 100 Millionen an Silber, nebst allen seinen übrigen kostbarsten Meublen dahinein bringen lassen, begab er sich zuletzt auch selbst mit hinein, worauf die Verschnittenen nach dem von ihnen genommenen Eide den Hauffen ansteckten, und also ihn mit allen andern Personen, Golde, Silber und Meublen verbrannten, welches Feuer denn gantzer 15 Tage währete."
140 Urania. In: Zedlers Universal-Lexicon. Bd. 50 (1746), Sp. 1445 f., hier Sp. 1446.

Dieses Programm schlägt sich auch in der Struktur des Textes nieder, insbesondere in dem Spiel mit verschiedenen Erzählinstanzen und Erzählperspektiven, das nicht von ungefähr an Wielands *Goldnen Spiegel* erinnert.[141] Die Rahmenhandlung erzählt aus auktorialer Perspektive, wie zwei norddeutsche Bauern ein offenbar vom Himmel gefallenes Manuskript finden. Der Dorfpfarrer, der ihnen die Schriftrolle abkauft, übersetzt den vom Planeten Sirius stammenden Text. Dessen Autor wiederum, Wesemi Saffra, hat darin die Umwälzungen im Staat Sardanapalien beschrieben und analysiert; ein besonderer Schwerpunkt liegt auf der Figur der Königin Uranie, die im Zentrum der Konflikte steht. Die Wiedergabe des außerirdischen Manuskripts wird immer wieder unterbrochen: Der Pfarrer liest seiner jungen Frau die von ihm übersetzen Passagen vor; daran schließen sich Reflexionen des Ehepaars und auch des Erzählers an, die das Geschehen und nicht zuletzt die Wertungen Wesemi Saffras kommentieren und kritisieren.

Bereits dieser knappe Überblick dürfte deutlich gemacht haben, dass Albrechts Text eindeutige Wertungen vermeidet und Widersprüche bewusst in Kauf nimmt, ja diese zuweilen geradezu lustvoll ausstellt. Zwar artikulieren manche Passagen durchaus konsistente politische Standpunkte und Analysen, diese lassen sich aber aufgrund der narrativen Struktur nicht verabsolutieren oder gar dem Text (oder seinem Autor!) als Intention unterstellen. Dass Vieles in der Schwebe bleibt, insbesondere die Einschätzung der Königin, dürfte zwei Gründe haben: Erstens bezieht sich der Roman auf aktuelle, unabgeschlossene Ereignisse, die keine eindeutige Wertung erlauben (anders sieht es aus im Hinblick auf die ideologisch nicht riskanten ökonomischen Ursachen der Revolution, die der Text in Übereinstimmung mit zeitgenössischen Positionen unterschiedlichster weltanschaulicher Provenienz darlegt). Zweitens ermöglicht das souveräne Versteckspiel mit verschiedenen Meinungen dem Autor, sich über seine eigentlichen Intentionen (sollten sie denn überhaupt so klar vorhanden sein) bedeckt zu halten und das Risiko zu minimieren, dem er sich mit diesem Thema zweifellos aussetzte.

---

141 Vgl. Gabrielle Bersier: Wunschbild und Wirklichkeit. Deutsche Utopien im 18. Jahrhundert. Heidelberg 1981 (Reihe Siegen. Beiträge zur Literatur- und Sprachwissenschaft. Bd. 33), S. 218: „Die geschickte, mit der Einrahmungstechnik des *Goldenen Spiegel* verwandte Einkleidung der Handlung und ihre Verlegung auf den Planeten Sirius dienen hier vornehmlich der Verschlüsselung des politisch brisanten Themas. [...] Äußerlich hält sich Albrechts Schlüsselroman an den Aufbau des aufklärerischen Staatsromans. [...] Doch so, wie der Autor die genreübliche Rahmengeschichte nur übernommen hat, um seine aktuell-politische Intention etwas zu verdecken, scheint er auch die Struktur der Reformutopie hauptsächlich dafür zu benutzen, um die politische Aussage des Werkes gegen die Zensur immun zu machen."

Albrecht kombiniert also journalistische Elemente mit denen des Schlüsselromans und des politischen Romans der Aufklärung. Während Wieland in seinem *Goldnen Spiegel* – wiederum im Rückgriff auf Crébillon – die Rahmenhandlung dazu nutzte, um an der Figur des wohlwollenden, aber trägen Schah-Gebal die Schwierigkeit didaktischer Projekte zu unterstreichen, handelt Albrechts *Uranie* von einem gelungenen Erziehungsprozess: Sowohl der König als auch die Königin werden durch die revolutionären Ereignisse bekehrt und sind schließlich willens, ihre Anstrengungen künftig zum Wohl des Volkes einzusetzen.[142]

Der „gute, aber gemißleitete König" erscheint durchweg als schwach,[143] aber wohlwollend, als jemand, der trotz mangelhafter Erziehung seinen moralischen Kompass nicht eingebüßt habe.[144] Für seine Fehler seien die Berater verantwortlich.[145] Als Folge der Revolution distanziert sich der König von ihnen: „Seine Seele neigte sich zu seinem Volke."[146] Die Bekehrung ist ein innerlicher Vorgang: „Die Volkspartie hatte gänzlich gesiegt, denn sie hatten das Herz ihres Königs erobert."[147] Folglich richtet er sich aus Überzeugung und nicht etwa aus Opportunismus nach den Wünschen des Volkes. Das zeigt sich exemplarisch beim (erzwungenen) Einzug des Monarchen in der sardanapalischen Hauptstadt: „Man sahe er wollte der erste Bürger unter seinen Bürgern seyn, und das war dem Volke seinen Wunsch erfüllt."[148]

Diese Hinwendung des Monarchen zum Volk hat wichtige Folgen für beide Seiten. Erstens kuriert sie den Herrscher von seiner Melancholie,[149] zweitens legitimiert sie nachträglich die revolutionären Vorgänge:

> Des Königs Aussöhnung mit dem Volke drückte ihrem großen Unternehmen das Siegel der Rechtschaffenheit und der Rechtfertigung auf, warum sollte es nicht jauchzen, da es nun alles gewonnen. Des Volks Aussöhnung mit dem Könige benahm ihm ein Vorurtheil, welches

---

142 Vgl. Bersier: Nation contra König, S. 158. Es gehe um die „Gesinnungsveränderung des Monarchen, um seine moralische Bekehrung".
143 Albrecht: Uranie, Bd. 2, S. 83.
144 Vgl. ebd., Bd. 1, S. 147.
145 Vgl. ebd.: „Seine Minister und Rathgeber Spitzbuben der ersten Größe, seine Vertraute Gauner, seine Bediente Herren, seine Pächter Könige und Prinzen, seine Verwandte Hurenjäger, seine Lieblinge Narren, seine Soldaten Kinder."
146 Ebd., Bd. 2, S. 160
147 Ebd., S. 161.
148 Ebd., S. 183.
149 Vgl. ebd., S. 184: „In des Königs Seele war etwas vorgegangen, was seine ganze Gemüthsart umgestimmt hatte. Seine Schwermuth und sein nachdenkendes Wesen hatten sich ganz verloren, und an ihre Stelle war Heiterkeit und Offenheit getreten."

seine Minister tief einwurzeln lassen, das sein Volk bey ihm herunter gesetzt, und dessen Wiederlegung es hier in seiner ganzen Stärke vor Augen hatte.[150]

Hier wird nichts weniger als die Humanisierung der bislang entrückten Person des Monarchen inszeniert, also die Humanisierung von Herrschaft unter dem Druck der revolutionären Massen: „O Monarch Sardanapaliens! Das war ein großer lehrreicher Tag für dich. Du stiegst vom Thron zur Menschheit herab. Steige wieder auf den Thron, und zeige dich immer als Mitmensch, und ehren werden dich deine Landesbürger, und anbeten ihre Enkel, wenn sie sich deiner erinnern!"[151] Der Erzähler agiert hier als Stellvertreter des Volks; er spricht den Monarchen direkt an und verdeutlicht so, dass seine Herrschaft letztlich von dem Willen des Volks abhängt.

Die Revolution erfüllt hier die Funktion des Erziehers.[152] Diese Konstellation ist nicht ungewöhnlich: Tatsächlich spielten Revolutionsszenarien im politischen Erzählen des 18. Jahrhunderts eine wichtige Rolle. Bereits bei Fénelon wird der junge Télémaque Zeuge, wie der ägyptische König Bocchoris, der durch seine Art der Herrschaftsausübung seine Untertanen in Revolution und Bürgerkrieg getrieben hat, gewaltsam umkommt. Der Anblick von Bocchoris' abgeschlagenem Kopf führt bei Télémaque zu Reflexionen über die angemessene Art der Herrschaftsausübung: Glückliche, vernünftig regierte Untertanen, so das Fazit, neigten nicht zum Umsturz der bestehenden Verhältnisse.[153] Während aber bei Fénelon die blutigen Ereignisse als Warnung für den zu erziehenden Prinzen dienten, solche Fehler erst gar nicht zu begehen, werden in Albrechts Roman die Protagonisten mit den negativen Folgen ihrer eigenen Versäumnisse kontrastiert und müssen als Folge des Aufruhrs ihre Herrschaft neu legitimieren.

Albrechts Roman feiert – anders als die Texte in der Nachfolge Fénelons – die Revolution trotz der immer wieder artikulierten Abscheu vor sinnloser Gewalt als großes Ereignis der Menschheitsgeschichte; die Frage nach der Legitimität des Widerstandes stellt sich hier nicht mehr:[154]

> Dieser Tag zeichnet sich vor allen andern aus, an denen die Sonne über diesem Reich aufgegangen ist. Es ist der Jubeltag des sardanapalischen Volks, eines Volks was nach einem Schlaf von Jahrhunderten aufwachte, sich fühlte, sich erkannte.

---

150 Ebd., S. 186.
151 Ebd.
152 Vgl. Bersier: Wunschbild und Wirklichkeit, S. 220.
153 Vgl. Fénelon: Les Aventures de Télémaque, S. 151–153.
154 Albrecht orientiert sich also an neueren Naturrechtskonzeptionen. Vgl. Klippel: Politische Freiheit und Freiheitsrechte im deutschen Naturrecht des 18. Jahrhunderts, S. 193.

Und wenn dein ganzes Leben, Uranie! nicht merkwürdig wäre, so macht es dieser Tag merkwürdig. Er macht das Leben jedes Sardanapalers merkwürdig, und kein Biograph dieser Zeiten wird in der Biographie irgend eines Individui vergessen, daß es diesen Tag erlebte.[155]

Wiederum adressiert der Erzähler seine Protagonisten; indem er Uranie mit den Sardanapalern gleichsetzt, für die allesamt dieser Tag bedeutend sei, mindert er ihren königlichen Status. Mit dem Bild des erwachten Volks gebraucht Albrecht eine gängige Revolutionsmetapher, die schon bald kritisch reflektiert werden sollte. So betitelt Friedrich Maximilian Klinger seinen Fragment gebliebenen Revolutionsroman mit *Das zu frühe Erwachen des Genius der Menschheit* (1803): Dort wird beklagt, dass – wie der Titel schon andeutet – die Revolution zu einem Zeitpunkt ausgebrochen sei, als die Menschheit noch nicht den nötigen Grad an Reife und Aufklärung erlangt hätte.[156]

Albrechts Roman feiert den Bastille-Sturm und exkulpiert zugleich den Monarchen – ein riskantes Unternehmen, das nur bedingt von Erfolg gekrönt ist. So kann er den König nur entschuldigen, indem er ihn idealisiert;[157] die Königin wiederum wird zwar in Schutz genommen – allerdings nur, indem ihre zweifellos vorhandenen Laster als für das Gemeinwesen vergleichsweise irrelevant dargestellt werden, gleichsam als Symptome eines verderbten Zeitgeistes: „Uranie kann der Fehler so viele haben, wie man schon aus dem Laufe dieses Werkgens abnehmen kann, allein sie waren wirklich mehr Fehler des Leichtsinnes und der Mißleitung als der Boßheit."[158]

So wirkt auch die für die Königin in Anschlag gebrachte moralische Läuterung blass, nicht zuletzt deshalb, weil der Roman in aller Ausführlichkeit ihre Laster zur Schau stellt und diskutiert. Uranie erlebt „nicht minder lehrreiche Augenblicke" als ihr Gatte,[159] die sie dazu bringen, ihre Rolle als Ehefrau und Mutter zu akzeptieren und damit konventionelle Vorstellungen von weiblichem Verhalten zu erfüllen: „Aber Uranie! wozu brachten dich auch diese Ideen? O sie brachten dich zu der seeligsten aller Empfindungen, zum Muttergefühl!"[160] Der

---

155 Albrecht: Uranie. Bd. 2, S. 138f.
156 Vgl. Guglielmo Gabbiadini: Welttheater, Revolution und usurpierte Menschenrechte. Über Friedrich Maximilian von Klingers Fragment *Das zu frühe Erwachen des Genius der Menschheit*. In: Yvonne Nilges (Hrsg.): Dichterjuristen. Studien zur Poesie des Rechts vom 16. bis 21. Jahrhundert. Würzburg 2014, S. 49–66.
157 Vgl. Bersier, Nation contra König, S. 157. Der Roman biete ein „verklärtes Porträt Ludwigs XVI."
158 Albrecht: Uranie. Bd. 2, S. 157.
159 Ebd., S. 187.
160 Ebd., S. 191.

Erzähler – hier Wesemi Saffra – wird zum Sprachrohr der Leserschaft, die Uranie nun ihre Verfehlungen vergeben könne.

Erzählerisch wird diese plötzliche Identifikation mit Uranie durch einen auffälligen Wechsel der Fokalisierung erreicht. Während zuvor der Erzähler zumeist über die Handlungen seiner Figuren räsonnierte und sie gelegentlich direkt adressierte, stellt er nun das Innenleben seiner Figur in einem raffenden Bewusstseinsbericht dar und beglaubigt so die Wandlung Uranies: „Es war eine schreckliche Bekehrung, aber sie war doch würklich Bekehrung, denn Uranie fühlte sie tief."[161] Diese Bekehrung durch „Thränen" wird sogleich als exemplarischer Vorgang gewertet, Uranies Schicksal als beispielhaft dargestellt und verallgemeinert: „Gewiß durch solche Züchtigungen des Schicksals muß auch bey den erhabenen Großen das Gefühl zur Menschheit wieder kehren."[162]

So erklärt sich das Fazit Wesemi Saffras, der aus der Schilderung der revolutionären Ereignisse eine Prognose für die Zukunft ableitet: „Ja, meine Leser, glaubt es mir, wir haben von nun an, in Uranien eine treffliche Gattin, eine liebevolle, zärtliche, edle Mutter, eine gute herrliche Königin zu erwarten."[163] Allerdings strapaziert diese Voraussage nicht nur die Fantasie der Leser, sie wirkt auch deshalb problematisch, weil sich zum Zeitpunkt des Erzählens die Umwälzungen in Sardanapalien/Frankreich noch in vollem Gange befinden, so dass der Roman eben kein gattungstypisches Ende nehmen kann. Tatsächlich bleibt vieles in der Schwebe: Wesemi Saffras Reflexionen über den Wert einer konstitutionellen Monarchie bleiben Theorie und werden nicht in Handlung überführt;[164] auch lässt der permanente Bezug auf die Macht des Schicksals erkennen,[165] dass man es hier mit Protagonisten zu tun hat, die soeben das Heft des Handelns aus der Hand gegeben haben – ein großer Gegensatz zu den Machbarkeitsfantasien politischen Erzählens der 1770er Jahre, in denen die Zukunft als tendenziell planbar aufgefasst wurde.

Stattdessen endet der Roman mit Mutmaßungen über die Zukunft. Dass Pastor und Pastorin schlussendlich darüber reflektieren, ob Uranie zu dem Zeit-

---

161 Ebd., S. 194.
162 Ebd., S. 191.
163 Ebd., S. 236.
164 Vgl. ebd., S. 229.
165 Vgl. ebd., S. 221: „Das Schicksal setzte sie selbst auf diese Probe." Vgl. ebd., S. 235: „Ja gewiß, das Schicksal hat wunderbar mit Uranie und ihrem Gatten gespielt. Aber so mußte es mit ihnen spielen, um beyde aus dem Schlafe zu erwecken in dem sie lagen, beyde vor reissenden Tygern zu befreyen, die sie umgeben hielten, und an ihrem Leben nagten, weil sie ihre Ruhe zu untergraben suchten, weil sie, wenn sie auch gerade nicht Zwietracht unter beyde Gatten säeten, doch immer ihre Interesse auseinander zu verdrängen suchten, weil ihr eignes darunter litt."

punkt, in dem sie das vom Sirius stammende Manuskript lesen, überhaupt noch am Leben sei, wirkt angesichts der sich rasch verschärfenden revolutionären Dynamik durchaus brisant.[166]

5.3.3 Politische Pornographie? Albrechts Roman zwischen Apologie und Denunziation

Albrechts Roman gibt sich als Apologie Uranies aus. Diese Intention zeigt sich etwa im „Vorbericht" Wesemi Saffras, der die Neigung der Untertanen rügt, ihre Königin zu schmähen:

> Wir sind alle schwache Menschen, und warum sollte Urania, die Königin von Sardanapalien, nicht auch ein schwacher Mensch seyn. Allein man macht sie zum Ungeheuer. Man setzt seine Zähne in das Fleisch ihres guten Namens, um sie zu jämmerlich zu zerreißen, zu zersetzen, zu verläumden. Man läßt ihr kein gutes Haar. O ihr Sardanapaler, ihr zeigt eure Schweine-Natur durch eure unanständige Aufführung gegen eure Königin![167]

Der Roman solle, so die geäußerte Absicht, „eine aufrichtige Darstellung von Uraniens Leben" geben.[168] Indem der Erzähler die „Schweine-Natur" der Untertanen mit der Menschlichkeit der Königin kontrastiert, erweckt er den Eindruck, es gehe ihm darum, die Königin zu rehabilitieren.

Der Roman erfüllt dieses Programm allerdings nur bedingt.[169] Oftmals hat es den Anschein, als diene der apologetische Begründungszusammenhang erst dazu, die Anschuldigungen und Schmähungen in aller Ausführlichkeit vorbringen zu können. Überhaupt betrifft die Entschuldigung nur die Intention der Königin, nicht die von ihr vollzogenen Handlungen, die (im Einklang mit der denunziatorischen Pamphletliteratur) als real betrachtet werden.

So liest sich Albrechts Roman passagenweise wie eine Kompilation der klandestinen Literatur über Marie-Antoinette bzw. wie ein räsonierender Kommentar zu den verschiedenen Stellungnahmen zur Halsbandaffäre. Damit nimmt der Roman Motive auf, die zum Allgemeingut der Jahre seit 1780 gehören: Marie-Antoinette stand seit den 1770er Jahren im Zentrum wütender Angriffe.[170] Die

---

166 Vgl. ebd., S. 238.
167 Ebd., Bd. 1, S. 28 f.
168 Ebd., S. 30.
169 Deshalb gehen auch Interpreten in die Irre, die Albrechts *Uranie* als „Apologie Marie Antoinettes" lesen. Vgl. Thiel: Johann Friedrich Ernst Albrecht, S. 68.
170 Die Pamphlete sind bibliographisch erfasst bei Henri d'Alméras: Marie-Antoinette et les Pamphlets Royalistes et Révolutionnaires. Avec une bibliographie de ces Pamphlets. Paris o. J.;

einschlägigen Pamphlete, die ihre Entstehung konkurrierenden Fraktionen am französischen Hof verdanken,[171] zielten insbesondere auf die Sexualität der Königin ab. Man unterstellte ihr unzählige Liebesabenteuer mit Männern und Frauen.[172] In diesem Zusammenhang wurde auch die Vaterschaft des Thronfolgers problematisiert, schließlich galt Ludwig XVI. als impotent.[173] Unmittelbar nach dem Juli 1789 überschwemmten ausführliche biographische Darstellungen über Marie.-Antoinette den Buchmarkt. Namentlich die anonym publizierten *Essais historiques sur la vie privée de Marie-Antoinette* (1789), die unmittelbar nach ihrem Erscheinen in alle europäischen Sprachen übersetzt wurden, trugen dazu bei, das Ansehen der Königin weiter herabzusetzen.[174] Sexuelle Unersättlichkeit, gepaart mit pro-österreichischer Agitation und verantwortungsloser Verschwendungssucht – dieser Motivkomplex liegt letztlich auch dem Prozess gegen Marie-Antoinette zugrunde.[175]

Dabei besteht ein weithin anerkannter, wenn auch schwer zu quantifizierender Zusammenhang zwischen der halböffentlichen Schmähung der Monarchin und dem Zusammenbruch der überkommenen Ordnung: „Politisch motivierte Pornographie hatte einen Anteil am Zustandekommen der Revolution, indem sie die Legitimität des Ancien Régime als soziales und politisches System

---

vgl. aus der neueren Literatur die Beiträge von Chantal Thomas: La reine scélérate. Marie-Antoinette dans les pamphlets. Paris 1989; vgl. auch Uwe Lautz: Französische Pamphletliteratur in Spätaufklärung und Revolution. Phil. Diss. Trier 2005.

171 Vgl. Chantal Thomas: The Heroine of the Crime: Marie-Antoinette in Pamphlets. In: Dena Goodmann (Hrsg.): Marie-Antoinette. Writings on the Body of a Queen. New York/London 2003, S. 99–116, hier S. 104.

172 Vgl. Elizabeth Colwill: Pass as a Woman, Act Like a Man: Marie-Antoinette as Tribade in the Pornography of the French Revolution. In: Dena Goodmann (Hrsg.): Marie-Antoinette. Writings on the Body of a Queen. New York/London 2003, S. 139–169. Zur Rezeption Marie-Antoinettes als lesbischer Ikone vgl. Terry Castle: The Apparitional Lesbian. Female Homosexuality and Modern Culture. New York 1993, S. 107–149.

173 Vgl. Thomas: The Heroine of the Crime, S. 105; vgl. zur Impotenz des Königs aus urologischer Sicht Ryan N. Fogg/Stephen A. Boorjian: The Sexual Dysfunction of Louis XVI: A Consequence of International Politics, Anatomy, or Naïveté? In: BJU International 106 (2010), S. 457–459.

174 Vgl. Essais historiques sur la vie de Marie-Antoinette d'Autriche, Reine de France. Pour servir à l'histoire de cette Princesse. London [Paris] 1789.

175 Vgl. zum Zusammenhang der Pamphlete mit dem Prozess gegen Marie-Antoinette im Oktober 1793 Lynn Hunt: The Many Bodies of Marie-Antoinette: Political Pornography and the Problem of the Feminine in the French Revolution. In: Dena Goodmann (Hrsg.): Marie-Antoinette. Writings on the Body of a Queen. New York/London 2003, S. 117–138, hier S. 119: „Most striking is the way in which the obsessive focus on the queen's sexualized body was carried over from the pamphlets and caricatures to the trial itself."

zu unterwandern suchte."[176] Dass mit der Königin gerade eine Frau im Fokus der Schmähungen stand, verdeutlicht, in wie hohem Maße sich hier die Furcht vor sexuell aktiver Weiblichkeit artikuliert, die als Indikator von (bedrohlicher) Dekadenz aufgefasst wird.[177] Darüber hinaus offenbart sich in ihnen ein misogyner Blick auf politische Realitäten, indem der König als schwächliche Marionette seiner untreuen und verschwenderischen Frau gezeichnet wird.

All die hier nur knapp angerissenen Themen integriert Albrecht in seine *Uranie*. Der Schwerpunkt des Romans liegt auf der Titelheldin; dabei ist ein Schwerpunkt ihre Sexualität, auch wenn (anders in der Pamphletliteratur) explizit pornographische Passagen fehlen. Zwar entschuldigen die Erzählerinstanzen immer wieder Uranies Fehltritte durch ihre unzulängliche Erziehung – insbesondere durch den Katholizismus des Wiener Hofs[178] –, das führt aber nicht dazu, sie diskret zu behandeln. Ganz im Gegenteil: Bereits vor der Ehe mit dem (impotenten) König habe sie einschlägige Erfahrungen mit Angehörigen beider Geschlechter gesammelt;[179] auch käufliche Liebe spielt eine wichtige Rolle. Uranie erscheint – wie auch ihr Bruder Sevinaldus (Joseph II.), dem sie in einer einschlägigen Episode des Romans zufällig in einem von ihnen beiden frequentierten Bordell begegnet, als Vertreterin einer libertinären Adelskaste.[180]

Sexuelle Aktivitäten dienen dabei als kalkulierter Wareneinsatz im politischen Geschäft. Dem sardanapalischen Gesandten Honorus (Kardinal Rohan, der später in der Halsbandaffäre eine wichtige Rolle spielen wird) ist Uranie sexuell gefällig, weil sie sich dadurch seinen Beistand bei der Anbahnung der Ehe mit dem Thronfolger verspricht. Für den Erzähler liegt auf der Hand, „daß die Prinzeßin nicht ermangelt haben wird, um Königin von Sardanapalien zu werden,

---

176 Lynn Hunt: Pornographie und die Französische Revolution. In: Dies. (Hrsg.): Die Erfindung der Pornographie. Obszönität und die Ursprünge der Moderne. Frankfurt am Main 1994, S. 243– 283, hier S. 243.
177 Vgl. Sarah Maza: The Diamond Necklace Affair Revisited (1785–1786): The Case of the Missing Queen. In: Dena Goodmann (Hrsg.): Marie-Antoinette. Writings on the Body of a Queen. New York/London 2003, S. 73–97, hier S. 91: „Here again social and sexual decay results from the dangerous confusion of female identities: the closer it came to the ‚sacred center' of royal power, the more female sexuality could act as a force potent enough to overpower conventional, social and political distinctions."
178 Vgl. Albrecht: Uranie, Bd. 1, S. 47: „Priester hatten die Hand zu sehr im Spiel. Priester waren es, die gute Keime übel keimen ließen; Priester waren es, die den ersten Funken von Leidenschaft in ihnen anfachten."
179 Vgl. ebd., S. 67: „Von der Zeit an, soll Urania, so sagt die Chronik der Traditionen, weit mehr in der Ausschweifung zugenommen, dennoch aber die Sachen theils mehr mit ihrem eigenem Geschlechte abgehandelt, theils sie weniger öffentlich getrieben haben."
180 Vgl. ebd., S. 68.

dem, der vieles in Händen hatte, wenig abzuschlagen."[181] Überhaupt ist Uranies Verhalten durchaus von politischem Kalkül bestimmt: Sie möchte zum einen den Interessen ihres Bruders dienen, zum anderen ihre Triebe befriedigen.[182]

Diese Diskussion von Uranies Verhalten findet ihren Höhepunkt in der ausführlichen Darstellung der Halsbandaffäre, einem der großen Skandale des Ancien Régime,[183] den Zeitgenossen als ein Symptom der Entwicklungen auffassten, die schließlich zur Revolution führen sollten. So verstand Johann Wolfgang Goethe, der den Stoff in dem Drama *Der Groß-Cophtha* (1792) satirisch behandelte, rückblickend den „unsittlichen Stadt-, Hof- und Staatsabgrunde, der sich hier eröffnete", als Menetekel des Umsturzes: Dort „erschienen [ihm] die greulichsten Folgen gespensterhaft, deren Erscheinung [er] geraume Zeit nicht los werden konnte[.]"[184] In der *Campagne in Frankreich* heißt es entsprechend, die „Halsbandsgeschichte" habe ihn „wie das Haupt der Gorgone" erschreckt: „Durch dieses unerhört frevelhafte Beginnen sah ich die Würde der Majestät untergraben, schon im Voraus vernichtet, und alle Folgeschritte von dieser Zeit an bestätigten leider allzusehr die furchtbaren Ahnungen." Die „Betrügereien kühner Phantasten und absichtlicher Schwärmer", die „die unbegreifliche Verblendung vorzüglicher Menschen" ausnutzten, seien letztlich stark genug gewesen, „um den schönsten Thron der Welt zu erschüttern."[185]

Gegenstand der Affäre war ein wertvolles Diamantencollier, das bereits für Ludwig XV. gefertigt worden war. Die Abenteuerin Jeanne de La Motte, die für sich königliche Abstammung reklamierte, und ihr Mann Nicolas de La Motte nutzten

---

181 Ebd., S. 65.
182 Vgl. ebd., S. 77.
183 Vgl. zur Halsbandaffäre den Überblick von Frantz Funck-Brentano: L'affaire du Collier. D'après de nouveaux documents recueillis en partie par A. Bégis. 4. Auflage. Paris 1902; Helmut Mathy: Die Halsbandaffäre. Kardinal Rohan und der Mainzer Kurfürst. Mainz 1989.
184 Johann Wolfgang Goethe: Tag- und Jahres-Hefte als Ergänzung meiner sonstigen Bekenntnisse. In: Ders.: Sämtliche Werke nach Epochen seines Schaffens. Münchner Ausgabe. Hrsg. von Karl Richter u. a. Bd. 14: Autobiographische Schriften der frühen Zwanzigerjahre. Hrsg. von Reiner Wild. München 1986, S. 7–322, hier S. 14 (Eintrag für das Jahr 1789).
185 Johann Wolfgang Goethe: Campagne in Frankreich 1792. In: Ders.: Sämtliche Werke nach Epochen seines Schaffens. Münchner Ausgabe. Hrsg. von Karl Richter u. a. Bd. 14: Autobiographische Schriften der frühen Zwanzigerjahre. Hrsg. von Reiner Wild. München 1986, S. 335–516, hier S. 510. – Goethes Diagnose berührt sich teilweise mit der Wertung in Albrechts Roman, wo der Pastor in der Rahmenhandlung entsprechend obrigkeitliches Vorgehen gegen „Quacksalber" wie den namentlich nicht genannten Cagliostro fordert: Vgl. Albrecht: Uranie Bd. 2, S. 3: „Der Gedanke, daß auch auf unsern Erdboden es dergleichen Quacksalber, Magier, und Geisterseher giebt, der Gedanke, daß sie unsre Menschen verpesten, und ihnen den Verstand wegkapern, wie die Auflagen das Geld, drückt mich entsetzlich zu Boden. [...] Es sollte schlechterdings des Landesherrn erste Sorgfalt seyn, alles Geheimnisvolle in seinen Ländern auszurotten."

die politischen Ambitionen des Kardinals Louis de Rohan, um das Halsband in die Hand zu bekommen. Sie gaukelten dem ehrgeizigen Rohan, der die Gunst der Königin zurückgewinnen wollte, vor, dass er für die Königin Marie-Antoinette das Collier erwerben solle. Zu diesem Zweck fälschten sie Briefe Marie-Antoinettes und inszenierten sogar ein nächtliches Treffen mit der als Königin verkleideten Prostituierten Marie Lejay. Nicolas de La Motte floh mit dem Collier nach England. Die Intrige kam als Tageslicht, als die Juweliere, die von Rohan nur einen Teil des exorbitanten Kaufpreises bekommen hatten, sich an den König wandten. Dieser ließ Rohan umgehend festnehmen. Nun begann ein aufsehenerregender Prozess, dessen mediale Resonanz sich nicht zuletzt dadurch vergrößerte, dass der Kardinal versuchte, die Verantwortung auf den berüchtigten Grafen Cagliostro abzuwälzen. Schließlich wurde Jeanne de La Motte als einzige schuldig gesprochen; ihr gelang aber bereits 1786 die Flucht, die sie im folgenden Jahr nach London führte, von wo aus sie sich publizistisch zu rechtfertigen suchte.

Die Halsbandaffäre ist auch als lange nachwirkendes mediales Ereignis von Interesse:[186] Die während des Prozesses gedruckten Verteidigungsschriften der Beteiligten zirkulierten nicht nur in Paris, sondern wurden umgehend in die wichtigen europäischen Sprachen übersetzt. Gleiches gilt für die Erinnerungen von Jeanne de La Motte, die sie nach ihrer Flucht in England publizierte, und die Marie-Antoinette massiv belasten.[187] Schließlich garantierte die Verwicklung des Grafen Cagliostro, des gleichermaßen berühmten und berüchtigten Abenteurers, ein globales Interesse für die mysteriösen Pariser Ereignisse des Jahres 1785.[188]

Marie-Antoinette, deren völlige Unwissenheit über die Vorgänge als gesichert gelten kann,[189] wurde letztlich die Öffentlichkeit des Verfahrens zum Verhängnis. Indem Ludwig XVI. auf einem transparenten Prozess beharrte, um aller Welt die Unschuld der Königin zu beweisen, gab er allen Beteiligten die Gelegenheit der

---

186 Vgl. Maza: The Diamond Necklace Affair Revisited, S. 91: „The Diamond Necklace Affair provided a thematic source and repertory for the abundant and singularly venomous literature against Marie-Antoinette that began to appear in 1789."
187 Vgl. die deutsche Übersetzung: Rechtfertigungsschrift der Gräfinn von Valois de la Motte von ihr selbst aufgesetzt. London 1789. – Albrechts Roman distanziert sich davon: Vgl. Albrecht: Uranie, Bd. 2, S. 19: „Die Dame gab also, nachdem man sie aus ihrem Gefängniß hatte entkommen lassen, eine Rechtfertigungs-Schrift an den Tag, in welcher sie Dinge sprach – Dinge, die der unpartheyische Mensch mit Abscheu und Mitleid lesen mußte."
188 Vgl. die Sammlung von Klaus H. Kiefer (Hrsg.): Cagliostro. Dokumente zu Aufklärung und Okkultismus. München 1991, bes. S. 199–244 (Jean-Charles Thilorier: Verteidigungsschrift des Grafen von Cagliostro).
189 Vgl. Maza: The Diamond Necklace Affair Revisited, S. 74.

Rechtfertigung und gegenseitigen Schuldzuweisung.[190] Diesem Mechanismus folgt auch Wesemi Saffra, wenn er aus dem Vorhandensein von Schuldzuweisungen auf vorhandene Schuld schließt:

> Ins Gerede kann leicht eine Privatperson kommen, eine regierende aber wahrhaftig nicht so leicht. Es gehören zu viel glaubwürdige Stimmen dazu, ehe man es wagt, von ihr etwas zu behaupten, was man von weniger bedeutenden Personen vielleicht aus Privatneid oder Ursachen bestätigt. Es gehört eine große Dreistigkeit, die mit einem eben so großen Risiko verbunden ist, dazu, um zu behaupten, und nachzusagen, diese Fehler habe eine Königin. Frey Uranien also zu sprechen wäre ein äußerst gewagter Schritt, ein Schritt, den nur der bezahlte – dafür bezahlte Historiker thun kann, dessen Glaubwürdigkeit man es zutraut, solche Dinge auszuführen, und der doch am Ende nichts dafür einerndten kann, als daß er seinen Kredit verliert.[191]

Mithin bestehe, so der Erzähler, einige „Wahrscheinlichkeit",[192] dass Uranie in irgendeiner Weise in die Affäre verwickelt sei; die übrigen Beteiligten erscheinen dann als Opfer einer gelenkten Justiz, die bewusst die Monarchin exkulpieren möchte. Wenn betont wird, nur der bezahlte Historiker könne die Königin freisprechen, ergreift er eindeutig Partei für die Schuld der Königin.

An anderen Stellen des Romans nimmt Wesemi Saffra diese Aussagen scheinbar zurück und plädiert für einen differenzierten Umgang mit den Quellen:

> Entweder man hat nie mit der Majestät so schändlich gespielt, oder nie hat sich eine Majestät durch so viel Ungerechtigkeit und Grausamkeit aus einer Sache gezogen, die sie zu unterdrücken im Stande war, wenn sie Mitschuldige davon war, die aber weit strengere Gerechtigkeit erforderte, wenn sie unschuldig war, weil es dann ein teuflisches Unternehmen war.[193]

Diese Widersprüchlichkeit ist vermutlich weniger erzählerischer Inkompetenz zuzuschreiben, als großer Vorsicht: Sie resultiert aus dem taktischen Verhalten eines Autors, der sich einem brisanten Thema zugewendet hat. Die bewusste Vieldeutigkeit, die im Akt der scheinbaren Verteidigung die Anschuldigungen exponiert, ist ein Grundprinzip von Albrechts Erzählen, ja möglicherweise des politisch-satirischen Schlüsselromans überhaupt.

---

190 Vgl. ebd., S. 83: „But in bowing to the empire of laws, the monarch had also silenced his own voice and those of his courtiers, allowing the case to be presented to the public by the parties' lawyers. The latter were soon flooding the capital with printed trial briefs, or *mémoires judiciaires*, on behalf of their clients."
191 Albrecht: Uranie, Bd. 1, S. 100 f.
192 Ebd., S. 101.
193 Ebd., S. 161.

Albrecht nutzt Erzählmuster des politischen Romans, um in oberflächlich verschlüsselter Form sein Lesepublikum über die aktuellen Ereignisse in Frankreich und ihre Vorgeschichte zu informieren. Er kombiniert satirische und kommentierende Passagen, gelangt aber nicht zu einer konsistenten Deutung des Geschehens. Die dem Text inhärenten Widersprüche zwischen Apologie der Königin bei gleichzeitiger lustvoller Ausstellung ihrer Ausschweifungen lassen sich nicht ohne weiteres auf gestalterische Inkompetenz des erfahrenen Autors zurückführen, sondern sind auch als bewusste Strategie in einer zunehmend aggressiv geführten Debatte um die Revolution zu verstehen. Die Tatsache aber, dass Albrecht derart umfänglich – wenn auch im Vergleich mit Texten wie den *Essais historiques sur la vie privée de Marie-Antoinette* noch diskret – auf die erotischen Eskapaden der Königin rekurriert, unterstreicht den subversiven Gehalt seines Romans.[194] Er liegt zum einen darin, dass diese überhaupt angesprochen werden, zum anderen aber darin, dass Albrecht damit die Verfallsgeschichte des Despotismus in popularisierter Form fortschreibt. Die misogynen Tendenzen stehen auf einem anderen Blatt: Zweifellos hat auch seine *Uranie* Anteil an der Vorstellung von der allgemeinen Verfügbarkeit des Körpers der Königin, die nach 1789 noch zunahm.[195]

5.4 „Lycurgus – Mirabeau – Noldmann". Adolph Freiherr Knigges *Geschichte der Aufklärung in Abyssinien* (1791) zwischen Satire und Verfassungsentwurf

5.4.1 Roman und Verfassung

Der Hamburger Autor und Publizist Karl Friedrich Cramer publizierte 1791 in seiner Zeitschrift *Menschliches Leben* eine hymnische Würdigung von Adolph Freiherr Knigges im selben Jahr erschienenen Roman *Benjamin Noldmann's Geschichte der Aufklärung in Abyssinien*.[196] Die Rezension greift das Spiel mit exo-

---

194 Vgl. Hunt: The Many Bodies of Marie-Antoinette, S. 117: „When royal bodies become the focus of such interest, we can be sure that something is at issue in the larger body politic."
195 Vgl. Hunt: Pornographie und die Französische Revolution, S. 264: „Nach 1789 vermittelte die Pornographie immer mehr, daß jeder über die Königin verfügen konnte."
196 Vgl. Pierre-André Bois: Adolph Freiherr Knigge (1752–1796). De la „nouvelle religion" aux Droits de l'Homme. L'itinéraire politique d'un aristocrate allemand franc-maçon à la fin du dix-huitième siècle. Wiesbaden 1990 (Wolfenbütteler Forschungen. Bd. 50); Karl-Heinz Göttert: Knigge oder: Von den Illusionen des anständigen Lebens. München 1995.

tischen Kulturen auf, das den Roman prägt:[197] „Allah segne Sie, mein geliebter Lycurgus – Mirabeau – Noldmann, für Ihr Buch."[198] Der Autor Knigge wird hier geradewegs mit seiner Figur Benjamin Noldmann gleichgesetzt. In der klimaktischen Reihung von antikem spartanischem Gesetzgeber, modernem revolutionärem Staatsmann und fiktionaler Romanfigur zeigt sich, dass Cramer den Text primär wegen seines expositorischen Gehalts schätzte und die dort enthaltenen staatstheoretischen Gedanken großen historischen Leistungen für zumindest ebenbürtig hielt. Tatsächlich besteht der Roman zu etwa einem Fünftel aus einem großangelegten Verfassungsentwurf.

Diese Verfassung, die aus der Feder eines abyssinischen Prinzen stammt und nicht etwa von dem homodiegetischen Erzähler Benjamin Noldmann,[199] findet sich in einem politischen Romans, der von einem großangelegten Reformprojekt in einem afrikanischen Staat gegen Ende des 18. Jahrhunderts erzählt: Angetan von einigen Aspekten der Aufklärung, möchte der Negus von Abyssinien sein Reich modernisieren und nutzt zu diesem Zweck die Dienste von Joseph Wurmbrand, einem verkrachten Predigersohn, und dessen Vetter, dem Advokaten Benjamin Noldmann. Zwar bleiben ihre Reformen halbherzig und scheitern an dem rein äußerlichen Aufklärungsbegriff des Negus, dennoch setzt sich am Ende die Aufklärung durch: Die despotische Herrschaft des Thronfolgers, an dem sämtliche Erziehungsversuche gescheitert sind, führt zu einer Revolution; sein fernab des Hofes aufgewachsener tugendhafter Bruder moderiert schließlich den Übergang zu einem nach dem Prinzip der Volkssouveränität verfassten Staatswesen, in dem die erbliche Monarchie abgeschafft ist.

Dass der Roman wesentliche Impulse von dem Umsturz im Nachbarland erhielt, liegt auf der Hand und war für die Zeitgenossen unmittelbar ersichtlich. So schreibt der Rezensent der *Allgemeinen deutschen Bibliothek*, die Ereignisse der Romanhandlung könnten „darzu dienen, sich die Revolution von Frankreich, als eine Folge politischer Aufklärung aus einem ähnlichen Beyspiel zu erklären."[200] Diese Nutzanwendung, die sich aus dem Roman ziehen lasse, ist aber nur auf-

---

[197] Vgl. Benjamin Noldmann's Geschichte der Aufklärung in Abyssinien. In: Ders.: Werke. Hrsg. von Pierre-André Bois u.a. Bd. 3. Hrsg. von Günter Jung. Göttingen 2010.
[198] Karl Friedrich Cramer: Knigge. In: Ders.: Menschliches Leben. 3. Stück. 14. Juni 1791, S. 123–131, hier S. 123.
[199] Vgl. Knigge: Benjamin Noldmann's Geschichte der Aufklärung in Abyssinien, S. 275.
[200] Tb. [Rezension von] Benjamin Noldmanns Geschichte der Aufklärung in Abyssinien […]. In: Allgemeine deutsche Bibliothek 107 (1792), 1. Stück, S. 178–184, hier S. 179: „Die Fortschritte und Folgen der vorgeblichen Aufklärung in Abyssinien sind meisterhaft geschildert, und können darzu dienen, sich die Revolution von Frankreich, als eine Folge politischer Aufklärung aus einem ähnlichen Beyspiel zu erklären."

grund des hohen Abstraktionsgrades von Knigges Text möglich, der ihn von vielen anderen literarischen Auseinandersetzungen mit der Revolution unterscheidet: Knigge kommt es nicht wie noch Albrecht in seiner *Uranie* auf eine verschlüsselte Darstellung der französischen Ereignisse an, sondern er nutzt die auf eine Revolution zulaufende Romanhandlung dazu, um allgemeingültige historische und politische Gesetzmäßigkeiten herauszustellen und in der Erzählung modellhaft zu gestalten. Dabei fasste er seinen Roman als durchaus eigenständigen Beitrag zur politischen Debatte auf. Die hohe Bedeutung, die Knigge seinen Reflexionen beimaß, zeigt sich auch daran, dass er überlegte, der Nationalversammlung in Paris ein Exemplar des Textes zu schicken, um auf diese Weise auf die Entwicklung einer neuen Staatsform einzuwirken,[201] weil der Roman vieles enthalte, „das einem Gesetzgeber Stoff zum Nachdenken liefern könnte".[202]

Im selben Brief äußert Knigge sein Unbehagen angesichts der literarischen Form des Textes und seiner derb-satirischen Elemente, die – so seine Befürchtung – den Leser vom eigentlichen Gehalt ablenken könne.[203] Auch die Tatsache, dass er die *Geschichte der Aufklärung in Abyssinien* in der Ausgabe seiner Werke in die Abteilung „Moralische, philosophische und politische Schriften" aufnehmen wollte,[204] verweist auf seine Abwertung satirischer Schreibweisen zugunsten des expositorischen Gehalts des Romans.

Nun darf diese Distanzierung von einigen Aspekten des Textes nicht dazu verleiten, Knigge vorschnell einen grundsätzlichen Zweifel am Wert fiktionaler Texten zu unterstellen oder aber aufgrund dieser Selbstdeutung bei der Interpretation des Textes von seiner Literarizität zu abstrahieren. Sie wird eher verständlich, wenn man sie als Absage an das niedrige Stilregister begreift, das Knigge für einen Gegenstand wie die Revolution als zunehmend unpassend be-

---

201 Vgl. Adolph Freiherr Knigge: Brief an Campe und Trapp, 3.11.1792. In: Adolph Freiherr Knigge: Ausgewählte Werke. Hrsg. von Wolfgang Fenner. Bd. 10: Ausgewählte Briefe. Knigges Leben. Hannover 1996, S. 101: „Nun glaube ich, aber, es stünde doch wohl manches darinn, // das einem Gesetzgeber Stoff zum Nachdenken liefern könnte; und so würde ich dann stolz darauf seyn, auch mein Schärflein zu der neuen, großen Pyramide hinzulegen. Also auf Ihr Gewissen, würdige Freunde! sagen Sie mir, wenn Sie das Buch werden gelesen haben, ob Sie glauben, daß ich mich nicht lächerlich machen würde, wenn ich ein Exemplar an den National=Convent einschickte!"
202 Ebd.
203 Vgl. ebd.: „Ein großer Fehler darin ist, daß ich im ersten Theile (der Verkäuflichkeit wegen) die ernsthaften Sachen in zu viel Possen und schalen Witz gehüllt habe – das hat Männer, die Würde im Ausdrucke und Vortrage fordern, verscheucht, denn übrigens hat doch mein armer Kopf nie etwas Besseres geliefert."
204 Vgl. [Adolph Freiherr Knigge:] Aus einer alten Kiste. Originalbriefe, Handschriften und Documente aus dem Nachlasse eines bekannten Mannes. Leipzig 1853, S. 31.

greift, nicht etwa als Absage an politische Fiktion generell. Ohnehin besteht für Knigges rhetorisch geprägtes Dichtungsverständnis kein Zweifel am Nutzen literarische Schreibweisen als Mittel zum Zweck. Entgegen allen um 1800 zunehmend wirkmächtigen Postulaten von Kunstautonomie beharrt er auf traditionellen Vorstellungen und schließt – so etwa in der knappen Abhandlung *Etwas über Romane und andre Zweige der schönen Literatur* – an die tradierte Konzeption des *prodesse et delectare* an: „Keine Gattung von Schriften scheint geschickter, das Nützliche mit dem Gefälligen zu verbinden und ernsthafte, wichtige Wahrheiten in ein angenehmes Gewand zu hüllen, wie der *Roman*."[205] Dabei sei der Roman besonders geeignet, möglicherweise anstößige Positionen zu vertreten, weil der Autor sich hinter seine Figuren zurückziehen könne:

> Er läßt seine Personen handeln, schreiben, erzählen, dichten, raisonniren über hohe und niedre Gegenstände, sich mit einander unterhalten; und wenn er ihnen die kühnsten Meinungen und Grundsätze in den Mund legt, darf niemand ihn zur Verantwortung ziehn, in so fern diese Meinungen und Grundsätze nur zu dem Charakter der Personen passen.[206]

Literarische Fiktion dient hier dem Schutz des Autors. Für Knigge dient der Roman primär als Träger von philosophischen Ideen, der für ein entsprechend geübtes Publikum verfasst wird, nämlich „für gebildete Leute von Jahren und festem Character".[207]

In dieser Verbindung von philosophisch-politischer Thematik und Romanform lag für Zeitgenossen nichts Ungewöhnliches. Es war unmittelbar einsichtig, in welchen Traditionen sich Knigge verortete. So bezeichnete Cramer die *Geschichte der Aufklärung in Abyssinien* als den „goldenste[n] der Spiegel" und rückt den Roman so in die Nachfolge von Christoph Martin Wielands *Goldnem Spiegel*, den Knigge, wie der Superlativ verrät, übertroffen habe, und auch der anonyme Rezensent der *Allgemeinen deutsche Bibliothek* stellte wie selbstverständlich einen Zusammenhang zwischen den (von Knigge selbst kritisch gesehenen) pikaresken Elementen und der didaktischen Wirkung des Romans her.[208] Von einem wie auch immer gearteten Unbehagen an der literarischen Einkleidung kann bei Cramer keine Rede sein, und auch Knigges Selbstkritik zielt lediglich auf die

---

205 Adolph Freiherr Knigge: Etwas über Romane und andre Zweige der schönen Literatur. In: Ders.: Sämtliche Werke. Hrsg. von Paul Raabe. Nendeln 1978. Bd. 19, S. [342]-[355], hier S. [342].
206 Ebd., S. 342f.
207 Ebd., S. 347.
208 Vgl. Tb.: [Rezension von] Benjamin Noldmanns Geschichte der Aufklärung in Abyssinien […], S. 179.

angemessene Art der erzählerischen Vermittlung ab und nicht etwa auf die Romanform als solche.

Relevanz und Wirkmächtigkeit didaktischer Romanformen wird eindrücklich durch Knigges Gegner bestätigt, die eben die große Resonanz seines Schreibens beklagten – so Ernst August Anton von Göchhausen in *Sultan Peter der Unaussprechliche* (1794), einer satirischen Gegenschrift zu Knigges Roman, und August Wilhelm Rehberg in seiner Rezension des *Wurmbrand*, in der er ihre stilistischen Qualitäten betont.[209] Für die Vertreter der Gegenaufklärung waren ihre Kontrahenten also nicht zuletzt deshalb so gefährlich, weil sie die Gaben der Rhetorik zur Durchsetzung ihrer Ziele zu nutzen verstanden.[210] Was Knigge als Schwäche seines Textes ansieht, war für seine Gegner gerade potentiell.

Eine Interpretation des Textes muss seine Mehrfachcodierung in Rechnung stellen. *Benjamin Noldmann's Geschichte der Aufklärung in Abyssinien* ist sowohl die romanhafte Einkleidung eines Verfassungsentwurfs als auch die narrative Begründung dieser Konstitution. Als erzählerische Metareflexion der Aufklärung entwirft Knigges Roman zudem ein satirisches Epochenpanorama und leitet aus der Diagnose politischer Prozesse weitreichende Schlussfolgerungen ab. Diese betreffen sowohl den politischen Gehalt als auch seine ästhetische Faktur: Knigge variiert die überkommene Form des politischen Romans, um von dem Ende aufgeklärt-absolutistischer Herrschaft zu erzählen. Dabei spielt zunächst eine Rolle, wie Knigge unterschiedliche Gattungstraditionen verbindet, dann geht es um die sowohl verfremdende als auch intensivierende Wirkung des räumlichen und zeitlichen Koordinatennetzes des Textes und schließlich um Knigges Verfassungsentwurf, der die Konventionen des politischen Erzählens einschenidend variiert und teilweise transzendiert. Die *Geschichte der Aufklärung in Abyssinien* ist nicht zuletzt ein Roman über das Ende des politischen Romans in der Nachfolge Fénelons, der die tradierten Annahmen über die Funktion der Gattung fundamental ändert. Ein abschließender Blick gilt der ungemein reichen und kontroversen Rezeption des Textes; die erlaubt wiederum Rückschlüsse darüber, welche Position romanhaftes Erzählen innerhalb der zunehmend ideologisierten Aufklärungsdebatten einnimmt.

---

209 Vgl. [August Wilhelm Rehberg: Rezension von] Josephs von Wurmbrand [...] politisches Glaubensbekenntniß [...]. In: Allgemeine Literatur-Zeitung 261 (3. Oktober 1792), Sp. 17–22.
210 Vgl. Hans-Wolf Jäger: Die These von der rhetorischen Verschwörung zur Zeit der Französischen Revolution. In: Text & Kontext 9 (1981), S. 47–55.

5.4.2 Satire und Didaxe

Knigges Roman ist (ähnlich wie auch Loens *Redlicher Mann am Hofe*) ein „Konglomerat überkommener Formen",[211] das hohe und niedere Genres verbindet. So entspricht die Grundkonstruktion des Textes den Konventionen des politischen Romans und erinnert insbesondere an Wielands *Goldnen Spiegel*,[212] während die Hauptfiguren zumindest teilweise dem Inventar pikaresken Erzählens entstammen: Joseph Wurmbrand ist ein Abenteurer, der in der Fremde sein Glück macht,[213] der Ich-Erzähler, sein Vetter Benjamin Noldmann, ein gescheiterter Advokat aus dem hessischen Goslar.[214] Beide Vettern gelangen als Hochstapler in höchste Hofämter. Dadurch erscheint das von ihnen betriebene Aufklärungsprojekt zumindest fragwürdig:[215] Anders als Wielands Philosoph Danischmende, der an seiner Weltfremdheit und nicht zuletzt an mangelnden Verstellungsfähigkeiten scheiterte, sind Noldmann und Wurmbrand keine Gesinnungsethiker, sondern Opportunisten, die sich selbst ins beste Licht stellen müssen, um als Außenseiter ohne Machtbasis bei Hofe zu überleben.[216] In diesem Zusammenhang kontrastiert der als Ich-Erzähler fungierende Noldmann permanent seine ur-

---

[211] Jürgen Walter: Adolph Freiherrn Knigges Roman „Benjamin Noldmanns Geschichte der Aufklärung in Abyssinien". Kritischer Rationalismus als Satire und Utopie im Zeitalter der deutschen Klassik. In: Germanisch-Romanische Monatsschrift N.F. 21 (1971), S. 153–180, hier S. 158.
[212] Göttert: Knigge, S. 209, spricht gar von „vielen, gelegentlich ans Peinliche reichenden inhaltlichen Gemeinsamkeiten" mit Wielands Roman.
[213] Vgl. Knigge: Benjamin Noldmann's Geschichte der Aufklärung in Abyssinien, S. 17–29.
[214] Vgl. Walter: Adolph Freiherrn Knigges Roman „Benjamin Noldmanns Geschichte der Aufklärung in Abyssinien", S. 161: „Reiseabenteuerliche Einkleidung und pikareske Einschläge kommen der zeitgenössischen Leseerwartung entgegen, erscheinen aber, da sie für die Grundintention an sich wertlos bleiben, weitgehend ironisiert oder können sogar einfach abgetan werden." Allerdings widerspricht sich Walter selbst, wenn er unterstreicht: „[D]ie Form hat hier weitgehend reinen Instrumentalcharakter, ist ‚delectare', das funktional vom Endzweck des ‚prodesse' her eingesetzt ist und darauf bezogen bleibt" (ebd.).
[215] Vgl. dazu die Ausführungen im folgenden Teilkapitel.
[216] In dieser Außenseiterperspektive liegt eine wesentliche Affinität zum Schelmenroman. Für Knigge ist weniger die spanische Tradition des Genres von Bedeutung, sondern vielmehr der *Gil Blas* von Lesage (1715–1735). Seine *Geschichte Peter Clausens* (1783–1785) trug in den Übersetzungen gar den Titel *Le Gil Blas Allemand* bzw. *The German Gil Blas*. Vgl. Christine Schrader: Krise der Aufklärung und Neuansatz. Knigges „Geschichte Peter Clausens" im Spannungsfeld von Geheimbund und Öffentlichkeit. Stuttgart/Weimar 2001, S. 61. Vgl. Bernd W. Seiler: Der Schelm, der nur noch gibt, was er hat. Adolph von Knigge und die Tradition des Schelmenromans. In: Friedrich Kienecker/Peter Wolfersdorf (Hrsg.): Dichtung, Wissenschaft, Unterricht. Rüdiger Frommholz zum 60. Geburtstag. Paderborn u. a. 1986, S. 300–322. Hingegen leugnet Jacobs die Existenz deutschsprachiger Schelmenromane im 18. Jahrhundert. Vgl. Jürgen Jacobs: Der deutsche Schelmenroman. Eine Einführung. München/Zürich 1983, S. 83.

sprünglich beengten Lebensverhältnisse mit der großen Welt, in der er sich nun zurechtfinden muss.

Motive des Schelmenromans finden sich auch in den zahlreichen Reisebeschreibungen, so etwa bei den Passagen über die Deutschlandreise, einer travestierten Kavalierstour, die Noldmann mit seinem Zögling unternimmt. Dort greift Knigge nicht nur auf den Pikaro-Roman zurück, den er bereits in der *Geschichte Peter Clausens* mit utopischen und geschichtsphilosophischen Elementen verbunden hatte,[217] sondern nimmt auch Erzählverfahren des satirischen Reiseromans auf, wie ihn insbesondere Voltaires *Candide* (1759) etabliert hatte.[218] Wie bei Voltaire bietet die Reise Knigges Protagonisten die Gelegenheit, die versammelten Laster der Menschheit Revue passieren zu lassen.

Dieses für den politischen Roman konstitutive Reisemotiv (erinnert sei hier nur an Usongs Venedig-Reise und an die entsprechenden Erfahrungen von Wielands Tifan) nähert sich bei Knigge nicht nur inhaltlich der Satire an, sondern wird darüber hinaus zur Satire auf das Konzept der Bildungsreise an sich.[219] Niemand erkennt den prinzlichen Status von Noldmanns Zögling an, so dass sich dieser schließlich als subalterner Soldat verdingen muss und während seines Dienstes in Kassel schwer gezüchtigt wird.[220] Überhaupt ist er nicht in der Lage, aus seinen Begegnungen und Eindrücken irgendwelche Lehren zu ziehen, die seine problematische Disposition korrigieren könnten. Er übersieht regelmäßig das Nützliche und weidet sich hingegen an den mittelalterlichen Überschüssen, die auch im vermeintlich so aufgeklärten Deutschland allerorten sichtbar sind. So sieht er in Preußen nur die Willkür des Monarchen, während ihm das sinnvoll und rational eingerichtete Staatswesen nicht bewusst wird.[221] Knigges Parodie auf die

---

217 Vgl. zu den utopischen Elementen der Brick-Episode Pierre-André Bois: Zwischen Revolution und aufgeklärtem Absolutismus: Knigges Vorstellung von der Politik. In: Martin Rector (Hrsg.): Zwischen Weltklugheit und Moral. Der Aufklärer Adolph Freiherr Knigge. Göttingen 1999 (Das Knigge-Archiv. Bd. 2), S. 121–132, hier S. 121.
218 Vgl. einführend zur Rezeption von Voltaires *Candide* in der deutschsprachigen Literatur den Beitrag von Roland Krebs: „Schmähschrift wider die weiseste Vorsehung" oder „Lieblingsbuch aller Leute von Verstand"? – Zur Rezeption des ‚Candide' in Deutschland. In: Ernst Hinrichs/Ute van Runset/Roland Krebs: „Pardon, mon cher Voltaire". Drei Essays zu Voltaire in Deutschland. Göttingen 1996 (Kleine Schriften zur Aufklärung. Bd. 5), S. 87–124.
219 Vgl. Masayasu Iwai: Knigges ‚satirische Reisen' im Kontext der satirischen Reiseliteratur der Spätaufklärung. St. Ingbert 2007.
220 Vgl. Knigge: Benjamin Noldmann's Geschichte der Aufklärung in Abyssinien, S. 206.
221 Vgl. ebd., S. 230: „Wo der Despotismus am höchsten getrieben wurde, da bestärkte er sich in seinen Grundsätzen von unbedingtem Gehorsame, den er forderte. Statt in den Preußischen Staaten die unermüdete Wachsamkeit und Thätigkeit des großen, unsterblichen Friedrichs zum Wohl seiner glücklichen Unterthanen anzustaunen und zum höchsten Ideale eines Vorbilds für

verschwenderische Kavalierstour variiert und satirisiert also nicht nur Muster des politischen Erzählens, sondern führt das Konzept des Lernens durch Anschauung und Erfahrung ad absurdum, ja verkehrt es in sein Gegenteil. Schließlich kehrt der allen Ausschweifungen zugeneigte Prinz mit seiner Mätresse, einer „verbuhlten und ränkevollen Französischen Schauspielerinn",[222] zurück nach Abyssinien.

Während Voltaires *conte philosophique* Missstände und Aufklärungsdefizite aller Art aneinanderreihte, liegt bei Knigge – ähnlich wie in Klingers *Reisen vor der Sündfluth* (1794)[223] – der Fokus auf den politischen Verhältnissen. So macht Noldmann in Afrika die Bekanntschaft mit unterschiedlichen Ausprägungen despotischer Herrschaft, hinter denen sich unschwer deutsche Gegebenheiten erkennen lassen;[224] auch in Deutschland selbst treffen er und der abyssinische Thronfolger auf diverse Manifestationen unaufgeklärter und unmenschlicher Staatsformen;[225] die Darstellungen des Romans erinnern wohl kaum zufällig an zeitgenössische kritische Reiseberichte über Deutschland wie *Anselmus Rabiosus Reise durch Ober-Deutschland* (1778) von Wilhelm Ludwig Wekhrlin, in dessen Beschreibung von Missständen implizit die Aufforderung zu ihrer Beseitigung mitschwingt.[226]

Knigge projiziert mithin nicht einfach seine politische Kritik auf Afrika,[227] sondern bezieht das zeitgenössische Deutschland in die Welt der Erzählung mit

---

ihn zu machen, freuete er sich nur, wenn er hörte, daß der weise Monarch nicht litte, daß man ihm widerspräche, und nahm die Idee aus Berlin mit, daß ein König nie irren könne."
222 Ebd., S. 231.
223 Vgl. zu Klingers Roman die Darstellung von Harro Segeberg: Friedrich Maximilian Klingers Romandichtung. Untersuchungen zum Roman der Spätaufklärung. Heidelberg 1974 (Probleme der Dichtung. Bd. 14), S. 143–162.
224 Vgl. die „revueartige Darstellung einer Reihe modellhafter, sämtlich absolutistisch regierter afrikanischer Staaten (Walter Adolph Freiherrn Knigges Roman „Benjamin Noldmanns Geschichte der Aufklärung in Abyssinien", S. 163) bei Knigge: Benjamin Noldmann's Geschichte der Aufklärung in Abyssinien, S. 44–63 (Bd. 1, Kap. 5–7).
225 Vgl. Knigge: Benjamin Noldmann's Geschichte der Aufklärung in Abyssinien, S. 176–227.
226 Vgl. [Wekhrlin:] Anselmus Rabiosus Reise durch Ober-Deutschland; vgl. zu dem Autor vor allem die umfassende Studie von Jean Mondot: Wilhelm Ludwig Wekhrlin. Un publiciste des lumières. 2 Bde. Talence u. a. 1986.
227 So etwa Walter: Adolph Freiherrn Knigges Roman „Benjamin Noldmanns Geschichte der Aufklärung in Abyssinien", S. 170: Nubien sei Frankreich, Abyssinien Deutschland. „Der Modellfall Abyssinien ist jetzt also bis zu einem Stadium entwickelt, das, auf die empirische Realität bezogen, genau den gegenwärtigen deutschen Zuständen zur Zeit der Abfassung des Romans entspricht." Vgl. auch Gert Ueding: „Nicht zum Speculiren, zum Wirken ist diese Welt". Adolph Freiherr von Knigge. In: Ders.: Die anderen Klassiker. Literarische Porträts aus zwei Jahrhunderten. München 1986, S. 35–58, S. 243f., hier S. 56: Knigges Roman solle „durch die Darstellung fremdländischer, exotischer Verhältnisse der heimatlichen Welt den Spiegel vorhalten."

ein. Er spielt mit exotisierenden Motiven und steigert so das kritische Potenzial – etwa wenn der Erzähler Noldmann am Ende einer Beschreibung der desolaten Lage in Nubien den Leser anspricht und ihn daran erinnert, in wie glücklichen Umständen die Europäer lebten:

> Und nun, liebe Leser! muß ich Sie, ehe ich dieß Kapitel schließe, fragen, ob Sie, bey der Schilderung des Despotismus in Nubien, nicht mit mir Ihr Schicksal gesegnet haben, das Sie in Europa hat geboren werden lassen, wo wir dergleichen Tyranneyen nicht kennen, wo die Rechte der Menschheit heilig gehalten werden, und die echte Philosophie Regenten und Volk über ihre gegenseitigen Pflichten aufgeklärt hat?[228]

Diese rhetorische Frage hat genau den gegenteiligen Effekt, weil sie gerade den Blick darauf lenkt, dass die Verhältnisse in Europa nicht derart rosig sind, wie sie hier evoziert werden, sondern dass auch das vermeintlich aufgeklärte Europa dringender Reformen bedarf. Die Ironie ist unverkennbar. Bezeichnenderweise dient je nach Situation das jeweils Andere als Ort der Verfremdung und Distanzierung: Afrika ist nicht einfach nur Spiegel deutscher Gegebenheiten, genauso wenig wie Europa als Musterkontinent etabliert wird.

Knigges Figuren reflektieren eben dieses Spiegelungsverhältnis. In einem seiner Gespräche mit dem Negus prangert Noldmann die Missstände der deutschen Kleinstaaterei an und erklärt sein Vorgehen damit, dass er auf diese Weise auch ähnliche Umstände in Abyssinien ansprechen könne:

> Doch hatte ich noch einen andern Grund, warum ich dem Könige dieß Unwesen so fürchterlich schilderte; einige der Gebrechen, die ich hier als meinem Vaterlande eigen angab, waren, wie man sich aus meinen Fragmenten der Abyssinischen Geschichte erinnern wird, hier nicht weniger eingerissen. Es war ein delicater Punct, dieß gegen den Monarchen zu rügen; indem ich aber die Scene nach Deutschland hin verlegte, und dennoch der Wahrheit treu blieb, gab ich ihm Gelegenheit, die Uebel mit allen ihren Folgen kaltblütig zu überschauen.[229]

Der Roman adressiert also explizit deutsche Missstände, gibt aber vor, diese würden nur deshalb angesprochen, um den Negus in gebotener Zurückhaltung über Defizite in Abyssinien zu informieren. In der Logik der Romanfiktion dient Deutschland als Projektionsfläche für abyssinische Zustände und wird zum narrativen Exempel für den afrikanischen Despotismus. Damit kehrt der Roman auf den ersten Blick die vertrauten Verhältnisse um: Nicht mehr die exotische Ferne muss als Spiegel herhalten, sondern Deutschland ist die Basis für die Satire auf

---

[228] Knigge: Benjamin Noldmann's Geschichte der Aufklärung in Abyssinien, S. 56.
[229] Ebd., S. 157.

Abyssinien. Für den Leser wiederum wird deutlich, dass es sich sehr wohl um Kritik an Deutschland handelt. Dass diese Exempelgeschichten bei ihrem Adressaten die gewünschte Wirkung verfehlen, überrascht keinen Leser, der mit der Entwicklung des Genres seit Wielands *Goldnem Spiegel* vertraut ist. Allerdings steigert Knigge die satirischen Spitzen: Sein Negus versteht sehr wohl, was ihm erzählt wird, allein er lehnt bewusst jegliche humane Handlung ab.[230]

Das komplexe Wechselverhältnis zwischen Exotisierung und Eingemeindung führt letztlich dazu, dass Afrika und Deutschland austauschbar werden. Die exotisierenden Elemente halten sich ohnehin trotz gelegentlicher Hinweise auf die zeitgenössische Reiseliteratur zu Abyssinien in Grenzen, so dass sie sich zu keinem Zeitpunkt zu verselbstständigen drohen.[231] Anstatt wie Albrecht von Haller unterschiedliche Staatsformen bestimmten Kulturen und Klimazonen zuzuordnen, ist für Knigge der Despotismus allerorten anzutreffen, und er ist überall ein Missstand, den es zu beseitigen gilt.[232] Knigge greift dabei auf zentrale Motive von Montesquieus *Lettres Persanes* (1721) zurück,[233] treibt aber das Vexierspiel auf die Spitze, indem er die Zuordnungen verunklart und jeden Schauplatz seines Romans mehrfach codiert.[234]

---

230 Vgl. Günter Jung: Nachwort. In: Knigge: Benjamin Noldmann's Geschichte der Aufklärung in Abyssinien, S. 359–423, hier S. 377: „Diese Gespräche zwischen Noldmann und dem Negus geben Knigge die Gelegenheit, direkt die deutschen Missstände darzustellen, und zwar unter dem Vorwand, dies seien die Verhältnisse in Abyssinien, die Noldmann mit Rücksicht auf den Negus nach Deutschland verlegen müsse. Diese doppelte Verfremdung nimmt Knigge zum Anlass, seine Absicht zu offenbaren, die er mit der Verlegung der Romanhandlung nach Abyssinien bezweckte, nur dass er jetzt Noldmann mit umgekehrten Vorzeichen diese Worte in den Mund legt".
231 Vgl. Veronika Six: Das Äthiopien in Adolph Knigges Roman: Realität oder Hilfsmittel? In: Aethiopica 2 (1999), S. 144–158. Knigges Hauptquelle ist die 1790 in deutscher Übersetzung erschienene fünfbändige Reisebeschreibung *Reisen zur Entdeckung des Quellen des Nils* von James Bruce of Kinnaird. Vgl. ebd., S. 148.
232 Eine bezeichnende Ausnahme ist Hamburg, wo (so die lokalpatriotische Reverenz) ein freierer Geist herrsche als andernorts im Reichsverbund. Vgl. Knigge: Benjamin Noldmann's Geschichte der Aufklärung in Abyssinien, S. 176 f.
233 Den Einfluss von Montesquieu unterstreicht Jung: Nachwort, S. 363; vgl. auch Jörg-Dieter Kogel: Knigges ungewöhnliche Empfehlungen zu Aufklärung und Revolution. Berlin o. J. [1979?], S. 23. – Zur Montesquieu-Rezeption vgl. Winfried Weißhaupt: Europa sieht sich mit fremdem Blick. Werke nach dem Schema der „Lettres persanes" in der europäischen, insbesondere der deutschen Literatur des 18. Jahrhunderts. 3 Bde. Frankfurt am Main u. a. 1979; Robert Charlier: Montesquieus *Lettres persanes* in Deutschland – Zur europäischen Erfolgsgeschichte eines literarischen Musters. In: Effi Böhlke/Etienne François (Hrsg.): Montesquieu. Franzose – Europäer – Weltbürger. Berlin 2005, S. 131–153.
234 Vgl. Endre Hárs: Revolutionspoetik. Benjamin Noldmanns Beitrag zum literarischen Werk Adolph Freiherrn Knigges. In: Árpád Bernáth/Endre Hárs/Peter Plener (Hrsg.): Vom Zweck des Systems. Beiträge zur Geschichte literarischer Utopien. Tübingen 2006, S. 53–76, bes. S. 61.

5.4.3 Die Metareflexion der Aufklärung

Bereits der Titel des Romans weist darauf hin, dass er ein Thema von allgemeiner Bedeutung in historischer Perspektive behandelt: Es geht um Aufklärungsprozesse schlechthin, die anhand des Beispiels Abyssinien dargestellt und diskutiert werden.[235] So stehen in Knigges Roman elementare historische Entwicklungen im Zentrum, die untrennbar mit anthropologischen Gegebenheiten verbunden sind. Darüber hinaus hängt diese Metareflexion der Aufklärung eng mit der Französischen Revolution zusammen.[236] Darauf deuten nicht nur die zahlreichen inhaltlichen Parallelen zwischen der Romanhandlung und den französischen Ereignissen der Jahre 1789/90 hin, sondern auch die Chronologie der Erzählung, die unter Angabe exakter Jahreszahlen eine satirisch überzeichnete Kultur- und Sittengeschichte der zweiten Hälfte des 18. Jahrhunderts bietet. In diesem polemischen Epochenpanorama wendet sich der Erzähler sowohl gegen den Geniekult des Sturm und Drang als auch gegen zeitgenössische philantropische Erziehungsexperimente. Darüber hinaus enthält die Geschichtserzählung des Romans eine implizite Auseinandersetzung mit illuminatischem Gedankengut: Einerseits weisen die Stationen der Menschheitsentwicklung sowie die Ursprungserzählung des Despotismus deutliche Affinitäten zu Adam Weishaupts Geschichtsphilosophie auf, andererseits distanziert sich Knigge (ähnlich wie Schiller und Hölderlin) von den despotischen Tendenzen des Geheimbunds.

Der Erzähler Benjamin Noldmann gibt an, er habe den Text im Dezember 1790 nach seiner Rückkehr aus Afrika nach Goslar verfasst. Die erzählte Zeit seiner *Geschichte der Aufklärung in Abyssinien* erstreckt sich von den Jahren um 1750 – das erste Datum, das genannt wird ist 1764[237] – bis in den Juni 1789, also unmittelbar vor Ausbruch der Französischen Revolution. 1766 wird Noldmann von seinem Vetter Joseph Wurmbrand nach Abyssinien berufen; 1768 reist er von Nubien nach Abyssinien, von wo aus er 1772 mit dem Thronfolger auf eine Bildungsreise nach Deutschland aufbricht. 1777 wird die Delegation nach Gondar zurückberufen, wo sie ein Jahr später eintrifft und der zu den Regierungsgeschäften völlig ungeeignete Prinz die Thronfolge antritt. Infolgedessen ziehen sich die resignierten Europäer 1781 in die Provinzstadt Adowa zurück, wo sich auch der

---

235 Vgl. Walter: Adolph Freiherrn Knigges Roman „Benjamin Noldmanns Geschichte der Aufklärung in Abyssinien", S. 158, der unterstreicht, es handele sich bei Knigges Roman um „eine diagnostizierende und prognostizierende Selbstanalyse der deutschen Aufklärungsbewegung um 1790".
236 Vgl. Bois: Zwischen Revolution und aufgeklärtem Absolutismus, S. 122: Die Romanhandlung stehe in „direkte[m] Bezug zu den französischen Herrschaftsverhältnissen".
237 Vgl. Knigge: Benjamin Noldmann's Geschichte der Aufklärung in Abyssinien, S. 13.

tugendhafte jüngere Bruder des neuen Königs und sein weiser Erzieher aufhalten. 1787 kommt es schließlich zum Umsturz in Abyssinien, zur Ausarbeitung der neuen Verfassung und schließlich zur Rückkehr der Europäer in ihre Heimat.

Diese zeitliche Strukturierung der Handlung ist in mehrfacher Hinsicht aufschlussreich: Zunächst siedelt Knigge seinen Roman in seiner Gegenwart an; er lässt sich so als Vorgeschichte der Französischen Revolution wie auch als historischer Modellablauf verstehen. Je weiter die Erzählung fortschreitet, desto mehr verringert sich die Distanz zwischen dem Standpunkt des Erzählers und dem Erzählten, bis schließlich Erzähler und Erzählung in der Gegenwart angelangt sind. Während Loens Redlicher Mann am Hofe, der ebenfalls die „jetzige Welt" zum Schauplatz hatte,[238] im Wesentlichen ein Modell behutsamer Reform entwarf, das primär auf die ‚Heilung' kranker Staatskörper abzielte, läuft Knigges Erzählung auf eine Radikalkur zu. Es geht nicht mehr nur um die Reform, sondern um den völligen Umbau eines menschenunwürdigen politischen Systems. Während viele von Knigges Zeitgenossen ihre narrativen Auseinandersetzungen mit der Revolution in fernen Zeiten, weit entfernten Weltgegenden oder gar auf fremden Planeten ansiedelten, geht Knigge das Risiko ein, den Roman im 18. Jahrhundert spielen zu lassen. Sein Romanprojekt ist von einem unverbrüchlichen Optimismus geprägt, der nicht zuletzt daraus resultieren dürfte, dass der Autor in der Frühphase der Revolution den Beleg für das Durchsetzungsvermögen der Aufklärung erblickte.[239]

Knigges Geschichte der Aufklärung in Abyssinien ist also der Roman eines beschleunigten und sich immer mehr beschleunigenden historischen Prozesses. Das entspricht den Beobachtungen von Reinhart Koselleck über die veränderten Zeiterfahrungen am Ende des 18. Jahrhunderts, die das Gefühl von Dynamik und

---

238 Loen: Der Redliche Mann am Hofe, S. 2.
239 Vgl. Anke Bethmann/Gerhard Dongowski: Adolph Freiherr Knigge an der Schwelle zur Moderne. Ein Beitrag zur politischen Ideengeschichte der deutschen Spätaufklärung. Hannover 1994 (Quellen und Darstellungen zur Geschichte Niedersachsens. Bd. 112), S. 98. Knigge nahm am 14. Juli 1790 zu einer Feier des Jahrestags des Bastille-Sturms im Haus des Kaufmanns Georg Heinrich Sieveking teil. Vgl. Bois: Adolph Freiherr Knigge, S. 465–471; [Knigge:] Aus einer alten Kiste, S. 220–222, hier S. 220f.: „Es war ein Freiheitsfest zu Ehren der französischen Revolution. Es wurde außer der Stadt gefeiert; Alles, was von rechtlichen, für Freiheit warmen Leuten in Hamburg lebt, war zugegen, kein Edelmann, außer mir, dem Grafen Dohna und Ramdohr aus Celle – kein Fürstenknecht war dazu eingeladen. [...] Klopstock las zwei neue Oden. Bei Abfeuerung der Kanonen, Musik und lautem Jubel wurden Gesundheiten getrunken, unter anderen: auf baldige Nachfolge in Deutschland, Abschaffung des Despotismus etc." (Brief an die Tochter Philippine, 15.7.1790).

Veränderbarkeit stimulierten.[240] Offensichtlich gilt das auch für Knigges Roman, allerdings fällt eine entscheidende Leerstelle auf: Weil Knigge die Handlung im Juni 1789 auslaufen lässt, bleibt die Französische Revolution unerwähnt, es entsteht aber dadurch umso mehr der Eindruck, als werde sich jenseits der Romanhandlung nun das vollziehen, was dort modellhaft und verfremdet vorgeführt wurde. Durch diese Engführung von Zeitgeschichte und Roman gewinnt die Handlung an Relevanz: Die vorgeführten Modelle erscheinen nun nicht mehr als abstrakte Spekulation, sondern als lebensweltlich bedeutsam.

Die Geschichte der Aufklärung, die der Roman erzählt, funktioniert nur auf Grundlage einer großen historischen Tiefenschärfe. Sie reicht weiter zurück, als die oben umrissene erzählte Zeit der Romanhandlung vermuten ließe. Knigges Roman entwickelt ein teleologisches Geschichtsmodell, das er am Beispiel von „Fragmente[n] aus der ältern Geschichte Abyssiniens" exemplifiziert,[241] nicht ohne deutlich zu machen, dass es sich dabei um den typischen Verlauf der Menschheitsgeschichte vom ursprünglichen Patriarchat hin zum Despotismus handele. Die „Skizze von der Geschichte des Königreichs Abyssinien" sei „zugleich die Geschichte des Despotismus überhaupt, in seiner Entstehung, seinem Wachsthume und seinen Folgen [...], die ihm früh oder spät das Grab bereiten" werde.[242]

Dieses kulturkritische Verfallsnarrativ verbindet Knigge mit einem optimistischen Erzählstrang; wie in Wielands *Goldnem Spiegel* folgt auf den Kollaps eines Staates seine Neueinrichtung. Dabei bildet die Verfallserzählung die Folie, vor der die aktuellen Entwicklungen erst verständlich werden. Nicht zuletzt dient sie als Hintergrund des ausführlichen Verfassungsentwurfs, den der jüngere Prinz entwickelt, und der den Versuch darstellt, die ausführlich geschilderten Fehlentwicklungen zu korrigieren. Es ist kein Zufall, dass der Prinz von eben dem weisen Alten erzogen und beraten wird, dem Noldmann die Kenntnisse über die alte, mittlere und neuere Geschichte Abyssiniens verdankt.[243]

Die „Modellanalyse der Entwicklung des Despotismus"[244] reicht (ähnlich wie die Passagen über die Geschichte der Scheschianischen Reiche bei Wieland) von

---

240 Vgl. Reinhart Koselleck: Historia Magistra Vitae. Über die Auflösung des Topos im Horizont neuzeitlich bewegter Geschichte. In: Ders.: Vergangene Zukunft. Zur Semantik geschichtlicher Zeiten. Frankfurt am Main 1979, S. 38–66.
241 Knigge: Benjamin Noldmann's Geschichte der Aufklärung in Abyssinien, S. 64.
242 Ebd., S. 67.
243 Vgl. ebd., S. 65: Quelle ist „ein weiser, menschenliebender und von Vorurtheilen freyer Mann".
244 Walter: Adolph Freiherrn Knigges Roman „Benjamin Noldmanns Geschichte der Aufklärung in Abyssinien", S. 164.

der allmählichen Entstehung des Staates bis zu dessen völliger Korrumpierung. Dabei geht Knigges Erzähler von einem „Zirkel der Cultur" aus:[245] Immer wieder führen Katastrophen zum völligen Untergang von Reichen und Zivilisationen, die nahezu spurlos vom Erdboden verschwinden. Die Mechanismen von Staatswerdung und -auflösung verlaufen aber immer gleich – es scheint sich bei ihnen um eine Konstante zu handeln, deren Ursache in der Natur des Menschen liegt. Innerhalb dieser Zyklen liegt wiederum eine teleologische Struktur vor, die zwangsläufig im Despotismus und seiner Überwindung kulminiert.[246]

Einen wesentlichen Bezugspunkt von Knigges historischen Vorstellungen bildet die illuminatische Geschichtsphilosophie, wie sie Adam Weishaupt in der *Anrede an die neu aufzunehmenden Illuminatos dirigentes* (1782) formuliert hatte.[247] Für Weishaupt „ist die Geschichte der Menschheit identisch mit der Geschichte der Vervollkommnung des ganzen Menschengeschlechts".[248] Die Menschheit verlässt ihren „natürlichen Urzustand, entwickelt sich durch Steigerung der Bedürfnisse zu Abhängigkeitsverhältnissen, zu Herrschaft und Knechtschaft, zur Bevormundung der unmündig gehaltenen Menschen durch Adel und Geistlichkeit bis zum Despotismus weiter";[249] dann allerdings mündet die Menschheitsentwicklung „in ein von Geheimbünden initiiertes Reich der Vernunft und Tugend ein."[250] In dieser Schlusswendung liegt die entscheidende Differenz zu Knigge, der ebenfalls ein dreistufiges Geschichtsmodell entwickelt, sich dabei aber entschieden (wohl auch genährt durch persönliche Erfahrungen) vom Geheimbundwesen distanziert.

Aus den ursprünglichen Familien entwickelt sich in Knigges Konzeption aufgrund individuell verschiedenen Arbeitswillens – der „Verschiedenheit der

---

245 Ebd., S. 66.
246 Vgl. Bethmann/Dongowski: Adolph Freiherr Knigge an der Schwelle zur Moderne, S. 63: „Auffällig an Adolph Freiherr Knigges Geschichtsphilosophie, die dialektischen Denkmustern folgt, ist eine eigenartige Vermischung von Kulturpessimismus Rousseauscher Provenienz auf der einen Seite und typisch aufklärerischem Perfektibilitätsglauben auf der anderen Seite."
247 Vgl. Adam Weishaupt: Anrede an die neu aufzunehmenden Illuminatos dirigentes. In: Richard van Dülmen: Der Geheimbund der Illuminaten. Darstellung – Analyse – Dokumentation. Stuttgart-Bad Cannstatt 1975, S. 166–194. Vgl. Martin Mulsow: „Steige also, wenn du kannst, höher und höher zu uns herauf". Adam Weishaupt als Philosoph. In: Walter Müller-Seidel/Wolfgang Riedel (Hrsg.): Die Weimarer Klassik und ihre Geheimbünde. Würzburg 2002, S. 27–66.
248 Helmut Reinalter: Das Weltall als Wirkung einer „höchsten Ursache". Zur Geschichtsphilosophie und Struktur des Illuminatenordens. In: Helmut Reinalter (Hrsg.): Der Illuminatenorden (1776–1785/87). Ein politischer Geheimbund der Aufklärungszeit. Frankfurt am Main u. a. 1997 (Schriftenreihe der Internationalen Forschungsstelle Demokratische Bewegungen in Mitteleuropa 1770–1850. Bd. 24), S. 249–268, hier S. 251.
249 Ebd.
250 Ebd.

Temperamente"[251] – allmählich eine Ständegesellschaft. Ein erster kleiner Staat entsteht, als ein Ältester gewählt wird, um als Richter und Streitschlichter zu wirken. Die zunehmende Bevölkerungszahl führt zur Rechtskodifizierung. Ein erster siegreicher Verteidigungskrieg erweckt nicht nur das potentiell schädliche Ehrgefühl, sondern führt auch zur Einführung der Sklaverei. In kriegerischen Zeiten werden zudem jüngere Männer zu Anführern gewählt; zunehmend stammen sie aus einer Familie: „Endlich wurde ein Recht daraus und das Reich wurde *ein Erbreich*."[252]

Das bewirkt schon einen ersten moralischen Niedergang, der sich in den Anfängen des Lehenssystems zeigt. Vollends korrumpiert der Handel die Sitten der Abyssinier. Allmählich häuft der Herrscher mehr Macht an, gerade auch über das „Staats-Vermögen".[253] Diese Machtakkumulation kommt auch aus mangelndem Widerstand, durch die „Indolenz der Nation" zustande: „[M]an hätte ihn im Zaume halten sollen; aber die Collegien bestanden aus seinen Creaturen, die Zahl der hungrigen Schmeichler nahm täglich zu, erfüllte ihn mit thörichter Eitelkeit, und verschrob ihm, seinen Weibern und seinen Kindern Kopf und Herz."[254]

Der aufkommende Außenhandel führt schließlich zum völligen Niedergang, weil er den Luxus nach Abyssinien bringt. „*Luxus und Corruption wurden die ersten Grundpfeiler des Despotismus.*"[255] Dieser Despotismus wird im Folgenden systematisch ausgebaut, bis der König keinem Gesetz mehr verpflichtet ist und im wahrsten Sinne des Wortes absolut herrschen kann.[256] „Eitelkeit, sinnlicher Genuß und Geldgier" sind die Triebfedern aller Stände.[257] Ein neuer erfolgloser Krieg bringt die Einführung eines stehenden Heeres mit sich, das als Katalysator des Lasters wirkt. Der allgemeine Niedergang zeigt sich auch daran, dass ein Aufstand im eigenen Land blutig niedergeschlagen werden muss[258] – und nicht zuletzt an dem aufkommenden Soldatenhandel.[259] Zusätzlich verstärkt wird die allgemeine Unordnung durch die „gewaltige Uebermacht" der „Pfaffen in Abys-

---

251 Knigge: Benjamin Noldmann's Geschichte der Aufklärung in Abyssinien, S. 69.
252 Ebd., S. 77.
253 Ebd., S. 82.
254 Ebd., S. 83.
255 Ebd., S. 86.
256 Vgl. ebd., S. 92.
257 Ebd.
258 Vgl. ebd., S. 102.
259 Vgl. ebd., S. 103. Damit reiht sich Knigge ein in die Phalanx der Kritiker am Soldatenhandel, wie er in Württemberg und in Hessen-Kassel praktiziert wurde. Vgl. Christine Braun: Die Entstehung des Mythos vom Soldatenhandel 1776–1813. Europäische Öffentlichkeit und der „hessische Soldatenverkauf" nach Amerika am Ende des 18. Jahrhunderts. 296 Seiten. Darmstadt/Marburg 2018 (Quellen und Forschungen zur hessischen Geschichte. Bd. 178).

sinien".²⁶⁰ Diese wiederum stimulieren Widerspruch, der zu allseitigem religiösen Fanatismus führt, der schließlich in einen jahrelangen blutigen Bürgerkrieg mündet. Diese Entwicklungen bewegen schließlich den Negus, Religionsfreiheit zu gewähren; dessen Nachfolger wiederum – der abyssinische Herrscher der Romangegenwart – hat gewisse unklare Vorstellungen von Aufklärung und möchte sich an Europa orientieren.²⁶¹

Dieses Modellbild einer Staatsgenese verbindet Moral und Politik: Die kulturkritischen Topoi dürfen nicht darüber hinwegtäuschen, dass all das, was entschieden abgelehnt wird, die notwendigen Voraussetzungen sind, um die Grundlagen für eine allumfassende Aufklärung zu schaffen. Die Neuordnung der Verhältnisse ist nur auf den Trümmern des Überkommenen möglich. Zwar liegen die Bezüge zu Rousseau auf der Hand; anders als dieser in seinem zweiten *Discours* fasst Knigge die Entstehung der Ungleichheit nicht als Diebstahl; und auch die Zukunftsperspektive unterscheidet ihn von der negativen Prognose des Genfers.²⁶² Wichtiger noch als Rousseau dürften für Knigge die despotismuskritischen Schriften von Raynal und Boulanger gewesen sein, die im Hintergrund von Weishaupts Geschichtsphilosophie stehen.²⁶³

Erst vor dem Hintergrund dieser stark gerafften Ursprungsgeschichte erschließen sich sowohl die bittere Gegenwartsdiagnose als auch die Lösungsvorschläge, wie sie der Verfassungsentwurf des Prinzen bietet.²⁶⁴ Dabei sieht der Roman ‚Aufklärung' durchaus nicht nur affirmativ. Vielmehr entfaltet er konkurrierende, zum Teil durchaus diffuse Konzepte davon, was darunter zu verstehen sei. Während der Negus sein Aufklärungsprojekt als Mittel zum Prestigegewinn sieht, dient es für Joseph Wurmbrand als Mittel zum Zweck, um seine Position zu verbessern und sich selbst unentbehrlich zu machen.²⁶⁵ In Knigges Satire auf den

---

260 Ebd., S. 110.
261 Vgl. ebd., S. 120.
262 Vgl. Jean-Jacques Rousseau: Discours sur l'origine, et les fondemens de l'inégalité parmi les hommes. In: Ders.: Œuvres complètes. Hrsg. von Bernard Gagnebin und Marcel Raymond (Bibliothèque de la Pléiade). Bd. 3. Paris 1964, S. 109–223.
263 Vgl. Mulsow: „Steige also, wenn du kannst, höher und höher zu uns herauf".
264 Vgl. Walter: Adolph Freiherrn Knigges Roman „Benjamin Noldmanns Geschichte der Aufklärung in Abyssinien", S. 164: Das Entwicklungsmodell stelle „mit der Herausarbeitung des ursprünglichen Gesellschaftsvertrags das normative Ideal auf, an dem sich später die Utopie orientieren wird und vor dem die Satire den Unwert der gegenwärtigen gesellschaftlichen Zustände erweisen kann."
265 Vgl. Martin Rector: Knigge oder die Grenzen der Aufklärung. In: Ders.: (Hrsg.): Zwischen Weltklugheit und Moral. Der Aufklärer Adolph Freiherr Knigge. Göttingen 1999 (Das Knigge-Archiv. Bd. 2), S. 9–20, hier S. 11: „[W]ichtig ist eigentlich nur, daß das Unternehmen Aufklärung

aufgeklärten Absolutismus kommen insbesondere die Fürsten schlecht weg: Obwohl etwa der König von Agazan, hinter dem sich unschwer Kaiser Joseph II. erkennen lässt, den guten Vorsatz hat, „sein Land glücklich zu machen, verjährte Vorurtheile auszurotten, und eine vernünftige Gleichheit unter allen nützlichen Ständen in seinem Reiche einzuführen",[266] scheitert er an seinem mangelnden Respekt vor Traditionen – und vor allem daran, dass er „alles gewaltsam, nach Willkühr, mit der eisernen Hand des Despotismus durchsetzen" möchte.[267]

Während dieser Monarch aber wenigstens vom Nutzen von Aufklärung überzeugt ist, liegen die Dinge in Abyssinien anders: Dort herrscht ein Negus, für den das Aufklärungsprojekt einzig und allein ein Mittel darstellt, um seine Macht und sein Ansehen zu steigern. In Wurmbrand findet er dafür einen willigen Helfer. Im Gespräch mit dem Negus preist Joseph Wurmbrand die äußerlichen Vorzüge seines „Aufklärungsplan[s]" an. Dieser beginnt mit „einer prächtigen Lobrede auf die Aufklärung" und einem Lobpreis des aufgeklärten Monarchen:

> „Derjenige Monarch", hieß es darin, „ist der größte und mächtigste, welcher den weisesten Menschen Gesetze vorschreibt; nur ein Tyrann kann wünschen, über eine Horde unwissender Menschen zu herrschen; aber auch der Tyrann bedarf, da er doch nicht hundert Augen, Ohren, Hände und Köpfe hat, wenigstens einiger vernünftigen, gebildeten Menschen, durch deren Hülfe er den großen Haufen in Ordnung hält; und wie will er zu diesem Zwecke die besten Köpfe aus seinem Volke auslesen können, wenn er nicht, durch Beförderung allgemeiner Aufklärung, den Funken erweckt, der außerdem verborgen liegen bliebe?"[268]

Aus den folgenden „Gemeinsprüche[n] über den herrlichen Einfluß der Wissenschaft und Künste auf den Character und die Glückseligkeit eines Volks" hat Wurmbrand den „Schluß gezogen, daß der große Negus mit aller Gewalt sein Volk aufklären müßte".[269]

Dieser Plan reiht sämtliche Stereotype aufgeklärt-absolutistischer Rhetorik aneinander und demaskiert sie zugleich als Klischees. Bemerkenswerterweise stehen Macht und Größe eines Herrschers im Zentrum der Ausführungen, nicht etwa die Glückseligkeit des Volkes. Das unterscheidet den Entwurf von den anderen Romanen, in denen mehr oder weniger explizit eudaimonistische Staatsvorstellungen die Basis herrschaftlichen Handelns bildeten, und satirisiert sie zugleich: Bei Knigge entlarvt sich der Monarch selbst. Eine moderne Verwaltung

---

gestartet wird, weil daran die raison d'être, der Job des Aufklärers selber hängt: seine Stellung bei Hofe."
266 Knigge: Benjamin Noldmann's Geschichte der Aufklärung in Abyssinien, S. 48.
267 Ebd., S. 49.
268 Ebd., S. 123.
269 Ebd.

ist nur durch eine aufgeklärte Elite möglich, die den Staat nach rationalen Maßgaben organisiert. Allerdings ist der Negus nicht zu Unrecht in Sorge, ob ihm auch aufgeklärte Untertanen noch gehorchen würden und ob nicht der Grundsatz der Priester, „man müsse die Menschen in der Dummheit erhalten, sonst glaubten sie, sich selbst regieren zu können",[270] nicht doch vorzuziehen sei.

Wurmbrands Antwort ist entlarvend: Der König verfüge über genügend Bewaffnete, um jeden Aufruhr zu ersticken. Der vom Negus so bezeichnete „Teufel der Aufklärung" lasse sich mit dem Stock austreiben. Armut, harte Arbeit und stetige Überwachung vertreibe die „aufrührischen Gedanken".[271] Knigges Roman skizziert hier einen vermeintlich aufgeklärten Absolutismus, in dem aber Aufklärung lediglich als Zierde dient und wo tatsächlich eine rigide Obrigkeit jedes oppositionelle Handeln hart sanktioniert.

Benjamin Noldmann wiederum findet sich nur schlecht in dieser Welt zurecht. In höherem Maße als seinem opportunistischen Vetter ist ihm der Fortschritt ein genuines Anliegen; das bedeutet allerdings nicht, dass seine Versuche von Erfolg gekrönt würden. Als Vorleser des Königs ist er primär für dessen gesunden Schlaf zuständig. Sein Vetter instruiert ihn dahingehend, dass er diese Rolle ausnutzen solle. Seine Aufgabe sei es, „Sr. Majestät, wenn Sie einschlafen wollen, aus den Büchern, die ich Euch nahmhaft machen werde, etwas vorzulesen, mit Ihnen über die Verfassung der Europäischen Staaten zu reden, und Sie unvermerkt zu demjenigen zu stimmen, was ich durchzusetzen mir vorgenommen habe."[272]

Wie in Wielands *Goldnem Spiegel* soll auch bei Knigge der Monarch durch laute Lektüre im Sinn seiner Berater beeinflusst werden. Doch während es bei Wieland um Humanisierung ging, steht hier die Manipulation des Herrschers durch einen skrupellosen Höfling im Vordergrund. Zwar versucht Noldmann, eigene Schwerpunkte zu setzen und bessernd auf den Negus einzuwirken, doch bleiben diese Anstrengungen erfolglos.[273] Denn bereits der Ausgangspunkt ist denkbar schlecht: Bei seinem ersten Abenddienst führt Noldmann aus Versehen nur französische Bücher mit sich, und zwar ausgerechnet Rousseaus *Contrat social* und Montesquieus *Esprit des lois*; daraus liest er das erste Kapitel vor – zum Glück für Noldmann kann der Monarch kein Französisch, schließlich stehe in

---

270 Ebd., S. 124.
271 Ebd.
272 Ebd., S. 63.
273 Vgl. Rector: Knigge oder die Grenzen der Aufklärung, S. 12: Noldmanns Gespräche mit dem Negus seien die „kritische Konterkarierung von Wurmbrands blinder Aufklärungsmacherei".

„diesen Werken [...] freylich wohl nichts, womit man einen Despoten in den Schlaf lesen kann".[274]

Wesentlich besser reüssiert Noldmann mit Wielands *Geschichte der Abderiten*.[275] Als er schließlich „ganz freymüthig" darauf beharrt,[276] dass es Fürsten guttue, die Wahrheit zu hören, spitzt sich die Situation zu. Noldmann insistiert, es läge im Interesse der Herrschenden, „wenn man sie zuweilen durch die laute Volksstimme daran erinnerte, daß dieß Volk ein Recht hat, sie zu ihrer Pflicht aufzufordern".[277] Nähmen die Herrschenden diese legitimen Forderungen nicht zur Kenntnis, dann sei eine „ärgre Revolution" zu befürchten,[278] also ein radikalerer Umschwung als die durch Reformen eingeleitete Veränderung, die Noldmann ebenfalls unter diesen Begriff fasst.

Zwar toleriert der Negus diese Äußerungen, allerdings verkennt Noldmann den Status seiner Kommunikation mit dem Herrscher. Er ist maßlos stolz darüber, dass er dem Despoten wichtige Wahrheiten verkündet hat[279] – die allerdings komplett folgenlos bleiben. Knigge radikalisiert hier die Figurenkonstellation von Wielands *Goldnem Spiegel*: War dessen Schah-Gebal immerhin guten Willens, etwas zum Wohle seines Volkes zu unternehmen, droht der Negus seinem Vorleser mit Gewalt, falls er außerhalb des Palastes seine Einsichten verkünden werde.[280] Räsonnement findet in dieser abyssinischen Variante des aufgeklärten Absolutismus nur unter den Eliten statt, eine Wirkung in der Welt der Politik ist unerwünscht, ja wird sanktioniert. In diesem Zusammenhang lässt sich die ungerechtfertigte Selbstzufriedenheit Noldmanns als satirische Spitze gegen Intellektuelle verstehen, die durch ihre Nähe zur Macht den eigenen Einfluss überschätzen, möglicherweise auch als kritischer Kommentar zu illuminatischen Ermächtigungsfantasien.

Aufklärung von oben erscheint in Knigges Roman als ein zum Scheitern verurteiltes Projekt, eben weil sie nicht zur wirklichen Emanzipation führt und ihre Grundsätze notwendigerweise mit den Gesetzen des Machterhalts in Konflikt geraten – eine Position, die die ältere Forschung generell allen Ausprägungen des

---

274 Knigge: Benjamin Noldmann's Geschichte der Aufklärung in Abyssinien, S. 133.
275 Vgl. ebd., S. 144.
276 Ebd.
277 Ebd., S. 145.
278 Ebd., S. 146.
279 Vgl. ebd., S. 147: „Ehrerbietig verbeugte ich mich nun zur Erde, und ging von dannen; aber ich gestehe es, ich war sehr zufrieden von meiner Wenigkeit an diesem Tage."
280 Vgl. ebd.: „Du redest kühn; aber ich mag dergleichen wohl hören, und werfe darum keine Ungnade auf Dich. Komm morgen wieder! Für heute habe ich genug. Nur bitte ich, wenn Du nicht Lust hast, gekreuzigt zu werden, daß Du über dergleichen Gegenstände *nur mit mir* und außerdem höchstens noch mit Deinem Vetter, sonst aber mit niemand redest."

aufgeklärten Absolutismus unterstellte.[281] Dennoch setzt sich die Aufklärung in Knigges Roman durch, allerdings in völlig anderer, radikalerer Weise, als von ihren Initiatoren beabsichtigt. Sie erscheint schließlich als geistiger und sozialer Motor, der letztendlich zur politischen Revolution führt – eine Position, die sich auch bei Weishaupt findet:

> Die Freyheit hat den Despotismus zur Welt gebracht, und der Despotismus führt wieder zur Freyheit. Die Vereinigung der Menschen in Staaten ist die Wiege und das Grab des Despotismus, sie ist auch zugleich das Grab und die Wiege der Freyheit. Wir haben die Freyheit gehabt, und haben sie verlohren, um sie wieder zu finden, um sie nicht weiter zu verliehren, um uns durch den Mangel zu ihrem Genuß um so fähiger zu machen.[282]

Knigges Aufklärungserzählung entwirft ein ähnliches Szenario. Der rasanten Beschleunigung können sich die Beteiligten nicht entziehen. So wird selbst „der alte Negus täglich toleranter und aufgeklärter", ohne dass die „Vervollkommnung [...] das Werk eines tiefen, reiflichen Nachdenkens über dergleichen Gegenstände gewesen" wäre: Der „allgemeine Strom des Lichts" bricht sich Bahn. Auch die Zensoren und politischen Beamten fangen allmählich an, „die Grundsätze ihres Zeitalters anzunehmen", bis schließlich die Gewöhnung dazu führt, dass zuvor verpönte Meinungen allgemeiner Konsens werden: „Man wird immer weniger empört durch kühne Sätze, je öfter man sie hört, und zuletzt kommen sie in allgemeinen Cours und erhalten durch vieljährigen Besitz die Rechte der Wahrheit."[283]

Zugleich nimmt der Aufklärungsdiskurs in der Öffentlichkeit ständig an Bedeutung zu:

> In der That brachte man kurz vor dem Tode des alten Negus, in öffentlichen gemischten Gesellschaften, an Tafel und sonst gesprächsweise Sätze vor, die man zehn Jahre früher kaum würde zu denken gewagt haben; und die Großen des Hofs, ja! der Monarch selbst, glaubten jetzt schon den Ruf vorurtheilfreyer Beförderer der Aufklärung auf das Spiel zu setzen, wenn sie, so ungern sie auch manches hörten, die natürliche Befugniß der Leute, über alles ihre Meinung zu sagen, einschränkten. Es schlich sich also unvermerkt eine gänzliche Denk- und Preß-Freyheit ein, von welcher denn auch, wie von allen guten Dingen in der Welt, vielfältig Mißbrauch gemacht und weder die häusliche Ruhe der Bürger, noch die

---

281 Vgl. Aretin: Einleitung. Der Aufgeklärte Absolutismus als europäisches Problem, bes. S. 43: „Aufklärung und Absolutismus schließen sich in letzter Konsequenz aus. Das Bündnis zwischen beiden war daher ein Bündnis auf Zeit, das so nur in einer bestimmten Situation möglich war. Der Aufgeklärte Absolutismus trug daher im Gegensatz zum Absolutismus und zur konstitutionellen Monarchie den Keim der Überwindung in sich."
282 Weishaupt: Anrede an die neu aufzunehmenden Illuminatos dirigentes, S. 172.
283 Knigge: Benjamin Noldmann's Geschichte der Aufklärung in Abyssinien, S. 247.

wohlthätigen Vorurtheile der Schwächern, noch der Ruf der Edlern, noch das Vertrauen der Freundschaft, noch das Familien-Geheimniß – kurz nichts geschont, sondern alles an das Tageslicht gezogen, beurtheilt, verdächtig gemacht, angegriffen, verspottet und ohne Ersatz vertilgt wurde.[284]

Es ist nicht zuletzt die Furcht vor dem Ansehensverlust, also die öffentliche Meinung, die den Herrscher von Gegenmaßnahmen abhält. Die allgemeine, aber zunächst wenig zielgerichtete Stimmung der Kritik und des Spotts untergräbt schließlich auch die monarchische Autorität, indem ihr die Deutungshoheit entzogen wird. Die Eigendynamik des Aufklärungsprozesses wendet sich nun gegen seinen Initiator:

Unmittelbar aber traf diese Folge auch den ersten Beförderer der Aufklärung, den König selber. Das Licht, welches er angezündet hatte, leuchtete weiter, als seine Absicht gewesen war. Nachdem man lange genug frey und kühn über Moral, Religion und Privat-Verhältnisse geredet und geschrieben hatte, fing man auch an, eben so ungezwungen über Menschen- und Völker-Rechte, über Fürsten-Ansprüche und Befugnisse, über Sclaverey und Freyheit zu raisonniren.[285]

Der Diskurs über Sitten und Moral ist also die Basis, auf der die Öffentlichkeit in einem zweiten Schritt politische Kritik übt und so die Autorität des Herrschers untergräbt. Selbst eine partielle Aufklärung, so die Lehre aus diesem Prozess, schreitet unweigerlich fort und drängt die zur Seite, die für ihre Beschränkung eintraten. Ironischerweise werden so die oben zitierten Befürchtungen des Negus durch die historischen Entwicklungen bestätigt: Die Unterjochung aufgeklärter Untertanen kann eben nicht dauerhaft gelingen. Wo aber bei Weishaupt die geheimen Gesellschaften als Avantgarde der Aufklärung ins Spiel kommen, setzt Knigges Roman auf die Allgemeinheit, auf die Wirkung von „Denk- und Preß-Freyheit".[286] Geheimbünde erscheinen hingegen als obskurantistische Institutionen.[287] Folgerichtig wendet sich die Musterverfassung explizit gegen Geheimgesellschaften:

Da auf diese Weise der Staat den Bürgern Gelegenheit gibt, öffentlich alles Gute zu thun und zu reden, zum Besten des Ganzen und zu ihrer eignen Wohlfahrt alle redliche Mittel anzu-

---

284 Ebd., S. 248.
285 Ebd., S. 248 f.
286 Ebd., S. 248.
287 Vgl. ebd., S. 251 f.: „Schwärmer und Betrüger aller Art, Geisterseher, Goldmacher, Diebe, politische Reformatoren, Stifter neuer Religions-Secten – alle hingen dieß Gewand um, und setzten phantastische Menschen, schwache Denker und unruhige Köpfe in Bewegung, lockten sie von nützlicher Thätigkeit ab, und erfüllten sie mit Reformations-Geiste."

wenden, sie auch gegen Beeinträchtigung dieser Freyheit kräftig schützt; so darf er dagegen desto strenger jede geheime Machination, jede versteckte Meuterey, jede im Finstern schleichende Wirksamkeit einzelner und verbundner Menschen, jede anonyme Verunglimpfung, Schmähung und Anklage, verdächtig finden und ahnden; denn da, wo man der Vernunft der Ausbreitung nützlicher Kenntnisse und der Ausführung nützlicher Zwecke keinen Zwang auflegt, da kann es keine erlaubte geheime Künste und keine redliche geheime Plane geben.[288]

Die *Geschichte der Aufklärung in Abyssinien* ist auch ein Dokument von Knigges Distanzierung von der illuminatischen Organisationsform und ihrem Alleinvertretungsanspruch, nicht aber an ihrer politischen Zeitkritik.

5.4.4 Revolutionäre Gewalt und Aufklärung. Wertungen des Romans

Knigges Roman unterscheidet also zwischen unterschiedlichen Ausprägungen von Aufklärung,[289] die aber allesamt auf lange Sicht zum Ziel führen. Selbst überhastete Unternehmungen wie die des Negus von Abyssinien seien dazu geeignet, zumindest bei reiferen Individuen nützliche und folgenreiche Reflexionsprozesse anzustoßen: Ohne zu leugnen, dass „die übereilte Aufklärung in schiefen und aufbrausenden Köpfen verkehrte Wirkungen" hervorbrachte, unterstreicht Noldmann, dass sie „in den besser organisirten Anlaß zu einer nützlichen Gährung" gab. Sie „regte manche schlafende Kraft auf, und erweckte auch wohl den *echten* Sinn für Wahrheit und Freyheit."[290]

Noldmanns Apologie der Aufklärung hebt ihre Zwangsläufigkeit hervor: Sie ist nötig, um die Bestimmung des Menschen zu erfüllen und drängt unaufhaltsam auf ihre Durchsetzung in allen Bereichen. Die Versuche, sie entweder nicht erst einzuleiten oder aber, ihre Folgen einzudämmen, widersprechen beide Knigges Menschenbild. Ohne Zweifel ist diese teleologische Sicht im Kontext der Revolution brisanter, als sie es noch wenige Jahrzehnte davor war. Verstand man den gewaltsamen Umsturz als notwendige Folge eines teleologisch verlaufenden menschlichen Emanzipationsprozesses, so wurde dadurch revolutionäre Gewalt tendenziell gerechtfertigt.

Knigges Positionen sind aus der Frühphase der Revolution heraus zu verstehen; zwar wirken etliche Äußerungen defensiv, in der Mehrzahl jedoch sind sie getragen von einem unerschütterlichen Revolutionsoptimismus, der den Ge-

---

288 Ebd., S. 282f.
289 Vgl. zur vielstimmigen Aufklärungsdebatte die Übersicht von Albrecht: Aufklärung, Reform, Revolution.
290 Knigge: Benjamin Noldmann's Geschichte der Aufklärung in Abyssinien, S. 261.

brauch von Gewalt als notwendiges und durch die Umstände gerechtfertigtes Mittel zu politischer Veränderung auffasst. Dabei erscheint radikale Aufklärung als Kur für einen todkranken Staatskörper, dem auf andere Weise nicht mehr zu helfen sei. Während bei Loen der Graf von Rivera als ‚Arzt' wirkte, der den kranken Staat dadurch heilte, dass er die überkommene Staatsform wiederherstellte, schafft in Knigges Roman die gewaltsame Umwälzung die Basis für den notwendigen Neuaufbau:

> Ich möchte wünschen, daß diejenigen, welche so geneigt sind, wegen des Mißbrauchs einer Sache, die Sache selbst zu verwerfen, und die daher auch jetzt jede Anstalt zur Aufklärung verdächtig zu machen suchen, weil das Wort Aufklärung so oft mißverstanden wird, und zur Firma schädlicher Zwecke dient; ich möchte doch wünschen, daß diese Leute recht wohl calculirten, ob es besser gethan sey, bey ausgemacht tödlichen und ansteckenden Krankheiten, der Natur alles zu überlassen, oder Mittel zu wählen, unter denen, wenn sie auch ein wenig gewagt sind, doch wohl Eines anschlagen kann, und woran wenigstens kein Einziger stirbt, der nicht ohne dasselbe auch gestorben wäre, oder einen siechen Körper behalten hätte.[291]

Knigge gebraucht hier die überkommene Metapher vom Staat als Körper.[292] Angesichts einer lebensgefährlichen Erkrankung, wie es die despotische Herrschaftsform sei, seien auch radikale Kuren denkbar. Diese Rechtfertigung revolutionärer Gewalt ergibt sich logisch aus Knigges Analyse der (natürlichen) Revolutionsursachen;[293] allerdings machte sie ihn – erst recht in den folgenden Jahren – in hohem Maße angreifbar.

Wenn Knigges Roman den Umsturz als notwendige Bedingung politischer Veränderung begreift, dann entfernt er sich nicht so weit von Konzepten des aufgeklärten Absolutismus, wie man zunächst vermuten könnte. Ganz im Gegenteil: Die Idee einer Tabula rasa, eines Staates als Verfügungsgewalt eines aufgeklärten Herrschers, findet sich so in etlichen Fiktionen des aufgeklärten Absolutismus. So kann Hallers Usong den Staat Persien völlig neu einrichten, Justis Psammitichus agiert gegen ständische Partizipation, und auch Wielands Tifan nutzt die Gelegenheit, das Reich Scheschian nach einem verheerenden Krieg

---

291 Knigge: Benjamin Noldmann's Geschichte der Aufklärung in Abyssinien, S. 261f.
292 Vgl. zum Bild des Staatskörpers Dietmar Peil: Untersuchungen zur Staats- und Herrschaftsmetaphorik in literarischen Zeugnissen von der Antike bis zur Gegenwart. München 1983 (Münstersche Mittelalter-Schriften. Bd. 50), S. 302–488.
293 Vgl. etwa Georg Forsters ‚naturgeschichtliche' Revolutionsanalyse. Dazu Jörn Garber: Geschichtsphilosophie und Revolution. Spätaufklärerische Geschichtstheorien im Einflußfeld der Französischen Revolution. In: Ders.: Spätabsolutismus und bürgerliche Gesellschaft. Studien zur deutschen Staats- und Gesellschaftstheorie im Übergang zur Moderne. Frankfurt am Main 1992, S. 282–314, hier S. 300–307.

von Grund auf neu zu organisieren. Wie im *Goldnen Spiegel* dient bei Knigge ein anarchischer Zustand als Grundlage, um ein neues Gemeinwesens zu etablieren, allerdings sind die Folgerungen für die Natur des neuen States weitaus radikaler.

Zwar problematisiert und satirisiert Knigges Roman sowohl Konzeptionen des aufgeklärten Absolutismus als auch der Aufklärung im Allgemeinen. Doch führt er damit das Programm der Fürstenerziehung und auch die Ideen der Aufklärung nicht insgesamt ad absurdum: Auch wenn die Aufklärung in Abyssinien als Experiment von oben eingeführt wird (und das vor allem wegen des damit verbundenen Prestiges), so wirkt sie doch subkutan, indem sie den Abyssiniern erlaubt, sich ihrer Menschenrechte bewusst zu werden. Und auch der jüngere Prinz ist nicht etwa ein Zögling der Natur, sondern ganz im Gegenteil ein Produkt der Gelehrsamkeit – einer Gelehrsamkeit, die dezidiert europäische Einflüsse verrät.[294]

Denn während in Wielands *Goldnem Spiegel* der „verborgene Prinz" Tifan, der ebenfalls abseits des Hofes aufwächst, lange Zeit nichts von seiner königlichen Abstammung weiß, ist der Prinz in Knigges Roman zeitlebens über seine Herkunft und die daraus resultierende Verantwortung im Bilde.[295] Als es erforderlich ist, hat er sogar einen ausgearbeiteten Verfassungsentwurf parat.[296] Dieser allerdings sieht eine Einschränkung königlicher Macht vor, wie sie in den Romanen des Genres ihresgleichen sucht. Der König agiert nurmehr als eine Art gewählter Präsident, der nach mehreren Jahren abtreten muss. Die durchgehende Legalisierung und Kodifizierung von Herrschaft, wie sie Knigge entwirft,[297] ist mit einer absoluten Monarchie nicht mehr vereinbar. Während Wieland den aufgeklärten Absolutismus noch gerechtfertigt hatte, herrschen bei Knigge allein die Gesetze, die aber permanent geändert werden können, ja geändert werden sollen. Hatte Wieland die Legalisierung des aufgeklärten Absolutismus propagiert, zielt Knigge auf seine vollständige Überwindung: Die Lösung des *Goldnen Spiegels* bestand ja in der vollständigen Übertragung der Macht auf den moralisch besonders quali-

---

294 Vgl. Hárs: Revolutionspoetik, S. 65: Der jüngere Prinz verdanke „seine staatstheoretischen Kenntnisse der von den Deutschen nach Abyssinien gebrachten Institutionen, der Bibliothek und der Universität". Anders Rector: Knigge oder die Grenzen der Aufklärung, S. 15: „[W]eil er außerhalb der herrschenden Gesellschaft aufgewachsen ist, ist er tugendhaft, und nur weil er ein tugendhafter Mensch ist – so simpel ist die Fabel letztlich konstruiert – ist er auch ein wahrer Aufklärer."
295 Vgl. Müller: Der verborgene Prinz.
296 Vgl. den Überblick über die Grundaussagen der Verfassung bei Bethmann/Dongowski: Adolph Freiherr Knigge an der Schwelle zur Moderne, S. 106–116.
297 Vgl. die Skizze von Werner Näf: Der Durchbruch des Verfassungsgedankens im 18. Jahrhundert. In: Schweizer Beiträge zur allgemeinen Geschichte 11 (1953), S. 109–120; Ulrike Müßig: Die europäische Verfassungsdiskussion des 18. Jahrhunderts. Tübingen 2008.

fizierten Menschen, der nun als benevolenter Vater-König über seine unmündigen Untertanen herrscht.

Knigge geht hingegen angesichts der rasanten politischen Veränderungen seiner Zeit von der grundsätzlichen Wandelbarkeit staatlicher Verhältnisse aus, die sogar als wünschenswert erscheint. Die Idee einer ein für alle Mal gut eingerichteten Staatsmaschine, die die unweigerlich mit einer Erbmonarchie verbundenen Defizite durch einen starren Rahmen unveränderlicher Gesetze sicherstellen soll, kollidiert mit dem grundsätzlichen Veränderungswillen in Knigges Schriften. Veränderung bedeutet hier nicht wie bei Wieland radikale Verschlechterung, sondern gerade im Gegenteil die Möglichkeit zu Fortschritt und Verbesserung.

So ist der jüngere Prinz in Knigges Roman wie Usong oder Tifan ein Gesetzgeber, der die Weichen für die Zukunft seines Landes stellt, aber eben vor allen Dingen ein Mittler des Übergangs,[298] weil in dem von ihm vorgelegten Verfassungsentwurf die Rolle des Monarchen zeitlich begrenzt wird. Der Prinz gestaltet also die „Interimsform zwischen alter und neuer Ordnung",[299] limitiert aber von vornherein die Dauer seiner Macht. Knigges Aufklärungsnarrativ findet seinen Endpunkt in einem Verfassungsentwurf,[300] der deutliche Ähnlichkeiten mit dem Präsidialsystem der Vereinigten Staaten aufweist.[301] Auch wenn das Staatsoberhaupt, das gewählt und nach sechs Jahren abgelöst wird, noch „König" heißt,[302]

---

[298] Vgl. Knigge: Benjamin Noldmann's Geschichte der Aufklärung in Abyssinien, S. 274: „Er wollte also, *doch nur auf Ein Jahr*, das Ruder des Staats in seine Hände nehmen, nicht als sein Eigenthum, sondern als ein ihm anvertrautes Pfand, bis er es würdigern Händen übergeben könne."
[299] Bersier: Wunschbild und Wirklichkeit, S. 224.
[300] Vgl. Birgit Nübel: „jede Zeile von ihm mit dem wärmsten Interesse". Aspekte der Rousseau-Rezeption bei Knigge. In: Martin Rector (Hrsg.): Zwischen Weltklugheit und Moral. Der Aufklärer Adolph Freiherr Knigge. Göttingen 1999 (Das Knigge-Archiv. Bd. 2), S. 103–120. In dem Verfassungsentwurf des Romans werde der *Contrat social* „auf die Bedingungen eines großen Reiches bezogen und in eine Mischform von konstitutioneller und repräsentativer Demokratie überführt, in welcher der Fürst die Funktion des Rousseauschen Gesetzgebers übernimmt." Vgl. zum Einfluss Rousseaus auch Bersier: Wunschbild und Wirklichkeit, S. 22.
[301] Vgl. zur Rezeption der USA im Kontext der Französischen Revolution die Ausführungen von Gonthier-Louis Fink: Die amerikanische Revolution und die französische Revolution: Analogien und Unterschiede im Spiegel der deutschen Publizistik (1789–1798) In: Modern Language Notes 103 (1988), S. 540–568, hier S. 543: „Nach Ausbruch der französischen Revolution spielte jedoch die Information über die amerikanische Revolution und Republik eine bisher ungeahnte Rolle, sobald sie nach vorübergehendem Blackout wieder entdeckt worden waren."
[302] Knigge: Benjamin Noldmann's Geschichte der Aufklärung in Abyssinien, S. 285.

bedeutet der Entwurf doch die Absage an den aufgeklärten Absolutismus[303] – und weist damit auch einen Ausweg aus dem von Wieland konstatierten Dilemma zwischen Gesetzgebung und Verschlechterung, weil die Staatsform die Möglichkeit von Veränderungen vorsieht.[304]

Souverän ist das Volk,[305] das in einer Nationalversammlung über die Verfassung beraten soll. Ihr Ziel ist (wie in allen eudämonistischen Theorien) die „Glückseligkeit" der Menschen;[306] Gesetzgebung erfolgt durch Mehrheitsentscheidungen. An der Spitze der Exekutive steht der König, der aber aus dem Volk für sechs Jahre gewählt wird.[307] Er ist „gänzlich den Gesetzen und der Nation" unterworfen.[308] Adel und Leibeigenschaft existieren nicht;[309] es herrschen Religions- und Meinungsfreiheit.[310]

Ein Schwerpunkt der Verfassung liegt auf der inneren Verwaltung des Staates, der in zwölf Provinzen aufgeteilt wird, deren Organisation rigide geregelt wird,[311] wie auch nahezu alle Formen menschlichen Zusammenlebens. Hier fallen die Diskrepanzen zwischen der freiheitlichen Fundierung und der radikalen Sozialhygiene ins Auge: Etliche Aspekte der ‚policeylichen' Einrichtungen tragen durchaus „Züge einer dirigistischen Überregulierung".[312] Der „neue abyssinische Staat ist nicht der Staat des Volkes, sondern der Staat der Verwaltung."[313] Damit aber stellt er ein genaues Gegenstück zu dem idealisierten Naturzustand dar, der am Beginn der historischen Entwicklung stand. Ein Zurück zu diesem Ideal kann es nicht geben; vielmehr dient die gesamte Verfassung dazu, vergleichbare Verschlechterungen von vornherein auszuschließen bzw. zu verlangsamen.[314] Mit dieser aufgeklärten ‚Policey' und dem damit verbundenen „staatlichen Zwangs-

---

303 Vgl. Bersier: Wunschbild und Wirklichkeit, S. 224: „Daß die neue Regierung Abyssiniens monarchisch bleibt, ist weniger wichtig, als daß die monarchische Form völlig demokratisiert wird."
304 Vgl. Hárs: Revolutionspoetik, S. 70, der die Nähe zu Rousseaus *Gesellschaftsvertrag* hervorhebt.
305 Vgl. Bethmann/Dongowski: Adolph Freiherr Knigge an der Schwelle zur Moderne, S. 111.
306 Knigge: Benjamin Noldmann's Geschichte der Aufklärung in Abyssinien, S. 277.
307 Vgl. ebd., S. 285.
308 Ebd., S. 287.
309 Vgl. ebd., S. 293.
310 Vgl. ebd., S. 318.
311 Vgl. ebd., S. 289.
312 Ingo Hermann: Knigge. Die Biografie. Berlin 2007, S. 231. Vgl. auch Hárs: Revolutionspoetik, S. 71: „Ausgehend von den allgemeinen Menschenrechten wird die Verfassung nämlich in den die Staatsbürger betreffenden Punkten zunehmend restriktiv."
313 Bois: Zwischen Revolution und aufgeklärtem Absolutismus, S. 128.
314 Vgl. Naumann: Politik und Moral, S. 246. Knigge habe „seine Utopie nicht als konkreten Reformvorschlag, sondern als regulatives Ideal verstanden".

beglückungsideal, wie es die Staatsrechtler des älteren deutschen Naturrechts formulierten",[315] reiht sich Knigge trotz aller inhaltlicher Differenzen in die deutsche Tradition politischen Erzählens,[316] wie sie sich in Auseinandersetzung mit dem *Télémaque* ausgebildet hatte.

Allerdings geht Knigge in zweifacher Hinsicht über das Übliche hinaus: Erstens hält er die Zustimmung aller Männer zu der Verfassung für erforderlich,[317] zweitens zielt er darauf ab, krasse soziale Ungleichheit zu mildern, indem er den Vermögenserwerb und die Erbschaften begrenzt.[318] Knigges adressiert also „die Frage nach der sozialen Gleichheit",[319] die in der politischen Romanliteratur nur wenig Beachtung findet, bleibt aber insgesamt bei der Betrachtung ökonomischer Probleme hinter dem Stand der Diskussion zurück.[320]

5.4.5 „... unsere ganze *deutsche* Demokratenphilosophie in einer Nuß." Kritik und Rücknahme im Umfeld der *Geschichte der Aufklärung in Abyssinien*

Für Zeitgenossen war Knigges Roman vor allem wegen der offen zutage tretenden Sympathien für die Revolution anstößig. Während viele Autoren bereits unmittelbar nach 1789 ein negatives Bild menschlicher Entwicklungsfähigkeit und Aufklärbarkeit zeichneten, stellte Knigge die Revolution als Triumph dar – allerdings zu einem Zeitpunkt, als die Französische Revolution noch nicht in die Schreckensherrschaft umgeschlagen war und es den Anschein hatte, als würde sich Frankreich als konstitutionelle Monarchie neu organisieren. Somit ist sein optimistisches Bild aus der Dynamik der Ereignisse heraus zu verstehen. Schon bald sollte sich die Sachlage grundlegend verändern. Die Texte im Umkreis von Knigges Roman – Paratexte wie auch wütende Angriffe – werfen ein bezeichnendes Licht auf die Wechselwirkungen zwischen Literatur und politischer Publizistik im Zeichen umfassender Krisenerfahrungen.

---

315 Bethmann/Dongowski: Adolph Freiherr Knigge an der Schwelle zur Moderne, S. 133.
316 Was Barbe für die „Symptome des späteren Wohlfahrtsstaats" hält, verweist tatsächlich zurück auf genuin deutsche Traditionen policeylicher Regulierung. Vgl. Jean-Paul Barbe: Fingierte Reiseberichte und revolutionäre Propädeutik. Zu Knigges Geschichte der Aufklärung in Abyssinien. In: Beiträge zur romanischen Philologie 8 (1969), S. 5–9, hier S. 9.
317 Vgl. Knigge: Benjamin Noldmann's Geschichte der Aufklärung in Abyssinien, S. 275 f.
318 Vgl. ebd., S. 304. Dass Knigge zu diesem Zeitpunkt „mit den sozialen Thesen des Cercle Social vertraut" gewesen sei (Bersier: Wunschbild und Wirklichkeit, S. 229), halte ich für wenig plausibel.
319 Bois: Zwischen Revolution und aufgeklärtem Absolutismus, S. 130.
320 Vgl. ebd., S. 130 f.

Die Rezensionen zu *Benjamin Noldmann's Geschichte der Aufklärung in Abyssinien* entwerfen ein durchweg positives Bild des Romans. In der bereits zitierten Kritik aus der *Allgemeinen deutschen Bibliothek*, die den Roman fälschlicherweise Johann Gottwerth Müller zuschreibt, einem Autor populärer Romane wie *Siegfried von Lindenberg* (1781/82),[321] weist der Rezensent auf „eines der witzigsten Produkte" hin, das die Leserschaft nicht übersehen solle.[322] Auf eine ausführliche Inhaltsangabe folgt die enthusiastische Aufforderung: „[W]ir empfehlen das ganze Buch jedem Leser von Geschmack, Herzen und Verstand".[323]

Auch die *Tübingische Gelehrte Zeitung* unterstreicht die stilistischen und inhaltlichen Qualitäten des Romans, der wichtige Wahrheiten in geistreichem Gewande transportiere:

> Die Darstellung der Entstehung und Entwikelung der Societäten, der Fürsten, des Despotismus ist freylich nur als philosophischer Roman anzusehen, gleichwohl aber fühlt man darinnen das Wahre, und in den gegebenen oder vorgeschlagenen Verbesserungen das Wünschenswerthe. Die durchaus herrschende Laune wird jeden Leser wenigstens vergnügen, sollten auch die enthaltene wichtige Winke ihn aus seinem politischen Indolenzschlafe aufzuweken nicht im Stande seyn.[324]

Dabei zeigt sich auch hier das Bemühen, die historische Modellerzählung als „philosophische[n] Roman" zu distanzieren und so die Sprengkraft des Textes zu relativieren. Interessanterweise lobt der Rezensent gerade die „Laune", die Knigge selbst zunehmend als unangemessen empfand.

Allerdings repräsentieren diese Rezeptionszeugnisse nur eine Seite des weltanschaulichen Spektrums, schließlich stand Knigge wie kaum ein anderer renommierter Autor seiner Generation bereits seit den 1780er Jahren im Fokus gegenaufklärerischer und konservativer Kritiker.[325] In diesem Zusammenhang fand sein Engagement bei Freimaurern und Illuminaten Beachtung, so dass sich Knigge zeitlebens gezwungen war, auf entsprechende Anwürfe zu reagieren: Knigge war zwischen 1780 und 1784 unter dem Ordensnamen Philo als äußerst

---

321 Vgl. Alexander Ritter (Hrsg.): J. G. Müller von Itzehoe und die deutsche Spätaufklärung. Studien zur Literatur und Gesellschaft im 18 Jahrhundert. Heide 1978 (Steinburger Studien. Bd. 1).
322 Tb.: [Rezension von] Benjamin Noldmanns Geschichte der Aufklärung in Abyssinien, S. 179.
323 Ebd., S. 184.
324 [Rezension von] Benjamin Noldmanns Geschichte der Aufklärung in Abyssinien, [...]. In: Tübingische gelehrte Anzeigen, 77. Stück, 26. September 1791, S. 616.
325 Vgl. Göttert: Knigge, S. 184.

erfolgreicher Werber für die illuminatische Sache tätig gewesen, ehe Konflikte mit Bode und Weishaupt zu seinem Ausschluss führten.[326]

Die kritischen Stimmen, die Knigge als zersetzenden Kritiker der überkommenen gottgewollten Ordnung schmähten, wurden unter dem Eindruck der Französischen Revolution deutlicher vernehmbar. Dabei war weniger die *Geschichte der Aufklärung in Abyssinien* das primäre Ziel,[327] als vielmehr die späteren Erweiterungen und Kommentare dieses Textes, in denen Knigge Gedanken des Romans aufnahm und versuchte, seine Interpretation der Französischen Revolution zu rechtfertigen. In diesen Paratexten zu seinem Roman reagiert Knigge auf die polemischen Angriffe seiner Widersacher Johann Georg Zimmermann und Leopold Alois Hoffmann mit mindestens ebenbürtigem Furor.

Knigge selbst sah sich gezwungen, in einer Art von Fortsetzung seine Positionen zur Französischen Revolution klarzustellen: *Wurmbrands politisches Glaubensbekenntnis*, von Knigge als „das beste Werkchen [...], was ich je geschrieben habe", bezeichnet,[328] erschien 1792 – und sollte, anders als beabsichtigt, die Kontroversen um Knigge noch verschärfen. Vorangegangen waren eine heftige Auseinandersetzung mit dem Mediziner und Aufklärungskritiker Johann Georg Zimmermann.[329] Knigge hatte ihn bereits 1788 wegen seines Buchs über Friedrich II. von Preußen attackiert und parodiert.[330] Unter gewandelten politischen Vorzeichen konnte Zimmermann allerdings auf mächtige Unterstützung bauen: Ihm stand nun die von Alois Hoffmann herausgegebene *Wiener Zeitschrift*, die von Kaiser Leopold protegiert wurde,[331] als Publikationsplattform offen, und Zimmermann nutzte diese Gelegenheit, um Knigge frontal anzugreifen.

---

326 Vgl. Theo Stammen: Adolph Freiherr von Knigge und die Illuminatenbewegung. In: Walter Müller-Seidel/Wolfgang Riedel (Hrsg.): Die Weimarer Klassik und ihre Geheimbünde. Würzburg 2002, S. 67–89.
327 Vgl. Bethmann/Dongowski: Adolph Freiherr Knigge an der Schwelle zur Moderne, S. 121 (Fußnote).
328 Zitiert nach Wolfgang Fenner: Knigges Leben anhand seiner Briefe und Schriften. In: Adolph Freiherr Knigge: Ausgewählte Werke. Hrsg. von Wolfgang Fenner. Bd. 10: Ausgewählte Briefe. Knigges Leben. Hannover 1996, S. 161–362, hier S. 309.
329 Vgl. Christoph Weiß: „Royaliste, Antirépublicain, Antijacobin et Antiilluminé". Johann Georg Zimmermann und die ‚politische Mordbrennerey in Europa'. In: Weiß/Albrecht (Hrsg.): Von ‚Obscuranten' und ‚Eudämonisten', S. 367–401. Vgl. auch Erich Donnert: Antirevolutionär-konservative Publizistik in Deutschland am Ausgang des Alten Reiches. Johann August Starck (1741–1816), Ludwig Adolf Christian von Grolman (1741–1809), Friedrich Nicolai (1733–1811). Frankfurt am Main u. a. 2010, S. 27–30.
330 Vgl. Weiß: „Royaliste, Antirépublicain, Antijacobin et Antiilluminé", S. 372–374.
331 Die *Wiener Zeitschrift* wurde 1792 von Leopold Alois Hoffmann (1759–1809) ins Leben gerufen, um „einen umfassenderen und radikalen Meinungsumschwung in der bisherigen Diskussion" zu erreichen (Donnert: Antirevolutionär-konservative Publizistik, S. 32). Vgl. Friedrich

Stein des Anstoßes war die einige Monate nach dem Noldmann-Roman erschienene Satire auf gegenaufklärerische Kräfte, die unter dem Titel *Des seligen Herrn Etatsraths Samuel Conrad von Schaafkopf hinterlassene Papiere* (1792) obskurantistische Agitateure als Mitglieder des sogenannten Pinselordens dem Spott preisgab.[332] Im zehnten Abschnitt des Textes entfaltet Knigge zudem noch ein politisches Programm, das die (aus der dritten Auflage des *Umgangs mit Menschen* zitierten) Ausführungen über Volkssouveränität als „in der Hölle selbst erfundne[] Sätze" bezeichnet, die die Mitglieder des Pinselordens energisch bekämpfen müssten.[333]

Der Blick in die Gedankenwelt der ‚Obskuranten', den die homodiegetische Narration ermöglicht, wirkt entlarvend und provozierend: In einem *Adolph Freiherr Knigge dargestellt als deutscher Revolutionsprediger und Demokrat* überschriebenen Artikel, der 1792 in der Wiener Zeitschrift erschien,[334] zitiert Zimmermann ausgiebig aus Knigges *Schafskopf* und stilisiert seinen Gegner zu einem „der schlauesten Volksaufwiegler in Deutschland",[335] der die Revolution nicht nur rechtfertige, sondern zugleich auf einen Umsturz in Deutschland hinarbeite.

> Nun wissen wir also endlich, was Aufklärung und was Dummheit ist. Ein Aufgeklärter ist derjenige, der es für erlaubt hält, seinen Landesherrn abzusetzen; ein Dummkopf ist der-

---

Sommer: Die Wiener Zeitschrift (1792–1793). Die Geschichte eines antirevolutionären Journals. Leipzig 1932 (Phil Diss. Bonn); Catherine Julliard: La *Wiener Zeitschrift* de Leopold Alois Hoffmann: une revue réactionnaire à l'époque de la Révolution française. In: Pierre-André Bois/Raymond Heitz/Roland Krebs (Hrsg.): Voix conservatrices et réactionnaires dans les périodiques allemands de la révolution française à la restauration. Bern u.a. 1999 (Convergences. Bd. 13), S. 299–323. Julliard betont Hoffmanns Mangel an systematischem Denken. Vgl. ebd., S. 322: „A la différence d'un Burke ou d'un Maistre, défenseurs de l'absolutisme monarchique, il n'a pas dévéloppé une pensée systématique, ni vraiment disséqué les forces historiques en présence." Vgl. auch Helmut Reinalter: Gegen die „Tollwuth der Aufklärungsbarbarei". Leopold Alois Hoffmann und der frühe Konservativismus in Österreich. In: Weiß/Albrecht (Hrsg.): Von ‚Obscuranten' und ‚Eudämonisten', S. 221–244.

332 Vgl. Adolph Freiherr Knigge: Des seligen Herrn Etatsraths Samuel Conrad von Schaafkopf hinterlassene Papiere; von seinen Erben herausgegeben. In: Ders.: Werke. Hrsg. von Pierre-André Bois u.a. Bd. 4. Hrsg. von Paul Raabe. Göttingen 2010, S. 147–210.

333 Ebd., S. 206.

334 Vgl. Johann Georg Zimmermann: Adolph Freiherr Knigge dargestellt als deutscher Revolutionsprediger und Demokrat; von dem Hofrath und Ritter Zimmermann in Hannover. In: Wiener Zeitschrift 2 (1792), H. 6, S. 317–329. Vgl. auch die Verteidigungsschrift von Heinrich Christian Albrecht: Rettung der Ehre Adolphs, Freyherrn Knigge, welchen der Herr Hofrath und Ritter von Zimmermann in Hannover als deutschen Revolutionsprediger und Demokraten darzustellen versucht hat. Hamburg 1792.

335 Zimmermann: Adolph Freiherr Knigge dargestellt als deutscher Revolutionsprediger und Demokrat, S. 318.

jenige, der die Person seines Landesherrn für heilig und unverletzlich hält! – Dieß also lehrt uns der Freiherr *Adolph Knigge*, Churbraunschweigischer Oberhauptmann und Scholarch in Bremen, und dieß heißt *Aufklärung*.[336]

Zimmermann denunziert mit Knigge zugleich die Aufklärung schlechthin: „Dieß ist unsere ganze *deutsche Demokratenphilosophie* in einer Nuß."[337] Knigge sei eine prägende Persönlichkeit im Hintergrund der arkanen Umtriebe; seine Popularität als Literat führe dazu, dass seine Gefährlichkeit verkannt werde:

> Man beklatschet den Volksaufwiegler Knigge wegen der unzählbaren Pasquillen, die er um des lieben Brodes willen schrieb. Alle deutschen *Demokratennester* sind der Wiederhall Kniggischer Grundsätze, und Knigge ist der Wiederhall des amerikanischen Schwärmers Paine und der ganzen deutschen *Aufklärer-Propaganda*.[338]

Aufklärung erscheint hier generell als Volksvergiftung.[339] Indem er den radikalen Antimonarchisten Thomas Paine nennt, rückt Zimmermann Knigge in die Nähe der entschiedenen Revolutionsbefürworter. Paine hatte bereits 1776 in dem Pamphlet *Common Sense* für den „Wille[n] der Mehrheit" als „Quelle der Souveränität" plädiert.[340] In seiner Abhandlung *The Rights of Man* (1791/92) wandte er sich dann vehement gegen Burkes einflussreiche *Reflections on the Revolution in France* (1790), einen der europaweit wirkmächtigsten Texte über die Revolution.[341] Während Burke für den Erhalt überkommener Staatsformen plädierte, „männliche, sittliche, und geordnete Freyheit" gegen „metaphysische[] Abstraction[en]" setzte[342] und die Revolution als „Vergehen gegen die Natur" betrachtete,[343] erklärte Paine in seiner als Antwort auf Burke konzipierten Schrift – der Untertitel

---

336 Ebd., S. 327.
337 Ebd.
338 Ebd., S. 328.
339 Vgl. ebd.
340 Wolfgang Reinhard: Vom italienischen Humanismus bis zum Vorabend der Französischen Revolution. In: Hans Fenske u.a.: Geschichte der politischen Ideen. Von der Antike bis zur Gegenwart. Frankfurt am Main 2003, S. 241–376, hier S. 368.
341 Vgl. die deutsche Übersetzung von Meta Forkel-Liebeskind: Thomas Paine: Die Rechte des Menschen. Eine Antwort auf Herrn Burke's Angriff gegen die französische Revolution. Aus dem Englischen übersetzt. Nebst der von Ludwig XVI. angenommenen Konstitutions-Acte. Berlin 1792.
342 [Edmund Burke:] Betrachtungen über die französische Revolution. Nach dem Englischen des Herrn Burke, neu-bearbeitet mit einer Einleitung, Anmerkungen, politischen Abhandlungen, und einem critischen Verzeichniß der in England über diese Revolution erschienenen Schriften von Friedrich Gentz. Teil 1. Berlin 1793, S. 9.
343 Hans Fenske: Politisches Denken von der Französischen Revolution bis zur Gegenwart, S. 377–586, hier S. 416.

lautet *An answer to Mr. Burke's Attack on the French Revolution* – die Menschen für mündig, ihr Schicksal selbst in die Hand zu nehmen. Indem Zimmermann seinen Gegenspieler in die Nähe zu Paine rückt, diskreditiert er ihn nicht nur, sondern bringt auch seine berufliche Existenz als „Churbraunschweigischer Oberhauptmann" in Gefahr. Zwar gewann Knigge letztlich den gegen Zimmermann angestrengten Verleumdungsprozess, allerdings wurde damit nicht über die Richtigkeit der Vorwürfe entschieden, sondern nur darüber, ob Zimmermann befugt sei, sie zu erheben.[344]

Wichtiger als der *juristische* Diskurs ist in diesem Zusammenhang die *literarische* Reaktion Knigges auf die Anwürfe Zimmermanns und Hoffmanns. Auf ihre Kritik reagierte Knigge mit einem Epitext zu seinem Roman, nämlich *Josephs von Wurmbrand [...] politisches Glaubensbekenntniß, mit Hinsicht auf die französische Revolution und ihre Folgen* (1792),[345] einer „Art Verlängerung" der *Geschichte der Aufklärung in Abyssinien* „durch die erneute Wortergreifung eines ihrer Protagonisten."[346] Dort unternimmt Knigge den kühnen Versuch, einerseits die Revolution zu rechtfertigen und andererseits Strategien der Revolutionsvermeidung in Deutschland zu propagieren. Zugleich sollte das *Glaubensbekenntniß* die eigene Stellung in hannoverschen Diensten sichern – ein Vorhaben, das nur bedingt erreicht wurde, schließlich erhielt Knigge unmittelbar nach der Publikation einen Verweis von der Hannoverschen Regierung.[347] In der *Vorrede* distanziert sich Knigge von den „Enragés", also von den energischen Verfechtern der Revolution, und erklärt, jede Regierungsform sei gut, solange sie sich im Einklang mit der fortschreitenden Aufklärung befinde.[348]

---

344 Vgl. zu dem Prozess die Darstellung von Carl Haase: Knigge contra Zimmermann. Die Beleidigungsklage des Oberhauptmanns Adolph Franz Friedrich Freiherr Knigge (1752–1796) gegen den Hofmedicus Johann Georg Ritter von Zimmermann (1728–1795). In: Niedersächsisches Jahrbuch für Landesgeschichte 57 (1985), S. 137–159.
345 Vgl. Adolph Freiherr Knigge: Josephs von Wurmbrand, kaiserlich abyssinischen Ex-Ministers, jezzigen Notarii caesarii publici in der Reichsstadt Bopfingen, politisches Glaubensbekenntniß, mit Hinsicht auf die französische Revolution und deren Folgen. In: Ders.: Werke. Hrsg. von Pierre-André Bois u. a. Bd. 4. Hrsg. von Paul Raabe. Göttingen 2010, S. 211–290.
346 Göttert: Knigge, S. 221.
347 Vgl. Haase: Knigge contra Zimmermann, S. 144.
348 Vgl. Knigge: Josephs von Wurmbrand [...] politisches Glaubensbekenntniß, S. 214: „Uebrigens hoffe ich, daß selbst Die, welche mich zuweilen beschuldigen, ich sey zu partheiisch für eine demokratische Verfassung, wenn sie dies Buch einiger Aufmerksamkeit bis an das Ende würdigen wollen, finden werden, daß ich über diese Gegenstände nachgedacht habe; daß ich nicht zu den *enragés* gehöre; daß ich vielmehr glaube, man könne ruhig und froh leben in jedem Lande, die Regierungsform möge auch seyn, welche sie wolle, wenn nur eine weise Gesezgebung alle Stände gegen einander vor Mishandlung sichert, und daß ich behaupte, wir haben in Teutschland keine Revolution, weder zu befürchten, noch zu wünschen Ursache, wenn nur die verschiednen Re-

Dieser apologetische Grundton prägt auch die Wurmbrand zugeschriebene Einleitung, in der dieser auf die *Geschichte der Aufklärung in Abyssinien* Bezug nimmt und dabei eingesteht, sein Vetter Noldmann könne wegen seines temperamentvollen Stils missverstanden werden. Allerdings sei es diesem nie darum gegangen, das abyssinische Modell zu verabsolutieren oder gar „den Reformator zu spielen", sondern nur um die Darstellung des Ideals

> von einer, nach den Grundsäzzen der reinsten Vernunft und natürlichen Billigkeit errichteten Verbindung der Menschen zu einem Staatskörper. Es kömt hier nicht auf die Möglichkeit der Ausführung, der Erreichung eines solchen Ideals, sondern darauf kömt es an, daß man, durch Betrachtung desselben, sich überzeuge, wie weit man sich von demselben entfernt hat, damit man, bey Gründung einer neuen Constitution, einen Maaßstab habe, wonach man bestimmen möge, welche Schritte man zurükthun muß, um dem Ideale nahe zu kommen. Ueber solche, der ganzen Menschheit wichtige Gegenstände kann nie genug nachgedacht, gesagt und geschrieben werden. Uebrigens kann man ein sehr ruhiger Bürger seyn und dennoch manches in seinem Vaterlande anders wünschen, als es ist, sich auch darüber gelegentlich deutlich herauslassen.[349]

Die Verteidigungsstrategie ist offensichtlich. Sie rückt die Handlung des Romans in die Nähe der Utopie, die lediglich einen abstrakten Maßstab für die Reflexion über den bestmöglichen Staat geben solle, und betont zugleich, dass dieses Nachdenken keine negativen Folgen für das Verhalten der einzelnen Bürger habe.

In den folgenden acht Kapiteln untersucht die Abhandlung zum einen die Ursachen der Französischen Revolution und diskutiert ihre Legitimation und geht zum anderen der Frage nach, wie ähnliche Entwicklungen in Deutschland zu verhindern seien. Dabei zeigt sich schnell, dass Knigge/Wurmbrand seine defensive Position bald aufgibt: Die Revolution erscheint als natürliches Ereignis, das als zwangsläufige Folge eines unmenschlichen Despotismus erfolgt sei.[350] In diesem Zusammenhang seien auch die Gewalttaten zu rechtfertigen.[351] Alle eu-

---

gierungen, statt die Aufklärung zu hindern, mit ihr Hand in Hand fortrükken und die Mittel, Ordnung zu erhalten, mit der Stimmung des Zeitalters in ein richtiges Verhältnis sezzen."
349 Ebd., S. 219.
350 Vgl. ebd., S. 228: „Schreibe dem Meere vor, wie weit es fortströhmen soll, wenn es den Damm durchbricht, den Jahrhunderte untergraben haben!"
351 Vgl. ebd., S. 228: „Und wenn auch bey solchen gewaltsamen Umwälzungen Scenen vorfallen, bey deren Anblikke die Menschheit zurükschaudert; wer trägt dann die Schuld dieser Gräuel? Ganz gewiß mehr die, gegen welche man sich empört, (oder vielleicht ihre Väter) als die Empörer selbst – Auf sie, die entweder durch despotische Mishandlungen das Volk auf's Aeusserste gebracht, oder durch Beyspiel und Beförderung des schändlichsten Luxus und aller Wollüste wahren Seelen-Adel und Einfalt der Sitten in allen Klassen der Bürger zerstört, oder wenigstens, sorglos in ihrem Berufe, von boshaften, gleißnerischen, raubsüchtigen Schranzen umgeben, die

ropäischen Staatsverfassungen befänden sich in einem eklatanten Missverhältnis zu den Anforderungen des Tages,[352] so dass Revolutionsverhinderung nur durch die Anpassung der Staatsorganisation an die fortgeschrittene Aufklärung zu erreichen sei. Die französische Verfassung erscheint hingegen als Muster einer philosophischen Staatsordnung.[353] Im Kontrast dazu stehen die Passagen, in denen Wurmbrand die Monarchie als beste Staatsform lobt.[354] Allerdings handelt es sich hier um ein offensichtliches Beschwichtigungsmanöver, das noch dazu halbherzig ausfällt: Das Bild der Monarchie hebt ja gerade darauf ab, dass der Monarch jederzeit mit seiner Absetzung rechnen müsse, wenn er schlecht regiere.

Das *Politische Glaubensbekenntnis* ist also von inhärenten Spannungen geprägt: Einerseits postuliert Knigge abstrakte Thesen über die beste Staatsform, die für sich betrachtet unverfänglich sind. Andererseits fordert er, dass für ein aufgeklärtes Jahrhundert lediglich eine aufgeklärte Regierungsform tauge, wie sie gerade in Frankreich entstehe. In letzter Konsequenz müssten sich die Herrschenden dem Willen des Volkes anpassen oder aber einer revolutionären Naturgewalt erliegen. In diesem Zusammenhang kommt für Knigge des Intellektuellen eine zentrale Rolle zu, artikulierten sie doch die „allgemeine Stimme des Volks".[355]

Knigges Verteidigungsschrift, die von wütenden Angriffen auf „Hoffmann, elenden und jämmerlichen Andenkens" durchsetzt ist,[356] ließ die Debatte aber-

---

Unterthanen der Verführung, der Plünderung und dem Drukke preis gegeben, es gegen jede Herrschaft, gegen jeden Zwang erbittert, alle Herzen von sich abgelenkt haben – Auf ihnen ruht die Sünde."

352 Vgl. ebd., S. 266: Für Knigge ist offensichtlich, „daß die Regierungen der mehrsten cultivirten Staaten nach und nach Maximen angenommen haben, die in dem allerauffallendsten Contraste mit den ersten Grundsäzzen des gesellschaftlichen Vertrags stehen".

353 Vgl. ebd., S. 247: „Untersuchen wir unpartheyisch die Grundsäzze, auf welchen die neue Constitution beruht; so ist es unmöglich, zu leugnen, daß sie den Stempel der gesundesten, reinsten Vernunft tragen. Was die hellsten Köpfe aller Zeitalter einzeln über Menschen-Rechte, Menschen-Verhältnisse und über die reinen Zwekke aller gesellschaftlichen Verträge gesagt haben, das findet man hier in der einfachsten, deutlichsten Ordnung dargestellt und zum Fundament einer Gesezgebung hingelegt, wie es noch nie eine natürlichere, gerechtere in irgend einem Lande der Welt gegeben hat."

354 Vgl. ebd., S. 263f.: „Ja – und vielleicht wird man sich wundern, mich aus diesem Tone reden zu hören – ich glaube fast – obgleich ich anfangs erklärt habe, daß ich hierüber nichts zu entscheiden wagen würde, daß die monarchische Form vielleicht die zwekmäßigste von allen ist. Ich sezze dabei voraus, daß der Monarch ein weiser und guter Mann sey. Ist er das nicht; so muß er wagen, was jede inkonsequente Regierung wagt, nämlich, daß es mit seinem Monarchenwesen keinen Bestand habe."

355 Ebd., S. 277.
356 Ebd.

mals eskalieren. Man kann Knigge durchaus eine planvolle Aggressionsstrategie unterstellen: So griff er explizit Burke an und nahm Partei für Thomas Paine (die Nähe zu Paine hatte ihm Zimmermann ja bereits zuvor unterstellt); der Ton der Schrift, die sich in den polemischen Passagen dem Niveau der *Wiener Zeitschrift* anpasste, trug sicher ein Übriges dazu bei.[357]

So reagierte dann Zimmermann mit dem Abdruck von Auszügen aus dem *Wurmbrand* in der *Wiener Zeitschrift*.[358] Diese ließ er weitgehend unkommentiert, rückte aber eine Fußnote über Thomas Paine ein, in der er Knigge scharf attackierte, da er sich als braunschweigischer Beamter illoyal verhalte:

> Wäre Paine ein Engländer, so wäre er wegen seines Buches über Menschenrechte längst gehenkt. Paine ist indessen und bleibet der Abgott unserer deutschen Aufklärer und Volksschulmeister. Die ganze deutsche Aufklärungs-Propaganda, alle deutschen Jakobiner erheben sein Libell über Menschenrechte in den Himmel. Aus diesem Libell sind die Rechtsgründe hergenommen, nach welchen der Churbraunschweigische Oberhauptmann Knigge alle Könige und Fürsten, also auch seinen eigenen Landesherrn, freundlich ermahnt, allen ihren Rechten auf ihre Länder zu entsagen, oder sich gefälligst durch ihre eigenen Unterthanen von ihren Thronen werfen zu lassen.[359]

Auch August Wilhelm Rehberg attackierte in seiner weitgehend sachlichen Rezension in der Jenaer *Allgemeinen Literatur-Zeitung* Knigges prinzipielles Einver-

---

[357] Vgl. ebd., S. 242: „Schmeichler; feile, kriechende Schriftsteller, wie der elende Professor Hoffmann in Wien Einer ist, und alle solche Insekten, die unbemerkt herumkriechen und sich fürchten müsten, zertreten zu werden, wenn sie sich nicht in das Unterfutter der Großen dieser Erde einnisteten". – Im 3. Kapitel der *Reise nach Braunschweig* (1792) vergleicht Knigges Erzähler die *Wiener Zeitschrift* mit menschlichen Ausscheidungen. Vgl. Adolph Freiherr Knigge: Die Reise nach Braunschweig; ein comischer Roman. In: Ders.: Werke. Hrsg. von Pierre-André Bois u. a. Bd. 4. Hrsg. von Paul Raabe. Göttingen 2010, S. 7–146, hier S. 33: „Unterdessen hatten die Zauberkräfte der ungewohnten Stadt-Küche eine sonderbare Umwälzung (Revolution) in den Verdauungs-Werkzeugen des Musjö Valentin Waumann bewürkt; Er konnte nicht einschlafen, vor Kneipen und Reissen – Wie, wenn der Professor Aloisius Hoffmann in Wien, nach unweisem Genusse der gewürzten Speisen der Aufklärung, seinen, an Wasser-Suppen, Fastenspeisen und Klosterkost gewöhnten Magen in dem unsaubern heimlichen Gemache der Wiener Zeitschrift zu entladen sucht; so sehnte sich unser liebenswürdiger Jüngling nach einer ähnlichen Anstalt für seine Bedürfnisse. Er schlich weg von der Seite seines fest schlafenden Erzeugers, irrte im Hause umher, fand endlich das *quasi* hoffmannsche Institut, und kehrte, doch nicht verachtet und verspottet, wie der Professor, nach seiner Schlafstelle zurück."
[358] Vgl. Johann Georg Zimmermann: Politisches Glaubensbekenntniß des Kaiserlich Abissinischen Exministers, jetzigen Churbraunschweigischen Oberhauptmanns und *Notarii caesarii publici* in der Reichstadt Bremen Adolphs Freiherrn Knigge im Auszuge mitgetheilt, von dem Hofrath und Ritter von Zimmermann in Hannover. In: Wiener Zeitschrift 3 (1792), H. 7, S. 55–65.
[359] Ebd., S. 57.

ständnis mit der Revolution.³⁶⁰ Rehberg unterstreicht die Selbstwidersprüche des Textes; vor allem aber hebt er hervor, dass die Rechtfertigung von Gewalt den Zusammenhalt jeder bürgerlichen Gesellschaft unterminiere, weil Rechtssicherheit mit das wichtigste Gut sei.³⁶¹ Dabei hält Rehberg Knigges Schrift nicht zuletzt wegen ihrer sprachlichen Qualitäten für gefährlich: Der Stil sei „äußerst fließend und vorzüglich leicht; dem größern Publico sehr angemessen."³⁶² Diese Gabe, komplexe Sachverhalte so zu reduzieren, dass sie „auf einen beträchtlichen Haufen von Lesern großen Eindruck" machten,³⁶³ sei das eigentliche Skandalon des Textes.³⁶⁴

5.4.6 Fazit

Rehbergs Rezension, die unter Knigges Unterstützern ein großes Echo fand,³⁶⁵ verdeutlicht noch einmal, wie sich im letzten Jahrzehnt des 18. Jahrhunderts die Wertung politischen Erzählens verschoben hat: „Es trat eine völlig neue Situation ein, als jede politische Stellungnahme im Gefolge der Französischen Revolution ein bislang nicht gekanntes Gewicht bekam. Seit 1789 hatte das ‚literarische' Politisieren sein Ende gefunden."³⁶⁶ Knigges Schriften erschienen nun gerade wegen ihrer literarischen und rhetorischen Qualitäten als gefährlich.

Knigge blieb als „Inkarnation des radikalen Aufklärers"³⁶⁷ bis über seinen Tod hinaus ein kontrovers diskutierter und von seinen Widersachern als „Volksaufwiegler und Revolutionsscholarch"³⁶⁸ heftig geschmähter Autor.³⁶⁹ Sein Versuch

---

360 Vgl. [August Wilhelm Rehberg: Rezension von] Josephs von Wurmbrand [...] politisches Glaubensbekenntniß [...]. In: Allgemeine Literatur-Zeitung 261 (3. Oktober 1792), Sp. 17–22. Vgl. zu Rehberg den Beitrag von Gerhard Dongowski: „Bessert, damit nicht eingerissen werde". Reformkonservativismus in der Zeit der Französischen Revolution: August Wilhelm Rehberg. In: Weiß/Albrecht (Hrsg.): Von ‚Obscuranten' und ‚Eudämonisten', S. 521–547.
361 Vgl. Rehberg: Rezension, Sp. 20.
362 Ebd., Sp. 19.
363 Ebd.
364 Vgl. Göttert: Knigge, S. 225.
365 Vgl. Johann Heinrich Meyer: Gerechtigkeit über die Ungerechtigkeiten gegen Knigge, in der allgemeinen Literaturzeitung vom dritten October 1792. Ein Buch über eine Recension. Kiel 1793; [Woldemar Friedrich Graf von Schmettow:] Unmasgeblicher Vorschlag veranlaßt durch Nr. 261, der Jenaischen Allgemeinen Litteratur-Zeitung, vom Jahre 1792. In: Schleswigsches Journal 1793. Bd. 1, S. 19–33.
366 Göttert: Knigge, S. 195.
367 Bethmann/Dongowski: Adolph Freiherr Knigge an der Schwelle zur Moderne, S. 126.
368 Zimmermann: Adolph Freiherr Knigge dargestellt als deutscher Revolutionsprediger und Demokrat, S. 323.

der Rücknahme bewirkte tatsächlich das Gegenteil, zu aufgesetzt wirkt das forcierte Lob des aufgeklärten Absolutismus in einem Text, der die Auswüchse despotischer Herrschaftsausübung als eigentliche Revolutionsursache benennt und zugleich die Aufklärung verteidigt. Knigges Verteidigungsstrategie – und nicht zuletzt sein Geschichtsmodell, das teleologisch auf die Revolution zuläuft – boten seinen Gegnern eine willkommene Gelegenheit, die Aufklärung schlechthin zu denunzieren.

Im Kontext dieser konkurrierenden Aufklärungserzählungen fungieren Knigges Roman und seine Paratexte als Austragungsort hitzig geführter politischer Debatten. Allerdings war man immer weniger bereit, die Lizenzen der Fiktion zu akzeptieren. Die Schutzbehauptungen Knigges wurden von ihm kritisch gegenüberstehenden Zeitgenossen jedenfalls nicht respektiert – langfristig mussten solche entschiedenen Reaktionen auch die Gattung an sich in Verruf bringen. Bezeichnenderweise stimulierte Knigges Roman bis 1818 (!) wiederum eine ganze Reihe von Fortschreibungen, die zum Teil affirmativ, zum Teil kritisch ausfielen.[370] Sie demonstrieren eindrücklich, wie der politische Roman als Medium von Reflexion und Kritik genutzt wurde – und wie sich seine Funktion von der Didaxe hin zur satirischen Warnung an die Obrigkeiten wandelte.

5.5 Bildungsroman und politischer Roman. *Wilhelm Meisters Lehrjahre* (1795/96) von Johann Wolfgang Goethe

Goethes Roman *Wilhelm Meister Lehrjahre* ist nicht allein die Entwicklungsgeschichte eines schwärmerischen Dilettanten, sondern auch ein Text mit dezidiert

---

369 Vgl. den Überblick über die Rezeption Knigges bei Göttert: Knigge, S. 283–301, sowie die instruktive Sammlung von Michael Schlott (Hrsg.): Wirkungen und Wertungen. Adolph Freiherr Knigge im Urteil der Nachwelt (1796–1994). Eine Dokumentensammlung. Göttingen 1998 (Das Knigge-Archiv. Bd. 1).
370 Vgl. [Ernst August Anton von Göchhausen:] Sultan Peter der Unaussprechliche und seine Vezire. [...] 1794; Ders.: Ein paar Worte an das deutsche Publikum über die Schrift Sultan Peter der Unaussprechliche und seine Vezire nebst dem Schlüssel dazu vom Verfasser. o. O. 1795; [Johann Erdmann Keck:] Napthali Wurmbrands Reisen in Abyssinien dreißig Jahre nach der dortigen Aufklärung [...]. Adowa [Leipzig] 1803; [H. C. Schiede:] Cosmopolitische Wanderungen eines Zigeuners [...]. Köln 1806; Julius Voß: Gemälde der Verfinsterung in Abyssinien. Seitenstück zu Benjamin Noldmanns Geschichte der Aufklärung in Abyssinien. Berlin 1818. – Vgl. Harro Zimmermann: Staatsbürger oder Rebell. Göchhausens Roman-Satire gegen den Freiherrn Knigge. In: Ders.: Aufklärung und Erfahrungswandel. Studien zur deutschen Literaturgeschichte des späten 18. Jahrhunderts. Göttingen 1999, S. 175–207.

politischem und ökonomischem Gehalt.³⁷¹ Am deutlichsten wird dies in den letzten beiden Büchern, die in die Welt der Turmgesellschaft führen. Dieser vermeintliche Bruch in der Anlage des Romans hat etliche Leser befremdet. So wendet sich Friedrich von Hardenberg gegen den „[k]ünstlerische[n] Atheismus" des Romans,³⁷² den er beißend als „Candide, gegen die Poësie gerichtet" schmäht.³⁷³ Ein Grund für Hardenbergs Irritation liegt auch in dem sozialen Aufstieg Wilhelms, der am Ende Eingang in die von reformbereiten Adeligen dominierte Turmgesellschaft findet und die Adelige Natalie heiratet.³⁷⁴ Ein „nobilitirter Roman", konstatiert Novalis, und schlägt im selben Atemzug einen neuen Titel für das Werk vor: „Wilhelm Meisters Lehrjahre, oder die Wallfahrt nach dem Adelsdiplom."³⁷⁵

Novalis' Schmähung des Romans als eines „Evangeliums der Oeconomie" artikuliert sein Befremden über die Wendung der Handlung in den letzten beiden Büchern.³⁷⁶ Es dürfte auch damit zusammenhängen, dass sich Goethe dort teilweise einer etablierten Form didaktischen Erzählens anschließt, nämlich dem politischen Roman in der Nachfolge von Fénelons *Télémaque* (1699/1717). Goethe war mit dieser Tradition bestens vertraut: Die Bibliothek des Vater enthielt Fénelons *Télémaque* in der Versübersetzung von Benjamin Neukirch.³⁷⁷ Darüber hinaus stammt die erste deutsche Transformation des Gattungstypus – *Der Red-*

---

371 Vgl. Johann Wolfgang Goethe: Wilhelm Meisters Lehrjahre. Ein Roman. In: Ders.: Sämtliche Werke nach Epochen seines Schaffens. Münchner Ausgabe. Hrsg. von Karl Richter u. a. Bd. 5: Wilhelm Meisters Lehrjahre. Hrsg. von Hans-Jürgen Schings. München 1988. Vgl. auch Christopher Meid: *Wilhelm Meisters Lehrjahre* im Kontext des politischen Romans. In: Goethe-Jahrbuch 134 (2017), S. 149–163.
372 Novalis: Schriften. Bd. 3: Das philosophische Werk 2. Hrsg. von Richard Samuel in Zusammenarbeit mit Hans-Joachim Mähl und Gerhard Schulz. Darmstadt 1968, S. 638.
373 Ebd., S. 646.
374 Vgl. zur romantischen Rezeption des Romans Hendrik Birus: ‚Größte Tendenz des Zeitalters' oder ‚ein Candide, gegen die Poësie gerichtet'? Friedrich Schlegels und Novalis Kritik des *Wilhelm Meister*. In: Karl Eibl/Bernd Scheffer (Hrsg.): Goethes Kritiker. Paderborn 2001, S. 27–43.
375 Novalis: Schriften. Bd. 3, S. 646.
376 Ebd., S. 647.
377 Vgl. Goethe: Aus meinem Leben. Dichtung und Wahrheit, S. 38: „Einen frömmern sittlichern Effekt, als jene mitunter rohen und gefährlichen Altertümlichkeiten machte Fenelons *Telemach*, den ich erst nur in der Neukirchischen Übersetzung kennen lernte, und der, auch so unvollkommen überliefert, eine gar süße und wohltätige Wirkung auf mein Gemüt äußerte." Vgl. ebd., S. 86: „An diese schlossen sich *Neukirch's* Telemach, *Koppen's* Befreites Jerusalem, und andre Übersetzungen. Ich hatte diese sämtlichen Bände von Kindheit auf fleißig durchgelesen und teilweise memoriert, weshalb ich denn zur Unterhaltung der Gesellschaft öfters aufgerufen wurde."

liche Mann am Hofe (1740) – von Goethes Großonkel Johann Michael von Loen.[378] Die Vertrautheit mit Albrecht von Hallers *Usong* (1771), der von Johann Heinrich Merck in den *Frankfurter Gelehrten Anzeigen* scharf verrissen wurde,[379] bezeugt das Motto aus dem Roman, das Goethe der ersten Fassung seines *Götz* voranstellte.[380] Zudem wurde Goethe spätestens seit seinem Umzug nach Weimar lebenspraktisch mit der Frage nach gelingender Fürstenerziehung konfrontiert – einem Gebiet, auf dem literarische und didaktische Praxis oftmals Hand in Hand gingen. So verdankte Christoph Martin Wieland seine Berufung nach Weimar nicht unwesentlich seinem politischen Roman *Der Goldne Spiegel* (1772);[381] auch Wielands Singspiel *Die Wahl des Herkules* (1773) und Goethes Geburtstagsgedicht *Ilmenau* (1783) gehören in diesen Weimarer Kontext.[382]

Hans-Jürgen Schings sieht den Bildungsroman „in einem gezielten Ablöseverhältnis zum Staatsroman"[383] und verweist zu Recht darauf, dass auch Goethes *Lehrjahre* vor dem Hintergrund dieser Tradition zu lesen sind. Zwar hat die Forschung vermehrt den politischen und ökonomischen Gehalt der *Lehrjahre* in den Blick genommen,[384] dabei allerdings den hier nachdrücklich unterstrichenen gattungsgeschichtlichen und -systematischen Zusammenhang, in dem sich Goethe positioniert, weitgehend ignoriert. Doch kann eine Lektüre des Romans,

---

378 Vgl. ebd., S. 81: „Früher, und von mir kaum noch mit Augen gesehen, machte *Johann Michael von Loen* in der literarischen Welt so wie in Frankfurt ziemliches Aufsehen. Nicht von Frankfurt gebürtig hatte er sich daselbst niedergelassen und war mit der Schwester meiner Großmutter Textor, einer gebornen Lindheim, verheiratet. Bekannt mit der Hof- und Staatswelt, und eines erneuten Adels sich erfreuend, erlangte er dadurch einen Namen, daß er in die verschiedenen Regungen, welche in Kirche und Staat zum Vorschein kamen, einzugreifen den Mut hatte. Er schrieb den *Grafen von Rivera*, einen didaktischen Roman, dessen Inhalt aus dem zweiten Titel: *oder der ehrliche Mann am Hofe*, ersichtlich ist. Dieses Werk wurde gut aufgenommen, weil es auch von den Höfen, wo sonst nur Klugheit zu Hause ist, Sittlichkeit verlangte; und so brachte ihm seine Arbeit Beifall und Ansehen."
379 Vgl. [Merck: Rezension von] Usong; vgl. dazu Kap. 4.7.2 dieser Arbeit.
380 Vgl. Goethe: Geschichte Gottfriedens von Berlichingen mit der eisernen Hand, S. 387.
381 Vgl. Seuffert: Wielands Berufung nach Weimar.
382 Vgl. Andrea Heinz: Wieland und das Weimarer Theater (1772–1774). Prinzenerziehung durch das Theater als politisch-moralisches Institut. In: Marcus Ventzke (Hrsg.): Hofkultur und aufklärerische Reformen in Thüringen. Die Bedeutung des Hofes im späten 18. Jahrhundert. Köln/Weimar/Wien 2002, S. 82–97. Vgl. Theo Stammen: „Ilmenau den 3. September 1783". Über Goethes Verhältnis zur Politik. In: Andrea Bartl u. a. (Hrsg.): „In Spuren gehen...". Festschrift für Helmut Koopmann. Tübingen 1998, S. 93–126.
383 Schings: Der Staatsroman im Zeitalter der Aufklärung, S. 154.
384 Mit politischen und ökonomischen Aspekten des Werks hat sich zuletzt André Lottmann auseinandergesetzt: Arbeitsverhältnisse. Der arbeitende Mensch in Goethes *Wilhelm Meister*-Romanen und in der Geschichte der Politischen Ökonomie. Würzburg 2011 (Epistemata. Reihe Literaturwissenschaft. Bd. 724).

die ihn in Bezug zur Tradition des politischen Erzählens setzt, nicht nur dazu beitragen, einige Aspekte des Textes schärfer zu profilieren, sondern auch zugleich verdeutlichen, welche Transformationen der politische Roman in den 1790er Jahren durchmacht.[385] Dabei ist aber vor teleologischen Vereindeutigungen zu warnen: Zweifellos nimmt Goethes Bildungsroman etliche Elemente des politischen Romans auf, das gilt aber ebenso für andere Romangenres.

5.5.1 Erziehung

Die Parallelen zwischen den Erziehungsnarrativen des politischen Romans und der Anlage der *Lehrjahre* liegt auf der Hand: Auch hinter Wilhelm Meisters Bildungsgang steht eine didaktische Instanz – in seinem Fall die Turmgesellschaft, deren Abgesandte ihren Einfluss auf den Protagonisten ausüben.[386] Sowohl die Erziehungswege des politischen Romans als auch der Bildungsweg Wilhelm Meisters werfen die Frage nach ihrem Ziel auf.[387] Doch während im Fall des politischen Romans das Telos klar definiert ist – es geht um den Erwerb einer für gute Herrschaft notwendigen Gesinnung und Fähigkeiten[388] –, verhält es sich in den *Lehrjahren* weniger eindeutig. Bereits Schiller bemängelte, dass der eigentliche „*Ideen*Inhalt" nicht klar genug herausgearbeitet werde.[389] Für Rezipienten, die eindeutige Aussagen verlangten, war der Roman zu deutungsoffen, für Leser wiederum, die wie Novalis reine Poesie erwarteten, war die Institution der Turmgesellschaft zu didaktisch.

---

385 Einen entsprechenden Versuch im Hinblick auf Traditionen des Hohen Romans der Frühen Neuzeit hat zuletzt Felicitas Igel unternommen: „Wilhelm Meisters Lehrjahre" im Kontext des hohen Romans. Würzburg 2007 (Literatura. Bd. 19).
386 Vgl. Rosemarie Haas: Die Turmgesellschaft in ‚Wilhelm Meisters Lehrjahren'. Zur Geschichte des Geheimbundromans und der Romantheorie im 18. Jahrhundert. Bern u. a. 1975; Hans-Jürgen Schings: ‚Wilhelm Meister' und das Erbe der Illuminaten. In: Walter Müller-Seidel/Wolfgang Riedel (Hrsg.): Die Weimarer Klassik und ihre Geheimbünde. Würzburg 2002, S. 177–201.
387 Vgl. generell Frick: Providenz und Kontingenz.
388 Vgl. Nicolai-Haas: Der erste deutsche Geheimbundroman, S. 268: Bei Terrasson gehe es darum, „daß der Prinz, durch den Geheimbund erzogen und geleitet, zum Träger aufgeklärt-humanitärer Ideale werden kann".
389 Friedrich Schiller: Brief an Johann Wolfgang Goethe, 8.7.1796. In: Johann Wolfgang Goethe: Sämtliche Werke nach Epochen seines Schaffens. Münchner Ausgabe. Hrsg. von Karl Richter u. a. Bd. 8.1: Briefwechsel zwischen Schiller und Goethe in den Jahren 1794 bis 1805. Hrsg. von Manfred Beetz. München 1990, S. 205.

5.5 Bildungsroman und politischer Roman — 501

Die grundlegende Spannung zwischen strenger Konstruktion und inhaltlicher Offenheit,[390] zwischen teleologischer Rahmung durch einen Geheimbund, der strukturell dem Götterapparat des Epos verwandt ist,[391] und den Wirrungen des Protagonisten, der auch am Ende noch Spielball ihm überlegener Individuen bleibt, steht in Kontrast zu den harmonisierenden Bemühungen des politischen Erzählens: In Loens *Redlichem Mann am Hofe* agiert der Graf von Rivera nicht nur als ausführendes Organ der Vorsehung, er ist sich noch dazu dessen völlig bewusst und kann auf dieser Basis mit der notwendigen Gelassenheit vorgehen.[392] Wilhelm Meister hingegen ist Objekt eines für ihn über weite Teile frustrierenden Experiments,[393] seine eigenen Zielvorstellungen erweisen sich größtenteils als falsch.[394] Auch für den Leser bleibt lange unklar, was es mit den immer wieder erscheinenden Figuren, die auf Wilhelm einwirken, auf sich hat, hält sich doch der heterodiegetische Erzähler, der sich etwa zu Beginn des zweiten Buchs deutlich hervortritt, in den letzten Büchern auffällig zurück, vergibt Informationen nur sparsam und erzählt zunehmend aus der Mitsicht der oftmals ratlosen Titelfigur.[395]

In dieser Konstruktion nimmt, wie bereits erwähnt, die Turmgesellschaft die Funktion eines Mentors ein. Ihre Rituale ähneln Praktiken von Freimaurern und Illuminaten,[396] ohne dass man dadurch dem Roman eine eindeutige illuminatische Botschaft unterlegen könnte. Die Bedeutung des befremdlichen Mummenschanzes liegt eher darin, Aufklärungsprozesse als graduell und für jedermann gleichermaßen erreichbar darzustellen: Bereits in Terrassons *Sethos*, dem Vorbild aller Geheimbundromane, vertritt die Geheimgesellschaft aufgeklärte Werte, die sie gelegentlich durch theatralische Aktionen für weniger bzw. noch nicht aufgeklärte Geister bebildert: „Wo die Eingeweihten geheimnisvoll in Bildern spre-

---

[390] Bereits Schiller beklagt: „Das achte Buch gibt nun zwar einen *historischen* Aufschluß über alle einzelnen Ereignisse, die durch jene Maschinerie gewirkt wurden, aber den *ästhetischen* Aufschluß über den innern Geist, über die poetische Notwendigkeit jener Anstalten gibt es nicht befriedigend genug" (ebd., S. 204).
[391] Vgl. ebd., S. 203: „Der Roman, so wie er da ist, nähert sich in mehrern Stücken der Epopee, unter andern auch darin, daß er Maschinen hat, die in gewissem Sinne die Götter oder das regierende Schicksal darin vorstellen."
[392] Vgl. Loen: Der Redliche Mann am Hofe, S. 14.
[393] Vgl. Schiller: Brief an Goethe, 8.7.1796, S. 203: „Meisters Lehrjahre sind keine bloß blinde Wirkung der Natur, sie sind eine Art von Experiment."
[394] Vgl. die durchgehende Deutung des Theaters als Irrweg, die besonders schroff durch Jarno erfolgt. Vgl. etwa Goethe: Wilhelm Meisters Lehrjahre, S. 191, S. 552.
[395] Vgl. die gründliche Beschreibung der erzählerischen Faktur der *Lehrjahre* von Carina Gröner: Textgewebe: Goethes Erzähler in den Wilhelm-Meister-Romanen. Bielefeld 2019, S. 78–127.
[396] Vgl. Haas: Die Turmgesellschaft in ‚Wilhelm Meisters Lehrjahren'.

chen, da geschieht es, um dem kindlichen Fassungsvermögen der Menschen entgegenzukommen".[397] Die Turmgesellschaft der *Lehrjahre* zitiert solche Vorstellungen, befindet sich aber zu einem Zeitpunkt ihrer Entwicklung, an dem sie bald darauf verzichten wird. So sind dann auch die ägyptisierenden Elemente der Romanhandlung der *Lehrjahre* bereits für die Protagonisten ein Traditionsüberschuss, der langsam aber sicher seine Relevanz verliert. Laut Jarno – und zu Wilhelm Meisters Ärger[398] – handelt es sich bei der Ausstattung des Turmes und den Ritualen um „Reliquien von einem jugendlichen Unternehmen, bei dem es anfangs den meisten Eingeweihten großer Ernst war, und über das nun alle gelegentlich nur lächeln".[399]

Nun ist Wilhelm Meister bekanntlich kein Prinz, der eines Tages regieren wird, sondern der Sohn eines reichen Kaufmanns, der in einer ständischen Gesellschaft seinen Ort sucht. Meisters Theatromanie erscheint in diesem Zusammenhang als Kompensationsleistung; für ihn ist dient das „Theater als Metapher adliger Lebensführung".[400] Dementsprechend entwickelt er sein Bildungsprogramm, das eben nicht die ‚Botschaft' des Romans darstellt, in Auseinandersetzung mit den unterschiedlichen Möglichkeiten von Bürgerlichen und Adeligen.[401] Dem Bürgerlichen sei es verwehrt, seine ganze Person auszubilden; lediglich auf dem Theater könne er zu „jener harmonischen Ausbildung [s]einer Natur" gelangen, die ihm wegen seiner „Geburt versagt" sei.[402]

Für Wilhelm spielt der Adel als Folie der eigenen Entwicklung eine wesentliche Rolle; er interagiert regelmäßig mit Angehörigen dieses Standes, wenn auch selten auf Augenhöhe, wie die Demütigungen demonstrieren, die sich aus der subalternen Rolle des Schauspielers ergeben.[403] Wilhelms Vorliebe für den Adel resultiert weniger aus einer genauen Vorstellung der öffentlich-politischen Sphäre, sondern ist vornehmlich kulturell und literarisch geprägt. Dabei kommen persönliche Dispositionen mit überindividuell relevanten Problemen zusammen. So bündelt sich in dem Motiv vom kranken Königssohn der thematische Komplex

---

397 Nicolai-Haas: Der erste deutsche Geheimbundroman, S. 278.
398 Vgl. Goethe: Wilhelm Meisters Lehrjahre, S. 549: „Also mit diesen würdigen Zeichen und Worten spielt man nur, rief Wilhelm aus, man führt uns mit Feierlichkeit an einen Ort, der uns Ehrfurcht einflößt, man läßt uns die wunderlichsten Erscheinungen sehen, man gibt uns Rollen voller herrlichen, geheimnisreichen Sprüche, davon wir freilich das wenigste verstehn, man eröffnet uns: daß wir bisher Lehrlinge waren, man spricht uns los, und wir sind so klug wie vorher."
399 Ebd.
400 Dieter Borchmeyer: Höfische Gesellschaft und französische Revolution bei Goethe. Adeliges und bürgerliches Wertesystem im Urteil der Weimarer Klassik. Kronberg/Ts. 1977, S. 23.
401 Vgl. Goethe: Wilhelm Meisters Lehrjahre, S. 289.
402 Ebd., S. 290.
403 Vgl. besonders das dritte Buch des Romans.

von Unglück, Krankheit und Heilung, ohne dass vergessen werden sollte, dass es auch eine ständische Komponente besitzt. Auch wenn seine wesentliche Bedeutung für den Text zweifellos darin liegt, dass es das Thema von unglücklicher Liebe und nicht zuletzt von der Heilung anspricht und damit den Roman auch zu einer Heilungsgeschichte macht,[404] ist nicht unwichtig, dass Wilhelms früheste Identifikationsfigur ein Prinz ist und so sein Weg immer in Bezug zur Sphäre von adeliger Repräsentation – aber eben nicht von adeliger politischer Tätigkeit! – inszeniert und gedeutet wird.[405] Dass Wilhelm seinen größten Erfolg auf dem Theater in der Rolle des dänischen Prinzen Hamlet erlebt, sei nur am Rande erwähnt; und auch die aus Tassos *Befreitem Jerusalem* übernommene Motivstruktur um *Tankred und Chlorinde* gehört in diesen Zusammenhang: „Kranke Prinzen werden zum Ausdruck von Wilhelms Innenwelt".[406]

Auch der Romanschluss zitiert überkommene Formen des Erzählens. Die Reihe von Eheschließungen verweist auf den höfisch-historischen Roman des 17. Jahrhunderts (so endet zum Beispiel Ziglers *Asiatische Banise* mit den Hochzeitsfeierlichkeiten für drei Paare, die wiederum die Restitution legitimer Herrschaft besiegeln),[407] aber auch auf den politischen Roman der Aufklärung. In all diesen Fällen geht es um dynastische Verbindungen und soziale Stabilisierung. Loens *Redlicher Mann am Hofe* schließt mit der Hochzeit des Protagonisten mit der Gräfin von Monteras;[408] zuvor hat der König standesgemäß die Prinzessin von Argilia geheiratet.[409] Die ständischen Differenzierungen bleiben also gewahrt, auch wenn zuvor (allerdings adelsintern) durchaus andere Optionen erwogen wurden – schließlich hatte der König lange Zeit vergeblich der Gräfin von Monteras nachgestellt und gegen seinen gräflichen Nebenbuhler intrigiert. Alles fügt sich, wie es soll und sozial angemessen ist – anders als in *Wilhelm Meisters Lehrjahren*. Wenn dort der Adelige Lothario die Bürgerliche Therese und der

---

404 Vgl. Hans-Jürgen Schings: Einführung. In: Goethe: Wilhelm Meisters Lehrjahre, S. 613–643, hier S. 636 f.
405 Vgl. Schings: Der Staatsroman im Zeitalter der Aufklärung, S. 154: Wilhelm Meister sei „lediglich symbolisch der ‚kranke Königssohn' mit den theatralischen Prinzenrollen [...]" gewesen, „der schließlich, ein anderer Saul, entsagend ein ‚Königreich'" gefunden habe.
406 Schings: Einführung, S. 634.
407 Vgl. Zigler: Die Asiatische Banise, S. 403.
408 Loen: Der Redliche Mann am Hofe, S. 323. Der Erzähler ist sich der Konventionalität dieser Schlusswendung durchaus bewusst: „Wann am Ende eines Schau-Spiels die Haupt-Personen zur Heyrath schreiten, so gehen die Zuschauer schon auseinander: Die schönste Vorstellungen scheinen alsdann überflüßig. Diesen Schluß hat die Gewohnheit und ein allgemeiner Beyfall der Menschen zur Regel gemacht: Wir wollen auch hier solche beobachten, und den Leser nicht länger aufhalten."
409 Vgl. ebd., S. 257.

Bürgerliche Wilhelm Meister die Adelige Natalie heiratet, wird damit die Verschränkung ständischer Zugehörigkeiten sorgfältig inszeniert, allerdings ebenso wie die dynastischen Eheschließungen im Hinblick auf politischen und ökonomischen Nutzen. Diese für etliche zeitgenössische Leser anstößigen „Mißheuraten"[410] verweisen auf eines der zentralen politischen Motive des Romans: Es geht um das Zusammengehen der Eliten angesichts dynamischer Herausforderungen, nicht um egalitäre oder gar proto-demokratische Anwandlungen.[411]

Nun reflektiert am Ende des Romans Wilhelm Meister noch einmal den Weg, den er zurückgelegt hat – und wieder ist, wenn auch ironisch gebrochen, das Motiv des Prinzen präsent. Friedrich erinnert Wilhelm Meister an die Vergangenheit; als dieser beschämt abwehrt, vergleicht ihn Friedrich mit dem biblischen Saul, „der ausging seines Vaters Eselinnen zu suchen, und ein Königreich fand". Wilhelm Meister wiederum erklärt, er „kenne den Wert eines Königreichs nicht", habe aber „ein Glück erlangt [...], das [er] nicht verdiene, und das [er] mit nichts in der Welt vertauschen möchte".[412] Diese abschließende Depotenzierung der heroischen Sphäre lässt bezeichnenderweise offen, wie stabil dieses Glück denn bleiben werde.

---

410 Friedrich Schiller: Brief an Johann Wolfgang Goethe, 5.7.1796. In: Briefwechsel zwischen Schiller und Goethe, S. 198.
411 Vgl. Hans Rudolf Vaget: Liebe und Grundeigentum in *Wilhelm Meisters Lehrjahren*. Zur Physiognomie des Adels bei Goethe. In: Peter Uwe Hohendahl/Paul Michael Lützeler (Hrsg.): Legitimationskrisen des deutschen Adels 1200–1900. Stuttgart 1979 (Literaturwissenschaft und Sozialwissenschaft. Bd. 11), S. 137–157. Vgl. auch Lotharios Äußerungen über die Ständeschranken: Goethe: Wilhelm Meisters Lehrjahre, S. 509: „Wie viel glücklicher wären Männer und Frauen, wenn sie mit freien Augen umher sehen, und bald ein würdiges Mädchen, bald einen trefflichen Jüngling, ohne andere Rücksichten, durch ihre Wahl erheben könnten. Der Staat würde mehr, vielleicht bessere Bürger haben, und nicht so oft um Köpfe und Hände verlegen sein." – Auch der Protagonist von Sintenis' *Theodor*, der in einer Einsiedelei von dem rousseauistisch beeinflussten Hofmeister Rothe erzogen wird, heiratet am Ende des Romans eine Bürgerliche: Im empfindsam gezeichneten Familienidyll wird ständische Differenzierung unwichtig. Der Roman verbindet überdies die Darstellung physiokratischer Reformen mit volksaufklärerischen Tendenzen. Vgl. [Christian Friedrich Sintenis:] Theodor, oder über die Bildung der Fürstensöhne zu Menschen. 2 Bde. Berlin 1786. Vgl. Helmut Möller: Christian Friedrich Sintenis: Ein vergessener Autor am Ausgang der ‚Hausväter'-Zeit. In: Zeitschrift für deutsche Philologie 78 (1959), S. 164–180; Biesterfeld: Der Fürstenspiegel als Roman, S. 483–497.
412 Goethe: Wilhelm Meisters Lehrjahre, S. 610.

5.5.2 Reform

Die Romane von Fénelons *Télémaque* bis hin zu Wielands *Goldnem Spiegel* machen politische und ökonomische Theorie und ihre Umsetzung zu einem wesentlichen Bestandteil der Romanfiktion. Auch Goethes *Lehrjahre* enthalten entsprechende Passagen, die allerdings quantitativ keine bedeutende Position einnehmen, sehr wohl aber qualitativ, indem sie gegen Ende des Romans einen Gegensatz zur bis dahin dominierenden Welt des Theaters etablieren und für jeden zeitgenössischen Leser erkennbar auf ein Gattungsmuster rekurrieren, das im bisherigen Verlauf der Romanhandlung allenfalls subkutan wahrnehmbar war.

Eher beiläufig erfährt der Leser von den ökonomischen Plänen Lotharios und ihrer Verwirklichung.[413] Bereits die erste Beschreibung von Lotharios Schloss aus Wilhelms Perspektive hebt auf die gepflegten Felder der Umgebung ab:

> Alle äußere Symmetrie, jedes architektonische Ansehn, schien dem Bedürfnis der innern Bequemlichkeit aufgeopfert zu sein. Weder eine Spur von Wall und Graben war zu sehen, eben so wenig als von künstlichen Gärten und großen Alleen. Ein Gemüse- und Baumgarten drang bis an die Häuser hinan und kleine nutzbare Gärten waren selbst in den Zwischenräumen angelegt. Ein heiteres Dörfchen lag in einiger Entfernung, Gärten und Felder schienen durchaus in dem besten Zustande.[414]

Die unmittelbare Anschauung beglaubigt den Erfolg: Das erinnert an Mentor im *Télémaque*, der dem aus dem Krieg zurückkehrenden Dauphin das Ergebnis seiner Reformbemühungen zeigt und diese zum Anlass nimmt, ihm ökonomische Weisheiten zu vermitteln;[415] anders aber als Télémaque ist Wilhelm Meister nicht aufnahmefähig und nimmt seine Umgebung lediglich desinteressiert zur Kenntnis, „ohne viel über das was er sah nachzudenken".[416] Erst die Gespräche mit Lothario und Werner führen dazu, dass Wilhelm eine erste Vorstellung von ökonomischen Zusammenhängen bekommt. In den *Lehrjahren* geht es nicht wie bei Fénelon um den Umbau eines Staates, sondern um Verbesserungen auf dem

---

413 Die beste Zusammenfassung bei Bernd Mahl: Goethes ökonomisches Wissen. Grundlagen zum Verständnis der ökonomischen Passagen im dichterischen Gesamtwerk und in den ‚Amtlichen Schriften'. Frankfurt am Main/Bern 1982 (Tübinger Studien zur Literatur. Bd. 6). – Vgl. auch Franziska Schößler: Goethes *Lehr-* und *Wanderjahre*. Eine Kulturgeschichte der Moderne. Tübingen/Basel 2002, S. 142–155.
414 Goethe: Wilhelm Meisters Lehrjahre, S. 425.
415 Vgl. Fénelon: Les Aventures de Télémaque, S. 521: „Avez-vous remarqué l'état de la campagne autour de la ville?| – Oui – reprit Télémaque – j'ai vu partout le labourage en honneur et les champs défrichés."
416 Goethe: Wilhelm Meisters Lehrjahre, S. 425.

Grundbesitz eines Adeligen. Diese zielen darauf ab, eine grundsätzliche Gemeinsamkeit der Interessen zwischen den Ständen herzustellen, wie Lothario erläutert:

> Ich übersehe sehr deutlich, daß ich in vielen Stücken, bei der Wirtschaft meiner Güter, die Dienste meiner Landleute nicht entbehren kann, und daß ich auf gewissen Rechten strack und streng halten muß; ich sehe aber auch, daß andere Befugnisse mir zwar vorteilhaft, aber nicht so unentbehrlich sind, daß ich davon meinen Leuten auch was gönnen kann, und daß man nicht immer verliert, wenn man entbehrt. Nutze ich nicht meine Güter weit besser als mein Vater? werde ich meine Einkünfte nicht noch höher treiben? und soll ich diesen wachsenden Vorteil allein genießen? soll ich dem, der mit und für mich arbeitet, nicht auch in dem Seinigen Vorteile gönnen, die uns erweiterte Kenntnisse, die uns eine vorrückende Zeit darbietet?[417]

Diese patriotische Gesinnung des „edlen Lothario"[418] bildet auch die Grundlage seiner Steuerpläne.[419] Er betrachtet sich als Teil des Staats, der ebenso wie andere Glieder zur Finanzierung des Gemeinwesens über Steuern beitragen möchte. Hingegen nimmt er überkommene Adelsprivilegien eher als Hindernis auf dem Weg zu einer effektiven Landwirtschaft an. Grundlegend ist die freiwillige Aufgabe zentraler Adelsprivilegien. Lothario beschreibt hier in deutlicher Nähe zu physiokratischen Konzepten, wie eine intensivierte und rationalisierte Nutzung der natürlichen Ressourcen den Ertrag steigert. Da in physiokratischer Perspektive der Reichtum einer Nation von der Landwirtschaft geschaffen und erwirtschaftet wird, ist die entschiedene Förderung des Agrarsektors essentiell für die Blüte eines Staats.[420]

Das sieht auch Lothario. Für ihn ist die sinnvolle Bewirtschaftung der Ländereien, die nicht mehr als Lehen vergeben, sondern auch vererbt und verkauft werden sollen, für das ganze Staatswesen gewinnbringend und nützlich. Wahrer Patriotismus zeige sich in guter Steuermoral:

> Mir kommt kein Besitz ganz rechtmäßig, ganz rein vor, als der dem Staate seinen schuldigen Teil abträgt.
> Wie? sagte Werner, so wollten Sie also lieber, daß unsere freigekauften Güter steuerbar wären?
> Ja! versetzte Lothario, bis auf einen gewissen Grad, denn durch diese Gleichheit mit allen

---

417 Ebd., S. 432.
418 Ebd., S. 465.
419 Vgl. Rudolf Vierhaus: „Patriotismus" – Begriff und Realität einer moralisch-politischen Haltung. In: Ders.: Deutschland im 18. Jahrhundert. Politische Verfassung, soziales Gefüge, geistige Bewegungen. Ausgewählte Aufsätze. Göttingen 1987, S. 96–109.
420 Vgl. Gömmel/Klump: Merkantilisten und Physiokraten in Frankreich, S. 115.

übrigen Besitzungen, entsteht ganz allein die Sicherheit des Besitzes. Was hat der Bauer in den neuern Zeiten, wo so viele Begriffe schwankend werden, für einen Hauptanlaß, den Besitz des Edelmanns für weniger gegründet anzusehen, als den seinigen? nur den, daß jener nicht belastet ist, und auf ihn lastet.
Wie wird es aber mit den Zinsen unseres Kapitals aussehen, versetzte Werner.
Um nichts schlimmer! sagte Lothario, wenn uns der Staat gegen eine billige regelmäßige Abgabe das Lehns-Hokus-Pokus erlassen, und uns mit unsern Gütern nach Belieben zu schalten erlauben wollte, daß wir sie nicht in so großen Massen zusammenhalten müßten, daß wir sie unter unsere Kinder gleicher verteilen könnten, um alle in eine lebhafte freie Tätigkeit zu versetzen, statt ihnen nur die beschränkten und beschränkenden Vorrechte zu hinterlassen, welche zu genießen wir immer die Geister unserer Vorfahren hervorrufen müssen.[421]

So offenbart sich der Adelige als besserer Staatsbürger als der Kaufmann Werner, der entgegnet, er habe „in [s]einem Leben nie an den Staat gedacht" und seine „Abgaben, Zölle und Geleite [...] nur so bezahlt, weil es einmal hergebracht ist",[422] und so seinen mangelnden Patriotismus offenbart. In diesem in den Roman integrierten Lehrgespräch über Steuern werden sowohl der Leser als auch die Romanfigur Werner belehrt. Lothario reklamiert die Deutungshoheit, wenn er insistiert, er werde Werner „noch zum guten Patrioten" machen. Ein guter Bürger sei nur der, „der vor allen andern Ausgaben das, was er dem Staate zu entrichten hat, zurücklegt."[423]

Diese in den Handlungsverlauf eingestreuten Reflexionen über die richtige patriotische Gesinnung verweisen auf ein wesentliches Ziel, nämlich eine Reform der landwirtschaftlichen Produktionsbedingungen, die mit einer Steuerreform einhergeht. Das entspricht wesentlichen Anliegen der ökonomischen Theorie, die Goethe seit langem vertraut waren. Obwohl die entsprechenden Passagen des Textes knapp gehalten sind, lassen sich immerhin gewisse ökonomische Grundannahmen daraus ableiten. Dabei scheint plausibel, dass Johann Georg Schlossers (noch dazu Goethe gewidmeter) Dialog *Xenokrates oder Ueber die Abgaben* (1784) wichtige Anregungen lieferte.[424] Schlosser plädiert dort in Abgrenzung von

---

421 Goethe: Wilhelm Meisters Lehrjahre, S. 509.
422 Ebd., S. 509 f.
423 Ebd., S. 510.
424 Vgl. Johann Georg Schlosser: Xenocrates oder Ueber die Abgaben (1784). Hrsg. von Rainer Klump. Marburg 2000 (Beiträge zur Geschichte der deutschsprachigen Ökonomie. Bd. 14). Ein Überblick über Schlossers Argumentation und ein Hinweis auf die *Lehrjahre* bei Mahl: Goethes ökonomisches Wissen, S. 230–242; auf dieser Basis interpretiert Franziska Schößler: Goethes *Lehr- und Wanderjahre*, S. 145 f., die entsprechenden Passagen als Umsetzung von Schlossers fiskalischen Reformvorschlägen. Vgl. generell die Beiträge in Badische Landesbibliothek Karls-

der strengen physiokratischen Doktrin für eine allgemeine Besteuerung;[425] auch möchte er (wie Solon) die Wohlhabenden dazu bringen, „das Uebermaaß ihrer Mittel zum Besten des Staats zu verwenden, um sie dadurch in die Gleichheit mit den Armen zu setzen" und zugleich die Armen dazu bringen, den „Sporn zu Erwerbung mehrern Reichthums" zu geben.[426]

Dabei nutzt Schlosser die Form des sokratischen Dialogs sowohl aus Gründen der Verschleierung (hinter den Gesprächspartnern verbergen sich Schlosser und der badische Markgraf Karl Friedrich) als auch wegen der mäeutischen Gesprächstechnik. Ganz ähnliche Textstrategien gebraucht Goethe in den ökonomischen Passagen der *Lehrjahre*, wo Lothario oder Jarno versuchen, im Gespräch die beschränkten Standpunkte ihrer Gesprächspartner zu erweitern. Allerdings ist Wilhelm hier kein gleichberichtigter Diskursteilnehmer, sondern Objekt der Belehrung – ähnlich wie Télémaque in den ersten Büchern von Fénelons Roman.

Lotharios Argumentation ist aber nicht nur rein ökonomisch, sondern sieht den Umgang mit Besitz im Verhältnis zur Gesamtarchitektur des Gemeinwesens. So sei die „Sicherheit des Besitzes" lediglich durch die „Gleichheit mit allen übrigen Besitzungen" noch zu gewährleisten. Mit anderen Worten: Angesichts drohender Veränderungen, die auch auf veränderte Ansichten durch zunehmende Aufklärung und die damit verbundene Auflösung überkommener Strukturen zurückzuführen sind, dient der Verzicht auf einige Privilegien und die damit einhergehende wirtschaftliche Verbindung adeliger und bürgerlicher Eliten der Revolutionsvermeidung.

5.5.3 Revolution

Gewaltsame Umstürze sind im politischen Roman allgegenwärtig – und das nicht erst in Auseinandersetzung mit der Französischen Revolution. So muss Télémaque den gewaltsamen Tod des Tyrannen Bocchoris mitansehen,[427] Wielands Tifan erscheint triumphal erst zu dem Zeitpunkt, als das Reich Scheschian beinahe vernichtet wurde,[428] und auch Usong schafft sein Großreich auf den Trümmern

---

ruhe (Hrsg.): Johann Georg Schlosser (1739–1799). Eine Ausstellung der Badischen Landesbibliothek und des Generallandesarchivs Karlsruhe. Ausstellungskatalog. Karlsruhe 1989.
425 Vgl. Schlosser: Xenocrates, S. 16.
426 Ebd., S. 43.
427 Vgl. Fénelon: Les Aventures de Télémaque, S. 152f.
428 Vgl. Wieland: Der Goldne Spiegel, S. 250.

gescheiterter Staaten.⁴²⁹ Unter dem Eindruck der historischen Umwälzungen in Frankreich bekommt das Motiv aber wenig überraschend eine neue Bedeutung. In diesem Zusammenhang sind auch die abschließenden Bücher der *Lehrjahre* zu situieren. Zwar kann auf der Handlungsebene des um 1780 spielenden Romans die Französische Revolution kein Gegenstand sein,⁴³⁰ dennoch ist sie „der unterschwellig allzu deutlich spürbare Terminus ad quem der Gespräche und sozialreformatorischen Überlegungen insbesondere in den letzten Büchern des Romans."⁴³¹ Die bereits erwähnten Passagen antizipieren einen Umsturz, und besonders die im letzten Buch dargelegten Versicherungspläne zeigen, dass den Mitgliedern der Turmgesellschaft deutlich vor Augen steht, wie gefährdet ihre feudale Lebensform ist.⁴³²

Die Gesellschaft betreibt also die Maßnahmen, die – global angewandt – zur Verhinderung der Revolution notwendig gewesen wären: Ihr Beharren auf behutsamer stetiger Reform von oben entspricht den Forderungen der zeitgenössischen Theorie, die allerdings durch die Revolution überholt wurden. Aus der Perspektive der 1790er Jahre lässt sich kaum von einem ungebrochenen Vertrauen in die Kräfte der Reform erzählen: So wandelt sich die Funktion der Turmgesellschaft vom Motor ökonomischer Veränderungen in patriotischem Sinn hin zu einer Sozietät, die durch Streuung des Besitzes (explizit erwähnt werden neben Deutschland noch Russland und Amerika) und gegenseitige Versicherung ihre Mitglieder absichern will. Entsprechend erläutert Jarno dem trotz seiner Adelsfantasien bislang völlig unpolitischen Wilhelm Meister die Gemengelage: Wer auch „nur ein wenig mit den Welthändeln bekannt" sei, würde bemerken, dass „große Veränderungen bevorstehn, und daß die Besitztümer beinah nirgends mehr recht sicher sind."⁴³³

> Es ist gegenwärtig nichts weniger als rätlich, nur an Einem Ort zu besitzen, nur Einem Platze sein Geld anzuvertrauen, und es ist wieder schwer an vielen Orten Aufsicht darüber zu

---

429 Vgl. Haller: Usong, S. 89: „Persien war damals im verwirrtesten Zustande. [...] So weit als Persien war, hörte der Himmel nichts als Klagen der Unterdrückten."
430 Vgl. aber Dennis F. Mahoney: The French Revolution and the *Bildungsroman*. In: Ders.: From Goethe to Novalis. Studies in Classicism and Romanticism. *Festschrift* for Dennis F. Mahoney in celebration of his sixty-fifth birthday. Hrsg. von Wolfgang Mieder. New York u. a. 2015, S. 135–151, hier S. 137, der die Handlung der *Lehrjahre* zur Zeit der Revolution ansiedelt.
431 Uwe Steiner: Wilhelm Meisters Lehrjahre. In: Bernd Witte u. a. (Hrsg.): Goethe-Handbuch. Bd. 3: Prosaschriften. Stuttgart/Weimar 1997, S. 113–152, hier S. 129.
432 Vgl. zur Bedeutung der Revolution für die Konzeption des Romans Terence James Reed: Revolution und Rücknahme: „Wilhelm Meisters Lehrjahre" im Kontext der Französischen Revolution. In: Goethe-Jahrbuch 107 (1990), S. 27–43.
433 Goethe: Wilhelm Meisters Lehrjahre, S. 564.

führen; wir haben uns deswegen etwas anders ausgedacht, aus unserm alten Turm soll eine Sozietät ausgehen, die sich in alle Teile der Welt ausbreiten, in die man aus jedem Teile der Welt eintreten kann. Wir assekurieren uns unter einander unsere Existenz, auf den einzigen Fall, daß eine Staatsrevolution den einen oder den andern von seinen Besitztümern völlig vertriebe."[434]

Für Wilhelm ist dieses Gespräch eine Zumutung: Nicht nur, dass er offen zugibt, mit den Strömungen seiner Zeit nicht vertraut zu sein, er leugnet gegenüber Jarno schlechterdings die Relevanz dieses Wissens, da die Sorge um Wohlstand und Besitz negativ auf den Charakter schlage. Wilhelm ist alles andere als ein gelehriger Zögling; ganz im Gegenteil scheinen ihm die permanenten Belehrungen geradezu lästig zu sein. Dabei gibt ihm in diesem Fall zumindest Werners unerfreuliches Aussehen Recht:[435] „Ich habe keinen deutlichen Begriff von den Welthändeln [...], und habe mich erst vor kurzem um meine Besitztümer bekümmert. Vielleicht hätte ich wohl getan, sie mir noch länger aus dem Sinne zu schlagen, da ich bemerken muß, daß die Sorge für ihre Erhaltung so hypochondrisch macht."[436]

Liest man *Wilhelm Meisters Lehrjahre* vor der Folie des politischen Romans, fallen die strukturellen Übernahmen und motivischen Parallelen unmittelbar ins Auge. Ebenso deutlich ist auch, dass Goethes Roman keinen geschlossenen politischen Entwurf anstrebt. Vielmehr zitiert er dort, wo in den letzten Büchern eine politische und zeithistorische Perspektive aufscheint, Merkmale der Gattung, um sie folgenreich umzudeuten. Während Friedrich Maximilian Klinger (auch als Reaktion auf Goethe) in der *Geschichte eines Teutschen der neusten Zeit* (1798) den Fénelon'schen Typus mit einer in der revolutionären Gegenwart spielenden Handlung kombiniert und das Scheitern seines Helden an den Zeitläuften darstellt, nimmt Goethe dem politischen Geschehen durch die Rückverlagerung seine Brisanz. Sein Protagonist, dessen Konflikte denkbar weit von der politischen Sphäre entfernt sind, hat dort über weite Strecken eher die Rolle eines Beobachters inne, der gemeinsam mit dem Leser in symbolischer Verknappung über die „Welthändel" und ihre Auswirkungen informiert wird.

Unabhängig von den konkreten Impulsen, die zweifellos von der Revolution auf die Konzeption des Romans ausgegangen sind, reagieren die *Lehrjahre* gerade auf ein Problem, das allen literarisch-politischen Reformentwürfen inhärent ist und das regelmäßig reflektiert wird: Es geht um die Frage, wie Reformen auf Dauer zu stellen seien. Die Zweitfassung von Wielands *Goldnem Spiegel* (1794) gibt

---

434 Ebd.
435 Vgl. ebd., S. 500 f.
436 Ebd., S. 564.

darauf eine skeptische Antwort und endet mit dem Untergang des Reichs;[437] und auch Hallers „Stück der römischen Geschichte" *Fabius und Cato* erzählt auf der Grundlage eines negativen Menschenbilds vom unaufhaltsamen Niedergang eines Gemeinwesens.[438]

Die *Lehrjahre* gestalten einen Ausweg aus dem Dilemma, indem sie auf lange Sicht die Reformtätigkeit von der Staatsform entkoppeln. Zwar denkt Lothario konkret an den Staat als Bezugsgröße und begreift deshalb seine Reformen als einen Beitrag zur Besserung der Zustände im Reich, besitzt aber Realitätssinn genug, um mit der baldigen Auflösung der überkommenen Strukturen zu rechnen. Hier greift das internationale Versicherungssystem, das dem eigenen Überleben dient – während die politischen Romane der Aufklärung immer in staatlichen Kategorien argumentierten, ja die Herstellung von Staatlichkeit als wesentliches Ziel aufgeklärter Herrschaft postulierten, sehen sich die Protagonisten der *Lehrjahre* gezwungen, dauerhaftere, weil internationale Netzwerke zu entwickeln. Welchen Stellenwert der von Lothario propagierte patriotische Nutzen seiner lokalen Reformen in dieser Konstellation besitzt, lässt der Roman allerdings offen.

5.6 Rehabilitation und Rückzug. Friedrich Maximilian Klingers *Geschichte eines Teutschen der neusten Zeit* (1798) und Friedrich Hölderlins *Hyperion* (1797/1799)

Die Revolutionsnarrative der 1790er Jahre aktualisieren und variieren auf je eigene Weise die Strukturmodelle und Erzählverfahren des politischen Romans. Während Johann Friedrich Ernst Albrecht Schreibweisen des voyeuristischen Schlüsselromans mit vulgarisierten Erziehungs- und Tugendkonzeptionen verbindet, radikalisiert Adolph Freiherr Knigge das in Wielands *Goldnem Spiegel* bereits reflektierte und tendenziell aufgelöste Muster des Fürsten-Erziehungsromans. Diese Metareflexion der Gattung kombiniert er mit der Problematisierung der politischen Konzeptionen: Für Knigge hat auch der aufgeklärte Absolutismus ausgedient; er setzt den tradierten Reformideen den radikalen Umbau des Staatswesens entgegen.

Auch für Friedrich Maximilian Klinger ist der politische Roman in der Tradition Fénelons ein wesentlicher Bezugspunkt: So greift er in seinem Zyklus philosophischer Romane Themen und Schreibweisen auf, die für die Gattung

---

437 Vgl. Wieland: Der goldne Spiegel [1795], S. 329.
438 Vgl. Haller: Fabius und Cato, S. 286: „Rom verlohr seine Freyheit, und gerieth in die unwürdigste Knechtschaft, die jemahls ein Volck gedrückt hatte."

konstitutiv sind; seine Romane adressieren Fragen des menschlichen Zusammenlebens und politischer Reform.[439] Im Kontext der Transformationen, die die Gattung des politischen Romans im ausgehenden 18. Jahrhundert unter dem Eindruck der Französischen Revolution durchläuft, ist insbesondere die 1798 anonym publizierte *Geschichte eines Teutschen der neusten Zeit* von Interesse.[440] Sie fragt nicht nur nach der Ursache von Revolutionen, sondern thematisiert darüber hinaus am Beispiel eines herausragenden Individuums in programmatischem Gegenwartsbezug den deutschen Umgang mit dem französischen Umsturz und seinen Folgen. Dabei ist für Klinger, der als hoher russischer Offizier die deutschen Verhältnisse aus externer Perspektive beobachtet, insbesondere der sich deutlich ankündigende Untergang des Alten Reichs ausschlaggebend. Ähn-

---

439 Friedrich Maximilian Klinger zählt längst nicht mehr zu den „etablierten Außenseitern" der Literaturgeschichte. So der Titel eines instruktiven Beitrags von Thomas Salumets: Ein ‚etablierter Außenseiter': Friedrich Maximilian Klinger und die *Geschichte eines Teutschen der neusten Zeit*. In: Euphorion 96 (2002), S. 421–435. Gerade die Forschung der letzten Jahrzehnte und auch die wachsende kritische Ausgabe seiner Werke haben dazu beigetragen, sein Werk auch jenseits der immer präsenten Dramen der Geniezeit zu propagieren. Vgl. insbesondere die Freiburger Dissertation von Anna Poeplau: Selbstbehauptung und Tugendheroismus. Das dramatische Werk Friedrich Maximilian Klingers zwischen Sturm und Drang und Spätaufklärung. Würzburg 2012 (Epistemata. Reihe Literaturwissenschaft. Bd. 751), dort auch ein differenzierter Überblick über die Klinger-Forschung, S. 10–13. – Vgl. zu Klingers Romanwerk die Studien von Segeberg: Friedrich Maximilian Klingers Romandichtung; David Hill: Klinger's Novels: The Structure of the Cycle. Stuttgart 1982 (Stuttgarter Arbeiten zur Germanistik. Bd. 76); Michael Müller: Philosophie und Anthropologie der Spätaufklärung. Der Romanzyklus Friedrich Maximilian Klingers. Passau 1992 (Passauer Schriften zu Sprache und Literatur. Bd. 4). Einen Vorschlag auf mangelnder Textkenntnis bei Sandra Pott [Richter]: Imbecillitas und Genius. Überlegungen für eine Interpretation der „philosophische[n] Romane" Friedrich Maximilian Klingers vor dem Hintergrund differenzierender Wertungen in der Literaturhistoriographie des 19. (und 20.) Jahrhunderts. In: Thomas Lange/Harald Neumeyer (Hrsg.): Kunst und Wissenschaft um 1800. Würzburg 2000 (Stiftung für Romantikforschung. Bd. 13), S. 237–258. Vgl. zum philosophischen ‚Ort' von Klingers Romanen den differenzierten Beitrag von Michael Titzmann: Friedrich Maximilian Klingers Romane und die Philosophie der (Spät-)Aufklärung. In: Ders.: Anthropologie der Goethezeit. Studien zur Literatur und Wissensgeschichte. Hrsg. von Wolfgang Lukas und Claus-Michael Ort. Berlin/Boston 2012 (Studien und Texte zur Sozialgeschichte der Literatur. Bd. 119), S. 129–170. Vgl. generell zum Roman der Spätaufklärung Jörg Schönert: Fragen ohne Antwort. Zur Krise der literarischen Aufklärung im Roman des späten 18. Jahrhunderts: Wezels „Belphegor", Klingers „Faust" und die „Nachtwachen von Bonaventura". In: Jahrbuch der Deutschen Schillergesellschaft 14 (1970), S. 183–229.
440 Vgl. Friedrich Maximilian Klinger: Geschichte eines Teutschen der neusten Zeit. In: Ders.: Werke. Historisch-kritische Gesamtausgabe. Hrsg. von Sander L. Gilman u. a. Bd. 16. Hrsg. von Sander L. Gilman, Karl-Heinz Hartmann und Thomas Salumets. Tübingen 2007. Vgl. zu Entstehung und Rezeption des Romans die Einleitung der Herausgeber, ebd., S. VII–XVII; Salumets: Ein ‚etablierter Außenseiter'.

lich wie Knigge literarisiert er die Vorgeschichte aktueller Entwicklungen, anders als Knigge zeichnet er ein düsteres Bild der Tendenzen seiner Gegenwart. Und im Kontrast zu Jean Paul, dessen *Titan* (1800–1803) zwar das Erziehungsmodell des politischen Romans variiert, aber auf die Darstellung konkreten Regierungshandelns in im Duodezfürstentum Hohenfließ verzichtet,[441] stellt Klinger einen erst enthusiastischen, dann resignierten politischen Reformer ins Zentrum.

Wie der heterodiegetische Erzähler zu Beginn hervorhebt, ist das Schicksal des Titelhelden Ernst von Falkenburg, einer durchaus problematischen Figur, als eine merkwürdige „Erscheinung in der moralischen Welt" unbedingt erzählenswert.[442] Die Handlung des Romans ist, wie bereits der Titel verrät,[443] in Klingers Gegenwart angesiedelt; die erzählte Zeit reicht etwa von 1758 bis Mitte der 1790er Jahre, also vom Siebenjährigen Krieg bis zur Jakobinerherrschaft in Frankreich. Erwähnt werden die Schlacht von Zorndorf, bei der Ernsts Vater verwundet wurde, sowie Robespierre, mit dem der Protagonist zusammentrifft. Die ersten Bücher berichten von der Erziehung des jungen Ernst durch den weisen Hadem, dessen Name auf den biblischen Urvater Adam verweist, der seine Zöglinge, den gemäßigten Ernst und dessen impulsiven Ziehbruder Ferdinand, zur Tugend und ihrem maßvollen und reflektierten Gebrauch erziehen möchte. Die Konflikte beginnen mit dem Eintritt in die politische Welt: Als sich die ungleichen Jugendlichen beim Fürsten für den zu Unrecht seines Amtes enthobenen Kammerrat Kalkheim einsetzen, intrigiert ihr Oheim, der Kammerpräsident des Fürstentums, gegen Hadem; dieser wird aus der Umgebung seiner Zöglinge entfernt und begleitet als Seelsorger die nach Amerika verkauften deutschen Soldaten. An die Stelle des tugendhaften Erziehers tritt nun der Materialist Renot, der die Lehren

---

441 So rekurriert zwar das Ideal, das der ‚verborgene Prinz' Albano formuliert, nachdem er von seiner Herkunft erfahren hat, auf die eudaimonistische Staatstheorie, wie es aber erreicht werden soll, thematisiert der Roman nicht. Vgl. Jean Paul: Titan. In: Ders.: Sämtliche Werke. Hrsg. von Norbert Miller. 6. Auflage. München 1995. Abt. I, Bd. 3, S. 7–830, hier S. 820: „Er war sich höherer Zwecke und Kräfte bewußt, als alle harten Seelen ihm streitig machen wollten; aus dem hellen, freien Ätherkreise des ewigen Guten ließ er sich nicht herabziehen in die schmutzige Landenge des gemeinen Seins – ein höheres Reich, als was ein metallener Zepter regiert, eines, das der Mensch erst erschafft, um es zu beherrschen, tat sich ihm auf – im kleinen und in jedem Ländchen war etwas Großes, nicht die Volksmenge, sondern das Volksglück – höchste Gerechtigkeit war sein Entschluß und Beförderung alter Feinde". Vgl. zu Jean Pauls Titan im Kontext des Staatsromans und des Zeitromans die umsichtige Interpretation von Jordheim: Der Staatsroman im Werk Wielands und Jean Pauls, S. 349–397.
442 Klinger: Geschichte eines Teutschen der neusten Zeit, S. 13.
443 Vgl. Dirk Göttsche: Zeit im Roman. Literarische Zeitreflexion und die Geschichte des Zeitromans im späten 18. und im 19. Jahrhundert. München 2001 (Corvey-Studien. Bd. 7), S. 47: Das Adjektiv „neu" sei „als Hinweis auf den Gegenwartsbezug und damit als Verschlüsselung der zeitgeschichtlichen Darstellungsintention" zu verstehen.

von Helvétius propagiert. Ernst ist allerdings (anders als Ferdinand) gegen diese Anfechtung gewappnet, weil ihm mit Rousseaus *Emile*, den ihm Hadem geschickt hat, ein moralischer Leitfaden zur Verfügung steht; Rousseau wird fortan Ernsts wichtigster Bezugspunkt.

Stark gerafft wird von Ernsts weiterem Bildungsweg erzählt: Nach dem Studium geht er auf Reisen, wo er die Bekanntschaft mit Benjamin Franklin macht und in Ermenonville Rousseaus Grab, den „letzte[n] Zufluchtsort des verfolgten Priesters der Natur und der Wahrheit",[444] besucht,[445] und von denen er mit für seinen Stand ungewöhnlichen Gesinnungen nach Deutschland zurückkehrt. Dort versucht er, seine Ansichten im Staatsdienst zum Wohle der Gemeinschaft einzusetzen. Das gelingt zunächst in beeindruckender Weise: Er sorgt für die Rehabilitierung Kalkheims und stößt erfolgreiche Agrarreformen an. Auch privat scheint Ernst in der Ehe mit Amalie, die er fälschlicherweise für die Inkarnation der Tugend hält, sein Glück zu finden.

Für einschneidende Veränderungen sorgen die revolutionären Ereignisse in Frankreich; trotz seiner Erfolge und trotz der Unterstützung durch den wohlwollenden Landesherrn scheitern Ernsts weitergehende Reformpläne am Widerstand des eigennützigen Adels, der um seine Privilegien fürchtet. Ernst gilt nun als Feind der Ordnung und wird von Renot als Demagoge verleumdet. Hinzu kommen private Katastrophen: Zunächst stirbt sein Vater im Krieg gegen die Franzosen, dann verletzt sich sein etwa achtjähriger Sohn tödlich, während er die erotische Annäherung zwischen Amalie und dem inzwischen zurückgekehrten Ferdinand beobachtet.

---

444 Klinger: Geschichte eines Teutschen der neusten Zeit, S. 125. Vgl. ebd.: „Hier, an seinem Grabe, schwor ich, seiner Lehre treu zu bleiben, und alle widrigen, empörenden Erscheinungen um mich her mit dem Gedanken zu bekämpfen: ‚Die Natur machte den Menschen gut; in dem Augenblicke, da er sie verließ, hörte er auf, es zu seyn.'"
445 Vgl. zu Rousseaus Grab Sibylle Hoiman: Rousseau recycled. Zur Rezeption der Pappelinsel von Ermenonville. In: Topiaria helvetica 2006, S. 30–42. Hoiman unterstreicht, dass Rousseaus Grabmal „zu einem Symbol für eine gesellschaftspolitische Haltung [wurde], die auf dem von Rousseau propagierten Naturverständnis beruhte" (ebd., S. 30): „Die Pappelinsel mit dem Grabmal wurde vor allem in den ersten Jahrzehnten nach Rousseaus Tod als die Synthese seines Lebens und Schaffens aufgefasst, die hier bildmächtig zum Ausdruck gebracht worden war" (ebd., S. 37). Vgl. auch Friedrich Hölderlin: An die Ruhe. In: Ders.: Sämtliche Werke und Briefe in drei Bänden. Hrsg. von Jochen Schmidt. Bd. 1: Gedichte. Hrsg. von Jochen Schmidt. Frankfurt am Main 1992, S. 81f., hier S. 82: „Denn sieh', es wallt der Enkel zu seinem Grab,/ Voll hohen Schauers, wie zu des Weisen Grab,/ Des Herrlichen, der, von der Pappel/ Säuseln umweht, auf der Insel schlummert." In der letzten Strophe dieser 1789 entstandenen alkäischen Ode evoziert der Sprecher des Gedichts Rousseau.

Das fünfte und letzte Buch des Romans schildert die Reise, die der völlig verzweifelte Ernst nach Frankreich unternimmt, um Hadem zu suchen. Dort wird er zunächst von den Jakobinern festgenommen und zum Tode verurteilt, ehe ihn Robespierre höchstpersönlich aus einer Laune heraus begnadigt – eben das wird Ernst nach seiner Rückkehr zum Verhängnis. Er lebt am Rande des Wahnsinns und voll Menschenhass auf seinen Gütern, bis es Hadem gelingt, ihn von seinem Hass zu kurieren und seine Zweifel an der Tugend und an Rousseau zu zerstreuen.

Klingers Roman ist sowohl eine Summe der aufklärerischen Romanpraxis als auch ein Dokument des Neuanfangs. So verbindet er Modelle des Bildungsromans,[446] der französischen philosophischen Erzählung und des politischen Romans.[447] Ernst erscheint in einer expliziten Referenz auf Fénelon als ein „anderer Telemach", der sich die personifizierte Weisheit als Führerin erkoren hat.[448] Durchaus hypertroph wünscht Ernst, sein ganzes Leben solle „ein Heldengedicht werden";[449] das vierte Buch des Romans schildert seine politischen Reformbemühungen, die konkret in Beziehung zu den historischen Ereignissen des ausgehenden 18. Jahrhunderts gesetzt werden. Durch diese für die Handlung wesentliche Integration zeithistorischer Elemente und durch das den Roman bestimmende Zeitverständnis wird die *Geschichte eines Teutschen der neusten Zeit*

---

446 Den Begriff des Bildungsromans entwickelte der Dorpater Ästhetikprofessor Karl Morgenstern bekanntlich am Beispiel von Klingers Romanen. Vgl. Rolf Selbmann: Der deutsche Bildungsroman. Stuttgart 1984 (Sammlung Metzler. Bd. 214), S. 11–15. Es geht ihm aber weniger um die Charakteristik der Romane, als vielmehr um „die höhere Identität von Dichterbiographie und Heldenfigur der Romane" (ebd., S. 12). Die einschlägigen Texte von Morgenstern finden sich bei Rolf Selbmann (Hrsg.): Zur Geschichte des deutschen Bildungsromans. Darmstadt 1988 (Wege der Forschung. Bd. 640), S. 45–99. Vgl. auch Salumets: Ein ‚etablierter Außenseiter', S. 421f.
447 Vgl. Christoph Hering: Klingers Romane. Das Baugesetz der Dekade. In: Modern Language Notes 79 (1964), S. 363–390, hier S. 385: „Klinger steht ganz auf dem Boden der späten Aufklärung; neben dem geistigen Einfluß von Rousseau und Kant müssen Crébillon, Voltaire und Wieland genannt werden, deren ausgebildete Erzählformen er übernimmt."
448 Klinger: Geschichte eines Teutschen, S. 20: „Gleich der Tochter Jupiters, mit Schild und Speer bewaffnet, sprang die Göttin, welcher sich Ernst im Stillen weihte, plötzlich aus seinem Herzen: mit dem Speer, um die niedrigen Ungeheuer, die Feinde des Lichts und der Wahrheit, zu bekriegen; mit dem Schild, um den Liebling gegen die Pfeile des Schicksals, gegen die Angriffe des Neides und der Bosheit zu decken. So schwebte sie vor ihm, so wandelte er, ein anderer Telemach, an der Seite der unsichtbaren, erhabenen Führerin; von ihr war Hadem ihm zugesellt. Selbst in reifern Jahren verließ ihn dieses, über ihm schwebende, jugendliche Bild nicht; und oft, wenn ihn alles verließ, wenn er in Gefahr war sich selbst zu verlassen, trat es in seiner ganzen Klarheit aus den verdunkelten Wolken hervor." Vgl. Schmitt-Maaß: Fénelons „Télémaque" in der deutschsprachigen Aufklärung, S. 1019f. (Fußnote).
449 Klinger: Geschichte eines Teutschen, S. 26.

zu einem der ersten Beispiele des Zeitromans in der deutschsprachigen Literatur.[450]

Klinger variiert das Grundmuster Fénelon'scher Prägung und erzählt, wie politische Reform unter dem Eindruck von Revolutionen unmöglich wird, wie das Streben nach behutsamer Veränderung mit den historischen Ereignissen kollidiert.[451] Zunächst geht es ihm um die Auswirkungen der Revolution auf Debatten und Denkstrukturen, dann um ihre realhistorischen Folgen, die zwar kurz, aber prägnant skizziert werden. Damit reiht sich die *Geschichte eines Teutschen der neusten Zeit* in die (skeptischen) Metanarrative der Aufklärung ein.[452] Anders als Knigge, der in der *Geschichte der Aufklärung in Abyssinien* die Revolution als zwangsläufiges Ergebnis der Menschheitsgeschichte und zugleich als Triumph der Aufklärung darstellen und legitimieren konnte, schreibt Klinger wenige Jahre darauf aus einer defensiven Perspektive. So erzählt sein Roman vom Scheitern philosophischer, politischer und privater Wunschvorstellungen. Klinger verbindet diese politischen Reformentwürfe mit einer bitteren Diagnose deutscher Verhältnisse; und auch die individuelle Bildungs- und Erziehungsgeschichte, die Muster des *Télémaque* aufgreift, hat historische und philosophische Implikationen: Klingers *Geschichte eines Teutschen der neusten Zeit* ist nicht zuletzt eine vehemente Apologie Rousseaus in Zeiten, in denen der Genfer Philosoph vielfach als geistiger Brandstifter, als Vater des Jakobinerterrors gesehen wurde.

Die folgenden Ausführungen gehen der Frage nach, wie Klinger diese „Fragen ohne Antwort" literarisch artikuliert.[453] Sie situieren zunächst Klingers Roman im

---

450 Vgl. Christoph Hering: Friedrich Maximilian Klinger. Der Weltmann als Dichter. Berlin 1966, S. 324: Klingers *Geschichte eines Teutschen* sei „der erste bedeutende Zeitroman der modernen deutschen Literatur". Vgl. die differenzierte Analyse von Göttsche: Zeit im Roman, S. 244–255. Um einen „Schlüsselroman", wie die Einleitung der Kritischen Ausgabe insinuiert, handelt es sich allerdings nicht, diese These basiert auf dem falschen Verständnis des Begriffs „pivot", den Klinger in einem Brief an Nicolovius gebraucht. Vgl. Max Rieger: Briefbuch zu Friedrich Maximilian Klinger. Darmstadt 1896, S. 35. Vgl. Gilman/Hartmann/Salumets: Einleitung, S. VII.
451 Göttsche: Zeit im Roman, S. 250f. – Vgl. Jörn Garber: Geschichtsphilosophie und Revolution. Spätaufklärerische Geschichtstheorien im Einflußfeld der Französischen Revolution. In: Ders.: Spätabsolutismus und bürgerliche Gesellschaft. Studien zur deutschen Staats- und Gesellschaftstheorie im Übergang zur Moderne. Frankfurt am Main 1992, S. 282–314, bes. S. 289: „Ideale Menschheitsgeschichte und Revolution stehen in keinem Verhältnis der Konvergenz. Revolutionen zerschlagen den Evolutionsfortschritt menschlicher Kulturentfaltung."
452 Vgl. Titzmann: Friedrich Maximilian Klingers Romane und die Philosophie der (Spät-)Aufklärung, S. 146: „In den Lebensläufen einiger Helden [...] wird partiell die Geschichte der Aufklärung des 18. Jahrhunderts selbst, bis in die Gegenwart der Textpublikation hinein, abgebildet. Die Aufklärung rekapituliert sich selbst als historischen Prozeß."
453 So der Titel des einschlägigen Aufsatzes von Schönert: Fragen ohne Antwort.

Kontext seiner Romanpoetik und in den gattungspoetischen Zusammenhängen, um dann die Rousseau-Passagen im Kontext zeitgenössischer Debatten zu analysieren und ihren politischen Gehalt zu bestimmen. Um das Verhältnis von Individuum und Gesellschaft kreist auch Friedrich Hölderlins etwa zeitgleich entstandener *Hyperion*, der ebenfalls ein rousseauistisches Szenario von Resignation und Rückzug entwirft, dabei aber von einem zu Klinger konträren Geschichtsmodell ausgeht. Beide Romane verbindet die entschiedene Zeitkritik, sie unterscheiden sich aber in den möglichen Lösungsansätzen und nicht zuletzt in den im Hintergrund wirksamen Annahmen von der Leistung von Literatur, die die Trennlinie zwischen später Aufklärung und früher Romantik markiert.

5.6.1 Klingers *Geschichte eines Teutschen der neusten Zeit* im Kontext seines Romanzyklus

Die *Geschichte eines Teutschen der neusten Zeit* ist Teil eines auf zehn Texte angelegten Zyklus philosophischer Romane, von denen Klinger zwischen 1791 und 1805 acht publizierte.[454] In der Vorrede zu dem geplanten Zyklus entwirft Klinger ein ambitioniertes Erzählprogramm.[455] Es gehe um nichts weniger als die Totalität menschlicher Daseinsformen und Gedankengebilde. Daraus resultiere wiederum der Kontrast zwischen den einzelnen Werken, von denen keines für sich bestehen könne. Erst in der Zusammenschau solle sich eine Synthese ergeben, die aber vom Autor nicht vorgegeben wird: Es müsse „die Erfahrung, und nicht die Theorie, das Urtheil sprechen; denn die Widersprüche selbst zu vereinigen, oder das Räthsel ganz zu lösen, geht über unsre Kräfte."[456]

In dem Bewusstsein, dass literarisch vermittelte Erfahrung der Theorie überlegen sei, verzichtet Klinger auf den Weltdeutungsanspruch des Autors und stilisiert sich zu einem Arrangeur aufschlussreicher Bruchstücke aus der Empirie, die er präsentiert, anordnet und literarisch gestaltet.[457] Er versteht seine Romane

---

[454] Vgl. Hill: Klinger's Novels: The Structure of the Cycle; siehe auch Hering: Klingers Romane. Das Baugesetz der Dekade.
[455] Vgl. Friedrich Maximilian Klinger: Nachricht an das Publikum über die philosophischen Romane von Fausts Leben, Thaten und Höllenfahrt bis zum ***. In: Ders.: Geschichte eines Teutschen der neusten Zeit. Hrsg. von Sander L. Gilman, Karl-Heinz Hartmann und Thomas Salumets. Tübingen 2007 (Klinger: Werke. Historisch-kritische Gesamtausgabe. Bd. 16), S. 3–7.
[456] Ebd., S. 4.
[457] Vgl. etwa Friedrich Maximilian Klinger: Brief an Nicolovius, 26.12.1798. In: Rieger: Briefbuch zu Friedrich Maximilian Klinger, S. 47: „Plan, zusammenhängender, auf diesen Zweck geführter Plan ist in den Werken; aber wahrlich kein philosophisches System."

als Katalysatoren philosophischer Erkenntnis über den Menschen. Darüber hinaus bietet er durchaus Ideale zur Identifikation,[458] allerdings erzählt er typischerweise vom Scheitern der Idealisten, die in ihren jeweiligen Gesellschaften auf Unverständnis stoßen.[459]

Wie auch in seinen Dramen gestaltet Klinger in den philosophischen Romanen anthropologische Extreme.[460] Der Mensch erscheine „bald in seiner glänzendsten Erhabenheit, seinem idealischsten Schwunge, bald wieder in seiner tiefsten Erniedrigung, seiner flachsten Erbärmlichkeit";[461] die Romane böten einen Blick auf „die ganze menschliche Gesellschaft mit allen ihren Wundern und Thorheiten, allen ihren Scheußlichkeiten und Vorzügen; aber auch das in jedem dieser Werke vorzüglich bemerkte Glück der natürlichen Einfalt, Beschränktheit und Genügsamkeit".[462] Dieses Prinzip des Kontrastes liegt Klingers gesamtem Entwurf des Zyklus zugrunde, es erlaubt „die implizite Relativierung philosophischer Positionen durch Bindung an spezifische, biographisch bedingte Figurenperspektiven und bindet die philosophischen Probleme von vornherein an ‚empirische' Gegebenheiten, die im Zyklus dargestellten Welten."[463] Die Texte erzählen durchweg von aporetischen Konstellationen, von Konflikten, die das Individuum aushalten muss und fragen leitmotivisch danach, wie der tugendhafte Einzelne seine Integrität bewahren könne.

Eine solche Problemstellung ist eminent politisch: Alle Texte sprechen Fragen des menschlichen Zusammenlebens an, stellen Herrscherfiguren vor und entwickeln Ideen für Herrschaft und Reform. Klinger versteht seine Romane als Beitrag zur Aufklärung und schreibt aggressiv gegen Intoleranz und Autokratie an, wie etwa in der zur Zeit der spanischen Inquisition angesiedelten *Geschichte Raphaels de Aquillas* (1793).[464] Die *Geschichte Giafars des Barmeciden* (1792–1794) behandelt orientalischen Despotismus;[465] die *Reisen vor der Sündfluth* (1795) bieten in

---

458 Vgl. ebd.: „Wie es übrigens in der Welt, die wir die moralische nennen, hergehen *sollte*, habe ich nicht unterlassen anzuzeigen, und meine frommen Wünsche darüber liegen so klar am Tage wie die jedes andern Gutmeinenden; auch werden sie wohl das Schicksal *aller* frommen Wünsche haben."
459 Vgl. Titzmann: Friedrich Maximilian Klingers Romane und die Philosophie der (Spät-)Aufklärung, S. 151: „Kein tugendhafter Held Klingers, der im historisch-politischen Raum seine Normen und Werte zu realisieren versucht, wird glücklich."
460 Vgl. zu den Dramen Poeplau: Selbstbehauptung und Tugendheroismus.
461 Klinger: Nachricht an das Publikum, S. 4.
462 Ebd., S. 5.
463 Titzmann: Friedrich Maximilian Klingers Romane und die Philosophie der (Spät-)Aufklärung, S. 165.
464 Vgl. Harro Segeberg: Friedrich Maximilian Klingers Romandichtung, S. 82–118.
465 Vgl. ebd., S. 119–142. Die Episode thematisiert auch Haller: Usong, S. 329.

orientalisierender Einkleidung ein Panoptikum unterschiedlicher Staatsformen.[466] Dafür nutzt der Autor Strukturen und Erzählverfahren des politischen Romans und greift auf Muster von Fénelon, Haller und Wieland zurück.[467]

Dabei ist die politische Komponente untrennbar mit übergreifenden philosophischen Fragen verbunden;[468] sie ist zentraler Teil im Kontext der anthropologischen und kulturkritischen Anordnungen der Romanhandlungen. Die Romane präsentieren und diskutieren anthropologische Vorstellungen, die wiederum in Zusammenhang mit der politischen Sphäre gedacht werden.[469]

Klingers Romane lassen sich als skeptische Diagnosen der Aufklärung lesen,[470] die immer wieder auf historische Ereignisse rekurrieren, um die missliche Situation der Menschen in einer rousseauistischen Verfallsgeschichte zu situieren. Anders als für Knigge ist für Klinger keine optimistische Wendung denkbar. Angesichts der blutigen Terrorphase der Französischen Revolution verstärkt sich der resignative Grundton seiner Texte. Dieser gipfelt in dem gezielt nur fragmentarisch publizierten *Das zu frühe Erwachen des Genius der Menschheit*, einer allegorischen Gestaltung der Französischen Revolution.[471] Dort erscheinen die Revolutionäre als Heuchler, die zwar Menschenrechte und Tugend im Munde führen, aber in ihrem Handeln jegliche ethische Orientierung vermissen lassen.

Die grundlegende Spannung von Klingers Romanen und insbesondere der *Geschichte eines Teutschen der neusten Zeit* ergibt sich gerade daraus, dass Klinger versucht, die Werte und Errungenschaften der Aufklärung zu retten, ohne ihre gesellschaftliche Realisierung für möglich zu halten: Die Revolution, die andere Autoren enthusiastisch begrüßt hatten, wird hier zum Hemmnis für die Durch-

---

466 Vgl. ebd., S. 143–162.
467 Vgl. Harro Segeberg: Friedrich Maximilian Klinger. Ein Beitrag zur Geschichte der Gegen-Klassik. In: Ortrud Gutjahr/Harro Segeberg (Hrsg.): Klassik und Anti-Klassik. Goethe und seine Epoche. Würzburg 2001, S. 279–293, hier S. 287; Sander L. Gilman/Edward P. Harris: Klinger's Wieland. In: Modern Language Notes 99 (1984), S. 589–606, zur Nähe von Klingers orientalisierenden Romanen zu Wielands *Goldnem Spiegel* vgl. ebd., S. 596. Vgl. Hering: Klingers Romane. Das Baugesetz der Dekade, S. 389, der Klingers *Reisen vor der Sündfluth* über Wielands „langweiligen" *Goldnen Spiegel* stellt.
468 Vgl. Titzmann: Friedrich Maximilian Klingers Romane und die Philosophie der (Spät-)Aufklärung, S. 139: „Die Ebene des politisch-historischen Handelns hat in den Romanen einen doppelten Status" als „eine selbständig lesbare Textebene, auf der recht massive politische und soziale Kritik geübt und implizit eine (rekonstruierbare) politische Theorie angeboten wird." Sie erfülle „andererseits eine Trägerfunktion für die weiteren Klassen philosophischer Probleme, die der Zyklus behandelt".
469 Vgl. ebd., S. 138.
470 Vgl. ebd., S. 146.
471 Vgl. Gabbiadini: Welttheater, Revolution und usurpierte Menschenrechte.

setzung und Realisierung aufklärerischer Vorstellungen.[472] Seine Romane entwerfen Versuchsanordnungen, in denen große Individuen mit widrigen Gegebenheiten konfrontiert werden, und beantwortet die Frage nach ihren Handlungsspielräumen negativ. So erzählt Klingers Romanzyklus von der Rücknahme und Korrektur optimistischer Positionen unter der Beweislast der Empirie. Bei Klinger scheitert der Tugendhafte gerade an seiner Tugend, die mit den Weltläufen nicht kompatibel ist – die Romane dementieren also die Gewissheiten, die den politischen Romanen der ersten Jahrhunderthälfte zugrunde lagen. Klingers skeptische Anthropologie hängt untrennbar mit seiner rousseauistischen Gesellschaftskritik zusammen; Ursache der Missstände sind für ihn Unterdrückung und Intoleranz.

5.6.2 Philosophie und Revolution. Zu einem Narrativ der 1790er Jahre in Klingers Roman

Die *Geschichte eines Teutschen der neusten Zeit* ist – darin der Tradition des *conte philosophique* wie auch Wielands *Geschichte des Agathon* verpflichtet – zu großen Teilen ein Roman über das Verhältnis von abstrakten philosophischen Systemen und deren lebensweltlicher Bedeutung. So wird Ernst im Zeichen Rousseaus erzogen, der ihm Heimat und Orientierung ist. Umso schwerer wiegt es, dass in einer der zentralen Konfrontationen des Romans diese Rousseau-Verehrung polemisch gegen ihn gewendet wird und ihn schließlich gesellschaftlich ins Abseits rückt. Das zeigt an, dass der Roman Philosophie wie auch die Rezeption philosophischer Systeme als Mittel der Zeitdiagnose thematisiert.

Auch die philosophischen Fragen behandelt Klinger in einer konstrastiven Anordnung: So erzieht Hadem seine Zöglinge im Zeichen Rousseaus, während sein amoralischer Nachfolger Renot das materialistische System von Helvétius verficht.[473] Für Ernst von Falkenburg nimmt Rousseaus *Emile* die Rolle des ab-

---

[472] Vgl. Göttsche: Zeit im Roman, S. 255: „In dem Motiv der Verfrühung entspricht die Parabel der Darstellung der Revolution als ein vorzeitiges Ende des Aufklärungsprojekts." Vgl. auch Garber: Geschichtsphilosophie und Revolution, S. 289, der zeitgenössische Revolutionsdeutungen systematisiert: „Revolutionen zerschlagen den Evolutionsfortschritt menschlicher Kulturentfaltung."
[473] Vgl. die umfassende Darstellung von Roland Krebs: Helvétius en Allemagne, ou la tentation du matérialisme. Paris 2006 (Histoire culturelle de l'Europa. Bd. 8), S. 302–310 zu Klinger. Vgl. auch Ders.: Die radikale französische Philosophie im Spiegel der deutschen Aufklärungsliteratur. In: Michael Hofmann (Hrsg.): Aufklärung. Epoche – Autoren – Werke. Darmstadt 2013, S. 209–228.

wesenden Mentors ein. Er reagiert begeistert auf diesen Text, den der Erzähler emphatisch als „das erste Buch unsers Jahrhunderts, das erste Buch der neuern Zeit" bezeichnet.[474] Rousseau erscheint hier als Inkarnation der „moralische[n] Kraft",[475] der wie ein Priester seine Zeit ermahnt, die Perversionen der Zivilisation zu korrigieren: Er „faßte den erhabenen Gedanken, die durch Üppigkeit, Selbstigkeit, Witz, überfeinerte Ausbildung, durch eine Philosophie voller Sophismen, eine alles zerstörende, sich selbst dadurch endlich auflösende Regierung, erwürgte moralische Kraft, in seinen Zeitgenossen wieder aufzuwecken."[476] Rousseau hat für den Erzähler geradezu seherhafte Qualitäten:

> So tief wie er, sah Keiner die Gebrechen der Gesellschaft; so tief wie er, fühlte Keiner, daß *wahre* Menschen in derselben keine Stelle mehr finden können, auf welcher sie es ohne Gefahr verbleiben dürften. Sein scharfes Auge, sein forschender Geist, sein zartes, verwundetes Herz, entdeckten die Wurzeln des Übels; und mit kühner Hand riß der Begeisterte die sich im Dunkel windenden Gänge auf, in denen sie vergraben lagen, und verjagte die Gespenster, welche Stolz, Wahn, Eigenliebe und Gewalt zu ihren schreckenden Wächtern bestellt hatten. Offen legte er das Gift dar, welches das Edle und Wahre im Menschen zernagt, und nichts konnte ihn bestechen, nichts ihn zurückhalten. Je mächtiger, je glänzender, je höher diejenigen dastanden, welche dieses Gift erzeugten und unterhielten, desto schonungsloser, desto kühner, griff er sie an. In weissagendem Geiste sagte er den Vergiftern, was ihnen bevorstände, und wie eben das Gift, das sie ausstreuten, am Ende sie selbst verzehren würde. Sie verschlossen ihm ihre Ohren. Er empfing von seinen Zeitgenossen den Lohn, der jeden erwartet, welcher den Menschen die Wahrheit sagt; aber eben dadurch legten sie bey der Nachwelt ein Zeugniß ab, daß er der einzige Mann seines verderbten Zeitalters war, der ihnen den Spiegel der Wahrheit treu vorhielt, und sie vor dem Abgrunde warnte, den sie in ihrem Taumel und Wahn selbst aufgruben.[477]

Diese hymnische Würdigung Rousseaus erfüllt auch die Funktion einer epischen Vorausdeutung. Indem Rousseau als Außenseiter dargestellt wird, der seinem „verderbten" Jahrhundert vergeblich die Diagnose gestellt habe, wird die Hoffnung auf Besserung von vornherein dementiert. Rousseau, der „Begeisterte", der Seher wird zum Propheten der Revolution, nicht zu ihrem Propagandisten. In Klingers Deutung ist Rousseaus Theorie eminent politisch, weil sie die morali-

---

474 Klinger: Geschichte eines Teutschen, S. 81. Vgl. zu Klingers Rousseau-Rezeption die eher additive Dissertation von F. A. Wyneken: Rousseaus Einfluss auf Klinger. Berkeley 1912 (University of California Publications in Modern Philology 3.1); ein Überblick bei Harro Segeberg: Friedrich Maximilian Klingers Romandichtung, S. 38–47.
475 Klinger: Geschichte eines Teutschen, S. 81.
476 Ebd.
477 Ebd., S. 81f.

schen Defizite des Ancien Régime schonungslos benennt, ohne aber genug Anhänger zu gewinnen, um den Lauf der Dinge aufzuhalten.

Auch Helvétius erscheint bei Klinger als Zeitdiagnostiker, allerdings in entgegengesetzter Weise. Sein philosophischer Entwurf, der Renots zynisches Weltbild bestimmt, bedeute die Apologie des Status quo und legitimiere die moralisch bedenklichen Tendenzen der Gegenwart. So sei *De l'esprit* zwar ein „treues, aufrichtiges Gemählde der Denkungsart seines Zeitalters, seines ganz in Sinnlichkeit versunknen Volkes",[478] das künftigen Generationen als Warnung dienen könne. Allerdings sei Helvétius' Offenlegung der „Triebe seiner Zeitgenossen, des Eigennutzes, der Selbstigkeit, Sinnlichkeit und aller ihrer zahllosen Gefährten" zugleich deren Rechtfertigung.[479] Bei diesen handele es sich um „die einzigen notwendigen Gesetze der menschlichen Natur."[480]

> Kühn zerreißt er das Band, welches uns an eine höhere Welt bindet, und beweist uns, daß wir nur, ausgerüstet mit diesen Trieben und Begierden, in das Leben gestoßen werden, und nur durch sie unsre Bestimmung erfüllen; daß alles Andere Täuschung und erkünstelter Zusatz des Stolzes und einer aufgedunsenen Einbildungskraft sey, das zu weiter nichts diene, als uns zu blenden, oder Dornen auf einen Weg zu streuen, den wir so leicht und froh hinwandeln könnten. Sein Werk zeigt uns von Anfang bis zu Ende, durch das ganze glänzende, witzige, metaphysisch und moralisch seyn sollende Gewinde durch, daß er und seine aufgeklärten Zeitgenossen, sammt allen Machthabern jedes Standes, nicht allein an die Tugend nicht mehr glaubten, sondern so weit gekommen waren, daß sie es gern hörten, wenn man ihren Unglauben durch sogenannte philosophische Beweise systematisch erhärtete. Und so legte er in diesem seinem Werke der Nachkommenschaft das Bekenntniß ab, daß nicht allein bey ihm und dem Volke, für welches er schrieb, alle wahre moralische Kraft aufgetrocknet sey, sondern daß es derselben entbehren konnte und wollte.[481]

Helvétius habe also die Philosophie pervertiert, weil er die „moralische Kraft" des Menschen nicht befördern wolle. Damit erscheint sie als verführende Gewalt, weil sie die Schwächen der Menschen zum System erhebe, anstatt sie zu bekämpfen. Die polemische Wendung gegen Helvétius schließt die gesamte materialistische Philosophie der Aufklärung mit ein.[482]

Klingers Roman begreift Philosophie auch als Epochendiagnose. Dabei besteht kein Zweifel daran, dass Rousseau die größere Kraft hat; der relative Tu-

---

478 Ebd., S. 102.
479 Ebd.
480 Ebd.
481 Ebd., S. 102f.
482 Vgl. Fritz Osterwalder: Die Überwindung des Sturm und Drang im Werk Friedrich Maximilian Klingers. Die Entwicklung der republikanischen Dichtung in der Zeit der Französischen Revolution (Philologische Studien und Quellen. Bd. 96), S. 212.

gendbegriff von Helvétius erscheint verdammungswürdig. In diesem Zusammenhang wirkt es umso ironischer, dass Ernst gerade seine Orientierung an Rousseau (zumindest gesellschaftlich) zum Verhängnis wird. Diese Wendung des Romans erschließt sich erst im Kontext der revolutionären Rousseau-Rezeption. Klingers Roman partizipiert an einer zentralen Debatte des ausgehenden 18. Jahrhunderts, nämlich an dem zunehmend polemisch geführten Diskus über den Zusammenhang von Aufklärung und Revolution.

Bereits am 30. Juli 1789 schrieb Georg Forster an seinen Schwiegervater, den Altphilologen Christian Gottlob Heyne, die Revolution in Frankreich sei als Folge der Philosophie zu verstehen: „Schön ist es aber zu sehen, was die Philosophie in den Köpfen gereift und dann im Staate zu Stande gebracht hat, ohne daß man ein Beispiel hätte, daß je eine so gänzliche Veränderung so wenig Blut und Verwüstung gekostet hätte."[483] Forster stellt hier einen Nexus zwischen der Philosophie und den sich allmählich vollziehenden, erstaunlich friedlichen Veränderungen im Staatswesen her. Derartige Stimmen lassen sich in den ersten Jahren der Revolution zuhauf finden; ihnen liegt die Annahme zugrunde, in der Revolution verwirklichten sich die Werte der europäischen Aufklärung.[484] In dem Maße, in dem die anfängliche Begeisterung nachlässt, differenziert sich das Feld: Die Betrachtungen werden distanzierter, zuweilen auch reflektierter.

Dabei sind mehrere Stoßrichtungen erkennbar: Den einen geht es um mehr oder weniger neutrale Erklärung,[485] andere sind sichtlich bemüht, eine Traditionslinie zu stiften und die Aufklärung sowohl als Legitimation als auch als Ursache der Französischen Revolution zu feiern. Dazu gehören in erster Linie die Revolutionäre selbst, die eine systematische Umwertung des Kanons betreiben. In diesem Zusammenhang sind auch symbolische Aktionen wie die Überführung

---

483 Georg Forster: Brief an Christian Gottlob Heyne, 30.7.1789. In: Georg Forster's sämmtliche Schriften. Hrsg. von dessen Tochter und begleitet mit einer Charakteristik Forster's von G. G. Gervinus. Bd. 8. Leipzig 1843, S. 85.
484 Vgl. Jonathan Israel: Revolutionary Ideas. An Intellectual History of the French Revolution from the *Rights of Man* to Robespierre. Princeton 2014.
485 Vgl. etwa [Karl Friedrich Reinhard:] Übersicht einiger vorbereitenden Ursachen der französischen Staats-Veränderung. Thalia, 12. Heft, Oktober 1791. Zitiert nach: Friedrich Eberle/Theo Stammen (Hrsg.): Deutschland und die Französische Revolution 1789–1806. Darmstadt 1988 (Quellen zum politischen Denken der Deutschen im 19. und 20. Jahrhundert. Bd. 1), S. 130–137, Zitat S. 137: „So ist die gegenwärtige Umschaffung Frankreichs, welche von ganz Europa noch immer mit unglaubigem Erstaunen betrachtet wird, in doppeltem Sinne das Werk der Aufklärung und der Triumph der Philosophie, und seine mächtigste Triebfeder waren Publizität und öffentliche Meinung."

von Voltaire und Rousseau ins Panthéon zu verstehen,[486] aber auch eine Rhetorik, die stark vergröbernd einen Philosophenkult installiert.

Symptomatisch für den Anspruch, diese Geschichtsdeutung zu verbreiten, ist etwa ein ‚Katechismus' aus dem Jahr II (1793/94) der Revolution:

> D. Quels sont les hommes qui par leurs écrits ont préparé la révolution?
> R. Helvetius, Mably, J. J. Rousseau, Voltaire, Franklin.
> D. Comment nommes-tu ces grands hommes?
> R. Philosophes.
> D. Que veut dire ce mot?
> R. Sage, ami de l'humanité.[487]

Ungeachtet der zum Teil beträchtlichen Differenzen in ihren Systemen werden hier unbekümmert wesentliche Exponenten der französischen Aufklärung als Gründerväter der Revolution reklamiert. Dass es sich dabei um einen Rezeptionsirrtum handelt, hat die Forschung längst herausgearbeitet.[488] Bereits Zeitgenossen wiesen darauf hin, dass erst die revolutionäre Rhetorik diese Figuren zu Denkern der Revolution gemacht habe und – wie etwa Jean-Joseph Mounier herausstellte – kein ursächlicher Zusammenhang zwischen den politischen Ideen Rousseaus und dem gewaltsamen Umsturz in Frankreich bestehe; vielmehr sei es dem Philosophen nicht anzukreiden, wenn die Revolutionäre seine Philosophie falsch aufgefasst hätten.[489] Allerdings greifen auch derartige Apologien zu kurz, weil sie offensichtliche Verbindungen zwischen der Philosophie der Aufklärung und der revolutionären Programmatik ignorieren. Diese Ab-

---

486 Vgl. zum Rousseau-Kult der Aufklärung Roger Barny: Rousseau dans la Révolution: le personnage de Jean-Jacques et les débuts du culte révolutionnaire (1787–1791). Oxford 1986 (Studies on Voltaire and the Eighteenth Century. Bd. 246).
487 Alphabet des des sans-culottes, ou Premiers élémens de l'éducation républicaine [...]. Dédié aux jeunes sans-culottes. Paris Jahr II [1792], S. 11. – Vgl. James A. Leith: French Republican Pedagogy in the Year II. In: Canadian Journal of History/Annales Canadiennes d'Histoire 3 (1968), S. 52–67; zum Revolutionskalender vgl. Michael Meinzer: Der französische Revolutionskalender (1792–1805). Planung, Durchführung und Scheitern einer politischen Zeitrechnung. München 1992 (Ancien Régime, Aufklärung und Revolution. Bd. 20).
488 Vgl. Joan McDonald: Rousseau and the French Revolution 1762–1791. London 1965 (University of London Historical Studies. Bd. 17); James Swenson: On Jean-Jacques Rousseau. Considered as one of the first authors of the revolution. Stanford 2000.
489 Vgl. Jean-Joseph Mounier: De l'influence attribuée aux philosophes, aux francs-maçons et aux illuminés sur la Révolution de France. Tübingen 1801, S. 119 f. Mounier, ehemaliger Präsident der Nationalversammlung, lebte von 1797 bis 1801 in Weimar und leitete das 1797 etablierte Erziehungsinstitut auf Schloss Belvedere. Vgl. Friedemann Pestel: Weimar als Exil. Erfahrungsräume französischer Revolutionsemigranten 1792–1803. Leipzig 2009 (Deutsch-französische Kulturbibliothek. Bd. 28), S. 234–251.

wehrhaltung wird allerdings im Zusammenhang mit den Angriffen von konservativer und gegenaufklärerischer Seite verständlich, die mit der Revolution zugleich die gesamte europäische Aufklärung verdammten und ein wirkmächtiges Verschwörungsnarrativ entwickelten, das den Philosophen die Urheberschaft des Umsturzes zuschrieb.[490] So erklärt Johann August Starck in seiner mehrbändigen Abhandlung über den *Triumph der Philosophie im 18. Jahrhundert*, in der er die Theorien von Robison, Barruel und anderen bündelt, finstere Mächte hätten planmäßig darauf hingearbeitet, die gottgewollte Ordnung von Thron und Altar umzustürzen und an ihrer Stelle eine atheistische Schreckensherrschaft, gleichsam die Hölle auf Erden zu errichten:

> Durch den aus Deutschland nach Frankreich hinübergetragenen Illuminatismus, der den Jacobinismus gebahr, ward die von den Philosophen angelegte Mine zum Ausbruch gebracht, und den in den illuminirten Freymaurerlogen amalgamirten Adepten der Philosophen- und Illuminaten-Conjuration hat Frankreich den Sturz des Thrones und der Altäre, die Vernichtung der Geistlichkeit und des Adels, seine democratische Republik, die Anarchie mit all ihren Begleitern, die ungeheuren Plane zur Entchristung und Republikanisirung der ganzen Welt und alle damit verbundenen Gräuel zu verdanken. Das alles sind Thatsachen, welche durch so viele einsichtsvolle, deutsche, englische, französische, und zum Theil an der Quelle selbst, durch eigene Erfahrungen unterrichtete Schriftsteller einstimmig bekräftiget sind, daß man an ihrer Wahrheit und Richtigkeit, ohne sich lächerlich zu machen, nicht einen Augenblick zweifeln kann.[491]

Barruel und Starck setzen also Illuminaten und Jakobinern gleich;[492] in dieser These kulminiert die gegenaufklärerische Interpretation, die retrospektiv alle Reformversuche des 18. Jahrhunderts als Stationen auf dem Weg zu einem gewaltsamen Umsturz auffasst.[493] Die Argumente richten sich zugleich auch gegen

---

490 Vgl. Amos Hofman: The Origins of the Theory of the *Philosophe* Conspiracy. In: French History 2 (1988), S. 152–172.
491 [Johann August Starck:] Der Triumph der Philosophie im Achtzehnten Jahrhundert. 1803. Zitiert nach Friedrich Eberle/Theo Stammen (Hrsg.): Deutschland und die Französische Revolution 1789–1806. Darmstadt 1988 (Quellen zum politischen Denken der Deutschen im 19. und 20. Jahrhundert. Bd. 1), S. 492–508, hier S. 505.
492 Vgl. Claus Oberhauser: Die verschwörungstheoretische Trias: Barruel – Robison – Starck. Innsbruck/Wien/Bozen 2013 (Quellen und Darstellungen zur europäischen Freimaurerei. Bd. 15); vgl. auch Klausnitzer: Poesie und Konspiration.
493 Zusammengefasst bei Augustin Barruel: Denkwürdigkeiten zur Geschichte des Jakobinismus. Nach der in London 1797 erschienenen französischen Original-Ausgabe ins Teutsche übersetzt von einer Gesellschaft verschiedener Gelehrten. 4 Bde. Münster/Leipzig 1800–1803, Bd. 1, S. 14–16: „Das Resultat meiner Nachforschungen, und der Beweise, die ich sonderlich aus den Archiven der Jakobiner und ihrer ersten Lehrmeister geschöpft habe, läuft darauf hinaus, daß ihre Sekte und ihre Verschwörungen an sich, selbst nichts weiter als das Ganze, die Koalition einer

den aufgeklärten Absolutismus, der – etwa von Göchhausen – als gefährlicher Irrweg gesehen wird, als Einfallstor für verderbliche freigeistige Tendenzen.[494]

Vor diesem Hintergrund wird deutlich, wie die Denunziation Ernsts als Adepten Rousseaus geeignet ist, seine Reputation wie auch seine politischen Handlungsspielräume zu zerstören. Dabei führt der Roman vor, wie verschwörungstheoretische Diffamierung funktioniert: „Ernst mußte, als ein bekannter Feind der alten bürgerlichen Ordnung, für einen entschiedenen Gönner der gefährlichen Französischen Grundsätze gelten."[495] Man wirft Ernst seine Kontakte nach Frankreich vor, nicht ohne retrospektiv hinter allen Details einen vermeintlichen Plan zu erkennen. So kann Renot mühelos Ernst wegen seiner Kontakte nach Frankreich verleumden:

---

dreifachen Sekte, einer dreifachen Verschwörung sind, in welcher, lange vor der Revolution, der Ruin der Kirche, der Ruin des Throns, und endlich der Ruin der ganzen bürgerlichen Gesellschaft geschmiedet wurde, und noch geschmiedet wird. | 1. Viele Jahre vor dieser französischen Revolution, komplottirten Menschen, die sich Philosophen nennen ließen, gegen den Gott des Evangeliums, gegen das ganze Christenthum ohne Ausnahme, ohne unterschied der protestantischen oder katholischen, der englischen oder bischöflichen Kirche. Diese Verschwörung hatte zum wesentlichen Zweck, alle Altäre Jesu Christi zu zerstören. Sie war die Verschwörung der Sophisten des Unglaubens und der Gottlosigkeit. | 2. In der Schule dieser Sophisten des Unglaubens bildeten sich bald die Sophisten des Aufruhrs, und diese, indem sie mit der Verschwörung der Gottlosigkeit gegen die Altäre Christi noch die Verschwörung gegen alle Thronen der Könige verbanden, vereinigten sich mit der alten Sekte, deren Komplotte das wahre Geheimniß der höhern Grade einiger Zweige der Freimaurerei ausmachten, wo aber nur den Auserwählten der Auserwählten dieses Geheimniß ihres eingewurzelten Hasses gegen die christliche Religion und die Fürsten mitgetheilt wurde. | 3. Aus den Sophisten des Unglaubens und der Empörung, entstanden die Sophisten der Anarchie, und diese komplottirten nicht mehr gegen das Christenthum allein, sondern gegen jede Religion, selbst gegen die natürliche; nicht bloß gegen die Könige, sondern gegen jede Regierungsform, gegen jede bürgerliche Gesellschaft, und selbst gegen jede Art des Eigenthums. | Diese dritte Sekte vereinigte sich, unter dem Namen der Illuminaten, mit denen gegen Christus, und gegen Christus und die Könige zugleich verschwornen Sophisten und Maurern. Aus dieser Koalition der Adepten des Unglaubens, der Adepten der Empörung, und der Adepten der Anarchie, entstanden die Klubs der Jakobiner. Unter dieser, der dreifachen Sekte von nun an gemeinschaftlichen Benennung, fahren die vereinigten Adepten fort, ihre dreifache Verschwörung gegen Kirche, Thron und Gesellschaft, zu schmieden."

494 Vgl. Wolfgang Albrecht: In Biedermannspossen polemisch eifernd wider die „Epidemie der Aufklärungswuth". Ernst August Anton von Göchhausens Beiträge zur norddeutsch-protestantischen Gegenaufklärung. In: Weiß/Albrecht (Hrsg.): Von ‚Obscuranten' und ‚Eudämonisten', S. 155–192, bes. S. 165: Albrecht unterstreicht, „daß Göchhausen der seinerzeit mannigfach gepriesenen aufgeklärten Herrschaft abhold war. Unausgesprochen ließ er den soeben verstorbenen preußischen König mitschuldig erscheinen an einer gigantischen und äußerst gefährlichen Fehlentwicklung".
495 Klinger: Geschichte eines Teutschen, S. 193.

Rousseau's Schriften, die nun in Frankreich den Aufruhr entzündet hätten, wären Schuld daran. Hadem habe ihm vor seiner Abreise dieselben heimlich zugeschickt, und Ernst von der Zeit an nichts Anderes gelesen. Und eben dieser Rousseau, dessen Geist jetzt Frankreich verheere, habe seines Neffen Gemüth von lange her auf diese Neuerungen vorbereitet; man müsse sich also nicht über sein Schweigen wundern. „Hat er nicht," fügte Renot hinzu, „durch alles, was er bisher gethan, sich als einen treuen Schüler des kühnen, gefährlichen Mannes gezeigt? Und wissen Sie nicht, daß Ihr Neffe, seitdem die Revolution ausgebrochen ist, in einem beständigen Briefwechsel mit den Parisern steht? und ist es nicht klar, daß er bey seinem Aufenthalt in Paris sich mit diesen gefährlichen Menschen in Verbindung eingelassen hat?"[496]

Hier erscheint Rousseau als Auslöser der Revolution; seine Anhänger, darunter auch Ernst, seien, so Renot, potentiell gefährliche Aufwiegler, die auch in Deutschland einen gewaltsamen Umsturz einleiten wollten und die im Auftrag auswärtiger Mächte agierten.

Auch Ernsts Versuche, den einheimischen Adel für Reformen zu gewinnen, scheitern letztlich an der unterstellten Rolle Rousseaus, der als Stichwortgeber der Jakobiner betrachtet wird. Kulturkritik wird in dieser Interpretation zum ersten Schritt auf dem Weg zum gewaltsamen Umsturz. So erklärt der Oheim gegenüber Ernst, seine „Rede würde sich übrigens in einem gewissen Klub in Paris recht gut ausnehmen",[497] sei also jakobinisch. Sie sei seines „Lehrers, des mehr berüchtigten, als berühmten Rousseau's, werth. Doch was Frankreich ihm verdankt, wollen wir ihm nicht verdanken, und sollten wir auch das Unglück haben, seinem feurigsten Schüler zu mißfallen."[498]

Diese völlige soziale Vernichtung im Namen Rousseaus führt letztlich auch dazu, dass Ernst an seinen Idealen zweifelt. Allerdings bestätigt paradoxerweise die Handlung des Romans Rousseaus Kulturkritik, indem das resignative Ende zurück zur Ausgangsdiagnose führt: Ernst gewinnt seine moralische Kraft zurück und erweist sich damit als würdiger Adept Rousseau. Diese Schlusswendung hat auch eine politische Bedeutung: Schließlich scheitert Ernst an sozialen Gegebenheiten, die wegen der moralischen Korruption der Führungsschichten nicht verändert werden können.

---

496 Ebd., S. 194.
497 Ebd., S. 234.
498 Ebd.

5.6.3 Rousseauistischer (Reichs-)Patriotismus. Das politische Programm von Klingers Roman

Klingers Roman erzählt nicht nur von verderblichen Hofintrigen, sondern berichtet auch von gelingenden Reformprozessen in kleinem Rahmen, die den großen Reformen vorangehen sollen. Sie scheitern letztendlich weniger an der problematischen Persönlichkeit des Reformers, als vielmehr an den Zeitläuften. So ist es der Ausbruch der Französischen Revolution, der als epochale Zäsur alle Reformbemühungen zunichtemacht und die Beharrungskräfte der alten Eliten stärkt. Zugleich ist Klingers Roman ein eindrückliches Beispiel für das Reichsdenken, das die deutschsprachige Literatur der späten Aufklärung in hohem Maße prägt: Denn wie Markus Hien überzeugend herausgearbeitet hat, fixierte sich die Literatur um 1800 keineswegs ausschließlich auf die Französische Revolution, sondern reflektierte vielstimmig die prekäre Lage des Reichs.[499] In diesem Sinn lässt sich Klingers *Geschichte eines Teutschen der neusten Zeit* als politischer Zeitroman über die letzte Krise des Alten Reichs lesen.

So entwirft der Roman unter deutlicher Bezugnahme auf deutsche Kleinstaaten, insbesondere Baden, ein durchaus realistisches Szenario deutscher Realitäten des ausgehenden 18. Jahrhunderts.[500] Ort der Handlung ist ein kleineres deutsches Fürstentum, das von einem reformfreudigen und menschenfreundlichen Fürsten regiert wird. Von Absolutismus kann dort allerdings keine Rede sein: Vielmehr hat die fürstliche Kammer eine beträchtliche Macht akkumuliert, und auch die Stände, insbesondere der Adel, der als Hemmschuh der Modernisierung agiert, partizipieren an den politischen Entscheidungen.

Dennoch erscheint die deutsche Kleinstaaterei in Klingers Roman nicht als Defizit, sondern als vorteilhaft, weil im Kleinen entschiedener und rascher gehandelt werden könne. Diese Bevorzugung kleiner Staatswesen findet sich vielfach bei Zeitgenossen, so bei Rousseau, aber eben auch bei Klingers Freund Johann Georg Schlosser. Der badische Oberamtmann schreibt in der Einleitung seiner Abhandlung *Seuthes* (1788), in großen Staaten sei ein Musterherrscher wie

---

499 Vgl. Hien: Altes Reich und neue Dichtung.
500 Vgl. Göttsche: Zeit im Roman, S. 249: „Zwar entwickelt sich das Staatsromanprojekt einer (moralisch begründeten) gesellschaftlichen Modernisierung im Rahmen des aufgeklärten Reformabsolutismus) zu Beginn noch ohne konkrete Rückbezüge auf die politischen Prozesse im Europa der achtziger Jahre. Gleichwohl entwirft der Roman ein treffendes Bild der politischen Kräfteverhältnisse und jener politischen Bewußtseinsbildung, welche die euphorische und kontroverse Aufnahme der Revolution in Deutschland allererst ermöglichte."

Hallers Usong undenkbar, sehr wohl aber in überschaubaren Verhältnissen.⁵⁰¹ Entsprechend hebt der Fürst in Klingers Roman ausdrücklich sein Glück hervor, „Fürst eines kleinen Landes zu seyn; denn nur hier fruchtet die Arbeit guter Menschen, nur hier sind Mittel und Hindernisse gleich sichtbar".⁵⁰² Dieses Lob des Kleinstaats ist aber auch im Zusammenhang mit dem Reichspatriotismus der zweiten Jahrhunderthälfte zu sehen,⁵⁰³ der die lange Zeit beklagte Kleinteiligkeit und Heterogenität deutscher Verhältnisse ins Positive wandte und die partikularen Traditionen nicht als Modernisierungshindernis, sondern ganz im Gegenteil als Garanten überkommener Freiheit verstand.⁵⁰⁴ Damit verbinden sich Vorstellungen von einem deutschen „Nationalgeist", wie sie etwa Friedrich Carl von Moser seit 1765 vertrat. Moser hatte unter dem Eindruck des Siebenjährigen Kriegs (in habsburgischem Auftrag⁵⁰⁵) die „separatistische Denkungsart" der Deutschen beklagt,⁵⁰⁶ für die das einigende, friedens- und freiheitswahrende Reich keine Bedeutung mehr besitze. Anders verhält es sich in der Familie von Reichsrittern, aus der Ernst entstammt. Nach der Verwundung im Siebenjährigen Krieg tritt sein Vater in „den ruhigern Reichsdienst, um wenigstens etwas für eine Verfassung zu thun, die er aus Vaterlandsliebe schätzte, und als unmittelbarer Reichsritter, als Herr solcher Unterthanen, zu schützen alle Ursach hatte".⁵⁰⁷

In einem ähnlich überschaubaren Rahmen verwirklicht Ernst von Falkenburg seine Verbesserungen, die das dritte Buch des Romans schildert. Gemeinsam mit

---

501 Vgl. Johann Georg Schlosser: Seuthes oder der Monarch. An Jacobi. Straßburg 1788, S. IV: „Umsonst wendete ich ein, daß der Herr eines kleinen Landes, das wahre Beste seines Volks besser sehen, und richtiger fühlen könne, als ein grosser, weil die Gegenstände, die er zu umfassen hat, mehr concentrirt sind".
502 Klinger: Geschichte eines Teutschen, S. 184.
503 Vgl. einführend Karl Otmar Freiherr von Aretin: Reichspatriotismus. In: Günter Birtsch (Hrsg.): Patriotismus. Hamburg 1991 (Aufklärung 4, H. 2), S. 25–36.
504 Vgl. zu Klingers Sicht auf das Reich Hien: Altes Reich und neue Dichtung, S. 485: „Der Stürmer und Dränger Friedrich Maximilian Klinger brach sein rechtswissenschaftliches Studium in Gießen zugunsten der Literatur ab, erwarb jedoch genügend Kenntnisse über das *ius publicum romano-germanicum*, um es in mehreren Werken satirisch ausschlachten zu können. Noch in den *Betrachtungen und Gedanken* kommentiert er nach 1800 fachmännisch die ‚traurige Lage des deutschen Reichs' mit harscher Kritik." Hien deutet Klingers Roman *Fausts Leben, Thaten und Höllenfahrt* (1791) als „schärfste und völlig unversöhnliche Reichssatire" (ebd., S. 565).
505 Vgl. Wolfgang Burgdorf: „Reichsnationalismus" gegen „Territorialnationalismus": Phasen der Intensivierung des nationalen Bewußtseins in Deutschland seit dem Siebenjährigen Krieg. In: Dieter Langewiesche/Georg Schmidt (Hrsg.): Föderative Nation. Deutschlandkonzepte von der Reformation bis zum Ersten Weltkrieg. München 2000, S. 157–189, hier S. 173.
506 Friderich Carl von Moser: Von dem Deutschen Nationalgeist. o. O. 1766 [zuerst anonym 1765], S. 21.
507 Klinger: Geschichte eines Teutschen, S. 16.

dem rehabilitierten Kalkheim, den er als seinen „Lehrer" würdigt,[508] übernimmt Ernst die Verwaltung einer kleinen Grafschaft, wo er als „Ober-Kammerrath" die Verantwortung für Agrar- und Steuerreformen übernimmt.[509] Als Mitglied der fürstlichen Kammer ist Ernst zwar auf den ersten Blick Teil des Systems geworden, er unterschätzt aber den erbitterten Widerstand, den ihm insbesondere sein Oheim, der Präsident der Kammer, entgegensetzt. Für ihn sind Neuerungen generell verderblich.[510] Gegenüber Renot, der inzwischen sein Sekretär geworden ist, beklagt er den Eifer seines Neffen und warnt vor den Folgen seiner physiokratischen Ideen: „Was meinen Sie, daß der Kammer bevorsteht? Eine Reform! eine Reform! Mein Neffe ist in Frankreich gewesen; und wenn sich seine Schimäre mit der Schimäre der Physiokraten vermählt hat, so wird in unserm Lande etwas Artiges zum Vorschein kommen."[511]

Trotz dieses Widerstands können Ernst und Kalkheim beträchtliche Erfolge vorweisen. Die affirmative Darstellung ihrer Bemühungen und deren Wirkung auf einen ganzen Landstrich spielen in großer Verknappung auf wichtige ökonomische Theorien der Zeit an:

> Der Kammerrath hatte schon die Grafschaft *** zum Garten umgeschaffen, und Ernst ging neben dem treuen Pflanzer Gottes, in dem blühenden Bezirke, den verschönerten reinlichen Dörfern, wo nun Zufriedenheit und einfaches Wohlleben herrschten. Hier wandelte er an der Seite des Kammerraths mit höherem Herzen, als Alexander an der Seite seines Lieblings, in den Ebenen des von ihm eroberten Asiens. Seine Trophäen waren blühende Bäume, reiche Kornfelder, grünende Wiesen, Striche, die einst das Wasser ertränkte, zu Wiesen durch Fleiß gewonnen. Und beide Freunde belebte die Hoffnung, das Glück, welches sie hier gestiftet hatten, noch weiter um sich her zu verpflanzen. Ernst hatte, mit Genehmigung des Fürsten, in diesem Bezirk eine neue Ordnung der Steuern und Abgaben zur Probe eingeführt, und diese Probe war so gut ausgefallen, daß er beweisen konnte, seinen beabsichtigten Zweck erreicht zu haben. Durch diese neue Ordnung fiel alles Drückende von dem Landmann ab, und der in den ersten Jahren von dem Adel und den Gutsbesitzern erlittene kleine Verlust, ersetzte sich in den folgenden vollkommen.[512]

Es geht hier um die Verbesserung, um die ‚Hebung' der Verhältnisse einer agrarischen Gesellschaft. In religiös getönter Bildlichkeit entwirft der Erzähler das Bild eines Verwalters, der als „Pflanzer Gottes" einen blühenden Garten Eden geschaffen hat, dessen Bewohner zufrieden und dankbar leben. Der Anblick sol-

---

508 Ebd., S. 142.
509 Ebd., S. 139.
510 Vgl. ebd., S. 145: „Alles ist jetzt durch mein Bemühen so schön im Gange – und das Neuern – lieber Neffe, hüten Sie sich ja vor dem Neueren!"
511 Ebd., S. 147.
512 Ebd., S. 183 f.

chen einfach-ländlichen Glücks übersteigt bei Ernst die Lust des Eroberers; wahrer Heroismus sei, so seine Folgerung, aufzubauen statt zu zerstören – ein Topos, der sich in der zeitgenössischen Literatur immer wieder findet.[513] Die Wirkung der Agrarreformen lässt sich konkret beschreiben. Es geht um Steigerung des landwirtschaftlichen Ertrags, die durch die Vergrößerung der landwirtschaftlichen Nutzflächen erfolgt. Diese erreichen Ernst und Kalkheim durch die Trockenlegung von Sümpfen – ein gängiges und in der einschlägigen Literatur empfohlenes Verfahren, das bei der sogenannten Binnenkolonisation eine wichtige Rolle spielte.

Resultat all dieser Bemühungen ist das „Glück" der Landbevölkerung; diese traditionelle eudaimonistische Konzeption des Staatszwecks zeigt sich auch in der Steuerreform, die die Agrarreform begleitet. Dort geht es, soweit sich aus den knappen Bemerkungen erschließen lässt, um eine Absenkung der Steuerlast, die aber auf lange Sicht zu einem Aufschwung der landwirtschaftlichen Produktion und damit auch zu einer Steigerung der Steuereinnahmen führen.

Diese Handlungen erinnern tatsächlich an die „Schimäre der Physiokraten" und führen die Befürchtungen des Präsidenten ad absurdum: Die Erzählung demonstriert ja gerade ihre segensreiche Wirkung für das gesamte Gemeinwesen.[514] Im Hintergrund von Klingers Entwürfen dürften die von Schlosser vermittelten Kenntnisse über Baden stehen, das als Musterland der Aufklärung galt.[515]

---

513 Vgl. etwa Goethes *Achilleis*.
514 Anders Max Rieger: Klinger in seiner Reife. Darmstadt 1896, S. 372: „[E]s handelt sich offenbar nicht um ein physiokratisches Experiment im Sinne Schlettweins, sondern um Aufhebung oder Umwandlung von Feudallasten, womit man in kleineren Territorien schon damals hie und da vorging; wie denn auch der alte Falkenburg auf seinen reichsunmittelbaren Besitzungen die Leibeigenschaft aufgehoben hatte."
515 Vgl. Eberhard Weis: Reich und Territorien in den letzten Jahrzehnten des 18. Jahrhunderts. In: Helmut Berding/Hans-Peter Ullmann (Hrsg.): Deutschland zwischen Revolution und Restauration. Königstein/Ts./ Düsseldorf 1981, S. 43 – 64, hier S. 53 f.; skeptischer Günter Birtsch: Der Idealtyp des aufgeklärten Herrschers. Friedrich der Große, Karl Friedrich von Baden und Joseph II. im Vergleich. In: Ders. (Hrsg.): Der Idealtyp des aufgeklärten Herrschers. Hamburg 1987 (Aufklärung 2, H. 1), S. 9 – 47. Vgl. zum durchaus nicht konfliktfreien Verhältnis Schlossers zu seinem Dienstherrn die Ausführungen von Johan van der Zande: Die Tugend der Selbstachtung: Schlossers Verhältnis zu Karl Friedrich von Baden. In: Badische Landesbibliothek Karlsruhe (Hrsg.): Johann Georg Schlosser (1739 – 1799). Eine Ausstellung der Badischen Landesbibliothek und des Generallandesarchivs Karlsruhe. Ausstellungskatalog. Karlsruhe 1989, S. 33 – 51. – Wichtig sind in diesem Zusammenhang die zeitgenössischen Wertungen Badens und seines Herrschers; vgl. etwa Wekhrlins emphatisches Lob in seinem Reisebericht: [Wekhrlin:] Anselmus Rabiosus Reise durch Ober-Deutschland, S. 141 f.: „Man kan unmöglich den Fus in dieses Land sezen, so fällt einem die Betrachtung Marc-Aurels auf die Brust: *Glücklich ist das Land, wo die Weltweisen Könige sind, oder die Könige die Weltweisheit treiben!* Man weiß, daß während sich

Selbstverständlich sind die entsprechenden Passagen von Klingers Roman nicht als Schlüssel über Vorgänge am badischen Hof des ausgehenden 18. Jahrhunderts zu lesen; vielmehr greift er einzelne Aspekte heraus und modifiziert sie entsprechend seinen Intentionen. So bestehen eindeutige Parallelen zwischen Schlossers Tätigkeit als Oberamtmann der Grafschaft Hachberg und Ernsts Wirken; allerdings trägt der Kammerrat Kalkheim zweifellos Züge des von Schlosser stark kritisierten deutschen „Haupt-Physiokraten" Johann August Schlettwein,[516] den Klinger – wohl auf Anregung Schlossers – in dem frühen satirischen *Orpheus*-Roman noch heftig attackiert hatte.[517]

Es geht Klinger also weniger um ein konkretes Abbild, als vielmehr um die verdichtete modellhafte Darstellung aufgeklärter Reformtätigkeit in kleinem Maßstab, die retrospektiv als verpasste Chance erscheint. Darin berührt sich sein Roman mit den letzten Büchern von Goethes *Wilhelm Meisters Lehrjahren*, in denen die Unternehmungen der Turmgesellschaft beschrieben werden.[518] Während aber die Handlung von Goethes Roman in den Jahren vor der Revolution angesiedelt ist, müssen die Protagonisten von Klingers *Geschichte eines Teutschen*

Seine regierende Durchlaucht mit den Vorwürfen der Antonine und der Usongs in ihrem Kabinette beschäftigt, so widmet die Prinzessin, seine Gemahlin, die Zeit, welche ihr von der Erziehung ihrer Kinder, oder von der Polizeyverwaltung ihres Hofs übrig bleibt, dem Briefwechsel mit auswärtigen Gelehrten, der Lektur, oder der Gesellschaft der Schöngeister, die sich an ihrem Hofe befinden."

516 Vgl. Franz Prosch: Ueber Klingers philosophische Romane. Freiwaldau 1882 (Programm des k. k. Staatsgymnasiums zu Weidenau für das Schuljahr 1881/82), S. 43, der sicherlich zu weit geht, wenn er erklärt, „dass Kalkheim erstens Jean Jacques, zweitens Schlosser, drittens Schlettwein ist".

517 Vgl. Max Rieger: Klinger in der Sturm- und Drangperiode. Darmstadt 1880, S. 304–309. Klinger hielt sich 1779/1780 in Emmendingen auf und schrieb dort den fünften Teil seines *Orpheus*-Romans. Im vierten Kapitel, einer Satire über die Abenteuer des Prinzen Farolimikouk von Goldstein, wendet er sich gegen explizit gegen Schlettwein, dessen Experimente sich für den Prinzen als fatal erweisen. Vgl. Friedrich Maximilian Klinger: Orpheus. Mit den Varianten der Bearbeitung Bambino's ... Geschichte. In: Ders.: Werke. Historisch-kritische Gesamtausgabe. Hrsg. von Sander L. Gilman u. a. Bd. 9. Hrsg. von Georg Bangen. Berlin/München/Boston 2015, S. 598–630, hier S. 599: „Hallers und Marmontels Staats-Romanen, der goldne Spiegel etc. dann der ganze Zug der Staats-Phantasten, samt dem berühmten Schlettwein, den französischen Reformateurs, Finanziers, teutschen Oeconomisten wirthschaften nicht übel in dem Gehirn des armen Prinzens. Von Herzen war er ihnen allen ergeben, nur wünschte er sich so viel Reiche, glükliche Insuln, himmlische Menschen als er brauchte, um diese Herrn zufrieden zu stellen." Nach dem Scheitern seiner Pläne ruft der Prinz aus (ebd., S. 611): „O Schlettweins! Schlettweins! wozu habt Ihr mich gebracht!"

518 Vgl. zu Klingers Sicht auf Goethes Roman Rieger: Klinger in seiner Reife, S. 354f., sowie die Briefe an Nicolovius vom 1.3.1798 bzw. 26.5.1799. In: Rieger: Briefbuch zu Friedrich Maximilian Klinger, S. 38f., S. 49.

der neusten Zeit auf die französischen Ereignisse reagieren, die ihnen in letzter Konsequenz den Handlungsspielraum nehmen:[519] Die zitierte Äußerung des Kammerpräsidenten demonstriert das Grundmisstrauen der alten Eliten gegen jede Art von Veränderung; nach 1789 wurden auch die Physiokraten als Verfechter einer ‚philosophisch' inspirierten Ökonomie immer verdächtiger; in tendenziöser Verzerrung erscheint ihre Lehre als revolutionär:[520] Dabei hielten die physiokratischen Theoretiker wie Quesnay und Le Mercier de La Rivière gerade den Absolutismus für die Herrschaftsform, die am geeignetsten sei, einschneidende Reformen durchzusetzen.[521] Nach der Revolution bietet Ernsts Verbindung mit physiokratischen Ideen dem Adel willkommenen Anlass, um seine Privilegien zu wahren. Ernsts Angriff auf den „Stolz des Adels und der Gutsbesitzer" hat für ihn verheerende Folgen.[522]

Zwar liegt die Ursache von Ernsts letztendlichem Scheitern zu einem Gutteil in seiner Persönlichkeit begründet – seine übersteigerte Tugendliebe führt zu Erkenntnisfehlern im Privaten wie im Politischen –, der Erzähler lässt aber keinen Zweifel daran, dass primär die Französische Revolution und ihre Auswirkungen auf Deutschland dafür verantwortlich sind.

> Trotz dem allen hätte Ernst, ohne die Ereignisse, die jetzt so plötzlich unsern Welttheil erschütterten, durch seine Geduld, seine Gefälligkeit, seine Sanftmuth, dennoch den Neid und die Bosheit der Menschen besiegt, vielleicht gar selbst seinen heißesten Wunsch, seinem Vaterlande einen so wesentlichen Dienst zu leisten, durchgesetzt. Aber die wunderbaren, großen und schrecklichen Begebenheiten, die nun in einem so kurzen Zeitraume sich auf einander drängten, und die alles zu enthalten schienen, was die Menschen in einer Reihe von Jahrtausenden Großes und Ungeheures mögen gethan haben, sollte auch über Ernstens Schicksal, wie über das Schicksal so vieler tausend Unschuldiger, entscheiden.[523]

Diese Diagnose wertet die Revolution als Haupthindernis auf dem Weg zu dringend notwendigen Reformen; sie führt zu Parteienhass und Denunziation und dient den Eliten als Legitimation für völligen Stillstand. Klingers Roman entwirft eine letztlich ausweglose, geradezu tragische Konstellation.

---

519 Vgl. Rieger: Klinger in seiner Reife, S. 355.
520 Vgl. Klippel: Politische Theorien im Deutschland des 18. Jahrhunderts, S. 74 f.
521 Vgl. Hensmann: Staat und Absolutismus im Denken der Physiokraten; Muhlack: Physiokratie und Absolutismus in Frankreich und Deutschland.
522 Klinger: Geschichte eines Teutschen, S. 184.
523 Ebd., S. 191 f.

5.6.4 Patriotismus und Resignation. Mit einem Seitenblick auf Hölderlins *Hyperion*

Wichtiger noch als der konkrete politische Gehalt von Klingers Roman ist die Frage nach deutscher Identität, auf die bereits der Titel verweist. Dabei ist die *Geschichte eines Teutschen der neusten Zeit* ein in doppelter Hinsicht patriotischer Roman: Erstens im Hinblick auf die dargestellten Bemühungen um die Verbesserung des Gemeinwesens durch Angehörige einer patriotisch, also gemeinnützig gesinnten Elite, zweitens (im neueren Sinn des Begriffs) indem er die Frage nach einem spezifisch deutschen Nationalcharakter stellt.[524] Beide Aspekte fallen in Klingers Roman zusammen, schließlich ist der Schauplatz der Handlung kein asiatisches oder afrikanisches Musterreich, sondern das Deutschland der Revolutionsära.

Klinger greift auf tradierte Nationalstereotypen zurück, wenn er vermeintlich deutsche Eigenschaften evoziert.[525] So ist Ernst der Erbe eines Geschlechts, in dem sich ein „biedrer, treuer teutscher, Sinn" vererbt hat,[526] und natürlich erfüllt die Umgebung des Familiensitzes sämtliche Klischees: „Ein dichter Eichenwald, der unsern Urvätern, den alten Germaniern, Schatten verliehen zu haben schien, empfing den Knaben in seinem kühlen feyerlichen Dunkel."[527] Die als typisch deutsch bezeichneten Eigenschaften wie Biederkeit und Treue finden sich allerdings nur noch bei wenigen Individuen, so bei Ernst und seinem Vater, der als einer der wenigen Angehörigen des Adels für sein Volk kämpft. Hingegen blicken

---

524 Vgl. Vierhaus: „Patriotismus"; vgl. auch Hans-Martin Blitz: Aus Liebe zum Vaterland. Die deutsche Nation im 18. Jahrhundert. Hamburg 2000. Vgl. auch Günter Birtsch: Erscheinungsformen des Patriotismus. In: Ders. (Hrsg.): Patriotismus. Hamburg 1991 (Aufklärung 4, H. 2), S. 3–5, hier S. 3: „Im neuzeitlichen Nationalismus gewann das Bekenntnis zum eigenen Volk, zur Nation den Primat vor allen anderen sozialen und ideologischen Bindungen, der Patriotismus hingegen verband als eine Frühform politischer Bewußtseinsbildung, die sich auf Heimat, Region, Territorium oder Reich bezog, mit der Bindung an traditionale Werte, an lokale und regionale Institutionen regelmäßig eine kosmopolitische Grundeinstellung. Die frühneuzeitliche Geschichte kennt zahlreiche Spielarten des Patriotismus, wesentlich erscheint, daß nahezu allen eine ideale freiheitliche und zeitkritische, sich an den gegebenen sozialen und politischen Zuständen reibende Komponente eigen war." Vgl. ebd., S. 4: „Durchgehend verpflichtete der aufgeklärte Patriotismus zum Dienst am gemeinen Besten." Vgl. zum Reichspatriotismus die Darstellung von Aretin: Reichspatriotismus, der die „Reichseuphorie" (ebd., S. 29) im Umfeld der Gründung des Deutschen Fürstenbundes im Jahr 1785 hervorhebt.
525 Vgl. einführend Ruth Florack: Stereotyp ‚deutsch'. In: Leslie Brückner/Christopher Meid/Christine Rühling (Hrsg.): Literarische Deutschlandreisen nach 1989. Berlin/Boston 2014 (linguae & litterae. Bd. 30), S. 12–25.
526 Klinger: Geschichte eines Teutschen, S. 15.
527 Ebd.

5.6 Rehabilitation und Rückzug — 535

die meisten Adeligen mit Verachtung auf das Volk herab, dem sie sich nicht verbunden fühlen: Daraus wird letztendlich der Zerfall der Nation folgen.

Dieser Verfall der deutschen Eigenschaften resultiert bei Klinger ganz rousseauistisch aus den Eigentumsverhältnissen und der daraus folgenden ständischen Differenzierung. Der unüberwindbare Bruch zwischen Elite und Volk wird insbesondere am Soldatenhandel deutlich und kulminiert in den drastischen Kommentaren über den verächtlichen Blick des Adels auf den Bauernstand.[528] Die Diagnose des *Émile*, dass die Wörter „patrie et citoyen" aus den modernen Sprachen gestrichen werden müssten,[529] trifft aus Ernsts Sicht in besonderem Maße für Deutschland zu. In einem Brief an Hadem beklagt er die Kluft zwischen Volk und Eliten, die er als mögliche Ursache künftiger Fehlentwicklungen auffasst:

> Kein Volk der Erde verdient mehr Achtung und Schonung von seinen Fürsten, als das Teutsche; und dieses Volk wird von ihnen verkauft! Weg mit dem elenden Gedanken, der Teutsche habe kein Vaterland! – Er hat ein Vaterland; ich habe ein Vaterland, ich fühle es, und fühlte es schon, als ich das erste lebendige Rauschen in meinem Eichenwalde vernahm. [...] Die Zeit kann kommen, wo sich dieser Gedanke, der Teutsche habe kein Vaterland, grausam an denen rächen wird, die ihn erzeugten und unterhielten. Der Teutsche hat kein Vaterland – was hat er denn Hadem? Und was sind seine ihm eignen Sitten und Tugenden? Ist nicht Treue, Aufrichtigkeit und Tapferkeit sein unterscheidendes Merkzeichen? Und den Boden, der diese Tugenden nährt, auf welchem sie gedeihen, sollten wir nicht unser Vaterland nennen? Und wäre dieser traurige Gedanke wirklich wahr – wie, wenn nun der Teutsche fragte: „warum er kein Vaterland habe, in dem Sinne wie andere Völker, und durch wen ihm diese Quelle edler Tugenden genommen sey" – was würde man ihm antworten?[530]

Die ‚deutschen' Tugenden sind als Ergebnis einer historischen Entwicklung kaum noch anzutreffen; sie erscheinen in der Geschichtskonstruktion des Romans als Elemente einer glorifizierten Vergangenheit, der gegenüber die Defizite der Gegenwart umso deutlicher zu Tage treten.[531] Die oben analysierten Reformen Ernsts

---

[528] Vgl. ebd., S. 184f.: „Es war ihnen nicht genug, daß der Landmann, und sie durch diesen, reicher würden; sie wollten auch, daß er immer in der knechtischen Furcht vor seinen gestrengen Herren verbleiben sollte. Sie wollten nicht dessen Wohltäter, Freunde und Ruhestifter, sondern dessen Herrscher und drohende Richter seyn. In den freyen, vertraulichen, heitern Gesichtern der Landleute in diesem sich auszeichnenden Bezirke, sahen sie Hohn und Aufruhr; in ihren reichen Feldern, ihren schön gebauten Dörfern, ihrer anständigen bessern Kleidung Reitz zur Üppigkeit, Verschwendung und Eitelkeit; und ihr Spruch war: der Bauer muß immer fühlen, daß er nur Bauer ist."
[529] Rousseau: Émile, S. 250.
[530] Klinger: Geschichte eines Teutschen, S. 122f.
[531] Vgl. Göttsche: Zeit im Roman, S. 247: „Die Erziehung zu einem patriotischen, d. h. auf die Geschichte des eigenen Kulturraums bezogenen Geschichtsbewußtsein erfolgt in moralischer,

sollten dazu dienen, diese Fehlentwicklungen zu korrigieren, wie auch der Roman eine reichspatriotische Perspektive zumindest andeutet: So sind es die kleinen Landesherren, wie paradigmatisch Ernsts Vater, die sich am Gemeinwohl orientieren und bei den Reformen im kleinen Maßstab immer die übergreifenden Zusammenhänge mitbedenken. Für Klinger bedeutete das Zerbrechen des Heiligen Römischen Reichs wie für die meisten seiner Zeitgenossen das Ende einer Epoche:[532] Retrospektiv beklagte er „die letzten Schand- und Schimpfperioden [...] der deutschen Reichsgeschichte".[533] Bereits die *Geschichte eines Teutschen*, verfasst zu einer Zeit, als das Reich noch existierte, lässt keinen Zweifel daran, dass es dem Untergang geweiht ist: Die geschilderten historischen Ereignisse und die Reaktionen der Deutschen machen alle Hoffnungen zunichte. Auch die Kriege gegen Frankreich fördern die allgemeine Zwietracht anstatt den allgemeinen Zusammenhalt angesichts eines Feindes von außen:

> Aber als der Feind den Teutschen Boden betrat und verwüstete, als das Blut der Teutschen die väterlichen Felder fruchtlos düngte, als der Teutsche besiegt ward, und der kühne Feind immer vorwärts drang: da wüthete die Zwietracht, und zeigte dem Feinde die ferneren größren Siege.
> Brauche ich zu sagen, von welcher Zeit ich rede? Hat sie nicht, zur Schande der getrennten Teutschen, ein schmähliches unvergeßliches Denkmahl aufgestellt? Steht das jetzige Geschlecht nicht mit gebeugtem, überwundenem Nacken davor? und werden die künftigen bey seinem Anblicke glauben, daß ihre Väter Teutsche waren?[534]

Da die wenig vorbildhaften Eliten aus Eigennutz und Standesdünkel ihre patriotischen Pflichten vernachlässigt hätten, habe Deutschland seinen Feinden nicht widerstehen können. Das entspricht Mosers bitterer Diagnose aus dem Jahr 1765:[535] Geschichte wiederholt sich im negativen Sinn. Diese allgemeine Degenerationsdiagnose lässt das Scheitern des Protagonisten, der sich gegen die Strö-

---

nicht [...] in nationalistischer Absicht." Anders Segeberg: Friedrich Maximilian Klingers Romandichtung, S. 174.
532 Vgl. Friedrich Maximilian Klinger: Brief an Nicolovius, 22.9.1807. In: Rieger: Briefbuch zu Friedrich Maximilian Klinger, S. 103. „Auf den Titeln setzt man zu sämmtliche Werke: geschrieben von 1774 bis zu 1805. – *so lange dauerte Teutschland* – u ich habe als Teutscher geschrieben".
533 Friedrich Maximilian Klinger: Betrachtungen und Gedanken über verschiedene Gegenstände der Welt und der Literatur. Zweiter Theil. Stuttgart/Tübingen 1842 (F. M. Klingers sämmtliche Werke. Bd. 12), S. 95.
534 Klinger: Geschichte eines Teutschen, S. 193.
535 Vgl. Moser: Von dem Deutschen Nationalgeist, S. 10.

mungen seines Zeitalters stellt, als zwangläufig erscheinen.⁵³⁶ Das liegt sicherlich zum einen an den Erkenntnisfehlern der allzu tugendhaften Figur, zum anderen aber an der grundsätzlichen Inkompatibilität von Tugend und Erfolg, wie sie die Romane Klingers immer wieder herausstellen.⁵³⁷ Während Loens Roman demonstrierte, dass Tugend letztlich belohnt wird, dass eine aufgeklärte Providenz über den „Helden" wacht, stellt die *Geschichte eines Teutschen der neusten Zeit* gerade den Bruch zwischen Politik und Moral heraus.⁵³⁸

Dieser Kontrast zwischen Ideal und Wirklichkeit wird am Ende von Klingers Roman gerade nicht aufgelöst.⁵³⁹ Zwar kann Ernst wieder an die Tugend glauben, nachdem Hadem unter Einsatz seines Lebens den Kranz aus der Höhle zurückgeholt hat, aber diese erneute Selbstvergewisserung bedeutet nicht die Rückkehr in die politische Welt. Tugend wird bei Klinger „zur im Rahmen des Gegebenen kaum realisierbaren Utopie".⁵⁴⁰ In dieser „resignativ-sezessionistischen Konzeption",⁵⁴¹ die für den Protagonisten nur den Rückzug möglich macht, hat der Aufklärungsoptimismus keinen Referenzpunkt. Diese Verabschiedung optimistischer Konzeptionen wirkt umso bitterer, als der Roman zugleich demonstrierte, wie unter günstigen Bedingungen allmählicher Fortschritt möglich gewesen wäre.

Die Schlusswendung lässt sich kaum als rückschrittlich bezeichnen,⁵⁴² zumal Klingers Text, wie gezeigt wurde, entschieden Stellung gegen antiaufklärerische

---

536 Vgl. Titzmann: Friedrich Maximilian Klingers Romane und die Philosophie der (Spät-)Aufklärung, S. 153: „Die tradierte aufklärerische Tugendforderung präsupponiert stillschweigend die Kompatibilität von Weltstruktur und Moralität: diese Basis wird ihr bei Klinger entzogen."
537 Vgl. ebd., S. 142: Die „politische Ordnung der historischen Phase [sei] strukturell tragisch und grundsätzlich auf den Untergang dessen angelegt, der in ihr im politischen Bereich moralisch handeln will. Das Ende der meisten Helden exemplifiziert diese Struktur."
538 Vgl. ebd., S. 153: „Die tradierte aufklärerische Tugendforderung präsupponiert stillschweigend die Kompatibilität von Weltstruktur und Moralität: diese Basis wird ihr bei Klinger entzogen."
539 Vgl. Dennis F. Mahoney: Der Roman der Goethezeit (1774–1829). Stuttgart 1988 (Sammlung Metzler. Bd. 241), S. 42, der an Ernst die „Gefahr einer überspannten Begeisterung für die Tugend" konstatiert.
540 Titzmann: Friedrich Maximilian Klingers Romane und die Philosophie der (Spät-)Aufklärung, S. 152.
541 Wolf Kaiser: Epochenwende und Erzählform. Zu Romanen Knigges, Klingers und Goethes. In: Harro Zimmermann (Hrsg.): Der deutsche Roman der Spätaufklärung. Fiktion und Wirklichkeit. Heidelberg 1990 (Neue Bremer Beiträge. Bd. 6), S. 42–60, hier S. 55.
542 Vgl. hingegen ebd., S. 53: „Der Schluß des Romans jedoch, der jede Hoffnung auf grundlegende gesellschaftliche Veränderungen negiert und die Perspektive auf die private Humanität eines Freundschaftsbundes beschränkt, nimmt den durch die Einbeziehung der politischen Thematik erreichten Fortschritt zurück."

Tendenzen bezieht.[543] Vielmehr ist es aufschlussreich, die *Geschichte eines Teutschen der neusten Zeit* im Kontext anderer Rückzugs- und Entsagungsnarrative der Zeit um 1800 zu lesen, in denen sich – unabhängig von konkreten philosophischen Hintergründen und ungeachtet der sonstigen Stoßrichtung der Texte – ein allgemeines Unbehagen an den Möglichkeiten des Individuums in widrigen Zeiten artikuliert.

So liegt in Friedrich Hölderlins *Hyperion* eine ähnliche Konstellation vor:[544] *Hyperion* ist zwar weder ein politischer Roman noch ein Zeitroman in Reinform, und dennoch gehört auch dieser philosophische Briefroman in doppelter Hinsicht, inhaltlich wie strukturell, in die Kontexte des politischen Erzählens um 1800. Schließlich steht mit dem „Eremiten in Griechenland" ein ‚elegischer' Charakter im Zentrum, der an seiner Gegenwart leidet und Erfüllung in idealisierter Natur und Vergangenheit sucht, ehe er (in der Romanhandlung nur ansatzweise) zum Ausgleich der Extreme findet.[545] Trotz des Primats der Philosophie nimmt Hölderlin Elemente des politischen Romans wieder auf: Einmal, indem er (ebenso wie Klingers *Geschichte eines Teutschen der neusten Zeit* und Meyerns *Dya-Na-Sore*) seinen Protagonisten politisch handeln lässt, und das in einem Kontext, der an die Französische Revolution erinnert,[546] und dann, weil er

---

543 Vgl. Wolfgang Albrecht: [Rezension von] Klinger, Friedrich Maximilian, Werke: Historisch-kritische Gesamtausgabe [...]. Bd. 16: Geschichte eines Teutschen der neusten Zeit [...]. In: Lessing Yearbook 38 (2008/2009), S. 294–295, hier S. 295: Der Roman enthalte „Repliken zu gegenaufklärerischen Vorstellungen von einer solchen Prägnanz und Entschiedenheit, wie sie außerhalb der revolutionär-demokratischen Literatur nur selten begegnen."
544 Die folgenden Ausführungen zu Hölderlins *Hyperion* erheben nicht den Anspruch, dem philosophischen Roman in Gänze gerecht zu werden; sie zielen auf einige politische Aspekte ab, die eine wichtige Sinnebene des Textes konstituieren. Vgl. für eine umfassende Interpretation des Romans Gideon Stiening: Epistolare Subjektivität. Das Erzählsystem in Friedrich Hölderlins Briefroman „Hyperion oder der Eremit in Griechenland". Tübingen 2005 (Frühe Neuzeit. Bd. 105).
545 Vgl. Friedrich Hölderlin: Hyperion oder Der Eremit in Griechenland. In: Ders.: Sämtliche Werke und Briefe in drei Bänden. Hrsg. von Jochen Schmidt. Bd. 2: Hyperion. Empedokles. Aufsätze. Übersetzungen. Hrsg. von Jochen Schmidt in Zusammenarbeit mit Katharina Grätz. Frankfurt am Main 1994, S. 9–276. Laut Hölderlins Vorrede gehe es in dem Roman um die „Auflösung der Dissonanzen in einem gewissen Charakter" (ebd., S. 13).
546 Schauplatz der Handlung ist das moderne Griechenland; den Hintergrund bilden die Aufstände der 1770er Jahre, die von Geheimbünden, den sog. Hetärien ausgehen. Vgl. Gerhard Kurz: Mittelbarkeit und Vereinigung. Zum Verhältnis von Poesie, Reflexion und Revolution bei Hölderlin. Stuttgart 1975, S. 156: Im *Hyperion* würden „Zeitgeschichte und individuelle Erfahrung aufeinander bezogen und die Möglichkeiten und Bedingungen freien, bestimmten Handelns entwickelt." Vgl. Christoph Prignitz: Friedrich Hölderlin. Die Entwicklung seines politischen Denkens unter dem Einfluß der französischen Revolution. Hamburg 1976 (Hamburger philologische Studien. Bd. 40).

Strukturmerkmale des politischen Romans und des Geheimbundromans aufgreift und gezielt „versteckte Stellen über den Geist der Zeit" integriert.[547]

So ist Hyperion von Mentorfiguren umgeben, zunächst von seinem rousseauistischen Erzieher Adamas, dann von dem politisch aktiven Alabanda, als dessen Vorbild die Forschung Isaak von Sinclair identifiziert hat.[548] Von letzterem lässt sich Hyperion auch zu politisch-militärischem Handeln anstiften.[549] Gegenstand ihrer Gespräche sind unter anderem die ideale Form des Staates und die Möglichkeit, in der widrigen Gegenwart die verlorene Vergangenheit zu restituieren, nämlich „ein freies, in schöner Vollendung wie einst blühendes Griechenland".[550]

Das Scheitern des Kampfes hängt mit der mangelnden ethischen Qualität der Beteiligten zusammen. Hyperion gibt zunächst voll Tatendrang seine ursprünglichen Pläne der ästhetischen Erziehung auf, um als Anführer der Aufständischen seine Heimat Griechenland von der türkischen Besatzung zu befreien:

> In den Olymp des Göttlichschönen, wo aus ewigjungen Quellen das Wahre mit allem Guten entspringt, dahin mein Volk zu führen, bin ich noch jetzt nicht geschickt. Aber ein Schwert zu brauchen, hab' ich gelernt und mehr bedarf es für jetzt nicht. Der neue Geisterbund kann in der Luft nicht leben, die heilige Theokratie des Schönen muß in einem Freistaat wohnen, und der will Platz auf Erden haben und diesen Platz erobern wir gewiß.[551]

Hier werden die Bedingungen formuliert, unter denen die Zielvorstellung Hyperions realisiert werden kann.[552] Doch schon bald muss Hyperion erkennen,[553] dass

---

547 So die Anregung Städlins. Zitiert nach: Adolf Beck/Paul Raabe (Hrsg.): Hölderlin. Eine Chronik in Text und Bild. Frankfurt am Main 1970 (Schriften der Hölderlin-Gesellschaft. Bd. 6/7), S. 34 (Brief Städlins an Hölderlin, 4.9.1793).
548 Vgl. Stiening: Epistolare Subjektivität, S. 226. Übrigens trägt auch eine Figur von Wielands *Goldnem Spiegel* diesen Namen; es handelt sich um die Gattin des zügellosen Monarchen Azor, deren „Eitelkeit [...] nur durch eine unumschränkte Gewalt über das ganze Scheschian befriedigt werden" kann (Wieland: Der Goldne Spiegel, S. 96). Die Mutter des bösen Isfandiar trägt damit wesentlich zum Niedergang des Reichs bei.
549 Vgl. Jürgen Link: ‚Hyperion' als Nationalepos in Prosa. In: Hölderlin-Jahrbuch 16 (1969/1970), S. 158–194, hier S. 193.
550 Jochen Schmidt: Hölderlins Entwurf der Zukunft. In: Hölderlin-Jahrbuch 16 (1969/70), S. 110–122, hier S. 110.
551 Hölderlin: Hyperion, S. 108. Vgl. Christoph Prignitz: „Der Vulkan bricht los". Das Kriegsmotiv in Hölderlins „Hyperion". In: Harro Zimmermann (Hrsg.): Der deutsche Roman der Spätaufklärung. Heidelberg 1990 (Neue Bremer Beiträge. Bd. 6), S. 91–105, hier S. 95: „Hyperion trennt hier das Streben nach dem Ideal, nach dem Schönen, Wahren und Guten, von der konkreten militärisch-politischen Aktion."
552 Vgl. Stiening: Epistolare Subjektivität, S. 366: „Die Voraussetzung des politischen Freistaates gilt es aber zunächst zu gewährleisten, um darauf aufbauend eine ideale Gesellschaft, eine

sein Versuch gescheitert ist. Mit bitterer Ironie konstatiert Hyperion: „In der Tat! es war ein außerordentlich Projekt, durch eine Räuberbande mein Elysium zu pflanzen."[554]

Als die revolutionären Aktionen in blindwütige Gräueltaten umschlagen, bleibt Hyperion desillusioniert zurück.[555] Auch der Bund der Nemesis,[556] dem sich Alabanda auf seinen Reisen angeschlossen hat, erweist sich als menschenverachtende Institution, mit der kein Staat zu machen ist:[557] Im Hintergrund steht, wie die Forschung überzeugend herausgearbeitet hat, Hölderlins Auseinandersetzung mit den ‚Despotismen' der Aufklärung, namentlich mit dem Gedankengut der Illuminaten.[558] Der Roman lässt sich mit einigem Recht als Ausdruck der

---

‚Theokratie des Schönen', zu errichten. Keineswegs enthält diese Begründung eine Substitutionsfunktion für das im Anschluß an das Athenerlebnis formulierte Ziel der ‚Einen Schönheit'. Durch die gequälten Entlarvungstendenzen des Textes hindurch bleibt diese Entscheidung für einen durch politische Revolution zu errichtenden Freistaat eine im Rahmen des zuvor Entwickelten konsequente Erkenntnis Hyperions, die noch der erinnernde Eremit nicht aufgeben wird."
553 Vgl. Hölderlin: Hyperion, S. 130: „Es ist aus, Diotima! unsre Leute haben geplündert, gemordet, ohne Unterschied, auch unsre Brüder sind erschlagen, die Griechen in Misistra, die Unschuldigen, oder irren sie hülflos herum und ihre tote Jammermiene ruft Himmel und Erde zur Rache gegen die Barbaren, an deren Spitze ich war."
554 Ebd.
555 Vgl. Schmidt: Hölderlins Entwurf der Zukunft, S. 114: „Sein Roman ‚Hyperion' nimmt diese Problematik noch einmal auf, um sie systematisch zu reflektieren. In der leicht durchschaubaren dichterischen Einkleidung des Werkes entspricht der Freiheitskampf der Griechen im Jahre 1770 dem Geschehen, das Hölderlin selbst miterlebt hatte. Wie die Französische Revolution in seinen Augen durch die Schreckensherrschaft der Jakobiner gescheitert war, weil sie anstatt der Freiheit nur neue Unterdrückung und Willkür brachte, so läßt er den von dem Freundespaar Hyperion und Alabanda geführten Freiheitskampf der Griechen an den eigenen Unzulänglichkeiten scheitern." Vgl. ebd., S. 115: „Der desillusionierende Erfahrungsgang, den Hyperion gehen muß, ist Hölderlins innerer Erfahrungsweg in den Jahren der Französischen Revolution." – Das äußerst negative Bild der Griechen geht auf Reichards deutsche Übersetzung der *Voyage pittoresque de la Grèce* von Choiseul-Goffier zurück. Vgl. Schmidt: Kommentar, S. 934–940. Vgl. Prignitz: „Der Vulkan bricht los.", S. 101: „Zum völligen Scheitern führt die Anmaßung des Helden, seine Ideale zur Grundlage einer geschichtlichen Wende zu machen, ohne die geistig-moralische Unreife der Menschen genügend zu berücksichtigen, die diese Wende erringen sollen."
556 Vgl. zur Schicksalssemantik des Romans Schmidt: Hölderlins Entwurf der Zukunft, S. 115.
557 Vgl. zu diesem Bund Jochen Schmidt: Kommentar. In: Hölderlin: Hyperion, S. 928–1090, hier S. 1000. Generell zu *Hyperion* im Kontext des Geheimbundromans Ulrich Gaier: ‚Hyperion' als Versöhnung von Aufklärung und Gegenaufklärung. In: Hölderlin Texturen 4 (Schriften der Hölderlin-Gesellschaft. Bd. 20/4), S. 61–98, hier S. 68.
558 Vgl. den Forschungsbericht von Laura Anna Macor: Friedrich Hölderlin and the Clandestine Society of the Bavarian Illuminati. A Plaidoyer. In: Philosophica 88 (2013), S. 103–125, sowie die grundlegende Arbeit von Hans Graßl: Hölderlin und die Illuminaten. Die zeitgeschichtlichen Hintergründe des Verschwörermotivs im ‚Hyperion'. In: Wolfgang Frühwald/Günter Niggl (Hrsg.):

5.6 Rehabilitation und Rückzug — 541

„Ablehnung eines Despotismus [und] totalitärer Ansprüche in jeder Form" verstehen.[559]

Überhaupt liegt das Ziel von Hyperions Vorstellungen jenseits der politischen Sphäre. Es definiert sich über die Verlusterfahrungen der Moderne und das Ideal einer harmonischen Antike, die es künftig zurückzugewinnen gelte. Der Staat erscheint so als Ermöglichungsraum menschlicher Entfaltung, nicht als naturrechtlich organisierte Zwangsinstanz.[560] Im Gespräch mit Alabanda wirft ihm Hyperion vor, er räume „dem Staate denn doch zu viel Gewalt ein",[561] und distanziert sich von tradierten Volksbeglückungsvorstellungen, wie sie für die naturrechtliche Tradition wichtig sind: [562]

> Er darf nicht fordern, was er nicht erzwingen kann. Was aber die Liebe gibt und der Geist, das läßt sich nicht erzwingen. Das lass' er unangetastet, oder man nehme sein Gesetz und schlag' es an den Pranger! Beim Himmel! der weiß nicht, was er sündigt, der den Staat zur Sittenschule machen will. Immerhin hat das den Staat zur Hölle gemacht, daß ihn der Mensch zu seinem Himmel machen wollte.[563]

Sprache und Bekenntnis. Sonderband des Literaturwissenschaftlichen Jahrbuchs. Hermann Kunisch zum 70. Geburtstag. 27. Oktober 1971. Berlin 1971, S. 137–160. Einen erhellenden Vergleich von Passagen aus dem *Hyperion* mit illuminatischen Texten von Adam Weishaupt bei Gaier: ‚Hyperion' als Versöhnung von Aufklärung und Gegenaufklärung, S. 72–77, der plausibel macht, „daß Hölderlin mit dem hinter Alabanda stehenden Geheimbund auf den Illuminaten-Orden weist, dessen Programm und Struktur aufgrund der publizierten Schriften ihm auch neben den mündlichen Informationen seiner Illuminaten-Freunde gedruckt zugänglich waren" (ebd., S. 77).
559 Christoph Prignitz: Die Bewältigung der Französischen Revolution in Hölderlins „Hyperion". In: Jahrbuch des Freien Deutschen Hochstifts 1975, S. 189–211, hier S. 205. Vgl. auch Gaier: ‚Hyperion' als Versöhnung von Aufklärung und Gegenaufklärung, S. 68: „Die hinter Alabanda stehende Verschwörung verkörpert den ‚Despotismus der Aufklärung', den zeitgeschichtlich die Jakobiner und die Illuminaten anstrebten, dem Hölderlin bei vielen seiner Bekannten begegnete und dem er gewissermaßen sein ganzes Werk entgegenstellte."
560 Vgl. Friedrich Vollhardt: Natur, Recht, Staat. Problemkonstellationen in Hölderlins *Hyperion*. In: Karl Richter/Jörg Schönert/Michael Titzmann (Hrsg.): Die Literatur und die Wissenschaften 1770–1930. Walter Müller-Seidel zum 75. Geburtstag. Stuttgart 1997, S. 71–106.
561 Hölderlin: Hyperion, S. 39.
562 Vgl. Prignitz: Die Bewältigung der Französischen Revolution in Hölderlins „Hyperion", S. 192: „Stets betrachtet Hölderlin Macht und Einfluß des Staates, wie sie sich im positiven Recht ausdrücken, als Kennzeichen einer Welt, in der das harmonische Zusammenleben der Menschen verlorengegangen ist".
563 Hölderlin: Hyperion, S. 39 f.

Gegen dieses Bild eines bevormundenden Staates setzt Hyperion die schwärmerische Vorstellung einer heiligen *manìa*,[564] die eine grundlegende Verwandlung alles Lebendigen bewirken werde, wenn nur der Staat keinen Widerstand entgegensetze:

> Da hilft der Regen vom Himmel allein. O Regen vom Himmel! o Begeisterung! Du wirst den Frühling der Völker uns wiederbringen. Dich kann der Staat nicht hergebieten. Aber er störe dich nicht, so wirst du kommen, kommen wirst du, mit deinen allmächtigen Wonnen, in goldne Wolken wirst du uns hüllen und empor uns tragen über die Sterblichkeit, und wir werden staunen und fragen, ob wir es noch seien, wir, die Dürftigen, die wir die Sterne fragten, ob dort uns ein Frühling blühe – frägst du mich, wann dies sein wird? Dann, wann die Lieblingin der Zeit, die jüngste, schönste Tochter der Zeit, die neue Kirche, hervorgehn wird aus diesen befleckten veralteten Formen, wann das erwachte Gefühl des Göttlichen dem Menschen seine Gottheit, und seiner Brust die schöne Jugend wiederbringen wird, wann – ich kann sie nicht verkünden, denn ich ahne sie kaum, aber sie kömmt gewiß, gewiß.[565]

Diese Wiedergeburt des Göttlichen im Menschen, die Hölderlin in rhetorisch aufgeladener hymnischer Prosa evoziert,[566] ist nicht an konkrete Staatsformen gebunden, sondern sie erfolgt weitgehend unabhängig von der staatlichen Sphäre, die lediglich die „rauhe Hülse um den Kern des Lebens" bzw. „die Mauer um den Garten menschlicher Früchte und Blumen" ist.[567] Die Gegenwart der Menschen gleicht der Existenz von Kranken, ja von Toten, die ihre Auferstehung erwarteten: „Der Tod ist ein Bote des Lebens, und daß wir jetzt schlafen in unsern Krankenhäusern, dies zeugt vom nahen gesunden Erwachen. Dann, dann erst sind wir, dann ist das Element der Geister gefunden!"[568] Diese chiliastische Konzeption ist symptomatisch für Hölderlins Geschichtsbild und für sein Dichtungsverständnis.

Konkreter Bezugspunkt für Hyperion ist das antike Athen. Entgegen aller klassizistischen Erklärungsversuche für die „Trefflichkeit des alten Athenervolks"[569] – der Roman zitiert hier die populäre Klimatheorie an –,[570] erklärt Hy-

---

564 Vgl. Stiening: Epistolare Subjektivität, S. 316: „Dem Staat als politischer Institution wird somit ein Enthusiasmus entgegengehalten, der gemäß der Bestimmung des Adamas die begeisterte Einsicht in die Göttlichkeit des Menschen in einer idealen Gemeinschaft enthält."
565 Hölderlin: Hyperion, S. 40.
566 Solche Passagen dürften für den weitverbreiteten Eindruck vorhanden sein, es handele sich bei dem Roman um einen poetischen Text. Vgl. Lawrence Ryan: Hyperion oder Der Eremit in Griechenland. In: Johann Kreuzer (Hrsg.): Hölderlin-Handbuch. Leben – Werk – Wirkung. Stuttgart/Weimar 2002, S. 176–197, hier S. 176.
567 Hölderlin: Hyperion, S. 40.
568 Ebd.
569 Hölderlin: Hyperion, S. 88.

perion die Blüte gerade dieser Polis aus der Freiheit und Natürlichkeit der attischen Verhältnisse:[571] „Vollendete Natur muß in dem Menschenkinde leben, eh' es in die Schule geht, damit das Bild der Kindheit ihm die Rückkehr zeige aus der Schule zu vollendeter Natur."[572] Athen erscheint damit als paradigmatisch für die ideale Entwicklung der Menschheit, der es nachzueifern gelte – und damit als Gegenbild zum modernen Deutschland, wo die Menschen im Zustand völliger Entfremdung von der Natur leben:[573] „Wüster immer, öder werden da die Menschen, die doch alle schöngeboren sind; der Knechtsinn wächst, mit ihm der grobe Mut, der Rausch wächst mit den Sorgen, und mit der Üppigkeit der Hunger und die Nahrungsangst; zum Fluche wird der Segen jedes Jahrs und alle Götter fliehn."[574] Bei dem Besuch der Ruinen von Athen, die Hölderlin unter Rückgriff auf zeitgenössische Reiseliteratur beschreibt,[575] stellt sich zwar ein tiefes Gefühl der Trauer angesichts der kläglichen Überreste einstiger Größe ein. So erinnern Hyperion die Überreste einziger Größe an eine gescheiterte Flotte und an einen verbrannten Wald:

> Wie ein unermeßlicher Schiffbruch, wenn die Orkane verstummt sind und die Schiffer entflohn, und der Leichnam der zerschmetterten Flotte unkenntlich auf der Sandbank liegt, so lag vor uns Athen, und die verwaisten Säulen standen vor uns, wie die nackten Stämme eines Walds, der am Abend noch grünte, und des Nachts darauf im Feuer aufging.[576]

Doch erschöpft sich diese elegische Haltung gerade nicht in reiner Trauer über den Verlust, sondern sie ist zugleich der Impuls, unter Bedingungen der Moderne ein erneuertes Griechenland zu schaffen.

---

570 Vgl. ebd. – Vgl. Torgeir Skorgen: Hölderlins Balanceidee und Konzeption des Nationallen. In: Hölderlin-Jahrbuch 36 (2008/2009), S. 94–110, bes. S. 95f.
571 Vgl. Hölderlin: Hyperion, S. 88: „Ungestörter in jedem Betracht, von gewaltsamem Einfluß freier, als irgend ein Volk der Erde, erwuchs das Volk der Athener. Kein Eroberer schwächt sie, kein Kriegsglück berauscht sie, kein fremder Götterdienst betäubt sie, keine eilfertige Weisheit treibt sie zu unzeitiger Reife. Sich selber überlassen, wie der werdende Diamant, ist ihre Kindheit."
572 Ebd., S. 89.
573 Vgl. ebd., S. 168: „[I]ch kann kein Volk mir denken, das zerißner wäre, wie die Deutschen. Handwerker siehst du, aber keine Menschen, Denker, aber keine Menschen, Priester, aber keine Menschen, Herrn und Knechte, Jungen und gesetzte Leute, aber keine Menschen – ist das nicht, wie ein Schlachtfeld, wo Hände und Arme und alle Glieder zerstückelt untereinander liegen, indessen das vergoßne Lebensblut im Sande zerrinnt?" Vgl. Lawrence Ryan: „So kam ich unter die Deutschen." Hyperions Weg in die Heimat. In: Hölderlin-Jahrbuch 31 (1998/1999), S. 99–122.
574 Ebd., S. 171.
575 Vgl. zu den Quellen des Romans Schmidt: Kommentar, S. 925–940.
576 Hölderlin: Hyperion, S. 96.

Im Gespräch mit Hyperion, das auf die Anschauung vergangener Größe reagiert, formuliert Diotima die Bestimmung ihres Geliebten. Er solle nach gründlicher Erweiterung seiner eigenen Kenntnisse das Volk, das ungeachtet aller Derbheit „bildsam" sei,[577] erziehen: „Du wirst Erzieher unsers Volks, du wirst ein großer Mensch sein, hoff' ich."[578] Angesichts dieser Hoffnungen erscheinen Hyperion mit einem Mal die öden Ruinen wie zu bestellendes und (neu) zu kultivierendes Ackerland, dem eine Wiedergeburt alter Größe unmittelbar bevorsteht:

> Ich stand nun über den Trümmern von Athen, wie der Ackersmann auf dem Brachfeld. Liege nur ruhig, dacht' ich, da wir wieder zu Schiffe gingen, liege nur ruhig, schlummerndes Land! Bald grünt das junge Leben aus dir, und wächst den Segnungen des Himmels entgegen. Bald regnen die Wolken nimmer umsonst, bald findet die Sonne die alten Zöglinge wieder.[579]

Hyperions oben dargestellter Versuch, der ästhetischen Erziehung durch politisches Handeln zuvorzukommen,[580] muss in der Logik des Romans und vor dem Hintergrund der dort entwickelten Entfremdungsdiagnosen notwendig scheitern. Das bedeutet aber nicht, dass Hölderlins Roman wie Klingers *Geschichte eines Teutschen der neusten Zeit* in völliger Resignation enden würde. Ganz im Gegenteil: Ungeachtet aller Schicksalsschläge kann Hyperion eine Perspektive über den auf den ersten Blick deprimierenden Romanschluss hinaus bieten, indem er Diotimas Aufforderung in ihrem Abschiedsbrief folgt. Hyperions Handlungsmöglichkeiten lägen nicht in der heroischen Tat und nicht in der Liebeserfüllung („Dir ist dein Lorbeer nicht gereift und deine Myrten verblühten"[581]), sondern im religiös überhöhten Dichterberuf: „[D]enn Priester sollst du sein der göttlichen Natur, und die dichterischen Tage keimen dir schon."[582] Hölderlin zitiert und verwirft mithin die politisch-heroische Lösung zugunsten der Poesie.[583] Die priesterliche Existenz

---

577 Ebd., S. 99.
578 Ebd., S. 100.
579 Ebd., S. 101.
580 Vgl. Prignitz: Die Bewältigung der Französischen Revolution in Hölderlins „Hyperion", S. 199: „In seinem Enthusiasmus überschätzt Hyperion die wirklichen Möglichkeiten des Volkes und bemerkt nicht, daß die Griechen auf den Freiheitskampf erst vorbereitet werden müßten, daß das erzieherische Moment von Beginn an eine tiefe Bedeutung für die politische Auseinandersetzung hat."
581 Hölderlin: Hyperion, S. 163. Vgl. auch ebd., S. 161: „Du müßtest untergehn, verzweifeln müßtest du, doch wird der Geist dich retten. Dich wird kein Lorbeer trösten und kein Myrtenkranz; der Olymp wird's, der lebendige, gegenwärtige, der ewig jugendlich um alle Sinne dir blüht."
582 Ebd., S. 163.
583 Vgl. Gaier: ‚Hyperion' als Versöhnung von Aufklärung und Gegenaufklärung, S. 79.

des Dichters ist aber zugleich eine einsame und zurückgezogene: Gerade als Eremit kann Hyperion zum Erzieher seines Volkes werden.[584]

Sowohl Hölderlins Hyperion als auch Klingers Ernst von Falkenburg ziehen sich aus der Gesellschaft zurück. Doch während Ernst lediglich die Behauptung seines Innenraums bleibt und seine rousseauistischen Ideale nicht nach außen wirken können, deutet sich bei Hyperion ein Ausgleich an. In der Verlagerung von der Politik in die Poesie wirken Konzepte der ästhetischen Erziehung nach. Eine derart idealistische Volte ist für Klingers Ideenkosmos nicht denkbar. Zwar berühren sich Hölderlin und Klinger in ihren rousseauistischen Diagnosen der Menschheitsentwicklung im Allgemeinen und Deutschlands im Besonderen, die Konsequenzen fallen jedoch denkbar unterschiedlich aus. Zwar entwickelt auch Klingers Roman ein Konzept von Dichtertum – Dichter ist für ihn jeder Mensch, der das „Land der reinen, erhabenen Tugend, das die Menschen idealisch nennen,"[585] betreten hat –, seine Dichter wirken aber nicht in der Welt.[586] Jean Pauls Feststellung, „daß Klingers Poesien den Zwiespalt zwischen Wirklichkeit und Ideal, anstatt zu versöhnen, nur erweitern, und daß jeder Roman desselben, wie ein Dorfgeigenstück, die Dissonanzen in eine schreiende letzte auflöse",[587] ist zwar tendenziös, für die *Geschichte eines Teutschen der neusten Zeit* aber durchaus zutreffend.

Hingegen ist Hölderlins Roman auch das Dokument einer Krisenbewältigung. Dass diese zumindest ansatzweise gelingt, ist auf die erzählerische Vermittlung

---

584 Vgl. Prignitz: Die Bewältigung der Französischen Revolution in Hölderlins „Hyperion", S. 200, der Hyperions Weg als „Darstellung einer Gesetzmäßigkeit" auffasst: „Der Grund für ein politisches Scheitern liegt hiernach letztlich in der Entfernung des Bewußtseins der führenden Persönlichkeiten von der durch den Entwicklungsstand der Mehrheit der Menschen vorgegebenen realen Ausgangslage ihres Handelns".
585 Klinger: Geschichte eines Teutschen, S. 18.
586 Vgl. ebd., S. 19: „Ernst drang in die Mitte dieses Heiligthums, und ward da zum Dichter für dieses Leben eingeweiht. Ungern setze ich zur Erläuterung dieses Worts hinzu, daß er seine Gefühle weder in Versen noch in Prosa der Welt mitgetheilt hat; daß er Dichter in einem Sinne war, den ich nicht nöthig hätte, anzudeuten, wenn Dichter dieser Art so gemein wären, als es diejenigen sind, die sich darum Dichter nennen, weil sie die Spiele ihres Witzes und ihrer Phantasie, in wohlklingenden Versen, zur Schau ausstellen. Die Spuren der Theorie der Dichtkunst, von welcher ich rede, findet man eben so selten in geistigen Darstellungen, als in Thaten und Handlungen; denn ich rede von der hohen moralischen Kraft, die allein den Helden und den Dichter macht, und ohne welche es zwar mancher durch Talente und glückliche Umstände scheinen, aber nie es wirklich in seinem Innern seyn kann." – In Klingers Roman *Der Weltmann und der Dichter* (1798) wird dieses Konzept breiter ausgeführt.
587 Jean Paul: Vorschule der Ästhetik, S. 100. Vgl. auch ebd., S. 253: Es herrsche „in Klingers Romanen ein etwas unpoetischer Plage- und Poltergeist, der Ideal und Wirklichkeit, statt auszusöhnen, noch mehr zusammenhetzt".

zurückzuführen:⁵⁸⁸ Schließlich kann die zeitliche Distanz, die den Briefschreiber Hyperion von den retrospektiv erzählten und geordneten Ereignissen trennt, zugleich einen neuen Bewusstseinsgrad markieren, den der „Eremit" inzwischen erreicht hat. Diese Trennung von Erlebnis und Reflexion, die konstitutiv für Hölderlins *Hyperion* ist,⁵⁸⁹ fehlt in dem weitgehend chronologisch erzählten Roman Klingers. Dadurch wird die *Geschichte eines Teutschen der neusten Zeit* umso mehr zum Dokument des Scheiterns. Klingers Roman variiert die Tradition politischen Erzählens; er adaptiert ein Erzählmodell, um das Scheitern allgemeiner Entwürfe zu belegen. Indem der politische Roman als kulturkritische Gegenwartsdiagnose fungiert, rückt er auch ein Stück weit vom didaktischen Anspruch ab und gewinnt gleichsam dokumentarischen Charakter, ja wird auch zu einem resignativen Bildungs- und Zeitroman.

---

588 Stiening: Epistolare Subjektivität, S. 33, betont zu Recht, dass der *Hyperion* auch in den Kontext des politischen Briefromans in der Art von Lafontaines *Klara du Plessis* gehört, der im revolutionären Frankreich spielt. Vgl. Helmut Peitsch: „Wir sind hier nicht auf dem Theater". A. H. J. Lafontaines Briefroman „Klara du Plessis und Klairant". In: Harro Zimmermann (Hrsg.): Der deutsche Roman der Spätaufklärung. Heidelberg 1990 (Neue Bremer Beiträge. Bd. 6), S. 195– 216; vgl. auch Dirk Sangmeister: August Lafontaine oder Die Vergänglichkeit des Erfolges. Leben und Werk eines Bestsellerautors der Spätaufklärung. Tübingen 1998 (Hallesche Beiträge zur europäischen Aufklärung. Bd. 6).
589 Vgl. grundlegend Lawrence Ryan: Hölderlins Hyperion. Exzentrische Bahn und Dichterberuf. Stuttgart 1965 (Germanistische Abhandlungen. Bd. 7).

6 Resümee und Ausblick

Während der knapp hundertjährigen Geschichte der Gattung haben politische Romane Aufklärung propagiert, reflektiert und zuweilen auch deren Unmöglichkeit konstatiert. Wenn der politische Roman der Aufklärung um 1800 zu einem Ende kommt, so heißt das nicht, dass Strukturen und Motive der Gattung nicht weiter tradiert würden. Ganz im Gegenteil fächert sich in den letzten beiden Jahrzehnten des 18. Jahrhunderts das Spektrum des politischen Romans weit auf: Die Bandbreite reicht dabei von Versuchen, den von Wieland spielerisch verkomplizierten Fénelon'schen Typus nahe an den Vorbildern zu variieren, über die Aktualisierung der Form als Zeitroman oder als Geheimbundroman bis zum Bildungsroman; auch verraten etliche Aspekte von Hölderlins philosophischem Roman *Hyperion* seine Kenntnis der entsprechenden Traditionen.

Diese Beobachtung sollte davor warnen, einzelne Texte oder Gattungen in einem „gezielten Ablöseverhältnis" zum politischen Roman zu sehen,[1] wie es die Forschung insbesondere in Hinblick auf den Bildungsroman getan hat und nach wie vor tut.[2] Zwar gehört der politische Roman zweifellos in die Frühgeschichte des Bildungsromans, aber das gilt ebenso für eine ganze Reihe anderer wirkmächtiger Genres und Erzählformen. Schließlich stehen auch die Anfänge des historischen Romans wie etwa August Gottlieb Meißners Dialogroman *Alkibiades* (1781–1788) und Ignatius Aurelius Feßlers *Marc Aurel* (1790–1792) in Kontinuität zum politischen Erzählen der Aufklärung,[3] insofern sie zeitgenössische Konflikte in vergangene Epochen projizieren – diese Verbindung zog Georg Gottfried Gervinus bereits um 1840, indem er Hallers *Usong* als Bindeglied zwischen dem höfisch-historischen Roman und dem historischen Roman des 19. Jahrhunderts darstellte.[4] Zudem ist es plausibel, den Zeitroman des 19. Jahrhunderts, etwa Karl Leberecht Immermanns *Die Epigonen* (1836) und Karl Gutzkows ‚Roman des Ne-

---

1 Schings: Der Staatsroman im Zeitalter der Aufklärung, S. 154.
2 Vgl. Schmitt-Maaß: Fénelons „Télémaque" in der deutschsprachigen Aufklärung, S. 942.
3 Vgl. zu Feßler und Meißner die Ausführungen von Marion Beaujean: Der Trivialroman in der zweiten Hälfte des 18. Jahrhunderts. Die Ursprünge des modernen Unterhaltungsromans. Bonn 1964 (Abhandlungen zur Kunst-, Musik- und Literaturwissenschaft. Bd. 22), S. 104 f.
4 Vgl. G. G. Gervinus: Neuere Geschichte der poetischen National-Literatur der Deutschen. Erster Theil. Von Gottscheds Zeiten bis zu Göthes Jugend. Leipzig 1840, S. 356. Vgl. auch Lieselotte E. Kurth-Voigt: Historiographie und historischer Roman: Kritik und Theorie im 18. Jahrhundert. In: Modern Language Notes 79 (1964), S. 337–362. Vgl. zur späteren Entwicklung die Studie von Fabian Lampart: Zeit und Geschichte. Die mehrfachen Anfänge des historischen Romans bei Scott, Arnim, Vigny und Manzoni. Würzburg 2002 (Epistemata. Reihe Literaturwissenschaft. Bd. 401).

beneinander' *Die Ritter vom Geiste* (1850/51), in der Nachfolge von Klingers *Geschichte eines Teutschen der neusten Zeit* zu verorten;[5] und selbstverständlich reagierte auch Goethe in seinem symbolisch verdichteten Altersroman *Wilhelm Meisters Wanderjahre oder die Entsagenden* (1829) auf aktuelle politische und ökonomische Strömungen wie das „überhand nehmende Maschinenwesen";[6] die Kapitel über die Pädagogische Provinz enthalten einen symbolisch verdichteten Erziehungsentwurf, in dem die didaktischen Fiktionen des 18. Jahrhunderts anklingen.[7]

In Fortsetzung der Tendenzen der Jahre um 1800 dient der Roman dann aber nicht mehr der politischen Didaxe, der Vermittlung klar fasslicher staatstheoretischer Wissensbestände und Herrschaftstechniken, sondern der oftmals subjektiv gebrochenen Reflexion der Zeitläufte, wie sie etwa Gutzkow und Immermann in ihren Großromanen anstrebten. In diesen Modernediagnosen setzen sich trotz aller scharfen Kritik an politischen und sozialen Missständen die resignativen Tendenzen fort, die sich gegen Ende des 18. Jahrhunderts bei Klinger andeuteten. Diese Öffnung in mehrfacher Hinsicht – forcierte Zeitgenossenschaft, Tendenz zur Gegenwartsdiagnose, ständische und soziale Ausweitung des Romanpersonals –, die zudem durch multiperspektivische Erzählverfahren vermittelt wird (man denke an Gutzkows Programm eines ‚Romans des Nebeneinander'), zielt ebenso wie das politische Erzählen des 18. Jahrhunderts auf Totalität – allerdings nicht als geschlossener politischer Systementwurf, sondern in Hinblick auf die erzählerisch vermittelte Welt. Einen didaktisch-dogmatischen Anspruch haben diese „modernen *bürgerlichen* Epopöe[n]" jedenfalls nicht mehr.[8]

Diese Gemengelage unterstreicht, dass es hochgradig problematisch wäre, *eine* ‚pragmatische Geschichte' des politischen Romans und seines Nachlebens zu konstruieren. Teleologische Gattungsentwicklungen gibt es nicht, am allerwe-

---

5 Vgl. Göttsche: Zeit im Roman, S. 175, der (ähnlich teleologisch wie Schings in Bezug auf den Bildungsroman) erklärt, dass „im weiteren Verlauf der Jahrhundertwende 1800 der Zeitroman als eine genuine Antwort auf die neue Erfahrung einer beschleunigten, offenen und konflikthaften Zeitgeschichte den Staatsroman ablöst".
6 Johann Wolfgang Goethe: Wilhelm Meisters Wanderjahre oder die Entsagenden (1829). In: Ders.: Sämtliche Werke nach Epochen seines Schaffens. Münchner Ausgabe. Hrsg. von Karl Richter u. a. Bd. 17: Wilhelm Meisters Wanderjahre. Maximen und Reflexionen. Hrsg. von Gonthier-Louis Fink, Gerhart Baumann und Johannes John. München 1991, S. 239–714, hier S. 657.
7 Vgl. Greven Schalit: Pädagogische Provinzen. Johann Michael von Loens *Der redliche Mann am Hofe* und Johann Wolfgang von Goethes *Wilhelm Meisters Wanderjahre*; Schößler: Goethes Lehr- und Wanderjahre; Günter Saße: Auswandern in die Moderne. Tradition und Innovation in Goethes Roman ‚Wilhelm Meisters Wanderjahre'. Berlin/New York 2010 (linguae & litterae. Bd. 1).
8 Georg Wilhelm Friedrich Hegel: Vorlesungen über die Ästhetik. Bd. 3. Frankfurt am Main 1986, S. 392.

nigsten in einem Genre, das in doppelter Hinsicht offen ist: Einmal als Vertreter der hybriden Romangattung, dann als Medium politischer Wissensbestände, die gerade in dem Untersuchungszeitraum dieser Arbeit eine ungeahnte Dynamik entwickeln.

*

Im zeitgenössischen Wissenshorizont der Jahre um 1800 ist die Gattungsgeschichte des politischen Romans noch sichtlich präsent, auch wenn sich die Erzählverfahren, Schreibweisen, Motive und Strukturen des Genres weitgehend auf Texte anderer Gattungen verteilt haben: Nur noch wenige Texte beziehen sich explizit auf Fénelon und seine Nachfolger, und gerade diese Texte werden vergleichsweise gering geschätzt. So überrascht es kaum, dass sich vielfach die Vorstellung findet, die Tradition sei zu einem Ende gekommen: Der politische Roman in der Art des *Télémaque* ist nun historisch geworden. Wenn etwa Johann Gottfried Herder in seinem Alterswerk *Adrastea* noch einmal auf Fénelon zurückkommt, dann geschieht das wehmütig und voll Bedauern. Er zitiert in den 1801 entstandenen Passagen zunächst einen möglichen Einwand gegen den zum Schulautor herabgestuften Erzbischof, um dann umso entschiedener die Relevanz seiner Lehren zu betonen: „Da sie also Gelegenheits- und einem Teil nach gar Schulaufsätze sind, was sollen uns *Fenelons* Schriften? Wir sind ihnen entwachsen.' Den Zwecken und Regeln, nach und zu denen sie verfaßt wurden, sind wir nicht entwachsen; zur Bildung des Herzens und Geistes bleiben sie ewige Regeln."[9] Damit kehrt Herder (wohl ungewollt und unbewusst) zur frühen Rezeption des *Télémaque* zurück, die den Text ebenfalls nicht primär als politischen Roman, sondern als Hilfsmittel zur allgemeinmenschlichen Ausbildung innerer Vermögen verstand.

Vergegenwärtigt man sich die anfängliche Skandalisierung des *Télémaque*, wird deutlich, dass der Aufstieg des politischen Romans nicht unbedingt vorgezeichnet war. Das unterstreichen auch die differierenden Wertungen der ersten Jahrhunderthälfte: Tatsächlich war im deutschen Sprachraum für etliche Jahrzehnte völlig offen, welche Aspekte der *Aventures de Télémaque*, der *Voyages de Cyrus* oder des *Sethos* für die deutsche Romanproduktion anschlussfähig sein würden. Selbstverständlich schöpft Fénelons *Télémaque* aus wesentlichen Traditionen der Frühen Neuzeit und lässt sich literaturwissenschaftlich im Kontext des Barockromans verorten; dass sein Text dennoch retrospektiv zum Ausgangspunkt eines Genres erklärt wurde, zeigt an, wie konstruktiv literarische

---

9 Johann Gottfried Herder: Adrastea (Auswahl). In: Ders.: Werke. Bd. 10. Hrsg. von Günter Arnold. Frankfurt am Main 2000, S. 41. Vgl. zu Herders Fénelon-Rezeption Schmitt-Maaß: Fénelons „Télémaque" in der deutschsprachigen Aufklärung, S. 1001–1018.

Traditionsbildung erfolgt – und wie dieses literarische Traditionsverhalten wiederum produktiv werden kann.[10]

Darüber hinaus bietet die Gattungsgeschichte des politischen Romans reiches Anschauungsmaterial, um die Versuche der Aufwertung des Romangenres nachzuvollziehen: Lange Zeit diente gerade die Verbindung von literarischer Form und Wissensvermittlung als Argument, um die Gattung zu legitimieren. Ähnlich wie der empfindsame Roman in der Nachfolge Richardsons theologische Anwürfe widerlegen konnte, ließ sich durch den Verweis auf die Nützlichkeit eines ‚Spiegels' für die Eliten inhaltliche Kritik am Roman im Keim ersticken. Indem man einen Text, der dem Epos nahestand, zum Beispiel erhob, ließen sich vorhandene Verbindungslinien und Kontinuitäten zu dem (in der Kritik, nicht beim Lesepublikum) unter Schwulstverdacht stehenden Barockroman marginalisieren. Nun diente Fénelons mit epischer Dignität versehener *Télémaque* als Vorbild, während andere Traditionen politisch-romanhafter Didaxe (etwa in Zesens *Assenat*, Lohensteins *Arminius* oder Ziglers *Asiatische Banise*) schlechterdings ignoriert wurden. Kritiker des Genres wiederum ließen es sich nicht nehmen, gerade auf diese oft schamvoll verschwiegene Verbindung von Ziglers Pegu mit dem ägyptischen Musterstaat in Justis *Psammitichus* zu verweisen.

Dieses Traditionsbewusstsein prägt auch die deutschsprachigen Texte, die Themen und Formen der französischen Vorbilder in unterschiedlicher Weise adaptierten und transformierten. So stellt Loen in seinem *Redlichen Mann am Hofe* Fragen konfessioneller Toleranz ins Zentrum und verbindet sie mit einem paneuropäischen Friedensprojekt; daneben aktualisiert und ethisiert er ältere Traditionen politisch-prudentistischen Verhaltens, das er in Anlehnung an christianisierte *honnête-homme*-Ideale positiv umdeutet. Von Loens *Redlichem Mann am Hofe* führen aber die Linien weniger zu Hallers Staatsromanen als vielmehr zu empfindsamen Romanen wie Sophie von La Roches *Geschichte des Fräuleins von Sternheim*.

Hatte Loen (in Einklang mit etlichen zeitgenössischen Interpreten des *Télémaque* und seiner Nachfolgertexte) versucht, das Fénelon'sche Modell zu einem didaktischen Totalroman auszuweiten, der insbesondere durch eine Vielzahl von in niederen sozialen Milieus spielenden intradiegetischen Erzählungen für jedermann nutzbringend sein sollte, wurde seit der Jahrhundertmitte der politische Roman exklusiv auf die Vermittlung staatstheoretischer Wissensbestände festgelegt; die Gattung fungierte so als ein literarisches Leitmedium aufgeklärt-absolutistischer Herrschaft, in der sich Experten über die bestmögliche Einrich-

---

10 Mit Barner: Einleitung, S. XVI, lässt sich konstatieren, dass um 1800 in Hinblick auf den politischen Roman das „traditionstranszendierende innovatorische Moment" überwiegt.

tung eines starken Staates verständigten, der das Glück seiner Bürger sicherstellen solle.

Blickt man auf die geschlossenen Staatsfiktionen der 1760er und 1770er Jahre, fällt unmittelbar ins Auge, wie kenntnisreich, detailliert und ernsthaft staatstheoretische Überlegungen und praktisch anwendbares Verwaltungswissen Eingang in die Romane fand. Retrospektiv mögen diese tendenziell optimistischen Erzählungen als naiv erscheinen; das kann auch erklären, weshalb sie in der älteren Forschung zuweilen wegen ihres Moralpostulats als ‚unpolitisch' oder zu kompromissfreudig abgetan wurden – allerdings geht das in bezeichnender Weise an den meisten Texten vorbei, die ja gerade die Widerstände, Hemmnisse und Schwierigkeiten bei der Verbesserung des Gemeinwesens artikulieren. Eminent politisch sind die Romane der 1760er und 1770er Jahre zunächst einmal aus einem einfachen Grund: Sie präsentieren und diskutieren auf der Höhe der Zeit aktuelle staatstheoretische, kameralistische und physiokratische Wissensbestände: Ob Justi sein kameralistisches System literarisiert, ob Haller skeptisch mit Rousseau abrechnet, ob Wieland in einen kunstvoll inszenierten Dialog mit physiokratischen Schriften tritt – in jedem Fall liegt eine intensive Auseinandersetzung auf hohem theoretischen Niveau zugrunde.

Die Systematisierung des politischen Romans im engen Austausch mit den Staatswissenschaften setzt um 1760 mit Justis *Psammitichus* ein: Dem eudaimonistischen Staatsziel untergeordnet, werden alle Verwaltungsmaßnahmen in historischer Rückprojektion minutiös dargelegt, einhergehend mit der extremen Idealisierung des Protagonisten. Damit etablierte Justi trotz der negativen literaturkritischen Resonanz ein Muster, auf das auch Haller und Wieland zurückgriffen – wenn auch in unterschiedlicher Weise.

So nimmt Haller die traditionelle Staatsformenlehre zum Anlass, um in drei Romanen mit zunehmend konservativer Tendenz den Staat als Einhegung negativer menschlicher Eigenschaften zu legitimieren. Hatte Justi den politischen Gehalt vor allem durch illustrierende Exempel dargestellt, überführt Haller den politischen Diskurs in den Dialog. Dialogisch ist auch das Verhältnis seiner Romane zur Klimatheorie Montesquieus, die er in der Romanfiktion kritisch beleuchtet: Die historische Erzählung dient dabei als Argument gegen Montesquieu. In Hallers lehrhaften Gesprächen wird immer klar, welche Position die richtige ist: So besteht kein Zweifel, dass die Cato in Mund gelegte Widerlegung von Rousseaus Gesellschaftsvertrag die ‚Botschaft' von *Fabius und Cato* darstellt.

Das verkompliziert sich bei Wieland, dessen *Goldner Spiegel* den Versuch darstellt, den politischen Roman sowohl inhaltlich als auch formal zu modernisieren. Das Gespräch zwischen Philosophen und Herrscher in der Rahmenhandlung reproduziert auf den ersten Blick die gattungstypische Mentor-Zögling-Konstellation; auch die Belehrung durch intradiegetische Erzählungen gehört seit dem *Télémaque* zum festen Inventar der Gattung. Allerdings setzt Wielands Roman gerade das gängige Verhältnis zwischen lehrhafter Erzählung und Lernerfolg außer Kraft und betont vielmehr den Kontrast zwischen moralisch korrumpierter höfischer Welt in der Rahmenhandlung und weitgehend idealem Staatsentwurf in der Binnenhandlung.

Tifan, „der phantasierte Held eines politischen Romans",[11] gehört in die Reihe der idealisierten Herrschergestalten: Seine allgemeinmenschlichen Qualitäten verdankt er nicht zuletzt seiner rousseauistischen Erziehung; der beste Herrscher ist zugleich der beste Mensch. Diese oft kritisierte Überhöhung der Romanfiguren – so zeichnet sich auch Hallers Usong nicht nur durch Tapferkeit und Tugend aus, sondern verkörpert zugleich den idealen Gatten, Vater und Großvater – steht zugleich in einem funktionalen Verhältnis zur angestrebten politischen Wissensvermittlung: Denn indem die Romane darauf beharren, dass allgemeinmenschliche Qualitäten die notwendige Basis für politische Herrschaft seien, werten sie zugleich die von den derart positiv charakterisierten Herrscherfiguren initiierten Reformen und die im Hintergrund stehenden politisch-ökonomischen Wissensbestände auf. Im Fall von Wielands *Goldnem Spiegel* handelt es sich um ein Amalgam von älteren Naturrechtlehren, die die Basis einer physiokratisch inspirierten politischen Ökonomie bilden. Dieses Gebilde ist hoch eklektisch und nicht zuletzt von immanenten Spannungen geprägt, kontrastiert doch das rousseauistische Erziehungsprogramm mit dem Unterwerfungsvertrag, durch den sich das Volk völlig in die Hand des Herrschers begibt.

Politische Wissensvermittlung findet im politischen Roman in großer Formenvielfalt statt – im heliodorischen Schema, als ausführliche Lebensgeschichte oder in einem kunstvollen Gewebe aus Rahmen- und Binnenerzählungen. Politische Reformtätigkeit wird nicht nur durch Berichte heterodiegetischer Erzähler präsentiert, sondern in Dialoge überführt oder in intradiegetischen Erzählungen exemplifiziert, die sich gleichermaßen an die Romanfiguren wie an die Leser richten, die so die romanintern dargestellten Lernprozesse lebensweltlich nachvollziehen (sollen). Auch die historischen Exkurse und die Erzählungen von Staatsgründungen und Wechsel der Verfassungsformen stehen in einem Spiegelungsverhältnis zur staatsrechtlichen Literatur, überführt sie doch die dort entwickelten Modelle von Staatsgründungen durch Unterwerfungs- bzw. Gesellschaftsverträge und Verfassungskreisläufen in chronologische Erzählungen und verdeutlicht und versinnlicht auf diese Weise abstrakte Konzepte der Theorie.

Als ein literarisches Leitmedium des aufgeklärten Absolutismus enthalten die Romane zugleich eine scharfe Kritik an unaufgeklärt-inhumanen Herrschafts-

---

11 Wieland: Der Goldne Spiegel, S. 254.

verhältnissen und erziehungsresistenten Despoten. Diese Kritik wirkt aber zunächst systemstabilisierend. Indem Autoren in Texten, die an höfische Adressaten gerichtet waren, politisch-moralische Ideale darstellten und auf ihre Umsetzung drängten, erschien die Herrschaft, die eine solche Forderung nicht nur zuließ, sondern protegierte, als aufgeklärt und beratungsoffen. Das schloss aber nicht aus, dass die politischen Romane auch grundsätzlich anders rezipiert werden konnten – und tatsächlich wurden im Verlauf des 18. Jahrhunderts, parallel zu sich wandelnden Naturrechtsvorstellungen, zunehmend auch Szenarien nicht mehr nur der Reform, sondern der Überwindung monarchischer Herrschaft erzählt, so etwa in *Benjamin Noldmann's Geschichte der Aufklärung in Abyssinien* von Knigge. Das hat auch mit anthropologisch-geschichtsphilosophischen Akzentverschiebungen des Jahrhunderts zu tun: Während die Szenarien des aufgeklärten Absolutismus auf die Einrichtung einer perfekten und damit möglichst dauerhaften ‚Staatsmaschine' hinarbeiteten, konnte aufgrund der immer stärker betonten positiven Natur des Menschen die Vorstellung von einmaliger, aber dauerhafter Machtübertragung auf einen starken Souverän, wie sie noch Wieland nachzeichnete, immer weniger überzeugen.

Wielands Syntheseversuch bot jüngeren Autoren dennoch etliche Anknüpfungspunkte – formal wie inhaltlich. Gerade die historisch-anthropologische Perspektive seiner Aufstiegs- und Niedergangserzählungen ließ sich im Sinn einer übergreifenden Metareflexion von Aufklärungsprozessen nutzbar machen. Dieses Bedürfnis nach Klärung des eigenen Standpunkts verstärkte sich unter dem Eindruck der Französischen Revolution. Für die Gattung des politischen Romans, die immer auch als Zeitkommentar fungierte, hat sie die Wirkung eines Katalysators. Es konnte der Eindruck entstehen, als vollziehe sich nun realiter genau das, was in der politischen Romanliteratur immer wieder thematisiert wurde, nämlich die völlige Neuordnung, die Etablierung eines auf Vernunft und Tugend basierenden wohlgeordneten Staats. Diese Annahme, die noch Knigges Roman prägt, sollte rasch widerlegt werden. In den politischen Fiktionen der 1790er stehen folglich zumeist nicht mehr handlungsmächtige Subjekte oder politische Akteure im Vordergrund, sondern Beobachter, ja zuweilen Opfer der Zeitläufte. Das zeigt sich gerade auch in der erzählerischen Vermittlung: Einerseits treten vielfach die Erzählerfiguren stärker in den Vordergrund – so etwa in Klingers *Geschichte eines Teutschen der neusten Zeit*, deren Erzähler stark kommentierend Partei für seinen Protagonisten ergreift –, andererseits verzichten etliche Texte zunehmend auf eine Narration mit Weltdeutungsanspruch: Am deutlichsten zeigt sich das in der homodiegetischen Erzählung von Knigges *Benjamnin Noldmann's Geschichte der Aufklärung in Abyssinien*, die geradezu die Weltsicht eines modernen Pikaro bietet, und in der Faktur von Schillers *Geisterseher*-Fragment, wo die Briefe des Grafen von F*** kein zuverlässiges Bild der erzählten Welt vermitteln können. Ähnliche Subjektivierungstendenzen gelten für Hölderlins *Hyperion* und auch für Goethes *Wilhelm Meisters Lehrjahre*, in dessen letzten Büchern weitgehend aus der Mitsicht des nicht eben sonderlich aufnahmefähigen Romanhelden erzählt wird, an dessen Verwirrung auch die Rezipienten teilhaben.

Diese erzählerisch vermittelten Erfahrungen von Kontingenz und Unsicherheit lassen sich mit den inhaltlichen Tendenzen der politischen Erzählliteratur verbinden, in der zunehmend weniger allgemeinverbindliche Modelle aufgestellt werden: Die politische Sphäre entzieht sich vielfach klaren Deutungen, politisches Handeln erscheint als gefährlich, zumal die Erziehungsinstanzen nun selber hinterfragt werden – am extremsten sicherlich in Schillers *Geisterseher*, wo die benevolente Lenkung der Weisheitsgöttin in obskurantistische Manipulation transformiert wurde. Die Romane der Jahre um 1790 lassen sich als Kritik an bestehenden Verhältnissen, aber auch als literarische Artikulation von Kontingenzerfahrungen angesichts der Revolution und des beginnenden rasanten Zerfalls des Alten Reichs lesen. Dieses Krisenbewusstsein wie auch die formale Vielfalt, wie von ihm erzählt wird, erinnert wiederum an die Anfänge des Genres um 1700.

Es liegt unmittelbar nahe, dass ein Genre, das den Fokus auf die Fürstenerziehung legte und der allmählichen Besserung aufgeklärt-absolutistischer Herrschaftspraktiken verpflichtet war, mit der Krise des aufgeklärten Absolutismus seine pragmatische Funktion verlor. Wenn zudem von gegenaufklärerischer Seite der aufgeklärte Absolutismus als verderbliche Vorstufe gewaltsamer Umstürze betrachtet wurde und verschärfte Zensurbedingungen jede Form von Kritik als potentiell revolutionär brandmarkten, kann es nicht überraschen, dass die Meistererzählung von gelingender Reform erst einmal ausgedient hatte. Angesichts übergreifender Kontingenz- und Krisenerfahrungen mochten zudem narrative Entwürfe von Machbarkeit tatsächlich utopisch wirken.[12] Die Kluft von Ideal und Realität ließ sich ästhetisch im didaktischen Roman nicht aufheben.

Je mehr sich der politische Roman im Verlauf des 18. Jahrhunderts vom Systementwurf zur Aufklärungserzählung wandelte, desto mehr trat sein konkret didaktischer Anspruch zurück. Als Metareflexion einer Welt, die „durch ein *Minimum von Weisheit* regiert" wird,[13] richtete er sich nicht mehr exklusiv an ein Lesepublikum, das in irgendeiner Form mit den Staatsgeschäften zu tun hatte, sondern potentiell an jedes aufklärungsbegabte Subjekt. Neben romanhaft vermittelter Herrschaftslehre, die in der Fiktion Momente gelungener Reform und

---

[12] Eben darin liegt die Ursache, dass sich die Utopieforschung für die in dieser Arbeit behandelten Texte zuständig fühlt.
[13] Wieland: Der Goldne Spiegel, S. 299.

erfolgreicher Humanisierung von Politik gestaltete, lieferte er zugleich Maßstäbe zu ihrer Beurteilung. Insofern diente das hochspezialisierte Genre des politischen Romans zumindest zeitweise als ein Medium epischer Realitätsdeutung, das die Bedingungen und Möglichkeiten gelingender Aufklärungsprozesse literarisch darstellte und reflektierte.

7 Literaturverzeichnis

7.1 Quellen

[Abbt, Thomas:] Vom Tode für das Vaterland. Berlin 1761.
[Abbt, Thomas: Rezension von Justi: Psammitichus]. In: Briefe, die neueste Litteratur betreffend XII (1762), S. 255–284 (196.–198. Brief).
Adelung, Johann Christoph: Grammatisch-kritisches Wörterbuch der Hochdeutschen Mundart. Bd. 3. Leipzig 1793.
[Albrecht, Johann Friedrich Ernst:] Die Affenkönige oder Die Reformation des Affenlandes. Ein politischer Roman in zwei Büchern. o. O. 1789.
[Albrecht, Johann Friedrich Ernst:] Uranie, Königin von Sardanapalien im Planeten Sirius, ein Werk Wesemi Saffras des genannten Weisen, aber eines Thoren unter seinen Brüdern verteutscht von einem niedersächsischen Landprediger. 2 Bde. o. O. 1790.
[Albrecht, Johann Friedrich Ernst:] Die Regenten des Thierreichs. Eine Fabel. 4 Bde. [Dresden] 1790–1796.
Albrecht, Heinrich Christian: Rettung der Ehre Adolphs, Freyherrn Knigge, welchen der Herr Hofrath und Ritter von Zimmermann in Hannover als deutschen Revolutionsprediger und Demokraten darzustellen versucht hat. Hamburg 1792.
[Albrecht, Johann Friedrich Ernst:] Pansalvin Fürst der Finsterniß und seine Geliebte. So gut wie geschehen. Germanien [Gera] 1794.
[Albrecht, Johann Friedrich Ernst:] Staub der Erste, Kayser der Unterwelt als Beschluß des Pansalvin und der Miranda, von demselben Verfasser. Persepolis [Hamburg] 1802.
Andreae, Joh. Valentin: Christianopolis 1619. Originaltext und Übertragung nach D. S. Georgi 1741. Eingeleitet und hrsg. von Richard van Dülmen. Stuttgart 1972 (Quellen und Forschungen zur württembergischen Kirchengeschichte. Bd. 4).
[Anonym:] Alphabet des des sans-culottes, ou Premiers élémens de l'éducation républicaine […]. Dédié aux jeunes sans-culottes. Paris Jahr II [1792].
[Anonym:] Asiatische Kriegs- Helden- und Liebes-Geschichte Zaduck des Andern, Königs von Mauritanien, und Der Durchlauchtigsten Cardanes, Königin von Numidien, Darinnen als in einem Roman die heutige Welt-Geschichte und neuere Historie aufs accurateste nach allen Umständen erzehlet, und zur besondern Gemüths-Ergetzung herausgegeben. Frankfurt/Leipzig 1744.
[Anonym:] Asiatische Kriegs-Helden- und Liebes-Geschichte Zaduck des Andern, Königs von Mauritanien, und Der Duchlauchtigsten Cardanes, Königin von Numidien: Darinnen als in einem Roman die heutige Welt-Geschichte und neuere Historie aufs accurateste nach allen Umständen erzehlet, und zur besondern Gemüths-Ergetzung herausgegeben. Andere vermehrte Auflage. Frankfurt/Leipzig 1745.
[Anonym:] Ausführlicher Bericht/ Wie die Von Ihro Röm. Käyserl. auch zu Hungarn und Böheim Königl. Majestät JOSEPHO I. Unsern allergnädigsten Käyser/ König u. Herrn Allergnädigst aufgerichtete Ritter-Academie zu Liegnitz in Schlesien am. 11. Novembr. vorigen 1708. Jahres inauguriret/ Auch Das Käyserl. hohe Nahmens-Fest am 19. Martii ietzigen 1709. Jahres Von bemeldter ACADEMIE allerunterthänigst celebriret worden. Liegnitz 1709.
[Anonym:] Catalogus Librorum Omni Scientiarum Genere Praestantissimorum Nec Non Thesauri Librorum Antiquissimorum Et Rarissimorum Quos Magna Cura Industriaque Collegit Dum

Vixerat [...] D. Johannes Michael a Loen Potentissimi Boruss. Regis A Consiliis Secretioribus [...]. Frankfurt am Main 1777.

[Anonym:] Eines Erfahrnen Hofmeisters Curiöse Reise Durch die Welt, Welche Derselbe nebst seinem Untergegeben mit grossen Fleiß verrichtet, und auf selbiger gesucht einen Honnête-Homme; An dessen Statt aber meistentheils angetroffen lauter Honêtes-Gens à la Mode, Das ist: Redliche Leute nach heutiger Art: Wobey zwischen beyden eine accurate Vergleichung angestellet, und mit deutlichen und angenehmen Exempeln erläutert wird. Dresden/Leipzig 1732.

[Anonym:] Einige Gedanken und Regeln von den deutschen Romanen. In: Critische Versuche ausgefertiget durch Einige Mitglieder der Deutschen Gesellschaft in Greifswald 2 (1744), S. 21–51.

[Anonym:] EVGENIVS NVMMIS ILLVSTRATVS. Leben und Thaten des Grosen und Siegreichen Printzen Eugenii, worinnen dessen grose Kriege, Siege und Helden-Thaten, biß an sein Ende, aus bewährten Urkunden und Nachrichten mit unpartheyischer Feder entworffen, und durch die darauf geprägte Müntzen erläutert werden. Mit Kupffern. Nürnberg 1738.

[Anonym:] Einige Originalschriften des Illuminatenordens, welche bey dem gewesenen Regierungsrath Zwack durch vorgenommene Hausvisitation zu Landshut den 11. und 12. Oktob. etc. 1786. vorgefunden worden. [...] München 1786.

[Anonym:] Essais historiques sur la vie de Marie-Antoinette d'Autriche, Reine de France. Pour servir à l'histoire de cette Princesse. London [Paris] 1789.

[Anonym:] Jüttische Kasia. Vorbericht. 1732. In: Texte zur Romantheorie II (1732–1780). Mit Anmerkungen, Nachwort und Bibliographie von Ernst Weber. München 1981, S. 7–16.

[Anonym:] Lettres critiques sur les Voyages de Cyrus, A Monsieur le Marquis de ***. Par ***. Paris 1728.

[Anonym: Rezension von Ethophilus: Obsiegende Tugend] Langensaltza. In: Franckfurtische Gelehrte Zeitungen 8 (1743), S. 457f.

[Anonym:] Lebensgeschichte des Königl: Preuss. Geheimen Raths und Präsidenten der Lingen-Tecklenburgischen Regierung Herrn v. Loen. In: Beyträge zur juristischen Litteratur in den Preußischen Staaten. Bd. 5. Berlin 1780, S. 257–286.

[Anonym: Rezension von Johann Michael von Loen: Der Redliche Mann am Hofe. In:] Göttingische Zeitungen von Gelehrten Sachen auf das Jahr MDCCXL. 72. Stück, S. 632.

[Anonym: Rezension von Adolph Freiher Knigge:] Benjamin Noldmanns Geschichte der Aufklärung in Abyssinien [...]. In: Allgemeine deutsche Bibliothek 107 (1792), 1. Stück, S. 178–184.

[Anonym: Rezension von Adolph Freiher Knigge:] Benjamin Noldmanns Geschichte der Aufklärung in Abyssinien, [...]. In: Tübingische gelehrte Anzeigen, 77. Stück, 26. September 1791, S. 616.

[Anonym: Rezension von Heinrich Wolfgang Behrisch:] Farao fur die Koenige, c'est-à-dire, Pharaon, pour les Rois. In: Journal des sciences et des beaux-arts 2 (1777), S. 405–410.

[Anonym: Rezension von Heinrich Wolfgang Behrisch:] Farao für die Könige. In: Neueste Critische Nachrichten. Bd. 2, 52. Stück (1776), S. 409f.

[Anonym: Rezension von Jean Terrasson] Geschichte des egyptischen Königs Sethos. In: Freymäurer-Bibliothek. 1. Stück. Berlin 1778, S. 127–137.

[Anonym: Rezension von Fénelon: Les Avantures de Telemaque. April 1719. In:] Neue Bibliothec Oder Nachricht und Urtheile von neuen Büchern Und allerhand zur Gelehrsamkeit dienenden Sachen. 91. Stück, Frankfurt/Leipzig 1720, S. 291–295.

[Anonym: Rezension von Fénelon:] Les avantures de Telemaque [...]. In: Deutsche Acta Eruditorum 52 (1718), S. 296–304.

[Anonym: Rezension von: Fénelon/Neukirch: Die Begebenheiten Des Prinzen von Ithaca. In:] Neue Zeitungen von gelehrten Sachen 18 (1728), S. 170–172.

[Anonym: Rezension von Fénelon:] Die seltsame Begebenheiten des Telemach [...] 1766. In: Allgemeine deutsche Bibliothek. Bd. 10, 1. Stück (1769), S. 236 f.

[Anonym: Rezension von Edward Gibbon:] The history of the decline and fall of the Roman Empire [...]. In: Zugabe zu den Göttingischen gelehrten Anzeigen. 20. Stück. 17.5.1777, S. 305–313.

[Anonym: Rezension von Johann Friedrich Ernst Albrecht:] Uranie, Königin von Sardanapalien [...]. In: Deutsche Monatsschrift. 3. September 1791.

[Anonym: Rezension von Albrecht von Haller:] Usong, eine morgenländische Geschichte in vier Büchern. In: Almanach der deutschen Musen auf das Jahr 1772, S. 133.

[Anonym: Rezension von Albrecht von Haller:] Usong. Eine morgenländische Geschichte in vier Büchern. [...] Dritte verbesserte Auflage. In: Magazin der deutschen Critik. Hrsg. von Herrn Schirach. Bd. 2. Halle 1773, S. 331–333.

[Anonym: Rezension von Albrecht von Haller:] Fabius und Cato, ein Stück der römischen Geschichte. In: Neue Bibliothek der schönen Wissenschaften und der freyen Künste 17 (1775), S. 214–226.

[Anonym (Hrsg.):] Sentenzen aus Jean Pauls und Hippels Schriften; aus Dya-Na-Sore, Agnes von Lilien, Walter und Nanny. Für Humanität und Menschenbildung. Frankfurt am Main 1801.

[Anonym:] Suite de la nouvelle Cyropedie ou Reflexions de Cyrus sur ses voyages. Amsterdam 1728.

Apuleius: Der goldene Esel. Metamorphoseon libri XI. Lateinisch-deutsch. Hrsg. und übersetzt von Edward Brandt und Wilhelm Ehlers. Mit einer Einführung von Niklas Holzberg. 6. überarbeitete Auflage. Berlin 2012 (Sammlung Tusculum).

Aristoteles: Poetik. Griechisch/Deutsch. Übersetzt und hrsg. von Manfred Fuhrmann. Stuttgart 2001.

Aristoteles: Politik. Schriften zur Staatstheorie. Übersetzt und hrsg. von Franz F. Schwarz. Stuttgart 2001.

[Bahrdt, Karl Friedrich:] Ala Lama oder der König unter den Schäfern, auch ein goldner Spiegel. 2 Bde. Frankfurt/Leipzig 1790.

Barclay, John: Die Durchlauchtigste Argenis in einer von den vortrefflichsten Staats-Romanen dieser und voriger Zeiten von dem berühmten Jo. Barclajo in Lateinischer Sprache beschrieben/ und aus solcher in unsre Hochteutsche mit Fleiß übersetzet von Talandern. Leipzig 1701.

Barclay, John: Argenis. Ein politischer Roman. Mit beygefügten Erklärungen aus der Geschichte seiner Zeit. Aus dem Lateinischen übersetzt. 2 Bde. Augsburg 1770.

Barker, Jane: Exilius: Or, The Banish'd Roman. A New Romance. In Two Parts: Written After the Manner of Telemachus, For the instruction of Some Young Ladies of Quality. London 1715.

Barker, Jane: Der ins Elend verjagte Römer Exilius, Staats-Roman Nach Art des Frantzösischen Telemaque Herrn von Fenelon, Zum Unterricht vor Adeliches und anderes Frauenzimmer Vornehmen Standes verfasset von Madlle. Johanna Barcker. Außm Englischen übersetzt. Leipzig 1721.

Barrow, John: Sammlung von Reisen und Entdeckungen in einer chronologischen Ordnung zusammengetragen. Aus dem Engelländischen übersetzt. Bd. 1. Leipzig 1767.

Barruel, Augustin: Denkwürdigkeiten zur Geschichte des Jakobinismus. Nach der in London 1797 erschienenen französischen Original-Ausgabe ins Teutsche übersetzt von einer Gesellschaft verschiedener Gelehrten. 4 Bde. Münster/Leipzig 1800–1803.

Basedow, Johann Bernhard: Vorstellung an Menschenfreunde [1768]. Mit Einleitung und Anmerkungen hrsg. von Dr. Theodor Fritzsch. Leipzig o. J.

Basedow, Johann Bernhard: Versuch eines Beytrages zu einem Plane der Erziehung und des Unterrichts der Prinzen. In: Ders.: Das Methodenbuch für Väter und Mütter der Familien und Völker. Altona/Bremen o. J. [1770]. Bd. 1, S. 38–76.

Basedow, Johann Bernhard: Agathokrator: oder von Erziehung künftiger Regenten nebst Anhang und Beylagen. Leipzig 1771.

[Becher, Johann Joachim:] *Machiavellus Gallicus*, Das ist: Verwandelung und Versetzung der Seele Des *Machiavelli* in *Ludovicum XIV*. dem König von Franckreich/ vorgestellet durch hundert Politische frantzösische Axiomata, In welchen Der Frantzosen Staats- und Kriegs-Maximen und Practicquen/ welcher sie sich gebrauchen/ Jedem offentlich zu sehen vorgestellet werden [...]. o. O. 1675.

[Behrisch, Heinrich Wolfgang:] Farao für die Könige. 3 Bde. Leipzig 1776/1777.

[Behrisch, Heinrich Wolfgang:] Die Wiener Autoren. Ein Beytrag zum gelehrten Deutschland. o. O. 1784.

Bergk, J. A.: Die Kunst, Bücher zu lesen. Nebst Bemerkungen über Schriften und Schriftsteller. Jena 1799.

Blanckenburg, Friedrich von: Versuch über den Roman. Faksimiledruck der Originalausgabe von 1774. Mit einem Nachwort von Eberhard Lämmert. Stuttgart 1965.

Bodin, Jean: Sechs Bücher über den Staat. Übersetzt und und mit Anmerkungen versehen von Bernd Wimmer. Eingeleitet und hrsg. von P. C. Mayer-Tasch. 2 Bde. München 1981/1986.

Bohse, August: Die durchlauchtigste Alcestis aus Persien/ in einer angenehmen Staats- und Liebes-Geschichte [...]. Dresden 1689.

Bohse, August: Ariadnens Staats- und Liebes-Geschichte [...]. Leipzig 1705.

[Bohse, August:] Antonia de Palma in einer angenehmen Staats und Liebes Geschichte [...]. Leipzig 1709.

Boileau-Despréaux, Nicolas: Lettres à Brossette. Texte établi et présenté par Charles-H. Boudhors. Paris 1942.

Breitinger, Johann Jacob: Fortsetzung Der Critischen Dichtkunst [...]. Zürich 1740.

Bucholtz, Andreas Heinrich: Der christlichen königlichen Fürsten Herkuliskus und Herkuladisla, auch ihrer hochfürstlichen Gesellschaft anmuhtige Wunder-Geschichte. Faksimilie-Druck der Ausgabe von 1665. Hrsg. und eingeleitet von Ulrich Maché. 2 Bde. Bern u. a. 1982.

[Burke, Edmund:] Betrachtungen über die französische Revolution. Nach dem Englischen des Herrn Burke, neu-bearbeitet mit einer Einleitung, Anmerkungen, politischen Abhandlungen, und einem critischen Verzeichniß der in England über diese Revolution erschienenen Schriften von Friedrich Gentz. Teil 1. Berlin 1793.

[Burnet, Gilbert:] Bischof Burnets Geschichte, die er selbst erlebet hat. Erster Band. Von der Wieder-Herstellung König Carls II. Biß zur Erhöhung König Willhelms und der Königinn Maria auf den Groß-Britannischen Thron. Mit vorhergehendem Summarischen Bericht der Kirchen- und Staats-Sachen, so, von König Jacobs I. Zeiten an, biß zu gedachter, im Jahr

1660. geschehenen, Herstellung, vorgefallen sind. Aus dem Englischen übersetzt von Mattheson. Hamburg/Leipzig 1724.

Castiglione, Baldassare: Il libro del Cortegiano. Hrsg. von Ettore Bonora. Kommentar von Paolo Zoccola. Mailand 1972.

Chancierges: Avantures de Néoptolème fils d'Achille. Propres à formers les Moeurs d'un jeune Prince. Paris 1718.

Chancierges: Staats-Roman, Welcher unter dem Leben Des Neoptolemi, Printzens von Thessalien und Sohnes des Achillis, in einer schönen Morale anmuthig vorstellet, Wie Ein junger Printz, und folglich ein Jeder über seine Gemüths-Neigungen herrschen solle / Von Mr. Chansierges in der Frantzösischen Sprache beschrieben; Nunmehro aber wegen der darinnen enthaltenen feinen und nützlichen Sitten-Lehre aus derselben ins Teutsche übersetzet von einem der zu seinem Symbolo führet: Wohldem, der sich auf den Herren verläßt [Jacob Fendler]. Breslau 1723.

[Chancierges:] Les Aventures de Pyrrhus, fils d'Achille, ouvrage posthume de feu M. de F.*** Pour servir de suite aux Aventures De Télémaque. Amsterdam/Paris 1771.

Chancierges: Die Begebenheiten des Pyrrhus des Sohnes des Achilles als ein Anhang zu den Begebenheiten des Telemachs. Aus dem Französischen übersetzt von Johann Friedrich von Rosenthal. Basel 1772.

Colbert, Jean-Baptiste: Dissertation sur la question: quelle des deux alliances de France ou de Hollande peut estre plus avantageuse à l'Angleterre [1669]. In: Lettres, Instructions et mémoires de Colbert. Hrsg. von Pierre Clément. Bd. 6. Paris 1869, S. 260–270.

Cramer, Karl Friedrich: Knigge. In: Ders.: Menschliches Leben. 3. Stück. 14. Juni 1791, S. 123–131.

[D'Espiard de La Borde, François Ignace:] Essais sur le génie et le caractère des nations. Divisés en six livres. Bd. 1. Brüssel 1743.

[Desfontaines, Pierre-François Guyot/François Granet:] Entretiens sur les Voyages de Cyrus. Nancy 1728.

[Dohm, Christian Wilhelm:] Fortsetzung der neuesten politischen Gerüchte. In: Der Teutsche Merkur. Drittes Vierteljahr 1777, S. 259–273.

[Dubos, Abbé Jean-Baptiste:] Reflexions critiques sur la poésie et sur la peinture. 2 Bde. Paris 1719.

Du Pont de Nemours, Pierre Samuel: Correspondance [...] avec J.-B. Say. In: Eugène Daire (Hrsg.): Physiocrates. Quesnay, Dupont de Nemours, Mercier de la Rivière, l'Abbé Baudeau, Le Trosne. Paris 1846, S. 394–424.

Eberle, Friedrich/Theo Stammen (Hrsg.): Deutschland und die Französische Revolution 1789–1806. Darmstadt 1988 (Quellen zum politischen Denken der Deutschen im 19. und 20. Jahrhundert Bd. 1).

[Engel, Johann Jakob:] Fürstenspiegel. Berlin 1798.

Eschenburg, Johann Joachim: Beispielsammlung zur Theorie und Literatur der schönen Wissenschaften. Bd. 8.2. Abteilung. Berlin/Stettin 1795.

Ethophilus: Neues, wohleingerichtetes Complimentir- und Sitten-Buch. Nordhausen 1728; Ders.: Kürzliche Anweisung zu Complimenten und höflicher Conduite, für Personen bürgerlichen Standes, bey Geburten, Gevatterschafften, Kindtauffen [...] und Begräbnissen, nebst einem wohl-eingerichteten Trenchier-Büchlein, in möglichster Deutlichkeit verfasset. Leipzig 1741.

Ethophilus: Die Obsiegende Tugend In einem moralischen Romain Vorstellend Die Liebes- und Heldengeschichte des tapfern Bellerophon mit seiner unvergleichlichen Philonoe Königl. Prinzeßin aus Lycien. Langensaltza 1743. Unveränderter Nachdruck München 1970.

Faret, Nicolas: L'honnête homme ou l'art de plaire à la cour. Hrsg. von M. Magendie. Neudruck der Ausgabe Paris 1925. Genf 1970.

[Fassmann, David:] Leben und Thaten des Allerdurchlauchtigsten und Großmächtigsten Königs von Preußen Friederici Wilhelmi [...]. 2 Bde. Hamburg/Breslau 1735 bzw. Frankfurt/Hamburg 1741.

[Fassmann, David:] Merckwürdigster Regierungsantritt Sr. Preußischen Majestät Friderici II. Worinnen alles befindlich, Was sich von dem Tod des glorwürdigsten und höchstsel. Königs Friderici Wilhelmi an, bis auf diese Zeit, am Königl. Preußischen Hofe, Vornehmlich aber in Schlesien, oder wegen dieses Landes, in Kriegs- und Staats-Sachen auch sonst überhaupt sonderbares und großes zugetragen, Samt vielen schönen Nachrichten von der höchsten Person und dem Charakter Sr. letztregierenden Preußischen Majestät. Frankfurt/Leipzig 1741.

[Faydit, Pierre-Valentin:] La Telemacomanie, ou la censure et critique du roman intitule les Avantures de Telemaque Fils d'Ulysse, ou suite du quatrieme livre de l'Odyssee d'Homere. Eleuterople 1700.

Fénelon, François de: Suite du quatrième livre de l'Odyssée d'Homere, ou Les avantures de Telemaque, fils d'Ulysse. Paris 1699.

[Fénelon, François de:] Staats-Roman, Welcher unter der denckwürdigen Lebens-Beschreibung Telemachi Königl. Printzens aus Ithaca, und Sohns des Ulyssis vorstellet: Wie die Königl. und Fürstlichen Printzen zur Staats- Kunst- und Sitten-Lehre anzuführen/ durch Franciscum De Salignac De La Mothe-Fenelon, Ertz-Bischoffen zu Cambray, In Frantzösischer Sprache beschrieben, und aus derselben ins Deutsche übersetzet durch Talandern. Breslau 1700.

Fénelon, François de: Les Avantures de Telemaque, fils d'Ulysse [...]. Nouvelle edition. Augmentée & Corrigée Sur le Manuscrit Original de l'Auteur. Avec des Remarques pour l'intelligence de ce Poëme Allegorique. Amsterdam 1719.

Fénelon, François de: Les Avantures De Telemaque, Fils D'Ulysse [...]. Nouvelle Edition Corrigée, & enrichie De Belle Remarques Allemandes Par Joseph Antoine d'Ehrenreich, Professeur Publ. dans l'Academie de Stoucard. Ulm 1732.

Fénelon, François de: Die Seltsamen Begebenheiten Des Telemach / In einem auf die wahre Sitten- und Staats-Lehre gegründeten, angenehmen und sinnreichen Helden-Gedichte / durch *François de Salignac de laMotte Fenelon* abgefast, mit nöthigen Anmerckungen erläutert, und ins Teutsche übersetzt von Ludwig Ernst von Faramond [Philipp Balthasar Sinold von Schütz]. Mit 25. Kupffern und einer Land-Charte gezieret. Frankfurt/Leipzig 1733.

Fénelon, François de: Les Aventures de Télémaque. Texte établi avec introduction, chronologie, notes, choix de variantes et bibliographie par Jeanne-Lydie Goré. Paris 1987.

Fénelon, François de: L'Odyssée d'Homère. In: Œuvres complètes de Fénelon. Bd. 6. Paris 1852, S. 663–715.

Fénelon, François de: Lettre à M. Dacier, secrétaire perpétuel de l'Académie française, sur les occupations de l'Académie. In: Œuvres complètes de Fénelon. Bd. 6. Paris 1852, S. 615–648.

Fénelon, François de: Mémoires sur les précautions et les mesures de prendre après la mort du Duc de Bourgogne. In: Œuvres complètes de Fénelon. Bd. 7. Paris 1850, S. 189–194.
Fénelon, François de: Plans de gouvernement concertés avec le Duc de Chevreuse, pour être proposés au Duc de Bourgogne. In: Œuvres complètes de Fénelon. Bd. 7. Paris 1850, S. 182–188.
Filmer, Robert: Patriarcha: Or, The Natural Power of Kings. London 1680.
Fleury, Claude: Les moeurs des Israëlites. Dernière édition. Paris 1700.
Fleury, Claude: Pensées politiques. In: Ders.: Œuvres. Hrsg. von M. Aimée-Martin. Paris 1837, S. 547–549.
Forman, Charles: Protesilaus: or, the character of an evil minister. Being a paraphrase on part of the tenth book of Telemachus. London 1730.
Forster, Georg: Sämmtliche Schriften. Hrsg. von dessen Tochter und begleitet mit einer Charakteristik Forster's von G. G. Gervinus. Bd. 8. Leipzig 1843.
Friedrich II.: Œuvres de Frédéric le Grand. Bd. 16. Berlin 1850.
Friedrich II.: Testament Politique (1752). In: Die politischen Testamente Friedrich's des Großen. Redigirt von Pof. Dr. Gustav Berthold Volz. Berlin 1920, S. 1–109.
[Friedrich II.:] Anti-Machiavel, oder Versuch einer Critik über Nic. Machiavels Regierungskunst eines Fürsten. Nach des Herrn von Voltaire Ausgabe ins Deutsche übersetzt; wobey aber die verschiedenen Lesarten und Abweichungen der ersten Haagischen, und aller andern Auflagen, angefüget worden. Frankfurt/Leipzig 1745.
Friedrich II.: Anti-Machiavel. Édition critique par Werner Bahner et Helga Bergmann. Oxford 1996 (Les Œuvres complètes de Voltaire. Bd. 19).
Gervinus, G. G.: Neuere Geschichte der poetischen National-Literatur der Deutschen. Erster Theil. Von Gottscheds Zeiten bis zu Göthes Jugend. Leipzig 1840.
[Göchhausen, Ernst August Anton von:] Sultan Peter der Unaussprechliche und seine Vezire. [...] o. O. 1794.
[Göchhausen, Ernst August Anton von:] Ein paar Worte an das deutsche Publikum über die Schrift Sultan Peter der Unaussprechliche und seine Vezire nebst dem Schlüssel dazu vom Verfasser. o. O. 1795.
Goethe, Johann Wolfgang: Geschichte Gottfriedens von Berlichingen mit der eisernen Hand. In: Ders.: Sämtliche Werke nach Epochen seines Schaffens. Münchner Ausgabe. Hrsg. von Karl Richter u. a. Bd. 1.1: Der junge Goethe 1757–1775. Hrsg. von Gerhard Sauder. München 1985, S. 387–509.
Goethe, Johann Wolfgang: Unterhaltungen deutscher Ausgewanderten. In: Ders.: Sämtliche Werke nach Epochen seines Schaffens. Münchner Ausgabe. Hrsg. von Karl Richter u. a. Bd. 4.1.: Wirkungen der Französischen Revolution 1791–1797. Hrsg. von Reiner Wild, S. 436–550.
Goethe, Johann Wolfgang: Wilhelm Meisters Lehrjahre. Ein Roman. In: Ders.: Sämtliche Werke nach Epochen seines Schaffens. Münchner Ausgabe. Hrsg. von Karl Richter u. a. Bd. 5: Wilhelm Meisters Lehrjahre. Hrsg. von Hans-Jürgen Schings. München 1988.
Goethe, Johann Wolfgang /Friedrich Schiller: Briefwechsel zwischen Schiller und Goethe in den Jahren 1794 bis 1805. In: Ders.: Sämtliche Werke nach Epochen seines Schaffens. Münchner Ausgabe. Hrsg. von Karl Richter u. a. Bd. 8.1: Hrsg. von Manfred Beetz. München 1990.
Goethe, Johann Wolfgang: Zu brüderlichem Andenken Wielands 1813. In: Ders.: Sämtliche Werke nach Epochen seines Schaffens. Münchner Ausgabe. Hrsg. von Karl Richter u. a.

Bd. 9: Epoche der Wahlverwandtschaften 1807–1814. Hrsg. von Christoph Siegrist u. a. München 1987, S. 945–965.

Goethe, Johann Wolfgang: Tag- und Jahres-Hefte als Ergänzung meiner sonstigen Bekenntnisse. In: Ders.: Sämtliche Werke nach Epochen seines Schaffens. Münchner Ausgabe. Hrsg. von Karl Richter u. a. Bd. 14: Autobiographische Schriften der frühen Zwanzigerjahre. Hrsg. von Reiner Wild. München 1986, S. 7–322.

Goethe, Johann Wolfgang: Campagne in Frankreich 1792. In: Ders.: Sämtliche Werke nach Epochen seines Schaffens. Münchner Ausgabe. Hrsg. von Karl Richter u. a. Bd. 14: Autobiographische Schriften der frühen Zwanzigerjahre. Hrsg. von Reiner Wild. München 1986, S. 335–516.

Goethe, Johann Wolfgang: Aus meinem Leben. Dichtung und Wahrheit. In: Ders.: Sämtliche Werke nach Epochen seines Schaffens. Münchner Ausgabe. Hrsg. von Karl Richter u. a. Bd. 16. Hrsg. von Peter Sprengel. München 1985.

Goethe: Wilhelm Meisters Wanderjahre oder die Entsagenden (1829). In: Ders.: Sämtliche Werke nach Epochen seines Schaffens. Münchner Ausgabe. Hrsg. von Karl Richter u. a. Bd. 17: Wilhelm Meisters Wanderjahre. Maximen und Reflexionen. Hrsg. von Gonthier-Louis Fink, Gerhart Baumann und Johannes John. München 1991, S. 239–714.

Gorani, Giuseppe: Il vero dispotismo. 2 Bde. London [?] 1770.

Gottsched, Johann Christoph: Erste Gründe der gesammten Weltweisheit (Praktischer Teil) [7. Auflage 1762]. In: Ders.: Ausgewählte Werke. Bd. 5.2. Hrsg. von P. M. Mitchell. Berlin/New York 1983.

Gottsched, Johann Christoph: Fortsetzung der neuen Entdeckungen vom Alterthume des epischen Gedichtes, Reinike der Fuchs. In: Das Neueste aus der anmuthigen Gelehrsamkeit 1757, S. 111–127.

Gottsched, Johann Christoph: Probe einer Uebersetzung aus Ramsays reisendem Cyrus. In: Der Deutschen Gesellschaft in Leipzig Eigene Schriften Und Ubersetzungen in gebundener und ungebundener Schreibart. Teil 2. Leipzig 1734, S. 563–570.

[Gottsched, Johann Christoph: Rezension von] Die Begebenheiten des Prinzen von Ithaka [...]. In: Beyträge zur Critischen Historie der Deutschen Sprache, Poesie und Beredsamkeit. 24. Stück 1740, S. 601–624.

[Gottsched, Johann Christoph: Rezension von] Les avantures de Neoptoleme, Fils d'Achille [...]. In: Neuer Büchersaal der schönen Wissenschaften und freyen Künste V.2 (Leipzig Juli 1747), S. 127–139.

Gottsched, Johann Christoph: Versuch einer Critischen Dichtkunst [1730]. 3. Auflage. Leipzig 1742. In: Ders.: Ausgewählte Werke. Bd. 6.1, 6.2. Hrsg. von Joachim Birke und Brigitte Birke. Berlin/New York 1973.

Gottsched, Johann Christoph: Versuch einer Critischen Dichtkunst. Unveränderter photomechanischer Nachdruck der 4., vermehrten Auflage. Leipzig 1751. 5., unveränderte Auflage. Darmstadt 1962.

Gottsched, Johann Christoph: Vorrede zu Die Begebenheiten Neoptolems von Chancierces. 1749. In: Ders.: Ausgewählte Werke. Bd. 10.1: Kleinere Schriften. Hrsg. von P. M. Mitchell. Berlin/New York 1980, S. 307–325.

Gottsched, Johann Christoph: Vorrede. In: Der Deutschen Gesellschaft in Leipzig Eigene Schriften Und Ubersetzungen in gebundener und ungebundener Schreibart. Teil 2. Leipzig 1734, unpaginiert.

Gottsched, Johann Christoph: Vorrede. In: Herrn Benjamin Neukirchs [...] auserlesene Gedichte [...]. Regensburg 1744, unpaginiert.
Gottschling, Caspar: Einleitung in die Wissenschafft guter und meistentheils neuer Bücher. 2. Auflage. Dresden/Leipzig 1713.
Goussault, Jacques: Le portrait d'un honneste homme. Nouvelle Edition augmentée du Portrait d'une Honneste Demoiselle. Paris/Brüssel 1712.
[Gueudeville, Nicolas:] Critique générale des Avantures de Telemaque. Köln 1700.
Gundling, Nicolaus Hieronymus: Ausführlicher und vollständiger Discours über dessen Abriß einer rechten Reichs-Historie [...]. Frankfurt, Leipzig 1732.
Gundling, Nicolaus Hieronymus: Ausführlicher und mit Illustren Exempeln aus der Historie und Staaten Notiz erläuterter Discovrs über Weyl. Herrn D. Io. Franc. Bvddei [...] Politic. Frankfurt/Leipzig 1733.
Gundling, Nicolaus Hieronymus: Collegium Historico-Literarium Oder Ausführliche Discourse über die vornehmsten Wissenschaften [...]. Bremen 1738.
Gundling, Nicolaus Hieronymus: Collegium historico-literarium oder Ausführliche Discourse über die Vornehmsten Wissenschaften und besonders die Rechtsgelahrtheit [...]. Bremen 1738.
Haller, Albrecht von: Alfred König der Angel-Sachsen. Göttingen/Bern 1773.
Haller, Albrecht von: Briefe über einige Einwürfe nochlebender Freygeister wieder die Offenbarung. Bd. 1. Bern 1775.
Haller, Albrecht von: Briefe über einige noch lebenden Freygeister Einwürfe wider die Offenbarung. Teil 3. 2. Auflage. Bern 1778.
Haller, Albrecht von: Fabius und Cato, ein Stück der Römischen Geschichte. Bern/Göttingen 1774.
Haller, Albrecht von: Gedichte. Hrsg. und eingeleitet von Dr. Ludwig Hirzel. Frauenfeld 1882 (Bibliothek älterer Schriftwerke der deutschen Schweiz und ihres Grenzgebietes. Bd. 3).
Haller, Albrecht von: Nachrichten von Grönland. In: [Albrecht von Haller:] Sammlung kleiner Hallerischer Schriften. Zweite, verbesserte und vermehrte Auflage. Erster Theil. Bd. 3. Bern 1772, S. 239–280.
[Haller, Albrecht von: Rezension von De Lolme: La Constitution de l'Angleterre. In:] Göttingische Anzeigen von gelehrten Sachen. 44. Stück. 11.4.1772, S. 369–372.
[Haller, Albrecht von: Rezension von Des Herrn von Montesquiou Werk von den Gesetzen (...). Frankfurt/Leipzig 1753. In:] Göttingische Anzeigen von gelehrten Sachen 1 (1753), S. 30–32.
[Haller, Albrecht von: Rezension von Isaak Iselin: Vermischte Schriften. In:] Göttingische Anzeigen von gelehrten Sachen, 148. Stück, 10.12. 1770, S. 1300–1303.
[Haller, Albrecht von: Rezension von Rousseau: Discours (...). In:] Göttingische Anzeigen von gelehrten Sachen. 26. Stück. 26.2.1753, S. 235–237.
[Haller, Albrecht von: Rezension von Rousseau: Discours sur l'origine & les fondamens de l'inégalité entre les hommes. In:] Göttingische Anzeigen von gelehrten Sachen, 3. Stück, 5. Januar 1756, S. 21–23.
[Haller, Albrecht von: Rezension von Samuel Squire: An enquiry into the foundation of the english constitution (...). In:] Göttingische Zeitungen von gelehrten Sachen. 53. Stück. 4.7.1746, S. 423 f.
[Haller, Albrecht von: Rezension von: Geschichte der Englischen Colonien in Nordamerika. In:] Göttingische Anzeigen von gelehrten Sachen. 92. Stück. 2.8.1777, S. 730–735.

[Haller, Albrecht von: Rezension von: Taxation no tyranny. In:] Göttingische Anzeigen von gelehrten Sachen. 103. Stück. 29.8.1775, S. 883–885.
[Haller, Albrecht von: Rezension von] Il vero despotismo. In: Göttingische Anzeigen von gelehrten Sachen. 115. Stück. 26.9.1771, S. 995–997.
[Haller, Albrecht von:] Usong. Eine Morgenländische Geschichte, in vier Büchern. Durch den Verfasser des Versuches Schweizerischer Gedichte. Bern 1771.
Haller, Albrecht von: Usong. Eine Morgenländische Geschichte, in vier Büchern. Neueste verbesserte Auflage. Mit Kupfern. Bern 1778.
Haller, Albrecht von: Vorrede zur Sammlung neuer und merkwürdiger Reisen, zu Wasser und zu Lande. Aus verschiedenen Sprachen übersezt. Göttingen 1750. In: Sammlung kleiner Hallerischer Schriften. 2. Auflage. Bern 1772, S. 131–141.
[Haller, Albrecht von:] Briefe über die wichtigsten Wahrheiten der Offenbarung. Zum Druke befördert durch den Herausgeber der Geschichte Usongs. Bern 1772.
[Haller, Albrecht von:] Briefwechsel zwischen Albrecht von Haller und Eberhard Friedrich von Gemmingen. Nebst dem Briefwechsel zwischen Gemmingen und Bodmer. Aus Ludwig Hirzels Nachlass hrsg. von Hermann Fischer. Tübingen 1899 (Bibliothek des litterarischen Vereins in Stuttgart. Bd. 219).
[Haller, Albrecht von:] John Pringle's Correspondence with Albrecht von Haller. Hrsg. von Otto Sonntag. Basel 1999 (Studia Halleriana. Bd. 4).
[Haller, Albrecht von:] The Correspondence between Albrecht von Haller and Charles Bonnet. Hrsg. von Otto Sonntag. Bern 1983 (Studia Halleriana. Bd. 1).
Hamann, Johann Georg: Briefwechsel Bd. 3. Hrsg. von Walther Ziesemer und Arthur Henkel. Wiesbaden 1957.
Hegel, Georg Wilhelm Friedrich: Vorlesungen über die Ästhetik. Bd. 3. Frankfurt am Main 1986.
Hederich, Benjamin: Gründliches Lexicon Mythologicum [...]. Leipzig 1724.
Herder, Johann Gottfried: Adrastea (Auswahl). In: Ders.: Werke. Bd. 10. Hrsg. von Günter Arnold. Frankfurt am Main 2000.
Herodot: Historien. 2. Buch. Griechisch/Deutsch. Übersetzt und hrsg. von Kai Brodersen. Stuttgart 2005.
Hippokrates: Über die Umwelt. Hrsg. und übersetzt von Hans Diller. Berlin 1970.
Hölderlin, Friedrich: An die Ruhe. In: Ders.: Sämtliche Werke und Briefe in drei Bänden. Hrsg. von Jochen Schmidt. Bd. 1: Gedichte. Hrsg. von Jochen Schmidt. Frankfurt am Main 1992, S. 81f.
Hölderlin, Friedrich: Hyperion oder Der Eremit in Griechenland. In: Ders.: Sämtliche Werke und Briefe in drei Bänden. Hrsg. von Jochen Schmidt. Bd. 2: Hyperion. Empedokles. Aufsätze. Übersetzungen. Hrsg. von Jochen Schmidt in Zusammenarbeit mit Katharina Grätz. Frankfurt am Main 1994, S. 9–276.
Homer: Ilias. Griechisch – deutsch. Mit Urtext, Anhang und Registern. Übertragen von Hans Rupé. 16. Auflage. Berlin 2013 (Sammlung Tusculum).
Homer: Odyssee. Griechisch – deutsch. Übertragen von Anton Weiher. Mit Urtext, Anhang und Registern. Einführung von A. Heubeck. 14. Auflage. Berlin 2013 (Sammlung Tusculum).
[Huet, Pierre Daniel:] Histoire du commerce et de la navigation des anciens. Paris 1716.
Hume, David: Eine Untersuchung über die Prinzipien der Moral. Hrsg. und übersetzt von Gerhard Streminger. Stuttgart 1984.

Hunold, Christian Friedrich: Der Europaeischen Höfe Liebes- und Helden-Geschichte. Faksimiledruck nach der Ausgabe von 1705. Hrsg. und eingeleitet von Hans Wagener. 2 Bde. Bern u. a. 1978.

[Hunold, Christian Friedrich (Hrsg.):] Morales choisies, de l'Histoire de Telemach Oder Auserlesene Sitten-Sprüche und Lehren/ Zusammen gezogen Aus der Lebens-Beschreibung des Griechischen Helden Telemachi. Hamburg 1708.

[Hunold, Christian Friedrich:] Academische Neben-Stunden allerhand neuer Gedichte/ Nebst Einer Anleitung zur vernünftigen Poesie. Halle/Leipzig 1713.

[Iselin, Isaak: Rezension von] Geschichte des Agathon. In: Allgemeine deutsche Bibliothek 6 (1768), S. 190–211.

[Iselin, Isaak (?): Rezension von] Farao für die Könige. In: Anhang zu dem fünf und zwanzigsten bis sechs und dreyßigsten Bande der allgemeinen deutschen Bibliothek [1780], S. 2488–2490.

[Iselin, Isaak: Rezension von] Der goldne Spiegel, oder die Könige von Scheschian [...]. In: Allgemeine deutsche Bibliothek 18 (1772), S. 329–363.

[Iselin, Isaak: Rezension von] Usong, eine morgenländische Geschichte [...]. In: Allgemeine deutsche Bibliothek 18 (1772), S. 451–469.

[Iselin, Isaak:] Über die Geschichte der Menschheit. Bd. 2. Carlsruhe 1784.

[Iselin, Isaak:] Filosofische und Patriotische Träume eines Menschenfreundes. Freiburg 1755.

Justi, Johann Heinrich Gottlob von: Brief an Friedrich II., Kg. von Preußen, 10. März 1761. In: Gotthold Ephraim Lessing: Briefe, die neueste Literatur betreffend. Hrsg. und kommentiert von Wolfgang Bender. Stuttgart 1972, S. 344–350.

Justi, Johann Heinrich Gottlob von: Der Grundriß einer Guten Regierung in Fünf Büchern verfasset von Johann Heinrich Gottlob von Justi, Königlichen Großbritannischen Bergrath. Frankfurt/Leipzig 1759.

Justi, Johann Heinrich Gottlob von: Die Chimäre des Gleichgewichts der Handlung und Schiffahrt; oder: Ungrund und Nichtigkeit einiger neuerlich geäußerten Meynungen von denen Maaßregeln der freyen Mächte gegen die zu befürchtende Herrschaft und Obermacht zur See, wobey zugleich Neue und wichtige Betrachtungen über die Handlung und Schiffahrt der Völker, und über den höchsten Punkt der daraus entstehenden Macht und Glückseligkeit beygebracht werden. Altona 1759.

Justi, Johann Heinrich Gottlob von: Die Chimäre des Gleichgewichts von Europa, eine Abhandlung, worinnen die Richtigkeit und Ungerechtigkeit dieses zeitherigen Lehrgebäudes der Staatskunst deutlich vor Augen geleget und dabey allenthalben neue und rührende Betrachtungen über die Ursachen der Kriege und dem wesentlichen Grunde, worauf die Macht eines Staats ankommt, beygebracht werden. Altona 1758.

Justi, Johann Heinrich Gottlob von: Die Grundfeste zu der Macht und Glückseeligkeit der Staaten; oder ausführliche Vorstellung der gesamten Policey-Wissenschaft. Bd. 1. Königsberg/Leipzig 1760.

Justi, Johann Heinrich Gottlob von: Die Natur und das Wesen der Staaten, als die Grundwissenschaft der Staatskunst, der Policey, und aller Regierungswissenschaften, desgleichen als die Quelle aller Gesetze. Berlin/Stettin/Leipzig 1760.

Justi, Johann Heinrich Gottlob von: Gedanken von Projecten und Projectmachern. In: Ders.: Gesammlete politische und Finanzschriften. Bd. 1. Kopenhagen/Leipzig 1761, S. 256–281.

Justi, Johann Heinrich Gottlob von: Grundsätze der Policeywissenschaft in einem vernünftigen, auf dem Endzweck der Policey gegründeten Zusammenhange und zum Gebrauch academischer Vorlesungen abgefasset. Göttingen 1756.
Justi, Johann Heinrich Gottlob von: Moralische und Philosophische Schriften. 3 Bde. Berlin/Stettin/Leipzig 1760–1761.
Justi, Johann Heinrich Gottlob von: Ob die Pracht und Verschwendung einem Staate so nachtheilig sey, daß sie nothwendig verboten werden müsse. In: Johann Heinrich Gottlobs von Justi gesammlete politische und Finanzschriften. Bd. 1. Kopenhagen/Leipzig 1761, S. 73–92.
Justi, Johann Heinrich Gottlob von: Scherzhaffte und Satyrische Schriften. 3 Bde. Berlin/Stettin/Leipzig 1760.
Justi, Johann Heinrich Gottlob von: Staatswirthschaft oder Systematische Abhandlung aller Oekonomischen und Cameral-Wissenschaften, die zur Regierung eines Landes erfodert werden. Teil 1. 2. Auflage. Leipzig 1758.
Justi, Johann Heinrich Gottlob von: Vergleichungen der Europäischen mit den Asiatischen und andern vermeintlich barbarischen Regierungen, in drey Büchern verfasset. Berlin/Stettin/Leipzig 1762.
[Justi, Johann Heinrich Gottlob von:] Die Dichterinsul nach ihren verschiedenen Landschaften und denen darinnen befindlichen Einwohnern sowohl, als nach dererselben Gottesdienst, Staats- und Kriegsverfassung unpartheyisch beschrieben, benebst einem Lob- und Heldengedichte. Leipzig/Wittenberg 1745.
[Justi, Johann Heinrich Gottlob von:] Die Wirkungen und Folgen sowohl der wahren, als der falschen Staatskunst in der Geschichte des Psammitichus Königes von Egypten und der damaligen Zeiten. 2 Bde. Frankfurt/Leipzig 1759/60.
[Justi, Johann Heinrich Gottlob von:] Fabeln und Erzählungen von Thieren und sehr alten längst verrosteten Zeiten, bey deren Lesung man ganz sanft und suess wird einschlafen können. Cölln am Rhein 1759.
[Justi, Johann Heinrich Gottlob von:] Leben und Character des königl. Pohlnischen und Churfürstl. Sächßl. [!] Premier-Ministre Grafens von Brühl in vertraulichen Briefen entworfen. 3 Teile. o. O. 1760, 1761, 1764.
Kant, Immanuel: Beantwortung der Frage: Was ist Aufklärung? In: Ders.: Werke in sechs Bänden. Hrsg. von Wilhelm Weischedel. Darmstadt 1966. Bd. 6: Schriften zur Anthropologie, Geschichtsphilosophie, Politik und Pädagogik, S. 51–61.
Kant, Immanuel: Idee zu einer Geschichte der Menschheit in weltbürgerlicher Absicht. In: Ders.: Werke in sechs Bänden. Hrsg. von Wilhelm Weischedel. Darmstadt 1966. Bd. 6: Schriften zur Anthropologie, Geschichtsphilosophie, Politik und Pädagogik, S. 31–50.
[Keck, Johann Erdmann:] Napthali Wurmbrands Reisen in Abyssinien dreißig Jahre nach der dortigen Aufklärung [...]. Adowa [Leipzig] 1803.
Kiefer, Klaus H. (Hrsg.): Cagliostro. Dokumente zu Aufklärung und Okkultismus. München 1991.
Klinger, Friedrich Maximilian: Betrachtungen und Gedanken über verschiedene Gegenstände der Welt und der Literatur. Zweiter Theil (F. M. Klingers sämmtliche Werke. Bd. 12). Stuttgart/Tübingen 1842.
Klinger, Friedrich Maximilian: Geschichte eines Teutschen der neusten Zeit. In: Ders.: Werke. Historisch-kritische Gesamtausgabe. Hrsg. von Sander L. Gilman u. a. Bd. 16. Hrsg. von Sander L. Gilman, Karl-Heinz Hartmann und Thomas Salumets. Tübingen 2007.

Klinger, Friedrich Maximilian: Orpheus. Mit den Varianten der Bearbeitung Bambino's ... Geschichte. In: Ders.: Werke. Historisch-kritische Gesamtausgabe. Hrsg. von Sander L. Gilman u. a. Bd. 9. Hrsg. von Georg Bangen. Berlin/München/Boston 2015.

Knigge, Adolph Freiherr: Ausgewählte Werke. Hrsg. von Wolfgang Fenner. Bd. 10: Ausgewählte Briefe. Knigges Leben. Hannover 1996.

Knigge, Adolph Freiherr: Benjamin Noldmann's Geschichte der Aufklärung in Abyssinien. In: Ders.: Werke. Hrsg. von Pierre-André Bois u. a. Bd. 3. Hrsg. von Günter Jung. Göttingen 2010.

Knigge, Adolph Freiherr: Des seligen Herrn Etatsraths Samuel Conrad von Schaafkopf hinterlassene Papiere; von seinen Erben herausgegeben. In: Ders.: Werke. Hrsg. von Pierre-André Bois u. a. Bd. 4. Hrsg. von Paul Raabe. Göttingen 2010, S. 147–210.

Knigge, Adolph Freiherr: Die Reise nach Braunschweig; ein comischer Roman. In: Ders.: Werke. Hrsg. von Pierre-André Bois u. a. Bd. 4. Hrsg. von Paul Raabe. Göttingen 2010, S. 7–146.

Knigge, Adolph Freiherr: Etwas über Romane und andre Zweige der schönen Literatur. In: Ders.: Sämtliche Werke. Hrsg. von Paul Raabe. Nendeln 1978. Bd. 19, S. [342]-[355].

Knigge, Adolph Freiherr: Josephs von Wurmbrand, kaiserlich abyssinischen Ex-Ministers, jezzigen Notarii caesarii publici in der Reichsstadt Bopfingen, politisches Glaubensbekenntniß, mit Hinsicht auf die französische Revolution und deren Folgen. In: Ders.: Werke. Hrsg. von Pierre-André Bois u. a. Bd. 4. Hrsg. von Paul Raabe. Göttingen 2010, S. 211–290.

[Knigge, Adolph Freiherr:] Aus einer alten Kiste. Originalbriefe, Handschriften und Documente aus dem Nachlasse eines bekannten Mannes. Leipzig 1853.

[Korn, Christoph Heinrich:] Die tugendhafte und redliche Frau am Hofe in der Geschichte der Henriette von Rivera. Frankfurt/Leipzig 1770.

Le Bossu, R. P.: Traité du Poëme Epique. Paris 1675.

[Le Mercier de La Rivière, Pierre-Paul:] L'Ordre naturel et essentiel des sociétés politiques. 2 Bde. London/Paris 1767.

Lessing, Gotthold Ephraim: Werke und Briefe in 12 Bänden. Hrsg. von Wilfried Barner u. a. Bd. 11.1: Briefe von und an Lessing. Hrsg. von Helmuth Kiesel. Frankfurt am Main 1987.

Lessing, Gotthold Ephraim: Hamburgische Dramaturgie. In: Ders.: Werke und Briefe in 12 Bänden. Hrsg. von Wilfried Barner u. a. Bd. 6: Werke 1767–1769. Hrsg. von Klaus Bohnen. Frankfurt am Main 1985, S. 181–694.

[Locke, John:] Two Treatises of Government: In the former, The false Principles and Foundation of Sir Robert Filmer, And his Followers, are Detected and Overthrown. The latter is an Essay concerning the True Original, Extent, and End of Civil Government. London 1690.

Loen, Johann Michael von: Der Redliche Mann am Hofe oder Die Begebenheiten Des Grafens von Rivera [1740]. Hrsg. von Christopher Meid und Philipp Redl. Stuttgart 2019 (Bibliothek des literarischen Vereins in Stuttgart. Bd. 353).

Loen, Johann Michael von: Der Redliche Mann am Hofe; Oder die Begebenheiten Des Grafens von Rivera. In einer auf den heutigen Zustand der Welt gerichteten Lehr- und Staats-Geschichte. Vorgestellet von Dem Herrn von ***. Faksimiledruck nach der Ausgabe von 1742, mit einem Nachwort von Karl Reichert. Stuttgart 1966.

Loen, Johann Michael von: De opregte Hoveling, of De Gevallen van den Graaf van Rivera [...]. Dordrecht 1755.

Loen, Johann Michael von: Der vernünftige Gottesdienst, Nach der leichten Lehrart des Heilandes, Untersucht bey Gelegenheit einiger an Ihro Hochgräfl. Excellenz, dem Herrn

Grafen von Zinzendorf gerichteten und von denenselben beantworteten Fragen [1737]. In: Des Herrn von Loen gesammlete Kleine Schriften von Kirchen- und Religions-Sachen, Zur Erläuterung der bey seiner einzigen wahren Religion ihm angedichteten ungleichen Meynungen eines unlauteren Syncretismi, Besorget und Hrsg. von Osterländer. Frankfurt am Main/Leipzig 1751, S. 115–171.

Loen, Johann Michael von: Entwurf einer Staats-Kunst, Worinn die natürlichste Mittel entdeckt werden, ein Land mächtig, reich und glücklich zu machen. Verbesserte Auflage. Frankfurt/Leipzig 1750.

Loen, Johann Michael von: Gesammlete kleine Schrifften. 4 Bde. Frankfurt/Leipzig 1750–1752.

Loen, Johann Michael von: L'homme juste à la cour, où les mémoires du C. d. R. Berlin/Paris 1772.

[Loen, Johann Michael von:] Des Herrn von Loen Freye Gedanken von dem Hofe, dem Adel, den Gerichts-Höfen, von der Policey, von dem Gelehrten- Bürgerlichen- und Bauren-Stand, von der Religion und einem beständigen Frieden in Europa. Frankfurt am Main/Leipzig 1760.

[Loen, Johann Michael von:] Des Herrn von Loen redlicher Mann am Hofe, oder die Begebenheiten des Grafen von Rivera. Ulm 1760. In: Bibliothek der Romane. Bd. 1. Berlin 1778, S. 99–123.

[Loen, Johann Michael von:] Die einzige wahre Religion, allgemein in ihren Grund-Sätzen/ verwirrt durch die Zänkereyen der Schriftgelehrten, zertheilet in allerhand Secten, vereiniget in Christo. 2 Teile. Frankfurt/Leipzig 1751 [3. Auflage].

[Loen, Johann Michael von:] Des Herrn von Loen gesammlete Kleine Schriften von Kirchen- und Religions-Sachen, Zur Erläuterung der bey seiner einzigen wahren Religion ihm angedichteten ungleichen Meynungen eines unlauteren Syncretismi, Besorget und herausgegeben von Osterländer. Frankfurt am Main/Leipzig 1751.

Mann, Thomas: Der Erwählte. Frankfurt am Main 1951 (Stockholmer Gesamtausgabe der Werke von Thomas Mann).

Marmontel, Jean-François: Bélisaire. Édition établie, présentée et annotée par Robert Granderoute. Paris 1994.

[Mauvillon, Eléazar de:] Histoire de Frederic Guillaume I. roi de Prusse et electeur de Brandebourg, &c. &c. &c. Amsterdam/Leipzig 1741. Bd. 1.

[Melon, Jean-François:] Essai politique sur le commerce. o. O. 1734.

[Melon, Jean-François:] Mahmoud le Gasnevide. Histoire orientale. Fragment traduit de l'Arabe, avec des Notes. Rotterdam 1729.

Mercier, Louis-Sébastien: Das Jahr 2440. Ein Traum aller Träume. Deutsch von Christian Felix Weiße (1772). Hrsg., mit Erläuterungen und einem Nachwort versehen von Herbert Jaumann. Frankfurt am Main 1982 (Phantastische Bibliothek. Bd. 50).

Mercier, Louis-Sébastien: L'an deux mille quatre cent quarante. Rêve s'il en fut jamais. Hrsg. von Raymond Trousson. Bordeaux 1971.

[Merck, Johann Heinrich (Hrsg.)] Frankfurter Gelehrte Anzeigen vom Jahr 1772. 2 Bde. Heilbronn 1882/1883 (Deutsche Litteraturdenkmale des 18. Jahrhunderts in Neudrucken hrsg. von Bernhard Seuffert. Bd. 7 u. 8).

[Merck, Johann Heinrich: Rezension von Johann Bernhard Basedow: Agathokrator. In:] Frankfurter Gelehrte Anzeigen vom Jahr 1772. Erste Hälfte. Heilbronn 1882 (Deutsche Litteraturdenkmale des 18. Jahrhunderts in Neudrucken hrsg. v. Bernhard Seuffert. Bd. 7), S. 62–66.

[Merck, Johann Heinrich: Rezension von Heinrich Wolfgang Behrisch:] Farao für die Könige. In: Der Teutsche Merkur. 1. Vierteljahr 1777, S. 101f.
[Merck, Johann Heinrich: Rezension von Albrecht von Haller:] Usong, eine Morgenländische Geschichte in vier Büchern. In: Frankfurter Gelehrte Anzeigen 13 (1772). In: Frankfurter Gelehrte Anzeigen vom Jahr 1772. Erste Hälfte. Heilbronn 1882 (Deutsche Litteraturdenkmale des 18. Jahrhunderts in Neudrucken hrsg. v. Bernhard Seuffert. Bd. 7), S. 86f.
Meyer, Johann Heinrich: Gerechtigkeit über die Ungerechtigkeiten gegen Knigge, in der allgemeinen Literaturzeitung vom dritten October 1792. Ein Buch über eine Recension. Kiel 1793.
Meyern, W. Fr.: Dya-Na-Sore, oder die Wanderer. Eine Geschichte aus dem Sam-skritt übersezt. 2. Auflage. Frankfurt am Main 1979 (Haidnische Alterthümer).
[Mirabeau, Victor Riquetti Marquis de:] L'ami des hommes, ou traité de la population. 2 Bde. 4. Auflage. Hamburg 1758.
[Mirabeau, Victor Riquetti Marquis de:] Théorie de l'impôt. o. O. 1760
Montesquieu, Charles-Louis de Secondat, Baron de La Brède et de: Considérations sur les causes de la grandeur des Romains et de leur décadence. In: Ders.: Œuvres complètes II. Texte présenté et annoté par Roger Caillois. Paris 1951 (Bibliothèque de la Pléiade. Bd. 86), S. 69–209.
Montesquieu, Charles-Louis de Secondat, Baron de La Brède et de: De l'esprit des lois. In: Ders.: Œuvres complètes II. Texte présenté et annoté par Roger Caillois. Paris 1951 (Bibliothèque de la Pléiade. Bd. 86), S. 225–995.
[Moser, Friedrich Carl von:] Der Herr und der Diener geschildert mit patriotischer Freyheit, Frankfurt 1759.
Moser, Friderich Carl von: Von dem Deutschen Nationalgeist. o. O. 1766
Mounier, Jean-Joseph: De l'influence attribuée aux philosophes, aux francs-maçons et aux illuminés sur la Révolution de France. Tübingen 1801.
Nicolai, Friedrich: Verbot der *Literaturbriefe* in Berlin 1762. In: Ders.: ‚Kritik ist überall, zumal in Deutschland nötig'. Satiren und Schriften zur Literatur. Mit 20 zeitgenössischen Abbildungen. Leipzig/Weimar 1987, S. 443–457.
Novalis [Friedrich von Hardenberg]: Schriften. Bd. 3: Das philosophische Werk 2. Hrsg. von Richard Samuel in Zusammenarbeit mit Hans-Joachim Mähl und Gerhard Schulz. Darmstadt 1968.
Opitz, Martin: Die Übersetzung von John Barclays Argenis. In: Ders.: Gesammelte Werke. Hrsg. von George Schulz-Behrend. Bd. 3.1/3.2. Stuttgart 1970.
Orléans, Elisabeth Charlotte von: Aus den Briefen der Herzogin Elisabeth Charlotte von Orléans an die Kurfürstin Sophie von Hannover. Ein Beitrag zur Kulturgeschichte des 17. und 18. Jahrhunderts. Hrsg. von Eduard Bodemann. Hannover 1891.
Paine, Thomas: Die Rechte des Menschen. Eine Antwort auf Herrn Burke's Angriff gegen die französische Revolution. Aus dem Englischen übersetzt. Nebst der von Ludwig XVI. angenommenen Konstitutions-Acte. Berlin 1792.
Pantke, Adam Bernhard: Vorrede des Übersetzers. In: Chancierces: Die Begebenheiten Neoptolems, eines Sohnes des Achilles, aus dem Französischen des Herrn Chancierces in deutsche Verse übersetzt, und durch mythologische Anmerkungen erläutert, nebst einer Vorrede Sr. Hochedelg. Hrn. Prof. Gottscheds, dem Drucke überlassen, von M. Adam Bernhard Pantken [...]. Breslau 1749, unpaginiert.

[Pernetti, Jacques:] Ruhe Des Cyrus, Oder Die Geschichte und das Leben desselben, von seinem sechzehenden Jahre an bis in sein vierzigstes Jahr. Aus dem Französischen übersetzt. Leipzig 1735.

[Pernetti, Jacques:] Historie des Königs Brama aus der Ruhe des Cyrus übersetzt, und Sr. Hochreichsgräfl. Excell. Dem Herrn Cabinetsminister Grafen von Manteufel, unterthänig zugeeignet von P. K. Leipzig 1747.

[Petit Du Noyer, Anne-Marguerite:] Die Galante Correspondentz, In Historischen Und Galanten Briefen/ Worin die geheimste Staats- und Liebes-Intriguen Einiger Höfe eröffnet werden/ Durch Madame de C _ _ _. I. und II. Theil. Freyburg 1712.

[Pfeiffer, Johann Friedrich von:] Der Antiphysiocrat oder umständliche Untersuchung des sogenannten physiocratischen Systems, vermöge welchem eine allgemeine Freiheit und einzige Auflage auf den reinen Ertrag der Grundstücke die Glückseligkeit aller Staaten ausmachen soll. Frankfurt am Main 1780.

Platon: Der Staat. Politeia. Griechisch – deutsch. Übersetzt von Rüdiger Rufener. Einführung, Erläuterungen, Inhaltsübersicht und Literaturhinweise von Thomas Alexander Szlezák. Düsseldorf/Zürich 2000 (Sammlung Tusculum).

Plutarch: Marcus Cato. In: Ders.: Fünf Doppelbiographien. Teil 1. Griechisch und deutsch. Übersetzt von Konrat Ziegler und Walter Wuhrmann. Ausgewählt von Manfred Fuhrmann. Mit einer Einführung und Erläuterungen von Konrat Ziegler. 2. Auflage. Düsseldorf, Zürich 2001, S. 426–495.

Publius Virgilius Maro: Aeneis. Lateinisch – deutsch. Hrsg. und übersetzt von Niklas Holzberg. Mit einem Essay von Markus Schauer. Berlin/Boston 2015 (Sammlung Tusculum).

Quesnay, François: Maximes générales du gouvernement économique d'un royaume agricole. In: Eugène Daire (Hrsg.): Physiocrates. Quesnay, Dupont de Nemours, Mercier de la Rivière, l'Abbé Baudeau, Le Trosne. Paris 1846, S. 79–104.

[Ramsay, Andrew Michael:] Des Ritters Ramsay Reisender Cyrus, welcher die höchste Weißheit seiner Zeiten, sowol in Staats-Sachen, als Philosophischen und übernatürlichen Dingen, erforschet. Dem beigefüget eine Abhandlung von der Gotts-Gelahrtheit und Dicht-Kunde der Alten. Aus dem Engländischen verteutschet durch Mattheson. Hamburg 1728.

[Ramsay, Andrew Michael: A new Cyropædia, or the travels of Cyrus, With a Discourse on the Theology & Mythologie of the ancients [...]. Edinburgh o.J. [1729].

[Ramsay, Andrew Michael:] Discours de la poésie epique, et de l'excellence du poème de Télémaque. In: François de Salignac de la Motte Fénelon: Les avantures de Télémaque fils d'Ulysse [...]. Première edition conforme au manuscrit original. 2 Bde. Bd. 1. Paris 1717, S. VI-LVIII.

[Ramsay, Andrew Michael:] Discours de la poésie epique, et de l'excellence du poème de Télémaque. In: François de Salignac de la Motte Fénelon: Les avantures de Télémaque fils d'Ulysse [...]. Première edition conforme au manuscrit original. 2 Bde. Bd. 1. Paris 1717, S. VI-LVIII.

[Ramsay, Andrew Michael:] Essai de Politique ou l'on Traite de la Necessité, de l'Origine, des Droits, des Bornes, et des Differentes Formes de la Souveraineté selon les Principes de l'Auteur de Télémaque. Den Haag 1719.

[Ramsay, Andrew Michael:] Essai Philosophique sur le Gouvernement, Où l'on Traite de la Necessité, de l'Origine, des Droits, des Bornes, et des Differentes Formes de la Souveraineté selon les Principes de Feu M. François Salignac de la Mothe-Fénelon, Archevêque Duc de Cambrai. London 1721.

[Ramsay, Andrew Michael:] Histoire de la Vie de Messr. François de Salignac de la Motte-Fenelon, Archeveque Duc de Cambray. La Haye 1723.
[Ramsay, Andrew Michael:] Les Voyages de Cyrus, avec un Discours sur la Mythologie. 2 Bde. Paris 1727.
[Ramsay, Andrew Michael:] Les voyages de Cyrus. Nouvelle edition. London 1730.
[Ramsay, Andrew Michael:] The King of England's Character, faithfully extracted, from an Original Letter of Fenelon of Late Archbishop of Cambray, to the Duke of Beauviliers, at That Time Governour to the Sons of France, dated in November 15th 1709. Edinburgh o. J.
Ramsay, Andrew Michael: Fenelon's Leben, aus dem Französischen des Ritters von Ramsay übersetzt und mit einigen Anmerkungen und Beilagen begleitet. Koblenz 1826.
[Rehberg, August Wilhelm: Rezension von] Josephs von Wurmbrand [...] politisches Glaubensbekenntniß [...]. In: Allgemeine Literatur-Zeitung 261 (3. Oktober 1792), Sp. 17–22.
[Reinhard, Karl Friedrich:] Übersicht einiger vorbereitenden Ursachen der französischen Staats-Veränderung. Thalia, 12. Heft, Oktober 1791. In: Friedrich Eberle/Theo Stammen (Hrsg.): Deutschland und die Französische Revolution 1789–1806. Darmstadt 1988 (Quellen zum politischen Denken der Deutschen im 19. und 20. Jahrhundert. Bd. 1), S. 130–137.
[Richter,] Jean Paul: Titan. In: Ders.: Sämtliche Werke. Hrsg. von Norbert Miller. 6. Auflage. München 1995. Abt. I, Bd. 3, S. 7–830.
[Richter,] Jean Paul: Vorschule der Ästhetik. In: Ders.: Sämtliche Werke. Hrsg. von Norbert Miller. 6. Auflage. München 1995. Abt. I, Bd. 5, S. 7–514.
Rousseau, Jean-Jacques: Discours qui a remporté le prix á l'Academie de Dijon. En l'année 1750. Sur cette Question proposée par la même Académie: Si le rétablissement des Sciences et des Arts a contribué à épurer les mœurs. Par un Citoyen de Genève. In: Ders.: Œuvres complètes. Hrsg. von Bernard Gagnebin und Marcel Raymond (Bibliothèque de la Pléiade). Bd. 3. Paris 1964, S. 1–30.
Rousseau, Jean-Jacques: Discours sur l'économie politique. In: Ders.: Œuvres complètes. Hrsg. von Bernard Gagnebin und Marcel Raymond (Bibliothèque de la Pléiade). Bd. 3. Paris 1964, S. 239–278.
Rousseau, Jean-Jacques: Discours sur l'origine, et les fondemens de l'inégalité parmi les hommes. In: Ders.: Œuvres complètes. Hrsg. von Bernard Gagnebin und Marcel Raymond (Bibliothèque de la Pléiade). Bd. 3. Paris 1964, S. 109–223.
Rousseau, Jean-Jacques: Du contrat social; ou, principes du droit politique. Par J. J. Rousseau, citoyen de Geneve. In: Ders.: Œuvres complètes. Hrsg. von Bernard Gagnebin und Marcel Raymond (Bibliothèque de la Pléiade). Bd. 3. Paris 1964, S. 347–470.
Rousseau, Jean-Jacques: Émile. In: Ders.: Œuvres complètes. Hrsg. von Bernard Gagnebin und Marcel Raymond (Bibliothèque de la Pléiade). Bd. 4. Paris 1969, S. 239–869.
Rousseau, Jean-Jacques: Les Confessions. In: Ders.: Œuvres complètes. Hrsg. von Bernard Gagnebin und Marcel Raymond (Bibliothèque de la Pléiade). Bd. 1. Paris 1959, S. 1–656.
[Saint-Lambert, Jean-François de:] Luxe. In: Encyclopédie. Bd. 9. Neuchâtel 1765, S. 763–771.
[Saint-Simon, Louis de] Écrits inédits de Saint-Simon. Hrsg. von M. P. Faugère. Bd. 4. Paris 1882.
[Schiede, H. C.:] Cosmopolitische Wanderungen eines Zigeuners [...]. Köln 1806.
Schiller, Friedrich: [Rezension von] Dya-Na-Sore. In: Ders.: Sämtliche Werke. Hrsg. von Harald Fricke und Herbert G. Göpfert. Bd. 5: Erzählungen. Theoretische Schriften. München 1959, S. 924 f.

Schiller, Friedrich: Briefe über Don Karlos. In: Ders.: Sämtliche Werke. Hrsg. von Harald Fricke und Herbert G. Göpfert. Bd. 2: Dramen 2. München 1959, S. 225–267.

Schiller, Friedrich: Der Geisterseher. In: Ders.: Sämtliche Werke. Hrsg. von Harald Fricke und Herbert G. Göpfert. Bd. 5: Erzählungen. Theoretische Schriften. München 1959, S. 48–160.

Schlettwein, Johann August: Die wichtigste Angelegenheit für das ganze Publicum oder die natürliche Ordnung in der Politik. 2 Bde. Karlsruhe 1772/1773.

Schlosser, Johann Georg: Seuthes oder der Monarch. An Jacobi. Straßburg 1788.

Schlosser, Johann Georg: Xenocrates oder Ueber die Abgaben (1784). Hrsg. von Rainer Klump. Marburg 2000 (Beiträge zur Geschichte der deutschsprachigen Ökonomie. Bd. 14).

[Schmettow, Woldemar Friedrich Graf von:] Unmasgeblicher Vorschlag veranlaßt durch Nr. 261, der Jenaischen Allgemeinen Litteratur-Zeitung, vom Jahre 1792. In: Schleswigsches Journal 1793. Bd. 1, S. 19–33.

Schmidl, Michael (Hrsg.): Lebensphilosophie für Freunde der Humanität, des Lebensgenußes, der praktischen Welt- und Menschenkunde, zur Beförderung der Weisheit, Tugend und menschlichen Glückseligkeit. Wien 1806

Schulz, Friedrich: Litterarische Reise durch Deutschland. Leipzig 1786.

Schwan, Christian Friedrich: Nouveau dictionnaire de la langue allemande et françoise, composé sur les dictionnaires de M. Adelung, et de l'Académie françoise […]. Bd. 2. Mannheim 1787.

[Scudéry, Madeleine de:] Au Lecteur. In: Dies.: Artamène, ou Le grand Cyrus. Bd. 1 Paris 1656, S. 1–4.

[Sinold von Schütz, Philipp Balthasar:] Vorbericht (unpaginiert). In: Die Seltsamen Begebenheiten Des Telemach / In einem auf die wahre Sitten- und Staats-Lehre gegründeten, angenehmen und sinnreichen Helden-Gedichte / durch *François de Salignac de laMotte Fenelon* abgefast, mit nöthigen Anmerckungen erläutert, und ins Teutsche übersetzt von Ludwig Ernst von Faramond [Philipp Balthasar Sinold von Schütz]. Mit 25. Kupffern und einer Land-Charte gezieret. Frankfurt/Leipzig 1733.

[Sinold von Schütz, Philipp Balthasar]: Die glückseeligste Insul auf der gantzen Welt, oder Das Land der Zufriedenheit, Dessen Regierungs-Art/ Beschaffenheit/ Fruchtbarkeit/ Sitten derer Einwohner, Religion, Kirchen-Verfassung und dergleichen, Samt der Gelegenheit, wie solches Land entdeckt worden, ausführlich erzehlet wird. Von Ludwig Ernst von Faramund [1728]. Neudruck Frankfurt am Main 1970.

[Sintenis, Christian Friedrich:] Theodor, oder über die Bildung der Fürstensöhne zu Menschen. 2 Bde. Berlin 1786.

Springer, Johann Christoph Erich: Die Gränzen der Cameral- Oekonomie- Finanz- und Policey-Wissenschaften in ihrer Verbindung. Halle 1767.

Stolle, Gottlieb: Anleitung Zur Historie der Gelahrheit […]. 4. Auflage. Jena 1736.

Stolle, Gottlieb: Gantz neue Zusätze und Ausbesserungen Der Historie Der Philosophischen Gelahrheit. Jena 1737.

[Stolle, Gottlieb:] Kurze Nachricht Von den Büchern Und Deren Urhebern In der Stollischen Bibliothek. Teil 8, Jena 1737.

Terrasson, Jean: Des Abtes Terrassons Philosophie, nach ihrem allgemeinen Einflusse, auf alle Gegenstände des Geistes und der Sitten. Aus dem Französischen verdeutschet. Mit einer Vorrede von Joh. Christoph Gottscheden. Leipzig 1756.

Terrasson, Jean: Dissertation critique sur L'Iliade d'Homere, Où à l'occasion de ce Poëme on cherche les regles d'une Poëtique fondée sur la raison, & sur les exemples des Anciens & des Modernes. Bd. 1. Paris 1715.

Terrasson, Jean: La philosophie applicable à tous les objets de l'esprit et de la raison. Ouvrage en réflexions détachées [...]. Paris 1754.

Terrasson, Jean: Sethos, Histoire ou Vie tirée des Monumens Anecdotes de l'ancienne Egypte. Traduit d'un Manuscrit Grec. 3 Bde. Paris 1731.

[Terrasson, Jean:] Geschichte des egyptischen Königs Sethos. Aus dem Französischen übersetzt von Matthias Claudius. 2 Bde. Breslau 1777/1778.

[Terrasson, Jean] Abriß der wahren Helden-Tugend, oder Lebens-Geschichte des Sethos, Königes in Egypten, aus Geheimen Urkunden des alten Egypten-Landes gezogen, und nach der Französischen Uebersetzung Eines Griechischen Originals verteutschet von C. G. W. [Christoph Gottlieb Wend]. 3 Bde. Hamburg 1732, 1736, 1737.

Thilorier, Jean-Charles: Verteidigungsschrift des Grafen von Cagliostro. In: Klaus H. Kiefer (Hrsg.): Cagliostro. Dokumente zu Aufklärung und Okkultismus. München 1991, S. 199–244.

Thomasius, Christian: Cautelen zur Erlernung der Rechtsgelehrtheit. In: Ders.: Ausgewählte Werke. Hrsg. von Werner Schneiders. Bd. 20. Hrsg. und mit einem Vorwort versehen von Friedrich Vollhardt. Personen- und Sachregister von Stefanie Kießling. Hildesheim/Zürich/ New York 2006.

Thomasius, Christian: Freymüthige Jedoch Vernunfft- und Gesetzmäßige Gedancken Über allerhand / fürnemlich aber Neue Bücher. Juli-Dezember 1689. In: Ders.: Ausgewählte Werke. Hrsg. von Werner Schneiders. Bd. 6.2. Hrsg. und mit einem Vorwort versehen von Herbert Jaumann. Personen- und Sachregister von Sabine Wöller. Hildesheim/Zürich/New York 2015.

Thomasius, Christian: Kurzer Entwurf der Politischen Klugheit. In: Ders.: Ausgewählte Werke. Hrsg. von Werner Schneiders. Bd. 16. Hrsg. und mit einem Vorwort versehen von Werner Schneiders. Personen- und Sachregister von Kay Zenker. Hildesheim/Zürich/New York 2002.

Thomasius, Christian: Von Nachahmung der Franzosen. Nach den Ausgaben von 1687 und 1701. Stuttgart 1894 (Deutsche Litteraturdenkmale des 18. und 19. Jahrhunderts, hrsg. von August Sauer).

[Valois-St. Rémy, Jeanne de:] Rechtfertigungsschrift der Gräfinn von Valois de la Motte von ihr selbst aufgesetzt. London 1789.

Voltaire: Cyrus. In: Ders.: Œuvres complètes de Voltaire. Hrsg. von Louis Moland. Bd. 18: Dictionnaire philosophique. Bd. 2. Paris 1878, S. 309–312.

Voltaire: Le Mondain. Critical edition by H. T. Mason. In: Les Œuvres complètes de Voltaire. Bd. 16, Oxford 2003, S. 269–313

Voltaire: Le Siècle de Louis XIV. Édition établie, présentée et annotée par Jacqueline Hellegouarc'h et Sylvain Menant. Paris 2005.

Voltaire: Plagiat. In: Ders.: Œuvres complètes de Voltaire. Hrsg. von Louis Moland. Bd 20: Dictionnaire philosophique. Paris 1878, S. 222–224.

Von der Recke, Elisa: Elisa an Preißler. Nebst einer Vorerinnerung der Herausgeber und einer Nachschrift der Verfasserinn Frau von der Recke in Mitau, über Cagliostro. In: Berlinische Monatsschrift Mai 1786, S. 385–398.

Von der Recke, Elisa: Nachricht von des berüchtigten Cagliostro Aufenthalte in Mitau, im Jahre 1779, und von dessen dortigen magischen Operationen. Berlin/Stettin 1787.
Voß, Julius: Gemälde der Verfinsterung in Abyssinien. Seitenstück zu Benjamin Noldmanns Geschichte der Aufklärung in Abyssinien. Berlin 1818.
Wedel, Benjamin: Schlüssel zum Roman der Europäischen Höfe. In: Ders.: Geheime Nachrichten und Briefe von Herrn Menantes Leben und Schrifften. Köln 1731, S. 177–184.
Weishaupt, Adam: Anrede an die neu aufzunehmenden Illuminatos dirigentes. In: Richard van Dülmen: Der Geheimbund der Illuminaten. Darstellung – Analyse – Dokumentation. Stuttgart-Bad Cannstatt 1975, S. 166–194.
[Weißmüller, Sigmund Ferdinand:] Das Gespräche Des Cyrus mit dem Pythagoras und des Pythagoras mit dem Anaximander / aus dem Frantzösischen Original des reisenden Cyrus, und dessen sechsten Buche, wie solches der Herr von Ramsay fürgestellt, in gebundener Rede übersetzt, und dem Hochberühmten Herrn Regierungs-Rath Wolfen zu Marburg mit schuldiger Ehrerbietung zugeschrieben von Sigmund Ferdinand Weißmüller, der Heil. Schrifft Licentiaten, Hochfürstl. Brandenburg. Onoltzbachischen Stadt-Pfarrer zu Wassertrudingen und dasigen Capituls Dechanten. Nürnberg 1737.
[Wekhrlin, Wilhelm Ludwig:] Anselmus Rabiosus Reise durch Ober-Deutschland. Erster und Zweyter Theil. Salzburg/Leipzig 1778.
Wieland, Christoph Martin: [Selbstrezension] Der goldene Spiegel. In: Wielands Werke. Historisch-kritische Ausgabe. Hrsg. von Klaus Manger und Jan Philipp Reemtsma. Bd. 10.1. Bearbeitet von Hans-Peter Nowitzki und Tina Hartmann. Berlin/New York 2009, S. 327f.
Wieland, Christoph Martin: Beyträge zur Geheimen Geschichte des menschlichen Verstandes und Herzens. Aus den Archiven der Natur gezogen. In: Wielands Werke. Historisch-kritische Ausgabe. Hrsg. von Klaus Manger und Jan Philipp Reemtsma. Bd. 9.1 Bearbeitet von Hans-Peter Nowitzki. Berlin/New York 2008, S. 107–305.
Wieland, Christoph Martin: Briefwechsel Bd. 3. Briefe der Biberacher Amtsjahre. Bearbeitet von Renate Petermann und Hans-Werner Seiffert. Berlin 1975.
Wieland, Christoph Martin: Briefwechsel. Bd. 4: Briefe der Erfurter Dozentenjahre. Bearbeitet von Annerose Schneider und Peter-Volker Springborn. Berlin 1979.
Wieland, Christoph Martin: Das Geheimniß des Kosmopolitenordens. In: Der Teutsche Merkur. 3. Quartal 1788, S. 97–115.
Wieland, Christoph Martin: Der goldne Spiegel oder die Könige von Scheschian. In: Ders.: Der goldne Spiegel und andere politische Dichtungen. Anmerkungen und Nachwort von Herbert Jaumann. München 1979, S. 5–329 (Text), S. 724–790 (Kommentar).
Wieland, Christoph Martin: Der Goldne Spiegel, oder Die Könige von Scheschian, eine wahre Geschichte. Aus dem Scheschianischen übersetzt. In: Wielands Werke. Historisch-kritische Ausgabe. Hrsg. von Klaus Manger und Jan Philipp Reemtsma. Bd. 10.1. Bearbeitet von Hans-Peter Nowitzki und Tina Hartmann. Berlin/New York 2009, S. 1–325.
Wieland, Christoph Martin: Einleitung in die Kenntniß der itzigen Staaten in Europa. Anno 1758. In: Wielands Werke. Bd. 4: Prosaische Jugendwerke. Hrsg. von Fritz Homeyer und Hugo Bieber. Berlin 1916, S. 421–473.
Wieland, Christoph Martin: Geschichte des Agathon. Hrsg. von Klaus Manger. Frankfurt am Main 1986.
Wieland, Christoph Martin: Über das göttliche Recht der Obrigkeit oder: Über den Lehrsatz: „Daß die höchste Gewalt in einem Staat durch das Volk geschaffen sey." In: Wielands

Werke. Historisch-kritische Ausgabe. Hrsg. von Klaus Manger und Jan Philipp Reemtsma Bd. 13.1. Bearbeitet von Peter Henning Haischer und Tina Hartmann. Berlin/New York 2011, S. 554–568.

Wieland, Christoph Martin: Ueber die Rechte und Pflichten der Schriftsteller in Absicht ihrer Nachrichten, Bemerkungen, und Urtheile über Nationen, Regierungen, und andre politische Gegenstände. In: Der Teutsche Merkur 1785. 3. Vierteljahr, S. 193–207.

Wolff, Christian: Vernünfftige Gedancken Von dem Gesellschaftlichen Leben der Menschen Und insonderheit Dem gemeinen Wesen [...]. Halle 1721. Reprint Frankfurt am Main 1971.

Wolff, Christian: Vernünfftige Gedancken von des Menschen Thun und Lassen zu Beförderung seiner Glückseligkeit. 4. Auflage. Frankfurt/Leipzig 1733. Neudruck Hildesheim/New York 1976 (Wolff: Gesammelte Werke. I. Abteilung. Deutsche Schriften. Bd. 4).

Wolff, Christian: Von den Regenten, die sich der Weltweisheit befleissigen, und von den Weltweisen, die das Regiment führen. In: Ders.: Kleine philosophische Schriften. Bd. 6. Halle 1740, S. 529–662.

Württemberg, F. H. Eugen Prinz von: Ueber Elisens Aufsatz im Mai der Berliner Monatsschrift 1786. In: Berlinische Monatsschrift Juli 1786, S. 1–9

[Zedler, Johann Heinrich:] Grosses vollständiges Universal-Lexicon aller Wissenschafften und Künste [...]. 64 Bde. Halle/Leipzig 1742–1754.

Zigler und Kliphausen, Heinrich Anshelm von: Die Asiatische Banise. Historisch-kritische und kommentierte Ausgabe des Erstdrucks (1689). Hrsg. von Werner Frick, Dieter Martin und Karin Vorderstemann (Frühe Neuzeit. Bd. 152). Berlin/New York 2010.

Zimmermann, Johann Georg: Adolph Freiherr Knigge dargestellt als deutscher Revolutionsprediger und Demokrat; von dem Hofrath und Ritter Zimmermann in Hannover. In: Wiener Zeitschrift 2 (1792), H. 6, S. 317–329.

Zimmermann, Johann Georg: Politisches Glaubensbekenntniß des Kaiserlich Abissinischen Exministers, jetzigen Churbraunschweigischen Oberhauptmanns und *Notarii caesarii publici* in der Reichstadt Bremen Adolphs Freiherrn Knigge im Auszuge mitgetheilt, von dem Hofrath und Ritter von Zimmermann in Hannover. In: Wiener Zeitschrift 3 (1792), H. 7, S. 55–65.

Zincke, Georg Heinrich: Vorrede. In: Peter Krezschmers, nunmehrigen Hauß-Vaters im Leipziger Waysen- und Zucht-Hause, Oeconomische Vorschläge, Wie das Holtz zu vermehren, Obst-Bäume zu pflantzen, die Strassen in gerade Linien zu bringen, mehr Aecker dadurch fruchtbar zu machen, die Maulbeer-Baum-Plantagen, damit zu verknüpffen und die Sperlinge nebst den Maulwürffen zu vertilgen: Nebst einem Anhange, von Verbesserung grosser Herren Küchen und Tafeln, Auch einer Vorrede Hrn. D. Georg Heinrich Zinckens, worinnen von Projecten und Projecten-Machern gehandelt wird. Neue, mit einem Vorbericht und verschiedenen Zusätzen vermehrte Auflage. Leipzig 1746, S. 5–48.

7.2 Darstellungen

Abel, Wilhelm: Massenarmut und Hungerkrisen im vorindustriellen Europa. Versuch einer Synopsis. Hamburg/Berlin 1974.

Adam, Ulrich: The Political Economy of J. H. G. Justi. Oxford u. a. 2006.

Ahn, Doohwan: The politics of royal education: Xenophon's *Education of Cyrus* in early eighteenth-century Europe. In: The Leadership Quarterly 19 (2008), S. 439–452.

Ahn, Doowahn: From Greece to Babylon: The political thought of Andrew Michael Ramsay (1686–1743). In: History of European Ideas 37 (2011), S. 421–437.
Ahn, Doohwan: From Idomeneus to Protesilaus: Fénelon in Early Hanoverian Britain. In: Doohwan Ahn/Christoph Schmitt-Maaß/Stefanie Stockhorst (Hrsg.): Fénelon in the Enlightenment: Traditions, Adaptations, and Variations. Amsterdam/New York 2014 (Internationale Forschungen zur Allgemeinen und Vergleichenden Literaturwissenschaft. Bd. 178), S. 98–128.
Ajouri, Philip: Probleme der Empirisierung einer Gattung. Zum Erwartungshorizont und der sozialen Funktion des politischen Romans im 18. Jahrhundert. In: Philip Ajouri/Katja Mellmann/Christoph Rauen (Hrsg.): Empirie in der Literaturwissenschaft. Paderborn 2013, S. 283–305.
Albrecht, Andrea: Kosmopolitismus. Weltbürgerdiskurse in Literatur, Philosophie und Publizistik um 1800. Berlin/New York 2005 (spectrum Literaturwissenschaft. Bd. 1).
Albrecht, Wolfgang: Aufklärung, Reform, Revolution oder „Bewirkt Aufklärung Revolutionen?" Über ein Zentralproblem der Aufklärungsdebatte in Deutschland. In: Lessing Yearbook 22 (1990), S. 1–75.
Albrecht, Wolfgang: In Biedermannspossen polemisch eifernd wider die „Epidemie der Aufklärungswuth". Ernst August Anton von Göchhausens Beiträge zur norddeutsch-protestantischen Gegenaufklärung. In: Christoph Weiß/Wolfgang Albrecht (Hrsg.): Von ‚Obscuranten' und ‚Eudämonisten'. Gegenaufklärerische, konservative und antirevolutionäre Publizisten im späten 18. Jahrhundert. St. Ingbert 1997 (Literatur im historischen Kontext. Bd. 1), S. 155–192.
Albrecht, Wolfgang: [Rezension von] Klinger, Friedrich Maximilian, Werke: Historisch-kritische Gesamtausgabe [...]. Bd. 16: Geschichte eines Teutschen der neusten Zeit [...]. In: Lessing Yearbook 38 (2008/2009), S. 294–295.
Albrecht, Wolfgang/Christoph Weiß: Einleitende Bemerkungen zur Beantwortung der Frage: Was heißt Gegenaufklärung? In: Christoph Weiß/Wolfgang Albrecht (Hrsg.): Von ‚Obscuranten' und ‚Eudämonisten'. Gegenaufklärerische, konservative und antirevolutionäre Publizisten im späten 18. Jahrhundert. St. Ingbert 1997 (Literatur im historischen Kontext. Bd. 1), S. 7–34.
Alt, Peter-André: Aufklärung. Stuttgart 1996 (Lehrbuch Germanistik).
Alt, Peter-André: Schiller. Leben – Werk – Zeit. 2 Bde. München 2000.
Aretin, Karl Ottmar Freiherr von: Einleitung. Der Aufgeklärte Absolutismus als europäisches Problem. In: Ders. (Hrsg.): Der Aufgeklärte Absolutismus. Köln 1974, S. 11–51.
Aretin, Karl Otmar Freiherr von Aretin: Reichspatriotismus. In: Günter Birtsch (Hrsg.): Patriotismus. Hamburg 1991 (Aufklärung 4, H. 2), S. 25–36.
Asche, Matthias: Peuplierung. In: Enzyklopädie der Neuzeit. Bd. 9: Naturhaushalt – Physiokratie. Stuttgart 2009, Sp. 1042–1045.
Assmann, Jan: Weisheit und Mysterium. Das Bild der Griechen von Ägypten. München 1999.
Assmann, Jan: Die Zauberflöte. Oper und Mysterium. München 2005.
Assmann, Jan: Religio duplex. Ägyptische Mysterien und europäische Aufklärung. Berlin 2010.
Assmann, Jan: Das alte Ägypten und die Illuminaten. In: Jost Hermand/Sabine Mödersheim (Hrsg.): Deutsche Geheimgesellschaften. Von der Frühen Neuzeit bis zur Gegenwart. Köln/Weimar/Wien 2013, S. 59–79.
Assmann, Jan/Florian Ebeling (Hrsg.): Ägyptische Mysterien. Reisen in die Unterwelt in Aufklärung und Romantik. Eine kommentierte Anthologie. München 2011.

Backhaus, Jürgen Georg (Hrsg.): The Beginnings of Political Economy: Johann Heinrich Gottlob von Justi. New York 2008 (The European heritage in economics and the social sciences. Bd. 7).
Badische Landesbibliothek Karlsruhe (Hrsg.): Johann Georg Schlosser (1739–1799). Eine Ausstellung der Badischen Landesbibliothek und des Generallandesarchivs Karlsruhe. Ausstellungskatalog. Karlsruhe 1989.
Bajeski, George: *Praeceptor Germaniae*. Johann Christoph Gottsched und die Entstehung des Frühklassizismus in Deutschland. Frankfurt am Main 2015.
Baldi, Marialuisa: Philosophie et Politique chez Andrew Michael Ramsay. Paris 2008.
Ball, Gabriele: Moralische Küsse. Gottsched als Zeitschriftenherausgeber und literarischer Vermittler. Göttingen 2000 (Das achtzehnte Jahrhundert. Supplementa. Bd. 7).
Barbe, Jean-Paul: Fingierte Reiseberichte und revolutionäre Propädeutik. Zu Knigges Geschichte der Aufklärung in Abyssinien. In: Beiträge zur romanischen Philologie 8 (1969), S. 5–9.
Barner, Wilfried: Einleitung. In: Ders. (Hrsg.): Tradition, Norm, Innovation. Soziales und literarisches Traditionsverhalten in der Frühzeit der deutschen Aufklärung. München 1989 (Schriften des Historischen Kollegs. Kolloquien. Bd. 15), S. IX-XXIV.
Barny, Roger: Rousseau dans la Révolution: le personnage de Jean-Jacques et les débuts du culte révolutionnaire (1787–1791). Oxford 1986 (Studies on Voltaire and the Eighteenth Century. Bd. 246).
Batscha, Zwi: Bemerkungen zu J. J. Engels politischer Theorie. In: Ders.: „Despotismus von jeder Art reizt zur Widersetzlichkeit". Die Französische Revolution in der deutschen Popularphilosophie. Frankfurt am Main 1989, S. 219–247.
Baudach, Frank: Planeten der Unschuld – Kinder der Natur. Die Naturstandsutopie in der deutschen und westeuropäischen Literatur des 17. und 18. Jahrhunderts. Tübingen 1993 (Hermaea. N.F. Bd. 66).
Bauer, Volker: Die höfische Gesellschaft in Deutschland von der Mitte des 17. bis zum Ausgang des 18. Jahrhunderts. Versuch einer Typologie. Tübingen 1993 (Frühe Neuzeit. Bd. 12).
Baumgart, Peter: Naturrechtliche Vorstellungen in der Staatsauffassung Friedrichs des Großen. In: Hans Thieme (Hrsg.): Humanismus und Naturrecht in Berlin-Brandenburg-Preußen. Ein Tagungsbericht. Berlin/New York 1973 (Veröffentlichungen der Historischen Kommission zu Berlin. Bd. 48), S. 143–154.
Beales, Derek: Joseph II. und der Josephinismus. In: Helmut Reinalter/Harm Klueting (Hrsg.): Der aufgeklärte Absolutismus im europäischen Vergleich. Wien/Köln/Weimar 2002, S. 35–54.
Beales, Derek: Philosophical kingship and enlightened despotism. In: Mark Goldie/Robert Wokler (Hrsg.): The Cambridge History of Eighteenth-Century Political Thought. Cambridge 2006, S. 497–524.
Beaujean, Marion: Der Trivialroman in der zweiten Hälfte des 18. Jahrhunderts. Die Ursprünge des modernen Unterhaltungsromans. Bonn 1964 (Abhandlungen zur Kunst-, Musik- und Literaturwissenschaft. Bd. 22).
Beaujean, Marion: Zweimal Prinzenerziehung: *Don Carlos* und *Geisterseher*. Schillers Reaktion auf Illuminaten und Rosenkreuzer. In: Poetica 10 (1978), S. 217–235.
Behrisch, Lars (Hrsg.): Vermessen, Zählen, Berechnen. Die politische Ordnung des Raums im 18. Jahrhundert. Frankfurt/New York 2006 (Historische Politikforschung. Bd. 6).

Behrisch, Lars: Die Berechnung der Glückseligkeit. Statistik und Politik in Deutschland und Frankreich im späten Ancien Régime. Ostfildern 2016 (Beihefte der Francia. Bd. 78).
Beißner, Friedrich: Nachwort des Herausgebers. In: Christoph Martin Wieland: Romane. Darmstadt 1964, S. 907–933.
Benedikt, Heinrich: Firmian, Carl zu. In: Neue Deutsche Biographie 5 (1961), S. 169.
Bensiek, Wolfgang: Die ästhetisch-literarischen Schriften Fénelons und ihr Einfluß in der ersten Hälfte des 18. Jahrhunderts in Deutschland. Phil. Diss. Tübingen 1972.
Berding, Helmut: Die Ausstrahlung der Französischen Revolution auf Deutschland. In: Holger Böning (Hrsg.): Französische Revolution und deutsche Öffentlichkeit. Wandlungen in Presse und Alltagskultur am Ende des 18. Jahrhunderts. München u.a. 1992 (Deutsche Presseforschung. Bd. 28), S. 3–16.
Berg, Maxine/Elizabeth Eger (Hrsg.): Luxury in the Eighteenth Century. Debates, Desires and Delectable Goods. Basingstoke/New York 2003.
Berger, Willy Richard: China-Bild und China-Mode im Europa der Aufklärung. Köln/Wien 1990 (Literatur und Leben. N.F. Bd. 41).
Berghahn, Cord-Friedrich/Till Kinzel (Hrsg.): Edward Gibbon im deutschen Sprachraum. Bausteine einer Rezeptionsgeschichte. Heidelberg 2015 (Germanisch-Romanische Monatsschrift. Beiheft 66).
Bernsen, Michael: Ägypten im französischen 18. Jahrhundert: der Roman *Sethos* des Abbé Terrasson. In: Barbara Kuhn/Ludger Scherer (Hrsg.): Peripher oder polyzentrisch? Alternative Romanwelten im 18. Jahrhundert. Berlin 2009 (Internationale Forschungen zur Allgemeinen und Vergleichenden Literaturwissenschaft. Bd. 119), S. 31–44.
Bersier, Gabrielle: Wunschbild und Wirklichkeit. Deutsche Utopien im 18. Jahrhundert. Heidelberg 1981 (Reihe Siegen. Beiträge zur Literatur- und Sprachwissenschaft. Bd. 33).
Bersier, Gabrielle: The Education of the Prince: Wieland and German Enlightenment at School with Fénelon and Rousseau. In: Eighteenth Century Life 10 (1986), S. 1–13.
Bersier, Gabrielle: Nation contra König. Die Französische Revolution im Spiegel der spätaufklärerischen Utopie. In: Harro Zimmermann (Hrsg.): Der deutsche Roman der Spätaufklärung. Heidelberg 1990 (Neue Bremer Beiträge. Bd. 6).
Berry, Christopher J.: The Idea of Luxury: A Conceptual and Historical Investigation. Cambridge 1994 (Ideas in Context. Bd. 30).
Bethmann, Anke/Gerhard Dongowski: Adolph Freiherr Knigge an der Schwelle zur Moderne. Ein Beitrag zur politischen Ideengeschichte der deutschen Spätaufklärung. Hannover 1994 (Quellen und Darstellungen zur Geschichte Niedersachsens. Bd. 112).
Biesterfeld, Wolfgang: Die Christianopolis-Episode in J. M. v. Loens Roman Der redliche Mann am Hofe. In: Zeitschrift für Religions- und Geistesgeschichte 25 (1973), S. 65–67.
Biesterfeld, Wolfgang: Der Fürstenspiegel als Roman. Narrative Texte zur Ethik und Pragmatik von Herrschaft im 18. Jahrhundert. Baltmannsweiler 2014.
Birtsch, Günter: Aufgeklärter Absolutismus oder Reformabsolutismus? In: Ders. (Hrsg.): Reformabsolutismus im Vergleich. Hamburg 1996 (Aufklärung 9, H. 1), S. 101–109.
Birtsch, Günter: Der Idealtyp des aufgeklärten Herrschers. Friedrich der Große, Karl Friedrich von Baden und Joseph II. im Vergleich. In: Ders. (Hrsg.): Der Idealtyp des aufgeklärten Herrschers. Hamburg 1987 (Aufklärung 2, H. 1), S. 9–47.
Birtsch, Günter: Erscheinungsformen des Patriotismus. In: Ders. (Hrsg.): Patriotismus. Hamburg 1991 (Aufklärung 4, H. 2), S. 3–5.

Birus, Hendrik: ‚Größte Tendenz des Zeitalters' oder ‚ein Candide, gegen die Poësie gerichtet'? Friedrich Schlegels und Novalis Kritik des *Wilhelm Meister*. In: Karl Eibl/Bernd Scheffer (Hrsg.): Goethes Kritiker. Paderborn 2001, S. 27–43.

Bitterli, Urs: Die Entdeckung des schwarzen Afrikaners. Versuch einer Geistesgeschichte der europäisch-afrikanischen Beziehungen an der Guineaküste im 17. und 18. Jahrhundert. Zürich/Freiburg i. Br. 1970 (Beiträge zur Kolonial- und Überseegeschichte. Bd. 5).

Bitterli, Urs: Die ‚Wilden' und die ‚Zivilisierten'. Grundzüge einer Geistes- und Kulturgeschichte der europäisch-überseeischen Begegnung. Zweite, durchgesehene und erweiterte Auflage. München 1991.

Blitz, Hans-Martin: Aus Liebe zum Vaterland. Die deutsche Nation im 18. Jahrhundert. Hamburg 2000.

Bödeker, Hans Erich: Prozesse und Strukturen politischer Bewußtseinsbildung der deutschen Aufklärung. In: Hans Erich Bödeker/Ulrich Hermann (Hrsg.): Aufklärung als Politisierung – Politisierung der Aufklärung. Hamburg 1987 (Studien zum achtzehnten Jahrhundert. Bd. 8), S. 10–31.

Bois, Pierre-André: Adolph Freiherr Knigge (1752–1796). De la „nouvelle religion" aux Droits de l'Homme. L'itinéraire politique d'un aristocrate allemand franc-maçon à la fin du dix-huitième siècle. Wiesbaden 1990 (Wolfenbütteler Forschungen. Bd. 50).

Bois, Pierre-André: Zwischen Revolution und aufgeklärtem Absolutismus: Knigges Vorstellung von der Politik. In: Martin Rector (Hrsg.): Zwischen Weltklugheit und Moral. Der Aufklärer Adolph Freiherr Knigge. Göttingen 1999 (Das Knigge-Archiv. Bd. 2), S. 121–132.

Böhm, Elisabeth/Katrin Dennerlein (Hrsg.): Der Bildungsroman im literarischen Feld. Neue Perspektiven auf eine Gattung. Berlin/Boston 2016 (Studien und Texte zur Sozialgeschichte der Literatur. Bd. 144).

Böning, Holger: The Scholar and the Commonweal: Christian Wolff, Albrecht von Haller and the Economic Enlightenment. In: André Holenstein/Hubert Steinke/Martin Stuber (Hrsg.): Scholars in Action. The Practice of Knowledge and the Figure oft the Savant in the 18th Century. Bd. 2. Leiden 2013, S. 773–798.

Borchmeyer, Dieter: Höfische Gesellschaft und französische Revolution bei Goethe. Adeliges und bürgerliches Wertesystem im Urteil der Weimarer Klassik. Kronberg/Ts. 1977.

Bosbach, Franz: Monarchia Universalis. Ein politischer Leitbegriff der Frühen Neuzeit. Göttingen 1988 (Schriftenreihe der historischen Kommission bei der Bayerischen Akademie der Wissenschaften. Bd. 32).

Boschung, Urs: Lebenslauf. In: Hubert Steinke/Urs Boschung/Wolfgang Proß (Hrsg.): Albrecht von Haller: Leben – Werk – Epoche. Göttingen 2008, S. 15–82.

Braun, Christine: Die Entstehung des Mythos vom Soldatenhandel 1776–1813. Europäische Öffentlichkeit und der „hessische Soldatenverkauf" nach Amerika am Ende des 18. Jahrhunderts. 296 Seiten. Darmstadt/Marburg 2018 (Quellen und Forschungen zur hessischen Geschichte. Bd. 178).

Braun-Bucher, Barbara: Republican Identity and the World of the Courts: The Case of the Savant Albrecht von Haller. In: André Holenstein/Hubert Steinke/Martin Stuber (Hrsg.): Scholars in Action. The Practice of Knowledge and the Figure oft the Savant in the 18th Century. Bd. 2. Leiden 2013, S. 799–825.

Bräuning-Oktavio, Hermann: Herausgeber und Mitarbeiter der Frankfurter Gelehrten Anzeigen 1772. Tübingen 1966 (Freies Deutsches Hochstift. Reihe der Schriften. Bd. 20).

Brewer, Elizabeth: The Novel of Entertainment during the Gallant Era. A Study in the Novels of August Bohse. Bern u. a. 1983.

Briese, Olaf: Aufklärerischer Anarchismus. Die verdrängte Tradition des 18. Jahrhunderts. In: Internationales Archiv für Sozialgeschichte der deutschen Literatur 41 (2016), S. 41–91.

Brittnacher, Hans Richard: Schiller als Erzähler und Romancier. *Der Geisterseher* und seine Fortsetzungen In: Hans Feger (Hrsg.): Friedrich Schiller. Die Realität des Idealisten. Heidelberg 2006, S. 343–365.

Brückner, Jutta: Staatswissenschaften, Kameralismus und Naturrecht. Ein Beitrag zur Geschichte der Politischen Wissenschaft im Deutschland des späten 17. und frühen 18. Jahrhunderts. München 1977 (Münchener Studien zur Politik. Bd. 27).

Büchel, Christiane: Johann Michael von Loen im Wandel der Zeiten. Eine kleine Forschungsgeschichte. In: Das 18. Jahrhundert 16 (1992), S. 13–37.

Budde, Bernhard: Aufklärung als Dialog. Wielands antithetische Prosa. Tübingen 2000 (Studien zur deutschen Literatur. Bd. 155).

Burgdorf, Wolfgang: „Reichsnationalismus" gegen „Territorialnationalismus": Phasen der Intensivierung des nationalen Bewußtseins in Deutschland seit dem Siebenjährigen Krieg. In: Dieter Langewiesche/Georg Schmidt (Hrsg.): Föderative Nation. Deutschlandkonzepte von der Reformation bis zum Ersten Weltkrieg. München 2000, S. 157–189.

Burgdorf, Wolfgang: Christoph Martin Wielands Sicht auf das Reich. Der ausgebliebene Triumph der Vernunft. In: Wieland-Studien 9 (2016), S. 105–132.

Burger, Helene u. a. (Hrsg): Pfarrerbuch Bayerisch-Schwaben (ehemalige Territorien Grafschaft Oettingen, Reichsstädte Augsburg, Donauwörth, Kaufbeuren, Kempten, Lindau, Memmingen, Nördlingen und Pfarreien der Reichsritterschaft in Schwaben). Neustadt an der Aisch 2001 (Einzelarbeiten aus der Kirchengeschichte Bayerns. B. 77).

Burke, Peter: Ludwig XIV. Die Inszenierung des Sonnenkönigs. Berlin 1993.

Burke, Peter: Die Geschicke des *Hofmann*. Zur Wirkung eines Renaissance-Breviers über angemessenes Verhalten. Aus dem Englischen von Ebba D. Drolshagen. Berlin 1996.

Capitani, François de: Hallers Bern. In: Hubert Steinke/Urs Boschung/Wolfgang Proß (Hrsg.): Albrecht von Haller: Leben – Werk – Epoche. Göttingen 2008, S. 83–98.

Castle, Terry: The Apparitional Lesbian. Female Homosexuality and Modern Culture. New York 1993, S. 107–149.

Charlier, Robert: Montesquieus *Lettres persanes* in Deutschland – Zur europäischen Erfolgsgeschichte eines literarischen Musters. In: Effi Böhlke/Etienne François (Hrsg.): Montesquieu. Franzose – Europäer – Weltbürger. Berlin 2005, S. 131–153.

Chérel, Albert: Fénelon au XVIIIe siècle en France (1715–1820). Son prestige – son influence. Paris 1917.

Chérel, Albert: Un aventurier religieux au XVIIIe sciècle. André Michel Ramsay. Paris 1926

Childs, Nick: A political academy in Paris 1724–1731. The Entresol and its members. Oxford 2000 (Studies on Voltaire and the Eighteenth Century. Bd. 2000:10).

Christ, Herbert: *Télémaque* annoté ou: un texte littéraire comme manuel de français. In: Documents pour l'histoire du français langue étrangère ou seconde [online], 31 (2003). Zugriff am 1. 8. 2018. URL: http://dhfles.revues.org/1289.

Chukwudi, Emmanuel (Hrsg.): Race and the Enlightenment. A Reader. Oxford 2000.

Clarke, Howard W.: Telemachus and the *Telemacheia*. In: The American Journal of Philology 84 (1963), S. 129–145.

Cölln, Jan: Philologie und Roman. Zu Wielands erzählerischer Rekonstruktion griechischer Antike im „Aristipp". Göttingen 1998 (Palaestra. Bd. 303).
Colwill, Elizabeth: Pass as a Woman, Act Like a Man: Marie-Antoinette as Tribade in the Pornography of the French Revolution. In: Dena Goodmann (Hrsg.): Marie-Antoinette. Writings on the Body of a Queen. New York/London 2003, S. 139–169.
Coulet, Henri: Le roman jusqu'à la Révolution. New York/St. Louis/San Francisco 1967 (Collection U: Lettres françaises).
Cuche, François-Xavier: Une pensée sociale catholique. Fleury, La Bruyère et Fénelon. Paris 1991.
Cuche, François-Xavier/Jacques Le Brun (Hrsg.): Fénelon. Mystique et Politique (1699–1999). Actes du colloque international de Strasbourg pour le troisième centenaire de la publication du *Télémaque* et de la condamnation des *Maximes des Saints*. Paris 2004 (Colloques, congrès et conférences sur le Classicisme. Bd. 4).
Curl, James Stevens: The Egyptian Revival. An introductory study of a recurring theme in the history of taste. London 1982.
D'Alméras, Henri: Marie-Antoinette et les Pamphlets Royalistes et Révolutionnaires. Avec une bibliographie de ces Pamphlets. Paris o. J.
Dambacher, Ilsegret: Christian Wilhelm von Dohm. Ein Beitrag zur Geschichte des preußischen aufgeklärten Beamtentums und seiner Reformbestrebungen am Ausgang des 18. Jahrhunderts. Frankfurt a. M. u. a. 1974.
Daniel, Thilo: Johann Michael von Loëns Auseinandersetzung mit Nikolaus Ludwig von Zinzendorf und der Brüdergemeine. In: Hans-Georg Kemper/Hans Schneider (Hrsg.): Goethe und der Pietismus. Halle/Tübingen 2001 (Hallesche Forschungen. Bd. 6), S. 25–43.
Daniel, Ute: Höfe und Aufklärung in Deutschland –Plädoyer für eine Begegnung der dritten Art. In: Marcus Ventzke (Hrsg.): Hofkultur und aufklärerische Reformen in Thüringen. Die Bedeutung des Hofes im späten 18. Jahrhundert. Köln 2002, S. 11–33.
Darnton, Robert: The Corpus of Clandestine Literature in France, 1769–1789. New York/London 1995.
Darnton, Robert: The forbidden best-sellers of pre-revolutionary France. New York/London 1995.
Dawson, Ruth P.: Eighteenth-Century Libertinism in a Time of Change: Representations of Catherine the Great. In: Women in German Yearbook 18 (2002), S. 67–88.
De Bruyn, Günter: Taten und Tugenden. Meyern und sein deutsches Revolutionsmodell. In: W. Fr. Meyern: Dya-Na-Sore, oder die Wanderer. Eine Geschichte aus dem Sam-skritt übersezt. 2. Auflage. Frankfurt am Main 1979 (Haidnische Alterthümer), S. 935–995.
Delinière, Jean: Le courtisan idéal: Un portrait comparé d'après *Il libro del cortegiano* de Baldassar Castiglione et *Der redliche Mann am Hofe* de Johann Michael von Loen. In: Le texte et l'idée 13 (1998), S. 25–43.
Deng, Shen: China im Spiegel. Eine interkulturelle Studie zu Wielands Roman *Der goldne Spiegel*. Frankfurt am Main u. a. 2013 (Berliner Beiträge zur Literatur- und Kulturgeschichte. Bd. 15).
Detering, Nicolas: „Wider die Regeln eines wahrhafften Romans"? Die Bewertung der *Asiatischen Banise* in poetologischen Schriften der Frühaufklärung. In: Dieter Martin/Karin Vorderstemann (Hrsg.): Die Europäische Banise. Rezeption und Übersetzung eines barocken Bestsellers. Berlin/Boston 2013 (Frühe Neuzeit. Bd. 175), S. 181–211.

Disselkamp, Martin: Barockheroismus. Konzeptionen ‚politischer' Größe in Literatur und Traktatistik des 17. Jahrhunderts. Tübingen 2002 (Frühe Neuzeit. Bd. 65).

Dongowski, Gerhard: „Bessert, damit nicht eingerissen werde". Reformkonservativismus in der Zeit der Französischen Revolution: August Wilhelm Rehberg. In: Christoph Weiß/Wolfgang Albrecht (Hrsg.): Von ‚Obscuranten' und ‚Eudämonisten'. Gegenaufklärerische, konservative und antirevolutionäre Publizisten im späten 18. Jahrhundert. St. Ingbert 1997 (Literatur im historischen Kontext. Bd. 1), S. 521–547.

Donnert, Erich: Antirevolutionär-konservative Publizistik in Deutschland am Ausgang des Alten Reiches. Johann August Starck (1741–1816), Ludwig Adolf Christian von Grolman (1741–1809), Friedrich Nicolai (1733–1811). Frankfurt am Main u.a. 2010, S. 27–30.

Dorn, Wilhelm: Benjamin Neukirch. Sein Leben und seine Werke. Ein Beitrag zur Geschichte der zweiten schlesischen Schule. Weimar 1897 (Litterarhistorische Forschungen. H. 4), S. 13.

Drecoll, Carsten: Die Karneadesgesandtschaft und ihre Auswirkungen in Rom. Bemerkungen zur Darstellung der Karneadesgesandtschaft in den Quellen. In: Hermes 132 (2004), S. 82–91.

Dreitzel, Horst: Absolutismus und ständische Verfassung in Deutschland. Ein Beitrag zu Kontinuität und Diskontinuität der politischen Theorie in der frühen Neuzeit. Mainz 1992 (Veröffentlichungen des Instituts für Europäische Geschichte Mainz. Abteilung Universalgeschichte. Beiheft 24).

Drews, Peter: Die slavischen Abenteuer des Telemach (1715–1815). In: Zeitschrift für slavische Philologie 52 (1992), S. 231–56.

Dreyfürst, Stephanie: Stimmen aus dem Jenseits. David Fassmanns historisch-politisches Journal „Gespräche in dem Reiche derer Todten" (1718–1740). Berlin/Boston 2014 (Frühe Neuzeit. Bd. 187).

Duchhardt, Heinz: „Friedensvermittlung" im Völkerrecht des 17. und 18. Jahrhunderts: Von Grotius zu Vattel. In: Ders.: Studien zur Friedensvermittlung in der Frühen Neuzeit. Mainz/Wiesbaden 1979, S. 89–117.

Duchhardt, Heinz: Balance of Power und Pentarchie. Internationale Beziehungen 1700–1785. Paderborn u.a. 1997 (Handbuch der Geschichte der Internationalen Beziehungen. Bd. 4).

Eckert, Georg: „True, Noble, Christian Freethinking". Leben und Werk Andrew Michael Ramsays (1686–1743). Münster 2009.

Eichhorn, Kristin: Fürsten sind auch nur Menschen. Zum literarhistorischen Status von Johann Friedrich Ernst Albrechts dramatischem Œuvre. In: Rüdiger Schütt (Hrsg.): Verehrt, Verflucht, Vergessen. Leben und Werk von Sophie Albrecht und Johann Friedrich Ernst Albrecht. Hannover 2015, S. 107–130.

Esleben, Jörg: Indien in Wort und Bild in drei Reiseberichten des späten 18. Jahrhunderts (Niebuhr, Sonnerat, Imhoff). In: Winfried Eckel/Carola Hilmes/Werner Nell (Hrsg.): Projektionen, Imaginationen, Erfahrungen. Remscheid 2008 (Komparatistik im Gardez! Bd. 6), S. 90–108.

Elschenbroich, Adalbert: Behrisch, Ernst Wolfgang. In: Neue Deutsche Biographie 2 (1955), S. 15f.

Elschenbroich, Adelbert: Johann Michael von Loën. In: Neue Deutsche Biographie 15 (1987), S. 47–49.

Elze, Karl: Ernst Wolfgang Behrisch. Ein Beitrag zur Goethe-Literatur. In: Deutsches Museum 1857, H. 2, S. 51–67.

Elze, Karl: Heinrich Wolfgang Behrisch, ein Literat des achtzehnten Jahrhunderts. In: Deutsches Museum 1861, H. 52, S. 913–922.

Emmel, Hildegard: Politisches Konzept als strukturbildendes Element der Romanfiktion. Von Loen und der Roman des 18. Jahrhunderts. In: Wolfgang Paulsen (Hrsg.): Der deutsche Roman und seine historischen und politischen Bedingungen. Bern/München 1977, S. 147–157.

Engbers, Jan: Der „Moral-Sense" bei Gellert, Lessing und Wieland. Zur Rezeption von Shaftesbury und Hutcheson in Deutschland. Heidelberg 2001 (Germanisch-Romanische Monatsschrift. Beiheft 16).

Engelhardt, Ulrich: Zum Begriff der Glückseligkeit in der Kameralistischen Staatslehre des 18. Jahrhunderts (J. H. G. v. Justi). In: Zeitschrift für historische Forschung 8 (1981), S. 37–79.

Engels, Hans-Werner: Zu Leben und Werk von Johann Friedrich Ernst Albrecht (1752–1814). In: Erich Donnert (Hrsg.): Europa in der frühen Neuzeit. Festschrift für Günter Mühlpfordt. Bd. 5. Köln u. a. 1999, S. 645–679.

Engels, Hans-Werner: Johann Friedrich Ernst Albrecht (1752–1814). Bemerkungen zu seinem Leben, seinen politischen Romanen und seiner Publizistik. In: Erich Donnert (Hrsg.): Europa in der frühen Neuzeit. Festschrift für Günter Mühlpfordt. Bd. 6. Köln u. a. 2002, S. 685–719.

Erhart, Walter: Entzweiung und Selbstaufklärung. Christoph Martin Wielands „Agathon"-Projekt. Tübingen 1991 (Studien zur deutschen Literatur. Bd. 115).

Erhart, Walter: „Was nützen schielende Wahrheiten?" Rousseau, Wieland und die Hermeneutik des Fremden. In: Herbert Jaumann (Hrsg.): Rousseau in Deutschland. Neue Beiträge zur Erforschung seiner Rezeption. Berlin/New York 1995, S. 47–78.

Espagne, Michel/Michael Werner: Deutsch-französischer Kulturtransfer als Forschungsgegenstand. Eine Problemskizze. In: Michel Espagne/Michael Werner (Hrsg.): Transferts. Les rélations interculturelles dans l'espace Franco-Allemand (XVIIIe et XIXe siècle). Paris 1988, S. 11–34.

Euchner, Walter: Einleitung des Herausgebers. In: John Locke: Zwei Abhandlungen über die Regierung. Übersetzt von Hans Jörn Hoffmann. Hrsg. und eingeleitet von Walter Euchner. 7. Auflage. Frankfurt am Main 1997, S. 9–59.

Falkenhagen, Annabel: Schöne Seele. In: Gert Ueding (Hrsg.): Historisches Wörterbuch der Rhetorik. Bd. 8. Tübingen 2007, Sp. 542–566.

Fenner, Wolfgang: Knigges Leben anhand seiner Briefe und Schriften. In: Adolph Freiherr Knigge: Ausgewählte Werke. Hrsg. von Wolfgang Fenner. Bd. 10: Ausgewählte Briefe. Knigges Leben. Hannover 1996, S. 161–362.

Fink, Gonthier-Louis: Die Revolution als Herausforderung in Literatur und Publizistik. In: Horst Albert Glaser (Hrsg.): Zwischen Revolution und Restauration: Klassik, Romantik. Reinbek bei Hamburg 1980 (Deutsche Literatur. Eine Sozialgeschichte. Bd. 5), S. 110–129.

Fink, Gonthier-Louis: De Bouhours à Herder. La théorie française des climats et sa réception outre-Rhin. In: Recherches Germaniques 15 (1985), S. 3–62.

Fink, Gonthier-Louis: Von Winckelmann bis Herder. Die deutsche Klimatheorie in europäischer Perspektive. In: Gerhard Sauder (Hrsg.): Johann Gottfried Herder 1744–1803. Hamburg 1987, S. 156–176.

Fink, Gonthier-Louis: Die amerikanische Revolution und die französische Revolution: Analogien und Unterschiede im Spiegel der deutschen Publizistik (1789–1798) In: Modern Language Notes 103 (1988), S. 540–568.

Finsler, Georg: Homer in der Neuzeit von Dante bis Goethe. Italien – Frankreich – England – Deutschland. Leipzig 1912.

Fischer, Uve: Lusso e vallata felice: Il romanzo politico *Lo specchio d'oro* di Christoph Martin Wieland. Università, Catania 1974 (Quaderni del Siculorum gymnasium. Bd. 1).

Fitting, Peter: Imagination, Textual Play, and the Fantastic in Mouhy's *Lamékis*. In: Eighteenth-Century Fiction 5 (1993), S. 311–330.

Florack, Ruth: Stereotyp ‚deutsch'. In: Leslie Brückner/Christopher Meid/Christine Rühling (Hrsg.): Literarische Deutschlandreisen nach 1989. Berlin/Boston 2014 (linguae & litterae. Bd. 30), S. 12–25.

Florack, Ruth: Transfer und Transformation: Galante Prosa zwischen Frankreich und Deutschland. In: Daniel Fulda/Jörn Steigerwald (Hrsg.): Um 1700: Die Formierung der europäischen Aufklärung. Zwischen Öffnung und neuerlicher Schließung. Berlin/Boston 2016 (Hallesche Beiträge zur Europäischen Aufklärung. Bd. 55), S. 224–236.

Fogg, Ryan N./Stephen A. Boorjian: The Sexual Dysfunction of Louis XVI: A Consequence of International Politics, Anatomy, or Naïveté? In: BJU International 106 (2010), S. 457–459.

Fohrmann, Jürgen: Utopie, Reflexion, Erzählung: Wielands *Goldner Spiegel*. In: Wilhelm Voßkamp (Hrsg.): Utopieforschung. Interdisziplinäre Studien zur neuzeitlichen Utopie. 3 Bde. Stuttgart 1982. Bd. 3, S. 24–49.

Fontius, Martin: Der Ort des „Roi philosophe" in der Aufklärung. In: Ders. (Hrsg.): Friedrich II. und die europäische Aufklärung. Berlin 1999 (Forschungen zur brandenburgischen und preußischen Geschichte. N.F. Beiheft 4), S. 9–27.

Franzen, Johannes: Indiskrete Fiktionen. Theorie und Praxis des Schlüsselromans 1960–2015. Göttingen 2018.

Freudenreich, Carla: Zwischen Loen und Gellert. Der deutsche Roman 1740–1747. München 1979.

Frey, Anneliese: Albrecht von Hallers Staatsromane. Leipzig 1928.

Freyer, Stefanie: Der Weimarer Hof um 1800. Eine Sozialgeschichte jenseits des Mythos. München 2013 (bibliothek altes Reich. Bd. 13).

Frick, Werner: Providenz und Kontingenz. Untersuchungen zur Schicksalssemantik im deutschen und europäischen Roman des 17. und 18. Jahrhunderts. 2 Bde. Tübingen 1988 (Hermeae NF. Bd. 55).

Fricke, Dietmar: Die pädagogischen Irrfahrten des Telemach: Fénelons Zögling zwischen Venus und Minerva. In: Lutz Koch/Jürgen Oelkers (Hrsg.): Bildung. Gesellschaft. Politik. Anton J. Gail zum 70. Geburtstag. Frankfurt am Main 1981, S. 241–270.

Fröhlich, Martin: Mysterium Venedig. Die Markusrepublik als politisches Argument in der Neuzeit. Bern u. a. 2010 (Freiburger Studien zur Frühen Neuzeit. Bd. 13).

Fromm, Hans: Bibliographie deutscher Übersetzungen aus dem Französischen 1700–1948. 6 Bde. Baden-Baden 1950–1953.

Frühsorge, Gotthardt: Der politische Körper. Zum Begriff des Politischen im 17. Jahrhundert und in den Romanen Christian Weises. Stuttgart 1974.

Fues, Wolfram Malte: Fiktionalität im Übergang. J. M. von Loens *Redlicher Mann am Hofe* und Chr. H. Korns *Tugendhafte und redliche Frau am Hofe*. In: Simpliciana 20 (1998), S. 211–227.

Fuhrmann, Martin: Die Politik der Volksvermehrung und Menschenveredelung. Der Bevölkerungsdiskurs in der politischen und ökonomischen Theorie der deutschen Aufklärung. In: Aufklärung 13 (2001), S. 243–282.

Fuhrmann, Martin: Volksvermehrung als Staatsaufgabe? Bevölkerungs- und Ehepolitik in der deutschen politischen und ökonomischen Theorie des 18. und 19. Jahrhunderts. Paderborn u. a. 2002 (Rechts- und Staatswissenschaftliche Veröffentlichungen der Görres-Gesellschaft. N.F. Bd. 101).

Fulda, Daniel: Wissenschaft aus Kunst. Die Entstehung der modernen deutschen Geschichtsschreibung 1760–1860. Berlin/New York 1996 (European cultures. Bd. 7).

Fulda, Daniel: „Er hat Verstand; er weiß / Zu leben; spielt gut Schach." Nathan der Weise als Politicus. In: Andre Rudolph/Ernst Stöckmann (Hrsg.): Aufklärung und Weimarer Klassik im Dialog. Tübingen 2009 (Untersuchungen zur deutschen Literaturgeschichte. Bd. 135), S. 55–78.

Fulda, Daniel: Um 1700 begann die ‚offene Zukunft'. Zum Ausgang der Aufklärung von einer allgemeinen Unsicherheitserfahrung. In: Daniel Fulda/Jörn Steigerwald (Hrsg.): Um 1700: Die Formierung der europäischen Aufklärung. Zwischen Öffnung und neuerlicher Schließung. Berlin/Boston 2016 (Hallesche Beiträge zur europäischen Aufklärung. Bd. 55), S. 23–45.

Funck-Brentano, Frantz: L'affaire du Collier. D'après de nouveaux documents recueillis en partie par A. Bégis. 4. Auflage. Paris 1902.

Funke, Hans-Günter: Die literarische Utopie der französischen Aufklärung zwischen archistischem (Veiras, Fontenelle, Morelly) und anarchistischem Ansatz (Foigny, Fénelon, Lahontan). In: Ders.: Reise nach Utopia: Studien zur Gattung Utopie in der französischen Literatur. Münster. 2005 (Politica et Ars. Bd. 7), S. 101–120.

Gabbiadini, Guglielmo: Welttheater, Revolution und usurpierte Menschenrechte. Über Friedrich Maximilian von Klingers Fragment *Das zu frühe Erwachen des Genius der Menschheit*. In: Yvonne Nilges (Hrsg.): Dichterjuristen. Studien zur Poesie des Rechts vom 16. bis 21. Jahrhundert. Würzburg 2014, S. 49–66.

Gaier, Ulrich: ‚Hyperion' als Versöhnung von Aufklärung und Gegenaufklärung. In: Hölderlin Texturen 4 (Schriften der Hölderlin-Gesellschaft. Bd. 20/4), S. 61–98.

Gamm, Hans Jochen: Johann Jakob Engels „Fürstenspiegel" nach 200 Jahren neu gelesen. Versuch einer pädagogischen Einordnung. In: Wolf Völker (Hrsg.): Johann Jakob Engel (1741–1802), ein mecklenburgischer Spätaufklärer. Interdisziplinäre Tagung der Universität Rostock zum 200. Todestag von Johann Jakob Engel. Norderstedt o. J., S. 33–49.

Garber, Jörn: Geschichtsphilosophie und Revolution. Spätaufklärerische Geschichtstheorien im Einflußfeld der Französischen Revolution. In: Ders.: Spätabsolutismus und bürgerliche Gesellschaft. Studien zur deutschen Staats- und Gesellschaftstheorie im Übergang zur Moderne. Frankfurt am Main 1992, S. 282–314.

Garber, Klaus: Der locus amoenus und der locus terribilis. Bild und Funktion der Natur in der deutschen Schäfer- und Landlebendichtung des 17. Jahrhunderts. Köln/Wien 1974.

Gelzer, Florian: „Persischer Telemach" und „Ägyptische Banise". Albrecht von Hallers Staatsromane im romangeschichtlichen Kontext. Online-Publikation: http://www.germanistik.unibe.ch/gelzer/PDF-Seiten/gelzer_haller.pdf.

Gelzer, Florian: Konversation, Galanterie und Abenteuer. Romaneskes Erzählen zwischen Thomasius und Wieland. Tübingen 2007 (Frühe Neuzeit. Bd. 125), S. 51–60.

Gelzer, Florian: Abstrakte Maximen oder kritischer Dialog? Haller und Wieland über die Prinzenerziehung. In: Jean-Daniel Candaux u. a. (Hrsg.): Albrecht von Haller zum 300. Geburtstag. Ebmatingen 2008 (Schweizerische Gesellschaft zur Erforschung des 18. Jahrhunderts: Themenheft Nr. 1), S. 44–62.

Gelzer, Florian: „Immer aber werden wir einander lieben können, wenn schon unsre Denkungsart immer ungleich bleiben sollte". Christoph Martin Wieland und Isaak Iselin. In: Wieland-Studien 8 (2013), S. 225–263.

Gelzer, Florian: Wieland in der Schweiz. Erziehung zur Politik. In: Wieland-Studien 9 (2016), S. 1–14.

Gelzer, Florian/Béla Kapossy: Roman, Staat und Gesellschaft. In: Hubert Steinke/Urs Boschung/Wolfgang Proß (Hrsg.): Albrecht von Haller: Leben – Werk – Epoche. Göttingen 2008, S. 156–181.

Genette, Gérard: Palimpseste. Die Literatur auf zweiter Stufe. Aus dem Französischen von Wolfram Bayer und Dieter Hornig. Frankfurt am Main 1993.

Genton, François: *Agathokrator ou De l'éducation des princes destinés au trône* (1770–1771) de Basedow: innovation pédagogique et résignation politique. In: Gérard Luciani/Catherine Volpilhac-Auger (Hrsg.): L'Institution du prince au XVIIIe siècle. Actes du huitième colloque franco-italien des sociétés française et italienne d'étude du XVIIIe siècle. Ferney-Voltaire 2003, S. 53–62

Gestrich, Andreas: Die Grenzen des Aufgeklärten Absolutismus. In: Helmut Reinalter/Harm Klueting (Hrsg.): Der aufgeklärte Absolutismus im europäischen Vergleich. Wien/Köln/Weimar 2002, S. 275–289.

Geulen, Hans: Der galante Roman. In: Helmut Koopmann (Hrsg.): Handbuch des deutschen Romans. Düsseldorf 1983, S. 117–130.

Gierl, Martin: Bestandsaufnahme im gelehrten Bereich: Zur Entwicklung der „Historia literaria" im 18. Jahrhundert. In: Denkhorizonte und Handlungsspielräume. Historische Studien für Rudolf Vierhaus zum 70. Geburtstag. Göttingen 1992, S. 53–80.

Gilman, Sander L./Edward P. Harris: Klinger's Wieland. In: Modern Language Notes 99 (1984), S. 589–606.

Giorgi, Giorgetto: Les remarques de Fénelon sur le roman et *Les aventures de Télémaque*. In: François-Xavier Cuche/Jacques Le Brun (Hrsg.): Fénelon. Mystique et Politique (1699–1999). Actes du colloque international de Strasbourg pour le troisième centenaire de la publication du *Télémaque* et de la condamnation des *Maximes des Saints*. Paris 2004, S. 243–254.

Gisi, Lucas Marco: Einbildungskraft und Mythologie. Die Verschränkung von Anthropologie und Geschichte im 18. Jahrhundert. Berlin/New York 2007 (spectrum Literaturwissenschaft. Bd. 11).

Glickman, Gabriel: Andrew Michael Ramsay (1686–1743). Catholic Freethinking and Enlightened Mysicism. In: Jeffrey D. Burson/Ulrich L. Lehner (Hrsg.): Enlightenment and Catholicism in Europe. A transnational History. Notre Dame 2014, S. 391–410.

Gnüg, Hiltrud: Der utopische Roman. Eine Einführung. München/Zürich 1983.

Gnüg, Hiltrud: Utopie und utopischer Roman. Stuttgart 1999 (UB 17613).

Godenne, René: Les Romans de Mademoiselle de Scudéry. Genf 1983 (Publications romanes et françaises. Bd. 164).

Gömmel, Rainer/Rainer Klump: Merkantilisten und Physiokraten in Frankreich. Darmstadt 1994 (Geschichte der volkswirtschaftlichen Lehrmeinungen).

Goré, Jeanne-Lydie: Le ‚Télémaque', périple odysséen ou voyage initiatique? In: Cahiers de l'Association internationale des études françaises 15 (1963), S. 59–78.
Goré, Jeanne-Lydie: Introduction. In: Fénelon: Les Aventures de Télémaque. Texte établi avec introduction, chronologie, notes, choix de variantes et bibliographie. Paris 1987, S. 9–94.
Görler, Woldemar: Karneades. In: Hellmut Flashar (Hrsg.): Grundriss der Geschichte der Philosophie. Die Philosophie der Antike. Bd. 4/2: Die hellenistische Philosophie. Basel 1994, S. 849–897.
Göttert, Karl-Heinz: Knigge oder: Von den Illusionen des anständigen Lebens. München 1995.
Göttsche, Dirk: Zeit im Roman. Literarische Zeitreflexion und die Geschichte des Zeitromans im späten 18. und im 19. Jahrhundert. München 2001 (Corvey-Studien. Bd. 7).
Goulemot, Jean-Marie: Discours, révolutions et histoire (Représentations de l'histoire et discours sur les révolutions de l'Age Classique aux Lumières). Paris 1975.
Goupillaud, Ludivine: De l'or de Virgile aux ors de Versailles. Métamorphoses de l'épopée dans la seconde moitié du XVIIe siècle en France. Genf 2005 (Travaux du grand siècle. Bd. 25).
Graap, Nicola: Dialogues des morts composés pour l'éducation d'un Prince. Studien zu Fénelons Totengesprächen im Traditionszusammenhang. Münster/Hamburg/London 2001 (Ars Rhetorica. Bd. 10).
Grab, Walter: Norddeutsche Jakobiner. Demokratische Bestrebungen zur Zeit der Französischen Revolution. Frankfurt am Main 1967 (Hamburger Studien zur neueren Geschichte. Bd. 8).
Grab, Walter: Der norddeutsche Demokrat Johann Friedrich Ernst Albrecht (1752–1814). In: Erich Donnert (Hrsg.): Europa in der frühen Neuzeit. Festschrift für Günter Mühlpfordt. Bd. 2. Weimar u. a. 1997, S. 431–438.
Graf, Fritz: Ekphrasis: Die Entstehung der Gattung in der Antike. In: Gottfried Boehm/Helmut Pfotenhauer (Hrsg.): Beschreibungskunst – Kunstbeschreibung. Ekphrasis von der Antike bis zur Gegenwart. München 1995 (Bild und Text), S. 143–155.
Granderoute, Robert: Quand l'auteur et le public collaborent: Les deux éditions des *Voyages de Cyrus*. In: Dix-Huitième siècle 4 (1972), S. 255–270.
Granderoute, Robert: Le roman pédagogique de Fénelon à Rousseau. Bern 1983.
Graßl, Hans: Hölderlin und die Illuminaten. Die zeitgeschichtlichen Hintergründe des Verschwörermotivs im ‚Hyperion'. In: Wolfgang Frühwald/Günter Niggl (Hrsg.): Sprache und Bekenntnis. Sonderband des Literaturwissenschaftlichen Jahrbuchs. Hermann Kunisch zum 70. Geburtstag. 27. Oktober 1971. Berlin 1971, S. 137–160.
Greven Schalit, Mechthild: Pädagogische Provinzen. Johann Michael von Loens *Der redliche Mann am Hofe* und Johann Wolfgang von Goethes *Wilhelm Meisters Wanderjahre*. Göttingen 2012.
Gröner, Carina: Textgewebe: Goethes Erzähler in den Wilhelm-Meister-Romanen. Bielefeld 2019.
Grunert, Frank: Die Objektivität des Glücks. Zur Eudämonismusdiskussion in der deutschen Aufklärung. In: Frank Grunert/Friedrich Vollhardt (Hrsg.): Aufklärung als praktische Philosophie. Werner Schneiders zum 65. Geburtstag (Frühe Neuzeit. Bd. 45). Tübingen 1998, S. 351–368.
Grunert, Frank: Normbegründung und politische Legitimität. Zur Rechts- und Staatsphilosophie der deutschen Frühaufklärung. Tübingen 2000 (Frühe Neuzeit. Bd. 57).

Grunert, Frank: Von ‚guten' Büchern. Zum moralischen Anspruch der Gelehrsamkeitsgeschichte. In: Frank Grunert/Friedrich Vollhardt: Historia literaria. Neuordnungen des Wissens im 17. und 18. Jahrhundert. Berlin 2007, S. 65–88.

Grunert, Frank/Friedrich Vollhardt: Einleitung. In: Dies. (Hrsg.): Historia literaria. Neuordnungen des Wissens im 17. und 18. Jahrhundert. Berlin 2007, S. VII-XI.

Guellouz, Suzanne: Les Phéniciens dans le *Télémaque*. In: François-Xavier Cuche/Jacques Le Brun (Hrsg.): Fénelon. Mystique et Politique (1699–1999). Actes du colloque international de Strasbourg pour le troisième centenaire de la publication du *Télémaque* et de la condamnation des *Maximes des Saints*. Paris 2004, S. 333–342.

Gühne, Ekkehard: Gottscheds Literaturkritik in den „Vernünfftigen Tadlerinnen" (1725/26). Stuttgart 1978 (Stuttgarter Arbeiten zur Germanistik. Bd. 48).

Guirguis, Fawzy D.: Bild und Funktion des Orients in Werken der deutschen Literatur des 17. und 18. Jahrhunderts. Phil. Diss. FU Berlin 1972.

Guldin, Rainer: Körpermetaphern. Zum Verhältnis von Politik und Medizin. Würzburg 2000.

Guthke, Karl S. (Hrsg.): Hallers Literaturkritik. Tübingen 1970 (Freies Deutsches Hochstift. Reihe der Schriften. Bd. 21).

Guthke, Karl S.: Der Mythos der Neuzeit. Das Thema der Mehrheit der Welten in der Literatur- und Geistesgeschichte von der kopernikanischen Wende bis zur Science Fiction. Bern/München 1983.

Guthke, Karl S.: Haller und die Völkerkunde seiner Zeit. In: Scientia Poetica 2 (1998), S. 58–96.

Haas, Rosemarie: Die Turmgesellschaft in ‚Wilhelm Meisters Lehrjahren'. Zur Geschichte des Geheimbundromans und der Romantheorie im 18. Jahrhundert. Bern u. a. 1975.

Haase, Carl: Knigge contra Zimmermann. Die Beleidigungsklage des Oberhauptmanns Adolph Franz Friedrich Freiherr Knigge (1752–1796) gegen den Hofmedicus Johann Georg Ritter von Zimmermann (1728–1795). In: Niedersächsisches Jahrbuch für Landesgeschichte 57 (1985), S. 137–159.

Hadley, Michael: The German Novel in 1790. A descriptive account and critical bibliography. Frankfurt am Main 1973.

Häfner, Ralph: Thaumaturgie und Kinetik. Anthropologische Aspekte der Diskussion über den orientalischen Despotismus im thematischen Umkreis von Friedrich Schillers Romanfragment *Der Geisterseher*. In: Stefan Hermes/Sebastian Kaufmann (Hrsg.): Der ganze Mensch – die ganze Menschheit. Völkerkundliche Anthropologie, Literatur und Ästhetik. Berlin/Boston 2014 (linguae & litterae. Bd. 41), S. 161–182.

Hagel, Michael Dominik: Familie, Ökonomie, Bevölkerung. Modelle des Regierens in Christoph Martin Wielands *Der goldne Spiegel*. In: Euphorion 104 (2010), S. 121–149.

Hahl, Werner: Reflexion und Erzählung. Ein Problem der Romantheorie von der Spätaufklärung bis zum programmatischen Realismus. Stuttgart u. a. 1971 (Studien zur Poetik und Geschichte der Literatur. Bd. 18).

Haillant, Marguerite: Culture et imagination dans les œuvres de Fénelon „ad usum delphini". Paris 1982/1983 (Collection d'histoire et de littérature françaises).

Hajman Koller, Armin: The Abbé Du Bos – his advocacy of the theory of climate. A Precursor of Johann Gottfried Herder. Champaign 1937.

Hanstein, Adalbert von: Wie entstand Schillers Geisterseher? Berlin 1903 (Forschungen zur neueren Literaturgeschichte. Bd. 22).

Hardt, Dietrich: Christian Wolffs Begründung des Exempel- und Fabelgebrauchs im Rahmen der Praktischen Philosophie. In: Deutsche Vierteljahrsschrift für Literaturwissenschaft und Geistesgeschichte 52 (1978), S. 43–62.

Hárs, Endre: Revolutionspoetik. Benjamin Noldmanns Beitrag zum literarischen Werk Adolph Freiherrn Knigges. In: Árpád Bernáth/Endre Hárs/Peter Plener (Hrsg.): Vom Zweck des Systems. Beiträge zur Geschichte literarischer Utopien. Tübingen 2006, S. 53–76.

Häufle, Heinrich: Aufklärung und Ökonomie. Zur Position der Physiokraten im siècle des Lumières. München 1978 (Münchener Romanistische Arbeiten. Bd. 48).

Hayn, Hugo/Alfred N. Gotendorf: Bibliotheca Germanorum Erotica & Curiosa. Verzeichnis der gesamten Deutschen erotischen Literatur mit Einschluß der Übersetzungen, nebst Beifügung der Originale. Bd. 3: H–K. München 1913. Unveränderter Nachdruck Hanau/Main 1968.

Heinlein, Otto: August Bohse-Talander als Romanschriftsteller der galanten Zeit. Bochum 1939.

Heinz, Jutta: Wissen vom Menschen und Erzählen vom Einzelfall. Untersuchungen zum anthropologischen Roman der Spätaufklärung. Berlin/New York 1996 (Quellen und Forschungen zur Literatur- und Kulturgeschichte. Bd. 6).

Heinz, Jutta: „Eine Art – wie der Merkur hätte werden sollen". Programmatik, Themen und literaturpolitische Positionen des *Teutschen Merkur* und des *Deutschen Museum* im Vergleich. In: Andrea Heinz (Hrsg.): „Der Teutsche Merkur" – die erste deutsche Kulturzeitschrift? Heidelberg 2003 (Ereignis Weimar-Jena. Bd. 2), S. 108–130.

Heinz, Jutta: *Was ist Wahrheit?* Skeptischer Zweifel und Gefühlsgewissheit bei Rousseau, Hume und Wieland. In: Jutta Heinz/Cornelia Ilbrig (Hrsg.): Skepsis und Literatur in der Aufklärung. Hannover 2008 (Wezel-Jahrbuch. Studien zur europäischen Aufklärung. Bd. 10), S. 57–76.

Heinz, Jutta: „In der That giebt es keine einfachere Wissenschaft als die Politik". Der politische Wieland. Skizze eines Forschungsprojekts. In: Wieland-Studien 9 (2016), S. 237–254.

Hempfer, Klaus W.: Gattungstheorie. Information und Synthese. München 1973 (UTB. Bd. 133).

Henderson, G. D.: Chevalier Ramsay. London u. a. 1952

Hensmann, Folkert: Staat und Absolutismus im Denken der Physiokraten. Ein Beitrag zur physiokratischen Staatsauffassung von Quesnay bis Turgot. Frankfurt am Main 1976.

Hepp, Noémi: De l'épopée au roman. L'„Odyssée" et „Télemaque". In: La littérature narrative d'imagination. Des genres littéraires aux techniques d'expression. Colloque de Strasbourg, 23–25 avril 1959. Paris 1961 (Bibliothèque des Centres d'Études Supérieures Spécialisés), S. 97–113.

Hepp, Noémi: Homère en France au XVIIe siècle. Paris 1968 (Bibliothèque française et romane. Série C. Études littéraires. Bd. 18).

Herdmann, Frank: Montesquieurezeption in Deutschland im 18. und beginnenden 19. Jahrhundert. Hildesheim/Zürich/New York 1990 (Philosophische Texte und Studien. Bd. 25).

Hering, Christoph: Klingers Romane. Das Baugesetz der Dekade. In: Modern Language Notes 79 (1964), S. 363–390.

Hering, Christoph: Friedrich Maximilian Klinger. Der Weltmann als Dichter. Berlin 1966.

Hermann, Ingo: Knigge. Die Biografie. Berlin 2007.

Herrenbrück, Georg: Joachim Meier und der höfisch-historische Roman um 1700. München 1974.

Hesselink, Cathrin: Das Komplimentierbuch. Entwicklung und Kontexte einer vermittelnden Gattung. Münster 2016 (Dissertationen der LMU München. Bd. 10).

Heudecker, Sylvia: Modelle literaturkritischen Schreibens. Dialog, Apologie, Satire vom späten 17. bis zur Mitte des 18. Jahrhunderts. Tübingen 2005 (Studien zur deutschen Literatur. Bd. 179).

Hien, Markus: Altes Reich und Neue Dichtung. Literarisch-politisches Reichsdenken zwischen 1740 und 1830. Berlin/Boston 2015 (Quellen und Forschungen zur Literatur- und Kulturgeschichte. Bd. 82).

Hill, David: Klinger's Novels: The Structure of the Cycle. Stuttgart 1982 (Stuttgarter Arbeiten zur Germanistik. Bd. 76).

Hillenaar, Henk (Hrsg.): Nouvel état présent des travaux sur Fénelon. Amsterdam/Atlanta 2000.

Hilliard, Kevin: Der aufrichtige Mann am Hofe. Tugend und politische Klugheit bei von Leon und Lessing. In: Simon Bunke/Katerina Mihaylova (Hrsg.): Aufrichtigkeitseffekte. Signale, soziale Interaktionen und Medien im Zeitalter der Aufklärung. Freiburg/Berlin/Wien 2016, S. 135–162.

Hirschmann, Wolfgang/Bernhard Jahn: Oper und Öffentlichkeit. Formen impliziten Aufklärens an der Hamburger Gänsemarktoper um 1700. In: Daniel Fulda/Jörn Steigerwald (Hrsg.): Um 1700: Die Formierung der europäischen Aufklärung. Zwischen Öffnung und neuerlicher Schließung. Berlin/Boston 2016 (Hallesche Beiträge zur Europäischen Aufklärung. Bd. 55), S. 184–197.

Hirzel, Ludwig: Einleitung. In: Albrecht von Hallers Gedichte. Hrsg. und eingeleitet von Dr. Ludwig Hirzel. Frauenfeld 1882 (Bibliothek älterer Schriftwerke der deutschen Schweiz und ihres Grenzgebietes. Bd. 3), S. I-DXXXVI.

Höfer, Anette/Rolf Reichardt: Honnête homme, honnêteté, honnêtes gens. In: Rolf Reichardt/ Eberhard Schmitt (Hrsg.): Handbuch politisch-sozialer Grundbegriffe in Frankreich 1680–1820. Heft 7 (Ancien Régime, Aufklärung und Revolution. Bd. 10). München 1986.

Höffe, Otfried (Hrsg.): Immanuel Kant. Zum ewigen Frieden. Berlin 1995 (Klassiker Auslegen. Bd. 1).

Hofman, Amos: The Origins of the Theory of the *Philosophe* Conspiracy. In: French History 2 (1988), S. 152–172.

Hohendahl, Peter-Uwe: Zum Erzählproblem des utopischen Romans im 18. Jahrhundert. In: Helmut Kreuzer (Hrsg.): Gestaltungsgeschichte und Gesellschaftsgeschichte. Literatur-, kunst- und musikwissenschaftliche Studien. FS Fritz Martini. Stuttgart 1969, S. 79–114.

Hoiman, Sibylle: Rousseau recycled. Zur Rezeption der Pappelinsel von Ermenonville. In: Topiaria helvetica 2006, S. 30–42.

Hollmer, Heide: Anmut und Nutzen. Die Originaltrauerspiele in Gottscheds ‚Deutscher Schaubühne'. Tübingen 1994 (Theatron. Bd. 10).

Holzberg, Niklas: Der antike Roman. Eine Einführung. 2. Auflage. Düsseldorf/Zürich 2001.

Hont, Istvan: Jealousy of Trade. International Competition and the Nation-State in Historical Perspective. Cambridge, Mass./London 2005.

Hont, Istvan: The early Enlightenment debate on commerce and luxury. In: Mark Goldie/Robert Wokler (Hrsg.): The Cambridge History of Eighteenth-Century Political Thought. Cambridge u. a. 2006, S. 379–418.

Horwath, Peter: The Altar of the Fatherland. Wilhelm Friedrich von Meyern's Utopian Novel Dya-Na-Sore. In: Ritchie Robertson/Edward Timms (Hrsg.): The Austrian Enlightenment and its aftermath. Edinburgh 1991 (Austrian Studies. Bd. 2), S. 43–58.

Hunt, Lynn: Pornographie und die Französische Revolution. In: Dies. (Hrsg.): Die Erfindung der Pornographie. Obszönität und die Ursprünge der Moderne. Frankfurt am Main 1994, S. 243–283.

Hunt, Lynn: The Many Bodies of Marie-Antoinette: Political Pornography and the Problem of the Feminine in the French Revolution. In: Dena Goodmann (Hrsg.): Marie-Antoinette. Writings on the Body of a Queen. New York/London 2003, S. 117–138.

Igel, Felicitas: „Wilhelm Meisters Lehrjahre" im Kontext des hohen Romans. Würzburg 2007 (Literatura. Bd. 19).

Ischer, Anna: Albrecht v. Haller und das klassische Altertum. Bern 1928 (Sprache und Dichtung. Forschungen zur Sprach- und Literaturwissenschaft. H. 41).

Israel, Jonathan: Revolutionary Ideas. An Intellectual History of the French Revolution from the *Rights of Man* to Robespierre. Princeton 2014.

Iwai, Masayasu: Knigges ‚satirische Reisen' im Kontext der satirischen Reiseliteratur der Spätaufklärung. St. Ingbert 2007.

Jacob-Friesen, Holger: Isaak Iselin als politischer Denker. In: Basler Zeitschrift für Geschichte und Altertumskunde 100 (2000), S. 41–51.

Jacobs, Jürgen: Der deutsche Schelmenroman. Eine Einführung. München/Zürich 1983.

Jäger, Georg: Empfindsamkeit und Roman. Wortgeschichte, Theorie und Kritik im 18. und frühen 19. Jahrhundert. Stuttgart u. a. 1969 (Studien zur Poetik und Geschichte der Literatur. Bd. 11).

Jäger, Hans-Wolf: Die These von der rhetorischen Verschwörung zur Zeit der Französischen Revolution. In: Text & Kontext 9 (1981), S. 47–55.

Jahn, Bernhard/Wolfgang Hirschmann: Wend, Wendt, Christoph Gottlieb, Pseudonym Selimantes. In: Die Musik in Geschichte und Gegenwart. 2. Auflage. Personenteil. Bd. 17: Von–Z. Kassel 2007, Sp. 762f.

Jan, Eduard von: Der französische Freimaurerroman im 18. Jahrhundert. In: Germanisch-Romanische Monatsschrift 13 (1925), S. 391–404.

Jannidis, Fotis: „und die Erwartung ist aufs höchste gespannt". Populäre Erzählexperimente in Schillers *Geisterseher*. In: Wolfgang Riedel (Hrsg.): Würzburger Schiller-Vorträge 2009. Würzburg 2011, S. 83–107.

Jaumann, Herbert: Politische Vernunft, anthropologischer Vorbehalt, dichterische Fiktion. Zu Wielands Kritik des Politischen. In: Modern Language Notes 99 (1984), S. 461–478.

Jaumann, Herbert: Die deutsche Rezeption von Merciers „L'an 2440". Ein Kapitel über Fortschrittsskepsis als Utopiekritik in der späten Aufklärung. In: Harro Zimmermann (Hrsg.): Der deutsche Roman der Spätaufklärung. Fiktion und Wirklichkeit. Heidelberg 1990 (Neue Bremer Beiträge. Bd. 6), S. 217–241.

Jaumann, Herbert: Wieland in Erfurt. In: Sven-Aage Jørgensen u. a.: Christoph Martin Wieland. Epoche – Werk – Wirkung. München 1994 (Arbeitsbücher zur Literaturgeschichte), S. 68–92.

Jaumann, Herbert: Critica. Untersuchungen zur Geschichte der Literaturkritik zwischen Quintilian und Thomasius. Leiden/New York/ Köln 1995 (Brill's Studies in Intellectual History. Bd. 62).

Jehne, Martin: Cato und die Bewahrung der traditionellen *res publica*. Zum Spannungsverhältnis zwischen *mos maiorum* und griechischer Kultur im zweiten Jahrhundert v. Chr. In: Gregor Vogt-Spira/Bettina Rommel (Hrsg.): Rezeption und Identität.

Die kulturelle Auseinandersetzung Roms mit Griechenland als europäisches Paradigma. Stuttgart 1999, S. 115–134.

Jeßing, Benedikt (Hrsg.): Erläuterungen und Dokumente. Johann Wolfgang Goethe: Iphigenie auf Tauris. Stuttgart 2002.

John, David G.: Loen's Ideal City. A Reflection of Eighteenth-Century Currents in Germany. In: Journal of Urban History 6 (1979), S. 80–95.

Jordheim, Helge: Fürstenkult und bürgerliche Subjektivität. Zur gattungsgeschichtlichen Dynamik von Engels *Fürstenspiegel*. In: Alexander Košenina (Hrsg.): Johann Jakob Engel (1741–1802). Philosoph für die Welt, Ästhetiker und Dichter. Hannover 2005 (Berliner Klassik. Eine Großstadtkultur um 1800. Bd. 7), S. 161–188.

Jordheim, Helge: Der Staatsroman im Werk Wielands und Jean Pauls. Gattungsverhandlungen zwischen Poetologie und Politik. Tübingen 2007 (Communicatio. Bd. 38).

Jørgensen, Sven-Aage: Vom Fürstenspiegel zum *Goldenen Spiegel*. In: Klaus Garber (Hrsg.): Europäische Barock-Rezeption. Teil I. Wiesbaden 1991 (Wolfenbütteler Arbeiten zur Barockforschung. Bd. 20), S. 365–375.

Juillard, Catherine: Gottsched et l'esthétique théâtrale française. La réception allemande des théories françaises. Bern u. a. 1998 (Convergences. Bd. 5).

Julliard, Catherine: La *Wiener Zeitschrift* de Leopold Alois Hoffmann: une revue réactionnaire à l'époque de la Révolution française. In: Pierre-André Bois/Raymond Heitz/Roland Krebs (Hrsg.): Voix conservatrices et réactionnaires dans les périodiques allemands de la révolution française à la restauration. Bern u. a. 1999 (Convergences. Bd. 13), S. 299–323.

Jung, Günter: Nachwort. In: Adolph Freiherr Knigge: Benjamin Noldmann's Geschichte der Aufklärung in Abyssinien. Hrsg. von Günter Jung. Göttingen 2010 (Adolph Freiherr Knigge: Werke. Hrsg. von Pierre-André Bois u. a. Bd. 3), S. 359–423.

Jung, Theo: Zeichen des Verfalls. Semantische Studien zur Entstehung der Kulturkritik im 18. und frühen 19. Jahrhundert. Göttingen 2012 (Historische Semantik. Bd. 18), S. 123–169.

Just, Leo: Fénelons Wirkung in Deutschland. Umrisse und Beiträge. In: Johannes Kraus/Joseph Calvet (Hrsg.): Fénelon. Persönlichkeit und Werk. Festschrift zur 300. Wiederkehr seines Geburtstages. Baden-Baden 1953, S. 35–62.

Kaiser, Wolf: Epochenwende und Erzählform. Zu Romanen Knigges, Klingers und Goethes. In: Harro Zimmermann (Hrsg.): Der deutsche Roman der Spätaufklärung. Fiktion und Wirklichkeit. Heidelberg 1990 (Neue Bremer Beiträge. Bd. 6), S. 42–60.

Kalff, Sabine: Politische Medizin der Frühen Neuzeit. Die Figur des Arztes in Italien und England im frühen 17. Jahrhundert. Berlin/Boston 2014 (Frühe Neuzeit. Bd. 189).

Kampmann, Christoph: Arbiter und Friedensstiftung. Die Auseinandersetzung um den politischen Schiedsrichter im Europa der Frühen Neuzeit. Paderborn u. a. 2001 (Quellen und Forschungen aus dem Gebiete der Geschichte. NF Bd. 21).

Kapossy, Béla: Iselin contra Rousseau. Sociable patriotism and the history of mankind. Basel 2006 (Schwabe Philosophica. Bd. 9).

Kapp, Volker: Conversation sur le Livre de Télémaque. In: Dix-huitième siècle 14 (1982), S. 221–229.

Kapp, Volker: Télémaque de Fénelon. La signification d'une œuvre littéraire à la fin du siècle classique. Tübingen 1982 (Etudes littéraires françaises. Bd. 24).

Kapp, Volker: Les illustrations des éditions du *Télémaque*. In: François-Xavier Cuche/Jacques Le Brun (Hrsg.): Fénelon. Mystique et Politique (1699–1999). Actes du colloque international de Strasbourg pour le troisième centenaire de la publication du *Télémaque* et de la condamnation des *Maximes des Saints*. Paris 2004, S. 287–303.

Kapp, Volker: Der Einfluß der französischen Spiritualität auf das deutsche Geistesleben des 18. Jahrhunderts. In: Karlfried Gründer/Karl Heinrich Rengstorf (Hrsg.): Religiosität und Religionskritik in der deutschen Aufklärung. Heidelberg 1989 (Wolfenbütteler Studien zur Aufklärung. Bd. 11), S. 25–42

Kauffmann, Kai: Polemische Angriffe im literarischen Feld. Literatursatiren der Stürmer und Dränger (Goethe, Merck, Lenz). In: Matthias Buschmeier/Kai Kauffmann (Hrsg.): Sturm und Drang. Epoche – Autoren – Wirkung. Darmstadt 2013, S. 29–48.

Kaufmann, Thomas: Über Hallers Religion. Ein Versuch. In: Norbert Elsner/Nicolaas A. Rupke (Hrsg.): Albrecht von Haller im Göttingen der Aufklärung. Göttingen 2009, S. 307–379.

Kayser, Werner: Thomas von Wiering und Erben. Ein bedeutendes Kapitel hamburgischer Druckgeschichte. In: Auskunft. Mitteilungsblatt Hamburger Bibliotheken 10 (1990), S. 343–371.

Keller, Peter: Der „Telemach" in der Kunst des 18. und frühen 19. Jahrhunderts. Zur Rezeption einer homerischen Figur in Fénelons Roman und der Romanfigur in der Kunst. In: Max Kunze (Hrsg.): Wiedergeburt griechischer Götter und Helden. Homer in der Kunst der Goethezeit. Eine Ausstellungs der Winckelmann-Gesellschaft im Winckelmann-Museum Stendal 6. November 1999 bis 9. Januar 2000. Mainz 1999, S. 204–219.

Kemper, Dirk: Obskurantismus als Mittel der Politik. Johann Christoph von Wöllners Politik der Gegenaufklärung am Vorabend der Französischen Revolution. In: Christoph Weiß/Wolfgang Albrecht (Hrsg.): Von ‚Obscuranten' und ‚Eudämonisten'. Gegenaufklärerische, konservative und antirevolutionäre Publizisten im späten 18. Jahrhundert. St. Ingbert 1997 (Literatur im historischen Kontext. Bd. 1), S. 193–220.

Keohane, Nannerl O.: Philosophy and the State in France. The Renaissance to the Enlightenment. Princeton 1980.

Kerkhecker, Arnd: Cicero[-Übersetzung]. In: Jutta Heinz (Hrsg.): Wieland-Handbuch. Leben – Werk – Wirkung. Stuttgart 2008, S. 433–445.

Kersting, Christa: Die Genese der Pädagogik im 18. Jahrhundert. Campes „Allgemeine Revision" im Kontext der neuzeitlichen Wissenschaft. Weinheim 1992.

Ketelsen, Uwe-K.: Auf den Flügeln des patriotischen Eifers über das Gestrüpp der Sätze: Gottsched rühmt Opitz. In: Barbara Becker-Cantarino/Jörg-Ulrich Fechner (Hrsg.): Opitz und seine Welt. Festschrift für George Schulz-Behrend zum 12. Februar 1988. Amsterdam/Atlanta 1990 (Chloe. Bd. 10), S. 267–286.

Kiefer, Jürgen: Christoph Martin Wieland als Mitglied des Lehrkörpers der Erfurter Universität und sein Lehrprogramm. In: Wieland-Studien 3 (1996), S. 234–243

Kiesel, Helmuth: „Bei Hof, bei Höll". Untersuchungen zur literarischen Hofkritik von Sebastian Brant bis Friedrich Schiller. Tübingen 1979 (Studien zur deutschen Literatur. Bd. 60).

Kimminich, Otto: Die Entstehung des neuzeitlichen Völkerrechts. In: Iring Fetscher/Herfried Münkler (Hrsg.): Pipers Handbuch der politischen Ideen. Bd. 3: Neuzeit: Von den Konfessionskriegen bis zur Aufklärung. München/Zürich 1985, S. 73–100.

King, Kathryn R.: Jane Barker, Exile. A Literary Career 1675–1725. Oxford 2000.

Klausnitzer, Ralf: Poesie und Konspiration. Beziehungssinn und Zeichenökonomie von Verschwörungsszenarien in Publizistik, Literatur und Wissenschaft 1750–1850. Berlin/New York 2007 (spectrum Literaturwissenschaft Bd. 13).

Klein, Ulrich: Die deutschsprachige Reisesatire des 18. Jahrhunderts. Heidelberg 1997 (Beihefte zum Euphorion. Bd. 29).

Klippel, Diethelm: Politische Freiheit und Freiheitsrechte im deutschen Naturrecht des 18. Jahrhunderts. Paderborn 1976 (Rechts- und Staatswissenschaftliche Veröffentlichungen der Görres-Gesellschaft. Neue Folge. Bd. 23).

Klippel, Diethelm: Politische Theorien im Deutschland des 18. Jahrhunderts. In: Rudolf Vierhaus (Hrsg.): Aufklärung als Prozeß. Hamburg 1987 (Aufklärung 2, H. 2), S. 57–88.

Klueting, Harm (Hrsg.): Irenik und Antikonfessionalismus im 17. und 18. Jahrhundert. Hildesheim/Zürich/New York 2003 (Hildesheimer Forschungen. Bd. 2).

Knufmann, Helmut: Das deutsche Übersetzungswesen des 18. Jahrhunderts im Spiegel von Übersetzer- und Herausgebervorreden. In: Börsenblatt für den Deutschen Buchhandel – Frankfurter Ausgabe (1967). Anhang: Archiv für Geschichte des Buchwesens 61, S. 2676–2716.

Koch, Rolf Albert: Der Problemgehalt in J. H. G. v. Justis Satiren. Phil. Diss. masch. Halle 1950.

Koch, Rolf Albert: Johann Heinrich Gottlob von Justis philosophische Satiren. In: Kant-Studien 53 (1962), S. 490–506.

Koch, Rolf Albert: J. H. G. v. Justis ‚Dichterinsel' und ihre Beziehungen zur Literaturkritik der Aufklärung. In: Zeitschrift für deutsche Philologie 91 (1972), S. 161–171.

Koebner, R.: Despot and Despotism: Vicissitudes of a Political Term. In: Journal of the Warburg and Courtauld Institutes 14 (1951), S. 275–302.

Kogel, Jörg-Dieter: Knigges ungewöhnliche Empfehlungen zu Aufklärung und Revolution. Berlin o.J. [1979?].

Kohl, Katrin: Hero or villain? The Response of German Authors to Frederick the Great. In: Publications of the English Goethe Society 81 (2012), S. 51–72.

Kollbach, Claudia: Aufwachsen bei Hof. Aufklärung und fürstliche Erziehung in Hessen und Baden. Frankfurt/New York 2009 (Campus Historische Studien. Bd. 48).

Koschorke, Albrecht: Der Körper des Souveräns. In: Ders. u. a.: Der fiktive Staat. Konstruktionen des politischen Körpers in der Geschichte Europas. Frankfurt am Main 2007, S. 103–218.

Koselleck, Reinhart: Kritik und Krise. Eine Studie zur Pathogenese der bürgerlichen Welt. 2. Auflage. Frankfurt am Main 1976 (suhrkamp taschenbuch wissenschaft. Bd. 36) [erstmals 1959].

Koselleck, Reinhart: Historia Magistra Vitae. Über die Auflösung des Topos im Horizont neuzeitlich bewegter Geschichte. In: Ders.: Vergangene Zukunft. Zur Semantik geschichtlicher Zeiten. Frankfurt am Main 1979, S. 38–66.

Krämer, Olav: Intention, Korrelation, Zirkulation. Zu verschiedenen Konzeptionen der Beziehung zwischen Literatur, Wissenschaft und Wissen. In: Tilmann Köppe (Hrsg.): Literatur und Wissen. Theoretisch-methodische Zugänge. Berlin/New York 2011 (linguae & litterae. Bd. 4), S. 77–115.

Krajewski, Markus: Über Projektemacherei. Eine Einleitung. In: Ders. (Hrsg.): Projektemacher. Zur Produktion von Wissen in der Vorform des Scheiterns. Berlin 2004, S. 7–25.

Kraus, Hans-Christof: Englische Verfassung und politisches Denken im Ancien Régime 1689 bis 1789. München 2006 (Veröffentlichungen des Deutschen Historischen Instituts London. Bd. 60).

Krauss, Werner: Terrasson. In: Beiträge zur romanischen Philologie 6 (1967), S. 274–290.

Krebs, Roland: „Schmähschrift wider die weiseste Vorsehung" oder „Lieblingsbuch aller Leute von Verstand"? – Zur Rezeption des ‚Candide' in Deutschland. In: Ernst Hinrichs/Ute van Runset/Roland Krebs: „Pardon, mon cher Voltaire". Drei Essays zu Voltaire in Deutschland. Göttingen 1996 (Kleine Schriften zur Aufklärung. Bd. 5), S. 87–124.

Krebs, Roland: Helvétius en Allemagne, ou la tentation du matérialisme. Paris 2006 (Histoire culturelle de l'Europa. Bd. 8).

Krebs, Roland: Die radikale französische Philosophie im Spiegel der deutschen Aufklärungsliteratur. In: Michael Hofmann (Hrsg.): Aufklärung. Epoche – Autoren – Werke. Darmstadt 2013, S. 209–228.

Kriesel, Karl Marcus: Montesquieu: Possibilistic Political Geographer. In: Annals of the Association of American Geographers 58 (1968), S. 557–574.

Kronenbitter, Günther: Wort und Macht. Friedrich Gentz als politischer Schriftsteller. Berlin 1994 (Beiträge zur Politischen Wissenschaft. Bd. 71).

Kronenbitter, Günther: Gegengift. Friedrich Gentz und die Französische Revolution. In: Christoph Weiß/Wolfgang Albrecht (Hrsg.): Von ‚Obscuranten' und ‚Eudämonisten'. Gegenaufklärerische, konservative und antirevolutionäre Publizisten im späten 18. Jahrhundert. St. Ingbert 1997 (Literatur im historischen Kontext. Bd. 1), S. 579–608.

Kunisch, Johannes: Die Denunzierung des Ewigen Friedens. Der Krieg als moralische Anstalt in der Literatur und Publizistik der Spätaufklärung. In: Johannes Kunisch/Herfried Münkler (Hrsg.): Die Wiedergeburt des Krieges aus dem Geist der Revolution. Studien zum bellizistischen Diskurs des ausgehenden 18. und beginnenden 19. Jahrhunderts. Berlin 1999 (Beiträge zur Politischen Wissenschaft. Bd. 110), S. 57–73.

Kunisch, Johannes: Friedrich der Große. Der König und seine Zeit. Sonderausgabe. 2. Auflage. München 2012.

Kurth-Voigt, Lieselotte E.: Historiographie und historischer Roman: Kritik und Theorie im 18. Jahrhundert. In: Modern Language Notes 79 (1964), S. 337–362.

Kurth-Voigt, Lieselotte E.: Wielands „Geschichte des Agathon": Zur journalistischen Rezeption des Romans. In: Wieland-Studien 1 (1992), S. 9–42.

Kurth-Voigt, Lieselotte E.: Johann Michael von Loen und Christoph Heinrich Korn: „Die Redlichen am Hofe" – Zur Frauenliteratur des achtzehnten Jahrhunderts. In: Modern Language Notes 114 (1999), S. 590–593.

Kurz, Gerhard: Mittelbarkeit und Vereinigung. Zum Verhältnis von Poesie, Reflexion und Revolution bei Hölderlin. Stuttgart 1975.

Kurzke, Hermann: Die Demut des Aufklärers. *Der redliche Mann am Hofe* von Johann Michael von Loen (1740). In: Text & Kontext 13 (1985), S. 233–243.

Labrosse, Claude: La fiction, le récit et le livre: l'illustration du *Télémaque* de Fénelon. In: Eighteenth-Century Fiction 11 (1998), S. 1–32.

Lallemand, Gabrielle: Les Longs Romans du XVIIe siècle. Urfé, Desmarets, Gomberville, La Calprenède, Scudéry. Paris 2013 (Lire le XVIIe siècle. Bd. 21).

Lamoine, Georges: Introduction. In: Chevalier Andrew Michael Ramsay: Les Voyages de Cyrus avec un Disours sur la Mythologie. Édition critique établie de Georges Lamoine. Paris 2002, S. 7–18.

Lampart, Fabian: Zeit und Geschichte. Die mehrfachen Anfänge des historischen Romans bei Scott, Arnim, Vigny und Manzoni. Würzburg 2002 (Epistemata. Reihe Literaturwissenschaft. Bd. 401).

Lamport, F. J.: Utopia and ‚Robinsonade'. Schnabel's *Insel Felsenburg* and Bachstrom's *Land der Inquiraner*. In: Oxford German Studies 1 (1965), S. 10–30.
Lange, Johan: Republikaner, aber kein Demokrat. Christoph Martin Wielands Idealstaat in der ‚Geschichte des Agathon' (1766/67). In: Wieland-Studien 9 (2016), S. 175–201.
Laursen, John Christian: Political Virtue and Anti-skepticism in Albrecht von Haller's Political Novels. In: Michael Böhler u. a. (Hrsg.): Republikanische Tugend. Ausbildung eines Schweizer Nationalbewusstseins und Erziehung eines neuen Bürgers. Contribution à une nouvelle approche des Lumières helvétiques. Actes du 16e Colloque de l'Académie Suisse des Sciences Humaines et Sociales (Ascona, Monte Verità, Centro Stefano Franscini), 7–11 septembre 1998. Genève 2000 (Travaux sur la Suisse des Lumières. Bd. 2), S. 263–281.
Lautz, Uwe: Französische Pamphletliteratur in Spätaufklärung und Revolution. Phil. Diss. Trier 2005.
Le Brun, Jacques: Fénelon et la politique. In: Henk Hillenaar (Hrsg.): Nouvel état présent des travaux sur Fénelon. Amsterdam/Atlanta 2000, S. 45–57.
Lechtreck, Hans-Jürgen: Herrscher im ‚royaume agricole'. Das kaiserliche Pflügen als Gegenstand reformabsolutistischer Bildsprache. In: Zeitschrift für Kunstgeschichte 64 (2001), S. 364–380.
Lefkowitz, Mary: Not out of Africa. How Afrocentrism Became an Excuse to Teach Myth as History. New York 1996, S. 91–121.
Leith, James A.: French Republican Pedagogy in the Year II. In: Canadian Journal of History/ Annales Canadiennes d'Histoire 3 (1968), S. 52–67.
Lempa, Heikki: Bildung der Triebe. Der deutsche Philanthropismus (1768–1788). Turku 1993.
Lévêque, André: „L'honnête homme" et „l'homme de bien" au XVII siècle. In: PMLA 72, 4 (1957), S. 620–632.
Lindenberg, Ludwig: Leben und Schriften David Faßmanns (1683–1744) mit besonderer Berücksichtigung seiner Totengespräche. Phil. Diss. Berlin 1937.
Link, Jürgen: ‚Hyperion' als Nationalepos in Prosa. In: Hölderlin-Jahrbuch 16 (1969/1970), S. 158–194.
Lohmeier, Anke-Marie: Beatus ille. Studien zum ‚Lob des Landlebens' in der Literatur des absolutistischen Zeitalters. Tübingen 1981 (Hermaea. N.F. Bd. 44).
Lottmann, André: Arbeitsverhältnisse. Der arbeitende Mensch in Goethes *Wilhelm Meister*-Romanen und in der Geschichte der Politischen Ökonomie. Würzburg 2011 (Epistemata. Reihe Literaturwissenschaft. Bd. 724).
Löwe, Matthias: Empiristische Skepsis als epochenspezifisches Merkmal spätaufklärerischer Literatur? – Eine Fallstudie zu Wielands *Goldnem Spiegel* und Wezels *Belphegor*. In: Wezel-Jahrbuch. Studien zur europäischen Aufklärung 10/11 (2007/2008), S. 221–254.
Löwe, Matthias: Idealstaat und Anthropologie. Problemgeschichte der literarischen Utopie im späten 18. Jahrhundert. Berlin/Boston 2012 (Communicatio. Bd. 44).
Lüsebrink, Hans-Jürgen: Faszinationshorizont und Feindbildfigur. Ludwig XIV. und sein Zeitalter in Almanachen und Pamphleten des deutschen Sprach- und Kulturraums (1700–1815). In: Jean Schillinger (Hrsg.): Louis XIV et le Grand Siècle dans la culture allemande après 1715. Nancy 2012, S. 33–52.
Lüthi, Daniela: „Und die Menschen sind in eine Gesellschaft getreten, um glücklicher zu sein". Staatstheorie und Naturrecht in Albrecht von Hallers Staatsromanen. http://www.germanistik.unibe.ch/gelzer/PDF-Seiten/luethi_haller.pdf.

Macor, Laura Anna: Die Bestimmung des Menschen (1748–1800). Eine Begriffsgeschichte. Stuttgart-Bad Cannstatt 2013 (Monographien zur Philosophie der deutschen Aufklärung. Bd. 25).

Macor, Laura Anna: Friedrich Hölderlin and the Clandestine Society of the Bavarian Illuminati. A Plaidoyer. In: Philosophica 88 (2013), S. 103–125.

Magendie, M.: Introduction. In: Nicolas Faret: L'honnête homme ou l'art de plaire à la cour. Hrsg. von M. Magendie. Neudruck der Ausgabe Paris 1925, S. I-LII.

Mahl, Bernd: Goethes ökonomisches Wissen. Grundlagen zum Verständnis der ökonomischen Passagen im dichterischen Gesamtwerk und in den ‚Amtlichen Schriften'. Frankfurt am Main/Bern 1982 (Tübinger Studien zur Literatur. Bd. 6).

Mahoney, Dennis F.: Der Roman der Goethezeit (1774–1829). Stuttgart 1988 (Sammlung Metzler. Bd. 241).

Mahoney, Dennis F.: *Der Geisterseher:* A Princely Experiment or, the Creation of a „Spiritualist". In: Jeffrey L. High (Hrsg.): Schiller's Literary Prose Works. New Translations and Critical Essays. Rochester 2008 (Studies in German Literature, Linguistics, and Culture), S. 234–249.

Mahoney, Dennis F.: The French Revolution and the *Bildungsroman*. In: Ders.: From Goethe to Novalis. Studies in Classicism and Romanticism. *Festschrift* for Dennis F. Mahoney in celebration of his sixty-fifth birthday. Hrsg. von Wolfgang Mieder. New York u. a. 2015, S. 135–151.

Maier, Hans: Die ältere deutsche Staats- und Verwaltungslehre (Polizeiwissenschaft). Ein Beitrag zur Geschichte der politischen Wissenschaft in Deutschland. Neuwied am Rhein/ Berlin 1966 (Politica. Bd. 13).

Maier, Hans: Ältere deutsche Staatslehre und westliche politische Tradition. In: Ders.: Politische Wissenschaft in Deutschland. Lehre und Wirkung. Erweiterte Neuausgabe. München/Zürich 1985, S. 103–121.

Maier, Johann Erich: Gnade und Ästhetik. Von der Wiedergeburt zur Gnadenpoetik. Frankfurt am Main u. a. 1998 (Frankfurter Hochschulschriften zur Sprachtheorie und Literaturästhetik. Bd. 11).

Maillard, Christine: ‚Indomanie' um 1800: ästhetische, religiöse und ideologische Aspekte. In: Charis Goer/Michael Hofmann (Hrsg.): Der Deutschen Morgenland. Bilder des Orients in der deutschen Literatur und Kultur von 1770 bis 1850. München 2008, S. 67–83.

Malettke, Klaus: Fénelon, la France et le système des états européens en 1699. In: François-Xavier Cuche/Jacques Le Brun (Hrsg.): Fénelon. Mystique et Politique (1699–1999). Actes du colloque international de Strasbourg pour le troisième centenaire de la publication du *Télémaque* et de la condamnation des *Maximes des Saints*. Paris 2004, S. 469–480.

Manger, Klaus: Wielands Exotismen. In: Wieland-Studien 6 (2010), S. 153–147.

Mansfield, Andrew: Fénelon's cuckoo: Andrew Michael Ramsay and Archbishop Fénelon. In: Doohwan Ahn/Christoph Schmitt-Maaß/Stefanie Stockhorst (Hrsg.): Fénelon in the Enlightenment: Traditions, adaptations, and variations. Amsterdam/New York 2014 (Internationale Forschungen zur allgemeinen und vergleichenden Literaturwissenschaft. Bd. 178), S. 73–93.

Mansfield, Andrew: Ideas of monarchical reform: Fénelon, Jacobitism and the political works of the Chevalier Ramsay. Manchester 2015 (Studies in Early Modern European History).

Marchal, Maryse: Mythes et mystères dans le roman *Sethos* (1731) de l'Abbé Jean Terrasson. In: Le génie de la forme. Mélanges de langue et littérature offerts à Jean Mourot. Nancy 1982, S. 247–256.
Marchal, Maryse: Femmes au pouvoir, pouvoir des femmes: les clefs de Sethos. In: Roger Marchal/François Moureau (Hrsg.): Littérature et séduction. Mélanges en l'honneur de Laurent Versini. Paris 1997, S. 287–297.
Martens, Wolfgang: Literatur und ‚Policey' im Aufklärungszeitalter. Aufgaben sozialgeschichtlicher Literaturforschung. In: Germanisch-Romanische Monatsschrift. N.F. 31 (1981), S. 404–419.
Martens, Wolfgang: Der patriotische Minister. Fürstendiener in der Literatur der Aufklärungszeit. Weimar/Köln/Wien 1996 (Kontext. Studien zur Literatur- und Kulturgeschichte der Neuzeit. Bd. 1).
Martin, Dieter: Das deutsche Versepos im 18. Jahrhundert. Studien und kommentierte Gattungsbibliographie. Berlin/New York 1993 (Quellen und Forschungen zur Sprach- und Kulturgeschichte der germanischen Völker. N.F. Bd. 103).
Martin, Dieter: Barock um 1800. Bearbeitung und Aneignung deutscher Literatur des 17. Jahrhunderts von 1770–1830 (Das Abendland. N.F. Bd. 26). Frankfurt am Main 2000.
Martus, Steffen: Aufklärung. Das deutsche 18. Jahrhundert – ein Epochenbild. Berlin 2015.
Mathy, Helmut: Die Halsbandaffäre. Kardinal Rohan und der Mainzer Kurfürst. Mainz 1989.
Maza, Sarah: The Diamond Necklace Affair Revisited (1785–1786): The Case of the Missing Queen. In: Dena Goodmann (Hrsg.): Marie-Antoinette. Writings on the Body of a Queen. New York/London 2003, S. 73–97.
McCarthy, John: Warum Weimar? Prinzenerzieher, Dichter, Publizist. In: Sven-Aage Jørgensen u. a.: Christoph Martin Wieland. Epoche – Werk – Wirkung. München 1994 (Arbeitsbücher zur Literaturgeschichte), S. 95–97.
McCarthy, John A.: Erzählstrategien und europäische Politik in Wielands *Geschichte des Agathon*. Ein Beitrag zum Kontinentalisierungskonzept. In: Frauke Berndt/Daniel Fulda (Hrsg.): Die Erzählung der Aufklärung. Beiträge zur DGEJ-Jahrestagung 2015 in Halle a. d. Saale. Hamburg 2018 (Studien zum achtzehnten Jahrhundert. Bd. 38), S. 98–117.
McDonald, Joan: Rousseau and the French Revolution 1762–1791. London 1965 (University of London Historical Studies. Bd. 17).
McNeely, James A.: Historical Relativism in Wieland's Concept of the Ideal State. In: Modern Language Quarterly 22 (1961), S. 269–282.
Megnet, Franz: Jean-François Melon (1675 bis 1738). Ein origineller Vertreter der vorphysiokratischen Oekonomen Frankreichs. Winterthur 1955.
Meid, Christopher: Goethes *Achilleis* – Versuch eines modernen Epos in der Nachfolge Homers. In: Markus May/Evi Zemanek (Hrsg.): Annäherung – Anverwandlung – Aneignung. Goethes Übersetzungen in poetologischer und interkultureller Perspektive. Würzburg 2013, S. 83–102.
Meid, Christopher: Zur Theorie des politischen Romans im 18. Jahrhundert. In: Recherches Germaniques 44 (2014), S. 11–31.
Meid, Christopher: Klima, Politik und Literatur. Problemkonstellationen in Albrecht von Hallers *Usong*. In: Scientia Poetica 18 (2014), S. 60–80.
Meid, Christopher: *Wilhelm Meisters Lehrjahre* im Kontext des politischen Romans. In: Goethe-Jahrbuch 134 (2017), S. 149–163.

Meid, Christopher: Roman und Historie. Zur Wertung von Fiktionalität in der Romantheorie der Aufklärung. In: Johannes Franzen u. a. (Hrsg.): Geschichte der Fiktionalität. Diachrone Perspektiven auf ein kulturelles Konzept. Würzburg 2018, S. 151–176.

Meid, Christopher: Bündnisse im politischen Roman (Fénelon, Loen, Justi). In: Franz M. Eybl/Daniel Fulda/Johannes Süßmann (Hrsg.): Bündnisse. Politische und intellektuelle Allianzen im Jahrhundert der der Aufklärung. Köln/Wien 2019, S. 105–121.

Meid, Volker: Absolutismus und Barockroman. In: Wolfgang Paulsen (Hrsg.): Der deutsche Roman und seine historischen und politischen Bedingungen. München 1977, S. 57–72.

Meid, Volker: Die deutsche Literatur im Zeitalter des Barock. Vom Späthumanismus zur Frühaufklärung 1570–1740. München 2009 (Geschichte der deutschen Literatur von den Anfängen bis zur Gegenwart. Bd. 5).

Meinzer, Michael: Der französische Revolutionskalender (1792–1805). Planung, Durchführung und Scheitern einer politischen Zeitrechnung. München 1992 (Ancien Régime, Aufklärung und Revolution. Bd. 20).

Mendham, Matthew D.: Rousseau's Partial Reception of Fénelon: From the Corruptions of Luxury to the Contradictions of Society. In: Doohwan Ahn/Christoph Schmitt-Maaß/Stefanie Stockhorst (Hrsg.): Fénelon in the Enlightenment: Traditions, Adaptations, and Variations. Amsterdam/New York 2014 (Internationale Forschungen zur Allgemeinen und Vergleichenden Literaturwissenschaft. Bd. 178), S. 47–76.

Mercier, Roger: La théorie des climats des „Réflexions critiques" à „L'Esprit des Lois". In: Revue d'Histoire littéraire de la France 53 (1953), S. 17–37, S. 159–174.

Michels, Claudia: Idealstaat ohne Volk. Die skeptische Utopie des Friedrich von Meyern. Stuttgart/Berlin/Köln 1999.

Mielke, Andreas: Laokoon und die Hottentotten oder über die Grenzen von Reisebeschreibung und Satire. Baden-Baden 1993 (Saecvla spiritalia. Bd. 27).

Miething, Christoph: Mythos und Politik. Fénelons Konzept der politischen Erziehung in Les Aventures De Télémaque. In: Romanische Forschungen 97 (1985), S. 131–145.

Mohl, Herbert von: Die Staatsromane. Ein Beitrag zur Literaturgeschichte der Staatswissenschaften. In: Zeitschrift für die gesamte Staatswissenschaft 2 (1845), S. 24–74.

Mohr, Eva: Fénelon und der Staat. Bern/Frankfurt am Main 1971.

Möller, Helmut: Christian Friedrich Sintenis: Ein vergessener Autor am Ausgang der ‚Hausväter'-Zeit. In: Zeitschrift für deutsche Philologie 78 (1959), S. 164–180.

Möller, Horst: Vernunft und Kritik. Deutsche Aufklärung im 17. und 18. Jahrhundert. Frankfurt am Main 1986.

Mondot, Jean: Wilhelm Ludwig Wekhrlin. Un publiciste des lumières. 2 Bde. Talence u. a. 1986.

Mosher, William E.: Albrecht von Hallers Usong. Eine Quellenuntersuchung. Phil. Diss. Halle 1905.

Mühleisen, Hans-Otto/Theo Stammen/Michael Philipp (Hrsg.): Fürstenspiegel der Frühen Neuzeit. Frankfurt am Main/Leipzig 1997 (Bibliothek des deutschen Staatsdenkens. Bd. 6).

Müller, Götz: Der verborgene Prinz. Variationen einer Fabel zwischen 1768 und 1820. In: Jahrbuch der Jean-Paul-Gesellschaft 17 (1982), S. 71–89.

Müller, Jan-Dirk: Wielands späte Romane. Untersuchungen zur Erzählweise und zur erzählten Wirklichkeit. München 1971.

Müller, Michael: Philosophie und Anthropologie der Spätaufklärung. Der Romanzyklus Friedrich Maximilian Klingers. Passau 1992 (Passauer Schriften zu Sprache und Literatur. Bd. 4).
Müller, Reimar: Montesquieu über Klima und Gesellschaft – die Klimatheorie und ihre Folgen. In: Sitzungsberichte der Leibniz-Sozietät 80 (2005), S. 19–32.
Mueller-Goldingen, Christian: Untersuchungen zu Xenophons Kyrupädie. Stuttgart/Leipzig 1995 (Beiträge zur Altertumskunde. Bd. 42).
Münkler, Herfried: Staatsraison und politische Klugheitslehre. In: Iring Fetscher/Herfried Münkler (Hrsg.): Pipers Handbuch der politischen Ideen. Bd. 3: Neuzeit: Von den Konfessionskriegen bis zur Aufklärung. München/Zürich 1985, S. 23–72.
Münkler, Herfried: Im Namen des Staates. Die Begründung der Staatsraison in der Frühen Neuzeit. Frankfurt am Main 1987.
Müßig, Ulrike: Die europäische Verfassungsdiskussion des 18. Jahrhunderts. Tübingen 2008.
Muhlack, Ulrich: Physiokratie und Absolutismus in Frankreich und Deutschland. In: Zeitschrift für historische Forschung 9 (1982), S. 15–46.
Muhlack, Ulrich: Physiokratismus. In: Reinalter, Helmut (Hrsg.): Lexikon zum aufgeklärten Absolutismus in Europa. Herrscher – Denker – Sachbegriffe. Wien/Köln/Weimar 2005, S. 472–477.
Mulsow, Martin: „Steige also, wenn du kannst, höher und höher zu uns herauf". Adam Weishaupt als Philosoph. In: Walter Müller-Seidel/Wolfgang Riedel (Hrsg.): Die Weimarer Klassik und ihre Geheimbünde. Würzburg 2002, S. 27–66.
Näf, Werner: Der Durchbruch des Verfassungsgedankens im 18. Jahrhundert. In: Schweizer Beiträge zur allgemeinen Geschichte 11 (1953), S. 109–120.
Naudeix, Laura: Télémaque et sa voix d'opéra. In: François-Xavier Cuche/Jacques Le Brun (Hrsg.): Fénelon. Mystique et Politique (1699–1999). Actes du colloque international de Strasbourg pour le troisième centenaire de la publication du *Télémaque* et de la condamnation des *Maximes des Saints*. Paris 2004, S. 515–532.
Naumann, Dietrich: Zwischen Reform und Bewahrung. Zum historischen Standort der Staatsromane Albrecht von Hallers. In: Hans Joachim Piechotta (Hrsg.): Reise und Utopie. Zur Literatur der Spätaufklärung. Frankfurt am Main 1976, S. 222–282.
Naumann, Dietrich: Politik und Moral. Studien zur Utopie der deutschen Aufklärung. Heidelberg 1979 (Frankfurter Beiträge zur Germanistik. Bd. 15).
Neugebauer-Wölk, Monika/Richard Saage (Hrsg.): Die Politisierung des Utopischen im 18. Jahrhundert. Tübingen 1996 (Hallesche Beiträge zur Europäischen Aufklärung. Bd. 4).
Neugebauer-Wölk, Monika (Hrsg.): Arkanwelten im politischen Kontext. Hamburg 2003 (Aufklärung. Interdisziplinäres Jahrbuch zur Erforschung des 18. Jahrhunderts und seiner Wirkungsgeschichte Bd. 15).
Neveu, Bruno: Un roman de spiritualité: *Les voyages de Cyrus* du Chevalier Ramsay. In: Charles Grivel (Hrsg.): Écriture de la religion, écriture du roman. Mélanges d'histoire de la littérature et de critique offerts à Joseph Tans. Groningen/Lille 1979, S. 11–27.
Neymeyr, Barbara/Jochen Schmidt/Bernhard Zimmermann (Hrsg.): Stoizismus in der europäischen Philosophie, Literatur, Kunst und Politik. Eine Kulturgeschichte von der Antike bis zur Moderne. 2 Bände. Berlin/New York 2008.
Nickel, Rainer: Nachwort. In: Xenophon: Kyrupädie. Die Erziehung des Kyros. Griechisch – deutsch. Hrsg. und übersetzt von Rainer Nickel. München/Zürich 1992 (Sammlung Tusculum), S. 734–767.

Nicolai-Haas, Rosemarie: Die Anfänge des deutschen Geheimbundromans. In: Christian Peter Ludz (Hrsg.): Geheime Gesellschaften. Heidelberg 1979 (Wolfenbütteler Studien zur Aufklärung. Bd. V/1), S. 267–292.

Niefanger, Dirk: Die Chance einer ungefestigten Nationalliteratur. Traditionsverhalten im galanten Diskurs. In: Thomas Borgstedt/Andreas Solbach (Hrsg.): Der galante Diskurs. Kommunikationsideal und Epochenschwelle. Dresden 2001 (Studien zur Neueren deutschen Literatur. Bd. 6), S. 147–163.

Niefanger, Dirk: Der späte Benjamin Neukirch als Dichter und Prinzenerzieher in Ansbach: Telemach, Satyren und Gelegenheitsgedichte. In: Georg Seiderer (Hrsg.): Carl Wilhelm Friedrich von Brandenburg-Ansbach (1712–1757). Der „wilde Markgraf"? Ansbach 2015 (Jahrbuch des Historischen Vereins für Mittelfranken. Bd. 103), S. 45–62.

Niefanger, Dirk: Der späte Benjamin Neukirch als Pädagoge. In: Morgen-Glantz 25 (2015), S. 311–324.

Nitschke, Peter: Politische Theorie der Prämoderne 1500–1800. Eine Einführung. 2. Auflage. Darmstadt 2011.

Nübel, Birgit: „jede Zeile von ihm mit dem wärmsten Interesse". Aspekte der Rousseau-Rezeption bei Knigge. In: Martin Rector (Hrsg.): Zwischen Weltklugheit und Moral. Der Aufklärer Adolph Freiherr Knigge. Göttingen 1999 (Das Knigge-Archiv. Bd. 2), S. 103–120.

Oberhauser, Claus: Die verschwörungstheoretische Trias: Barruel – Robison – Starck. Innsbruck/Wien/Bozen 2013 (Quellen und Darstellungen zur europäischen Freimaurerei. Bd. 15).

Obert, Marcus: Die naturrechtliche „politische Metaphysik" des Johann Heinrich Gottlob von Justi (1717–1771). Frankfurt am Main u. a. 1992.

Ort, Claus-Michael: Austreibung und Aneignung. Arno Schmidts „Dya Na Sore" als literaturpolitisches Dokument. In: Hans-Edwin Friedrich (Hrsg.): Arno Schmidt und das 18. Jahrhundert. Göttingen 2017, S. 389–417.

Oschmann, Dirk: Darstellung und Gegendarstellung von Aufklärung. Handlung, Erzählung und Schein in Schillers *Geisterseher*. In: Hans Adler/Rainer Godel (Hrsg.): Formen des Nichtwissens der Aufklärung. München 2010 (Laboratorium Aufklärung. Bd. 4), S. 465–481.

Osterwalder, Fritz: Die Überwindung des Sturm und Drang im Werk Friedrich Maximilian Klingers. Die Entwicklung der republikanischen Dichtung in der Zeit der Französischen Revolution (Philologische Studien und Quellen. Bd. 96).

Ottmann, Henning (Hrsg.): Kants Lehre von Staat und Frieden. Baden-Baden 2009 (Staatsverständnisse. Bd. 24).

Overhoff, Jürgen: Die Frühgeschichte des Philanthropismus (1715–1771). Konstitutionsbedingungen, Praxisfelder und Wirkung eines pädagogischen Reformprogramms im Zeitalter der Aufklärung. Tübingen 2004 (Hallesche Beiträge zur europäischen Aufklärung. Bd. 26).

Overhoff, Jürgen: Johann Bernhard Basedow (1724–1790). Aufklärer, Pädagoge, Menschenfreund. Eine Biografie. Göttingen 2020 (Hamburgische Lebensbilder. Bd. 25), S. 110–130.

Paige, Nicholas D.: Before Fiction. The Ancien Régime of the Novel. Philadelphia 2010.

Paintner, Ursula: Aufgeklärter Antijesuitismus? Zur antijesuitischen Argumentation bei Friedrich Nicolai. In: Stefanie Stockhorst (Hrsg.): Friedrich Nicolai im Kontext der kritischen Kultur der Aufklärung. Göttingen 2013 (Schriften des Frühneuzeitzentrums Potsdam. Bd. 2), S. 315–336.

Pallach, Ulrich-Christian: Materielle Kultur und Mentalitäten im 18. Jahrhundert. Wirtschaftliche Entwicklung und politisch-sozialer Funktionswandel des Luxus in Frankreich und im Alten Reich am Ende des Ancien Régime. München 1987 (Ancien Régime, Aufklärung und Revolution. Bd. 14).

Parry, Geraint: Enlightened Government and Its Critics in Eighteenth-Century Germany. In: The Historical Journal 6 (1963), S. 178–192.

Pauscher, Josef: Dya-Na-Sore. Ein Staatsroman von Friedrich Wilhelm von Meyern. In: XXXIV. Jahresbericht der K. K. Staats-Realschule in Jägerndorf 1910–11, S. 1–48.

Peil, Dietmar: Untersuchungen zur Staats- und Herrschaftsmetaphorik in literarischen Zeugnissen von der Antike bis zur Gegenwart. München 1983 (Münstersche Mittelalter-Schriften. Bd. 50).

Peitsch, Helmut: „Wir sind hier nicht auf dem Theater". A. H. J. Lafontaines Briefroman „Klara du Plessis und Klairant". In: Harro Zimmermann (Hrsg.): Der deutsche Roman der Spätaufklärung. Heidelberg 1990 (Neue Bremer Beiträge. Bd. 6), S. 195–216

Pekarek, Marcel: Absolutismus als Kriegsursache. Die französische Aufklärung zu Krieg und Frieden. Stuttgart/Berlin/Köln 1997 (Theologie und Frieden. Bd. 15).

Pestel, Friedemann: Weimar als Exil. Erfahrungsräume französischer Revolutionsemigranten 1792–1803. Leipzig 2009 (Deutsch-französische Kulturbibliothek. Bd. 28), S. 234–251.

Petig, William E.: Literary Antipietism in Germany during the First Half of the Eighteenth Century. New York u. a. 1984 (Stanford German Studies. Bd. 22).

Poeplau, Anna: Selbstbehauptung und Tugendheroismus. Das dramatische Werk Friedrich Maximilian Klingers zwischen Sturm und Drang und Spätaufklärung. Würzburg 2012 (Epistemata. Reihe Literaturwissenschaft. Bd. 751).

Popplow, Marcus: Die Ökonomische Aufklärung als Innovationskultur des 18. Jahrhunderts zur optimierten Nutzung natürlicher Ressourcen. In: Marcus Popplow (Hrsg.): Landschaften agrarisch-ökonomischen Wissens. Strategien innovativer Ressourcennutzung in Zeitschriften und Sozietäten des 18. Jahrhunderts. Münster u. a. 2010 (Cottbuser Studien zur Geschichte von Technik, Arbeit und Umwelt. Bd. 30), S. 3–48.

Potapova, Galina: Johann Friedrich Ernst Albrechts Schlüsselroman „Pansalvin. Fürst der Finsterniß und seine Geliebte". Ein Spiegel der Machtkämpfe am St. Petersburger Hof? In: Rüdiger Schütt (Hrsg.): Verehrt, Verflucht, Vergessen. Leben und Werk von Sophie Albrecht und Johann Friedrich Ernst Albrecht. Hannover 2015, S. 233–273.

Pott [Richter], Sandra: Imbecillitas und Genius. Überlegungen für eine Interpretation der „philosophische[n] Romane" Friedrich Maximilian Klingers vor dem Hintergrund differenzierender Wertungen in der Literaturhistoriographie des 19. (und 20.) Jahrhunderts. In: Thomas Lange/Harald Neumeyer (Hrsg.): Kunst und Wissenschaft um 1800. Würzburg 2000 (Stiftung für Romantikforschung. Bd. 13), S. 237–258.

Pott [Richter], Sandra: Reformierte Morallehren und deutsche Literatur von Jean Barbeyrac bis Christoph Martin Wieland. Tübingen 2002 (Frühe Neuzeit. Bd. 75).

Potthast, Barbara: Die verdrängte Krise. Studien zum „inferioren" deutschen Roman zwischen 1750 und 1770. Hamburg 1997 (Studien zum achtzehnten Jahrhundert. Bd. 21).

Priddat, Birger P.: Bibliographie der physiokratischen Debatte in Deutschland. In: Das achtzehnte Jahrhundert 9 (1985), H. 2, S. 128–149.

Priddat, Birger P.: Ergänzungen und Korrekturen zur ‚Bibliographie der physiokratischen Debatte in Deutschland' (Jg. 9, 1985, H. 2). In: Das achtzehnte Jahrhundert 11 (1987), H. 1, S. 62–64.

Prignitz, Christoph: Die Bewältigung der Französischen Revolution in Hölderlins „Hyperion". In: Jahrbuch des Freien Deutschen Hochstifts 1975, S. 189–211.

Prignitz, Christoph: Friedrich Hölderlin. Die Entwicklung seines politischen Denkens unter dem Einfluß der französischen Revolution. Hamburg 1976 (Hamburger philologische Studien. Bd. 40).

Prignitz, Christoph: „Der Vulkan bricht los". Das Kriegsmotiv in Hölderlins „Hyperion". In: Harro Zimmermann (Hrsg.): Der deutsche Roman der Spätaufklärung. Heidelberg 1990 (Neue Bremer Beiträge Bd. 6), S. 91–105.

Profos Frick, Claudia: Gelehrte Kritik. Albrecht von Hallers literarisch-wissenschaftliche Rezensionen in den *Göttingischen Gelehrten Anzeigen*. Basel 2009 (Studia Halleriana. Bd. 10).

Profos, Claudia: Literaturkritik. In: Hubert Steinke/Urs Boschung/Wolfgang Proß (Hrsg.): Albrecht von Haller: Leben – Werk – Epoche. Göttingen 2008, S. 182–198.

Prosch, Franz: Ueber Klingers philosophische Romane. Freiwaldau 1882 (Programm des k. k. Staatsgymnasiums zu Weidenau für das Schuljahr 1881/82).

Quester, Yong-Mi: Frivoler Import. Die Rezeption freizügiger französischer Romane in Deutschland (1730–1800). Mit einer kommentierten Übersetzungsbibliographie. Tübingen 2006 (Frühe Neuzeit. Bd. 116).

Racault, Jean-Michel: L'Égypte romanesque au début du dix-huitième siècle. In: Eighteenth-Century Fiction 8 (1996), S. 171–192.

Racault, Jean-Michel: Périples africains et itinéraires initiatiques dans le roman européen des années 1730. In: Dix-huitième siècle 44 (2012), S. 237–251.

Radspieler, Hans: Christoph Martin Wieland 1733–1813. Leben und Wirken in Oberschwaben. Ausstellung der Stadtbibliothek Ulm vom 4. Mai bis 25. Juni 1983 im Schwörhaus Ulm und in der Stadtbücherei Biberach vom 4. September bis 15. Oktober 1983 im Museum Biberach. Weißenhorn 1983 (Veröffentlichungen der Stadtbibliothek Ulm. Bd. 3).

Rassem, Mohammed/Justin Stagl (Hrsg.): Statistik und Staatsbeschreibung in der Neuzeit vornehmlich im 16.–18. Jahrhundert. Bericht über ein interdisziplinäres Symposion in Wolfenbüttel, 25.–27. September 1978. Paderborn u. a. 1980 (Quellen und Abhandlungen zur Geschichte der Staatsbeschreibung und Statistik. Bd. 1).

Rector, Martin: Knigge oder die Grenzen der Aufklärung. In: Ders. (Hrsg.): Zwischen Weltklugheit und Moral. Der Aufklärer Adolph Freiherr Knigge. Göttingen 1999 (Das Knigge-Archiv. Bd. 2), S. 9–20.

Reed, Terence James: Revolution und Rücknahme: „Wilhelm Meisters Lehrjahre" im Kontext der Französischen Revolution. In: Goethe-Jahrbuch 107 (1990), S. 27–43.

Reemtsma, Jan Philipp: Der politische Schriftsteller Christoph Martin Wieland. In: Christoph Martin Wieland: Politische Schriften, insbesondere zur Französischen Revolution. Bd. 1. Nördlingen 1988, S. XII-LXXV.

Reemtsma, Jan Philipp: Das Buch vom Ich. Christoph Martin Wielands „Aristipp und einige seiner Zeitgenossen". München 2000.

Rehder, Helmut: Fromme Politik. Zu den Essays von Friedrich Carl von Moser. In: Monatshefte 67 (1975), S. 425–431.

Reichelt, Helmut: Die Physiokraten. In: Iring Fetscher/Herfried Münkler (Hrsg.): Pipers Handbuch der politischen Ideen. Bd. 3: Neuzeit: Von den Konfessionskriegen bis zur Aufklärung. München/Zürich 1985, S. 579–588.

Reichert, Karl: Nachwort. In: Johann Michael von Loen: Der Redliche Mann am Hofe; Oder die Begebenheiten Des Grafens von Rivera. In einer auf den heutigen Zustand der Welt gerichteten Lehr- und Staats-Geschichte. Vorgestellet von Dem Herrn von ***. Faksimiledruck nach der Ausgabe von 1742. Stuttgart 1966, S. 1*-25*.

Reinalter, Helmut: Aufgeklärter Absolutismus und Josephinismus. In: Ders. (Hrsg.): Der Josephinismus. Bedeutung, Einflüsse und Wirkungen. Frankfurt am Main u. a. 1993 (Schriften der Internationalen Forschungsstelle „Demokratische Bewegungen in Mitteleuropa 1770–1850. Bd. 9), S. 11–21.

Reinalter, Helmut: Das Weltall als Wirkung einer „höchsten Ursache". Zur Geschichtsphilosophie und Struktur des Illuminatenordens. In: Helmut Reinalter (Hrsg.): Der Illuminatenorden (1776–1785/87). Ein politischer Geheimbund der Aufklärungszeit. Frankfurt am Main u. a. 1997 (Schriftenreihe der Internationalen Forschungsstelle Demokratische Bewegungen in Mitteleuropa 1770–1850. Bd. 24), S. 249–268.

Reinalter, Helmut: Gegen die „Tollwuth der Aufklärungsbarbarei". Leopold Alois Hoffmann und der frühe Konservativismus in Österreich. In: Christoph Weiß/Wolfgang Albrecht (Hrsg.): Von ‚Obscuranten' und ‚Eudämonisten'. Gegenaufklärerische, konservative und antirevolutionäre Publizisten im späten 18. Jahrhundert. St. Ingbert 1997 (Literatur im historischen Kontext. Bd. 1), S. 221–244.

Reinalter, Reinalter: Der Aufgeklärte Absolutismus – Geschichte und Perspektiven der Forschung. In: Helmut Reinalter/Harm Klueting (Hrsg.): Der aufgeklärte Absolutismus im europäischen Vergleich. Wien/Köln/Weimar 2002, S. 11–19.

Reinhard, Wolfgang: Vom italienischen Humanismus bis zum Vorabend der Französischen Revolution. In: Hans Fenske u. a.: Geschichte der politischen Ideen. Von der Antike bis zur Gegenwart. Frankfurt am Main 2003, S. 241–376.

Renwick, John: Marmontel, Voltaire and the Bélisaire affair. Banbury 1974 (Studies on Voltaire and the Eighteenth Century. Bd. 121).

Reynolds-Cornell, Regine: Fiction and reality in the *Mémoires* of the notorious Anne-Marguerite Petit Du Noyer. Tübingen 1999 (Biblio. Bd. 17).

Richter, Sandra: „Der Goldne Spiegel oder die Könige von Scheschian", „Geschichte des Philosophen Danischmend und der drey Kalender". In: Jutta Heinz (Hrsg.): Wieland-Handbuch. Leben – Werk – Wirkung. Stuttgart 2008, S. 284–295.

Richter, Susan: Der Monarch am Pflug – Von der Erweiterung des Herrschaftsverständnisses als erstem Diener zum ersten Landwirt des Staates. In: Das achtzehnte Jahrhundert 34 (2010), H. 1, S. 40–64.

Richter, Susan: Pflug und Steuerruder. Zur Verflechtung von Herrschaft und Landwirtschaft in der Aufklärung. Köln, Weimar, Wien 2015 (Beihefte zum Archiv für Kulturgeschichte H. 75).

Riedel, Wolfgang: Die Anthropologie des jungen Schiller. Zur Ideengeschichte der medizinischen Schriften und der „Philosophischen Briefe". Würzburg 1985 (Epistemata. Reihe Literaturwissenschaft. Bd. 17).

Rieger, Max: Klinger in der Sturm- und Drangperiode. Darmstadt 1880.

Rieger, Max: Klinger in seiner Reife. Darmstadt 1896.

Rieger, Max: Briefbuch zu Friedrich Maximilian Klinger. Darmstadt 1896.

Riley, Patrick: Fénelon's ‚Republican' Monarchism in Telemachus. In: Hans Blom/Christian Laursen/Luisa Simonutti (Hrsg.): Monarchisms in the Age of Enlightenment. Liberty, Patriotism and the Common Good. Toronto 2007, S. 78–100.

Ritter, Alexander (Hrsg.): J. G. Müller von Itzehoe und die deutsche Spätaufklärung. Studien zur Literatur und Gesellschaft im 18 Jahrhundert. Heide 1978 (Steinburger Studien. Bd. 1).

Robel, Gert: „Staub der Erste – Kayser der Unterwelt". Eine kritische Biographie Pauls aus dem Jahre 1802. In: Helmut Reinalter (Hrsg.): Gesellschaft und Kultur Mittel-, Ost- und Südosteuropas im 18. und beginnenden 19. Jahrhundert. Festschrift für Erich Donnert zum 65. Geburtstag. Frankfurt a. M. 1994 (Schriftenreihe der Internationalen Forschungsstelle Demokratische Bewegungen in Mitteleuropa 1770–1850. Bd. 11), S. 215–224.

Robert, Jörg: Vor der Klassik. Die Ästhetik Schillers zwischen Karlsschule und Kant-Rezeption. Berlin/Boston 2011 (Quellen und Forschungen zur Literatur- und Kulturgeschichte. Bd. 72 [306]).

Robertson, Ritchie: Schiller and the Jesuits. In: Nicholas Martin (Hrsg.): Schiller: National Poet – Poet of Nations. A Birmingham Symposium. Amsterdam/New York 2006 (Amsterdamer Beiträge zur neueren Germanistik. Bd. 61), S. 179–200.

Robertson, Ritchie: Difficulties of a statesman: Johann Michael von Loen and *Der redliche Mann am Hofe*. In: Michael Wood/Johannes Birgfeld (Hrsg.): Repopulating the eighteenth century: Second-Tier Writing in the German Enlightenment. Rochester 2018 (Edinburgh German Yearbook. Bd. 12), S. 71–89.

Rösch, Gertrud Maria: Clavis Scientiae. Studien zum Verhältnis von Faktizität und Fiktionalität am Beispiel der Schlüsselliteratur. Tübingen 2004 (Studien zur deutschen Literatur. Bd. 170).

Rösch-Wanner, Beatrice: J. H. G. von Justi als Literat. Frankfurt am Main 1993 (Europäische Hochschulschriften. Reihe I. Bd. 1386).

Roscher, Wilhelm: Geschichte der National-Oekonomik in Deutschland. 2. Auflage. München/Berlin 1924.

Rose, Dirk: Galanter Roman und klassische Tragödie. Hunolds *Europäische Höfe* und Schillers *Prinzessin von Zelle* im gattungsgeschichtlichen Kontext. In: André Rudolph/Ernst Stöckmann (Hrsg.): Aufklärung und Weimarer Klassik im Dialog. Tübingen 2009 (Untersuchungen zur deutschen Literaturgeschichte. Bd. 135), S. 1–27.

Rose, Dirk: Conduite und Text. Paradigmen eines galanten Literaturmodells im Werk von Christian Friedrich Hunold (Menantes). Berlin/Boston 2012 (Frühe Neuzeit. Bd. 167).

Rose, Dirk: Exemplarische Aktualität. Zum Transfer neuer Romanmodelle aus England durch Matthesons Übersetzungen (Defoe, Richardson). In: Wolfgang Hirschmann/Bernhard Jahn (Hrsg.): Johann Mattheson als Vermittler und Initiator. Wissenstransfer und die Etablierung neuer Diskurse in der ersten Hälfte des 18. Jahrhunderts. Hildesheim/Zürich/New York 2010, S. 114–136.

Rosenblatt, Helena: Rousseau and Geneva. From the *First Discourse* to the *Social Contract*, 1749–1762. Cambridge 1997 (Ideas in Context. Bd. 46).

Rothkrug, Lionel: Opposition to Louis XIV. The Political and Social Origins of the French Enlightenment. Princeton 1965.

Rüdiger, Axel: Staatslehre und Staatsbildung. Die Staatswissenschaft an der Universität Halle im 18. Jahrhundert. Tübingen 2005 (Hallesche Beiträge zur europäischen Aufklärung. Bd. 15).

Ryan, Lawrence: Hölderlins Hyperion. Exzentrische Bahn und Dichterberuf. Stuttgart 1965 (Germanistische Abhandlungen. Bd. 7).

Ryan, Lawrence: „So kam ich unter die Deutschen." Hyperions Weg in die Heimat. In: Hölderlin-Jahrbuch 31 (1998/1999), S. 99–122.

Ryan, Lawrence: Hyperion oder Der Eremit in Griechenland. In: Johann Kreuzer (Hrsg.): Hölderlin-Handbuch. Leben – Werk – Wirkung. Stuttgart/Weimar 2002, S. 176–197.

Saada, Anne: L'accueil de Crébillon fils en Allemagne au XVIIIe siècle. In: Revue de littérature comparée 303 (2002), S. 343–354.

Saage, Richard: Utopie als „Fürstenspiegel". Zu Fénelons „Die Abenteuer des Telemach". In: UTOPIE kreativ 95 (1998), S. 66–77.

Sage, Victor: Black Venice: Conspiracy and Narrative Masquerade in Schiller, Zschokke, Lewis, and Hoffmann. In: Gothic Studies 8 (2006), S. 52–72.

Salama, Dalia: Albrecht von Hallers „Usong". Ein orientalisierender Staatsroman. Hamburg 2006.

Salumets, Thomas: Ein ‚etablierter Außenseiter': Friedrich Maximilian Klinger und die Geschichte eines Teutschen der neusten Zeit. In: Euphorion 96 (2002), S. 421–435.

Sangmeister, Dirk: August Lafontaine oder Die Vergänglichkeit des Erfolges. Leben und Werk eines Bestsellerautors der Spätaufklärung. Tübingen 1998 (Hallesche Beiträge zur europäischen Aufklärung. Bd. 6).

Saße, Günter: Auswandern in die Moderne. Tradition und Innovation in Goethes Roman ‚Wilhelm Meisters Wanderjahre'. Berlin/New York 2010 (linguae & litterae. Bd. 1).

Sauder, Gerhard: ‚Verhältnismäßige Aufklärung'. Zur bürgerlichen Ideologie am Ende des 18. Jahrhunderts. In: Jahrbuch der Jean-Paul-Gesellschaft 9 (1974), S. 102–126.

Sauder, Gerhard: Empfindsamkeit. Bd. 1: Quellen und Voraussetzungen. Stuttgart 1974.

Scattola, Merio: Die politische Theorie in Deutschland zur Zeit des aufgeklärten Absolutismus. In: Helwig Schmidt-Glintzer (Hrsg.): Fördern und Bewahren. Studien zur europäischen Kulturgeschichte der frühen Neuzeit. Festschrift anläßlich des zehnjährigen Bestehens der Dr.-Günther-Findel-Stiftung zur Förderung der Wissenschaften. Wiesbaden 1996 (Wolfenbütteler Forschungen. Bd. 70), S. 119–133.

Scattola, Merio: Politisches Wissen und literarische Form im Goldnen Spiegel Christoph Martin Wielands. In: Scientia Poetica 5 (2001), S. 90–121.

Scattola, Merio: Roman und praktische Philosophie in der Tradition der Gelehrtengeschichte. In: Ulrich Johannes Schneider (Hrsg.): Kultur der Kommunikation. Die europäische Gelehrtenrepublik im Zeitalter von Leibniz und Lessing. Wiesbaden 2005 (Wolfenbütteler Forschungen. Bd. 109), S. 293–316.

Scattola, Merio: ‚Historia literaria' als ‚historia pragmatica'. In: Frank Grunert/Friedrich Vollhardt: Historia literaria. Neuordnungen des Wissens im 17. und 18. Jahrhundert. Berlin 2007, S. 37–63.

Scattola, Merio: Von der prudentia politica zur Staatsklugheitslehre. Die Verwandlungen der Klugheit in der praktischen Philosophie der Frühen Neuzeit. In: Alexander Fidora/Andreas Niederberger/Merio Scattola (Hrsg.): Phronêsis – Prudentia – Klugheit. Das Wissen des Klugen in Mittelalter, Renaissance und Neuzeit. Matthias Lutz-Bachmann zu seinem 60. Geburtstag. Porto 2013 (Textes et études du Moyen-Age. Bd. 68), S. 227–259.

Scattola, Merio/Friedrich Vollhardt: ‚Historia litteraria', Geschichte und Kritik. Das Projekt der Cautelen im literarischen Feld. In: Manfred Beetz/Herbert Jaumann (Hrsg.): Thomasius im literarischen Feld. Neue Beiträge zur Erforschung seines Werkes im historischen Kontext. Tübingen 2003 (Hallesche Beiträge zur Europäischen Aufklärung. Bd. 20), S. 159–186.

Scheffers, Henning: Höfische Konvention und die Aufklärung. Wandlungen des *honnête-homme*-Ideals im 17. und 18. Jahrhundert. Bonn 1980 (Studien zur Germanistik, Anglistik und Komparatistik. Bd. 93).

Scherpe, Klaus R.: Gattungspoetik im 18. Jahrhundert. Historische Entwicklung von Gottsched bis Herder. Stuttgart 1968 (Studien zur Allgemeinen und Vergleichenden Literaturwissenschaft. Bd. 2).

Schings, Hans-Jürgen: Der anthropologische Roman. Seine Entstehung und Krise im Zeitalter der Spätaufklärung. In: Bernhard Fabian/Wilhelm Schmidt-Biggemann/Rudolf Vierhaus (Hrsg.): Deutschlands kulturelle Entfaltung. Die Neubestimmung des Menschen. München 1980 (Studien zum achtzehnten Jahrhundert. Bd. 2/3), S. 247–275.

Schings, Hans-Jürgen: Der Staatsroman im Zeitalter der Aufklärung. In: Helmut Koopmann (Hrsg.): Handbuch des deutschen Romans. Düsseldorf 1983, S. 151–169.

Schings, Hans-Jürgen: Einführung. In: Johann Wolfgang Goethe: Sämtliche Werke nach Epochen seines Schaffens. Münchner Ausgabe. Hrsg. von Karl Richter u. a. Bd. 5: Wilhelm Meisters Lehrjahre. Ein Roman. Hrsg. von Hans-Jürgen Schings. München 1988, S. 613–643.

Schings, Hans-Jürgen: Die Brüder des Marquis Posa. Schiller und der Geheimbund der Illuminaten. Tübingen 1996.

Schings, Hans-Jürgen: ‚Wilhelm Meister' und das Erbe der Illuminaten. In: Walter Müller-Seidel/Wolfgang Riedel (Hrsg.): Die Weimarer Klassik und ihre Geheimbünde. Würzburg 2002, S. 177–201.

Schlott, Michael (Hrsg.): Wirkungen und Wertungen. Adolph Freiherr Knigge im Urteil der Nachwelt (1796–1994). Eine Dokumentensammlung. Göttingen 1998 (Das Knigge-Archiv. Bd. 1).

Schmidke, Sören: Politikum Prinzenerziehung. Wieland in Weimarischen Diensten. In: Wieland-Studien 9 (2016), S. 31–50.

Schmidt, Arno: Dya Na Sore. Blondeste der Bestien. In: Ders.: Dya Na Sore. Gespräche in einer Bibliothek. Karlsruhe 1958, S. 5–53.

Schmidt, Jochen: Hölderlins Entwurf der Zukunft. In: Hölderlin-Jahrbuch 16 (1969/70), S. 110–122.

Schmidt, Jochen: Kommentar. In: Friedrich Hölderlin: Sämtliche Werke und Briefe in drei Bänden. Hrsg. von Jochen Schmidt. Bd. 2: Hyperion. Empedokles. Aufsätze. Übersetzungen. Hrsg. von Jochen Schmidt in Zusammenarbeit mit Katharina Grätz. Frankfurt am Main 1994, S. 928–1090.

Schmidt, Karl-Heinz: Merkantilismus, Kameralismus, Physiokratie. In: Otmar Issing (Hrsg.): Geschichte der Nationalökonomie. 4., überarbeitete und ergänzte Auflage. München 2002, S. 37–66.

Schmidt, Maike: Grönland – *Wo Nacht und Kälte wohnt*. Eine imagologische Analyse des Grönland-Diskurses im 18. Jahrhundert. Göttingen 2011.

Schmidt, Wolf Gerhard: ‚Homer des Nordens' und ‚Mutter der Romantik'. James Macphersons *Ossian* und seine Rezeption in der deutschsprachigen Literatur. 2 Bde. Berlin/New York 2003.

Schmitt, Hanno: Vernunft und Menschlichkeit. Studien zur philanthropischen Erziehungsbewegung. Bad Heilbrunn 2007.

Schmitt-Maaß, Christoph: Fénelons „Télémaque" in der deutschsprachigen Aufklärung (1700–1832). Berlin/Boston 2018 (Frühe Neuzeit. Bd. 220).

Schmitt-Maaß, Christoph/Stefanie Stockhorst/Doohwan Ahn: Introduction: Early Modernism, Catholicism and the Role of the Subject – Fénelon as a Representative of the Age of Enlightenment. In: Doohwan Ahn/Christoph Schmitt-Maaß/Stefanie Stockhorst (Hrsg.): Fénelon In the Enlightenment: Traditions, Adaptations, and Variations. Amsterdam/New York 2014 (Internationale Forschungen zur Allgemeinen und Vergleichenden Literaturwissenschaft. Bd. 178), S. 13–24.

Schneider, Georg: Die Schlüsselliteratur. 3 Bde. Stuttgart 1951–1953.

Schneider, Thomas: Lexikon der Pharaonen. München 1996.

Schneiders, Werner: Die Philosophie des aufgeklärten Absolutismus. Zum Verhältnis von Philosophie und Politik, nicht nur im 18. Jahrhundert. In: Hans Erich Bödeker/Ulrich Hermann (Hrsg.): Aufklärung als Politisierung – Politisierung der Aufklärung. Hamburg 1987 (Studien zum achtzehnten Jahrhundert. Bd. 8), S. 32–52.

Schönert, Jörg: Roman und Satire im 18. Jahrhundert. Ein Beitrag zur Poetik. Stuttgart 1969 (Germanistische Abhandlungen. Bd. 27).

Schönert, Jörg: Fragen ohne Antwort. Zur Krise der literarischen Aufklärung im Roman des späten 18. Jahrhunderts: Wezels „Belphegor", Klingers „Faust" und die „Nachtwachen von Bonaventura". In: Jahrbuch der Deutschen Schillergesellschaft 14 (1970), S. 183–229.

Schößler, Franziska: Goethes *Lehr- und Wanderjahre*. Eine Kulturgeschichte der Moderne. Tübingen/Basel 2002.

Schrader, Christine: Krise der Aufklärung und Neuansatz. Knigges „Geschichte Peter Clausens" im Spannungsfeld von Geheimbund und Öffentlichkeit. Stuttgart/Weimar 2001.

Schunka, Alexander: [Rezension von] Eckert, Georg, „True, Noble, Christian Freethinking". Leben und Werk Andrew Michael Ramsays (1686–1743) […]. In: Zeitschrift für Historische Forschung. 39 (2012), S. 732–734.

Schütt, Rüdiger: Liebling der Leser, Hassobjekt der Rezensenten. Zur zeitgenössischen Rezeption von Johann Friedrich Ernst Albrecht. In: Rüdiger Schütt (Hrsg.): Verehrt, Verflucht, Vergessen. Leben und Werk von Sophie Albrecht und Johann Friedrich Ernst Albrecht. Hannover 2015, S. 25–62.

Schuurman, Paul: Fénelon on Luxury, War and Trade in the *Telemachus*. In: History of European Ideas 38 (2012), S. 179–199.

Segeberg, Harro: Friedrich Maximilian Klingers Romandichtung. Untersuchungen zum Roman der Spätaufklärung. Heidelberg 1974 (Probleme der Dichtung. Bd. 14).

Segeberg, Harro: Friedrich Maximilian Klinger. Ein Beitrag zur Geschichte der Gegen-Klassik. In: Ortrud Gutjahr/Harro Segeberg (Hrsg.): Klassik und Anti-Klassik. Goethe und seine Epoche. Würzburg 2001, S. 279–293.

Seiler, Bernd W.: Der Schelm, der nur noch gibt, was er hat. Adolph von Knigge und die Tradition des Schelmenromans. In: Friedrich Kienecker/Peter Wolfersdorf (Hrsg.): Dichtung, Wissenschaft, Unterricht. Rüdiger Frommholz zum 60. Geburtstag. Paderborn u. a. 1986, S. 300–322.

Selbmann, Rolf: Der deutsche Bildungsroman. Stuttgart 1984 (Sammlung Metzler. Bd. 214).

Selbmann, Rolf (Hrsg.): Zur Geschichte des deutschen Bildungsromans. Darmstadt 1988 (Wege der Forschung. Bd. 640).

Sellin, Volker: Politik. In: Geschichtliche Grundbegriffe. Historisches Lexikon zur politisch-sozialen Sprache in Deutschland. Hrsg. von Otto Brunner, Werner Conze und Reinhart Koselleck. Bd. 4: Mi – Pre. Stuttgart 1978, S. 789–874.

Senarclens, Vanessa de: Montesquieus historische Herangehensweise am Beispiel Roms. In: Edgar Mass (Hrsg.): Montesquieu zwischen den Disziplinen. Einzel- und kulturwissenschaftliche Zugriffe. Internationale Konferenz aus Anlass des 250. Todesjahres von Charles-Louis de Montesquieu an der Universität Potsdam, Forschungszentrum Europäische Aufklärung. Berlin 2010 (Beiträge zur Politischen Wissenschaft. Bd. 161), S. 125–133.

Senger, Anneliese: Deutsche Übersetzungstheorie im 18. Jahrhundert (1734–1746). Bonn 1971 (Abhandlungen zur Kunst-, Musik- und Literaturwissenschaft. Bd. 97).

Sengle, Friedrich: Wieland. Stuttgart 1949.

Seuffert, Bernhard: Wielands Berufung nach Weimar. In: Vierteljahrschrift für Litteraturgeschichte 1 (1888), 342–435.

Shackleton, Robert: The evolution of Montesquieu's theory of climate. In: Revue internationale de Philosophie 9 (1955), S. 317–329.

Shackleton, Robert: Montesquieu. A Critical Biography. Oxford 1961.

Shovlin, John: The Political Economy of Virtue. Luxury, Patriotism, and the Origins of the French Revolution. Ithaca/London 2006.

Sieber, Siegfried: Johann Michael von Loen, Goethes Großoheim (1694–1776), sein Leben, sein Wirken, und eine Auswahl aus seinen Schriften. Leipzig 1922.

Siegl-Mocavini, Susanne: John Barclays „Argenis" und ihr staatstheoretischer Kontext. Untersuchungen zum politischen Denken der Frühen Neuzeit. Tübingen 1999 (Frühe Neuzeit. Bd. 48).

Siegrist, Christoph: Albrecht von Haller. Stuttgart 1967 (Sammlung Metzler. Bd. 57).

Simon, Erika: Der Schild des Achilleus. In: Gottfried Boehm/Helmut Pfotenhauer (Hrsg.): Beschreibungskunst –Kunstbeschreibung. Ekphrasis von der Antike bis zur Gegenwart. München 1995 (Bild und Text), S. 123–141.

Simon, Thomas: „Gute Policey". Ordnungsleitbilder und Zielvorstellungen politischen Handelns in der Frühen Neuzeit. Frankfurt am Main 2004 (Studien zur europäischen Rechtsgeschichte. Bd. 170).

Simonis, Linda: Die Kunst des Geheimen. Esoterische Kommunikation und ästhetische Darstellung im 18. Jahrhundert. Heidelberg 2002 (Beiträge zur neueren Literaturgeschichte. Bd. 85).

Simons, Olaf: Marteaus Europa oder Der Roman, bevor er Literatur wurde. Eine Untersuchung des deutschen und englischen Buchangebots der Jahre 1710 bis 1720. Amsterdam/Atlanta 2001 (Internationale Forschungen zur Allgemeinen und Vergleichenden Literaturwissenschaft. Bd. 52).

Singer, Herbert: Die Prinzessin von Ahlden. Verwandlungen einer höfischen Sensation in der Literatur des 18. Jahrhunderts. In: Euphorion 49 (1955), S. 305–343.

Singer, Herbert: Der galante Roman. Stuttgart 1961 (Sammlung Metzler. Bd. 10).

Singer, Herbert: Der deutsche Roman zwischen Barock und Rokoko. Köln/Graz 1963 (Literatur und Leben. N.F. Bd. 6).

Six, Veronika: Das Äthiopien in Adolph Knigges Roman: Realität oder Hilfsmittel? In: Aethiopica 2 (1999), S. 144–158.

Skorgen, Torgeir: Hölderlins Balanceidee und Konzeption des Nationallen. In: Hölderlin-Jahrbuch 36 (2008/2009), S. 94–110.

Sommer, Andreas Urs: Geschichte als Trost. Isaak Iselins Geschichtsphilosophie. Basel 2002.

Sommer, Andreas Urs: Sinnstiftung durch Geschichte? Zur Entstehung spekulativ-universalistischer Geschichtsphilosophie zwischen Bayle und Kant. Basel 2006 (Schwabe Philosophica. Bd. 8).

Spaemann, Robert: Reflexion und Spontaneität. Studien über Fénelon. Stuttgart 1963.

Spies, Bernhard: Politische Kritik, psychologische Hermeneutik, ästhetischer Blick. Die Entwicklung bürgerlicher Subjektivität im Roman des 18. Jahrhunderts. Stuttgart 1992 (Germanistische Abhandlungen. Bd. 73).

Spieth, Darius A.: Napoleon's Sorcerers. The Sophisians. Newark 2007.

Stammen, Theo: „Ilmenau den 3. September 1783". Über Goethes Verhältnis zur Politik. In: Andrea Bartl u. a. (Hrsg.): „In Spuren gehen…". Festschrift für Helmut Koopmann. Tübingen 1998, S. 93–126.

Stammen, Theo: Adolph Freiherr von Knigge und die Illuminatenbewegung. In: Walter Müller-Seidel/Wolfgang Riedel (Hrsg.): Die Weimarer Klassik und ihre Geheimbünde. Würzburg 2002, S. 67–89.

Stanitzek, Georg: Der Projektemacher. Projektion auf eine ‚unmögliche' moderne Kategorie. In: Ästhetik und Kommunikation 65/66 (1987), S. 135–146.

Stauffer, Isabelle: Verführung zur Galanterie. Benehmen, Körperlichkeit und Gefühlsinszenierungen im literarischen Kulturtransfer 1664–1772. Wiesbaden 2018 (Wolfenbütteler Forschungen. Bd. 152).

Stausberg, Michael: Faszination Zarathushtra. Zoroaster und die Europäische [!] Religionsgeschichte der Frühen Neuzeit. 2 Bde. Berlin/New York 1998 (Religionsgeschichtliche Versuche und Vorarbeiten. Bd. 42).

Steiger, Johann Anselm/Sandra Richter (Hrsg.): Hamburg. Eine Metropolregion zwischen Früher Neuzeit und Aufklärung. Berlin 2012 (Metropolis).

Steiner, Uwe: Wilhelm Meisters Lehrjahre. In: Bernd Witte u. a. (Hrsg.): Goethe-Handbuch. Bd. 3: Prosaschriften. Stuttgart/Weimar 1997, S. 113–152.

Steinmetz, Willibald (Hrsg.): „Politik". Situationen eines Wortgebrauchs im Europa der Neuzeit. Frankfurt am Main/New York 2007 (Historische Politikforschung. Bd. 17).

Stiening, Gideon: Epistolare Subjektivität. Das Erzählsystem in Friedrich Hölderlins Briefroman „Hyperion oder der Eremit in Griechenland". Tübingen 2005 (Frühe Neuzeit. Bd. 105).

Stiening, Gideon: Glück statt Freiheit – Sitten statt Gesetze. Wielands Auseinandersetzung mit Rousseaus politischer Theorie. In: Wieland-Studien 9 (2016), S. 61–103.

Stockinger, Ludwig: Ficta Respublica. Gattungsgeschichtliche Untersuchungen zur utopischen Erzählung in der deutschen Literatur des frühen 18. Jahrhunderts. Tübingen 1981 (Hermaea. N.F. Bd. 45).

Stolarzewicz, Maria: Anmerkungen zu politischen Implikationen von Wielands Opernkonzepten. In: Wieland-Studien 9 (2016), S. 159–174.

Stollberg-Rilinger, Barbara: Der Staat als Maschine. Zur politischen Metaphorik des absoluten Fürstenstaats. Berlin 1986 (Historische Forschungen. Bd. 30).

Stolleis, Michael: Veit Ludwig von Seckendorff. In: Ders. (Hrsg.): Staatsdenker im 17. und 18. Jahrhundert. Reichspublizistik – Politik – Naturrecht. 2., erweiterte Aufl. Frankfurt am Main 1987, S. 148–171.

Strube, Werner: Die literaturwissenschaftliche Textinterpretation. In: Paul Michel/Hans Weder (Hrsg.): Sinnvermittlung. Studien zur Geschichte von Exegese und Hermeneutik I. Zürich 2000, S. 43–69.
Stuber, Martin/Regula Wyss: Der Magistrat und ökonomische Patriot. In: Hubert Steinke/Urs Boschung/Wolfgang Proß (Hrsg.): Albrecht von Haller: Leben – Werk – Epoche. Göttingen 2008, S. 347–380.
Swenson, James: On Jean-Jacques Rousseau. Considered as one of the first authors of the revolution. Stanford 2000.
Syndram, Dirk: Ägypten-Faszinationen. Untersuchungen zum Ägyptenbild im europäischen Klassizismus bis 1800. Frankfurt am Main u. a. 1990.
Thiel, Michael: Johann Friedrich Ernst Albrecht (1752–1814): Arzt, medizinischer Volksschriftsteller, politischer Belletrist. Ein Beitrag zur Trivialliteraturforschung. MD FU Berlin 1970.
Thiele, Richard: Thomas Abbts Anteil an den Briefen, die neueste Literatur betreffend. In: Beiträge zur deutschen Philologie. Festschrift für Julius Zacher. Halle 1880, S. 147–190.
Thomas, Chantal: La reine scélérate. Marie-Antoinette dans les pamphlets. Paris 1989.
Thomas, Chantal: The Heroine of the Crime: Marie-Antoinette in Pamphlets. In: Dena Goodmann (Hrsg.): Marie-Antoinette. Writings on the Body of a Queen. New York/London 2003, S. 99–116.
Titzmann, Michael: Kulturelles Wissen – Diskurs – Denksystem: Zu einigen Grundbegriffen der Literaturgeschichtsschreibung. In: Zeitschrift für französische Sprache und Literatur 99 (1989), S. 47–61.
Titzmann, Michael: Friedrich Maximilian Klingers Romane und die Philosophie der (Spät-) Aufklärung. In: Ders.: Anthropologie der Goethezeit. Studien zur Literatur und Wissensgeschichte. Hrsg. von Wolfgang Lukas und Claus-Michael Ort. Berlin/Boston 2012 (Studien und Texte zur Sozialgeschichte der Literatur. Bd. 119), S. 129–170.
Titzmann, Michael: Wielands Staatsromane im Kontext des utopischen Denkens der Frühen Neuzeit. In: Ders.: Anthropologie der Goethezeit. Studien zur Literatur und Wissensgeschichte. Hrsg. von Wolfgang Lukas und Claus-Michael Ort. Berlin/Boston 2012, (Studien und Texte zur Sozialgeschichte der Literatur. Bd. 119), S. 111–128.
Tobler, Gustav: Vinzenz Bernhard Tscharner (1728–1778). Bern 1895 (Neujahrs-Blatt der Litterarischen Gesellschaft Bern auf das Jahr 1896).
Toellner, Richard: Albrecht von Haller. Über die Einheit im Denken des letzten Universalgelehrten. Wiesbaden 1971 (Sudhoffs Archiv. Beihefte. Bd. 10).
Toellner, Richard: Staatsidee, aufgeklärter Absolutismus und Wissenschaft bei Albrecht von Haller. In: Medizinhistorisches Journal 11 (1976), S. 206–219.
Treder, Uta: Wundermann oder Scharlatan? Die Figur Cagliostros bei Schiller und Goethe. In: Monatshefte 79 (1987), S. 30–43.
Tribe, Keith: The Reception of Physiocratic Argument in the German States. In: Bernard Delmas/Thierry Demals/Philippe Steiner (Hrsg.): La diffusion internationale de la Physiocratie (XVIIIe-XIXe). Paris 1995, S. 331–344.
Tribe, Keith: Natürliche Ordnung und Ökonomie. In: Aufklärung 13 (2001), S. 283–302.
Tribe, Keith: Cameralism and the sciences of the state. In: Mark Goldie/Robert Wokler (Hrsg.): The Cambridge History of Eighteenth-Century Political Thought. Cambridge u. a. 2006, S. 525–546.

Trousson, Raymond: Voyages aux pays de nulle part. Histoire littéraire de la pensée utopique. Brüssel 1975 (Université libre de Bruxelles. Faculté de Philosophie et Lettres. Bd. LX).

Tyrtäus [Gerhard Friederich]: Der geheime Bund der schwarzen Brüder. Mainz 1834.

Ueding, Gert: „Nicht zum Speculieren, zum Wirken ist diese Welt". Adolph Freiherr von Knigge. In: Ders.: Die anderen Klassiker. Literarische Porträts aus zwei Jahrhunderten. München 1986, S. 35–58, S. 243 f.

Ueding, Gert: Deutsche Literatur und Französische Revolution. In: Ders.: Klassik und Romantik. Deutsche Literatur im Zeitalter der Französischen Revolution 1789–1815. München/Wien 1987 (Hansers Sozialgeschichte der deutschen Literatur vom 16. Jahrhundert bis zur Gegenwart. Bd. 4), S. 17–62.

Urbain, Ch.: À propos de J. de Barclay. In: Bulletin du Bibliophile et du Bibliothécaire 1891, S. 315–330.

Vaget, Hans Rudolf: Liebe und Grundeigentum in *Wilhelm Meisters Lehrjahren*. Zur Physiognomie des Adels bei Goethe. In: Peter Uwe Hohendahl/Paul Michael Lützeler (Hrsg.): Legitimationskrisen des deutschen Adels 1200–1900. Stuttgart 1979 (Literaturwissenschaft und Sozialwissenschaft. Bd. 11), S. 137–157.

Van der Zande, Johan: Die Tugend der Selbstachtung: Schlossers Verhältnis zu Karl Friedrich von Baden. In: Badische Landesbibliothek Karlsruhe (Hrsg.): Johann Georg Schlosser (1739–1799). Eine Ausstellung der Badischen Landesbibliothek und des Generallandesarchivs Karlsruhe. Ausstellungskatalog. Karlsruhe 1989, S. 33–51.

Van Dülmen, Richard: Der Geheimbund der Illuminaten. Darstellung – Analyse – Dokumentation. Stuttgart-Bad Cannstatt 1975.

Vardi, Liana: The Physiocrats and the World of Enlightenment. Cambridge/New York 2012.

Venturi, Franco: Oriental Despotism. In: Journal of the History of Ideas 24 (1963), S. 133–142.

Vierhaus, Rudolf: „Sie und nicht wir": Deutsche Urteile über den Ausbruch der Französischen Revolution. In: Jürgen Voss (Hrsg.): Deutschland und die Französische Revolution. München/Zürich 1983 (Beihefte zur Francia. Bd. 12), S. 1–15.

Vierhaus, Rudolf: „Patriotismus" – Begriff und Realität einer moralisch-politischen Haltung. In: Ders.: Deutschland im 18. Jahrhundert. Politische Verfassung, soziales Gefüge, geistige Bewegungen. Ausgewählte Aufsätze. Göttingen 1987, S. 96–109.

Vierhaus, Rudolf: Absolutismus. In: Ders.: Deutschland im 18. Jahrhundert. Politische Verfassung, soziales Gefüge, geistige Bewegungen. Ausgewählte Aufsätze. Göttingen 1987, S. 63–83.

Vierhaus, Rudolf: Montesquieu in Deutschland. Zur Geschichte seiner Wirkung als politischer Schriftsteller im 18. Jahrhundert. In: Ders.: Deutschland im 18. Jahrhundert. Politische Verfassung, soziales Gefüge, geistige Bewegungen. Ausgewählte Aufsätze. Göttingen 1987, S. 9–32.

Vogel, Kurt: Georg Friedrich Baermann. In: Neue Deutsche Biographie 1 (1953), S. 527.

Voges, Michael: Aufklärung und Geheimnis. Untersuchungen zur Vermittlung von Literatur- und Sozialgeschichte am Beispiel der Aneignung des Geheimbundmaterials im Roman des späten 18. Jahrhunderts. Tübingen 1987 (Hermaea. N.F. Bd. 53).

Vogt, Oskar: „Der goldene Spiegel" und Wielands politische Ansichten. Berlin 1904 (Forschungen zur neueren Literaturgeschichte. Bd. 26).

Vogt, Peter: Herrnhuter. In: Enzyklopädie der Neuzeit. Bd. 5: Gymnasium – Japanhandel. Stuttgart 2007, Sp. 397–399.

Volk-Birke, Sabine: „Ohne von der Aufrichtigkeit eines Dolmetschers abzugehen"? Johann Matthesons Übersetzung von Gilbert Burnets *History of His Own Time*. In: Wolfgang Hirschmann/Bernhard Jahn (Hrsg.): Johann Mattheson als Vermittler und Initiator. Wissenstransfer und die Etablierung neuer Diskurse in der ersten Hälfte des 18. Jahrhunderts. Hildesheim/Zürich/New York 2010, S. 137–164.

Vollhardt, Friedrich: Die Kritik der anthropologischen Begründung barocker Staatsphilosophie in der deutschen Literatur des 18. Jahrhunderts (J. M. v. Loen und J. A. Eberhard). In: Klaus Garber (Hrsg.): Europäische Barock-Rezeption. Teil I. Wiesbaden 1991 (Wolfenbütteler Arbeiten zur Barockforschung. Bd. 20), S. 377–395.

Vollhardt, Friedrich: Natur, Recht, Staat. Problemkonstellationen in Hölderlins *Hyperion*. In: Karl Richter/Jörg Schönert/Michael Titzmann (Hrsg.): Die Literatur und die Wissenschaften 1770–1930. Walter Müller-Seidel zum 75. Geburtstag. Stuttgart 1997, S. 71–106.

Vollhardt, Friedrich: Selbstliebe und Geselligkeit. Untersuchungen zum Verhältnis von naturrechtlichem Denken und moraldidaktischer Literatur im 17. und 18. Jahrhundert. Tübingen 2001 (Communicatio. Bd. 26).

Vorderstemann, Karin: Thema und Variation. Johann Georg Hamanns Fortsetzung der *Asiatischen Banise oder des blutigen und muthigen Pegu Zweyter Theil*. In: Dieter Martin/ Karin Vorderstemann (Hrsg.): Die europäische Banise. Rezeption und Übersetzung eines barocken Bestsellers. Berlin/Boston 2013 (Frühe Neuzeit. Bd. 175), S. 133–180.

Voßkamp, Wilhelm: Romantheorie in Deutschland von Martin Opitz bis Friedrich von Blanckenburg. Stuttgart 1973 (Germanistische Abhandlungen. Bd. 40).

Voßkamp, Wilhelm: „Un Livre Paradoxal". J.-J. Rousseaus ‚Émile' in der deutschen Diskussion um 1800. In: Herbert Jaumann (Hrsg.): Rousseau in Deutschland. Neue Beiträge zur Erforschung seiner Rezeption. Berlin/New York 1994, S. 101–113.

Voßkamp, Wilhelm: Die Macht der Tugend – Zur Poetik des utopischen Romans von Schnabels *Insel Felsenburg* und von Loens *Der redliche Mann am Hofe*. In: Theodor Verweyen (Hrsg.): Dichtungstheorien der deutschen Frühaufklärung. Tübingen 1995 (Hallesche Beiträge zur Europäischen Aufklärung. Bd. 1), S. 176–186.

Voßkamp, Wilhelm: Transzendentalpoetik. Zur Übersetzung utopischer Diskurse in Wielands *Goldnem Spiegel*. In: Bettine Menke/Wolfgang Struck (Hrsg.): Wieland/Übersetzen. Sprachen, Gattungen, Räume. Berlin/New York 2010, S. 225–236.

Wagniart, Anne: Die Frankophilie der preußisch-sächsischen Hofdichter zu Beginn des 18. Jahrhunderts (Canitz, Besser, König und Neukirch). In: Raymond Heitz u. a. (Hrsg.): Gallophilie und Gallophobie in der Literatur und den Medien in Deutschland und in Italien im 18. Jahrhundert/Gallophilie et gallophobie dans la littérature et les médias en Allemagne et en Italie au XVIIIe siècle. Heidelberg 2011 (Germanisch-Romanische Monatsschrift. Beiheft 40), S. 25–38.

Wahrenburg, Fritz: Funktionswandel des Romans und ästhetische Norm. Die Entwicklung seiner Theorie in Deutschland bis zur Mitte des 18. Jahrhunderts. Stuttgart 1976.

Wallmann, Johannes: Kirchengeschichte Deutschlands seit der Reformation. 4. Auflage. Tübingen 1993 (UTB. Bd. 1355).

Walter, Jürgen: Adolph Freiherrn Knigges Roman „Benjamin Noldmanns Geschichte der Aufklärung in Abyssinien". Kritischer Rationalismus als Satire und Utopie im Zeitalter der deutschen Klassik. In: Germanisch-Romanische Monatsschrift. N.F. 21 (1971), S. 153–180.

Walter, Michael: „Keine Zeichen von guter Vorbedeutung". Zur Textbedeutung des Schlußkapitels vom „Goldnen Spiegel". In: Thomas Höhle (Hrsg.): Das Spätwerk

Christoph Martin Wielands und seine Bedeutung für die deutsche Aufklärung. Halle 1988 (Martin-Luther-Universität Halle-Wittenberg. Wissenschaftliche Beiträge 1988/61 [F 84]), S. 29–41.
Waniek, Gustav: Gottsched und die Litteratur seiner Zeit. Leipzig 1897.
Weber, Nadir: Eine vollkommene Aristokratie? Debatten um die Regierungsform Berns im 18. Jahrhundert. In: Berner Zeitschrift für Geschichte 75 (2013), H. 1, S. 3–38.
Weber, Sascha: Wieland als kurmainzischer Regierungsrat und Professor Primarius Philosophiae in Erfurt 1769–1772. In: Wieland-Studien 9 (2016), S. 15–29.
Weber, Urte: Republiken als Blaupause. Venedig, die Niederlande und die Eidgenossenschaft im Reformdiskurs der Frühaufklärung. Berlin/Boston 2016 (Ancien Régime, Aufklärung und Revolution. Bd. 42).
Weber, Wolfgang E. J.: Politik. In: Enzyklopädie der Neuzeit. Bd. 10: Physiologie – Religiöses Epos. Stuttgart 2009, Sp. 88–106.
Weder, Christine/Maximilian Bergengruen: Moderner Luxus. Einleitung. In: Diess. (Hrsg.): Luxus. Die Ambivalenz des Überflüssigen in der Moderne. Göttingen 2011, S. 7–31.
Weil, Françoise: Ramsay et la Franc-Maçonnerie. In: Revue d'histoire littéraire de la France 63 (1963), S. 272–278.
Weis, Eberhard: Reich und Territorien in den letzten Jahrzehnten des 18. Jahrhunderts. In: Helmut Berding/Hans-Peter Ullmann (Hrsg.): Deutschland zwischen Revolution und Restauration. Königstein/Ts./Düsseldorf 1981, S. 43–64.
Weiß, Christoph: „Royaliste, Antirépublicain, Antijacobin et Antiilluminé". Johann Georg Zimmermann und die ‚politische Mordbrennerey in Europa'. In: Christoph Weiß/Wolfgang Albrecht (Hrsg.): Von ‚Obscuranten' und ‚Eudämonisten'. Gegenaufklärerische, konservative und antirevolutionäre Publizisten im späten 18. Jahrhundert. St. Ingbert 1997 (Literatur im historischen Kontext. Bd. 1), S. 367–401.
Weißhaupt, Winfried: Europa sieht sich mit fremdem Blick. Werke nach dem Schema der „Lettres persanes" in der europäischen, insbesondere der deutschen Literatur des 18. Jahrhunderts. 3 Bde. Frankfurt am Main u. a. 1979.
Wenderholm, Iris: Extrait de Télémaque. Zur Verwendung von Fénelons *Aventures de Télémaque* in der Prinzenerziehung am Berliner Hof um 1700. In: Literaturwissenschaftliches Jahrbuch der Görres-Gesellschaft 43 (2002), S. 381–389.
Wenderholm, Iris: Gelehrsame Spaziergänge. Zur Rezeption von Fénelons Roman *Les Aventures de Télémaque* am Hofe der Sophie Charlotte. In: Generaldirektion der Stiftung Preußische Schlösser und Gärten Berlin-Brandenburg (Hrsg.): Aspekte der Kunst und Architektur in Berlin um 1700. Potsdam 2002, S. 36–47.
Wicke, Andrea: Die Politischen Romane, eine populäre Gattung des 17. Jahrhunderts. *Was die Politica ist / das wollen itzt auch die Kinder wissen*. Phil. Diss. Frankfurt am Main 2005.
Widmann, Max: Albrecht von Hallers Staatsromane und Hallers Bedeutung als politischer Schriftsteller. Eine litterargeschichtliche Studie. Biel 1894.
Wiggermann, Uta: Woellner und das Religionsedikt. Kirchenpolitik und kirchliche Wirklichkeit im Preußen des späten 18. Jahrhunderts. Tübingen 2010 (Beiträge zur historischen Theologie. Bd. 150).
Wilson, W. Daniel: Intellekt und Herrschaft. Wielands *Goldner Spiegel*, Joseph II. und das Ideal eines kritischen Mäzenats im aufgeklärten Absolutismus. In: Modern Language Notes 99 (1984), S. 479–510.

Wilson, W. Daniel: Wielands Bild von Friedrich II. und die ‚Selbstzensur' des „Teutschen Merkur". In: Jahrbuch der Deutschen Schillergesellschaft 29 (1985), S. 22–47.
Wilson, W. Daniel: Geheimräte gegen Geheimbünde. Ein unbekanntes Kapitel der klassisch-romantischen Geschichte Weimars. Stuttgart 1991.
Wirth, Uwe: Die Geburt des Autors aus dem Geist der Herausgeberfiktion. Editoriale Rahmung im Roman um 1800: Wieland, Goethe, Brentano, Jean Paul und E.T.A. Hoffmann. München 2008.
Wirtz, Rainer: Kontroversen über den Luxus im ausgehenden 18. Jahrhundert. In: Jahrbuch für Wirtschaftsgeschichte 37 (1996), H. 1, S. 165–175.
Wokalek, Marie: Die schöne Seele als Denkfigur. Zur Semantik von Gewissen und Geschmack bei Rousseau, Wieland, Schiller, Goethe. Göttingen 2011.
Wolf, Norbert Christian: Heinrich Christian Boies ‚Göttinger Musenalmanach' und Johann Heinrich Mercks ‚Frankfurter gelehrte Anzeigen'. Medienkämpfe im literarischen Feld des Sturm und Drang. In: Matthias Buschmeier/Kai Kauffmann (Hrsg.): Sturm und Drang. Epoche – Autoren – Wirkung. Darmstadt 2013, S. 10–28.
Wölfel, Kurt: Friedrich von Blanckenburgs *Versuch über den Roman*. In: Reinhold Grimm (Hrsg.): Deutsche Romantheorien. Beiträge zu einer historischen Poetik des Romans in Deutschland. Frankfurt am Main/Bonn 1968, S. 29–60.
Wurzbach, Wolfgang von: Geschichte des französischen Romans. Bd. 1: Von den Anfängen bis zum Ende des XVII. Jahrhunderts. Heidelberg 1912 (Sammlung romanischer Elementar- und Handbücher).
Wyneken, F. A.: Rousseaus Einfluss auf Klinger. Berkeley 1912 (University of California Publications in Modern Philology. Bd. 3.1).
Zedelmaier, Helmut: Zur Idee einer Geschichte der Menschheit in der zweiten Hälfte des 18. Jahrhunderts. Eine Skizze. In: Winfried Müller/ Wolfgang J. Smolka/Helmut Zedelmaier (Hrsg.): Universität und Bildung. Festschrift Laetitia Boehm zum 60. Geburtstag. München 1991, S. 277–299.
Zemek, Metodeij: Joseph II. und Slavíkovice. In: Niederösterreichische Landesausstellung. Österreich zur Zeit Kaiser Josephs II.: Mitregent Kaiserin Maria Theresias, Kaiser und Landesfürst. Stift Melk, 29. März – 2. November 1980. 2., verbesserte Auflage. Wien 1980, S. 291f.
Zimmermann, Bernhard: Roman und Enkomion. Xenophons ‚Erziehung des Kyros'. In: Würzburger Jahrbücher für die Altertumswissenschaft. N.F. 15 (1989), S. 97–105
Zimmermann, Harro: Satirische Streifzüge durch die Revolution. Die politischen Reiseromane Johann Friedrich Ernst Albrechts. In: Ders.: Aufklärung und Erfahrungswandel. Studien zur deutschen Literaturgeschichte des späten 18. Jahrhunderts. Göttingen 1999, S. 307–330.
Zimmermann, Harro: Staatsbürger oder Rebell. Göchhausens Roman-Satire gegen den Freiherrn Knigge. In: Ders.: Aufklärung und Erfahrungswandel. Studien zur deutschen Literaturgeschichte des späten 18. Jahrhunderts. Göttingen 1999, S. 175–207.
Zöllner, Erich: Bemerkungen zum Problem der Beziehungen zwischen Aufklärung und Josefinismus. In: Helmut Reinalter (Hrsg.): Der Josephinismus. Bedeutung, Einflüsse und Wirkungen. Frankfurt am Main u. a. 1993 (Schriften der Internationalen Forschungsstelle „Demokratische Bewegungen in Mitteleuropa 1770–1850. Bd. 9), S. 22–38.
Zöllner, Frank: „‚...von wackern Lesern, die über solche Dinge keinen Scherz verstehen". Die publizistische Auseinandersetzung um Wielands Beitrag ‚Über das göttliche Recht der Obrigkeit'. In: Wieland-Studien 9 (2016), S. 133–157.

Zurbuchen, Simone: Republik oder Monarchie? Montesquieus Theorie der gewaltenteiligen Verfassung Englands. In: Oliver Hidalgo/Karlfriedrich Herb (Hrsg.): Die Natur des Staates. Montesquieu zwischen Macht und Recht. Baden-Baden 2009 (Staatsverständnisse. Bd. 20), S. 79–97.

Zurbuchen, Simone: Theorizing Enlightened Absolutism: The Swiss Republican Origins of Prussian Monarchism. In: Hans Blom/John Christian Laursen/Luisa Simonutti (Hrsg.): Monarchisms in the Age of Enlightenment: Liberty, Patriotism, and the Common Good. Toronto/Buffalo/London 2007, S. 240–266.

Zurbuchen, Simone: Reacting to Rousseau: Difficult Relations between Erudition and Politics in the Swiss Republics. In: André Holenstein/Hubert Steinke/Martin Stuber (Hrsg.): Scholars in Action. The Practice of Knowledge and the Figure of the Savant in the 18th Century. Bd. 1. Leiden/Boston 2013, S. 481–501.

8 Personenregister

Abbt, Thomas 2, 5, 266, 267
Albrecht, Johann Friedrich Ernst 14, 426, 427, 443–453, 455, 457, 460, 461
Alfred (der Große), König der Angelsachsen 304
Andreae, Johann Valentin 185
Anna Amalia, Herzogin von Sachsen-Weimar 342
Anton Ulrich, Herzog von Braunschweig-Wolfenbüttel 5, 6, 107, 208
Apuleius 92, 93, 95
Aristoteles 113–115, 117, 139, 294
Auerswald, Hans Jakob von 397
August I. („der Starke'), Herzog von Sachsen 210
August Ferdinand, Prinz von Preußen 143

Bachstrohm, Johann Friedrich 186
Bacon, Francis 3, 127, 401
Bahrdt, Karl Friedrich 400, 427
Barclay, John 6, 39, 40, 45, 59, 127, 134, 158, 208
Barker, Jane 60, 65, 129
Bärmann, George Friedrich 111, 129, 140, 143, 144
Barner, Wilfried 14
Barrow, John 306
Barruel, Augustin 525
Basedow, Johann Bernhard 229, 270–272, 407
Behrisch, Ernst Wolfgang 398
Behrisch, Heinrich Wolfgang 5, 229, 397–408
Bergk, Johann Adam 422, 423
Biesterfeld, Wolfgang 13
Birken, Sigmund von 5
Blanckenburg, Friedrich von 408–410, 418
Bode, Johann Joachim Christoph 489
Bodin, Jean 6
Bohse, August [Ps. Talander] 5, 103, 112, 121, 128, 130–136, 141, 146, 207
Bonnet, Charles 325
Bossuet, Jacques Bénigne 42, 70, 104, 120

Böttiger, Karl August 425
Boulanger, Nicolas Antoine 476
Brühl, Heinrich Graf von 244
Bucholtz, Andreas Heinrich 86
Burke, Edmund 491, 495
Burnet, Gilbert 147, 148

Cabot, Sebastian 317
Cagliostro, Alessandro [Giuseppe Balsamo] 433, 436, 437, 459
Campanella, Tommaso 127
Carl Alexander, Herzog von Württemberg 433
Carl August, Herzog von Sachsen-Weimar 342
Carl Eugen, Herzog von Württemberg 433
Carl Wilhelm Friedrich, Markgraf von Brandenburg-Ansbach 136
Cäsar [Caius Iulius Caesar] 401
Castiglione, Baldassare 165
Cato d. Ä. [Marcus Portius Cato d. Ä.] 316, 323, 324
Cervantes Saavedra, Miguel de 86
Chancierges 61, 66, 124, 126, 127, 129, 140, 142
Cicero [Marcus Tullius Cicero] 67
Clemens XIV., Papst 435
Colbert, Jean-Baptiste 57, 257, 264, 401
Cramer, Karl Friedrich 461, 462, 464
Crébillon, Claude-Prosper Jolyot de 414, 451
Cromwell, Oliver 45
Cudworth, Ralph 70, 77, 92

D'Urfé, Honoré 31
Dacier, Anne 114
Dapper, Olfert 97
Defoe, Daniel 146
Descartes, René 401
Diodor 91
Dionysius von Halikarnass 117
Dippel, Johann Conrad 186
Dohm, Christian Wilhelm 385, 387, 390

Du Halde, Jean-Baptiste 395
Du Pont de Nemours, Pierre Samuel 388

Engel, Johann Jakob 427
Erhardt, Christian 155, 161
Eschenburg, Johann Joachim 421
Ethophilus 197–202, 204–207, 226
Eugen Franz, Prinz von Savoyen-Carignan 218

Faret, Nicolas 164, 165, 169
Fassmann, David 215, 216, 219
Faydit, Pierre-Valentin 24, 110, 160
Fendler, Jacob 129
Fénelon, François de 1–3, 6, 7, 14, 15, 19–33, 37–45, 47–49, 53, 54, 56–63, 66, 67, 69, 70, 76, 77, 80, 82–86, 88f., 95, 96, 104, 105, 109–116, 118–122, 124, 126–128, 131–133, 136–139, 141, 145, 146, 150–152, 154, 156, 160, 161, 163, 174, 177, 178, 189, 191, 192, 196, 198, 200, 203, 204, 206, 207, 212, 225, 227, 240, 241, 246, 248–251, 255, 258, 259, 276, 333, 335, 345, 347, 351, 367, 373, 374, 377–379, 391, 394, 404, 405, 421, 427, 440, 441, 452, 465, 498, 505, 508, 510, 511, 515, 516, 519, 547, 549, 550
Feßler, Ignatius Aurelius 547
Fielding, Henry 415
Filmer, Robert 74
Fleury, Claude 23, 41, 52, 55
Forster, Georg 523
Franklin, Benjamin 514
Fréret, Nicolas 65, 71
Friedrich II., König von Preußen 213, 230, 233, 245, 249, 250, 253, 258, 259, 267, 339, 340, 446, 489
Friedrich Wilhelm I., König in Preußen 132

Gebauer, Georg Christian 362
Genette, Gérard 26
Gentz, Friedrich von 446
Georg III., König von England 305
Gervinus, Georg Gottfried 547
Gibbon, Edward 319

Göchhausen, Ernst August Anton von 430, 465, 526
Goethe, Johann Wolfgang 26, 31, 94, 135, 136, 277, 338, 398, 412, 458, 497–500, 505, 507, 508, 510, 532, 548, 554
Gomberville, Marin Le Roy de 30
Gorani, Giuseppe 237, 303
Görtz, Johann Eustach Graf von 342
Gottsched, Johann Christoph 25, 111, 124–127, 129, 130, 137, 139–144, 155, 159, 244, 410
Gottschling, Caspar 109, 110
Goussault, Jacques 166
Gracián, Baldasar 109
Grotius, Hugo 10, 116, 190
Gueudeville, Nicolas 31
Gundling, Nicolaus Hieronymus 109, 155, 158
Gutzkow, Karl 547, 548
Guyon, Jeanne de 21, 33, 147

Haller, Albrecht von 1, 2, 4, 10, 14, 86, 227, 229, 239, 273–281, 285–291, 293, 296, 298, 299, 301–306, 309, 311, 315–320, 322–326, 329, 331–333, 335, 343, 347, 352, 400, 404, 405, 407, 408, 411, 413–416, 418, 421, 470, 483, 499, 511, 519, 529, 547, 550–552
Hamann (der Ältere), Johann Georg 211
Hamann, Johann Georg 397
Happel, Eberhard Guerner 213, 217
Hawksmoor, Nicolas 145
Hederich, Benjamin 198
Heinrich IV., König von Frankreich 40
Heliodor 6, 22, 27, 30, 217, 251, 522
Helvétius, Claude-Adrien 406, 514, 520, 522, 523
Herder, Johann Gottfried 412, 549
Herodot 91, 251
Hesiod 157
Heyne, Christian Gottlob 523
Hien, Markus 528
Hobbes, Thomas 116
Hoffmann, Leopold Alois 489, 492, 494
Hölderlin, Friedrich 421, 471, 511, 517, 534, 538, 540, 542–547, 554

Homer 22–28, 30, 61, 113–117, 121, 136, 138, 157
Huet, Pierre Daniel 32, 77, 97
Hume, David 382
Hunold, Christian Friedrich [Ps. Menantes] 105, 209–211, 216
Hutcheson, Francis 368

Immermann, Karl Leberecht 547, 548
Iselin, Isaak 151, 197, 301, 302, 333, 359, 361, 390, 399

Jakob II., König von England 39, 45
Jean Paul (Johann Paul Friedrich Richter) 421, 513, 545
Johnson, Samuel 317
Joseph II., Kaiser Heiliges Römisches Reich 230, 395, 396, 457, 477
Justi, Johann Heinrich Gottlob von 5, 9, 14, 227, 229, 236, 240, 241, 243–249, 252, 253, 257, 259, 262, 265–267, 347, 402, 403, 551

Kant, Immanuel 100, 190, 249, 422, 440
Kapp, Volker 41
Karl Alexander, Prinz von Lothringen 214
Karl Friedrich, Markgraf von Baden 508
Karl I., König von England 45, 47
Karl II., König von England 45
Karl V., Kaiser Heiliges Römisches Reich 401
Karl VI., Kaiser Heiliges Römisches Reich 214
Kästner, Abraham Gotthelf 286
Katharina II. („die Große'), Kaiserin von Russland 445
Katte, Hans Hermann von 214, 219
Khevenhüller, Ludwig Andreas von 214
Klinger, Friedrich Maximilian 14, 427, 453, 468, 510–513, 515–523, 528, 529, 531–538, 544–546, 548, 553
Knigge, Adolph Freiherr 1, 14, 15, 99, 427, 461–474, 476–485, 487–497, 511, 513, 516, 519, 553
Kollbach, Claudia 268
Kolumbus, Christoph 401

Konfuzius 401
Korn, Christoph Heinrich 152
Körner, Christian Gottfried 434
Koselleck, Reinhart 472
Kyros II. („der Große'), König von Persien 67, 80

La Bruyère, Jean de 55
La Calprenède, Gautier de Costes de 88
La Motte, Jeanne de 458, 459
La Motte, Nicolas de 458, 459
La Roche, Sophie von 343, 550
Law, John 401
Le Bossu, René 24, 25, 113–117, 125, 139
Le Mercier de la Rivière, Pierre-Paul 237, 390, 533
Le Tellier, Michel 22
Lejay, Marie 459
Leopold II., Kaiser Heiliges Römisches Reich 489
Lessing, Gotthold Ephraim 227
Livius [Titus Livius] 316
Locke, John 74
Loen, Johann Michael von 1, 14, 15, 103, 112, 120, 130, 148, 150–157, 159, 160–167, 173–179, 181–186, 188, 190, 191, 194–197, 204–208, 212, 225–228, 240, 306, 344, 347, 351, 355, 360, 397, 418, 466, 472, 483, 499, 501, 503, 537, 550
Lohenstein, Daniel Casper von 550
Ludwig XIV., König von Frankreich 21, 22, 40, 41, 133, 144, 257
Ludwig XV., König von Frankreich 114, 395, 458
Ludwig XVI., König von Frankreich 114, 395, 456, 459
Luther, Martin 401
Lykurg [Lykurgos] 401, 406

Macpherson, James 442
Maintenton, Françoise d'Aubigné, marquise de 39
Mandeville, Bernard de 259, 368
Mangocapac 401
Marc Aurel 87
Maria Anna, Erzherzogin von Österreich 214

Maria Theresia, Kaiserin Heiliges Römisches Reich 213, 230
Marie-Antoinette, Königin von Frankreich 444, 455, 456, 459
Marmontel, Jean-François 278, 290
Mattheson, Johann 129, 144–146, 148
Mauvillon, Eléazar de 219
Mauvillon, Jakob von 390
Meier, Joachim 199
Meißner, August Gottlieb 547
Melon, Jean-François 355, 356, 368, 406
Mercier, Louis-Sébastien 374, 375, 377, 379, 391, 404, 405, 425
Merck, Johann Heinrich 5, 271, 399, 404, 411–415, 499
Meyern, Wilhelm Friedrich (von) 15, 400, 427–431, 438–443, 538
Milton, John 158
Mirabeau, Victor Riquetti Marquis de 389–394, 405, 461, 462
Mohammed 401
Montesquieu, Charles de Secondat, Baron de 64, 86, 236, 238, 239, 243, 275, 281, 283, 285–289, 293, 294, 304, 305, 310, 319, 331, 332, 339, 368, 371, 406, 441, 551
Morus, Thomas 3, 127
Moser, Friedrich Carl von 174, 238, 249, 529, 536
Möser, Justus 406
Mouhy, Charles de Fieux de 150
Mounier, Jean-Joseph 524
Müller, Johann Gottwerth 488

Neukirch, Benjamin 103, 121, 128, 130, 135–139, 141, 142, 498
Novalis [Friedrich von Hardenberg] 498, 500

Opitz, Martin 6, 40, 139

Paine, Thomas 491, 492, 495
Pantke, Adam Bernhard 129, 140–143
Paul I., Kaiser von Russland 445
Penn, William 190
Pernetti, Jacques 26, 111, 124–127, 129, 140, 141, 143, 156, 347

Peter I. („der Große"), Kaiser von Russland 401
Petit Du Noyer, Anne-Marguerite 104
Pfeiffer, Johann Friedrich von 390
Platon 52, 175, 340
Plutarch 91, 92, 316, 323
Poiret, Pierre 77
Polybios 91
Potemkin, Grigori Alexandrowitsch 445
Prévost, Antoine-François 127
Pufendorf, Samuel von 10, 116, 190

Quesnay, François 389–391, 393, 533
Quintus Fabius Maximus 316

Ramsay, Andrew Michael 1, 14, 19, 26, 31, 61–71, 73, 74, 76–86, 89, 90, 111, 113–121, 124–129, 138, 139, 144, 145, 147, 148, 156, 158, 240, 347, 373, 374, 377
Raynal, Guillaume Thomas François 476
Rebmann, Georg Friedrich 439
Rehberg, August Wilhelm 465, 495, 496
Reich, Philipp Erasmus 354
Reinkingk, Dietrich (Theodor) von 174
Richardson, Samuel 147, 158, 415, 550
Ring, Friedrich Dominicus 342, 343
Robespierre, Maximilien de 513
Robison, John 525
Rohan, Louis de 457, 459
Rose, Dirk 211
Rousseau, Jean-Jacques 10, 11, 239, 275, 309, 318, 319, 324–326, 331, 362, 364, 365, 375–377, 379, 381, 391, 401, 406, 407, 476, 514, 515, 517, 520–524, 527, 528, 551

Sacy, Louis de 114
Saint-Lambert, Jean-François de 368, 371
Saint-Pierre, Charles Irénée Castel de 190
Scarron, Paul 161
Scattola, Merio 336
Schiller, Friedrich 15, 101, 428–432, 434–439, 442, 471, 500, 553, 554
Schings, Hans-Jürgen 13, 431, 499
Schlettwein, Johann August 390, 532
Schlosser, Johann Georg 390, 412, 507, 508, 528, 531, 532

Schnabel, Johann Gottfried 3, 186
Schulz, Friedrich 398
Scudéry, Madeleine de 30, 31, 39, 70, 88, 89, 158
Seckendorff, Veit Ludwig von 174
Sinclair, Isaak von 439, 539
Singer, Herbert 199
Sinold von Schütz, Philipp Balthasar 103, 118–123, 128, 130, 135, 138, 141, 148, 149, 155, 163, 164, 418
Sintenis, Christian Friedrich 504
Solon 69, 74, 75, 508
Sophie Charlotte, Königin in Preußen 132, 133
Sophokles 157
Springer, Johann Christoph Erich 339
Squire, Samuel 304
Starck, Johann August 525
Stolle, Gottlieb 104, 110, 111
Strabon 117
Stuart, Charles Edward 63
Sully, Maximilien de Béthune, duc de 190

Tachard, Guy 97
Tasso, Torquato 503
Teissier, Antoine 133
Terrasson, Jean 14, 61, 83–92, 94–97, 99, 100, 114, 115, 117, 124, 126, 128, 148, 149, 158, 240, 247, 347
Thomasius, Christian 10, 106–108, 155, 158, 166, 194
Tyssot de Patot, Simon 127

Vairasse, Denis 127
Vauban, Sébastien Le Prestre de 41

Vergil [Publius Virgilius Maro] 26, 27, 30, 35, 115–117, 121, 138, 139, 157
Von der Recke, Elisa 432

Weise, Christian 8, 108, 191, 192
Weishaupt, Adam 471, 474, 476, 480, 481, 489
Weißmüller, Sigmund Ferdinand 129
Wekhrlin, Wilhelm Ludwig 468
Wend, Christoph Gottlieb 129, 130, 144, 145, 148–150, 163, 164
Wezel, Johann Karl 332
Wieland, Christoph Martin 1, 4, 10, 14, 15, 48, 177, 227, 229, 249, 268, 277, 331–348, 351, 352, 354–356, 359–368, 370–377, 379–382, 384–387, 391–393, 396, 397, 399, 400, 404, 405, 407, 408, 410, 414, 415, 421, 424–427, 430, 439, 441, 442, 450, 451, 464, 466, 467, 470, 473, 478, 479, 483–486, 499, 505, 508, 510, 511, 519, 520, 547, 551–553
Wolff, Christian 155, 159, 185, 190, 210, 232, 233, 240, 253

Xenophon 26, 64, 66–69, 127, 340, 347

Zedler, Johann Heinrich 3
Zesen, Philipp von 550
Zigler und Kliphausen, Heinrich Anshelm von 6, 125, 162, 198, 200, 202, 204, 206, 209, 213, 217, 254, 503, 550
Zimmermann, Johann Georg 489–492, 495
Zinzendorf, Nikolaus Ludwig von 186
Zoroaster 69, 78, 401